VORWORT

Orden und Ehrenzeichen sind keine Erfindung der Neuzeit. Das alte Ägypten und das römische Weltreich kannten bereits tragbare Auszeichnungen für besondere Verdienste im Frieden und im Krieg.
Heute gibt es auf dieser Welt keinen Staat mehr, der keine Auszeichnungen, Titel oder Würden vergibt. Die großen sozialen Umwälzungen haben im Verlauf der Jahrhunderte Formung und Bedeutung eines Ordens als ursprüngliches Gemeinschaftszeichen verändert. Besonders tiefgreifenden Wandel schuf die Französische Revolution. Seit damals hat sich das Auszeichnungssystem zunehmend der allgemeinen europäischen sozialen Entwicklung angepasst. Damit verbunden, entstand eine zunehmende Unterscheidung in Orden, Ehrenzeichen und Medaillen.

Im Zuge der Erhebung gegen Napoleon stiftete der preußische König Friedrich Wilhelm III. das Eiserne Kreuz (E.K.). Offizier und Mann konnten - ganz im Geiste der Befreiungskriege - gleichermaßen mit ihm ausgezeichnet werden. In seiner äußeren Form knüpfte dieses Ehrenzeichen an das Deutsch-Ordens-Kreuz an, wie es seit dem 14. Jahrhundert bekannt war. Es wurde dabei bewusst auf jeden materiellen Wert verzichtet, die schlichte Form aus einfachem Metall sollte symbolisch ritterliche Pflichterfüllung darstellen.
Schon in den Befreiungskriegen erwarb sich das zurückhaltend verliehene Ehrenzeichen höchste Anerkennung. Erneuert wurde diese Stiftung späterhin nur bei erklärter Gefahr für das Vaterland: 1870 im Krieg gegen Frankreich und 1914 bei Ausbruch des Ersten Weltkrieges. Das bisherige Niveau sollte diesmal - wohl auch bedingt durch die lange Kriegsdauer - nicht gehalten werden können. Von den rund 13 Millionen Kriegsteilnehmern auf deutscher Seite erhielt zwischen 1914 und 1918 mindestens jeder dritte Soldat ein Eisernes Kreuz. Der Umsturz von 1918 brachte ein generelles Verbot von Orden, Ehrenzeichen und Medaillen. Zwar wurde dieses ideologisch begründete Verbot nach und nach gelockert, ein neues Kapitel in der deutschen Ordensgeschichte wurde jedoch erst wieder nach der Machtergreifung durch die Nationalsozialisten begonnen.

Bei Ausbruch des Zweiten Weltkrieges wurde das Eiserne Kreuz durch Verordnung vom 1. September 1939 abermals - zunächst in vier Abstufungen - erneuert. Nach Artikel 2 der Stiftungsverordnung konnte die Auszeichnung "für besondere Tapferkeit vor dem Feinde und für hervorragende Verdienste in der Truppenführung" verliehen werden. Dauer und Ausdehnung des Krieges brachten es schließlich mit sich, dass neben Großkreuz, EK.I, EK.II und Ritterkreuz weitere Stufen geschaffen wurden.

Das Ritterkreuz mit Eichenlaub und Schwertern wurde nur an 159 Soldaten der deutschen Wehrmacht verliehen. Das bedeutet, dass auf etwa 100.000 Soldaten ein einziger Träger dieser Auszeichnung entfiel. Allein dieser Zahlenvergleich macht bereits deutlich, über welche herausragenden soldatischen Eigenschaften der jeweils beliehene Soldat verfügen musste. Es ist aber zugleich - abseits des fallweise herrschenden Zeitgeistes - auch ein überaus gewichtiger Hinweis auf das Vorhandensein einer hervorragend geschulten und diszipliniert kämpfenden Truppe, ohne welcher die nachstehend geschilderten Waffentaten gar nicht denkbar gewesen wären.

Der Autor hat nicht nur in zeitraubender und daher besonders verdienstvoller Weise zahlreiche biographische Daten zusammengetragen und verarbeitet. Er scheut sich auch nicht, in kritischer Distanz auf "schwarze" Flecken in manchem Lebenslauf hinzuweisen.

Wien, im Jänner 1999

Dr. Gerhard Artl, Obstlt.
Bestandsgruppe Deutsche Wehrmacht/
Österr. Staatsarchiv/Archiv der Republik

EINLEITUNG

Am 1. September 1939 stiftete der Oberbefehlshaber der Wehrmacht das Ritterkreuz zum Eisernen Kreuz und löste somit den noch aus der Kaiserzeit stammenden preußischen Pour-le-Mérite als gängige deutsche Tapferkeitsauszeichnung ab.
Im Gegensatz zum "Blauen Max" stand das Ritterkreuz aber ohne Ausnahme allen Diensträngen offen. Die ersten Verleihungen fanden bereits während des Polenfeldzuges statt.
Obwohl die Vergabe des Ritterkreuzes befehlsgemäß gering und die nötigen Verleihungskriterien hoch gehalten wurden, sah man sich bereits bald gezwungen, dem Ritterkreuz eine weitere Stufe hinzuzufügen. Am 3. Juni 1940 wurde das Eichenlaub zum Ritterkreuz geschaffen, dass erstmals am 19. Juli vergeben wurde. Am 21. Juni 1941 wurden schließlich die Schwerter zum Ritterkreuz mit Eichenlaub erstmals vergeben, zur selben Zeit wurden die Brillanten zum Ritterkreuz mit Eichenlaub und Schwertern als endgültig höchste Tapferkeitsauszeichnung der Wehrmacht geschaffen. Doch durch die großen militärischen Erfolge von Stuka-Oberst Hans-Ulrich Rudel wurde am 29.12.44 die Stiftung des Goldenen Eichenlaubs zum Ritterkreuz notwendig.
Im Gegensatz zum britischen Viktoriakreuz, der amerikanischen Medal of Honor oder dem sowjetischen "Held der Sowjetunion" musste ein Anwärter auf das Ritterkreuz zum Eisernen Kreuz bereits wiederholt seine Tapferkeit vor dem Feind bewiesen haben. Einmalige Waffentaten oder Leistungen wurden normalerweise nicht gewürdigt. So konnte etwa ein Infanterist, der nach nur durchschnittlichem Fronteinsatz an einem Tag plötzlich sieben Panzer vernichtet, nicht mit der Verleihung des Ritterkreuzes, sondern wahrscheinlich mit dem Eisernen Kreuz 1. Klasse rechnen. Beide Klassen des Eisernen Kreuzes waren für die spätere Verleihung des Ritterkreuzes zwingend vorgeschrieben. Ebenso verhielt es sich mit weiteren Stufen des Ritterkreuzes.
Mit der Verleihung dieser bekanntesten Tapferkeitsauszeichnung des Zweiten Weltkrieges war auch das staatliche Vorhaben verknüpft, die Träger nach dem Krieg von sämtlichen Steuern zu entbinden.

Die Träger des Ritterkreuzes mit Eichenlaub und Schwertern bildeten die Gruppe der höchstdekoriertesten, bekanntesten und geachtetsten Soldaten der gesamten deutschen Wehrmacht. Neben den besten Strategen und Stabsoffizieren waren es die erfolgreichsten Kommandeure und Einzelkämpfer aller Waffengattungen.
Die Aushändigung der Schwerter fand - mit einigen Ausnahmen - meist im jeweiligen Führerhauptquartier statt, wo Hitler den angetretenen Beliehenen die Auszeichnung persönlich überreichte und ihnen seine Anerkennung aussprach. In Rängen aufgeschlüsselt waren von den 159 deutschen Trägern zum Zeitpunkt der Verleihung *5* Generalfeldmarschall, *10* Generaloberst, *28* General, *18* Generalleutnant, *14* Generalmajor, *21* Oberst, *17* Oberstleutnant, *18* Major, *21* Hauptmann, *5* Oberleutnant, *1* Leutnant und *1* Oberfeldwebel.
100 waren Angehörige des Heeres, *54* der Luftwaffe und *5* der Kriegsmarine. Unter den Ausgezeichneten findet man Grenadiere, Infanteristen, Kampf- und Schlachtflieger, Fallschirmjäger, Panzerkommandanten und Stabsoffiziere. Der einzige ausländische Träger war der bekannte japanische Großadmiral Isoroku Yamamoto, der postum beliehen wurde.
19 Offiziere der Wehrmacht wurden für eine Schwerterverleihung eingereicht, jedoch aus diversen Gründen abgelehnt.
75 (= 47%) Schwerterträger hatten bereits während des Ersten Weltkrieges gekämpft, wobei *5* bereits hier die höchste Tapferkeitsauszeichnung erhalten hatten (Pour-le-Mérite, Österr. Tapferkeitsmedaille in Gold, Preuß. Militärverdienstkreuz in Gold). *9* dienten als Freiwillige schon im Spanischen Bürgerkrieg, *11* erhielten ihre Beförderung zum Offizier (2. Weltkrieg) für Tapferkeit im Gefecht, d.h. sie waren sogenannte Kriegsoffiziere. *8* waren Angehörige des Reservekorps der Wehrmacht. *20* Offiziere (= 13%) waren adliger Herkunft.
Im Durchschnitt wurden die Träger des Ritterkreuzes mit Eichenlaub und Schwertern zwischen 1939 und 1945 *viermal befördert*, die diesbezüglich steilste Karriere führte Theodor Tolsdorff im Verlauf von sieben Beförderungen vom einfachen Leutnant bis zum Generalleutnant!

Am Höhepunkt ihrer Karriere befehligten *3* Schwerterträger eine Front (OB West oder Süd), *13* eine Heeresgruppe, *19* eine Armee, *30* ein Korps, *40* eine Division und *26* ein Geschwader der Luftwaffe!
98 (= 61%) kamen bereits im Polenfeldzug zum Einsatz, lediglich *11* kämpften später nie an der Ostfront.
4 (Hartmann, Kittel, Nowotny, Schnaufer) traten erst nach Kriegsausbruch in die Wehrmacht ein.
45 (= 28%) sollten das Kriegsende nicht erleben, *15* wurden postum beliehen, *6* kehrten aus sowjetischer Kriegsgefangenschaft nicht mehr heim, *1* (Müller) wurde von den Siegermächten wegen Kriegsverbrechen hingerichtet. *22* (= 49%) fielen an der Ostfront, *14* im Westen, *2* in Nordafrika und *7* kamen unter anderen Umständen ums Leben.

17 (= 15% der Überlebenden) wählten nach dem Krieg erneut den Offiziersberuf (2 Reserve) und dienten erfolgreich in der deutschen Bundeswehr, *11* stiegen in den Generalsrang auf (1 Reserve)! Lemm, Mäder, Rall sowie von Lüttwitz erreichten den Rang eines Generalleutnants, Johannes Steinhoff brachte es sogar bis zum Vier-Sterne-General!
Das Durchschnittsalter zum Zeitpunkt der Verleihung betrug *40 Jahre*, mit 69 Jahren war der bekannte Generalfeldmarschall Gerd von Rundstedt der Älteste unter den Schwerterträgern. Ihm zum Gegensatz stand der zum Zeitpunkt der Verleihung knapp 22jährige Nachtjäger Hauptmann Heinz-Wolfgang Schnaufer.
Obwohl man eine derart hohe Tapferkeitsauszeichnung nur durch langjährige, gleichbleibend ausgezeichnete Leistungen erreichen konnte, gab es auch einige Blitzkarrieren. So brauchte das Jagdflieger-As Hermann Graf vom Ritterkreuz zu den Schwertern lediglich *116 Tage*, zwischen Eichenlaub und Schwertern vergingen sogar nur *2 Tage*! Der Panzerexperte Michael Wittmann erhielt nur *17 Tage* nach dem Ritterkreuz auch das Eichenlaub verliehen. Der Kometenaufsteiger unter den deutschen Jägern, Walter Nowotny, erhielt nur *45 Tage* nach seinem Eichenlaub bereits die Brillanten! Eine besondere Ausnahme war der Fallschirmjäger-General Hermann-Bernhard Ramcke, der Schwerter und Brillanten sogar am selben Tag erhielt. Im Gegensatz dazu brauchte Hermann Niehoff sechs Kriegsjahre bis zum Ritterkreuz.

Im Laufe des Krieges wurden die Schwerterverleihungen sehr gering gehalten. So wurden 1941 *fünf*, 1942 *achtzehn*, 1943 *zwanzig*, 1944 *sechsundsiebzig* und im letzten Kriegsjahr *einundvierzig* Soldaten dekoriert. Die letzten vier Verleihungen fanden noch am 9. Mai 1945 statt.
Insgesamt sind *103* Schwerterverleihungen der Ostfront, *44* der West-, Reichs- und Atlantikfront sowie *12* der Südfront zuzuordnen.
Von etwa *15 Millionen Soldaten*, die während des Krieges in oder mit der Wehrmacht kämpften, wurden schätzungsweise lediglich *7.300* mit dem Ritterkreuz, *910* weiters mit dem Eichenlaub, *159* davon mit den Schwertern und letztendlich nur *27* mit den Brillanten ausgezeichnet!

Mitte der Neunzigerjahre waren *17* ehemalige Träger der Schwerter zum Ritterkreuz mit Eichenlaub noch am Leben.

Nordafrika, Juni 1942

Eine Gruppe deutscher Kradschützen befindet sich auf einer frontnahen Aufklärungsfahrt, als sie plötzlich auf einen kleinen Trupp britischer Soldaten stoßen:

"...es ist ein Haufen schwerverwundeter Tommys dabei, die gerade von anderen verbunden werden. Keine Sanitäter, sondern alle bis an die Zähne bewaffnet. Die Engländern reißen nicht ihre Gewehre hoch - das Elend der verwundeten Kameraden hält sie im Bann. Und auch die Deutschen werden von diesem Elend gepackt. Sie springen aus ihren Fahrzeugen, kramen ihre Verbandspäckchen heraus und helfen verbinden! Aber plötzlich kommt ein neuer Tross englischer Fahrzeuge - ein kurzer Blick zwischen dem deutschen Gruppenführer und dem britischen Serganten - der deutsche Offizier ruft seinen Männern zu: "Einsteigen!". Er tippt sich an die Mütze - der Tommy an seinen Stahlhelm. Ein Brite hält einem gerade einsteigenden deutschen Gefreiten noch schnell ein Päckchen Zigaretten hin - der nimmt dankend an. Dann gehts davon. Es wird nicht hinter den Deutschen hergeschossen, niemand hält sie auf. Alle, Briten und Deutsche, würden das in diesem Augenblick nur lächerlich finden.
Während der Rückfahrt sagt der deutsche Gefreite zu seinem Leutnant: "Und in einer halben Stunde schießen wir wieder aufeinander - so was Dummes, so was Dummes!"

aus Paul Carells "*Die Wüstenfüchse*", Seite 257/258

Jenen Soldaten aller Nationen gewidmet, die während des Zweiten Weltkrieges stets fair und tapfer gekämpft haben.

TRÄGER DES RITTERKREUZES MIT EICHENLAUB UND SCHWERTERN

001	Oberstleutnant Adolf Galland	Luftwaffe	21.06.41	*	
002	Oberstleutnant Werner Mölders	Luftwaffe	22.06.41	*	+
003	Hauptmann Walter Oesau	Luftwaffe	15.07.41		+
004	Major Günther Lützow	Luftwaffe	11.10.41		+
005	Korvettenkapitän Otto Kretschmer	Marine	26.12.41		
006	General Erwin Rommel	Heer	20.01.42	*	+
007	Hauptmann Heinrich Bär	Luftwaffe	16.02.42		
008	Hauptmann Hans Philipp	Luftwaffe	12.03.42		+
009	Hauptmann Herbert Ihlefeld	Luftwaffe	24.04.42		
010	Oberleutnant Max-Hellmuth Ostermann	Luftwaffe	17.05.42		+
011	Leutnant d.R. Hermann Graf	Luftwaffe	19.05.42	*	
012	Oberleutnant Joachim Marseille	Luftwaffe	18.06.42	*	+
013	Hauptmann Gorden M. Gollob	Luftwaffe	23.06.42	*	
014	Oberfeldwebel d.R. Leopold Steinbatz	Luftwaffe	23.06.42	p	+
015	GFM Albert Kesselring	Luftwaffe	18.07.42	*	
016	Hauptmann Werner Baumbach	Luftwaffe	17.08.42		
017	Kapitänleutnant Erich Topp	Marine	17.08.42		
018	Kapitänleutnant Reinhard Suhren	Marine	01.09.42		
019	Hauptmann Joachim Müncheberg	Luftwaffe	09.09.42		+
020	Hauptmann Joachim Helbig	Luftwaffe	28.09.42		
021	Generalmajor Karl Eibl	Heer	19.12.42		+
022	General Hans Hube	Heer	21.12.42	*	+
023	Major Wolf-Dietrich Wilcke	Luftwaffe	23.12.42		+
024	Hauptmann Alfred Druschel	Luftwaffe	19.02.43		+
025	Generalleutnant Hermann Balck	Heer	04.03.43	*	
026	Obergruppenführer Josef Dietrich	Waffen-SS	14.03.43	*	
027	Oberst d.R. Hyazinth Graf Strachwitz	Heer	28.03.43	*	
028	Generaloberst Walter Model	Heer	02.04.43	*	+
029	Kapitänleutnant Wolfgang Lüth	Marine	15.04.43	*	
-	Großadmiral Isokoro Yamamoto	-	27.05.43	p	+
030	Oberst Walter Gorn	Heer	08.06.43		
031	Oberst i.G. Dietrich Peltz	Luftwaffe	23.07.43		
032	Major Helmut Lent	Luftwaffe	02.08.43	*	+
033	Oberstleutnant Adelbert Schulz	Heer	06.08.43	*	+
034	Hauptmann Günther Rall	Luftwaffe	12.09.43		
035	Generaloberst Hermann Hoth	Heer	15.09.43		
036	General Josef Harpe	Heer	15.09.43		
037	Hauptmann Walter Nowotny	Luftwaffe	22.09.43	*	+
038	Major Waldemar v. Gazen, gen. Gaza	Heer	03.10.43		
039	Obersturmbannführer August Dieckmann	Waffen-SS	10.10.43	p	+
040	GFM Günther von Kluge	Heer	29.10.43		+
041	Generalleutnant Gerd von Schwerin	Heer	04.11.43		
042	Hauptmann Hans-Ulrich Rudel	Luftwaffe	25.11.43	**	
043	Oberst Hans-Joachim Herrmann	Luftwaffe	23.01.44		
044	Major Heinrich von Sayn-Wittgenstein	Luftwaffe	23.01.44	p	+
045	Major Erich Bärenfänger	Heer	23.01.44		+
046	Generalleutnant Dietrich von Saucken	Heer	31.01.44	*	
047	Gruppenführer Herbert Gille	Waffen-SS	20.02.44	*	
048	General Hermann Breith	Heer	21.02.44		
049	Oberstleutnant d.R. Dr. Franz Bäke	Heer	21.02.44		
050	Generalleutnant Hasso von Manteuffel	Heer	22.02.44	*	
051	Oberstleutnant Egon Mayer	Luftwaffe	02.03.44	p	+
052	Hauptmann Gerhard Barkhorn	Luftwaffe	02.03.44		
053	Oberst Franz Griesbach	Heer	06.03.44		

054	Major Werner Streib	Luftwaffe	11.03.44		
055	Generalleutnant Richard Heidrich	Luftwaffe	25.03.44		
056	Oberführer Hinrich Schuldt	Waffen-SS	25.03.44	p	+
057	Generalleutnant Georg-Wilhelm Postel	Heer	26.03.44		
058	Generalmajor Wend von Wietersheim	Heer	26.03.44		
059	GFM Gerd von Manstein	Heer	30.03.44		
060	GFM Ewald von Kleist	Heer	30.03.44		
061	Hauptmann Alwin Boerst	Luftwaffe	06.04.44	p	+
062	Oberst Dr. Ernst Kupfer	Luftwaffe	11.04.44	p	+
063	General Hans Kreysing	Heer	13.04.44		
064	General Hans Jordan	Heer	20.04.44		
065	Brigadeführer Hermann Prieß	Waffen-SS	24.04.44		
066	Korvettenkapitän Albrecht Brandi	Marine	09.05.44	*	
067	Oberst Ludwig Heilmann	Luftwaffe	15.05.44		
068	Generaloberst Georg-Hans Reinhardt	Heer	26.05.44		
069	Oberst Horst Niemack	Heer	04.06.44		
070	Oberstleutnant d.R. Alfons König	Heer	09.06.44		+
071	Obersturmführer Michael Wittmann	Waffen-SS	22.06.44		+
072	Generaloberst Eduard Dietl	Heer	01.07.44	p	+
073	Oberstleutnant Josef Priller	Luftwaffe	02.07.44		
074	Major Friedrich Lang	Luftwaffe	02.07.44		+
075	Oberleutnant Erich Hartmann	Luftwaffe	04.07.44	*	
076	Generalleutnant Smilo von Lüttwitz	Heer	04.07.44		
077	Sturmbannführer Hans Dorr	Waffen-SS	09.07.44		+
078	Major Anton Hackl	Luftwaffe	12.07.44		
079	Generalmajor Rainer Stahel	Luftwaffe	18.07.44		
080	Oberstleutnant Theodor Tolsdorff	Heer	18.07.44	*	
081	Generalleutnant Fritz Bayerlein	Heer	20.07.44		
082	Oberstleutnant Johannes Steinhoff	Luftwaffe	28.07.44		
083	Gruppenführer Hermann Fegelein	Waffen-SS	30.07.44		+
084	Hauptmann Heinz Wolfgang Schnaufer	Luftwaffe	30.07.44	*	
085	Gruppenführer Franz von Scholz	Waffen-SS	08.08.44	p	+
086	Obergruppenführer Felix Steiner	Waffen-SS	10.08.44		
087	Generalleutnant Walter Fries	Heer	11.08.44		
088	Major Kurt Bühligen	Luftwaffe	14.08.44		
089	Generalleutnant Dr.Dr.Ing. Johannes Mayer	Heer	23.08.44		
090	Oberstgruppenführer Paul Hausser	Waffen-SS	26.08.44		
091	Standartenführer Kurt Meyer	Waffen-SS	27.08.44		
092	Generaloberst Robert von Greim	Luftwaffe	28.08.44		
093	Generaloberst Ferdinand Schörner	Heer	28.08.44	*	
094	Brigadeführer Theodor Wisch	Waffen-SS	30.08.44		
095	Standartenführer Otto Baum	Waffen-SS	02.09.44		
096	Oberst Hans Kroh	Luftwaffe	12.09.44		
097	General Wilhelm Wegener	Heer	17.09.44 +		
098	Major Theodor Nordmann	Luftwaffe	17.09.44		+
099	General Hermann-Bernhard Ramcke	Luftwaffe	19.09.44	*	
100	General Otto von Knobelsdorff	Heer	21.09.44		
101	Generalleutnant Dr. Karl Mauss	Heer	23.10.44	*	
102	Major Werner Ziegler	Heer	23.10.44		
103	Hauptmann d.R. Fritz Fessmann	Heer	23.10.44	p	+
104	General Hermann Recknagel	Heer	23.10.44		+
105	Generalleutnant Maximilian von Edelsheim	Heer	23.10.44		
106	Generalleutnant Hans Källner	Heer	23.10.44		+
107	Oberst d.R. Werner Mummert	Heer	23.10.44		
108	Hauptmann Josef Wurmheller	Luftwaffe	24.10.44	p	+
109	Generalmajor Dr. Hermann Hohn	Heer	31.10.44		

110	General Hans von Obstfelder	Heer	05.11.44		
111	Generalleutnant Ernst-Günther Baade	Heer	16.11.44		+
112	Oberst Karl-Lothar Schulz	Luftwaffe	18.11.44		
113	Oberleutnant Otto Kittel	Luftwaffe	25.11.44		+
114	Oberstleutnant Georg von Boeselager	Heer	28.11.44	p	+
115	General Helmuth Weidling	Heer	28.11.44		
116	Brigadeführer Heinz Harmel	Waffen-SS	15.12.44		
117	General Traugott Herr	Heer	18.12.44		
118	Generalleutnant Alfred-Hermann Reinhardt	Heer	24.12.44		
119	Obersturmbannführer Joachim Peiper	Waffen-SS	11.01.45		
120	Obergruppenführer Walter Krüger	Waffen-SS	11.01.45		
121	Oberst Wolfgang Kretzschmar	Heer	12.01.45	p	+
122	Generaloberst Dr. Lothar Rendulic	Heer	18.01.45		
123	Generalmajor d.R. Maximilian Wengler	Heer	21.01.45		+
124	General Walther Nehring	Heer	22.01.45		
125	Oberstleutnant Hermann Hogeback	Luftwaffe	26.01.45		
126	Major Erich Rudorffer	Luftwaffe	26.01.45		
127	General Friedrich Kirchner	Heer	26.01.45		
128	General Friedrich Müller	Heer	27.01.45		
129	Oberführer Helmut Dörner	Waffen-SS	01.02.45		+
130	Hauptmann Ernst-Wilhelm Reinert	Luftwaffe	01.02.45		
131	Oberst Erich Walther	Luftwaffe	01.02.45		
132	Generalmajor Max Sachsenheimer	Heer	06.02.45		
133	GFM Gerd von Rundstedt	Heer	18.02.45		
134	Generalmajor Dietrich von Müller	Heer	20.02.45		
135	General Friedrich Schulz	Heer	26.02.45		
136	Generaloberst Gotthard Heinrici	Heer	03.03.45		
137	Oberstleutnant Heinz-Georg Lemm	Heer	15.03.45		
138	Brigadeführer Otto Kumm	Waffen-SS	17.03.45		
139	General Walter Hartmann	Heer	18.03.45		
140	Standartenführer Georg Bochmann	Waffen-SS	26.03.45		
141	Oberst Arthur Jüttner	Heer	05.04.45		
142	Generalmajor Hermann von Oppeln-Bronikowski	Heer	17.04.45		
143	Generalmajor Hellmuth Mäder	Heer	18.04.45		
144	Major Werner Schröer	Luftwaffe	19.04.45		
145	Major Wilhelm Batz	Luftwaffe	21.04.45		
146	Generaloberst Johannes Blaskowitz	Heer	25.04.45		
147	General Hermann Niehoff	Heer	26.04.45		
148	Generalmajor Hermann-Heinrich Behrend	Heer	26.04.45		
149	General Karl Decker	Heer	26.04.45	p	+
150	Obersturmbannführer Otto Weidinger	Waffen-SS	06.05.45		
151	Obersturmbannführer Günther Wisliceny	Waffen-SS	06.05.45		
152	Oberführer Sylvester Stadler	Waffen-SS	06.05.45		
153	Obergruppenführer Wilhelm Bittrich	Waffen-SS	06.05.45		
154	General Fritz Gräser	Heer	08.05.45		
155	General Eugen Meindl	Luftwaffe	08.05.45		
156	Oberstleutnant Karl Thieme	Heer	09.05.45		
157	General Heinrich von Lüttwitz	Heer	09.05.45		
158	General Otto Hitzfeld	Heer	09.05.45		
159	Oberstleutnant Josef Bremm	Heer	09.05.45		

* späterer Brillantenträger
** später Goldenes Eichenlaub
p postum ausgezeichnet
\+ bis zum 9. Mai 1945 verstorben

TRÄGER DES RITTERKREUZES MIT EICHENLAUB, SCHWERTERN UND BRILLANTEN

001	Oberstleutnant Werner Mölders	Luftwaffe	15.07.41		+
002	Oberst Adolf Galland	Luftwaffe	28.01.42		
003	Major Gordon M. Gollob	Luftwaffe	30.08.42		
004	Oberleutnant Joachim Marseille	Luftwaffe	03.09.42		+
005	Oberleutnant d.R. Hermann Graf	Luftwaffe	16.09.42		
006	GFM Erwin Rommel	Heer	11.03.43		+
007	Korvettenkapitän Wolfgang Lüth	Marine	09.08.43		
008	Hauptmann Walter Nowotny	Luftwaffe	19.10.43		+
009	Oberst Adelbert Schulz	Heer	14.12.43		+
010	Major Hans-Ulrich Rudel	Luftwaffe	29.03.44	**	
011	Oberst d.R. Hyazinth Graf Strachwitz	Heer	15.04.44		
012	Gruppenführer Herbert Gille	Waffen-SS	19.04.44		
013	General Hans Hube	Heer	20.04.44		+
014	GFM Albert Kesselring	Luftwaffe	19.07.44		
015	Oberstleutnant Helmut Lent	Luftwaffe	31.07.44		+
016	Oberstgruppenführer Josef Dietrich	Waffen-SS	06.08.44		
017	GFM Walter Model	Heer	17.08.44		+
018	Oberleutnant Erich Hartmann	Luftwaffe	25.08.44		
019	General Hermann Balck	Heer	31.08.44		
020	General Hermann-Bernhard Ramcke	Luftwaffe	19.09.44		
021	Hauptmann Heinz-Wolfgang Schnaufer	Luftwaffe	16.10.44		
022	Korvettenkapitän Albrecht Brandi	Marine	24.11.44		
023	Generaloberst Ferdinand Schörner	Heer	01.01.45		
024	General Hasso von Manteuffel	Heer	18.02.45		
025	Generalmajor Theodor Tolsdorff	Heer	18.03.45		
026	Generalleutnant Dr. Karl Mauss	Heer	15.04.45		
027	General Dietrich von Saucken	Heer	08.05.45		

TRÄGER DES GOLDENEN EICHENLAUBS MIT SCHWERTERN UND BRILLANTEN

001	Oberstleutnant Hans-Ulrich Rudel	Luftwaffe	29.12.44

DIE ERSTEN TRÄGER DES EICHENLAUBS ZUM RITTERKREUZ

001	Generalleutnant Eduard Dietl	Heer	19.07.40	*	+
002	Major Werner Mölders	Luftwaffe	21.09.40	*	+
003	Major Adolf Galland	Luftwaffe	24.09.40	*	
004	Hauptmann Helmut Wick	Luftwaffe	06.10.40		+
005	Kapitänleutnant Günther Prien	Marine	21.10.40		+
006	Kapitänleutnant Otto Kretschmer	Marine	04.11.40	*	
007	Kapitänleutnant Joachim Schebke	Marine	01.12.40		+
008	Oberstleutnant Martin Harlinghausen	Luftwaffe	30.01.41		
009	Hauptmann Walter Oesau	Luftwaffe	06.02.41	*	+
010	Generalleutnant Erwin Rommel	Heer	20.03.41	*	+
011	Hauptmann Hermann-Friedrich Joppien	Luftwaffe	23.04.41		+
012	Oberleutnant Joachim Müncheberg	Luftwaffe	07.05.41	*	+
013	Kapitänleutnant Heinrich Liebe	Marine	10.06.41		
014	Oberleutnant zur See Engelbert Endraß	Marine	10.06.41		+
015	Kapitänleutnant Herbert Schultze	Marine	12.06.41		

* spätere Schwerterträger
\+ bis zum 9. Mai 1945 verstorben

Generalleutnant

ERNST-GÜNTHER BAADE

* 20.08.1897 in Falkenhagen/Preußen
+ 08.05.1945 in Bad Segeberg

Ritterkreuz		27.06.1942
Eichenlaub	(402)	22.02.1944
Schwerter	(111)	16.11.1944

Infanteriesturmabzeichen
Zweimalige Nennung im Wehrmachtsbericht
Ärmelband "Afrika"
Sonderabzeichen für Panzervernichtung durch Einzelkämpfer
Deutsches Kreuz in Gold
Verwundetenabzeichen in Silber

"Vom Kavalleristen zum Panzergeneral"

Wenige Wochen nach Ausbruch des Ersten Weltkrieges meldete sich der kaisertreue Ernst-Günther Baade im Alter von erst 17 Jahren freiwillig ins 9. Ulanenregiment. Nach vollendeter Ausbildung an der Ostfront zum Einsatz gekommen, wurde der junge Soldat für Tapferkeit vor dem Feind zum Offiziersanwärter ausgewählt. Im August 1916 zum Leutnant ernannt, kämpfte Baade zuerst erneut an der Ostfront, um 1918 an der Westfront zum Einsatz zu kommen. Eine seiner drei Verwundungen erfolgte durch das gefürchtete Giftgas. Beide Klassen des Eisernen Kreuzes würdigten seine Tapferkeit.
Nachdem er im Zuge der Heeresverminderung 1920 in die Reserve entlassen worden war, kehrte er bereits 1924 wieder in die Reichswehr zurück. Bis Kriegsbeginn absolvierte Baade verschiedene Lehrgänge an Kriegs- und Waffenschulen, kommandierte 1935 u.a. eine Schwadron im Kavallerieregiment 3 und stand 1939 als Major an der Spitze der berittenen Aufklärungsabteilung 17 in Göttingen. An der Spitze dieser Einheit nahm er am Blitzkrieg gegen Polen teil.

Als Kommandeur der I. Abteilung/Reiterregiment 22 nahm Baade im Verband der 1. Kavalleriedivision an der Offensive gegen die Niederlande teil. Aufgrund des dort sehr tiefen und wässrigen Bodens waren die Reiter dafür sehr geeignet. Baades Regimentskommandeur war niemand geringerer als Oberst von Senger-Etterlin, bei Kriegsende ein mit dem Eichenlaub dekorierter General. Nach der Kapitulation der "Festung Holland" stieß die Division durch Belgien vor und nahm in der zweiten Phase des "Fall Gelb" an der Flandernschlacht teil. Nach schnellen Vorstößen über die Seine und die Provinzen Centre und Poitou-Charentes erreichten die Verbände der 1. KD (XXXVIII. Armeekorps) im Juni die wichtige Hafenstadt La Rochelle. In den Kämpfen schwer verwundet, erhielt der im Februar 1940 zum Oberstleutnant ernannte Baade die Spangen zu den Eisernen Kreuzen 1914 verliehen. Unter den jungen Kompaniekommandanten des Regiments befand sich u.a. Leutnant Georg Michael, der nach dem Westfeldzug am 19.01.41 als dritter Offizier der Heereskavallerie das Ritterkreuz erhielt und später in Russland das erst 187. Eichenlaub erhalten sollte (1944 gefallen).
Kurz nachdem der Krieg gegen die Sowjetunion begonnen hatte, kehrte der wiedergenesene Baade zu seiner Division zurück. Diese war nach schweren Verlusten in Russland vom Kampfeinsatz zurückgezogen und schließlich aufgelöst worden! Einige Verbände wurden vom Pferd auf den modernen Panzer umgerüstet und in die neu aufgestellte 24. Panzerdivision eingegliedert. Oberstleutnant Baade übernahm im Dezember 1941 das Kradschützen-Bataillon 4 der Division. Im Frontbereich der Heeresgruppe Süd eingesetzt, kämpfte seine Einheit im Frontbogen von Kursk und während der Offensive gegen Woronesch. Im letztgenannten Gebiet tobten monatelang die schwersten Kämpfe, durch den Widerstand mehrerer russischer Armeegruppen konnte kaum ein Geländegewinn erzielt werden. Im Winter 1941 erhielt Baade für die Verdienste an der Spitze seines Bataillons das Deutsche Kreuz in Gold verliehen.
Wenige Tage nachdem er zum Oberst (16.03.42) befördert worden war, erhielt Baade Befehl, sein Kommando abzugeben und sich bei der 15. Panzerdivision zu melden - diese lag in Nordafrika.
Als Kommandeur des Schützenregiments 115 kämpfte Baade unter dem Oberbefehl von "Wüstenfuchs" Erwin Rommel in Libyen und der Cyrenaika. Das berühmte Afrikakorps stand gerade auf dem Höhepunkt seiner Erfolge.

Baades Vorgänger als Kommandeur dieses Regiments war der bewährte Oberst Werner Marcks gewesen, welcher 1944 als Kommandeur der 1. Panzerdivision das Eichenlaub erhalten sollte.
Im Juni 1942 wurde das Regiment in schwere Abwehrgefechte verwickelt, in deren Verlauf Oberst Baade mehrmals erfolgreiche Gegenangriffe einleiten und u.a. eine britische Panzerabteilung vernichten konnte. In Folge nahm das Regiment am Sturm der Festung Bir Hacheim teil. Nach schwersten Gefechten gegen britische Soldaten und französische Elite-Fremdenlegionäre durchbrach Baade an der Spitze seiner Männer die Bunkeranlagen und erhielt hierfür am 27. Juni 1942 das Ritterkreuz zum Eisernen Kreuz.
Nur wenige Wochen später wurde der Ritterkreuzträger während der schweren Kämpfe bei El Alamein durch Granatsplitter erneut verwundet, die Verlegung ins Hauptlazarett von Rom wurde nötig. Nach seiner Genesung wurde der Oberst in das Oberkommando der italienischen Armee befohlen, wo er Stabsoffizier beim deutschen Generalkommando wurde. Auf diesem Posten blieb Baade bis Mai 1943.
Als sich die deutschen Truppen nach wochenlangen Abwehrkämpfen aus Sizilien auf das italienische Festland zurückziehen mussten, wurde Oberst Baade zum Kommandant Messina-Straße ernannt. In seine Verantwortung fiel die Evakuierung von mehreren Divisionen und tausenden Verwundeten nach Italien. Während den erneuten Rückzugskämpfen in Süditalien übernahm er im November 1943 stellvertretend das Kommando über die 15. Panzerdivision. Im Anschluss daran kommandierte Ernst-Günther Baade die von der Ost- und Südfront erfahrene 90. Panzergrenadierdivision.
Während der schweren und erbitterten Stellungsschlachten um Monte Cassino führte er die 90. PGD mit außerordentlichem Geschick und großem Erfolg. Wiederholt schlugen seine Grenadiere zusammen mit Elite-Verbänden der Fallschirmjäger die weit überlegenen britisch-polnischen Verbände zurück und hielten auch unter mörderischem Trommelfeuer ihre Stellungen.
Die besonders materialmäßig überlegenen Alliierten rannten in drei getrennten Schlachten gegen die Berg- und Grabenstellungen der Deutschen an, ohne einen größeren Geländegewinn zu erzielen! Am 7. Februar 1944 konnte in harten Angriffskämpfen die verlorengegangene Höhe 593 zurückerobert werden, wenige Tage später wurde der Monte Castellone erstürmt, musste jedoch nach vier Stunden wieder aufgegeben werden. Am 22.02.44 erhielt Baade für wiederholte persönliche Tapferkeit im Gefecht - auch als Divisionskommandeur führte er stets von vorn - das 402. Eichenlaub zum Ritterkreuz verliehen. Dieses erhielt er während derselben Zeremonie wie von Saucken, Postel und Griesbach die Schwerter überreicht.
Einen Monat später erging seine Beförderung zum Generalmajor, im Mai wurde die 90. PGD für ihren erstklassigen Einsatz in Italien ehrenvoll im Wehrmachtsbericht genannt. Nach dem schließlich doch noch erzwungenen Rückzug aus Monte Cassino führte Baade seine Division kämpfend Richtung Norden.
Nach Abwehreinsätzen im Sacco-Tal, am Tiber und bei Arezzo wurde Baade am 20. September 1944 zum Generalleutnant befördert. Für die erstklassige und erfolgreiche Führung der 90. Panzergrenadierdivision erfolgte am 16. November die 61. Verleihung der Schwerter zum Ritterkreuz mit Eichenlaub an einen Offizier des Heeres.

Im Frühjahr 1945 wurde Ernst-Günther Baade zum Lehrgang für Kommandierende Generale befohlen, im März kehrte er an die Front zurück und übernahm das LXXXI. Armeekorps im Westen.
In den folgenden Wochen versuchte er als Kampfkommandant von Köln dessen Verteidigung zu organisieren. Kurz bevor die Reste der Heeresgruppe B unter Brillantenträger GFM Model um Düsseldorf, Dortmund und Köln eingekesselt wurden (Ruhrkessel), wurde Baade jedoch abgelöst und nach Norddeutschland versetzt. Auf der Fahrt zu seinem neuen Kommando (Stab Heeresgruppe H) wurde sein Wagen durch einen der unzähligen, in den letzten Kriegsmonaten praktisch überall anwesenden, alliierten Jagdbomber mit Bordwaffen angegriffen. Mit einem Streifschuss am Nacken und einer bösen Verletzung am Unterschenkel (Phosphorgeschoss) wurde Baade ins nahe gelegene Lazarett von Bad Segeberg (Schleswig-Holstein) gebracht. Durch den hohen Blutverlust und die schlechten Möglichkeiten des völlig überlasteten Lazaretts verstarb der hochdekorierte Generalleutnant jedoch am Tag der Gesamtkapitulation und wurde in Neuerstaven beigesetzt!

Generalmajor

DR. FRANZ BÄKE

* 28.02.1898 in Schwarzenfels/Franken
+ 12.12.1978 bei Hagen

Ritterkreuz		11.01.1943
Eichenlaub	(262)	01.08.1943
Schwerter	(049)	21.02.1944

Panzerkampfabzeichen in Gold (4. Stufe)
Dreimalige Nennung im Wehrmachtsbericht
Drei Sonderabzeichen für Panzervernichtung durch Einzelkämpfer
Verwundetenabzeichen in Gold

"Der beste Kampfgruppenführer der Panzerwaffe"

Der Name Dr. Franz Bäke ist aus der Fachliteratur der deutschen Panzerwaffe 1939-1945 unmöglich wegzudenken. Der äußerst tapfere und erfolgreiche Panzeroffizier durchlebte eine der steilsten Karrieren seines Waffenkorps und wurde im Laufe des Krieges fünfmal befördert. Wie der Panzerexperte Dr. Karl Mauss war auch er im Zivilberuf Zahnmediziner.

Nachdem er bereits während des Ersten Weltkrieges als Vizefeldwebel im Infanterieregiment 53 gekämpft und das Eiserne Kreuz 2. Klasse erhalten hatte, wurde Franz Bäke im Zuge der Heeresverminderung aus dem aktiven Dienst entlassen. Nach erfolgreich abgeschlossenem Zahnarztstudium 1935 als Leutnant der Reserve reaktiviert und zwei Jahre darauf in die 1. Leichte Division versetzt, führte Oberleutnant d.R. Dr. Bäke bei Kriegsausbruch die 1. Kompanie der Panzerabteilung 65 in Senne/Iserlohn.
An der Spitze dieser Einheit kämpfte Bäke während des Polenfeldzuges im Gebiet von Wielun, an der Warthe, bei Radom und an der Weichsel. Im Oktober 1939 begann die Umgliederung der Division zur 6. Panzerdivision, die Panzerabteilung 65 wurde teilweise zum Panzerregiment 11 umgewandelt. In diesem Regiment sollte Dr. Bäke innerhalb von drei Jahren zu einem der erfolgreichsten und höchstdekorierten Panzerführer des Krieges werden.
Am 10. Mai 1940 rollten die Panzer der 6. PD im Verband der "Panzergruppe Kleist" durch Luxemburg, überschritten die Maas und erzwangen im Frontabschnitt Montcornet den Durchbruch. Nachdem das XXXXI. Armeekorps die Kanalküste erreicht hatte, schwenkten die motorisierten Einheiten nach Norden.
Während der zweiten Phase des Westfeldzugs kämpfte die Panzerabteilung 65 im Gebiet der Maginotlinie und den westlichen Vogesen, wo umfassende französische Truppenteile in Gefangenschaft marschierten. Am 17. und 19. Mai war Dr. Bäke in den heftigen Vormarschkämpfen zweimal in Folge leicht verwundet worden, nach der französischen Kapitulation erhielt er das Eiserne Kreuz 1. Klasse überreicht.
Bereits im September 1940 wurde die 6. PD unter ihrem neuen Kommandeur Generalmajor Kempf (später 111. Eichenlaub) nach Preußen verlegt, im Februar 1941 wurde Dr. Bäke Ordonanzoffizier des PR 11, im Mai übernahm er schließlich die Stabskompanie.
Am 22. Juni 1941 begann für Dr. Franz Bäke und seine Division der Russlandfeldzug, bis zum Sommer 1944 sollte der herausragende Frontoffizier hier im Einsatz sein. In den nächsten Monaten bewährten sich die Divisionspanzer im Nordabschnitt der Ostfront, stießen durch Lettland und Litauen und erreichten im September das Vorfeld von Leningrad (u.a. Gefechte vor Dünaburg, Pleskau, Slusk und an der Luga).
Im Herbst 1941 konnten Teile der 6. PD zusammen mit der aus Frankreich berühmten 7. "*Gespenster*"-Division den riesigen Kessel von Wjasma-Brjansk schließen, im Winter erlebte Hauptmann Dr. Bäke die schweren und verlustreichen Gefechte vor Moskau, bei Klin und um Gshatsk. In Anerkennung seiner Leistungen übernahm Dr. Bäke schon bald die I. Abteilung des PR 11, die über ausgezeichnete Besatzungen verfügte.
Bis zum Frühjahr 1942 stand die 6. PD die harten Abwehrkämpfe westlich von Moskau durch, im Mai wurde die geschwächte Division aus der Front gezogen und in Frankreich aufgefrischt. Gleichzeitig erhielt Bäkes Abteilung

neue Kampfpanzer vom Typ III und IV. Im August wurde Dr. Bäke zum Major der Reserve befördert und mit der Führung der II. Abteilung betraut.
Im Winter 1942/43 wurde die 6. Panzerdivision im Verband der 4. Panzerarmee (Hoth) für die Operation "Wintergewitter" - dem Entsatzangriff für den Stalingrad-Kessel - herangezogen und als Angriffsspitze eingesetzt. Bereits in den ersten Gefechten traf die Division auf kampferfahrene und entschlossen geführte Verbände der Roten Armee. Am 14. Dezember eroberten Bäkes Panzer Werchne Kumskji, in den Kämpfen schossen seine Besatzungen in kurzer Zeit 23 Feindpanzer ab. Obwohl die 6. PD in den nächsten Tagen noch weiter vordringen konnte und die Distanz zur eingeschlossenen 6. Armee (Paulus) immer geringer wurde, endete das Unternehmen in einem Fehlschlag. Ende Dezember mussten die Landser den Rückzug antreten und sich gleich in neue Bereitstellungen im Großen Donbogen begeben.
Durch seine unzähligen erfolgreichen Waffengänge genoss Franz Bäke innerhalb der Division bereits einen erstklassigen Ruf. Obwohl bereits ein 45jähriger Major, vernichtete er 1942/43 mehrere russische Panzer im Nahkampf (d.h. durch Hohlladung oder Haftmine) und trug hierfür insgesamt drei Panzervernichtungsabzeichen!
Im Jänner 1943 erhielt Major Dr. Bäke in Anerkennung der erstklassigen Führung seiner II. Abteilung das Ritterkreuz verliehen. Kurz darauf übernahm mit Oberst von Oppeln-Bronikowski ein späterer Schwerterträger die Regimentsführung.
Nach schweren Einsätzen in den Abschnitten Bogutschar, Tazinskaja und Don-Bogen zeichnete sich Dr. Bäke während der Vernichtung der "Armeegruppe Popov" besonders aus. Im Frühsommer 1943 erhielt das Regiment einige der bereits sehnsüchtig erwarteten neuen Panther-Kampfpanzer (45,5 Tonnen), die eine wirksame Antwort auf die gefährlichen russischen T-34 darstellten. Im Juli 1943 begann für die 6. PD (III. PzKorps unter Breith) die Offensive gegen den vorgeschobenen Frontbogen von Kursk. Während der Panzerschlacht bei Prochorowka bestätigte Major der Reserve Dr. Bäke erneut, dass er einer der besten Kampfgruppenführer der Ostfront war. Obwohl bei einem irrtümlichen Bombenangriff eigener Flugzeuge(!) verwundet, blieb er bei seinen Männern und führte einen erfolgreichen Gegenangriff durch, bei dem innerhalb kürzester Zeit 25 Panzer, 31 Pak und 12 Geschütze des Gegners vernichtet werden konnten. Durch den großen Ausfall an Offizieren musste Dr. Bäke kurz darauf die Führung des Panzerregiments 11 übernehmen.
Am 1. August 1943 erhielt Dr. Bäke für seine Leistungen während des Unternehmens "Zitadelle" als erst 12. Reserveoffizier das Eichenlaub zum Ritterkreuz verliehen und wurde zum Oberstleutnant d.R. ernannt.
Im Winter 1943/44 kämpfte das nun auch mit einigen Tiger-Kampfpanzern ausgerüstete PR 11 im Raum Kirowograd und Tscherkassy. Nachdem die "Kampfgruppe Bäke" bei Shaskow durch beeindruckende Angriffstaktiken innerhalb von 24 Stunden 270 Feindpanzer und über 150 Geschütze vernichtet hatte, wurde Oberstleutnant Dr. Bäke - nur 406 Tage nach dem Ritterkreuz - als 49. Soldat der Wehrmacht und 20. Offizier des Heeres mit den Schwertern zum Ritterkreuz mit Eichenlaub ausgezeichnet! Die erneut hohe Auszeichnung würdigte den großen Einsatz des gesamten Panzerregiments 11. In Folge erhielt der einsatzfreudige Regimentskommandeur auch die höchste Stufe des Panzerkampfabzeichens verliehen!
Bis Kriegsende sollte Dr. Bäke über 500 Fronteinsätze als Panzerkommandeur fahren, hierbei 13mal durch Feindpanzer oder Pak-Geschütze abgeschossen werden und 7 Verwundungen überstehen!

Nach weiteren schwierigen Einsätzen entlang den Brennpunkten der südlichen Ostfront wurde der bereits zum Oberst d.R. (01.05.44) aufgestiegene Panzerexperte am 13. Juli 1944 zum Kommandeur der selbständigen Panzerbrigade 106 an der Westfront ernannt. In Offensiveinsätzen bei Metz, Marville und dem südlichen Luxemburg wurden die US-Truppen durch die verwegene und entschlossene Führung des ehemaligen Zahnarztes überrascht.
Nach weiteren Einsätzen in Frankreich setzte sich die Brigade ins Elsaß ab, wo es erneut zu schweren Gefechten mit US-Truppen kam. Ferner zeichneten sich die Panzer in den Vogesen, im Raum Freiburg und bei Kolmar aus.
Am 12. Februar 1945 erhielt Dr. Bäke Befehl, aus seiner Brigade und den Resten der schwer angeschlagenen 13. PD - ihr Kommandeur Eichenlaubträger Generalmajor Schmidthuber war gefallen - die neue Panzerdivision "*Feldherrenhalle*" zu bilden und mit ihr an die Ostfront zu verlegen.
Die letzten Monate des Krieges führte Oberst Dr. Bäke seine Kampfgruppen im Verband der 8. Armee unter Schwerterträger General Kreysing kämpfend aus dem Großraum Budapest über das Pilis-Gebirge an die Donau. Hier wurde der bereits sehr geschwächte Verband in "*Feldherrenhalle 2*" umbenannt.
Noch am 1. April 1945 wurde Dr. Bäke für seine Leistungen zum Generalmajor befördert und in den aktiven Dienst übernommen (1939 noch Oberleutnant!). Die letzten Einsätze fanden im März und April in den Abschnitten Neutra, Sered und Thaya statt, am 6. Mai wurden in den letzten Abwehrkämpfen bei Budweis noch 35 russische Panzer abgeschossen! Anschließend konnte Dr. Bäke Teile seiner Division in amerikanische Gefangenschaft retten.
Dr. Franz Bäke verstarb 1978 an den Folgen eines schweren Autounfalls.

Oberstleutnant

HEINRICH BÄR

* 25.05.1913 in Sommerfeld/Sachsen
+ 28.04.1957 bei Braunschweig

Ritterkreuz		02.07.1941
Eichenlaub	(031)	14.08.1941
Schwerter	(007)	16.02.1942

Frontflugspange für Jäger in Gold mit Anhänger Einsatzzahl "1.000"
Zweimalige Nennung im Wehrmachtsbericht
Flugzeugführer- und Beobachterabzeichen
Ärmelband "Afrika"
Ehrenpokal der Luftwaffe
Deutsches Kreuz in Gold
Verwundetenabzeichen in Silber

"Das Düsenjagd-As Nummer Eins"

Im Jahre 1935 freiwillig in die Wehrmacht eingetreten und ein Jahr darauf in die Luftwaffe versetzt, wurde Bär, Sohn eines Landwirtes, als Transportpilot ausgebildet. Zum damaligen Zeitpunkt wollte er von kleinen, einmotorigen Jagdmaschinen nichts wissen - erst als der Feldwebel zufällig einmal so eine "Kiste" für ein paar Minuten flog, änderte sich diese Einstellung. Bär war sogar so begeistert, dass er sich sofort an eine Jagdfliegerschule versetzen und umschulen ließ!
Kurz vor Kriegsbeginn ins Jagdgeschwader 51 versetzt, erzielte Heinrich Bär bereits im September 1939 seinen ersten Luftsieg. Weitere Erfolge folgten während des Westfeldzuges, so dass der ehemalige Transportflieger im Juli 1940 das Eiserne Kreuz 1. Klasse erhielt und nach der Luftschlacht um England mit 17 Luftsiegen einer der erfolgreichsten Piloten der Luftwaffe war! Im Mai hatte der zukünftige Luftkampfexperte von seinem Staffelkapitän zwei Wochen Flugverbot aufgebrummt bekommen, als er während eines Tiefangriffes mit Bordwaffen gegen die Vorschriften verstieß. Ansonsten waren seine Leistungen jedoch makellos.
Zum Kriegsoffizier (01.08.40) befördert, erlebte Bär in dem von Werner Mölders geführten Geschwader auch die ersten Monate des Russlandfeldzuges. Schon am ersten Einsatztag konnte er - zusammen mit Mölders und dem späteren Eichenlaubträger Hermann-Friedrich Joppien - ein Dutzend "Rote Falken" abschießen.
Bereits nach knapp zwei Wochen Einsatzzeit war der kampferfahrene Leutnant Bär bei 27 Abschüssen angelangt, wofür er das Ritterkreuz zum Eisernen Kreuz erhielt und zum Kapitän der 12. Staffel ernannt wurde. Danach stiegen seine Leistungen noch weiter an, so dass im August als Oberleutnant (01.08.41) für 60 Luftsiege bereits das Eichenlaub zum Ritterkreuz folgte.
Dieselbe Auszeichnung erhielt übrigens auch Bärs langjähriger Rottenflieger und Freund, Oberfeldwebel Heinrich Hoffmann. Der Rheinländer verbuchte zwischen Juni und Oktober 1941 mit 63 Luftsiegen eines der besten Ergebnisse der Luftwaffe und erhielt hierfür als 36. Soldat und erster Unteroffizier der Millionenwehrmacht(!) das Eichenlaub verliehen – leider postum., denn er fiel am 3. Oktober. Das Gespann Bär-Hoffmann war ebenso bekannt wie das erfolgreiche Team Graf-Steinbatz.
Im Luftkampf sehr angriffslustig und sicher, traf Bär während seiner Dienstzeit an der Ostfront auf so gut wie jeden russischen Flugzeugtyp. Als exzellenter Vorhalteschütze und Flieger bekannt, schoss er einmal 8 Gegner an einem Tag ab. Am 31. August wurde er jedoch selber besiegt und über feindlichem Gebiet zum Aussteigen mit dem Fallschirm gezwungen. Durch schmerzhafte Rückenverletzungen fast nicht in er Lage selber zu laufen, wurde der Eichenlaubträger erst nach acht Tagen(!) durch einen losgeschickten Stoßtrupp des Schützenregiments 12 (Oberstlt. Smilo von Lüttwitz) gefunden und in ein Lazarett gebracht.
Bär stand wenige Wochen später wieder im Einsatz, wurde jedoch schon im November erneut verwundet. Bereits wenige Tage nach seiner Rückkehr wieder in Hochform, erhielt er am 16. Februar 1942 nach 80 Siegen als erst 7. Soldat die Schwerter zum Ritterkreuz mit Eichenlaub verliehen.
Nach zehn Monaten im Osten erhielt Bär im Mai 1942 seine Versetzung zum Jagdgeschwader 77, das zu dieser Zeit im Mittelmeerraum eingesetzt war. Im Kampf gegen die amerikanischen und britischen Piloten ebenso erfolgreich wie

gegen die Russen, konnte er bereits am 19. Mai als 9. Jagdflieger seinen 100. bestätigten Luftsieg melden, die letzten vier hatte er gegen britische Spitfire über der Inselfestung Malta erzielt.
Nach weiteren Erfolgen übernahm der ausgezeichnete Offizier schließlich die I. Gruppe des Geschwaders. Am 1. Juni 1942 konnte Bär den Ehrenpokal für besondere Leistungen im Luftkrieg entgegennehmen. Am 10. Dezember meldete der Hauptmann bereits seinen 136. Luftsieg.
Als sich die Luftwaffe unmittelbar vor der sich abzeichnenden Niederlage in Afrika aus dem Tuniskessel zurückzog, wurde ausgerechnet der hochbewährte Heinrich Bär zum Opfer einer völlig unverständlichen Reaktion von Reichsmarschall Göring. Denn dieser - durch die großen Erfolge der ersten Kriegsjahre siegesverwöhnt - kochte aufgrund der Niederlage vor Wut, sah sich in seiner persönlichen Ehre gekränkt und sann gegenüber den "versagenden Jagdfliegern aus Afrika" auf Rache.
Er enthob mehrere Verbandsführer der hier eingesetzten Geschwader ihres Kommandos! Diese völlig sinnlose und unfaire Aktion - die zusätzlich die Jagdwaffe noch weiter schwächte – traf u.a. ausgerechnet den über Tunesien 61mal (!!) erfolgreichen Gruppenkommandeur Major (01.03.43) Bär.
Als Kommandeur einer Jagdflieger-Ergänzungsgruppe ins unwichtige Südfrankreich abgeschoben, erhielt der Schwerterträger bis Jahresende kein weiteres Frontkommando! Andererseits hatte Bär eine solche Ruhepause dringend nötig, da der Dauereinsatz bereits merkliche Spuren bei ihm hinterlassen hatte.
Im Dezember wurde er dann ein weiteres Mal gedemütigt, als ihn das Oberkommando der Luftwaffe in die Stabsstaffel des Jagdgeschwaders 1 nach Deutschland versetzte, wo er quasi als einfacher Flugzeugführer eingesetzt wurde.
Hier erkannte sein Geschwaderkommodore und Schwerterträger Oberst Oesau die Situation und gab ihm wenigstens das Kommando über die 6. Staffel. Als Bär mit dieser erneut große Gefechtserfolge errang - so schoss der Major im Februar 1944 als einer der wenigen seinen bereits 100. westalliierten Gegner ab -, konnte das Oberkommando das nicht länger ignorieren und unterstellte ihm die I. Gruppe des Geschwaders.
In den täglichen Feindflügen gegen die riesigen und scharf bewachten Bomberverbände der Alliierten wurde Bär wiederholt abgeschossen und verwundet. Im Kampf gegen die schwerbewaffneten viermotorigen Bomber war er aber nicht weniger als 22mal erfolgreich, was ihn zu einem der treffsichersten "Möbelwagen-Töter" der Luftwaffe machte.
Am 28. April 1944 konnte er während eines Einsatzes über Berlin bereits seinen 200. Luftsieg melden und sich damit als weltweit siebenter Pilot in den sogenannten "Klub 200" eintragen!
Im Juni 1944 übernahm Heinrich Bär das JG 3 "*Udet*" als Kommodore, nachdem er kurzfristig auch das JG 1 geführt hatte - der "Bannstrahl" war nun endlich endgültig gebrochen.
In heftigen Luftkämpfen über Deutschland errang er weitere Siege. Am 1. Jänner 1945, dem Tag an dem er vorgezogen zum Oberstleutnant befördert wurde, nahm er an der Spitze seiner Piloten an der Operation "Bodenplatte" über Belgien teil und schoss dabei zwei US-Jäger ab. Wenig später übernahm Bär die mit Me-262-Düsenjägern ausgerüstete Ergänzungsgruppe Lechfeld, die besonders gegen die schweren Boeing B-17-Bomber eingesetzt wurde. Als Düsenjäger-Ausbilder flog er auch die seltene zweisitzige Version der Me-262.
Bis zur deutschen Kapitulation konnte Bär auf der Me-262 nicht weniger als 16 Luftsiege erzielen, was ihn vor Franz Schall*[01]* und Hermann Buchner*[02]* zum erfolgreichsten Düsenjäger-As des Zweiten Weltkrieges machte.
Einige dieser Abschüsse erzielte er mit einem speziellen Typ der Me-262, welcher mit einem zusätzlichen Raketenmotor ausgerüstet war und der Maschine eine Höchstgeschwindigkeit von fast 900 km/h ermöglichte!
Bärs letztes Kommando war eine besondere Auszeichnung für ihn. Als Nachfolger für den verwundeten Adolf Galland und den gefallenen Günther Lützow kommandierte er im April und Mai 1945 den legendären Elite-Düsenjagdverband 44.
Mit über 1.000 Feindflügen zwischen 1939 und 1945 gehörte Heinrich "Pritzel" Bär (Funk-Tarnname Bussard 1) zu den am meisten eingesetzten Jagdfliegern des Krieges - kein alliiertes As erreichte auch nur annähernd diese magische Marke. Die von ihm erzielten 220 Luftsiege - davon 124(!) gegen Engländer, Amerikaner und Franzosen*[03]* - sichern ihm den achten Platz in der ewigen Bestenliste der Luftkriegsgeschichte.
Unter seine Opfern befanden sich 96 russische Maschinen sowie 22 schwere US-Bomber. Bär hatte nicht weniger als 18(!) Notlandungen und Fallschirmabsprünge sowie drei Verwundungen überlebt. Trotz dieser eindrucksvollen Karriere war er in den drei Jahren nach der Schwerterverleihung nicht mehr mit den Brillanten zum Ritterkreuz dekoriert worden*[134]* .
Unmittelbar nachdem die Siegermächte Deutschland wieder den Motorflug erlaubt hatten, wurde Bär Motorflugreferent im Deutschen Aero Club. Seine Liebe zum Fliegen sollte ihm zum Verhängnis werden - 1957 verunglückte Oberstleutnant a.D. Bär während einer Flugschau mit einem Sportflugzeug über Braunschweig tödlich!

Anmerkung des Autors: Bärs amtlicher Vorname war Oskar-Heinz, doch nannten ihn alle Heinrich.

Generalmajor

ERICH BÄRENFÄNGER

* 12.01.1915 in Menden/Westfalen
+ 01.05.1945 in Berlin

Ritterkreuz		07.08.1942
Eichenlaub	(243)	17.05.1943
Schwerter	(045)	23.01.1944

Infanteriesturmabzeichen in Silber
Nennung im Ehrenblatt des Heeres
Nennung im Wehrmachtsbericht
Königlich-Bulgarischer Tapferkeitsorden
Bulgarisches Infanterie-Ehrenzeichen in Silber
Krone Rumäniens mit Schwertern 5. Klasse
Krimschild
Deutsches Kreuz in Gold
Verwundetenabzeichen in Gold

"Mit 30 Jahren bereits Generalmajor!"

Erich Bärenfänger gehörte zu den tapfersten Infanteristen des Zweiten Weltkrieges. Neben unzähligen hohen Auszeichnungen wurde er für seine Leistungen zwischen 1939 und 1945 fünfmal befördert, im letzten Kriegsjahr war er im Alter von erst 30 Jahren zum Generalmajor aufgestiegen! Somit war er einer der mit Abstand jüngsten Offiziere dieses Ranges während des gesamten Zweiten Weltkrieges!

Der später so erfolgreiche Westfale trat 1936 ins Heer ein und arbeitete sich langsam vom Gefreiten bis zum Feldwebel empor. Nach langjährigem Dienst im Infanterieregiment 123 der 50. Infanteriedivision wurde er 1939 zum Leutnant der Reserve befördert. Ein von ihm bereits eingereichtes Entlassungsgesuch mit Wirkung vom 30.09.39 wurde durch den plötzlichen Kriegsausbruch unerwartet zu Nichte gemacht!
Während des Blitzkrieges in Polen nahm Bärenfänger an der Spitze eines Zuges erfolgreich an mehreren Stoßtruppunternehmen teil. Nach dem Sieg über Polen wurde seine Division an die Westfront verlegt, um am Krieg gegen Frankreich teilzunehmen.
An der Spitze eines Zuges der 11. Kompanie nahm Bärenfänger am "Fall Gelb" (XXXXII. Armeekorps) teil, wobei er für Tapferkeit im Gefecht beide Klassen des Eisernen Kreuzes erhielt. Im Juni 1940 wurde er im Gebiet des Monte de Confirment durch Granatsplitter erstmals verwundet - nach einem Monat Lazarettbehandlung kehrte er wieder zu seinem Regiment zurück. Nach Teilnahme am Balkanfeldzug (u.a. Metaxas-Linie, Passstraßen-Gefechte, Höhe 510) wurde die Division im rumänisch/ungarischen Raum in Bereitstellung für die Operation "Barbarossa" befohlen.
Im Juni 1941 begann der Krieg gegen die Sowjetunion. Nachdem Bärenfänger sich in der Führung seines Zuges erneut bewährt hatte, wurde er zum Oberleutnant d.R. befördert, kurz zuvor hatte er sich erneut von einer Verwundung (Minenexplosion) erholen müssen. Im September 1941 übernahm er die 7. Kompanie und nahm an der Erstürmung der Festung Otschakoff teil. Trotz seines niedrigen Dienstranges übernahm Bärenfänger nun zeitweise zusätzlich den Befehl über die motorisierte Vorausabteilung der Division.
Im Verband der 11. Armee (von Manstein) kämpfte seine Division, vom späteren Eichenlaubträger Generalleutnant Karl-Adolf Hollidt kommandiert, im Südabschnitt der Ostfront, stieß über den Dnjepr, kämpfte bei Odessa und Nikajew.
Zusammen mit den verbündeten Rumänen und Bulgaren erreichte die 50. ID im September 1941 den Nordübergang zur Halbinsel Krim. Während der nächsten Monate mussten sich die deutschen Soldaten jeden Meter hart erkämpfen. Nach Teilnahme an den schweren Winterschlachten 1941/42 trug Bärenfänger bereits das Deutsche Kreuz in Gold. Drei Offiziere des 123ten trugen zu diesem Zeitpunkt bereits das Ritterkreuz.
Im November hatte Bärenfänger, nun bereits ins aktive Offizierskorps übernommen, in einem wagemutigen Sturmangriff gegen die Höhe 158,7 ein komplettes russisches Artillerieregiment zerschlagen! Im Laufe der Kämpfe um Sewastopol wurde Erich Bärenfänger weitere dreimal verwundet (u.a. Splitter im Knie, Gesicht und beiden Beinen!).

So hatte er bereits im Jänner 1942 "genug Verwundungen zusammen" um das Verwundetenabzeichen in Gold entgegennehmen zu können! Als er mit seiner Kompanie im Juni 1942 an der Spitze des Bataillons durch die gefährliche Kamyschlyschlucht vorrückte, dabei Minenfelder und starke Bunkerlinien ausschaltete und einen Brückenkopf bildete, wurde er ins Ehrenblatt des Heeres eingetragen. In den schweren Gefechten hatte das Regiment jedoch innerhalb weniger Wochen mit über 1.200 Toten und Verwundeten einen sehr hohen Preis zahlen müssen. Nach erneuter Bewährung im Graben- und Bunkerkampf erhielt Bärenfänger im August 1942 das Ritterkreuz verliehen. Vier Wochen darauf erfolgte Bärenfängers Beförderung zum Hauptmann und Kommandeur des III. Bataillons im Infanterieregiment 123. Für seinen Dauereinsatz auf der Halbinsel erhielt er außerdem den Krimschild überreicht. Verbündete Staaten ehrten den verdienten Offizier ebenfalls mit verschiedenen Tapferkeitsauszeichnungen.
Wenige Wochen nach seiner Beförderung lehnte der tapfere Vollblutinfanterist den ihm zustehenden Heimaturlaub ab, weil seinem Bataillon ein schwerer Einsatz bevorstand und er dabei sein wollte! Nach Überschreiten der Landenge von Kertsch wurde die 50. Infanteriedivision im Kaukasus eingesetzt, wo der tapfere Offizier erneut verwundet wurde! Im Oktober war Bärenfänger für kurze Zeit Stadtkommandant von Jalta, im Herbst löste seine Division die abgekämpfte SS-"*Wiking*" (Steiner) im Terekbogen ab.
Nach den schweren Rückzugsgefechten des Frühjahres 1943 kämpfte das "Bataillon Bärenfänger" im Mai auf der Taman-Halbinsel.
Als durch die Vernichtung einer rumänischen Nachbareinheit eines Tages die linke Flanke der Division plötzlich ungeschützt war und russische Schützenregimenter in die Bresche vordrangen, führte Bärenfänger kurz entschlossen einen Gegenangriff und trieb die Angreifer zurück. In den Gefechten wurden zwei komplette Regimenter sowie mehrere Geschütze des Gegners vernichtet!
Hierfür erhielt Bärenfänger am 17. Mai 1943 als 243. Soldat der Wehrmacht und 118. Angehöriger des Heeres das Eichenlaub zum Ritterkreuz und wurde zum Major befördert. Nach kurzen Gefechtseinsätzen am Mius verlegte die 50. ID im Winter 1943 wieder in die Kuban-Stellung.
Die Rote Armee versuchte mit starken Infanterie-, Panzer-, Artillerie- und Fliegerverbänden den Durchbruch auf die Krim zu erzwingen. Zwischen dem 13.11. und 06.12.43 musste das III. Bataillon mehrere russische Sturmangriffe abwehren und das andauernde Sperr- und Trommelfeuer durchstehen! Obwohl er während den Abwehrkämpfen erneut zweimal(!) verwundet worden war, blieb Major Bärenfänger bei seinen Männern und hielt die Stellung.
Im Frühjahr 1944 trat das "Bataillon Bärenfänger" in schwersten Grabenkämpfen zum Sturm gegen die heftig verteidigte Höhe 133,3 an. Als nach mehreren blutigen Nahkampftagen die sich hier festsetzenden russischen Truppen vertrieben werden konnten, reichte die Division ihren tapfersten Offizier mit Nachdruck für die Schwerterverleihung ein.
Am 23. Jänner wurde Erich Bärenfänger als einer der rangniedrigsten Offiziere und erst 16. Offizier des Heeres mit den Schwertern zum Ritterkreuz mit Eichenlaub ausgezeichnet. In Folge übernahm er die Führung des Regiments, in dem er aufgrund seiner einmaligen Waffengänge äußerst populär und geschätzt war.
Unmittelbar bevor die Halbinsel Krim im Frühjahr 1944 geräumt werden musste, wurde Oberstleutnant (01.02.44) Bärenfänger vom Kampfeinsatz zurückgezogen und nach Deutschland versetzt.
Nach Absolvierung des Regimentskommandeur-Lehrgangs wurde der bewährte Offizier aufgrund seiner wiederholten Verwundungen nicht wieder an die Front versetzt, sondern zu seiner Enttäuschung als Inspekteur der Hitlerjugend-Ertüchtigungslager verwendet. Als gegen Ende des Krieges dringend erfahrene Offizier benötigt wurden, meldete sich Bärenfänger erneut zum Kampfeinsatz. Im vorletzten Kriegsmonat übernahm er einen Verteidigungsbereich im bereits eingeschlossenen Berlin. Am 8. April 1945 wurde Erich Bärenfänger in Anerkennung seiner langjährigen Verdienste unter Überspringung eines Ranges zum Generalmajor befördert - mit knapp 30 Jahren war er einer der jüngsten Offiziere dieses Ranges (1937 noch Gefreiter, 1939 Leutnant!).
In den erbitterten Endkämpfen um die brennende Hauptstadt standen die deutschen Truppen auf verlorenem Posten. Der von Bärenfänger befehligte Verteidigungsbereich A (zuvor B) lag in Ostberlin, das von besonders schweren Gefechten heimgesucht wurde. Eine am 25. April ergangene Aufforderung der Sowjets, sich mit seiner Truppe zu ergeben, lehnte Bärenfänger entschieden ab.
Als am 1. Mai ein letzter, verzweifelter Ausbruchsversuch seiner Kampfgruppe scheiterte, wählte Bärenfänger in Angesicht der russischen Verfahrensweisen mit hochdekorierten deutschen Offizieren – zusammen mit seiner in Berlin lebenden Ehefrau - den Freitod.

General der Panzertruppe

HERMANN BALCK

* 07.12.1893 in Danzig-Langfuhr
+ 29.11.1982 in Asperg

Ritterkreuz		03.06.1940
Eichenlaub	(155)	20.12.1942
Schwerter	(025)	04.03.1943
Brillanten	(019)	31.08.1944

Hohenzollernorden mit Schwertern
Bayrisches Militärverdienstkreuz mit Schwertern
Österreichischer Militärverdienstorden 3. Klasse
Panzerkampfabzeichen in Silber
Viermalige Nennung im Wehrmachtsbericht
Nennung im Ehrenblatt des Heeres
Bulgarischer Tapferkeitsorden 3. Klasse mit Schwertern
Verwundetenabzeichen in Gold

"Der höchstdekorierte Panzeroffizier der Wehrmacht"

Als Spross einer alten Offiziersfamilie trat Hermann Balck bereits vor dem Ersten Weltkrieg ins deutsche Heer ein. In seinem Jägerbataillon 10, auch bekannt als Goslarer Jäger, diente zu dieser Zeit auch der mit Balck eng befreundete spätere Schwerterträger Hans Kreysing.
Im Verlauf der ersten beiden Kriegsjahre an der Westfront eingesetzt, erhielt Leutnant Balck für seine Verdienste an der Marne, bei Ypern und bei Tornai bereits beide Klassen des Eisernen Kreuzes sowie das Bayrische Militärverdienstkreuz. Nach dreimaliger Verwundung mit seinem Bataillon an die Balkanfront verlegt, übernahm Balck 1916 eine MG-Kompanie und führte seine Männer immer wieder zu großen Gefechtserfolgen. 1917/18 weitere viermal verwundet, erhielt Leutnant Balck den Hohenzollernorden mit Schwertern, wurde zweimal im kaiserlichen Heeresbericht genannt und zeichnete sich in Folge auch an der italienischen Alpenfront aus! Hier wurde der schneidige Kompaniekommandeur innerhalb weniger Wochen fünfmal von Gewehrkugeln an Schulter, Händen und Brust gestreift, jedoch nicht wirklich ernstlich verwundet!
Im letzten Kriegsjahr erneut an die Grabenfront im Westen zurückverlegt, zeichnete sich Hermann Balck an der Spitze einer Jägerkompanie immer wieder durch derartige Tapferkeit aus, dass er im Oktober noch für den preußischen Pour-le-Mérite vorgeschlagen wurde. Nur aufgrund der einen Monat später erfolgten Kapitulation erhielt er diese höchste Tapferkeitsauszeichnung nicht mehr verliehen. Sein Vater, Generalleutnant William Balck, hatte den "Blauen Max" 1914 für seine Verdienste als Kommandeur des preußischen Feldtelegraphiekorps erhalten.

1919/20 als Kompanieführer in einem Grenzschutzregiment eingesetzt, wurde Balck 1924 zum Oberleutnant befördert und anfangs im Grenadierregiment 17 verwendet. Später zur Kavallerie gewechselt, war Rittmeister Balck 1933 Stabsoffizier in der 3. Kavalleriedivision. Zwei Jahre darauf löste Balck Oberstleutnant von Edelsheim als Kommandeur der Radfahrabteilung 1 ab, ehe er 1938 als Oberstleutnant Stabschef beim Inspekteur der Kavallerie im Oberkommando des Heeres wurde!
In dieser hohen Position wurde Hermann Balck erstmals mit der neuen, von Heinz Guderian - 1913 mit ihm zusammen in Goslar stationiert - geprägten Idee des schnellen Panzerkrieges konfrontiert. Diese lehnte Balck jedoch zu dieser Zeit aus diversen Bedenken persönlich noch ab!
Im November 1939, kurz nach Kriegsausbruch, wurde Oberstleutnant Balck zum Kommandeur des Schützenregiments 1 der 1. Panzerdivision unter dem späteren Schwerterträger Friedrich Kirchner ernannt. Sein Regiment war zu dieser Zeit das modernste und einzige vollgepanzerte Schützenregiment des Heeres! Im Mai 1940 trat die Division zum Westfeldzug an.
Stets an der Spitze seiner Männer kämpfend, durchbrach Balck bei Sedan die feindlichen Linien, nahm an den Kämpfen nördlich der Seine, bei Stonne, St. Quentin, Amiens und an der berühmten Schlacht um Dünkirchen teil. Nach Gefechten an der Aisne stieß sein Regiment durch die Vogesen. Am Rhein-Marne-Kanal konnten Teile eines

französischen Panzerregiments umklammert und zur Aufgabe gezwungen werden, für die kurz entschlossene Erstürmung der Festung Belfort wurden Balck und sein Regiment ins Ehrenblatt des deutschen Heeres eingetragen und im Wehrmachtsbericht genannt!
Für seine wuchtigen Angriffe und die erfolgreiche Führung "von vorn" erhielt Oberstleutnant Balck bereits im Juni 1940 das damals erst sehr sporadisch vergebene Ritterkreuz verliehen! Am 1. August folgte die Beförderung zum Oberst. Ebenfalls für seine Verdienste bei Belfort wurde der Kommandeur von Balcks II. Bataillon, Hauptmann Dr. Josef-Franz Eckinger, mit dem Ritterkreuz ausgezeichnet - der Österreicher fiel im Herbst 1941 in Russland und erhielt postum das erst 48. Eichenlaub.
Nach dem Westfeldzug wurde Oberst Balck für seine Leistungen zum neuen Kommandeur des Panzerregiments 3 der 2. Panzerdivision befördert.
Während des Balkanfeldzuges durchbrachen seine Panzer die von den Griechen nur halbherzig verteidigte Metaxas-Linie und trieben die vor sich liegenden gegnerischen Verbände durch das Tempetal bis nach Saloniki. Anschließend nahm das Regiment an der Besetzung der Hauptstadt Athen teil. Im Mai übernahm Balck bereits den Befehl über die Panzerbrigade der 2. Panzerdivision.
Die ersten Monate des Russlandfeldzuges erlebte der mutige Frontoffizier nicht am Gefechtsfeld, sondern im Oberkommando des Heeres in Berlin. Hier organisierte er als Sonderbeauftragter die Kfz-Versorgung des Heeres um. Während dieser Zeit fiel sein Sohn Friedrich-Wilhelm als Offizier im Kradschützenbataillon seiner alten 1. Panzerdivision im Osten.
Am 1. November 1941 wurde Balck - der einstige Zweifler an den Ideen des Panzerkrieges - in den vielbeachteten Dienstposten General der Schnellen Truppe im Oberkommando der Wehrmacht erhoben, sieben Monate später erreichte er seine Versetzung an die Ostfront.

Als Kommandeur der 11. Panzerdivision kämpfte Oberst Balck während der Abwehrschlacht im Suchinitschibogen, östlich von Smolensk, bei Millerowo und bei Woronesch. Hierbei fiel seine Division immer wieder durch effektive Strategien und hohe Abschusszahlen auf. So schossen seine Panzerbesatzungen bei Suchinitschi an einem Tag 91 russische Panzer ab und zerschlugen somit die Bereitstellungen für eine Gegenoffensive des Feindes.
Im Dezember 1942 als Eilverstärkung in den Raum Stalingrad verlegt, wurde die Division für ihre Verdienste während des fehlgeschlagenen Entsatzversuches der "Panzerarmee Hoth" ehrenhaft im Wehrmachtsbericht erwähnt. Kurz vor Weihnachten erhielt Generalmajor (01.08.42) Balck dann das Eichenlaub zum Ritterkreuz verliehen, nachdem sich seine Panzer bis auf wenige Kilometer an den Kessel herangekämpft hatten (u.a. Rückeroberung des Feldflugplatzes Tazinskaja) sowie im Byrstraja-Abschnitt und an der sgn. Tschir-Linie erfolgreich geblieben waren. Hier schossen seine Panzerbesatzungen bei 16 eigenen Verlusten über 220 Feindpanzer ab!
Nach seinem Sohn verlor Hermann Balck in diesen schweren Tagen auch seinen Schwiegersohn, der als Infanterie-Oberleutnant außerhalb des Kessels fiel.
Im Februar 1943 nahm Balcks Division nach überstandener Abwehrschlacht vor Rostow im Verband der 4. Panzerarmee erneut an einer Offensive gegen die Woroneschfront teil. Durch exakt geführte Angriffe konnten die deutschen Truppen eine starke sowjetische Panzerarmee unter Generalleutnant Popov überflügeln, einkesseln und schließlich völlig vernichten! Für die durch hohe Abschusszahlen gekennzeichnete Panzerschlacht wurde Generalleutnant (01.01.43) Balck am 4. März mit den erst 25. Schwertern zum Ritterkreuz mit Eichenlaub ausgezeichnet!
Nachdem er kurzfristig stellvertretend für den Eichenlaubträger Generalleutnant Hoernlein die Elite-Division *"Großdeutschland"* geführt hatte, nahm Balck an der Spitze seiner 11. Panzerdivision im Juli 1943 im Verband des XXXXVIII. Panzerkorps (von Knobelsdorff) an der Operation "Zitadelle" teil. Im Laufe dieser riesigen Materialschlacht bei Kursk wurde die Division in schwerste Panzerschlachten verwickelt, ein entscheidender Durchbruch war aufgrund des sowjetischen Widerstandes jedoch absolut unmöglich.
Anschließend gab er die 11. PD endgültig ab, neuer Kommandeur wurde der erfahrene Ritterkreuzträger Generalleutnant von Cholitz, welcher 1944 durch couragiertes Handeln die kampflose Übergabe von Paris ermöglichen sollte.
Von Ende Juli bis Oktober 1943 führte Hermann Balck in Vertretung für den Schwerterträger General Hube das XIV. Panzerkorps auf dem italienischen Kriegsschauplatz. Hier bewährten sich seine Truppen während den Küstengefechten bei Salerno sowie während der Abwehrschlacht von Neapel.
Dass er, wie schon als junger Frontoffizier 1914/18, das Soldatenglück gepachtet hatte, bewies Balck am 5. September. Die Transportmaschine, welche ihn zu einer Inspektion zur 16. Panzerdivision bringen sollte, überschlug sich beim Start und krachte gegen einen Baum. Der General brach sich zwar alle Rippen, gab sein Kommando aber nicht ab! "Dem Piloten ist natürlich nichts passiert!", scherzte Balck später.

Am 1. November, nur ein Jahr nach der Ernennung zum Generalmajor - wurde Balck schließlich zum General der Panzertruppe befördert und als Nachfolger von General von Knobelsdorff mit der Führung des XXXXVIII. Panzerkorps an der Ostfront beauftragt.
Mit diesem kampfstarken Korps gelang ihm nach schweren Gefechten überraschend die Rückeroberung von Schitomir, wobei der Feind über 600 Panzer verlor! Danach folgten Einsätze bei Kiew, Bordischew, Brussilow und Tarnapol sowie im Gebiet des Kowel-Kessels. Bei Radomsyl kesselten seine Truppen nach harten Gefechten vier sowjetische Divisionen ein und rieben sie völlig auf! Nach schwersten Abwehrkämpfen gegen die zur Sommeroffensive angetretene Rote Armee wurde Hermann Balck im August 1944 als Nachfolger von Josef Harpe zum neuen Oberbefehlshaber der 4. Panzerarmee ernannt.
Seine Verbände sollten zusammen mit den Resten der Heeresgruppe Mitte (Model) die Front in Ostpreußen und Polen verteidigen. Hier zeichnete Balck sich bei den Defensivschlachten bei Baranow und Brody aus, hielt umfassende Angriffe der Sowjets im südlichen Polen auf und fügte dem Gegner abermals schwere Verluste zu. Für seine herausragenden Verdienste an der Ostfront erhielt der ausgezeichnete Panzergeneral am 31.08.44 als 19. Offizier der deutschen Wehrmacht - zusammen mit Model - die Brillanten zum Ritterkreuz mit Eichenlaub und Schwertern. Zu diesem Anlass wurde er außerdem ein zweites Mal im täglich gesendeten Wehrmachtsbericht erwähnt.
Im September 1944 wurde General Balck zum Oberbefehlshaber der Armeegruppe G an der Westfront ernannt. Hier leisteten seine Truppen den weit überlegenen US-Truppen in Ostfrankreich zähen Widerstand und brachten den alliierten Vormarsch wiederholt ins Stocken. So ließ Balck seine Pioniere entlang der HKL tausende Metallstäbe in den Boden rammen, um den amerikanischen Metallsuchgeräten großangelegte Minenfelder vorzutäuschen!
Im Jänner 1945 übergab General Balck seine Armeegruppe - nun großzügig als Heeresgruppe bezeichnet - an Oberstgruppenführer Paul Hausser und übernahm die zusammengefasste Armeegruppe B an der ungarischen Front. Hier leistete er mit der 6. deutschen und 3. ungarischen Armee hinhaltenden Widerstand und zerschlug sogar noch mehrmals abgeschnittene russische Divisionen. Nach schweren Kämpfen um Budapest und den anschließenden Rückzugsgefechten kamen Teile seiner Armeegruppe am Plattensee zum Einsatz. Hier konnten Balcks Truppen ein letztes Mal einige zu kühn vorgehende russische Verbände ins Leere laufen lassen, einkesseln und vernichten. Die ihm zeitweise unterstellte SS-"*Hohenstaufen*" konnte sich am Plattensee besonders auszeichnen, ihr Kommandeur Brigadeführer Stadler erhielt hierfür die 152. Schwerter zum Ritterkreuz.
Im März scheiterte ein letzter Gegenangriff westlich der Donau, im selben Abschnitt kämpfte auch die 8. Armee, kommandiert von Balcks altem Regimentskameraden und Freund General Hans Kreysing. Nach den anschließenden Rückzugsgefechten erreichten Balcks Truppen im April 1945 das Gebiet um Graz. Der letzte große Verdienst des Brillantenträgers war die Rückführung aller ihm unterstellten Truppenteile in amerikanische Gefangenschaft - hierbei arbeitete er Hand in Hand mit dem letzten Oberbefehlshaber der Heeresgruppe Süd, Schwerterträger Generaloberst Dr. Rendulic.

Einige Jahre nach seiner Entlassung aus der Kriegsgefangenschaft wurde General a.D. Balck unvermutet von den deutschen Behörden verhaftet. Grund für die Anklage war - ähnlich wie im Fall des Generals a.D. von Manteuffel - die Aburteilung eines deutschen Soldaten durch ein Divisions-Standgericht im Frühjahr 1945.
Die Tatsache, dass der abgeurteilte Offizier kurz vor dem Beginn eines Angriffes völlig betrunken in seinem Unterstand angetroffen worden war und nichts über den Verbleib seiner Truppe wusste, trug ungerechtfertigterweise nicht zu einem Freispruch von Hermann Balck bei. So wurde er wegen Missbrauchs der Befehlsgewalt und Totschlags zu drei Jahren Haft verurteilt, von denen er 18 Monaten verbüßen musste. Der Rest wurde ihm erlassen.
Hermann Balck ist 1982 in Baden-Württemberg verstorben und wurde mit großen militärischen Ehren beigesetzt.

Major

GERHARD BARKHORN

* 20.03.1919 in Königsberg
\+ 11.01.1983 bei Frechen

Ritterkreuz		23.08.1942
Eichenlaub	(175)	11.01.1943
Schwerter	(052)	02.03.1944

Frontflugspange für Jäger in Gold mit Anhänger Einsatzzahl "1.100"
Zweimalige Nennung im Wehrmachtsbericht
Flugzeugführer- und Beobachterabzeichen
Ehrenpokal der Luftwaffe
Krimschild (?)
Deutsches Kreuz in Gold
Verwundetenabzeichen in Bronze

"Vizepräsident des exklusiven Klub 300"

Nachdem Barkhorn 1938 freiwillig in die Luftwaffe eingetreten war, durchlebte er die normalen Stationen eines Flugschülers. Nach erfolgreicher Absolvierung der Flugzeugführerprüfung wurde er zum Leutnant befördert und ins traditionsbewusste Jagdgeschwader 2 "*Richthofen*" versetzt.
Erste Erfahrungen konnte Barkhorn in den Luftschlachten über Belgien, Frankreich und England sammeln. Obwohl er in dieser Zeit etwa 100 Einsätze flog und dabei auch oft Feindkontakt hatte, zeigte sein Leitwerk zum Jahresende 1940 noch immer keinen einzigen Luftsieg! Zweimal wurde er im Luftkampf abgeschossen und musste über dem Ärmelkanal mit dem Fallschirm aussteigen. Nichts deutete darauf hin, dass dieser vom Jagdfieber gebeutelte Ostpreuße einmal der zweiterfolgreichste Jagdflieger der Welt sein würde. Im August 1940 wurde Barkhorn ins Jagdgeschwader 52 versetzt, kurz darauf erhielt er für seinen Fronteinsatz das Eiserne Kreuz 1. Klasse. Einer seiner damaligen Staffelkameraden war der junge, hitzige Oberfähnrich Hans-Joachim Marseille, der Staffelkommandeur kein geringerer als Johannes Steinhoff!

Seinen lang ersehnten, ersten Luftsieg verbuchte der junge Barkhorn erst in seinem 120. Einsatz(!), den er am 2. Juli 1941 an der Ostfront flog. Somit glich Barkhorn Erich Hartmann, der anfangs auch schwer mit seinem Jagdfieber zu kämpfen hatte.
Nach seinem ersten Erfolg sichtlich lockerer und von seinen Fähigkeiten mehr überzeugt, schoss Barkhorn in den kommenden Monaten mit erstaunlicher Sicherheit und Präzision Tag für Tag russische Maschinen ab. Dabei konnte man eine ständige Verbesserung seiner Schießkunst feststellen - so fielen alleine am 19. Juli 1942 sechs Gegner unter Barkhorns Kanonentreffern! Nur wenige Tage später wurde dieser während eines Kurvenkampfes jedoch seinerseits erstmals verwundet.
Unmittelbar nachdem er als Oberleutnant (01.11.41) die 4. Staffel von Hauptmann Steinhoff übernommen hatte, erhielt er nach 59 Luftsiegen am 23. August 1942 das begehrte Ritterkreuz verliehen. Der einstige Spätzünder war in die Spitzengruppe des Elite-Geschwaders vorgestoßen!
Nach weiteren Erfolgen, davon einige äußerst gute Einsätze im Winter 1942/43, konnte Barkhorn am 1. Jänner 1943 seinen 100. und nur zehn Tage später seinen 120. Luftsieg melden. Dafür erhielt er im Alter von 23 Jahren als 80. Angehöriger und zugleich 50. Tagjäger der Luftwaffe das Eichenlaub zum Ritterkreuz verliehen. Barkhorns langjähriger Katschmarek, Oberfeldwebel Heinz Ewald, erhielt im Laufe der guten Zusammenarbeit das Eiserne Kreuz 1. Klasse sowie das Deutsche Kreuz in Gold. Wenige Wochen vor Kriegsende erhielt er nach 82 Luftsiegen schließlich das Ritterkreuz.
Zum Kommandeur der II. Gruppe ernannt, führte Hauptmann (01.04.43) Barkhorn seine Piloten zwischen Dezember 1943 und Mai 1944 in pausenlose Einsätzen über der Krim – hier konnte der Eichenlaubträger nicht weniger als 70 Siege melden.
Am 30. November konnte er als fünfter Jagdflieger der Welt seinen 200. Gegner in die Tiefe schicken - traditionsgemäß wurde er überschwenglich durch seine Kameraden und das Bodenpersonal gefeiert. Durch sein

hervorragendes Sehvermögen, seine blitzschnellen Angriffe und sein gutes flugtaktisches Vorstellungsvermögen konnte Barkhorn bis zum 13. Februar 1944 als dritter Jagdflieger 250 bestätigte Luftsiege erzielen und kurz darauf die Schwerter zum Ritterkreuz mit Eichenlaub entgegennehmen. Wenig später war der Hauptmann der bereits erfolgreichste Jagdpilot des Krieges! Wie auf viele erfolgreiche Spitzenasse hatte das Rote Oberkommando natürlich auch bereits auf ihn ein hohes Kopfgeld ausgesetzt.
Am 1. Mai 1944 wurde Barkhorn zum Major befördert. Wie viele Spitzenasse der Luftwaffe hatte sich auch der junge Major im Laufe der Zeit auf die effektive Angriffsart des aus kurzer Entfernung Schießens spezialisiert. Bei einer Schussentfernung von oft nur vierzig Metern erzielten die Geschosse seiner Kanonen so die maximale Durchschlagskraft.
Unter den deutschen Jagdfliegern weiters verbreitet war die Tradition, seine Jagdmaschine mit irgendeinem persönlichen Erkennungszeichen oder Emblem zu versehen. An Gerhard Barkkorns Me-109 konnte man in großen Buchstaben den Namen seiner Frau Christl lesen.

Im Sommer 1944 wurde Barkhorn während eines Geleitschutzeinsatzes für den hochdekorierten Stukapiloten Hans-Ulrich Rudel von einem hervorragenden Aircobra-Piloten*[04]* überrascht und abgeschossen. Der verwundete Schwerterträger konnte seine schwer beschädigte Maschine jedoch hinter den eigenen Linien notlanden. Durch den mehrmonatigen Lazarettaufenthalt wurde er von seinem Konkurrenten und Freund Erich Hartmann (Barkhorn war 1944 Trauzeuge bei Hartmanns Hochzeit) überholt. Den in dieser Zeit entstandenen Rückstand konnte Barkhorn bis Kriegsende nicht mehr wettmachen. Zu diesem Zeitpunkt war der erfahrene und erfolgreiche Jagdflieger bereits achtmal im Luftkampf abgeschossen worden - soviel zur weitverbreiteten Meinung, die Rote Jagdwaffe sei im allgemeinen ungefährlich gewesen. Bis auf einmal hatte Barkhorn eine Notlandung dem Fallschirmsprung vorgezogen.
Unmittelbar nach seiner Genesung und Rückversetzung an die Spitze seiner II. Gruppe konnte Gerhard Barkhorn nach Hartmann als zweiter und auch letzter Jagdpilot der Kriegsgeschichte seinen 300.(!!) bestätigten Luftsieg erringen. Zu dieser Zeit lag Erich Hartmann bereits etwa 30 Luftsiege vor ihm. Die großen Erfolge der deutschen Spitzenasse wurden nach dem Krieg von alliierter Seite lange angezweifelt und als Propagandatrick abgetan.
Am 5. Jänner 1945 konnte der Major seinen 301. und letzten Luftsieg erzielen, unmittelbar darauf übernahm er das in Deutschland stationierte Jagdgeschwader 6. Obwohl dieses Geschwader vollständig mit der modernen Focke Wulf Fw-190 ausgerüstet war, blieb Barkhorn beim Altgewohnten und flog weiterhin mit seiner geliebten Me-109G. Das JG 6 bestand zum Großteil aus unerfahrenen Piloten und erlitt aus diesem Grund bereits in den ersten Einsätzen gegen amerikanische Jagdverbände schwere Verluste – darunter auch drei Staffelführer!
Barkhorn selbst musste unmittelbar darauf aufgrund schwerer psychischer und körperlicher Erschöpfung – eine Folge des jahrelangen Dauereinsatzes – vom Kommando abgelöst und in Erholungsurlaub geschickt werden!
Nach wenigen Wochen wieder “auf dem Damm”, holte ihn Generalleutnant Galland in seinen berühmten Elite-Düsenjagdverband 44.
Zusammen mit den Spitzenkönnern und alten Haudegen der Luftwaffe (u.a. Lützow, Bär, Krupinski und Hohagen) flog er den revolutionären Me-262-Düsenjäger. Trotz wiederholter Gefechtseinsätze errang er auf diesem neuen Jägertyp jedoch keine Luftsiege mehr. Nach eigener Aussage war Barkhorn von dieser, sonst als "Wundervogel" gepriesenen Maschine, auch wenig begeistert.
Am 21. April 1945 fiel während eines Feindfluges ein Triebwerk seiner Me-262 aus, so dass sich Barkhorn vom Gegner lösen und zum Stützpunkt zurückkehren musste. Während des Landeanfluges von mehreren patrouillierenden amerikanischen Jägern attackiert, konnte das Top-As seinen ramponierten Vogel gerade noch runter bringen und die Pilotenkanzel zwischen den feindlichen MG-Garben verlassen! Nur leicht verwundet, war dies sein 1104. und zugleich letzter Einsatz – nur ein halbes Dutzend Jagdflieger erreichten während des Krieges eine solch hohe Feindflugzahl! Im September 1945 wurde Major Barkhorn aus der Kriegsgefangenschaft entlassen.

Mit 301 bestätigten Luftsiegen ist Gerhard Barkhorn hinter Erich Hartmann der zweiterfolgreichste Jagdflieger aller Zeiten und aller Kriege.
Nach dem Krieg trat Barkhorn wieder in die Bundesluftwaffe ein, wo er u.a. von 1957 bis 1962 das Jagdbombergeschwader 31 "*Boelcke*" anführte und 1964 als Oberst Stabsoffizier beim Luftwaffen-Erprobungskommando wurde. 1969 zum Brigadegeneral und vier Jahre darauf zum Generalmajor befördert, wurde Gerhard Barkhorn schließlich Stabschef der 4. taktischen Luftflotte innerhalb der NATO-Streitkräfte Mitteleuropa!
Bereits in den Ruhestand versetzt, kamen der dreifache Vater und seine Frau Christl 1983 tragischerweise bei einem schweren Autounfall ums Leben. Beide fanden am Tegernsee ihre letzte Ruhe.

Major

WILHELM BATZ

* 21.05.1916 in Bamberg/Oberfranken
+ 11.09.1988 in Mauschendorf

Ritterkreuz		26.03.1944
Eichenlaub	(526)	20.07.1944
Schwerter	(145)	21.04.1945

Frontflugspange für Jäger in Gold mit Anhänger Einsatzzahl "400"
Flugzeugführer- und Beobachterabzeichen
Ehrenpokal der Luftwaffe
Deutsches Kreuz in Gold
Verwundetenabzeichen in Silber

"230 Luftsiege in nur 14 Monaten!"

Batz war im Jahre 1935 in die Luftwaffe eingetreten und wurde nach seiner Schulung zum Jagdflieger selbst als Ausbilder an den Fliegerschulen Kaufbeuren und Bad Aibling eingesetzt. Obwohl die Luftwaffe über Polen, Frankreich, England, Afrika und Russland jeden guten Piloten gebrauchen konnte, erreichte Leutnant (01.11.40) Batz erst nach 5.000 Flugstunden als Fluglehrer im Dezember 1942 seine Versetzung an die Front. Als Flugzeugführer im Jagdgeschwader 52 wurde er an der Ostfront eingesetzt. Obwohl ein so erfahrener Pilot, erfasste ihn ein besonders starker Anfall von Jagdfieber. Mit diesem Begriff beschriebenen die Piloten die typischen Anfänger-Symptome: Übernervosität, übereilte oder falsche Aktionen, zu frühes Schießen oder einfach Angst. Außerdem fehlte Batz in den ersten Einsatzmonaten das nötige Glück.
Nach über 8 Monaten an der Front waren am Leitwerk seiner Me-109 erst 8 Abschussbalken angebracht - das bedeutete einen kümmerlichen Luftsieg pro Monat! Tief enttäuscht und entmutigt, beantragte Batz sogar seine Versetzung zu den Kampffliegern, aber seine Vorgesetzten lehnten dies glücklicherweise ab. Zeitweise war er dann Adjutant seines Gruppenkommandeurs Johannes Steinhoff, bei Kriegsende ebenfalls Schwerterträger und Sieger in 176 Luftkämpfen.
Wie auch sonst bewies Batz hier seinen gesunden Humor. So als er sich mit Steinhoff ein Zelt teilte und von dessen markerschütterndem Schnarchen nächtelang wach gehalten wurde. Also nahm er eines Nachts das Ritterkreuz seines Gruppenkommandeurs, legte es dem Schlafenden um den Hals und legte einen Zettel mit dem Text "für hervorragendes Schnarchen" bei.
Am 1. Mai 1943 wurde Batz zum Kapitän der 5. Staffel ernannt, da ihm das aufgrund seines Dienstalters zustand. Im Sommer erhielt er nach einigen weiteren Luftsiegen endlich das Eiserne Kreuz 1. Klasse, nur wenig später fand seine Karriere jedoch fast ein jähes Ende.
Während eines heftigen Luftkampfes nahe Isjum von einem hervorragenden La-5-Piloten überrascht und abgeschossen worden, war Batz zum Aussteigen über feindlichem Gebiet gezwungen. Von russischer Infanterie gefangengenommen, wurde der deutsche Flieger in einen nahen Stützpunkt gebracht und vernommen. Da erschien das hochdekorierte Fliegeras Vitalij Popkov und stellte sich Batz als jener La-5-Pilot vor, der ihn kurz zuvor abgeschossen hatte. Popkov wurde mit seinen bis 1945 erzielten 41 Luftsiegen einer der besten alliierten Jagdpiloten, war später als Geschwaderkommandeur über Korea erfolgreich und sollte während des Kalten Krieges bis zum Generalleutnant und Luftflotten-Oberbefehlshaber aufsteigen!
Am folgenden Tag sollte Batz in ein rückwärtiges Gefangenenlager gebracht werden - doch in einem günstigen Moment gelang dem couragierten Flieger die Flucht! Er ließ alle verfolgenden Suchtrupps hinter sich und erreichte nach wenigen Tagen völlig erschöpft die deutschen Linien!
Bereits wenig später wieder im Einsatz, erhielt Batz im November für 19 Luftsiege einen Ehrenpokal überreicht. In Folge stiegen seine Erfolge sprunghaft an, bereits am 16. November unterlag der 40. Luftkampfgegner! Das einstige Küken war zum treffsicheren, selbstbewussten Adler geworden!
Nach einer überstandenen Grippeerkrankung schoss Batz im März 1944 in seinem ersten Feindflug gleich vier russische Jagdflugzeuge ab, auch die folgenden Wochen waren von Mehrfachabschüssen geprägt. Einige Male

konnte er sogar über 8 russische Maschinen im Luftkampf bezwingen! Als Batz am 26. März 1944 seinen 75. Luftsieg erzielte, erhielt er das Ritterkreuz, nur zwei Tage später(!) unterlag der 100. Luftkampfgegner!
Es folgten schwere Einsatzmonate in Südrussland und Rumänien, wobei Batz z.B. am 30. Mai innerhalb von sieben Einsätzen 15 bestätigte Luftsiege melden konnte! Im selben Monat folgte der Hauptmann (01.04.44) dem Schwerterträger Günther Rall als Kommandeur der III. Gruppe des Jagdgeschwaders 52. Knapp einen Monat nach der Kommandoübernahme beendete Batz eine phantastische Siegesserie (140 Treffer in 5 Monaten!!) und nahm für 175 Abschüsse im Führerhauptquartier als 162. Angehöriger der Luftwaffe das wohlverdiente Eichenlaub entgegen. Batz war der letzte Träger des Jagdfliegerkorps, der im Laufe des Krieges noch mit der nächsthöheren Stufe beliehen werden sollte.
Im Sommer 1944 traf Wilhelm Batz während eines Einzeleinsatzes auf zwei russische Jagdschwärme mit zusammen 12 Maschinen. Die taktisch klug angreifenden Sowjets setzten das deutsche Top-As ordentlich unter Druck, zwangen ihn minutenlang zu wilden Ausweich- und Kurvenmanövern. Schließlich konnte Batz unter Ausnutzung der hohen Sturzfluggeschwindigkeit seiner Me-109 entkommen. Die Überbeanspruchung war jedoch zuviel für den Motor und Batz musste vor Erreichen des Flugplatzes notlanden. Insgesamt musste der erfolgreiche Jagdflieger während seines Fronteinsatzes dies sechsmal aufgrund von Flak- oder Jägertreffern bzw. Motorschäden tun. Zweimal stieg Batz mit dem Fallschirm aus, dreimal wurde er verwundet. So durchschlugen Splitter einer Flakgranate einmal die Cockpitverglasung und verletzten ihn im Gesicht und am Kiefer.
Obwohl die sowjetische Luftwaffe immer überlegener wurde, erzielte Batz weiterhin Siege und erreichte am 17. August 1944 bereits seinen 200. Luftsieg. Dies gelang ihm als neunten Jagdflieger des Krieges *[05]*.
Durch seine großen Erfolge bekannt geworden, setzte die sowjetische Luftwaffe ein gefährliches Killerkommando auf Batz an, bestehend aus den hochdekorierten Assen Alexander Pokryschkin und Grigorij Rechlakow. Diesem insgesamt 115mal siegreich gebliebenem Team war wahrscheinlich auch der Schwerterträger Gerhard Barkhorn schon einmal unterlegen. Doch die beiden russischen Spitzenkönner trafen nie auf Batz.

Im Februar 1945 wechselte dieser an die Spitze der II. Gruppe des Elite-Geschwaders, die zu dieser Zeit in Ungarn im Einsatz stand. Die I. Gruppe wurde damals durch das As der Asse, Hauptmann Erich "Bubi" Hartmann befehligt, der seit langer Zeit eng mit Wilhelm Batz befreundet war.
Im Frühjahr 1945 hatte das Jagdgeschwader 52 große Verluste zu verkraften, meist waren die sowjetischen Jagd- und Bomberverbände zehn zu eins oder noch schlimmer überlegen. Im Verlauf einiger Zusammentreffen mit aus Italien kommenden amerikanischen Bomberverbänden konnte Batz zwei "Fliegende Festungen" abschießen und eine "Mustang" beschädigen.
Kurz vor Kriegsende wurde Major (01.04.45) Batz für wiederholte Tapferkeit im Gefecht und seine Erfolge im Luftkampf als vorletzter von insgesamt 54 Luftwaffenangehörigen mit den Schwertern zum Ritterkreuz mit Eichenlaub ausgezeichnet. Im Mai 1945 gelang es ihm mit den Resten seiner Gruppe kurz vor dem Eintreffen russischer Infanterie abzufliegen und hinter den amerikanischen Linien in Österreich zu landen. Das bewahrte ihn vor einem ähnlichen Schicksal wie es seine Geschwaderkameraden und Freunde Major Erich Hartmann und Oberst Hermann Graf erlitten.
Mit 237 bestätigten Luftsiegen in 445 Feindflügen hat Wilhelm Batz den hervorragenden 6. Platz in der ewigen Bestenliste der Luftkriegsgeschichte inne. Mit einem Einsatz/Abschussdurchschnitt von 0,53 gehört er ebenfalls zu den Besten der Besten.

1956 trat Wilhelm Batz in die neue Bundesluftwaffe ein und absolvierte verschiedene Lehrgänge in Übersee. 1957/58 an der Fliegerschule Landsberg eingesetzt und hier dem ehemaligen Schwerterträger Werner Streib unterstellt, entschied sich Batz schließlich gegen eine erneute Verwendung in der Jagdfliegerei und übernahm als Major die Fliegende Gruppe des Lufttransportgeschwaders 63. Zum Oberstleutnant befördert, diente Batz in Folge bis zu seiner Pensionierung 1972 als Stabsoffizier im Lufttransportkommando Köln-Wahn.
Er war einer von insgesamt 681 ehemaligen Ritterkreuzträgern, die zum Aufbau der neuen Bundeswehr beitrugen!
Oberstleutnant a.D. Wilhelm Batz ist 1988 verstorben.

Anmerkung des Autors:

Für seine Unterstützung in Bezug auf Batz´ Bundeswehrkarriere bin ich Hrn. Ernst-Wilhelm Reinert sehr zu Dank verpflichtet (Briefe an den Autor).
Für die Bereitstellung des Fotos bin ich Hrn. Peter Stockert sehr zu Dank verpflichtet.

Oberführer der Waffen-SS

OTTO BAUM

* 15.11.1911 in Stetten/Hohenzollern
+ 18.06.1998 in Hechingen-Stetten

Ritterkreuz		08.05.1942
Eichenlaub	(277)	22.08.1943
Schwerter	(095)	02.09.1944

Infanteriesturmabzeichen in Silber
Nennung im Wehrmachtsbericht
Demjanskschild
Sonderabzeichen für Panzervernichtung durch Einzelkämpfer
Deutsches Kreuz in Gold
Verwundetenabzeichen in Silber

"Mit 33 Jahren bereits Divisionskommandeur"

Baum trat im Alter von 23 Jahren in die SS-Verfügungstruppe ein und diente bis zum Beginn des Zweiten Weltkrieges in den SS-Regimentern *"Germania"* und *"Der Führer"*. Den Polenfeldzug erlebte er als Obersturmführer und Kommandeur der 7. Kompanie der SS-*"Leibstandarte"*. Für Tapferkeit im Gefecht erhielt er bereits im ersten Kriegsjahr das Eiserne Kreuz 2. Klasse verliehen, die 1. Klasse dieser Auszeichnung sowie das Infanteriesturmabzeichen folgten während seines Einsatzes im Westfeldzug.
Als Hauptsturmführer (09.11.39) bewies Baum in Belgien und Frankreich seine Tapferkeit; so nahm er an den Gefechten an der Somme, bei Cambrai, am La-Bassé-Kanal und Dünkirchen teil. Aufgrund seiner Verdienste als Führungsoffizier wurde Baum im März 1941 in die SS-*"Totenkopf"* versetzt, mit der Führung des III. Bataillons im 3. Regiment beauftragt und am 21. Juni zum Sturmbannführer befördert. An der Spitze dieses Verbandes nahm er von Anfang an am Krieg gegen die Sowjetunion teil.
Nach erfolgreichen Vorstößen durch den Süden von Litauen und Lettland nahm er an den Offensiven gegen Dünaburg und Leningrad teil. Nach einer harten Bewährungsprobe am Ilmensee geriet seine Division mit umfassenden Verbänden des Heeres im Frühjahr 1942 in den Kessel von Demjansk.
Durch starke russische Armeeverbände hart bedrängt, leistete die Elite-Division unter dem späteren Eichenlaubträger Gruppenführer Eike *[06]* äußerst zähen und hartnäckigen Widerstand. Nach über 80 Tagen härtester Nah- und Infanteriegefechte gelang den eingeschlossenen Truppen der Ausbruch! Für die Verdienste, die sich Otto Baum als Führer einer Kampfgruppe im Kesselabschnitt Salutschje erworben hatte, erhielt er das Ritterkreuz und den speziell gestifteten Demjanskschild verliehen.
Da aufgrund der schweren Verluste eine dringende Auffrischung der Division nötig war, wurde die SS-*"Totenkopf"* nach Frankreich rückverlegt. Hier wurde Baum am 9. November 1942 zum Obersturmbannführer und Oberstleutnant der Waffen-SS befördert. Ab dem Frühjahr 1943 stand die Division erneut an der Ostfront im Einsatz.
Mit dem Grenadierregiment 1 der Division, das er im März 1943 übernommen hatte, nahm Baum an der erfolgreichen Rückeroberung von Charkow und den Materialschlachten bei Bjelgorod teil. Als die Stellungen seines Regiments vor Charkow während eines russischen Angriffes durchtrennt und sein Befehlsstand überrannt wurde, hielt Baum mit einigen Bewaffneten im Bunker so lange durch, bis eine SS-Kampfgruppe den Feind wieder zurücktrieb!
In den schweren Kämpfen, in denen der Regimentskommandeur stets an der Spitze seiner Landser stand, erlitten beide Seiten hohe Verluste. In den Monaten nach der nötig gewordenen Aufgabe von Charkow verteidigte die SS-*"Totenkopf"* (Prieß) zusammen mit anderen Verbänden der Waffen-SS und Einheiten des Heeres einen breiten Abwehrgürtel westlich der Stadt. Bei den Defensivkämpfen im Psell-Brückenkopf wurde Baum in schneller Reihenfolge zweimal leicht und einmal schwer verwundet, erst nach drei Monaten im Lazarett konnte er wieder zu seinem Regiment zurückkehren. Nach seiner Genesung erhielt Baum im Führerhauptquartier in Rastenburg, das ihm bereits im August verliehene Eichenlaub zum Ritterkreuz überreicht. Ebenfalls anwesend war der spätere Schwerterträger Heinz Harmel, der auch das Eichenlaub entgegennehmen konnte. Im selben Monat erhielt Baum weiters das Verwundetenabzeichen in Silber.

Nach weiteren Erfolgen in den Rückzugskämpfen wurde der am 30.01.44 zum Standartenführer beförderte Baum nach vertretungsweisen Führung der SS-"*Totenkopf*" im April 1944 vom Kampfeinsatz zurückgezogen und als Kommandeur der SS-Offiziersschule in Klagenfurt eingesetzt.
Doch bereits im Juni wurde aufgrund der alliierten Invasion in der Normandie seine Rückkehr an die Front erforderlich.
Wenige Tage nach der Landung in Frankreich übernahm Baum die wenige Monate zuvor aufgestellte Panzergrenadierdivision SS-"*Götz von Berlichingen*" an der Westfront. Sein Vorgänger war der alte Haudegen Brigadeführer Werner Ostendorff gewesen, der als Eichenlaubträger noch im Mai 1945 den Tod fand.
Im Rahmen des LXXXIV. Armeekorps im Kampfgebiet Avranches eingesetzt, geriet Baums Division in eine US-Panzeroffensive. Nach verlustreichen Nah- und Panzervernichtungsgefechten musste die Division ihre Stellungen schließlich räumen. Durch ihre südliche Rückzugsroute entging sie zwar dem Kessel von Falaise, wurde kurz darauf aber für den Entsatzangriff herangezogen.
Ausgerechnet in dieser schwierigen Phase musste Baum zusätzlich zu seiner Division auch noch die Elite-SS-"*Das Reich*" übernehmen, nachdem deren Kommandeur Obersturmbannführer Tychsen (353. Eichenlaub) gefallen war. Am Morgen des 28.07.44 traten seine beiden Verbände (II. SS-Panzerkorps unter Bittrich) zum Angriff gegen das VII. US-Korps an, brachten dadurch dessen Vormarsch zum Stehen und attackierten anschließend die US-Stellungen östlich von Falaise.
Da durch diese Entlastungsangriffe einem Teil der 7. Armee (Hausser) der Ausbruch ermöglicht wurde, erhielt Standartenführer Baum am 2. September 1944 als 95. Soldat und 14. Offizier der Waffen-SS die Schwerter zum Ritterkreuz mit Eichenlaub verliehen. Am 17.09. wurde er zum Oberführer der Waffen-SS befördert. Einen Monat zuvor hatte ein Kompaniechef seines PzGrenadierregiments 38, Obersturmführer Bruno Hinz, das 559. Eichenlaub erhalten.
Nachdem Baum die SS-"*Das Reich*" wieder abgegeben hatte, führte er die SS-"*Götz von Berlichingen*" von September bis November 1944 im Verband des XIII. SS-Panzerkorps. Nach schweren Rückzugsgefechten erreichten die Einheiten des Korps schließlich den Westwall.
Kurz darauf gab Baum das Kommando ab und übernahm im Winter 1944 die 16. SS-Panzergrenadierdivision. Mit ihr verlegte er im Frühjahr 1945 von Norditalien in den Osten und nahm im Verband der 6. SS-Panzerarmee (Dietrich) an den Endgefechten am Plattensee, in Ungarn und im Osten Österreichs teil. Am 5. Mai 1945 führte der hochdekorierte Offizier die Reste seiner Division in britische Kriegsgefangenschaft, aus der er 1948 entlassen wurde.
1998 verstarb Otto Baum in Hechingen-Stetten.

Oberst

WERNER BAUMBACH

* 27.12.1916 in Cloppenburg/Oldenburg
+ 20.10.1953 bei Buenos Aires

Ritterkreuz		08.05.1940
Eichenlaub	(020)	14.07.1941
Schwerter	(016)	17.08.1942

Frontflugspange für Kampfflieger in Gold mit Anhänger Einsatzzahl "200"
Flugzeugführer- und Beobachterabzeichen in Gold mit Brillanten
Zweimalige Nennung im Wehrmachtsbericht
Narvikschild
Krimschild (?)
Ehrenpokal der Luftwaffe

"Der erfolgreichste Kampfflieger der Welt!"

1936 als Fahnenjunker in die Luftwaffe eingetreten und während seiner Ausbildungszeit in Berlin-Gatow zum Offiziersanwärter ausgewählt, erhielt Baumbach 1938 seine Beförderung zum Leutnant. Als die neue Junkers Ju-88 für die Luftwaffe erprobt wurde, gehörte der junge Offizier zur ersten Gruppe von Testpiloten.
Nach seiner Feuertaufe im Polenfeldzug (EK.II) an die deutsche Nordseeküste verlegt, flog er 1939/40 im Kampfgeschwader 30 - später als *"Adler-Geschwader"* bekannt - Einsätze gegen britische Seestreitkräfte in der Nordsee und vor Norwegen. Für Kampfeinsätze im Gebiet der hartumkämpften Hafenstadt Narvik erhielt er den gleichnamigen Ärmelschild verliehen.
Während einer dieser Einsätze sank am 19.04.40 der französische Kreuzer *Emile Bertin* (8.500 BRT) unter seinen Bombentreffern, es war der erste bestätigte Erfolg gegen ein derart großes Schiff aus der Luft! Baumbach erhielt dafür das Eiserne Kreuz 1. Klasse verliehen. Zwei Tage vor Beginn des Westfeldzuges erhielt der erfolgreiche Flugzeugführer für Tapferkeit vor dem Feind vom Reichsmarschall als erst 4. Kampfflieger der Luftwaffe auch noch das Ritterkreuz zum Eisernen Kreuz verliehen.
Während des Westfeldzuges flog das Geschwader Einsätze gegen Rotterdam und Den Haag, unterstützte die Landung von Fallschirmjägerverbänden in Holland und wurde zur Heeresunterstützung in Nordfrankreich herangezogen - am 1. Juni wurde der hier erstmals verwundete Ausnahmepilot zum Oberleutnant befördert.
Nach einem abenteuerlichen Sondertransportflug von Berlin über Moskau ins verbündete Japan(!) erlebte Baumbach die schweren und verlustreichen Kämpfe über England, wobei er meist Einsätze gegen Schiffsziele durchführte. In unzähligen Einsätzen über der Nordsee, der Themsemündung und dem Kanal wurde Baumbach aufgrund seiner unglaublichen Erfolge zum Begriff: bis Anfang Juli 1941 hatte er 240.000 BRT(!) an feindlichem Schiffsraum durch Bombentreffer vernichtet, wofür er das 20. Eichenlaub innerhalb der Wehrmacht erhielt. Außerdem erhielt er vom Oberkommando der Luftwaffe das Flugzeugführerabzeichen in Gold mit Brillanten, welches im Laufe des Krieges lediglich etwa 25mal verliehen wurde.

In den Jahren 1941/42 als Kommandeur der I. Gruppe über dem Kanal, im Mittelmeer, der Krim und dem Nordmeer weiterhin in der Seezielbekämpfung eingesetzt, erreichte Baumbach im August 1942 als erster und bis Kriegsende auch einziger Kampfpilot der Kriegsgeschichte die phantastische 300.000-BRT-Versenkungsgrenze, wofür er als Hauptmann (20.07.41) die 16. Schwerter zum Ritterkreuz mit Eichenlaub erhielt. Seine ihm treu ergebene Besatzung Thies, Braun und Beerenwald erhielt im Laufe des Einsatzes für ihren Anteil an Baumbachs Erfolgen geschlossen das Deutsche Kreuz in Gold sowie beide Klassen des Eisernen Kreuzes verliehen. Mit 300.000 BRT versenkter Tonnage war Baumbach erfolgreicher als das führende U-Boot-As des Krieges, Schwerterträger Otto Kretschmer, das Leitwerk seiner Junkers Ju-88 war mit über vierzig Versenkungsmarkierungen geschmückt!
Aufgrund seiner unersetzbaren Erfahrung wurde Baumbach nach über 200 Feindflügen mit einem Einsatzverbot belegt und in den Luftwaffenstab nach Deutschland versetzt. Zu seinen letzten Einsätzen gehörten Angriffe gegen die amerikanische Landungsflotte vor Algier.

Während des Kriegsjahres 1943 arbeitete Major (14.10.42) Baumbach zusammen mit führenden Technikern der Luftwaffe an verschiedenen neuen Waffensystemen, u.a. der später erfolgreich eingesetzten ferngelenkten Raketenbombe für Kampfflieger. Im Februar 1944 übernahm Baumbach auf Befehl des Oberkommandos der Luftwaffe das legendäre Kampfgeschwader 200. Dieses mit erfahrenen Piloten und speziellen Maschinen ausgestattete Geschwader führte 1944/45 hunderte geheime Kommando-, Spionage- und Transportunternehmen hinter den feindlichen Linien durch. Viele dieser Einsätze waren streng geheim und wurden erst viele Jahre nach Kriegsende bekannt.
Neben eigenen Maschinen verfügte Baumbach auch über mehrere erbeutete Flugzeuge. Mit Hilfe einiger amerikanischer B-17 und britischer Liberator konnten so Aufklärungs- oder Spionageflüge über westalliiertem Gebiet durchgeführt werden. An der Ostfront wurden hauptsächlich deutsche Agenten abgesetzt und versorgt, viele davon hunderte Kilometer hinter der Front. Weitere Einsätze waren geheime Langstrecken-Transportflüge nach Japan, den Irak und in die Mandschurei! An der finnischen Front operierte eine eigene Seefliegerstaffel als Aufklärungs- und Transporteinheit für die deutsch-finnischen Truppen.
Im Zuge der immer kritischer werdenden Lage für die deutschen Kampfflieger entwickelte der auf technischer und taktischer Ebene hoch geschätzte Baumbach 1944 das sogenannte "Mistel-System", bei dem eine unbemannte, mit einem 1,5-t-Sprengkopf bestückte Ju-88 oder He-111 mit einem bemannten Fw-190-Jäger "huckepack" gekoppelt wurde. Mit den zusätzlichen Tanks des Bombers konnte das Gespann nun tief in feindliches Gebiet vordringen und im Tiefflug das jeweilige Ziel anfliegen. In etwa ein Kilometer Entfernung visierte der Fw-190-Pilot dann das Ziel an, koppelte seine Jagdmaschine ab und machte sich auf den Heimflug. Die "fliegende Bombe" traf dann im starren Gleitflug mit einer hohen Wahrscheinlichkeit das Ziel. Dieses sehr wage erscheinende System funktionierte im Einsatz recht gut; zu den geplanten Sondereinsätzen des KG 200 gegen die britische Flotte in Scapa Flow oder den Großkraftwerken im russischen Hinterland kam es aufgrund der vielfachen alliierten Überlegenheit jedoch nicht mehr. Der größte Erfolg blieb die Vernichtung von vier amerikanischen Transportschiffen im Ärmelkanal.
Im Winter 1944 wurde Oberstleutnant (15.11.44) Baumbach zeitweise mit der Übernahme der Geschäfte des Generals der Kampfflieger beauftragt - doch bereits im Jänner legte der bewährte Offizier diesen Posten aufgrund des unüberbrückbaren Kompetenzwirrwarrs im Oberkommando der Luftwaffe enttäuscht wieder nieder.
Ab diesem Zeitpunkt nicht mehr eingesetzt, nutzte Oberst (05.01.45) Baumbach seine Kontakte, um kurz vor Kriegsende noch die kampflose Übergabe von Hamburg zu organisieren - so wurden blutige Straßenkämpfe und weitere Opfer unter der Zivilbevölkerung verhindert.
In englischer Kriegsgefangenschaft traf Baumbach den bekannten Adolf Galland. Nach seiner Entlassung nahm Baumbach 1948 zusammen mit dem ehemaligen Jagdfliegergeneral einen Auftrag der argentinischen Regierung zur Flugzeugerprobung an, wobei er aufgrund seiner unbezahlbaren Kampferfahrung meist Versuchsflugzeuge oder Neuentwicklungen testete. Bei so einem Testflug mit einem alten Lancaster-Bomber fand Werner Baumbach 1953 aufgrund eines technischen Gebrechens doch noch den Fliegertod und wurde in Cloppenburg beigesetzt.
Ohne dieses Flugunfall wäre der leidenschaftliche Flieger später vielleicht wieder in die Bundesluftwaffe eingetreten.

Generalleutnant

FRITZ BAYERLEIN

* 14.01.1899 in Würzburg/Unterfranken
+ 31.01.1970 ebd.

Ritterkreuz		26.12.1941
Eichenlaub	(258)	06.07.1943
Schwerter	(081)	20.07.1944

Panzerkampfabzeichen in Silber
Zweimalige Nennung im Wehrmachtsbericht
Nennung im Ehrenblatt des Heeres
Ärmelband "Afrika"
Italienische Tapferkeitsmedaille in Bronze (?)
Deutsches Kreuz in Gold
Verwundetenabzeichen in Bronze

"Vom Stabsoffizier zum Chef der Panzerlehrdivision"

Der in Franken geboren und aufgewachsene Fritz Bayerlein meldete sich zum für ihn frühstmöglichen Zeitpunkt bei der Musterungskommission. Der Erste Weltkrieg ging bereits in sein viertes Jahr, als Bayerlein als einfacher Soldat ins Infanterieregiment 9 an die Grabenfront im Westen versetzt wurde. Im Verlauf der letzten verzweifelten Offensiven der deutschen Armee konnte sich Bayerlein durch Tapferkeit im Gefecht 1918 noch das Eiserne Kreuz 2. Klasse verdienen.
Obwohl es sicherlich viele Männer mit mehr Kampferfahrung gab, erhielt der junge Fahnenjunker-Unteroffizier nach der Kapitulation den Vorzug und wurde im Zuge der Heeresverminderung in die Reichswehr übernommen. 1922 wurde er im Infanterieregiment 21 zum Leutnant befördert.
Nach verschiedenen Truppenkommandos 1935 als Hauptmann im Stab des XV. Armeekorps, absolvierte Bayerlein die Kriegsakademie und wurde 1938 als Major zum 2. Stabsoffizier der neuen 3. Panzerdivision ernannt. In dieser Position erlebte er den Aufbau der später so mächtigen Panzerwaffe mit - 1939 übernahm der fähige Offizier bereits den Stab der 10. Panzerdivision unter dem späteren Ritterkreuzträger Generalleutnant Schaal.

Für seine Verdienste während des Polen- (Bielsk, Brest-Litowsk) und Westfeldzuges (Sedan, Bulson, Stonne, Calais, Lyon, Auxerre) mit dem Eisernen Kreuz 1. Klasse ausgezeichnet, wurde Bayerlein am 1. September 1940 zum Oberstleutnant i.G. befördert.
Im Frühsommer 1941 übernahm er den für sein taktisches Können sprechenden Posten des Stabschefs der Panzergruppe 2 unter dem späteren Eichenlaubträger Generaloberst Guderian! Als am 22. Juni 1941 der Russlandfeldzug begann, war Bayerlein mit seinem Stab für die Führung von fünf Panzer-, drei motorisierten, drei Infanterie- und einer Kavalleriedivision verantwortlich! Taktisches Primärziel der Panzergruppe 2 war der schnelle Vorstoß nach Minsk und Smolensk sowie die Deckung der Nordflanke der Heeresgruppe Mitte (GFM von Bock).
Nach ersten Erfolgen am Bug, bei Brest-Litowsk und Baranovici erreichten Guderians Panzerspitzen bereits nach wenigen Tagen Minsk. Am 9. Juli 1941 konnte die Frontlinie Witebesk - Mogilew durchbrochen werden, Ende August endete die erbitterte Schlacht um Smolensk, die den deutschen Truppen 310.000 Gefangene sowie 3.200 erbeutete Panzer und 3.100 Geschütze einbrachte, zwei starke sowjetische Armeen waren zerschlagen worden! Wie bei diesen Operationen hatte Bayerlein auch an den erfolgreichen Offensiven gegen den Frontbogen von Wjasma großen Anteil. Trotzdem erhielt er noch nicht das begehrte Ritterkreuz.
Anfang Oktober 1941 musste Guderian schweren Herzens der Versetzung seiner rechten Hand nach Nordafrika zustimmen, wo Bayerlein am 05.10.41 neuer Stabschef des deutschen Afrikakorps unter General der Panzertruppe Erwin Rommel wurde.
Als Oberstleutnant Bayerlein in Libyen eintraf, war das DAK gerade in heftige Defensivkämpfe verstrickt, die den siegesgewohnten Rommel erstmals zum Rückzug zwangen. Nach der Aufgabe von Benghasi und dem kämpfenden Rückzug durch die Cyrenaika erreichten die geschwächten deutschen Truppen im Jänner 1942 wieder jene Frontlinie, von der sie im März 1941 den Afrikafeldzug begonnen hatten. Obwohl in diesen Tagen monatelange Anstrengungen

zu Nichte gemacht schienen, hatte Rommel mit Hilfe von Bayerleins fähigem Stab die Masse seiner kampferfahrenen Truppen retten können. Für seine Stabsverdienste in Russland und die Leistungen in Nordafrika erhielt Bayerlein am 26.12.1941 endlich das Ritterkreuz verliehen, vier Monate darauf erfolgte die verdiente Beförderung zum Oberst i.G..

Im Gegensatz zur Meinung des britischen Generalstabes war das DAK trotz des Rückzuges aber immer noch kampfbereit. Durch die nun kürzere Nachschubstrecke schnell wieder offensivfähig, ging Rommel bereits am 23. Jänner 1942 zum Gegenangriff über. Nachdem seine Truppen die überraschten Briten überrumpelt hatten, besetzten sie erneut Benghasi und Derna, stießen durch die Cyrenaika nach Osten und erreichten nach weiteren Erfolgen am 21. Juni 1942 Tobruk. Hier übernahm Fritz Bayerlein als Ersatzmann für den verwundeten Ritterkreuzträger Oberst Westphal den Stab der gesamten Panzerarmee Afrika.
Rommel und Bayerlein hatten die verblüffend erfolgreiche Gegenoffensive genauestens vorbereitet und zwar ohne dabei ein unnötiges Risiko in Bezug auf die Geheimhaltung einzugehen. So waren weder das Oberkommando in Berlin, noch die italienischen Verbündeten, noch der Großteil der eigenen Divisionskommandeure über den geplanten Angriff informiert worden - das hätte nur die Möglichkeit einer undichten Stelle - gewollt oder ungewollt - bedeutet. Der Erfolg gab ihnen recht.
Rommel wurde zum Generalfeldmarschall befördert, sein Ruhm strahlte auf Fritz Bayerlein zurück.
In dessen Operationsbericht an das Oberkommando des Heeres hieß es später: "...die Beute umfasst unter anderem Material und Ausrüstungsgegenstände für gut 30.000 Mann sowie über 10.000 m³ Treibstoff!"
Doch die Überlegenheit der immer stärker werdenden alliierten Armee in Ägypten führte nach den verlorenen Schlachten von El Alamein und Alam Halfa zur unausweichlichen Katastrophe - von überlegenen britischen Truppen getrieben, mussten nacheinander Tobruk und Benghasi aufgegeben werden. Als umfassende amerikanische Truppen in Marokko landeten, drohte das geschwächte Afrikakorps zwischen zwei Mühlsteine zu geraten!
In dieser verzweifelten Lage bewies Bayerlein neben seinen hohen Qualitäten als Stabschef auch immer wieder seine große Loyalität gegenüber seinen Vorgesetzten. Als Rommels Nachfolger als Kommandeur des Afrikakorps, Ritterkreuzträger General von Thoma, während den Kämpfen von Tel el Mampsra in britische Gefangenschaft geriet, war Bayerlein mitten im unüberschaubaren Gefechtsszenario in Richtung HKL gefahren und hatte versucht, den bewährten Truppenführer noch herauszuholen. Zur Deckung gegen heftiges Feindfeuer in einen Bombenkrater gezwungen, sah Bayerlein - kaum hundert Meter entfernt - wie von Thoma gefangengenommen wurde. Das spätere Foto, welches Montgomery mit dem salutierenden von Thoma zeigt, ging um die Welt.
Die verbliebenen deutschen Truppen konnten sich erfolgreich bis nach Tunesien zurückziehen, im August war Bayerlein knapp einem britischen Tieffliegerangriff entkommen.
Nach verzweifelten Gegenangriffen (Kasserine-Paß, Mareth-Linie) wurden die letzten deutschen Truppen im Tunis-Kessel abgeschnitten. Am 1. März 1943 wurde Bayerlein zum Stabschef der 1. italienischen Armee in Nord-Tunis ernannt und zum Generalmajor befördert. Kurz bevor die Reste des einst so ruhmreichen Afrikakorps die Waffen niederlegen mussten, wurde Bayerlein mittels Flugzeug nach Italien evakuiert.
Für seine Leistungen als Stabsoffizier erhielt er das Eichenlaub zum Ritterkreuz verliehen. Danach Chef des Stabes von General Hans Hube auf Sizilien, erfolgte im Herbst 1943 die Ernennung zum Kommandeur der 3. Panzerdivision an der Ostfront. Bayerleins Vorgänger an der Spitze dieser bewährten Division waren u.a. die bekannten Generäle Model und Breith gewesen.

In Abwehr- und Rückzugskämpfen im Großraum Charkow, bei Nowo Iwanowka, Poltawa und am Dnjepr bewies die kampferfahrene Division unter der bewährten Führungshand Bayerleins ihre Schlagkraft. Ab Oktober folgten schwere Abwehrschlachten südlich von Kiew und bei Uman.
Am 10. Jänner 1944 erhielt Generalmajor Bayerlein das Kommando über die neueste und am besten ausgerüstetste Panzerdivision der Wehrmacht: die Panzerlehrdivision, bestehend aus 14.600 Mann, 260 Panzern und 800 weitere Kettenfahrzeugen!
Die zum größten Teil aus Belegschaften von Panzertruppenschulen zusammengesetzte Division (daher die Bezeichnung Lehr) verlegte im März 1944 nach Österreich, um im Falle einer Abspaltung Ungarns aus dem Dreimächtepakt zur Stelle zu sein. Bereits nach wenigen Wochen verlegte Bayerlein erneut in den Westen, wo GFM von Rundstedt und sein Heeresgruppenführer Rommel dringend um mehr Panzerverbände am Atlantikwall ersucht hatten. Als am 6. Juni 1944 die seit langem erwartete Invasion in der Normandie losbrach, stellte die Panzerlehrdivision das Rückrad der Panzergruppe West dar.
Als das deutsche Oberkommando in Anbetracht der brenzligen Lage den sofortigen Einsatz aller Panzerverbände schon am Morgen des ersten Kampftages befahl, verwies Bayerlein auf die drückende und allgegenwärtige Gefahr der alliierten Jagdbomber (Bayerlein hatte die tödliche Wirkung dieser Waffe in Nordafrika erlebt) und bat um Verschiebung des Einsatzbefehles in die Nacht. Da die Lage sehr ernst war, wurde diese Bitte verständlicherweise

abgelehnt: die PLD hatte sich unverzüglich in Richtung Caen in Marsch zu setzten - auf dem 150 Kilometer langen Weg verlor die Division Dutzende Panzer und Fahrzeuge mit wertvollen Besatzungen durch Luftangriffe!

Zusammen mit dem starken I. (Dietrich) und II. SS-Panzerkorps (Bittrich), dem II. Fallschirmjägerkorps (Meindl) und den LXXXIV. und LXXXVI. Armeekorps (von Obstfelder) kämpfte die Panzerlehrdivision mehrere Wochen lang in den erbitterten Schlachten entlang des Invasionsgebietes. Am linken Flügel eingesetzt, schlugen sich die Männer der Division bewundernswert und erwarben sich sogar den Respekt der russlanderfahrenen SS-"*Das Reich*", die ebenfalls am linken Flügel kämpfte. Doch nach bitteren Verlusten bei Caen, Bayeux, Tilly und St. Ló musste Bayerlein seine nur noch aus 66 einsatzbereiten Panzern(!) bestehende PLD aus der Front ziehen. Für den hartnäckigen Angriffsgeist und die Erfolge seiner Division erhielt Generalleutnant (01.05.44) Bayerlein am 20. Juli 1944 die Schwerter zum Ritterkreuz mit Eichenlaub verliehen. Am selben Tag misslang Oberst von Stauffenbergs Bombenanschlag auf Hitler*[07]*.
Die schwer angeschlagene Division wurde in Heilbronn und Paderborn praktisch neu aufgestellt und im Winter 1944 für die Ardennenoffensive bereitgestellt. Im Verband der 5. Panzerarmee unter dem Brillantenträger Hasso von Manteuffel stieß die tapfere Division an der Spitze des XXXXVII. Panzerkorps (Heinrich von Lüttwitz) über die Our, überrollte eine US-Division und besetzte das an der Südflanke des Kampfgebietes liegende Wiltz. Während in Folge ein Regiment an der Kesselschlacht von Bastogne teilnahm, stieß Bayerlein mit der restlichen Division weiter vor, besetzte St. Hubert und erreichte am 23. Dezember 1944 bei Beauraing den westlichsten Punkt der gesamten deutschen Angriffsmacht!
Als die durch die Kämpfe ohnehin bereits geschwächte PLD am nächsten Tag schwere Verluste durch unaufhörliche Bombenangriffe erlitt und der Treibstoff immer knapper wurde, zog sich Bayerlein in Absprache mit General von Manteuffel nach Rochefort zurück. Am 26. Dezember wurde die Division hier in erneute Gefechte mit der 2. US-PD verstrickt, die am Vortag die 2. deutsche PD fast restlos vernichtet hatte. Als kurz darauf der allgemeine Rückzugsbefehl gegeben wurde, erreichten die Reste von Bayerleins Division kämpfend den Anschluss an die eigene Front.
Im Februar 1945 übergab Bayerlein seine bewährte Division an den Schwerterträger Horst Niemack und übernahm die Führung des LIII. Armeekorps der 15. Armee – oft auch als "Gruppe Bayerlein" bezeichnet.
Nach schweren Rückzugskämpfen über den Rhein und vergeblichen Gegenangriffen auf den US-Brückenkopf von Remagen wurde das Korps im April 1945 im Verband der Heeresgruppe B (Model) im sogenannten Ruhrkessel abgeschnitten. Obwohl sich die deutschen Verbände tapfer verteidigten, war ein Ausbruch wie aus dem Falaise-Kessel unmöglich. Ein erster Versuch der "Gruppe Bayerlein" war am 30. März gescheitert.
Nach schweren Verlusten und ausbleibenden Abwehrerfolgen entschloss sich Generalleutnant Bayerlein Mitte April 1945 schließlich zur eigenmächtigen Aufnahme von Kapitulationsverhandlungen. Ohne mit GFM Model Kontakt aufzunehmen, führte er die ihm unterstellten Truppen am 15. April in amerikanische Kriegsgefangenschaft. Am nächsten Tag streckte auch der restliche Kessel die Waffen.
Bayerlein ist 1970 in seiner Geburtsstadt Würzburg verstorben.

Generalmajor

HERMANN-HEINRICH BEHREND

* 25.08.1898 in Perleberg/Preußen
+ 19.06.1987 in Soltau

Ritterkreuz		15.07.1941
Eichenlaub	(421)	06.03.1944
Schwerter	(148)	26.04.1945

Mecklenburger Militärverdienstkreuz 2. Klasse
Infanteriesturmabzeichen in Silber
Nennung im Wehrmachtsbericht
Verwundetenabzeichen in Gold

"Insgesamt nur 25 Monate Fronteinsatz"

Behrend trat als 17jähriger im zweiten Jahr des Ersten Weltkrieges als Freiwilliger ins kaiserlich-deutsche Heer ein und diente im Füsilierregiment 90 "*Kaiser Wilhelm*" an der Ostfront. Nach einer Verwundung in die 1. Infanteriedivision versetzt, wurde Behrend für wiederholte Tapferkeit vor dem Feind 1917 zuerst zum Fähnrich und schließlich an der rumänischen Front zum Leutnant befördert. Im letzten Kriegsjahr kämpfte er mit dem IR 43 in Frankreich und erhielt wenige Wochen vor der Kapitulation als Chef einer MG-Kompanie das Eiserne Kreuz 1. Klasse. Nachdem Leutnant Behrend vorläufig in die Reichswehr übernommen worden war, erhielt er 1920 seine Abmusterung und wurde Landwirt.
1924 wieder in den Wehrdienst aufgenommen, diente er bis 1929 im Infanterieregiment 1. Später folgten Kommandos in den IR 18 und 64. 1933 erhielt Behrend die Beförderung zum Hauptmann, drei Jahre später wurde er jedoch bei einem Reitunfall derart ernst verletzt, dass er als dienstunfähig verabschiedet werden musste!
1938 setzte Hermann-Heinrich Behrend jedoch seine Reaktivierung durch und übernahm als Major das I. Bataillon des 489. Infanterieregiments.
Zum ersten Kampfeinsatz kam es für den bereits erfahrenen Haudegen erst im Mai 1940. An der Spitze seines zur 269. Infanteriedivision gehörenden Bataillons nahm er an den Offensiven in Belgien und Frankreich teil. Nach Einsätzen an der Maas, bei Namur, Reims und Dijon erhielt Behrend die Spangen zum Eisernen Kreuz 1914. Bis zum April 1941 lag die Division dann in Dänemark in Garnison.

In der ersten Phase des Russlandfeldzuges führte Behrend sein Bataillon erfolgreich in Lettland, Litauen und Estland und verblüffte seine jungen Offiziere, als er immer wieder persönlich Späh- oder Stoßtrupps anführte.
Als er im Kampfgebiet von Tauroggen einen umfassenden Durchbruch erreichen konnte, eine Brücke besetzte und so zum Erfolg seiner Division beitrug, erhielt er auf Antrag des Divisionskommandeurs das Ritterkreuz verliehen. Die verdiente Beförderung zum Oberstleutnant erfolgte einen Monat später, nachdem er sich als Kampfgruppenführer auch im Bereich der 1. Panzerdivision (Schwerterträger Kirchner) bewährt hatte.
Kurz darauf wurde Oberstleutnant (01.09.41) Behrend während der Gefechte um Leningrad zum erstenmal seit dem Ersten Weltkrieg wieder verwundet; auch sein Bataillon hatte binnen weniger Wochen durch äußerst heftige Angriffskämpfe sehr hohe Verluste erlitten und zählte zu diesem Zeitpunkt kaum noch 300 Mann – drei Kompanien mussten durch den Tod sämtlicher Offiziere durch die rangältesten Feldwebel geführt werden!
Behrend wurde indes in ein rückwärtiges Lazarett gebracht - er sollte nicht mehr zu seinem Bataillon zurückkehren.
Denn vom Krankenbett aus hatte sich der Major für die sofortige Ablösung seines „Bataillons" eingesetzt und in seinen Berichten auch versteckte Andeutungen auf Führungsfehler seiner Vorgesetzten gemacht, die seiner Meinung nach für die unnötigen Verluste in seiner Einheit mitverantwortlich waren.
Doch anscheinend hatte sich der Ritterkreuzträger damit mit den Falschen angelegt – nach seiner Wiedergenesung erhielt er Befehl, ein hohes Kommando im Heeressteifendienst der Heeresgruppe Süd zu übernehmen. 1942 wechselte er in gleicher Position nach Norwegen und später nach Finnland. Erst im Juni 1943 kehrte Oberst (15.02.43) Behrend an die Ostfront zurück und übernahm das Grenadierregiment 154 der 58. Infanteriedivision.

Im Nordabschnitt der Front eingesetzt, stand das Regiment schwere Abwehrgefechte südlich von Leningrad durch. Als Behrend mit seinen Grenadieren westlich der Stadt Luga abgeschnitten und praktisch eingekesselt wurde, behielt der Kommandeur eiserne Ruhe.
Er organisierte mehrere Tage lang den Widerstand, hielt mit seinen wenigen Truppen eine ganze sowjetische Division in Schach und brach schließlich aus der Mausefalle aus! Kämpfend erreichten Behrends 154er dann wieder die eigenen Linien. In Anerkennung dieser beachtlichen Leistung erhielt der 45jährige im März 1944 das 421. Eichenlaub verliehen. Für eine erneute Verwundung erhielt er außerdem das Verwundetenabzeichen in Gold.
Im Juli 1944 gab der hochdekorierte Offizier sein hervorragendes Regiment ab und übernahm das in der 299. Infanteriedivision kämpfende Grenadierregiment 529. Mit dieser Einheit erlebte Behrend im Sommer 1944 die blutigen Rückzugskämpfe in den Baltikum-Staaten und die Abwehrgefechte südlich des Kurlandkessels. Nachdem er sich nun in der Regimentsführung mehr als bewährt hatte, wurde Oberst Behrend im Jänner 1945 zum Divisionskommandeur-Lehrgang nach Deutschland befohlen.
Nach erfolgreichem Abschluss des Lehrgangs übernahm Hermann-Heinrich Behrend am 17. April 1945 unter gleichzeitiger Beförderung zum Generalmajor die 490. Infanteriedivision an der Westfront. Bereits am kurz nach seiner Kommandoübernahme wurden er und seine Einheit für wiederholte Kampferfolge ehrenhaft im Wehrmachtsbericht genannt! In Folge nahmen seine Regimenter im Verband der 1. Fallschirmarmee am Kampf im Teutoburger Wald, an der Weser und dem Fladderkanal teil. Hierbei kam es auch zu Gefechten mit jenen US-Truppen, die nördlich des Ruhrkessels standen.
Als einer US-Infanteriedivision an beiden Flanken der Durchbruch gelang, war die 490. ID von der Vernichtung bedroht, feindliche Panzer stießen weit vor und griffen die deutschen Verbände von hinten an. Behrend behielt erneut die Übersicht, sammelte seine im schwerem Abwehrkampf stehenden Verbände und brach in einem wuchtigen Angriff nach Osten aus!
Nach einem anschließenden Gegenangriff auf den Flugplatz von Sage wurde Behrend für die Verleihung der Schwerter zum Ritterkreuz mit Eichenlaub eingereicht. Am 26.04.45 erhielt der Generalmajor diese Auszeichnung als 148. Soldat verliehen - in Angesicht von nur etwa 25 Monaten Fronteinsatz (im 2. WK) eine herausragende und unübertroffene Leistung! Der erste Anstoß für die Schwerterverleihung war vom Oberbefehlshaber der 1. Fallschirmarmee, Eichenlaubträger Generaloberst Kurt Student, ausgegangen.
Für ihren Einsatz erhielten noch im April und Mai 1945 zwei Angehörige der tapfer kämpfenden Division das Eichenlaub zum Ritterkreuz - der seit 1942 beinamputierte(!) Oberstleutnant Hans-Peter Knaust sowie Oberstleutnant Friedrich Lier. Am 8. Mai führte Behrend die Division in britische Gefangenschaft, die für ihn zwei Jahre andauern sollte.
Generalmajor a.D. Behrend verstarb im Jahre 1987 in Soltau.

Obergruppenführer der Waffen-SS

WILHELM BITTRICH

* 26.02.1894 in Weringerode/Harz
+ 19.04.1979 in Münsing

Ritterkreuz		14.12.1941
Eichenlaub	(563)	28.08.1944
Schwerter	(153)	06.05.1945

Nennung im Wehrmachtsbericht
Deutsches Kreuz in Gold
Verwundetenabzeichen in Bronze

"Der beste Stratege der Waffen-SS"

Während des Ersten Weltkrieges kämpfte Leutnant Bittrich zuerst in einem Jägerbataillon an der West- und Südfront und erwarb beide Klassen des Eisernen Kreuzes, ehe er sich 1917 freiwillig zur Fliegerausbildung meldete. Zum Zeitpunkt der Kapitulation 1918 stand er kurz vor der Versetzung in eine Jagdstaffel. Nach dem Krieg diente Bittrich längere Zeit im Freikorps "*von Hülsen*" und ab 1920 im Grenadierregiment "*Großberlin*".
1923 wurde Bittrich schließlich in das Offizierskorps der Reichswehr übernommen, wo er Anfang der Dreißigerjahre u.a. Ausbilder an der geheimen Reichswehr-Fliegerschule in Russland war. Schließlich entschied er sich jedoch wieder für die Infanterie und ließ sich 1934 in die SS-Verfügungstruppe versetzen, wo er schnell zum Sturmbannführer aufstieg. 1938 übernahm Bittrich das SS-Regiment *"Germania"*, das später in der Division "*Wiking*" aufging. Sein Regiment zählte bei Kriegsausbruch aufgrund einer harten Ausbildung und strengen Auswahl der Soldaten zu den besten Einheiten des Heeres.

Während des Polenfeldzuges diente Standartenführer Bittrich im Stab der *SS-"Leibstandarte"* unter dem späteren Brillantenträger Dietrich und erhielt die Spangen zum Eisernen Kreuz 1914.
Kurz vor Beginn des Westfeldzuges wechselte er als Stabsoffizier ins SS-Führungshauptamt nach Berlin. Als der spätere Schwerterträger Felix Steiner die SS-Division *"Wiking*" übernahm, wurde Bittrich im Winter 1940 sein Nachfolger als Kommandeur des Regiments *"Deutschland*" in der SS-"*Das Reich*". Nach erfolgreichem Einsatz im Balkanfeldzug, in dessen Verlauf die Division u.a. Belgrad eroberte, zog Bittrich an der Spitze des Regiments in den Krieg gegen die Sowjetunion.
In den ersten Kriegsmonaten kämpfte die SS-"*Das Reich*" im Verband der "Panzergruppe Guderian" erfolgreich im Gebiet von Bialystok, nördlich von Minsk, während der Kesselschlacht von Smolensk und bei Roslawl.
Am 19. Oktober 1941 wurde Bittrich in Anerkennung seiner hohen Führungsqualitäten zum Brigadeführer und Generalmajor der Waffen-SS befördert und mit der Aufstellung der 8. SS-Kavalleriedivision *"Florian Geyer*" beauftragt. Im Gegensatz zur allgemeinen Vorstellung verfügte dieser berittene Großverband selbstverständlich auch über eigene Artillerie-, motorisierte und gepanzerte Einheiten. Mitte Dezember 1941 erhielt der Brigadeführer rückwirkend für seine Verdienste als Regimentskommandeur das Ritterkreuz zum Eisernen Kreuz verliehen.
Mit seiner Division nahm er an den Kämpfen im Rusa-Wolokolamsk-Abschnitt und den schweren Abwehrschlachten im Rshew-Bogen teil. Im Mai 1942 blieb die SS-"*Florian Geyer*" bei Olenio und Nelidow erfolgreich.
Im Frühjahr 1943 gab Bittrich das Kommando ab und stellte in Frankreich die SS-Panzerdivision *"Hohenstaufen*" auf. Mit dieser Division nahm der Gruppenführer (01.05.43) an der Ostfront an den schweren Abwehrkämpfen des Jahres 1944 teil, u.a. bei Buczacz, im Raum Kamenez-Podolsk, bei Zlotniki und vor Trembowla.
Dazwischen wurde aufgrund der hohen Verluste eine Auffrischung in Frankreich notwendig, wo Teile der Division gegen Resistancegruppen zum Einsatz kamen.
Da er sich als Panzergeneral mehr als bewährt hatte, erhielt Gruppenführer Bittrich im Juli 1944 das Kommando über das II. SS-Panzerkorps an der Westfront angeboten. Sein Korps wurde zusammen mit sämtlichen Reserven der Westfront gegen den amerikanisch-britischen Brückenkopf in der Normandie geworfen, um die Invasion einzudämmen.

In den Tagen nach der Invasion kam es zu einem Gespräch, das besonders erwähnenswert ist. Am 16. Juli 1944 traf Bittrich mit dem Oberbefehlshaber der Heeresgruppe B, GFM Erwin Rommel, zusammen, um mit ihm über die Frontlage zu sprechen. Als die beiden einander sympathischen Offiziere auf die schlechte Führung Hitlers zu sprechen kamen, offenbarte der mit dem militärischen Widerstand zusammenarbeitende Rommel dem SS-General, dass es in Kürze einen Putschversuch geben würde. Der für seine Haltung gegen Hitler und Himmler bekannte Bittrich zögerte keine Sekunde und sagte: "Herr Feldmarschall, wenn dieses Wort gilt, dann stehe ich mit meinem II. SS-Panzerkorps hinter Ihnen und Ihrer Führung. Meine Kommandeure denken genauso wie ich darüber!"
Bittrich hatte sich gerade spontan dem riskantesten Unternehmen des Militärischen Widerstandes angeschlossen.
Da der Putschversuch vom 20. Juli jedoch bereits nach wenigen Stunden scheiterte, erhielt der couragierte SS-General keine Gelegenheit, seine Worte auch in Taten umzusetzen.

Im Juli und August 1944 kämpften Bittrichs Divisionen äußerst verbissen im Gebiet von Caen, ehe nach blutigen Rückzugsschlachten Teile des Korps in den Kessel von Falaise gerieten. Nach kurzen Abwehrkämpfen konnten sich einige Heeres- und SS-Verbände aus der Mausefalle absetzen, unter den Glücklichen befand sich auch General der Waffen-SS (01.08.44) Bittrich. Während die unter ihm dienenden Divisionskommandeure Kurt Meyer (SS-"*Hitlerjugend*") und Otto Baum (SS-"*Götz von Berlichingen*") für die Erfolge bei Caen bzw. Falaise die Schwerter erhielten, wurde Wilhelm Bittrich mit dem 563. Eichenlaub zum Ritterkreuz beliehen.
Nach den schweren Verlusten in Falaise wurde das abgekämpfte II. SS-Panzerkorps zur Auffrischung ins holländische Hinterland verlegt. Unmittelbar nach dem Eintreffen der letzten Verbände kam es zu einem unerwarteten Kampfeinsatz. Im Zuge der großen alliierten Luftlandeoperation "Market Garden" landeten 35.000 britische, amerikanische und polnische Fallschirmjäger in Eindhoven, Nijmwegen und Arnheim. Ziel der Operation war die Einnahme der strategisch wichtigen Brücken über den Rhein sowie deren Sicherung durch aus Nordbelgien vorstoßende britische Truppen.
Durch die unerwartete Anwesenheit der kampferfahrenen SS-Truppen völlig überrumpelt, wurde die 1. britische Luftlandedivision in Arnheim fast restlos vernichtet! Während in Arnheim bereits schwerste Gefechte tobten, misslang ein Versuch deutscher Pioniere, die für den britischen Vormarsch wichtige Brücke von Nimwegen zu sprengen.
Die Schlacht um Arnheim war in vielerlei Hinsicht bemerkenswert und einzigartig. Hier trafen die kampferprobten Elite-Einheiten der Deutschen und Westalliierten aufeinander, die 1. britische LLD gehörte zu den besten Divisionen des Commenwealth und hatte bereits in der Normandie gegen Bittrichs Divisionen gekämpft. Trotz der harten und rücksichtslosen Gefechte erinnerten sich die Gegner aber auch an die ritterliche Fairness. In genau abgesteckten Lazaretten wurden von gemischten deutsch-britischen Ärztetrupps Verwundete beider Seiten behandelt!
Nach der Schlacht um Holland zog sich das II. SS-Panzerkorps kämpfend Richtung deutsche Grenze zurück. Im Dezember 1944 nahm Obergruppenführer Bittrich mit der SS-"*Das Reich*" und der SS-"*Hohenstaufen*", letztere von Sylvester Stadler kommandiert, an der Ardennenoffensive in Belgien teil.
Im Frühjahr 1945 konnte sich das Korps nach schweren Abwehrkämpfen über den Rhein absetzen und wurde im April noch in die Abwehrschlacht um das brennende Wien geworfen.
Wenige Tage vor Kriegsende erhielt der hervorragende Offizier und Panzertaktiker Bittrich für seine beispiellose Führung des II. SS-Panzerkorps als letzter von 24 Angehörigen der Waffen-SS die Schwerter zum Ritterkreuz verliehen. Am 8. Mai 1945 ergab er sich den amerikanischen Truppen.

Nach dem Krieg wurde die militärische Vergangenheit von Bittrich natürlich genauestens durchleuchtet. Da die Alliierten keinerlei Vorwürfe oder Anschuldigungen gegen ihn vorzubringen vermochten - auch nicht im sgn. Caen-Prozess gegen seinen damaligen Untergebenen Brigadeführer Meyer -, ließ man ihn bereits nach wenigen Monaten Kriegsgefangenschaft frei. Von den Franzosen erneut verhaftet, wurde Bittrich vor ein Kriegsgericht gestellt - die Anklage bezog sich auf einen Anti-Partisaneneinsatz seiner SS-"*Hohenstaufen*" im Gebiet von Nimes. Bei den im Februar 1944 stattgefundenen Gefechten hatten SS- und Heerestruppen einen gezielten Angriff gegen Lager der Résistance unternommen, um deren erfolgreiche Stör- und Sabotageaktionen zu unterbinden. Für seine damals führende Rolle als Divisionskommandeur wurde Bittrich zu fünf Jahren Haft verurteilt. Da diese durch die Kriegsgefangenschaft und Untersuchungshaft bereits verbüßt waren, ließ man ihn 1953 endgültig frei.
Bittrich engagierte sich in den Sechzigerjahren in der Veteranenorganisation der ehemaligen Waffen-SS und wurde nach dem Tod von Paul Hausser deren Erster Vorsitzender.
1979 verstarb er im Alter von 85 Jahren in Münsing.

Generaloberst

JOHANNES BLASKOWITZ

* 10.07.1883 in Paterswalde/Ostpreußen
+ 05.02.1948 in Nürnberg

Ritterkreuz		30.09.1939
Eichenlaub	(640)	29.10.1944
Schwerter	(146)	25.04.1945

Österreichisches Militärverdienstkreuz 3. Klasse
Braunschweiger Kriegsverdienstkreuz 2. Klasse
Bayrischer Militärverdienstorden mit Schwertern
Hohenzollernorden mit Schwertern
Nennung im Wehrmachtsbericht
Italienisches Großkreuz der Krone
Deutsches Kreuz in Silber
Verwundetenabzeichen in Bronze

"Der verbannte General"

Der damals 16jährige Johannes Blaskowitz trat bereits 1899 in eine Kadettenanstalt ein, wechselte dann auf die Kriegsakademie und diente in den Vorkriegsjahren als Leutnant im Infanterieregiment "*von Grolam*". Zu Beginn des Ersten Weltkrieges hatte der tüchtige Blaskowitz bereits den Rang eines Hauptmanns erreicht. Nach mehreren Monaten als Kompaniekommandeur im Infanterieregiment 111 an der Westfront (innerhalb von 4 Tagen zweimal verwundet!), erhielt Blaskowitz seine Versetzung ins Jägerregiment 3, wo er bereits ein Bataillon übernahm. Von April 1916 bis Kriegsende versah er dann in den Stäben der 75. deutschen und 37. österreichischen Division sowie zuletzt im X. Armeekorps Dienst. Für seine Leistungen als Stabsoffizier wurde er hoch dekoriert, so u.a. mit dem Hohenzollernorden mit Schwertern.
In die Reichswehr übernommen, diente Major Blaskowitz in den Zwanzigerjahren u.a. zusammen mit den späteren Schwerterträgern Rommel und Heinrici im Infanterieregiment 13, ehe er 1926 Stabschef der 5. Infanteriedivision wurde. Vier Jahre darauf übernahm Oberst Blaskowitz bereits das Infanterieregiment 14 in Konstanz.
Ein Jahr bevor er sich als Inspekteur der Waffenschulen bewährte, wurde er im Alter von 49 Jahren zum Generalmajor ernannt. 1935 kommandierte Blaskowitz die 2. Infanteriedivision, ein Jahr darauf bereits den Wehrkreis II. Bis Kriegsbeginn hatte der stets korrekte und äußerst genaue Offizier den Rang eines Generals der Infanterie erreicht.

Im Feldzug gegen Polen erhielt der stabserfahrene Blaskowitz das Kommando über die 8. Armee, die aus dem XIII. und X. Armeekorps bestand. Nach unerwartet harten Gefechten gegen die polnische Armee "Lodz" stießen die Divisionen über die Warthe nach Lodz vor und nahmen anschließend an der Kesselschlacht um Warschau teil. Als die tapfer kämpfenden Polen kapitulieren mussten, leitete der zum Generaloberst beförderte Blaskowitz die Kapitulationsverhandlungen. Im Zuge einer großen Zeremonie erhielt die Spitze der Wehrmacht, darunter auch Blaskowitz, Ende September 1939 das prestigeträchtige Ritterkreuz zum Eisernen Kreuz verliehen.
Während sich die Hauptmacht der deutschen Kriegsmaschine gegen die westlichen Gegner wandte, blieb Blaskowitz als Oberbefehlshaber Ost in Polen und sicherte mit einigen Divisionen das eroberte Territorium gegen Stalins Rote Armee. In dieser hohen Position, zuvor von Gerd von Rundstedt besetzt, wurde der Generaloberst im Winter 1939 und Frühjahr 1940 wiederholt Zeuge der Greultaten und "Säuberungen" der SS-Totenkopfverbände. Als unpolitischer und korrekter Offizier darüber zutiefst erschüttert, reichte er zweimal offizielle Beschwerde in Berlin ein - er wurde ignoriert. Zwei SS-Offiziere, die der couragierte Blaskowitz wegen Mordes hatte zum Tode verurteilen lassen(!), wurden von Hitler kurzerhand wieder begnadigt.
In seiner Denkschrift an Hitler hieß es: "Die Einstellung der Truppe zur SS und Polizei schwankt zwischen Abscheu und Hass. Jeder Soldat fühlt sich angewidert und abgestoßen durch diese Verbrechen, die in Polen von Angehörigen der SS begangen werden."
Unmittelbar nach seiner erneuten Beschwerde wurde Blaskowitz aus Polen abgezogen und an die Spitze der 9. Armee am Westwall befohlen.

Während des Westfeldzuges führte Blaskowitz seine Truppen im Verband der Heeresgruppe von Rundstedt in Zentralfrankreich und zeichnete sich u.a. im Kampf gegen die 4. und 6. französische Armee aus. Am 17. Juni 1940 wurde er zum Militärbefehlshaber Nordfrankreich ernannt und bis Mitte 1944(!) nicht mehr als Frontgeneral herangezogen - der Bannstrahl Hitlers war stark und undurchdringlich.
In diesen Kriegsjahren wechselte ein etwas enttäuschter Blaskowitz von der Führerreserve an die Spitze der 1. Armee, welche er im Winter 1942 zusammen mit Truppen der Waffen-SS im Zuge der Besetzung von Südfrankreich befehligte. Während dieses Unternehmens gelang es jedoch nicht - wie von Hitler beabsichtigt - die in Toulon ankernde französische "Rest"-Flotte in die Hand zu bekommen, da diese entkam bzw. sich teilweise selbst versenkte.
Später wurde Generaloberst Blaskowitz zum Oberbefehlshaber der Armeegruppe G im unwichtigen Randgebiet Südfrankreich ernannt.
Dieses weder im Ersten Weltkrieg noch im Westfeldzug umkämpfte Gebiet wurde am 15. August 1944 erstmals zum Schauplatz von Kampfhandlungen. Die alliierte Operation "Dragoon" war Teil eines komplexen militärischen Planes, der die schnelle Befreiung von Frankreich zum Ziel hatte. In der Tat war er jedoch recht simpel. Nachdem die Hauptmacht der britischen, amerikanischen und frei-französischen Truppen im Juni 1944 in der Normandie (Nordküste) gelandet waren, folgten nun umfassende Streitkräfte an der französischen Mittelmeerküste im Süden. Von zwei Seiten attackiert, würden die deutschen Truppen in Zentralfrankreich zwischen zwei Mühlsteine geraten und früher oder später geschlagen werden.
Obwohl nicht mehr hundertprozentig an Stabsarbeit für kämpfende Truppen gewöhnt, gelang es Blaskowitz, seine angeschlagenen Truppen (zumeist abgekämpfte Divisionen aus dem Osten, die zur Auffrischung in Südfrankreich waren oder nur halb ausgebildete Sicherungsdivisionen) geschickt aus der Kampfzone zurückzunehmen und wiederholt Abwehrriegel aufzubauen. Durch seine Manöver konnte sich seine 19. Armee kämpfend durch das Rhónetal ins Gebiet der Vogesen zurückziehen. Obwohl man ihm dafür das Eichenlaub zum Ritterkreuz verlieh, wurde Blaskowitz Ende September 1944 abgelöst und in die Führerreserve versetzt - im Dezember kehrte er in den Einsatz zurück und wurde zum neuen Oberbefehlshaber der Heeresgruppe H in Holland ernannt.
Im Zuge der wuchtigen Großoffensiven der Alliierten wurden mehrere seiner Divisionen entlang der holländischen Küste abgeschnitten.
Der Rest der Heeresgruppe kämpfte in Norddeutschland gegen die britische Heeresgruppe Montgomery, hier wurde trotz der großen Übermacht der Alliierten und dem trotzigen Veto Hitlers der Großteil der wertvollen Truppen über den mächtigen Rhein gerettet.
Als Kommandeur der "Festung Holland" (25. Armee) bewies Generaloberst Blaskowitz erneut Courage. Unter denkbar schwierigsten Bedingungen organisierte er für tausende holländische Zivilisten Hilfslieferungen, die er mit deutschen Transportmitteln durch freigekämpfte Frontlücken schleuste. Da er durch seinen militärischen Widerstand mehrere alliierte Divisionen monatelang band, erhielt er - über fünf Jahre nach dem Ritterkreuz - als einer der letzten Soldaten des Krieges noch die Schwerter zum Ritterkreuz mit Eichenlaub verliehen. Im Mai 1945 kapitulierte er ehrenvoll vor den britischen Truppen.
Obwohl Generaloberst Blaskowitz während des Zweiten Weltkrieges nur wenige Kampfhandlungen geleitet hatte, wurde er nach dem Krieg im sogenannten OKW-Prozess angeklagt. Zusammen mit dreizehn anderen hohen Offizieren der Wehrmacht wurden Blaskowitz Verbrechen gegen den Frieden und Planung eines Angriffskrieges angelastet. Als der von dieser Anklage erschütterte Generaloberst am 5. Februar 1948 vom Militärgefängnis in den Verhandlungssaal gebracht werden sollte, wählte der einstige Pfarrerssohn den Freitod und stürzte sich in einem unbeobachteten Moment in einen ungesicherten Treppenschacht.

Oberführer der Waffen-SS

GEORG BOCHMANN

* 18.09.1913 in Albernau/Sachsen
+ 08.06.1973 in Offenbach a.M.

Ritterkreuz		03.05.1942
Eichenlaub	(246)	17.05.1943
Schwerter	(140)	26.03.1945

Sturmabzeichen des Heeres in Silber
Demjanskschild
Verwundetenabzeichen in Gold

"Bester Kampfgruppenführer der Totenkopf-Division"

Bereits im Alter von 20 Jahren trat Georg Bochmann freiwillig in die SS-Verfügungstruppe ein, 1936 diente der Sohn eines Fabrikarbeiters in der SS-Standarte "*Oberbayern*". Als Untersturmführer war er später in einem der berüchtigten SS-Totenkopfverbände eingesetzt, die für viele Greueltaten verantwortlich waren. Zeitweise war Bochmanns Standarte als Wacheinheit im später berüchtigten KZ Dachau - damals noch kein Vernichtungslager - nahe München eingesetzt. Später absolvierte der Sachse mehrere Waffen- und Taktikkurse an der Heeres-Infanterieschule in Döberitz. Als im November 1939 die später berüchtigte SS-"*Totenkopf*" aufgestellt wurde, übernahm Obersturmführer Bochmann die 14. Panzerjägerkompanie.

Im Krieg gegen Frankreich kämpfte seine Division im Nordabschnitt, besetzte u.a. Camprai und Arras und nahm anschließend an der Schlacht um Dünkirchen teil. Nach harten Gefechten in Flandern, an der Seine und der östlichen Normandie stieß die Division bis Ende Juni 1940 nach Südwestfrankreich vor. Für persönliche Tapferkeit im Kampf erhielt Obersturmführer Bochmann im Westfeldzug das Eiserne Kreuz 2. Klasse verliehen, kurz darauf wurde er zum Hauptsturmführer befördert.
Einige Einheiten der Waffen-SS - aber besonders bestimmte Teile der SS-"*Totenkopf*" - fielen während des Westfeldzuges leider auch durch schwere Verstöße gegen das Kriegsrecht auf. Es wird von Gefangenenerschießungen, und Plünderungen berichtet - wohlgemerkt war hiervon aber nicht das Gros der Division betroffen. Die Ursache hierzu war sicherlich im niedrigen Durchschnittsalter der Divisionsangehörigen - oft nur 18 oder 19 Jahre - sowie der teilweise schlechten Offiziersausbildung zu suchen.
Bis April 1941 in Frankreich stationiert, nahm die nun voll motorisierte SS-"*Totenkopf*" ab Juni am Krieg gegen die Sowjetunion teil.
Zu diesem Zeitpunkt hatte sich die Division - 1940 aufgrund ihrer Unerfahrenheit in taktischer und führerischer Hinsicht benachteiligt - zum voll kampfkräftigen Verband entwickelt.
Im Verband der Heeresgruppe Nord (von Leeb) stieß sie zusammen mit Heeresdivisionen durch die Baltikumstaaten Lettland, Litauen und Estland vor, wobei die Division stets wild angriff und ohne Rücksicht auf die eigenen Verluste den Vormarsch fortsetzte*[08]*. An der Spitze seiner Panzerjägerkompanie bewährte sich Bochmann ausgezeichnet, führte seine Männer bei Kanaus, Strow sowie an der Düna und trug seit Juli das Eiserne Kreuz 1. Klasse. Als die Division im August 1941 den Ilmensee erreichte, waren bereits unzählige russische Panzer abgeschossen worden.
Nach schweren Gefechten südlich von Leningrad und heftigen Abwehrschlachten bei Lushno musste die geschwächte Division ihre härteste Bewährungsprobe bestehen. Im Jänner 1942 wurde das II. Armeekorps, darunter die SS-"*Totenkopf*", während der russischen Winteroffensive überrannt und um Demjansk eingeschlossen - 98.000 Mann saßen in der Falle! Drei Monate lang kämpften die eingeschlossenen Verteidiger verbissen um jeden Meter Boden. Hunderte Sturmangriffe der Russen wurden abgeschlagen, tagelanges Trommelfeuer und andauernde Panzerangriffe durchgestanden. Nur durch eine effektive Luftversorgung (300 t täglich!) war das "Wunder von Demjansk" möglich. Im April hatte sich eine Entsatzkampfgruppe von außen her soweit an den Kessel herangekämpft, dass ein Ausbruchsversuch einen Sinn hatte. An der Spitze einer zusammengewürfelten

Kampfgruppe rannte Bochmann von innen her gegen den westlichen Umklammerungsring an. Als sich am 28.04. die "Kampfgruppe Bochmann" und ein von außen angreifendes Regiment am Flüßchen Lowat trafen, war ein schmaler Weg in die Freiheit geschaffen! Für seine Leistungen in Demjansk erhielt der dort zweimal verwundete Hauptsturmführer Bochmann als 11. Angehöriger der SS-"*Totenkopf*" das Ritterkreuz sowie den speziell gestifteten Demjanskschild verliehen. Weiters wurde ihm eine schriftliche Belobigung von Generaloberst Busch, damals Oberbefehlshaber der 16. Armee, übergeben. Insgesamt sollten bis Kriegsende 45 Angehörige der SS-"*Totenkopf*" mit den Ritterkreuz beliehen werden, 8 weitere fernerhin mit dem Eichenlaub!

Die erfolgreiche Versorgung des Demjansk-Kessels aus der Luft hatte zur Folge, dass Hitler fälschlicherweise auch in Zukunft an das Gelingen derartiger Operation glaubte, ja einen entstandenen Kessel sogar als Gelegenheit ansah, russische Truppenverbände zu binden. So kam es in den nächsten Kriegsjahren wiederholt dazu, dass er den Ausbruch von eingekesselten deutschen Einheiten verbot(!) - berühmtestes Beispiel wurde der Kessel von Stalingrad.

Die Leistung der SS-"*Totenkopf*" in Demjansk trug maßgeblich dazu bei, die bis dahin innerhalb des Heeres nicht immer positive (militärische) Beurteilung der Waffen-SS endgültig umzukehren. Da vor dem Krieg ja zu Großteil aus Nicht-Berufssoldaten gebildet, war die Waffen-SS von den meisten Angehörigen des Heeres bis dahin als zweitrangig eingestuft worden.

Während Bochmann in einem Feldlazarett lag, kämpfte sich die schwer angeschlagene Division nach Westen zurück. Im Oktober 1942 erfolgte schließlich der rettende Verlegungsbefehl nach Frankreich, wo die SS-"*Totenkopf*" zur Panzergrenadierdivision umgerüstet und aufgefrischt wurde.

Im November kamen die Verbände bei der überraschenden Besetzung der bisher freien Zone in Südfrankreich zum Einsatz. Kurze Zeit später wurde die Elite-Division in 178 Eisenbahnzügen(!) wieder Richtung Ostfront verlegt.

Hier übernahm der zum Sturmbannführer (02.04.42) beförderte Bochmann das III. Kradschützenbataillon. Während den erbitterten Schlachten um Charkow sowie den Gefechten bei Ssorokowka und Tetlega verdiente er sich durch große Offensiverfolge das 246. Eichenlaub zum Ritterkreuz, welches ihm am 17. Mai 1943 verliehen wurde. Nachdem der bisherige Kommandeur gefallen war, übernahm der Eichenlaubträger im Sommer das ausgezeichnete Panzerregiment der Division (Prieß) und führte es in den erneuten Abwehrkämpfen bei Charkow. Unter seinen damaligen Abteilungskommandeuren befanden sich so ausgezeichnete Offiziere wie Erwin Meierdress und Fritz Biermeier - beide erhielten später das Eichenlaub verliehen.

Im Herbst und Winter 1943 folgten weitere Einsätze am Mius und Donez, vor Stalino und Poltawa sowie im berüchtigten Narew-Brückenkopf. Nach einer erneuten Verwundung wurde Obersturmbannführer (09.11.43) Bochmann nach Deutschland rückversetzt und als Kommandeur einer SS-Offiziersschule verwendet.

Zeitweise als neuer Kommandeur des Panzerregiments der SS-"*Hohenstaufen*" (Stadler) vorgesehen, wurde Bochmann jedoch nicht für dieses Kommando herangezogen.

Am 2. Jänner 1945 übernahm der bereits zum Standartenführer und Oberst der Waffen-SS (01.11.44) aufgestiegene Bochmann die 18. SS-Panzergrenadierdivision "*Horst Wessel*". Bereits wenige Tage später kam die Division im Zuge des Offensivunternehmens "Nordwind" zum Einsatz, in dessen Verlauf das XIII. SS-Armeekorps im nördlichen Elsaß gegen die 1. (frei-)französische Armee antrat. Nach dem Abbruch des Unternehmens wurde Bochmanns Division in den Osten verlegt.

Nach blutigen Abwehrkämpfen in Schlesien wurde die auf 6.000 Mann zusammengeschrumpfte Division durch ein sowjetisches Schützenkorps bei Oberglogau eingekesselt und fast vernichtet. Ohne Hilfe von außen gelang über Leobschütz-Jägerndorf schließlich der Ausbruch nach Westen, wobei alle schweren Waffen zurückgelassen werden mussten - tausende Soldaten wurden so aber gerettet. Die blutigen Rückzugsgefechte aus dem Kessel hatten sich über 25 Kilometer hingezogen! Oberführer Bochmann wurde in den schweren Kämpfen verwundet, weigerte sich aber entschieden, in ein Lazarett gebracht zu werden! Für die erfolgreiche Rettung seiner Division erhielt er noch am 26. März 1945 die Schwerter zum Ritterkreuz mit Eichenlaub verliehen. Für seine fünfte Verwundung erhielt er weiters das Verwundetenabzeichen in Gold überreicht.

Kurz vor Kriegsende übernahm Bochmann noch die Führung der einst vom Schwerterträger Otto Baum kommandierten SS-Panzergrenadierdivision "*Götz von Berlichingen*", die er in letzten Gefechten bei Nürnberg und in Niederbayern anführte.

Als Bochmann wenige Tage vor Kriegsende einige von GFM Schörner - dieser hatte ihn zusammen mit General Walter Nehring für die Schwerter vorgeschlagen - gegebene Angriffsbefehle als undurchführbar und sinnlos verweigerte, enthob ihn Schörner seines Postens und drohte ihm mit dem Kriegsgericht! Am 6. Mai 1945 ergab sich die abgekämpften SS-"*Götz von Berlichingen*" den US-Truppen.

1973 verstarb Bochmann in Offenbach am Main an einem schweren Leiden, welches auf früheres russisches Sumpffieber zurückzuführen war.

Major

ALWIN BOERST

* 20.10.1910 in Osterode/Sachsen
+ 30.03.1944 bei Jassy/Ostfront

Ritterkreuz		05.10.1941
Eichenlaub	(149)	28.11.1942
Schwerter	(061)	06.04.1944 postum

Frontflugspange für Schlachtflieger in Gold mit Einsatzzahl "1.000"
Flugzeugführer- und Beobachterabzeichen
Ärmelband "Kreta"
Ehrenpokal der Luftwaffe
Deutsches Kreuz in Gold
Verwundetenabzeichen in Bronze

"Nach über 1.000 Feindflügen gefallen"

Als der im Harz geborene Alwin Boerst 1937 als Unteroffizier in die deutsche Luftwaffe wechselte, hatte er bereits drei Jahre lang in der Kraftfahrabteilung 6 gedient und war später zum Panzerjäger ausgebildet worden.
Während seiner Ausbildung zum Flugzeugführer wurde er zum Offiziersanwärter bestimmt und ein Jahr vor Kriegsbeginn zum Leutnant ernannt, 1939 tat er im Stukageschwader 2 "*Immelmann*" Dienst.
Während des Polenfeldzuges erhielt Leutnant Boerst seine Feuertaufe und flog in den ersten Kriegswochen gegen Krakau, Kattowitz, Radom und Modelin. Für seine Erfolge gegen Bahnanlagen und bei Heeresunterstützungs-Einsätzen erhielt der bereits 29jährige Boerst noch in Polen das Eiserne Kreuz 2. Klasse verliehen.
Im Oktober 1939 verlegte das gesamte Geschwader im Eiltempo nach Westen, um einen möglichen Angriff der Westalliierten abzufangen. Nach einer längeren Phase des sogenannten "Sitzkrieges" begann im Mai 1940 der gewagte "Fall Gelb". In bis zu drei Einsätzen täglich flog Boersts Gruppe gegen Ziele bei Maastricht, dem Fort Eben-Emael, an der Maas, bei Lüttich und Namur. Weitere Einsatzorte waren u.a. Calais, Amiens und das Schlachtfeld von Flandern. Über dem berühmten Kessel von Dünkirchen stürzte Boerst wiederholt gegen britische Truppentransporter und Zerstörer.
In der zweiten Phase der Schlacht um Frankreich verlegte das Geschwader ständig auf neue Frontflugplätze, griff Ziele an der Marne, der Seine und der Loire an und erreichte im Juli das 1944 erneut schwer umkämpfte Gebiet von Falaise und Caen. Nach der französischen Kapitulation erhielt Leutnant Boerst für bereits 130 erfolgreiche Feindflüge das Eiserne Kreuz 1. Klasse überreicht.

Während der erbitterten Luftschlacht um England flog das Stukageschwader 2 immer wieder gegen Ziele entlang der englischen Südküste; neben Hafenanlagen waren besonders Kanalkonvois oft angeflogene Ziele. Aufgrund der tapfer kämpfenden und hoch motivierten britischen Piloten sowie der technische Unterlegenheit der Ju-87 Stuka war aber bereits in dieser frühen Kriegsphase umfassender Me-109-Jagdschutz nötig. Da die langsamen Stukas jedoch weiterhin ein zu leichtes Ziel für die schnellen Hurricane und Spitfire der RAF blieben, kam Boersts Geschwader nicht gegen Ziele auf dem Festland zum Einsatz.
Im August 1940 zum Oberleutnant befördert, verlegte Boerst mit seiner Gruppe im Februar 1941 in neue Bereitstellungsräume in Rumänien. Von den neuen Flugplätzen führte die I. Gruppe im April und Mai wuchtige Angriffe gegen die griechische Metaxaslinie durch und ermöglichte der 12. Armee den Durchbruch. Nach weiteren Einsätzen am Kanal von Korinth und am Penelopes war Boerst während der Luft-Seeschlacht von Kreta an der Versenkung der britischen Zerstörer *Kelly* und *Kashmir* beteiligt. Für seine Verdienste als Flugzeugführer wurde er im Mai 1941 zum Kapitän der 3. Staffel des "*Immelmann*"-Geschwaders ernannt.
Während der ersten Phase des Russlandfeldzuges führte Boerst unzählige Feindflüge gegen die altbekannten Ziele der Stukas durch: Bahnanlagen, Brücken, Flugplätze, Truppenunterkünfte, Bunker- und Artilleriestellungen, Nachschubstraßen sowie Truppenmassierungen. Am 21. Juli flog Boerst gegen russische Nachschubkolonnen seinen 250. Fronteinsatz, beim 300. Einsatz vernichtete er im Sturzangriff eine Brücke über die Newja.

Nach erfolgreichen Einsätzen über Bialystok, Minsk und Smolensk verlegte das gesamte Geschwader im August 1941 in den Nordabschnitt der Front, um an der Schlacht um Leningrad teilzunehmen. Bei einem Einsatz gegen die russische Ostseeflotte im Kriegshafen von Kronstadt konnte ein Kamerad von Boerst das Schlachtschiff *Marat* durch Volltreffer versenken: sein Name war Hans-Ulrich Rudel, bei Kriegsende der höchstdekorierte Soldat der Wehrmacht. Boerst erhielt vier Monate nach Beginn der Operation "Barbarossa" für seine Leistungen als Schlachtflieger und Staffelführer nach 330 Einsätzen das begehrte Ritterkreuz. Im September hatte der tapfere Sachse einen Ehrenpokal für besondere Leistungen im Luftkrieg erhalten.
Unter dem Kommando des VIII. Fliegerkorps erlebte der frisch dekorierte Boerst im Winter die schweren Gefechte im Mittelabschnitt, wo die "*Immelmann*"-Stukas bei Wjasma, Kalin und in der Nähe von Moskau eingesetzt wurden. Im April 1942 war der Staffelführer bei bereits 400 Feindflügen angelangt - wenig später erhielt er das Deutsche Kreuz in Gold.
Immer wieder startete er mit seiner Staffel gegen russische Truppen und strategische Ziele, wobei die Rote Jagdwaffe immer stärker und gefährlicher wurde. Neben effektiven Jagdschutz durch Me-109 oder Fw-190 konnte sich Boerst hierbei auf seinen bewährten Bordschützen Ernst Filius verlassen.
Nach Teilnahme an den Operationen am Don, im Gebiet von Stalingrad und über Nikojalew wurde Oberleutnant Boerst im September 1942 nach 624 Einsätzen mit einem Feindflugverbot belegt und als Flug- und Taktiklehrer an die Verbandsführerschule nach Deutschland rückversetzt. Für seine großen Erfolge an der Ostfront wurde der tapfere Offizier mit dem Eichenlaub ausgezeichnet und am 1. Dezember endlich zum Hauptmann befördert.
Erst im März 1943 kam Boerst wieder zum Kampfeinsatz und übernahm erneut seine alte Staffel.
Während der schweren Abwehrschlachten über Kertsch, Charkow, Stalino und dem Kuban-Brückenkopf am Ostzipfel der Krim konnte er eindrucksvoll beweisen, dass er nichts verlernt hatte. Während der Schlacht am Kuban konnte das Geschwader u.a. über 1.000(!) Infanterie-Landungsboote der Sowjets versenken und somit immer wieder deren Brückenköpfe zerschlagen.
Bei einem dieser Einsätze hatte Boerst das sprichwörtliche Fliegerglück, als er nach einem schweren Flaktreffer verwundet notlanden konnte und von Kameraden des Heeres "aufgesammelt" wurde. Im August 1943 übernahm er als Nachfolger für den bewährten Major Bruno Dilley die I. Gruppe des Geschwaders. Die III. Gruppe wurde damals durch Hans-Ulrich Rudel kommandiert. Am 29. Jänner 1944 absolvierte der frischgebackene Gruppenkommandeur als 6. Schlachtflieger des Krieges seinen 1000. Feindflug!

Innerhalb des Geschwaders genoss Boerst eine großartigen Ruf als Offizier, Flieger und Kämpfer. Während der nächsten Wochen schulte er auf eine neue Version der Stuka um - den mit zwei 37-mm-Maschinenkanonen bestückten, bereits legendären "Kanonenvogel".
Am 30. März startete Boerst mit seinem Bordschützen Oberfeldwebel Filius zum 1.061 gemeinsamen Feindflug - das eingespielte Duo flog seit dem ersten Kampfeinsatz über Polen zusammen!
Während Boerst mit seiner schwerbewaffneten Stuka im Tiefflug einen Angriff auf russische Panzer einleitete, geriet er ins Kreuzfeuer der gefürchteten russischen Flak. Von unzähligen Geschossen getroffen, stürzte die Maschine in der Gegend von Jassy ab. Wenige Tage später wurde Alwin Boerst als einer von zwei Schlachtfliegern postum mit den Schwertern zum Ritterkreuz mit Eichenlaub dekoriert. Oberfeldwebel Filius erhielt postum das Ritterkreuz verliehen.
Ebenfalls postum wurde Boerst für seine Leistungen zum Major befördert.
Gemessen an Feindflügen steht der Schwerterträger an 15. Stelle des Schlachtfliegerkorps - insgesamt „erlebten" lediglich 25 Experten die magische 1.000er-Marke.
Boersts Nachfolger als Kommandeur der I. Gruppe wurde der Ritterkreuzträger Hauptmann Kurt Lau, später Oberstleutnant der Bundesluftwaffe.

Oberst

GEORG FREIHERR VON BOESELAGER

* 25.08.1915 in Kassel/Hessen
+ 27.08.1944 bei Lomza am Bug/Ostfront

Ritterkreuz		18.01.1941
Eichenlaub	(053)	31.12.1941
Schwerter	(114)	28.11.1944 postum

Sturmabzeichen des Heeres
Zweimalige Nennung im Wehrmachtsbericht
Verwundetenabzeichen in Silber

"Zum Attentat gegen Hitler bereit!"

Als Spross einer traditionsreichen Soldatenfamilie von frühester Jugend an auf den Dienst als Kavallerieoffizier vorbereitet, trat der begeisterte und erfolgreiche Turnierreiter im Jahre 1934 ins Reiterregiment 15 ein. Seiner Ernennung zum Fähnrich folgte eine gründliche Ausbildung, die er 1936 mit der Beförderung zum Leutnant abschloss. Der äußerst korrekte und tapfere Offizier führte bei Kriegsausbruch eine Schwadron der Aufklärungsabteilung der 6. Infanteriedivision an.
Im Polenfeldzug wurde Oberleutnant von Boeselager als Führer von berittenen Spähtrupps eingesetzt und bereits mit dem Eisernen Kreuz 2. Klasse ausgezeichnet.
Während des Frankreichfeldzuges mit seiner Abteilung stets an der Spitze der Division (XXXVIII. Armeekorps), erhielt Oberleutnant von Boeselager Anfang Juni 1940 den Befehl, die für den weiteren Vormarsch wichtige Seine-Brücke bei Les Andelys zu besetzen. Nachdem diese jedoch von den Franzosen zerstört worden war, setzte er mit seinen Männern kurzerhand über den Fluss und bildete trotz heftigem Feindbeschuss einen Brückenkopf, der bis zum Eintreffen von Verstärkung gehalten werden konnte! Am 13.06. erhielt er im Feld dafür das EK.I verliehen und wurde wenig später namentlich im Wehrmachtsbericht genannt.
Am 18.01.41 wurde Oberleutnant von Boeselager für diese Tat sowie Tapferkeit im Gefecht als zweiter Soldat der Heereskavallerie weiters mit dem Ritterkreuz ausgezeichnet. Ihm war lediglich der spätere Schwerterträger und damalige Aufklärungskommandeur der 5. Infanteriedivision, Rittmeister Horst Niemack, "zuvorgekommen".

Ein halbes Jahr später führte Rittmeister (01.07.41) von Boeselager seine Schwadron in den ersten Phasen des Russlandfeldzuges an.
Der junge Kavallerieoffizier nahm an der Doppelschlacht von Bialystok-Minsk, den Kämpfen im Njemen- und Düna-Brückenkopf sowie den Schlachten bei Smolensk und Kelnja teil. Nach erneut großen Gefechtserfolgen bei Bjeljoj und der Winterschlacht vor Moskau wurde Georg von Boeselager für seinen Leistungen von der Division und dem Armeekorps zum Eichenlaub eingereicht. Wenige Tage, nachdem er diese Auszeichnung als erst 53. Soldat der Wehrmacht erhalten hatte, wurde er vom Fronteinsatz zurückgezogen und nach Deutschland versetzt.
1942 hatte der Rittmeister eine Zeit lang den Posten eines Taktiklehrers an der Schule für Schnelle Truppen in Krampnitz inne. Trotz mehrfacher Angebote seiner Vorgesetzten, sich doch in die modernere Panzerwaffe versetzen zu lassen, blieb der junge Offizier bei der Reiterei. Während der Heimatverwendung knüpfte Georg von Boeselager aus tiefster Überzeugung und allen Risiken zum Trotz erstmals Kontakte zum Militärischen Widerstand!
Nach der Lehrverwendung in Deutschland fungierte er als Ausbildungsoffizier für verbündete Kavallerieverbände im rumänischen Torgoriste.
Doch der rückwärtige Dienst behagte dem Vollblutsoldaten nicht - sein erklärtes Ziel war es, die etwas in den Hintergrund geratene Kavallerie zu modernisieren und als eine Art berittene Infanterie mit hoher Mobilität einzusetzen. Im Herbst 1942 gelang es dem Eichenlaubträger schließlich auf Vermittlung seines Bruders Philipp - seines Zeichens Ordonnanzoffizier beim Oberbefehlshaber der Heeresgruppe Mitte - diesbezüglich bei GFM von Kluge vorsprechen zu dürfen. Seine konstruktiven Ausführungen und Ideen hatten schließlich Erfolg - bereits einige

Wochen später erhielt Georg von Boeselager Befehl, nach seinen Vorstellungen das Kavallerieregiment Mitte aufzustellen! Die I. Abteilung dieses Regiments wurde von seinem Bruder Philipp übernommen, der hier 1944 das Ritterkreuz erhielt und bei Kriegsende Kommandeur des Reiterregiments 31 war.
Später erhielten auch die Heeresgruppen Nord und Süd je ein eigenständiges Kavallerieregiment. Von Boeselagers Idee war von Erfolg gekrönt und rettete das deutsche Kavalleriekorps vielleicht vor der endgültigen Auflösung.

Obwohl wieder an der Front, hielt Georg von Boeselager weiterhin Kontakt zum Militärischen Widerstand, so dass er in einen riskanten Plan eingeweiht wurde. Als Hitler im März 1943 das Hauptquartier der Heeresgruppe Mitte besuchte, planten einige couragierte Offiziere einen Bombenanschlag auf dessen Flugzeug. Georg und sein eingeweihter Bruder Philipp meldeten sich dafür freiwillig, nachdem sie sich der Unterstützung einiger Offiziere ihres Regiments versichert hatten. Der Widerstand entschied sich jedoch für einen anderen Ausführenden - der Anschlag schlug allerdings fehl*[09]*.
Durch ihren Fronteinsatz waren beide von Boeselagers später nicht mehr am Attentat vom 20. Juli 1944 beteiligt.
1943 führte Major (01.06.43) von Boeselager sein ihm ergebenes Regiment in Anti-Partisanenaktionen bei Orscha und Witebesk, den blutigen Gefechten der Operation "Zitadelle" sowie den schweren Defensivkämpfen bei Orel und Brjansk. Im Juli gelang dem Regiment trotz äußerst hoher Verluste (300 Mann in 3 Tagen!) die Zurückweisung und Dezimierung von drei russischen Schützendivisionen! Im Oktober 1943 wurde von Boeselager verwundet, die Stärke seiner Einheit fiel nach den schweren Verlusten auf nur 4 Offiziere und 47 Mann! Im September erhielt Oberleutnant König, Kommandant der tapferen 1. Schwadron, auf Boeselagers Antrag das Ritterkreuz verliehen.
Schon im Frühjahr 1944 wurde Oberstleutnant (01.12.43) von Boeselager erneut verwundet und mit mehreren Steckschüssen im linken Oberschenkel in ein Feldlazarett eingeliefert. Die Heilungsphase verlängerte sich aufgrund von Komplikationen immer wieder, später kam auch noch eine Lungenentzündung hinzu!
Obwohl seine Wunde noch nicht ganz verheilt war, kehrte von Boeselager im Sommer wieder an die Front zurück und übernahm die 3. motorisierte Kavalleriebrigade im Südabschnitt der Ostfront, nachdem der bisherige Kommandeur Oberst Freiherr von Wolff (61. Eichenlaub) gefallen war. Die aus drei Reiterregimentern und einer Panzeraufklärungsabteilung bestehende Brigade bewährte sich in den Abwehrschlachten, den Kämpfen nördlich der Pripjet-Sümpfe und im Narew-Bug-Abschnitt.
Obwohl noch immer durch das schmerzende linke Bein in seiner Kommandotätigkeit behindert, führte von Boeselager am 26. August 1944 mit Teilen seiner Brigade und einer unterstützenden Panzerabteilung einen erfolgreichen Flankenangriff gegen eine sowjetische Schützendivision am Bug. Am nächsten Tag konnte ein russischer Gegenangriff zum Stehen gebracht und der eigene Angriff fortgesetzt werden. An diesem Tag fand Oberstleutnant Georg von Boeselager jedoch, vor seinem Schützenpanzer stehend, durch schweres Maschinengewehrfeuer den Tod. Im Laufe des Tages kostete der von ihm eingeleitete Angriff dem Gegner noch 15 Panzer und 12 Pak-Geschütze. Drei Monate später erhielt er in Anerkennung seiner großen militärischen und taktischen Erfolge postum die Schwerter zum Ritterkreuz mit Eichenlaub und die Beförderung zum Oberst.
Der Wehrmachtsbericht vom 01.09.44 enthielt folgende Meldung:
"In den schweren Abwehrkämpfen zwischen Bug und Narew hat sich die 3. Kavalleriebrigade durch unermüdlichen Angriffsschwung und Härte ausgezeichnet. An ihrer Spitze fand der bereits 1942 mit dem Eichenlaub zum Ritterkreuz ausgezeichnete 28jährige Brigadekommandeur Oberstleutnant Georg Freiherr von Boeselager den Heldentod."
Im Laufe des Krieges verlor die Familie von Boeselager insgesamt drei Söhne, lediglich Philipp überlebte und diente später als Oberstleutnant der Reserve erneut in der Bundeswehr.

Die bundesdeutschen Streitkräfte ehrten den gefallenen Widerstandskämpfer später mit der „Freiherr von Boeselager"-Kaserne in Munster.

Fregattenkapitän

ALBRECHT BRANDI

* 20.06.1914 in Dortmund/Westfalen
+ 06.01.1966 in ebd.

Ritterkreuz		21.01.1943
Eichenlaub	(224)	11.04.1943
Schwerter	(066)	09.05.1944
Brillanten	(022)	24.11.1944

U-Boot-Frontspange 1939
U-Boot-Kriegsabzeichen in Gold mit Brillanten
Zweimalige Nennung im Wehrmachtsbericht
Italienische Tapferkeitsmedaille in Silber (?)

"Kriegsschiffjäger der U-Boot-Waffe"

Brandi trat 1935 in die Kriegsmarine ein, wurde Fähnrich zur See und diente als Wachoffizier auf dem Minensuchboot *M-125*, das vom späteren Ritterkreuzträger Richard Zapp kommandiert wurde. Bei Kriegsausbruch diente Leutnant z.S. Brandi als I.WO auf *M-1*, sein Kommandant war Kapitänleutnant Bartels, später ebenfalls mit dem Ritterkreuz ausgezeichnet.
In den Jahren 1939 - 1941 fuhr das Boot in der Ost- und Nordsee sowie vor Norwegen U-Jagd- und Sicherungseinsätze. Von Mai 1940 bis April 1941 führte Oberleutnant z.S. (20.05.40) Brandi *M-1* als Kommandant, um danach zur U-Boot-Ausbildungsflottille versetzt zu werden. Für seine Verdienste hatte er bereits das Eiserne Kreuz 2. Klasse erhalten.
Nach seiner Versetzung zur U-Boot-Waffe fuhr er im Sommer 1941 als sgn. Kommandanten-Schüler eine Feindfahrt auf *U-552* unter Erich Topp! Der spätere Schwerterträger und U-Boot-Offizier der erste Stunde war Brandi ein guter Lehrmeister.
Nach beendeter Ausbildung übernahm Oberleutnant zur See Brandi im April 1942 mit *U-617* (VIIC) sein erstes Kommando. Zu dieser Zeit waren die goldenen Zeiten der U-Boot-Waffe schon vorbei; der Gegner besaß bereits wirkungsvolle Ortungsgeräte und kontrollierte fast den gesamten Atlantik durch die allgegenwärtigen Langstrecken-Seeaufklärer. Das Heranpirschen an die schwergesicherten Geleitzüge wurde von Tag zu Tag schwieriger.
Im August 1942 aus Kiel ausgelaufen, patrouillierte *U-617* befehlsgemäß in der Straße von Island. Bereits hier machte sich die britische Flugzeugüberwachung durch mehrere Alarmtauchgänge bemerkbar. Am 07.09.42 konnte Brandi mit dem kleinen Dampfer *Thor II* (300 BRT) seinen ersten Erfolg melden. Zwei Wochen später entdeckte *U-617* einen kleinen Geleitzug und versenkte in einem Lehrbuchangriff die *Athelsultan* (8.800 BRT), *Tennessee* (2.300 BRT) und *Roumanie* (3.600 BRT)! Bis zur Rückkehr in den Heimathafen St. Nazaire konnte noch ein weiteres Handelsschiff torpediert werden.
In den 18 Monaten, in denen Kapitänleutnant (01.10.42) Albrecht Brandi das Boot führte, kristallisierten sich seine hervorragenden Führungseigenschaften heraus. Er verstand es nicht nur, die schwierigsten Situationen genau zu analysieren und zu meistern, sondern auch seine innere Ruhe auf die Besatzung zu übertragen. Dies war während einer langen und brenzligen Wasserbombenverfolgung das absolut Wichtigste auf einem Unterseeboot.

Anfang November 1942 erhielt Brandi über Funk Befehl, in den äußerst gefährlichen Einsatzraum Mittelmeer zu verlegen, in dem die britische Marine unangefochtener Herr war. Das Passieren der berüchtigten Meerenge von Gibraltar gehörte aufgrund der massiven britischen Präsenz zu den seetaktisch schwierigsten Einsätzen, die einem U-Boot zugewiesen werden konnten – doch Brandi führte *U-617* unentdeckt durch den "Trichter"!
Durch das relativ kleine und seichte Seegebiet war im Mittelmeer die Gefahr, entdeckt und versenkt zu werden, um ein vielfaches größer als im Atlantik. Doch während mehrerer Kontakte mit den stark bewachten Malta-Geleitzügen verstand es der Kommandant, die am wichtigsten erscheinenden Handelsschiffe präzise herauszuschießen und zu entkommen. Auch schwergesicherte Ziele schreckten Brandi nicht ab - so operierte *U-617* im Jänner 1943 einmal,

wenn auch erfolglos, auf einen großen britischen Einzelfahrer, der von fünf(!!) Zerstörern eskortiert wurde! Im November hatte Brandi einen Angriff auf das schnellfahrende, schwergesicherte Schlachtschiff *Rodney* (38.000 BRT) gewagt, jedoch nur einen leichten Torpedotreffer anbringen können.
Einmal hatte sich *U-617* nach längerer Verfolgung eines schnellen britischen Einzelfahrers endlich in günstige Schussposition gebracht, als der Kommandant wenige Sekunden vor Abfeuern eines Dreierfächers in dem 12.000-Tonner gerade noch rechtzeitig ein Lazarettschiff erkannte und den Angriff natürlich sofort abbrach!
Am 21. Jänner 1943 erhielt Brandi für seine Erfolge zusammen mit Ulrich Heyse (*U-128*) als 80. Angehöriger der deutschen U-Boot-Waffe das Ritterkreuz zum Eisernen Kreuz verliehen. Bereits drei Monate später folgte nach mehreren Erfolgen gegen Handels- und Kriegsschiffe (einige von der Royal Navy bestritten) als 19. U-Boot-Kommandant das Eichenlaub zum Ritterkreuz für eine U-Boot-Kommandanten. Wenige Tage zuvor war auch Großadmiral Dönitz, Befehlshaber der U-Boote, mit dem Eichenlaub ausgezeichnet worden.
Auf einer weiteren Fahrt konnte Brandi durch zwei Torpedovolltreffer den britischen Kreuzer *Uganda* (8.000 BRT) versenken! In den kommenden Monaten wurden diese schwierigen Angriffe zu seinem Markenzeichen. Während andere Kommandanten bei einem Kriegsschiff schnellstens auf Tiefe gingen und abdrehten, suchte Brandi die gefährlichen Gegner und griff sie mit meisterlicher Sicherheit an. Hierbei war er auch mehrmals in den gefährlichen Gewässern vor Gibraltar erfolgreich, u.a. wurde der britische Minenkreuzer *Welshman* (2.600 BRT) versenkt. Das Schiff zählte zu den wichtigsten Einheiten der Royal Navy im gesamten Mittelmeer!
Aufgrund seiner großen Erfahrung in der Bekämpfung von Kriegsschiffen erhielt Albrecht Brandi im Sommer 1943 einen gefährlichen Sonderauftrag: der deutsche Abwehrdienst hatte in Erfahrung gebracht, dass ein großer britischer Kriegsschiffverband, zu dem auch zwei Flugzeugträger und drei Kreuzer gehörten, östlich von Gibraltar ein Manöver abhalten würde. Brandi sollte mit seinem Boot gegen diesen Verband operieren!
Bereits wenige Tage später sah Brandi den Flugzeugträger *Illustrious* (23.000 BRT) im Fadenkreuz seines Seerohrs, kam aber aufgrund des Zick-Zack-Kurses nicht in Schussposition. Durch die hohe Marschgeschwindigkeit des Gegners schließlich abgehängt, griff Brandi zwei britische Zerstörer an, die dem Verband als Nachzügler folgten. Vier Torpedos - vier Treffer - zwei bestätigte Versenkungen!
Auf der Rückfahrt von diesem Unternehmen erwischte es *U-617* jedoch selber.
Durch Fliegerbomben schwer beschädigt, war Brandi in der Nähe der spanischen Küste zur Aufgabe des Bootes gezwungen, nachdem die tapfere Flakbedienung einen der Angreifer abgeschossen hatte.
Während seine Besatzung in Spanien interniert wurde, schleusten deutsche Agenten den wertvollen Kapitän auf Initiative von Admiral Dönitz nach Deutschland zurück!
Im Jänner 1944 übernahm Brandi mit *U-380* (VIIC) ein neues Boot, das jedoch bereits drei Monate später im Hafen von Toulon durch Fliegerbomben verloren ging. Sein Vorgänger als Kommandant von *U-380*, Kapitänleutnant Röther, hatte sein Handwerk 1941 zufällig ebenfalls als Schüler von Erich Topp erlernt.
Als nächstes Kommando folgte *U-967* (VIIC), mit dem Fregattenkapitän (09.05.44) Brandi von April bis Juli 1944 im Mittelmeer operierte und dabei u.a. den 1.300-BRT-Geleitzerstörer *USS Fechteler* versenkte.
Aufgrund seiner außergewöhnlichen Erfolge gegen Kriegsschiffe erhielt er im Mai nach über 130.000 BRT versenkter Gesamttonnage die Schwerter zum Ritterkreuz mit Eichenlaub verliehen. Für den BdU zu wertvoll geworden, wurde Fregattenkapitän Brandi im August das Landkommando über die U-Boot-Flottille im Finnischen Meerbusen übertragen. Für die Erfolge, die er trotz der großen technischen und zahlenmäßigen Überlegenheit der Alliierten errungen hatte, erhielt er am 24. November 1944 als zweiter Marineoffizier die 22. Brillanten zum Ritterkreuz mit Eichenlaub und Schwertern.
Ende 1944 übernahm Brandi auf eigenen Wunsch die Kleinkampfverbände der Kriegsmarine. Mittels neu entwickelter Ein- und Zweimanntorpedos versuchte er, den alliierten Schiffsverkehr im Ärmelkanal zu stören; obwohl seine hoch motivierten Männer noch erstaunliche Erfolge melden konnten, war der Seekrieg schon lange verloren. Revolutionäre Entwicklungen wie die Kleinst-U-Boote "Biber" (zwei Torpedos, 50 m Tauchtiefe), "Biber" oder "Seehund" gelangten jedoch zu großer Berühmtheit.
Im Mai 1945 führte Albrecht Brandi seinen gesamten Verband in kanadische Gefangenschaft, kurz darauf übernahm er das Kommando über das Gefangenenlager im holländischen Ymeuiden. Die hier untergebrachten 10.000 deutschen Landser wurden u.a. zur Entarmierung der Küstenbefestigungen eingesetzt.
Bereits im September wurde Brandi ins Zivilleben entlassen.

Nach dem Krieg wurden die von Albrecht Brandi gemeldeten Erfolge von Seiten der britischen Marine oft angezweifelt. Auch in vielen Werken über die deutsche Kriegsmarine werden viel geringere Versenkungserfolge ausgewiesen.
Grund hierfür sind die teilweise unrichtig geführten Kriegstagebücher - so führte die Royal Navy oftmals Verluste auf Treibminen zurück - bzw. die nicht möglichen Sichtbestätigungen der Treffer durch Brandi.

Wenn man aber die strengen Richtlinien der Wehrmacht in Bezug auf Ordensvergaben sowie die vorgeschriebenen Gefechts- und Erfolgsmeldungen kennt, kann man von der Richtigkeit folgender Erfolge ausgehen. Demnach versenkte Albrecht Brandi in seiner Karriere neben 20 Handelsschiffen mit 115.000 BRT auch noch drei Kreuzer (einer davon unbestätigt), zwölf Zerstörer(!) und ein Minensuchboot. Obwohl er an die Versenkungserfolge der Top-Kommandanten Kretschmer, Lüth, Topp, Prien*[10]* oder Schebke*[11]* nie herankam, wurde er der erfolgreichste "auf Geleit" operierende U-Boot-Kapitän des Zweiten Weltkrieges.
Nach dem Krieg nicht wieder in die Bundesmarine eingetreten, machte sich Albrecht Brandi als Architekt selbständig. Der Brillantenträger ist 1966 in seiner Heimatstadt Dortmund verstorben.

General der Panzertruppe

HERMANN BREITH

* 07.05.1892 in Pirmasens/Pfalz
\+ 03.09.1964 in Pech

Ritterkreuz		03.06.1940
Eichenlaub	(069)	31.01.1942
Schwerter	(048)	21.02.1944

Hohenzollernorden mit Schwertern
Panzerkampfabzeichen in Silber
Viermalige Nennung im Wehrmachtsbericht
Verwundetenabzeichen in Bronze

"Der Pfälzer Panzerfuchs"

Hermann Breith gehörte während des Zweiten Weltkrieges nicht nur zu den bekanntesten, sondern auch zu den mit Abstand fähigsten Panzerführern der deutschen Wehrmacht. Die von seinen jeweiligen Verbänden erzielten Erfolge gehören zum Grundthema eines jeden Buches über die deutsche Panzerwaffe.

Der 1910 ins preußische Heer eingetretene Breith – Sohn eines Bankiers - wurde zu Beginn des Ersten Weltkrieges als Leutnant im Infanterieregiment 166 eingesetzt, wo er eine Scharfschützenkompanie kommandierte und das Eiserne Kreuz 1. Klasse erhielt. 1917 wechselte der bewährte Frontoffizier in den Stab der 121. Infanteriedivision, um 1918 als Oberleutnant Adjutant der 241. Infanteriebrigade zu werden. Für besondere Tapferkeit vor dem Feind erhielt der junge Offizier den Hohenzollernorden mit Schwertern verliehen!
In der Reichswehr diente Hauptmann Breith im Infanterieregiment 6. 1934 wurde er als Major Führer der I. Abteilung des Kampfwagenregiments 1, die II. Abteilung dieser Einheit wurde durch den späteren Schwerterträger Josef Harpe, danach durch den späteren General der Panzertruppe Ritter von Thoma befehligt. Das Kampfwagenregiment 1 war der erste offizielle Vorstoß der Wehrmacht in das durch den Friedensvertrag 1919 verbotene Gebiet der modernen Panzerwaffe. Unter der Aufsicht des späteren Schwerterträgers Generalmajor Hermann Hoth wurden 1935 die ersten Manöver mit leichten Panzern durchgeführt. Der Schlüssel zu den großen Siegen der Wehrmacht 1939/41 war die Tatsache, dass sie im Gegensatz zu den späteren Gegnern Großbritannien, Frankreich, USA und Sowjetunion die bahnbrechende Bedeutung des Panzerkrieges (Blitzkrieg) schon früh erkannte und zu nutzen wusste.
Bei Kriegsausbruch kommandierte Oberst Breith das zur 4. Panzerdivision gehörende Panzerregiment 36 - sein Vorgesetzter war der spätere Schwerterträger Generalmajor Georg-Hans Reinhardt.
Im Verlauf des Blitzkrieges gegen Polen bewiesen die deutschen Panzer ihre ungeheure Schlagkraft. Das Panzerregiment 36 kämpfte im Verband des XVI. Armeekorps südlich von Tschenstochau, bei Lodz, überschritt die Weichsel und drang bis nach Warschau vor. Oberst Breith bestätigte das in ihn gesetzte Vertrauen und erhielt die Spangen zum Eisernen Kreuz 1914, nach der polnischen Kapitulation wurde er am 15.02.40 zum Kommandeur der Panzerbrigade der 5. Panzerdivision ernannt. Als am 10. Mai 1940 der Westfeldzug begann, lag die 5. PD im Verband der "Panzergruppe Kleist" in Bereitstellung.
Die Panzer der Division stießen nach dem Durchbruch in Belgien über die Maas vor und kämpften entlang des Vorstoßkorridors in Nordfrankreich (Flavion, Arras, La Bassée, Lille). Nach erfolgreichen Gefechten gegen britisch-französische Truppen führte Breith, während eines Panzerangriffes erstmals wieder verwundet, seine Regimenter entlang der Küste bis nach Brest, das am 19. Juni besetzt werden konnte. Für die großartigen Erfolge der Brigade erhielt Oberst Breith bereits am 03.06.40 das Ritterkreuz zum Eisernen Kreuz, damals noch die höchste deutsche Tapferkeitsauszeichnung, verliehen.
Um seinen Fähigkeiten gerecht zu werden, wurde der zum Generalmajor (01.08.41) beförderte Breith im Sommer 1941 ins OKH versetzt und zum General der Schnellen Truppen ernannt. Seine Brigade wurde vom späteren Eichenlaubträger und General der Panzertruppe Heinrich Eberbach übernommen.

In dieser hohen Stabsposition verblieb Breith bis Oktober. Dann gab er sein Kommando an den späteren Brillantenträger Oberst Balck ab und übernahm als Nachfolger von Walter Model die 3. Panzerdivision an der Ostfront.
Generalmajor Breith führte die "*Berliner Bärendivision*" in den schweren Winterschlachten bei Brjansk, Ssusha, Orel und Tula sowie den Frühjahrskämpfen um Kursk. Als Breiths Regimenter um Kursk umfassende Gegenangriffe eines starken russischen Korps abwehrten, wurde die Division ehrenvoll im Wehrmachtsbericht genannt. Da durch diesen Erfolg ein gefährlich gewordener Einbruch des III. russischen Garde-Kavalleriekorps zurückgeschlagen worden war, erhielt Hermann Breith bereits am 31. Jänner 1942 das 69. Eichenlaub zum Ritterkreuz verliehen! Der äußerst fähige Panzertaktiker war der erst 30. Heeresoffizier, der diese hohe Auszeichnung erhielt.
Die Division hatte jedoch durch die harten Gefechte und die schwierigen Wetterbedingungen zu dieser Zeit bis zu 60 Prozent ihrer Panzer-Sollstärke eingebüßt.
Im Mai 1942 nahm die 3. PD an den schweren Defensivkämpfen um Charkow teil, die russische Niederlage ermöglichte der Heeresgruppe Süd eine günstige Ausgangslage für die geplante Sommeroffensive in Richtung Donez. Während dieser Offensive unterstrich die 3. PD immer wieder ihre Schlagkraft. Nachdem deutsche Truppen Rostow erobert hatten und sich die 4. Panzerarmee weiter nach Osten (Stalingrad) bewegte, schwenkte die 1. Panzerarmee im Verband der Heeresgruppe A (von Kleist) in den Kaukasus.
Nach Gefechten südlich des Don, am Manytsch sowie den Frontabschnitten Terek und Mosdok gab Generalleutnant (01.11.42) Breith seine bewährte Division an den späteren Schwerterträger Generalmajor Bayerlein ab und wurde kurz vor seiner Beförderung zum General der Panzertruppe (01.03.43) als Nachfolger von Gruppenführer Steiner mit der Führung des III. Panzerkorps beauftragt. Im Sommer kam auf den Korpskommandeur eine ganz große Aufgabe zu.
Unter dem Oberbefehl von Generaloberst Hoth (4. Panzerarmee) führte Breith die 6., 7. und 19. Panzerdivision gegen die sowjetischen Stellungen bei Bjelgorod. Die schwere und über viele Tage andauernde Schlacht brachte dem III. Panzerkorps härteste Gefechte gegen sowjetische Garde-Panzertruppen. Doch weder die Heerestruppen, noch die im selben Abschnitt eingesetzten SS-Elite-Divisionen "*Totenkopf*" (Prieß), "*Leibstandarte*" (Dietrich) und "*Das Reich*" (Krüger) konnten die russischen Verteidigungslinien vollständig durchbrechen.
Nach den Rückzugskämpfen zwischen Donez und Dnjepr wurde Hermann Breith nach großartigen Erfolgen vom Oberbefehlshaber der Heeresgruppe Süd, GFM von Manstein, für die Verleihung der Schwerter zum Ritterkreuz mit Eichenlaub empfohlen. So hatte Breith seine Panzer im Jänner 1944 trotz schwerster Gegenwehr bis auf wenige Kilometer an den Tscherkassy-Kessel herangeführt, in dem u.a. Herbert Gille mit seiner SS-"*Wiking*" aushielt. Kurz darauf konnten die Verbände aus der Mausefalle ausbrechen.
Am 21. Februar 1944 wurde General der Panzertruppe Breith für seine großen Verdienste zum 48. Träger der Schwerter zum Ritterkreuz mit Eichenlaub.
Im Frühjahr 1944 bildete das III. Panzerkorps mit vier Panzerdivisionen das Rückrad der vom damaligen Schwerterträger Generaloberst Hube kommandierten 1. Panzerarmee der Heeresgruppe Süd. Als die Armee durch starke sowjetische Truppen um Kamenez-Podolsk eingekesselt wurde, übernahm Breiths Korps den nordöstlichen Abwehrriegel.
Obwohl neun starke sowjetische Armeen den Kessel umklammert hielten, konnten sich die eingeschlossenen Truppen immer in Bewegung halten und nach Südwesten abschwenken! Am 9. April erreichte der Stoßkeil des Kessels (7. PD unter Dr. Mauss) eine von außen zu Hilfe kommende Armeegruppe.
Die Tatsache, dass General Breith nach diesen Korpserfolgen nicht mit der Führung einer eigenen Armee beauftragt wurde, lag an mehreren einstimmigen vertraulichen Beurteilungsberichten, in denen so namhafte Vorgesetzte wie Hube, Balck oder Eichenlaubträger Generaloberst Raus ihm nicht das "nötige Format zum Armeekommandeur" bescheinigten.
In Folge kämpfte das III. Panzerkorps abwechselnd im Verband der 1. und der 4. Panzerarmee im Südabschnitt der Ostfront. Zeitweise musste der Schwerterträger zusätzlich zu seinem Großverband noch das führerlose XXXXVII. Panzerkorps übernehmen, womit er nun eigentlich doch eine kleine Armee kommandierte.
Im Jänner 1945 wurde General Breith mit seinen bewährten Truppen herangezogen, um mit der "Armeegruppe Balck" eine Entsatzoffensive für das von den Sowjets eingeschlossene Budapest zu starten. Nachdem seine Truppen gescheitert waren, versuchte es das IV. SS-Panzerkorps (Gille) - auch ohne Erfolg. Nach den letzten Rückzugskämpfen durch Österreich ergab sich General Breith nach einem langen Krieg den vorrückenden amerikanischen Truppen. Zu seinem Glück wurde er nicht an die Sowjets ausgeliefert, die ihm sicherlich längere Zeit in Gefangenschaft gehalten hätten.
General a.D. Breith ist im Alter von 72 Jahren verstorben und wurde in Bonn beigesetzt.

Oberstleutnant

JOSEF BREMM

* 03.05.1914 in Mannebach/Rheinpfalz
+ 21.10.1998 in Monreal

Ritterkreuz		18.02.1942
Eichenlaub	(165)	23.12.1942
Schwerter	(159)	09.05.1945

Infanteriesturmabzeichen in Silber
Nahkampfspange in Bronze
Sonderabzeichen für Panzervernichtung durch Einzelkämpfer (?)
Verwundetenabzeichen in Gold

"159ter von 15 Millionen deutschen Soldaten!"

Josef Bremm trat 1935 in die Wehrmacht ein und diente zwei Jahre lang als Unteroffizier im Infanterieregiment 7 in Schlesien, ehe er als Feldwebel in die Reserve entlassen wurde. 1938 wurde er nach mehreren Prüfungen zum Leutnant der Reserve befördert und im Infanterieregiment 425 gelistet.
Bei Kriegsausbruch als Reserveoffizier einberufen und mit der Führung eines Zuges im Infanterieregiment 453 beauftragt, erhielt Leutnant d.R. Bremm im Westfeldzug seine Feuertaufe. Als Bataillonsadjutant kämpfte er 1940 in Belgien und Frankreich, wo er sich durch erfolgreiche Führung seiner Männer bei Lüttich, Raubaix und Rouen bereits beide Klassen des Eisernen Kreuzes verdiente. Ab Oktober 1940 Adjutant des III. Bataillons/Infanterieregiment 426 in der 126. ID, kam Bremm erst wieder gegen die Sowjetunion zum Einsatz.

Als Zugskommandeur nahm Josef Bremm in der ersten Phase der Operation "Barbarossa" an den Vormarschkämpfen seiner Division in Lettland und Litauen teil, ehe er Anfang Juli 1941 durch Granatsplitter erstmals verwundet wurde. Während der Offensive gegen Leningrad kämpfte er u.a. bei Schlüsselburg, an der Düna, bei Mga, am Ilmensee und am Wolchow. Aufgrund seiner Verdienste übernahm er im August die 5. Kompanie des II. Bataillons, im Oktober wurde Josef Bremm zum Oberleutnant der Reserve befördert.
Während der Belagerungsschlacht um Leningrad lag die 126. ID in ihren Abwehrstellungen bei Orelje, als die Aufklärung starke gegnerische Aufmarschbewegungen meldete. Obwohl seine Kompanie geschwächt war, wurde Bremm mit seiner 5ten zur Abwehr herangezogen. Nachdem der russische Angriff mit Müh und Not zum Stehen gebracht worden war, entschloss sich Bremm zum schnellen Gegenstoß. Während der nun folgenden Gefechte konnte ein feindliches Bataillon aus seinen Stellungen geworfen und teilweise vernichtet werden. Zwei Monate darauf wurde der Reserveoffizier mit dem Ritterkreuz zum Eisernen Kreuz ausgezeichnet.
Im Frühjahr 1942 kämpfte Bremms Division immer noch im Bereich der Heeresgruppe Nord. Obwohl es hier zu keinen deutschen Offensiven mehr kam (man gab sich mit der Einschließung von Leningrad zufrieden), kam es zu regelmäßigen, schweren Abwehrgefechten. Vergebens versuchte die russische Nordfront, die eingeschlossene Stadt zu befreien.
Bereits im Frühjahr 1942 einmal verwundet, musste Bremm im Juni mit einem Unterarm-Durchschuss erneut ins Lazarett.
Nachdem sich der energische - nun bereits ins aktive Offizierskorps übernommene - Oberleutnant wiederholt bewährt hatte, übernahm er am 28.09.42 als Hauptmann das I. Bataillon seines Regiments. Von August bis Dezember bewährte sich das Regiment bei Demjansk, Staraja-Russa und Gatschina.
Nachdem sich das "Bataillon Bremm" bei allen Waffengängen des Regiments besonders hervorgetan hatte und sein Kommandeur trotz großer Gegenwehr einen erfolgreichen Gegenangriff geführt hatte, erhielt er nach dem überstandenen Höhepunkt der Kämpfe am 23.12.42 das Eichenlaub zum Ritterkreuz verliehen.
Als Hauptmann Bremm im Jänner 1943 erneut verwundet wurde, erfolgte seine wohlverdiente Rückversetzung nach Deutschland. In den folgenden zwölf Monaten diente der Träger des Goldenen Verwundetenabzeichens als Waffenlehrer an Infanterieschulen, wo er seine große Kampferfahrung an die zukünftige Frontgeneration weitergab.

So war er u.a. an der bekannten Infanterieschule Döberitz nahe Berlin als Waffenlehrer tätig. Sein dortiger Kommandeur war ab November der spätere Schwerterträger Generalleutnant Otto Hitzfeld.
Im Sommer 1943 erhielt Major (01.02.43) Bremm rückwirkend für zwanzig Nahkampftage die Nahkampfspange in Bronze verliehen.
Am 15.03.44 erreichte Bremm auf eigenen Wunsch seine Rückversetzung an die Front, wo er das Füsilierbataillon der 712. Infanteriedivision an der Westfront übernahm. Diese Einheit unterstand dem LXXXIX. Armeekorps an der belgischen Kanalküste und war aufgrund ihrer Ausrüstung und Ausbildung nur als bodenständige Division einzustufen.
Als am 6. Juni 1944 starke amerikanisch-britische Truppenverbände in der Normandie landeten, war es mit dem ruhigen Garnisonsleben an der Westfront vorbei. Im August wechselte Major Bremm an die Spitze des Grenadierregiments 990 der 277. Volksgrenadierdivision, die bisher in Südfrankreich stationiert gewesen war und nun an der Invasionsfront kämpfte. Am 1. November 1944 wurde Bremm zum Oberstleutnant befördert.
Nach Rückzugsgefechten in Holland und Belgien kam die Division im Winter 1944/45 unter dem Oberbefehl des I. SS-Panzerkorps (Prieß) in der Ardennenoffensive zum Einsatz. Hierbei wurde Oberstleutnant Bremm schon am 16. Dezember, dem Eröffnungstag der Offensive, durch Granatsplitter erneut leicht verwundet.

Im Jänner 1945 unterstützte die "Kampfgruppe Bremm" die 3. Fallschirmjägerdivision in den schweren Abwehrkämpfen bei Elsenborn, wofür der energische Kommandeur erstmals für eine mögliche Schwerterverleihung in Frage kam.
Im März wurde die 277. VGD mit den Resten der 11. Armee im Harz von starken amerikanischen Verbänden überflügelt und eingekesselt. Unter dem Kommando des LXVII. Armeekorps, das von seinem ehemaligen Döberitz-Kommandeur General Hitzfeld befehligt wurde, trat Bremm mit seinen Grenadieren immer wieder zu riskanten Gegenstößen an. Für die in schwierigster Lage erzielten Abwehrerfolge wurde Oberstleutnant Bremm im April von GFM Kesselring (Oberbefehlshaber West) sowie General Hitzfeld mit Nachdruck für die Schwerter eingereicht.
Am 9. Mai 1945 wurde Oberstleutnant Bremm als letzter von 159 Offizieren der Wehrmacht durch Generaladmiral Dönitz, letztes Staatsoberhaupt des Dritten Reiches, mit der zweithöchsten Tapferkeitsauszeichnung beliehen.
Am selben Tag hatte sich Bremm an der Spitze seiner Männer den siegreichen US-Truppen ergeben.
Der letzte Schwerterträger verstarb 1998.

Oberstleutnant

KURT BÜHLIGEN

* 13.12.1917 in Granschütz/Thüringen
+ 11.08.1985 in Nidda

Ritterkreuz		04.09.1941
Eichenlaub	(413)	02.03.1944
Schwerter	(088)	14.08.1944

Frontflugspange für Jäger in Gold mit Anhänger Einsatzzahl "700"
Flugzeugführer- und Beobachterabzeichen
Ehrenpokal der Luftwaffe
Ärmelband "Afrika"
Deutsches Kreuz in Gold
Verwundetenabzeichen in Silber

"Vom Gefreiten zum Oberstleutnant"

Das bemerkenswerte an Kurt Bühligens Karriere war, dass sie 1936 als Gefreiter und Bodenmechaniker der Luftwaffe begann. Als der Krieg im Mai 1945 endete, war der geborene Thüringer Oberstleutnant, Kommodore eines Jagdgeschwaders und einer der erfolgreichsten Piloten der Westfront. Die Jahre dazwischen brachten eine der steilsten Karrieren der Luftwaffe mit sich!

Nach längerem Dienst als Flugzeugmechaniker in den Kampfgeschwadern 153 und 4 meldete sich der Obergefreite Bühligen ein Jahr vor Kriegsbeginn freiwillig zur Fliegerausbildung. Im Juli 1940 kam der begabte Nachwuchspilot als Unteroffizier in die 2. Staffel des Jagdgeschwaders 2 "*Richthofen*" das von Major Schellmann kommandiert wurde - in Spanien hinter Mölders zweiterfolgreichster Jagdflieger der "Legion Condor".
Während den schwierigen Einsätzen der Luftschlacht um England konnte er bereits durch sein Können überzeugen, acht Luftsiege erringen und das Eiserne Kreuz 1. Klasse entgegennehmen! Als Feldwebel und Rottenführer nahm Bühligen 1940/41 an den Kanalgefechten gegen die RAF teil. Durch seine ruhige Art und sein sicheres Auge war er für den Einsatz als Jagdflieger wie geschaffen - so schoss er am 21. Juni in einem Einsatz drei Hurricane ab! Als er am Jahrestag seines allerersten Sieges seinen 21. Abschuss über westalliierte Gegner erzielen konnte, erhielt Oberfeldwebel Bühligen das Ritterkreuz verliehen, einen Monat zuvor hatte er einen Ehrenpokal erhalten. Für wiederholte Tapferkeit im Gefecht wurde Bühligen nun auch zum Leutnant (Kriegsoffizier) befördert. Im April 1942 übernahm er das Kommando über die 4. Staffel, diese war 1940 vom bekannten Fliegeras Hans Hahn befehligt worden.
Während der berühmten Luftschlacht über Dieppe (August 1942) konnte Bühligen vier Spitfires abschießen, sein Geschwaderkamerad und späterer Schwerterträger "Sepp" Wurmheller konnte sogar sieben Siege melden.
Im Winter 1942 wurde Bühligens Gruppe nach Nordafrika verlegt, um das bedrängte Afrikakorps unter Rommel zu unterstützen. Bis März 1943 konnte Oberleutnant Bühligen trotz der zahlenmäßigen Überlegenheit der Alliierten nicht weniger als 40 amerikanische und britische Flugzeuge, meist Jäger, im Luftkampf abschießen und sich damit einen Spitzenplatz unter den Afrikajägern erkämpfen (Marseille 151, Bär 70, Schröer 60, Stahlschmidt*[12]* 59 und Reinert 51).
Am 2. Februar hatte er innerhalb weniger Minuten fünf britische Jagdpiloten bezwungen und damit seinen 50. Sieg erzielt.
Nach einer weiteren Beförderung kehrte er an die Kanalküste zurück, wo es erneut gegen die alliierten Tagbomber und deren Geleitschutz zu fliegen galt. Im April 1943 übernahm Major Bühligen die II. Gruppe des Geschwaders.
In den aufreibenden und sehr gefährlichen Angriffen auf die viermotorigen Boeing B-17-Bomber war Bühligen besonders erfolgreich. Neben Egon Mayer und Georg-Peter Eder*[13]* zählte er zu den Viermot-Experten des "*Richthofen*"-Geschwaders. Obwohl der Angriff auf einen Bomberpulk eine kitzlige und höchst aufreibende Angelegenheit war, wurde Bühligen in all seinen Einsätzen nie selbst abgeschossen!! Lediglich dreimal musste er aufgrund technischer Probleme notlanden. Am 3. Oktober 1943 unterlag der 85. Gegner.
Im März 1944 erzielte der Gruppenkommandeur seinen 96. Luftsieg im Westen und schrieb sich damit endgültig in die Elite-Gruppe der Luftwaffe ein.

Am 02.03.44 erhielt Kurt Bühligen zusammen mit dem bekannten Nachtjäger Hans-Joachim Japs sowie dem Kampfflieger Hans-Georg Bätcher*[14]* als 120. Luftwaffenangehöriger (endlich) das Eichenlaub zum Ritterkreuz überreicht.
Da am selben Tag der geschätzte Kommodore des JG 2, Schwerterträger Egon Mayer, abgeschossen wurde, fiel Bühligens Eichenlaubfeier ins Wasser. Unter Mayers Führung hatte Bühligen die Frontalangriffs-Taktik erlernt und später erfolgreich angewandt.
Als nur wenige Wochen nach seiner Kommandoübernahme auch Mayers Nachfolger Eichenlaubträger Major Kurt Ubben fiel, übernahm Bühligen als dienstältester Gruppenkommandeur die Führung des Jagdgeschwaders 2. Seine gleichzeitige Beförderung zum Oberstleutnant - nur zwei Jahre nach jener zum Kriegsoffizier(!) - stellte eine erneute große Auszeichnung dar. Am 7. Juni 1944, einen Tag nach der alliierten Invasion in der Normandie, konnte Bühligen durch den Abschuss von zwei amerikanischen P-47 "Thunderbolt" als einer der ganz wenigen Piloten der Westfront seinen 100. Gegner bezwingen, wofür er - nach einer unerklärlichen Verzögerung von zwei Monaten - im August mit den Schwertern zum Ritterkreuz mit Eichenlaub ausgezeichnet wurde.
Mit der alliierten Invasion in Frankreich begann für die deutschen Jagdflieger eine Phase des aufreibenden, verlustreichen Dauereinsatzes gegen aus der Luft und vom Boden schwer geschützte Bodenziele sowie der Luftunterstützung für die eigenen, bedrängten Bodentruppen. Die Einsätze im Juni und Juli bedeuteten eine große psychische und physische Belastung - Tag für Tag schrumpfte der Pilotenstand des Geschwaders weiter zusammen. So fiel Ende Juni mit Major Herbert Huppertz (68 Siege) der Kommandeur der III. Gruppe. Dessenungeachtet flog Bühligen trotz seiner Dienststellung als Kommodore weiterhin fast jeden wichtigen Einsatz mit.
Nach dem deutschen Rückzug durch Frankreich in Belgien zum Einsatz gekommen, führte der Schwerterträger sein komplettes Geschwader am 1. Jänner 1945 im Zuge Operation "Bodenplatte" beim Jagdbomberangriff gegen alliierte Flugfelder bei Lüttich und St. Trond an. Hierbei konnten die Veteranen des *"Richthofen"*-Geschwaders mehrere Dutzend Feindmaschinen am Boden zerstören, wichtige Stützpunkte der USAAF treffen und mehrere Maschinen in der Luft abschießen! Neben einigen erfahrenen Piloten gingen an diesem Tag leider jedoch besonders viele der noch unerfahreneren Neuzugänge des Geschwaders bei Luftkämpfen oder Unfällen verloren.
Anfang 1945 stand Bühligens persönlicher Rekord bei 88 Siegen über Jagdmaschinen und 24(!) Erfolgen über schwere Bomber - insgesamt stand er mit 112 bestätigten Luftsiegen gegen Briten und Amerikaner hinter Marseille (158) und Bär (124) an dritter Stelle der Westjäger!
Ab Februar 1945 flogen Teile des Geschwaders, darunter auch Bühligens Stabsstaffel, an der bereits nahe gelegenen Ostfront. Bis zu diesem Zeitpunkt hatten bereits 40 Piloten des traditionsreichen Geschwaders das Ritterkreuz erhalten, Bühligen war einer von insgesamt 10 Eichenlaubträgern!

Im Zuge der ersten Einsatztage im Osten führte Bühligen einen Jagdeinsatz hinter der Frontlinie an. Ausgerechnet mehrere Kilometer hinter der Hauptkampflinie begann plötzlich der Motor seiner Focke-Wulf 190 zu bocken. Nach einigen Minuten wurde klar, dass eine Notlandung unausweichlich war. Bereits kurz nach dieser Notlandung wurde der Oberstleutnant von russischer Infanterie entdeckt und gefangengenommen.
Durch dieses unglückliche Gebrechen geriet Bühligen nach 700 Feindflügen in sowjetische Kriegsgefangenschaft. Wohl da er nie an der Ostfront gekämpft hatte, ließ man ihn bereits nach fünf Jahren wieder frei. 1950 kehrte Bühligen in die Bundesrepublik zurück und verstarb 1985.

General der Panzertruppe

KARL DECKER

* 30.11.1897 in Borntin-Neustettin/Pommern
+ 21.04.1945 bei Braunschweig/Westfront

Ritterkreuz		13.06.1941
Eichenlaub	(466)	04.05.1944
Schwerter	(149)	26.04.1945 postum

Panzerkampfabzeichen in Silber
Viermalige Nennung im Wehrmachtsbericht
Deutsches Kreuz in Gold
Verwundetenabzeichen in Bronze

"Panzertaktiker der ersten Wahl"

Während des Ersten Weltkrieges diente Unteroffizier Decker, Sohn eines Husaren-Rittmeisters d.R., im Infanterieregiment 54, ehe er für Tapferkeit vor dem Feind zum Offiziersanwärter ernannt, 1915 zum Leutnant befördert und später mit dem EK.I dekoriert wurde. 1916 in die Feldkriegsschule der 8. Armee versetzt, war Decker in Folge als Zugführer einer MG-Abteilung und Bataillonsadjutant an der Westfront eingesetzt. Nach einer Verwundung wurde er 1918 Waffenausbilder an der Infanterieschule Döberitz. Nach Kriegsende wurde Leutnant Decker ins Reserve-Jägerregiment 29 übernommen und als Zugskommandant eingesetzt.
In der Reichswehr diente er u.a. im Jägerregiment 5 und dem Reiterregiment 6, ehe er 1936 als Major in den Stab des Kavallerieregiments 15 versetzt wurde, in welchem auch der spätere Schwerterträger Horst Niemack diente.
Später diente er in der Panzerabwehrabteilung 38 in Mühlhausen, die 1936 in die 2. *"Wiener"* Panzerdivision eingegliedert wurde. Bei Kriegsbeginn war Oberstleutnant Decker bereits Kommandeur dieser Abteilung.

Nachdem sich die Abteilung im Polenfeldzug bewährt hatte, (u.a. Gefechte bei Krakau, Jablonka-Pass und Rawa-Ruska) verlegte die 2. PD im Frühjahr 1940 an den Westwall. Ab Mai 1940 führte Decker die I. Abteilung des Panzerregiments 3 neben der 2. Schützenbrigade durch Belgien, an der Maas, im Gebiet von Sedan sowie entlang des Vorstoßkorridors St. Quentin-Abbeville. Im Juni wurde die Division im Verband des "Panzerkorps Guderian" entlang der französischen Kanalküste eingesetzt, Decker erwarb sich durch seinen tapferen Einsatz die Spangen zum Eisernen Kreuz 1914.
Am 06.04.41 begann für die Division der Balkanfeldzug.
Stets an der Spitze seines Verbandes, kämpfte der Oberstleutnant in Jugoslawien und Nordgriechenland, durchbrach die Olymp-Stellung, durchstieß das Strumica-Becken, nahm an der Besetzung Athens teil und setzte mit seinen Panzern letztendlich über den Kanal von Korinth. Für seinen großartigen persönlichen Einsatz erhielt der Abteilungskommandeur bereits am 13. Juni 1941 das Ritterkreuz. Obwohl knapp zwei Wochen darauf bereits der nächste Feldzug begann, kam die 2. PD erst im Oktober 1941 erneut zum Einsatz. Während der Auffrischungsphase in Frankreich wurde Decker zum neuen Kommandeur des Panzerregiments 3 ernannt, das zuvor von Oberst Hermann Balck befehligt worden war, 1944 Träger der Brillanten zum Ritterkreuz.
In den langen russischen Winterschlachten 1941/42 führte Decker seine Panzer erfolgreich im Mittelabschnitt der Ostfront. Nach Teilnahme an den Kesselschlachten um Wjasma und Brjansk erlebte er die verlustreichen Kämpfe vor Moskau und Klin. Der Winterkrieg stellte die Panzerdivisionen vor ganz neue Probleme – so kam es vor, dass der Treibstoff oder das Motoröl einfror(!), die Waffen völlig vereisten oder die aus Kunststoff hergestellten Hydraulikkabel der Panzertürme einfach brachen!
Nach langwierigen Abwehrkämpfen westlich der sowjetischen Hauptstadt zeichnete sich Decker an der Spitze einer nach ihm benannten Kampfgruppe bei Nowo Dugino, Osuga und Belyj aus. Im Sommer 1942 wurde der kampferfahrene Oberst (01.02.42) aufgrund seiner Qualifikation zum Panzerfachoffizier im Oberkommando der 9. Armee (Model) ernannt. Die Armee stand monatelang schwerste Abwehrschlachten im Rshew-Bogen durch. Zeitweise diente Decker auch im prominent besetzten Panzer-Sonderstab des Oberkommandos in Berlin.

Nachdem er sich auch auf diesen Posten bewährt hatte, wurde er im April 1943 mit der Führung der polen-, frankreich- und russlanderfahrenen 5. Panzerdivision an der Ostfront beauftragt. Dieser Verband sollte bei Kriegsende mit 47 Ritterkreuzträgern zu den höchstdekorierten Verbänden des Heeres gehören.
Am 1. Dezember 1943 wurde Karl Decker zum Generalmajor befördert und zwei Wochen darauf für Kampferfolge seiner Division erstmals im Wehrmachtsbericht genannt.
Als Kommandeur dieser zuverlässigen Division leitete er die Kämpfe im Mittelabschnitt (u.a. Shisdra, Pripjet und Tschernobyl) sowie den erfolgreichen Entsatz des Kowel-Kessels. Wenige Wochen nach dem Freikämpfen der "Kampfgruppe Gille" aus Kowel erhielt Karl Decker für seine Leistungen als Divisionskommandeur parallel mit der Beförderung zum Generalleutnant das 466. Eichenlaub zum Ritterkreuz überreicht.
Während der Operation "Zitadelle" im Frontbogen von Kursk führte Decker eine nach ihm benannte, selbständige (schwere) Panther-Brigade im Verband des XXXXVIII. Panzerkorps unter General von Knobelsdorff. In schwersten Panzergefechten bei Bjelgorod und Prochorowka bestätigten die hohen Abschusszahlen die großen Hoffnungen, die man in den neuen Panther gesteckt hatte.
Während den blutigen Rückzugskämpfen nach der vernichtenden Niederlage der Heeresgruppe Mitte im Sommer 1944 führte Decker die ihm verbliebenen Truppen entlang der polnischen Grenze und in Rückzugsgefechten bis Warschau. Hier gelang es der "Gruppe Decker" zusammen mit Verbänden der Waffen-SS sowie der Luftwaffe, dass komplette III. sowjetische Panzerkorps zu zerschlagen! Im August wurde der General hierfür zum mittlerweile bereits dritten Mal im Wehrmachtsbericht genannt.
Bis zum Herbst 1944 kämpfte Deckers 5. PD tapfer bei Minsk und Borrissow sowie in Lettland und Kurland. Am 15. Oktober erfolgte die Ernennung des fähigen Panzertaktikers zum Befehlshaber des XXXIX. Panzerkorps in Ostpreußen, welches zuvor von Dietrich von Saucken kommandiert worden war.
Für seine erstklassigen Verdienste als Kommandeur der 5. Panzerdivision wurde er bereits am 19.11.44 einmal für die Schwerter zum Ritterkreuz eingereicht, jedoch Anfang Dezember vom Oberkommando zurückgestellt. Der Kommandeur seiner Panzeraufklärer hingegen, Hauptmann d.R. Fritz Fessmann, erhielt die Auszeichnung postum verliehen.
Deckers Korps wurde in Folge in schweren Abwehrschlachten südlich des Kurlandkessels eingesetzt - nach Niederlagen in Ostpreußen setzten sich die angeschlagenen deutschen Truppen immer weiter Richtung Westen ab. In diesen kritischen Wochen konnte Decker sein Korps mehrmals aus brenzligen Situationen retten und vor der Einkesselung bewahren. Im Herbst 1944 konnte sich die "Gruppe Decker" im Verband der 3. Panzerarmee auszeichnen.
Am 1. Jänner 1945 wurde Karl Decker zum General der Panzertruppe befördert, im März verlegte er mit seinem XXXIX. Panzerkorps befehlsgemäß an die brüchige Westfront. Sein hiesiger Vorgesetzter war Schwerterträger General Hans von Obstfelder.
Deckers Korps, besonders die vom Eichenlaubträger Generalleutnant Unrein geführte Panzerdivision "*Clausewitz*", bewährte sich in Folge im Raum Uelzen-Gifhorn und während des Offensivunternehmens "Nordwind" gegen US-Truppen im Elsaß.
Im April geriet das Korps im Verband der 5. Panzerarmee (Harpe) jedoch in den Ruhrkessel (Dortmund-Düssendorf-Köln), wo GFM Model aufgrund der aussichtslosen Lage die Auflösung der Heeresgruppe B befahl. Seinen Idealen und seiner Hoffnung beraubt, wählte der in zwei Kriegen bewährte Decker am 21. April 1945 den Freitod.
Eine Woche später erhielt er in Anerkennung seiner langjährigen Verdienste als 149. Soldat der nunmehr geschlagenen Wehrmacht die Schwerter zum Ritterkreuz mit Eichenlaub verliehen - es war die vierzehnte und zugleich letzte postume Verleihung des Krieges.

Insgesamt wurden über 900 deutsche Generäle des Heeres, der Luftwaffe und der Marine (Admiräle) im Laufe des Zweiten Weltkrieges als gefallen oder vermisst gemeldet. 110 von ihnen verübten Selbstmord, 22 fielen der Nazijustiz zum Opfer. Von insgesamt etwa 3.100 Offizieren im Generalsrang hatten lediglich 828 (26,7 Prozent) das Ritterkreuz zum Eisernen Kreuz erhalten.

Standartenführer der Waffen-SS

AUGUST DIECKMANN

* 29.05.1912 in Cadenberg/Hannover
+ 10.10.1943 am Dnjepr/Ostfront

Ritterkreuz		24.04.1942
Eichenlaub	(233)	16.04.1943
Schwerter	(039)	10.10.1943 postum

Infanteriesturmabzeichen in Silber
Nahkampfspange in Bronze
Deutsches Kreuz in Gold
Verwundetenabzeichen in Bronze

"Das Rückrad der Wikinger"

Im gleichen Jahr wie Bittrich, Gille und Weidinger freiwillig in die SS-Verfügungstruppe eingetreten, erhielt Dieckmann - eines von acht Kindern eines Bahnbeamten - nach einer harten Ausbildung in Braunschweig im Jahre 1936 die Beförderung zum Untersturmführer der Waffen-SS. 1938/39 absolvierte der gelernte Kaufmann einen Heeres-Infanteriekurs sowie einen Pionierlehrgang.
Bei Kriegsbeginn Hauptsturmführer (01.09.39) und Kompaniechef im I. Bataillon des Regiments *"Deutschland"* der SS-Verfügungstruppe, erhielt Dieckmann bereits während des Polenfeldzuges das Eiserne Kreuz 2. Klasse. Sein damaliger Regimentskommandeur war niemand geringerer als Standartenführer Felix Steiner, später sein Divisionskommandeur und selbst Schwerterträger.
Im Westfeldzug stets an der Spitze seiner Männer, fiel Dieckmann auch seinem damaligen Vorgesetzten Herbert Gille positiv auf. So brachte die von ihm stets schwungvoll geführte und daher hochmotivierte 2. Kompanie in den Tagen um den 17. Mai 1940 insgesamt 2.000 Gefangene ein!
Nach der französischen Kapitulation übernahm Dieckmann infolge besonderer Bewährung im Gefecht, bereits mit dem EK.I beliehen, die Führung seines Stamm-Bataillons. Später wurde sein Regiment in die neu aufgestellte Freiwilligendivision SS-*"Wiking"* eingegliedert - Dieckmann wurde in dieser Zeit stellenweise als Taktik- und Waffenausbilder an die Junkerschule Braunschweig abkommandiert.

An der Spitze des Grenadierregiments *"Germania"* am ersten Tag der Operation "Barbarossa" über die russische Grenze vorgestoßen, nahm Dieckmann an den Offensiven gegen Lemberg und Galizien, der Kesselschlacht bei Uman sowie den Gefechten im Smela-Brückenkopf, bei Tarnopol und Skwira teil. Im Winter 1941/42 erlangte der im August leicht verwundete Dieckmann als Führer einer nach ihm benannten Kampfgruppe innerhalb der Division legendären Ruhm. So schlug er wiederholt überlegene russische Verbände in die Flucht, hielt auch in den schwierigsten Situationen die ihm zugeteilte Stellung und fungierte mit seinen Männern mehrmals als Eilverstärkung - auch "Feuerwehr" genannt. In dieser Funktion konnten sich Dieckmanns Landser u.a. auch wiederholt als Verstärkung für bedrängte Heeresverbände bewähren, so u.a. für die 100. leichte ID bei Otscheretino.
Ende April 1942 wurde Sturmbannführer (26.12.41) Dieckmann für die Führung seiner Kampfgruppe auf Vorschlag von Divisionskommandeur Felix Steiner mit dem Ritterkreuz zum Eisernen Kreuz dekoriert. Das Deutsche Kreuz in Gold hatte er bereits im Februar erhalten. Bei Stalino, Krasnoarmeiskoje und Gritischno war die Kampfgruppe so erfolgreich, dass die "Dieckmänner" geschlossen das Eiserne Kreuz 1. Klasse erhielten!
Im Sommer 1942 konnte sich das "Bataillon Dieckmann" als Vorausabteilung der Division bei der Rückeroberung von Rostow auszeichnen. Hierbei führte der tapfere Offizier einmal einen strategisch wichtigen Aufklärungsvorstoß durch, wobei er nur von zwei seiner Männer begleitet wurde.
Bis zum Rückzug aus dem Kaukasus kämpfte die Division tapfer am Kuban, bei Lawa, Grosny und am Terek, ehe die Front im Frühjahr 1943 wieder die Kuban-Stellung erreichte. Immer wieder hielt Dieckmann mit seinen Männern überlegene Angriffe auf oder führte erfolgreich Stoßtrupps gegen feindliche Schützen- und Artilleriestellungen. Hervorgehoben seien hier die harten Kämpfe bei Teginskaja, Daschkoff und Chadyshenskaja.

Den vielleicht größten militärischen Erfolg seiner Karriere verbuchte Dieckmann während der erbitterten Abwehrschlacht von Charkow. An der Spitze seines Bataillons mit der Verteidigung eines Abwehrriegels beauftragt, konnten seine Männer innerhalb eines Monats mehr als 100(!) feindliche Infanterie- und Panzerangriffe abwehren und hierbei mehrere russische Regimenter völlig zerschlagen! Dieckmanns Kampfführung erwies sich als äußerst flexibel - wenn die erste Grabenlinie überrollt worden war, zog er seine Kampfgruppen zurück, formierte sie neu und ging zum schnellen Gegenangriff über. Meist war er damit erfolgreich. Im Februar hatten Dieckmanns Landser u.a. die hartnäckig verteidigten Ortschaften Grischino und Alexandrowka zurückerobert.
Im März 1943 wurde August Dieckmann als Nachfolger für den gefallenen Ritterkreuzträger Sturmbannführer Reichel zum neuen Kommandeur des Regiments *"Westland"* ernannt, einen Monat später erhielt der tapfere Offizier für wiederholte Tapferkeit im Gefecht das Eichenlaub verliehen. Dieckmann war der erst 10. Soldat der Waffen-SS und 109. Heeresangehörige, der diese Auszeichnung erhielt.
Die Übergabe erfolgte gleichzeitig mit jener an die späteren Schwerterträger Erich Bärenfänger und Waldemar von Gazen im Führerhauptquartier.

Wieder an die Front zurückgekehrt, zeichnete sich Dieckmann immer wieder durch äußersten persönlichen Einsatz aus. So auch am 16. August 1943, als er während eines anlaufenden russischen Panzerangriffes alleine mit seinem Spähwagen vorstieß und die Gefechtslage erkundete. Unter heftigem Artilleriefeuer zurückkehrend, konnte er sein Regiment so optimal auf die Verteidigung einstellen.
Während den heftigen Abwehrschlachten immer ganz vorne im Einsatz, wurde Dieckmann am 02.09.43 durch Granatsplitter am Kopf und Rücken verwundet. Aufgrund der schwierigen Lage blieb er jedoch bei seiner Truppe und führte das Regiment noch drei Tage weiter an!
Unmittelbar zuvor hatte sich August Dieckmann erneut hervorgetan, als er mit einer Handvoll Männer eine wichtige Brücke über den Rogosjanka verteidigt und diese erst angesichts einer großen russischen Übermacht geräumt hatte. Ähnlich zäh verteidigte sein Regiment wichtige Stellungen entlang der Straße Poltawa-Charkow und verhinderte dadurch lange Zeit einen sowjetischen Durchbruch.
Nachdem die SS-"*Wiking*" - kommandiert vom späteren Schwerterträger Gruppenführer Gille - in die Offensive übergegangen war, erhielt Dieckmann Anfang Oktober den Befehl, die kleinen Flussinseln des Dnjepr vom Feind zu säubern und so ein baldiges Übersetzen zu ermöglichen. Doch das *"Westland"* war durch den monatelangen Brennpunkteinsatz ausgebrannt, war zahlenmäßig kaum noch als Regiment zu bezeichnen und litt besonders unter dem Ausfall einiger erfahrener Bataillons- und Kompanieführer. Als Dieckmann aus diesen Gründen von Gille einen Aufschub des Angriffes forderte, wurde diese Bitte mit der Begründung abgelehnt, es gäbe keinerlei zu erwartende Verstärkung. Dieckmann verließ enttäuscht den Gefechtsstand und führte seine ausgebrannten Landser in die Bereitstellungsräume.
Bereits während den ersten Sturmangriffen gegen die russischen Stellungen auf den kleinen Inseln hatte sein Regiment erneut hohe Verluste zu beklagen, konnte den Gegner jedoch teilweise zurückwerfen.
Nach vier harten und verlustreichen Kampftagen fiel Obersturmbannführer (21.06.43) Dieckmann während eines Sturmangriffes an der Spitze seiner Männer. Sein durch die langen Kämpfen ausgeblutetes Regiment musste kurz darauf endgültig aus dem Kampf genommen und neu formiert werden.
Noch am 10. Oktober traf bei der Division ein Funkspruch ein, in dem die postume Verleihung der Schwerter zum Ritterkreuz mit Eichenlaub an den bewährten Offizier bekanntgegeben wurde. Unter den 39 bis dahin derart ausgezeichneten Soldaten der Wehrmacht war August Dieckmann der erst zweite Angehörige der Waffen-SS!
Der Tod des erstklassigen Soldaten - er war der achte gefallene Schwerterträger - traf die SS-*"Wiking"* schlimmer als der Verlust eines ganzen Bataillons. Wenige Monate nach Dieckmanns Tod übernahm mit Hans Dorr ein anderer späterer Schwerterträger dessen Rolle als risikobereiter Kampfgruppenführer der Elite-Division.
August Dieckmann, Vater dreier Kinder, wurde für wiederholte Tapferkeit vor dem Feind im Mai 1944 noch postum zum Standartenführer der Waffen-SS befördert.

Generaloberst

EDUARD DIETL

* 21.07.1890 in Bad Aibling/Bayern
+ 23.06.1944 bei Hartberg

Ritterkreuz		09.05.1940
Eichenlaub	(001)	19.07.1940
Schwerter	(072)	01.07.1944

Hessische Tapferkeitsmedaille
Bayrisches Militärverdienstkreuz 1. Klasse
Zerstörerkriegsabzeichen (eh)
Flugzeugführer- und Beobachterabzeichen in Gold mit Brillanten (eh)
Narvikschild
Nennung im Wehrmachtsbericht
Finnisches Freiheits-Großkreuz
Finnisches Freiheitskreuz 1. Klasse
Verwundetenabzeichen in Silber

"Der Held von Narvik"

Als Sohn eines bayrischen Finanzrates geboren, trat Dietl 1909 im Alter von 19 Jahren freiwillig in die königlich-bayrische Infanterie ein, wo er nach einer längeren Ausbildung vom Fähnrich zum Leutnant befördert wurde. Während des Ersten Weltkrieges kam er zwischen 1914 und 1918 als Offizier in einem Jägerregiment an den Brennpunkten der Westfront zum Einsatz, u.a. in Lothringen, Flandern, an der Somme und der Champagne. Später diente Dietl, der während des Krieges zwei Brüder verloren hatte, im berühmten Freikorps "*von Epp*". Aufgrund seiner erworbenen Verdienste wurde der mehrfach verwundete und hoch ausgezeichnete Offizier 1919 als Oberleutnant in die nur kleine Reichswehr übernommen. In den Zwanzigerjahren freundete er sich mit dem damals noch unbekannten Kriegsveteranen Adolf Hitler an. Mittlerweile hatte Dietl geheiratet - sein Schwiegervater war der Pour-le-Mérite-Träger Generalleutnant Haenicke, der im kommenden Krieg auch noch das Ritterkreuz erhalten sollte. Dieses erhielt übrigens auch Dietls Schwager, Hans Boeck-Behrens, als Generalleutnant an der Spitze der 32. ID.

1928 diente Dietl zusammen mit dem späteren Brillantenträger und GFM Theodor Schörner im Infanterieregiment 19. In der Wehrmacht kommandierte er u.a. das Infanterieregiment 20 sowie das Gebirgsjägerregiment 99 und lehrte an der Infanterieschule Dresden, ehe er 1935 zum Oberst befördert wurde. Im Mai 1938 übernahm Eduard Dietl als Generalmajor die aus Österreichern bestehende 3. Gebirgsjägerdivision in Graz.
Im Verband des XVIII. Gebirgskorps kämpfte Dietls Division während des Polenfeldzuges erfolgreich in Südpolen und bei Lemberg. Dietls größte Stunde schlug, als er mit seinen Männern im Zuge des Unternehmens "Weserübung" im April 1940 im Raum der nordnorwegischen Stadt Narvik abgesetzt wurde. Aufgrund des ganzjährig eisfreien Hafens und der Bahnlinie in Richtung der schwedischen Erzgebiete kam der Stadt ein besonderer strategischer Wert zu. Einen Tag nachdem Dietl mit 2.000 Mann seiner Division in Narvik gelandet war, griffen überraschend umfassende britische Seestreitkräfte an und versenkten die gesamte deutsche Landungsflotte! In den nächsten Tagen konnte Dietls Kampfgruppe, von überlebenden deutschen Matrosen und eingeflogenen Fallschirmjägerverbänden (Walther) verstärkt, starken Angriffen der 24. britischen Infanteriebrigade widerstehen. Als die alliierten Streitkräfte weitere Verstärkung erhielten, zog sich Dietl aus Narvik zurück und bezog am Stadtrand Stellung. Mehrere Tage lang konnte er dann mit etwa 3.500 Mann 28.000 Alliierte in Schach halten! Als der Großteil der britisch-französischen Truppen im Zuge der deutschen Großoffensive gegen Frankreich und Belgien aus Norwegen zurückgezogen werden musste, gelang dem sehr geschickt operierenden Dietl die erneute Einnahme von Narvik.
Am 13. Juni traf eine kleine Kampfgruppe der 2. Gebirgsjägerdivision nach einem Gewaltmarsch von über 200 Kilometern als erste Landverstärkung in Narvik ein und wurde hierfür im Wehrmachtsbericht genannt.
Dietl erhielt – mit sieben weiteren Offizieren seiner Division - das Ritterkreuz zum Eisernen Kreuz und wurde zum Generalleutnant befördert. Für die Führung der Marinesoldaten wurde er obendrein (ehrenhalber) mit dem Zerstörerkriegsabzeichen ausgezeichnet.

Da Hitler von dem Waffengang in Norwegen unheimlich beeindruckt war, wurde Dietl am 19. Juli als erster Soldat auch noch mit dem neugestifteten Eichenlaub zum Ritterkreuz ausgezeichnet. Mit dem Narvikschild wurde am 19.08.40 das erste Ärmelschild der Wehrmacht gestiftet und an alle Teilnehmer (Heer, Luftwaffe und Marine) der Kämpfe vergeben.
Der britische Premierminister Sir Winston Churchill sagte über die Schlacht um Narvik: "Die Überlegenheit der deutschen Planung, Führung und Tatkraft war offensichtlich. In Narvik hielt eine bunt zusammengewürfelte, improvisierte Truppe sechs Wochen lang mehr als 20.000 alliierte Soldaten in Schach und obwohl die Deutschen später aus der Stadt vertrieben wurden, konnten sie doch ihre Feinde wieder abziehen sehen."
Im Juni 1940 wurde Dietl zum Kommandierenden General des Gebirgskorps Norwegen ernannt. Ein Jahr später führte der Eichenlaubträger vier deutsche Divisionen zusammen mit verbündeten finnischen Verbänden im Zuge der Operation "Barbarossa" in den Krieg gegen die Sowjetunion. Gegen die 14. sowjetische Armee angetreten, lag das Hauptziel in diesem nördlichsten Frontabschnitt der Ostfront in der Einnahme von Murmansk sowie der Unterbrechung der Bahnverbindungen nach Leningrad.
Anfangs konnten die deutschen Stoßkeile schnell vorstoßen und erreichten schließlich bereits nach wenigen Wochen das Vorfeld von Murmansk - 45 Kilometer trennten die Gebirgsjäger noch von der Hafenstadt. Doch dann setzten nicht nur schwere russische Gegenangriffe, sondern bereits der besonders frühe Wintereinbruch ein! Nach wochenlangen Stellungskämpfen musste Dietl seine Truppen zurücknehmen - näher sollte die Wehrmacht Murmansk nie mehr kommen!
Grund hierfür war die besonders starke russische Verteidigung, da die Verbindung Murmansk - Leningrad für die kriegswichtigen Transporte US-britischer Versorgungsgüter nach Süden unabdingbar wurde.
In den Jahren 1943/44 konnte Generaloberst (01.06.42) Dietl mit seiner - inzwischen zur 20. Gebirgsarmee erweiterten Truppe - umfassende sowjetische Gegenoffensiven zurückschlagen und die verwundbare Nordflanke der Ostfront in Takt halten. Nach Ansicht einiger Militärhistoriker wurde seine Beförderung zum Generalfeldmarschall nur durch das Fehlen des entscheidenden Erfolges an der Nordfront (z.B. Einnahme von Murmansk) verhindert.
Seine Popularität innerhalb des Gebirgsjägerkorps war bereits mit jener eines Erwin Rommel bei den Afrikatruppen, eines Albert Kesselring in der Luftwaffe oder eines Josef Dietrich bei der Waffen-SS zu vergleichen. Seine Soldaten nannten Dietl aufgrund seiner Angriffstaktiken respektvoll „den Büffel".

Am 21. Juni 1944 wurde Dietl von Hitler ins Führerhauptquartier nach Berchtesgaden befohlen, um über die Lageentwicklung an der finnischen Front zu berichten. Dietl kannte die finnischen Verbündeten am besten und hatte auch großen Einfluss auf deren Generalität. Schwerpunkt der Konferenz war ein möglicher Austritt Finnlands aus der Achse, da die Rote Armee in den vergangenen Monaten mehr und mehr an Boden gewonnen hatte.
Am Ende der Gespräche erhielt Dietl Anweisung, die Finnen weiterhin so eng als möglich an Deutschland zu binden, jedoch jederzeit auf eine Rücknahme seiner Armee nach Norwegen vorbereitet zu sein. Für den Rückflug bestieg der Generaloberst auf einem nahen Flugplatz eine Junkers Ju-52.
Tragischerweise stürzte diese Maschine durch ein technisches Gebrechen unmittelbar nach dem Start ab! Neben Dietl fanden auch noch weitere mitreisende Generäle und Stabsoffiziere des Gebirgsjägerkorps bei dem Unglück den Tod. Zu Ehren des beliebten Truppenführers erhielt die Gebirgsjägerbrigade 139 später den Ehrennamen "*Generaloberst Dietl*" verliehen.
Bereits unmittelbar nach dem Unfall wurde eine genaue Untersuchung der Absturzursache eingeleitet, da die Möglichkeit eines alliierten Sabotageaktes nicht ausgeschlossen wurde. Diese Vermutung bestätigte sich jedoch nicht. Hitler befahl, den Tod von Generaloberst Dietl eine Woche lang geheim zu halten, um das ohnehin schon gespannte Verhältnis zu Finnland nicht noch weiter zu belasten! Doch die Entwicklung war nicht aufzuhalten - im September 1944 unterzeichnete das Land unter Stalins Druck einen Waffenstillstand.
Generaloberst Eduard Dietl wurde eine Woche nach seinem Tod für seine großen Verdienste an der Finnlandfront postum mit den Schwertern zum Ritterkreuz mit Eichenlaub beliehen.

Die Bundeswehr ehrte den Gebirgsjäger durch die "General-Dietl-Kaserne" in Füssen, was darauf hindeutet, dass manche Gerüchte über nationalsozialistische Sympathien Dietls falsch waren. Andererseits führten Zweifel bzw. Proteste in eben dieser Hinsicht in den Neunzigerjahren leider wieder zur Umbenennung der Kaserne.

Oberführer der Waffen-SS

HELMUT DÖRNER

* 26.06.1909 in München-Gladbach
+ 11.02.1945 in Budapest/Ostfront

Ritterkreuz		15.05.1942
Eichenlaub	(650)	16.11.1944
Schwerter	(129)	01.02.1945

Infanteriesturmabzeichen in Silber
Nahkampfspange in Silber
Nennung im Wehrmachtsbericht
Sonderabzeichen für Panzervernichtung durch Einzelkämpfer (?)
Deutsches Kreuz in Gold
Verwundetenabzeichen in Bronze

"Vom Beamten zum Frontschwein"

Wie viele seiner zukünftigen Kameraden stammte Helmut Dörner aus den Reihen der deutschen Schutzpolizei. Zuerst als Wachtmeister in Bonn und später nach Düsseldorf, Gladbach bzw. Essen versetzt, durchlief er 1937 als Leutnant bereits erste Heeres-Infanterie- und Taktikkurse.
Als Ende 1939 die sgn. Polizeidivision gegründet wurde, erhielt Dörner als Hauptmann das Kommando über die 2. Panzerjägerkompanie. Am 10. September 1939 wurde der sprachgebildete Dörner (Dolmetscherprüfung in Englisch und Französisch) zum Hauptmann der Schutzpolizei befördert. Während des Frankreichfeldzuges bewährte sich der Offizier an der Spitze seiner Einheit bei Voncq, Verdun, an der Marne und vor Bourmont, wofür er innerhalb von zwei Tagen das Eiserne Kreuz 1. und 2. Klasse erhielt!
Während des Balkanfeldzuges nicht zum Einsatz gekommen, wurde die Polizeidivision im Frühjahr 1941 in die Waffen-SS eingegliedert, zur motorisierten Division umgerüstet und in Bereitstellung an die deutsch-sowjetische Grenze befohlen. Zu diesem Zeitpunkt führte der als Hauptsturmführer übernommene Dörner die 14. Schützenkompanie.
Im Verband der Heeresgruppe Nord nahm Dörner mit seinen Männern an den Offensiven gegen die 8. und 11. sowjetische Armee teil, kämpfte in Litauen, Lettland und Estland und nahm an den schweren Gefechten südlich von Leningrad (u.a. Krassnogwardjesk, Slusk, Puschkin) teil. Während eines Gefechtes gegen russische Infanterie bei Luga wurde Hauptsturmführer Dörner am 15. August an der Spitze seiner Kompanie erstmals verwundet. Im Dezember 1941 erhielt er für Tapferkeit im Gefecht das Deutsche Kreuz in Gold verliehen.
Nach seiner Genesung kehrte Dörner wieder in seine alte Division zurück, die bis Jänner 1942 in Bereitstellung um das eingeschlossene Leningrad lag. In Anerkennung seiner Leistungen wurde Dörner nun das Kommando über das II. Bataillon im 2. Regiment übertragen.
Während der schweren Gefechte führte er mehrmals Stoßtrupps gegen russische Artillerie- und Beobachterstellungen, Bunker und vorgeschobene Posten des Feindes. Hierfür wurde das Bataillon sogar ehrenvoll im Wehrmachtsbericht erwähnt! Während der plötzlich losbrechenden Gegenoffensive einer russischen Stoßarmee südlich von Leningrad gelang Dörner sein größtes Bravourstück. Auf Befehl der Armee durchbrach er während der Abwehrkämpfe mit seinem Bataillon die Hauptkampflinie und drang tief ins feindliche Hinterland vor!
Ohne Versorgung oder Anschluss an die eigene Truppe griffen die Landser mehrere Tage lang rückwärtige Dienste, Nachschubkonvois, Unterkünfte und Kommandozentralen an. Hierbei war das "Bataillon Dörner" so erfolgreich, dass die Russen sogar Truppen von der Front abziehen mussten, um die Deutschen wieder zu vertreiben. Nach fünf Tagen andauernder Störaktionen führte Sturmbannführer (01.04.42) Dörner seine Männer wieder hinter die eigene Frontlinie. Insgesamt hatten seine Stoßtrupps 58 Bunker und Unterstände des Gegners ausgehoben!
Für diese eindrucksvolle Leistung wurde der Bataillonskommandeur am 20. Mai 1942 mit dem Ritterkreuz ausgezeichnet.
Im weiteren Verlauf des Jahres kämpfte die SS-Polizeidivision nicht nur weiter an der Nordfront, sondern nahm auch vereinzelt an Aktionen gegen russische Partisanenbrigaden teil. Nach umfangreichen Verlusten wurde die Division gegen Ende des Jahres 1942 aus der Front gelöst und im Hinterland zur SS-Panzergrenadierdivision umgerüstet.
Im Frühjahr 1943 absolvierte Dörner einen Taktikkurs an der Heeresschule für Schnelle Truppen in Paris.

Nach kurzem Einsatz gegen griechische Partisanengruppen in Mazedonien verlegte die Division in den Südabschnitt der Ostfront. Zu dieser Zeit kommandierte Obersturmbannführer (20.04.43) Dörner bereits das SS-Panzergrenadierregiment 8, mit dem er wiederholt gegnerische Einbrüche bereinigen und die eigenen Panzer effektiv unterstützen konnte (u.a. Jassy, Temesvar, Szolnok). Durch seinen persönlichen Einsatz in vorderster Linie war Dörner bei seinen Männern sehr geschätzt. Genau ein Jahr nach seiner letzten Beförderung folgte jene zum Standartenführer der Waffen-SS. Zu dieser Zeit trug Dörner bereits die Nahkampfspange in Silber, die erst für dreißig Nahkampftage verliehen wurde.
In Rumänien geriet die Division in jene russische Offensive, die im August 1944 zur Kapitulation des Landes führte. In schweren Kämpfen bei Iasy und Bacau erlitten die deutschen Truppen schwere Verluste. Standartenführer Dörner und seine Männer hatten sich bereits im September kämpfend über Temeschburg bis an die Theiß abgesetzt. Zeitweise musste Dörner in dieser schwierigen Lage vertretungsweise die Führung der Division übernehmen.
Im November befand sich die SS-Polizeidivision bereits in Ungarn, wo sie mit Heeresverbänden einen Abwehrriegel um Budapest legte. Während einer riskanten Gegenoffensive zur Entlastung zweiter deutscher Korps gelang es dem SS-Panzergrenadierregiment 8, die sowjetische Front im Zentrum zu durchbrechen, ein komplettes Infanteriekorps zu vernichten(!) und die wichtigen Stellungen bei Kishunshalles einzunehmen. Mit Hilfe der 14. Panzerdivision konnten die SS-Verbände dann noch umfangreiche Gegenangriffe russischer Garde-Kavallerietruppen abwehren.
In Anerkennung dieser Offensivleistung und wiederholter Tapferkeit im Kampf erhielt Standartenführer Dörner nun das 650. Eichenlaub zum Ritterkreuz verliehen.
Als unmittelbar zuvor das II. Bataillon seines Regiments von den Russen überrollt und abgeschnitten worden war, fuhr der SS-Oberst kurz entschlossen nachts mit einem Schützenpanzer durchs Niemandsland, erreichte die Stellungen der Eingeschlossenen und brach mit dem Bataillon durch die russischen Stellungen! Am 19. Oktober errang die Division bei Szolnok erneut große Angriffserfolge.

Ende November stand die SS-Polizeidivision im Verband des IX. SS-Gebirgskorps erneut in schwersten Abwehrkämpfen um das bereits teilweise abgeschnittene Budapest (u.a. Jazbereny-Kessel). Der Kommandant des Korps war niemand geringerer als Eichenlaubträger Obergruppenführer Pfeffer-Wildenbruch, der 1939 erster Kommandeur der Polizeidivision gewesen war. Als die Rote Armee in einer Überlegenheit von fünf zu eins zur Stoßoffensive ansetzte, brachen die deutschen Abwehrlinien auseinander.
Während sich der Großteil der SS-Polizeidivision über die Donau absetzen konnte, gerieten einige abgeschnittene Kampfgruppen in den Kessel von Budapest. Eine von ihnen wurde von Standartenführer Dörner kommandiert.
In den folgenden Straßenkämpfen, Artillerieduellen und Panzergefechten erlitten die deutschen Verbände besonders hohe Verluste.
Die "Kampfgruppe Dörner" trat zusammen mit Heeresverbänden und ungarischen Truppen immer wieder gegen russische Panzer an. Am 30. Jänner 1945 wurde Oberführer (15.01.45) und Oberst der Schutzpolizei Dörner in Anerkennung seiner wiederholten Tapferkeit im Kampf - nur wenige Wochen nach dem Eichenlaub - über Funk mit den Schwertern zum Ritterkreuz mit Eichenlaub ausgezeichnet. Wenige Tage später kam er bei den schweren Straßenkämpfen um die Bolny-Akademie ums Leben. Am 11. Februar 1945 kapitulierten die letzten 130.000 Verteidiger von Budapest.

Obersturmbannführer der Waffen-SS

HANS DORR

* 07.04.1912 in Sontheim/Schwaben
+ 17.04.1945 bei Judenburg

Ritterkreuz		27.09.1942
Eichenlaub	(327)	13.11.1943
Schwerter	(077)	09.07.1944

Infanteriesturmabzeichen in Silber
Nahkampfspange in Silber
Zwei Sonderabzeichen für Panzervernichtung durch Einzelkämpfer
Deutsches Kreuz in Gold
Verwundetenabzeichen in Gold

"Der unverwüstliche Haudegen der SS-Wiking"

In fünf Jahren ununterbrochenem Einsatz an der russischen Front erwarb sich Hans Dorr den Ruf als härtester und zuverlässigster Kampfgruppenführer der gesamten SS-"*Wiking*". Neben seinen vielfachen und hohen Auszeichnungen sprachen nicht weniger als sechzehn(!) Verwundungen für seine Tapferkeit.

Nach seinem 1934 erfolgten Eintritt in die SS-Verfügungstruppe durchlief Dorr eine harte und gründliche Friedensausbildung. 1938 wurde er zum Untersturmführer befördert.
Während des Polenfeldzuges als Zugführer im SS-Regiment "*Germania*" eingesetzt und bereits erstmals verwundet, nahm er an der Spitze der 10. Kompanie auch an den schweren Kämpfen in Frankreich (Arras, Marne, Seine) teil. Dem im November 1939 verliehenen Eisernen Kreuz 2. Klasse folgte im August 1940 bereits die 1. Klasse und gleichzeitig für zwei weitere Verwundungen das Verwundetenabzeichen.
Nachdem Dorr in den ersten Monaten in Russland erfolgreich den Kradschützen-Spähzug der Aufklärungsabteilung kommandiert hatte, übernahm er nach seiner Beförderung zum Hauptsturmführer im November 1941 das I. Bataillon/ "*Germania*". Diese Einheit bestand teilweise aus ausländischen Freiwilligen, so dass das "Bataillon Dorr" neben Deutschen aus Holländern, Norwegern und Dänen zusammengesetzt war. In den kommenden Monaten sollte zwischen diesen Männern und ihrem Kommandeur eine besonders tiefe, auf Respekt und Kameradschaft aufgebaute, Freundschaft entstehen.
Im Zuge der Operation "Barbarossa" stieß die SS-"*Wiking*" im Verband der Heeresgruppe Süd über Lemberg und Galizien nach Tarnopol und Uman vor. Nach schweren Kesselschlachten nördlich der Krim wurde die Elite-Division in der Ukraine, im Donezbecken sowie während der Offensive gegen Rostow, am Mius und bei Krynka eingesetzt. Danach stieß sie bis in den Kaukasus vor, wo sie auf frische Sowjettruppen traf. Nach einer erfolglosen Offensive gegen Grosny und der Kriegswende in Stalingrad traten auch die "Wikinger" den Rückzug an. Es folgten schwere Kämpfe am Mius, bei Stalino und am Dnjepr, wobei sich Dorr als harter und äußerst tapferer Offizier erwies. Im September 1942 war Hauptsturmführer Dorr nach mehreren Verwundungen für die großen Erfolge seiner Männer und wiederholte Tapferkeit im Gefecht mit dem Ritterkreuz zum Eisernen Kreuz dekoriert worden. Das Deutsche Kreuz in Gold hatte er bereits im Dezember 1941 erhalten.
Durch ihre schon fast fanatische Kampfführung und die weit überdurchschnittliche Tapferkeit ihrer Offiziere und Mannschaften, wurde die SS-"*Wiking*" von den Russen besonders gefürchtet - in all den Kämpfen erwies sich das "Bataillon Dorr" stets als ein Stützpfeiler der kampfkräftigen Division. Der Kommandeur des "*Germania*"-Regiments war damals niemand geringerer als Jürgen Wagner, der bei Kriegsende bis zum SS-Brigadeführer aufstieg und das Eichenlaub trug. Vor Kriegsbeginn war dieses Elite-Regiment vom späteren SS-General und Schwerterträger Bittrich kommandiert worden.

Im Herbst 1943 wurde Hans Dorr zum bereits neuntenmal verwundet, meist war er nach bereits kurzer Behandlung wieder direkt zu seiner Truppe zurückgekehrt. Die Landser kannten ihren Kommandeur quasi nur mit Kopfverband oder Armschlinge.

Bei Kiew und Charkow hielt die SS-"*Wiking*" mehrere Tage lang härtesten Angriffen der Russen stand, ehe die Großstädte aufgegeben werden mussten. Für die Erfolge seines I. Bataillons erhielt Dorr als 182. Heeresangehöriger das Eichenlaub zum Ritterkreuz verliehen, zu diesem Zeitpunkt trug er bereits die Goldausführung des Verwundetenabzeichens und die Nahkampfspange in Bronze. Es folgten Abwehrkämpfe bei Smela und im Irdyn-Sumpfgebiet. Zwischen 31. Jänner und 5. Februar 1944 zeichnete sich Dorr mit seinen Männern bei Orlowez aus, wo es im Abschnitt der 57. Infanteriedivision zu erbitterten Graben- und einem 12stündigen Nacht-Nahgefecht kam! Ebenfalls beeindruckend waren die großen Abwehrerfolge bei Arbusino und Schaderowka. Hier traten mehrmals komplette russische Schützenregimenter mit Panzer- und Artillerieunterstützung zum Sturmangriff an. Nachdem sie zurückgeschlagen worden waren, folgten immer wieder Luftangriffe - dann trat die nächste Welle zum Angriff an. Doch Dorrs Bataillon hielt die Stellung verbissen.

Im Februar 1944 geriet die gesamte Division zusammen mit der belgischen SS-Sturmbrigade "*Wallonien*" unter Degrellé*[17]* und Einheiten des Heeres bei Tscherkassy in eine Offensive überlegener russischer Kräfte. Vom Feind eingekesselt, leistete die "Gruppe Stemmermann" 21 Tage lang fanatischen Widerstand, ehe ihnen der Ausbruch nach Westen gelang! An der Spitze seiner Männer deckte Sturmbannführer Dorr den Rückzug und schrieb sich während der Gefechte in Nowa Ruda erneut in die Divisionsgeschichte ein. Nach zwei Tagen härtester Nahkämpfe überquerte er als letzter Soldat seiner Kampfgruppe den Fluss Lisjanka. Bei einem Nachhutgefecht griffen Dorrs Landser eine russische Panzerabteilung an und vernichteten fünf T-34 mit Haftminen und Sprengladungen! Der Kommandeur der SS-"*Wiking*", Gruppenführer Herbert Gille, erhielt für seine Verdienste in Tscherkassy die Schwerter verliehen!
Nach nur kurzer Auffrischung zeichneten sich Teile der Division bereits im April bei der Entsetzung des Kowel-Kessels aus. Im Sommer 1944 kämpfte die SS-"*Wiking*" dann in Ostpolen, wo Hans Dorr – am 17. Februar erneut verwundet worden - für dreißig Einsatztage die Nahkampfspange in Silber erhielt.
Am 9. Juli 1944 erhielt er für seine langjährigen Verdienste als Kampfgruppenführer auf Antrag seines Divisionskommandeurs als 77. Soldat der Wehrmacht die Schwerter zum Ritterkreuz mit Eichenlaub verliehen. Nachdem Dorr sich wieder einmal von einer Verwundung erholt hatte, übernahm er das Panzergrenadierregiment "*Germania*" der Division und führte es in den Abwehrgefechten bei Warschau und Modelin. Am 18. August 1944 wurde der hoch bewährte Frontkämpfer zum Obersturmbannführer befördert.
Im Dezember verlegte die SS-"*Wiking*" nach Ungarn, wo sie im Verband der 6. SS-Panzerarmee (Dietrich) im Gebiet von Budapest eingesetzt wurde. Nach der Einkesselung der Stadt rannten die SS-Verbände wiederholt gegen den Umklammerungsring an, bevor sie sich kämpfend zurückziehen mussten. Während der erbitterten Gefechte der Division im Grenzgebiet von Ungarn und Österreich wurde Obersturmbannführer Dorr am 21. Jänner 1945 nahe Sorosd zum mittlerweile sechzehntenmal(!) verwundet*[18]*, als sein Gefechtsstand von einer russischen Panzergranate getroffen und teilweise verschüttet wurde.
Am 17. April erlag er in einem Lazarett diesen schweren Splitterverletzungen, wenige Wochen später war der Krieg zu Ende!
Der Großteil der SS-"*Wiking*" vollzog die Kapitulation vor Einheiten der britischen Armee, wurde jedoch an die UDSSR übergeben. 54 Angehörige der Division, darunter mehrere ausländische Freiwillige, waren während des Krieges mit dem Ritterkreuz ausgezeichnet worden. 21 Grenadiere trugen die Nahkampfspange in Gold, Herbert Gille hatte als einziger Divisionskommandeur des Heeres (in dieser Dienststellung) die Brillanten erhalten.

Anmerkung des Autors:

In den zugänglichen Unterlagen aus Dorrs Dienstakte geht die letztendliche Anzahl seiner amtlichen anerkannten Nahkampftage nicht hervor. Doch sind jenen 30 bis zum Sommer 1944 sicherlich noch 10 oder mehr hinzuzurechnen. Da laut den Verleihungsrichtlinien eine oftmalige Verwundung mit anzurechnen war, stand Dorr zum Zeitpunkt seines Todes also unter Umständen kurz vor einem Vorschlag zur seltenen Nahkampfspange in Gold.

Für die Bereitstellung des Fotos bin ich Hrn. Peter Stockert sehr zu Dank verpflichtet.

Oberst

ALFRED DRUSCHEL

* 04.02.1917 in Bindsachsen/Oberhessen
+ 01.01.1945 über Belgien/Westfront

Ritterkreuz		21.08.1941
Eichenlaub	(118)	03.09.1942
Schwerter	(024)	19.02.1943

Frontflugspange für Schlachtflieger in Gold mit Anhänger Einsatzzahl "800"
Flugzeugführer- und Beobachterabzeichen
Krimschild
Ehrenpokal der Luftwaffe
Verwundetenabzeichen in Bronze

"Erster Schwerterträger des Schlachtfliegerkorps"

Im Jahre 1936 in die Luftwaffe eingetreten und anfangs als Flugzeugbeobachter eingesetzt, gehörte der kleine und bullige Leutnant Druschel zu jener Gruppe von Piloten, die für die Aufstellung des Schlachtfliegerkorps ausgewählt wurden. Einer seiner Taktikausbilder an der Fliegerschule war der Spanienveteran Adolf Galland, welcher über Polen im selben Geschwader fliegen sollte.
Als Flugzeugführer im Lehrgeschwader 2 über Polen mit dem Eisernen Kreuz 2. Klasse ausgezeichnet, flog Druschel während des Feldzuges gegen Frankreich bis zu acht Einsätze pro Tag! Neben Einsätzen bei Camprai und über Flandern kämpfte das Geschwader auch über Dünkirchen. Dabei bewährte sich der junge Pilot auf der doppelflächigen Hentschel Hs-123 ausgezeichnet, seit 21. Mai trug er bereits das EK.I. Während der Luftschlacht um England flog Oberleutnant (01.06.40) Druschel mehrmals Tiefflugangriffe gegen britische Flugplätze und strategische Punkte um London.
Im Frühjahr 1941 verlegte das Geschwader nach Ungarn, von wo aus im Balkanfeldzug unzählige Einsätze gegen britische, griechische und jugoslawische Truppen geflogen wurden.
In der ersten Phase des Russlandfeldzuges unterstützte Druschel als Kapitän der 4. Staffel die Bodentruppen bei Sulwaki, Smolensk, Kritschew, Ulla und am Dnjepr. Ab August 1941 flog Druschel dann zur Unterstützung der Heeresgruppe Nord in den baltischen Ländern. In den schweren Gefechten zur Unterstützung des eigenen Vormarsches erzielte er mehrmals große Einzelerfolge, so schoss er innerhalb weniger Wochen sieben russische Jäger im Luftkampf ab - für einen Schlachtflieger eine besondere Leistung. Im Kampf gegen Panzerverbände, Brücken, Artilleriestellungen und Bunkeranlagen wurde er ebenfalls schnell zum Spezialisten.
Für seine Verdienste als Staffelkapitän erhielt Alfred Druschel nur zwei Monate nach Beginn des Ostfeldzuges das heiß begehrte Ritterkreuz verliehen, kurze Zeit später wurde der Verband wieder in den Mittelabschnitt der Front rückverlegt.
Im Jänner 1942 übernahm Druschel, obwohl noch Oberleutnant, die II. Gruppe des Schlachtgeschwaders 1, nur wenige Wochen später konnte er als einer der ersten Kampfflieger des Krieges seinen bereits 600. Feindflug absolvieren!
In den heftigen Kämpfen des Frühjahres 1942 flog Druschel oft bis zu zehn Einsätze pro Tag(!), griff russische Panzer- und Infanteriegruppen an, schoss Artilleriestellungen zusammen oder half bei der Abwehr feindlicher Bodenangriffe. Am 12. Juni traf Druschel bei Charkow im Tiefangriff einen großen Munitionszug. Die schier unerschöpfliche Energie des ergeizigen, jungen Gruppenkommandeurs war innerhalb des Geschwaders fast schon sprichwörtlich.
Druschel war aber nicht der einzige Spitzenpilot seiner Gruppe - so waren hier auch die späteren Eichenlaubträger Georg Dörffel und Heinz Frank sowie der unerschrockene Ritterkreuzträger Josef Menapace erfolgreich. Keiner sollte jedoch das Kriegsende erleben.
Die II. Gruppe des SG 1 war in der Unterstützung der Bodentruppen so erfolgreich und dadurch bei der Infanterie so geschätzt, dass alle Maschinen als Kennzeichnung das Infanteriesturmabzeichen aufgemalt bekamen!
Am 1. August 1942 wurde Druschel endlich zum Hauptmann befördert.

Im Sommer verlegte die Gruppe abermals, diesmal um bei der Belagerungsschlacht von Sewastopol zum Einsatz zu kommen. Für seine Verdienste über der Halbinsel erhielt der Gruppenkommandeur am 3. September 1942 als 118. Soldat das Eichenlaub zum Ritterkreuz verliehen.
Im Herbst wurde das SG 1 als erste Einheit der Luftwaffe mit der neuen Jagdbomberversion der Focke Wulf Fw-190 ausgerüstet. Mit ihren 1.800 Kilogramm Waffenlasten war der schnelle, wendige Einsitzer bei den Piloten sehr beliebt. In den folgenden Monaten unterstützte das Geschwader den Vormarsch der Heeresgruppe A bis in den Kaukasus, wobei Druschel wiederholt Einzelerfolge gegen Panzer verbuchen konnte. Für seine großen Verdienste in der Heeresunterstützung und wiederholte Tapferkeit im Kampf wurden ihm am 19. Februar 1943 als ersten Schlachtflieger der Luftwaffe die Schwerter zum Ritterkreuz mit Eichenlaub verliehen. Zu diesem Zeitpunkt hatte er bereits über 800 Fronteinsätze geflogen.
Im Juni 1943 übernahm Druschel im Alter von erst 26 Jahren als Major (01.03.43) den Posten des Geschwaderführers! In dieser Funktion erwarb er sich weitere Lorbeeren. So vernichtete er mit einer Gruppe bei einem Einsatz gegen russische Bodentruppen bei Kursk ("Zitadelle") innerhalb von einer Stunde 50 Feindpanzer sowie mehrere Geschütze und Stalinorgeln!
Nach seiner Beförderung zum Oberstleutnant (01.10.43) wurde Druschel in den Stab des Generals der Schlachtflieger Oberst Hitschhold*[19]* versetzt - dieser war 1942/43 sein Kommodore gewesen - und aufgrund seiner fachlichen Qualifikation zum Inspekteur des Waffenkorps ernannt! Kurz darauf wurde er als einer der jüngsten Offiziere der gesamten Wehrmacht zum Oberst befördert. In den folgenden Monaten war Druschel zusammen mit Hitschhold bemüht, den Frontverbänden bessere Ausrüstung und den neuen Piloten eine bessere Ausbildung zu ermöglichen.
Als Druschel kurz darauf heiratete, war sein Freund und Eichenlaubträger Heinz Frank Trauzeuge.
Als Ende 1944 in den Ardennen die letzte deutsche Offensive vorbereitet wurde, bat der leidenschaftliche Flieger um seine Rückersetzung an die Front. Da es besonders an erfahrenen Kommandeuren fehlte, wurde seinem Antrag schließlich entsprochen. Am 28. Dezember 1944 übernahm Oberst Druschel das Schlachtgeschwader 4, das als eines der wenigen an der Westfront stationiert war.

Nachdem die deutschen Bodentruppen während der Ardennenoffensive nach anfänglichen Erfolgen zum Rückzug gezwungen worden waren, sollte die Luftwaffe nach Abflauen einer langen Schlechtwetterperiode am 1. Jänner 1945 zur Unterstützung des Rückzuges beitragen. Zu diesem Zweck hatte das Oberkommando der Luftwaffe alle verfügbaren Verbände und Reserven zusammengezogen - insgesamt etwa 800 Jagd- und Schlachtflugzeuge. Ziel des geplanten Überraschungsschlages gegen sämtliche alliierte Flugfelder in Belgien war die Ausschaltung der feindlichen Luftstreitkräfte am Boden, um ihren bevorstehenden Angriffen gegen die deutschen Bodentruppen zuvorzukommen.
Von Pfadfindermaschinen geleitet, überflog auch Druschels Geschwader am Morgen des 1. Jänners unbemerkt die Front und griff überraschend einige Flugfelder der USAAF in der Gegend von Brüssel an. Um der gegnerischen Flak auszuweichen, flog der erfahrene Druschel nach jedem Angriff unregelmäßige Abwehrellipsen. Bei so einem Abwehrmanöver stieß der hochdekorierte Kommodore tragischerweise mit einer anderen, unachtsamen Fw-190 zusammen und stürzte brennend zu Boden!
Oberst Alfred Druschel, mit über 900 Feindflügen einer der am meist eingesetzten Flieger des Zweiten Weltkrieges, war einer von 214 deutschen Piloten, die an diesem Tag den Tod fanden. 440 alliierte Maschinen waren bei dem Unternehmen zerstört oder abgeschossen worden, beim Rückflug wurden die abgekämpften deutschen Geschwader jedoch zusätzlich noch von eigenen Flakverbänden dezimiert, die von dem geheimen Unternehmen nicht informiert worden waren!
Druschels Nachfolger als Kommodore des SG 4 wurde sein langjähriger Freund Major Werner Dörnbrack, der bei Kriegsende nach über 1.000 Feindflügen das Eichenlaub zum Ritterkreuz trug.

Druschels Witwe heiratete nach dem Krieg einen Amerikaner und lebt heute an der US-Westküste.

Anmerkung des Autors:

Druschels genaue Einsatzzahl ist unbekannt, dürfte jedoch nahe an der Tausendermarke gelegen haben.

General der Panzertruppe

MAXIMILIAN REICHSFREIHERR VON EDELSHEIM

* 06.07.1897 in Berlin
+ 26.04.1994 in Konstanz

Ritterkreuz		30.07.1941
Eichenlaub	(162)	23.12.1942
Schwerter	(105)	23.10.1944

Infanteriesturmabzeichen
Dreimalige Nennung im Wehrmachtsbericht
Verwundetenabzeichen in Bronze

"Aus dem Stalingrad-Kessel ausgeflogen"

Der aus einer einflussreichen und alten Familie stammende Maximilian von Edelsheim diente als Leutnant während des Ersten Weltkrieges im 2. preußischen Garde-Ulanenregiment und erhielt beide Klassen des Eisernen Kreuzes. 1917 wurde er ins Reserve-Infanterieregiment 154 versetzt, ab 1919 kämpfte er im Freikorps "*von Hülsen*". In der Reichswehr diente Oberleutnant von Edelsheim im Reiterregiment 4, der Kavallerieschule Hannover und ab 1935 im Stab des Kavalleriekommandos Potsdam. 1937 war der Major bereits Höherer Kavallerieoffizier Hannover.
Bei Kriegsausbruch führte er als Oberstleutnant die zum Reiterregiment 22 gehörende Radfahrabteilung 1 (für die infanteristische Unterstützung der Kavallerie gedacht), die er als Nachfolger von Hermann Balck übernommen hatte, im Verband der traditionsreichen 1. Kavalleriebrigade.

Im Polenfeldzug kämpfte die Brigade unter dem Oberbefehl des I. Armeekorps an der Weichsel, bei Drewnica und vor Warschau. Im Westfeldzug konnte Oberstleutnant von Edelsheim seine Männer erfolgreich in Holland, Belgien und Frankreich anführen. Hierbei wurde die 1. Kavalleriedivision in drei Kampfgruppen geteilt - die Gruppe Nord, bestehend aus der Radfahrabteilung 1, einer Pionierkompanie sowie drei Zügen Panzerjäger wurde von Edelsheim unterstellt. Die schlagkräftige Division kämpfte sich während des Westfeldzuges bis nach La Rochelle an der Westatlantikküste vor - Oberstleutnant von Edelsheim erhielt für seine Leistungen an der Spitze der Gruppe Nord die Spangen zum Eisernen Kreuz 1914 überreicht.
Bis zum Beginn des Krieges im Osten verblieb die berittene Division als Garnisonseinheit in Frankreich.
Im Juni 1941 stieß die nun bereits teilweise motorisierte Division mit Verbänden des XXIV. Panzerkorps entlang der Nordflanke der Heeresgruppe Mitte durch Weißrussland vor. Nach erfolgreichen Gefechten nördlich Baranovici, am Bug und bei Minsk erreichte von Edelsheims Einheit Ende Juni Siniawka und kämpfte in Folge vor Mekrany und Dywin. Nachdem er sich während der gesamten Vormarschgefechte wiederholt durch große Übersicht im Gefecht ausgezeichnet hatte, erhielt von Edelsheim - durch einen Streifschuss am Kinn verletzt - bereits am 30. Juli das Ritterkreuz zum Eisernen Kreuz verliehen.
Bis September 1941 wurde die Division in unerwartet heftige Kämpfe verstrickt und aufgrund der hohen Verluste schließlich nach Deutschland rückverlegt. Am 25.09.41 hatte von Edelsheim das Reiterregiment 22 übernommen, die Beförderung zum Oberst erfolgte am 17. Dezember.
Unmittelbar nachdem die 1. KD wegen der hohen Verluste aufgelöst worden war, erfolgte die Eingliederung in die gerade in Aufstellung befindliche 24. Panzerdivision, die vom späteren Eichenlaubträger Generalmajor von Hauenschild befehligt wurde.
Nach ersten Gefechtseinsätzen an der Ostfront, u.a bei Kursk und im hart umkämpften Brückenkopf von Woronesch, übernahm Oberst von Edelsheim am 01.12.42 das Kommando über das Panzergrenadierregiment 26.
Im Winter stand die 24. Panzerdivision in schweren Abwehrschlachten im Großraum Stalingrad, als die gesamte 6. Armee in eine sowjetische Gegenoffensive geriet und überraschend eingekesselt wurde. Innerhalb des riesigen Kessels befanden sich 23 Divisionen mit etwa 260.000 Mann, 1.800 Geschützen und 10.000 Fahrzeugen, jedoch nur 100(!) einsatzbereiten Panzern!

Die Rote Armee verstärkte ihre Truppen rasch und verfügte so am Höhepunkt der Schlacht über mindestens 12 kampfkräftige Armeen! Die eingekesselte 6. Armee unter Generaloberst Paulus leistete verzweifelten Widerstand - ein Ausbruchsversuch nach Westen wurde jedoch von Hitler strikt verboten!
Während die deutsche Luftwaffe mit nur unzureichenden Mitteln versuchte, die eingeschlossenen Divisionen mit Material und Nachschub zu versorgen, wurde die Lage immer verzweifelter. Neben der 24. kämpften auch die 14. und 16. Panzerdivision im Kessel - doch der Treibstoffvorrat wurde immer geringer, die Zahl der einsatzfähigen Panzer sank ständig weiter.
Von Edelsheims Panzergrenadiere standen bei größter Kälte und ständigem Artilleriebeschuss südlich des Tscharitscha-Flusses wochenlange Abwehrschlachten durch. Ununterbrochene Häuser- und Straßenkämpfe forderten horrende Opfer. Unmittelbar nachdem er ausfallsbedingt die Führung der Division übernommen hatte, erfuhr Oberst von Edelsheim über Funk von der Verleihung des Eichenlaubs zum Ritterkreuz*[20]*. Um es entgegennehmen zu können, erhielt er Befehl, sich aus dem brennenden Kessel ausfliegen zu lassen und sich in Berlin zu melden. Während der Übergabe schilderte der Oberst Hitler die hoffnungslose Situation in Stalingrad - doch er wurde nicht gehört. Auch der ebenfalls aus Stalingrad ausgeflogene Hans Hube konnte Hitler nicht von der Notwendigkeit eines sofortigen Ausbruchsversuches überzeugen.
Die 24. PD ging Anfang Februar unter Generalmajor von Lenski in Stalingrad unter. Von über 90.000 in Kriegsgefangenschaft geratenen Stalingrad-Kämpfern kehrten bis 1956 lediglich 6.000 nach Deutschland zurück!
Wie die gesamte 6. Armee wurde auch die vernichtete 24. PD bereits ab Frühjahr 1943 wieder neu aufgestellt, hierzu wurden u.a. auch Überlebende der einstigen Division verwendet. Divisionskommandeur wurde erneut der am 1. Juni 1943 zum Generalmajor beförderte Maximilian von Edelsheim.
Nachdem der Verband Küstenschutzaufgaben in Italien übernommen hatte, zeichnete sich die 24. Panzerdivision im September 1943 bei der Entwaffnung italienischer Truppen in Norditalien aus (der ehemalige Verbündete hatte, wie bereits im 1. Weltkrieg, die Fronten gewechselt). Im Oktober erfolgte die Eilverlegung an die Ostfront, wo von Edelsheim erfolgreich die Abwehrkämpfe am Dnjepr, bei Nowo-Starodub und Ingulez leitete. Im Winter 1943 und Frühjahr 1944 zeichneten sich die Panzer und Grenadiere der Division erneut aus, so etwa während des Entlastungsangriffes für den bedrängten Tscherkassy-Kessel südlich von Kiew.
Während der russischen Frühjahrsoffensive gegen die Heeresgruppe Süd gelang es von Edelsheim, seine angeschlagene Division aus dem Raum Nikopol zurückzuziehen und sich eine Zeit lang bei Nikolajew festzusetzen. Bis zum Frühsommer mussten sich die deutschen Truppen bis an die rumänische Grenze zurückziehen. Nachdem sich Generalleutnant (20.05.44) von Edelsheim auch in den Abwehrschlachten an der Weichsel ausgezeichnet hatte, wurde er am 21. September 1944 als Nachfolger von Hermann Balck mit der Führung des XXXXVIII. Panzerkorps beauftragt.
Am 21. Oktober erhielt Maximilian von Edelsheim rückwirkend für die großen Kampferfolge seiner 24. Panzerdivision (Tscherkassy, Ingulez, Targul, Dukla) die Schwerter zum Ritterkreuz mit Eichenlaub verliehen.

Im Herbst leitete er die Rückzugskämpfe und Absetzbewegungen seines Korps im Verband der schwer getroffenen Heeresgruppe Mitte (Reinhardt) sowie die Gefechte in Galizien und den Karpaten.
Nach schweren Verlusten wurde das XXXXVIII. Panzerkorps nach Südfrankreich verlegt. Bereits nach kurzer Auffrischung wurde ein Teil des Korps an die Westfront geworfen - die Restverbände des Korps, kommandiert von General von Edelsheim, gerieten nach der alliierten Landung in Südfrankreich in die Kämpfe in der Provonce und im Rhone-Tal.
In den letzten Kriegsmonaten leitete der hochdekorierte General u.a. Abwehrkämpfe in Belgien, Holland und Norddeutschland. Am 1. Dezember 1944 wurde der alte Haudegen in Anerkennung seiner Verdienste zum General der Panzertruppe befördert. Wenig später wurde das Korps an die bedrängte Ostfront verlegt und in die Schlacht um Berlin geworfen.
Nach vergeblichen Abwehrschlachten an der Oder schlug sich das XXXXVIII. Panzerkorps im März 1945 südlich von Berlin nach Westen durch, um sich der "Armeegruppe Wenck" anzuschließen. Als die östlich gelegene 9. Armee von überlegenen Truppen der 1. Weißrussischen Front überflügelt wurde, erhielt General von Edelsheim aber den Befehl, mit seinen Truppen zum Entsatzangriff anzutreten! Obwohl ihm fünf sowjetische Korps gegenüberstanden, gelang von Edelsheim bei Ziesar-Belzig der Durchbruch, womit etwa 90.000 Soldaten und über 40.000 Zivilisten aus dem Kessel von Halbe ein Korridor in Richtung Elbe freigekämpft werden konnte!
Am 4. Mai 1945 ergab sich das Korps an der Oder den US-Truppen, nach zwei Jahren wurde der einstige Gardekavallerist ins Zivilleben entlassen.
General a.D. von Edelsheim ist 1994 im Alter von 96 Jahren verstorben.

General der Infanterie

KARL EIBL

* 23.07.1891 in Steg/Österreich
+ 21.01.1943 am Don/Ostfront

Ritterkreuz		15.08.1940
Eichenlaub	(050)	31.12.1941
Schwerter	(021)	19.12.1942

Österreichisches Militärverdienstkreuz 4. Klasse
Infanteriesturmabzeichen
Nennung im Ehrenblatt des Heeres
Verwundetenabzeichen in Bronze

"Zweiter Schwerterträger des Heeres!"

Der in Oberösterreich geborene Karl Eibl hatte bereits vor Ausbruch des Ersten Weltkrieges den Beruf des Offiziers gewählt. Als Kompaniekommandeur in der k.u.k. Armee kämpfte er 1914 - 1918 erfolgreich an der Ost- und Südfront. Für seine Verdienste im Landwehrregiment 21 wurde er 1915 zum Oberleutnant befördert.
Nach dem Zusammenbruch der Kaiserreiches blieb der junge Eibl in der Armee, wurde als Hauptmann später in das neue österreichische Bundesheer (Infanterieregiment 6) und 1938 als Major in die deutsche Wehrmacht übernommen. Hier wurde er als Ausbilder an der Infanterieschule Bruck-Neudorf eingesetzt. Im Februar 1939 wurde Oberstleutnant Eibl zum Kommandeur des Infanterieregiments 131 der 44. Infanteriedivision ernannt. Diese rein aus Österreichern bestehende Division führte später den Traditionsnamen der berühmten "*Hoch- und Deutschmeister*" fort.

Im Rahmen des Polenfeldzuges führte Eibl seine Männer stets von vorn und überzeugte in seinem bereits zweiten Krieg erneut durch hervorragende Führungseigenschaften und persönlichen Mut. Im Verband des XVII. Armeekorps kämpfte die Division bei Krakau und Lemberg. Eibl erhielt hier bereits beide Klassen des Eisernen Kreuzes.
Im Frühjahr 1940 verlegte die 44. Infanteriedivision an die Westfront (XXXX. Korps), um am "Fall Gelb" teilzunehmen. Nach großen Erfolgen in Nordfrankreich schwenkte die Division in der zweiten Phase des Frankreichfeldzuges nach Süden und stieß bis zum 16. Juni 1940 über die Seine in das Gebiet von Auneau südlich Paris vor.
Unmittelbar nachdem er kurzfristig das Infanterieregiment 132 übernommen hatte, konnte Eibl in einem gewagten Vorstoß die Linien einer französischen Brigade durchbrechen und die strategisch wichtige Ortschaft Chuignolles erstürmen. Hierfür wurde der Österreicher als einer der ersten Regimentskommandeure des Heeres mit dem Ritterkreuz zum Eisernen Kreuz ausgezeichnet! Am 1. Februar 1941 erfolgte die Beförderung zum Oberst.
Nach längerem Garnisonseinsatz in Frankreich bezog die 44. ID für die im Juni 1941 beginnende Operation "Barbarossa" Bereitstellung in der Slowakai. Die nächsten Monate brachten äußerst erfolgreiche Offensiven unter dem Kommando der schnell vorstoßenden Panzergruppe 1 (von Kleist). Nachdem das III. Armeekorps die Stellungen der 6. sowjetischen Armee durchbrochen hatte, wurde das Gebiet nördlich von Lemberg eingenommen.
Es folgten große Divisionserfolge bei Kiew, Tarasowka-Belogorodka und Charkow. Der stets in vorderster Linie kämpfende Oberst Eibl war mit seinem Infanterieregiment 132 bei Schitomir und im Zwiahel-Brückenkopf nahe Uman so erfolgreich, dass er am 31.12.1941 als erst 50. Soldat und 3. von letztendlich 34 Österreichern mit dem Eichenlaub zum Ritterkreuz ausgezeichnet wurde! Im Sommer war der Oberst als erst 180. Soldat der Wehrmacht für seine Verdienste ins Ehrenblatt des Heeres eingetragen worden.
Wenige Tage nach seiner Rückkehr von der Übergabezeremonie durch Hitler gab Eibl sein bewährtes Regiment ab und übernahm als Generalmajor (01.02.42) die 385. Infanteriedivision, die erst kurz zuvor aufgestellt worden war. Obwohl seine Männer also zum Großteil noch unerfahren waren, konnte Eibls Division in den schweren Kämpfen am Don und im Brückenkopf Woronesch große Offensiv- und Defensiverfolge erringen. Nach verbissenen Kämpfen nahm die 385. ID im Verband der 6. Armee (Paulus) im Herbst 1942 an der Großoffensive gegen Stalingrad teil.
Neu in Russland angekommene deutsche Verbände wurden manchmal - vorausgesetzt die Sowjets hatten dies durch Funküberwachung oder ähnliches erkannt - auf eine sarkastisch-drohende Art empfangen. So tauchen u.a.

deutschsprachige Flugblätter mit dem Text "Wir begrüßen euch in der schönen Sowjetunion. Das flotte Garnisonsleben in Frankreich ist nun vorbei. Von euren Kameraden werdet ihr schon gehört haben, was hier los ist und nun werdet ihr es bald selbst merken!" in den deutschen Stellungen auf.
Doch diese psychologische Kriegsführung hatte auf die deutschen Landser vor Stalingrad kaum einen Einfluss.

Gegen den Widerstand umfassender sowjetischer Heeresverbände konnte die Hauptmacht der Armee bis Anfang November den Großteil der Stadt einnehmen, Eibls Division kämpfte zu dieser Zeit - zusammen mit verbündeten Rumänen und Italienern - mit sehr großem Erfolg an der äußersten linken Flanke, nördlich der Stadt. Mehrere Wochen hindurch konnte die 385. ID zähen Gegenangriffen der Russen standhalten und dabei mehrmals Panzerattacken im Nahkampf abwürgen.
Als am 19.11.42 eine sowjetische Umfassungsoffensive begann und beide Flanken der 6. Armee brachen, entstand binnen weniger Tage der berühmte Kessel von Stalingrad. Durch hartnäckige Gegenwehr und erstklassiges Dirigieren seiner Einheiten gelang es Eibl, seine Division aus dem tödlichen Trichter herauszuhalten und sie so vor der Vernichtung zu retten (seine alte 44. ID ging im Jänner 1943 in Stalingrad unter). Für seine erstklassigen militärischen Erfolge am Don erhielt Karl Eibl am 19. Dezember 1942 nach Erwin Rommel als erst zweiter(!) Heeresoffizier der Wehrmacht die Schwerter zum Ritterkreuz mit Eichenlaub verliehen.
Die 385. Infanteriedivision hatte während den schweren Gefechten jedoch furchtbare Verluste erlitten und zählte nach den letzten Rückzugsbewegungen kaum noch über 2.000 Mann!
Im Zuge der Verleihung wurde Generalleutnant (01.01.43) Eibl als Nachfolger des späteren Schwerterträgers von Knobelsdorff mit der Führung des XXIV. Panzerkorps beauftragt, das im Verband der 4. Panzerarmee unter dem späteren Schwerterträger Generaloberst Hermann Hoth von außen her gegen den sowjetischen Umklammerungsring anrannte. Nach der Kapitulation des Stalingrad-Kessels zog sich die Heeresgruppe Don (v. Manstein) kämpfend nach Westen zurück - bedrängt von überlegenen und durch den großen Sieg moralisch gestärkten sowjetischen Armeen.
Am 17. Jänner 1943 starteten Panzertruppen der russischen Woronesch-Front unerwartet eine erneute Offensive und überflügelten bei Nikolajewka Eibls gesamtes Korps sowie einige italienische Gebirgsjägerdivisionen des Alpini-Korps. Nur durch seine erstklassigen Führungsqualitäten, einem fähigen Stab und hartnäckige Gegenwehr seiner Landser konnte Eibl eine erneute Niederlage am Don verhindern.
Als die zum Gegenangriff angetretenen Kampfgruppen seines Korps die russischen Linien in Richtung Westen durchbrechen konnten und eine Gasse in die Freiheit offen stand, entschloss sich Karl Eibl, mit seinem Befehlswagen nach vorne zu fahren und sich einen persönlichen Eindruck über die Gefechtslage zu verschaffen. Wegen des dichten Schneetreibens war die Sicht nur sehr eingeschränkt - da tauchte plötzlich eine Wagenkolonne aus der "Suppe" auf! Nach ein paar Sekunden fielen die ersten Schüsse, gerade als der Generalleutnant sich in Deckung werfen wollte, detonierte genau neben seinem Wagen eine Handgranate. Eibls linkes Bein wurde von Splittern zerfetzt - Sekunden später stellte sich zum Entsetzten aller heraus, dass es sich bei der Wagenkolonne um eine verbündete italienische Einheit handelte, die ebenfalls versucht hatte, aus dem Kessel zu entkommen! Eibl wurde von seinen Landsern sofort ins nahe Feldlazarett von Nowy-Georgijewskije nordwestlich von Stalingrad gebracht.
Durch die schweren Splitterverletzungen wurde die Notamputation des zerfetzten Oberschenkels notwendig - diese überlebte der Generalleutnant aufgrund des hohen Blutverlustes jedoch nur um wenige Stunden.

Am 1. März 1943 wurde Karl Eibl postum zum General der Infanterie befördert.
Nur wenige Tage nach ihm kam auch Brigadegeneral Martinat, Kommandeur der italienischen Alpini-Einheiten im Kessel, bei den Rückzugskämpfen ums Leben und wurde postum mit dem Ritterkreuz ausgezeichnet.

Gruppenführer der Waffen-SS

HERMANN FEGELEIN

* 30.10.1906 in Ansbach/Bayern
+ 29.04.1945 in Berlin

Ritterkreuz		02.03.1942
Eichenlaub	(157)	22.12.1942
Schwerter	(083)	30.07.1944

Sturmabzeichen des Heeres in Silber
Infanteriesturmabzeichen in Silber
Nahkampfspange in Silber
Rumänische Tapferkeitmedaille
Krone Rumäniens mit Schwertern
Deutsches Kreuz in Gold
Verwundetenabzeichen in Silber

"Zurecht hingerichtet?"

Der Offizierssohn Hermann Fegelein trat 1925 als Offiziersanwärter ins Kavallerieregiment 17 ein, wechselte doch bereits nach zwei Jahren in den Polizeidienst. 1933 trat er schließlich in die Reiter-SS ein, wo er zum Untersturmführer aufstieg.
In den nächsten Jahren kletterte er schneller als jeder andere junge SS-Reiteroffizier in der Befehlshierarchie nach oben und wurde bereits 1936 als Sturmbannführer Kommandeur der SS-Hauptreitschule. Bei Kriegsausbruch führte Obersturmbannführer Fegelein bereits eine SS-Reiterstandarte und war Höherer Reiterführer der Allgemeinen SS! Auf seinen Vorschlag hin wurden die SS-Reiterabteilungen 1940 zu einem Regiment zusammengefasst und der SS-Verfügungsdivision (Hausser) unterstellt. Ab Mai 1940 kommandierte Fegelein dieses SS-Kavallerieregiment 1 in Belgien und Frankreich. Im Juni wurde er für Tapferkeit vor dem Feind mit dem Eisernen Kreuz 1. Klasse dekoriert. Nachdem sich seine Reitertruppe bewährt hatte, wurde die Aufstellung einer selbständigen SS-Kavalleriebrigade in Angriff genommen.
Das Kommando über diese im Oktober 1941 aufgestellte 1. SS-Kavalleriebrigade übernahm auf höchsten Befehl der zum Oberführer beförderte Hermann Fegelein.
Im Jänner südlich des Seelingersees während einer Gegenoffensive der 4. sowjetischen Stoßarmee beinahe überrannt, konnte sich die Brigade mit Hilfe von Infanterieeinheiten nach Süden absetzten, nur kurz darauf wurde der Reiterverband als Eilverstärkung in den Frontbogen von Rshew-Wjasma verlegt. Hier zeigten Fegelein und seine Männer ihre Klasse - u.a. nahm die Brigade an der Rettung des bei Ssolomino eingekesselten XXIII. Armeekorps teil, später kamen sie als Eingreif-Reserve der 9. Armee in Toropez zum Einsatz. Hier durch Feindfeuer verwundet, erhielt Oberführer Fegelein am 2. März 1942 für die erstklassigen Leistungen seiner Regimenter das Ritterkreuz überreicht. Sein jüngerer Bruder Waldemar wurde im Winter 1943 für seine Verdienste in der SS-"*Florian Geyer*" ebenfalls beliehen.

Im Mai wurde Hermann Fegelein von der Front abgezogen und zum Inspekteur der SS-Kavallerie im Oberkommando des Heeres ernannt. Seine kampferprobte Brigade wurde im Sommer in die 8. SS-Kavalleriedivision eingegliedert, die unter dem Kommando des späteren Schwerterträgers Brigadeführer Bittrich stand.
Im Winter 1942 erreichte Fegelein seine Rückversetzung zur Kampftruppe. Nachdem er sich im November und Dezember an der Kaukasus- und Wolgafront bewährt hatte und am 23. Dezember bei Golaja ernsthaft verwundet worden war, erhielt er für die äußerst erfolgreiche Führung einer motorisierten Kampfgruppe (XXIV. Korps, Bereich 8. ital. Armee) als 157. Soldat und erst 4. Offizier der Waffen-SS das Eichenlaub zum Ritterkreuz verliehen. Fegelein war der erste Nicht-Divisionskommandeur der Waffen-SS, der diese hohe Auszeichnung erhielt! Für seinen oftmaligen direkten Fronteinsatz erhielt er weiters die Nahkampfspange in Bronze.
Am 20. Dezember hatte der verwegene Offizier sein Meisterstück abgeliefert, als er während einer persönlichen Fronterkundung - nur von einem Offizier begleitet - zufällig auf einen kleinen sowjetischen Stützpunkt stieß. Anstatt sich zurückzuziehen, nützte Fegelein die Unachtsamkeit der Wachen, drang in den Bunkerkomplex ein und

überrumpelte die Besatzung! Es stellte sich schnell heraus, dass es sich bei dem Stützpunkt um das Hauptquartier eines russischen Armeekorps handelte - unter den Gefangenen befanden sich mehrere hohe Stabsoffiziere und ein Generalleutnant! Weiters fand sich umfangreiches Kartenmaterial sowie wertvolle Funkunterlagen.

Nach der Katastrophe von Stalingrad musste das blutig eroberte Gebiet im Kaukasus wieder aufgegeben werden, in den andauernden Rückzugskämpfen führte Fegelein seine Männer stets vorbildlich. Es gibt aber auch vereinzelt Beurteilungsberichte, in denen verschiedene Vorgesetzte ihm eine zu harte Hand gegenüber der Truppe vorwarfen.
Im Juni 1943 übernahm Fegelein schließlich das Kommando über die 8. SS-Kavalleriedivision "*Florian Geyer*", die sich im Kaukasus und der Ukraine bewährt hatte. Seine Verdienste brachten ihm am 1. Mai die Beförderung zum SS-Brigadeführer ein.
Im August erlebte Fegelein die schweren Offensiv- und Defensivschlachten um Charkow, wo die Division u.a. zusammen mit der Elite-SS-"*Leibstandarte*" (Dietrich) kämpfte. Während den Gefechten zweimal in Folge durch Feindfeuer verwundet, verbrachte Fegelein erneut mehrere Wochen in einem Lazarett. Für seinen andauernden persönlichen Fronteinsatz trug der Divisionskommandeur nun bereits die Nahkampfspange in Silber! Aufgrund seiner oftmaligen Verwundung wurde er jedoch nun auf höchsten Befehl endgültig vom Kampfeinsatz zurückgezogen. Sein Rang sowie seine diversen hohen Kampfauszeichnungen machten ihn zu einem der erfolgreichsten Frontkommandeuren der gesamten Waffen-SS!
Im Oktober 1943 wurde Fegelein neuer Waffen-SS-Verbindungsoffizier im Führerhauptquartier in Berlin. Sein Nachfolger als Kommandeur der SS-"*Florian Geyer*" wurde Brigadeführer Joachim Rumohr, der für seine Leistungen im Februar 1945 das Eichenlaub erhielt und wenige Tage darauf im Budapest-Kessel den Tod fand.
Die restlichen Kriegsjahre verbrachte Fegelein in Stabs- und Adjutantenverwendung. In sein Zuständigkeitsbereich gehörte auch die Bearbeitung und Weiterleitung von Frontberichten*[21]*. Durch die alliierte Invasion in Frankreich weitete sich sein Zuständigkeitsbereich 1944 neben der Ost- auch auf die Westfront aus. Durch seine häufige Tätigkeit im Führerhauptquartier lernte Fegelein Gretel Braun, Schwester von Eva Braun, kennen und heiratete sie 1944 schließlich - so wurde er 1945 also Hitlers Schwager!
Am 20. Juli 1944 nahm der bereits zum Generalleutnant der Waffen-SS aufgestiegene Fegelein an jener Lagebesprechung teil, während der die durch Oberst von Stauffenberg plazierte Zeitbombe explodierte! Während mehrere Offiziere getötet oder schwer verletzt wurden und Hitler gar nicht zu Schaden kam, wurde der Eichenlaubträger durch Splitter leicht verletzt.
Zehn Tage später erhielt Herrmann Fegelein rückwirkend für seine großen Kampferfolge bei Orel, Charkow und Werche-Bischkin die Schwerter zum Ritterkreuz mit Eichenlaub verliehen.

Ende 1944 nutzte Fegelein seine hohe Position zu einer freundschaftlichen Geste - er besuchte den in Gefangenschaft geratenen Anführer der polnischen Widerstandskämpfer in Warschau, General Bór-Komorowski und bemühte sich, dessen Haftbedingungen etwas zu verbessern. Beide hatten sich vor dem Krieg mehrmals bei Reitturnieren und Wettkämpfen getroffen und waren befreundet gewesen. Auch der Wahnsinn des modernen Krieges ließ solch vereinzelte altritterliche Gebärden zu.
Als sowjetische Truppen im April 1945 mit der Reichshauptstadt Berlin ihr primäres und blutig erkämpftes Kriegsziel erreichten, befand sich Gruppenführer Fegelein im unterirdischen Führerbunker.
Am 27. April kam es dann zu einem ungewöhnlichen Vorfall, der in Tony Le Tissiers Buch "*Der Kampf um Berlin 1945*" wie folgt beschrieben wird (gekürzt):
"Bei der Lagebesprechung vom 27. April ereignete sich Ungewöhnliches. Hitler bemerkte die Abwesenheit von SS-Gruppenführer Fegelein, Himmlers Verbindungsoffizier und Schwager von Eva Braun, der seit drei Tagen nicht mehr gesehen worden war. Hitler befahl, ihn sofort herbeizuschaffen, denn er argwöhnte Fahnenflucht. Fegelein wurde schließlich in seiner Privatwohnung am Kurfürstendamm aufgespürt und in die Reichskanzlei gebracht. Inzwischen hatte sich der Kommandant der Wache den Inhalt des bei Fegelein gefundenen Koffers angesehen. Dieser enthielt einen Pass, Wertsachen und Geld! Fegelein wurde auf Hitlers Befehl degradiert und wegen Fahnenflucht von einem Standgericht zum Tode verurteilt."
Am 28. April 1945 wurde das Urteil von einem Erschießungskommando vollstreckt.

In Le Tissiers Buch wird auch folgender, schwerwiegender Vorwurf gegen Hermann Fegelein geäußert. Die Gestapo war seit dem Frühjahr 1945 einer angeblichen, "undichten Stelle" im Führerhauptquartier auf der Spur, die scheinbar zum britischen Geheimdienst führte. Als man Gruppenführer Fegelein in seiner Wohnung verhaftete, war eine junge Frau bei ihm, die jedoch durchs Küchenfenster entkommen konnte. Die flüchtige Frau war angeblich eine britische Agentin gewesen, die zusammen mit Fegelein eine Flucht vorbereitet hatte! Alle diese Umstände führten dazu, dass der Gruppenführer als der gesuchte Verräter abgestempelt und erschossen wurde. Ob er wirklich mit dem britischen

Geheimdienst zusammenarbeitete, ist natürlich nicht bewiesen. Denn es gibt auch eine zweite, etwas weniger spektakuläre These der Ereignisse, die sich geradezu aufdrängt: Jene Frau, die aus Fegeleins Wohnung flüchtete, war seine Geliebte, mit der er vor Eintreffen der Sowjets aus Berlin flüchten wollte.
Doch gleichgültig, ob es sich um Spionage oder um Fahnenflucht handelte, war der Schuldspruch und das Urteil aus militärjuristischer Sicht durchaus gerechtfertigt.

Jahre nach Kriegsschluss wurde bekannt, dass ein sowjetischer Top-Spion bereits seit 1942 sich in unmittelbarer Nähe Hitlers aufgehalten und der Roten Armee regelmäßig äußerst wichtige Informationen übermittelt hatte.
Obwohl seit 1943 von der deutschen Spionageabwehr gejagt, blieb der unter dem Codenamen „Werther“ bekannte Mann bis Kriegsende unentdeckt und verriet u.a. die bevorstehenden deutschen Angriffspläne der Operation „Zitadelle“ gegen Kursk und die genauen deutschen Stellungen, gegen die 1944 die große Sommeroffensive losbrach.
Da Fegelein erst Ende 1943 in Hitlers Stab versetzt wurde, kann er zumindest nicht „Werther“ gewesen sein.
Die Indentität diesen geheimnissvollen, sowjetischen Top-Spions ist bis heute ungeklärt!

Major der Reserve

FRITZ FESSMANN

* 25.12.1913 in Urbach/Württemberg
+ 11.10.1944 bei Pakamonen/Ostfront

Ritterkreuz		27.10.1941
Eichenlaub	(170)	04.01.1943
Schwerter	(103)	23.10.1944 postum

Panzerkampfabzeichen in Bronze 3. Stufe
Nennung im Wehrmachtsbericht
*Sondermedaille der 14. Panzerdivision **
Verwundetenabzeichen in Silber

"Warschau, Arras, Rostow, Charkow, Memel"

Der spätere Aufklärungsexperte wurde nach Ausbruch des Zweiten Weltkrieges als Feldwebel der Reserve in die Panzeraufklärungsabteilung 7 einberufen. Der Kommandeur seiner 4. Panzerdivision war der spätere Schwerterträger Generalleutnant Hans-Georg Reinhardt, ein Panzerregiment wurde durch Oberst Hermann Breith angeführt.
Der bereits am 1. März 1940 zum Leutnant der Reserve (Kriegsoffizier) beförderte Fessmann übernahm einen Zug der mit leichten Späh- und Schützenpanzern ausgerüsteten Abteilung.

Im Zuge des Polenfeldzuges wurde die 4. Panzerdivision im Verband des XVI. Korps bei Lodz, Modelin und Warschau eingesetzt. Am 10. Mai 1940 - dem Eröffnungstag des Westfeldzuges - gehörte die Division abermals zu den vordersten Angriffsverbänden.
Die stets an der Spitze der Division eingesetzten Aufklärungskompanien nahmen am berühmten Panzerraid in Nordfrankreich teil, bei dem die Panzer an der Maas, bei Arras, Cambrai, Lille und Péronne kämpften. Durch ihre vorderste Position wurden die Aufklärer stets als erste in Gefechte verwickelt.
Für die erstklassige Führung seines Zuges erhielt Leutnant Fessmann noch während des Feldzuges das Eiserne Kreuz 2. Klasse verliehen. Nach der französischen Kapitulation auf dem Kontinent verblieb die 4. Panzerdivision als Garnisonseinheit in Frankreich.
Als am 22. Juni 1941 der Ostfeldzug begann, nahmen die Männer der Aufklärungsabteilung erneut ihren Platz in vorderster Linie ein.
Während der ersten Gefechte bei Brest-Litowsk, am Bug, bei Mogilew und während der Kesselschlacht von Kiew lieferte Fessmann mit seinem Zug immer wieder wertvolle und schwierig einzubringende Informationen über die Feindlage, dessen Stärke und das vor der Division liegende Gelände. Bereits wenige Wochen nach dem ersten Schuss in Russland erhielt Leutnant Fessmann das Eiserne Kreuz 1. Klasse verliehen.
Nachdem sich die Division immer weiter nach Osten vorgekämpft und bei Beresina, am Dnjepr und vor Orel bewährt hatte, erhielt Fessmann im Oktober einen Sonderauftrag. An der Spitze eines kleinen Stoßtrupps drang er ins feindliche Hinterland vor, umging geschickt mehrere russische Stellungen und erreichte unbehelligt die Bahnlinie Kiew-Kursk. Für die Sprengung dieser kriegswichtigen Verbindung und erstklassige Leistungen in der Panzeraufklärung erhielt er am 27. Oktober 1941 das Ritterkreuz zum Eisernen Kreuz verliehen. Am 1. November wurde Fessmann im Alter von 27 Jahren zum Oberleutnant der Reserve befördert.
Nach den schweren Winterschlachten vor Moskau, Wenew und Tula wurde der stets zuverlässige Fessmann Kompaniekommandant im Kradschützenbataillon 64 der 14. Panzerdivision.
Nach unzähligen Offensiv- und Defensiveinsätzen bei Charkow, Oskol und Rostow folgen harte Kämpfe am Donez und bei Nowo-Tscherkassk. Drei Angehörige des tapferen Bataillons erhielten innerhalb von wenigen Monaten das Ritterkreuz, zehn weitere das Deutsche Kreuz in Gold und viele eine Stufe des Eisernen Kreuzes. Die 64er waren die erfolgreichste Einheit der gesamten Division!

Im Winter begannen die harten Schlachten im Großraum Stalingrad, wobei die Kradschützen in vorderster Linie zum Einsatz kamen. Angesichts einer ständigen Übermacht der Sowjets zeigte sich Fessmann nicht nur als tapferer und umsichtiger, sondern auch als einfallsreicher Offizier. So ließ er einmal einige wenige Schützenpanzer hinter seinen Stellungen wild auf und ab fahren - der Motorenlärm und die Staubwolken gaukelte dem Gegner ein ganzes Bataillon vor, so dass er vorerst von einem Angriff absah!
Am 30. November wurde Oberleutnant Fessmann während eines Angriffes am Ufer der Wolga schwerst am Kreuzbein, Becken und beiden Beinen verwundet (Pak-Granate), einer sofortigen Notoperation mussten später noch zwei weitere folgen! Durch seinen Rücktransport in die Heimat entging er dem schrecklichen Schicksal seiner Division, die später im Kessel von Stalingrad restlos aufgerieben wurde! Für wiederholte Tapferkeit im Gefecht wurde er während der langwierigen Genesungsphase für die Eichenlaubverleihung eingereicht.

Nach seiner erst im Sommer 1943(!) möglichen Entlassung aus dem Lazarett erhielt Fessmann als 5. Reserveoffizier das ihm verliehene Eichenlaub zum Ritterkreuz überreicht, kurz darauf wurde er als Hauptmann der Reserve (01.01.43) Taktiklehrer an der Panzertruppenschule in Versaille, später an jener in Krampnitz. Bis zum Sommer 1944 half er mit, die zukünftigen Panzeraufklärer des Heeres auszubilden - zeitweise stand er hier unter dem Kommando des Schwerterträgers Oberst Gorn.
Ende Juni 1944 wurden viele erfahrene Frontveteranen, die sich in Lehrverwendung befanden, wieder an die Ostfront versetzt, nachdem die Heeresgruppen Nord und Mitte schwere Verluste erlitten hatten.
Eine Woche nach Beginn der sowjetischen Sommer-Großoffensive traf Hauptmann Fessmann bei der 5. Panzerdivision im Nordabschnitt ein und übernahm die Panzeraufklärungsabteilung. Sein Divisionskommandeur war der überaus erfahrene Generalleutnant Karl Decker, der später ebenfalls mit den Schwerter ausgezeichnet werden sollte.
An der Spitze seiner Abteilung konnte Fessmann während der verzweifelten Abwehrkämpfe zeigen, dass er nichts verlernt hatte, bereits im August wurde er erneut verwundet, verblieb jedoch bei der Truppe.
In Litauen und dem Grenzgebiet von Ostpreußen bewährten sich Fessmanns Aufklärer im Defensivkampf. Im hartumkämpften Brückenkopf von Memel wurde die Division im Verband des XXVIII. Armeekorps eingesetzt, das unter dem Kommando des für die Schwerter eingereichten Generals Gollnick stand.
Nachdem starke Panzerkräfte des Gegners den Widerstand um Memel gebrochen und den Kessel von Kurland geschlossen hatten, musste sich die 5. PD kämpfend nach Süden zurückziehen. In diesen verlustreichen Abwehrgefechten in Richtung "Ostpreußen-Stellung" standen Fessmanns Abteilung sogar einige der neuen Panther zur Verfügung. Am 11. Oktober zu einem örtlichen Gegenangriff angetreten, verließ Fritz Fessmann gerade seinen Befehlswagen, als direkt vor ihm eine russische Panzergranate krepierte und der Hauptmann d.R. durch die Wucht der Explosion wieder zurück in den Wagen geschleudert wurde – er war auf der Stelle tot!
Noch im selben Monat wurde er für seine großartigen Leistungen als Kommandeur der Panzeraufklärungsabteilung 5 postum mit den Schwertern zum Ritterkreuz mit Eichenlaub dekoriert. Die hohe Auszeichnung wurde am 16.11.44 seiner Witwe übergeben. Später wurde der tapfere Offizier weiters postum zum Major der Reserve ernannt.

Die 5. Panzerdivision kämpfte 1944/45 tapfer in Ostpreußen, Brandenburg und der Halbinsel Peyse, ehe sich die Reste im April 1945 auflösten. Teile entkamen nach Norddeutschland. Durch ihre großartigen Erfolge war die 5. PD im Laufe des Krieges zu einer der am höchstdekorierten Heereseinheiten der Wehrmacht geworden.

Anmerkung des Autors:

Diese seltene Sondermedaille der 14. PD wurde 1942 divisionsintern gestiftet und durch den Divisionskommandeur vergeben. Die Beliehenen waren die verdientesten Offiziere und Mannschaften des äußerst erfolgreichen Kradschützen-Bataillons 64.

General der Panzertruppe

WALTER FRIES

* 22.04.1894 in Gusterhain/Sachsen
\+ 06.08.1982 in Weilburg a.d. Lahn

Ritterkreuz		14.12.1941
Eichenlaub	(378)	29.01.1944
Schwerter	(087)	11.08.1944

Infanteriesturmabzeichen
Zweimalige Nennung im Wehrmachtsbericht
Deutsches Kreuz in Gold
Verwundetenabzeichen in Bronze

"Vor ein Kriegsgericht gestellt!"

Die Verhandlung vor dem Reichskriegsgericht wurde im Februar 1945 eröffnet, den Vorsitz führte General Fretter-Pico, ein mit dem Eichenlaub dekorierter, erfahrener Frontgeneral. Angeklagt war General der Panzertruppe Walter Fries, Träger des Ritterkreuzes mit Eichenlaub und Schwertern, Kommandeur des XXXXVI. Panzerkorps.
Der Vorwurf lautete auf Verweigerung eines ausdrücklichen Führerbefehls sowie Aufgabe der ihm zugeteilten Stellungen ohne Angriffsbewegungen des Feindes. Die Verteidigung hatte auf Wunsch von General Fries der ebenfalls mit den Schwertern ausgezeichnete Otto von Knobelsdorff übernommen.
Grund für die Anklage war folgendes gewesen. Im Frühjahr 1945 lag das XXXXVI. Panzerkorps (9. Armee) in Zentralpolen einer vielfachen sowjetischen Übermacht gegenüber. Die General Fries unterstellten Truppen waren durch die monatelangen Rückzugskämpfe ausgeblutet, die materielle Versorgung war zusammengebrochen. Eine sowjetische Großoffensive gegen Fries´ Stellungen stand aber unmittelbar bevor.
In dieser Situation zog General Fries seine Divisionen eigenmächtig auf das Nordufer der Weichsel zurück. Obwohl damit unnötige Verluste vermieden und die Front gefestigt wurde, kam es zur Anklage. Im Falle eines Schuldspruches war mit einer schweren Strafe zu rechnen - und das nach so einer Karriere...

Der in Sachsen geborene Walter Fries hatte seine Feuertaufe bereits als Infanterieoffizier während des Ersten Weltkrieges bestanden. Nachdem er 1914 als Vizefeldwebel der Reserve ins Infanterieregiment 88 einberufen worden war, wurde er ein Jahr darauf für Tapferkeit vor dem Feind zum Leutnant d.R. befördert und 1916 mit dem Eisernen Kreuz 1. Klasse ausgezeichnet. Ein Jahr nach Kriegsende trat er in die Polizeitruppe Kassel ein, wo er 1925 zum Hauptmann befördert wurde. 1936 ließ sich Fries ins Heer reaktivieren, zwei Jahre darauf war er bereits Oberstleutnant und IIb der 34. ID in Koblenz. Im September 1939 kommandierte er das II. Bataillon des Infanterieregiments 15 der 29. Infanteriedivision. An der Spitze dieses Bataillons kämpfte Fries erfolgreich in Polen (Radom, Modelin, Kock) und 1940 in Frankreich, wo er nach Einsätzen in den Ardennen, bei Sedan, an der Somme sowie vor Dünkirchen und Belfort die Spangen zum Eisernen Kreuz 1. Klasse 1914 erhielt.
Nachdem seine Division für die später abgeblasene Invasion in England ("Seelöwe") in Bereitstellung gehalten worden war, verlegte die 29. ID(mot.) zurück nach Deutschland. Das IR 15 hatte sich in Frankreich so bewährt, dass der Regimentskommandeur Oberst Walter Wessel bereits in August 1940 das Ritterkreuz erhielt, 1942 sollte er das erst 76. Eichenlaub erhalten (1943 verunglückt). Da Fries sich während des Westfeldzuges ebenfalls bewährt hatte, wurde er am 15. Oktober zum neuen Kommandeur des Infanterieregiments 87 der 36. Infanteriedivision ernannt.
Im Verband der "Panzergruppe Hoepner" führte Oberstleutnant Fries sein Regiment ab Juni 1941 im Nordabschnitt der Russlandfront.
Nach erfolgreichen Offensiven in den Baltikumstaaten, Gefechten bei Pleskau und dem Vorfeld von Leningrad kämpfte das IR 87 tapfer an der Düna, bei Gorki, Gdow, Pulkowe und vor Jakobstadt. Hier konnte Oberstleutnant Fries an der Spitze seiner Landser die hart verteidigten Dudendorfer Höhen erstürmen und gegen umfassende russische Gegenangriffe halten.

Diese von Bunkern und endlosen Grabenlinien durchzogene Hügelkette kostete den deutschen Truppen hohe Opfer, denn die russische Artillerie war auf den Beschuss jedes erdenklichen Abschnittes eingestellt. Außerdem hatte das Leningrader Oberkommando mehrere Elite-Regimenter sowie fanatische kommunistische Arbeiterbrigaden für die Verteidigung eingeteilt.
Nach weiteren Gefechten um Leningrad wurde die 36. ID im Winter 1941/42 für die geplante Endoffensive gegen Moskau herangezogen. Damaliger Divisionskommandeur war Generalmajor Hans Gollnick, dessen Schwerter-Verleihungsvorschlag 1945 abgelehnt werden sollte.
Bei eisigen Temperaturen und verbissenem Widerstand der Verteidiger erlebte Fries die Kämpfe an der Sestra und am Ufer der zugefrorenen Lama. Nördlich von Klin durch die komplette 30. sowjetische Armee angegriffen, konnten die Stellungen nur durch die rasche Hilfe dreier Panzerdivisionen gehalten werden!
Nach schweren Verlusten zog sich die geschwächte Division (LVI. Armeekorps) im Jänner 1942 schließlich zurück. Am 14. Dezember hatte Fries für die Gefechte auf den Dudendorfer Höhen das Ritterkreuz zum Eisernen Kreuz erhalten. Am 1. März 1942 erfolgte seine Beförderung zum Oberst.
Nach andauernden Abwehrschlachten im Verband der 9. Armee nordwestlich von Moskau (Stariza, Karmanowo, Gshat) wurde die bereits beträchtlich angeschlagene Division im Herbst 1942 im Hinterland aufgefrischt. Nach schweren Winterabwehrschlachten im Frontbogen von Rshew erhielt Oberst Fries eine verdiente Ruhepause und fungierte zwischen Dezember 1942 und Februar 1943 als Lehrgangsleiter an den Infanterieschulen Dresden und Döberitz.
Am 01.03.43 übernahm Oberst Fries die 29. Panzergrenadierdivision, die aus seiner alten 29. ID(mot.) entstanden war - als Kommandeur dieser Einheit sollte er zu einem der besten Divisionskommandeure des Heeres werden. Im Juni wurde er zum Generalmajor befördert.

Fries führte seine Division im Sommer 1943 erfolgreich im Kampfgebiet Sizilien, wo umfassende amerikanisch-britische Verbände nach ihrem Sieg in Nordafrika gelandet waren. Nach teilweise erfolgreichen Abwehrgefechten an der Seite von einigen der besten Heeres- und Fallschirmjägereinheiten wurde die 29. PGD im August über die Straße von Messina zurückgenommen und in Süditalien eingesetzt.
Als die alliierten Truppen von Sizilien auf das italienische Festland übersetzten, kämpfte die 29. PGD - mit weniger Erfolg - in Kalabrien. Unter der Übermacht der 8. britischen Armee mussten sich die deutschen Verteidiger immer weiter nach Norden zurückziehen. Im September griff die Division, u.a. zusammen mit der Fallschirm-Panzerdivision "*Hermann Göring*", den US-Brückenkopf bei Salerno an. Hier kam es besonders in den Kampfzonen Höhe 424, Altavilla und Albanella zu erbitterten Gefechten.
Nachdem sich Generalleutnant (01.01.44) Fries mit seinen Grenadieren auch während der 1. Abwehrschlacht von Monte Cassino ausgezeichnet hatte (u.a. Rückeroberung von Castelforte), erhielt er im Jänner 1944 als 378. Soldat der Wehrmacht das Eichenlaub zum Ritterkreuz verliehen. Seine Division nahm auch erfolgreich an den weiteren Schlachten von Monte Cassino teil.
Später kämpfte die 29. PGD mit vollem Einsatz im Liri-Tal, bei Terracina und im Arno-Abschnitt. Nach großen Defensiverfolgen bei Florenz wurde Generalleutnant Fries für seine erstklassigen Leistungen als Divisionskommandeur vom Oberbefehlshaber Italien, GFM Kesselring, für die Verleihung der zweithöchsten Tapferkeitsauszeichnung eingereicht.
Am 11. August 1944 erhielt Walter Fries als 87. Soldat und 16. Divisionskommandeur des Heeres die Schwerter zum Ritterkreuz mit Eichenlaub verliehen.
Die 29. Panzergrenadierdivision verblieb für den Rest des Krieges in Norditalien. Im September 1944 übernahm Fries das XXXXVI. Panzerkorps der 9. Armee (v. Lüttwitz) an der Ostfront.
Als Kommandeur dieses Korps kam es in Polen zu jenem folgenschweren Vorfall, der vor dem Reichskriegsgericht endete.
Im Laufe der mehrtägigen Verhandlung wurden mehrere Zeugen gehört und die damalige Frontsituation gründlich überprüft. Unter anderem erhielt Walter Fries auch von seinem damaligen Vorgesetzten, dem ebenfalls angeklagten Schwerterträger General Smilo von Lüttwitz, Rückendeckung in Bezug auf sein Handeln. Wenige Wochen vor Ende des Krieges wurden General der Panzertruppe (01.12.44) Fries und General von Lüttwitz aufgrund der Sachlage dann auch von allen Vorwürfen freigesprochen!
Von Mai 1945 bis Juni 1947 befand sich Fries in amerikanischer Kriegsgefangenschaft und verstarb 1982.

Generalleutnant

ADOLF GALLAND

* 19.03.1912 in Westerholt/Westfalen
+ 09.02.1996 in Oberwinter

Ritterkreuz		29.07.1940
Eichenlaub	(003)	24.09.1940
Schwerter	(001)	21.06.1941
Brillanten	(002)	28.01.1942

Spanische Medalla de la Campana
Spanische Medalla Militar
Spanienkreuz mit Schwertern in Gold mit Brillanten
Frontflugspange für Jäger in Gold mit Anhänger Einsatzzahl "400"
Flugzeugführer- und Beobachterabzeichen in Gold mit Brillanten
Siebenmalige Nennung im Wehrmachtsbericht
Verwundetenabzeichen in Bronze

"Bekanntester Jagdflieger des Krieges"

Der Name Adolf Galland ist mit einer der großartigsten Karrieren der Luftkriegsgeschichte verbunden. Bereits während des Spanischen Bürgerkrieges ein erfolgreicher Flieger, stieg er während der ersten Kriegsjahre zu einem der besten Jagdpiloten auf, wurde mit 29 Jahren General der Jagdflieger und nach dem Krieg beinahe erster Oberbefehlshaber der Bundesluftwaffe!

Bereits in seiner Jugend ein begeisterter Segelflieger, trat Galland 1932 in die offiziell noch nicht bestehende neue deutsche Luftwaffe ein. 1933 nahm er an der geheimen Ausbildung in Italien teil, 1934 erfolgte die Beförderung zum Leutnant, nachdem ein Flugunfall seine Karriere schon beinahe beendet hatte. 1937 konnte Oberleutnant Galland in der "Legion Condor" im Spanischen Bürgerkrieg erste Erfahrungen in der Erdkampfunterstützung sowie als Staffelkapitän sammeln. Galland war mit seiner 3. (Schlacht-)Staffel/J.88 so erfolgreich, dass er als einer der wenigen mit dem Spanienkreuz mit Schwertern in Gold mit Brillanten ausgezeichnet wurde. Während seiner Einsatzzeit freundete Galland sich mit später so berühmten Fliegerassen wie Mölders, Lützow, Oesau und Balthasar*[22]* an. Im Gegensatz zu diesen Persönlichkeiten konnte der zukünftige General der Jagdflieger in 280 Einsätzen jedoch noch keinen Luftsieg erzielen.
Aufgrund seiner Jagdbombererfahrungen gleich zu Beginn des Polenfeldzuges als Staffelkapitän in der II./Lehrgeschwader 2 eingesetzt, flog Hauptmann Galland täglich bis zu vier Einsätze. Dafür erhielt der hervorragende Flieger und Offizier das Eiserne Kreuz 1. Klasse verliehen - doch Galland fühlte sich seit je her zum Jäger berufen. Erst nach unzähligen Versetzungsgesuchen an das Oberkommando der Luftwaffe stimmte Göring dem Wechsel zu und ließ ihn als Geschwaderadjutanten in das von Oberst Max Ibel (später einer der ersten Brigadegenerale der Bundesluftwaffe) geführte Jagdgeschwader 27 versetzen.
Während des Westfeldzuges am 12.05.40 gleich dreimal erfolgreich, erzielte Galland bis zur französischen Kapitulation 17 bestätigte Luftsiege, wofür er als einer der ersten Jagdflieger das Ritterkreuz zum Eisernen Kreuz erhielt!
Am 6. Juni 1940 wurde Galland Kommandeur der III. Gruppe des Jagdgeschwaders 26 "*Schlageter*", am 22. August übernahm er als 28jähriger Major bereits die Geschwaderführung!
Während den gefährlichen und anstrengenden Einsätze über England führte Galland das JG 26 vorbildlich und baute seinen Spitzenplatz unter den deutschen Jagdflieger-Assen weiter aus. In unzähligen Einsätzen konnte der im Luftkampf sehr überlegt agierende Galland weitere Abschüsse erzielen. Am 24. September 1940 erhielt er für seinen 40. Luftsieg das neugestiftete Eichenlaub zum Ritterkreuz verliehen, zu diesem Zeitpunkt lag nur sein Freund und Rivale Mölders in puncto Luftsiegen vor ihm.
Wenig später trat Galland während eines Luftgefechtes über dem Kanal ohne es zu wissen gegen das britische Fliegeras Robert Stanford-Tuck (27 Siege) an, konnte jedoch keine Treffer erzielen.
Als Deutschland den Versuch, England durch eine Invasion in die Knie zu zwingen, aufgeben musste und sich anderen Operationen zuwandte, blieb das JG 26 am Kanal stationiert. In den nächsten Monaten flog der zum

Oberstleutnant (01.11.40) beförderte Galland weiterhin gegen die hervorragend ausgerüstete und hoch motivierte Royal Air Force und erzielte im November 1940 seinen 50. Abschuss, der 58. gelang einen Monat später.
Im Juni 1941 wurde Galland bei einem Luftgefecht mit Spitfires über St. Omer selbst abgeschossen und verwundet. Im selben Monat meldete er aber auch sein 70. Luftsieg, der ihm als ersten Offizier die Verleihung der Schwerter zum Ritterkreuz mit Eichenlaub einbrachte, damals die höchste Tapferkeitsauszeichnung!
Im Sommer schoss der Kommodore insgesamt 24 britische Gegner ab und wurde zum bereits fünften Mal im Wehrmachtsbericht erwähnt.
Als zu dieser Zeit das britische Flieger-As Wing Commander (Oberstleutnant) Douglas Bader von einem Piloten Gallands abgeschossen wurde und in Gefangenschaft geriet, lud ihn Galland freundlich auf den Geschwaderflugplatz ein, erwies sich als guter Gastgeber und ließ den britischen „Kollegen" auf Anfrage sogar eine Me-109 besichtigen.
Im Jänner 1942 wiederholte der Geschwaderkommodore dieses altritterliche Procedere auch für den abgeschossenen „Bob" Stanford-Tuck, mit 27 Siegen ebenfalls einer der besten britischen Jagdflieger dieser Zeit. Auch der Träger des DSO war in Gefangenschaft geraten.

Nach weiteren schweren Einsätzen an der Kanalfront war es für Galland eine Überraschung, als er am 28. Jänner 1942 nach Mölders als zweiter Soldat die Brillanten zum Ritterkreuz mit Eichenlaub und Schwertern erhielt und zum Oberst befördert wurde. Leider musste Galland nun ein Feindflugverbot in Kauf nehmen.
Als der Brillantenträger Werner Mölders nur kurze Zeit später bei einem Flugunfall ums Leben kam, wurde Oberst Galland zur großen Verwunderung altgedienter Luftwaffengeneräle im Frühjahr 1942 als dessen Nachfolger zum General der Jagdflieger ernannt!
Gallands erste große Bewährungsprobe in dieser hohen Dienststellung war die luftwaffentaktische Planung der Operation "Cerberus". In diesem gewagten Unternehmen sollten die deutschen Schlachtkreuzer *Gneisenau* und *Scharnhorst*, begleitet von einigen kleineren Schiffen, aus dem durch die RAF zu gefährdeten Hafen von Brest nach Deutschland rückverlegt werden. Zwei Dinge machten dieses Vorhaben fast unlösbar - es sollte am Tage durchgeführt werden und der einzig sinnvolle Weg führte durch den britisch-beherrschten Ärmelkanal!
Doch aufgrund von Gallands äußerst präziser Planung und einer ebenso genauen Durchführung konnten über 170 entlang der Kanalküste zusammengezogene Jäger die verwundbaren Schiffe pausenlos abschirmen und alle britischen Luftangriffe abwehren! Dieser Durchbruch war der erste erfolgreiche eines größeren feindlichen Flottenverbandes durch den Kanal seit Bestehen der britischen Seemacht! Dieser große Erfolg brachte dem jungen Galland den nötigen Respekt vieler älterer Luftwaffen-Generäle ein, die ihn bisher unterschätzt hatten.
Am 19. November 1942 folgte auch der gebührende Lohn für seine Leistungen, indem Galland im Alter von erst 30 Jahren zum bis dahin jüngsten Generalmajor der Wehrmacht befördert wurde!
Im September 1943 musste Galland zusätzlich noch die Führung des Nachtjägerkorps übernehmen, sein Aufgabengebiet umfasste so bereits sechs verschiedene Fronten und über zwei Dutzend Frontgeschwader!
In den Jahren 1942/43 versuchte Galland mit allen Mitteln die immer bedrohlicher werdende alliierte Bombergefahr einzudämmen. Doch mit Ausnahme einiger Einzelerfolge wie der Luftschlacht von Schweinfurt*[23]* scheiterten viele gute Pläne am dickköpfigen Widerstand Görings und an der immer drückender werdenden Übermacht der Alliierten.
So verlor das tapfere Jagdfliegerkorps alleine in den ersten vier Monaten des Jahres 1944 insgesamt über 1.000 Piloten! Nach diesen schweren Verlusten schrieb Galland eine Bericht an Göring in dem es hieß: "Der Zeitpunkt ist gekommen, in dem sich der Zusammenbruch des Jagdfliegerkorps abzeichnet!"
1943 konzentrierten sich die alliierten Bombenangriffe meist auf deutsche Industriezentren, im Frühjahr 1944 flogen die Amerikaner und Briten erstmals mit über 1.000 Bombern gegen ein und dasselbe Ziel! Zur gleichen Zeit begannen die Amerikaner als Vorbereitung für die Invasion mit gezielten Angriffen auf Verkehrsknotenpunkte in Westeuropa.
Ein anderes, oft angeflogenes, Ziel der US-Bomber waren jene Betriebe in ganz Europa, welche die Wehrmacht mit lebensnotwendigem Treibstoff belieferten. So wurde besonders das rumänische Ploesti oft angegriffen, da dort 35 Prozent des deutschen Gesamtbedarfs produziert wurde. Im Laufe der Zeit wurde das von der Luftwaffe zu verteidigende Gebiet immer flächendeckender.
So flogen die Alliierten ab 1943 auch von Nordafrika und Italien aus in das Reichsgebiet ein.

Trotz der zahlenmäßigen und taktischen Unterlegenheit erzielten Gallands Jäger erstaunliche Erfolge - jedoch diese Verluste konnte sich der Gegner leisten. In den deutschen Geschwadern gab es viele Asse mit zwanzig, dreißig oder noch mehr Siegen; doch selbst wenn jeder westalliierte Jagdpilot im Durchschnitt nur drei Deutsche abschoss, war das Schicksal der Luftwaffe rein rechnerisch schon besiegelt! Im Gegensatz zur weitverbreiteten Meinung war die deutsche Niederlage über dem Reichsgebiet aber trotzdem nicht so klar gewesen. Mehrmals standen die Alliierten hier am Rande einer Niederlage. So hatten bereits 1943, nach der Katastrophe von Schweinfurt, viele hohe US-Militärs die Einstellung der riskanten Tagbomberoffensiven gefordert. Ein erneuter Wendepunkt schien im Frühjahr 1944

greifbar, als das alliierte Oberkommando eingestehen musste, dass trotz der verlustreichen Bomberoffensiven der Materialausstoß der deutschen Industrie immer weiter anstieg, anstatt zu sinken. Im selben Jahr stand das Nachtbomberkorps der RAF kurz vor dem Kollaps, ehe den deutschen Nachtjägern massiv die Benzinzuteilung reduziert wurde und dadurch deren Effektivität sank!
Der amerikanische Bomberexperte Brigadegeneral Curtis LeMay (1952 Generalstabschef der USAF) sagte später über seinen ehemaligen Kriegsgegner: "Die am zähesten verteidigten Himmelsräume der Geschichte lagen über Deutschland - General Galland war der Architekt dieser Verteidigung!"
Als sich 1944 endlich eine Lösung vieler Probleme in Form des revolutionären Düsenjägers Messerschmitt Me-262 "Schwalbe" bot, legten sich Göring und Hitler abermals quer und verboten anfangs die Serienherstellung der Maschine als Jäger! Erst als Galland mit seinem Rücktritt drohte und sich viele technische und militärische Experten hinter den General stellten, billigte Hitler die Aufstellung der "Erprobungsgruppe Nowotny". Galland vertrat die Meinung, dass eine Me-262 den Kampfwert von drei Fw-190 hatte.
Trotz seiner Dienststellung entschloss sich Galland im Frühjahr 1944 als Beobachter am Abwehreinsatz eines Jagdgeschwaders teilzunehmen. Obwohl er striktes Angriffsverbot hatte, griff der Generalmajor, vom Kampffieber gepackt, kurz entschlossen in den Luftkampf ein und schoss einen viermotorigen US-Bomber ab! Als er aufgrund verfolgender "Mustang"-Begleitjäger im Tiefflug einen deutschen Fliegerhorst ansteuerte, wurde er irrtümlich von eigener Flak beschossen(!), konnte jedoch sicher landen. Solche Aktionen, seine große Kampferfahrung und sicherlich auch seine Jugend brachten dem General der Jagdflieger unter seinen Geschwaderführern und Piloten große Popularität ein. Andererseits musste sich Galland aufgrund seiner Nähe zu Parteigrößen und unbeliebten hohen Militärs (z.B. Göring) auch viel Kritik gefallen lassen. Weitgehend unbekannt ist die Tatsache, dass Galland sich nicht immer mit voller Überzeugung vor seine Jagdflieger stellte, als diese wiederholt von Hitler und Göring aufgrund der Misserfolge in der Reichsverteidigung kritisiert wurden. Während er die Veteranen der frühen Kriegsjahre in Schutz nahm, ließ er oftmals die jungen Jagdflieger der späteren Eintrittjahrgänge gegenüber diesen Attacken ungeschützt! Nach der verlustreichen Niederlage des Jagdfliegerkorps über Sizilien verabsäumte es Galland sogar, Göring daran zu hindern, ungerechtfertigte oder zumindest übertriebene Kriegsgerichtsverfahren gegenüber einigen der hier eingesetzten Piloten zu verhindern.

Als am 6. Juni 1944 westalliierte Truppen unter dem Schutz von über 10.000 Jägern und Bombern(!!) in der Normandie landeten und die sgn. Zweite Front eröffneten, konnte die Luftwaffe ganze zwei Jagdmaschinen aufbieten (siehe Josef Priller). Diese Tatsache spiegelt Gallands damalige Situation am Besten wieder - in Folge mussten die bereits überlasteten Westgeschwader zusätzlich zur Reichsverteidigung auch noch aktive Heeresunterstützung fliegen. Die nötigen Verstärkungen mussten von der Ostfront abgezogen werden, zusätzlich wurde das ohnehin bereits zu kurze Ausbildungsprogramm für neue Jagdflieger erneut verkürzt, um sie schneller an der Front einsetzen zu können. Die Verluste waren dementsprechend hoch.
Am 11.04.44 wurde Adolf Galland für seine Leistungen als Kommandeur der Jagdfliegerkräfte zum Generalleutnant befördert, was nur ganz wenigen Offizieren seines Alters zuteil wurde!
Während den andauernden Meinungsverschiedenheiten und Streitgesprächen mit Göring kam es eines Tages dazu, dass der Oberbefehlshaber der Luftwaffe die alten Veteranen der Luftschlacht um England als ordensverwöhnte Feiglinge beschimpfte! Wütend und kurz entschlossen riss sich daraufhin Galland seine Brillanten vom Hals und warf sie mit einem dumpfen Knall auf den Konferenztisch! Mehrere Verbandsführer der Westfront, darunter Major Hohagen*[24]* und Oberst Dahl, stellten sich hinter ihren General und legten ihre Orden ebenfalls ab. Wäre der große Werner Mölders noch am Leben gewesen - er hätte sich ebenfalls angeschlossen! Erst sechs Monate nach Görings Entgleisung trug Adolf Galland seine Auszeichnung wieder.

Im Herbst 1944 arbeitete Galland mit seinem Jägerstab eine Plan aus, nach welchem erstmals wieder eine größere Reserve an Tagjägern geschaffen und für koordinierte Abwehreinsätze gegen die bereits überdimensionalen US-Bomberverbände in Bereitstellung gehalten werden sollte. Als durch schwierige, gezielte Maßnahmen im Winter 1944 erstmals wieder 41 einsatzfähige Jagdgruppen für die Reichsverteidigung zur Verfügung standen, wäre Galland in der Lage gewesen, den alliierten Bombern schwere Verluste zuzufügen. Doch Göring befahl den Einsatz dieser Reserven für Bodenangriffe als Unterstützung der Ardennenoffensive in Belgien!
Als am 1. Jänner 1945 ein Großteil dieser wertvollen und letzten Reserven in der fragwürdigen Operation "Bodenplatte" für die Zerstörung von wertlosen Feindmaschine am Boden(!) geopfert wurde, kam es zum Höhepunkt des lange schwelenden Konfliktes zwischen Galland und Göring. Wegen "unüberbrückbarer Meinungsverschiedenheiten" wurde der Jagdfliegergeneral abgesetzt und durch den Brillantenträger Oberst Gordon M. Gollob ersetzt.

Wenige Tage später forderten viele Geschwaderführer des Jagdfliegerkorps, darunter Priller, Lützow und Graf, in einer hitzigen Diskussion mit Göring die sofortige Rückkehr Gallands! Sie wurden ignoriert - das Aufbäumen ging als sgn. "Meuterei der Jagdflieger" in die Geschichte ein.
Generalleutnant Galland kehrte indes freiwillig in den Kampfeinsatz zurück! Um die Richtigkeit des von ihm so hartnäckig vertretenen Me-262-Prinzips zu beweisen, stellte er den legendären Düsenjagdverband 44 auf und scharte viele alte Haudegen und Freunde um sich.
Unter den Spitzenkönnern die seinem Ruf folgten, befand sich die Elite der Luftwaffe: u.a. die Schwerterträger Oberst Lützow (108), Oberstleutnant Bär (220), Major Barkhorn (301) und Oberstleutnant Steinhoff (176), der Eichenlaubträger Hauptmann Walter Krupinski (197) sowie die Ritterkreuzträger Oberleutnant Hans Grünberg (82), Major Diethelm von Eichel-Streiber (96), Oberleutnant Alfred Heckmann (71), Viermot-Spezialist Hauptmann Rüdiger von Kirchmayer (46), Major Erich Hohagen (55) und Major Karl-Heinz Schnell (72). Sie alle verließen ihre Einheiten und Ausbildungsposten oder kamen direkt aus dem Lazarett, um mit Galland zu fliegen - ehemalige Geschwader- und Gruppenkommandeure mit hunderten Feindflügen waren bereit, als einfache Flugzeugführer eingesetzt zu werden! Das Ritterkreuz war quasi die Aufnahmebedingung für den "Jagdverband Galland" und wurde von einigen scherzhalber sogar als Staffelwappen bezeichnet. Eine bessere Bezeichnung war jedoch “Staffel der Geächteten”, da hier viele bei Göring in Ungnade gefallene Verbandsführer “Zuflucht” fanden.
In den Monaten Februar bis April 1945 flog Galland wiederholt gegen den Feind. Nachdem er seinen Rekord auf 104 bestätigte Westsiege erhöht hatte - damit war er einer von nur zehn Tag-Jagdfliegern des Krieges(!) - wurde er während seines 705. Feindfluges (mit Spanien) durch Geschossgarben einer P-51 verwundet. Mit einem Geschosssplitter im Bein lag er bis Kriegsende im Lazarett.
Am 5. Mai geriet Galland in britische Kriegsgefangenschaft, wo er u.a. von bekannten alliierten Jagdfliegerassen besucht wurde.

Zwei von Gallands Brüdern waren als Piloten im JG 26 gefallen, Major Wilhelm-Ferdinand Galland als Ritterkreuzträger und Sieger in 55 Luftgefechten, der jüngere Leutnant Paul Galland nach 17 Siegen. Der älteste Bruder Fritz war Jagd- und Aufklärungsflieger gewesen und überstand den Krieg.
Nach seiner Entlassung aus westalliierter Kriegsgefangenschaft nahm Adolf Galland ein Angebot der argentinischen Regierung an und arbeitete zusammen mit der Stukalegende Hans-Ulrich Rudel und dem hochdekorierten Kampfflieger Werner Baumbach in der Flugzeugerprobung und Pilotenausbildung. 1955 kehrte Galland in die Bundesrepublik zurück.
Als wenig später die Bundesluftwaffe gegründet wurde, suchte man nach einem geeigneten Kandidaten für das Amt des Inspekteurs dieser Waffengattung. Galland erfüllte alle Voraussetzungen - er war politisch unvorbelastet, verfügte über eine enorme Front- und Stabserfahrung, war jünger als viele andere Mitbewerber und besaß das volle Vertrauen der ehemaligen Veteranen bzw. zukünftigen Führungsoffiziere der Bundesluftwaffe. Nach einigem Zögern nahm Galland das verlockende Angebot an - doch wenige Wochen später wurde statt dessen der ehemalige Kommandeur des Nachtjägerkorps, Ritterkreuzträger General Josef Kammhuber, zum ersten Inspekteur der Bundesluftwaffe ernannt! Grund dafür war ein Wechsel der politischen Führung der Bundesrepublik, die sich für Kammhuber entschied. Galland lehnte daraufhin andere ihm angetragene hohe Stabsstellen ab und zog sich erfolgreich in die Privatindustrie zurück.
Im Kameradschaftsbund der Jagdflieger übernahm Galland eine zentrale Rolle, aufgrund seiner Erfahrungen wirkte er in dem wirklichkeitsnahen Film "Luftschlacht um England" als deutscher militärischer Berater mit. Sein Buch "*Die Ersten und die Letzten*" wurde zum Welterfolg.

Wenige Wochen, bevor der Autor mit der Arbeit an diesem Buch begann, verstarb Generalleutnant a.D. Adolf Galland als letzter der ehemaligen Brillantenträger im Alter von 83 Jahren und wurde in Anwesenheit höchster Militärs der Bundeswehr beigesetzt.

Major im Generalstab

WALDEMAR VON GAZEN, genannt Gaza

* 06.12.1917 in Hamburg

Ritterkreuz		18.09.1942
Eichenlaub	(182)	18.01.1943
Schwerter	(038)	03.10.1943

Panzerkampfabzeichen in Bronze 3. Stufe
Nennung im Wehrmachtsbericht
Kubanschild (?)
Sonderabzeichen für Panzervernichtung durch Einzelkämpfer (?)
Deutsches Kreuz in Gold
Verwundetenabzeichen in Silber

"Der Kaukasus-Teufel der 13ten"

Der gebürtige Hamburger gehörte zu den rangniedrigsten Heeresoffizieren, die sich durch ihre Tapferkeit und die Erfolge der von ihnen geführten Einheiten die zweithöchste Tapferkeitsauszeichnung verdienten. Der tapfere Gaza war einer der erfolgreichsten Panzergrenadiere des Krieges.

Waldemar Gaza trat 1936 im Alter von 19 Jahren ins Infanterieregiment 66 der 13. Infanteriedivision in Magdeburg ein, einer seiner Vorgesetzten in diesem Regiment war der spätere Schwerterträger Major Herr. Der schneidige und sympathische Fähnrich wurde 1938 zum Leutnant befördert und mit der Führung eines eigenen Zuges beauftragt. Obwohl der junge Offizier in Polen erst seine Feuertaufe durchzustehen hatte, erwarb er sich durch seinen tapferen Einsatz an der Warthe, bei Radom, an der Weichsel und im Gebiet des Seromokla-Kessels bereits beide Klassen des Eisernen Kreuzes! Nachdem sich die motorisierte Division im Verband des XVI. Armeekorps während des Westfeldzuges in Belgien, beim Überschreiten der Maas sowie den Kämpfen in Nord- (Corbie, Somme, Amiens) und Ostfrankreich (Troyes, Dijon, Aix-le-Bains) bewährt hatte, wurde die 13. ID(mot.) zur 13. Panzerdivision umgegliedert, das IR 66 wurde das neue Schützenregiment 66. Gaza führte zu dieser Zeit die 2. Kompanie des I. Bataillons. (sein Vorgänger als Chef dieser Kompanie war übrigens der spätere Generalmajor der Bundeswehr Büschleb gewesen) Gleich zu Beginn des Russlandfeldzuges zeigte Oberleutnant (01.09.40) Gaza an der Spitze seiner Männer eiskalte Nerven und durchdachte Angriffstaktiken. Nachdem der Kompaniechef sich in den schweren Kämpfen um Lemberg, Uman und am Dnjepr ausgezeichnet hatte, folgten Vormarschgefechte um Mariopol und Melitopol. Nachdem das Schützenregiment 66 in den Straßen von Rostow gekämpft hatte, erhielt Gaza das Deutsche Kreuz in Gold.
Nach langwierigen Stellungs- und Verzögerungskämpfen setzte die 13. Panzerdivision unter Generalmajor Herr im Sommer 1942 zur Offensive in den Kaukasus an. Zusammen mit Einheiten des Heeres und der Waffen-SS kämpften die Verbände, unter ihnen auch Oberleutnant Gazas Männer, südlich von Rostow, am Kuban, bei Maikop und während der Terek-Offensive. Nachdem der Kompaniekommandeur während der Vormarschgefechte im Zentral-Kaukasus wiederholt wuchtige Angriffe geführt und feindliche Stellungen besetzt hatte, erhielt er am 18. September 1942 - zusammen mit seinem Bataillonskommandeur Hauptmann Albert Brux - das Ritterkreuz verliehen. Die entscheidende Waffentat war die Handstreich-Besetzung einer wichtigen Brücke bei Rostow gewesen. Als Brux, bei Kriegsende Eichenlaubträger und später Oberst der Bundeswehr, kurz darauf die Regimentsführung übernahm, schlug er den 25jährigen Hauptmann Gaza zu seinem Nachfolger vor.

Für seine äußerst bewegliche Kampfführung, die dem I. Bataillon im Verlauf der Rückzugsschlachten immer wieder große Abwehrerfolge einbrachte, erhielt Hauptmann Gaza im Jänner 1943, nur vier Monate nach dem Ritterkreuz, als zweiter Offizier der Division das Eichenlaub verliehen.
Nach schweren Rückzugskämpfen führte Gaza sein Bataillon dann im Kuban-Brückenkopf, welcher zum Schauplatz von monatelangen, verlustreichen Stellungsschlachten wurde. Im Frontabschnitt Krimskaya-Bakanskaya eingesetzt, schlug das Bataillon immer wieder russische Schützenregimenter zurück, die mit Panzer- und Artillerieunterstützung zum Sturmangriff antraten. Einmal konnten die Grenadiere, nur von wenigen Pak-Geschützen unterstützt, während

eines Angriffes ein Dutzend T-34 ausschalten! In den "Gefechtspausen" wurden die deutschen Stellungen immer wieder mit Artilleriegranaten überschüttet oder von Tieffliegern heimgesucht.
Im April, einer besonders heißen Phase der Kuban-Schlacht, musste Waldemar Gaza die Führung des Panzergrenadierregiments 66 übernehmen, nachdem er im Februar zum Major befördert worden war.
Mit seinen erst 25 Jahren war der Ausnahmeoffizier somit der jüngste Regimentskommandeur des Heeres!

Im Sommer wurde die ausgeblutete Division aus der Front gezogen und im Hinterland der Krim aufgefrischt - im August wurden die Verbände wieder in den Mius-Abschnitt verlegt, wo sie mit dem XXIX. Armeekorps bei Stalino und Melitopol kämpften. Als ein Großteil der Division von wild angreifenden sowjetischen Panzerverbänden überflügelt und bei Jefremowka eingeschlossen wurde, rannten Gazas 66er zusammen mit dem Panzerregiment 4 und Teilen der Panzerjägerabteilung gegen die Umklammerung an, durchbrachen die feindlichen Stellungen und ermöglichten der Division den Rückzug nach Westen! Die harten Rückzugskämpfe führten die 13. Panzerdivision über Oktoberfeld und Melitopol an den Dnjepr - hier wurde Major Gaza zu Herbstbeginn durch Granatsplitter schwer verwundet.
Im Lazarett erfuhr er von der am 3. Oktober 1943 erfolgten Verleihung der Schwerter zum Ritterkreuz mit Eichenlaub, für welche er für die beispiellose Führung seines Regiments eingereicht worden war. Am selben Tag wurde der tapfere Offizier außerdem noch im Wehrmachtsbericht genannt.
Während sich Gaza von seinen schweren Wunden erholte, kam man in der Personalabteilung des Heeres zu der Ansicht, dass sich der Major lange genug im Fronteinsatz befunden hatte*[25]*. Und so erhielt der Wiedergenesene schließlich Befehl, den Generalstabs-Lehrgang an der Kriegsakademie zu besuchen, in dessen Anschluss er als Major i.G. Stabschef (Ia) seiner alten 13. Panzerdivision wurde!
Nach verlustreichem Dauereinsatz an den Brennpunkten der Ostfront wurde der Schwerterträger im Februar 1945 in gleicher Position zur 2. Panzerdivision an der Westfront versetzt. Diese als "*Wiener Division*" bekannte Division, zu dieser Zeit vom erfahrenen, jungen Eichenlaubträger Generalmajor Meinrad von Lauchert befehligt, kam in den letzten Kriegsmonaten an der Mosel und den Abwehrkämpfen um Frankfurt am Main zum Einsatz.
Der Kapitulation vor westalliierten Truppen folgte eine einjährige Kriegsgefangenschaft für Waldemar Gaza.

Nach dem Krieg hatte der ehemalige Offizier noch den Mut und die Energie, Jura zu studieren und war bis ins hohe Alter als Rechtsanwalt tätig.
In der Ordensgemeinschaft der Ritterkreuzträger e.V. ist Dr. Waldemar Gaza als Sektionsleiter Göttingen ebenfalls noch aktiv.

Anmerkung des Autors:

In manchen Abhandlungen wurde Waldemar Gazas letzter Dienstgrad in der Wehrmacht irrtümlicherweise als Oberst i.G. ausgewiesen.

Für die Bereitstellung des Fotos bin ich Hrn. Peter Stockert sehr zu Dank verpflichtet.

Der Nachnahme lautet Gaza, nicht wie oft publiziert von Gaza.

Obergruppenführer der Waffen-SS

HERBERT GILLE

* 08.03.1897 in Gandersheim/Harz
+ 26.12.1966 in Stemmen

Ritterkreuz		08.10.1942
Eichenlaub	(315)	01.11.1943
Schwerter	(047)	20.02.1944
Brillanten	(012)	19.04.1944

Braunschweiger Kriegsverdienstkreuz 1. Klasse
Österreichisches Kriegsverdienstkreuz 3. Klasse
Sturmabzeichen des Heeres
Zweimalige Nennung im Wehrmachtsbericht
Finnisches Freiheitskreuz 1. Klasse
Deutsches Kreuz in Gold
Verwundetenabzeichen in Silber

"Der Fels von Tscherkassy"

1910 ins königlich-preußische Kadettenkorps eingetreten, nahm Gille als Leutnant in den Feldartillerieregimentern 55 und 30 am Ersten Weltkrieg teil und wurde 1915 zum Leutnant befördert. Nach mehreren Verwundungen schied er 1919 als Oberleutnant und Träger des Eisernen Kreuzes 1. Klasse aus der Armee aus. Nach 15 Jahren als Gutsverwalter meldete er sich 1934 schließlich in die SS-Verfügungstruppe, wo er bis 1937 zum Sturmbannführer aufstieg. Ein Jahr darauf absolvierte er mit Erfolg den Bataillonskommandeur-Lehrgang an der Infanterieschule Döberitz (Hube) nahe Berlin und übernahm kurz darauf als Nachfolger des späteren Schwerterträgers Walter Krüger das II. Bataillon im Elite-Regiment "*Der Führer*".
Im Polen- und Frankreichfeldzug Kommandeur der I. Abteilung des Artillerieregiments 5 der SS-Verfügungsdivision, wurde Gille bereits am 30.01.41 zum Standartenführer befördert. Zu Beginn des Ostfeldzuges übernahm er die (mot.) Vorausabteilung der SS-"*Wiking*", sein Divisionskommandeur war der spätere Schwerterträger Felix Steiner. Die zum Großteil aus Freiwilligen bestehende Division war aus Deutschen, Dänen, Finnen, Holländern, Belgiern Norwegern und sogar einigen Schweizern zusammengewürfelt.

Ab Juni 1941 kämpfte Gille sehr erfolgreich im Südabschnitt der Ostfront, u.a bei Lemberg, Tarnopol, Uman, Krynka, am Donez, der Küste des Asowschen Meeres, im Mius-Brückenkopf und bei Rostow. Am 1. Oktober wurde Gille für seine Leistungen zum Oberführer der Waffen-SS befördert - u.a. hatte eine vom ihm geführte Kampfgruppe den hartnäckig verteidigten Flugplatz von Rostow gestürmt.
Nach der erfolgreichen Kesselschlacht von Jegorslikaja und der Überquerung des Kuban wurde er für die hervorragende Führung seiner Männer mit dem Ritterkreuz zum Eisernen Kreuz ausgezeichnet und bald darauf für kurze Zeit zum Korps-Artillerieführer ernannt.
In Folge erlebte er die Offensiven im Kaukasus, den Vormarsch nach Grosny und die schweren Rückzugskämpfe in die Ukraine. Am 1. Mai 1943 übernahm Brigadeführer (01.12.42) Gille als Nachfolger von Steiner das Kommando über die SS-"*Wiking*".
Während den Abwehrschlachten bei Kiew bewiesen die Division und deren Kommandeur ihren hohen Wert, bei Charkow zeichnete sich Gille als einer der besten Divisionskommandeure der Waffen-SS aus. Für die Kampferfolge der Division bei Charkow erhielt Gille am 1. November 1943 als 76. General und 19. Waffen-SS-Offizier das Eichenlaub verliehen.
Sein größter und bekanntester Erfolg war die Verteidigung des Kessels von Tscherkassy, der am 29. Jänner 1944 durch eine überraschende Offensive überlegener russischer Truppen entstanden und rein strategisch innerhalb kürzester Zeit dem Untergang geweiht war. Den Verteidigern des Kessels - fünf Infanteriedivisionen des Heeres, Gilles SS-"*Wiking*" und der von Léon Degrellé *[17]* geführten SS-Sturmbrigade "*Wallonien*" - standen zwei russische Stoßarmeen mit umfassender Luft-, Panzer- und Artillerieunterstützung gegenüber. Doch die Sowjets hatten nicht mit dem fanatischen Widerstand der Eingeschlossenen und der äußerst klugen Defensivtaktik von General der Artillerie

Stemmermann gerechnet, der in Tscherkassy das Kommando übernahm. 21 Tage lang leistete der Kessel trotz andauernder Großangriffe des Gegners und furchtbarem Wetter zähen Widerstand! Gilles Division erwies sich immer wieder als Rückrad der Verteidiger.
Obwohl kampfkräftige Verbände der 1. Panzerarmee (Hube) von außen gegen den Umklammerungsring anrannten, scheiterte so mancher Entsatzversuch. Da sie die Verteidiger aber nicht niederkämpfen konnten, setzten die verzweifelten Sowjets u.a. sogar auch psychologische Kriegsführung in Form von Lautsprecherwagen mit deutschsprachigen Übergabeaufforderungen ein. Doch die "Gruppe Stemmermann" hielt in ihren Stellungen aus. In der Nacht zum 17. Februar hatten sich deutschen Panzerspitzen von außen her so weit an den Kessel herangekämpft, dass ein Ausbruchsversuch einen Sinn hatte. Nach harten Nahkämpfen konnte in der Nacht eine schmale Gasse geschaffen werden - als General Stemmermann am Höhepunkt der gewagten Rückzugsaktion fiel, übernahm Gille das Kommando und führte die Reste seiner Truppe und alle Verwundeten aus Tscherkassy heraus!
Am 20. Februar 1944 wurde Gruppenführer (09.11.43) Herbert Gille für seine großen Verdienste in Tscherkassy als bereits 3. Offizier der Waffen-SS mit den Schwertern zu Ritterkreuz mit Eichenlaub geehrt. Später wurde auch Oberleutnant d.R. König, Regimentskommandeur in der 57. ID, für seinen Einsatz im Kessel derart dekoriert! Neben General Stemmermann und Generalmajor Dr. Hohn (72. ID) erhielten auch Generalleutnant Lieb (112. ID) und Oberstleutnant Bregenzer (88. ID) nach dem Ausbruch das Eichenlaub!
Die erfolgreiche Verteidigung des Tscherkassy-Kessels ging in die Geschichte des Ostfeldzuges ein und zählt zu den herausragendsten Defensivleistungen des Krieges.

Noch während seine angeschlagene Division im Hinterland wieder aufgefrischt wurde, erhielt Gille einen Sonderauftrag.
In der Nordukraine, genau an der wichtigen Nahtstelle zwischen den Heeresgruppen Mitte und Nord, war die Stadt Kowel durch überlegene russische Truppen eingeschlossen worden. Von dort aus konnten sie einen Flankenstoß gegen die ohnehin geschwächte Heeresgruppe Mitte vorbereiten. Da diese Stellung unter allen Umständen zu halten war, erhielt Herbert Gille den Befehl nach Kowel zu fliegen, den Widerstand zu organisieren und die Stadt bis zum Eintreffen einer Entsatztruppe zu halten. Zu den wenigen Einheiten, die sich in Kowel befanden, gehörten auch vier Kompanien von Gilles Division, die nach Tscherkassy ausgerechnet hierher zur Auffrischung verlegt worden waren.
Während Hitler mit seinem Generalstab noch über die Bedeutung von Kowel stritt, hielt Gille seine schwache Truppe bei der Stange, organisierte den immer wieder brüchigen Widerstand und forderte wiederholt dringend um Verstärkung an. Die Sowjets rannten währenddessen immer wieder gegen die "Festung Kowel" an, setzten schwere Artillerie und Panzer ein und brachten sogar frische Divisionen ins Kampfgebiet. Obwohl das von den deutschen Truppen verteidigte Gebiet lediglich zwei mal drei Kilometer umfasste, gelang es dem Kampfgeschwader 55, befehligt vom späteren Eichenlaubträger bzw. Brigadegeneral der Bundesluftwaffe (Kdr. der Technischen LwAkademie) Oberstleutnant Antrup, in riskanten Einsätzen mehrere Tonnen Nachschub abzuwerfen.
Am 14. Tag der Einschließung gelang es einer gepanzerten Kampfgruppe der wieder an der Front stehenden SS-*"Wiking"* den Umklammerungsring kurze Zeit zu öffnen und in die Stadt einzufahren! Mit dieser willkommenen Verstärkung konnte Gille noch weitere acht Tage durchhalten! Dann war die Kampfkraft der Truppe erschöpft. Doch an diesem Tag begannen die 4. und 5. Panzer-, die 131. Infanteriedivision sowie Teile der SS-*"Wiking"* erneut gegen den Umklammerungsring anzurennen. Nach stundenlangen Gefechten gelang das Freikämpfen einer schmalen Gasse, durch die Gille innerhalb von 48 Stunden den Rest seiner Truppe sowie über 2.000 Verwundete aus Kowel evakuieren konnte. Den Sowjets war es mit vier Armeekorps(!) nicht gelungen, Gille mit seinen Männern in Kowel zu bezwingen!
Dafür erhielt Gruppenführer Herbert Gille am 19. April 1944, zwei Monate nach den Schwertern und fünf nach dem Eichenlaub, als erster Offizier der Waffen-SS die Brillanten zum Ritterkreuz mit Eichenlaub und Schwertern verliehen!
Der in Kowel mit dem Eichenlaub ausgezeichnete Oberstleutnant Rudolf Geisler vom Pionierbataillon 662 war kurz vor dem erfolgreichen Ausbruch gefallen. Ebenfalls mit dem Eichenlaub dekoriert wurde der spätere Schwerterträger Karl Decker, Kommandeur der 5. Panzerdivision.
Mit dem Ritterkreuz beliehen wurden u.a. Gilles unermüdlicher Stabschef in Kowel, Oberstleutnant Reimpell sowie Obersturmführer Nicolussi-Leck, Führer jener gepanzerten Kampfgruppe, die sich als Verstärkung nach Kowel durchgekämpft hatte.

Im August 1944 zum Kommandierenden General des IV. SS-Panzerkorps ernannt, gab Gille seine Division an den späteren Eichenlaubträger Johannes Mühlenkamp ab. Sein Korps bestand aus den kampfkräftigen SS-Divisionen *"Totenkopf"* und *"Wiking"*, der 19. Panzerdivision (Schwerterträger Källner), der 1. ungarischen Kavallerie- sowie der 73. Infanteriedivision.
Im Winter 1944/45 wurde das IV. SS-Panzerkorps unter dem Oberbefehl der 9. Armee (von Lüttwitz) an der Narew eingesetzt, ehe es der nach der Ardennenschlacht geschwächten 6. SS-Panzerarmee (Dietrich) unterstellt wurde.

In den letzten Monaten des Krieges kämpften Gilles Divisionen während der vergeblichen Entsatzoffensive für Budapest, der Kesselschlacht am Plattensee und den Abwehrkämpfen in Österreich. Am 8. Mai 1945 begab sich Obergruppenführer (09.11.44) Gille bei Radstadt in US-Kriegsgefangenschaft. 1948 kehrte er in seine Heimat zurück.
Der wie Bittrich und Steiner als offener Gegner Himmlers bekannte Gille, beeindruckte in seiner militärischen Karriere durch hervorragendes taktisches Können, persönliche Tapferkeit und bewundernswerte Courage.
Obwohl keines Kriegsverbrechens angeklagt, wurde Herbert Gille wegen Zugehörigkeit zur SS zu 18 Monaten verurteilt, die jedoch schon durch die Gefangenschaft verbüßt waren. Nach dem Krieg engagierte er sich in der von Paul Hausser gegründeten Veteranenorganisation der ehemaligen Waffen-SS (HIAG).
Gille ist 1966 verstorben.

Oberst

GORDON M. GOLLOB

* 16.06.1912 in Wien
+ 07.09.1987 in Sulingen

Ritterkreuz		18.09.1941
Eichenlaub	(038)	26.10.1941
Schwerter	(013)	23.06.1942
Brillanten	(003)	30.08.1942

Frontflugspange für Jäger in Gold mit Anhänger Einsatzzahl "300"
Dreimalige Nennung im Wehrmachtsbericht
Flugzeugführer- und Beobachterabzeichen
Ehrenpokal der Luftwaffe
Auszeichnung der rumänischen Luftwaffe (?)
Krimschild

"Mit 32 Jahren General der Jagdflieger!"

Der Österreicher mit dem englischen Vornamen (nach einem britischen Freund der Familie benannt) trat 1933 als Artillerist ins Bundesheer ein und wurde Offiziersanwärter. Nach Übernahme in die kleine Luftwaffe des Landes unterrichtete Leutnant Gollob als Fluglehrer und kommandierte die Jagdschulstaffel A. 1938 wurde er als Oberleutnant in die deutsche Luftwaffe übernommen und als Staffelführer im Zerstörergeschwader 76 (Messerschmitt Me-110) eingesetzt. Hier diente zu dieser Zeit auch Oberleutnant Helmut Lent, der später einer der erfolgreichsten Nachtjäger der Welt werden sollte.
Bereits am ersten Kriegstag konnte Gollob über Polen seinen ersten Luftsieg erzielen. Nach einigen erfolgreichen Bodenangriffen erhielt er bereits kurz darauf das Eiserne Kreuz 2. Klasse.
Im Dezember 1939 nahm Oberleutnant Gollob mit seiner 3. Staffel an der berühmten Schlacht über der Deutschen Bucht teil, in der die britischen Bomber große Verluste zu verkraften hatten. Zusammen mit den Me-110 waren hier auch einige Me-109 unter dem späteren Schwerterträger Johannes Steinhoff erfolgreich.
Nach einigen Einsätzen über Norwegen nahm Gollob im Spätsommer 1940 an der Spitze seiner Staffel an einigen Langstrecken-Jagdeinsätzen vor Schottland und über der Nordsee teil, ehe er seine Umschulung auf die einmotorige Me-109 erreichte. Zu diesem Zeitpunkt hatte er bereits fünf Luftsiege erzielt und das Eiserne Kreuz 1. Klasse erhalten.
Aufgrund eines technischen Verbesserungsvorschlages für die Me-109 bei höchster Stelle aufgefallen, diente er danach einige Monate lang als Testpilot in der berühmten Erprobungsstelle Rechelin. Hierbei kamen ihm seine erstklassigen fliegerischen Fähigkeiten zu Gute.
Als im Juni 1941 die Operation "Barbarossa" begann, wurde Hauptmann Gollob Kommandeur der II. Gruppe des Jagdgeschwaders 3, das vom späteren Schwerterträger Major Günther Lützow kommandiert wurde.
Im Luftkampf ein äußert sicherer Schütze und mutiger Pilot, erhielt Gollob nach 24 Siegen einen Ehrenpokal. Als er am 18. September 1941 zum 42mal Sieger blieb, erhielt er das Ritterkreuz. Ende 1941 nahmen seine Erfolge rapide zu; bereits im Oktober konnte er seinen 85. Abschuss melden, am 18. Oktober unterlagen alleine neun Gegner!
Nachdem er als erster Österreicher das Eichenlaub zum Ritterkreuz erhalten hatte, wurde er wieder nach Rechelin versetzt. Dort führte er umfangreiche Tests mit den neuen Versionen der Messerschmitt Me-109 und der Focke Wulf Fw-190 durch. Er flog aber auch Typen, die nie in Produktion gingen.
Am 20. Mai 1942 wurde Hauptmann Gollob zum Führer des JG 77 *"Herz As"* ernannt, das zu dieser Zeit an der Ostfront eingesetzt war. Innerhalb kürzester Zeit hatte er sich wieder an den Kampfeinsatz gewöhnt. Im Laufe von knapp vier Wochen unterlagen 60 Gegner, im Juni 1942 erreichte Gordon M. Gollob als neunter Jagdflieger der Welt die magische Grenze von 100 Luftsiegen! Die Verleihung der wohlverdienten Schwerter zum Ritterkreuz mit Eichenlaub fand am 23. Juni 1942 nach 107 Abschüssen statt. Die Beförderung zum Major ließ nun auch nicht lange auf sich warten.
Neben seinen kämpferischen und fliegerischen wurde Gollob in dieser Zeit auch für seine führerischen Qualitäten bekannt. Eine beeindruckende Führungsleistung vollbrachte Gollob, als er den verwundeten Kommodore des

Jagdgeschwader 52, Schwerterträger Ihlefeld, vertrat und den Verband zusätzlich zu seinem Geschwader mehrere Wochen lang kommandierte.
Eine weitere Auszeichnung war die ihm anvertraute Gesamtführung der Jagdfliegerkräfte während der Belagerung von Sewastopol. Doch neben diesen Stabstätigkeiten flog Major Gollob auch noch weiterhin unermüdlich Jagdeinsätze. In schneller Reihenfolge konnte er Luftsieg auf Luftsieg melden, bis am 29.08.42 der 150. Gegner im Luftkampf unterlag! Am nächsten Tag erhielt Gollob nach Werner Mölders und Adolf Galland als dritter Soldat der Wehrmacht die Brillanten zum Ritterkreuz mit Eichenlaub und Schwertern verliehen. Gollob war der bis dahin erfolgreichste Jagdflieger beider Weltkriege! Sein damals schärfster Rivale war der treffsichere Hermann Graf vom Jagdgeschwader 52.

Da er für die Luftwaffenführung nun endgültig zu wertvoll geworden war, belegte man ihn mit einem strengen Feindflugverbot. Von Oktober 1942 bis April 1944 führte Gollob als Jagdfliegerführer V die JG 26 (Priller) und 2 (Oesau, Mayer, Bühligen) an der Kanalfront gegen das Jäger- und Bomberkommando der RAF, später auch gegen die USAAF. Neben diversen Defensivaufgaben zum Schutz militärischer Anlagen in Frankreich, Industriegebieten sowie Flugplätzen mussten seine Jagdflieger zusätzlich noch teilweise Jagdbombereinsätze gegen Englands Südküste bewältigen.
Später wechselte der fähige Offizier auch zwischen dem Führungsstab von Generalleutnant Galland und der Luftwaffen-Erprobungsstelle in Rechelin. Neben weiteren Einsätzen als Testpilot arbeitete Gollob u.a. mit Funkmesstechnikern am sogenannten Neptun-J-Bordradar. Dieses, 1944 frontreife, Gerät war das allererste seiner Art und hätte den Luftkrieg revolutioniert. Für einsitzige Nacht- und Tagjäger entworfen, wäre der Pilot in der Lage gewesen, feindliche Flugzeuge bereits auf eine Entfernung von über sechs Kilometer zu orten!
Das Neptun-J wurde zwar vom Oberkommando der Luftwaffe gebilligt, schaffte es jedoch - wieder einmal - durch den Berliner Bürokratiedschungel nicht mehr bis zur Fronttruppe.
Besser erging es den von Gollob mitentwickelten Bordraketen zur Bekämpfung alliierter Bomber. Von Me-109, Fw-190 und Me-262 eingesetzt, gingen erstaunlich viele Abschüsse auf das Konto dieser ungelenkten Waffe.
Durch Göring zum Sonderbeauftragten für die Bomberbekämpfung im Jäger-Führungsstab bestellt, kam es leider Gottes immer wieder zu Querelen mit Generalleutnant Galland. Dieser Unfriede führte im September 1944 schließlich zu Gollobs Versetzung.
Im Dezember kommandierte der Oberst (01.05.44) einen Jäger-Sonderstab während der Operation "Bodenplatte" in Belgien. Zu diesem Zeitpunkt hatte er bereits dreimal vergeblich um eine Rücknahme des Feindflugverbotes angesucht!
Als Adolf Galland nach wiederholten Streitigkeiten mit Hermann Göring im Jänner 1945 als General der Jagdflieger entlassen wurde, viel die Wahl der Nachfolge auf Oberst Gordon M. Gollob.
Im Alter von 32 Jahren führte er nun die gesamten Jagdfliegerkräfte der deutschen Luftwaffe! Nach Mölders und Galland war Gollob der bereits dritte Träger der höchsten Tapferkeitsauszeichnung in dieser Dienststellung.
Nun nominell seinem einstigen Kontrahenten Galland vorgesetzt, behinderte Gollob - gewollt oder ungewollt - dessen Bemühungen, hochdekorierte Flieger zu seinem Jagdverband 44 versetzen zu lassen.
Doch ebenso wie sein Vorgänger wusste auch Gollob, dass die Luftwaffe bereits geschlagen und der Krieg verloren war.
In den letzten blutigen Monaten versetzten die überlegenen amerikanischen, britischen und sowjetischen Luftstreitkräfte der deutschen Luftwaffe den Todesstoß. Da ihm die oberste Luftwaffenführung - wie zuvor Galland - wiederholt in den Rücken fiel und Verbesserungsvorschläge verwarf, reichte der Brillantenträger am 7. April sein Rücktrittsgesuch ein, welches jedoch von Göring abgelehnt wurde.
Im Mai 1945 ergab sich Oberst Gollob britischen Truppen.

In nur 340 Kampfeinsätzen hatte Gordon M. Gollob 150 Luftsiege erzielt (Schnitt 0,4 pro Einsatz!), davon sechs über westalliierte Piloten. Er hatte in seiner gesamten Einsatzzeit nie einen Rottenflieger verloren, ferner war er im Luftkampf nie abgeschossen worden! Neben seinen Fronterfahrungen konnte er auf hunderte Testflüge mit über 100 verschiedenen Flugzeugtypen zurückblicken - so hatte er neben der Me-262, Ta-152 und Me-163 auch den Volksjäger He-162 sowie die erste erbeutete P-47 "Thunderbolt" der USAAF geflogen. Sein Beitrag zur Entwicklung neuer Flugzeugtypen war bemerkenswert.
In den Nachkriegsjahren ging Gollob in die österreichische Politik und war 1948 Generalsekretär des "Verbandes der Unabhängigen". Später wechselte er in die Industrie und war in verschiedenen leitenden Positionen tätig.
Der letzte General der Jagdflieger ist 1987 verstorben.

Generalmajor

WALTER GORN

* 24.09.1898 in Bieganin/Westpreußen
+ 10.07.1968 in Rosenheim

Ritterkreuz		20.04.1941
Eichenlaub	(113)	17.08.1942
Schwerter	(030)	08.06.1943

Panzerkampfabzeichen in Bronze
Nahkampfspange in Bronze
Rumänischer Tapferkeitsorden mit Schwertern
Deutsches Kreuz in Gold
Verwundetenabzeichen in Silber

"Weltkriegsveteran mit Nahkampfspange"

Als 1914 der Erste Weltkrieg ausbrach, war Walter Gorn erst 16 Jahre alt. Trotzdem überwand er ein Jahr später die kaiserliche Musterungskommision und wurde in die Infanterie aufgenommen! Im Laufe des Ersten Weltkrieges kämpfte er im Grenadierregiment 6 an verschiedenen Fronten, wurde durch Feindfeuer verwundet und erwarb für Tapferkeit im Gefecht das Eiserne Kreuz 2. Klasse. Im Zuge der Heeresverminderung wurde Gefreiter Gorn 1919, zuletzt im Grenadierregiment 18 eingesetzt, in die Reserve entlassen.
Nach dem Krieg trat er als Unterwachtmeister in die Polizeitruppe Breslau ein, diente in verschiedenen Hundertschaften, war 1923 bereits Oberwachtmeister und wurde 1927 zum Leutnant befördert. Im Oktober 1935 ließ sich Gorn als Hauptmann ins Heer reaktivieren. Hier diente er als Kompaniekommandeur im Kradschützenbataillon 3 sowie ab 1939 im Stab des XIX. Armeekorps der 4. Armee.
Im Polenfeldzug stieß der Großverband, mit der später ruhmreichen 3. Panzerdivision an der Spitze, über die Grenze und schnitt den schmalen Danzig-Korridor ab. Nach der Eilverlegung durch Ostpreußen kämpfte das Korps dann am Bug, bei Brest-Litowsk und um Chelm. Für seine Verdienste erhielt Gorn die Spange zum Eisernen Kreuz 2. Klasse 1914 verliehen.
Am 1. Februar 1940 zum Major befördert, kommandierte Gorn im Frühjahr nacheinander die Schützen-Ersatzbataillone 2, 11 und 10.

Im Oktober 1940, nach dem Frankreichfeldzug, übernahm er auf eigenes Gesuch das I. Bataillon des Schützenregiments 10 der 9. Panzerdivision.
Die Division stieß ab April 1941 über die bulgarisch-serbische Grenze und nahm an den Gefechten um Skopje teil, Gorn erhielt hier das Eiserne Kreuz 1. Klasse.
Als die Panzer der Division am engen Paß von Stracin auf heftigen Widerstand mehrerer Infanteriekompanien mit Artilleriegeschützen stießen, griff Major Gorn mit seinen Kompanien kurz entschlossen an. Bereits nach kurzen, aber heftigen Kämpfen hatten seine Männer die Straße freigekämpft, was der Division innerhalb der nächsten Stunden einen Geländegewinn von über 30 Kilometer ermöglichte. Kurz darauf konnte das "Bataillon Gorn" im Handstreich die Stadt Debar besetzen und hier 800 italienische Gefangene befreien.
Für diesen wichtigen Waffengang erhielt Gorn das Ritterkreuz verliehen. In den nächsten Monaten bereitete der umsichtige Offizier sein Bataillon auf die nächste Herausforderung vor - die Operation "Barbarossa".
In der ersten Phase des Ostfeldzuges kämpfte die 9. Panzerdivision unter dem späteren Eichenlaubträger Ritter von Hubicki im Verband der Panzergruppe 1 (von Kleist) im Südabschnitt der Ostfront. Nach schnellen Offensiven gegen Lemberg und Tarnopol stieß man bis nach Winniza und Uman vor. Bereits früh trafen die Truppen der Division auf entschlossene und sich tapfer wehrende sowjetische Verbände, was zu schmerzhaften Verlusten führte. Ende Juli konnte sich die Division bei Novo Archangelsk auszeichnen, hier wurde Major Gorn erstmals nach dem Ersten Weltkrieg durch Granatsplitter wieder verwundet.
Im Oktober wechselte die 9. PD ins XLVIII. Panzerkorps der Panzergruppe 2, um an der Kesselschlacht um Brjansk teilzunehmen. Die schwere Winterschlacht 1941/42 erlebte Gorn im ständigen Wechsel von Angriff, Verlegung und

Verteidigung. Im Frühjahr 1942 erhielt Gorn für seine Leistungen in der Bataillonsführung das Deutsche Kreuz in Gold und wurde am 1. Februar zum Oberstleutnant befördert. Kurz darauf übernahm er für den verwundeten Ritterkreuz- und späteren Eichenlaubträger Major Wilhelm Schmalz die Führung des Kradschützenbataillons 59 der Division.
An dessen Spitze kämpfte er im Sommer 1942 im Mittelabschnitt der Ostfront einen verzweifelten Kampf, u.a. während den Schlachten bei Woronesch, an der Schisdra, bei Rshew und vor Orel.
Am 17. August 1942 wurde Oberstleutnant Gorn für seinen andauernden, mutigen Einsatz im Gefecht und mehrfache Bewährung in Offensivschlachten als 46. Heeresangehöriger mit dem Eichenlaub ausgezeichnet. Knapp zwei Monate später übernahm Gorn das Panzergrenadierregiment 10 seiner Division,
Zu dieser Zeit trug Gorn bereits die Nahkampfspange in Bronze, das Verwundetenabzeichen in Silber sowie das Panzerkampfabzeichen.
Im Herbst und Winter 1942 kamen die Grenadiere der 9. Panzerdivision im hartumkämpften Frontbogen von Rshew-Wjasma zum Einsatz. Nur etwa 200 Kilometer westlich von Moskau, tobten hier monatelange Stellungsschlachten, wobei sich die 9. Armee unter Generaloberst Model mehr als bewährte - als der Frontvorsprung im Frühjahr 1943 aber endgültig nicht mehr zu halten war und ständig die Gefahr einer Einkesselung bestand, dirigierte Model seine Armee im Zuge der sgn. "Büffelbewegung" geschickt Richtung Westen zurück. Hierbei übernahmen die Kampfgruppen der 9. Panzerdivision die Rückendeckung für die Infanterie.
Anfang März 1943 wurde Oberst (01.03.43) Gorn vom Fronteinsatz zurückgezogen und zum Kommandierenden Offizier der Panzergrenadier-Lehrgänge an der Panzertruppenschule in Wünsdorf ernannt. Drei Monate später wurde er rückwirkend für seine großen Leistungen bei Rshew als 30. Soldat und erst 8. Heeresoffizier des Krieges mit den Schwertern zum Ritterkreuz mit Eichenlaub beliehen. Der herausragende Frontoffizier war nach Graf Strachwitz der erst zweite Nicht-Divisionskommandeur unter den bisherigen Heeresträgern!
Im Oktober 1943 wurde Walter Gorn mit der Leitung der taktischen Lehrgänge an der Panzertruppenschule Krampnitz betraut, im Jänner 1944 übernahm er die Schule schließlich als neuer Kommandeur. Diese nahe Berlin gelegene Einrichtung war eine der wichtigsten Lehranstalten des Heeres - zwei der dortigen Lehrgangsleiter waren zu dieser Zeit die späteren Schwerterträger Hauptmann Fessmann und Oberst von Müller.
Im Sommer 1944 konnte Oberst Gorn seine Rückversetzung an die Front durchsetzen. Anfangs als Kommandeur einer Panzerdivision vorgesehen, wurde der am 1. Oktober zum Generalmajor beförderte ehemalige Polizeioffizier schließlich mit der Übernahme der 561. Volksgrenadierdivision betraut.

In den Rückzugskämpfen in Ostpreußen bewies Gorn erneut Übersicht und taktisches Geschick. Nach Kämpfen in Polen, an der Weichsel und der Oder sowie einer überstandenen Splitterverwundung übernahm der hochdekorierte Offizier noch am 15. April 1945 die 710. Infanteriedivision an der Westfront. Im Mai 1945 führte er diese Einheit im Verband der Heeresgruppe Mitte in amerikanische Kriegsgefangenschaft, aus der er 1947 entlassen wurde.
Generalmajor a.D. Gorn ist 1968 im 70. Lebensjahr verstorben.

General der Panzertruppe

FRITZ-HUBERT GRÄSER

* 03.11.1888 in Frankfurt a.d. Oder
+ 04.10.1960 in Reith am Winkl

Ritterkreuz		19.07.1940
Eichenlaub	(517)	26.06.1944
Schwerter	(154)	08.05.1945

Bayrisches Militärverdienstkreuz 4. Klasse
Österreichisches Militärverdienstkreuz 3. Klasse
Infanteriesturmabzeichen
Nennung im Wehrmachtsbericht
Anerkennungsurkunde des Oberkommandos des Heeres
Bulgarisches Militärverdienstkreuz mit Schwertern
Deutsches Kreuz in Gold
Verwundetenabzeichen in Gold

"Der einbeinige Panzergeneral"

Fritz-Hubert Gräser gehörte zur großen Gruppe jener Wehrmachtsoffiziere, die bereits während des Ersten Weltkrieges gedient hatten. Der 1907 zum Leutnant beförderte Offizierssohn diente 1914 im Grenadierregiment 12, wurde 1915 zum Hauptmann ernannt und im selben Jahr durch einen Kopfschuss schwer verwundet. Nach seiner Genesung kämpfte er mit der 41. Infanteriedivision am Balkan, ehe er 1917 im Generalstab des "Armeekorps Mackensen" diente und 1918 Stabsoffizier in der 1. Reservedivision wurde. Für die Teilnahme an so bekannten Hauptschlachten wie Arras, Champagne, St. Quentin und Cambrai erhielt der vierfach verwundete Gräser beide Klassen des Eisernen Kreuzes sowie das Bayrische Militärverdienstkreuz.
Nach der Kapitulation wurde Gräser in die Reichswehr übernommen, wo er im Infanterieregiment 8 Verwendung fand. 1920 schied der bewährte Offizier aus dem aktiven Dienst aus, war als Großbauer tätig und kehrte erst 1934 in die Wehrmacht zurück. Als Major diente er 1935 als Kommandeur des MG-Bataillons 8 der 3. Infanteriedivision in seiner Heimatstadt Frankfurt an der Oder und hatte ein Jahr darauf bereits den Rang eines Oberstleutnants inne.
1938 übernahm Oberst Gräser das Infanterieregiment 29 der Division, zwei Jahre zuvor hatte er mit Glück einen schweren Autounfall mit seinem Privatwagen überlebt.

Nachdem die Division im Polenfeldzug nur Reserve gewesen war, bewies der erfahrene Regimentskommandeur im Frankreichfeldzug erstklassige Führungseigenschaften und Geschick im Umgang mit seinen Untergebenen. Für die großen Angriffserfolge seines Regiments (III. Armeekorps) in der Eifel, an der Maas sowie die erfolgreiche Abwehr eines starken französischen Panzerangriffes an der Aisne erhielt der stets von vorn führende Oberst Gräser als einer der ersten Regimentskommandeure des Heeres bereits im Juli 1940 das Ritterkreuz zum Eisernen Kreuz verliehen!
Im August wurde die bewährte Division zur voll motorisierten Einheit umgegliedert und nach Polen verlegt. Im Juni 1941 trat die 3. ID(mot.) im Verband der Heeresgruppe Nord (von Leeb) zum Russlandfeldzug an.
Nachdem die Grenadiere des IR 29 im unerhörten Tempo (300 km in 5 Tagen!) über die Luga bis nach Dünaburg vorgedrungen waren, wurde Oberst Gräser am 11. Juli bei Porchow durch eine Artilleriegranate schwer verwundet - unmittelbar nach der Einlieferung ins nahe Feldlazarett musste der völlig zerschmetterte linke Unterschenkel notamputiert werden, um das Leben des hochdekorierten Offiziers zu retten! Das rechte Knie war ebenfalls böse zugerichtet. Im Oktober hatte der Schwerverwundete eine weitere Hiobsbotschaft zu verkraften, als man ihn vom Tod seines einzigen Sohnes unterrichtete, der als Leutnant in der 23. Infanteriedivision in Russland gefallen war.

Nach einem langen Heilungsprozess - während dem er rückwirkend für seine Verdienste während der ersten Offensiven in Russland eine Anerkennungsurkunde des OKH erhalten hatte - wurde Gräser in die Führerreserve des Heeres versetzt und, seit 1. Oktober 1941 Generalmajor, im März 1943 als Kommandeur der 3. Panzergrenadierdivision herangezogen. Diese war der direkte Nachfolger seiner alten Division, welche im Winter 1942/43 im Kessel von Stalingrad vernichtet worden war. Am 15. Mai 1943 wurde Gräser zum Generalleutnant befördert - im darauffolgenden

September nahmen seine Verbände an der raschen Entwaffnung übergelaufener italienischen Truppen in Norditalien teil.

Wenig später erging sofortiger Verlegungsbefehl an die Front südlich von Rom, wo die Panzergrenadierdivision dem I. Fallschirmjägerkorps unterstellt wurde und bei Monte Cassino und Anzio-Nettuno zum Einsatz kam.
In diesen Schlachten traten Gräsers Panzergrenadierregimenter 8 und 29, unterstützt von der Panzerabteilung 103 und dem zuverlässigen Panzerartillerieregiment 3, immer wieder gegen einen weit überlegenen Gegner an. Bei Monte Cassino standen die Verbände wochenlang im hartumkämpften Zentrum der Front und lieferten sich mit der 3., 45. und 36. US-Division härteste Stellungsgefechte.
Im Brückenkopf von Anzio-Nettuno konnten Gräsers Grenadiere zusammen mit Regimentern der Elite-Division "*Hermann Göring*" Verbände des VI. US-Korps zurückdrängen und die wichtige Ortschaft Aprilla zurückerobern. Hierfür erhielt Generalleutnant Gräser am 26. Juni 1944 das 517. Eichenlaub zum Ritterkreuz verliehen.
Unmittelbar darauf absolvierte der erfahrene Truppenführer den Lehrgang für Kommandierende Generale und wurde in Anschluss mit der Führung des XXIV., kurz darauf des XXXXVIII. Panzerkorps, beauftragt, welche an der Ostfront eingesetzt waren. Sein Vorgänger war der spätere Brillantenträger General Balck gewesen, sein Nachfolger sollte der spätere Schwerterträger General von Edelsheim werden.
An der Spitze seines jeweiligen Korps stand Generalleutnant Gräser die chaotischen Wochen nach der sowjetischen Sommeroffensive durch. Hierbei war er so erfolgreich, dass er bereits kurz darauf erneut eine Sprosse der Karriereleiter nahm.
Im September 1944 wurde General der Panzertruppe (01.09.44) Gräser als Nachfolger von Schwerterträger Josef Harpe zum neuen Oberbefehlshaber der 4. Panzerarmee ernannt. Dieser Großverband umfasste einige der besten und erfahrensten Divisionen der Ostfront. In Folge führte General Gräser seine aus drei Panzerkorps bestehende Armee in den schweren Abwehrschlachten in Polen und wurde für seine Leistungen im Wehrmachtsbericht genannt.
Im Jänner 1945 gelang es der 1. Ukrainischen Front mit 60 Infanterie- und 20 Panzerdivisionen im Zuge der sowjetischen Winteroffensive die Stellungen der 4. Panzerarmee an der Weichsel zu durchbrechen und weit vorzustoßen. In den folgenden Wochen zerbrach die zusammenhängende deutsche Front unter den wuchtigen Schlägen der Roten Armee völlig. Einzelne Divisionen wurden überflügelt, abschnitten und restlos vernichtet. Das unter Gräsers Oberbefehl kämpfende XXIV. Panzerkorps (Schwerterträger Nehring) konnte sich unter abenteuerlichen Umständen wieder aus einer Umklammerung lösen.
Nachdem die Rote Armee erfolgreich die Oder überschritten hatte, kämpfte die 4. Panzerarmee im Abschnitt Cottbus-Dresden.
Da die 1. Ukrainische Front südlich von Berlin durchgebrochen war und die 9. deutsche Armee zurückgedrängt wurde, bestand für Gräsers Truppen nun die ernste Gefahr, zwischen Leibzig und Dresden eingeschlossen zu werden. Während versprengte Teile seiner Armee in den Kessel von Halbe gerieten, konnte eine Frontlücke bei Spremberg wieder geschlossen und das nordöstlich von Dresden gelegene Bautzen zurückerobert werden. Dresden selbst konnte sogar bis zum 8. Mai verteidigt werden!
Am 23. April 1945 wurde General Gräser durch Splitter einer russischen Artilleriegranate erneut am rechten Knie verwundet (7. Kriegsverwundung!), trotzdem blieb er bei seiner Truppe und führte sie in den letzten Rückzugskämpfen und Absetzbewegungen weiter an. Noch am 8. Mai wurde Fritz-Hubert Gräser für seine Leistungen als Oberbefehlshaber der 4. Panzerarmee sowie für die Abwehrerfolge in den letzten Kriegswochen als 154. Soldat der Wehrmacht mit den Schwertern zum Ritterkreuz mit Eichenlaub beliehen. Am nächsten Tag führte er seine abgekämpften Divisionen in amerikanische Gefangenschaft, aus der er 1947 entlassen wurde.
Fritz-Hubert Gräser verstarb im Jahre 1960 und fand in Göttingen seine letzte Ruhe.

Oberst

HERMANN GRAF

* 24.10.1912 in Engen/Baden
+ 04.11.1988 in Rastatt

Ritterkreuz		24.01.1942
Eichenlaub	(093)	17.05.1942
Schwerter	(011)	19.05.1942
Brillanten	(005)	16.09.1942

Frontflugspange für Jäger in Gold mit Anhänger Einsatzzahl "800"
Flugzeugführer- und Beobachterabzeichen
Fünfmalige Nennung im Wehrmachtsbericht
Rumänischer Tapferkeitsorden
Krimschild
Ehrenpokal der Luftwaffe
Deutsches Kreuz in Gold
Verwundetenabzeichen in Silber

"In acht Monaten vom Ritterkreuz zu den Brillanten!"

Nach einer Lehre als Schmied sowie einer Tätigkeit als Angestellter bei Kriegsbeginn als Angehöriger der Luftwaffenreserve einberufen, wurde Feldwebel der Reserve Graf vorerst als Fortgeschrittenen-Fluglehrer an einer Jagdfliegerschule verwendet. Im Frühjahr 1940 ins Jagdgeschwader 51 versetzt, flog der erfahrene Flieger über Frankreich, Griechenland und Kreta etwa 50 Fronteinsätze, ohne auch nur einen Schuss auf eine feindliche Maschine abfeuern zu können!
Der lang ersehnte erste Luftsieg gelang während des Russlandfeldzuges, am 4. August 1941 als Flugzeugführer in der 9. Staffel des Jagdgeschwaders 52. Nach dieser Hürde stiegen die Erfolge des "Reservekriegers" rasch an.
In diesen Wochen kam Graf durch seine Stationierung auf hinteren Flugfeldern unvorbereitet auch mit einem ganz dunklen Kapitel deutscher Kriegsgeschichte in Kontakt – den Greueltaten der SS-Einsatzkommandos. So wurden Graf und einige andere Piloten einmal Augenzeuge von Massenerschießungen, in deren Verlauf sogar einige Kinder hingerichtet wurden! Diese Erlebnisse verdrängte Graf jedoch während des Krieges und wurde erst während seiner Kriegsgefangenschaft davon eingeholt.

Bereits im Dezember wurde Oberfeldwebel Graf für Tapferkeit vor dem Feind zum Leutnant d.R. (Kriegsoffizier) befördert und mit einem Ehrenpokal der Luftwaffe ausgezeichnet. Zusammen mit seinem Freund und Katschmarek "Leo" Steinbatz erzielte er in den nächsten Wochen große Erfolge gegen russische Jäger und Bomber. Bereits Ende Jänner 1942 erhielt Graf für 45 Luftsiege das Ritterkreuz verliehen, Steinbatz folgte diesem Beispiel unmittelbar nach.
Im Frühjahr begann schließlich der kometenhafte Aufstieg des Hermann Graf, der zum aufsehenerregendsten der Luftwaffe werden sollte. Während der nächsten Monate wurde Graf zum Schreckgespenst der sowjetischen Piloten.
Nun bereits Führer der 9. Staffel, reihte der energiegeladene Luftkampfspezialist Sieg an Sieg, worauf er bereits Anfang Mai 1942 seinen 100. Luftsieg (als 7. Jagdflieger) melden und knapp darauf das 93. Eichenlaub (als 40. Luftwaffenangehöriger und 1. Reserveoffizier!) entgegennehmen konnte - nur zwei Tage darauf erhielt er auch die Schwerter zum Ritterkreuz mit Eichenlaub (105 Siege) und wurde zum Oberleutnant der Reserve befördert! Sein damaliger Geschwaderchef, Schwerterträger Herbert Ihlefeld, wusste die einmaligen Fähigkeiten des Ausnahmepiloten zu schätzen.
Grafs Können als Pilot ermöglichte ihm wahre Wundermanöver im Luftkampf. Am 15. Juni 1942 wurde das so erfolgreiche Gespann Graf-Steinbatz jedoch durch den Tod des Rottenfliegers auseinandergerissen. Für seine Verdienste als Grafs Katschmarek erhielt der Österreicher kurz darauf postum ebenfalls die Schwerter verliehen - als Unteroffizier!
Über den Schlachtfeldern der Infanterie und dem feindlichen Hinterland konnte Graf zwischen dem 12.08. und 03.09. insgesamt 39 bestätigte Erfolge erzielen! Als er am 9. September 1942 als erster Jagdpilot der Welt seinen 172. Gegner im Luftkampf bezwang, erhielt er schließlich die 5. Brillanten zum Ritterkreuz mit Eichenlaub und Schwertern -

innerhalb von 235 Tagen hatte der Kriegsoffizier alle Tapferkeitsorden "abgeräumt" und war zum strahlenden Vorzeigehelden der Luftwaffe geworden! Im Zuge der auf ihn aufmerksam gewordenen Propagandamaschinerie gehörte er zu den am meisten fotografierten und bekanntesten Soldaten des Krieges. Dies wirkte sich nicht unbedingt immer zum seinem Vorteil aus.
Graf ließ sich indes auch durch das Erreichte nicht zu mehr Vorsicht zügeln, er flog weiterhin täglich bis zu vier Einsätze und gönnte sich keine Ruhe.
Über Stalingrad hatte Graf die Härte des Kampfes und den ungebrochenen Angriffsgeist einiger sowjetischer Jagdflieger am eigenen Leib zu spüren bekommen. Einmal verfehlte ein Kanonentreffer in seine Kabine seinen Oberkörper nur um Zentimeter, ein anderes Mal riss ihm eine MG-Salve das halbe Seitenruder weg! Über dreißig Einschusslöcher im Rumpf geben ebenfalls einen Einblick in die Härte so manchen Luftkampfes.
Nichtsdestotrotz über Stalingrad besonders erfolgreich, erreichte Graf am 02.10.42 als erster Jagdflieger der Welt die magische Marke von 200 bestätigten Luftsiegen*[05]* (in 13 Monaten!). Kurze Zeit später wurde der zum Hauptmann d.R. ernannte Graf nach Luftsiegen jedoch vom jungen Walter Nowotny überholt, lag aber noch vor Hans Philipp und dem ebenfalls treffsicheren Günther Rall.

Wenig später wurde Hermann Graf in einen Luftkampf verwickelt, den er selbst als den härtesten seines gesamten Kriegseinsatzes bezeichnet. Der sich entwickelnde Zweikampf mit einem russischen Jagdflieger wog über eine halbe Stunde hin und her, wilde Kurven- und Luftkampfmanöver beider Kontrahenten, immer wieder kurze Feuerstöße ins Leere. Graf und sein Gegner boten ihr Allerbestes auf - doch am Ende konnte keiner den anderen bezwingen. Am Ende hatten beide Treibstoffprobleme, brachen das Gefecht ab und trennten sich ohne Entscheidung. Graf beschrieb seine ersten Eindrücke nach der Landung: "...meine Gedanken sind ganz bei diesem russischen Jäger. Mit ihm möchte ich gerne einmal zusammensitzen und plaudern. Sicher ist er ein prächtiger Kerl". Für Graf folgten weitere Einsätze und weitere Luftsiege.
Als Hermann Graf während eines Feindfluges verwundet wurde, erfolgte nach seiner Genesung die Ernennung zum Kommandeur der Jagdflieger-Ergänzungsgruppe Ost in Südfrankreich. Dies war nach schwerem Dauereinsatz die erste wirkliche Atempause seit über zwei Jahren. Während des Kampfeinsatzes im Osten hatte Graf kleine Erholungsphasen in seinem Lieblingssport gefunden - dem Fußball. Selbst ein begeisterter und überdurchschnittlich guter Amateur-Torhüter, nutzte Graf im Laufe der Zeit seine Popularität und seinen Rang, um innerhalb seines Geschwaders eine berühmte und sehr gut besetzte Fußballmannschaft aufzubauen. Diesem sarkastisch "Die Roten Jäger" genannten Klub gehörten viele bekannte Vor- und Nachkriegsfußballer an!
Als sich der deutsche Fußballbund darüber beschwerte, dass Graf wiederholt gute Spieler extra zu seinem Geschwader versetzen hatte lassen, entgegnete Reichsmarschall Göring kühl: „solange er derart erfolgreich ist, soll er Fußball spielen so viel er will!“

Im März 1943 wurde Major d.R. (01.10.42) Graf mit der Aufstellung des Jagdgeschwaders 50 beauftragt, dass er anschließend in der Reichsverteidigung kommandierte. So war der Brillantenträger vom Staffel- zum Geschwaderführer aufgestiegen, ohne je eine Front-Jagdgruppe kommandiert zu haben. Das zweite Höhenjagdgeschwader der Luftwaffe wurde zu dieser Zeit von Grafs ehemaligen Kommodore Oberstleutnant Ihlefeld befehligt.
Im September 1943 nach drei weiteren Siegen an die Spitze des JG 11 gewechselt, flog Graf aufgrund seiner unersetzlichen Tätigkeit als Geschwaderkommodore nur noch selten Einsätze. Trotzdem bezwang er während seiner Dienstzeit an der Westfront nicht weniger als 10 viermotorige US-Bomber! Das JG 11 lag an der sgn. "Straße der Bomber", der Haupteinflugschneise der schweren US-"Möbelwagen". Grafs I. Gruppe wurde durch den erfolgreichen Bomberkiller und Eichenlaubträger Major Rolf Hermichen, die III. Gruppe vom Schwerterträger Major Anton Hackl geführt.
Am 29. März 1944 ging Graf während eines Luftkampfes nach Erfolgen über zwei "Flying Fortress" die Munition aus. Von mehreren Begleitjägern attackiert, nutzte Graf die ihm einzig verbliebene Chance, visierte eine der amerikanischen P-51 "Mustang" an und rammte den Gegner! Dabei schwer verwundet, konnte der Brillantenträger seine Maschine noch rechtzeitig mit dem Fallschirm verlassen und wurde in ein Lazarett gebracht. Dieser unkonventionelle Sieg war der letzte seiner insgesamt 212 bestätigten Abschüsse. Der hohe Preis dafür war eine sechsmonatige Lazarett- und Genesungsphase - danach erhielt der Brillantenträger ein strenges Feindflugverbot auferlegt. Das Jagdgeschwader 11 wurde vom Ritterkreuzträger Oberstleutnant Günther Specht (32 Luftsiege) übernommen, der nach seinem Tod im Jänner 1945 zum Eichenlaub eingereicht wurde.
Im Oktober 1944 kehrte Oberstleutnant Graf, aufgrund seiner Erfolge nun im aktiven Offizierskorps gelistet, an die Ostfront zurück und übernahm als Nachfolger des legendären Eichenlaubträgers Oberst Hrabak*[30]* sein altes

Stammgeschwader JG 52, das immer noch im Südabschnitt der Ostfront lag. Zusammen mit den Einheiten des Heeres zog sich das Elite-Geschwader immer weiter Richtung Westen zurück.
Im Jänner 1945 beteiligte sich der hochdekorierte Geschwaderkommodore zusammen mit den Schwerterträgern Lützow, Priller und Steinhoff an der sgn. "Meuterei der Jagdflieger" gegen Reichsmarschall Göring. Im Gegensatz zu vielen anderen blieb er nach deren Scheitern aber unbehelligt.
Im Mai flogen Grafs Piloten die letzten Einsätze über der Tschechoslowakei.
Als der Befehl zur Kapitulation eintraf, ließ Graf, nach insgesamt sechs Beförderungen(!) bereits Oberst, die letzten Maschinen sprengen. Das Jagdgeschwader 52 hatte einen langen Krieg gekämpft und war durch seine phantastische Besetzung zum erfolgreichsten Verband der Luftwaffe geworden. Neben so bekannten Assen wie Hartmann (352), Barkhorn (301), Rall (275), Batz (237), Lipfert*[26]* (203), Krupinski (197), Gratz (138) und Dickfeld*[27]* (136) hatte auch Graf mit über 200 Luftsiegen zum unvergessenen Ruhm der 52er beigetragen. Insgesamt verbuchten die Piloten des Geschwaders zwischen 1939 und 1945 nicht weniger als 11.000 bestätigte Luftsiege - 70 Piloten waren mit dem begehrten Ritterkreuz beliehen worden!!
Auf Befehl des Oberkommandos der Luftwaffe sollten sich Hermann Graf und sein Gruppenkommandeur "Bubi" Hartmann der russischen Gefangenschaft entziehen und sich den Amerikanern ergeben - da dies in ihren Augen aber Verrat an ihren Männer gewesen wäre, verweigerten beide diesen Befehl entschieden und marschierten mitsamt ihrer Piloten und dem Bodenpersonal zu Fuß in Richtung Westen. Wie durch ein Wunder unbehelligt zu den amerikanischen Linien gelangt, wurde das gesamte Geschwader jedoch aufgrund eines sowjetisch-amerikanischen Abkommens am nächsten Tag an die Rote Armee übergeben!
Im Laufe der Gefangenschaft schuf sich ein vom Ausgang des Krieges tief erschütterter Hermann Graf leider Gottes eine später hinderliche Barriere, als er gegenüber seinen Kameraden sagte, er würde auch in der sowjetischen Luftwaffe fliegen - die deutsche gäbe es ja ohnehin nie wieder.
Weiters vertrat Graf öffentlich die (nicht ungerechtfertigte) Meinung, der Krieg sein falsch gewesen und habe zum Teil den Grausamkeiten der SS-Einsatzgruppen Vorschub geleistet. Diese hatte Graf ja wie eingangs erwähnt einmal selbst mitangesehen.
Diese couragierte Einstellung und die bereits im Jänner 1950 erfolgte Entlassung in die Heimat führten später zu äußerst unschönen und unverzeihlichen Verdächtigungen (Spionage, Übertritt zum Kommunismus) und Handlungen (Ausschluss aus dem Kameradschaftsbund der Jagdflieger) gegenüber Hermann Graf. Viele seiner ehemaligen Kameraden und Freunde hielten ihm dennoch die Treue.

Mit 212 anerkannten Luftsiegen in 830 Feindflügen an der Ost- und Westfront hat Oberst Graf den 9. Platz unter den Besten der Besten inne. Nur acht Siege vor ihm rangiert der Schwerterträger Oberstleutnant Heinrich Bär, vier Zähler hinter ihm der zehntplatzierte Eichenlaubträger Major Theodor Weißenberger, der erfolglos für eine Schwerterverleihung eingereicht worden war.
Graf ist im November 1988 verstorben.

Generalfeldmarschall

ROBERT RITTER VON GREIM

* 22.06.1892 in Bayreuth/Oberfranken
+ 24.05.1945 in Salzburg

Ritterkreuz		24.06.1940
Eichenlaub	(216)	02.04.1943
Schwerter	(092)	28.08.1944

Preußischer Pour-le-Mérite
Bayrischer Militär-Max-Joseph-Orden
Hohenzollernorden mit Schwertern
Bayrischer Militärverdienstorden mit Schwertern
Deutsches Fliegerabzeichen 1916
Flugzeugführer- und Beobachterabzeichen in Gold mit Brillanten
Sechsmalige Nennung im Wehrmachtsbericht
Verwundetenabzeichen in Bronze

"Der letzte Oberbefehlshaber der Luftwaffe"

Nach mehreren Jahren im königlich-bayrischen Kadettenkorps wurde Fähnrich Greim, Sohn eines bürgerlichen Polizeioffiziers, 1911 in die bayrische Armee übernommen und in einem Eisenbahn-Bataillon eingesetzt. Als junger Leutnant zog er 1914 im Feldartillerieregiment 8 in den Ersten Weltkrieg. Nach Teilnahme an den schweren Schlachten in Belgien meldete sich der bereits mit dem Eisernen Kreuz 2. Klasse dekorierte Greim im März 1915 freiwillig zur aufstrebenden Fliegertruppe.
Nach kurzer Ausbildung flog er einige Zeit lang als Bordschütze und Beobachter, ehe er im Winter 1916 selbst zum Flugzeugführer ausgebildet wurde. Als Pilot in der Jagdstaffel 34 konnte er seine ersten Erfolge erringen, bis Kriegsende hatte es Hauptmann von Greim zum Staffelkommandeur und Fliegeras mit 25 bestätigten Abschüssen gebracht! Neben dem Pour-le-Mérite trug er auch den seltenen Militär-Max-Joseph-Orden, mit dem auch die Verleihung des Ritter-Titels gekoppelt war. Diese hohe Auszeichnungen und der Hohenzollernorden machten den Staffelkapitän zum höchstdekorierten deutschen Flieger des Ersten Weltkrieges!

Nach Kriegsende arbeitete von Greim als Post- und Kurierflieger sowie als Luftwaffenberater in China, ehe er sich 1934 in die Wehrmacht reaktivieren ließ. Auf Drängen der nun in hohen Luftwaffenpositionen sitzenden Jagdveteranen Ernst Udet (62 Siege im Ersten Weltkrieg) und Hermann Göring (22) trat er kurz darauf ins Luftfahrtministerium ein und wurde mit dem heimlichen Aufbau eines ersten Jagdfliegerverbandes beauftragt. Dieser erhielt vorerst die Tarnbezeichnung "Reklamefliegerstaffel".
Nachdem die Waffengattung offiziell geworden war, baute von Greim das Jagdgeschwader 2 "*Richthofen*" auf. Weitere Stationen des fähigen Offiziers waren Inspekteur der Jagdflieger (1935/36), Inspekteur für Flugsicherheit und Gerät (1936) und Kommandeur der 5. bzw. 7. Fliegerdivision (1937/38).
Während des Polenfeldzuges als Generalleutnant im Luftwaffenstab in Berlin tätig, erhielt von Greim für den Westfeldzug das V. Fliegerkorps unterstellt. Mit mehreren Stuka-, Kampfflieger- und Zerstörergruppen konnte er in der zweiten Phase des Frankreichfeldzuges der Heeresgruppe C den Durchbruch durch die gefürchtete Maginot-Festungslinie ermöglichen, welche nach den Maßstäben des Stellungskrieges undurchdringbar gewesen wäre. Die moderne Taktik des schnellen Panzer- und Luftkrieges hatte den französischen Abwehrplan aber völlig umgeworfen.
Nachdem seine Geschwader an den Kesselschlachten gegen die 2. französische Heeresgruppe teilgenommen hatten, erhielt von Greim das Ritterkreuz sowie die Beförderung zum General der Flieger. Während der Luftschlacht um England nahmen die Bomber, Stukas und Jäger seines Korps an sämtlichen Offensiven gegen britische Industrieanlagen, Häfen und Flugfelder teil. Obwohl Robert von Greim ehemaliger Jagdflieger war, verstand er von Kampf- und Schlachtfliegertaktik recht viel.

Nach verschiedenen Stabsstellen in der Heimat erhielt General von Greim im März 1942 die große Aufgabe, das Luftwaffenkommando Ost der Luftflotte 2 (GFM Kesselring) im Mittelabschnitt zu übernehmen.

Als er sein Kommando antrat, hatte sich die Situation für die Luftwaffe drastisch verändert. Von über 1.600 Flugzeugen, mit denen Deutschland die Operation "Barbarossa" begonnen hatte, waren schätzungsweise nur noch die Hälfte einsatzbereit, Nachschub an Material und Piloten kam nur spärlich, die russische Luftwaffe begann langsam, sich von den schweren Verlusten der ersten Kriegsmonate zu erholen. Die unglaublich niedrigen Temperaturen brachten große Schwierigkeiten mit den Motoren und dem Treibstoff mit sich.
Nach den schweren Winter- und Frühjahrsgefechten im Gebiet von Moskau und dem Wjasma-Rshew-Bogen zog sich die Luftflotte 2 zusammen mit den Bodentruppen kämpfend nach Westen zurück.
Im Februar 1943 wurde von Greim für seine Leistungen in der Korpsführung zum Generaloberst befördert, kurz darauf wurde sein Kommando aus der Luftflotte 2 herausgelöst und zur eigenständigen Luftflotte 6 umgeformt. Für die Erfolge seiner Geschwader und persönliche Verdienste als Stabsoffizier erhielt Generaloberst von Greim im April 1943 das Eichenlaub zum Ritterkreuz verliehen.
Im Sommer unterstützte von Greim die riesige Operation "Zitadelle" gegen Kursk, hierfür standen ihm über 1.000 Kampfmaschinen zur Verfügung. Für seine Schlachtflieger gab es aufgrund der riesigen Panzermassen der Sowjets andauernd Einsätze zu fliegen. Auch die Jagdflieger und Flakverbände waren hart bedrängt - immerhin warf die Rote Luftwaffe über 30 Prozent(!) ihrer Gesamtstärke in diese Schlacht.
Nach dem Scheitern der Operation deckte die Luftwaffe den Rückzug der deutschen Armeen. Während der Abwehrschlacht von Orel zeichneten sich die Geschwader und Flakverbände erneut besonders aus.
Im ersten Halbjahr 1944 verlagerten sich die Hauptoperationen im Osten in den Südabschnitt - bis Mitte Juni plötzlich eine gut vorbereitete Großoffensive mehrerer sowjetischer Armeen gegen die Heeresgruppe Mitte (GFM Busch) begann. Anfang Juli waren mehr als 25 deutsche Divisionen völlig aufgerieben, die Front auf einer Länge von 350(!) km durchbrochen und die Heeresgruppe auf panikartigem Rückzug!
Als sich von Greim einen ersten Überblick über die Lage machen konnte, stellte er fest, dass von seiner einst 500 Maschinen starken Luftflotte nur knapp 90(!) einsatzbereite Maschine übrig geblieben waren - die Sowjets aber warfen insgesamt 7.000 Jäger, Schlachtflugzeuge und Bomber in die Waagschale! Die meisten deutschen Flugfelder waren von russischen Panzern überrollt worden, ebenso viele Treibstoff- und Versorgungsstützpunkte.
Mit all seiner Energie versuchte der Luftflotten-Oberbefehlshaber mit seinem Stab nun alles was möglich war. Die Unterstützung der wenigen verbliebenen bzw. neu hinzugekommenen Jagd- und Schlachtflieger verschaffte den Kameraden der Infanterie etwas Luft.
Während viele führende Kommandeure der geschlagenen Heeresgruppe durch Hitler entlassen oder strafversetzt wurden, wurde Generaloberst von Greim für seine Beharrlichkeit in dieser schwierigen Lage am 28. August 1944 als vierter Luftwaffenstabsoffizier mit den Schwertern zum Ritterkreuz mit Eichenlaub beliehen.
Durch den nur langsam eintreffenden Ersatz konnte die Luftflotte 6 während des restlichen Jahres nur punktuell in die Rückzugskämpfe eingreifen, im Frühjahr 1945 standen von Greims Verbände im Kampfgebiet Berlin.
Gegen vier sowjetischen Luftarmeen mit 7.500 Flugzeugen standen hier lediglich 790 Maschinen zur Verfügung - und die Großteils nur noch auf dem Papier. Als seine Geschwader über dem Kessel von Berlin und der Oder-Front unter den wuchtigen Schlägen des Feindes zusammenschmolzen, rettete Generaloberst von Greim die Reste auf eigene Faust nach Süddeutschland.

Der Monat April 1945 brachte den traurigen Höhepunkt seiner Karriere. Am 28.04.45, einen Tag nachdem er über Funk zum letzten Generalfeldmarschall der Wehrmacht befördert worden war, bestimmte ihn Hitler zum neuen Oberbefehlshaber der Luftwaffe. Direkter Anlass dafür war die Tatsache, dass Hitler seinen einstigen Weggefährten Hermann Göring wegen politischer Streitigkeiten aus der NSDAP ausgestoßen und aller Ämter enthoben hatte.
Auf höchste Anordnung ließ GFM von Greim sich von der berühmten Fliegerin Hanna Reitsch ins bereits fast überrannte Berlin einfliegen(!), um sich bei Hitler zum Rapport zu melden und wurde während des Landeanfluges am rechten Bein verwundet. Zwei Tage später glückte sogar der Rückflug aus dem Kessel.
Am 8. Mai 1945 ergab sich der letzte Oberbefehlshaber der einst so gefürchteten Luftwaffe den britischen Truppen. Als Vertreter der Luftwaffe unterzeichnete GFM von Greim zusammen mit GFM Keitel (Heer) und Generaladmiral von Friedeburg (Kriegsmarine) die Kapitulationsurkunde in Berlin-Karlshorst. Am 24. Mai 1945 wählte GFM Robert Ritter von Greim in einem alliierten Lazarett den Freitod, da er die Auslieferung an die Sowjets fürchten musste.
Wenige Tage vor seinem Selbstmord hatte er noch mit dem letzten General der Jagdflieger, Brillantenträger Oberst Gordon M. Gollob, gesprochen, der ihn vergebens von seinem Vorhaben abzubringen versucht hatte.

Der Sohn des GFM heiratete nach dem Krieg die Tochter des Ritterkreuzträgers Heribert Raithel.

Generalmajor

FRANZ GRIESBACH

* 21.12.1892 in Brück/Brandenburg
+ 24.09.1984 in Lage

Ritterkreuz		14.03.1942
Eichenlaub	(242)	17.05.1943
Schwerter	(053)	06.03.1944

Infanteriesturmabzeichen in Silber
Krimschild
Deutsches Kreuz in Gold
Königlich-Bulgarischer Tapferkeitsorden (?)
Verwundetenabzeichen in Gold

"Durch einen tapferen Oberfeldwebel gerettet"

Franz Griesbach kämpfte während des Ersten Weltkrieges als Vizefeldwebel im Infanterieregiment 27 "*Prinz Louis Ferdinand von Preußen*", ehe er nach fünffacher Verwundung für Tapferkeit im Gefecht zum Leutnant d.R. befördert wurde und als Stoßtrupp-Spezialist das Eiserne Kreuz 1. Klasse erhielt. Im Zuge der Heeresverminderung in die Reserve entlassen, war er in den Zwanziger- und Dreißigerjahren als Volksschullehrer tätig. 1938 ließ sich Oberleutnant der Reserve Griesbach ins Heer reaktivieren, wo er bei Kriegsbeginn Hauptmann und Kompaniekommandeur im Infanterieregiment 12 war.
Nachdem er sich im Frankreichfeldzug als Offizier im IR 467 bewährt hatte, wurde er im August 1940 zum Kommandeur des Ersatzbataillons ernannt und mit 1. Oktober zum Major befördert.

Nach den ersten Monaten des Russlandfeldzuges wurde Major Griesbach wieder zur Kampftruppe versetzt, im September 1941 mit der Übernahme des I. Bataillons/IR 391 der 170. Infanteriedivision beauftragt und bereits nach wenigen Wochen für die Gefangennahme von 900 Russen in Tokmals belobigt.
Er kämpfte unter dem Oberbefehl der 11. Armee (von Manstein) auf der Krim und während der erbitterten Belagerungsschlacht von Sewastopol. Ab Jänner 1942 musste Major Griesbach, bereits mit den Spangen zum Eisernen Kreuz 1914 beliehen und obwohl verwundet, stellvertretend die Führung des Regiments übernehmen.
Für seine erstklassige Führung und wiederholte Tapferkeit vor dem Feind (Höhe 175, Feodosia) erhielt er zwei Monate darauf das Ritterkreuz zum Eisernen Kreuz, den Krimschild sowie im April 1942 die Beförderung zum Oberstleutnant. Im Dezember 1941 war Griesbach aus der Reserve gestrichen und in den aktiven Dienst übernommen worden. Am 17.04.42 übernahm der Brandenburger das Infanterieregiment 399 der Division.
Nachdem sie sich auf der Halbinsel Krim phantastisch bewährt hatte und danach kurze Zeit an der Kaukasusfront zum Einsatz gekommen war, wurde die 170. ID im August 1942 in den Nordabschnitt der Ostfront verlegt und dem XXVI. Armeekorps unterstellt, welches vor Leningrad lag. Bis zum Frühjahr 1944 sollten die Regimenter der 170ten hier schwerste Stellungskämpfe mit entschlossenen Divisionen der Roten Armee auszufechten haben.
An der Spitze seines Regiments zeichnete sich Griesbach, seit 01.01.43 nach vier Beförderungen bereits Oberst, in unzähligen Abwehr- und Angriffskämpfen in den Frontabschnitten Leningrad, Peipussee und Ladogasee aus. Für wiederholt gute Leistungen trug er bereits das Deutsche Kreuz in Gold, nach zusätzlichen Verwundungen nach dem Ersten Weltkrieg bereits das Goldene Verwundetenabzeichen.
Die 399er erwiesen sich 1943/44 als Stützpfeiler der Division, ihr risikofreudiger Kommandeur erhielt am 17. Mai 1943 als 242. Soldat und 117. Heeresangehöriger der Wehrmacht das Eichenlaub zum Ritterkreuz verliehen.
Sein außerordentlich beeindruckender Führungsstil und sein andauernder, direkter Fronteinsatz sicherten Griesbach unter seinen Landsern einen nur selten übertroffenen Stellenwert.
Nach der Eichenlaubübergabe lehnte der Vollblutsoldat eine angetragene Lehrstelle an einer Infanterieschule ab, um zu „seinen Landsern" zurückkehren zu können.

Im Frühjahr 1944, die Division war nach den monatelangen Abwehrkämpfen und dem gerade überstandenen Kriegswinter noch geschwächt, setzte eine erneute Offensive der Roten Armee ein. Im Jänner vernichteten die Grenadiere des Regiments während eines russischen Angriffs bei Pelellje innerhalb eines Tages 69 Panzer, im schnellen Gegenstoß konnten anschließend die zuvor blutig verlorengegangenen Dudendorfer Höhen zurückerobert und die stark verteidigte Ortschaft Gatschina gestürmt werden.
Am 16. Februar 1944 führte Oberst Griesbach in Begleitung des zuverlässigen Ritterkreuzträgers Oberfeldwebel Gustav Stühmer einen persönlichen Spähtrupp durch, um die Feindlage entlang einer nahen Bahnlinie zu klären. Stühmer war einer von Griesbachs härtesten Veteranen und bereits zum Eichenlaub eingereicht!
Als die beiden Landser die gewünschten Informationen hatten und den Rückweg antraten, setzte plötzlich gezieltes russisches Granatwerferfeuer ein – offenbar hatte ein vorgeschobener Beobachter des Feindes die beiden Deutschen entdeckt und den Feuerbefehl erteilt. Tausende Granatsplitter, Erdklumpen und Steine flogen durch die Luft, die Überlebenschancen der Beschossenen mehr als gering – da entschloss sich Oberfeldwebel Stühmer zu einer ebenso tapferen, wie selbstlosen Tat. Er stieß seinen Oberst zu Boden und warf sich schützend über ihn!
Als der höllische Beschuss aufhörte, war Stühmer von mehreren Granatsplittern im Rücken getötet worden, Griesbach lag schwerst verletzt, aber lebend, unter ihm! Wenig später traf ein deutscher Stoßtrupp ein und holte beide hinter die eigenen Linien.
Der Regimentskommandeur konnte durch eine sofortige Notoperation in einem Feldlazarett gerettet und in ein Heimatlazarett nach Brandenburg gebracht werden. Sein Krankenbericht spricht von 26 Granatsplittern im rechten Arm sowie weiteren in Brust und Becken wie auch einem zertrümmerten rechten Oberschenkelknochen!!
Am 1. März 1944 wurde Griesbach auf Initiative verschiedener Vorgesetzter für die außergewöhnlichen Abwehrerfolge seines Regiments mit Nachdruck für die Schwerter zum Ritterkreuz eingereicht und fünf Tage später auch ausgezeichnet. Zu dieser Zeit musste aber immer noch an Griesbachs gesundheitlichen Wiederaufkommen gezweifelt werden.
Am selben Tag, an dem sein Regimentskommandeur die Schwerter erhielt, wurde der tapfere Oberfeldwebel Stühmer für seine außergewöhnliche Tat postum mit dem 422. Eichenlaub beliehen.

Obwohl körperlich noch immer schwer angeschlagen, bestand Griesbach darauf, die hohe Auszeichnung persönlich entgegenzunehmen und fuhr - gegen Anraten der Ärzte - ins Führerhauptquartier.
Während seine alte Division weiterhin im Nordabschnitt kämpfte, konnte Griesbach das Lazarett bis Kriegsende - also über ein Jahr(!) - nicht mehr verlassen.
Während er in der Führerreserve gelistet war, wurde der ehemalige Volksschullehrer am 1. August 1944 zum Generalmajor befördert! Als sowjetische Truppen im April 1945 Brandenburg erreichten, geriet Generalmajor Griesbach im Lazarett in Gefangenschaft. Aufgrund seiner Schwerstverwundung wurde er bereits 1949 wieder in die Bundesrepublik entlassen.
Franz Griesbach ist 1984 im Alter von 91 Jahren verstorben.

Major

ANTON HACKL

* 25.03.1915 in Regensburg/Oberpfalz
+ 10.07.1984 ebd.

Ritterkreuz		25.05.1942
Eichenlaub	(109)	07.08.1942
Schwerter	(078)	12.07.1944

Frontflugspange für Jäger in Gold mit Anhänger Einsatzzahl "1.000"
Flugzeugführer- und Beobachterabzeichen
Ärmelband "Afrika"
Krimschild
Deutsches Kreuz in Gold
Verwundetenabzeichen in Gold

"Schrecken aller US-Bomberbesatzungen"

Zu den vielen in diesem Buch beschriebenen Top-Assen der deutschen Luftwaffe gehörte auch Anton Hackl, der als einer der wagemutigsten und erfolgreichsten "Möbelwagentöter" des Tagjägerkorps in die Geschichte einging. 32mal durchbrach er den Jagdschutz, trotzte dem schweren Abwehrfeuer und bezwang einen alliierten Bomber!

Anton "Toni" Hackl wechselte im Jahre 1936 in die Luftwaffe über, nachdem er drei Jahre lang als Infanterie-Unteroffizier in der Wehrmacht gedient hatte. Nach gründlicher Ausbildung auf der neuen Me-109 wurde er im April 1938 als Feldwebel ins Jagdgeschwader 333 versetzt, aus dem später das ausgezeichnete JG 77 "*Herz As*" entstand. Während des Polenfeldzuges absolvierte Oberfeldwebel Hackl einen Offizierslehrgang und wurde aufgrund besonderer Eignung mit Wirkung vom 1. August 1940 unter Überspringung des Ranges Leutnant direkt zum Oberleutnant befördert!
Während der Gefechte in Norwegen erstmals im Luftkampf erfolgreich, trug Hackl nach weiteren Luftsiegen während des Westfeldzuges bereits das Eiserne Kreuz 2. Klasse, ehe er während der Luftschlacht um England 10 weitere Treffer erzielte. Mit dem EK.I beliehen, bewährte sich Hackl besonders als Rotten- und Kettenführer. Im Winter 1940/41 erzielte der treffsichere Jäger seinen 15. Luftsieg.
Am 22. Juni 1941 überflog Oberleutnant Hackl als Kettenführer in der II. Gruppe des JG 77 die sowjetische Grenze und nahm in den folgenden Monaten an hunderten erfolgreichen Jagd- und Tiefflugeinsätzen teil. Das Kriegstagebuch seines Geschwaders nennt so bekannte Einsatzgebiete wie Odessa, Rostow, Dnjepr und Kertsch.
Im Winter 1941 hatte er bereits 27 Luftsiege errungen, nach 51 bestätigten Abschüssen wurde er als Kapitän der 5. Staffel mit dem Ritterkreuz ausgezeichnet. Sein damaliger Geschwaderkommodore Gordon M. Gollob schätzte den Staffelkapitän als verläßlichen Offizier und mutigen Piloten.
Zwischen April und Juni 1942 erlebte Hackl die schweren Luftschlachten über der Krim, am 21. und 23. Juli unterlagen ihm in atemberaubenden Gefechten je sechs russische Jäger. Während seines Einsatzes über dem Brückenkopf von Woronesch meldete der Staffelführer insgesamt 37 Abschüsse.
Als sein Leitwerk Anfang August bereits 106 Abschussmarkierungen zeigte, erhielt der Hauptmann das erst 109. Eichenlaub zum Ritterkreuz verliehen - das bereits 51. für die Luftwaffe! Der treffsichere Schütze hatte als 16. Jagdflieger die Einhunderter-Marke überschritten.

Mitte Oktober 1942 langte im Gefechtstand der Gruppe unerwartet ein sofortiger Verlegungsbefehl nach Nordafrika ein, wo die deutschen Jagdfliegerkräfte dringend um Verstärkung nachgesucht hatten. Im Kampf gegen die weit überlegenen Briten, Amerikaner und Südafrikaner erhöhte Hauptmann Hackl seinen Rekord auf 118 Luftsiege, ehe er am 4. Februar 1943 nach einem Luftkampf mit einer P-38 schwer verwundet notlanden musste und in ein Heimatlazarett gebracht wurde. Hackls Geschwaderkommodore, Schwerterträger Major Müncheberg, kam bei den schweren Kämpfen über Tunesien ums Leben. Nach seiner Genesung kehrte Hackl in den Kampfeinsatz zurück.

Im Oktober 1943 bekam seine Karriere eine entscheidende Wendung, als er aufgrund seiner Führungsqualitäten zum neuen Kommandeur der III. Gruppe des Jagdgeschwaders 11 in Norddeutschland ernannt wurde. Der berühmte Brillantenträger Hermann Graf übernahm kurz darauf die Geschwaderführung.
Im Zuge der täglichen Abwehrschlachten gegen große Bomberpulks der Amerikaner entwickelte Hackl eine besonders effektive Angriffstaktik gegen die gefürchteten viermotorigen US-Bomber. Zwischen Jänner und April konnte er 15 Erfolge gegen Boeing B-17 erringen, zwischen dem 20. und 26. Februar 1944 hatte sich seine Gruppe in den Abwehrgefechten der sgn. "Big Week" bewährt. Einige "Viermotexperten" des Geschwaders erzielten hier erstaunliche Erfolge.
So bezwang Major Erwin Clausen (Eichenlaub) 14 schwere Bomber, Oberleutnant Rüdiger von Kirchmayer 21, Oberleutnant Heinz Knoke 19, Hauptmann Hans-Heinrich König 20, Oberfeldwebel Erwin Laskowski und Oberleutnant Gerhard Sommer 14 sowie Oberstleutnant Günther Specht (durch Verwundung einäugig!) 15. Ritterkreuzträger Hauptmann Hugo Frey und Eichenlaubträger Major Rolf Hermichen blieben sogar je 26mal siegreich!
Am 15. April wurde Hackl durch Bomberabwehrfeuer erneut schwer verwundet. Für seine reichlichen Verletzungen trug er bei Kriegsende als einer der wenigen Jagdflieger das Verwundetenabzeichen in Gold. Im Sommer wurde Hackl mit seiner Gruppe trotz der Unterlegenheit im Westen eilig an die Ostfront verlegt, um die Bodentruppen in Polen zu unterstützen. Erst im September kehrte die Gruppe zum restlichen Geschwader nach Frankreich zurück - dieses war über der Normandie zahlenmäßig quasi halbiert worden!
Für seine großen Luftkampferfolge erhielt Hackl am 12. Juli nach insgesamt 162 Luftsiegen die Schwerter zum Ritterkreuz mit Eichenlaub verliehen, in Folge führte er vertretungsweise das Jagdgeschwader 76 an der Westfront.
Am 9. Oktober 1944 übernahm Major (01.05.44) Hackl schließlich die berühmte II. Gruppe des Jagdgeschwaders 26 "*Schlageter*", in dem schon so bekannte Asse wie Galland (104), Lang (173), Müncheberg (135) und Priller (101) geflogen waren. Während Hackls Dienstzeit im JG 26 fielen weitere 10 alliierte Maschinen seinen Bordwaffen zum Opfer, darunter der bereits 27. schwere US-Bomber! Wenn man bedenkt, dass ein z.B. 50 Maschinen starker B-17-Pulk insgesamt über mehr als 400 Maschinengewehrstände verfügte, versteht man den Ausspruch eines deutschen Jagdpiloten: "Wenn man zum Angriff auf so einen Verband reinschwenkt, zieht das ganze Leben kurz an einem vorbei!" Zusätzlich zu den Abwehrwaffen kam etwa auf zwei bis drei Bomber je ein alliierter Begleitjäger!
Ein amerikanischer Luftwaffenveteran sagte später über die deutschen Jagdflieger der Reichsverteidigung: "Die schweren Bomber waren als Fliegende Festungen konzipiert - doch weil diese Jäger da waren, verlief alles ganz anders. Vor diesen Piloten ziehe ich noch heute meinen Hut, sie kämpften unglaublich tapfer!"
Am 1. Jänner 1945 führte Hackl seine Gruppe im Zuge der Operation "Bodenplatte" gegen amerikanische Flugfelder in Belgien und zerstörte hierbei mehrere Feindmaschinen am Boden. Zu dieser Zeit war der hochdekorierte Veteran bereits achtmal selbst im Luftkampf oder durch Flak abgeschossen worden.

Im Frühjahr 1945 wurde Major Hackl zum Kommodore des berühmten Jagdgeschwader 300 "*Wilde Sau*" ernannt, das sich als leichtes Nachtjagdgeschwader einen Namen gemacht hatte. Von Flugplätzen in der Nähe von Bitterfeld flogen Hackls Gruppen andauernd Einsätze gegen Tag- und Jagdbomberverbände, ehe er das Kommando an den bekannten Schwerterträger Major Günther Rall abgab. Hackl selbst übernahm im März 1945 als Nachfolger für den gefallenen Eichenlaubträger Major Jürgen Harder das JG 11, in dem er 1944 so große Erfolge erzielt hatte. Im Mai führte er seinen Verband in britische Gefangenschaft.
Mit 192 Luftsiegen, 87 davon im Westen, steht Major Hackl in der Fliegeras-Liste des Krieges an 17. Stelle. Die ihm zuerkannten 32 Abschüsse über schwere westalliierte Bomber*[28]* machen ihm zum erfolgreichsten Bomberkiller unter den Schwerterträgern des Tag-Jägerkorps. 24 in den letzten Kriegsmonaten von Hackl beanspruchte – und durch Bilder seiner automatischen Bordkamera auch belegte - Siege konnten aus bürokratischen Gründen nicht mehr amtlich bestätigt werden - sonst hätte Hackl sogar 216 Siege auf seinem offiziellen Konto.
"Toni" Hackl ist 1984 in Regensburg verstorben.

Brigadeführer der Waffen-SS

HEINZ HARMEL

* 29.06.1906 in Metz/Lothringen
+ 02.09.2000 in Krefeld

Ritterkreuz		31.03.1943
Eichenlaub	(296)	07.09.1943
Schwerter	(116)	15.12.1944

Infanteriesturmabzeichen in Silber
Nahkampfspange in Silber
Nennung im Wehrmachtsbericht
Sonderabzeichen für Panzervernichtung durch Einzelkämpfer
Deutsches Kreuz in Gold
Verwundetenabzeichen in Silber

"Der Draufgänger in Generalsuniform"

Harmel trat 1926 als Einjährig-Freiwilliger ins Infanterieregiment 6 ein, verlängerte seine Dienstzeit als Unteroffizier und wurde nach zwei Dienstjahren als Oberfeldwebel in die Reserve abgemustert. Danach Industriearbeiter, trat er 1935 schließlich als gemeiner Soldat in die SS-Verfügungstruppe ein, wo er aufgrund seiner Ausbildung schnell zum Offizier befördert wurde und bei Kriegsausbruch bereits Hauptsturmführer und Kompaniekommandeur im SS-Regiment "*Deutschland*" war.
Während des Polenfeldzuges zum Schutz der deutschen Westgrenze in Bereitstellung geblieben, kam das Regiment erstmals gegen Frankreich zum Einsatz. Hier befehligte Heinz Harmel die 9. Kompanie; die im selben Bataillon eingesetzte 12. Kompanie stand unter dem Kommando des späteren Schwerterträgers Otto Kumm!
An der Spitze seiner Grenadiere stieß Harmel im Westfeldzug durch Belgien vor, nahm an den erfolgreichen Schlachten in Flandern und den Brückenkopf-Gefechten an der Seine teil. Am 26.06.40 konnte die Division Bordeaux besetzen und bis an die spanische Grenze vorstoßen! Harmel erhielt für seinen tapferen Einsatz das Eiserne Kreuz 1. Klasse verliehen.
Im Balkanfeldzug fungierte die SS-"*Das Reich*" als Stoßkeil des XXXXI. Panzerkorps. Nachdem der Elite-Verband aus Ostrumänien heraus die Grenze überquert hatte, überrollten die Regimenter binnen weniger Tage mehrere jugoslawische Brigaden und eroberten am 12. April 1941 die Hauptstadt Belgrad im Handstreich. Am 20. April wurde Hauptsturmführer Harmel für seine Leistungen zum Kommandeur des II. Bataillons im Regiment "*Der Führer*" ernannt. Sein Vorgänger war der spätere Schwerterträger und Generalleutnant der Waffen-SS Fritz von Scholz gewesen.

Im Juni 1941 trat die gesamte Division "*Das Reich*" zum Krieg gegen die Sowjetunion an. Bereits während des ersten Kriegsmonats erhielt Harmel für Tapferkeit im Gefecht das Deutsche Kreuz in Gold.
Während der schweren Kesselschlachten bei Smolensk, Roslawl und Gomel vernichtete die SS-"*Das Reich*" mehrmals überlegene russische Armeegruppen und stieß immer weiter vor. Während der schweren Winterschlacht vor Moskau bewährte sich das II. Bataillon hervorragend, Harmel erwies sich immer wieder als tapferer und draufgängerischer Frontoffizier. Im Winter 1941 übernahm er als Sturmbannführer (20.04.41) und Nachfolger von Wilhelm Bittrich das Elite-SS-Grenadierregiment "*Deutschland*".
Durch die aggressive Kampfführung der Division wurde bereits im April 1942 eine Auffrischung nötig, im Juni stieg Harmel bereits zum Obersturmbannführer auf! Als eine sowjetische Gegenoffensive in der Ukraine losbrach, wurde die Division in Eilzügen wieder an die Ostfront geschickt. Bereits in den ersten Wochen in schwerste Kämpfe mit russischen Truppen verstrickt, erlitt die Division erneut große Verluste *[08]*. Im Februar 1943 wurde der Verband zusammen mit einigen der kampferfahrensten Divisionen der gesamten Ostfront in Bereitstellung westlich von Charkow befohlen.
Am 19. Februar trat die deutsche Front geschlossen zum Angriff an. Harmel führte sein erstklassiges Regiment in allen Aktionen selbst an und glänzte im Gefecht wiederholt durch Durchsetzungsvermögen, Hartnäckigkeit und

persönlichen Mut. Als er mit seinen Panzern und Grenadieren die Stellungen bei Nowo Moskowsk, Pavlograd und Bereka einnehmen konnte, wurde er zum Ritterkreuz eingereicht. Im weiteren Verlauf der Kämpfe erstmals(!) verwundet, wurde er nach der Rückeroberung von Charkow durch den Divisionskommandeur Brigadeführer Keppler persönlich ausgezeichnet.
Im Sommer zeichnete sich die SS-"*Das Reich*" im Verband des II. SS-Panzerkorps (Hausser) während der Offensive gegen Kursk aus, Harmel konnte sich hierbei u.a. auf seine Bataillonskommandeure und späteren Schwerterträger Weidinger und Wisliceny verlassen.
Im Juli hielt das Regiment "*Deutschland*" trotz schwerer Angriffe eines gegnerischen Korps seine Stellungen bei Stepanowka. Während des Gegenangriffes führte Harmel persönlich ein Nahkampfkommando durch die tiefgestaffelten Grabenanlagen und hob mehrere Bunker aus. Im September 1943 erhielt er für seine Kampferfolge das 296. Eichenlaub zum Ritterkreuz verliehen. Während der harten Gefechte war Harmel innerhalb kürzester Zeit zweimal mit seinem Schützenpanzer auf eine Mine gefahren, war aber jedesmal unverletzt geblieben! Im Oktober streifte ein russischer Granatsplitter seinen Kopf und verwundete ihn erneut.
Im Februar 1944 musste die SS-"*Das Reich*" erneut zur Auffrischung nach Frankreich verlegt werden. Zu diesem Zeitpunkt hatte sich Harmel durch seinen oftmaligen Einsatz schon die Nahkampfspange in Silber verdient, am 20. April wurde er nach einer steilen Karriere zum Standartenführer befördert - bereits ab Mai trug er dann die Schulterstücke eines Oberführers der Waffen-SS!
Parallel mit der ersten Beförderung übernahm er auf Befehl des Oberkommandos des Heeres den Befehl über die neue SS-Panzerdivision "*Frunsberg*", welche im Verband des II. SS-Panzerkorps bei Lemberg und Tarnopol eingesetzt war. Als die Amerikaner und Briten im Juni 1944 in Frankreich landeten, wurde die SS-"*Frunsberg*" zusammen mit umfangreichen Heeresverbänden von der Ostfront abgezogen und in die Normandie verlegt. Der Kampf gegen die Westalliierten war ebenso hart wie gegen die Sowjets, wurde aber noch mehr durch deren Materialüberlegenheit dominiert.

Während schwerster Abwehrkämpfe bei Avranches konnten Harmels Verbände die amerikanischen Panzertruppen in arge Bedrängnis bringen, wurden für die Abwehrerfolge im Wehrmachtsbericht erwähnt und mussten erst nach langen Gefechten ihre Stellungen aufgeben. Als sich die Division mit Verbänden des Heeres nach Osten zurückzog, wurden große Teile der 7. Armee (Hausser) bei Falaise von US-Panzern überflügelt und eingekesselt! Im Verlauf der Abwehrschlachten gelang einzelnen Divisionen und Kampfgruppen der Ausbruch aus dem Kessel - unter diesen Verbänden befand sich auch der Großteil von Harmels SS-"*Frunsberg*"!
In schweren Rückzugskämpfen in Nordfrankreich und Belgien erlitt die Division weitere unersetzbare Verluste. Am 7. September 1944 wurde Heinz Harmel für seine überragenden Leistungen zum Brigadeführer und Generalmajor der Waffen-SS befördert! Somit hatte es Harmel seinem Vater gleichgetan, der als Militärarzt ebenfalls in den Generalsrang aufgestiegen war.
Die größten Divisionserfolge konnten während der Kämpfe in Holland erzielt werden. Nachdem britische und amerikanische Fallschirmjäger in den Niederlanden gelandet waren, wurde die SS-"*Frunsberg*" im Rahmen des II. SS-Panzerkorps (Bittrich) gegen die eingekesselten Truppen in Arnheim eingesetzt. In schweren Gefechten konnte die 1. britische Luftlandedivision zur Gänze aufgerieben und die strategisch wertvolle Brücke über den Rhein wieder gesichert werden. Als Teile seiner Division ein britisches Fallschirmjägerbataillon einkesselten, ließ Harmel dessen Kommandeur eine Übergabeaufforderung überbringen. Dieser lehnte jedoch ab, wenige Tage später mussten die erschöpften Briten dennoch die Waffen streckten. Die Gefechte in Arnheim gehörten zu den heftigsten an der Westfront seit der alliierten Invasion in der Normandie.
Für die Defensiverfolge seiner Division in Frankreich und Holland erhielt Heinz Harmel am 15.12.44 die Schwerter zum Ritterkreuz mit Eichenlaub. Nach harten Defensivschlachten vor Aachen sowie vorübergehenden Abwehrerfolgen vor Lüttich und Strassburg in den Osten verlegt, geriet die Division im März 1945 bei Spremberg in einen Kessel. Als er entgegen eines sinnlosen Durchhaltebefehls eigenmächtig nach Westen ausbrach, wurde der Schwerterträger kurzerhand seines Kommandos enthoben!! Als Kommandeur einer SS-Junkerschule ins österreichische Klagenfurt abgeschoben, übernahm Brigadeführer Harmel jedoch auf eigene Initiative eine motorisierte Kampfgruppe und rückte mit ihr erneut an die Front ab.
Im Mai 1945 ging er in britische Gefangenschaft.
Nach dem Krieg war Heinz Harmel als Handelsvertreter tätig und verstarb 94jährig im September 2000.

In dem bekannten und authentischen Kriegsfilm "*Die Brücke von Arnheim*" wurde er vom bekannten deutschen Schauspieler Hardy Krüger, sein damaliger Vorgesetzter Wilhelm Bittrich von Maximilian Schell verkörpert.

Generaloberst

JOSEF HARPE

* 21.09.1887 in Gelsenkirchen/Westfalen
+ 14.03.1968 in Nürnberg

Ritterkreuz		13.08.1941
Eichenlaub	(055)	31.12.1941
Schwerter	(036)	15.09.1943

Bayrisches Militärverdienstkreuz (?)
Panzerkampfabzeichen in Silber
Nennung im Wehrmachtsbericht
Deutsches Kreuz in Gold
Verwundetenabzeichen in Bronze

"Panzergeneral der ersten Garnitur"

Josef Harpe, 1887 als Sohn des Bürgermeisters von Gelsenkirchen geboren, trat 1909 als Fahnenjunker ins preußische Infanterieregiment 56 ein und wurde bereits ein Jahr darauf zum Fähnrich befördert.
Zu Beginn des Ersten Weltkrieges Regimentsadjutant, kämpfte Harpe zwischen 1916 und 1918 als Kompaniekommandeur (Namur, St. Quentin, Arras, Flandern, Verdun, Maas), erhielt beide Klassen des Eisernen Kreuzes und war bei Kriegsende Hauptmann und Stabschef der berühmten 2. Marineinfanteriedivision.
Nach der Kapitulation in die Reichswehr übernommen, fungierte Harpe u.a. als Stabsoffizier im Reichswehrministerium, als Kompanieführer in der Kraftwagenabteilung 4 sowie Anfang der Dreißigerjahre als Major im Auslandskommando des OKH.
Während seiner Dienstzeit im Stab des Inspizenten der Verkehrstruppen lernte er das taktische und organisatorische Einmaleins des später ausschlaggebenden schnellen Bewegungskrieges. Von den neuen Taktiken und Möglichkeiten begeistert, schloss sich Harpe schnell Verfechtern wie Hoth, von Manstein, Reinhardt oder Guderian an. Nachdem er schließlich sogar die geheime Heeres-Panzerschule im russischen Kasan befehligt hatte, stellte Oberstleutnant Harpe 1935 das Panzerregiment 3 auf und übernahm unmittelbar nach Kriegsausbruch die elitäre 1. Panzerbrigade.

Während des Polenfeldzuges führte Oberst Harpe seine Brigade im Verband der 1. Panzerdivision (Kirchner) im Frontbereich der 10. Armee (von Reichenau). Zusammen mit der 4. Panzerdivision überschritt Harpes Brigade die polnische Grenze und nahm am Vormarsch nach Lodz teil. Bereits nach wenigen Tagen erreichten die Spitzen des Verbandes den Kampfraum Warschau. Teile der Brigade kämpften gleichzeitig während der Kesselschlacht von Radom. Für seine überzeugende Führung erhielt Harpe die Spangen zum Eisernen Kreuz 1914. Aufgrund seiner taktischen Qualitäten und Kampferfahrung übernahm er im Februar 1940 die Panzertruppenschule Wünsdorf, die Anlaufstelle für die zukünftige Frontgeneration des Panzerkorps war.
Am 1. August 1940 wurde Harpe im Alter von 52 Jahren zum Generalmajor befördert und unmittelbar darauf mit der Übernahme der 2. Infanteriedivision beauftragt. Diesen kampferfahrenen Verband rüstete er im Frühjahr 1941 auf Befehl des OKH zur 12. Panzerdivision um und verlegte in Bereitstellungsräume für den bevorstehenden Russlandfeldzug.
Am 22. Juni 1941 überschritt die 12. PD im Verband des LVII. Armeekorps die sowjetische Grenze und kämpfte u.a. sehr erfolgreich während der Kesselschlacht von Bialystok und der Offensive gegen Minsk.
Nach weiteren Vormarschschlachten und der Überquerung der Düna kämpfte Harpes Division bei Schlüsselburg, Wilna, nahe Tichiwin und im Tschjornaja-Abschnitt.
Bereits am 13. August 1941 erhielt Generalmajor Harpe für die erstklassige Führung seiner Verbände das Ritterkreuz verliehen. Als er - obwohl durch Granatsplitter am Kopf und Nacken verwundet - einen erfolgreichen Panzerangriff am Wolchow anführte und Tichwin besetzte, erhielt er schon wenig später als erst zehnter General der Wehrmacht das Eichenlaub zum Ritterkreuz verliehen!
Am 15. Jänner erfolgte seine Beförderung zum Generalleutnant und Kommandeur des XXXXI. Panzerkorps der 4. Panzerarmee, sein Vorgänger war der spätere Brillantenträger Walter Model gewesen. Im Laufe des Kriegsjahres 1942

kam es im Mittelabschnitt der Front zu schweren und äußerst verbissenen Stellungskämpfen um Rshew, Wjasma und Spas-Demensk.
Mehrmals war der vorgeschobene Frontbogen von Rshew-Wjasma von einer Einkesselung bedroht, mehrmals schien die Stellung schon fast verloren. Nicht selten wurden Harpes Panzer zum Rettungsanker der 9. Armee. Als der Frontbogen im Frühjahr 1943 schließlich aufgegeben werden musste, deckte das XXXXI. Panzerkorps den Rückzug der verwundbaren Infanterie.
Im Juli 1943 führte General der Panzertruppe (01.06.42) Harpe sein Panzerkorps im Verband der 9. Armee im Zuge der Operation "Zitadelle" im nördlichen Frontbogen von Kursk an, im Zuge der Offensive kam es zu den größten Panzerschlachten des gesamten Krieges. Trotz größter Anstrengungen und schwerer Opfer konnte das Hauptziel der Operation, der Durchbruch an beiden Flanken und die Einkesselung von Kursk, nicht erreicht werden. Als starke sowjetische Truppen im Norden und Süden unerwartet zum Gegenangriff antraten, gerieten die deutschen Armeen ihrerseits in die Defensive.
Für seine Verdienste während den Offensivschlachten und den danach folgenden Rückzugskämpfen erhielt Josef Harpe am 15. September 1943 als 36. Soldat der Wehrmacht die Schwerter zum Ritterkreuz mit Eichenlaub verliehen. Der äußerst verdiente Offizier war der bereits elfte Weltkriegsveteran, der die hohe Auszeichnung erhielt.

Am 4. November 1943 erreichte General Harpe den bisherigen Höhepunkt seiner Karriere, als er die aus drei Korps bestehende 9. Armee im Mittelabschnitt der Ostfront übernahm. Am 20. April 1944 zum Generaloberst befördert, übernahm Harpe im Mai den Oberbefehl über die 4. Panzerarmee im Südabschnitt. Die Armee hatte wenige Wochen zuvor durch die sowjetische Frühjahrsoffensive große Verluste erlitten und befand sich auf dem Rückzug.
Im Sommer folgten schwere Rückzugsschlachten bei Lemberg und Brest-Litowsk, im Spätsommer verließen die Truppen der Heeresgruppe Süd endgültig russischen Boden. Zwischen dem 28. Juni und 16. August vertrat Harpe den bereits an die Westfront abkommandierten GFM Model als Oberbefehlshaber der Heeresgruppe Nordukraine, ehe er erneut an die Spitze der 4. Panzerarmee zurückkehrte.
Am 29. September 1944 gab Generaloberst Harpe das Kommando an den späteren Brillantenträger General Balck ab und übernahm den Oberbefehl über die Heeresgruppe A in Rumänien.
Die sowjetischen Truppen konzentrierten sich seit Ende August wieder auf diesen Frontabschnitt und waren gerade dabei, die bei Kischinew abgeschnittene 6. Armee aufzureiben! Ferner brachen zwei russische Schützenkorps bei Baranow durch die deutschen Linien - weder Harpe noch undurchführbare Entsatzangriffsbefehle aus dem OKW konnten die Lage noch retten!
Als Harpe auch die russische Winteroffensive nicht zu stoppen vermochte, setzte Hitler ihn kurzerhand ab und übertrug das Kommando dem späteren Brillantenträger und GFM Schörner. Hitler wollte Harpe in die Führerreserve abschieben, setzte ihn jedoch schließlich doch wieder für ein Frontkommando ein. Im März 1945 wurde der Generaloberst als Nachfolger von General von Manteuffel mit der Übernahme der 5. Panzerarmee der Heeresgruppe B an der Westfront beauftragt. Dieses Kommando hatte er der persönlichen Fürsprache von Brillantenträger GFM Model zu verdanken, welcher Harpe sehr schätzte.
Nach schweren Abwehrkämpfen östlich des Rhein wurde die 5. Panzerarmee, nur noch aus wenigen kampffähigen Einheiten zusammengewürfelt, zusammen mit der 15. Armee nördlich von Köln durch überlegene US-Truppen eingekesselt.
Im Ruhrkessel, der für die Reste der Heeresgruppe B (Model) zur Falle wurde, geriet Generaloberst Josef Harpe am 13. April 1945 in amerikanische Gefangenschaft. 1948 erfolgte die Entlassung.
Generaloberst a.D. Harpe verschied 1968 im bayrischen Nürnberg.

Major

ERICH HARTMANN

* 19.04.1922 in Weissach/Württemberg
+ 20.09.1993 in Weil am Schönbuch

Ritterkreuz		29.10.1943
Eichenlaub	(420)	02.03.1944
Schwerter	(075)	04.07.1944
Brillanten	(018)	25.08.1944

Frontflugspange für Jäger in Gold mit Anhänger Einsatzzahl "1.300"
Flugzeugführer- und Beobachterabzeichen in Gold mit Brillanten
Zweimalige Nennung im Wehrmachtsbericht
Auszeichnung der rumänischen Luftwaffe (?)
Ehrenpokal der Luftwaffe
Deutsches Kreuz in Gold

"1.404 Einsätze, 825 Luftkämpfe und 352 Siege!"

Bereits in seiner Jugend ein begeisterter und begabter Segelflieger, trat Hartmann im Oktober 1940 im Alter von 18 Jahren freiwillig in die Luftwaffe ein. In der Luftkriegsschule Berlin-Gatow und der Jagdfliegerschule II ausgebildet, hatte er das große Glück, eine gründliche Friedensausbildung durchlaufen zu können. Im Oktober 1942 wurde er als Leutnant zum Jagdgeschwader 52 an die Ostfront kommandiert, wo er dem erfahrenen Ritterkreuzträger Feldwebel Rossmann (93 Siege) als Katschmarek zugeteilt wurde*[29]*.
Sein erster Feindflug wurde zur Katastrophe: der übereifrige Hartmann brach so gut wie alle ihm beigebrachten Grundregeln, verließ seinen Rottenführer, flog diesem während des Luftkampfes in die Schusslinie, verlor die Orientierung und musste schließlich wegen Treibstoffknappheit hinter den eigenen Linien notlanden! Zuerst von Rossmann und dann von seinem Gruppenkommandeur zusammengestaucht, war Hartmann tief enttäuscht, aber wild entschlossen zu lernen. Und er lernte es!

Mit Hilfe von Rossmann, dem bekannten Walter Krupinski (197 Siege, später Generalleutnant der Bundesluftwaffe) und seinem Geschwaderkommodore Dietrich Hrabak*[30]* gelang es Hartmann, sein Jagdfieber zu überwinden und am 5. November 1942 seinen ersten Luftsieg zu erringen. Von da an stellte sich der energiegeladene junge "Bubi", wie Krupinski ihn aufgrund seines jugendlichen Aussehens freundschaftlich nannte, immer besser und vernünftiger an. Trotzdem hatte er im April 1943 nach 100 Feindflügen erst 7 Luftsiege erzielt und das Eiserne Kreuz 2. Klasse erhalten. Der 50. Gegner unterlag am 3. August, danach folgte eine tolle Siegesserie über Charkow.
Am 20. August 1943 nach 300 Einsätzen bereits bei 90 Luftsiegen angelangt, wurde Hartmann während eines Einsatzes über dem Donez durch Flak getroffen und zur Notlandung gezwungen. Nachdem er sich aus seiner brennenden Maschine gerettet hatte, wurde er prompt von heranrückenden russischen Soldaten entdeckt und gefangengenommen. Doch Hartmann hatte nicht vor, sich mit der ungewissen Kriegsgefangenschaft abzufinden. Er täuschte eine Verwundung vor und sprang von dem Lastwagen, der ihn in den nächsten russischen Gefechtsstand bringen sollte. Nach stundenlanger Flucht Richtung Westen erreichte er schließlich die eigenen Linien! Nun begann der kometenhafte Aufstieg des "Bubi" Hartmann, der im Laufe des Krieges zum erfolgreichsten Jagdflieger aller Zeiten werden sollte.
Bereits früh hatte Hartmann eine Luftkampftaktik angewandt, die ihm sein Rottenführer und Freund Krupinski beigebracht hatte. Er flog mit seiner Me-109 so nah wie möglich an den Gegner heran, wartete bis zur letzten Sekunde und jagte dann einen einzigen, tödlichen Feuerstoß in die feindliche Maschine. Diese Taktik hatte den Vorteil der maximalen Durchschlagskraft und des niedrigen Munitionsverbrauchs, brachte als Nachteil aber auch des öfteren Schäden durch abgesprengte Flugzeugteile des Gegners mit sich. Viermal musste Hartmann im Laufe des Krieges aufgrund solcher Schäden notlanden. Diese Angriffsart wurde zu seinem Markenzeichen. Bemerkenswert waren auch Hartmanns optische und taktische Fähigkeiten. Er war in der Lage, feindliche Maschinen lange vor seinen Staffelkameraden zu entdecken und sich so in die flugtaktisch günstigste Position zu bringen.

Im September 1943 bei 95 Luftsiegen angelangt, meldete er Ende Oktober bereits seinen 148., wofür er endlich das Ritterkreuz erhielt. Am 02.09.43 hatte Hartmann die ausgezeichnete 9. Staffel des Geschwaders übernommen, in der Brillantenträger Hermann Graf einst seine größten Erfolge erzielt hatte.
Als zu dieser Zeit Hartmanns phantastische Abschusserfolge durch seinen Staffelkameraden Friedrich Obleser angezweifelt wurden, nahm „Bubi“ ihn kurzerhand zu einem Jagdeinsatz mit und brachte den Zweifler durch den Abschuss dreier russischer Jagdmaschinen binnen weniger Minuten zum Schweigen! Obleser selbst beendete den Krieg als Ritterkreuzträger mit 120 Luftsiegen und war später als Generalleutnant der Bundesluftwaffe Hartmanns Vorgesetzter.

Im Sommer 1943 schoss „Bubi“ Hartmann eine russische Jagdmaschine ab, deren Pilot der bei Kriegsende 30mal siegreich gebliebene, zweimal mit dem „Held der Sowjetunion“ beliehene, Leutnant Boris Glinka gewesen sein soll. Glinka war ein hevorragender Flieger und zuletzt Kommandeur eines Elite-Gardeverbandes.
Nach einem kometenhaften Aufstieg und atemberaubenden Schießleistungen konnte Hartmann nur fünf Monate später für seinen 200. Luftsieg*[05]*, zusammen mit seinem alten Lehrmeister und jetzigen Chef der 7. Staffel Walter Krupinski, das 127. Eichenlaub zum Ritterkreuz innerhalb der Luftwaffe entgegennehmen*[31]*. Am 2. März 1944 hatte "Bubi" im Gebiet von Kirowograd zehn bestätigte Abschüsse zu Stande gebracht, nachdem er wenige Tage zuvor eine technisch bedingte Bruchlandung in Uman unbeschadet überstanden hatte.
Im Mai und Juni 1944 bewies der Württemberger, dass er auch gegen die allgemein besser ausgebildeten und ausgerüsteten Amerikaner bestehen konnte. Über Rumänien schoss er sechs P-51 "Mustang" ab. Einmal dürfte er unter einer US-Jagdstaffel großes Erstaunen und Bewunderung ausgelöst haben, als er mehrere Minuten lang alleine die Angriffe von acht(!!) P-51 abwehren konnte, ehe er den Kampf wegen Treibstoffknappheit abbrechen musste! Unter seinen westlichen Opfern befand sich auch, so Nachforschungen nach dem Krieg, das US-Fliegeras Ralph Hofer mit 16 Luftsiegen.
Im Sommer 1944 befand sich der junge Oberleutnant (01.06.44) in Hochform. Kurz nachdem er für seinen 239. Abschuss als bereits 35. Luftwaffenangehöriger die Schwerter zum Ritterkreuz mit Eichenlaub erhalten hatte, gelangen ihm auf 16 Feindflügen in fünf Tagen 59(!) bestätigte Luftsiege. Am 23.08.44 bezwang er 8, am nächsten Tag sogar 11 Gegner!
Am 24. August überschritt Erich Hartmann mit dem Abschuss einer russischen P-39 "Aircobra" über Baranow als erster Jagdflieger der Welt die für absolut unerreichbar gehaltene Marke von 300 Luftsiegen(!!), wofür er die 18. Brillanten zum Ritterkreuz mit Eichenlaub und Schwertern sowie das seltene Flugzeugführerabzeichen in Gold mit Brillanten verliehen bekam.
Als Oberleutnant Hartmann zur Übergabe dieser hohen Auszeichnungen ins Führerhauptquartier befohlen wurde, sollte er sich dort der üblichen Sicherheitsinspektion durch einen Offizier der Wache unterziehen und ferner seine Pistole an der Tür abgeben. Dies lehnte Hartmann jedoch ab und entgegnete „...sagen Sie dem Führer ich will die Brillanten nicht haben, wenn er kein Vertrauen zu seinen Frontoffizieren hat!“
Der verdutzte Wachhabende verschwand in Hitlers Arbeitszimmer, erstattete Meldung und erhielt Befehl, den jungen Oberleutnant unkontrolliert eintreten zu lassen.

Im Oktober übernahm Hartmann die 4. Staffel, wenige Wochen darauf wurde er als Hauptmann (01.09.44) zum Kommandeur der I. Gruppe ernannt.
Inzwischen war er bei den Russen so gefürchtet, dass auf seinen Tod oder Gefangennahme eine Belohnung von 10.000 Rubel ausgesetzt war! Hochdekorierte sowjetische Fliegerasse wie Iwan Koschedub (62), Alexander Pokryschkin (59), Nikolai Gulajew (57) oder Wasilji Golubew (38) machten erfolglos Jagd auf Hartmann. Dessen 320. Sieg wurde am 22. November am Leitwerk vermerkt.
Im März 1945 hatte der Luftkampfspezialist kurz Gelegenheit, den neuen Düsenjäger Me-262 zu testen. Ein Angebot, zusammen mit der Luftkampfelite im Jagdverband 44 unter Galland zu fliegen, lehnte Hartmann jedoch ab - er wollte bei seiner Gruppe bleiben. Seine letzten Erfolge erzielte "Bubi" im April und Mai 1945 über der Tschechoslowakei. Am Tag der deutschen Gesamtkapitulation schickte Hartmann mit einer russischen Jak-11 über Brünn seinen 352. und letzten Gegner in die Tiefe, am gleichen Tag war er mit erst 23 Jahren zum Major befördert worden! Viele Luftkriegshistoriker sehen diesen Luftsieg als den allerletzten der deutschen Luftwaffe an.
Nach seiner Landung fand der Major einen Funkspruch vor, der ihm befahl, sich zusammen mit dem ebenfalls höchstdekorierten Geschwaderkommodore Hermann Graf nach Westen abzusetzen und den Amerikanern zu ergeben. Bereits nach wenigen Sekunden Beratung stand für beide Flieger fest, diesen Befehl zu verweigern und jene Männer, die seit Jahren mit ihnen zusammen gekämpft hatten, nicht im Stich zu lassen. Nachdem sich die Reste des Geschwaders zusammen mit hunderten Flüchtlingen zu den westalliierten Linien durchgeschlagen hatten, wurden sie jedoch aufgrund einer US-sowjetischen Vereinbarung wieder an die Rote Armee ausgeliefert!

In einem Schauprozess aufgrund lächerlicher Anklagepunkte 1947 zu 25 Jahren Zwangsarbeit verurteilt, blieb Hartmann während der Haft ungebrochen. So organisierte der couragierte Offizier 1950 im Gefangenenlager Schachty erfolgreich einen Aufstand, um auf die menschenunwürdigen Bedingungen aufmerksam zu machen! Dafür ließ man ihn erst Ende 1955 als einen der letzten deutschen Soldaten wieder in die Heimat zurückkehren!
Schon 1956 trat Hartmann wieder in die Bundesluftwaffe ein, wo er u.a. das neue Jagdgeschwader 71 "*Richthofen*" aufbaute und zu großen Leistungen führte. 1970 quittierte Oberst Hartmann nach verschiedenen dienstlichen Problemen und Enttäuschungen den Dienst, zuletzt war er Inspekteur der Jagdfliegerverbände gewesen.
Unter den achtzehn Brillantenträgern, die den Krieg überlebten, war Hartmann der einzige, der später auch in der neuen Bundeswehr diente.

Erich "Bubi" Hartmann steht mit 352 bestätigten Luftsiegen zwischen November 1942 und Mai 1945 unangefochten an der Spitze der Luftkriegsgeschichte*[32]*. Das As der Asse hatte in ebenfalls ungeschlagenen 1.404 Jagdeinsätzen nie einen ihm anvertrauten Rottenkameraden verloren und war trotz all seiner 825 Luftkämpfe nie verwundet worden!!
In puncto Feindflügen übertrafen ihm lediglich die beiden Schlachtflieger-Experten Rudel und Nordmann.
Sein Abschussrekord umfasste 261 einmotorige Jäger, 90 zweimotorige Maschinen (meist vom schwergepanzerten Typ Il-2 "Stormovik") sowie einen schweren russischen Bomber.
Im Laufe des Krieges hatten Spitzenasse wie Hartmann, Graf (212), Barkhorn (301), Rall (275) Batz (237), Dickfeld (136), Fönnekold (136), Gratz (138), Lipfert (203), Hrabak (125), Obleser*[33]* (120), Krupinski (197), Grislawski (133), Zwernemann (126), Sturm (158), Schmidt (173), Steinbatz (99) u.v.a. dafür gesorgt, dass das JG 52 mit über 11.000 Luftsiegen zum erfolgreichsten der Kriegsgeschichte wurde. Mit unglaublichen 70 Ritterkreuzverleihungen gehört das Geschwader zu den höchstdekorierten Einheiten der deutschen Streitkräfte!

Oberst a.D. Hartmann verstarb 1993 im Weil am Schönbuch. Seinen Spitznamen "Bubi" hatte der bemerkenswerte Offizier bis ins hohe Alter behalten.
Im Jänner 1997, über drei Jahre nach seinem Tod, wurde Erich Hartmann von russischer Seite rehabilitiert und von allen gegen ihn erhobenen Anschuldigungen entlastet. Ferner stellte eine russische Kommission fest, dass der hochdekorierte Jagdflieger damals zu unrecht abgeurteilt worden war.

Anmerkung des Autors:

Vereinzelt wird Hartmanns letzter Dienstrang während des Krieges mit Hauptmann angegeben. Ebenfalls Differenzen entstanden beim Verleihungsdatum der Schwerter zum Ritterkreuz - ich halte mich in beiden Fällen strikt an Hartmanns eigene Angaben aus seiner Biographie.

General der Artillerie

WALTER HARTMANN

* 23.07.1891 in Mühlheim/Westfalen
+ 11.03.1977 in Hameln

Ritterkreuz		10.08.1941
Eichenlaub	(340)	30.11.1943
Schwerter	(139)	18.03.1945

Anerkennungsurkunde des Oberkommandos des Heeres
Verwundetenabzeichen in Gold

"Nach Schwerstverwundung wieder an die Front"

Als Oberstleutnant Hartmann an der Spitze des Artillerieregiments der 24. Infanteriedivision in den Zweiten Weltkrieg zog, war es bereits sein zweiter Krieg.
Bereits 1912 zum Leutnant befördert, diente Walter Hartmann während des Grabenkrieges an der Westfront im berittenen sächsischen Feldartillerieregiment 12 als Batteriekommandeur, erhielt das Eiserne Kreuz 1. Klasse verliehen und beendete den Krieg als Stabsoffizier auf Korpsebene.
In der Reichswehr anfangs Stabsoffizier in der 4. Infanteriedivision, kehrte er schnell wieder zur Artillerie zurück und wurde als Hauptmann Batteriekommandeur im Artillerieregiment 4. 1937 als Oberstleutnant bereits Kommandeur des Artillerieregiments der 24. ID, führte Hartmann diese Einheit in den Polenfeldzug (Warthe, Warschau, Lodz). Für seine Verdienste mit dem Spangen zum Eisernen Kreuz 1914 beliehen, erfolgte im Februar 1940 seine Berufung zum Korps-Artillerieführer LII der 11. Armee!
Während des Westfeldzuges noch nicht einsatzbereit, wurde das Korps nach vollendeter Aufstellung an die Ostgrenze verlegt.

Für die Operation "Barbarossa" wurde das LII. Armeekorps der 17. Armee (Heeresgruppe Süd) unterstellt und in die Slowakei in Bereitstellung befohlen. Bereits wenige Tage, nachdem die Stoßdivisionen die Linien der 6. sowjetischen Armee durchbrochen und an Tarnopol vorbeigestoßen waren, wurde Oberst Hartmann am 15. Juli 1941 durch eine Artilleriegranate schwerst verwundet. Als er nach einer Notoperation im Feldlazarett aufwachte, musste er einen unvorstellbaren Schock verkraften: linksseitig hatten Arm und Bein amputiert werden müssen!!
Hartmanns unbeschreibliche psychische Kraft ermöglichte es ihm, diesen Schicksalsschlag wegzustecken und weiterzumachen. Noch während seines Lazarettaufenthaltes erhielt er das Ritterkreuz ans Krankenbett gebracht, welches er für seine außerordentlichen Leistungen als Korps-Artillerieführer hatte verliehen bekommen.
Wenn eine solch schwere Verwundung nicht das Ende der Militärkarriere bedeutete, hatte der Versehrte normalerweise höchstens einen Posten als Lehrgangsleiter, Verwaltungsoffizier oder dgl. zu erwarten - doch Walter Hartmann hatte sich ein anderes Ziel gesetzt. Nach einer langen Heilungs- und Erholungsphase stellte er Antrag um Rückversetzung zur Kampftruppe!
Am 10. September 1942, über ein Jahr nach seiner schweren Verwundung, kehrte Hartmann als Generalmajor (01.10.41) an die Front zurück und übernahm vorerst eine Feldausbildungsdivision im russischen Hinterland. Im April 1943 wurde sein eigentlicher Wunsch mit der Kommandoübernahme der 87. Infanteriedivision endlich erfüllt. Die Division lag unter dem Kommando des XXVII. Armeekorps der 9. Armee seit Monaten im hart umkämpften Frontbogen von Rshew, welcher im Frühjahr 1943 geschickt geräumt werden konnte. Hartmanns Division wurde hierbei als eine der ersten nach Westen abgezogen.
Durch die Frontverkürzung frei geworden, wurde Generalleutnant (01.02.43) Hartmanns 87. Infanteriedivision in den Nordabschnitt der Ostfront verlegt, wo sie bei Ssytschewka, Dorogobusch und Welish durch hartnäckigen Widerstand an höchster Stelle auffiel.

Nach weiteren Erfolgen in den Abwehrschlachten zwischen Orlowo- und Loboksee erhielt Generalleutnant Hartmann am 30. November 1943 als 340. Soldat der Wehrmacht und 86. Offizier im Generalsrang das Eichenlaub zum Ritterkreuz verliehen. Die schweren Nachwirkungen seiner Verwundung und die damit verbundenen Einschränkungen machten dem hervorragenden und gewissenhaften Offizier anscheinend kaum zu schaffen. Während den erbitterten Winterschlachten wurde die 87. ID mehrmals schwer getroffen, konnte die ihr zugeteilten Stellungen aber erfolgreich halten.
Als ein durchgesickertes sowjetisches Schützenbataillon die rückwärtigen Stellungen der Division bei Demidow attackierte und aufgrund der überlasteten HKL keine Reserven mehr aufzutreiben waren, ließ Walter Hartmann kurzerhand seinen Divisionsstab bewaffnen und führte diese zusammengewürfelte Kampfgruppe persönlich(!) ins Gefecht! Geführt von einem zweifach amputierten Generalleutnant, schafften die "Schreibstubenhengste" das Unglaubliche und drängten das Feindbataillon binnen einer Stunde zurück. Vier Tage zuvor hatte dieser bemerkenswerte Frontoffizier ein ähnliches Meisterstück abgeliefert, als er zwei Grenadierzüge gegen eine durchgebrochene Kampfgruppe bei Beljanskaja führte und siegreich blieb. "Führen von hinten" schien dem Divisionskommandeur irgendwie nicht zu liegen!

Ende Jänner 1944 übernahm Walter Hartmann das I. Armeekorps der Heeresgruppe Nord. Seine Divisionen kämpften während der letzten Abwehrschlachten um Leningrad und zogen sich nach schweren Verlusten Richtung Westen zurück. Die sowjetische Offensive sprengte den seit 900 Tagen bestehenden Belagerungsring von Leningrad und drängte die deutschen Truppen bis zum Sommer 1944 nach Estland zurück. Nachdem der am 1. Mai 1944 zum General der Artillerie beförderte Hartmann übergangsweise das XXXIX. Armeekorps befehligt und den Endkampf auf der Krim erlebt hatte, übernahm er am 1. September das VIII. Armeekorps.
Unter dem Oberbefehl der 2. Armee führte Hartmann sein nur noch aus zwei Divisionen bestehendes Korps in den erbitterten Abwehrschlachten in Ostpreußen und Polen an.
Nach dem Zusammenbruch der "Ostpreußen"-Stellung setzte die Rote Armee mehrmals zu Großoffensiven an. In den schweren Rückzugsgefechten wurde Hartmanns Korps meist zusammen mit Einheiten der 1. Panzerarmee (Heinrici, Nehring) bzw. der 9. Armee (v. Lüttwitz) eingesetzt. So blieben die Verbände entlang der Linie Oppeln-Cosel standhaft und wehrten sowjetische Großangriffe an der Neiße und bei Ratibor ab.
Für seine Verdienste in der Korpsführung erhielt General der Artillerie Hartmann am 18. März 1945 als 139. Soldat und 83. Heeresoffizier die Schwerter zum Ritterkreuz mit Eichenlaub verliehen. Am 1. April übernahm er noch das XXXIV. Panzerkorps, das im Frontabschnitt Brünn und Lauban kämpfte und im Mai von US-Truppen zur Aufgabe gezwungen wurde.
Obwohl Versehrte normalerweise bereits nach wenigen Monaten ins Zivilleben entlassen wurden, blieb Hartmann bis 1947 in Gefangenschaft.
Der General a.D. stieg in der pharmazeutischen Industrie zum Geschäftsführer eines großen Betriebes auf und verstarb 1977 in Hameln.

Oberstgruppenführer der Waffen-SS

PAUL HAUSSER

* 07.10.1880 in Brandenburg a.d. Havel
+ 21.12.1972 in Ludwigsburg

Ritterkreuz		08.08.1941
Eichenlaub	(261)	28.07.1943
Schwerter	(090)	26.08.1944

Hohenzollernorden mit Schwertern
Sächsischer Militär-St.-Heinrichs-Orden
Württemberger Friedrichs-Orden 1. Klasse
Österreichisches Militärverdienstkreuz 3. Klasse
Österreichischer Orden der Eisernen Krone
Bayrisches Militärverdienstkreuz 2. Klasse
Nennung im Wehrmachtsbericht
Verwundetenabzeichen in Silber

"Der Vater der Waffen-SS"

Dem Beispiel seines Vaters folgend, trat Hausser im Alter von 19 Jahren in die preußische Armee ein, nachdem er bereits mehrere Jahre in einer Kadettenschule verbracht hatte. Seine damaligen Klassenkameraden Günther von Kluge und Fedor von Bock sollten es in der Wehrmacht bis zum Generalfeldmarschall bringen.
Während des Ersten Weltkrieges sammelte Hausser sowohl umfassende Kampf- als auch Stabserfahrungen. Nach Teilnahme an den Kämpfen im Westen, in Kurland und in Rumänien (Infanterieregiment 155) und zeitweisem Einsatz als Flugzeugbeobachter beendete er den Krieg als mehrfach dekorierter Major und Stabschef des I. Infanteriekorps. Nach zeitweiliger Verwendung im Grenzschutz trat Oberstleutnant Hausser in die kleine Reichswehr ein, wo er 1925 als Stabschef der 2. ID fungierte. Sein Vorgänger als Ia war der spätere Generalfeldmarschall und Schwerterträger Gerd von Rundstedt gewesen. Zweiter Stabsoffizier (IIa) war zu dieser Zeit der spätere Inspekteur der Panzertruppen und Eichenlaubträger Heinz Guderian. 1928 übernahm Oberst Hausser das in Dresden stationierte Infanterieregiment 10, ehe er ein Jahr darauf Höherer Infanterieführer Magdeburg wurde.
Durch herausragende Leistungen bereits 1931 Generalmajor und 1932 Generalleutnant, schied er nach 33jähriger Dienstzeit aus dem Heer aus, um als Standartenführer in die SS-Verfügungstruppe einzutreten*[34]*. Bis zum Ausbruch des Zweiten Weltkrieges kommandierte er u.a. die Junkerschule Braunschweig und war Kommandeur der als Elite der Wehrmacht geltenden SS-Verfügungsdivision.

Bei Kriegsausbruch befehligte Gruppenführer (1939) Hausser eine SS-Brigade innerhalb der Heeres-Panzerdivision "*Kempf*", während des Frankreichfeldzuges kommandierte er die SS-Verfügungsdivision, die kurz darauf in "*Das Reich*" umbenannt wurde. Mit dieser Elite-Division nahm er an den Kämpfen in Holland (Amsterdam, Grebbe-Linie, Vlissingen) und Belgien teil, stieß durch Flandern, kämpfte bei Reims und Orléans, besetzte Bordeaux und erreichte im Juni 1940 die spanische Grenze! Nach weiteren erfolgreichen Kämpfen im Rahmen des Balkanfeldzuges (z.B. Einnahme von Belgrad) wurde die Division mit schwerem Gerät ausgerüstet und zahlenmäßig aufgestockt.
Im Juni 1941 trat Gruppenführer Haussers SS-"*Das Reich*" zum Krieg gegen die Sowjetunion an. Im Verband der Heeresgruppe Mitte stieß die Division mit ungeheurer Schlagkraft durch die russischen Grenzbefestigungen, nahm an der riesigen Kesselschlacht nördlich Baranovici, der Besetzung von Smolensk und der Kesselschlacht von Kiew teil. Für die großen Erfolge seiner Division erhielt Paul Hausser im August 1941 das Ritterkreuz zum Eisernen Kreuz. Nach weiteren Einsätzen bei Roslawl, Istra, Gschtask und Gomel trat die Division zum Sturm gegen die Hauptstadt Moskau an. Während den erbitterten und verlustreichen Gefechten, die unter schwierigsten klimatischen Bedingungen geführt wurden, büßte der General der Waffen-SS (01.10.41) durch eine böse Splitterverwundung sein rechtes Auge ein!
Nach mehrmonatigem Aufenthalt im Lazarett übernahm Hausser als einer der ranghöchsten Waffen-SS-Offiziere am 1. Juni 1942 das II. SS-Panzerkorps. Nach Teilnahme an der Besetzung Südfrankreichs im November 1942 (Unternehmen "Lila", Selbstversenkung der französischen Flotte in Toulon) wurde das Korps im Jänner 1943 nach kurzem Einsatz

bei Oskol zur Verteidigung von Charkow herangezogen. Als mehrere sowjetische Armeen, in absoluter taktischer, personeller und materieller Überlegenheit, zur allesniederwalzenden Offensive antraten, bat Hausser um die Genehmigung, seine Truppen abziehen zu dürfen. Doch Hitler - uneinsichtig und stur wie eh und je - befahl in alten Phrasen "die Verteidigung bis zur letzten Patrone". In dieser Situation bewies Hausser, dass er ein intelligenter und selbständig handelnder Offizier mit Courage und kein hitlerhöriger Befehlsempfänger war. Er verweigerte den gegebenen Befehl und zog sich eigenmächtig aus Charkow zurück! Die gerade noch rechtzeitig eingeleitete Absetzbewegung rettete mehrere deutsche Divisionen vor der Einkesselung. Nachdem sein Korps verstärkt worden war, gelang zusammen mit Panzertruppen des Generaloberst Hoth im März 1943 sogar die Rückeroberung der Stadt, wobei die Rote Armee sechs Armeekorps und Unmengen von Material verlor. Dieser Erfolg rettete Hausser vielleicht vor der Absetzung.
Für die Erfolge bei Charkow verdiente Hausser das Eichenlaub - die Verleihung wurde durch Hitler "als Strafe für den Ungehorsam" jedoch bis zum Juli hinausgezögert!

Im Sommer 1943 nahm das II. SS-Panzerkorps mit den kampfkräftigen Elite-Divisionen "*Totenkopf*" (Prieß), "*Leibstandarte*" (Dietrich) und "*Das Reich*" (Krüger) an der gewagten Operation "Zitadelle" teil. In schwersten Gefechten im Frontbogen von Kursk erlitten die deutschen Verbände hohe Verluste*[35]*.
Am 12. Juli führte Hausser seine drei Divisionen in die Panzerschlacht von Prochorowka - mit insgesamt 1.000 beteiligten Fahrzeugen das größte diesbezügliche Zusammentreffen des Krieges!
Während zwei Panzerkorps der „Armeeabteilung Kempf“ an diesem Tag die sowjetischen Stellungen südöstlich von Prochorowka attackierten, sollten Dietrich, Krüger und Prieß mit ihren Verbänden westlich der Stadt angreifen und somit einen seit dem Vortag rollenden Angriff der 5. sowjetischen Garde-Panzerarmee abwehren. Durch starken Regen behindert, lieferten sich beide Seiten härteste Gefechte zwischen den Dörfern Vesely, Teterewino und Kotschetowka. Entlang der Nordflanke durch das XI. Panzerkorps unterstützt, konnte die SS-„*Leibstandarte*“ am Vormittag schließlich einen erfolgreichen Durchbruch erreichen, während im Zentrum die Grenadiere der SS-„*Totenkopf*“ langsam aber sicher vorrückten. Doch ebenso wie der Angriff der restlichen Divisionen blieben auch diese beiden Vorstöße schließlich im russischen Abwehrfeuer liegen.
Die an der rechten Flanke anfangs auch erfolgreiche „Armeeabteilung Kempf“ musste sich am Nachmittag aufgrund starker Gegenangriffe eines mechanisierten Gardekorps ebenfalls zurückziehen. Insgesamt hatten die deutschen Divisionen bei Prochorowka den Verlust von über 300 Panzern, die Rote Armee von fast 500 Panzer zu beklagen.
Da auch in den nächsten Tagen kein entscheidender Durchbruch erreicht werden konnte, zog sich die 4. Panzerarmee (Hoth) bis Anfang August aus Bjelgorod und am 23. August auch aus Charkow zurück.

Es folgten zähe Rückzugs- und Abwehrkämpfe, ehe das II. Panzerkorps zur Auffrischung nach Oberitalien verlegt wurde. Ab April 1944 kamen Haussers Truppen bei Tarnopol und der Entsatzoffensive für den "Hube-Kessel" bei Kamenez-Podolsk zum Einsatz.
Als im Juni amerikanische, britische und kanadische Truppen in der Normandie landeten, wurde das II. SS-Panzerkorps per Zug nach Frankreich verlegt. Bereits wenige Tage später konnten die wertvollen Elite-Verbände durch starke Gegenwehr eine Offensive des VIII. britischen Armeekorps gegen die linke Caen-Flanke vereiteln. Später scheiterte auch ein kanadischer Versuch an der rechten Flanke.
Am 27. Juni 1944 übernahm Hausser als erster SS-Offizier des Krieges den Oberbefehl über eine Armee und gab sein Panzerkorps an den späteren Schwerterträger Wilhelm Bittrich ab. Der am 1. August zum Oberstgruppenführer und Generaloberst der Waffen-SS beförderte Hausser – diesen Rang erreichten insgesamt nur drei SS-Offiziere - übernahm die 7. Armee. Diese lag seit Wochen in schwersten Abwehrschlachten an der Invasionsfront.
In den schweren Gefechten brachten Haussers Truppen die Alliierten des öfteren in verzwickte Situationen, wurde aber stetig zurückgedrängt. Als große Teile der 7. Armee im August 1944 um Falaise eingekesselt wurden, schien ein "westliches Stalingrad" in greifbare Nähe gerückt.
Durch den anfangs noch brüchigen Umklammerungsring konnten in vereinzelten Durchbrüchen etwa 50.000 Mann aus dem Kessel entkommen - darunter befand sich der erneut schwer verwundete Hausser. Mit einem durchschossenen Unterkiefer lag er lange in einem deutschen Lazarett. Sein Stellvertreter als Oberbefehlshaber der 7. Armee, Eichenlaubträger General Eberbach, geriet im Falaise-Kessel in Kriegsgefangenschaft.
In Anerkennung seiner tapferen Truppen und der Abwehrerfolge in der Normandie erhielt Oberstgruppenführer Hausser am 26. August als 11. Angehöriger der Waffen-SS die Schwerter zum Ritterkreuz mit Eichenlaub verliehen.
Im Jänner 1945 kehrte er an die Front zurück und übernahm als einziger SS-Offizier des Krieges den Oberbefehl über eine Heeresgruppe, über die HGR G am Oberrhein. Hier standen ihm die bekannten amerikanischen Truppenführer Patton und Patch gegenüber. Haussers Hauptaufgabe lag in der Verteidigung von Mannheim, Heidelberg und Karlsruhe.

Doch die US-Truppen waren im hohen Maße überlegen und erhielten zusätzlich Unterstützung durch frei-französische Verbände.
Nach heftigen Debatten mit Hitler, in denen er sich offen gegen die ewigen Durchhalteparolen des Führers aussprach, wurde Hausser im April 1945 abgesetzt. Am 8. Mai ergab sich der hochdekorierte Offizier den vorrückenden amerikanischen Truppen. Bis 1949 blieb Paul Hausser in Kriegsgefangenschaft.
In den Nachkriegsjahren gründete Hausser den Bundesverband der ehemaligen Waffen-SS-Soldaten (HIAG) und bemühte sich weitgehend vergebens um die Anerkennung der Waffen-SS als vierten Wehrmachtsteil. Als langjähriger Vorsitzender dieser Veteranenorganisation trat er auch für eine strikte Trennung der kämpfenden Front-SS und der für die Greueltaten verantwortlichen Totenkopf-SS in den Konzentrationslagern ein.
Paul Hausser ist 1972 im Alter von 92 Jahren verstorben und wurde in München beigesetzt.

General der Fallschirmtruppe

RICHARD HEIDRICH

* 28.07.1896 in Lewalde/Sachsen
+ 22.12.1947 in Hamburg-Bergedorf

Ritterkreuz		14.06.1941
Eichenlaub	(382)	05.02.1944
Schwerter	(055)	25.03.1944

Fallschirm-Schützenabzeichen
Viermalige Nennung im Wehrmachtsbericht
Ärmelband "Kreta"
Deutsches Kreuz in Gold
Verwundetenabzeichen in Bronze

"Mit 41 Jahren zu den Fallschirmjägern"

Der in Sachsen geborene Heidrich trat unmittelbar nach Beginn des Ersten Weltkrieges ins Infanterieregiment 101 "*Ludwig von Bayern*" ein und kämpfte bis zum November 1918 erfolgreich an der West- und Ostfront. Nachdem er 1915 für Tapferkeit vor dem Feind zum Leutnant befördert worden war (EK.I), wurde er wiederholt in andere Regimenter versetzt und war bei Kriegsende Regimentsadjutant. 1919/20 diente er als Kompanieführer in einem Freikorps im Baltikum und wurde anschließend in die Reichswehr übernommen. Hier fand er 1925 als Ausbilder im IR 10 Verwendung, stieg 1931 zum Hauptmann auf und unterrichtete Mitte der Dreißigerjahre an der Infanterieschule Potsdam.
Zum Major befördert, beantragte er 1937 seine Versetzung zur Luftwaffe, wo er eines der ersten Fallschirmjägerbataillone kommandierte und formte. Zusammen mit dem späteren Eichenlaubträger und Generaloberst Kurt Student gehörte Heidrich zu den Veteranen der ersten Stunde.

Kurz vor Kriegsausbruch gab Oberstleutnant Heidrich sein Bataillon an Hauptmann Fritz Prager - nach Einsätzen in Holland und Narvik bereits 1940 Ritterkreuzträger - ab und wurde Stabsoffizier in der 7. Fliegerdivision. Für den Einsatz im Westfeldzug wurde er jedoch an das Heer "ausgeliehen" und als Kommandeur des Infanterieregiments 514 der 294. ID (IX. Armeekorps) eingesetzt. Nach der französischen Kapitulation sorgte Student für seine sofortige Rückversetzung zur Luftwaffe.
Im Sommer 1940 übernahm der bereits zum Oberst (20.04.40) aufgestiegene Heidrich das Fallschirmjägerregiment 3. Seinen ersten Sprungeinsatz absolvierte er im Mai 1941, als er an der Spitze seiner Männer über Kreta abgesetzt wurde. Im Zentrum der zäh verteidigten Mittelmeerinsel kämpfte das Regiment bei Galatas und Chania sowie an der Großen Sudabucht und bei Malemes. Zwischen dem 20. und 27. Mai fanden schwere Gefechte entlang der unüberschaubaren Hauptkampflinie statt. Da die Absprungzonen im strategisch wichtigsten Gebiet der Insel lagen, wurden sie von den Alliierten besonders zäh verteidigt. Nach dem Tod von Generalleutnant Süßmann übernahm Heidrich kurzerhand die Führung der gesamten 7. Fliegerdivision. Zusammen mit einer Kampfgruppe unter dem späteren Brillantenträger Ramcke konnten die gesteckten Ziele schließlich genommen werden. Für die Verdienste seines Regiments und persönliche Tapferkeit im Gefecht erhielt Oberst Heidrich am 14.06.41 das Ritterkreuz verliehen.
Als im Winter 1941/42 entlang der Ostfront dringend frische Verstärkungen gebraucht wurden, setzte man die in 1. Fallschirmjägerdivision umbenannte, ehemalige 7. Fliegerdivision in Marsch - an ihrer Spitze Oberst Heidrich, welcher am 4. August 1942 zum Generalmajor befördert wurde.
Mit seinen kampferfahrenen Männern bewährte sich Heidrich bis Mitte 1943 an der Russlandfront. Die 1. FJD kämpfte in unzähligen Abwehrschlachten bei Leningrad, an der Newa, bei Schlüsselburg und südlich des Ladogasees, fungierte als "Feuerwehr" und trat zusammen mit Divisionen des Heeres zur Offensive an. Wiederholt mussten jedoch ganze Regimenter aufgrund der hohen Verluste rückverlegt und aufgefrischt werden.
Als amerikanisch-britische Truppen von Tunesien aus auf Sizilien landeten, erhielt Heidrich im Juli 1943 Befehl, seine Division entlang der Nordküste der Insel abzusetzen und gegen die gelandeten alliierten Truppen zu führen. Die deutschen Truppen leisteten wochenlang starken Widerstand, im August musste die Wehrmacht aber endgültig auf

das italienische Festland ausweichen. Während der deutschen Evakuierung über die Meerenge von Messina war Heidrich als "Befehlshaber Kalabrien" für die Küstensicherung in Süditalien verantwortlich und arbeitete hierbei eng mit den Schwerterträgern Hube, Stahel und Baade zusammen. Für große Abwehrerfolge um die sizilianische Stadt Ortona erhielt Heidrich später das 382. Eichenlaub innerhalb der Wehrmacht.
In den folgenden Rückzugskämpfen konnten die amerikanisch-britischen Truppen in ihrem Vormarsch Richtung Norden teilweise massiv gestört werden. Ab Jänner 1944 kam es dann zu den berühmten Schlachten bei Monte Cassino. Die von Generalleutnant (01.07.43) Heidrich kommandierte 1. FJD zeigte, was sie in Russland für Erfahrungen gesammelt hatte.
Während der 1. Abwehrschlacht zwischen 18. und 22. Jänner wurden zwei britisch-amerikanische Korps südlich von Monte Cassino zurückgeschlagen und stark dezimiert. Ebenso erfolglos blieb ein Angriff frei-französischer Divisionen. Bereits am 25. Jänner eröffneten die Alliierten mit einem Frontalangriff gegen die südlichen Stellungen die 2. Schlacht. Nach härtesten Gebirgs- und Grabengefechten zogen sie sich nach 14tägigen Gefechten wieder zurück. Obwohl das Kloster bisher nicht in die deutschen Verteidigungstellungen einbezogen worden war, wurde der altehrwürdige Bau am 15. Februar von über 200 US-Bombern in Schutt und Asche gelegt - erst danach bezogen Heidrichs Fallschirmjäger hier Stellung.
Im Verlauf der 3. Abwehrschlacht (15. bis 23. März) traten Neuseeländer, Briten und Polen zum Großangriff an. Im härtesten Tages- und Nachteinsatz konnten Heidrichs Fallschirmjäger an der Seite von Heerestruppen ihre Stellungen erneut halten! Die zahlenmäßig ungeheuer stark vertretene alliierte Artillerie hatte inzwischen die deutschen Stellungen und das alte Kloster Monte Cassino bereits mehrmals quasi umgepflügt!
Nach dieser langen Serie von Misserfolgen begann die Moral der kämpfenden alliierten Truppen ebenso zu leiden wie jene im alliierten Oberkommando.
Im Verlauf der 4. Schlacht von Monte Cassino traten zwei verstärkte Armeekorps sowie mehrere Spezialkommandos unter umfassender Artillerie- und Fliegerunterstützung am 12. Mai zum erneuten Großangriff gegen die deutschen Bergstellungen an. In tagelangen Gefechten, die zunächst auf eine erneute Niederlage hinauszulaufen schienen, gelang einer marokkanischen Division schließlich ein riskanter Flankenangriff, der die deutschen Verteidiger in die Knie zwang. Am 17. Mai zogen sich die "Grünen Teufel" aus Monte Cassino und den umliegenden Höhen zurück. Während den vier Schlachten waren über 30.000 Mann beider Seiten gefallen, Monte Cassino wurde zum unauslöschbaren Synonym des Fallschirmjägerkorps.
Für die großen Abwehrerfolge wurden viele Fallschirmjäger mit einer Ritterkreuzstufe beliehen. Generalleutnant Heidrich erhielt nach der 2. Abwehrschlacht für die ausgezeichnete Führung seiner Division als erster von insgesamt sieben Fallschirmjägern die Schwerter zum Ritterkreuz mit Eichenlaub. Der unter seinem Kommando kämpfende Oberst Heilmann (FJR 3) erhielt die Schwerter knapp zwei Monate später. Oberst Schulz (FJR 1) erhielt das Eichenlaub.
Im Wehrmachtsbericht vom 25. März 1944 hieß es: "In Italien nahm der Feind seine Durchbruchsversuche bei Cassino wieder auf. Die mit starken Kräften während des ganzes Tages gegen den Ost- und Nordteil des Ortes geführten Angriffe brachen am zähen Widerstand der dort unter Führung von Generalleutnant Heidrich eingesetzten 1. Fallschirmjägerdivision."
Ein Schreiben des alliierten Oberbefehlshabers in Italien an Sir Winston Churchill beschrieb die Leistungen der Verteidiger von Monte Cassino jedoch noch besser: "Die Widerstandskraft dieser deutschen Fallschirmjäger ist wirklich bemerkenswert, wenn man bedenkt, dass sie sechs Stunden lang massivem Trommelfeuer unser gesamten Artillerie und dem Einsatz unser gesamten Fliegerkräfte ausgesetzt waren. Ich bezweifle, dass es auf der Welt eine zweite Truppe gibt, die das überstehen und nachher mit solch einer Verbissenheit weiterkämpfen würde!"

Im Oktober 1944 wurde Heidrich zum Kommandeur des I. Fallschirmjägerkorps in Italien ernannt, das er bis Kriegsende im Verband der 10. Armee kämpfend nach Norden führte. Für seine Leistungen am 31.10.44 zum General der Fallschirmtruppe befördert, ergab sich Heidrich am 2. Mai 1945 den alliierten Truppen.
Nachdem ein gegen ihn angestrebter Kriegsverbrecherprozess schnell aufgegeben worden war, erkrankte Heidrich während der Kriegsgefangenschaft sehr schwer und wurde deshalb 1946 entlassen. Aufgrund des sich nicht bessernden Gesundheitszustandes in das britische Militärkrankenhaus Hamburg-Bergedorf eingeliefert, verstarb er am Weihnachtstag 1947.
Somit erlebte Heidrich leider nicht mehr mit, dass sich die einst so erbitterten Kriegsgegner 1960 die Hand reichten, indem der neuseeländische Verband der ehemaligen Kreta-Kämpfer allen deutschen Kreta-Veteranen des Fallschirmjägerkorps die Ehrenmitgliedschaft verlieh.

Generalmajor

LUDWIG HEILMANN

* 09.08.1903 in Würzburg/Bayern
+ 26.10.1959 in Kempten

Ritterkreuz		14.06.1941
Eichenlaub	(412)	02.03.1944
Schwerter	(067)	15.05.1944

Fallschirm-Schützenabzeichen
Nennung im Wehrmachtsbericht
Erdkampfabzeichen der Luftwaffe
Ärmelband "Kreta"
Deutsches Kreuz in Gold
Verwundetenabzeichen in Bronze

"Einer der Helden von Monte Cassino"

Heilmann trat im Alter von 18 Jahren in die Reichswehr ein und diente zwölf Jahre als Unteroffizier im Infanterieregiment 21. 1934 wurde er vom Feldwebel zum Leutnant befördert und als Zugführer ins IR 20 versetzt. Nach einer steilen Karriere ein Jahr darauf bereits Hauptmann(!), diente Heilmann bei Kriegsausbruch als Stabsoffizier im Infanterieregiment 91 der 27. Infanteriedivision.
Während des Polenfeldzuges mit dem Eisernen Kreuz 2. Klasse ausgezeichnet, kämpfte er während des Westfeldzuges als Kompanieführer im Infanterieregiment 423 der 212. Infanteriedivision.
Im August 1940 ließ sich der erfolgreiche Heeresoffizier ins Fallschirmjägerkorps versetzten, wo er nach mehreren Kursen und Lehrgängen in der Fallschirmschule Wittstock zum Major (01.11.40) befördert wurde. Am 20. Mai 1941 führte Heilmann als Kommandeur des III. Bataillons/Fallschirmjägerregiment 3 (Heidrich) über Kreta seinen ersten Sprungeinsatz durch. In schweren Gefechten gegen britische und neuseeländische Truppen erlitten Heilmanns Kompanien schwere Verluste, konnten jedoch die ihnen zugeteilten Angriffsziele entlang der Straße Galatas-Daratos nehmen. Als Vorhut des gesamtes Regiments kämpfte das "Bataillon Heilmann" dann bis zur Kapitulation der Insel. Für seine Verdienste während dieser kritischen Tage erhielt er zusammen mit 23 weiteren Kreta-Kämpfern des Fallschirmjägerkorps das Ritterkreuz verliehen.

Vom Winter 1941 bis Frühjahr 1943 kämpfte Heilmanns Bataillon im Verband der 1. Fallschirmjägerdivision (Heidrich) an der Ostfront. Das Divisionswappen zeigte einen Teufel, der auf seinem Dreizack Richtung Tiefe reitet - und wie die Teufeln kämpften die Soldaten der 1. FJD auch!
Im Nordabschnitt in schwerste Abwehr- und Stellungskämpfe verwickelt, wurden die Elite-Fallschirmjäger oft als Eilverstärkung für Heeresdivisionen eingesetzt. Hierbei konnten sie wiederholt feindliche Einbrüche bereinigen und bereits verlorene Stellungen im Nahkampf zurückerobern. Besondere Verdienste erwarb sich Heilmann im Brückenkopf Vyborgskaya und an der Newa. Im April 1942 zum Oberstleutnant befördert, übernahm Heilmann im Winter 1942 die Führung des Fallschirmjägerregiments 3. Nach schweren Verlusten in den Winterschlachten wurde der Verband von der Ostfront abgezogen und aufgefrischt.
Doch die Ruhepause währte nur sehr kurz. Als Briten und Amerikaner im Juli 1943 von Tunesien aus auf Sizilien landeten, wurden die Fallschirmjäger abermals als Verstärkung herangezogen. In schweren Rückzugskämpfen konnte das Regiment im Verband der berühmten Division "*Hermann Göring*" den Alliierten hinhaltenden Widerstand bieten. Doch während der Gefechte auf Sizilien kam es auch zu einem negativen Vorfall, welcher beweist, dass auch einem erfahrenen Frontoffizier vom Format eines Ludwig Heilmann ernste Fehler unterlaufen konnten.
Als sich die Division "*Hermann Göring*" unter dem Druck der britischen Übermacht auf Catania zurückziehen musste, wurde der entsprechende Rückzugsbefehl an alle Kommandeure durchgegeben. Doch Heilmann, vielleicht der ewigen Rückzüge leid und durch den andauernden Gefechtseinsatz ausgelaugt, verweigerte diesen Befehl und beließ sein Regiment in den Stellungen!
Erst als sein Vorgesetzter, Eichenlaubträger Oberst Schmalz, Heilmann über Funk erneut den Rückzugsbefehl gab, besann sich Heilmann und räumte die Stellungen! Doch die versäumten Stunden kamen dem Fallschirmjägerregiment

3 teuer zu stehen - durch gegnerische Truppen eingeholt, verlor Heilmann über 200 seiner Männer! Als das restliche Regiment endgültig eingeschlossen wurde, bewies Oberstleutnant Heilmann erneut sein militärisches Können, ließ einen Stoßtrupp eine Brücke über den Malati freikämpfen und führte seine Fallschirmjäger über diese zur restlichen Division!

Obwohl für seinen schweren Fehler von seinem Divisionskommandeur natürlich zurecht hart kritisiert, deckte ihn dieser gegenüber dem Oberbefehlshaber Süd GFM Kesselring und meldete den Vorfall nicht. Anderenfalls hätte Heilmann sicherlich schlimme Konsequenzen zu befürchten gehabt, etwa eine Anklage wegen Befehlsverweigerung in einer Gefechtssituation!

Heilmanns Vorgesetzte wussten um dessen Vorzüge und Fähigkeiten und hielten ihm die Treue, das gleiche galt auch für die Veteranen des Fallschirmjägerregiments 3!

Nach Rückverlegung auf das italienische Festland zog sich Heilmann mit seinen Männern im Verband der Heeresgruppe C kämpfend nach Norden zurück, wobei die Amerikaner und Briten immer wieder durch Abwehrriegel aufgehalten werden konnten. Im Dezember 1943 zum Oberst befördert, bezog Heilmanns Regiment im Jänner 1944 bei Monte Cassino neu Stellung. In den folgenden Monaten schlug sich das FJR 3 in den vier Abwehrschlachten um das alte Kloster ganz ausgezeichnet. Oberst Heilmann kämpfte die ganzen Monate über stets zwischen seinen Männern in vorderster Front, führte immer wieder schnelle Gegenstöße und war das Rückrad der erfolgreichen Verteidigung.

Der deutsche Widerstand war so fanatisch, dass den Alliierten erst nach vier Monaten der Durchbruch gelang. Im März 1944 hatten die Alliierten alleine innerhalb von 14 Tagen über 580.000(!!) Granaten aller Kaliber auf die deutschen Stellungen abgeschossen!

In Anerkennung der Defensiverfolge seiner Truppe und persönlicher Tapferkeit im Gefecht erhielt Oberst Heilmann im März 1944 das Eichenlaub und nur zwei Monate darauf als erst 2. Fallschirmjäger auch die Schwerter zum Ritterkreuz verliehen! Der Kommandeur seines I. Bataillons, Major Rudolf Böhmler, hatte kurz zuvor das Eichenlaub erhalten. Eine kuriose Begebenheit des Krieges: ein Gegner der deutschen Fallschirmjäger bei Monte Cassino war der neuseeländische General Freyberg, der 1941 schon die Verteidigung von Kreta geleitet hatte!

Nach weiteren Kämpfen in Norditalien gab Heilmann sein Kommando Anfang November 1944 ab und übernahm die 5. Fallschirmjägerdivision an der Westfront.

Diese führte er bereits im Dezember im Verband der 7. Armee in die Ardennenoffensive. Amerikanische Stellungen in Belgien angreifend, erzwang die 5. FJD bereits nach kurzen Gefechten den Übergang über den Flug Clerf und besetzte Herlange. Während Teile der Division in Folge an der Einkesselung von Bastogne teilnahmen, stieß der Großteil über Vaux-les-Rosiéres bis weit hinter die amerikanischen Linien vor. Als jedoch die angriffstragenden Panzerverbände im Zentrum des Offensivgebietes steckenblieben, musste sich auch die 7. Armee wieder zurückziehen. Für seine Verdienste unter Heilmanns Kommando erhielt Oberst Kurt Gröschke, Kommandeur des Fallschirmjägerregiments 15, wenig später das 693. Eichenlaub verliehen.

Am 3. Jänner 1945, mitten während den Rückzugsgefechten, für überragende Verdienste zum Generalmajor befördert, sah sich Ludwig Heilmann einem wuchtigen Gegenangriff amerikanischer Truppen gegenüber. Von der 10. US-Panzer- und der 26. US-Infanteriedivision frontal attackiert und beinahe eingekesselt, verloren einzelne Verbände der 5. Fallschirmjägerdivision den Kontakt zu ihren Nachbarverbänden und wurden vernichtet. Heilmann selbst geriet mit seinem Stab zusammen mit einer seiner Nachhuteinheiten in einen amerikanischen Panzerangriff und geriet in Gefangenschaft!

In ein Kriegsgefangenenlager nach England gebracht, erfolgte 1947 die Freilassung des hochdekorierten Offiziers.

In die Bundesrepublik zurückkehrt, verstarb Heilmann bereits 1959 in Kempten.

Generaloberst

GOTTHARD HEINRICI

* 25.12.1886 in Gumbinnen/Ostpreußen
+ 13.12.1971 in Endersbach

Ritterkreuz		18.09.1941
Eichenlaub	(333)	24.11.1943
Schwerter	(136)	03.03.1945

Hohenzollernorden mit Schwertern
Bayrischer Militärverdienstorden 1. Klasse
Österreichisches Militärverdienstkreuz 3. Klasse
Sächsisches Militärverdienstkreuz
Braunschweiger Kriegsverdienstkreuz
Württemberger Militärverdienstkreuz
Nennung im Wehrmachtsbericht
Verwundetenabzeichen in Bronze

"Sieger der Seelower Höhen"

Der gebürtige Ostpreuße trat bereits 1905 ins deutsche Heer ein und wurde nach mehrjähriger Ausbildung zum Leutnant befördert. Sein Vater, seines Zeichens evangelischer Superintendent, war über die Karriererichtung seines Sohnes sicherlich nicht glücklich.
Während des Ersten Weltkrieges diente Heinrici als Kompaniekommandeur im Infanterieregiment 95 an der Ostfront, ehe er 1916 als Adjutant der 3. Infanteriebrigade die Schlacht von Verdun erlebte. Nach einer schweren Verwundung als Träger des Eisernen Kreuzes 1. Klasse zwecks Generalstabsausbildung nach Deutschland versetzt, wurde Hauptmann Heinrici 1918 zum Stabschef der 203. Infanteriedivision im Westen ernannt. Für seine Verdienste erhielt er hier den Hohenzollernorden mit Schwertern verliehen.
1920 in die Reichswehr übernommen, diente Major Heinrici, u.a. zusammen mit den späteren Schwerterträgern Rommel und Blaskowitz, als Bataillonskommandeur im Infanterieregiment 13, ehe er 1932 den Stab des Gruppenkommandos Berlin übernahm. Ein Jahr darauf als Oberst bereits Abteilungsleiter im Reichswehrministerium, folgte 1937 die Beförderung zum Generalmajor sowie die gleichzeitige Berufung zum Leiter dieses Ministeriums! Bei Kriegsausbruch kommandierte Heinrici als Generalleutnant die 16. Infanteriedivision.
Während den ersten Kriegsmonaten mit seiner Division am Westwall in Bereitstellung gehalten, wurde der am 20. April 1940 zum General der Infanterie beförderte Ostpreuße einen Monat vor Beginn des Westfeldzuges zum Kommandeur des XII. Armeekorps ernannt.

Im Krieg gegen Frankreich führte er sein Infanteriekorps im Verband der 1. Armee (von Witzleben) gegen die Nordflanke der stark befestigten Maginotlinie. Die vor allem in der zweiten Phase des Frankreichfeldzugs stattfindenden Gefechte hatten die erfolgreiche Einnahme von Metz und Straßburg sowie die Einkesselung der 2. französischen Heeresgruppe zur Folge.
Nach der französischen Kapitulation auf dem Kontinent (22.06.40) übernahm Heinrici das XXXXIII. Armeekorps und begab sich für die geplante Operation "Seelöwe" (Landung in England) an der Kanalküste in Bereitstellung. Nach Aufgabe der Invasionspläne verblieb das Korps als Küstenschutz in Frankreich, ehe der Verlegungsbefehl nach Osten erging.
Ab Juni 1941 nahm General Heinrici mit seinen Divisionen unter dem Oberbefehl der Heeresgruppe Mitte (GFM von Bock) an den Offensiven gegen die 4., 10. und 13. sowjetische Armee teil. Wie schon in Frankreich war der spätere Schwerterträger Oberst i.G. Schulz der Chef seines Stabes.
Nach äußerst erfolgreichen Kämpfen in den Kesselschlachten von Bialystok, Baranovici und Minsk stieß das vier Divisionen umfassende Korps mit der 4. Armee (von Kluge) entlang der sogenannten "Moskauer Rollbahn" vor und kämpfte in den Frontabschnitten Orscha, Mogilew, Smolensk, Gomel, Kiew, Wjasma und Bryansk. Für seine Verdienste in der Korpsführung erhielt Heinrici am 18. September das Ritterkreuz verliehen.

Im Winter 1941/42 erlitt Heinricis Korps bei klimatisch untragbaren Bedingungen im Zentrum der Moskau-Front schwere Verluste. So brach durch den überraschend frühen Winterbeginn die deutsche Versorgung teilweise zusammen, gleichzeitig warfen die Sowjets im Winterkrieg erfahrene und kampferprobte Divisionen aus Sibirien an die Front.
Am 20. Jänner 1942 wurde General der Infanterie Heinrici als Nachfolger von GFM von Kluge neuer Oberbefehlshaber der 4. Armee, die meist Hand in Hand mit der "Panzergruppe Hoepner" operierte. Die nächsten Monate kämpfte die Armee westlich von Moskau und konnte zusammen mit der 9. Armee (Model) den Frontbogen Rshew-Wjasma erfolgreich halten.
Als Oberbefehlshaber der 4. Armee unterstrich Heinrici seine alttraditionelle, preußische Offiziershaltung und weigerte sich z.B. den sgn. Kommissarbefehl*[36]* in seinem Befehlsbereich anzuwenden. Weiters duldete er keinerlei Übergriffe gegen Kriegsgefangene oder russische Zivilisten - sieben deutsche Soldaten ließ er wegen solcher Tötungsdelikte zum Tode verurteilen.

Während sich 1942 der Hauptteil der offensiven Operationen auf den Südabschnitt der Russlandfront konzentrierte, sahen sich die Verbände der Heeresgruppe Mitte mehreren sowjetischen Gegenoffensiven ausgesetzt, die aber durch geschickte Defensivtaktiken meist mit nur kleinen Geländeverlusten abgefangen werden konnten. In Anerkennung seiner Stabsleistungen wurde Heinrici am 1. Jänner 1943 im Alter von 58 Jahren zum Generaloberst befördert. Der Frontbogen von Rshew-Wjasma musste erst im März aufgegeben werden.
Im Sommer 1943 trat die Rote Armee mit mehr als 30 Schützen- und Panzerdivisionen nördlich von Orel zur Gegenoffensive nach der Operation "Zitadelle" an, bis Oktober musste sich die Heeresgruppe Mitte auf die Linie Orscha-Witebesk zurückziehen. Hierbei kamen Heinricis Divisionen u.a. im Pripjetgebiet, bei Rogatschew sowie während der Abwehrschlacht von Bychoff zum Einsatz. Am 24. November 1943 wurde Heinrici in Anerkennung seiner wiederholten Verdienste an der Spitze der 4. Armee als 333. Soldat der Wehrmacht mit dem Eichenlaub zum Ritterkreuz ausgezeichnet.
Als er durch hervorragende Abwehrmaßnahmen bei Orscha umfassende Flankenangriffe zweier sowjetischer Armeen abwehrte, wurde Heinrici im Mai 1944 erstmals für die Schwerterverleihung eingereicht, jedoch vom OKW zurückgestellt.
Im Sommer 1944 wurde die 4. Armee im Verband der Heeresgruppe Mitte in schwerste Abwehr- und Rückzugsschlachten gegen überlegene sowjetische Stoßarmeen verwickelt. Wie alle Großverbände der Heeresgruppe (Busch, Model) erlitt Heinricis Armee große Verluste, konnte jedoch auch in den nächsten Monaten der Vernichtung entgehen. Nach andauernden Abwehrschlachten und Absetzbewegungen wurde Generaloberst Heinrici am 17. August 1944 als Nachfolger von Schwerterträger Hans-Georg Reinhardt zum neuen Oberbefehlshaber der 1. Panzerarmee ernannt.
Zusammen mit der 1. ungarischen Armee bildete dieser Großverband die sgn. "Armeegruppe Heinrici".
Es folgten schwere Abwehrschlachten in Ostpreußen, Polen und der Slowakai. Im Frühjahr 1945 wurde die Armee nach Küstrien abgedrängt, die sowjetische Endoffensive gegen Berlin stand unmittelbar bevor. Am 3. März 1945 wurde Heinrici für die zähen Defensivaktionen seiner Truppen in Ostpreußen und Polen mit den Schwertern zum Ritterkreuz mit Eichenlaub ausgezeichnet, wenig später folgte die Ernennung zum Oberbefehlshaber der Heeresgruppe Weichsel!
Heinrici stand hier mit einer Handvoll abgekämpfter Divisionen und ohne nennenswerte Luftunterstützung über drei Millionen Rotarmisten mit unvorstellbaren Materialmassen gegenüber!
Um die bevorstehende Offensive der Sowjets direkt abfangen zu können, fehlten Heinrici die Möglichkeiten. Also nahm er seine Truppen in der Nacht vor dem (richtig) angenommenen Angriffsbeginn eigenmächtig zurück und gab die vordersten Frontstellungen auf. Als am Morgen des 16.04.45 über 20.000(!) russische Geschütze aller Kaliber diese Stellungen mit mörderischem Trommelfeuer belegten, verloren die deutschen Truppen keinen Mann - die nachfolgenden sowjetischen Infanterieverbände stießen ins Leere und gerieten entlang der neu aufgebauten Verteidigungsstellungen auf den Seelower Höhen in verlustreiches Abwehrfeuer! Erst nach drei Tagen konnten sie Heinricis Truppen von den Höhen vertreiben und die Offensive gegen Berlin beginnen. Wenig später brach die Rote Armee bei Eberswalde bzw. Fürstenwalde durch die Linien der sich tapfer wehrenden 9. Armee und begann mit der Einkesselung der Reichshauptstadt. Die Angriffskeile trafen sich westlich von Berlin - im Kessel standen etwa 100.000 Mann unter Schwerterträger General der Artillerie Weidling.
Südöstlich der Hauptstadt wurden weiters große Teile der geschlagenen 9. Armee im Kessel von Halbe zusammengedrängt - aus diesem konnte im Gegensatz zu Berlin wenigstens ein Teil wieder ausbrechen.
Am 29. April 1945 wurde Generaloberst Heinrici nach einer schweren Auseinandersetzung mit GFM Keitel (OKW) über den Sinn weiterer Kampfhandlungen um Berlin seines Postens enthoben! Eine telegraphische Anweisung durch Martin Bormann, den hochdekorierten Offizier vor ein Kriegsgericht zu stellen(!), wurde durch das neue

Staatsoberhaupt Großadmiral Dönitz ignoriert - da drohte Bormann sogar mit einer Verhaftung durch die Gestapo! Als Stütze in diesen schwierigen Tagen erwies sich der Heinrici unterstellte Befehlshaber der 3. Panzerarmee, Brillantenträger Hasso von Manteuffel. Dieser veranlasste sogar, dass einige ihm loyale Bewaffnete Heinrici rund um die Uhr absicherten!
Generaloberst Heinrici ergab sich am 8. Mai 1945 britischen Truppen und wurde nach drei Jahren aus der Kriegsgefangenschaft entlassen.
Der Generaloberst a.D. verschied 1971 und wurde mit militärischen Ehren beigesetzt.

Oberst

JOACHIM HELBIG

* 10.09.1915 in Börln/Sachsen
+ 05.10.1985 während einer Urlaubsreise

Ritterkreuz		24.11.1940
Eichenlaub	(064)	16.01.1942
Schwerter	(020)	28.09.1942

Frontflugspange für Kampfflieger in Gold mit Anhänger Einsatzzahl "400"
Flugzeugführer- und Beobachterabzeichen
Zweimalige Nennung im Wehrmachtsbericht
Italienische Tapferkeitsmedaille in Silber (?)
Ärmelbänder "Afrika" und "Kreta"
Narvikschild
Ehrenpokal der Luftwaffe
Verwundetenabzeichen in Silber

"Chef der berühmten Helbig-Flieger"

Im Jahre 1935 freiwillig in die Wehrmacht eingetreten, diente Helbig ein Jahr lang im Artillerieregiment 4 in Dresden, ehe er im Herbst 1936 an die Kampffliegerschule in Lechfeld versetzt wurde. Als ausgebildeter Beobachter und Bordschütze kam er im April 1937 zum Kampfgeschwader 152 nach Schwerin, später wechselte er ins Lehrgeschwader 1, wo er mit der Pilotenausbildung begann.
Bei Kriegsbeginn als Leutnant und Beobachter in der Kampffliegeraufklärung eingesetzt, gelang ihm am 3. Tag des Polenfeldzug ein bestätigter Luftsieg über einen polnischen Aufklärer. Im Oktober 1939 nahm Oberleutnant Helbig an einigen Einsätzen gegen britische Kriegsschiffe in der Nordsee teil und erhielt das Eiserne Kreuz 2. Klasse. Während des Feldzuges gegen Norwegen war Helbig bereits selbst Flugzeugführer. Mit der Heinkel He-111 flog er u.a. Einsätze gegen Narvik und Trondheim, bereits in dieser Zeit bewies er seine großen fliegerischen Fähigkeiten.
So gelang ihm während der Kämpfe in Norwegen einmal eine glatte Notlandung, obwohl seine Maschine durch einen Flaktreffer schwer beschädigt worden war. Während des Westfeldzuges auf der Junkers Ju-88 über Belgien, der "Festung Holland" und Frankreich eingesetzt, flog Helbig bereits als Hauptmann und Führer der 4. Staffel des Lehrgeschwaders 1 unzählige Einsätze im Zuge der Heeresunterstützung. Während eines Angriffes gegen den Kessel von Dünkirchen wurde der Staffelkapitän erstmals verwundet und später mit dem Eisernen Kreuz 1. Klasse ausgezeichnet.
Als am 13. August 1940 der erste deutsche Großangriff gegen England ("Adlertag") gestartet wurde, führte Helbig zehn Maschinen seiner Staffel zum Angriff gegen eine britische Marinewerft.
Als der Verband, ohne eigenen Jagdschutz, kurz vor der britischen Küste von einem überlegenen englischen Jagdverband angegriffen wurde, entwickelte sich ein ungleicher Luftkampf - bereits nach wenigen Minuten waren einige Ju-88 abgeschossen und andere schwer beschädigt worden. Nur seinen wilden Abwehrmanövern, seinen guten Bordschützen und seinem sprichwörtlichen Fliegerglück war es zu verdanken, dass Helbig mit einer völlig zerschossenen Maschine als einziger(!) von diesem Einsatz zurückkehrte!
Während der Luftschlacht um England nahm Helbig mit seinem Geschwader an mehreren Großeinsätzen gegen Verkehrsknotenpunkte und Industriezentren teil, im November 1940 traf er ein strategisch wichtiges Schleusentor des Manchaster-Kanals im Sturzangriff. Während einiger Einsätze über dem Ärmelkanal konnte Helbig ferner Schiffe mit mindestens 22.000 BRT versenken und weitere mit etwa 11.000 BRT beschädigen. Jeder Erfolg wurde traditionsgemäß am Leitwerk vermerkt.
Am 24. November 1940 erhielt Helbig für 100 erfolgreiche Feindflüge über Polen, Frankreich und England zusammen mit Oberleutnant Richter, Kapitän der 9. Staffel, das Ritterkreuz zum Eisernen Kreuz verliehen.
Im Jänner 1941 verlegte die II. Gruppe des Lehrgeschwaders nach Sizilien, von wo aus sie Einsätze gegen Schiffsziele im Mittelmeer flog. Neben einigen Erfolgen gegen Geleitzüge konnten die Ju-88 der Gruppe auch den britischen Flugzeugträger *Illustrious* (23.000 BRT) beschädigen. Danach folgten Unterstützungseinsätze für das deutsche Afrikakorps in Libyen. Bei einem solchen Einsatz erhielt Helbigs Maschine über der Festung Tobruk erneut einen

schweren Flaktreffer. Aber nach vier Stunden nervenaufreibenden Flug erreichte der Staffelführer wieder seinen Heimatflugplatz!
Im Mai 1941 flog die 4. Staffel Unterstützungseinsätze über Kreta, wobei mehrere Erfolge gegen Schiffsziele gemeldet werden konnten. Hierbei lag die Hauptgefahr nicht in alliierten Jägern, sondern in der stets stark vertretenen Schiffsflak.
Das restliche Jahr brachte Einsätze gegen die britische Mittelmeerflotte, den Suezkanal sowie Truppenmassierungen in Nordafrika. Im September 1941 konnte Helbig seinem Bordfunker und Freund Franz Schlund*[37]* das Ritterkreuz überreichen. Helbig selbst konnte im Jänner 1942 nach 210 Feindflügen das 64. verliehene Eichenlaub zum Ritterkreuz entgegennehmen. Seit November 1941 war er bereits Kommandeur der I. Gruppe. Sein Vorgänger war der Ritterkreuzträger Hauptmann Kuno Hoffmann gewesen, der besonders in der Seezielbekämpfung große Erfolge errungen hatte.
Das ganze Jahr 1942 hindurch wurden schwierige Einsätze gegen die Inselfestung Malta, britische Geleitzüge und Kriegsschiffgruppen sowie gegen britische Truppen in Libyen geflogen. Während der Einsätze gegen Schiffsziele konnte Helbig mehrmals Treffer auf großen Handelsschiffen und einzelnen Zerstörern melden. Am 11. Mai versenkte seine Gruppe südlich von Kreta die drei britischen Zerstörer *Liveley*, *Kipling* und *Jakkal*! Ein angeschwemmter Rettungsring eines Zerstörers zierte später das Offizierskasino der I. Gruppe. Von anderen deutschen Staffeln wurden Helbigs Männer von da an nur noch als die "Zerstörerknacker" bezeichnet. Im Sommer 1942 konnten die Piloten in atemberaubenden Angriffen aus einem britischen Malta-Konvoi 22 von insgesamt 24 Transportern versenken bzw. in Brand bomben!
Während der langen Einsatzzeit über dem Mittelmeerraum wurde der von Helbig geführte Verband so erfolgreich, dass selbst der britische Rundfunk die Gruppe unter dem Namen "Helbig-Flyers" in seinen Sendungen erwähnte. Es wird berichtet, dass sogar Sir Winston Churchill den Begriff kannte.
In den elf Monaten, in denen Hauptmann Helbig die Gruppe anführte, wurden aufgrund der großen Erfolge neun Flugzeugführer, darunter zwei Staffelkapitäne, mit dem Ritterkreuz und viele weitere mit dem Deutschen Kreuz in Gold oder dem Eisernen Kreuz beliehen!
Die erfolgreiche Bombergruppe wurde den Briten so unbequem, dass in einer Sommernacht 1942 sogar ein Spezialkommando auf den Feldflugplatz angesetzt wurde, welches mehrere abgestellte Maschinen und Einrichtungen sprengte! Doch das hielt die "Helbig Flyers" nicht lange auf - bereits zwei Tage später starten sie mit ausgeborgten Maschinen der Nachbargruppe erneut.
Dieser Sabotageaktion der Briten hatte für Helbig noch eine weitere, unverständliche Folge. Denn GFM Kesselring, Oberbefehlshaber Süd, warf ihm fehlende Sicherheitsvorkehrungen auf dem Stützpunkt vor und leitete ein Kriegsgerichtsverfahren gegen den hochverdienten Hauptmann ein! Dieses wurde jedoch bald eingestellt.

Im September 1942 erreichte Helbig die phantastische Versenkungsmarke von 182.000 BRT, wofür er nach Hauptmann Baumbach als zweiter Kampfflieger der Luftwaffe mit den Schwertern zum Ritterkreuz mit Eichenlaub ausgezeichnet wurde. Da die Verluste der Kampfflieger im Mittelmeerraum immer weiter anstiegen, erhielt der bereits zum Major beförderte Gruppenkommandeur im Oktober 1942 auf Befehl des Oberkommandos jedoch strenges Feindflugverbot.
Im Jänner 1943 wurde Helbig zum Inspekteur der Kampfflieger ernannt, zwei Monate später als Oberstleutnant sogar mit der Wahrnehmung der Geschäfte des Generals der Kampfflieger beauftragt! Da sich die Meinungen des fronterfahrenen jungen Offiziers nicht mit denen der älteren Stabsoffiziere Kesselring und von Richthofen vereinbaren ließen, bat Helbig im August 1943 jedoch um sofortige Rückversetzung an die Front.
Als Kommodore des Lehrgeschwaders 1 erlebte Helbig die schweren Gefechte im westlichen Mittelmeerraum und an der Italienfront.
Zu Feindflügen seiner Person kam es aufgrund seiner hohen Dienststellung nur noch selten. Im Mai 1944 wurde er jedoch für erfolgreiche Einsätze seines Geschwaders gegen alliierte Flugplätze auf Korsika erneut namentlich im Wehrmachtsbericht erwähnt. Kurz darauf wurden Helbigs Staffeln zur Bekämpfung der alliierten Invasionstruppen nach Frankreich verlegt, wo es aufgrund der Luftunterlegenheit zu hohen Verlusten kam. Im Juli 1944 wurde der Schwerterträger zum Oberst ernannt.
Im Herbst wurde aus dem Lehrgeschwader 1, einer Schlachtfliegergruppe und einer Aufklärungsstaffel der "Sonderverband Helbig" gebildet, welcher für spezielle Heeresunterstützungseinsätze eingesetzt werden sollte, jedoch schon bald wieder aufgelöst wurde.
Im Winter 1944 hatte Helbig das Glück, eine besonders bedrohliche Situation zu überstehen. Mit einem PKW auf dem Weg zu einer Stabsbesprechung, wurde das Fahrzeug plötzlich durch einen britischen Tiefflieger attackiert. Von den 20-mm-Geschossen zersiebt, überschlug sich der Wagen und krachte in den Straßengraben. Der Schwerterträger wurde dabei schwer verwundet, konnte jedoch noch rechtzeitig durch einen Arzt versorgt werden!

Welch eine Tragödie wäre es gewesen, nach hunderten Feindflügen, wiederholten Flaktreffern und Jägerattacken wehrlos am Boden zusammengeschossen zu werden.
Helbig erholte sich von seinen Verletzungen und übernahm im Frühjahr 1945 erneut das Kommando über das nun in Norddeutschland stationierte Lehrgeschwader 1.

Ende April 1945, wenige Tage vor Kriegsende, erhielt Helbig aufgrund seiner großen Flugerfahrung einen geheimen Sonderauftrag. Der Versuch, mit einer kleinen Transportmaschine im brennenden Kessel von Berlin zu landen, um einige Mitglieder der Reichsregierung zu evakuieren, scheiterte jedoch an zu starker russischer Flugabwehr!
Das Kriegsende erlebte Helbig in Norddeutschland, wo er sich am 8. Mai 1945 in britische Gefangenschaft begab. Trotz der Gefahr und des glücklich überstandenen Fronteinsatzes riskierte der hochdekorierte Oberst wenige Wochen darauf erneut sein Leben und flüchtete im Juli aus dem Kriegsgefangenenlager! In den Nachkriegsjahren war er lange Zeit als Geschäftsführer einer großen berliner Brauerei erfolgreich.
Mit 480 durchgeführten Feindflügen über Polen, Frankreich, England und sämtlichen Regionen des Mittelmeeres gehörte Helbig zu den am häufigsten gegen den Feind eingesetzten Bomberpiloten des Krieges.
Im Jahre 1985 kam Helbig während einer Urlaubsreise nach Spanien bei einem Autounfall ums Leben und wurde mit allen militärischen Ehren in der Bundesrepublik beigesetzt.

General der Panzertruppe

TRAUGOTT HERR

* 16.09.1890 in Weferlingen/Brandenburg
+ 13.04.1976 in Wulfsfelde

Ritterkreuz		02.10.1941
Eichenlaub	(110)	09.08.1942
Schwerter	(117)	18.12.1944

Hohenzollernorden mit Schwertern
Bayrisches Militärverdienstkreuz 3. Klasse
Panzerkampfabzeichen in Silber
Zweimalige Nennung im Wehrmachtsbericht
Verwundetenabzeichen in Bronze

"Vom Infanterie- zum Panzerkommandeur"

Traugott Herr, Sohn eines angesehenen Amtsgerichtsrates, diente bei Ausbruch des Ersten Weltkrieges als Leutnant im Füsilierregiment 25 "*Prinz Heinrich von Preußen*". Bereits im ersten Kriegsjahr schwer verwundet, erhielt der tapfere Offizier schnell beide Klassen des Eisernen Kreuzes, ehe er während der Sommeroffensive 1916 erneut schwer verwundet wurde. 1917 als Kompaniechef im Infanterieregiment 451 mit dem Hohenzollernorden mit Schwertern beliehen, war Herr bei Kriegsende Oberleutnant.
In der Reichswehr wurde er 1926 im Reiterregiment 9 zum Hauptmann befördert, später kam Herr als Taktiklehrer an der Kriegsschule Dresden zum Einsatz. 1936 bereits Oberstleutnant, erhielt er ein Jahr später das Kommando über ein Bataillon im (mot.) Infanterieregiment 33 in Magdeburg.
Ein Jahr darauf als Oberst mit der Führung eines Infanterie-Ersatzregiments beauftragt, erreichte Herr bei Kriegsausbruch seine Abkommandierung an die Spitze des Schützenregiments 66 der 13. (mot.) Infanteriedivision. Sein Regiment gehörte zu den wenigen wirklich voll motorisierten Einheiten des Heeres.

Während des Polenfeldzuges führte Herr sein Regiment an der Warthe, bei Kielce und den Kesselgefechten bei Radom. Im Verlaufe des Westfeldzuges zeichnete sich das Schützenregiment 66 an der Maas und der Somme, bei der Durchtrennung der Weygard-Linie sowie den Gefechten bei Amiens, La Fére und Dijon aus. Oberst Herr erhielt im Mai 1940 für die Angriffserfolge seiner Grenadiere die Spange zum Eisernen Kreuz 1. Klasse 1914.
Als das Oberkommando der Wehrmacht nach den großen Siegen in Polen und Frankreich die Vergrößerung der so effektiven Panzerwaffe beschloss, wurde die 13. Infanteriedivision nach Deutschland rückverlegt, völlig umgruppiert und im Sommer 1941 als neue 13. Panzerdivision in Dienst gestellt. Herr übernahm das Kommando über die Schützenbrigade.
Ihre erste Bewährungsprobe hatte die Division im Juni 1941 zu bestehen, als die "Panzergruppe Kleist" im Zuge der Operation "Barbarossa" zum Angriff gegen den Lemberg-Bogen antrat.
Bereits am zweiten Kriegstag gegen Russland war Herr in eine kuriose Situation verwickelt, denn bei einer Erkundungsfahrt mit seinem Schützenpanzer stieß er unverhofft auf einen Trupp sowjetischer Infanterie mit deutschen Gefangenen. Nach einem kurzen Feuergefecht trat der Feind die Flucht an, zurück blieben die verdutzten, aber über ihre schnelle Befreiung glücklichen Landser.
Nach den erfolgreichen Grenzgefechten zerschlug die 13. PD russische Verbände südlich der Pripjet-Sümpfe und nahmen an der erfolgreichen Durchtrennung der Stalin-Linie und den Gefechten bei Korsun teil. Bei diesen Einsätzen bewährten sich Herrs Grenadiere ausgezeichnet und unterstützten die Panzer mit allen Kräften. Als seine Kampfgruppen eine stark verteidigte und vom Feind bereits verminte Brücke über den Oriol einnahm, erhielt er das Ritterkreuz zum Eisernen Kreuz verliehen.
Nach weiteren Gefechten am Dnjepr, bei Mariupol und Taganrog übernahm Oberst Herr am 19. November das Kommando über die Division und wurde am 1. April 1942 zum Generalmajor befördert.

In den nächsten Monaten bewies der altgediente Infanterist wiederholt, dass er sich schnell an die neue Waffengattung gewöhnt hatte. Seine schnellen Taktiken erwiesen sich sogar als der besten Tradition der Panzerwaffe als würdig.
Es folgten schwere und langwierige Stellungskämpfe am Mius, wobei die Division wiederholt feindliche Verbände vernichten und hohe Abschusszahlen melden konnten. Am 23. Juli 1942 gelang der Division die Rückeroberung von Rostow. Während den Straßenkämpfen gegen russische NKWD-Elitetruppen kooperierten die Panzer erfolgreich mit einer Waffen-SS-Kampfgruppe unter dem späteren Schwerterträger August Dieckmann.
Vom Sommer 1942 bis zum Frühjahr 1943 führte Herr seine Regimenter unter dem Oberbefehl der Heeresgruppe A (von Kleist) in den Kamp fzonen Tichoresk und Maikop. Während der Einsatzzeit im Kaukasus erhielt Generalmajor Herr für seine erfolgreiche Divisionsführung das 110. Eichenlaub (44. innerhalb des Heeres) zum Ritterkreuz verliehen, dieselbe Auszeichnung wurde wenig später auch an den Kommandeur des I. Bataillons/Panzergrenadierregiment 66, Hauptmann Waldemar Gaza, vergeben - später erhielt der junge Offizier ebenfalls die Schwerter.
Im Oktober 1942 kämpfte sich die Division im Verband des III. Panzerkorps (Steiner) bis in die Stadt Malgobek im Terekbogen vor, die wichtigen Ölraffinerien in Maikop wurden jedoch kurz vor Eintreffen der Panzer durch russische Pioniere gesprengt. Die Terek-Offensive stellte das südlichste Vordringen der Wehrmacht in Russland dar - jedoch unter völliger Überdehnung der Front. Als die Rote Armee die Heeresgruppe A zum Rückzug nach Norden zwang, geriet das Gros der 13. Panzerdivision nahe Ordschonikidse in einen Kessel, aus dem es nur durch die Hilfe der SS-Elite-Division "*Wiking*" wieder ein Herauskommen gab. Am 31. Oktober 1942 war der Divisionskommandeur durch einen Granatsplitter schwerst am Kopf verwundet und nur mit Müh und Not rechtzeitig in ein Lazarett gebracht worden! Nach einer langen und schwierigen Genesungsphase wurde Herr in die Führerreserve des OKH versetzt, wo er sich von den Nachwirkungen erholen konnte.

Am 25. Juni 1943 übernahm Generalleutnant (01.12.42) Herr das LXXVI. Panzerkorps in Italien. Sein Großverband nahm im September zusammen mit Hubes XIV. Panzerkorps an den schweren Abwehrgefechten bei Salerno teil, wo umfassende US-Truppen unter starker Luft- und Seeunterstützung gelandet waren. Erst nachdem mehrere Schlachtschiff- und Kreuzergruppen die deutschen Truppen unter starken Beschuss genommen hatten, gaben diese ihre Gegenangriffe auf und zogen sich auf die sgn. Gustav-Linie im Landesinneren zurück.
Als am 22. Jänner 1944 amerikanisch-britische Truppen erneut eine Landeoperation an der italienischen Westküste durchführten, stand das LXXVI. Panzerkorps bereits wieder an der Cassino-Front im Einsatz.
Der von den Alliierten gewählte Strandabschnitt bei Anzio-Nettuno, nur etwa 50 Kilometer südlich von Rom(!), war durch keine einzige deutsche Einheit gesichert! Der Weg in die italienische Hauptstadt stand offen, ebenso brach lag der Rücken der Cassino-Front da. Hätte der Kommandierende US-General John Lucas seine Truppen - nach 48 Stunden bereits auf 50.000 Mann verstärkt - in Marsch gesetzt, hätte es eines der erfolgreichsten Unternehmen in Italien werden können. Doch Lucas war übervorsichtig, witterte eine deutsche Falle und ließ den Brückenkopf befestigen, ehe er sich über den Vormarsch Gedanken machte! In diesen wertvollen Tagen führte GFM Kesselring kampfkräftige Verbände in die Küstenregion - darunter Teile des LXXVI. Panzerkorps.
Als die US-Truppen am 30. Jänner endlich zum Angriff landeinwärts antraten, erlitten sie schwere Verluste und wurden zurückgedrängt. Nun traten Herrs Panzer, u.a. die vom Schwerterträger Smilo von Lüttwitz geführte 26. PD, ihrerseits zum Angriff an. Dieser blieb nach anfänglichen Erfolgen am 19. Februar jedoch im feindlichen Schiffsartillerie- und Jagdbomberfeuer liegen. Die Gefechte in der Küstenregion zogen sich über vier Monate hin, hierbei hatten Herrs Divisionen gegen so erfahrene Verbände wie die gefürchtete 3. US-Division anzutreten*[38]*.
Nach wiederholten Niederlagen - zeitweise wurde vom alliierten Oberkommando sogar der Abbruch des Unternehmens erwogen - gelang den US-Truppen am 23. Mai 1944 schließlich doch noch der Ausbruch aus dem Brückenkopf Anzio-Nettuno.
Im Juni im Wehrmachtsbericht erwähnt, führte General der Panzertruppe (01.09.43) Herr sein LXXVI. Panzerkorps im Herbst 1944 entlang der Goten-Linie erfolgreich gegen das I. kanadische Armeekorps. Hierfür erneut im Wehrmachtsbericht genannt, folgten Rückzugskämpfe entlang der Frontlinie Ortona-Sulmona. In drei getrennten Abwehrschlachten vor Rimini vernichteten Herrs Truppen in Folge insgesamt über 600 Panzer und Fahrzeuge! Diese Verluste gehörten zu den größten Schlappen der US-Armee in Italien.
Für seine Verdienste bei Salerno, Anzio-Nettuno und den Schlachtfeldern Norditaliens wurde General der Panzertruppe Herr am 18. Dezember mit den 117. Schwerter zum Ritterkreuz mit Eichenlaub beliehen.

Am 15. Februar 1945, die deutschen Truppen hielten die Frontlinie La Spezia - Apennin - Ravenna, wurde Herr als Nachfolger von Eichenlaubträger General Joachim Lemelsen zum Oberbefehlshaber der 10. Armee in Nordostitalien ernannt. Am 2. Mai führte General Herr seine Divisionen in alliierte Gefangenschaft, aus der er nach drei Jahren entlassen wurde. Der ehemalige Schwerterträger verschied 1976 in Wulfsfelde bei Kiel.

Oberst

HAJO HERRMANN

* 01.08.1913 in Kiel

Ritterkreuz		13.10.1940
Eichenlaub	(269)	02.08.1943
Schwerter	(043)	23.01.1944

Spanienkreuz in Bronze mit Schwertern
Frontflugspange für Kampfflieger in Gold mit Anhänger Einsatzzahl "300"
Flugzeugführer- und Beobachterabzeichen in Gold mit Brillanten
Ärmelband "Afrika" (?)
Ehrenpokal der Luftwaffe
Deutsches Kreuz in Gold

"In die Gefangenenschaft gezwungen"

Obwohl Hajo Herrmann, manchmal auch Hans-Joachim genannt, seine militärische Laufbahn bei den Kampffliegern der "Legion Condor" begann, ist sein Name untrennbar mit jenen Jagdfliegerkräften verbunden, die in den Jahren 1943 - 1945 gegen die alliierte Bombergefahr über Deutschland antraten.

Hajo Herrmann diente bei der Polizeitruppe Hamburg ehe er 1935 als Offiziersanwärter in die Luftwaffe eintrat und zur Kampffliegerausbildung ausgewählt wurde. Vor Beginn des Krieges Flugzeugführer im Kampfgeschwader 4, erlebte Oberleutnant Herrmann seine Feuertaufe bereits als Kampfpilot in der berühmten "Legion Condor", in der auch spätere Schwerterträger wie Galland, Oesau, Mölders oder Hogeback flogen. Nach 50 erfolgreichen Feindflügen über Spanien wurde Herrmann wieder in die II. Gruppe des Kampfgeschwaders 4 "*General Wever*" versetzt, mit der er erfolgreich am Polenfeldzug (u.a. Deblin, Kutno, Radom, Warschau) teilnahm und sich das Eiserne Kreuz 2. Klasse verdienen konnte. Nach weiterem Einsatz über Norwegen und Frankreich wurde er während eines Einsatzes über dem Kessel von Dünkirchen erstmals abgeschossen und zur Notlandung gezwungen.
Während der Luftschlacht um England aufgrund seiner exzellenten fliegerischen Fähigkeiten mehrmals für schwierige Spezialangriffe herangezogen, griff Oberleutnant Herrmann, nach kurzer Führung der 7. Staffel nun Kapitän der 8./Kampfgeschwader 30, schwergeschützte Flugplätze, Industriewerke und Kommandozentren an oder legte Minensperren. Während einiger Einsätze über dem Ärmelkanal und der Nordsee konnte Herrmann unter schwierigen Bedingungen mindestens 12 britische Handelsschiffe mit 65.000 BRT versenken und einige andere durch Bombentreffer beschädigen. Nach einem dieser Feindflüge konnte der Staffelführer seine Maschine lehrbuchmäßig landen, obwohl das Leitwerk und eine Tragfläche durch einen britischen Sperrballon schwer beschädigt worden waren! Im Oktober 1940 erhielt Oberleutnant Herrmann für seine Erfolge als einer der ersten Kampfflieger der Luftwaffe das Ritterkreuz zum Eisernen Kreuz verliehen. Unmittelbar nach der Verleihung hatte Herrmann erneut das sprichwörtliche Fliegerglück, als er und seine Besatzung eine erneute schadensbedingte Bruchlandung überstanden.
Im August 1941 wurde Hauptmann Herrmann im Alter von 28 Jahren zum Kommandeur der III. Gruppe des Kampfgeschwader 30 ernannt. Neben weiteren Einsätzen gegen Seeziele flog er mit seinen Piloten auch gegen die britische Inselfestung Malta, im Zuge des Balkanfeldzuges über Griechenland und zur Unterstützung des Afrikakorps gegen die Festung Tobruk. Später flog er erneut Angriffe gegen Schiffsziele im Nordatlantik.
Einen seiner erfolgreichsten Einsätze gegen Seeziele flog Herrmann im April 1941, als er im Hafen von Piräus drei Frachter mit 20.000 BRT versenkte!
Im Frühjahr 1942 operierte Herrmanns Gruppe erfolglos auf einen britischen Flugzeugträgerverband im Nordatlantik. Im März sichtete ein Seeaufklärer der III. Gruppe den alliierten Eismeer-Konvoi PQ-13 und leitete die Versenkung von insgesamt fünf Frachtern ein. Während der legendären Geleitzugsschlacht gegen PQ-17 waren Herrmanns Besatzungen ebenfalls an mehreren der insgesamt 22 bestätigten Versenkungen (142.000 BRT!) durch deutsche Flugzeuge beteiligt!

Um jenes Kriegsmaterial, das den Seeweg nach Murmansk überstand, vielleicht doch noch zu vernichten, flogen Herrmanns Piloten vereinzelt auch Punktzielangriffe gegen die kriegswichtige Bahnlinie nach Leningrad.
Im Sommer 1942 wurde der Kieler aufgrund seiner großen Erfahrung nach über 300 Feindflügen in den Luftwaffen-Führungsstab nach Berlin versetzt, wo er Leiter der vielbeachteten Abteilung "Technik/Taktik" wurde.
Als sich im Laufe der Kriegsjahre 1942/43 die Lage im Reichsgebiet immer mehr verschlechterte und die Jagdfliegerkräfte immer größere Verluste und geringere Erfolge zu verzeichnen hatten, entwickelte Major Herrmann - obwohl ehemaliger Bomberpilot - die später so berühmte Idee der "Wilden Sau" und erhielt dabei Rückendeckung von Werner Baumbach und Adolf Galland.
In diesem Verfahren operierten Me-109- und Fw-190-Jäger in mondhellen Nächten, oder durch Scheinwerfereinheiten unterstützt, gegen gemeldete britische Nachtbomberverbände. Im hellerleuchteten Zielgebiet griffen sie den Gegner dann auf Sichtweite an und versuchten, den Pulk zu zersprengen. Der große Vorteil dieser Taktik war, dass die Piloten keine aufwendige Nachtjägerausbildung durchlaufen mussten und kein kompliziertes Bordradar notwendig war. In der Praxis bewährte sich das von höchster Stelle etwas skeptisch betrachtete System ausgezeichnet. Bereits im ersten Testeinsatz konnten eine Handvoll Me-109 unter der Führung von Major Herrmann in der Nacht vom 3./4. Juli 1943 zwölf britische Bomber über Köln abschießen! Dieser Erfolg überzeugte den bisher skeptischen Herrmann Göring endgültig und führte zur Aufstellung des (leichten) Nachtjagdgeschwaders 300 - Kommodore wurde Hajo Herrmann.
Zwischen Juli 1943 und März 1944 konnten schätzungsweise 200 Maschinen durch das "Wilde Sau"-Verfahren abgeschossen werden*[39]*, die erfolgreichsten Einsätze waren über der Reichshauptstadt Berlin zu verzeichnen, wo innerhalb von 14 Tagen alleine 98 Bomber abgefangen wurden! Als Kommodore des NJG 300 (Stützpunkte Bonn, Rheine und Oldenburg) erzielte Major Herrmann selbst 6 bestätigte Nachtjagdsiege nach dem von ihm erdachten Verfahren. Nach einem dieser Einsätze war Herrmann gezwungen, mit seiner ramponierten Me-109 notzulanden - und landete in stockfinsterer Nacht "zielsicher" im einzigen See dieser Region!
Am 2. August 1943 erhielt Herrmann für besondere Leistungen in der Reichsverteidigung das 269. Eichenlaub zum Ritterkreuz verliehen.
Die "Wilde Sau" war insofern taktisch besonders wertvoll, da genau zur Jahreswende 1943/44 die Effektivität der herkömmlichen Nachtjäger durch neu entwickelte Radarstörmethoden der RAF fast vollständig verlorengegangen war. Aufgrund sich anpassender alliierter Abwehr und Fehlschlägen bei Schlechtwetter wurde Herrmanns Strategie Ende März jedoch ebenfalls eingestellt. Doch in der Zwischenzeit hatten Kammhubers Nachtjagdgeschwader wieder die Oberhand gewonnen!

Nach seinen großen Leistungen wurde Oberstleutnant (01.08.43) Herrmann im Herbst 1943 zum Kommandeur der 30. Jagddivision ernannt, später an die Spitze der 1. Jagddivision gestellt und zeitweise weiters zum Inspekteur der Nachtjäger unter Generalleutnant Adolf Galland ernannt!
Für die persönlichen Verdienste als Stabsoffizier erhielt er am 23. Jänner 1944 überraschend die Schwerter zum Ritterkreuz mit Eichenlaub verliehen. In Folge befehligte der äußerst fähige Oberst (01.12.43) die 9. Fliegerdivision an der Ungarnfront und diente zeitweise als Stabschef des II. Fliegerkorps. In dieser Position fiel er erneut durch eine gewagte und neuartige Angriffsstrategie auf. So sollten sich freiwillige Piloten mit speziell konstruierten Jagdmaschinen, ähnlich japanischen Kamikazepiloten, den alliierten Bombern entgegenstellen und den Gegner durch Rammstoß zum Absturz bringen*[40]*! Da es ohnehin an ausgebildeten Piloten fehlte, wurden hierzu freiwillige Flugschüler eingesetzt. Herrmanns eifrige Initiative in dieser Richtung brachte ihm unter den altgedienten Jägeroffizieren verständlicherweise einige Kritiker ein.
Der aufgrund seines Einsatzgebietes Rammkommando Elbe getaufte Verband (Kommandeur Eichenlaubträger Oberst Dahl) kam erstmals am 7. April 1945 zum Einsatz, wobei 183 eingesetzte Maschinen 23 US-Bomber zerstören konnten. Die zum Begleitschutz eingeteilten Me-262 des JG 7 meldeten 28 weitere Abschüsse. Die amerikanische Luftwaffe verlor nach eigenen Angaben 147 Besatzungsmitglieder. In den folgenden Tagen unternahm das Kommando noch weitere Einsätze, durch die sich die Gesamtzahl der US-Verluste auf 50 bis 60 Maschinen erhöhte.
Kurz vor Ende des Krieges übernahm Oberst Herrmann noch ein gemischtes Sondereinsatzkommando der Luftwaffe, das besonders zur Bekämpfung von russischen Nachschublinien und Versorgungslagern eingesetzt werden sollte.
Als Herrmann am 9. Mai 1945 von der Kapitulation erfuhr, befand er sich mit einigen Offizieren seines Kommandos in der sgn. Alpenfestung*[41]*. Da dieses Gebiet bis dahin weder von den Amerikanern noch von den Russen besetzt worden war, entschloss sich Herrmann, drei seiner Offiziere zur Erkundung ins sowjetisch besetzte Budapest zu schicken. Nur einer kehrte am 11. Mai zurück - und zwar mit einer ungeheuerlichen Nachricht.
Die Sowjets hatten die anderen zwei Offiziere gefangengenommen und drohten sie zu exekutieren, sollte Oberst Herrmann nicht sofort nach Budapest kommen! Wie sollte er sich entscheiden? Würde er fliegen, drohte ihm vielleicht das gleiche - würde er bleiben, wäre es das Todesurteil für zwei seiner Offiziere!

Herrmann flog! Wenige Stunden nach seiner Landung hinter den russischen Linien befand er sich bereits in einem Verhörzimmer, später wurde er in eines der gefürchteten russischen Straflager gesteckt. Die Tatsache, dass er nur sehr kurz an der Ostfront eingesetzt gewesen war, half ihm nicht.
Erst im Oktober 1955 - nach zehnjähriger Gefangenschaft(!) - kehrte der Oberst a.D. in die Bundesrepublik zurück. Herrmann trat nicht wieder in die Bundeswehr ein, sondern studierte Jura und ließ sich in den Sechzigerjahren als Anwalt in Düsseldorf nieder. Dem Fliegen blieb er als Hobbypilot selbstverständlich treu.

Anmerkung des Autors:

Eine Verleihung des seltenen Flugzeugführer- und Beobachterabzeichens in Gold mit Brillanten an Herrmann ist in Klietmanns "Auszeichnungen des Deutschen Reiches 1936-1945" nicht erwähnt. Es ist eine Eigenangabe des Beliehenen in seiner Autobiographie.

General der Infanterie

OTTO HITZFELD

* 07.05.1898 in Schuchsee/Baden
+ 06.12.1990 in Dossenheim

Ritterkreuz		30.10.1941
Eichenlaub	(065)	16.01.1942
Schwerter	(158)	09.05.1945

Badisches Militärverdienstkreuz 1. Klasse
Infanteriesturmabzeichen in Silber
Nennung im Wehrmachtsbericht
Rumänische Tapferkeitmedaille
Krimschild
Verwundetenabzeichen in Gold

"Der Löwe von Sewastopol"

Otto Hitzfeld trat 1915 als Freiwilliger ins Infanterieregiment 142 ein und wurde bereits nach wenigen Monaten an der Front zum Fähnrich befördert. Im Laufe der Zeit mit beiden Klassen des Eisernen Kreuzes ausgezeichnet, kämpfte Leutnant Hitzfeld in so bekannten Frontabschnitten wie Champagne, Verdun, Somme, Aisne und Kemmel. Bereits in diesem ersten Krieg wurde er viermal verwundet.
1919 ins Infanterieregiment 113 übernommen, diente Hitzfeld in den Zwanziger- und Dreißigerjahren als Nachrichten- und Stabsoffizier. Während seiner Dienstzeit war er u.a. einem jungen Hauptmann namens Friedrich Paulus unterstellt, der 1943 als GFM und Oberbefehlshaber der 6. Armee in Stalingrad kapitulieren musste.
1931 Adjutant an der Infanterieschule Dresden und ein Jahr darauf Hauptmann im Reiterregiment 3, erhielt Hitzfeld 1936 seine Beförderung zum Major.
In Folge als Taktik- und Kriegsgeschichtslehrer an der Kriegsschule Dresden eingesetzt, wurde der fähige Offizier 1938 ins österreichische Wiener Neustadt versetzt, wo er dem damaligen Kommandanten der Kriegsschule, Oberst Erwin Rommel, - später GFM und Träger der höchsten deutschen Auszeichnung - als Adjutant zugeteilt wurde. Im November 1939 übernahm Oberstleutnant Hitzfeld das III. Bataillon des Infanterieregiments 158 der 82. Infanteriedivision.

Während des Westfeldzuges befehligte Hitzfeld das Infanterieregiment 593 der 323. Infanteriedivision, für dessen sichere Führung in Nordfrankreich er die Spange zum Eisernen Kreuz 2. Klasse 1914 erhielt. Am 5. Juli 1941, wenige Wochen nach Beginn des Russlandfeldzuges, übernahm Oberstleutnant Hitzfeld das Infanterieregiment 213 der 73. Infanteriedivision. Die nach Kriegsbeginn aufgestellte Division wurde nach Verlusten im Balkanfeldzug erst wieder aufgefrischt und griff im Juli in den noch jungen Ostfeldzug ein. Unter dem Oberbefehl der Heeresgruppe Süd (von Rundstedt) kämpfte die 73. ID bei Cherson, an der Küste des Schwarzen Meeres, am Dnjepr und an der Landenge von Perekop. Nachdem deutsche Truppen bis auf die Halbinsel Krim vorgedrungen waren, führte Oberstleutnant Hitzfeld sein Regiment in den Kämpfen vor Sewastopol, am sgn. Tatarengraben, bei Feodosia, während der Offensive gegen die Landenge von Kertsch und vor Juschunij.
Im Kampf auf der Krim war Oberst (01.01.42) Hitzfeld so erfolgreich, dass er binnen weniger Monate die Spange zum Eisernen Kreuz 1. Klasse 1914, das Ritterkreuz, das erst 65. Eichenlaub und den Krimschild erhielt! Der zähe Frontoffizier hatte mit seinen Bataillonen wiederholt stark verteidigte Stellungen des Gegners überrannt und zum großen Erfolg der Division beigetragen. Seine ihm treu ergebenen Landser nannten ihren Kommandeur respektvoll den "Löwen von Sewastopol".
Generalfeldmarschall von Manstein, Oberbefehlshaber der 11. Armee, schrieb: "Das Regiment Hitzfeld hat sich in allen Schlachten durch Initiative und Verantwortungsfreudigkeit der Führung sowie durch große Tapferkeit und äußerste Hingabe der Truppe aufs Höchste bewährt."
Als für die 73. Infanteriedivision im Frühjahr 1942 die Schlacht auf der Krim endete, wurde die Division an den Mius verlegt. Hitzfelds 213er wurden jedoch ausgegliedert und der 170. Infanteriedivision unterstellt.

Als Oberst Hitzfeld im August 1942 während eines russischen Tieffliegerangriffes an der Schulter und am Oberarm verwundet wurde (Südkaukasus), erhielt er nach seiner insgesamt fünften Kriegsverwundung das Verwundetenabzeichen in Gold!
Nach seiner Wiedergenesung wurde er im Jänner 1943 mit der Übernahme der 102. Infanteriedivision beauftragt, wo er am 1. April seine Beförderung zum Generalmajor entgegennehmen konnte.
Im Juli 1943 wurde Hitzfelds Division dem XXXXVI. Panzerkorps - kommandiert vom späteren Eichenlaubträger General Hans Zorn - unterstellt und für eine gewaltige Offensive gegen Kursk in Bereitstellung befohlen.
Im nördlichen Frontbogen des Operationsgebietes eingesetzt, hatte die 102. Infanteriedivision über vier Tage härteste Angriffs- und Stellungskämpfe zu überstehen. Zusammen mit der 258. und 7. ID gegen Stellungen des XIX. sowjetischen Armeekorps angesetzt, kam es besonders südlich des Ortes Trossna zu harten Gefechten. Während die Stoßkeile der 9. Armee (Model) im Zentrum Bodengewinne erreichen konnten, kam die rechte Flanke - darunter Hitzfelds Division - aufgrund der starken sowjetischen Abwehr kaum vom Fleck!
Da sich schließlich die gesamte 9. Armee festrannte und auch die im Südabschnitt angreifenden SS-Truppen keinen Durchbruch erreichen konnten, wurde die Offensive "Zitadelle" schließlich abgebrochen. Für das Zurückweisen von mehreren russischen Gegenangriffen erhielt Generalmajor Hitzfeld von den verbündeten Rumänen deren Tapferkeitsmedaille verliehen.
Die nächsten Monate kam die 102. ID im Verband verschiedener Armeekorps entlang der Südfront der Heeresgruppe Mitte zum Einsatz.
Im November 1943 wurde Generalleutnant (01.10.43) Hitzfeld vom Fronteinsatz zurückgezogen und auf einen auszeichnenden Posten versetzt. Er übernahm die bekannte Infanterieschule Döberitz nahe Berlin, die vor dem Krieg u.a. vom späteren Brillantenträger Hans Hube kommandiert worden war und eine der wichtigsten Ausbildungs- und Lehranstalten des Heeres darstellte.
Diese für Berlin strategisch wichtige Kasernenanlage wurde im Juli 1944 zum Schauplatz sich überschlagender Ereignisse. Denn der Militärische Widerstand musste, sollte der bevorstehende Putschversuch Erfolg haben, Döberitz unter seine Kontrolle bringen.
Als die Aktion am 20. Juli 1944 anlief, befand sich Generalleutnant Hitzfeld nicht in Döberitz, sondern auf dem Begräbnis seiner Mutter. Da im Falle von Unruhen in Berlin die Infanterieschule OKW-Befehl hatte, eine Kampfgruppe in die Stadt zu entsenden, hatte der Militärische Widerstand vorgesorgt und am Morgen einen seiner Offiziere nach Döberitz entsandt. Wahrscheinlich rechnete man mit Hitzfelds Zusammenarbeit, da dieser aber nicht anwesend war, übernahm der Widerstands-Offizier das Kommando und befahl der bereitstehenden Kampfgruppe, für den Widerstand strategisch wichtige Punkte in Berlin zu besetzten. Der Putsch scheiterte bekanntlich - als Hitzfeld wieder in Döberitz eintraf, war alles vorbei. In seiner Autobiographie schrieb er: "Klar war, dass etwas geschehen musste. Hitler musste von seinem Posten entfernt werden. Ein 20. Juli war notwendig, aber nicht in einer solch leichtsinnigen Weise." Hitzfeld legt hierbei besonderen Wert auf die Tatsache, dass er jedoch nicht in die Umsturzpläne eingeweiht gewesen war.
Nach dem Döberitz-Kommando wurde Otto Hitzfeld im Winter 1944 ins Hauptquartier der Heeresgruppe B an der Westfront befohlen. Als GFM Walter Model, Träger der Brillanten und ein alter Freund von Hitzfeld, ihm das Kommando über das LXVII. Armeekorps der 15. Armee anbot, lehnte dieser mit der Begründung ab, er hätte Befehl, erst den Lehrgang für Kommandierende Generale zu absolvieren. Auch der anwesende General Krebs, Models Stabschef, verwies auf diesen Befehl. Doch Model erwiderte: "Lehrgang ? - alles dummes Zeug - General Hitzfeld übernimmt das Korps sofort!" Er wusste um die Qualitäten des "Löwen von Sewastopol".

Nach Teilnahme an der großen Winteroffensive in Belgien, in deren Verlauf die 15. Armee nur wenige Kilometer vordringen konnte, zog Hitzfeld sein angeschlagenes Korps geschickt bis an den Rhein zurück, wo es zu Abwehrkämpfen bei Remagen kam. Nach verzweifelten Abwehrschlachten im Bingen-Brückenkopf führte Hitzfeld im März noch einen letzten Gegenangriff durch, welcher jedoch nach anfänglichen Erfolgen bei Hammerstein liegenblieb.
Am 1. März 1945 wurde Hitzfeld zum General der Infanterie befördert und kurz darauf mit der vertretungsweisen Führung der 11. Armee betraut, die im Harz quasi abgeschnitten war.
Ab 8. April wieder Kommandeur seines LXVII. Armeekorps, erhielt Hitzfeld noch am 9. Mai 1945 als vorletzter von 159 deutschen Soldaten für seine Leistungen als Frontgeneral die Schwerter zum Ritterkreuz mit Eichenlaub verliehen.
Eine der bewundernswertesten Taten in seiner Karriere war Otto Hitzfelds couragierte Entscheidung, die Stadt Göttingen nicht - wie befohlen - noch in den letzten Kriegswochen zu verteidigen, sondern zur offenen Stadt zu erklären und sie kampflos an die Amerikaner zu ergeben. Dies ersparte der Zivilbevölkerung viel unnötiges Leid und hohe Opfer.
1947 entlassen, verstarb Otto Hitzfeld 92jährig in Dossenheim*[131]*.

Oberstleutnant

HERMANN HOGEBACK

* 25.08.1914 in Idar-Oberstein/Pfalz

Ritterkreuz		08.09.1941
Eichenlaub	(192)	19.02.1943
Schwerter	(125)	26.01.1945

Spanische Medalla Militar
Spanienkreuz in Gold mit Schwertern
Frontflugspange für Kampfflieger in Gold mit Anhänger Einsatzzahl "500"
Flugzeugführer- und Beobachterabzeichen
Italienisches Fliegerabzeichen
Ärmelband "Afrika"
Krimschild
Deutsches Kreuz in Gold
Verwundetenabzeichen in Bronze

"Chef der Ritterkreuz-Besatzung"

Hermann Hogeback trat 1934 in die Wehrmacht ein und diente bis zu seiner Übernahme in die Luftwaffe in einem Infanterieregiment. Nach seiner Ausbildung zum Flugzeugführer wurde er dem Lehrgeschwader 1 zugeteilt. Als die Luftwaffe Freiwillige für den Kampfeinsatz im Spanischen Bürgerkrieg suchte, nutzte der junge Leutnant diese Chance und meldete sich. Während seiner Einsatzzeit in der "Legion Condor" sammelte er umfassende Kampferfahrung, welche ihm im kommenden Krieg einen großen Vorsprung gegenüber seinen Gegnern sicherte.
Nach 100 Feindflügen in der Kampfgruppe 88 wurde Hogeback durch Flakbeschuss ernstlich verwundet und in ein Lazarett nahe Sargossa gebracht. Für seine Verdienste erhielt er später das seltene Spanienkreuz in Gold mit Schwertern verliehen.
Als der Zweite Weltkrieg begann, diente Oberleutnant Hogeback in der III. Gruppe des Lehrgeschwaders 1. Bereits über Polen erhielt er für Tapferkeit im Gefecht das Eiserne Kreuz 2. Klasse, nach weiteren erfolgreichen Einsätzen über Belgien und Frankreich nahm sein Geschwader an der Luftschlacht um England teil.
Hogeback zeichnete sich nicht nur durch Tapferkeit und Ruhe im Gefecht, sondern auch durch überlegte Angriffe und exzellentes Flugverhalten aus. Zusammen mit seiner Besatzung bildete er ein eingespieltes, sicheres Team.
Nachdem er über England an über 40 Einsätzen teilgenommen hatte – die meisten richteten sich gegen London - verlegte das Geschwader nach Osten. Nach dem erfolgreichen Blitzkrieg gegen Jugoslawien und Griechenland kam das LG 1 im Kampfgebiet Nordafrika zum Einsatz. In unzähligen Unterstützungseinsätzen für das Afrikakorps unter Rommel bewährte er sich ausgezeichnet. Im Kampf gegen britische Geleitzüge im Mittelmeer konnte er ebenfalls Erfolge melden, darunter ein versenkter 10.000-BRT-Frachter vor Sizilien. Mehrmals wurde seine Maschine im Kampf beschädigt, aber jedesmal konnte Hogeback den havarierten Bomber bis zum Heimatstützpunkt zurückfliegen. Im Frühjahr 1941 wurde Hogeback aufgrund seiner Leistungen zum Kapitän der 8. Staffel im Lehrgeschwader 1 ernannt. Die 4. Staffel des kampfkräftigen Geschwaders wurde damals vom späteren Schwerterträger Joachim Helbig befehligt.
Als Oberleutnant Hogeback im Juli 1941 einen Seeaufklärungsflug entlang der libyschen Küste unternahm, wurde die einzelne Maschine plötzlich durch 12(!) britische Jäger angegriffen - die Lage schien aussichtslos!
Während Hogeback schweißgebadet wilde Abwehrkurven flog, schoss sein hervorragender Bordschütze zwei der Angreifer ab, worauf die Briten den Luftkampf überraschend abbrachen! Die folgenden Monate brachten weitere Einsätze im Mittelmeerraum.
Da er sich nun seit Kriegsbeginn bewährt und auf 160 Feindflügen große Einzelerfolge erzielt hatte, erhielt der zuvor zum Hauptmann aufgestiegene Spanienveteran das Ritterkreuz verliehen. Wenige Wochen später wurde er mit seiner Gruppe vom heißen Afrika an die kalte Ostfront verlegt.
Im Laufe der nächsten Monate kämpfte Hogeback bei Leningrad, Kertsch und über der Seefestung Sewastopol. Mehrmals machte die Besatzung mit der gefürchteten russischen Flak Bekanntschaft.

Im Juli 1942 übernahm Hauptmann Hogeback schließlich die III. Gruppe, in der er bereits seit dem ersten Kriegstag flog. Für seine Verdienste über Sewastopol erhielt er den Krimschild. Nach weiteren Einsätzen zur Unterstützung des Heeres verlegte die III. Gruppe nach Frankreich, von wo aus erneut gegen das britische Mutterland geflogen wurde. Schließlich wurde Hogebacks Gruppe aus dem LG 1 ausgegliedert und zur Aufstellung des neuen Kampfgeschwaders 6 verwendet.

In schwierigen Nachteinsätzen bombardierte Hogeback britische Flugplätze, Rüstungsbetriebe und Hafenanlagen. Als er die für einen Kampfflieger phantastische Marke von 400 Feindflügen überschritt, erhielt er das Eichenlaub zum Ritterkreuz verliehen, einen Monat darauf erfolgte die Beförderung zum Major.
Ein Stützpfeiler von Hogebacks Erfolgen war seine phantastische Besatzung. Im Laufe des Krieges wurde die Besatzung Hogeback zur höchstdekorierten der gesamten Kampffliegerei - als einzige Bomberbesatzung der Luftwaffe trugen bei Kriegsende alle vier Mann das Ritterkreuz! Das eingespielte Team bestand auf dem Bordfunker Willi Lehnert (RK am 05.04.45), dem Beobachter Willi Dipberger (09.01.45) und dem Bordschützen Günther Glasner (01.01.43). Jeder konnte sich auf die anderen hundertprozentig verlassen. Dieser Aspekt bildete die Grundlage für ihren großen Erfolg.
Im August 1943 wurde Hogeback zum Kommodore des Kampfgeschwaders 6 ernannt und für seine Verdienste mit 29 Jahren zum Oberstleutnant (01.04.44) befördert.
Im Frühjahr 1944 wurde die Übermacht der Alliierten immer offensichtlicher. Die deutschen Kampfflieger erlitten immer größere Verluste bei kleiner werdenden Erfolgen. Neben den alliierten Nachtjägern war besonders das gut ausgebaute britische Bodenradarnetz für die Unterlegenheit verantwortlich. Unter dem "Angriffsführer England", Schwerterträger Oberst Peltz, wurde nichtsdestotrotz Einsatz auf Einsatz geflogen. Die Stützpunkte des Geschwaders lagen in Belgien und Nordfrankreich, später auch in Holland.
Nachdem der Verband teilweise auf die modernere Junkers Ju-188 (max. 430 km/h, 3.000 kg Waffenlasten) umgerüstet hatte, wurde er verstärkt gegen die in der Normandie gelandeten Amerikaner, Briten, Kanadier und Franzosen eingesetzt. Die Luftüberlegenheit der Alliierten und deren gut geschulte, modern ausgerüstete Jagdwaffe machte es den deutschen Kampffliegern nicht leicht - die Verluste waren hoch. So fiel im Juni 1944 Eichenlaubträger Hauptmann Hans Thurner, der auf über 500 Feindflügen bewährte Kommandeur der I. Gruppe.
In den Monaten nach der Invasion flog Hogeback unaufhörlich Einsätze gegen die vorrückenden Truppen des Gegners. Für wiederholte Tapferkeit vor dem Feind und seine großen Erfolge als Verbandsführer erhielt Oberstleutnant Hogeback im Jänner 1945 als 125. Soldat und 48. Luftwaffenangehöriger die Schwerter zum Ritterkreuz mit Eichenlaub verliehen.
Im Herbst 1944 wurde Hogeback angewiesen, Teile seines Geschwaders nach Prag zu verlegen, wo die Staffeln auf einsitzige Jagdmaschinen umgeschult und dementsprechend eingesetzt werden sollten. Aufgrund des drückenden Treibstoffmangels war dies aber fast unmöglich. Im März 1945 wurden einige von Hogebacks Piloten sogar noch auf dem neuen Düsenjäger Me-262 ausgebildet.
Das Kampfgeschwader 6 blieb eines der wenigen einsatzfähigen Bombergeschwader der letzten Kriegsphase. Im April 1945 flog der Schwerterträger trotz der erdrückenden alliierten Luftüberlegenheit seinen 500. Kampfeinsatz! Am 8. Mai führte er sein Geschwader in britische Kriegsgefangenschaft, aus der bereits nach fünf Monaten die Entlassung erfolgte.

Anmerkung des Autors:

Für seine tatkräftige Mitarbeit an dieser Biographie bin ich Hrn. Hogeback sehr zu Dank verpflichtet. (Briefe an den Autor; Dezember 1999)

Generalleutnant

DR. HERMANN HOHN

* 11.10.1897 in Renchen/Baden
+ 13.11.1968 in Ladenburg

Ritterkreuz		28.11.1943
Eichenlaub	(410)	01.03.1944
Schwerter	(109)	31.10.1944

Infanteriesturmabzeichen in Silber
Zweimalige Nennung im Wehrmachtsbericht
Nennung im Ehrenblatt des Heeres
Krimschild
Bulgarisches Militärverdienstkreuz
Krone Rumäniens 2. Klasse
Deutsches Kreuz in Gold
Verwundetenabzeichen in Silber

"Das Zugpferd der 72. Infanteriedivision"

Der militärische Werdegang von Dr. Hermann Hohn ist wie kaum ein anderer mit einer einzelnen Division verbunden. Der begnadete Frontoffizier kam wenige Wochen nach Kriegsausbruch als Hauptmann zur 72. Infanteriedivision, stieg durch hervorragende Leistungen in der Hierarchie immer höher und verließ die Division wenige Wochen vor Ende des Krieges als ihr hochdekorierter Kommandeur.

Bereits im Alter von knapp 18 Jahren zog Hermann Hohn, Sohn eines badischen Apothekers, 1915 den Waffenrock der kaiserlich-deutschen Feldartillerie an.
Als Unteroffizier im Fußartillerieregiment 10 in den Argonnen, bei Arras, Verdun, Dünaburg, Flandern und der Maas eingesetzt, erhielt Hohn das Eiserne Kreuz 2. Klasse, 1917 die Beförderung zum Leutnant und 1918 das Kommando über einen eigenen Artilleriezug. 1918 durch Granatsplitter im Rücken verwundet, war Hermann Hohn bei Kriegsende Batterieadjutant.
Für den erfolgreichen Kampfeinsatz in einem Freikorps erhielt er ein Jahr nach der Kapitulation noch das Eiserne Kreuz 1. Klasse verliehen. Im Anschluss diente er bis zu seiner Abmusterung im Artillerieregiment 3 und der Reichswehrbrigade 8.
In den Zwanziger- und Dreißigerjahren studierte Hohn in Mannheim Staatswissenschaften sowie Volkswirtschaft und war anschließend in Banken und kaufmännischen Betrieben tätig, ehe er 1935 als Hauptmann wieder in die Wehrmacht eintrat.
Nach verschiedenen Kommandos in den Infanterieregimentern 62 und 82 wurde Major Dr. Hohn 1939 Stabsoffizier im Generalkommando Eifel in Bonn, ehe er unmittelbar nach Beginn des Zweiten Weltkrieges in den Stab der gerade neu aufgestellten 72. Infanteriedivision beordert wurde. Während des Polen- und Westfeldzuges kam Dr. Hohn aufgrund seiner Verwendung als Adjutant des Divisionskommandeurs Generalmajor Mattenklott (1941 Ritterkreuz) nicht zum aktiven Kampfeinsatz.
Erst im Winter 1940 wurde Hauptmann Dr. Hohn mit der Übernahme des II. Bataillons im Infanterieregiment 105 unter dem späteren Schwerterträger Friedrich-Wilhelm Müller beauftragt. Während des Balkanfeldzuges wurde die 72. Infanteriedivision mit Erfolg im bulgarisch-griechischen Grenzgebiet und an der Metaxas-Linie eingesetzt. Nach dem Feldzug erhielt der Weltkriegsveteran für seine Leistungen eine bulgarische sowie eine rumänische Auszeichnung verliehen.
Zu Beginn des Russlandfeldzuges der 11. Armee im Südabschnitt unterstellt, kämpfte das "Bataillon Hohn" in der Moldau, am Dnjepr, vor Odessa sowie bei Nikolajew. Am 29. Juli wurde Oberstleutnant (01.08.41) Dr. Hohn durch eine russische Artilleriegranate schwer verwundet, einige Splitter im Gesicht beeinträchtigten von da an die Sehfähigkeit eines Auges. Die Schwere der Verwundung erforderte eine lange Lazarettbehandlung und anschließende Heimatverwendung.

Erst im Mai 1942 kehrte Dr. Hohn zur 72. Infanteriedivision zurück. An der Spitze des Grenadierregiments 124 kämpfte er während den schweren Offensiven auf der Krim. Im Oktober wechselte der Oberstleutnant, kurz zuvor durch Bombensplitter im Oberschenkel erneut verwundet worden, an die Spitze des Infanterieregiments 105, die Division war indes in den Mittelabschnitt der Ostfront verlegt worden.
Bis zum Februar 1943 hatten Hohn und seine Grenadiere schweren Angriffen der russischen Kalinin-Front zu widerstehen; zusammen mit der vom späteren Schwerterträger Niehoff kommandierten 256. ID konnte das hartumkämpfte und strategisch wichtige Rshew lange Zeit gehalten werden, unweit entfernt lag die 87. Infanteriedivision unter dem später ebenfalls dekorierten Generalleutnant Walter Hartmann.
Mehrmals wurden überlegene russische Großangriffe wieder zurückgeschlagen. Für wiederholte Abwehrerfolge in schwierigen Lagen wurde Dr. Hohn im Dezember 1942 ins Ehrenblatt des Heeres eingetragen. Am 1. Jänner 1943 wurde der ehemalige Bankangestellte für seine großen Verdienste schließlich bereits zum Oberst befördert.
Im März 1943 wurden die hier aushaltenden deutschen Verbände in der sgn. "Büffelbewegung" aus Rshew abgezogen und bis nach Spas Demensk zurückgenommen. Da durch die Frontverkürzung mehrere Divisionen eingespart werden konnten, wurde die 72. ID in den Frontabschnitt Orel verlegt. Hier kamen Hohns Grenadiere im Verband des XXXV. Armeekorps (Rendulic) zum Einsatz.
In den schweren Abwehrkämpfen bestätigte Dr. Hohn seinen fabelhaften Ruf. Im November erhielt er das Ritterkreuz zum Eisernen Kreuz überreicht, einen Tag vor Weihnachten musste der Oberst die Divisionsführung übernehmen.
Kurze Zeit später geriet die Division im Verband der "Armeegruppe Stemmermann" in eine sowjetische Panzeroffensive mit starker Luftunterstützung. An beiden Flanken überflügelt, wurde die Armeegruppe um Tscherkassy eingekesselt - neben Hohns Division saßen nun auch die SS-"*Wiking*" (Gille), die SS-"*Wallonien*" sowie die 57., 75., 88., 112. und Teile der 289. und 332. Infanteriedivision in der Falle - insgesamt 60.000 Mann! Im Verlauf der schweren Abwehrkämpfe verteidigte die 72. ID den für den Kessel lebenswichtigen Flugplatz von Korsun. Doch nach einer Woche war diese Stellung nicht mehr zu halten. Nach blutigen Verlusten und einem fehlgeschlagenen Entsatzangriff des III. Panzerkorps (Breith) entschloss sich der neue Kommandeur der Kessels, SS-Gruppenführer Gille, zum riskanten Ausbruchsversuch! Das Unternehmen hatte Erfolg, 30.000 Mann erreichten das III. Panzerkorps, Hohns Division hatte in Tscherkassy rund die Hälfte ihrer Soldaten verloren!
Während Gille für seine Verdienste die Schwerter erhielt, wurde Oberst Dr. Hohn für die Leistungen seiner Division sowie persönliche Tapferkeit im Abwehrkampf mit dem 410. Eichenlaub ausgezeichnet und gleichzeitig zum Generalmajor befördert.
Ebenfalls mit dem Eichenlaub wurde Major Robert Kästner, Kommandeur von Hohns altem Infanterieregiment 105, beliehen. Ein weiterer Träger dieser hohen Tapferkeitsauszeichnung wurde Oberstleutnant Karl Baacke, ebenfalls einer von Hohns Regimentskommandeuren!
Noch im März 1944 wurde Hohn, von seinen Vorgesetzten als "in Krisenlagen absolut unerschütterlich und bei seinen Soldaten äußerst beliebt" beschrieben, zum Divisionsführer-Lehrgang nach Schlesien befohlen, anschließend erhielt er einige Tage Heimaturlaub.
Im Juli kehrte Generalmajor Dr. Hohn an die Spitze seiner 72. Infanteriedivision zurück und führte sie in den Rückzugsschlachten bei Rowno und Sokal. Als er seine bewährte Division im Weichselbrückenkopf Baranow zu ungeahnten Abwehrerfolgen führte und auch bei Sandomierz und Opatow-Ostrowice standhaft blieb, erhielt er am 31. Oktober 1944 - lediglich 338 Tage nach dem Ritterkreuz - als 59. Soldat des Heeres und 45. Offizier im Generalsrang die Schwerter zum Ritterkreuz mit Eichenlaub verliehen. Weiters folgte eine Nennung im Wehrmachtsbericht.
Doch kurz darauf durchtrennte eine russische Großoffensive die deutschen Abwehrstellungen, die 72. ID wurde schwerst getroffen - nur einzelne Kampfgruppen erreichten die eigenen Rückzugsstraßen!
Im Verlauf der chaotischen Rückzugskämpfe wurde der Divisionskommandeur zeitweise als vermisst oder möglicherweise sogar gefallen gemeldet, ehe er wieder wohlbehalten auftauchte. Im schweren Abwehrkampf konnten Nachbar- und "Feuerwehr"-Einheiten den Einbruch schließlich wieder abriegeln und die HKL schließen.
Im Frühjahr 1945 stellte Generalleutnant (30.01.45) Dr. Hohn seine Division provisorisch neu auf und verlegte mit ihr erneut an die Ostfront. Wenige Wochen vor Ende des Krieges wurde der Schwerterträger dann noch mit der Führung des an der Westfront kämpfenden XI. Armeekorps beauftragt, welches er im Mai in amerikanische Kriegsgefangenschaft führte. Erst 1948 erfolgte seine Entlassung.
Nach dem Krieg aktiv in der Politik tätig, war Dr. Hohn zwischen 1953 und 1965 Bürgermeister der Stadt Ladenburg am Neckar in Baden, wo er 1968 auch seine letzte Ruhestätte fand.

Anmerkung des Autors:

Für die Bereitstellung des Fotos bin ich Hrn. Peter Stockert sehr zu Dank verpflichtet.

Generaloberst

HERMANN HOTH

* 12.04.1885 in Neuruppin/Brandenburg
+ 25.01.1971 in Goslar am Harz

Ritterkreuz		27.10.1939
Eichenlaub	(025)	17.07.1941
Schwerter	(035)	15.09.1943

Hohenzollernorden mit Schwertern
Bayrisches Militärverdienstkreuz 2. Klasse
Österreichisches Militärverdienstkreuz 3. Klasse
Bulgarischer Militärverdienstorden 4. Klasse
Türkisches Militärverdienstkreuz
Panzerkampfabzeichen in Silber
Mehrmalige Nennung im Wehrmachtsbericht
Verwundetenabzeichen in Bronze

"Vater der deutschen Panzerwaffe"

Hoth, Sohn eines Militärarztes, trat 1904 ins preußische Heer ein und stieg vom Offiziersanwärter über den Fähnrich bis zum Leutnant auf. Bei Kriegsbeginn als Hauptmann im Stab von General Hindenburg, erlebte Hoth in dieser Dienststellung auch den berühmten Sieg von Tannenberg. 1916 zum Major befördert, führte er in Folge ein Bataillon im Infanterieregiment 72 an der Westfront, ehe er 1917 ein Bodenkommando in den neuen Luftstreitkräften übernahm. Mit beiden Klassen des Eisernen Kreuzes ausgezeichnet, war Hermann Hoth bei Kriegsende Stabschef der 30. Infanteriedivision. 1919/20 diente er als Bataillonskommandeur im Freikorps "*Maercker*" im Kampf gegen Aufständische.
Nach der Kapitulation in die Reichswehr übernommen, stieg Hoth aufgrund seiner großartigen Leistungen schnell über den Oberst (1932, Infanterieregiment 17) und Generalmajor (1934, Infanterieführer III) zum Generalleutnant (1936) auf. Nachdem er viele Jahre lang die 18. Infanteriedivision befehligt hatte, wurde er 1938 zum General der Infanterie befördert. Bereits früh forcierte Hoth, entgegen den alliierten Auflagen nach dem Ersten Weltkrieg, den Gedanken einer modernen Panzerwaffe innerhalb der Wehrmacht. So experimentierte Hoth mit seinem Stab anfangs mit Panzermodellen aus Sperrholz, hielt umfangreiche Taktikmanöver ab und drängte erfolgreich auf die Errichtung einer geheimen Panzertruppenschule. Hoth wurde zusammen mit Guderian zum federführenden Initiator des späteren Blitzkrieges!

Im Polenfeldzug kämpfte Hoth als Kommandeur des XV. Armeekorps im Verband der "Heeresgruppe von Bock" und nahm an der Vernichtung der polnischen Armeen "Pommerellen" und "Modelin" teil. In Folge kämpften seine Truppen während der Kesselschlacht von Warschau. Im Oktober 1939 erhielt Hoth für seine Verdienste in der Truppenführung und die feldzugsentscheidenden Offensiven als einer der ersten Offiziere das Ritterkreuz zum Eisernen Kreuz verliehen.
Im Frankreichfeldzug übernahm General der Infanterie Hoth erneut ein starkes Panzerkorps. Diese selbständigen Panzergroßverbände waren mit ein Schlüssel für den umfassenden Erfolg der Wehrmacht - Frankreich und England verfügten meist nur über mit Panzern verstärkte Infanteriedivisionen! Mit seinem Korps stieß Hoth unter dem Oberbefehl der Heeresgruppe A (von Rundstedt) durch Luxemburg und Belgien vor, ehe er in einem schnellen Panzerraid durch Nordfrankreich rollte. Seine Panzer durchbrachen in unerhörtem Tempo die Stellungen des Gegners, überquerten die Maas und stießen - mit Rommels "*Gespensterdivision*" als Stoßkeil - bis an die Kanalküste vor. Im Mai 1940 lag sein Korps vor Dünkirchen und bedrohte das britische Expeditionskorps unter General John S. Gort. Obwohl die sichere Vernichtung der restlichen alliierten Truppen in Frankreich greifbar nahe war, lagen Hoths Panzer tagelang tatenlos vor dem Kessel, während das Expeditionskorps nach England ausgeschifft wurde! Grund für diese Misere war eine schwere Fehlentscheidung des bereits im Siegestaumel schwebenden Hitlers, der Görings Luftwaffe diesen Sieg überlassen wollte!

In der zweiten Phase des Westfeldzuges stieß Hoth zusammen mit der 4. Armee (von Kluge) entlang der Kanalküste vor und besetze u.a. Dieppe, Le Havre, Caen und Cherbourg. Teile der Armee drangen sogar bis nach Brest vor.
Für die großen Erfolge der von ihm geführten Panzerdivisionen wurde Hermann Hoth am 19. Juli 1940 zum Generaloberst befördert.
Als das OKW die Operation "Barbarossa" gegen die Sowjetunion entwickelte, war der erfahrene Panzertaktiker natürlich auch am sgn. grünen Tisch vertreten.
Im Juni 1941 trat Hoths Panzergruppe 3 zum Großangriff an, sein damaliger Stabschef war der ausgezeichnete Oberst i.G. Walther von Hünersdorff, welcher 1943 als Eichenlaubträger an der Spitze der 6. PD bei Kursk fiel.
Der 840 Panzer umfassende Großverband - das waren 40 Prozent des deutschen Gesamtaufgebotes(!) - überquerte im Verband der Heeresgruppe Mitte die sowjetische Grenze und überrollte das südliche Baltikum. Zusammen mit der 9. Armee konnte Hoth schnell mehrere russische Divisionen bei Bialystok vernichten und kesselte nördlich von Baranovici mehrere sowjetische Armeekorps ein. Dafür erhielt Hoth einen Monat nach Beginn der Operation "Barbarossa" als erst 5. Heeres- und zugleich 4. Panzeroffizier das Eichenlaub verliehen!
Ab Juli stieß Hoth dann über Wilnius zur Düna und weiter bis nach Welikje Luki vor, wobei er den russischen Truppen wiederholt schwere Niederlagen beibringen konnte. Während der schweren Winterschlacht vor Moskau blieben seine Stoßkeile jedoch hoffnungslos im Schneechaos stecken.

Im Frühjahr 1942 führte Hoth als Vertretung für den nach der Winterniederlage abgesetzten General von Stülpnagel die 17. Armee im Südabschnitt, ehe er im April zum Oberbefehlshaber der 4. Panzerarmee ernannt wurde. Im Herbst begann die 4. Panzerarmee zusammen mit der 6. Armee sowie italienisch-rumänischen Divisionen mit der Offensive gegen den Wolgabogen.
Als die 6. Armee nach erbitterten Schlachten von einer sowjetischen Gegenoffensive überrascht und in Stalingrad eingekesselt wurde, erhielt Generaloberst Hoth im Dezember 1942 eine kaum zu bewältigende Aufgabe. Seine geschwächte Panzerarmee sollte den starken Umklammerungsring des Stalingrad-Kessels knacken und der von der Vernichtung bedrohten 6. Armee unter Eichenlaubträger Generaloberst Paulus den Rückzug ermöglichen.
Trotz schwieriger klimatischer Bedingungen und heftigstem Widerstand russischer Truppen konnten sich Hoths Panzer bis auf wenige Kilometer an den brennenden Kessel herankämpfen, ehe die Schlagkraft der ohnehin bereits ausgemergelten Truppe endgültig erlahmte. Mit dem Scheitern der Operation "Wintergewitter" war das Schicksal der 6. Armee unwiderruflich besiegelt. Wenig bekannt ist, dass Hoths Panzerspitzen nur unter Aufbieten der letzten greifbaren Reserven an einem Durchbruch nach Stalingrad gehindert worden waren! So gab es jedenfalls der damalige sowjetische General Jeremenko Jahre nach dem Krieg an.
Nach dem Untergang der Armee versuchte Hoth zusammen mit GFM von Manstein die Südfront einigermaßen zu stabilisieren. Zwischen Don, Dnjepr und Mius fanden im Spätsommer und Herbst 1943 erbitterte Defensivschlachten statt.
Im März 1943 konnten Panzertruppen unter dem Oberbefehl von Hermann Hoth das erbittert verteidigte Charkow zurückerobern und dabei die gesamte 3. sowjetische Panzerarmee zerschlagen!
Im Sommer 1943 bildete Hoths Panzerarmee mit dem III. (Breith), XXXXVIII. (von Knobelsdorff) und II. SS-Panzerkorps (Hausser) den südlichen Angriffskeil während der Offensive gegen Kursk. In schwersten Gefechten gegen 30 sowjetische Schützen- und mindestens 20 Panzerdivisionen(!) konnten seine Divisionen aber nur wenige Kilometer freikämpfen. In der riesigen Panzerschlacht bei Prochorowka prallten über 1.000(!) Panzer beider Seiten aufeinander. Nach heftigsten Kämpfen und großen Verlusten an Menschen und Material musste die Offensive erfolglos abgebrochen werden.
Im September wurde Hoth für seine vergangenen Gefechtserfolge und persönliche Verdienste als Kommandierender General mit den 35. Schwertern zum Ritterkreuz mit Eichenlaub dekoriert. Da er wiederholt offene Kritik an Hitlers Kriegsführung geübt hatte, war er jedoch bereits in Ungnade gefallen.
Als sich Hoth im November nach schweren Verlusten auch aus Kiew zurückziehen musste, um seine 4. Panzerarmee vor der Vernichtung zu retten, enthob ihn Hitler kurzerhand seines Postens und schob ihn bis Kriegsende in die Führerreserve ab!
Im Mai 1945 ergab sich der 60jährige Hoth den britischen Truppen. Im Zuge des OKW-Prozesses wurde der Generaloberst a.D. wegen Verbrechen gegen den Frieden, Planung eines Angriffskrieges sowie Weitergabe des Kommissarbefehls *[36]* zu 15 Jahren Freiheitsstrafe verurteilt. Erst 1954 erfolgte eine Begnadigung. Der beherzte General verstarb im Jänner 1971 in Goslar am Harz.

Generaloberst

HANS HUBE

* 29.10.1890 in Naumburg a.d. Saale
+ 21.04.1944 beim Obersalzberg

Ritterkreuz		01.08.1941
Eichenlaub	(062)	16.01.1942
Schwerter	(022)	21.12.1942
Brillanten	(013)	20.04.1944

Hohenzollernorden mit Schwertern
Bayrisches Militärverdienstkreuz 3. Klasse
Panzerkampfabzeichen in Silber
Dreimalige Nennung im Wehrmachtsbericht
Verwundetenabzeichen in Silber

"Der einarmige Held von Kamenez-Podolsk"

Hube trat bereits als 18jähriger Offiziersanwärter in das kaiserliche Kadettenkorps ein und wurde nach harter Ausbildung 1910 zum Leutnant im Infanterieregiment 26 "*Leopold von Anhalt-Dessau*" ernannt. Als Kompanieführer nahm er unmittelbar nach Ausbruch des Ersten Weltkrieges an der Offensive gegen Belgien teil, wobei er bereits im September 1914 schwer verwundet wurde - durch einen französischen Artillerie-Querschläger verlor er im Alter von erst 24 Jahren seinen linken Arm!
Viele andere wären an diesem schweren Schicksalsschlag zerbrochen - Hube nicht. Im Winter 1915 kehrte er als Oberleutnant zu seinem Regiment zurück. Im weiteren Verlauf des schrecklichen Stellungskrieges bewährte sich der junge Offizier im Gefecht ausgezeichnet, erhielt beide Klassen des Eisernen Kreuzes, den Hohenzollernorden mit Schwertern sowie die Beförderung zum Hauptmann und Bataillonskommandeur. Für seine Leistungen in der letzten Offensive an der Westfront wurde Hube, nachdem er eine Giftgasverwundung überstanden hatte, kurz vor Kriegsende noch zum Pour-le-Mérite, dem höchsten deutschen Orden, eingereicht. Aufgrund der im November 1918 erfolgten Kapitulation erhielt er ihn jedoch nicht mehr verliehen.
Obwohl durch seine Behinderung eingeschränkt, wurde er 1919 in die nur kleine Reichswehr übernommen. In den folgenden Jahren stieg Hube auf der Karriereleiter weiter nach oben. 1932 Major im Infanterieregiment 3, zwei Jahre darauf bereits Oberstleutnant und Kommandeur der bekannten Infanterieschule in Döberitz, 1936 bereits Beförderung zum Oberst.
Zwei Jahre später besuchte Hube auf Einladung der US-Army verschiedene Einrichtungen in den Vereinigten Staaten.

Bei Kriegsausbruch verblieb Oberst Hube in Döberitz; erst für den Westfeldzug erhielt er im Mai 1940 das Kommando über die 16. motorisierte Infanteriedivision. Aufgrund seiner neuen Dienststellung wurde er am 1. Juni 1940 zum Generalmajor befördert.
Im Krieg gegen Frankreich kämpfte die 16. ID(mot.) im Verband der "Panzergruppe von Kleist". Nach schnellem Vorstoß durch die Ardennen nahmen Hubes Verbände an den Kämpfen an der Maas und Somme teil und erreichten am 20.05.40 Abbeville. Nach der Schlacht um Dünkirchen verlegte Hube für die zweite Phase des Feldzuges an die äußerste linke Flanke, wo er an einer schnellen Umfassungsoffensive gegen Lothringen teilnahm. Kurz vor der französischen Gesamtkapitulation konnte die Division Teile des XXI. französischen Armeekorps einkesseln und zur Aufgabe zwingen!
Nachdem Generalmajor Hube in Deutschland die Umrüstung seiner bewährten Division in einen Panzerverband geleitet hatte, nahm die 16. Panzerdivision im Verband der 12. Armee am Balkanfeldzug teil. Dort wurden wiederholt Divisionen der 2. griechischen Armee geschlagen und die befestigte Metaxaslinie durchbrochen. Obwohl gelernter Infanterieoffizier, entwickelte sich Hube schnell zum effektiven Panzertaktiker.
Im Frühjahr 1941 verlegte Hube dann in neue Bereitstellungsräume in Polen, um an der bevorstehenden Operation "Barbarossa" gegen die Sowjetunion teilzunehmen.

Im Juni 1941 überschritt Hubes Division im Verband der "Panzergruppe von Kleist" (später 1. Panzerarmee) die sowjetische Grenze. Nach erfolgreichen Kämpfen gegen die 5. sowjetische Armee stieß sie in schnellem Tempo bis nach Rowno vor, schoss in der Panzerschlacht von Radiziechow über 200 Feindpanzer ab und beteiligte sich danach am Sturm der Stalinlinie! Am 1. August 1941 wurden Hubes Leistungen und die Erfolge seiner Division mit dem begehrten Ritterkreuz honoriert.
Im Herbst kämpften seine Panzer während der erbitterten Schlacht um Kiew. Hierbei hatte die 16te besonders bei Nikolajew schwere Stunden zu überstehen. Nach erneut großen Erfolgen in den Winterschlachten erhielt Hube das erst 62. Eichenlaub verliehen - seine Panzer hatten mehrere sowjetische Brigaden vernichtet und zum Abwehrerfolg der Heeresgruppe beigetragen.
Am 1. April 1942 wurde Hans Hube zum Generalleutnant befördert.
Im Frühjahr und Sommer 1942 kämpfte die 16. PD weiterhin im Südabschnitt. Während der Offensiven zwischen Don und Donez fungierte Hubes Division u.a. als Stoßkeil gegen Isjum. In den erfolgreichen Gefechten konnten südlich von Charkow mehrere russische Divisionen eingekesselt werden, im Endeffekt nahm die Heeresgruppe Süd hier über 200.000 Mann gefangen.
Im Juli 1942 begann die 16. PD im Verband des XIV. Panzerkorps mit einer Offensive, die in Richtung Stalingrad zielte. Am 15. September übernahm Hube die Führung des Korps.
Als Stoßkeil der Nordgruppe der 6. Armee (Paulus) erreichten Hubes Panzer als erste den westlichen Stadtrand von Stalingrad. Doch im Winter 1942/43 wurde die Armee im Zuge einer russischen Gegenoffensive überraschend eingekesselt!
In den schweren und unter schwierigsten Bedingungen geführten Abwehrkämpfen stand Generalleutnant Hube mit seinem geschwächten Korps im Nordabschnitt des Kessels. Gegen die überlegenen Truppen der 66. und 24. sowjetischen Armee wurde der Frontabschnitt Orlowka-Rynok äußerst hartnäckig verteidigt. Für seine Verdienste im Stalingrad-Kessel erhielt Hube am 21.12.42 als erst 3. Heeresoffizier(!) die Schwerter zum Ritterkreuz verliehen - um sie in Empfang nehmen zu können, wurde er aus dem Kessel ausgeflogen.
Nach der Übergabe durch Hitler, den er wiederholt vergeblich um eine Ausbruchsgenehmigung für GFM Paulus ersucht hatte, ließ sich der zum General beförderte Hube auf eigenen Wunsch trotz der sowjetischen Luftüberlegenheit am 8. Jänner 1943 wieder in den Kessel zurückfliegen!! Als die allesniederwalzende russische Schlussoffensive gegen die Reste des geschwächten Kessels losbrach, wurde der wertvolle General auf allerhöchsten Befehl jedoch erneut ausgeflogen. Das XIV. Panzerkorps ging in Stalingrad unter. Die Niederlage an der Wolga bedeutete die größte Schlappe der bis dahin siegesverwöhnten Wehrmacht.

Im Februar 1943 erhielt General der Panzertruppe Hube den Befehl, sein vernichtetes Korps erneut aufzustellen. Im Sommer erreichte er mit seinem neuen XIV. Panzerkorps (Ia GenMaj. Bayerlein) das Kampfgebiet Sizilien.
Hier waren ab 10. Juli 1943 unter Einsatz von über 1.200 Schiffen(!) und Landungsfahrzeugen und unter dem Schutz von über 3.000 Flugzeugen insgesamt 160.000 Mann, 24.000 Fahrzeuge, 1.600 Geschütze und 600 Panzer gelandet! Die britische 8. Armee unter dem Rommel-Bezwinger General Montgomery fasste auf der Halbinsel von Pachino Fuß, die vom energischen General Patton geführte 7. US-Armee im Golf von Gela. Vor dem Eintreffen des XIV. Panzerkorps standen dieser mächtigen Streitmacht lediglich 90.000 schlecht ausgerüstete und ebenso motivierte Italiener sowie zwei überforderte deutsche Divisionen gegenüber.
Wenige Tage nach der Landung griffen Hubes Verbände, darunter die Elite-Division "*Hermann Göring*", die Brückenköpfe der Amerikaner an. Diese ersten Angriffe waren teilweise so heftig, dass einige kampfunerfahrene US-Verbände über Funk sogar ihre Evakuierung aus den Landezonen forderten! Doch diese Teilerfolge änderten nichts an der schwierigen Lage der deutschen Truppen, die Luftüberlegenheit der Alliierten war so gravierend, dass sich Hube für eine Verteidigung im Landesinneren entschloss. Am 17. Juli übertrug das Oberkommando der Wehrmacht General Hube den Oberbefehl über sämtliche deutsch-italienischen Truppen auf Sizilien!
Während Hube Pattons Truppen im Westteil Siziliens nicht zu stoppen vermochte - diese nahmen am 22. Juli Palermo ein - konnte die 8. britische Armee entlang der Linie Syrakus - Catania immer wieder massiv gebremst werden. Hube führte seine unterlegenen Truppen, bald ohne jegliche Unterstützung der Italiener, in den Rückzugskämpfen sehr geschickt und konnte auch britische Versuche, im Rücken seiner Front erneut eine Landung an der Küste durchzuführen, bereits in den ersten Ansätzen vereiteln.
Als sich jedoch die nun entlang der Nordküste vorstoßenden US-Truppen langsam aber sicher Messina näherten, musste Hube auch den Widerstand gegen Montgomery aufgeben und seine Truppen über die Meeresenge von Messina nach Süditalien evakuieren. General Patton rückte am 17. August 1943 in Messina ein, hatte jedoch seinen Gegenspieler Hube nicht endgültig geschlagen. Dieser hatte Sizilien erst mit dem letzten Truppentransporter verlassen.

Während Hube einen kurzen Fronturlaub in Deutschland genoss, wurde sein XIV. Panzerkorps durch den Schwerterträger General Balck geführt.
Im Oktober wurde Hube zum neuen Oberbefehlshaber der 1. Panzerarmee im Osten ernannt. An der Spitze dieses Großverbandes leitete er die Operationen am Dnjestr. Zur Jahreswende konnten seine Truppen die Offensive eines starken sowjetischen Panzerkorps abfangen, den Gegner überflügeln und restlos zerschlagen!
Als seine Truppen im Zuge einer sowjetischen Großoffensive gegen die Heeresgruppe Süd im Frühjahr 1944 ihrerseits von starken Panzerverbänden überflügelt wurden, drohte dem deutschen Ostheer bei Kamenez-Podolsk ein zweites Stalingrad. Die 1. Panzerarmee hatte den Anschluss an ihre Nachbararmeen verloren; während die schnell in den Rücken der Armee vorstoßenden russischen Panzerkorps den Umklammerungsring schlossen, zerstörten Bomberverbände die wenigen noch bestehenden Brücken über den breiten Dnjestr, der damit zur natürlichen Barriere im Süden wurde. Doch Hube behielt die Übersicht und begann, seine Panzerarmee kämpfend nach Westen zu führen. Auch stärkster Widerstand des Gegners konnte den "Wanderkessel" nicht aufhalten. Während von außen eine starke Entsatzgruppe zu Hilfe kam und die Luftwaffe pausenlos Nachschub abwarf, kämpfte sich die 1. Panzerarmee bis Anfang April wieder an die eigenen Linien heran! Die Sowjets hatten eine große Chance verspielt - viele Historiker nennen diesen deutschen Erfolg das "Wunder von Kamenez-Podolsk".
Für die außergewöhnlichen Abwehrerfolge und die Rettung seiner Armee (vier Korps mit 19 Divisionen) erhielt General der Panzertruppe Hube am 20. April 1944 als erst 13. Offizier der Wehrmacht und 5. Heeresangehöriger die Brillanten zum Ritterkreuz mit Eichenlaub und Schwertern verliehen. Aufgrund seiner Leistungen wurde er weiters zum Generaloberst befördert. Um schnell wieder bei seinen Männern sein zu können, verzichtete Hube auf Fronturlaub und flog am Tag nach der Übergabe durch Hitler am Obersalzberg wieder Richtung Ostfront. Tragischerweise verunglückte seine Transportmaschine unmittelbar nach dem Start! Keiner der Insassen überlebte den Absturz!
Erst als wenig später auch eine Maschine mit dem hochdekorierten Generaloberst Dietl an Bord unmittelbar nach dem Start vom selben Flugplatz verunglückte, wurde die unter den Piloten bereits als tückisch bekannte Startbahn umgebaut.

Während des Staatsbegräbnisses von Generaloberst Hube hielten die hochdekorierten Generäle Nehring, Breith, Eberbach und Gollnick die Ehrenwache. Die Trauerrede wurde vom Generalinspekteur der Panzertruppe, Eichenlaubträger Generaloberst Heinz Guderian, gehalten.

Oberst

HERBERT IHLEFELD

* 01.06.1914 in Pinnow/Pommern
+ 08.08.1995 in Wenningsen

Ritterkreuz		13.09.1940
Eichenlaub	(016)	27.06.1941
Schwerter	(009)	24.04.1942

Spanische Medalla Militar
Spanienkreuz in Silber mit Schwertern
Frontflugspange für Jäger in Gold mit Anhänger Einsatzzahl "1.000"
Viermalige Nennung im Wehrmachtsbericht
Flugzeugführer- und Beobachterabzeichen
Auszeichnung der rumänischen Luftwaffe
Ehrenpokal der Luftwaffe
Deutsches Kreuz in Gold
Verwundetenabzeichen in Bronze

"Über tausendmal gegen den Feind geflogen!"

Wie viele der in diesem Buch beschriebenen Spitzen-Asse der Luftwaffe sammelte auch Herbert Ihlefeld seine ersten Kampferfahrungen im Spanischen Bürgerkrieg. 1933 ins Infanterieregiment 5 eingetreten und ein Jahr darauf als Unteroffizier zur Luftwaffe versetzt, kam Oberfeldwebel Ihlefeld bereits in der "Legion Condor" zum Einsatz. Während seiner Dienstzeit konnte er 7 Luftsiege über republikanische Flugzeuge erringen und wurde einer der erfolgreichsten Piloten seiner Staffel! Für seine Verdienste zum Offizier befördert, diente Ihlefeld - wie auch Adolf Galland - bis zum Beginn des Zweiten Weltkrieges im Lehrgeschwader 2.

Während seiner Einsätze über Polen, Belgien und Frankreich entwickelte Oberleutnant (01.06.40) Ihlefeld sich zum erstklassigen Jagdflieger und Verbandsführer. Im Kampf gegen die britische und französische Luftwaffe wurde er erneut zum Fliegeras und erhielt beide Klassen des Eisernen Kreuzes verliehen. Für seine Verdienste schnell bis zum Hauptmann befördert, erlebte er die heiße Phase der Luftschlacht um England. Während den Jagd- und Begleiteinsätzen über dem Ärmelkanal konnte Ihlefeld als Führer der 1. Staffel wiederholt Luftsiege erzielen und zum Erfolg des Geschwaders beitragen. Als Ihlefeld am 13. September 1940 seinen bereits 21. Abschuss (ohne die Siege in Spanien) erzielte, erhielt er als einer der ersten Jagdpiloten das Ritterkreuz verliehen. Wenige Wochen zuvor hatte er als 26jähriger Hauptmann die I. Gruppe des Lehrgeschwaders 2 übernommen. In den folgenden Einsätzen konnte er wiederholt britische Jäger abschießen und bis zum Ende der Luftschlacht um England seinen Rekord auf 25 Siege steigern. Bereits in dieser frühen Kriegsphase wurde sein angeborenes Führungsgeschick offensichtlich. Ihlefeld verstand es meisterhaft, das Vertrauen seiner Piloten zu erringen und es durch hervorragende Entscheidungen zu würdigen.
Während des Balkanfeldzuges flog das Lehrgeschwader 2 einige Einsätze über Jugoslawien, wobei Ihlefelds I. Gruppe meist Tiefangriffe gegen Bodentruppen und deren Stellungen flog. Bei so einem Einsatz wurde die Me-109 des Gruppenkommandeurs von leichter Flak getroffen und abgeschossen - der Ritterkreuzträger musste mit dem Fallschirm über feindlichem Gebiet abspringen und wurde von jugoslawischer Infanterie gefangengenommen. Nachdem die Soldaten bei ihm das Ritterkreuz entdeckt hatten (dieser Orden war auch beim Gegner bekannt), wollten sie ihn schon an die Wand stellen und einfach hinrichten – doch das baldige Eintreffen einer deutschen Heereseinheit verhinderte dies glücklicherweise.
Nach dem Balkanfeldzug wurde die I. Gruppe aus dem Geschwader ausgegliedert, dem Jagdgeschwader 77 "*Herz As*" unterstellt und nach Rumänien verlegt.
In den ersten zwei Wochen der Operation "Barbarossa" konnte der Gruppenkommandeur seinen Rekord mehr als verdoppeln und am 27. Juni 1941 das 16. Eichenlaub zum Ritterkreuz entgegennehmen. Im Südabschnitt der Ostfront eingesetzt, deklassierte der Spanien- und Englandveteran die unerfahrenen russischen Flieger und erreichte am

22.04.42 als fünfter Jagdflieger der Welt seine 100. bestätigten Luftsieg. Mehrfachabschüsse waren an der Tagesordnung, so unterlagen am 24. März fünf und am 20. April sechs Gegner.
Für diesen großen Erfolg und seine hervorragenden Verdienste als Gruppenkommandeur erhielt Herbert Ihlefeld am 24. April als erst 9. Soldat der Wehrmacht die Schwerter zum Ritterkreuz mit Eichenlaub verliehen. Am 20. Mai wurde das Fliegeras zum bereits vierten Mal im Wehrmachtsbericht genannt. Ein im Zuge der Verleihung durch Göring ausgesprochenes Feindflugverbot ignorierte Hauptmann Ihlefeld derart konsequent, dass der Oberbefehlshaber der Luftwaffe den Befehl schließlich designierend wieder zurücknahm!

Im Juni 1942 wurde Ihlefeld zum Major befördert und kurz darauf zum neuen Kommodore des Jagdgeschwaders 52 ernannt. Mit 28 Jahren kommandierte er nun drei Gruppen mit über 80 Maschinen und umfassenden Personal. In seinem Geschwader flogen u.a. so bekannte und erfolgreiche Asse wie Graf, Steinbatz, Köppen, Zwernemann oder Dickfeld*[27]*.
Während seiner Dienstzeit als Kommandeur der I. „*Herz As*“-Gruppe hatte diese übrigens 323 Luftsiege bei nur 17 eigenen Verlusten erzielt!
In seiner langjährigen Eigenschaft als Kommodore erwarb sich Ihlefeld umfassende Lorbeeren als Ausbilder. Ähnlich wie der berühmte "Vati" Mölders führte er Neulinge persönlich in die Tricks und Kniffe des Luftkampfes ein. Gelegentlich flog er in deren ersten Gefechten sogar Deckung. Am 22.07.42 wurde er während eines Luftkampfes erstmals von einem Gegner überrumpelt und durch Geschosse schwer verwundet.
Nach einer langen Heilungsphase kehrte der Major im Oktober 1942 in den Dienst zurück und übernahm das Schul-Jagdgeschwader 103 in Deutschland. Ab darauffolgenden Juli als Kommodore des neuen Jagdgeschwaders 25 wieder im Fronteinsatz, führte er diesen speziell zur Höhenjagd konzipierten Verband besonders gegen die für Spezialaufträge oder taktischen Aufklärung eingesetzten britischen Bomber vom Typ Mosquito. Diese schnellen und technisch überlegenen Maschinen konnten nur von den speziellen Focke-Wulf Fw-190 des JG 25 gestellt werden. Als am 1. Februar 1944 seine Beförderung zum Oberstleutnant erging, hatte Ihlefeld gerade an die Spitze des Jagdgeschwaders 11 gewechselt.
Im gefährlichen Kampf gegen die westalliierten Bomberströme blieb der Kommodore nicht weniger als 15mal erfolgreich, mehrmals bekam er jedoch den gefährlichen Begleitschutz zu spüren.
Durch seine hohe Dienststellung flog Ihlefeld aber nur noch selten selbst gegen den Feind. Durch die schwerwiegenden Ausfälle im Winter 1943/44 (u.a. Schwerterträger wie Wilcke, Oesau und Philipp sowie alte Haudegen wie z.B. der 110mal siegreich gebliebene Eichenlaubträger Major Kurt Ubben) wurde jedoch wieder der verstärkte Einsatz der übrigen Veteranen nötig.
Am 20. Mai 1944 wechselte Herbert Ihlefeld an die Spitze des Jagdgeschwaders 1 "*Oesau*", das nach schrecklichen Verlusten erst aufgefrischt werden musste. Es folgten harte Abwehrschlachten über dem Reichsgebiet, wobei der Kommodore einmal aufgrund von Luftkampftreffern notlanden musste.
Während der Operation "Bodenplatte" (01.01.45) flog Ihlefeld an der Spitze seiner Staffeln Tief- und Jagdangriffe gegen amerikanische Flugfelder in Belgien und vernichtete mehrere gegnerische Staffeln am Boden.
Auf dem Rückflug von dem bereits verlustreichen Unternehmen gerieten die deutschen Verbände unvermutet in heftiges Feuer eigener Flakverbände(!), die über das geheime Unternehmen nicht unterrichtet worden waren. Eine der vielen Maschinen, die so abgeschossen wurden, wurde von Ihlefeld geflogen, der sich mit dem Fallschirm retten konnte und sicherlich stinkwütend auf dem Boden aufkam. Welch eine Tragödie wäre es gewesen, nach so vielen Fronteinsätzen auf diese Weise umzukommen!
Am 30. Jänner 1945 zum Oberst befördert, verlegte Ihlefeld mit seinem Geschwader kurz darauf an die Ostfront, wo die Rote Luftwaffe riesige Materialmassen in die Schlacht warf. Kurz vor Kriegsende leitete Ihlefeld noch die Teilumrüstung seines Geschwades auf den neuen Heinkel He-162-Düsenjäger*[42]*. Aufgrund der Nachschubprobleme kamen diese revolutionären Typen aber nicht mehr zum Kampfeinsatz.
Im Mai 1945 kapitulierte der hochdekorierte Ihlefeld mit seinem Geschwader in Schleswig-Holstein vor britischen Truppen.
Mit 130 bestätigten Luftsiegen, davon 7 in Spanien, 55 im Westen und 68 im Osten sowie über 1.000 Feindflügen und 15 Erfolgen über viermotorige US-Bomber gehörte Herbert Ihlefeld zu den erfolgreichsten und erfahrensten Jagdfliegern des Krieges.
Obwohl nach dem Krieg nicht wieder in die Bundesluftwaffe eingetreten, blieb Oberst a.D. Ihlefeld dem Fliegen als Privat- und Sportsmann treu. 1995 verstarb der große Jagdflieger.

General der Infanterie

HANS JORDAN

* 27.12.1892 in Scheuern/Baden
+ 20.04.1975 in München

Ritterkreuz		05.06.1940
Eichenlaub	(059)	16.01.1942
Schwerter	(064)	20.04.1944

Infanteriesturmabzeichen
Zweimalige Nennung im Wehrmachtsbericht
Deutsches Kreuz in Gold
Verwundetenabzeichen in Bronze

"Zwei Monate nach den Schwertern abgesetzt!"

Der schon während des Ersten Weltkrieges im Infanterieregiment 93 bewährte Hans Jordan (1916 EK.I) wurde nach der deutschen Kapitulation als Bataillonskommandeur in die Reichswehr und später in die Wehrmacht übernommen. Nach verschiedenen Truppenkommandos kam der als Sohn eines Standesbeamten geborene Major Jordan 1938 als Lehrgangsleiter an die Kriegsschule im österreichischen Wiener Neustadt, die vom späteren GFM und Brillantenträger Erwin Rommel kommandiert wurde und an der auch der spätere Schwerterträger Otto Hitzfeld unterrichtete.
Nach umfassender Lehrverwendung übernahm Oberstleutnant Jordan zwei Monate nach Kriegsausbruch auf eigenes Gesuch hin das zur 28. Infanteriedivision gehörende Infanterieregiment 49 - sein Divisionskommandeur war zu dieser Zeit Generalleutnant von Obstfelder, später ebenfalls Träger der Schwerter zum Ritterkreuz.

Jordans Regiment wurde meist an der Spitze der Division eingesetzt und konnte sich bereits in den ersten Kriegstagen in Belgien wiederholt durch wuchtige Angriffsbewegungen auszeichnen.
Die 28. ID kämpfte mit dem V. Armeekorps der 4. Armee (von Kluge) an der Maas und südlich von Namur sowie im Juni 1940 mit ebenfalls großem Erfolg im Marnebecken, an der Maas und im Raum Groß-Paris. Nach einem schnellen Vormarsch erreichten Jordans Verbände schließlich Orléans.
Für wiederholte Erfolge seines Regiments gegen französische Truppen erhielt der bemerkenswerte Frontoffizier am 5. Juni noch im Feld das Ritterkreuz zum Eisernen Kreuz überreicht und wurde im Wehrmachtsbericht genannt!
Die nächsten Monate bereitete der nun hochdekorierte und divisionsbekannte Offizier seine im treu ergebenen Landser auf den Einsatz im Osten vor, der am 22. Juni 1941 aus Bereitstellungen in Polen begann. Unter dem Oberbefehl der 9. Armee der Heeresgruppe Mitte (GFM von Bock) stieß die 28. Infanteriedivision an der Spitze des VIII. Armeekorps gegen die schnell um Bialystok eingekesselte 10. sowjetische Armee vor. In den schweren Kesselschlachten in diesem Frontabschnitt erwiesen sich Jordans 49er erneut als Rückrad der tapferen Division, es folgten große Erfolge am Njemen, bei Suwalki, Liola und Duchowtschina. Als Oberst Jordan im Winter 1941 mit Nachdruck für die Eichenlaubverleihung eingereicht wurde, hatte sich das Regiment unter seiner bewährten und sicheren Führung bei Minsk, entlang der "Moskauer Rollbahn", an der Stalinlinie, bei Rshew und vor Moskau ausgezeichnet. Am 13. Dezember, während der schwierigen Winterschlacht westlich der sowjetischen Hauptstadt, hatte Oberst Jordan kurzfristig die Führung der 7. Infanteriedivision übernommen und war für seine Leistungen vorgezogen zum Generalmajor befördert worden. Am 16. Jänner 1942 erhielt er als erst 59. Soldat der Wehrmacht, 21. Heeresoffizier und 34. Soldat der Ostfront das Eichenlaub zum Ritterkreuz verliehen!
Seine Division konnte zwar wiederholt russische Angriffe abwehren, vermochte jedoch die Zweite Moskauer Schutzstellung nicht zu durchbrechen.
Während der elf Monate als Kommandeur der 7. ID entwickelte sich Jordan zu einem hervorragenden Infanteriestrategen mit einer Vorliebe für durchdachte Abwehrstellungen - im hartumkämpften Frontbogen von Wjasma war dies auch notwendig. Die südöstlich von Gshatsk eingesetzte Division stand unzählige Stellungsschlachten gegen die 5. und 33. sowjetische Armee durch.

Im November 1942 wurde Generalleutnant (01.11.42) Jordan mit der Führung des VI. Armeekorps im Mittelabschnitt der Ostfront beauftragt. Bereits im Jänner 1942 folgte die Beförderung zum General der Infanterie. Sein Nachfolger an der Spitze der 7. Infanteriedivision wurde Generalmajor von Rappard, der 1945 das Eichenlaub erhalten sollte.
Im Sommer 1943 unter dem Oberbefehl der 3. Panzerarmee eingesetzt, bezog das VI. Armeekorps im Winter feste Stellungen vor Witebesk. Im November gelang der Roten Armee mit 11 Divisionen hier ein Durchbruch, Jordans Korps - aus vier Divisionen bestehend - konnte die Frontlücke trotz heftiger Gegenangriffe nicht schließen. Als weitere sowjetische Korps zur Offensive antraten und die deutschen Stellungen überflügelten, geriet die 3. Panzerarmee (Reinhardt) in ernste Gefahr, um Witebesk eingekesselt zu werden! Im Dezember traten schließlich zwei sowjetische Armeen zum Angriff gegen die Nordflanke der Armee an, vier weiteren Korps griffen die deutsche HKL frontal an! Die heftigen Abwehrschlachten um Witebesk endeten erst im Jänner 1944, General Jordan hatte sich mit dem VI. Armeekorps wiederholt als Rückrad der Verteidiger erwiesen und große Abwehrerfolge errungen. Hierfür im Wehrmachtsbericht genannt, erhielt Hans Jordan am 20. April 1944 die 64. Schwerter zum Ritterkreuz mit Eichenlaub verliehen. Sein Vorgesetzter Generaloberst Reinhardt wurde im Mai ebenfalls ausgezeichnet.
Wenige Wochen darauf wurde General Jordan als Nachfolger von Josef Harpe zum Oberbefehlshaber der 9. Armee ernannt.
Seine aus drei Korps (17 Divisionen!) bestehende Armee hielt im Zentrum der Heeresgruppe Mitte (GFM Busch) einen mehrere hundert Kilometer breiten Frontabschnitt. Am 22. Juni 1944 - dem Jahrestag des deutschen Überfalles - traten überraschend vier starke sowjetische Heeresgruppen mit noch nie dagewesener Überlegenheit an Divisionen, Geschützen, Panzern und Flugzeugen zur großen Sommeroffensive an. Die deutschen Verbände, von den langen Abwehrschlachten der vergangenen Monate erschöpft und dezimiert, waren bereits nach wenigen Tagen zur Rücknahme der HKL gezwungen, vereinzelt wurden ganze Divisionen überrannt und vernichtet. Jordans 9. Armee wurde am schlimmsten getroffen und durch einen Vorstoß sowjetischer Garde-Panzertruppen förmlich auseinandergerissen! Durch ein fast 350 km breites Loch in der Front stieß die Roten Armee schnell nach Westen vor und eroberte Minsk, Wilna, Bialystok und Kowno zurück. Ein großer Teil der Heeresgruppe Mitte, insgesamt etwa 25 Divisionen, wurde völlig vernichtet!! Bereits am 29. Juli mussten große Teile der gespalteten 9. Armee im Kessel von Bobruisk kapitulieren, lediglich 30.000 Mann konnten sich nach Westen durchschlagen! Die 4. Armee (Heinrici) war ebenfalls schwer angeschlagen, die 3. Panzerarmee (Reinhardt) in mehrere Teile zersplittert!
Nach diesem Schlag war das Rückrad der Wehrmacht im Osten endgültig gebrochen - die Verluste waren unersetzbar, die Moral der Truppen schwer mitgenommen. Insgesamt büßte die geschlagene Heeresgruppe Mitte binnen weniger Wochen schätzungsweise etwa 350.000 Mann ein, 60.000 gefangene Landser wurden später von russischen Truppen als Zurschaustellung durch die Straßen Moskaus getrieben.

Hitlers Reaktion ließ nicht lange auf sich warten - GFM Busch wurde durch GFM Model ersetzt und bis März 1945 nicht wieder verwendet; unter den unzähligen Truppenführern die weiters ihres Postens enthoben wurden, befand sich auch General Jordan. Die Massenentlassungen erfahrener Korps- und Divisionskommandeure durch Hitler glich seiner Reaktion nach der Winterniederlage vor Moskau zur Jahresende 1941/42.
Laut Meinung vieler nahmhafter Historiker war jedoch zumindest im Falle Jordans eine Ablösung gerechtfertigt, da diesem neben zu langsamer Reaktion auf die Geschehnisse auch taktische Fehler unterlaufen waren.
Der Schwerterträger wurde in die Führerreserve nach Deutschland abgeschoben und erst im März 1945(!) wieder als Stabsoffizier zbV. der Heeresgruppe C in Italien verwendet. Kurz darauf wurde Jordan als unwichtiger Militärbefehlshaber Tirol (Österreich) eingesetzt, hier erlebte der General im Mai 1945 die Kapitulation. Wie in den Fällen der altgedienten Truppenführer von Manstein, Hoth, von Bock oder Busch ein ungerechtes Ende einer steilen Karriere.
Hans Jordan verstarb 1975 an den Folgen eines Verkehrsunfalles und wurde in Schleching beigesetzt.

Oberst

ARTHUR JÜTTNER

* 18.08.1908 in Kattowitz/Schlesien

Ritterkreuz		14.12.1941
Eichenlaub	(622)	18.10.1944
Schwerter	(141)	05.04.1945

Infanteriesturmabzeichen
Nahkampfspange in Bronze
Demjanskschild
Deutsches Kreuz in Gold
Verwundetenabzeichen in Silber

"Retter hunderter Zivilisten"

Arthur Jüttner, der sich innerhalb von sechs Kriegsjahren vom Oberleutnant und Kompaniechef bis zum Oberst und Divisionskommandeur emporarbeitete, trat 1926 als Freiwilliger ins Infanterieregiment 7 ein und stieg im Laufe der Jahre bis zum Oberfeldwebel auf. Als er 1938 einen Offizierslehrgang mit außerordentlichem Erfolg abschloss, wurde er binnen eines Jahres vom Leutnant über den Oberleutnant zum Hauptmann befördert!
Bei Kriegsbeginn stand Jüttner der 1. Kompanie im Infanterieregiment 38 der 8. Infanteriedivision vor.

Während des Polenfeldzuges kam die Division im Verband des VIII. Armeekorps der 14. Armee (List) an den Vormarschgefechten bei Krakau, Kattowitz (Geburtsort!) und Lublin sowie den Gefechten an der San teil. Für seine ausgezeichneten Leistungen wurde Jüttner innerhalb eines Monats mit beiden Klassen des Eisernen Kreuzes beliehen und im Mai 1940 zum stellvertretenden Kommandeur des I. Bataillons ernannt.
Die 8. ID stieß unter dem Oberbefehl der 4. Armee (Heeresgruppe A) durch Südbelgien vor, erreichte - den schnell vorstoßenden Panzern Guderians folgend - die Somme und bildete einen Brückenkopf. Nach der Schlacht von Dünkirchen kämpfte das I. Bataillon an der Spitze des Regiments an der Seine, im Raum Paris, Chartres und zuletzt in der Normandie.
Jüttners Garnisonsdienst im schönen Frankreich wurde durch einen Motoradunfall mit Knöchelbruch jäh unterbrochen. Im März 1941 konnte Jüttner zur 8. ID zurückkehren und übernahm die 12. Kompanie seines Regiments. Kurz darauf wurde die Division nach Osten verlegt.
Zu Beginn der Operation "Barbarossa" kommandierte Hauptmann Jüttner nunmehr das III. Bataillon des Regiments. Mit dem VIII. Armeekorps der 9. Armee stieß die Division frontal gegen den Frontvorsprung von Bialystok vor, der von den Panzergruppen 2 (Guderian) und 3 (Hoth) umklammert und abgeschnitten wurde. In Folge zeichnete sich Jüttner bei den Kämpfen um Pnewo, Minsk, Borissow, Wjasma und vor Moskau aus.
Nachdem er mit seinem Bataillon während der Schlacht um Smolensk drei Tage lang einen zwei Kilometer breiten Frontabschnitt gegen die wilden Angriffe dreier Feindivisionen verteidigt hatte, erhielt Jüttner am Höhepunkt der schweren Winterschlachten das Ritterkreuz zum Eisernen Kreuz verliehen!
Während der nächsten Monate führte Major (01.01.42) Jüttner sein Bataillon - nunmehr in der umbenannten 8. Jägerdivision - weiterhin im Mittelabschnitt der Ostfront. 1942 fiel die Division beim Ausbruch aus dem Kessel von Demjansk durch hohen Kampfgeist und Hartnäckigkeit auf. Es folgte ein verdienter Heimarurlaub für den erschöpften Offizier.
Von August bis November 1942 konnte sich Jüttner bereits in der Führung des Jägerregiments 38 bewähren, so etwa während den verbissenen Ladoga-Abwehrschlachten im Nordabschnitt.
Der immer in unmittelbarer Nähe der ersten Grabenlinie zu findende Frontoffizier wurde im Verlauf der heftigen Kämpfe wiederholt verwundet, u.a. durch Granatsplitter und im Nahkampf.
Nachdem er im Frühjahr 1943 übergangsweise das Infanterieregiment 220 der 58. Infanteriedivision geführt hatte, folgte eine kurze Stabsverwendung beim II. Armeekorps.
Nach dieser Hürde und dem bestandenen Regimentskommandeur-Lehrgang in Döberitz folgte im Sommer 1943 die endgültige Übernahme eines Regiments.

An der Spitze des Grenadierregiments 232 der 102. ID (Schwerterträger Hitzfeld) stand Jüttner die schweren Gefechte der Operation „Zitadelle" gegen Kursk durch. Für die hier im Verband des XXIII. Armeekorps der 9. Armee gezeigten Leistungen erging am 1. September seine vorgezogene Beförderung zum Oberstleutnant.
Durch seinen andauernden persönlichen Einsatz in den Gefechten genoss Arthur Jüttner inzwischen unter seinen Landsern einen nur selten erreichten Ruf – im Herbst übernahm der verdiente Offizier das Kommando über das Infanterieregiment 532 der 383. Infanteriedivision im Raum Gomel
Als Ende Juni 1944 im Zuge der sowjetischen Sommeroffensive mehrere Schützendivisionen mit Panzer- und Fliegerunterstützung gegen die Stellungen der Division vorrückten, kam es zu verlustreichen und äußerst heftigen Abwehrkämpfen. An beiden Flanken überflügelt, gerieten große Teile der 9. Armee (Jordan) in den Kessel von Bobruisk. Nach einigen Tagen gelang es Teilen des XXXXI. Armeekorps - darunter die 383. ID - aus dem Kessel auszubrechen und sich unter schweren Verlusten nach Westen durchzuschlagen. Zufällig war der Kommandeur des Korps, Generalleutnant Hoffmeister, wenige Monate zuvor noch Führer der 383. ID gewesen!
Während sich etwa 30.000 Mann des Korps zu den deutschen Linien durchschlagen konnten, wurde Jüttners Kampfgruppe in wilde Abwehrgefechte verwickelt und schwer getroffen. Der Oberst (01.03.44) selbst geriet mit einigen seiner Landser hinter die russischen Linien und wurde abgeschnitten! Die Rote Armee war währenddessen unvermindert auf dem Vormarsch, die Front verlagerte sich schnell immer weiter nach Westen.
Ohne Munitions- oder Proviantversorgung sowie einem fahrbaren Untersatz gelang es dem kleinen Trupp 44 Tage lang(!) nach Westen zu marschieren! Unterwegs durch Feindkontakt dezimiert, erreichten am 18. August Jüttner und die letzten vier seiner Männer nach 700 Kilometern Marsch wieder die eigenen Linien. In Anbetracht der allgegenwärtigen russischen Präsenz eine unvorstellbare Leistung*[43]*! Die Division hatte den verschwundenen Regimentskommandeur bereits als vermisst/möglicherweise gefallen gemeldet gehabt.
Für dieses beeindruckende Unternehmen erhielt Oberst Jüttner am 18. Oktober 1944 das 622. Eichenlaub zum Ritterkreuz verliehen. Zu diesem Zeitpunkt trug er auch bereits die Nahkampfspange, eine für einen Oberst nicht alltägliche Auszeichnung. Einen Monat nach der Verleihung übernahm Arthur Jüttner das an der Westfront kämpfende Grenadierregiment 164 der 62. Volksgrenadierdivision.
Die unter dem Oberbefehl der 5. Panzerarmee (von Manteuffel) kämpfende Division wurde im Winter 1944 in der Ardennenoffensive eingesetzt. Zusammen mit der 2. und 116. Panzerdivision sowie drei weiteren VGD kämpfte sie im Zentrum der Front, wo auch die größten Geländegewinne erreicht werden konnten. Im Verlauf der schweren Kämpfe gelang es Jüttners Regiment in der Schnee-Eifel zwei komplette US-Infanterieregimenter einzukesseln und teilweise zu vernichten. Als die Offensive abgebrochen werden musste, besetzte Jüttner mit einer starken Kampfgruppe eine Brücke über die Salm und hielt sie für den Rückzug des gesamte Armeekorps offen. Hierfür wurde er im Jänner 1945 von verschiedenen Vorgesetzten für die Schwerterverleihung vorgeschlagen.

Wenig später erreichte ihn die traurige Nachricht vom Tod seiner schwer erkrankten Frau.
Vielleicht durch diesen Vorfall kam Arthur Jüttner endgültig zur Überzeugung, dass alle weiteren Opfer der Wehrmacht, aber auch der Zivilbevölkerung nicht zu verantworten wären und fasste einen couragierten Entschluss.
Als der Oberst unmittelbar nach seiner Rückkehr zur 62.VGD mit deren Führung beauftragt wurde und Befehl zur Verlegung in den Raum Königswinter erhielt, war er entschlossen, alles in seiner Macht stehende zu tun, damit kein unnötiges Blut mehr vergossen wird. Im März 1945 nahm er deshalb auf eigene Faust und unter großem persönlichen Risiko mit den seiner Division gegenüberliegenden US-Truppen Verbindung auf und erreichte folgende Übereinkunft. Die Zivilbefölkerung der umliegenden Ortschaften durften evakuiert werden, die US-Artillerie erhielt Schießverbot auf zivile Einrichtungen und Lazarette. Im Gegenzug ließ Jüttner durchblicken, dass seine Division nicht mehr Widerstand leistete, als unbedingt notwendig. Diese Vereinbarungen retteten unzähligen Soldaten aber besonders Frauen und Kindern das Leben! Weites verfügte Jüttner, daß keinerlei Feldersatzbataillone seiner Division mehr ins Gefecht zu schicken oder zugeführte Volkssturm- und HJ-Einheiten einzusetzen seien. Der große Einsatz des deutschen Divisionskommandeur wurde später sogar vom schweizer Generalkonsul in einem Bericht gelobt! Bei Entdeckung hätte man Jüttner wohl an die Wand gestellt.
Im März und April 1945 verteidigte die 62. Volksgrenadierdivison letzte Stellungen an der Siegfront, ehe Jüttner seine Männer am 17. April 1945 im Rhurkessel (Model) in Gefangenschaft führte. Am 5. April hatte er über Funk von der Verleihung der 85. Schwerter zum Ritterkreuz mit Eichenlaub innerhalb des Heeres erfahren.

Nach nur wenigen Wochen unbemerkt entflohen(!), war Arthur Jüttner jahrelang als Kaufmann erfolgreich und ab 1957 Reserveoffizier in der neuen Bundeswehr. Hier stieg der in zwei Ehen fünffache Vater in den Sechzigerjahren zum Oberst d.R. auf und wurde später Vorsitzender der schlesischen Soldatenverbände.

Anmerkung des Autors: Für die Bereitstellung des Fotos bin ich Hrn. Peter Stockert sehr zu Dank verpflichtet.

Generalleutnant

HANS KÄLLNER

* 09.10.1898 in Kattowitz/Schlesien
+ 18.04.1945 bei Olmütz/Ostfront

Ritterkreuz		03.05.1942
Eichenlaub	(392)	10.02.1944
Schwerter	(106)	23.10.1944

Sturmabzeichen des Heeres
Panzerkampfabzeichen in Bronze
Zweimalige Nennung im Wehrmachtsbericht
Anerkennungsurkunde des Oberkommandos des Heeres
Deutsches Kreuz in Gold
Verwundetenabzeichen in Bronze

"20 Tage vor Kriegsende gefallen"

Hans Källner wurde, wie auch der spätere Schwerterträger Arthur Jüttner, im schlesischen Kattowitz geboren. Ein Jahr nach Ausbruch des Ersten Weltkrieges trat der erst 17jährige in die Dienste des Kaisers. Nachdem er sich als Unteroffizier im berittenen Jägerregiment 11 das Eiserne Kreuz 2. Klasse verdient hatte, wurde er im Entscheidungsjahr 1917 für Tapferkeit vor dem Feind zum Leutnant befördert. Da Deutschland in den Zwanzigerjahren massive Abrüstung betreiben musste, wurde Källner, im letzten Kriegsjahr noch mit dem EK.I beliehen, aus der Armee entlassen.
1920 trat er in die Polizeitruppe Potsdam ein, wo er schnell Karriere machte und 1929 bereits Hauptmann war. 1935 ließ er sich ins Reiterregiment 4 reaktivieren, nachdem er bereits als Reserveoffizier im Reiterregiment 10 gelistet gewesen war. 1937 als Major Kommandeur der II. Abteilung im Kavallerieregiment 4, befehligte Källner bei Kriegsausbruch die Aufklärungsabteilung der 11. (mot.) Infanteriedivision.

Als Kommandeur dieser motorisierten Abteilung zeichnete er sich an der Spitze der Division in Polen (Narew, Warschau) aus und erhielt die Spangen zum Eisernen Kreuz. Im Frankreichfeldzug machte sich der am 1. November 1939 zum Oberstleutnant beförderte Källner durch Erfolge in Flandern einen innerhalb der Division bekannten Namen.
Während der ersten Monate des Russlandfeldzuges kämpfte die Division im Verband des I. Armeekorps der 18. Armee im Nordabschnitt. Am 28. August 1941 übernahm Oberstleutnant Källner das Schützenregiment 73 der 19. Panzerdivision, sein Divisionskommandeur war der spätere Schwerterträger Generalmajor Otto von Knobelsdorff.
Källner führte seine Grenadiere in den Kampfgebieten Bialystok, Minsk, Smolensk, Cholm, Demjansk, Düna und Staraja-Russa, ehe die Division im Winter 1941/42 in schwerste und klimatisch schwierige Kämpfe im Gebiet westlich von Moskau verwickelt wurde. Im Verband der 4. Panzerarmee konnte die "1. Moskauer Schutzstellung" durchbrochen und der Angriffskeil bis an das Ufer der Nara (70 km vor Moskau) vorangetrieben werden. Källners Bataillone hatten allerdings hohe Verluste und Ausfälle zu verkraften.
Bereits im Juli hatte der energische Regimentskommandeur eine Anerkennungsurkunde des Oberkommandos des Heeres erhalten, im Herbst folgte dann das Deutsche Kreuz in Gold.
Nach erfolgreichen Abwehrschlachten im Frühjahr 1942 erlebte Källner die schweren Gefechte an der Shisdra und bei Orel.
Nachdem er sich als Führungsoffizier mehrmals bewährt hatte, übernahm Oberst (01.03.42) Källner im Juli 1942 die Panzergrenadierbrigade der Division. Für persönliche Tapferkeit im Gefecht hatte er im Mai das Ritterkreuz zum Eisernen Kreuz erhalten.
Nach Einsätzen am Donez, bei Isjum und Stalino trat die 19. Panzerdivision nach kurzer Auffrischung zur Sommeroffensive gegen die russischen Stellungen um Kursk an.
Dem III. Panzerkorps (Breith) der "Armeegruppe Kempf" unterstellt, führte Oberst Källner seine Grenadierbrigade an der Seite des Panzerregiments 27 am 4. Juli zum Großangriff. Zusammen mit der schlagkräftigen 6. und 7. Panzerdivision in schwerste Gefechte verwickelt, kamen die Angriffsbewegungen bereits nach etwa einer Woche zum Erliegen. Ab 12. Juli tobte nahe Prochorowka eine riesige Panzerschlacht gegen zwei sowjetische Garde-Panzerarmeen

- über 1.000 Stahlkolosse beider Seiten standen im Einsatz! Källners Grenadiere kämpften inmitten dieses schrecklichen Schlachtszenarios - nach 24stündigen Kämpfen war das Gefechtsfeld von hunderten ausgebrannten Panzer- und Fahrzeugwracks übersät!
Nachdem auch dieser Masseneinsatz nicht den erhofften Durchbruch gebracht hatte, brach die Heeresgruppe Süd (von Manstein) die Sommeroffensive endgültig ab und leitete Rückzugsbewegungen ein. Hierbei war die geschwächte 19. PD nahe Graiworon zeitweise von der Einschließung durch russische Panzertruppen bedroht.

Im August 1943 übernahm Oberst Källner für den gefallenen Generalmajor Gustav Schmidt (203. Eichenlaub) die Führung der 19. Panzerdivision. Gerade richtig zur Kommandoübernahme begann eine sowjetische Gegenoffensive. Doch Källner behielt die Übersicht, hielt seine Stellungen und wurde am 01.11.43 zum Generalmajor befördert.
Im Verband der geschwächten 4. Panzerarmee konnte Källner seine Division hinter den Dnjepr zurücknehmen und im Großraum Kiew erfolgreiche Entlastungsangriffe durchführen. Als Teile der Division nahe Schitomir von überlegenen russischen Panzerverbänden überflügelt und eingekesselt wurden, führte Källner einen Gegenangriff, bei dem seine Besatzungen über 50 Feindpanzer vernichten konnten. Durch den Angriff wurde der Umklammerungsring gesprengt und der Rückzug ermöglicht. Am 10. Februar 1944 wurde der bewährte Frontoffizier hierfür als 392. Soldat mit dem Eichenlaub ausgezeichnet.
In den Wochen nach der Verleihung bewährte sich Källners Division im berühmten "Wanderkessel" von Kamenez-Podolsk im Kampf gegen überlegene russische Truppen.
Im Verband des LIX. Armeekorps kämpfend, übernahmen Teile der Division die Rückendeckung des gesamten, sich zurückziehenden Korps. Als der Treibstoffvorrat zur Neige ging, ließ Källner alle Panzer und Fahrzeuge sprengen, hielt aber den Rückzug seiner Verbände aufrecht. Nach abenteuerlichen Tagen erreichte auch die 19. PD schließlich wieder die westlich stehende deutsche Frontlinie.
Generaloberst Hube erhielt für seine Verdienste in Kamenez-Podolsk die Brillanten zum Ritterkreuz verliehen.
Nachdem sich Källners Panzer und Grenadiere zusammen mit Verbänden der Waffen-SS auch bei Tarnopol ausgezeichnet hatten, wurde die 19. Panzerdivision zur Auffrischung ins Hinterland verlegt. Als im Juni 1944 westalliierte Truppen in Frankreich landeten, bereitete sich die Division darauf vor, an der Westfront eingesetzt zu werden. Nachdem die Heeresgruppe Mitte jedoch durch die sowjetische Sommeroffensive völlig überrannt worden war und schwerste Ausfälle zu verzeichnen gehabt hatte, wurde die Division im August wieder in Richtung Ostfront in Marsch gesetzt.
Källners Division kämpfte vor Warschau und Grodno, riegelte im Verband des XXXIX. Panzerkorps (von Saucken) eine entstandene Lücke zwischen der 2. und 9. Armee ab und hielt zusammen mit anderen Einheiten des Heeres die bedrängten Stellungen bei Serok-Nasielsk. Im Herbst kämpften die Grenadiere der 19. PD tapfer bei Glowaczow.
Am 23. Oktober 1944 wurde Källner, am 1. Juni für seine Leistungen zum Generalleutnant befördert, für die erstklassige Führung seiner Division und überragende Erfolge im Defensiveinsatz mit den Schwertern zum Ritterkreuz mit Eichenlaub ausgezeichnet - kurz zuvor war er innerhalb weniger Wochen zweimal im Wehrmachtsbericht genannt worden.
Nach weiteren tapferen Einsätzen in Polen und Schlesien gab Källner die ihm so vertraute Division ab und übernahm im März 1945 die Führung des kampferfahrenen XXIV. Panzerkorps, das sich unter dem Schwerterträger Walter Nehring ausgezeichnet hatte.
Noch in den letzten Kriegswochen leistete Källners Korps den vorrückenden sowjetischen Divisionen zähen Widerstand. Bezeichnend für den Generalleutnant war es, dass er als Brigade-, Divisions- und sogar noch als Korpskommandant immer in unmittelbarer Frontnähe zu finden war. Diese Einstellung bezahlte Hans Källner am 18. April 1945 südöstlich von Brünn mit seinem Leben.

Generalfeldmarschall

ALBERT KESSELRING

* 30.11.1885 in Marksteft/Unterfranken
+ 15.07.1960 in Bad Nauheim

Ritterkreuz		30.09.1939
Eichenlaub	(078)	25.02.1942
Schwerter	(015)	18.07.1942
Brillanten	(014)	19.07.1944

Bayrisches Militärverdienstkreuz 3. Klasse
Frontflugspange für Zerstörer in Gold
Flugzeugführer- und Beobachterabzeichen in Gold mit Brillanten
Dreizehnmalige Nennung im Wehrmachtsbericht
Italienisches Großkreuz der Krone
Italienisches Fliegerabzeichen
Ärmelband "Afrika"

"Symbolfigur der deutschen Luftwaffe"

1904 ins Feldartillerieregiment 2 eingetreten und drei Jahre darauf zum Leutnant befördert, diente Kesselring u.a. an der Artillerieakademie und ließ sich zum Artillerie-Ballonbeobachter ausbilden.
Den Ersten Weltkrieg erlebte er von Anfang an. Nach mehreren Monaten an der Front wechselte Oberleutnant Kesselring in den Stab der 1. Landwehr-Division, ehe er 1915 als Hauptmann in den Generalstab des III. Korps (6. Armee) versetzt wurde. Bemerkenswert an der militärischen Karriere des späteren Feldmarschalls war, dass er nie eine umfassende Generalstabsausbildung an der Kriegsakademie absolviert hatte.
1919 in die Reichswehr übernommen, diente Kesselring 1925 als Major im Generalstab der Heeresleitung und wurde bereits 1930 als Oberst zum Kommandeur des Artillerieregiments 4 ernannt. Drei Jahre später wechselte der altgediente Heeresoffizier in die Luftwaffe. Nach Kommandostellen im Luftwaffen-Verwaltungsamt wurde er 1935 Generalmajor, 1936 schon Generalleutnant und Generalstabschef der Luftwaffe(!) und erneut ein Jahr darauf bereits General der Flieger! Zusammen mit Veteranen wie Wever*[44]*, Göring und Milch gehörte er zu den Vätern der neuen deutschen Luftwaffe.
In den Dreißigerjahren war Kesselring einer der Hauptinitiatoren der getarnten militärischen Pilotenausbildung gewesen.

Bei Kriegsbeginn befehligte Kesselring mit der Luftflotte 1 den Großteil der deutschen Geschwader. Obwohl der Plan der Luftwaffenführung, die polnische Luftwaffe schnell am Boden zu vernichten, nicht ganz realisiert werden konnte, war die von Kesselrings Flugzeugen vollbrachte Leistung tadellos. Für seine Verdienste in der Luftflottenführung erhielt er bereits im ersten Kriegsmonat eines der ersten verliehenen Ritterkreuze überreicht.
Nachdem seine Geschwader dem deutschen Heer in Polen den Weg geebnet hatten, begann im Mai 1940 der Kampf gegen den Angstgegner Frankreich. Durch exzellente Stabsarbeit und hoch motivierte Piloten konnte sowohl die französische als auch die britische Luftwaffe über dem Kontinent vernichtend geschlagen werden. Die erste größere Schlappe musste Kesselring über dem brennenden Kessel von Dünkirchen hinnehmen, als seine Geschwader die Evakuierung der restlichen alliierten Truppen nicht wirksam unterbinden konnten.
Im Sommer 1940 erhielt die Luftwaffe den schwierigen Auftrag, die britische RAF über ihrem eigenen Territorium niederzukämpfen und so eine Invasion in England*[45]* vorzubereiten.
Während der Luftschlacht um England befehligte der am 19.07.40 unter Überspringung eines Ranges zum Generalfeldmarschall beförderte Kesselring die starke Luftflotte 2. Obwohl die deutschen Verbände weit überlegen waren, gelang es der Royal Air Force durch hervorragend motivierte Piloten, einem gut ausgebauten Radarnetz entlang der Küste und einem stümperhaft befehlenden Hermann Göring, die drohende Invasion der Wehrmacht abzuwehren. Bereits Ende 1940 sagte Kesselring die Unersetzbarkeit der über dem Kanal verlorenen Piloten in den folgenden Jahren voraus.

Von Juni bis Dezember 1941 kommandierte Kesselring im Krieg gegen die Sowjetunion abermals die Luftflotte 2. Nachdem seine Flugzeuge bereits in den ersten Kriegstagen mehr als tausend(!) russische Maschinen vernichtet und den Bodentruppen den Weg geebnet hatten, flogen sie rollende Angriffe gegen die vielen entstandenen Kessel. So hatten sie bei Bialystok, Grodno, Minsk und Mogilew großen Anteil an den Erfolgen der Heeresgruppe Mitte unter Generalfeldmarschall von Bock.
Im Winter 1941 wurde Generalfeldmarschall Kesselring von der Ostfront abgezogen und zum Oberbefehlshaber Süd ernannt. Als Vorgesetzter von Erwin Rommel unterstützte er dessen Afrikakorps mit allen verfügbaren Kräften. Neben strategischen Angriffen gegen die britische Flotte vor Malta und Ägypten flogen seine Geschwader auch aktive Heeresunterstützung in Libyen und taktische Angriffe gegen die alliierten Geleitzüge aus Gibraltar sowie dem Suezkanal. Neben sämtlichen deutschen Waffengattungen unterstand Kesselring auch das italienische Oberkommando Süd!
Trotz der vielfachen Unterlegenheit konnten zeitweise große Erfolge erzielt werden. In Anerkennung der Leistungen seiner Truppen, seines persönlichen Einsatzes und hervorragender Stabsarbeit erhielt Kesselring im Februar 1942 als erster Generalfeldmarschall der Wehrmacht das 78. Eichenlaub, bereits knapp sechs Monate später folgten bereits die 15. Schwerter zum Ritterkreuz mit Eichenlaub! Besonders vielsagend für den Soldaten Albert Kesselring war die Tatsache, dass er für seine vielen persönlichen Aufklärungsflüge über der HKL die Frontflugspange in Gold trug!

Inzwischen kämpften die Truppen der deutschen Südfront nicht länger nur gegen Briten und Commenweath-Truppen, sondern auch bereits gegen massenhaft eingeschiffte US-Verbände. Während der ungleichen Gefechte in Tunesien erfolglos um Verstärkung von der Ostfront bemüht, übernahm Kesselring kurz vor der alliierten Landung in Sizilien (Juli 1943) das Oberkommando an der Italienfront. Zusammen mit anderen hervorragenden Truppenführern konnte er die Amerikaner und Briten lange Zeit aufhalten. Nach der italienischen Kapitulation übernahm er den Oberbefehl über die gesamte Südostfront sowie die Heeresgruppe C in Italien. Das westalliierte Oberkommando sah in Kesselring einen sehr ernstzunehmenden Gegner.
Nach schweren Monaten (u.a. Salerno) hatten sich die Alliierten endlich bis nach Mittelitalien vorgekämpft, als sie südlich von Rom auf die festen Stellungen der Heeresgruppe C trafen. Während wochenlanger Kämpfe bei Monte Cassino konnten Kesselrings Truppen den Alliierten schwere Verluste und demütigende Schlappen zufügen. In der Führung von Infanterieverbänden erwies sich der Luftwaffen-GFM als ideenreicher Oberbefehlshaber.
Als starke US-Truppen südlich von Rom bei Anzio-Nettuno landeten, waren Kesselring und sein Stab von diesem Unternehmen völlig überrascht. Durch die harten Gefechte bei Monte Cassino standen in diesem Küstenabschnitt keinerlei deutsche Einheiten, es waren in den nächsten Tagen auch keine verfügbar! Die Amerikaner würden in wenigen Stunden bis Rom vorrücken können - doch zu Kesselrings Erstaunen rückten die US-Truppen, von einem zu vorsichtig taktierenden General befehligt, lediglich fünf Kilometer landeinwärts vor und gruben sich dann ein! Bis deren Aufklärung sie darüber informierte, dass gar keine deutschen Einheiten in der Nähe waren, hatte Kesselring bereits einige Divisionen nach Anzio in Marsch setzen können!
Der Generalfeldmarschall machte sich immer wieder persönlich einen Eindruck über die Lage in dem bedrohten Frontabschnitt. Als einer seiner Stabsoffiziere ihm einmal US-Angriffsvorbereitungen im Abschnitt Cisterna meldete und anmerkte "...von den Amerikanern gut gewählt, das ist unsere schwächste Stellung!", entgegnete Kesselring scharf: "Dann machen wir sie zur stärksten!".
Die US-Truppen erlitten schwere Verluste, ehe ihre Material- und Luftüberlegenheit doch noch den entscheidenden Ausschlag gab.
Kesselrings Truppen mussten die Cassino-Front erst im Mai 1944 räumen, das kampflos aufgegebene Rom im darauffolgenden Juni.
Am 19. Juli 1944, einen Monat nach der alliierten Landung in Frankreich, erhielt Generalfeldmarschall Kesselring in Anerkennung seines hervorragend organisierten Widerstandes in Italien die 14. Brillanten zum Ritterkreuz mit Eichenlaub und Schwertern verliehen. Unter der drückenden Übermacht der Alliierten zu Lande, zu Wasser und in der Luft konnte er sich mit seiner Heeresgruppe bis Kriegsende jedoch nur noch kämpfend zurückziehen - der Vormarsch des Gegner konnte aber immer wieder massiv gebremst werden.
An dieser Stelle sollte erwähnt werden, dass die Erklärung von Rom zur offenen Stadt allein auf Kesselrings Initiative zurückzuführen war. Dieser Schritt bewahrte die kulturell wertvolle Stadt und deren Bevölkerung vor alliierten Bombenangriffen und Straßenkämpfen.
Im Oktober 1944 wurde der hochdekorierte Generalfeldmarschall bei einem Autounfall während einer Inspektionstour schwer verletzt und lag mehrere Monate in einem Krankenhaus fest. Erst im Jänner 1945 konnte er wieder an die Spitze der Italienfront zurückkehren.
Im März wurde Albert Kesselring als Nachfolger für den abgesetzten GFM von Rundstedt noch auf den undankbaren Posten des Oberbefehlshabers West berufen, am 9. Mai kapitulierte er vor den Westalliierten.

Nach dem Krieg wurde Kesselring von den Alliierten wegen Kriegsverbrechen in Italien angeklagt. Hauptanklagepunkt war die Tötung von zehntausenden Zivilisten (und Partisanen) durch deutsche Truppen in Italien 1943/45. Herausgegriffen sei hier das sgn. Massaker in den Ardeatinischen Höhlen.
1944 hatte Hitler nach wiederholten Anschlägen italienischer Partisanen gegen deutsche Einrichtungen einen umfassenden Vergeltungsschlag befohlen. Zu diesem Zweck wurde SS-Obersturmbannführer Herbert Kappler mit seiner SS-Einsatzgruppe angewiesen, 1.500 italienische Zivilisten zu erschießen! Kesselring, der diese Morde mit seiner Offiziersehre nie hätte vereinbaren können, flog sofort ins Führerhauptquartier und erreichte in mehreren hitzigen Gesprächen mit Hitler die Reduzierung der Zahl auf 20 Prozent! Zudem war er entschlossen, für die Hinrichtungen Häftlinge aus italienischen Todeszellen heranzuziehen.
Als aber nicht so viele Todeskandidaten aufzutreiben waren, ließ Kappler die fehlende Zahl willkürlich verhaften und im Ardeatinischen Höhlensystem erschießen! Unter den Opfern befanden sich auch einige Frauen und sogar zwei vierzehnjährige Jungen*[46]*.
Obwohl sich Kesselring so eingesetzt hatte, wurde er von dem Gericht 1947 zu lebenslanger Haft verurteilt. Aufgrund weltweiter Proteste, auch von britischer und amerikanischer Seite, wurde der Verurteilte jedoch zuerst zu 20 Jahren begnadigt und schließlich bereits 1952 entlassen. Kurz darauf verarbeitete Kesselring seine Kriegserlebnisse in seinem Buch "*Soldat bis zum letzten Tag*".
Als GFM Kesselring 1960 zu Grabe getragen wurde, folgten tausende ehemalige Luftwaffenangehörige und Freunde seinem Sarg.

Die Vergeltungserschießungen gerieten 1996 erneut ins Blickfeld der Öffentlichkeit, als ein damals darin verwickelter SS-Offizier in Rom erneut vor Gericht gestellt wurde. In erster Instanz freigesprochen, wurde der ehemalige Hauptsturmführer 1997 in zweiter Instanz zu fünfzehn Jahren Haft verurteilt.

General der Panzertruppe

FRIEDRICH KIRCHNER

* 26.03.1885 in Zöbigker/Sachsen
+ 06.04.1960 in Fulda

Ritterkreuz		20.05.1940
Eichenlaub	(391)	12.02.1944
Schwerter	(127)	26.01.1945

Bayrisches Militärverdienstkreuz 4. Klasse
Panzerkampfabzeichen in Silber
Zweimalige Nennung im Wehrmachtsbericht
Deutsches Kreuz in Gold
Verwundetenabzeichen in Bronze

"Langjähriger Kommandeur des LVII. Panzerkorps"

Friedrich Kirchner trat bereits vor dem Ersten Weltkrieg in die königlich-sächsische Kavallerie ein, wurde 1905 zum Leutnant befördert und diente 1911 im Ulanenregiment 11. Bei Ausbruch des Ersten Weltkrieges bereits Oberleutnant im Jägerregiment 103, kämpfte er abwechselnd an der West- und Ostfront. 1917 als Stabsoffizier im XII. Armeekorps eingesetzt, erlebte Hauptmann Kirchner – Sohn eines sächsischen Geheimrates - das Kriegsende als Träger des Eisernen Kreuzes 1. Klasse. In die Reichswehr übernommen, diente er 1920 im Reiterregiment 12.
Nach mehreren Truppen- und Kommandostellen wurde Friedrich Kirchner 1928 im Stab der 2. Kavalleriedivision zum Major und 1933 als Oberstleutnant zum Kommandeur des Reiterregiments 11 ernannt. Nach einer Lehrstelle an der Infanterieschule Döberitz baute er 1935 das Schützenregiment 1 auf, welches er später an Oberstleutnant Balck übergab. 1938 bereits Kommandeur der 1. Schützenbrigade, wurde Kirchner bei Kriegsbeginn zum Generalmajor befördert und am 5. September 1939 mit der Übernahme der 1. Panzerdivision beauftragt. Diesen schlagkräftigen Verband führte er während des Polenfeldzuges bei Tomaszow, Gora-Kavarija, Lodz und südlich von Warschau.
Am 1. April 1940 bereits zum Generalleutnant befördert, kam die Division während des Westfeldzuges mit großem Erfolg im Verband der "Panzergruppe Kleist" zum Einsatz.
Nach einer schnellen Offensive durch die Ardennen und Siegen an der Maas, bei Sedan, Bulson, Stonne und Albert erreichte die vom späteren Schwerterträger Oberst Harpe kommandierte Panzerbrigade Ende Mai den Ärmelkanal. Hier wurden einige alliierte Verbände in Calais eingeschlossen.
Im Juni 1940 kämpfte die 1. PD mit Erfolg unter Guderian an der Aisne und der Marne, durchtrennte die Weygard-Linie und erreichte schließlich die südlichen Vogesen, wo u.a. das französische Rüstungszentrum Le Creuzot besetzt werden konnte. Für seine erstklassigen Leistungen als Kommandeur der 1. Panzerdivision erhielt Generalleutnant Kirchner nach dem Sieg über Frankreich das begehrte Ritterkreuz verliehen.
Nach mehreren Monaten der Auffrischung und Modernisierung in ihren ostpreußischen Bereitstellungsräumen traten die Regimenter der 1. PD am 22. Juni 1941 erneut zur Offensive an. Unter der zuverlässigen Führung von Friedrich Kirchner kämpfte die Division im Nordabschnitt der Ostfront, überrollte jeden sich bietenden Widerstand (Tauroggen, Düna-Linie, Luga, Pysma) und erreichte nach harten Vormarschgefechten Mitte September das Vorfeld von Leningrad! Am 17. Juli 1941 war der Divisionskommandeur während eines russischen Fliegerangriffes durch Splitter an der Hüfte, einem Bein und beiden Händen verletzt worden. Doch Kirchner weigerte sich vehement in ein Lazarett gebracht zu werden, ließ sich vor Ort verarzten und führte seine Truppe weiterhin an! Die 1. Panzerdivision konnte in Folge als erste Einheit der gesamten Heeresgruppe den Übergang über die Düna erzwingen und einen Brückenkopf bilden.
Als der wieder vollgenesene Kirchner im November 1941 das Kommando abgab, hatten sich die Panzer und Grenadiere auch bei Wjasma, Kalinin und Klin wacker geschlagen. Am 15.11.41, zwei Jahre nach Übernahme der 1. Panzerdivision, wurde Kirchner mit der Führung des LVII. Panzerkorps im Osten beauftragt. Bis Kriegsende sollte er diesen Großverband nicht mehr abgeben und zu großen Waffentaten führen. So kämpften seine Verbände vor Moskau und bei Juchnow. Am 1. Februar 1942 wurde Friedrich Kirchner zum General der Panzertruppe befördert.
Das LVII. Panzerkorps kam im Sommer während der Operation "Blau" zum Einsatz. Nachdem die Verbände u.a. vor Rostow und am Mius gekämpft hatten, rollten die Angriffsspitzen Richtung Kaukasus. Im Zentrum der 1. Panzerarmee

vorstoßend, erreichte die unter Kirchners Kommando stehende 13. Panzerdivision (Herr) im August den südlichsten Punkt der gesamten Heeresgruppe A (von Kleist)! Nach einer wuchtigen Gegenoffensive der 37. sowjetischen Armee musste diese Stellung jedoch wieder aufgegeben werden - zudem wurden Kirchners Panzer weiter im Norden dringend gebraucht...
Im Dezember 1942 wurde das Korps für den bisher schwierigsten Offensivschlag im Osten herangezogen. Unter dem Oberbefehl des späteren Schwerterträgers Generaloberst Hoth sollten die Panzer den sowjetischen Umklammerungsring von Stalingrad im südlichen Abschnitt durchbrechen, mit den eingekesselten Truppen Verbindung aufnehmen und somit die Rettung der seit über einem Monat abgeschnittenen 6. Armee ermöglichen. Am 12.12.42 begann die Operation "Wintergewitter". Die bewährte 6. PD kämpfte sich, flankiert von der 17. und 23. PD, aus dem Gebiet von Kotelnikowo von Südwesten an den Kessel heran. Nach verbissenen Gefechten bei großer Kälte hatten sich die deutschen Spitzen schon bis an die Myskowa, 48 Kilometer vom Kesselrand entfernt, vorgeschoben, als die Schlagkraft der Truppe unter dem russischen Widerstand, dem schlechten Wetter und den hohen Verlusten erlahmte. Stalingrad wurde nie entsetzt - das Ende ist bekannt.
Nach Auffrischung der Divisionen wurde das LVII. Panzerkorps im Frühjahr 1943 erneut der 4. Panzerarmee unterstellt, die in Folge schwere und verlustreiche Rückzugsschlachten in der Ukraine (u.a. Rostow, Stalino, Pruth, Nikopol) zu schlagen hatte. Unter dem Oberbefehl von GFM von Manstein konnte die Heeresgruppe Süd die Großoffensive der Roten Armee in Richtung Dnjepr immer wieder ins Stocken bringen.

Im März 1943 bewährten sich Kirchners Truppen zusammen mit Verbänden der Waffen-SS bei der Rückeroberungsschlacht von Charkow und wurden hierfür im Wehrmachtsbericht genannt.
Nach der gescheiterten Offensive gegen Kursk traten die russischen Truppen zu massiven Gegenoffensiven an. In den zahllosen Abwehrschlachten am Donez, nördlich von Kiew und am Dnjepr erwarb sich General Kirchner einen hervorragenden Ruf. Sein LVII. Panzerkorps wurde erneut im Wehrmachtsbericht erwähnt und aufgrund der gezeigten Leistungen immer wieder an den Brennpunkten der Front eingesetzt.
Im Verlauf der Kriegsjahre 1944/45 überstand das Korps schwerste Abwehrkämpfe, führte Absetzbewegungen durch, deckte andere Verbände beim Rückzug und riegelte wiederholt Einbrüche des Feindes ab.
Als Kommandierender General des LVII. Panzerkorps wurde Friedrich Kirchner am 12.02.44 - zusammen mit Hans Källner und Theodor Wisch - mit dem Eichenlaub ausgezeichnet. Der Panzerspezialist war der 100. Träger im Generalsrang. Obwohl er zu diesem Zeitpunkt bereits über zwei Jahre erfolgreich ein Korps befehligt hatte, wurde Kirchner nun nicht weiters mit der Führung einer Armee beauftragt. Unter Umständen wurde seine Ernennung aufgrund von dementsprechenden Beurteilungen zurückgestellt.
Im Winter 1944 stand das LVII. Panzerkorps im Verband der "Armeegruppe Balck" westlich des gerade eingekesselten Budapest. General Balck - wie oben erwähnt einst einer von Kirchners Regimentskommandeuren in Frankreich - hatte den Befehl, eine Offensive in Gang zu bringen und Budapest zu entsetzen. Hierzu standen auch SS-Panzertruppen unter Brillantenträger Herbert Gille bereit.
Obwohl an der Flanke durch die 6. sowjetische Garde-Panzerarmee bedroht, griff Kirchners LVII. Panzerkorps im Jänner 1945 entlang der Donau an und erreichte, durch Gilles Verbände gedeckt, Bicske - 21 Kilometer vom Kesselrand entfernt! Dann blieb der Angriff jedoch im russischen Abwehrfeuer und wilden Gegenattacken liegen. Wie schon vor Stalingrad, mussten sich Kirchners Panzerspitzen erfolglos wieder zurückziehen.
Eine anschließende sowjetische Gegenoffensive nördlich der Donau konnte mit Müh und Not zurückgewiesen werden. Ein zweiter Einsatzversuch Richtung Budapest - diesmal ohne Kirchners erschöpfte Divisionen - schlug ebenso fehl. Die ungarische Hauptstadt wurde nie entsetzt, am 11.02.45 gaben 130.000 Verteidiger den Widerstand auf.
Für seine vergangenen Verdienste als Korpskommandeur sowie die Leistungen an der ungarischen Front erhielt General der Panzertruppe Kirchner am 26. Jänner 1945 die 127. Schwerter zum Ritterkreuz mit Eichenlaub.
Im März wurde sein Panzerkorps mit dem Zug noch nach Niederschlesien verlegt, wo die Verbände unter feindlichem Artilleriefeuer ausladen mussten. Nachdem Kirchner sein Korps unter diesen schwierigen Umständen gesammelt hatte, konnten die Divisionen zusammen mit dem XXXIV. Panzerkorps (Hartmann) einen erfolgreichen Gegenangriff auf Lauban durchführen. Dies war eine der letzten Offensivaktionen der deutschen Wehrmacht. Während den letzten Kriegswochen gelang es General Kirchner, die ihm unterstellten Truppen geschickt nach Westen zu dirigieren.
Im Mai 1945 kapitulierte das LVII. Panzerkorps im Verband der vom Schwerterträger General Nehring kommandierten 1. Panzerarmee vor US-Truppen.
Friedrich Kirchner ist 1960 in Fulda verstorben.

Oberleutnant

OTTO KITTEL

* 21.02.1917 in Kronsdorf/Sudetenland
+ 14.02.1945 bei Tukkum/Ostfront

Ritterkreuz		29.10.1943
Eichenlaub	(449)	11.04.1944
Schwerter	(113)	25.11.1944

Frontflugspange für Jäger in Gold mit Anhänger Einsatzzahl "500"
Flugzeugführer- und Beobachterabzeichen
Ärmelband "Kurland" (postum?)
Ehrenpokal der Luftwaffe
Deutsches Kreuz in Gold
Verwundetenabzeichen in Bronze

"Nach 267 Luftsiegen doch noch bezwungen"

Obwohl Otto Kittel über 580mal gegen den Feind flog und dabei 267 Luftkämpfe für sich entschied, wurde der erfolgreichste Pilot des Jagdgeschwaders 54 "*Grünherz*" vor seinem Tod nie abgeschossen oder von einem anderen Piloten geschlagen!

Kittel trat kurz nach Kriegsbeginn in die Luftwaffe ein und wurde zum Jagdflieger ausgebildet. Aufgrund der Pilotenknappheit an der Ostfront kam er als Oberfeldwebel bereits im Winter 1941 in die 2. Staffel des Jagdgeschwaders 54. Zu dieser Zeit flogen viele der späteren Top-Asse (u.a. Philipp, Ostermann, Nowotny oder Eckerle) in diesem Geschwader, der Druck und das Konkurrenzdenken waren groß, die Kameradschaft und die Kampfmoral jedoch ausgezeichnet.
Der junge Unteroffizier litt, wie die meisten der zehn später besten deutschen Jagdflieger auch, an dem sogenannten Jagdfieber. So dauerte es mehrere Wochen, ehe er den ersten Gegner im Luftkampf bezwingen konnte. Obwohl durch diesen Erfolg bestätigt, vergingen weitere vier Monate, bis Kittel bei 15 Luftsiegen angelangt war und dafür das Eiserne Kreuz 1. Klasse erhielt. Zu dieser Zeit war er nur einer von hunderten namenlosen Jagdfliegern an der Front - doch das sollte sich noch ändern!
Die große Zeit des Otto Kittel brach im Frühjahr 1943 an. Während sich die Bodentruppen kämpfend immer weiter zurückziehen mussten, wurde die Rote Luftwaffe immer aktiver. Manchmal startete Kittel mit seinen Kameraden bis zu sechsmal an einem Tag, um russische Bomber, Jäger und Schlachtflugzeuge abzufangen oder die eigenen Truppen zu unterstützen! Kittels Einsatzleistungen stiegen rapide an, so dass er Ende Februar 1943 bei bereits 40 Luftsiegen angelangt war und das Deutsche Kreuz in Gold erhielt.
Einen großen Anteil an Otto Kittels Karriere hatte der spätere Brillantenträger Walter Nowotny, der den damals noch unerfahrenen Piloten unter seine Fittiche genommen und weiter ausgebildet hatte - sein "Mentor" sollte ihm später persönlich das Ritterkreuz überreichen können.

Am 15. März war Kittel während eines Feindfluges aufgrund eines Motorschadens gezwungen, seine Maschine 60 Kilometer hinter den feindlichen Linien notzulanden! Nach einem abenteuerlichen Fußmarsch quer durch das von russischer Infanterie "verseuchte" Gebiet, teilweise über den gefrorenen Ilmensee, erreichte er schließlich wieder die eigenen Linien! Nach seiner Rückkehr konnte Kittel im Sommer 1943 innerhalb von nur vier Wochen 39 Luftkämpfe für sich entscheiden.
In schweren Dauereinsätzen im Südabschnitt der Ostfront gelangen dem Oberfeldwebel bereits wiederholt Mehrfachabschüsse. Im Oktober 1943 erhielt Kittel schließlich für seinen 123. Luftsieg als 28. Pilot des "*Grünherz*"-Geschwaders - bis Kriegsende sollten es 68 sein(!) - das prestigeträchtige Ritterkreuz verliehen. Kurze Zeit darauf wurde er auf Vorschlag seines Geschwaderführers, des erfahrenen Ritterkreuzträgers Major von Bonin (77 Siege), für wiederholte Tapferkeit vor dem Feind zum Leutnant (Kriegsoffizier) befördert.

Otto Kittel war ein auffällig ruhiger und ernster Mensch, eigentlich viel zu ernst für einen Flieger. Die meisten seiner Kameraden waren stets ausgelassen, überdreht und erpicht auf einen weiteren Einsatz - nicht so das spätere Spitzen-As. Nichtsdestotrotz war er unter seinen Kameraden sehr beliebt. Ein weiterer Unterschied zwischen Kittel und vielen anderen Assen des Krieges war seine Art zu schießen. Anders als die Vorhaltespezialisten Rall, Nowotny, Rudorffer oder Philipp flog er sehr nahe an den Gegner heran, bevor er das Feuer eröffnete. So glich er den Mitgliedern des sgn. "Klub 300", den Spitzenassen Hartmann und Barkhorn.
Als Leutnant Kittel als Flugzeugführer in der 1. Staffel im April 1944 mit einem russischen Jäger seinen bereits 152. Gegner im Luftkampf besiegte, erhielt er in Berlin das Eichenlaub zum Ritterkreuz überreicht. Seine ruhige und gelassene Art war ein Stützpfeiler seiner Angriffstaktik - keine auch noch so große Übermacht konnte ihn aus der Ruhe bringen, auch der beste Gegner löste keine übereilten Aktionen aus. Aufgrund seiner Leistungen übernahm der erfahrene Leutnant bald den Befehl über seine alte 2. Staffel. Sein damaliger Gruppenkommandeur war der mit dem Eichenlaub ausgezeichnete Horst Ademeit, welcher im August nach 166 Luftsiegen in 600 Feindflügen über Kurland den Tod fand.

Im Winter 1944 flog Kittel mit seiner Staffel im Nordabschnitt der Ostfront Unterstützungseinsätze für die hart bedrängte Heeresgruppe Kurland, hier war die sowjetische Luftwaffe besonders stark vertreten. In unzähligen Einsätzen über den Schützengräben und Auffangstellungen wurde Kittel zu einer Art "Feuerwehr für die Infanterie". In dieser Zeit kamen ihm seine Erfahrungen gegen die gefürchteten "Stormowik"-Schlachtflugzeuge sehr zu Gute. Im Kampf gegen diese schwergepanzerten Gegner bewies Kittel erstaunliche Trefferpräzision, indem er meist den verwundbaren Kühler der sgn. "Zementbomber" ins Visier nahm. Durch diese Abschüsse rettete Kittel unzählige deutsche Artilleriestellungen, Panzer und Fahrzeugkolonnen, die sonst Opfer dieser gefürchteten Jagdbomber geworden wären.
Am 23. August 1944 blieb Otto Kittel zum 200mal im Luftkampf siegreich!*[05]*
Als der Oberleutnant am 25. November seinen 230. Luftsieg melden konnte, erhielt er als 24. Jagdflieger des Krieges die Schwerter zum Ritterkreuz mit Eichenlaub verliehen. Die erneute Auszeichnung - nur 393 Tage nach dem Ritterkreuz - wurde im Rahmen der traditionellen Geschwaderfeier natürlich überschwenglich gefeiert und begossen.
Im Frühjahr 1945 flog der Staffelführer weiterhin über dem Kessel von Kurland. Mehrmals am Tag erfolgten Alarmstarts gegen große Jagdbomberverbände der Roten Luftwaffe, die sich auf die hart bedrängten deutschen Bodentruppen stürzten. Der schwere Jagdschutz erwies sich oft als tödliche Falle. Bereits nach wenigen Wochen konnte Kittel nach Walter Nowotny, Günther Rall, Gerhard Barkhorn und Erich Hartmann als fünfter Jagdpilot der Welt seinen 250. anerkannten Luftsieg erringen!
Am 14. Februar befand sich Oberleutnant Kittel mit einigen anderen Piloten seiner Staffel auf Feindflug über der Hauptkampflinie.
Während die russische Flak begann, den deutschen Verband unter Beschuß zu nehmen, entdeckte Kittel eine Staffel sowjetischer Schlachtflieger, die auf der Suche nach lohnenden Zielen in niedriger Höhe flog. Während des sich entwickelnden Luftkampfes mit dem "Stormowik"-Verband setzte sich Kittel gekonnt hinter eine vom Verband getrennte Maschine. Plötzlich wurde seine Focke Wulf Fw-190 getroffen, fing Feuer und geriet ins Trudeln. Nach wenigen Augenblicken schlug der brennende Jäger am Boden auf. Otto Kittel, Sieger über 267 Gegner in 583 Feindflügen war sofort tot - eine Woche vor seinem 28. Geburtstag.
Im Geschwader wurden Stimmen laut, die einem Flaktreffer in Kittels Maschine die Schuld für den Absturz gaben. Nach Beobachtungen einiger Staffelkameraden könnte er aber auch durch den Bordschützen der "Stormowik" abgeschossen worden sein.

Anmerkung des Autors:

Für die Bereitstellung des Fotos bin ich Hrn. Peter Stockert sehr zu Dank verpflichtet.

Generalfeldmarschall

EWALD VON KLEIST

* 08.08.1881 in Braunfels/Hessen
+ 16.10.1954 in Wladimiroka/UDSSR

Ritterkreuz		15.05.1940
Eichenlaub	(072)	17.02.1942
Schwerter	(060)	30.03.1944

Österreichisches Militärverdienstkreuz 4. Klasse
Bayrisches Militärverdienstkreuz 3. Klasse
Zehnmalige Nennung im Wehrmachtsbericht

"Kurz vor seiner Heimkehr in der UDSSR gestorben"

Die Familie derer von Kleist ist wie kaum eine andere mit der deutsch-preußischen Heeresgeschichte verbunden. Nicht weniger als drei Offiziere mit dem Nachnamen von Kleist erreichten den höchsten militärischen Dienstgrad*[47]*, 34 weitere brachten es bis zum General. Unter der militärischen Elite des Kaiserreiches, den Trägern des Pour-le-Mérite, finden sich nicht weniger als 31 Offiziere der traditionsreichen Familie! Ewald von Kleist wurde dieser hohen Verantwortung als einer der höchstdekorierten Truppenführer des Zweiten Weltkrieges voll und ganz gerecht.

Entgegen dem Vorbild des Vaters – er hatte nicht den Soldatenberuf gewählt, sondern war bis zum Direktor eines Gymnasiums aufgestiegen – trat der damals 19jährige Ewald von Kleist als Offiziersanwärter ins 1. Brandenburgische Feldartillerieregiment ein und wurde nach seiner Ausbildung 1901 zum Leutnant befördert. Nach langjährigem Dienst in der Kriegsakademie, dem Husarenregiment 14 und dem ruhmreichen 1. Leibhusarenregiment in Danzig, zog Oberleutnant von Kleist 1914 in den Ersten Weltkrieg.
Nach einer ersten Bewährung in der berühmten Schlacht von Tannenberg (EK.I) gegen die Russen und weiteren Kämpfen im Osten erhielt er 1916 seine Abkommandierung in den Generalstab des XVII. Armeekorps in Westen. In den schweren Offensiven der letzten beiden Kriegsjahre konnte von Kleist sich als Stabschef des Gardekavalleriekorps bewähren.
Nach der Kapitulation vor den siegreichen Alliierten verblieb Hauptmann von Kleist in der Armee, kämpfte 1919/20 in einem Freikorps im Osten und wurde 1921 zum Major befördert.
Nach seiner Übernahme in die Reichswehr unterrichtete er einige Zeit als Taktiklehrer. In Folge als Oberstleutnant Stabschef der 2. Kavalleriedivision in Breslau, wurde Generalmajor von Kleist 1932 neuer Kommandeur dieser Division. Nach einer steilen Karriere erreichte er bereits 1936 den Rang eines Generals der Kavallerie und übernahm das VIII. Armeekorps.
Im Februar 1938 wurde Ewald von Kleist nach 38 Dienstjahren in Krieg und Frieden wegen Differenzen mit der NS-Spitze in den Ruhestand versetzt. Dieser währte aber nur kurz, da der General wenige Monate vor Beginn des bereits geplanten Polenfeldzuges reaktiviert und mit der Übernahme des XXII. motorisierten Armeekorps beauftragt wurde.
Unter dem Oberbefehl der 10. Armee (von Reichenau) führte von Kleist seine Verbände aus Schlesien gegen die Stellungen der polnischen Armee "Lodz", überschritt schnell die Warthe und kämpfte anschließend vor Warschau. Bereits hier erprobte er die später so erfolgreichen neuen Panzertaktiken.
Aufgrund seiner Erfolge erhielt General von Kleist für den Westfeldzug eine starke Panzergruppe unterstellt. Mit seinem XIX. (Guderian) und XLI. Panzerkorps (Reinhardt) wurde er der Heeresgruppe A unter Generaloberst von Rundstedt, später ebenfalls Schwerterträger, unterstellt und hinter dem Westwall in Bereitstellung befohlen.
Am 10. Mai 1940 begann der "Fall Gelb".

Nach Spezialoperationen der Luftwaffe stießen von Kleists Panzer durch die dicht bewaldeten Ardennen und durchbrachen schnell die belgischen Grenzbefestigungen. Bereits wenige Tage nach Beginn der Großoffensive erreichten die Stoßkeile der "Panzergruppe Kleist" den belgisch-französischen Grenzraum - mit der von Generalmajor

Rommel kommandierten 7. Panzerdivision als Speerspitze, begann das XIX. Panzerkorps nun mit dem berühmten "Gespensterraid" in Richtung Kanalküste. Als Guderians Panzer am 21. Mai 1940 in Abbeville einfuhren, hatten von Kleists Verbände den riesigen Kessel im Gebiet Dünkirchen-Brügge-Calais geschlossen.
Bereits am 15. Mai 1940 hatte General der Kavallerie von Kleist für seine offensiven Erfolge in Frankreich das Ritterkreuz zum Eisernen Kreuz erhalten.
Während der zweiten Phase des Frankreichfeldzuges wurde die "Panzergruppe Kleist" mit drei Panzerdivisionen aus dem Raum Rethel-Attigny zur Offensive in Richtung schweizer Grenze herangezogen. Zusammen mit Einheiten der 12. und 16. Armee konnte die 2. französische Heeresgruppe zur Kapitulation gezwungen werden, am 22.06.40 legte das geschockte Frankreich die Waffen nieder. Zusammen mit Hoth und Guderian teilte sich von Kleist den Platz des erfolgreichsten und bekanntesten deutschen Panzergenerals. In der Planung für eine eventuelle Invasion in England ("Seelöwe") wurde ihm erneut eine tragende Rolle zugedacht - die Niederlage der Luftwaffe verhindert diesen Einsatz jedoch.

Als Generaloberst (19.07.40) kommandierte von Kleist die aus drei Korps bestehende Panzergruppe 1 während des Balkanfeldzuges. Im April 1941 kämpften sich seine Panzer im hohem Tempo bis nach Belgrad vor und erzwangen dadurch die schnelle Kapitulation des Landes. Im Süden unterstützte die Panzergruppe 1 die 12. Armee (List) und besetzte am 27. April das ehrwürdige Athen. Nach Auffrischung und Verstärkung seiner Panzergruppe verlegte Generaloberst von Kleist in die Nordslowakai, von wo aus am Morgen des 22. Juni 1941 "Barbarossa" begann. Wie bereits in Frankreich und auf dem Balkan wurde von Kleists Stab vom fähigen Oberst i.G. Kurt Zeitzler geleitet, bereits Ende 1942 sollte der Ritterkreuzträger Generalstabschef des Heeres geworden sein!
Unter dem Oberbefehl der Heeresgruppe Süd (GFM von Rundstedt) überrollten von Kleists Panzer die sowjetischen Grenzstellungen entlang des nördlichen Lemberg-Bogens und schnitten mehrere Feinddivisionen südlich von Tarnopol ab. Anfang Juli erreichten die Panzerspitzen bereits das Gebiet von Schitomir, wo es zu unerwartet heftigen Kämpfen kam. Mitte des Monats gelang der Panzergruppe 1 dann die schnelle Durchtrennung der Stalinlinie, was der Heeresgruppe eine erfolgreiche Offensive durch die Ukraine ermöglichte.
Im Februar 1942 wurde Generaloberst von Kleist für die offensiven Erfolge seiner Truppen als 72. deutscher Soldat, 32. Angehöriger des Heeres und 15. Offizier im Generalsrang mit dem Eichenlaub zum Ritterkreuz beliehen. Nach weiteren Schlachten am Dnjepr und erfolgreichen Vorstößen gegen die Frontlinie Stalino-Morosowsk gelang einem Korps seines zur 1. Panzerarmee erweiterten Großverbandes die Einnahme von Rostow!
Am 10. September 1942 wurde Ewald von Kleist als Nachfolger von GFM List zum neuen Oberbefehlshaber der Heeresgruppe A im Südabschnitt der Ostfront ernannt. In seine Zuständigkeit fiel der gesamte Frontabschnitt im Kaukasus. Ziel der HGR A war die Sicherung der großen Erdölvorkommen dieser Region, Ergebnis der nach Süden zielenden Offensiven war jedoch die völlige Überdehnung der ohnehin schon zu langen Ostfront. Während die 6. Armee in Richtung Stalingrad vorstieß, erreichten die Angriffsspitzen der Heeresgruppe A die Linie Noworossijsk (nahe Ostzipfel Krim) - Ordschonikidse (nördlich Tiflis) - Utta (südl. der Wolga).
Als sich im Dezember 1942 die Lage in Stalingrad zusehends verschlechterte und sowjetische Truppen bereits mehrmals versucht hatten, in Richtung Rostow vorzustoßen, ersuchte von Kleist erstmals um Genehmigung, seine Truppen aus dem bedrohten Kaukasus evakuieren zu dürfen. Erst nach mehreren nachdrücklichen Gesprächen mit Hitler erhielt der Generaloberst eine positive Antwort. Hierbei hatte er durch GFM von Manstein, Oberbefehlshaber der Heeresgruppe Don, wertvolle Rückendeckung erhalten.
Der Rückzug konnte gerade noch rechtzeitig abgeschlossen werden - wenige Tage darauf, am 14. Februar 1943, rollten Panzer der 28. sowjetischen Armee in das brennende Rostow ein und schnitten somit den kurz zuvor noch deutschbesetzten Kaukasus ab.
Das Oberkommando der Roten Armee, durch den guten Verlauf der Offensive äußerst siegessicher, hatte auf deutschsprachigen Flugblättern bereits die bevorstehende Vernichtung der "Heeresgruppe von Kleist" angekündigt. Die geretteten deutschen Divisionen trugen in den nächsten Monaten viel zur Verteidigung der Krim und der Ukraine bei, die das nächste Ziel der Sowjets waren. Am 1. Februar 1943 wurde Ewald von Kleist in Anerkennung seiner militärischen Leistungen im Kaukasus zusammen mit den Eichenlaubträgern Ernst Busch (Pour-le-Mérite) und Maximilian von Weichs zum Generalfeldmarschall befördert.
Im Sommer 1943 startete die Rote Armee mit 2,6 Millionen Mann, 50.000 Geschützen, 2.400 Panzern und 2.900 Flugzeugen ihre große Dnjepr-Offensive. In schwersten Abwehrschlachten, die sich über Monate hinzogen, gelang es den deutschen Truppen nur stellenweise, die sowjetischen Armeen am Bilden von Brückenköpfen entlang des Westufers zu hindern. Die letzte deutsche Stellung am Ostufer musste im September endgültig geräumt werden. Umfassungsschlachten konnte GFM von Kleist jedoch erfolgreich unterbinden.
Als sich im Frühjahr 1944 die Niederlage auf der Krim abzeichnete, suchte Hitler einen Sündenbock. Da der russische Angriff gegen die Halbinsel ja erst durch den Rückzug aus dem Kaukasus möglich geworden war, fiel die Wahl

schnell auf GFM von Kleist. Etwa zur gleichen Zeit wurde von Manstein durch Model und von Kluge durch Busch ersetzt.
Am selben Tag, an dem er für die Leistungen als Oberbefehlshaber seiner Heeresgruppe und die Defensivarbeit im Südabschnitt der Ostfront mit den Schwertern ausgezeichnet wurde, enthob ihn Hitler gleichzeitig seines Postens und beorderte ihn in die Führerreserve. Wie die großen Strategen und Schwerterträger von Manstein und Hoth wurde auch Ewald von Kleist bis Kriegsende kaltgestellt und nicht mehr eingesetzt!
Im Mai 1945 ergab sich GFM von Kleist in Bayern den US-Truppen, die ihn kurz darauf an Jugoslawien auslieferten, welches ihn selbstverständlich an die UDSSR weiterreichte. Wegen "Kriegsverbrechen gegen das sowjetische Volk" wurde er 1948 zu lebenslangem Kerker verurteilt. Im neunten Jahr seiner Gefangenschaft verstarb der bereits 73jährige an den Folgen der schweren Haftbedingungen im Offizierslager Wladimiroka nahe Moskau, in dem u.a. auch der Brillantenträger GFM Schörner inhaftiert war.

Der Generalfeldmarschall war einer von insgesamt 17 von Kleists, die während des Krieges bzw. in Gefangenschaft den Tod gefunden hatten! Während des Krieges hatten es mit Adolf bzw. Wolfgang von Kleist noch zwei weitere Mitglieder der Soldatenfamilie zum Generalsrang gebracht.
Diese große Militärtradition wurde auch nach dem Zweiten Weltkrieg fortgeführt. Karl-Wilhelm von Kleist stieg 1967 in der Bundeswehr zum Brigadegeneral auf und war zuletzt Stellvertretender Kommandeur der 1. Panzerdivision in Hannover.

Generalfeldmarschall

GÜNTHER VON KLUGE

* 30.10.1882 in Posen/Westpreußen
+ 19.08.1944 bei Metz

Ritterkreuz		30.09.1939
Eichenlaub	(181)	18.01.1943
Schwerter	(040)	29.10.1943

Hohenzollernorden mit Schwertern
Bayrisches Militärverdienstkreuz 2. Klasse
Österreichisches Militärverdienstkreuz in Silber
Deutsches Fliegerabzeichen 1916
Viermalige Nennung im Wehrmachtsbericht
Verwundetenabzeichen in Bronze

"Der Berufsgeneral aus Überzeugung"

Für den Sohn eines adeligen, preußischen Generalleutnants war es selbstverständlich, ebenfalls die Offizierslaufbahn einzuschlagen. Nach dem Besuch der Kriegsakademie und der bestandenen Generalstabsprüfung wurde Oberleutnant von Kluge 1913 mit den besten Zeugnissen in den Generalstab des Heeres nach Berlin versetzt.
Zu Beginn des Ersten Weltkrieges bereits Hauptmann i.G. im XXI. Korps, kämpfte er im Osten, in den Karpaten, in Flandern und am Isonzo, ehe er 1917/18 für seinen Dienst im Generalstab der Südarmee sowie im Alpenkorps hoch dekoriert wurde. Kurz vor Kriegsende wurde Hauptmann von Kluge als Frontoffizier in der 236. Infanteriedivision noch schwer verwundet. In der Reichswehr machte von Kluge eine sehr steile Karriere, die ihm schnell vom Oberst (1930, Artillerieregiment 2) über den Generalmajor (1933, Inspekteur der Nachrichtentruppe) und Generalleutnant (1934, 6. Infanteriedivision) bis hin zum General der Artillerie (1936, Armeegruppe VI) führte!
Bei Kriegsbeginn kommandierte General von Kluge die neugebildete 4. Armee in der "Heeresgruppe von Bock", mit der er 1939 am Blitzkrieg gegen Polen teilnahm. Die ihm unterstellten 11 Infanterie- und 2 Panzerdivisionen stießen gegen den Norden von Polen vor, eroberten die Halbinsel Hela und besetzten Danzig. In Gefechten mit der polnischen Armee "Pommerellen" konnten große Erfolge erzielt werden. Teile der 4. Armee nahmen später noch an der Kesselschlacht von Warschau teil.
Für seine Verdienste während der ersten Kriegswochen erhielt der zum Generaloberst beförderte von Kluge als einer der ersten Truppenführer das Ritterkreuz verliehen. Bis zum Frühjahr 1940 verlegte er mit seiner Armee an die Westfront, um am "Fall Gelb" teilzunehmen. Von Kluges Bruder Wolfgang erhielt das Ritterkreuz übrigens 1943 als Kommandeur der 292. Infanteriedivision in Russland.

Unter dem Oberkommando von Generaloberst von Rundstedt trat von Kluges 4. Armee aus dem Großraum Aachen gegen die belgischen Grenzbefestigungen bei Maastricht an. Nachdem Fallschirmjäger das gefährliche Fort Eben Emael ausgeschaltet hatten, stießen seine Divisionen zügig durch den Süden Belgiens vor. Danach kämpften sie zusammen mit dem XV. Panzerkorps unter dem späteren Schwerterträger Hoth in Nordfrankreich, nahmen an den Schlachten an der Maas und der Sampre teil und erreichten Ende Mai die Atlantikküste bei Abbeville! In den Offensivkämpfen wurden mehrere alliierte Korps aufgerieben oder gefangengesetzt! Anfang Juni 1940 nahm die 4. Armee entlang der äußersten rechten Flanke an der zweiten Phase des Westfeldzuges teil. Durch Panzer und Flugzeuge massiv unterstützt, stießen von Kluges Verbände gegen die 3. französische Heeresgruppe vor, eroberten Amiens und erreichten schließlich die Seine. Nach der Besetzung der wichtigen Kanalhäfen Dieppe und Le Havre stießen Teile der Armee bis auf die Halbinsel Cherbourg vor, am 19.06. konnte eine Division der 4. Armee den großen Kriegshafen von Brest in Besitz nehmen! Für die überragenden Leistungen seiner Person und die feldzugsentscheidenden Erfolge der ihm unterstellten Truppen wurde Günther von Kluge am 19. Juli 1940, u.a. zusammen mit den späteren Schwerterträgern Kesselring und von Rundstedt, zum Generalfeldmarschall befördert.

Da im Siegesrausch noch weitere Truppenführer in den höchsten Dienstrang erhoben worden waren, gab es jedoch nicht genügend dementsprechende Posten und von Kluge blieb in Folge einstweilen weiterhin nur Armeebefehlshaber.

Im Juni 1941 gehörte die 4. Armee erneut zur Angriffsspitze einer Heeresgruppe. Unter dem Oberbefehl von GFM von Bock nahmen von Kluges Divisionen an der ersten Phase des Russlandfeldzuges teil. Im Zentrum der Front kämpfend, verbuchte die Armee in den Kesselschlachten von Bialystok und Baranovici große Erfolge.
Nach schnellem Vormarsch entlang der Linie Minsk - Moskau nahmen die Divisionen dann an den schweren Winterschlachten westlich der russischen Hauptstadt teil. Nachdem GFM Bock von einem wütenden Hitler für die Winterniederlage verantwortlich gemacht und abgesetzt worden war, wurde GFM von Kluge am 19. Dezember 1941 neuer Oberbefehlshaber der Heeresgruppe Mitte. Chef seines Stabes war der erfahrene Generalmajor Günther Blumentritt, bei Kriegsende Eichenlaubträger und Armeeoberbefehlshaber.
Die Winterniederlage vor Moskau kostete der Wehrmacht etwa 300.000 Mann an Toten und Verwundeten - doch fast schlimmer wog die Tatsache, dass ein über die Schlappe wütender Hitler außer von Bock auch noch GFM von Leeb, den altgedienten Panzer-Spezialisten Hoepner sowie 35(!!) Korps- und Divisionskommandeure der Heeresgruppe Mitte ihres Postens enthob! Welche Streitmacht der Welt sollte einen solchen Eingriff in ihre Kommandostruktur heil überstehen?
Im Frühjahr 1942 musste von Kluge die Heeresgruppe Mitte nach schweren Verlusten auf den Wjasma-Rshew-Bogen zurückziehen. Der neue Chef seines Stabes war der erfahrene Generalmajor Otto Wöhler, welcher 1944 als Führer der 11. Armee das Eichenlaub erhalten sollte.
Nachdem GFM von Kluge den Mittelabschnitt im Sommer 1942 durch erfolgreiche Abwehrschlachten etwas stabilisiert hatte, trat die Rote Armee 1943 andauernd zu Gegenoffensiven an. Unter seinem Kommando konnte der spätere Brillantenträger General Model bei Rshew ein zweites Stalingrad verhindern. Im Jänner 1943 hatte von Kluge für seine großen Defensiverfolge das 181. Eichenlaub zum Ritterkreuz erhalten.
Als der erfolgreiche Truppenführer zur Übergabe der Auszeichnung nach Deutschland flog, traf er in Berlin mit Heinz Guderian zusammen, jenem großen Panzergeneral, der nach der Winterniederlage 1941 vom Fronteinsatz zurückgezogen worden war und seitdem wichtige und weniger wichtige Stabsposten inne gehabt hatte.
Als von Kluge, nach Moskau einer der Initiatoren von Guderians Entlassung, die zufällige Begegnung für eine versönliche Geste nutzen wollte, diese jedoch durch Guderian roh zurückgewiesen wurde, eskalierte der alte Streit.
Ein Wort gab das andere und letztendlich sprach einer eine Duellaufforderung auf – die beiden altgedienten Truppenführer wollten allen Ernstes die Waffen sprechen lassen.
Doch es war Krieg – beide Truppenführer äußerst wertvoll und so verbot ein davon unterrichteter Hitler diesen Unsinn sofort. Erst ein Jahr später besannen sich Guderian und von Kluge wieder und begruben den Streit.
Günther von Kluge kehrte im Frühjahr 1943 an die russische Front zurück und führte seine Truppen in harten Defensivschlachten.
Am 12. Oktober entging der Feldmarschall nur knapp dem Tod, als sein Dienstwagen auf einer Inspektionsfahrt im Gebiet von Minsk verunglückte. Mit schweren Verletzungen lag von Kluge mehrere Monate lang in einem deutschen Krankenhaus. Noch während dieser Zeit erhielt er für seine Leistungen an der Ostfront als zweiter von letztendlich neun (fünf bereits zum Zeitpunkt der Verleihung) Generalfeldmarschällen die Schwerter zum Ritterkreuz mit Eichenlaub verliehen. Sein Nachfolger als Oberbefehlshaber der Heeresgruppe Mitte wurde der Pour-le-Mérite-Träger GFM Busch.

Eine recht zwielichtige Rolle spielte der Feldmarschall im Bereich des militärischen Widerstandes und des Attentates auf Hitler am 20. Juli 1944. Bereits im Jahre 1943 war von Kluge durch Mitglieder des Widerstandes angesprochen und um Hilfe gebeten worden. Obwohl er dieser Bitte nicht nachkam, behielt er sein Wissen über den militärischen Widerstand stets für sich. Auch prominente Offiziere wie GFM Rommel konnten von Kluge nicht für den Widerstand gewinnen. Zentrale Figur in den Gesprächen war sein langjähriger Stabschef und überzeugter Hitlergegner Oberst Henning von Tresckow*[09]* gewesen, der nach dem Fehlschlag am 20.07.44 Selbstmord beging.
Von Kluges erstes Kommando nach dem Unfall war der Posten des Oberbefehlshabers West, den er am 02.07.44 antrat, Chef seines Stabes war hier erneut Generalmajor Blumentritt.
In seinen Befehlsbereich fiel die seit kurzen bestehende Invasionsfront, die Tag für Tag um tausende alliierte Soldaten und riesige Materialmengen stärker wurde. Kurz darauf bekam der neue OB West die vielzitierte alliierte Luftüberlegenheit am eigenen Leib zu spüren, als sein Dienstwagen während einer frontnahen Inspektionsfahrt von britischen Jagdbombern angegriffen und schwer beschädigt wurde! Der GFM blieb unverletzt, der Fahrer und ein Begleitoffizier fanden jedoch den Tod.
Zur selben Zeit wurde GFM Rommel an der Invasionsfront bei einem Jagdbomberangriff schwer verwundet.

Als Oberst von Stauffenberg *[07]* am 20. Juli seine Bombe zündete, war der Feldmarschall nicht eingeweiht. Obwohl er also nichts mit dem Putschversuch zu tun hatte, wurde er als verdächtige Person am 16. August aller Ämter enthoben. Wenige Tage zuvor hatte er noch einem Befehl Hitlers getrotzt und durch den eigenmächtigen Ausbruchsbefehl für den Kessel von Falaise einen Großteil der 7. Armee (Hausser) vor der sicheren Vernichtung gerettet.
In den Wochen nach dem Putschversuch geriet Günther von Kluge immer mehr ins Blickfeld der Gestapo. Seine engen Verbindungen zu bereits überführten Widerstandsleuten machten ihn verdächtig.
Die schwierige Lage, in der sich der Generalfeldmarschall nun befand, kann in der heutigen Zeit wohl kaum nachvollzogen werden. Obwohl gegen die politischen und militärischen Ziele Hitlers, stand er fest zu dem von ihm geleisteten Eid. Da er erkannte, dass man ihn über kurz oder lang verhaften und aus der Wehrmacht ausstoßen würde, zog Günther von Kluge die Konsequenzen. Am 19. August 1944 nahm der Generalfeldmarschall während einer Autofahrt in der Nähe von Metz eine Dosis Gift.
In seinem Abschiedsbrief hieß es (gekürzt):
"Ich kann den Vorwurf, das Schicksal im Westen durch falsche Maßnahmen besiegelt zu haben, nicht tragen. Ich ziehe hiermit die Konsequenzen und begebe mich dahin, wo schon tausende meiner Kameraden sind. Den Tod habe ich nie gefürchtet...
...wir beide, Rommel und ich, und wohl alle Führer hier im Westen, die den Kampf mit den überlegenen Amerikanern und Briten kannten, sahen die jetzt eingetretene Kriegsentwicklung voraus. Wir sind nicht gehört worden! Ich weiß nicht, ob der überall bewährte Feldmarschall Model die Lage hier noch meistern kann."

Sein Nachfolger als Oberbefehlshaber West wurde GFM Gerd von Rundstedt. Günther von Kluges Sohn, seines Zeichens Oberstleutnant i.G. und Stabsoffizier in der 7. Armee, wurde unmittelbar darauf als Mitglied des Militärischen Widerstandes verhaftet.

General der Panzertruppe

OTTO VON KNOBELSDORFF

* 31.03.1886 in Berlin
+ 21.10.1966 in Hannover

Ritterkreuz		17.09.1941
Eichenlaub	(322)	12.11.1943
Schwerter	(100)	21.09.1944

Sächsisches Militärverdienstkreuz mit Schwertern
Österreichisches Militärverdienstkreuz 2. Klasse
Sächsisches Kriegskreuz
Panzerkampfabzeichen in Silber
Zweimalige Nennung im Wehrmachtsbericht
Deutsches Kreuz in Gold
Verwundetenabzeichen in Bronze

"Der Eroberer von Welikje Luki"

Otto von Knobelsdorff – Nachfahre des 1798 zum Generalfeldmarschall ernannten Alexander von Knobelsdorff - trat bereits vor Ausbruch des Ersten Weltkrieges in die deutsche Armee ein, kämpfte als Oberleutnant und Regimentsadjutant im Infanterieregiment 94 *"Großherzog von Sachsen"* an der Westfront und wurde 1916 vor Verdun als Hauptmann und Bataillonskommandeur mit dem Eisernen Kreuz 1. Klasse ausgezeichnet. Sein Vater diente während des Krieges u.a. als Oberst und Stabschef der 5. Armee vor Verdun. Seine Mutter war eine geborene von Manteuffel. Somit war Otto von Knobelsdorff mit dem späteren Brillantenträger und General der Panzertruppe Hasso von Manteuffel verwandt.
1918 während eines Sturmangriffes durch Granatsplitter schwer verwundet, konnte der junge Offizier erst nach einem Jahr aus dem Lazarett entlassen werden.
In der Reichswehr diente Major von Knobelsdorff 1929 im Stab des Artillerieführers III, wurde 1932 zum Oberstleutnant befördert und gehörte in Folge dem Stab der 3. Infanteriedivision an. 1935 als Oberst Kommandeur des Infanterieregiments 102, folgte dem Kommando über die Festungsanlagen Oppeln die Berufung zum Stabschef des Militärbereiches Oberschlesien (Höheres Kommando 33). Die zwei ältesten Söhne des im Jänner 1939 zum Generalmajor beförderten Adeligen waren zu dieser Zeit ebenfalls bereits Infanterieoffiziere (und beide sollten ihren langjährigen Fronteinsatz überstehen).

Wie die meisten höheren Offiziere des Heeres wurde auch von Knobelsdorff in den ersten Wochen nach Kriegsbeginn mit den überharten Vorgangsweisen einiger SS- und Polizeieinheiten in Polen und Schlesien konfrontiert. Darüber erschüttert, bewies der Generalmajor stahlharte Zivilcourage und legte sich - ähnlich wie der OB Ost Generaloberst Blaskowitz - mit hohen SS-Kommandostellen an. Als in seinem oberschlesischen Einflussbereich ein SS-Kommando den Befehl bekam, mehrere Dutzend "deutschfeindliche" Zivilisten zu verhaften (und wahrscheinlich zu erschießen), veranlasste von Knobelsdorff die Verhaftung des diensthabenden SS-Offiziers! Selbst als von Knobelsdorffs Vorgesetzte und hohe SS-Stellen die sofortige Freilassung forderten, blieb der altpreußische Adelige stur und ließ den Mann dem Militärrichter vorführen - jedoch natürlich ohne Erfolg.
Im Februar 1940, während der Phase des sogenannten "Sitzkrieges", übernahm der Berliner die 19. Infanteriedivision. Nach erfolgreichem Einsatz im Westfeldzug - u.a. wurden über ein Dutzend Brückenköpfe gebildet – erhielten bereits zwei Offiziere und zwei Unteroffiziere der Division das Ritterkreuz verliehen. Generalmajor von Knobelsdorff selbst machte sich durch herausragenden persönlichen Fronteinsatz einen Namen. So dürfte es für seinen Rang einmalig gewesen sein, als der Generalmajor persönlich einen MG-Stoßtrupp zum Angriff gegen einen französischen Flugplatz führte, als die Aufklärung dort startbereite Bomber meldete!
Nach dem Westfeldzug wurde die Division im Zuge der Vergrößerung der Panzerwaffe in Deutschland umgerüstet und im Frühjahr 1941 als 19. Panzerdivision neu in Dienst gestellt. Trotz der unterschiedlichen Waffengattung blieb Generalleutnant (01.12.40) von Knobelsdorff Kommandeur und führte die Division im Juni 1941 unter dem Oberbefehl der "Panzergruppe Hoth" in den Ostfeldzug.

Die Panzer- und Grenadierregimenter der Division, eines davon vom späteren Schwerterträger Oberstleutnant Källner kommandiert, kämpften sehr erfolgreich im baltisch-russischen Grenzraum, während der Kesselschlachten von Bialystok und Minsk sowie im Gebiet der lettischen Hauptstadt Wilna und dem Düna-Brückenkopf. Bereits einen Monat nach Beginn der Operation "Barbarossa" durchbrach die 19. Panzerdivision die Verteidigungslinien der 29. sowjetischen Armee vor Welikje Luki, von wo aus die deutschen Panzer bald Richtung Moskau rollen sollten! Für die erstklassigen Kampfleistungen seiner Division erhielt Generalleutnant von Knobelsdorff am 17. September 1941 das Ritterkreuz verliehen. Hierzu war bereits nach dem Frankreichfeldzug erstmals ein Vorschlag eingegangen, vom OKW jedoch abgelehnt worden.
Nach weiteren erfolgreichen Schlachten in den Frontabschnitten Cholm und Demjansk nahm die 19. Panzerdivision an der Winteroffensive gegen Moskau teil. Während die Angriffe seiner Verbände (u.a. Ilinskoje, Nara und Protwa) in den von entschlossenen russischen Divisionen verteidigten Stellungen liegenblieben, erkrankte von Knobelsdorff sehr schwer und wurde zur weiteren Behandlung nach Deutschland geflogen. Sein Zustand erwies sich anfangs als äußerst kritisch, erst nach Monaten trat eine Besserung ein.

Im Mai 1942 wieder an die Ostfront zurückgekehrt, übernahm von Knobelsdorff das X. Armeekorps der 16. Armee (Heeresgruppe Nord). Kurz darauf wurde der äußerst fähige Offizier zum Kommandeur eines nach ihm benannten, gemischten Korps ernannt. Das "Korps Knobelsdorff" bewährte sich besonders als "Feuerwehr"-Einheit. So konnten seine Verbände jene russische Offensive abfangen, die nach dem Freikämpfen des Demjansk-Kessels gegen die Linien der 16. Armee losbrach. Nach weiteren Offensiv- und Defensiveinsätzen wurde von Knobelsdorff aufgrund seiner erstklassigen Leistungen als Panzergeneral im Oktober 1942 zum Kommandeur des XXIV. Panzerkorps ernannt, welches im Verband der 4. Panzerarmee zusammen mit der 6. Armee zu einer Großoffensive gegen die Wolgastadt Stalingrad antrat.
Kurz nachdem die 6. Armee hier eingekesselt worden war, übernahm General der Panzertruppe (01.08.42) von Knobelsdorff im Dezember 1942 das XXXXVIII. Panzerkorps und wehrte westlich des Kessels schwere russische Angriffe ab. Trotz großer Anstrengungen und Opfer der 4. Panzerarmee konnte ein Panzervorstoß unter Schwerterträger Generaloberst Hoth nicht bis zum Kesselrand vorangetrieben werden.
Nach der Katastrophe von Stalingrad setzte die Rote Armee mit weit überlegenen Kräften zur Gegenoffensive an. Im Februar 1943 musste sich das II. SS-Panzerkorps (Hausser) nach großen Verlusten aus Charkow zurückziehen. Unmittelbar darauf startete die Heeresgruppe Süd unter dem späteren Schwerterträger GFM von Manstein eine Gegenoffensive, bei der von Knobelsdorff eine tragende Rolle spielen sollte. Zusammen mit Verbänden der Waffen-SS konnten Panzertruppen unter Generaloberst Hoth Charkow im März 1943 erneut einnehmen. Das XXXXVIII. Panzerkorps konnte in diesen schweren Kämpfen unter der bewährten Führung von General von Knobelsdorff große Teile der 3. sowjetischen Panzerarmee abdrängen, überflügeln und vernichten! Trotz dieser Erfolge erhielt der bewährte General noch keine weitere Ritterkreuzstufe.
Von Knobelsdorffs größte Stunde schlug im Juli 1943. Als Stoßkeil der 4. Panzerarmee griff das massiv verstärkte XXXXVIII. Panzerkorps mit der 3. und 11. PD, der 167. ID, der selbständigen "Pantherbrigade Decker" sowie der Elite-Division "*Großdeutschland*" im Zuge der Operation "Zitadelle" die russischen Stellungen im Frontbogen von Bjelgorod an. Im Kampf gegen entschlossene, hartnäckig kämpfende und hervorragend in Stellung gegangene Sowjetdivisionen blieben von Knobelsdorffs Divisionen aber bereits nach wenigen Tagen im massiven Abwehrfeuer liegen. Nachdem sich bereits das verfrühte Ende der Offensive ankündigte, nahm das XXXXVIII. Panzerkorps an der großen Panzerschlacht von Prochorowka teil. Trotz seiner großen Verdienste bei Charkow und Kursk erhielt von Knobelsdorff erst im November 1943, nach weiteren Verdiensten im Südabschnitt der Ostfront, das 322. Eichenlaub zum Ritterkreuz verliehen.
In Folge gab der Eichenlaubträger sein Panzerkorps an General Balck ab, welcher u.a. bei Bjelgorod unter ihm gedient hatte.
Im Februar 1944 kehrte von Knobelsdorff nach längerem Verbleib in der Führerreserve (erneut schwer erkrankt) als Nachfolger von General Schörner und Kommandeur des XXXX. Panzerkorps in den Kampfeinsatz zurück. Im Verband der Heeresgruppe Süd führte der General seine Divisionen abermals mit Bravour und großem taktischen Können. Während der großen sowjetischen Frühjahrsoffensive östlich des Dnjestr verteidigten seine Panzer zusammen mit Infanterieverbänden der 6. Armee Nikolajew gegen starke Panzertruppen der 3. Ukrainischen Front. Während sich die 1. Panzerarmee (Hube) im berühmten Wanderkessel von Kamenez-Podolsk tapfer schlug, musste Nikolajew geräumt werden. Im Sommer 1944 konnte von Knobelsdorff seine geschwächten Verbände hinter den Dnjestr zurücknehmen. Bei Nikopol von einer sowjetischen Gardearmee fast eingekesselt, konnte sich das XXXX. Panzerkorps den Weg nach Westen freikämpfen und sogar einen Teil der schweren Waffen mitzunehmen!
Hierfür wurde General der Panzertruppe Otto von Knobelsdorff am 21.09.44 als 100. Soldat, 41. Offizier im Generalsrang und 51. Heeresangehöriger mit den Schwertern zum Ritterkreuz mit Eichenlaub ausgezeichnet.

Der als unbeugsamer Optimist mit ausgeprägten Willen bekannte General (Wortlaut geheime OKH-Beurteilung) beendete seine Frontkarriere als Oberbefehlshaber der 1. Armee im Westen, die er im September 1944 übernommen hatte. Sein hiesiger Vorgesetzter war der bereits einmal erwähnte General Balck, nun bereits Brillantenträger und Kommandeur der Armeegruppe G.
Bereits in den ersten Wochen nach der Kommandoübernahme konnte von Knobelsdorff erste Abwehrerfolge melden, als seine Truppen umfassende Angriffe der 3. US-Armee (Patton) vor Metz abwehren konnten.
Nachdem er das Vorrücken der amerikanischen Truppen auf die Dauer aber nicht mit der von ihm erwarteten Härte bekämpfen konnte (erneut Wortlaut OKH-Bericht), so gingen Metz und Strassburg im November endgültig verloren, wurde er im Dezember durch den Schwerterträger General von Obstfelder abgelöst und in die Führerreserve versetzt.
Im Frühjahr 1945 wurde General von Knobelsdorff im Auftrag des Oberkommandos des Heeres als Verteidiger von General Walter Fries verpflichtet. Der ebenfalls mit den Schwertern zum Ritterkreuz ausgezeichnete Korpskommandeur musste sich vor einem Reichskriegsgericht verantworten, da er die ihm zugeteilten Stellungen an der Weichsel (Polen) aufgegeben und damit einen direkten Führerbefehl missachtet hatte. Im Laufe des Prozesses konnte von Knobelsdorff den Vorsitzenden General Fretter-Pico - ein für die Schwerter eingereichter Armeegeneral, der nun den Wehrkreis IX kommandierte - überzeugen, dass die dem Angeklagten zur Verfügung gestandenen Kräfte für eine Verteidigung der Stellung viel zu schwach und zu schlecht versorgt gewesen waren. Das Kriegsgericht fällte daraufhin einen Freispruch.
Nach dieser militärjuristischen Verwendung zog sich General von Knobelsdorff aufgrund seiner erneut angeschlagenen Gesundheit auf sein Gut bei Beichlingen zurück, wo er am 6. April 1945 in amerikanische Gefangenschaft geriet.
1947 aus dieser entlassen, war der großartige Truppenführer Ende der Fünfzigerjahre u.a. Landesgruppenleiter der Gemeinschaft der Ritterkreuzträger e.V. in Niedersachsen und verstarb 1966 in Hannover.

Oberst der Reserve

ALFONS KÖNIG

* 29.12.1898 in München
+ 08.07.1944 bei Bobruisk/Ostfront

Ritterkreuz		21.12.1940
Eichenlaub	(194)	21.02.1943
Schwerter	(070)	09.06.1944

Infanteriesturmabzeichen in Silber
Sonderabzeichen für Panzervernichtung durch Einzelkämpfer (?)
Verwundetenabzeichen in Bronze

"Kurz nach der Verleihung im Kampf vermisst"

König diente bereits von 1916 bis 1918 als Infanterist in der deutschen Armee. Während des Ersten Weltkrieges konnte er sich für Tapferkeit im Bayrischen Gebirgs-Infanteriebataillon beide Klassen des Eisernen Kreuzes, seltsamerweise aber keine einzige Beförderung verdienen. Nach dem Krieg diente König im Jägerregiment 19 und wurde erst 1923 zum Obergefreiten befördert! Im November 1928 wurde der Feldwebel nach zwölf Dienstjahren abgemustert, im Zivilberuf wurde König Steuerassistent. Nachdem er in seinem alten Jägerregiment die Auswahlprüfung bestanden hatte, wurde er 1937 zum Leutnant d.R. befördert und ins Reserve-Offizierskorps aufgenommen.
Bei Kriegsausbruch als Oberleutnant der Reserve einberufen, wurde Alfons König Kommandant der 6. Kompanie des Grenadierregiments 199 der 57. Infanteriedivision.
Die 57. ID erlebte als Reserve der Heeresgruppe Süd noch die letzten Tage des Polenfeldzuges, ehe sie im Oktober 1939 an den Westwall verlegt wurde. Während des Frankreichfeldzuges kämpften ihre Regimenter im Verband der 4. Armee (von Kluge) im Gebiet der Ardennen, in Südbelgien, an der Somme und bei St. Quentin. Bereits in den ersten Einsatzwochen erhielt König beide Spangen zum Eisernen Kreuz 1914. Den erfolgreichen Panzerspitzen folgend, erreichte die Division im Verband des II. Armeekorps Abbeville.
Durch seine Leistungen in den Stellungskämpfen an der Somme fiel König erstmals auf Divisionsebene auf, später zeichnete er sich auch während des Vormarsches bis Le Havre aus. Als eine britische Panzerbrigade die Stellungen der 57. ID bei Abbeville angriff, um eine Entsatzoffensive für den Dünkirchen-Kessel zu starten, brachten die Grenadiere den Gegner mit Hilfe der Artillerie zum Stehen - da sich die 6. Kompanie hierbei besonders bewährt hatte, erhielt Oberleutnant d.R. König im Dezember 1940 als einer der ersten Reserveoffiziere das Ritterkreuz verliehen!

Bis Mai 1941 fungierte die Division als Küstenschutzeinheit im Großraum Normandie. Im Juni traf der Verband dann in Polen ein, kurze Zeit später verlegte die 57. Infanteriedivision zur Heeresgruppe Süd.
Am 1. Jänner 1941 wurde König zum Hauptmann d.R. befördert und mit der Übernahme des III. Bataillons im Grenadierregiment 217 beauftragt.
In den ersten Monaten des Russlandfeldzuges kämpfte Hauptmann König an der Spitze seines Bataillons erfolgreich am Bug, bei Lubar, Bereditschew und Tetylow. Während der Kesselschlacht bei Uman konnten zusammen mit anderen Divisionen mehrere sowjetische Großverbände zerschlagen werden. Im Oktober 1941 gehörte die 57. ID zur Angriffsspitze der 6. Armee gegen Charkow. Während sich mehrere Armeekorps bei Temperaturen von minus 30 Grad immer weiter an Moskau herankämpften, lag das "Bataillon König" in verlustreichen Kämpfen im Frontbogen von Bjelgorod, von wo aus später eine Offensive gegen Woronesch gestartet werden konnte.
Den ganzen Winter und Teile des Frühjahrs 1943 erlebte Hauptmann König die schweren Kämpfe im Don-Brückenkopf von Woronesch, der schließlich aufgegeben werden musste.
Während den unübersichtlichen Rückzugsgefechten mit einer Kampfgruppe von der restlichen Division abgeschnitten, konnte König die provisorischen Stellungen drei Wochen gegen wilde sowjetische Angriffe

verteidigen! Am 23. Tag brach die "Kampfgruppe König" durch den Umklammerungsring und erreichte wieder die HKL der restlichen Division, die bereits vergebens versucht hatte, die Eingeschlossenen zu befreien.
Hierfür erhielt Hauptmann d.R. Alfons König als 84. Heeresangehöriger das Eichenlaub und wurde mit 1. März zum Major d.R. befördert. Diese erneut hohe Auszeichnung machte den Reserveoffizier zu einem der erfolgreichsten Bataillonskommandeure der Ostfront!
Nach der Katastrophe von Stalingrad und der Aufgabe des Kaukasus zog sich die gesamte Heeresgruppe Süd (von Manstein) im Frühling 1943 nach Westen zurück, wobei die 57. ID in den Rückzugskämpfen erneut hohe Verluste erlitt.
Nach Stellungskämpfen am Oskol und bei Skupoi wurde die Division im Juli in die riesige Materialschlacht um Bjelgorod-Kursk geworfen, wo sie im Verband des LII. Armeekorps der 4. Panzerarmee (Hoth) eingesetzt wurde. Nach Abbruch der Offensive zog sich das Korps zurück, wobei Major d.R. König im Herbst durch Splitter einer russischen Artilleriegranate schwer verwundet wurde.
Nach seiner Genesung wurde er am 21.01.44 mit der Führung des Grenadierregiments 199 "*List*" der Division beauftragt, wenige Tage darauf folgte die verdiente Beförderung zum Oberstleutnant der Reserve.
Das Regiment war zuvor von Major Josef Heindl geführt worden, welcher im September 1943 gefallen war und später postum das 328. Eichenlaub erhielt.
Obwohl die gesamte Division im Winter 1943/44 schwere Verluste erlitten hatte, konnte sie aufgrund der kritischen Kriegslage nicht aus der Front gezogen werden.
Im Jänner 1944 geriet die 57. Infanteriedivision im Verband des XI. Armeekorps südlich von Charkow in eine sowjetische Stoßoffensive und wurde zusammen mit Divisionen des Heeres und der Waffen-SS um Tscherkassy eingekesselt. In schweren, dreiwöchigen Abwehrkämpfen konnten die Verteidiger des Kessels alle sowjetischen Attacken zurückschlagen und schließlich aus dem Kessel ausbrechen! Während der Rückzugskämpfe nach Westen führte Oberstleutnant König mit seinem Regiment immer wieder riskante Gegenangriffe durch, um den eigenen Marschkolonnen Luft zu verschaffen. Für seine beachtlichen Verdienste in diesen kritischen Tagen wurde er im Mai 1944 für die Schwerter eingereicht und am 9. Juni zusammen mit der Beförderung zum Oberst der Reserve ausgezeichnet. Zur selben Zeit erhielten der Kommandeur seines I. Bataillons, Hauptmann d.R. Zimmermann sowie ein Zugführer der 2. Kompanie das Ritterkreuz zum Eisernen Kreuz.

Die ausgeblutete 57. ID wurde nach der Tscherkassy-Schlacht endlich aus der Front gezogen und aufgefrischt, doch bereits im Mai war die Rückverlegung in den Mittelabschnitt notwendig.
Am 22. Juni 1944 begann entlang der gesamten Front der Heeresgruppe Mitte (Busch) überraschend die sowjetische Sommeroffensive - 200(!) russische Divisionen mit 7.000 Flugzeugen und 6.000 Panzern traten zum Angriff an!
Die im Abschnitt der 9. Armee (Jordan) liegende 57. Infanteriedivision wurde frontal getroffen und erlitt furchtbare Verluste. Während sich die zusammenhängende Front quasi auflöste und reihenweise Divisionen vernichtet wurden, gerieten die Reste der 57. ID zusammen mit anderen Verbänden in den Kessel von Bobruisk. Die abgeschnittenen Kampfgruppen leisteten noch einige Tage lang verzweifelten Widerstand, ehe dieser von den überlegenen Angreifern gebrochen wurde. Das GR 199 wurde ebenso wie alle verbliebenen Einheiten im Kessel - etwa 80.000 Mann - vernichtet, am 30. August 1944 wurde Oberst König als "im Kampf vermisst" gemeldet. Angehörige seines Regiments, die sich als Einzelkämpfer hatten durchschlagen können, berichteten später über seine Gefangennahme durch russische Truppen. Später ergaben Nachforschungen, dass der Ende Juni bereits verwundete König wahrscheinlich am 8. Juli während den blutigen Abwehrgefechten gefallen ist.

Fregattenkapitän

OTTO KRETSCHMER

* 01.05.1912 in Heidau/Schlesien
+ 05.08.1998 in Straubing

Ritterkreuz		04.08.1940
Eichenlaub	(006)	04.11.1940
Schwerter	(005)	26.12.1941

U-Boot-Frontspange 1939
U-Boot-Kriegsabzeichen in Gold mit Brillanten
Fünfmalige Nennung im Wehrmachtsbericht

"Der gefährlichste Seemann seit Sir Francis Drake"

Im Jahre 1930 in die Kriegsmarine eingetreten, absolvierte Seekadett Kretschmer die Marineschule, mehrere Bordkommandos sowie die Torpedoschule, ehe er zum Leutnant zur See befördert wurde. 1936 war er II.WO auf *U-35* unter dem späteren Ritterkreuzträger und BdU West Hans-Rudolf Rösing.
Nach seiner Beförderung zum Oberleutnant zur See übernahm Kretschmer 1937 als Nachfolger von Korvettenkapitän Godt - späterer Konteradmiral und Chef der Operationsabteilung des BdU(!) - *U-23*, mit dem er unmittelbar nach Kriegsbeginn in die Ostsee auslief. Seine beiden damaligen Wachoffiziere sollten später ebenfalls Karriere machen - I.WO Hans-Dietrich von Thiesenhausen erhielt 1942 als Kapitän von *U-331* das Ritterkreuz und versenkte u.a. das britische 31.000-BRT-Schlachtschiff *Barham*. II.WO war Adalbert Schnee, der später als Kommandant von *U-201* das 105. Eichenlaub erhalten und zuletzt *U-2511* (Typ XXI) kommandieren sollte. Beide überlebten den Krieg.
Am 4. Oktober 1939 konnte Otto Kretschmer mit dem kleinen Frachter *Glen Farg* (870 BRT) seinen ersten Erfolg verbuchen, bis Ende des Jahres folgten noch zwei weitere Schiffe mit 5.400 BRT. Im Februar konnte Kretschmer weiters den britischen Zerstörer *Daring* (1.400 BRT) torpedieren. Mit der Übernahme des atlantikfähigen U-Bootes *U-99* (VIIB) begann Kretschmers steile Karriere, zu dieser Zeit trug er bereits beide Klassen des Eisernen Kreuzes.
Ab April 1940 lief Oberleutnant z.S. Kretschmer zusammen mit seiner erstklassigen Besatzung wiederholt auf Feindfahrt in den Nord- und Mittelatlantik aus. Und er war gleich im ganz großen Stil erfolgreich - nicht weniger als 11 alliierte Handelsschiffe und Tanker sanken alleine während der ersten Feindfahrt! Kretschmer war als echter "Scharfschütze" bekannt - seine Torpedos trafen aus jeder Abschusslage stets genau mittschiffs.
Ende Juli gelangen u.a. vier Erfolge gegen einen Konvoi im englischen Nordkanal, darunter die große *Aukland Star* mit 13.000 BRT! Nach einem solchen Erfolg hatte die Besatzung einmal eine 12stündige Wasserbombenverfolgung mit über 120 Detonationen zu überstehen!
Im August 1940 nahm Kretschmer an der Geleitzugsschlacht gegen HX-72 teil, wobei er die *Strinda* (11.000 BRT), *Licerna* (6.500 BRT) und *Alexia* (8.000 BRT) versenken konnte. In diesem erfolgreichen Monat erhielt Otto Kretschmer als erst 6. U-Boot-Offizier das Ritterkreuz verliehen*[48]*. Bis Mai 1945 sollten insgesamt 145 Angehörige der U-Bootwaffe diese begehrte Tapferkeitsauszeichnung erhalten - 37 davon blieben auf See.
Aufgrund seiner hervorragenden Friedensausbildung, seinen als Drahtseilen gerühmten Nerven und seiner auf die Mannschaft übergehenden Ruhe gelang es Kretschmer immer wieder, sich an stark bewachte Geleitzüge heranzuschleichen, die Torpedos zielsicher abzufeuern und sich schnellstens aus dem Staub zu machen. Sein lakonischer Kommandostil brachte ihm bei seinen Männern hierbei den respektvollen Spitznamen "der ruhige Otto" ein.
Im Herbst 1940 griff *U-99* wiederholt Geleitzüge an und versenkte so die *Empire Miniver* (6.055 BRT), *Fiscus* (4.800 BRT) und *Clintonia* (3.100 BRT).
Während der berühmten Geleitzugsschlacht gegen SC-7, die unter dem Namen "die Nacht der langen Messer" in die Seekriegsgeschichte einging, versenkte *U-99* in beispiellosen Angriffen in einer Nacht sechs britische Handelsschiffe, darunter die großen Hilfskreuzer *Laurentic* (18.800 BRT) und *Patroclus* (11.300 BRT)!
Am 4. November 1940 erhielt Kretschmer für die Versenkung von 200.000 Bruttoregistertonnen als 6. Offizier und 2. U-Boot-Kommandant das Eichenlaub zum Ritterkreuz. Einen Tag später stimmte der BdU einem Antrag Kretschmers zur

Ritterkreuzverleihung an Stabsobersteuermann Heinrich Petersen zu, der während der letzten Feindfahrt als III.WO einen feindlichen Kriegsschiffverband entdeckt und rechtzeitig Alarm geschlagen hatte. Petersen blieb bis Kriegsende einer von nur neun Unteroffizieren der U-Bootwaffe, die derart hoch ausgezeichnet wurden. Kretschmers damaliger I.WO, Oberleutnant z.S. Klaus Bargsten, sollte diese Auszeichnung 1943 als Kommandant von *U-521* erhalten.
Im Dezember gelang die Torpedierung des 16.400-BRT-Frachters *Forfar.* In wenigen Feindfahrten war der zum Kapitänleutnant beförderte Kretschmer zum erfolgreichsten deutschen U-Boot-Kommandanten geworden und war bereits viermal im Wehrmachtsbericht genannt worden. Er führte sein Boot in allen Aktionen äußerst überlegt und zeigte hervorragende taktische und seemännische Kenntnisse. Mit sicherem Auge verstand er es weiters, immer die "fettesten" Brocken als Ziel auszuwählen.
Am 07.03.41 konnte Kretschmer das riesige, im Geleitzug OB-293 fahrende, umgebaute Walfangmutterschiff *Terje Viken* (20.600 BRT!!) torpedieren.
Ab 16.03. attackierte er zusammen mit anderen U-Booten unter Anwendung der Rudeltaktik den alliierten Großkonvoi HX-112 (41 Handelsschiffe und etwa 9 Sicherungsfahrzeuge). In den ersten Anläufen konnte *U-99* durch hochpräzise und eingespielte Angriffe drei Tanker und zwei Dampfer versenken! Doch beim letzten Angriff wurde das aufgetaucht fahrende Boot durch die mit Asdic-Radarortung ausgerüsteten britischen Zerstörer *Vanoc* und *Walker* entdeckt und unter Beschuss genommen. Die beiden Schiffe gehörten bei Kriegsende zur erfolgreichsten U-Jagdgruppe der Royal Navy.
Durch das brandneue Ortungssystem überrascht, war Kapitänleutnant Kretschmer nicht mehr in der Lage, dem spät erkannten Angriff auszuweichen, *U-99* wurde in voller Fahrt von einem Zerstörer gerammt und schwerst beschädigt! Kretschmer gab seiner Mannschaft den Befehl, das Boot aufzugeben und von Bord zu gehen. Währenddessen bereitete er mit seinem L.I. die Selbstversenkung von *U-99* vor. Dieser Schritt war notwendig, um die wertvollen Geheimunterlagen (Karten, Logbücher, Codebücher u.ä.) nicht in Feindeshand fallen zu lassen.
Zusammen mit dem Großteil seiner Besatzung, darunter auch ein neu an Bord gekommener Kommandanten-Schüler im Range eines Kapitänleutnants, wurde Otto Kretschmer von den Engländern gerettet und in ein Kriegsgefangenenlager nach England, später Kanada, gebracht. Der letzte beim BdU eingegangene, noch hastig abgesetzte Funkspruch lautete: "Zwei Zerstörer - Wasserbomben - 53.000 BRT - Gefangen - gez. Kretschmer"

Obwohl so bereits 1941 "aus dem Verkehr" gezogen, blieben die von Kretschmer versenkten 44 Schiffe mit 277.000 BRT und ein Zerstörer (auf 16 Feindfahrten) bis Kriegsende ungeschlagen! Kretschmers letztes Opfer war der 7.400-BRT-Frachter *J.B. White* gewesen.
Im selben Monat wie *U-99* gingen auch die erfolgreichen Boote *U-47* unter Günther Prien*[10]* und *U-100* unter Joachim Schebke*[11]* im Kampf gegen Geleitzüge verloren! Beide waren mit dem Eichenlaub ausgezeichnet worden und hatten zusammen mit Kretschmer die Elite der deutschen U-Boot-Waffe gebildet. Das Entsetzen der Marineleitung, innerhalb weniger Tage alle drei Top-Kommandanten verloren zu haben, war natürlich unbeschreiblich.
Während Kretschmer bereits in Kanada inhaftiert war, erhielt er nachträglich die Schwerter zum Ritterkreuz mit Eichenlaub verliehen. Die hohe Auszeichnung wurde ihm wenig später durch einen Vertreter des Schweizer Roten Kreuzes ins Gefangenenlager überbracht!
Während seiner Gefangenschaft ließ Otto Kretschmer dem BdU durch verschlüsselte Stellen in seinen privaten Briefen nach Hause Erkenntnisse und wichtige Meldungen von gerade eingetroffenen Mitgefangenen zukommen (z.B. neuen Taktiken des Gegners, Verlustgründe).
In Kriegsgefangenschaft wurde das U-Boot-As zum Korvetten- und später auch noch zum Fregattenkapitän befördert! Ende 1947 konnte der "ruhige Otto" schließlich nach Deutschland zurückkehren.

Später trat er wieder in die Bundesmarine ein und wurde 1958 Admiralstabsoffizier beim Flottenkommando. Zwischen 1959 und 1962 dann Kommandeur der Amphibischen Streitkräfte, wechselte Flottillenadmiral Kretschmer später in den Kommandostab der NATO! Neuer Kommandeur der Amphibischen Streitkräfte wurde Erich Topp, der während des Krieges ebenfalls die Schwerter erhalten hatte. Ferner war Kretschmer auch einige Zeit Präsident des Deutschen Marinebundes. Im September 1970 schied er nach einer farbigen und erfolgreichen Karriere aus dem Dienst aus.
In Folge war Kretschmer lange Zeit Abteilungsleiter im Amt für Wehrkunde sowie wertvoller Berater für die deutsche Werftindustrie. Er verstarb im Sommer 1998 in Bayern, wobei er testamentarisch militärische Ehrungen durch die Bundeswehr verbot, sondern die Einäscherung und anschließende Seebestattung in der Nordsee vorzog.

Oberst

WOLFGANG KRETZSCHMAR

* 02.07.1907 in Allenstein/Ostpreußen
\+ 27.12.1944 bei Frauenburg/Ostfront

Ritterkreuz		15.05.1943
Eichenlaub	(600)	30.09.1944
Schwerter	(121)	12.01.1945 postum

Infanteriesturmabzeichen in Silber
Nahkampfspange in Silber
Ärmelband "Kurland" (postum?)
Anerkennungsurkunde des Oberkommandos des Heeres
Verwundetenabzeichen in Silber

"Ein Mann für Sonderaufgaben"

Der gebürtige Ostpreuße trat bereits 1926 als Einjährig-Freiwilliger ins Infanterieregiment 3 ein und wurde nach zweimaliger Verlängerung seiner Dienstzeit zum Fahnenjunker befördert. Einer seiner Vorgesetzten in diesem Regiment war der damalige Major und spätere Brillantenträger Hans Hube.
1931 bereits zum Leutnant avanciert, diente Kretzschmar im Stab des Infanterieregiments 45 und ab 1936 als Ausbildungsoffizier an der Infanterieschule Döberitz, wo er erneut unter Hube diente. Ein Jahr vor Kriegsausbruch absolvierte Kretzschmar mit Erfolg die Stabsoffiziersausbildung an der Kriegsakademie.
Als im September 1939 der Polenfeldzug begann, war Kretzschmar bereits Hauptmann im Stab des X. Armeekorps. Obwohl als Ordonnanzoffizier eingesetzt, erhielt er für seine Verdienste in Polen schon im Oktober 1939 das Eiserne Kreuz 2. Klasse.
Am 18. Februar 1940 wurde Kretzschmar mit der Übernahme eines Bataillons im Infanterieregiment 506 der 291. Infanteriedivision beauftragt. Als am 10. Mai der Westfeldzug begann, blieb das Bataillon in Reserve - erst eine Woche darauf in Kampfhandlungen verstrickt, wurde Hauptmann Kretzschmar bereits am 11. Juni erstmals verwundet. Für seine Verdienste in der Bataillonsführung erhielt er jedoch bereits das Eiserne Kreuz 1. Klasse verliehen.
Nach seiner Genesung erneut an die Spitze seines alten Bataillons befohlen, wurde Kretzschmar im Jänner 1941 als Lehrgangsleiter und Taktikausbilder an eine Infanterieschule in Deutschland versetzt. Hier wurde er im Jänner 1942 zum Major befördert.
Erst im Sommer desselben Jahres, der Ostfeldzug ging bereits in sein zweites Jahr, erwirkte Major Kretzschmar seine Versetzung zur Kampftruppe. Am 16. Juni 1942 übernahm er das Kommando über eine recht ausgefallene Einheit. Das Grenadierbataillon z.b.V. 540 (zur besonderen Verwendung), war eine selbständige Einheit - d.h. sie war keiner Division oder Brigade direkt unterstellt - und war aus einer sogenannten Heeres-Bewährungseinheit der Heeresgruppe Nord entstanden.
Unter einer Bewährungseinheit verstand man so eine Art Sammelstelle für jene Mannschaften, die wegen diverser Delikte oder Verstöße zur Frontbewährung verurteilt worden waren. Solche Einheiten wurden oft für sgn. Himmelfahrtskommandos herangezogen oder in besonders gefährlichen Frontabschnitten eingesetzt. Aufgrund ihrer personellen Besetzung galten solche Einheiten als "schwierig zu führen".
Wie bereits 1940 sollte Kretzschmars Fronteinsatz jedoch erneut nicht von langer Dauer sein - bereits im August 1942 wurde der Major während eines Stoßtruppunternehmens schwer verwundet und in ein Heimatlazarett gebracht.
Schon im Winter kehrte Kretzschmar wieder an die Spitze seines Bataillons zurück und stand mit seinen Männern die Ladoga-Abwehrschlachten sowie einige Sondereinsätze durch. Das Grenadierbataillon z.b.V. 540 stürmte erfolgreich vom Feind besetzte Grabenstellungen, wurde auf Bunkerkomplexe und Nachschubstützpunkte angesetzt sowie als Eingreif- und "Feuerwehr"-Einheit herangezogen. Im Frühjahr 1943 bezog das Bataillon im Bereich der 21. Infanteriedivision Stellung.

Während der schweren Gefechte immer in vorderster Linie zu finden, wurde Kretzschmar am 15. Mai 1943 mit dem Ritterkreuz zum Eisernen Kreuz beliehen. Nur wenige Monate zuvor war der Chef seiner 3. Kompanie, Oberleutnant Wolff, ebenfalls mit dem begehrten Orden beliehen worden.

Charakterlich besonders hervorstechend war Kretzschmars "ausgeprägtes Selbstbewusstsein, das es ihm ermöglicht, auch in den schwierigsten Lagen eine klaren Kopf zu bewahren" (Wortlaut einer Beurteilung). Am 31. Juli wurde der Major erneut verwundet, was im Verwundetenabzeichen in Silber Ausdruck fand.
Im Dezember 1943 übernahm der bewährte Frontveteran ein neues, erneut ungewöhnliches Kommando. Als Kommandeur des Luftwaffen-Feldregiments 24 führte Kretzschmar einen jener Verbände, die aus überschüssigem Luftwaffenpersonal aufgestellt worden waren. Im Laufe des Krieges dienten über 250.000 Mann, meist kommandiert von Heeresoffizieren, in Luftwaffen-Feldverbänden. Die 12. Luftwaffen-Felddivision, zu der das Regiment gehörte, war im Herbst 1942 aufgestellt worden und hatte seitdem im Verband der Heeresgruppe Mitte gekämpft. Nachdem Oberstleutnant (01.02.44) Kretzschmar das Regiment übernommen hatte, führte er es in den schweren Abwehrkämpfen am Wolchow, östlich des Peipussees und im estisch-lettischen Grenzgebiet. Im Verband des XXVIII. Armeekorps kämpfte die Division ferner bei Dubovik, Lipowik und Pleskar sowie an der Luga und nahe der lettischen Hauptstadt Riga. Bei Ergli hielt Kretzschmars tapferes Regiment ein Dutzend schwerer Panzerangriffe des Gegners auf, ehe man die von Artilleriegranaten umgepflügten Stellungen aufgeben musste. Im Zuge des wiederholten Einsatzes im Infanterie- und Antipanzerkampf erhielt Kretzschmar im Juni 1944 die Nahkampfspange in Bronze, später auch (wahrscheinlich) noch jene in Silber.
Nach wiederholter Bewährung als Frontoffizier folgte am 30. September 1944 das 600. Eichenlaub zum Ritterkreuz, am 1. August war Kretzschmar zum Oberst befördert worden.
Der Kommandeur der 12. Luftwaffen-Felddivision, Generalmajor Gottfried Weber - 1957 in der Bundeswehr Inspizient der Infanterie - hatte diese hohe Auszeichnung drei Monate zuvor erhalten. Dies unterstreicht die Leistungen der Division.
Im Winter 1944 nahm Kretzschmar an der Spitze seines Regiments an den verzweifelten Abwehrschlachten der abgeschnittenen Heeresgruppe Kurland unter Generaloberst Schörner teil. Zusammen mit Divisionen des Heeres und der Waffen-SS stand die Division die ersten beiden Kurlandschlachten durch.
Als während den andauernden Kämpfen der Divisionskommandeur verwundet wurde, übernahm Oberst Kretzschmar die Führung. Doch bereits wenig später, am 27. Dezember, fand der tapfere Offizier während der 3. Kurlandschlacht den Tod.

Für die eindrucksvollen Leistungen in der Führung seiner Männer im Kurlandkessel erhielt Wolfgang Kretzschmar zwei Wochen später auf Antrag von Generaloberst Schörner postum die 121. Schwerter zum Ritterkreuz mit Eichenlaub verliehen.
Zwei Monate darauf fiel auch Kretzschmars Nachfolger als Führer des Luftwaffen-Feldregiments 24, Ritterkreuzträger Oberstleutnant Kreuzer. Die 12. LWFD wurde später über See aus Kurland evakuiert und nach Westpreußen verlegt, wo sie erneut in einen Kessel geriet und dort im Mai 1945 kapitulierte.

Anmerkung des Autors:

In "Die Eichenlaubträger 1940-1945" (2. Auflage) von Franz Thomas und Erwin Lehnfeld wird Oberst Kretzschmar als Träger der Nahkampfspange in Gold bezeichnet. In Manfred Dörrs Buch "Träger der Nahkampfspange in Gold" (3. Auflage) wird dies aber nicht bestätigt. In der 3. Auflage der "Eichenlaubträger 1940-1945" wurde dieser Irrtum dann auch ausgebessert. Die ausgewiesene Nahkampfspange in Silber ist angenommen, kann aber durch die nur noch teilweise vorhandene Dienstakte nicht ausdrücklich bestätigt werden.

General der Gebirgstruppe

HANS KREYSING

* 17.08.1890 in Göttingen/Hannover
+ 14.04.1969 in Oldenburg

Ritterkreuz		29.05.1940
Eichenlaub	(183)	20.01.1943
Schwerter	(063)	13.04.1944

Hohenzollernorden mit Schwertern
Österreichisches Militärverdienstkreuz 3. Klasse
Bayrisches Militärverdienstkreuz 4. Klasse
Hamburgisches Hanse-Soldatenkreuz
Infanteriesturmabzeichen
Nennung im Wehrmachtsbericht
Finnisches Freiheitskreuz 2. Klasse
Verwundetenabzeichen in Bronze

"Mit Dietl an der Finnlandfront"

Der spätere Gebirgsjägergeneral wurde als Sohn eines Infanterieoffiziers geboren und trug bereits mit 17 Jahren selbst den Waffenrock seiner Majestät. Bei Kriegsbeginn als Leutnant zusammen mit den späteren Wehrmachtsgrößen Guderian und Balck im Jägerbataillon 10 eingesetzt, kämpfte Kreysing 1914 in Belgien und Frankreich, ehe sein Bataillon 1915/16 an der Balkanfront zum Einsatz kam.
Bereits mit dem Eisernen Kreuz 1. Klasse dekoriert und zum Oberleutnant befördert, führte er eine MG-Kompanie, ehe er im Sommer 1916 nahe der französischen Festung Dounaumont verwundet wurde. Von einer späteren Verwundung sollte der junge Offizier ein verkürztes Bein behalten.
Nach weiterer Bewährung im Westen zum Hauptmann befördert und zeitweise im Stab des Feldheeres eingesetzt, erlebte der hochdekorierte Hans Kreysing die Kapitulation als Stabsoffizier in der 51. Reservedivision an der serbischen Front.
In den Grenzschutz übernommen, führte Kreysing 1919/20 eine Jägerkompanie gegen Aufständische in Schlesien und im Rheinland.
In der Reichswehr unter anderem als Stabsoffizier und Infanterieausbilder eingesetzt, stieg er 1931 zum Major und fünf Jahre später zum Oberstleutnant auf. Zu dieser Zeit Bataillonskommandeur im Infanterieregiment 16 der 22. Infanteriedivision, erhielt Kreysing bereits Jahre vor Kriegsbeginn die Aufgabe, seine Männer auf den Einsatz als Luftlandetruppe vorzubereiten. Hierzu dem X. Fliegerkorps unterstellt, fiel der Weltkriegsveteran immer wieder als hervorragender Ausbilder und Organisator auf. Am 1. September 1939 übernahm Oberst Kreysing die Regimentsführung.

Während des Polenfeldzuges für seine Verdienste mit den Spangen zum Eiseren Kreuz 1914 beliehen, wurde es im Frühjahr 1940 für die Luftlandeverbände der 22. Infanteriedivision ernst.
Als Eilverstärkung für zuvor gelandete Fallschirmjägertruppen mittels Transportmaschinen eingeflogen, führte Oberst Kreysing seine Männer äußerst erfolgreich in den Brückenköpfen Dortrecht und Walhaaven. Die eroberten Brücken konnten bis zum Eintreffen der eigenen Panzerspitzen gegen holländische Gegenangriffe gehalten werden, später nahm das Infanterieregiment 16 an der Schlacht um Rotterdam teil.
Für die großen Kampferfolge erhielten Kreysing und vier seiner Männer bereits im Mai 1940 das Ritterkreuz zum Eisernen Kreuz verliehen!
Kreysing wurde am 1. Juli zum Generalmajor befördert und im Oktober als Nachfolger von Generalleutnant Dietl bzw. Generalmajor Ringel, später beide Träger des Eichenlaubs, zum Kommandeur der 3. Gebirgsjägerdivision ernannt - seit Narvik auch als "*Edelweiß-Division*" bekannt. Zuvor war der Ritterkreuzträger als neuer Kommandeur der 4. GJD vorgesehen gewesen.
Ab Juni 1941 kämpfte die Division unter dem Oberbefehl des Gebirgskorps Norwegen (Dietl) an der finnisch-russischen Grenze. Bereits wenige Wochen nach Kriegsbeginn hatten sich die deutschen Angriffskeile tief in

russisches Gebiet vorgekämpft und bedrohten die wichtige Hafenstadt Murmansk. Doch neben wilden Gegenangriffen der Roten Armee und zuerst verschlammten und dann bereits verschneiten Vormarschwegen hatten Kreysings Gebirgsjäger u.a. auch mit ernsten logistischen Problemen zu kämpfen. So scheiterte einmal ein Großangriff mehrerer Regimenter daran, dass eine für den Vormarsch wichtige Straße in den deutschen Lagekarten dieser Gegend falsch eingezeichnet war! Die Russen hingegen kannten die Gegend wie ihre Westentasche, ihre speziellen Schibrigaden konnten weiters in jedem noch so unzugänglichen Gelände problemlos operieren. Nach schweren Schlachten am Tschaprsee und bei Motowski musste Dietl seine Truppen im Spätherbst 1941 wieder zurückziehen. Es folgten langwierige Stellungskämpfe unweit der finnischen Grenze.
Im Sommer 1942 verlegte Generalmajor Kreysing seine Regimenter in den hartumkämpften Frontabschnitt Leningrad. Zusammen mit Einheiten des Heeres, der Waffen-SS und finnischen Verbündeten kämpfte die 3. GJD im November bei Schlüsselburg und Welikje Luki. Im September 1942 zerschlug die Division zusammen mit Teilen des XXVI. Armeekorps am Ladogasee mehrere russische Schützendivisionen völlig, vier Monate zuvor war Kreysing zum Generalleutnant aufgestiegen. Für die gemeinsamen Kampferfolge erhielt er weiters das finnische Freiheitskreuz verliehen.
Nach harten Abwehrschlachten verlegte die ausgezeichnete Division im Winter erneut, diesmal in den bedrängten Mius-Abschnitt im Bereich der Heeresgruppe Süd. Hier in unübersichtliche Abwehrschlachten verwickelt, konnte sich die aus verschiedenen Truppenteilen zusammengesetzte "Gruppe Kreysing" im Jänner 1943 bei Millerowo geschickt aus der Umklammerung eines starken sowjetischen Schützenkorps lösen und Absetzbewegungen durchführen. Es folgten erfolgreiche Abwehrschlachten bei Kiubyschewo, Porkowo-Kirejekwa und Nowo-Laspa.
Hierfür erhielt Hans Kreysing am 20. Jänner 1943 nach den Generälen Dietl und Lanz sowie Hauptmann von Hirschfeld als vierter Gebirgsjäger des Heeres das Eichenlaub zum Ritterkreuz verliehen. Nach weiteren erfolgreichen Monaten an der Spitze der "*Edelweiß*"-Division übernahm Kreysing am 1. November 1943 den Befehl über das XVII. Armeekorps und wurde bereits zum General der Gebirgstruppe befördert.
In Folge führte Kreysing seine Divisionen unter dem Oberbefehl der Heeresgruppe Süd während der erbitterten Abwehrschlachten zwischen Donez und Dnjepr. Hervorgehoben seien hier die Kämpfe bei Kirowo-Rog, Uman, Saporoshje sowie die harten Gefechte im Brückenkopf Nikopol.
In den nächsten Monaten standen Kreysings Truppen an der Seite des XXXX. Panzerkorps (von Knobelsdorff) schwerste Abwehrschlachten durch, in deren Verlauf die Rote Armee über 1.700 Panzer und 500 Geschütze verlor! Am 18. Februar 1944 wurden die von General Kreysing geführten Verbände hierfür im Wehrmachtsbericht erwähnt. Im April wurde der General für hervorragende Truppenführung schließlich als 63. Soldat der Wehrmacht mit den Schwertern zum Ritterkreuz mit Eichenlaub ausgezeichnet.
In Folge kam das Korps in Besserabien, den Karpaten und dem ungarischen Grenzraum zum Einsatz. Auch in diesen Monaten bewährte sich General Kreysing immer wieder als glänzender Taktiker, so schrieb Brillantenträger Generaloberst Schörner - damals Oberbefehlshaber der HGR Südukraine - in einem Beurteilungsbericht: "...General Kreysing hat sich in den schweren Winterkämpfen durch überlegte Führung und Standhaftigkeit ausgezeichnet. Persönlich unerschrocken, verlangt er viel von sich und seinen Untergebenen. Erweist sich immer wieder als krisenfest und besonders einsatzfreudig."

Am 28. Dezember 1944 wurde Kreysing neuer Oberbefehlshaber der 8. Armee, die er bis Kriegsende kommandieren sollte.
Im Winter trat die Rote Armee mit 6 Millionen Mann, 115.000 Geschützen, 15.000 Panzern und 160.000 Kraftfahrzeugen zur kombinierten Großoffensive gegen die deutsche Front in Ungarn an! Budapest wurde noch im Dezember eingekesselt, Kreysings 8. Armee rasch über die Donau gedrängt. Wenige Wochen darauf scheiterten deutsche Versuche den Budapest-Kessel zu entsetzten, die 8. Armee wurde indes von den sowjetischen Stoßarmeen einfach vor sich her geschoben.
Während sich die südlich stehende 6. SS-Panzerarmee (Dietrich) mit Hilfe der "Armeegruppe Balck" aus dem Plattensee-Kessel herauskämpfte, musste sich die 8. Armee aus Preßburg absetzen, es folgen Endgefechte um Wien.
Von der 2. Ukrainischen Front attackiert, konnten Teile der Armee, der Heeresgruppe Süd unter Generaloberst Rendulic unterstellt, im Mai 1945 die amerikanischen Linien in Zentralösterreich erreichen.
General Kreysing, stolzer Vater von fünf Kindern, wurde nach drei Jahren aus der US-Kriegsgefangenschaft ins Zivilleben entlassen und verstarb 1969 im Alter von 79 Jahren in Niedersachsen.

Generalmajor

HANS KROH

* 13.05.1907 in Heidelberg/Baden
+ 18.07.1967 in Braunschweig

Ritterkreuz		21.08.1941
Eichenlaub	(443)	06.04.1944
Schwerter	(096)	12.09.1944

Fallschirm-Schützenabzeichen
Italienische Tapferkeitmedaille in Silber
Ärmelbänder "Kreta" und "Afrika"
Erdkampfabzeichen der Luftwaffe
Deutsches Kreuz in Gold
Verwundetenabzeichen in Bronze

"Kreta, Libyen, Kiew, Tscherkassy, Normandie, Brest"

Wie sehr viele seiner Kameraden aus der Polizeitruppe stammend, diente Kroh von 1935 bis 1939 als Kommandant der 2. Kompanie im Elite-Fallschirmjägerbataillon *"Hermann Göring"*, aus dem später die erste Fallschirmjägerdivision entstand. Andere Kompanien dieses ersten Verbandes wurden durch die späteren Divisionskommandeure und Schwerterträger Karl-Lothar Schulz bzw. Erich Walther befehligt.
Während der Feldzüge in Polen, Frankreich und Holland war Kroh zu seiner Enttäuschung nicht an der Front, sondern in der besonders auszeichnenden Position des IIa der 7. Fliegerdivision (Student) eingesetzt. Stabschef (Ia) war übrigens der spätere Eichenlaubträger und Kommandeur der 4. FJD Heinz Trettner, welcher 1936 IIa der "Legion Condor" gewesen war und 1964 dritter Generalinspekteur der Bundeswehr werden sollte!
Für seine Leistungen erhielt Kroh am 22. Mai 1940 gleichzeitig beide Klassen des Eisernen Kreuzes verliehen. Im September erreichte er dann nach mehreren Gesuchen die ersehnte Versetzung zur Kampftruppe. Im Fallschirmjägerregiment 2 übernahm Major Kroh die Führung des I. Bataillons.

Mit diesem Verband nahm Kroh im April 1941 erfolgreich an der präzisen Handstreichbesetzung der Brücken über den strategisch wichtigen Kanal von Korinth teil - die Luftlandetruppen kooperierten hierbei mit schnell vorstoßenden SS-Panzerverbänden unter dem späteren Schwerterträger Kurt Meyer.
Im Mai folgte der berühmte Einsatz gegen Kreta. Krohs Kompanien erhielten hierfür eine Absprungzone nahe des wichtigen Flugplatzes von Rethymnon zugewiesen.
Nachdem diese an der zentralen Nordküste gelegene Stellung nach harten und verlustreichen Gefechten genommen worden war, stieß die "Kampfgruppe Kroh" befehlsgemäß gegen die neuseeländischen Truppen bei Stavromenos, Prinos und Kimari vor. Als Oberst Sturm, Kommandeur des FJR 2, bei einem Scharmützel vom Feind gefangengenommen wurde, übernahm Major Kroh als dienstältester Offizier das Kommando. In harten, zehntägigen Gefechten konnten in Folge die alliierten Truppen in Kimari zur Aufgabe gezwungen werden. Hierfür erhielt Kroh am 21. August 1941 als bereits 40. Fallschirmjäger das Ritterkreuz zum Eisernen Kreuz. Ebenfalls ausgezeichnet wurde Oberleutnant Arnold von Roon, erfolgreicher Kommandeur von Krohs 3. Kompanie.
1942 nahm Kroh als Ia der "Fallschirmjägerbrigade Ramcke" an den Gefechten in Libyen und bei El Alamein teil. Im Februar 1942 erhielt er für seine Verdienste - so während Ramckes berühmten "Wüstenmarsch" - auf dem afrikanischen Kriegsschauplatz von den verbündeten Italienern deren zweithöchste Tapferkeitsauszeichnung verliehen!
Als Ramcke im Frühjahr 1943 aus seiner Brigade die neue 2. Fallschirmjägerdivision aufstellte, übernahm Oberstleutnant (10.12.42) Kroh das Kommando über das Fallschirmjägerregiment 2. Nach längerem Sicherungseinsatz in Frankreich und Italien nahm die Division im September an der Entwaffnung der übergelaufenen italienischen Truppen teil. Kurz darauf kam Krohs I. Bataillon bei der erfolgreichen Handstreichbesetzung der Insel Leros zum Einsatz.

Das II. Bataillon wurde zu dieser Zeit von Major Erich Pietzonka geführt, 1944 in Brest als einer von Krohs Regimentskommandanten binnen weniger Wochen mit dem Ritterkreuz sowie dem Eichenlaub ausgezeichnet. An der Spitze des III. Bataillons stand der junge Hauptmann Ewald, welcher ebenfalls in Brest das Ritterkreuz erhalten sollte.
Im November 1943 traf die Division schließlich im verschneiten Russland ein.
In schweren Gefechten zeichneten sich die von Kroh geführten Verbände bei Novo Andreyevka aus. Im Winter führte er (als Oberstleutnant!) in Vertretung des erkrankten Hermann Ramcke die Division im Südabschnitt.
Zusammen mit der 7. Panzerdivision (Schulz/Dr. Mauss) sowie der SS-*"Leibstandarte"* (Wisch) wurden schwerste Abwehrschlachten bei Kiew, Uman, Tscherkassy und Schitomir durchgestanden. Weiters folgten Einsätze um Fastow und Kirowograd. Im Dezember übergab Kroh das Kommando an den erfahrenen Ritterkreuzträger Generalleutnant Wilke und kehrte wieder an die Spitze seines Regiments zurück.
Im Frühjahr 1944 blutete die 2. Fallschirmjägerdivision in Rückzugsschlachten am Bug und Dnjestr endgültig aus. Im Butor-Brückenkopf traten mehrere sowjetische Schützenkorps zum Großangriff an, nichtsdestotrotz konnten die Fallschirmjäger zusammen mit Heeresverbänden zwei Wochen lang die Stellung halten. Eine von Oberstleutnant Kroh geführte Kampfgruppe konnte u.a. in schnellen Gegenstößen die hartumkämpfte sgn. Stahlhelmhöhe zurückerobern und gegen umfassende russische Attacken verteidigen! Im März kamen Teile der Division im Verband der "Gruppe Postel" bei Kirowograd zum Einsatz, auch hier konnten die Stellungen lange Zeit gehalten werden.
Nach siebzehn Tagen Dauereinsatz war die Einsatzstärke der einst über 10.000 Mann starken 2. Fallschirmjägerdivision jedoch auf letztendlich nur noch etwa 500 gefallen!!!
Solche Abwehrerfolge bestätigten den allgemein anerkannten Status der Fallschirmjäger als Elite-Infanterie mit enormen Kampfwert, unbezahlbarer Ausbildung und hoher Motivation. Im übrigen dienten zwei von insgesamt nur sechs Trägern der Luftwaffen-Nahkampfspange in Gold in Krohs Fallschirmjägerregiment 2, namentlich Oberjäger Friedrich Dietz und Oberfeldwebel Josef Rüd.
Die "Division" - kaum noch also solche zu bezeichnen - wurde aus der Front gezogen und zur Neuaufstellung nach Frankreich verlegt, hier übernahm wieder Generalleutnant Ramcke das Kommando. Für seine großen Erfolge am Dnjestr erhielt Hans Kroh das 443. Eichenlaub zum Ritterkreuz verliehen und wurde gleichzeitig zum Oberst befördert.
Kurz nach Beginn der Invasion in der Normandie wurde Kroh zusammen mit seinem Fallschirmjägerregiment 2 an diese neue Front geworfen.
In schweren Gefechten bei Avranches und St. Malo konnten die Fallschirmjäger nur hinhaltenden Widerstand leisten. Als amerikanische Panzertruppen die deutsche Front durchbrachen und in den Rücken der 7. Armee vorstießen, wurde die 2. FJD vom restlichen II. Fallschirmjägerkorps (Meindl) getrennt und in Richtung Südwesten abgedrängt. Während im Osten des Invasionsgebietes der Kessel von Falaise entstand, erhielt General Ramcke Befehl, mit seiner Division den wichtigen Atlantikhafen Brest zu besetzen. Durch eine möglichst lange Verteidigung der Stadt sollten die wichtigen Hafenanlagen den Amerikanern als Nachschubstützpunkt verwehrt werden. Die 2. Fallschirmjägerdivision wurde durch diese Entscheidung des OKW endgültig geopfert, denn ein Rückzug aus dieser Falle war unmöglich.
Als General Ramcke das Kommando über die Festung Brest übernahm, wurde Kroh auf dessen Vorschlag hin neuer Kommandeur der 2. Fallschirmjägerdivision.
In schweren und verlustreichen Gefechten konnten die aus Russland erfahrenen Fallschirmjäger den zahlen- und materialmäßig weit überlegenen Amerikanern über zwei Wochen lang Widerstand leisten. Für die Verdienste während der Verteidigung erhielt Kroh am 12. September 1944 über Funk die Schwerter zum Ritterkreuz mit Eichenlaub verliehen, für die er bereits während der Einsatzzeit in Russland eingereicht worden war. Am folgenden Tag wurde er weiters zum Generalmajor befördert. Neben dem bereits erwähnten Oberst Pietzonka wurde auch Oberstleutnant Karl-Stephan Tannert, mit Kroh schon in Russland erfolgreich, durch seinen Divisionskommandeur zum Eichenlaub eingereicht, jedoch nicht mehr ausgezeichnet.
Kroh führte die Kampfgruppen seiner Division im ungleichen Abwehrkampf gegen einen überlegenen Gegner. Wenige Tage, bevor die sich tapfer wehrende Festung Brest endgültig kapitulieren musste (19.09.44), geriet Generalmajor Kroh im heftig umkämpften Stadtteil St. Pierre in US-Gefangenschaft.

Nach dem Krieg wieder in die Bundeswehr eingetreten, wirkte Kroh maßgeblich am Wiederaufbau der Fallschirmjägerwaffe mit. In den Fünfzigerjahren kommandierte Brigadegeneral Kroh die 1. Luftlandedivision in Esslingen.
1960 stieg er zum Generalmajor auf, 1962 erhielt Kroh das Große Bundesverdienstkreuz verliehen und trat in den Ruhestand. Sein Nachfolger als Divisionskommandeur wurde der ehemalige Eichenlaubträger und Kreta-Veteran Walter Gericke. Kroh verstarb bereits 1967 in Niedersachsen.

Obergruppenführer der Waffen-SS

WALTER KRÜGER

* 27.02.1890 in Straßburg/Elsaß
+ 20.05.1945 in Kurland/Litauen

Ritterkreuz		13.12.1941
Eichenlaub	(286)	31.08.1943
Schwerter	(120)	11.01.1945

Hohenzollernorden mit Schwertern
Bayrisches Militärverdienstkreuz 3. Klasse
Ärmelband "Kurland"
Nennung im Wehrmachtsbericht
Verwundetenabzeichen in Gold

"Wenige Tage nach Kriegsende den Freitod gewählt"

Walter Krüger gehörte zu jenen Schwerterträgern, die bereits während des Ersten Weltkrieges gedient hatten. Als Offizier im 2. Badischen Grenadierregiment 110, dies stand zu Kriegsbeginn unter dem Kommando seines Vaters, an der West-, Italien- und Balkanfront eingesetzt, erhielt er bis zum November 1918 beiden Klassen des Eisernen Kreuzes sowie den Hohenzollernorden mit Schwertern! Für fünfmalige Verwundung trug er weiters bereits das Goldene Verwundetenabzeichen.
Belastet wurde Krüger - wie alle gebürtigen Elsässer während des Krieges - durch die Tatsache, dass ihnen aufgrund ihrer deutsch/französischen Mischabstammung nicht immer volles Vertrauen des Oberkommandos entgegenschlug.
1919/20 kämpfte Hauptmann Krüger im Freikorps "*Pfeffer*" im Baltikum, ehe er im Zuge der Heeresverminderung aus der Reichswehr entlassen wurde.
Ein Jahr darauf begann der ehemalige Soldat eine Banklehre und war viele Jahre in dieser Branche tätig. Mitte der Dreißigerjahre kehrte Krüger in den Militärdienst zurück und trat der SS-Verfügungstruppe bei.

Hier diente Sturmbannführer Krüger als Bataillonskommandeur und Ausbilder in den SS-Regimentern "*Germania*" und "*Der Führer*", ehe er als Generalstabsoffizier in die neue, sgn. Polizeidivision versetzt wurde. Als Obersturmbannführer und Ia der Division hatte er an ihren Erfolgen im Westfeldzug (Ardennen, Rilly, Voncq, St. Dizier, Paris) entscheidenden Anteil.
Im Juni 1940 erhielt er die Spangen zum Eisernen Kreuz 1914, von Oktober bis Mai 1941 diente Krüger im SS-Führungshauptamt in Berlin. Zu Beginn des Russlandfeldzuges ließ er sich jedoch wieder in den Stab seiner alten Division versetzten.
Am 18. August 1941, der Russlandfeldzug dauerte erst zwei Monate, übernahm Standartenführer Krüger die Führung der SS-Polizeidivision. Mit ihr kämpfte er im Nordabschnitt, verteidigte einen breiten Abwehrriegel an der Luga und trat zur Offensive gegen Leningrad an: Nach Schlachten bei Krassnogwardejsk und Slusk erreichten die Spitzen der Division die Vororte der Großstadt, ehe sie endgültig gestoppt wurden.
Für seine Leistungen mit dem Ritterkreuz ausgezeichnet, wurde Krüger im Dezember 1941 zum Inspekteur der Waffen-SS-Infanterie im SS-Führungshauptamt bestellt und rückwirkend ab April zum Brigadeführer befördert. Bereits im Jänner 1942 folgte die Ernennung zum Gruppenführer. Sein neues Aufgabengebiet umfasste neben Stabstätigkeit auch die Aufstellung neuer Verbände sowie Verbesserungen auf Ausbildungs- und Materialebene. So förderte er die nötige Ausrüstung der bestehenden Waffen-SS-Divisionen mit schwerem Gerät. Sein Nachfolger als Kommandeur der SS-Polizeidivision wurde der spätere Eichenlaubträger Brigadeführer Alfred Wünnenberg.
Im April 1943 wurde Krüger schließlich zum Kommandeur der berühmten Panzerdivision SS-"*Das Reich*" ernannt.
Unter seinen Regimentskommandeuren befanden sich so erfahrene Offiziere wie der spätere Schwerterträger Heinz Harmel oder der spätere Eichenlaubträger Karl Kreutz (Panzerartillerie), seine Bataillone wurden u.a. von Frontveteranen wie Stadler, Kaiser, Weidinger, Wisliceny, Tychsen oder Krag kommandiert!

In Folge führte Krüger seine schlagkräftige Elite-Division in den Kämpfen um Charkow und hatte an der sensationellen Rückeroberung der Stadt großen Anteil – jedoch büßte das II. SS-Panzerkorps (Hausser) während den Schlachten über 12.000 Mann, zum Großteil erfahrene Frontveteranen, ein.
Im Sommer 1943 hielt die SS-"*Das Reich*" Stellungen östlich des Dnjepr und nahm an der Offensive gegen Bjelgorod teil. Hierbei erlitt die Division in schwersten Materialschlachten bei Teterewino, Wessely, Prochorowka und Obojan schwere Verluste, konnte aber auch hunderte Panzerabschüsse melden.
Nach dem Rückzug aus dem Kursk-Bogen folgte die Verlegung in den hart umkämpften Mius-Brückenkopf im Südabschnitt, später kämpfte die Division erneut bei Charkow. Hier vernichteten die Panzer, Pakgeschütze und Grenadiere der Division in einem Monat fast 1.000 Kampfpanzer des Gegners!!
Obwohl sich die deutsche Angriffsmacht kurze Zeit später erneut zurückziehen musste und Charkow endgültig von sowjetischen Truppen befreit wurde, erhielt Krüger für die Erfolge seiner Division als 14. Offizier der Waffen-SS das 286. Eichenlaub zum Ritterkreuz verliehen.
Nachdem er im Frühjahr 1944 übergangsweise das IV. SS-Armeekorps befehligt hatte - sein Nachfolger wurde Brillantenträger Gruppenführer Gille -, wurde der Eichenlaubträger am 15. März 1944 zum Oberbefehlshaber Waffen-SS Ost ernannt!
Im Sommer 1944 wurde Obergruppenführer (21.06.44) Krüger zum Kommandeur des VI. SS-Freiwilligen-Armeekorps ernannt, dass aus sgn. europäischen Brigaden (Franzosen, Belgier, Dänen, Finnen, Letten usw.) bestand. Zusammen mit Divisionen des Heeres stand Krügers Korps die ersten Abwehrschlachten im Kurland-Kessel durch, wo es manchmal bis zu drei Großangriffe täglich abzuwehren galt. Unter dem Oberbefehl des späteren Generalfeldmarschalls Schörner hielt die Heeresgruppe Kurland mit dem Messer an der Kehle durch.
Wenige Tage nach Weihnachten 1944 traten umfassende sowjetische Panzer- und Schützenverbände im Zuge der 3. Kurlandschlacht zum Großangriff gegen die Stellungen des VI. SS-Armeekorps an. Nach einem 120.000(!) Schuss umfassenden Artillerie-Trommelfeuer begannen die Rotarmisten mit den Sturmangriffen, die von über 400 Jagdbombern unterstützt wurden. Krügers Verbände leisteten, ohne Unterstützung der selbst überlasteten Flankenverbände, den denkbar zähesten Widerstand und vernichteten alleine in den ersten drei Tagen der Abwehrschlacht über 180 Feindpanzer! Zum Ge genangriff angetreten, verlor der Feind bei Doblen und Gibelas in den nächsten zwei Wochen durch Krügers Verbände 200 weitere Panzer und fast 400 Geschütze! Die Erfolge des SS-Armeekorps und der unterstellten Heeresverbände waren beeindruckend - am 11. Jänner 1945 erhielt Obergruppenführer Krüger als 68. Offizier des Heeres die Schwerter zum Ritterkreuz mit Eichenlaub verliehen. Der ihm unterstellte Generalmajor d.R. Maximilian Wengler, Kommandeur der tapferen 227. ID, erhielt diese hohe Auszeichnung nur eine Woche später. Generalmajor Albert Henze, Führer der 21. Luftwaffen-Felddivision, und der Kommandeur der berühmten 4. PD, Generalleutnant Clemens Betzel, erhielten beide unter Krügers Kommando das Eichenlaub! Ebenfalls beliehen wurde Gruppenführer Bruno Streckenbach, der die bei Doblen sehr bewährte 19. lettische SS-Freiwilligendivision befehligte.

Die letzten Kriegsmonate begnügten sich die sowjetischen Armeen mit der Einkesselung der abgekämpften Heeresgruppe, Generaloberst Schörner erhielt für das Halten des Kessels die Brillanten verliehen. Als am 8. Mai 1945 der Befehl zur bedingungslosen Kapitulation erging, löste Krüger die ihm unterstellten Verbände auf. Zusammen mit seinem Stab und einigen Bewaffneten gelang es ihm, sich bis zum 20. Mai vor den russischen Truppen zu verbergen, ehe die Gruppe von einem russischen Suchtrupp gestellt und in einen Schusswechsel verwickelt wurde. Um der Gefangenschaft zu entgehen, richtete Obergruppenführer Krüger schließlich seine Waffe gegen sich selbst*[49]*.

Brigadeführer der Waffen-SS

OTTO KUMM

* 01.10.1909 in Hamburg

Ritterkreuz		16.02.1942
Eichenlaub	(221)	06.04.1943
Schwerter	(138)	17.03.1945

Infanteriesturmabzeichen in Silber
Zweimalige Nennung im Wehrmachtsbericht
Deutsches Kreuz in Gold
Kroatisches Weißes Großkreuz mit Stern
Verwundetenabzeichen in Bronze

"Letzter Kommandeur der SS-Leibstandarte"

Otto Kumm, ursprünglich gelernter Schriftsetzer, trat 1934 in die SS-Verfügungstruppe ein, absolvierte 1935 die Infanterieschule Döberitz und hatte bei Kriegsausbruch bereits den Rang eines Hauptsturmführers erreicht. Im April 1940 durchlief er schließlich mit Erfolg den vorbereitenden Bataillonsführer-Lehrgang an der Heeres-Infanterieschule Grafenwörth.
Während des Westfeldzuges als Kommandant der 12. Kompanie im Regiment "*Der Führer*" der Elite-Division SS-"*Das Reich*" (Hausser) eingesetzt, kämpfte er in Holland (Grebbelinie), nahm an den Gefechten in Frankreich (Flandern, Reims, Orléans, Bordeaux) und dem Vorstoß an die spanische Grenze teil. Für Tapferkeit im Gefecht erhielt er bereits im zweiten Kriegsjahr beide Klassen des Eisernen Kreuzes verliehen. Im Frühjahr 1941 nahm Sturmbannführer (01.10.40) Kumm an der Spitze des III. Bataillons an den Kämpfen in Jugoslawien und Griechenland teil, danach wurde die nun bereits voll motorisierte SS-"*Das Reich*" in Bereitstellung an die Ostgrenze verlegt.

Hier erlebte Kumm ab Juni 1941 die Grenz- und die danach folgenden Vormarschgefechte im Mittelabschnitt. Bereits Ende Juli übernahm der Sturmbannführer schließlich das Kommando über sein Stammregiment "*Der Führer*" und befehligte es in den schweren Kämpfen am Dnjepr, bei Smolensk, Kiew, Roslawl und der Winterschlacht vor Moskau. Im September konnte Kumm mit seinem Regiment in mehrtägigen Kesselgefechten die Masse der 5. sowjetischen Kavalleriedivision vernichten, wofür er von der Division zum Ritterkreuz vorgeschlagen wurde. Dieser Vorschlag wurde jedoch vom OKH vorerst zurückgestellt. Einen Monat darauf erhielt Otto Kumm statt dessen das Deutsche Kreuz in Gold verliehen, nachdem er sich in harten Gefechten gegen die 78. sibirische Schützendivision erneut bewährt hatte und am 1. Oktober zum Obersturmbannführer aufgestiegen war.
Im Jänner 1942 wurde das Regiment als Eilverstärkung in den Frontabschnitt Rshew verlegt, wo starken russischen Kräften ein Durchbruch gelungen war. Von Generaloberst Model - Oberbefehlshaber der 9. Armee - persönlich in die Gefechtslage eingewiesen, unterrichtete Kumm den späteren Brillantenträger davon, dass ein von seinem Regiment gefangengenommener Russe ausgesagt hatte, dass am nächsten Morgen in Kumms Abschnitt eine ganze Division zum Angriff antreten sollte. Als Model sorgenvoll entgegnete: "Ich verlasse mich auf Sie und Ihr Regiment!", soll er sarkastisch hinzugefügt haben "...aber vielleicht hat uns der Iwan ja nur beschwindelt".
Doch dieser hatte nicht geschwindelt - in den nächsten Tagen hatten Kumms Kompanien bei Temperaturen von minus 50 Grad(!) allerschwersten Angriffen zu widerstehen.
Die Tatsache, dass Kumm für die hervorragenden Defensiverfolge mit dem Ritterkreuz beliehen wurde, milderte nicht den Schmerz über die furchtbaren Verluste. Lediglich 35 Mann(!!) des wertvollen Elite-Regiments „*Der Führer*" – darunter kein Offizier mehr - waren nach den Kämpfen nicht gefallen bzw. verwundet!
Als Obersturmbannführer Kumm erfuhr, dass sein Regiment mit 1.000 Mann Ersatz direkt hinter der Front aufgefrischt werden und sofort wieder zum Einsatz kommen sollte, verwies er darauf, dass dadurch kein neues Elite-Regiment, sondern lediglich ein unorganisierter Sauhaufen von Bewaffneten entstehen würde. Erst in einer direkten Vorsprache bei Himmler bzw. Hitler selbst, erhielt Kumm die Erlaubnis, sein Regiment mit ausgesuchten Männern in Deutschland neu aufstellen zu dürfen. Dadurch konnte der Elite-Status wiederhergestellt werden.

dritten Notlandung in Folge(!) gezwungen, wurde der Staffelführer beim Aufschlag schwerst verwundet! Nur die zufällige Nähe zu einer deutschen Infanterieeinheit rettete ihm das Leben. Die Kameraden des Heeres brachten den Flieger schnell in ein nahes Feldlazarett.
Mit schwersten Kopf-, Gesichts- und Bruchverletzungen lag Dr. Kupfer sechs(!) Monate im Krankenhaus - die Ärzte formten ihm aus einem Rippenstück eine neue Nase, die Schädelverletzungen wurden mit Teilen des Oberschenkelknochens geflickt!! Der beschädigte Sehnerv konnte ebenfalls gerettet werden. Noch am Krankenbett erhielt Kupfer für 260 Feindflüge das Ritterkreuz, einen Ehrenpokal sowie das Verwundetenabzeichen in Gold. Im Frühjahr wurde er sogar wieder frontflugtauglich geschrieben.

Bereits im Februar 1942(!) kehrte Major Dr. Kupfer zum Geschwader zurück und übernahm die ausgezeichnete II. Gruppe. Im Südabschnitt der Ostfront standen täglich Heeresunterstützungseinsätze oder taktische Angriff bei Woronesch und Rostow auf dem Programm, wobei der Gruppenkommandeur seinen Piloten stets voraus flog.
Nach weiteren kraftraubenden Feindflügen während der Kesselschlacht von Kalatsch folgten noch härtere Einsätze während der Offensive gegen Stalingrad. In hunderten Einsätzen bombten die bewährten Stukas den Truppen der 6. Armee den Weg frei. Als die Armee im Winter 1942 überraschend eingekesselt wurde, begann Dr. Kupfers Gruppe sofort mit intensiver Heeresunterstützung. Als bei einem Einsatz eine seiner Besatzungen notlanden musste, holte sie Major Dr. Kupfer kurz entschlossen mittels Zwischenlandung heraus*[50]*!
Noch während der berühmten Kesselschlacht von Stalingrad - bei der sein jüngster Sohn als Infanterist fiel - wurde Dr. Kupfer für seine persönlichen Leistungen und große Tapferkeit im Einsatz mit dem 173. Eichenlaub beliehen - zwei Monate später wurde er als Nachfolger von Eichenlaubträger Oberstleutnant Paul-Werner Hozzel neuer Kommodore des Stukageschwaders 2 "*Immelmann*". Eine für die Eichenlaubverleihung entscheidende Waffentat war die völlige Vernichtung eines russischen Panzerregiments gewesen, das zum Angriff auf einen für die Stalingrad-Versorgung wichtigen Feldflugplatz angesetzt hatte.
Während der nächsten Monate bewies der neue Kommandeur qualitativ hohe Führungs- und Taktikeigenschaften. Unter seinem Kommando flogen so bekannte "Immelmänner" wie Hans-Ulrich Rudel, Alwin Boerst, Bernhard Wuttka und Bruno Dilley. Aufgrund seiner Zuverlässigkeit wurden Kupfer während der heißen Abwehrschlacht im Kuban-Brückenkopf sogar noch einige Gruppen anderer Stukageschwader unterstellt. Während der Operation "Zitadelle" flog Major Dr. Kupfer im Juni 1943 seinen 600. Fronteinsatz! Während den hier stattfindenden Panzerschlachten zeigte sich immer wieder das fast perfekte Zusammenspiel zwischen den Schlachtfliegern und den Bodentruppen. Von eigenen Boden-Leitoffizieren - meist selbst ehemaligen oder eigens abgestellten Fliegeroffizieren - begleitet, konnten die deutschen Panzer- oder Grenadierverbände bei Bedarf direkt Unterstützung von Schlachtfliegern anfordern. Durch die Boden-Leitoffiziere über Funk professionell ins Ziel eingewiesen und mit allen wichtigen Informationen versorgt, griffen die Piloten oftmals russische Verbände an, die nur noch wenige hundert Meter von den Stellungen der eigenen Infanterie entfernt waren. Während der riesigen Panzerschlacht von Prochorowka konnten deutsche Schlachtfliegerstaffeln wiederholt ganze Panzerbataillone der Roten Armee ohne Mithilfe von Bodentruppen ausschalten.
Nach pausenlosen Defensiv- und Offensiveinsätzen bei Kursk, Orel, Kertsch, am Kuban und bei Karatschew wurde dem alten Haudegen eine ganz besondere Ehre zuteil.
Am 1. September 1943 wurde Oberstleutnant Dr. Kupfer aufgrund seiner Führungsqualitäten, seiner Fronterfahrung und seines enormen Fachwissens der erste General der Schlachtflieger im Oberkommando der Luftwaffe! Im Gegensatz zu Galland (Jäger) und Peltz (Kampfflieger) wurde Dr. Kupfer jedoch in Folge nicht in den Generalsrang erhoben bzw. wenigstens zum Oberst befördert, obwohl er von allen dreien der Dienstälteste war!
Als Waffengeneral oblagen Dr. Kupfer Umstrukturierungs- und Verbesserungsmaßnahmen, personeller Nachschub, Koordination mit Heer und Marine sowie Verbesserungen in der Ausrüstung und Ausbildung. In den folgenden Wochen setzte er die stufenweise Umrüstung der veralteten Ju-87 auf die modernere, einsitzige Focke Wulf Fw-190 durch*[51]*. Ferner ging die Aufstellung der später äußerst effektiven Nachtschlachtgruppen*[52]* auf seine Initiative zurück.
Am 6. November 1943 befand sich Dr. Kupfer nach einer Inspektionsreise als Passagier an Bord einer He-111 auf dem Rückflug von Griechenland nach Deutschland. Durch einen nicht vom Feind verursachten Absturz kam der ausgezeichnete Offizier in der Nähe von Saloniki ums Leben! Am 11. April 1944 wurde Dr. Kupfer für seine großen Verdienste bei Orel, Kursk und am Kuban rückwirkend mit den Schwertern zum Ritterkreuz mit Eichenlaub ausgezeichnet und (erst jetzt!) zum Oberst befördert. Dr. Kupfers Nachfolger als General der Schlachtflieger wurde der hochgeschätzte Eichenlaubträger Oberst Hubertus Hitschhold*[19]*.

Anmerkung des Autors:
Für die Bereitstellung des Fotos bin ich Hrn. Peter Stockert sehr zu Dank verpflichtet.

Major

FRIEDRICH LANG

* 12.01.1915 in Mährisch-Trübau/Sudetenland

Ritterkreuz		23.11.1941
Eichenlaub	(148)	21.11.1942
Schwerter	(074)	02.07.1944

Frontflugspange für Schlachtflieger in Gold mit Anhänger Einsatzzahl "1.000"
Flugzeugführer- und Beobachterzeichen
Ärmelband "Kreta"
Deutsches Kreuz in Gold
Verwundetenabzeichen in Bronze

"Rudels Nachfolger"

Der flug- und technikbegeisterte Friedrich Lang trat 1935 als Freiwilliger in die Luftwaffe ein und wurde – nachdem er seine Grundausbildung im Infanterieregiment 28 überstanden hatte – im Alter von 20 Jahren zur Pilotenausbildung ausgewählt. Nach einer gründlichen Friedensausbildung zum Kampfflieger wurde er schließlich zum Sturzkampffliegerkorps überstellt. Als Leutnant kam er im Juli 1938 zur 1. Staffel der Stukagruppe 163 in Breslau. Langs dortiger Staffelkapitän war Oberleutnant Hitschhold*[19]*, der Kommandeur der Gruppe Major Dinort*[53]*. Später wurde der Verband ins Stukageschwader 2 "*Immelmann*" eingegliedert.
Im August 1939 gehörte Lang zu jenen Flugzeugführern, die den "Schwarzen Tag von Neuhammer"*[54]* unversehrt überstanden.
Als am 1. September 1939 der Zweite Weltkrieg ausbrach, gehörte Leutnant Lang zur 1. Staffel. Die I. "*Immelmann*"-Gruppe griff polnische Flugplätze, Vormarschstraßen, Bereitstellungen und Truppenunterkünfte an. Für Tapferkeit vor dem Feind erhielt er bereits früh das Eiserne Kreuz 2. Klasse, im Mai 1940 begann der harte Einsatz gegen Frankreich.
In unzähligen Feindflügen gegen Brücken, Bunkerlinien und Truppenmassierungen bewies Leutnant Lang sein fliegerisches Geschick. Nach erfolgreichen Einsätzen über Sedan, Arras und Calais wurde seine Staffel über dem Kessel von Dünkirchen eingesetzt. Am 8. Juni 1940 wurde Friedrich Lang während eines Angriffes feindlicher Jäger verwundet. Mit einer Kugel im Rücken flog er jedoch den ganzen Weg zum Heimatflugplatz zurück und legte eine glatte Landung hin! Noch im Lazarett erhielt Lang die Beförderung zum Oberleutnant und das Eiserne Kreuz 1. Klasse. Im September 1940 kehrte Lang zum Geschwader, das währenddessen in die verlustreichen Kämpfe über England verstrickt gewesen war, zurück und wurde mit 26 Jahren Technischer Offizier (TO) der I. Gruppe - sein Kommandeur war erneut der spätere Eichenlaubträger und General der Schlachtflieger Major Hubertus Hitschhold.

Nach einigen Einsätzen über Südengland verlegte das Geschwader auf einen Flugplatz bei Bukarest. Im Zuge des Balkanfeldzuges flog Lang zahlreiche Einsätze gegen griechische Bergstellungen, Abwehr- und Bunkerlinien sowie Hafenanlagen. Im Mai 1941 erlebte der Oberleutnant die dramatischen Kämpfe um Kreta, wo er u.a. zwei britische Zerstörer beschädigen konnte. Im Juni wurde das Geschwader schließlich nach Deutschland rückverlegt, nach einer Auffrischung von Mensch und Material begaben sich die Staffeln in Polen erneut in Bereitstellung.
Die ersten Wochen des Russlandfeldzuges brachten sehr erfolgreiche Kampfeinsätze bei Bialystok, Wilna, Witebesk und Leningrad. Besonders schwere Flüge bedeuteten die Angriffe auf den flakgespickten Kriegshafen von Kronstadt, dem Liegeplatz der sowjetischen Ostseeflotte. Nach weiteren Einsätzen am Ilmensee und Wolchow verlegte die I. Gruppe in den Mittelabschnitt der Front. Seit 7. Oktober 1941 Kapitän der kampferfahrenen 1. Staffel, bewährte sich Lang auch bei Smolensk und Kalinin. Nach 300 erfolgreichen Einsätzen über Polen, Frankreich, dem Balkan und Russland erhielt er am 23. November das Ritterkreuz verliehen.
Bis Jänner 1942 lag die Gruppe dann in Deutschland, wo sie auf einen bevorstehenden Einsatz in Nordafrika vorbereitet werden sollte - als dieser jedoch abgeblasen wurde, kehrte sie wieder in den Osten zurück.

Erneut im Nordabschnitt der Front eingesetzt, flog Lang pausenlos Unterstützungseinsätze für die bedrängten Bodentruppen. Während den Abwehrschlachten um die Kessel von Demjansk und Cholm vernichtete er große Mengen an feindlichem Material. Bereits im März 1942 wurde aber aufgrund der schweren Verluste eine Rückverlegung nötig. Im Juni wurde Lang zum Hauptmann befördert, kurz darauf verlegte die Gruppe erneut an die Front.
In den schweren Kämpfen im Südabschnitt der Ostfront flog die I. Gruppe hunderte Einsätze. Diesmal galt es die Sommeroffensive an der Wolga zu unterstützen. In schweren Einsätzen bei Rostow, Woronesch und am Don zeigte Lang seine Klasse. Ende Juli 1942 konnte der tapfere Staffelkapitän bereits seinen 600. Feindflug absolvieren!
Während der Luftschlacht über Stalingrad, in deren Verlauf er in einem Monat fast 100 Feindeinsätze flog, wurde Lang als Staffelführer von Hans-Ulrich Rudel abgelöst und zum Fliegerverbindungsoffizier der Luftflotte 4 ernannt. In dieser Position oblag ihm die Organisation der taktischen Zusammenarbeit zwischen Luftwaffe und Heer im hartumkämpften Kuban-Brückenkopf, wobei die fliegenden Verbände jedoch nur sehr punktuell in die Kämpfe eingreifen konnten.
Für seine Verdienste in den letzten Monaten erhielt er als 148. Soldat und 12. Schlachtflieger das Eichenlaub zum Ritterkreuz verliehen. Eine Woche später folgte der spätere Schwerterträger Alwin Boerst diesem Beispiel als 13. Schlachtflieger nach.
Nach der Stabsverwendung kehrte Lang im März 1943 an die Front zurück und übernahm die III. Gruppe des Schlachtgeschwaders 1, sein Kommodore war der Eichenlaubträger Oberstleutnant Gustav Preßler. Am 1. September 1943 wurde Lang für seine Leistungen zum Major befördert.
In den schweren Abwehrkämpfen 1943/44 standen seine Staffeln im Mittelabschnitt der Ostfront pausenlos im Einsatz. Es galt sowjetische Panzer, Bodentruppen, Nachschubwege, Brücken, Artilleriestellungen, Bunker und Bahnhöfe zu attackieren. Besonders hervorgehoben seien die erfolgreichen Einsätze bei Smolensk und Kursk. Zwischen April und Mai 1943 war die Südfront so instabil, dass eine mehrmalige Eilverlegung der Gruppe notwendig wurde. Mehr als zehnmal musste Lang mit seinen Piloten einen neuen Feldflugplatz beziehen. Als Major Lang im Frühjahr 1944 von der guten alten Ju-87 Stuka auf die modernere, einsitzige Focke-Wulf 190 umschulte, musste er seinen treuen Bordschützen Oberfeldwebel Alois Berndl*[55]* aufgeben, der mit ihm über 800 Feindeinsätze geflogen hatte und das Ritterkreuz trug.
Am 7. März 1944 erreichte der erstklassige Flieger schließlich den Höhepunkt seiner Karriere. Südlich von Witebesk absolvierte er als erst 9. Schlachtflieger seinen 1.000 Feindflug!
Wenige Tage nach seinem Jubiläumsfeindflug übergab Major Lang seine Gruppe an Hauptmann Karl Schrepfer (1945 EL) und übernahm auf höchsten Befehl das Schlachtflieger-Schulgeschwader 101 in Brünn. Für seine großen Kampferfolge und ausgezeichnete Gruppenführung wurde er am 2. Juli 1944 als fünfter Schlachtflieger der Luftwaffe mit den Schwertern zum Ritterkreuz mit Eichenlaub dekoriert.
Als der legendäre Kommodore des Elite-Schlachtgeschwaders 2 "*Immelmann*", Oberst Hans-Ulrich Rudel, im Februar 1945 schwer verwundet wurde, fiel die Wahl seiner Nachfolge auf Major Friedrich Lang - eine größere Ehre konnte einem Schlachtfliegeroffizier damals wohl nicht zuteil werden. Rudel, jener Offizier der drei Jahre zuvor Langs 1. Staffel übernommen hatte, war inzwischen zum höchstdekorierten Offizier der Wehrmacht und zur Symbolfigur des Schlachtfliegerkorps geworden.
Bis Kriegsende flog Major Lang aufgrund seiner hohen Tätigkeit jedoch nur noch einen Kampfeinsatz, der mit einer nicht vom Feind verursachten, schadensbedingten Bruchlandung und einer leichten Verwundung endete. Später gab er das Kommando wieder an den zurückgekehrten Rudel ab. Im Mai 1945 ergab sich der Schwerterträger den westalliierten Siegern und wurde bereits im August ins Zivilleben entlassen.
In insgesamt 1.008 Feindflügen war Lang zu einem der erfahrensten und erfolgreichsten Stukapiloten geworden. Er war in all den Kämpfen nie abgeschossen (so z.B. Rudel im vergleichbaren Zeitraum 15mal) und nur zweimal verwundet worden!

Von 1947 bis 1955 war Lang in der Bauwirtschaft tätig, ehe er am 1. Jänner 1956 in die neue Bundesluftwaffe eintrat. Nach verschiedenen Kommandos übernahm er 1960 die Luftwaffen-Truppenschule, wurde ein Jahr darauf zum Oberst befördert und war ab 1967 Kommandierender Offizier des Luftwaffen-Verteidigungsbezirkes Hannover. 1973 trat Friedrich Lang in den Ruhestand und lebt heute in Hannover.

Anmerkung des Autors:

Für seine tatkräftige Mitarbeit an dieser Biographie bin ich Hrn. Lang sehr zu Dank verpflichtet. (Briefe an den Autor; Dezember 1999)

Oberst

HEINZ-GEORG LEMM

* 01.06.1919 in Schwerin/Mecklenburg
+ 17.11.1994 in Ruppichteroth

Ritterkreuz		14.04.1943
Eichenlaub	(525)	11.07.1944
Schwerter	(137)	15.03.1945

Infanteriesturmabzeichen in Silber
Nahkampfspange in Silber
Sonderabzeichen für Panzervernichtung durch Einzelkämpfer
Demjanskschild
Deutsches Kreuz in Gold
Verwundetenabzeichen in Silber

"Späterer Generalleutnant der Bundeswehr"

Nachdem er 1935 als Fahnenjunker in die Wehrmacht eingetreten war, wurde Heinz-Georg Lemm nach seiner Offiziersausbildung an der Kriegsschule München im Infanterieregiment 27 der 12. Infanteriedivision eingesetzt, die in seiner Heimatstadt Schwerin stationiert war.
Während des Polenfeldzuges führte Leutnant Lemm, Sohn eines hohen ehemaligen Zivilangestellten der Reichswehr, einen Zug der Regiments-Reiterabteilung und kämpfte im Verband des "Armeekorps Wodrig" (3. Armee) im ostpreußischen Grenzraum, am Nordlauf der Narew und östlich des Warschaukessels. Hierbei erlebte der junge Offizier bereits eine der heikelsten Situationen seines gesamten Fronteinsatzes, als er als Führer eines 7-Mann-Stoßtrupps unverhofft auf ein ganzes polnisches Kavalleriebataillon traf und seine Männer im Kugelhagel gerade noch zurückziehen konnte. Später fand er in seiner Feldflasche ein großes Einschussloch! Den Krieg gegen Polen beendete Lemm mit dem EK.II.
Im Mai und Juni 1940 kämpfte die Division unter dem Oberbefehl der 4. Armee (II. Armeekorps) in Luxemburg, an der Somme, bei Maubeuge, Nantes und um Vendee.
Aufgrund einer Bajonettverwundung in ein Lazarett gebracht, verschwand Leutnant Lemm - nun bereits Bataillonsadjutant - aus diesem bereits nach wenigen Tagen ohne Erlaubnis und meldete sich wieder bei seinem Regiment! Hier erhielt er für Tapferkeit vor dem Feind später das Eiserne Kreuz 1. Klasse sowie das Infanteriesturmabzeichen.

Die erste Phase des Russlandfeldzuges erlebte Oberleutnant Heinz-Georg Lemm als Kommandeur der 2. Kompanie im Infanterieregiment 27 und konnte sich bereits im September 1941 erneut bewähren. Vom Rest des Regiments abgeschnitten, hielten Lemms Soldaten ihre Stellungen zwei Tage lang, ehe zusammen mit 50 Gefangenen der Ausbruch gelang!
Nach schweren Vormarschgefechten mit dem II. Armeekorps im Nordabschnitt der Ostfront (Kowno, Oswaja, Naswa) geriet die vom bekannten Generalmajor von Seydlitz-Kurzbach (54. Eichenlaub) geführte Division zusammen mit dem gesamten Korps im Winter 1942 zwischen Ilmen- und Seligersee in eine sowjetische Gegenoffensive. Nachdem umfassende Panzerverbände des Gegners an beiden Flanken durchgebrochen waren, entstand am 8. Februar der berühmte Kessel von Demjansk. Im Kessel befanden sich fünf Divisionen des Heeres (12., 30., 32., 223. und 290.) und die SS-Elite-Division "*Totenkopf*" - insgesamt 96.000 Mann. Es war das erste Mal, dass mehrere deutsche Divisionen im Verlauf des Zweiten Weltkrieges eingekesselt worden waren. Der Schreck im Oberkommando der Wehrmacht saß dementsprechend tief.
Nachdem erste Versuche, den Kessel von außen zu entlasten, am verbissenen russischen Widerstand gescheitert waren, begannen monatelange, schwerste Abwehrgefechte. Im Gegensatz zum Stalingrad-Kessel 10 Monate später gelang es hier der Luftwaffe jedoch, eine umfassende und funktionierende Luftversorgung für die Eingeschlossenen aufzubauen.
Währenddessen krallten sich die eingekesselten Divisionen an ihre Stellungen und leisteten, bei Temperaturen von bis zu minus 40 Grad(!), den denkbar zähesten Widerstand. Die verzweifelten Sowjets setzten eines Nachts sogar zwei

Fallschirmjäger-Regimenter über dem Kessel ab, um ihn von innen zu sprengen - ein reines Selbstmordkommando, das blutig scheiterte.
Am 28. April 1942, dem 81. Tag der Einschließung, gelang es einer starken Entsatztruppe den Umklammerungsring von außen her zu sprengen, eine Gasse freizukämpfen und den abgekämpften Verteidigern den Rückzug zu ermöglichen! Unter diesen Glücklichen befand sich auch Oberleutnant Lemm, dessen Regiment sich sehr bewährt hatte. Wie alle Überlebenden der Kesselschlacht erhielt auch Hauptmann (01.04.42) Lemm den speziell gestifteten Demjanskschild verliehen.
In den nächsten Monaten wurden die freigekämpften Divisionen im Hinterland neu formiert und erhielten eine verdiente Ruhepause.
Über den großen Durchhaltewillen der Landser in den schweren Wintermonaten des Jahres 1941 schrieb nach dem Krieg der englische Militärhistoriker und ehemalige Generalmajor J.F.C. Fuller: "...was der deutsche Soldat, gänzlich unvorbereitet auf den Winterkrieg, hier geleistet hat, stellt eine der größten Heldentaten dar, von der die Kriegsgeschichte berichtet!"

Nachdem die 12. ID in den Nordabschnitt der Ostfront zurückgekehrt war, kämpfte Lemm mit seiner bewährten Kompanie in den Frontabschnitten Newel und Witebesk. Im Jänner 1943 wurde Hauptmann Lemm für seine Verdienste in den vergangenen schweren Gefechten zum Kommandeur des I. Bataillons ernannt. Nach weiterer Bewährung in den Infanterie- und Grabenkämpfen erhielt er am 14.04.43 für Tapferkeit vor dem Feind bei Staraja-Russa das Ritterkreuz zum Eisernen Kreuz verliehen. Hier hatten seine Grenadiere innerhalb von 3 Tagen mehrere Panzerangriffe des Gegners abgeschlagen und hierbei 46 der gepanzerten Kolosse vernichtet. Es folgten langwierige und verlustreiche Stellungsschlachten.
Im Oktober 1943 musste Lemm stellvertretend die Führung des Füsilierregiment 27 übernehmen - als später ein dienstälterer Offizier dieses Kommando übernahm, bot man dem Ritterkreuzträger die Regimentsführung in einer neuen Luftwaffen-Felddivision an. Da Lemm jedoch in seiner alten Division bleiben wollte, kehrte er nach kurzem Überlegen lieber wieder an die Spitze seines I. Bataillons zurück.
Als im Winter 1943 mit Oberstleutnant Gerhard Engel ein späterer Eichenlaubträger die Regimentsführung übernahm, machte sich Lemm zusammen mit seinem neuen Chef zwecks Lageeinweisung auf einem von Pferden gezogenen Schneeschlitten auf den Weg zu einer vorgezogenen Kompanie, als die beiden Deutschen plötzlich auf einen Trupp russischer Infanteristen stießen! Im Kugelhagel zurückgekehrt, hielt Engel seinem Bataillonskommandeur den Zwischenfall schmunzelnd noch monatelang vor.
Es folgten harte Entsatzgefechte für den Tscherkassy-Kessel sowie Abwehrversuche vor Mogilew und dem Pronja-Brückenkopf.
Am 11. Juli wurde der als bisher jüngster Heeresoffizier(!) zum Major (01.04.43) beförderte Lemm als 525. Soldat der Wehrmacht mit dem Eichenlaub zum Ritterkreuz ausgezeichnet und nun endgültig zum Kommandeur der 27er ernannt.
Am 21. des Monats - nur wenige Stunden nach dem fehlgeschlagenen Bombenanschlag durch Oberst von Stauffenberg - erhielt Lemm die hohe Auszeichnung durch Hitler persönlich überreicht.
Da sich der junge Frontoffizier nur wenige Stunden vor dem Attentat zufällig mit Oberst von Stauffenberg unterhalten hatte, geriet er kurzfristig ins gefürchtete Visier der Gestapo. Doch schon nach kurzen Recherchen wurde klar, dass Lemm nicht beteiligt gewesen war.

Gerade als Major Lemm wieder in Russland eintraf, brach die wuchtige russische Sommeroffensive gegen die Heeresgruppe Mitte los. Bereits nach kurzen Gefechten zum Rückzug gezwungen, übernahm Lemm während den unübersichtlichen Absetzbewegungen die Führung der Nachhut.
Während Dutzende Divisionen der Heeresgruppe aufgerieben und Teile der 9. Armee (Jordan) bei Bobruisk eingekesselt wurden, erhielt die 12. Infanteriedivision Befehl, die Stadt Mogilew um jeden Preis zu halten. Doch dies war angesichts zweier angreifender sowjetischer Armeen völlige Utopie!
Als starke sowjetische Kräfte auch südlich der 12. ID durchbrachen und riesige Panzerkolonnen Richtung Minsk rollten, setzte sich die bereits stark dezimierte Division gerade noch rechtzeitig nach Nordwesten ab.
Vorbei am Kessel von Bobruisk und dem brennenden Minsk, erreichten die Reste der Division schließlich die deutschen Linien an der ostpreußischen Grenze!
Da Hitler persönlich jedoch die Räumung von Mogilew verboten hatte, wurde ein Überprüfungsverfahren gegen sämtliche höhere Offiziere der 12. ID eingeleitet – also auch gegen Lemm! Dieses wurde jedoch auf Initiative des zuständigen Korpskommandeurs bald abgebrochen.
Die Grenadiere hatten in Folge noch monatelange Stellungs- und Abwehrschlachten zu überstehen, ehe die schwer zerrüttete 12. ID im Herbst aus der Front genommen und ins Hinterland verlegt wurde.

Nun konnte der hartgesottene Major endlich eine erlittene Schulterprellung sowie diverse Beschwerden durch alte Verwundungen auskurieren.
Die Division wurde schließlich als Volksgrenadierdivision neu aufgestellt und an die Westfront verlegt. Hierbei machte sich Major Lemm alle Ehre, als er eigenmächtig eine in seinen Abschnitt verlegte Heeres-Bewährungseinheit einfach in sein Regiment eingliederte und durch die Vernichtung der belastenden Personalakten der Männer vielen ein Überleben ermöglichte!

Unter dem Oberbefehl der 6. SS-Panzerarmee (Dietrich) trat die 12. VGD im I. SS-Panzerkorps (Prieß) zur letzten deutschen Offensive im Westen an. Zusammen mit der SS-"*Leibstandarte*", der SS-"*Hitlerjugend*" und der 3. Fallschirmjägerdivision kämpfte die Division - mit Lemms bewährtem Regiment an der Spitze, im Nordabschnitt der Ardennen. Durch starken Widerstand der US-Truppen, fehlenden Nachschub und schlechtes Wetter konnte das Ziel des Korps, das Erreichen der Maas zwischen Lüttich und Namur, jedoch nicht einmal annähernd erreicht werden.
Nach den Rückzugskämpfen zum Westwall wurde die 12. Volksgrenadierdivision unter dem Oberbefehl der 7. Armee am Rhein, in Aachen und der Eifel eingesetzt. Der Kommandeur von Lemms I. Bataillon, Hauptmann Claus Breger, erhielt für seine Verdienste um Aachen das 700. Eichenlaub (postum) verliehen. Der Kommandeur der erfolgreichen 12. VGD, Generalmajor Gerhard Engel, erhielt diese hohe Auszeichnung im Dezember 1944. Mit insgesamt 24 Ritterkreuz- und 8 Eichenlaubträgern war die 12te übrigens eine der höchstdekorierten Infanterieeinheiten des Krieges!
Nachdem amerikanische Truppen bei Remagen durchgebrochen waren, wurde die gesamte Heeresgruppe B mit mehreren Divisionen endgültig im Dreieck Dortmund-Düssendorf-Köln überflügelt und eingekesselt! Obwohl die deutschen Verbände tapfer Widerstand leisteten, war ein Ausbruch oder Hilfe von außen nicht möglich. Wiederholt führte Oberstleutnant (01.11.44) Lemm seine Kampfgruppen noch zu örtlichen Abwehrerfolgen.
Für seine außerordentlichen Verdienste in der Regimentsführung erhielt Oberstleutnant Heinz-Georg Lemm auf Antrag von GFM Walter Model am 15. März 1945 die Schwerter zum Ritterkreuz mit Eichenlaub verliehen. Wenig später wurde der über enorme Führungsqualitäten verfügende Offizier mit erst 25 Jahren(!) zum jüngsten Oberst des gesamten deutschen Heeres befördert!
Als ihm seine Offiziere zur hohen Auszeichnung gratulierten, entgegnete Lemm trocken: „1000 Schuß für unsere Artillerie oder fünf Sturmgeschütze wären mir lieber gewesen!“
Im April 1945 geriet der junge Oberst bei einem persönlichen Spähtruppunternehmen in US-Gefangenschaft, seine Division kapitulierte nur Stunden darauf.
Nachdem dieser außergewöhnliche Frontoffizier zehn Monate lang in amerikanischer Kriegsgefangenschaft gewesen war, wurde er freigelassen jedoch kurz darauf von russischen Soldaten aufgegriffen und erneut in Haft genommen! Erst 1950 kehrte Lemm endgültig in seine Heimat zurück!

1957 wieder in die Bundeswehr eintreten, stieg Heinz-Georg Lemm 1963 zum Brigadegeneral auf und kommandierte bis 1965 die Panzergrenadierbrigade 7 der 3. Panzerdivision in Hamburg. Ab 1970 bereits Generalmajor, befehligte er in Folge die 5. Panzerdivision in Diez, ehe er 1974 als Generalleutnant Chef des Truppenamtes der Bundeswehr wurde! Ausgezeichnet mit dem Großen Bundesverdienstkreuz mit Stern sowie dem amerikanischen Legion of Merit trat Lemm 1979 in den Ruhestand und wurde als Nachfolger des ehemaligen Schwerterträgers Horst Niemack Ehrenpräsident der Ordensgemeinschaft der Ritterkreuzträger e.V!
Dem Ring deutscher Soldatenverbände stand er bis 1985 als Präsident, bis 1988 als Ehrenpräsident vor.
1992 heiratete Lemm im stolzen Alter von 73 Jahren erneut und verstarb zwei Jahre darauf.

Anmerkung des Autors:

Für seine freundliche Unterstützung in Bezug auf Lemms Bundeswehrkarriere bin ich Herrn Brigadegeneral a.D. Horst Scheibert sehr zu Dank verpflichtet.

Für die Bereitstellung des Fotos bin ich Hrn. Peter Stockert sehr zu Dank verpflichtet.

Oberst

HELMUT LENT

* 13.06.1918 in Pyrehne/Brandenburg
+ 07.10.1944 bei Paderborn/Westfront

Ritterkreuz		30.08.1941
Eichenlaub	(098)	06.06.1942
Schwerter	(032)	02.08.1943
Brillanten	(015)	31.07.1944

Frontflugspange für Zerstörer in Gold
Frontflugspange für Nachtjäger in Gold mit Anhänger Einsatzzahl "300"
Flugzeugführer- und Beobachterabzeichen
Sechsmalige Nennung im Wehrmachtsbericht
Narvikschild
Ehrenpokal der Luftwaffe
Deutsches Kreuz in Gold
Verwundetenabzeichen in Silber

"Erster Nachtjäger der Welt mit 100 Abschüssen!"

Helmut Lent wurde, wie etwa auch Hans-Ulrich Rudel, Johannes Mayer und Gotthard Heinrici, als Sohn eines Geistlichen geboren. Gegen den Wunsch seines Vaters entschied sich der begeisterte Segelflieger im Jahre 1936 für den Beruf des Soldaten. Als Offiziersanwärter trat Lent in die Luftwaffe ein, wo er zuerst zum Jagdflieger und dann zum Zerstörerpiloten ausgebildet wurde, bei Kriegsbeginn diente er als Leutnant und Flugzeugführer im Zerstörergeschwader 76 in Olmütz.

Bereits am zweiten Tag des Zweiten Weltkrieges traf Lent während eines Feindfluges über Polen auf einen feindlichen Jäger. Obwohl mit seiner tonnenschweren, zweimotorigen Me-110 dem kleinen, wendigen Gegner unterlegen, gelang ihm hier sein erster Luftsieg - als er kurz darauf weiters einige Maschinen am Boden in Brand schoss, erhielt er das Eiserne Kreuz 2. Klasse verliehen.

Im Dezember 1939 gehörte Lents Staffel zu jenen Einheiten, die zusammen mit einer Jagdgruppe über der Deutschen Bucht große Erfolge gegen britische Bomber verbuchen konnten. Einer der hier eingesetzten Me-109-Piloten war der spätere Schwerterträger Johannes Steinhoff, welcher 1966 Inspekteur der Bundesluftwaffe wurde. An diesem Tag schoss Lent drei Bomber ab! Im April 1940 konnte Lent über Dänemark und Norwegen vier weitere Feindmaschinen abschießen, so dass er bei dem für einen Me-110-Piloten außergewöhnlichen Ergebnis von 7 Siegen angelangt war*[56]* und das Eiserne Kreuz 1. Klasse erhielt.

Trotz seiner Erfolge als Zerstörerpilot wollte Lent nach 110 Einsätzen nicht länger tagsüber mit der Me-110 fliegen. Als ein Ansuchen um Versetzung zum Jagdfliegerkorps abgelehnt wurde, entschied er sich für das neue, noch im Aufbau befindliche Nachtjägerkorps - eine Entscheidung, die ihn innerhalb von vier Jahren an die Spitze dieses Waffenkorps führen sollte.

Im Jänner 1941 übernahm Oberleutnant Lent die 6. Staffel im ersten Nachtjagdgeschwader der Luftwaffe, das von Wolfgang Falck*[57]* kommandiert wurde. Anfangs gegenüber der Nachtjagd sehr skeptisch, überredete ihn Falck zu einer "Probezeit" - wenn es ihm nach einem Monat immer noch nicht zusage, würde er (Falck) einer Versetzung zustimmen. Nach Ablauf dieser Frist blieb Lent schließlich doch.

Zusammen mit Falck und anderen Piloten dieses anfangs als unbedeutend angesehenen Waffenkorps entwickelte Lent die ersten brauchbaren Verfahren für den nächtlichen Abfangeinsatz gegen britische Bomber.

Als Lent am 11. Mai 1941 zu seinem ersten Nachtkampfeinsatz abhob, konnte er sich weder auf ein brauchbares Bordradar, noch auf größere Unterstützung vom Boden aus verlassen. Trotzdem fand er einen gemeldeten Verband britischer Bomber und schoss zwei Lancaster ab! In den folgenden Monaten erhielt das NJG 1 immer mehr Unterstützung und bessere Geräte, so dass Lent während der britischen Bomberoffensive gegen Norwegen 12 viermotorige Bomber abschießen konnte - er war der bis dahin beste Nachtjäger der Welt geworden! Ende August 1941 war er bei insgesamt 8 Tag- und 14 Nachtsiegen angelangt. Für diese Erfolge und seine Pionierarbeit erhielt er als zweiter Nachtjäger das Ritterkreuz zum Eisernen Kreuz verliehen. Im November schoss Lent bereits seinen 20. Luftkampfgegner ab.

In den kommenden Monaten verbesserte Lent die verwendeten Taktiken, arbeitete zusammen mit Falck, Streib und Kammhuber*[58]* Vorschläge für ein Bodenradarnetz aus und testete neue Waffensysteme für das Nachtjägerkorps. Zusätzlich wurden immer weitere Nachtjagdgruppen aufgestellt, die vor allem Zustrom von den Me-110-Veteranen erhielten. Tagsüber gehörte der schwerfällige Zerstörer bereits zum alten Eisen, nachts wurde er jedoch wieder gefürchtet.
Ab November 1941 Kommandeur der II. Gruppe im NJG 2, flog Hauptmann Lent jede Nacht gegen britische Bomberverbände über Holland, Belgien und Deutschland. Während seiner Einsätze entdeckte er auch, dass man durch den Abschuss des sogenannten Zeremonienmeisters*[59]* den gesamten Angriff zum Scheitern bringen konnte. In den schweren Abwehrschlachten konnte er sich zu dieser Zeit auf drei Staffelkapitäne verlassen, die ganz besonders erfolgreich waren bzw. noch sein sollten. Rudolf Schoenert, Egmont von Lippe-Weissenfeld und Ludwig Becker erzielten insgesamt 159 Abschüsse und erhielten im Laufe der Zeit alle das Eichenlaub zum Ritterkreuz!
Im Juni 1942 erhielt Lent nach insgesamt 42 Abschüssen als erster Nachtjäger das Eichenlaub verliehen, einige Zeit später wurde der erst 24jährige zum Major befördert! Die Taktiken und Erkenntnisse des Nachtjagdexperten wurden zum Grundstein der Nachtjägerschulung. Auch auf der anderen Seite des Ärmelkanals wurde Lent durch abgefangene Funksprüche und Radiomeldungen allmählich zum Begriff.
Im Oktober wurde Lents II. Gruppe aus dem NJG 2 ausgegliedert und als IV. Gruppe dem NJG 1 unterstellt.
Das Offizierskasino der Gruppe war inzwischen bereits durch unzählige "Erinnerungsstücke" des harten Einsatzes geschmückt - zerschossene Seitenruder, gefundene Wrackteile britischer Nachtbomber oder ähnliches. Makaber-beeindruckendes Prunkstück der Sammlung war ein britischer Fliegerhandschuh, der sich während eines nächtlichen Einsatzes im Leitwerk von Lents Messerschmitt verheddert hatte. Offenbar stammte er von einem Besatzungsmitglied einer abgeschossenen Lancaster!
Diese schweren britischen Bomber litten besonders unter den deutschen Nachtjägern.
Ab Sommer 1942 wurden die Nachtjagdstaffeln mit dem sgn. Funkmessgerät FuG-202 ausgerüstet, welches in der Testphase u.a. durch Lent erprobt worden war. Dieses erste Bordradar ermöglichte es einem Nachtjäger, nachdem er durch die Bodenradarleitstelle an den Bomberpulk herandirigiert worden war, ein Ziel auf bis zu drei Kilometer genau zu orten. Diese revolutionäre technische Neuerung ließ die Abschusszahlen des Nachtjägerkorps emporschnellen. Im Herbst 1943 folgte mit dem weiterentwickelten SN-2 FuG-220 ein noch leistungsfähigeres Modell.
Obwohl sich Lents Aufgabe in schwärzester Nacht abspielte, war der Auftrag eines Nachtjägers nicht minder gefährlich als der Einsatz als Jagdpilot bei Tage. Die alliierten Bomber waren schwerst bewaffnet, verfügten ab 1943 über akustische Radar-Warngeräte und wurden bereits früh von Nacht-Begleitjägern eskortiert. Einmal wurde Lent während eines Einsatzes von so einem Mosquito-Begleitjäger geortet, überrumpelt und abgeschossen.
Verwundet und für einige Augenblicke sogar bewusstlos, konnte Lent die zerschossene Maschine wieder unter Kontrolle bringen und sicher notlanden.
Im Spätsommer 1943 stand Major Lent noch immer an der Spitze der Nachtjäger-Asse - seine schärfsten Konkurrenten waren die erfolgreichen späteren Schwerterträger Streib und von Sayn-Wittgenstein.
Lent war nicht nur auf kämpferischer, sondern auch auf technischer und taktischer Ebene ein Spitzenkönner. Neben seinen vielen Siegen führten auch diese Gründe am 2. August 1943 zur ersten Verleihung der Schwerter zum Ritterkreuz mit Eichenlaub an einen Nachtjäger. Im Alter von 25 Jahren wurde Helmut Lent nun als einer der jüngsten Offiziere zum Oberstleutnant befördert. Einen Tag vor der erneuten Auszeichnung hatte er das Nachtjagdgeschwader 3 als Kommodore übernommen. Im Dezember 1943 erhielt Lents langjähriger Bordfunker und Radarbeobachter, Leutnant Walter Kubisch, nach über 200 Einsätzen für seinen Anteil an den Abschusserfolgen das Ritterkreuz zum Eisernen Kreuz verliehen. So hatte das eingespielte Team am 23. August in einem Einsatz drei schwere Bomber abgeschossen.
Im Oktober wurde Lent während eines Einsatzes durch Bomber-Abwehrfeuer zum mittlerweile dritten Mal verwundet, als ihm eine Kugel durch die linke Hand drang. Zur Jahreswende 1943/44 verschlechterte sich die Lage für die Nachtjäger zusehends. Die Feindverbände und ihr Begleitschutz wurden immer stärker. Manchmal kam es vor, dass sich Lent an der Spitze von nur 30 Maschinen einem 500-Maschinen-Pulk entgegenwerfen musste - im Gegensatz zu den Tagjägern konnten die Nachtjäger jedoch nicht im Verband operieren, sondern mussten einzeln angreifen.
Am 27. Juli 1944 war so ein Tag. Ein erst sehr spät gemeldeter Bomberverband aus England war auf Stuttgart angesetzt. Ein aufgrund der späten Meldung sehr verärgerter Lent rannte zu seiner Maschine und führte seine Piloten zur errechneten Abfangposition. Im Verlauf des Kampfes David gegen Goliath brachte er seinen 96. bis 100. Gegner zum Absturz - er war der weltweit erste Nachtjäger, der diese magische Marke erreichte! Nur drei Jahre zuvor war dies dem Brillantenträger Werner Mölders zum ersten Mal am Tage geglückt!

Am 31. Juli erhielt Oberstleutnant Lent als 15. Soldat, 9. Luftwaffenangehöriger und 1. Nachtjäger die Brillanten zum Ritterkreuz mit Eichenlaub und Schwertern verliehen. Im Juni war Lent für seine Abschusserfolge zum bereits fünften Mal namentlich im Wehrmachtsbericht genannt worden.

Nachdem der bisherige Kommandeur des Nachtjägerkorps Kammhuber von Göring abgelöst worden war und der General der Jagdflieger Galland seitdem zusätzlich belastet war, wurde gemunkelt, Lent würde diesen hohen Posten nun übernehmen. Die wäre sicher eine interessante Herausforderung für den jungen Offizier gewesen, doch es kam nicht dazu.

Aufgrund seiner hohen Auszeichnung wurde der herausragende Nachtjäger von höchster Stelle mit einer Feindflugeinschränkung belegt, die nur noch wenige Einsätze im Monat zuließ.

Am 5. Oktober 1944 startete Lent zu einem Tagflug nach Paderborn. Der Flug verlief ohne Probleme, der erfahrene Flieger setzte zur Landung an, als es ohne Vorwarnung zu dem Unglück kam. Die Me-110 streifte eine schwer erkennbare Hochspannungsleitung. Ein Motor fiel aus, die Maschine verlor in wenigen Sekunden massiv an Höhe und schlug schließlich knapp vor der Landebahn auf! Lent und Kubisch überlebten schwerst verletzt, für den Bordschützen und einem mitgeflogenen Kriegsberichterstatter der Luftwaffe kam aber jede Hilfe zu spät, sie waren auf der Stelle tot.

In einem Lazarett kämpften mehrere Ärzte zwei Tage um das Leben des Brillantenträgers. Am 7. Oktober starb der Sieger in 102 Nacht- und 8 Taggefechten, ohne das Bewusstsein wiedererlangt zu haben. Kubisch, an 80 Luftsiegen beteiligt(!), war noch am Tag des Absturzes gestorben.

Unter seinen 102 Nachtsiegen befanden sich nicht weniger als 61 der schwerbewaffneten viermotorigen Bomber, zwei davon hatte der erstklassige Schütze einmal mit nur 22 Schuss seiner Kanonen erledigt!! Die Abschüsse 64 bis 102 hatte er in den letzten 46 seiner insgesamt 520 Feindflügen (Tag und Nacht) erzielt!

Lent wurde später noch postum zum Oberst befördert.

Im Oktober 1984, fast vierzig Jahre nach Kriegsende, ehrte die Bundesluftwaffe den großen Nachtjäger nachträglich mit der "Lent-Kaserne" in Rothenburg.

Generalfeldmarschall

ERICH VON LEWINSKI, genannt von Manstein

* 24.11.1887 in Berlin
+ 10.06.1973 in Irschenhausen

Ritterkreuz		19.07.1940
Eichenlaub	(209)	14.03.1943
Schwerter	(059)	30.03.1944

Hohenzollernorden mit Schwertern
Bayrisches Militärverdienstkreuz 2. Klasse
Krimschild (in Gold)
Achtmalige Nennung im Wehrmachtsbericht
Auszeichnung des ungarischen Heeres
Auszeichnung des rumänischen Heeres
Verwundetenabzeichen in Bronze

"Strategiegenie der Wehrmacht"

Mehr als einmal verblüffte Erich von Manstein während des Zweiten Weltkrieges durch seine brillante taktische Stabsarbeit. Als "strategisches Genie" und "gefährlichster Gegner der Alliierten" bezeichnet, wird er von namhaften Historikern und Militärexperten als bester Stabsoffizier der Wehrmacht genannt. Der bekannte Marschall Malinowski, 1956/57 Oberbefehlshaber aller sowjetischen Landstreitkräfte, sagte über seinen einstigen Gegner: "Es wäre schlecht um uns bestellt gewesen, wenn mehrere deutsche Generäle sein Format gehabt hätten."
Sogar die New York Times ehrte den berühmten deutschen Truppenführer 1943 einmal mit einem Titelbild.

Als Sohn des Generals Eduard von Lewinski geboren, wurde Erich gemäß einer Absprache von der kinderlosen Schwester der Mutter und deren Ehemann, Generalleutnant von Manstein, adoptiert. Aufgrund dieser Tatsache führte der große Stratege beide Nachnamen. Im Jahre 1906 als Offiziersanwärter in die preußische Armee eingetreten, erlebte von Manstein die ersten beiden Jahre des Ersten Weltkrieges als Offizier im 2. Garde-Reserveregiment im Westen (u.a. Namur) und Osten (Masurische Seen, Polen). Nach einer schweren Verwundung kam er ab Juli 1915 im Generalstab der 1. Armee im Westen zum Einsatz. Die Kapitulation 1918 erlebte der Hauptmann im Stab der 213. Sturmdivision. Sein Stiefvater und dessen Bruder waren übrigens beide mit dem Pour-le-Mérite ausgezeichnet worden und setzten somit die große Familientradition – im 20. Jahrhundert hatten es nicht weniger als sieben von Lewinskis zum General gebracht - würdig fort.
Im kleinen Offizierskorps, das Deutschland im Friedensvertrag zuerkannt bekam, befand sich auch von Manstein. Nach verschiedenen Stabsstellen wurde er 1928 als Major Gruppenleiter im Truppenamt des Reichswehrministeriums. Anfang der Dreißigerjahre konnte sich von Manstein während einer Studienreise durch die UDSSR umfassende Eindrücke über die Rote Armee verschaffen, 1933 erfolgte die Beförderung zum Oberst, nachdem von Manstein u.a. Kommandeur des Jägerbataillons im IR 4 gewesen war. Bereits ein Jahr darauf war er Kommandeur des Wehrkreises Berlin, 1935 als Generalmajor bereits Chef der Operationsabteilung im Oberkommando des Heeres! Nach einer beeindruckenden Karriere und zeitweiliger Verwendung als stellvertretender Chef des Generalstabes wurde von Manstein 1938 als Nachfolger von Generalleutnant Hoth neuer Kommandeur der 18. Infanteriedivision.
Während des Polenfeldzuges zeichnete sich von Manstein als Stabschef der Heeresgruppe Süd unter Generaloberst von Rundstedt aus, ehe er seinem Vorgesetzten im Oktober 1939 als Ia in die Heeresgruppe A folgte. Den Truppen dieses Großverbandes war im Westfeldzug die entscheidende Aufgabe zugedacht worden: die Eroberung von Belgien sowie der schnelle Durchbruch nach Nordfrankreich. Für diesen Zweck standen dem Gespann Rundstedt-Manstein nicht weniger als 45 Infanterie- und 7 schlagkräftige Panzerdivisionen zur Verfügung!
In seiner Eigenschaft als Stabschef arbeitete Generalleutnant von Manstein den später berühmten "Sichelschnitt-Plan"*[60]* aus und konnte sich hierbei gegen mächtige Gegenstimmen aus dem Oberkommando des Heeres durchsetzten. Denn einige hohe Truppenführer wollten, allen Erfahrungen aus den Jahren 1914/18 zum Trotz, genau wie im Ersten Weltkrieg angreifen! Doch der "Sichelschnitt"-Plan war moderner, kühner und besser...

Durch den Einsatz von Pionieren wurden Straßen in die schwer passierbaren Wälder der Ardennen gerodet. Die nachfolgenden Panzer- und Infanterieverbände griffen nach schnellen Vorstößen durch Belgien die Linien zwischen Sedan und Namur frontal an. Der nach dem Ersten Weltkrieg angelegte Festungsgürtel der Maginotlinie *[61]* wurde so umgangen und die verwundbare Nordflanke der Alliierten völlig aufgerissen. Das Ergebnis dieses Planes war die Niederwerfung Frankreichs - das angeblich die stärkste und größte Armee Europas besessen hatte - innerhalb von nur 43 Tagen!!

Den eigentlichen Westfeldzug erlebte von Manstein seltsamerweise nicht als von Rundstedts Stabschef, sondern als Kommandierender General des XXXVIII. Armeekorps. Dieses führte er erfolgreich an der Somme, bei Vernon, Dreux und während den Vormarschgefechten an der unteren Loire.

Als klare Folge für seine überwältigende taktische Leistung erhielt Erich von Manstein im Juli 1940 das Ritterkreuz und die Beförderung zum General der Infanterie.

Für die erste Phase des Russlandfeldzuges übernahm von Manstein das LVI. Panzerkorps, mit dem er im Verband der Heeresgruppe Nord aus Ostpreußen heraus vorstieß. Nach Offensivgefechten in Litauen und Lettland konnte er durch eine wuchtige Gegenoffensive im August 1941 die 34. sowjetische Armee südlich des Ilmensees vernichten und wurde im September im Alter von 53 Jahren als Nachfolger für den gefallenen Generaloberst Ritter von Schobert zum Oberbefehlshaber der 11. Armee im Südabschnitt ernannt.

Nach schweren Gefechten am Dnjepr und bei Perekop erreichten seine Truppen im Oktober den Nordübergang zur Krim. Während das Zentrum der Halbinsel schnell besetzt werden konnte, waren die sowjetischen Truppen in der am Südwestzipfel gelegenen Hafenstadt Sewastopol zur verbissenen Verteidigung entschlossen. Dieser damals als stärkste Festung der Welt(!) geltende Hauptstützpunkt der russischen Schwarzmeerflotte wurde von etwa 200.000 Mann verteidigt, verfügte über ausgedehnte Grabennetze, Großraumbunker, mächtige Artillerie- und Festungswerke sowie beträchtliche Minenfelder!

So scheiterte im Winter 1941 auch ein erster Versuch von fünf deutschen Divisionen, die äußeren Festungswerke im Sturm zu nehmen unter hohen Verlusten.

Also begann von Manstein mit der Belagerung der Stadt. Eine beachtliche Streitmacht von zeitweise bis zu 12 Divisionen wurde zusammengezogen, das VIII. Fliegerkorps unter Generaloberst von Richthofen sorgte für die Luftunterstützung, 600 Geschütze, zum Teil schwersten Kalibers, wurden in Stellung gebracht! Die Kriegsmarine blockierte Sewastopols Seeseite - die Materialschlacht begann.

Über fünf Monate lang wurden die russischen Verteidigungsstellungen und Festungswerke mit Bomben und Granaten bepflastert. Die Infanterie arbeitete sich unter großer Anstrengung und hohen Opfern langsam von einem Bunker über den nächsten vor, Grabenlinie um Grabenlinie musste erstürmt, um einen einzelnen Unterstand oft tagelang gekämpft werden! Das Schlachtszenario glich der berüchtigten "Hölle von Verdun" des Ersten Weltkrieges.

Am 7. Juni 1942 waren von Mansteins Truppen endlich soweit vorgedrungen, dass ein erneuter Sturmangriff einen Sinn hatte. Nach stundenlangem Trommelfeuer traten die Divisionen erneut zum Großangriff an, Stukas und Bomber flogen Tag und Nacht, die Artillerie verschoss zehntausende von Granaten.

Am 30. Juni war alles vorbei, der sowjetische Kampfkommandant gab den Widerstand auf und versuchte die Reste seiner Garnison über See her zu evakuieren. Am 3. Juli ergaben sich die letzten 100.000 Rotarmisten, der Kampf um Sewastopol - eine der härtesten Schlachten des Krieges - war nach über 250 Tagen Belagerung vorbei.

Für diesen großen Sieg wurde Generaloberst (07.03.42) von Manstein am 01.07.42 im Alter von erst 54 Jahren zum Generalfeldmarschall befördert!

Im Mai 1942 hatten seine Truppen am anderen Ende der Krim, an der sgn. Landenge von Kertsch, einen weiteren großen Sieg errungen und im Zuge des Unternehmens "Trappenjagd" zwei sowjetische Armeen zerschlagen und dabei 170.000 Gefangene gemacht!

Unmittelbar nach dem Sieg von Sewastopol sollte Erich von Manstein einen solchen auch im Nordabschnitt der Ostfront erringen und das seit dem Winter 1941 eingeschlossene Leningrad endlich in die Knie zwingen. Die Angriffspläne waren schon so gut wie fertig, als das Unternehmen schließlich abgeblasen werden musste.

Am 22.11.42 wurde von Manstein zum Oberbefehlshaber der Heeresgruppe Don, (Ia GenMaj. Friedrich Schulz) ernannt, die später wieder in HGR Süd umbenannt wurde. Wenige Wochen zuvor hatte er seinen ältesten Sohn Gero verloren, der als Infanterie-Leutnant im Osten gefallen war.

Während der schweren Krise von Stalingrad zum Jahreswechsel 1942/43 sollte das operative Genie erneut die Kastanien aus dem Feuer holen. Als Oberbefehlshaber der Heeresgruppe Don konnte er jedoch nach dem fehlgeschlagenen Rettungsversuch von Schwerterträger Hermann Hoth nur noch eine Frontbegradigung durchführen. Obgleich dieses Unternehmen der Wehrmacht weitere unnötige Opfer in diesem Sektor ersparte und von Manstein für seine Verdienste an der Ostfront (spät) das 209. Eichenlaub erhielt, zog er sich den Unmut Hitlers zu. Obwohl mit seinen erschöpften Truppen den anstürmenden russischen Armeen unterlegen, gelang von Manstein im Frühjahr 1943 die Rückeroberung von Charkow, wobei die Rote Armee Dutzende Divisionen einbüßte.

Im Juli trat die Hauptmacht der Heeresgruppe nach monatelanger, vermeintlich geheimer Vorbereitung und Planung, mit geballter Kampfkraft zur großen Sommeroffensive an. Mit der 9. Armee (Model) aus dem Norden und der 4. Panzerarmee (Hoth) aus dem Süden vorstoßend, sollte der Frontbogen von Kursk eingekesselt und mehrere sowjetische Armeen zerschlagen werden. Dieser Sieg sollte das operative Gleichgewicht im Südabschnitt zugunsten der bedrängten Wehrmacht verschieben.
Doch auch massiver Einsatz von kampferfahrenen Divisionen, ein Großaufgebot an Panzern, Flugzeugen und Geschützen sowie die Klasse der eingesetzten Truppenführer vermochten nicht zum Erfolg beizutragen. Der Roten Armee waren die großangelegten Aufmarschbewegungen nicht verborgen geblieben, die Stellungen um Kursk deshalb massiv verstärkt worden! Selbst die Elite-Divisionen der Heeresgruppe Süd blieben nach wenigen Tagen im Abwehrfeuer liegen. GFM von Manstein brach die Offensive schließlich ab.
Es folgten harte Rückzugs- und Stellungsschlachten am Donez und Dnjepr.
Doch von Mansteins bewegliche Kampfführung, die auch Rückzüge zur Stärkung der eigenen Lage gut hieß, stieß immer mehr auf Hitlers Unmut. Immer öfter verbot der Führer einfach solche Unternehmen, überstimmte mit unsachlichen Argumenten den erfahrenen Truppenführer und pochte auf seinen selbstgestrickten Ruf des "allwissenden, größten Feldherren aller Zeiten". Wie demütigend muss es für einen preußischen Generalfeldmarschall gewesen sein, sich von einem ehemaligen Gefreiten derart behandeln zu lassen!

Als die sowjetischen Streitkräfte im März 1944 mit vier großen Heeresgruppen die gesamte Südfront massiv attackierten und umfangreiche Einbrüche erzielten, wurde GFM von Manstein von Hitler nach bereits längeren Streitigkeiten über die operative Führung im Osten abgesetzt und durch Walter Model ersetzt! Die letzte couragierte Tat des Generalfeldmarschalls von Manstein war die Rettung der in Kamenez-Podolsk eingekesselten 1. Panzerarmee gewesen. Denn die von Hitler wie üblich anfangs verweigerte Ausbruchsgenehmigung hatte er durch massiven Druck seinerseits doch noch erreicht.
Aufgrund seiner umfassenden Verdienste an der Russlandfront wurde von Manstein jedoch mit den 59. Schwertern zum Ritterkreuz mit Eichenlaub dekoriert.
Da der Feldmarschall nicht zu den sogenannten "Stehern" gehörte, die Hitler in den letzten Kriegsjahren wollte, wurde der hervorragende Stratege bis Kriegsende nicht mehr eingesetzt!! Selbst als die Westalliierten in Frankreich landeten und immer weiter Richtung Deutschland vorrückten, wurde die Rückkehr des bei der Truppe sehr populären Heerführers nicht erwogen. Neben seinem militärischen Wirken ist - besonders in der Zeit nach seiner Absetzung - auch von Mansteins Verhältnis zum Militärischen Widerstand ebenso interessant wie teilweise rätselhaft. Bereits unmittelbar nach der Stalingrad-Katastrophe durch Graf Schenk von Stauffenberg *[07]* persönlich aufgesucht und offen auf den Widerstand gegen Hitlers verantwortungslose Kriegsführung angesprochen, reagierte der Generalfeldmarschall nur wage.
Zu sehr seinem Rang und seinem Eid als Offizier verbunden, lehnte von Manstein den "Beitritt" in den Widerstand auch dann noch ab, als seine Bemühungen, die Front zu stabilisieren immer wieder durch Hitlers unsachliche Einmischungen torpediert wurden. Und selbst als ihn dieser endgültig absetzte, war von Manstein nicht zu diesem Schritt bereit. Andererseits ist ihm hoch anzurechnen, jegliches Wissen über Graf von Stauffenberg und den Widerstand stets für sich behalten zu haben!

Im Jahre 1949 wurde von Manstein durch ein britisches Militärgericht wegen Weitergabe des Kommissarbefehls *[36]* zu 18 Jahren Haft verurteilt und ins Zuchthaus Werl gebracht. Weiters wurde ihm, teilweise zurecht, vorgeworfen, offensichtliche Tätigkeiten von SS-Einsatzgruppen in den hinteren Frontabschnitten ignoriert und somit stillschweigend gebilligt zu haben. Als ihm 1942 Massenerschießungen im Hinterland seiner Armee gemeldet worden waren, hatte von Manstein diese Behauptungen einfach als Falschmeldung abgetan und nicht überprüft.
1953 erfolgte die krankheitsbedingte Entlassung des ehemaligen Generalfeldmarschalls. Unter anderem war diese vorzeitige Freiheit auch auf Initiative von Winston Churchill zurückzuführen! Noch während seiner Haftzeit verfasste Erich von Manstein unter dem sehr treffenden Titel "*Verlorene Siege*" seine vielbeachteten Memoiren.
In den Sechzigerjahren wurde Erich von Manstein als einziger Feldmarschall der ehemaligen Wehrmacht von der Bundesregierung als Berater für die Wiederbewaffnung Deutschlands herangezogen. Die Grundstruktur der Bundeswehr ging auf seine Vorschläge zurück.
Als der großartige Stratege 1973 verstarb, hielten Offiziere der wiederauferstandenen Bundeswehr die Ehrenwache. Sein Schwiegersohn Heinrich von Lingenthal-Zachariae, 1943 als Hauptmann im Panzerregiment 15 mit dem Ritterkreuz beliehen, stieg hier 1971 zum Brigadegeneral auf.

Kapitän zur See

WOLFGANG LÜTH

* 15.10.1913 in Riga/Lettland
+ 14.05.1945 in Flensburg-Mürwik

Ritterkreuz		24.10.1940
Eichenlaub	(142)	13.11.1942
Schwerter	(029)	15.04.1943
Brillanten	(007)	09.08.1943

Spanienkreuz in Bronze
U-Boot-Frontspange 1939
U-Boot-Kriegsabzeichen in Gold mit Brillanten
Zweimalige Nennung im Wehrmachtsbericht
Ehrendolch der Kriegsmarine (?)
Italienisches Kriegskreuz mit Schwertern

"Nach 17 Feindfahrten irrtümlich erschossen!"

Wolfgang Lüth studierte drei Semester Jura, ehe er die Universität verließ und 1933 als Offiziersanwärter in die Kriegsmarine eintrat. Hier diente Lüth während seiner Kadettenzeit auf den Ausbildungsschiffen *Gorch Fock* und *Karlsruhe*, nach dem Ablegen der Seeoffiziers-Hauptprüfung wurde er im Oktober 1936 zum Leutnant zur See befördert. Während des Spanischen Bürgerkrieges nahm Lüth auf Überwasserschiffen an Patrouillen- und Geleiteinsätzen vor der spanischen Ostküste teil. Wenig später folgte die Versetzung zur U-Boot-Waffe.
Bei Kriegsbeginn 1. Wachoffizier auf *U-38* unter dem späteren Eichenlaubträger Heinrich Liebe, übernahm der Oberleutnant z.S. im Dezember 1939 mit *U-9* (Typ IIB) sein erstes eigenes Kommando.
Das Boot blickte auf eine lange, erfolgreiche Tradition aus dem Ersten Weltkrieg zurück und trug noch aus dieser Zeit ein Eisernes Kreuzes als Ehrenzeichen auf dem Turm. Lüths damaliger L.I., Oberleutnant z.S. Karl-Heinz Wiebe, sollte 1944 auf *U-178* das Ritterkreuz erhalten. Ein weiterer späterer Träger dieser hohen Auszeichnung war Oberleutnant z.S. Heinrich Schonder, von Jänner bis April 1940 Lüths I.WO, ab 1941 selbst mit der Führung von U-Booten betraut.

Mit *U-9* ging Lüth insgesamt fünfmal auf Feindfahrt und versenkte vor Norwegen, in der Nordsee und vor der Ostküste Englands mehrere alliierte Handelsschiffe mit 16.700 BRT. Ein seltener Erfolg war die Versenkung des französischen U-Bootes *Doris* in der Nordsee westlich der Terschellibank.
Danach als Kommandant von *U-138* (IID) zweimal auf Feindfahrt im Nordatlantik, erhielt er im Oktober 1940 für die Versenkung von insgesamt 70.000 BRT (u.a. 14.000-Tonner *New Sevilla*) das Ritterkreuz zum Eisernen Kreuz verliehen. Dies wurde ihm als einzigen Kommandanten eines Typ-II-Bootes zuteil! Im September war das Boot für seine Erfolge gegen den USA-Konvoi OB-216 bereits im Wehrmachtsbericht genannt worden.
Kurz darauf übernahm Lüth, bereits Kapitänleutnant, *U-43* (IXA), mit dem er weitere sechs Feindfahrten im Atlantik durchführte und dabei in 190 Seetagen neun Schiffe mit 55.000 BRT versenkte, darunter die *Pacific President* (7.000 BRT), *Victor Ross* (12.200 BRT) und *Skrim* (1.900 BRT). Ein weiteres Schiff, die *Orari*, wurde durch einen Torpedo getroffen, sank jedoch nicht. Nachdem Lüth aufgetaucht war, um dem 2.000-Tonner den Fangschuss zu geben, tauchten aus einer Nebelbank plötzlich drei(!) britische Zerstörer auf. Bereits unter Artilleriebeschuss liegend, gelang es *U-43* schnell auf Tiefe zu gehen und zu entkommen - die *Orari* sank inzwischen von selbst!
Aufgrund seiner Erfahrung erhielt Lüth - wie auch viele andere Top-Kommandanten - für einzelne Feindfahrten auszubildende Führungsoffiziere, sgn. Kommandanten-Schüler, an Bord versetzt, die hier sozusagen den letzten Schliff für ein eigenes Kommando erhalten sollten. Von April bis Juli 1941 fuhr so z.B. Kapitänleutnant Erich Würdemann auf *U-43* mit - 1943 wurde er als Kommandant von *U-506* mit dem Ritterkreuz beliehen.
In den ersten beiden Kriegsjahren konnten die deutschen U-Boote noch relativ unbehelligt operieren, das sollte sich jedoch später durch die allgegenwärtigen Langstrecken-Seeaufklärer des Gegners ändern und erfolgreiche Feindfahrten 1943/44 schon fast unmöglich machen. Es folgten weitere Fahrten im Atlantik, wobei Lüth seine Besatzung zu einem eingespielten Team zusammenschweißen konnte.

Berühmt wurde das sgn. "Wunschkonzert" auf Lüths Boot. Mit einem mitgeführten Plattenspieler wurden zu bestimmten Anlässen ausgesuchte Lieder über die Bordsprechanlage abgespielt. So gab es je ein Lied für schwere Sturmfahrten, für eine erfolgreiche Versenkung oder für das erlösende Auftauchmanöver. Die moralische Wirkung auf die Besatzung war so groß, dass Lüths Idee später auch auf anderen U-Booten zur Anwendung kam.

Im November 1941 entdeckte Lüth im Nordatlantik einen großen Geleitzug und konnte bis zum Eintreffen weiterer Boote Fühlung halten. Aus diesem Konvoi versenkte *U-43* die beiden 5.000-Tonner *Thornliebank* und *Ashby*.
Anfang Jänner 1942 legte Lüth ein besonderes Meisterstück ab, dass in den deutschen U-Boot-Stützpunkten noch monatelang für Gesprächsstoff sorgen sollte.
U-43 hatte sich nach stundenlanger Verfolgungsfahrt in günstiger Position vor einen gemeldeten Geleitzug auf die Lauer gelegt, als plötzlich ein Geleitzerstörer der Außensicherung in Sichtweite auftauchte - Lüth ließ tauchen, um ihn unbemerkt passieren zu lassen. Nach einiger Zeit meldete der Horchraum mehrere langsame Schraubengeräusche - das bedeutete Handelsschiffe! Lüth zögerte nicht lange und ging wieder auf Seerohrtiefe. Als er durchs Periskop blickte, sah er in der bereits hereingebrochenen Dämmerung mehrere Dampfer, Frachter und Tanker - *U-43* befand sich mitten im Geleitzug! "Diesen Happen lassen wir uns nicht entgehen!", stieß Lüth aus. Aufgrund der (für den Angreifer) günstigen Sichtverhältnisse ließ er auftauchen und suchte mit geübtem Auge drei "fette" Brocken heraus - kurz darauf waren die Torpedos unterwegs. Die *Maro* und *Chepo* wurden beide mittschiffs getroffen und sanken - zusammen 10.000 BRT. Als die *Empire Surf* getroffen wurde, explodierte die geladene Munition und ließ den 6.000-Tonner förmlich auseinanderplatzen. Bruchstücke flogen umher und beschädigten sogar den Turm von Lüths Boot!
Da der Himmel durch die Explosionen nun hell erleuchtet war, drehte *U-43* mit Höchstgeschwindigkeit ab und nahm unentdeckt Kurs Richtung Heimat.

Aufgrund seiner Erfolge und seiner Führungsqualitäten erhielt Lüth im Mai 1942 das Kommando über das IX-D2-Langstreckenboot *U-181* und den Befehl, Feindfahrten im Gebiet von Südafrika durchzuführen. Diese Langstreckenoperationen waren nur durch den Einsatz von großen Versorgungsbooten, sogenannten "Milchkühen", möglich, die Frontboote mit Treibstoff, Proviant und neuen Torpedos versorgten.
Während dieser ersten Langstreckenfahrt, die große psychische Strapazen für die gesamte Besatzung bedeutete, konnte Lüth in 128 Seetagen 12 alliierte Handelsschiffe mit 59.000 BRT versenken, darunter die *East Indian* (8.000 BRT), *Excello* (4.900 BRT), *Alcoa Pathfinder* (6.800 BRT) sowie den norwegischen 3.800-Tonner *K.G. Meldahl*.
Im November 1942 wurde Kapitänleutnant Lüth als 16. U-Boot-Offizier mit dem Eichenlaub zum Ritterkreuz sowie dem seltenen U-Boot-Kriegsabzeichen in Gold mit Brillanten dekoriert.
Von März bis Oktober 1943 operierte er ein zweites Mal in den Gewässern des Indischen Ozeans und versenkte hierbei in 206(!!) Seetagen 10 Handelsschiffe mit 45.000 BRT. Während dieser zweitlängsten Feindfahrt des gesamten U-Bootkrieges erfuhr Lüth über Funk von der Verleihung der Schwerter zum Ritterkreuz mit Eichenlaub sowie der Beförderung zum Korvettenkapitän. Immer wenn ein U-Boot-Kommandant mit einer Ritterkreuzstufe dekoriert wurde, strahlte dieser Erfolg auf seine gesamte Mannschaft zurück.
Ebenfalls auf hoher See wurde Lüth am 9. August 1943 als erster Marineoffizier mit den Brillanten zum Ritterkreuz mit Eichenlaub und Schwertern ausgezeichnet. Obwohl seine Versenkungserfolge geringer waren als die von Otto Kretschmer 1940/41, waren sie aufgrund der viel stärkeren alliierten Abwehr höher einzustufen. Lüths letzter Erfolg war der am 11. August versenkte britische Frachter *Clan McArthur* mit stolzen 10.500 BRT!
Nach seiner Rückkehr wurde Fregattenkapitän (01.01.44) Lüth zum Kommandeur der 22. U-Flottille in Gotenhafen ernannt, der Oberbefehlshaber der Kriegsmarine Großadmiral Dönitz wollte den Verlust des unersetzlichen Top-Kommandanten nicht riskieren. Insgesamt hatte Wolfgang Lüth genau 600 Seetage auf Frontbooten verbracht!
Für seine großen Verdienste während den schwierigen Langstreckenoperationen erhielt der L.I. von *U-181*, Kapitänleutnant Karl-August Landfehrmann, im Oktober 1943 auf Lüths Antrag das Ritterkreuz verliehen. Und noch ein Besatzungsmitglied des erfolgreichen Bootes wurde derart ausgezeichnet - Lüths damaliger II.WO Johann Limbach.
Während seiner Dienstzeit an Land zeichnete sich Lüth nicht nur als Stabsoffizier, sondern als Kommandeur der I. Abteilung der Marinekriegsschule Flensburg-Mürwik auch in der Ausbildung junger Nachwuchsoffiziere aus. Am 1. September 1944 wurde er zum Kapitän zur See befördert und überraschend als neuer Kommandeur der Marinekriegsschule eingesetzt.
Bei Kriegsende war Lüth mit 47 versenkten Schiffen, 17 Feindfahrten und einer Versenkungstonnage von 221.900 BRT hinter dem Schwerterträger Otto Kretschmer der zweiterfolgreichste U-Boot-Kommandant des Zweiten Weltkrieges *[62]*. Tragischerweise sollte Wolfgang Lüth das Ende des Krieges nicht lange überleben.

Am 14. Mai 1945 befand sich der hochdekorierte Marineoffizier auf der bereits britisch-besetzten Marinebasis in Flensburg-Mürwik. Hier war die Dönitz-Regierung inhaftiert, durfte jedoch von einer kleinen, bewaffneten deutschen Wachabteilung vor Übergriffen geschützt werden; ihr Kommandeur war Wolfgang Lüth.
Als dieser in jener nebligen, dunklen Nacht die deutschen Wachen überprüfte, wurde er irrtümlicherweise von einem jungen Posten für einen Eindringling gehalten. Als der Posten auf seinen Anruf keine Antwort erhielt, feuerte er ungezielt einen Schuss in Richtung des noch nicht erkennbaren, vermeintlichen Angreifers - als er näher kam, fand er den tödlich getroffenen Wolfgang Lüth! Der Kapitän zur See, Vater von vier Kindern, wurde mit Erlaubnis der britischen Besatzungsmacht als einziger Offizier der deutschen Kriegsmarine im Zuge eines Staatsbegräbnisses beigesetzt. Obwohl die Wehrmacht nicht mehr existierte, durften alle Anwesenden ihre Uniformen, Auszeichnungen und sogar Waffen tragen, die Ehrenwache um den Sarg bestand aus sechs mit dem Ritterkreuz beliehenen U-Boot-Kommandanten.

Der Unglücksschütze wurde, da er streng nach Befehl gehandelt hatte, in einem (deutschen) Marinekriegsverfahren von aller Schuld freigesprochen.

General der Panzertruppe

HEINRICH FREIHERR VON LÜTTWITZ

* 06.12.1896 in Krumpach/Schlesien
+ 09.10.1969 in Neuburg a.d. Donau

Ritterkreuz		27.05.1942
Eichenlaub	(571)	03.09.1944
Schwerter	(157)	09.05.1945

Panzerkampfabzeichen in Bronze
Nennung im Wehrmachtsbericht
Deutsches Kreuz in Gold
Verwundetenabzeichen in Gold

"Schon am zweiten Kriegstag schwer verwundet"

Heinrich von Lüttwitz trat bereits vor Beginn des Ersten Weltkrieges, der drückenden Familientradition gehorchend, in die preußische Kavallerie ein und wurde zum Offizier ausgebildet. Als Leutnant bzw. Oberleutnant im Ulanenregiment 1 nahm er an den Schlachten des Ersten Weltkrieges teil, wurde mehrmals verwundet und erhielt 1918 das Eiserne Kreuz 1. Klasse.

Nach dem Krieg verblieb Heinrich von Lüttwitz in der Reichswehr, diente in der 1. Kavalleriedivision und war 1936 als Major bereits Kommandeur der II. Abteilung im Kavallerieregiment 4. Zwei Jahre darauf ließ sich von Lüttwitz zur aufstrebenden Panzerwaffe versetzen und übernahm eine Abteilung im Aufklärungsregiment 9, 1939 kommandierte er die motorisierte Aufklärungsabteilung der 3. Panzerdivision. Als am 1. September der Blitzkrieg gegen Polen begann, stieß Oberstleutnant von Lüttwitz an der Spitze seiner Abteilung über die polnische Grenze vor. Bereits während des ersten Gefechtes wurde er in vorderster Linie jedoch schwer verwundet! Seine Division zeichnete sich in Folge südlich von Danzig, an der Weichsel und bei Chelm aus.

Im Sommer 1940 konnte von Lüttwitz zur Truppe zurückkehren, die Wehrmacht befand sich zu diesem Zeitpunkt im Siegesrausch. Frankreich war in wenigen Wochen besiegt worden, das letzte Bollwerk England stand unter dem Druck der Luftwaffe mit dem Rücken zur Wand. Oberst von Lüttwitz übernahm am 1. Juli 1940 das zur 20. Panzerdivision gehörende, in Aufstellung befindliche Schützenregiment 59. Elf Monate später, wenige Wochen vor Beginn der "Operation" Barbarossa, übernahm er die bisher noch nicht zum Kampfeinsatz gekommene Division als neuer Kommandeur.

Ab Juni 1941 stieß die Division im Verband der "Panzergruppe Hoth" (Heeresgruppe Mitte) gegen die Stellungen der 3. und 10. sowjetischen Armee vor, durchbrach den nördlichen Frontbogen von Grodno und nahm an der Kesselschlacht von Minsk teil.

Im LVII. Panzerkorps (Kirchner) kämpfte sich die 20. PD dann bis nach Welikje Luki vor. Während der Offensive gegen Wjasma zeichnete sich von Lüttwitz als berechnender und ruhiger Truppenführer aus. Im Dezember erreichte seine von den harten Kämpfen geschwächte Division die Nara nahe Moskau, ehe der Rückzug eingeleitet werden musste.

Nach andauernden Abwehrschlachten westlich von Moskau führte Oberst von Lüttwitz seine Panzer im Sommer 1942 während den Schlachten an der Shisdra und beim Below-Kessel. Die Verleihung des Ritterkreuzes an den Divisionskommandeur war die klare Folge der großen Einsatzerfolge. Am 1. Dezember 1942 erging endlich auch die Beförderung zum Generalmajor.

Im Winter 1942/43 musste die 20. PD schwere Gefechte um Bjelyj und Orel durchstehen. Nachdem er die Division beinahe zwei Jahre erfolgreich kommandiert hatte, gab Heinrich von Lüttwitz die 20te im Mai 1943 ab und übernahm einen auszeichnenden Posten im Generalstab des Heeres. Bis zum Februar 1944 verblieb von Lüttwitz im Sonderstab des OKH, bevor er als Generalleutnant (01.06.43) die kampferfahrene 2. Panzerdivision übernahm, welche auch als "*Wiener Division*" bekannt war.

Die 2. PD hatte lange in Russland gekämpft und fungierte seit Dezember 1943 als Garnisons- und Sicherungseinheit in Nordfrankreich.
Als am 6. Juni 1944 die seit langem erwartete Invasion in der Normandie begann, lag die Division zusammen mit der 85. ID bei Amiens, etwa 110 Kilometer von Paris und 220 Kilometer von den Landezonen der Alliierten entfernt. Während Teile der Division in Richtung Front im Marsch gesetzt wurden, verblieben starke Kampfgruppen in ihren Bereitstellungsräumen. Der Grund hierfür ging auf eine besondere Begebenheit zurück...

Generalleutnant von Lüttwitz war aufgrund mehrerer Aktionen bereits als offener Gegner Hitlers bekannt - er machte aus seiner Meinung auch keinen Hehl und hatte sich in den vergangenen Jahren so bereits mehrmals in Schwierigkeiten gebracht.
Durch diese Einstellung und den Mut sie auch zu vertreten, war von Lüttwitz in Hinsicht auf den Putschversuch des Militärischen Widerstandes am 20. Juli für diesen besonders interessant. Um im Falle von bewaffneten Aktionen der um Paris stationierten SS gerüstet zu sein, sorgten hochrangige Mitglieder des Widerstandes innerhalb der Heeresgruppe B dafür, dass Teile der 2. Panzerdivision trotz der Invasionsschlacht nahe Paris verblieben. Sollte es hart auf hart kommen, würde man in Heinrich von Lüttwitz sicherlich einen entscheidenden Mitstreiter finden!
Doch der Putschversuch schlug fehl, kam in Frankreich gar nicht voll ins Rollen - wenige Tage später führte Generalleutnant von Lüttwitz auf OKW-Befehl auch die restliche Division in die Normandie.
Wie alle deutschen Panzerverbände, die sich auf dem Weg zu ihren Einsatzräumen machten, wurde auch die 2. PD massiv von alliierten Jagdbombern attackiert. Zur "Geißel der Bodentruppen" wurden hierbei die mit Raketen bewaffneten britischen "Typhoon"-Jagdbomber.
Nach heftigen Panzer- und Infanteriegefechten um Caumont, Caen, St. Ló und Avranches zog sich die schwer angeschlagene Division nach Osten zurück. Die US-britischen Truppen reagierten auf den deutschen Rückzug überraschend schnell, konnten die 5. Panzerarmee bei Falaise überflügeln und praktisch einkesseln. Zusammen mit anderen Einheiten konnte aber auch die 2. PD unter Generalleutnant von Lüttwitz aus dem anfangs noch brüchigen Kessel entkommen - für 45.000 Mann endete Falaise jedoch mit Kriegsgefangenschaft. Dem im Kessel zum siebenten Mal verwundeten General (Granatsplitter im Rücken) wurde für seine Verdienste in der Normandie das Eichenlaub zum Ritterkreuz verliehen. Wie viele spätere Schwerterträger trug auch Freiherr von Lüttwitz nun das Goldene Verwundetenabzeichen.
Nach seiner Genesung übernahm General der Panzertruppe (01.11.44) von Lüttwitz das XXXXVII. Panzerkorps im Westen, sein Nachfolger als Kommandeur der 2. Panzerdivision wurde der mit dem Eichenlaub beliehene Generalmajor Meinrad von Lauchert.
Das aus drei Divisionen bestehende Korps wurde im Dezember 1944 während der Ardennenoffensive in Belgien eingesetzt (5. Panzerarmee) und kesselte bei Bastogne die 101. US-Elite-Fallschirmjägerdivision unter Major-General Taylor*[63]* ein. Die Amerikaner konnten jedoch allen deutschen Angriffen standhalten - als General von Lüttwitz dem US-Kommandeur des Kessels, Brigadegeneral A.C. McAuliffe auf altpreußische Art und Weise die Kapitulation des Kessels anbot, lehnte dieser das Angebot über Funk mit einem einzigen Wort ab: "Nuts" - ins Deutsche übersetzt "Quatsch". Diese typisch amerikanisch-formlose Reaktion ging in die Geschichte ein.
McAuliffe sollte mit seiner unnachgiebigen Haltung Recht behalten - seine Kampfgruppe hielt stand, von Lüttwitz musste die Belagerung schließlich abbrechen.
Die Niederlage in den Ardennen brach dem deutschen Westheer endgültig das Rückrad. Für seine Verdienste in den Ardennen wurde General von Lüttwitz von seinen Vorgesetzten erstmals für die Schwerterverleihung eingereicht, jedoch vom OKW zurückgestellt.
Grund hierfür war unter Umständen die bereits erwähnte offene politische Einstellung des Generals - erst kurz zuvor hatte er ein Memorandum an Hitler gerichtet, in dem er in klaren Worten auf die bevorstehende Niederlage an der Westfront hinwies!
Nach andauernden Rückzugskämpfen und hohen Verlusten gelang der Rückzug über den Rhein. In Folge zeichnete sich das XXXXVII. Panzerkorps in Abwehrschlachten gegen US-Truppen aus, die in wenigen Wochen u.a. vor Aachen über 300 Panzerfahrzeuge einbüßten! Hier operierte General von Lüttwitz erfolgreich zusammen mit der 116. Panzerdivision des Schwerterträgers Graf von Schwerin.
Im Verlauf der monatelangen Abwehrkämpfe wurde General von Lüttwitz durch seine Erfolge und seine Hartnäckigkeit beim Feind bekannt und durch den alliierten Abwehrdienst besonders beobachtet. Die gegen ihn eingesetzten britischen und amerikanischen Truppenführer bezeichneten ihn als "Kontrahenten, den man besser nicht unterschätzen sollte". So hieß es nach dem Krieg in einem Verhörprotokoll der Heeresgruppe Montgomery "...der Mann steckt hinter seinem Äußeren wie hinter einer Tarnung. Mit dem schweren Körper, der Hackennase und der Hornbrille sieht er aus wie ein Hochschulprofessor oder ein Geschäftsmann, nicht wie ein deutscher General.

Doch nach einigen Worten zeigt sich seine wahre Persönlichkeit - jedes Wort wird zum Befehl, jede Geste verrät einen Mann, der daran gewöhnt ist seinen Willen durchzusetzen. Er ist von rastloser Energie gefüllt!".
Besonders die Briten hatten gesunden Respekt vor diesem deutschen General - besonders seitdem dessen Panzertruppen wiederholt ihre erfahrensten Eliteverbände geschlagen hatten.
Im April 1945 geriet die "Armeegruppe Lüttwitz" im Verband der Heeresgruppe B (GFM Model) in den Ruhrkessel. Im Flussdreieck Rhein-Rhur-Sieg von starken US-Truppen umklammert, gab es kein Entkommen wie nach dem Vorbild von Falaise acht Monate zuvor. Durch die katastrophale Versorgungslage konnten die deutschen Divisionen nur wenige Tage Widerstand leisten. Als US-Panzer den Kessel schließlich spalteten, kam das Ende schnell.
General von Lüttwitz leistete mit vier abgekämpften Divisionen im Nordteil des Kessels - Dortmund, Essen, Duisburg - bis zum Ende Widerstand. Am 16. April kapitulierten 325.000 Mann der geschlagenen Heeresgruppe, Heinrich von Lüttwitz war bereits am 7. April in Gefangenschaft geraten, wo er von seiner noch am 9. Mai 1945 ergangenen Verleihung der Schwerter zum Ritterkreuz mit Eichenlaub erfuhr.
Diese hohe Auszeichnung war ebenfalls an seinen Vettern Smilo von Lüttwitz verliehen worden.
1947 kehrte Heinrich von Lüttwitz nach zwei schweren Kriegen ins Zivilleben zurück. Er verstarb 1969 in Neuburg.

General der Panzertruppe

SMILO FREIHERR VON LÜTTWITZ

* 23.12.1895 in Straßburg/Elsaß
+ 19.05.1975 in Koblenz

Ritterkreuz		14.01.1942
Eichenlaub	(426)	16.03.1944
Schwerter	(076)	04.07.1944

Infanteriesturmabzeichen
Nennung im Wehrmachtsbericht
Nennung im Ehrenblatt des Heeres
Anerkennungsschreiben des Oberbefehlshabers des Heeres
Deutsches Kreuz in Gold
Verwundetenabzeichen in Gold

"Preußische Armee - Reichswehr - Wehrmacht - Bundeswehr"

Smilo von Lüttwitz trat im Zuge der allgemeinen Mobilmachung 1914 als Offiziersanwärter ins Leib-Dragonerregiment 24 ein und folgte somit einer langen Militärtradition seiner Familie. Bereits während der ersten Kämpfe an der Ostfront (Tannenberg, Kurland, Düna) wurde Fähnrich von Lüttwitz 1915 zweimal schwer verwundet und erhielt das Eiserne Kreuz 1. Klasse. 1916 wurde der Leutnant als Stabsoffizier ins X. Armeekorps versetzt, das unter dem Kommando seines Vaters, Generalleutnant Walther von Lüttwitz, stand. Im letzten Kriegsjahr kehrte Smilo zu den Leib-Dragonern zurück und wurde Regimentsadjutant. Sein Vater war als Träger des Pour-le-Mérite mit Eichenlaub einer der höchstdekorierten Generäle des Kaiserreiches geworden*[132]*, dessen Bruder trug ebenfalls den "Blauen Max".
Nach dem Krieg diente Leutnant von Lüttwitz eine Zeit lang im Gruppenkommando Berlin, ehe er Zugführer im ruhmreichen 1. Leibkürassierregiment wurde. 1925 zum Oberleutnant befördert und 1934 im Stab Guderians, wechselte er 1937 als Major in den Stab der Heeresgruppe IV in Leibzig. Seine Vettern Heinrich von Lüttwitz und Hyazinth Graf Strachwitz dienten ebenfalls als Berufsoffiziere - später wurden beide Träger der Schwerter zum Ritterkreuz! Sein Schwager, Kurt von Hammerstein-Equordt, brachte es in der Reichswehr bis zum Chef der Heeresleitung(!) und wurde unmittelbar nach Kriegsbeginn als Generaloberst in den Zwangsruhestand geschickt, nachdem er Hitlers Pläne kritisiert hatte.

Den Ausbruch des Zweiten Weltkrieges erlebte Oberstleutnant von Lüttwitz als Stabsoffizier (IIa) im XV. Armeekorps (Hoth) der 10. Armee. Doch unmittelbar nach dem Blitzsieg über Polen musste er sein Kommando abgeben, um sich einer akuten Blinddarmoperation zu unterziehen.
Im Frühling konnte der Wiedergenesene zur Truppe zurückkehren und übernahm am 4. Mai 1940 die Führung des Schützenregiments 12 der 4. Panzerdivision. Bereits wenige Tage darauf begann der Westfeldzug, den das Regiment durch siegreiche Gefechte an der Maas, bei Hannut, Dyle, Maubeuge, Lille und an der Somme erfolgreich bestehen konnte. Bei der Erstürmung der Festungsanlagen von Forét de Mormal wurden 1.500 Gefangene gemacht!
Von Lüttwitz erhielt für seine bestechende Führung die Spangen zum Eisernen Kreuz 1914, der Kommandeur seiner 1. Kompanie (später I. Bataillon), Hauptmann Ernst-Wilhelm Hoffmann, wurde auf seinen Vorschlag hin bereits im September 1940 mit dem Ritterkreuz ausgezeichnet. Dieser ausgezeichnete Offizier sollte später sein Nachfolger als Regimentskommandeur werden, erhielt 1944 das Eichenlaub und war im Mai 1945 letzter Kommandeur der 4. Panzerdivision!
Aufgrund ihrer hohen Schlagkraft wurde die 4. PD für einen geplanten Angriff auf den britischen Marinestützpunkt von Gibraltar(!) bereitgestellt, der dann wegen fehlender spanischer Unterstützung aber aufge-geben werden musste.
Im Juni 1941 führte Oberstleutnant von Lüttwitz sein tapferes Regiment in den Russlandfeldzug. Bereits unmittelbar nach Beginn der Grenzgefechte hatte Oberstleutnant von Lüttwitz das Glück, unmittelbar vor der Explosion einer russischen Tellermine seinen hierbei zerstörten Befehlswagen zufällig kurz verlassen zu haben!
Im Verband der "Panzergruppe Guderian" eingesetzt, kämpfte die 4. Panzerdivision nördlich der Pripjet-Sümpfe, bei Baranovici, während der Kesselschlacht von Kiew, bei Beresina und beim Angriff gegen Tula. Das Schützenregiment

12 konnte sich hierbei u.a bei Peski, Roslawl, Romny und Orel auszeichnen. Hierfür wurde von Lüttwitz u.a. im Ehrenblatt des Heeres genannt. Für seine Verdienste während der Schlacht um Mszensk erhielt der Regimentskommandeur ein Anerkennungsschreiben des Oberbefehlshabers des Heeres, Generalfeldmarschall von Brauchitsch. Unter anderem hatte sich von Lüttwitz sehr schnell auf die russischen Wetterverhältnisse eingestellt und in seinem Regiment eine eigene mit Schiern ausgerüstete Abteilung zur vorderen Feindaufklärung gebildet.
Während der schweren Winterschlacht vor Moskau übernahm mit Generalmajor von Saucken ein späterer Brillantenträger das Kommando über die 4. Panzerdivision.

Nachdem sich von Lüttwitz an der Spitze des SR 12 im Frühjahr 1942 bei Bolchow, Kujawa, Kursk und an der Desna ausgezeichnet hatte, übernahm er am 1. März die Schützenbrigade der Division. Für seine Leistungen erhielt er zusammen mit seinem neuen Divisionskommandeur das Ritterkreuz überreicht.
Bereits im April wurde von Lüttwitz mit der Übernahme der 23. Infanteriedivision beauftragt. Nach kurzer Einsatzphase an der Ostfront verlegte der neue Verband nach Frankreich, wo er mit der selbständigen Panzerbrigade 100 zusammengefasst und zur neuen 26. Panzerdivision umgegliedert wurde.
Da die Verbände hierbei teilweise mit veralteten Beutefahrzeugen ausgerüstet wurden, besaßen sie anfangs keinen wirklichen Frontstatus. Erst als Generalmajor (01.10.42) von Lüttwitz Druck auf die betreffenden Stellen ausübte, erhielt seine Division auch einige Panzer IV und Panther geliefert.
Während der Aufstellungsphase in Frankreich fungierte die 26. Panzerdivision gleichzeitig als Küstenschutz. Hierbei wurden die Verbände einmal in höchste Alarmbereitschaft gesetzt, als britisch-kanadische Truppenteile nahe der am Ärmelkanal gelegenen Ortschaft Dieppe landeten. Zeitweise wurde dieses kleine Kommando-unternehmen als möglicher Auftakt einer alliierten Invasion gedeutet.
Im Mai 1943 traf die nun voll einsatzfähige 26. Panzerdivision an der italienischen Front ein und stand erste Gefechte in Kalabrien durch.
Im September zur Abwehr der amerikanischen Landung in Salerno eingesetzt, führte von Lüttwitz seine Panzer im Verband des LXXVI. Panzerkorps (Herr) zu mehreren erfolgreichen Angriffen. Anfangs konnten mehrere US-Stellungen eingedrückt, jedoch nicht endgültig durchbrochen werden. Die im Zentrum der Front kämpfende Division stieß trotz größter Gegenwehr, andauerndem Artilleriebeschuss von See her und der Luftunterlegenheit bis an den Stadtrand von Battipaglia vor und bedrohte den einzigen Feldflugplatz innerhalb des Landekopfes. Nach hohen Verlusten und wuchtigen Gegenangriffen der US-Truppen wurden die deutschen Verbände aber schließlich zurückgeworfen.
Im Winter kämpfte die 26. Panzerdivision erfolgreich im Orsogna-Abschnitt, wobei sie für ihre Abwehrerfolge im Wehrmachtsbericht genannt wurde. Bereits Ende Jänner 1944 wurden Generalleutnant (01.10.43) von Lüttwitz und seine Division erneut gegen einen alliierten Brückenkopf eingesetzt.
Während der Abwehrschlacht bei Anzio-Nettuno konnte dem gelandeten VI. US-Korps stark zugesetzt werden. Die Küstengefechte zogen sich über vier Monate hin! Im Februar während eines Jagdbomberangriffes durch Splitter am Auge verletzt, erhielt Smilo von Lüttwitz für die Angriffsleistungen seiner Division am 16. März das 426. Eichenlaub zum Ritterkreuz verliehen.
Ohne Pause musste von Lüttwitz seine Verbände im Mai in Stellungen um Monte Cassino verlegen, um die hart bedrängten Fallschirmjäger der Luftwaffe zu verstärken. Nach erneuter Bewährung im Arno-Abschnitt sowie erfolgreichen Abwehr- und Rückzugsschlachten bei Chieto, Saline, Pico, am Sangro und vor Orvieto wurde Generalleutnant von Lüttwitz bereits vier Monate nach dem Eichenlaub auch für die Schwerter zum Ritterkreuz mit Eichenlaub eingereicht und am 4. Juli 1944 als 76. Soldat der Wehrmacht ausgezeichnet. Die hohe Auszeichnung würdigte nicht nur seine Leistungen als Divisionskommandeur, sondern auch den erfolgreichen Dauereinsatz seiner Soldaten an der Italienfront. Der herausragende Panzergeneral war der achte an der Südfront (Afrika, Italien, Mittelmeerraum) ausgezeichnete Schwerterträger.

Am 6. Juli 1944 übergab von Lüttwitz seine 26. Panzerdivision an den erfahrenen Afrikaveteranen Generalleutnant Eduard Crasemann - dieser sollte bereits im folgenden Winter mit dem Eichenlaub beliehen werden.
Kurz nach der Kommandoübergabe wurde der zum General der Panzertruppe beförderte Freiherr von Lüttwitz als Nachfolger von General Friedrich Schulz zum neuen Kommandeur des XXXXVI. Panzerkorps an der Ostfront ernannt.
Nach verlustreichen Rückzugsbewegungen und schweren Abwehrschlachten wurde er im September mit der Führung der 9. Armee beauftragt - diese war während der sowjetischen Sommeroffensive quasi in zwei Teile gerissen und schwerst getroffen worden. Sein Vorgänger war der Schwerterträger General Jordan gewesen, welcher nach der Niederlage von Hitler abgesetzt worden war.
Von Lüttwitz konnte als Oberbefehlshaber der 9. Armee auf einige höchstbekannte Korpskommandeure zählen - so wurde sein VIII. Korps durch General Walter Hartmann, das XXXXVI. durch General Walter Fries und das IV. SS-

Panzerkorps durch Herbert Gille kommandiert; das XXIV. Panzerkorps stand unter dem Befehl von General Nehring - alles Träger der Schwerter zum Ritterkreuz!
Die 9. Armee hatte in Preußen, an der Weichsel, bei Warschau, Radom, Lodz und Kielce schwerste Abwehr- und Rückzugsgefechte zu überstehen, ehe ihr Oberbefehlshaber unerwartet in eine gefährliche Situation geriet.
Zusammen mit Walter Fries und dem Stadtkommandanten von Warschau, Generalmajor Weber, wurde von Lüttwitz im Frühjahr 1945 vor ein Reichskriegsgericht gestellt! Hauptvorwurf des Verfahrens - angeblich auf Initiative von GFM Schörner ins Rollen gebracht - war die von Hitler verbotene Rücknahme der Front an der Weichsel. Doch im Laufe des Prozesses wurden alle drei Angeklagten durch die Tatsachen entlastet und schließlich freigesprochen!
General von Lüttwitz erhielt bald darauf ein neues Kommando.
Noch im März 1945 übernahm er das LXXXV. Armeekorps der 1. Armee (von Obstfelder) im Westen. Bereits nach kurzen Gefechten verlegte er seine Verbände an die Ostfront, wo er im Verband der Armeegruppe G in der Tschechoslowakei die Waffen niederlegte. Von wütenden Partisanen gefangengenommen und beinahe an einer Straßenlaterne gelyncht, wurde der hochdekorierte General gerade noch rechtzeitig durch tschechische Polizisten gerettet und an die Amerikaner übergeben. 1947 erfolgte die Entlassung. Smilo von Lüttwitz´ größter Verlust war der Tod seines einzigen Sohnes gewesen, der 1944 als Leutnant in der 5. Panzerdivision (Decker) gefallen war, nachdem er u.a. das EK.I und die Ehrenblattspange des Heeres erhalten hatte.
Als die Westalliierten den ehemaligen Oberbefehlshaber Italien, GFM Kesselring, wegen der brutalen Bekämpfung von Partisanenverbänden sowie Übergriffen gegen die Zivilbevölkerung vor ein Kriegsgericht stellten, wurde auch General a.D. von Lüttwitz vorgeladen.
Gegen ihn und seine damalige Division geäußerte Anschuldigungen in dieser Hinsicht konnte er aber bereits nach kurzer Zeit wirkungsvoll zurückweisen. Nach der Verhandlung kam es zu einigen überraschenden Unterredungen mit ehemaligen alliierten Divisionskommandeuren, die in Italien gegen die 26. Panzerdivision gekämpft hatten. Diese waren extra angereist, um ihren ehemaligen Gegenspieler kennenzulernen.

Nach dem Krieg eine Zeit lang in der Privatwirtschaft tätig, ergriff Smilo von Lüttwitz 1957 wieder die Gelegenheit Soldat zu werden. In der neuen Bundeswehr wurde er als Generalleutnant Oberbefehlshaber des III. Korps in Koblenz und war somit einer der ranghöchsten Truppenführer der ersten Stunde! Der erfolgreiche Aufbau dieses Großverbandes und seiner Divisionen ging auf die großartige Initiative des erfahrenen Generals zurück.
Besonders interessant war die enge Zusammenarbeit mit den ehemaligen Kriegsgegnern und jetzigen NATO-Partnern USA, Großbritannien, Kanada und Frankreich. 1960 lehnte Smilo von Lüttwitz ein Angebot, die Nachfolge des verstorbenen Generalleutnants Röttiger als Inspekteur des Heeres zu übernehmen, ab.
Ausgezeichnet mit dem Großen Bundesverdienstkreuzes mit Stern sowie dem amerikanischen Verdienstorden Legion of Merit trat der Weltkriegsveteran nach 34 Dienstjahren in vier verschiedenen deutschen Armeen*[133]* in den Ruhestand. Kurz darauf wurde er als Nachfolger von Generaloberst a.D. Reinhardt neuer Vorsitzender der Gesellschaft für Wehrkunde.
Smilo von Lüttwitz ist 1975 verstorben und wurde in Bonn beigesetzt.

Anmerkung des Autors:

Heinrich und Smilo von Lüttwitz waren nicht, wie früher manchmal irrtümlich angegeben, Brüder, sondern lediglich Vettern. Siehe Smilo von Lüttwitz´ Biographie "*Pflicht und Gewissen*".

Für die Bereitstellung des Fotos bin ich Hrn. Peter Stockert sehr zu Dank verpflichtet.

Oberst

GÜNTHER LÜTZOW

* 04.09.1912 in Kiel
+ 24.04.1945 bei Donauwörth/Westfront

Ritterkreuz		18.09.1940
Eichenlaub	(027)	20.07.1941
Schwerter	(004)	11.10.1941

Spanische Medalla de la Campana
Spanische Medalla Militar
Spanienkreuz mit Schwertern in Gold mit Brillanten
Frontflugspange für Jäger in Gold mit Anhänger Einsatzzahl "300"
Flugzeugführer- und Beobachterabzeichen in Gold mit Brillanten
Nennung im Wehrmachtsbericht
Deutsches Kreuz in Gold
Verwundetenabzeichen in Bronze

"Ab März 1945 freiwillig wieder im Fronteinsatz"

Günther Lützow durchlebte in wenigen Jahren eine der steilsten und vielseitigsten Karrieren der Luftwaffe. Bereits als Jagdflieger in der "Legion Condor" erfolgreich, wurde er schnell eines der führenden Fliegerasse und stieg schließlich zum Inspekteur der Jagdflieger West auf! 1945 freiwillig wieder in den Fronteinsatz zurückgekehrt, verlor Lützow nur wenige Wochen vor Kriegsende als Führer des berühmten Elite-Düsenjagdverbandes 44 sein Leben.

Wie viele spätere Jagdexperten der Luftwaffe begann Lützow seine Karriere im Heer, wo er als Richtschütze im Artillerieregiment 5 in Stettin diente. Nach seiner Versetzung zur offiziell noch nicht bestehenden Luftwaffe nahm er 1932 an der geheimen Pilotenschulung in Russland teil, die den ersten Stamm an Flugzeugführern hervorbrachte. Als die neue Waffengattung 1935 offiziell wurde, gehörte Leutnant Lützow zu ihren ersten Jagdpiloten. Von 1934 bis 1936 besuchte Lützow die Kriegsschule Dresden, ehe er an die Jagdfliegerschule Schleißheim versetzt wurde.
Die erste Kampferfahrung sammelte der stolze, junge Offizier wie viele der späteren Spitzenkönner in der "Legion Condor". Zusammen mit Mölders, Galland und Oesau in der Jagdgruppe 88 eingesetzt, kehrte Hauptmann Lützow mit 5 bestätigten Siegen und dem Spanienkreuz mit Schwertern in Gold mit Brillanten nach Deutschland zurück. Aufgrund seiner Führungseigenschaften und seiner erworbenen Kampferfahrung diente er 1939 als Fluglehrer und Taktikausbilder an einer Jagdfliegerschule.
Nach einigen Einsätzen als Staffelführer übernahm Lützow bereits im November 1939 die I. Gruppe des Jagdgeschwaders 3. In dieser frühen Phase des Krieges war dies eine besondere Auszeichnung für ihn – so war er bereits diensthöher als Galland oder Mölders.
An der Spitze seiner Gruppe nahm der Spanienveteran an den schweren Luftkämpfen über Belgien und Nordfrankreich teil, wo er 9 weitere Luftsiege erzielte und beide Klassen des Eisernen Kreuzes erhielt. In Folge wurde sein Geschwader in der Luftschlacht um England eingesetzt, wo sich Hauptmann Lützow abermals im Gefecht und in der Führung bewähren konnte - er galt als einer der besten Einsatzführer des Jagdfliegerkorps.
Im August 1940 wurde Lützow im Zuge der "Verjüngung der Führungsspitze" zum neuen Kommodore des Jagdgeschwaders 3 ernannt! Mit 27 Jahren war er zusammen mit Mölders und Galland einer der jüngsten Majore der Wehrmacht. In den Endgefechten über England wurde seine III. Gruppe durch den erfolgreichen Wilhelm Balthasar*[22]* befehligt. Nach 18 Luftsiegen gegen Franzosen und Briten erhielt Lützow am 18. September 1940 das Ritterkreuz zum Eisernen Kreuz verliehen.

Nach dem Ende der Luftschlacht um England verlegte Lützow mit seinem Geschwader nach Deutschland. Nach Ausgleichen der Verluste wurde das Jagdgeschwader 3 an die Ostgrenze befohlen.
Ab Juni 1941 flog das Geschwader im Südabschnitt der Ostfront hunderte Kampfeinsätze pro Monat. Innerhalb weniger Wochen konnte der Kommodore seinen Rekord auf 42 Siege erhöhen, wofür er als 27. Soldat und 10. Jagdflieger das Eichenlaub erhielt, drei Monate darauf schmückten bereits 90 Abschussbalken das Leitwerk seiner

Me-109! Für seinen 92. Erfolg im Luftkampf erhielt Lützow am 11. Oktober 1941 die erst 4. Schwerter innerhalb der Wehrmacht verliehen - die drei Träger vor ihm waren alle ebenfalls Luftwaffenveteranen aus Spanien! Die vorzeitige Beförderung zum Oberstleutnant (29.10.41) würdigte seinen großen persönlichen Einsatz noch zusätzlich. Wenige Wochen vor diesem Erfolg hatte Lützow seine Geschwaderkameraden geschockt, als er seine havarierte Me-109 hinter den russischen Linien notlanden musste, aber den riskanten Rückmarsch zu den eigenen Linien schaffte!
Als das Jägeras am 24.10.41 nach Werner Mölders als zweiter Jagdflieger der Welt seinen 100. bestätigten Sieg melden konnte, trug er sich endgültig in die Luftkriegsgeschichte ein! In der Führung seiner Piloten war Lützow längst zu einem berühmten Virtuosen geworden, seine Männer vertrauten seinen taktischen Manövern blind und hatten tiefen Respekt vor ihm. Der Kommandeur von Lützows I. Gruppe war Hauptmann Gordon M. Gollob, welcher kurz nach seinem Kommodore ebenfalls das Eichenlaub erhielt. Der Kommandeur der III. Gruppe war kein geringerer als der Spanienveteran "Gulle" Oesau, bereits vor Lützow Träger der Schwerter.

Im November hatte der erfolgreiche Jagdflieger die traurige Pflicht, zusammen mit Adolf Galland und Walter Oesau am Sarg von Generalfeldzeugmeister Ernst Udet (62 Siege im Ersten Weltkrieg) die Ehrenwache zu halten. Werner Mölders kam auf dem Flug zum Begräbnis tragischerweise ebenfalls ums Leben. Lützows Jagdgeschwader 3 erhielt den Traditionsnamen "*Udet*" verliehen, das Jagdgeschwader 51 "*Mölders*".
Wie viele seiner hochdekorierten Kameraden wurde Lützow aufgrund seiner unersetzbaren Erfahrung und Fähigkeiten im Mai 1942 mit einem Feindflugverbot belegt und in die Heimat versetzt. Unter dem General der Jagdflieger Adolf Galland wurde Lützow Inspekteur der Jagdflieger West! Bis Anfang 1945 sollte er keinen Kampfeinsatz mehr fliegen.
In seiner Eigenschaft als Stabsoffizier arbeitete Oberst (11.01.43) Lützow voller Energie im Stab Gallands und übernahm im Jänner 1943 die 1. Jagddivision im Westen. Im August wechselte er als Jagdfliegerführer nach Italien, nachdem er die Division an den Schwerterträger Oberst Hermann abgegeben hatte.
Spätestens Ende 1943 erkannten viele erfahrene Jagdflieger, dass der Luftkrieg ohne entscheidende Änderungen auf deutscher Seite nicht mehr zu gewinnen sein würde. Wie viele Stabsoffiziere forderte auch Lützow immer wieder eine Umstrukturierung des Jagdfliegerkorps, die Steigerung der Jägerproduktion und die verbesserte Ausbildung der Nachwuchspiloten. Auch Stimmen nach einer Absetzung Görings wurden laut. Doch die Männer an der Spitze zeigten sich uneinsichtig.
Als Mitte 1944 der erste frontreife Düsenjäger der Welt - die Messerschmitt Me-262 "Schwalbe" - zur Verfügung stand, erkannten Galland und Lützow sofort die bahnbrechende Chance, den Luftkrieg doch noch entscheidend zu beeinflussen. Doch trotz stundenlanger Diskussionen lehnten Hitler und Göring die Serienherstellung der Maschine als Jäger ab! - Lützow konnte es nicht fassen: da hatte man die Lösung vor der Nase und keiner griff danach!
Im Jänner 1944 verließ Oberst Lützow nach sechs Monaten die italienische Front und übernahm die 4. Flieger-Schuldivision.
Nachdem die Wut und Unzufriedenheit unter den Jagdfliegern immer größer wurde, kam es im Jänner 1945 zur berühmten "Meuterei der Jagdflieger". In einer Besprechung mit Göring stellten die Vertreter des Jagdfliegerkorps - u.a. die hochdekorierten Geschwaderführer Priller, Graf, Trautloft*[64]*, Rödel, Bennemann, Michalski und Steinhoff - eine Art Ultimatum. Aufgrund seiner großen Redegewandtheit und seiner überragenden Persönlichkeit hatte man Lützow zum Sprecher der Abgesandten gewählt.
Galland war als General der Jagdflieger abgesetzt worden, Lützow brachte dies ohne Umschweife zur Sprache. Außerdem forderte er erneut Veränderungen in der Führung der Jagdgeschwader und äußerte sich über von Göring ausgesprochene Beleidigungen und Misstrauensäußerungen gegenüber den Jagdfliegern äußerst verärgert! Mit seiner lauten, beherrschenden Stimme verunsicherte der hochdekorierte Offizier den Reichsmarschall offenbar. Dieser sprang schließlich auf und verließ den Raum. "Ich werde sie vor ein Kriegsgericht stellen!", schrie er Lützow an.
Aufgrund seiner Verdienste entging der Oberst diesem Schicksal. Als Strafe wurde er aber noch im Jänner als Jagdfliegerführer erneut nach Italien "verbannt", wo er auf gute, alte Freunde zählen konnte. Im Endeffekt weigerte sich der Luftwaffenoberbefehlshaber immer noch, den Tatsachen ins Auge zu sehen.
Im März 1945 kehrte Oberst Lützow heimlich(!) in den Kampfeinsatz zurück und meldete sich bei Generalleutnant Galland, um mit ihm im berühmten Elite-Düsenjagdverband 44 zu fliegen. Dieser erstklassige Verband bestand aus einigen der erfolgreichsten Jagdpiloten des Krieges. Ein Kriegsberichterstatter, der die Einheit einmal besuchte, sagte: "Man ist richtig geblendet, von all den Auszeichnungen und Orden, die dort zu sehen sind!" "Das Ritterkreuz könnte unser Staffelwappen sein", sagte einmal Adolf Galland.
Neben Galland und Lützow wollten auch so alte Kämpfer wie Barkhorn (301), Bär (220), Eichel-Streiber (96), Grünberg (82), Krupinski (197), Steinhoff (176), Hohagen*[24]* (55) und Neumann (37) die Richtigkeit des Me-262-Prinzips beweisen. Mit dem neuen Düsenjäger flog Lützow mehrere Einsätze gegen schwere US-Bomber und deren

Begleitschutz. Nach zwei weiteren Luftsiegen übernahm er für den verwundeten Galland die Führung des Elite-Verbandes.
Lützows Rückkehr an die Front war mit einem oft verkannten Risiko verbunden - seine letzten Kampfeinsätze lagen bereits fast drei Jahre zurück. Er war weder mit den inzwischen neuen Taktiken noch mit den neuen Maschinen des Gegners vertraut.
Am 24. April 1945, zwei Wochen vor Ende des Krieges, griff er mit einigen seiner Piloten einen gemeldeten US-Bomberverband über Donauwörth (Bayern) an. Von diesem Einsatz kehrte der Sieger in 108 Luftkämpfen nicht mehr zurück. Ob der tapfere Lützow einem Begleitjäger, Bomberbordwaffen oder einem Unfall zum Opfer viel, ist bis heute nicht hundertprozentig geklärt.
Sein Nachfolger als Kommandeur des Jagdverbandes 44 wurde der Schwerterträger Oberstleutnant Bär.

Anmerkung des Autors:

Eine Verleihung des seltenen Flugzeugführer- und Beobachterabzeichens in Gold mit Brillanten an Lützow ist weder in Klietmanns "Auszeichnungen des Deutschen Reiches 1936-1945", noch in anderen Werken erwähnt. Es ist jedoch ein kleiner Vermerk in Lützows Personalakte enthalten.

Generalmajor

HELLMUTH MÄDER

* 05.07.1908 in Rotterode/Thüringen
\+ 12.05.1984 in Koblenz

Ritterkreuz		03.04.1942
Eichenlaub	(560)	27.08.1944
Schwerter	(143)	18.04.1945

Infanteriesturmabzeichen in Silber
Nahkampfspange in Bronze
Verwundetenabzeichen in Silber

"Verteidiger von Schaulen"

Der Thüringer diente seit 1936 in der Wehrmacht und war bei Kriegsbeginn Stabsoffizier in der 34. Infanteriedivision. Während die Hauptmacht des Heeres in Polen kämpfte, wurde die Division an der Westgrenze in Reserve gehalten, um etwaige französische Angriffe aufzuhalten.
Als nach dem sogenannten "Sitzkrieg" am 10. Mai 1940 der Westfeldzug begann, führte Oberleutnant Mäder die 14. Kompanie des Infanterieregiments 522 der 297. Infanteriedivision. Nachdem er sich im Kampf gegen britische und französische Truppen an der Somme, im Wald von Compiegne und am Ufer der Marne in der Führung seiner Männer bewährt hatte, übernahm er im Winter 1940 als Hauptmann bereits das III. Bataillon. Während des Balkanfeldzuges lag die in Wien aufgestellte Division in Polen in Garnison.
Während der ersten Monate seiner Einsatzzeit in Russland kämpfte Hauptmann Mäder mit seinem Regiment unter dem Oberbefehl der 6. Armee (XXXXIV. Korps) im Südabschnitt der Front. Im Juni erhielt er das EK.II, bereits im folgenden August das EK.I.
Nach schnellen Vormarschgefechten kämpfte die 297. ID ab September 1941 erfolgreich am Dnjepr, bei Tscherkassy, während der großen Kesselschlacht von Kiew und im Mosh-Brückenkopf.
Nach wiederholter Bewährung im Gefecht und persönliche Tapferkeit vor dem Feind erhielt Mäder am 3. April 1942 das Ritterkreuz verliehen. Drei Monate später wurde der Major zum neuen Kommandeur des Regiments ernannt.
Im Spätsommer trat die Heeresgruppe Süd mit drei deutschen und zwei verbündeten Armeen zur großen Offensive in Richtung Wolga an. Nach wiederholten Siegen näherten sich die Stoßkeile der 4. Panzerarmee im August Kalatsch, etwa 70 Kilometer westlich von Stalingrad entfernt. Durch schnell vorstoßende Teile der 24. Panzerdivision (von Edelsheim) eingekesselt, leisteten mehrere sowjetische Divisionen zähen Widerstand. Während diesen harten Gefechten konnte sich Oberstleutnant Mäder mit seinen Grenadieren mehr als einmal auszeichnen und zum Sieg von Kalatsch beitragen. Letztendlich gingen hier 35.000 Sowjets in Gefangenschaft, das Schlachtfeld war mit über 250 vernichteten Panzern und fast 600 Geschützen übersät.
Der 6. Armee unterstellt, trat die 297. Infanteriedivision im Verband des LI. Armeekorps in Folge zur Offensive gegen Stalingrad an. Es folgten wochenlange Häuser- und Straßenkämpfe härtesten Grades, ehe die deutschen Spitzen die Wolga erreichten und ein Sieg von Stalingrad in greifbarer Nähe schien.
Doch Ende November 1942 traten überraschend umfassende sowjetische Truppenverbänden an beiden Flanken der 6. Armee zur Gegenoffensive an, brachen mit großer Wucht durch die Frontlinie und schlossen am 22.11. den Kessel um 5 deutsche Armeekorps mit etwa 24 Divisionen!! Zu den eingeschlossenen Verbänden zählte auch Mäders 297. Infanteriedivision.

Im Südabschnitt des Kessels stehend - hier lag u.a. der Hauptbahnhof des Stadt -, verteidigten Mäders Grenadiere ihre Stellungen monatelang mit äußerster Verbissenheit. Die Gefechte waren an Härte kaum zu überbieten, teilweise wurde um Stockwerke einzelner Häuser tagelang gekämpft! Die Sowjets, den eingeschlossenen Deutschen aufgrund deren nicht funktionierender Luftversorgung mit der Zeit immer deutlicher überlegen, erlitten zwar hohe Verluste, konnten aber immer öfter Fronteinbrüche erzielen. Haus um Haus, Straßenzug um Straßenzug, Stadtbezirk um

Stadtbezirk musste von den deutschen Landsern geräumt werden. Während der Oberkommandierende des Kessels, Eichenlaubträger Generaloberst Paulus nicht nur gegen die Rote Armee, sondern auch gegen das Ausbruchsverbot(!) des OKW zu kämpfen hatte, schmolz Mäders Infanterieregiment 522 unter den Schlägen des Gegners, den eisigen Temperaturen und dem fehlenden Nachschub immer weiter zusammen. Als Oberstleutnant Mäder während eines Häuserkampfes schwer verwundet wurde, war dies paradoxerweise seine Rettung. Denn nun gehörte er zu den wenigen Glücklichen, die mit einer Transportmaschine aus Stalingrad ausgeflogen wurden und auch die Attacken der sowjetischen Jäger und den Flakbeschuss während des Fluges heil überstanden.
Die 297. Infanteriedivision, zuletzt vom Ritterkreuzträger Generalleutnant Pfeffer kommandiert, ging ebenso wie alle eingekesselten Verbände im Jänner 1943 in Stalingrad unter.

Hellmuth Mäder erholte sich in einem Militärkrankenhaus von seinen Verletzungen und wurde später einige Zeit in der Führerreserve gelistet. Im Frühjahr 1944 trat der Oberst als Kommandeur der Eingreifbrigade Narwa im Nordabschnitt der Ostfront in Erscheinung, als er zusammen mit Verbänden der Waffen-SS wiederholt umfassende Angriffe und Einbrüche des Gegners eindämmen konnte. Nachdem er sich von einer erneuten Verwundung erholt hatte, kommandierte er die Infanterie-Lehrbrigade der Heeresgruppen-Waffenschule Nord.
Nach schweren Niederlagen im Nord- und Mittelabschnitt befand sich die deutsche Front im Sommer 1944 allgemein auf dem Rückzug. Während die Reste der Heeresgruppe Mitte ums Überleben kämpften, musste sich auch die Heeresgruppe Nord nach schweren Verlusten in Estland und Lettland hinter die litauische Grenze zurückziehen. Wichtiger Knotenpunkt für den deutschen Rückzug war die 130 Kilometer nordnordwestlich von Kaunas gelegene Stadt Schaulen, an der Straße von Riga nach Königsberg. Diese Stellung würde eines der ersten Ziele der russischen Panzerspitzen sein. Am 24. Juli 1944 wurde Oberst Mäder an der Spitze einer Kampfgruppe in die Stadt befohlen und zum Kampfkommandanten ernannt.
Sein Befehl lautete, die Stellung so lange wie nur möglich zu halten und so jene deutschen Divisionen, die sich noch nördlich der Stadt befanden, vor der Einkesselung zu bewahren. Nach Eintreffen der ersten Panzerspitzen versuchten umfassende Verbände der Roten Armee die wichtige Stadt so schnell wie möglich einzunehmen, um weiter nach Westen vorstoßen zu können.
Doch die "Kampfgruppe Mäder" hielt die Stellung 48 Stunden, wehrte alle Angriffe ab und versperrte der Roten Armee den Weg an die Ostsee! Durch den Abwehrsieg in Schaulen gelang es der Heeresgruppe, für kurze Zeit wieder eine durchgehende Frontlinie zu bilden. Am 27. August 1944 wurde Mäder in Anerkennung seines Durchhaltens in Schaulen mit dem Eichenlaub zum Ritterkreuz ausgezeichnet.
Erst nach vielen Wochen konnten die Sowjets die deutschen Stellungen in Litauen überwinden und am 10. Oktober durch die Einnahme der Küstenstadt Memel den späteren Kurlandkessel bilden.
Eine besondere Auszeichnung für Hellmuth Mäder war die Ehre, die berühmte 7. Panzerdivision im Herbst 1944 in Vertretung für den späteren Brillantenträger Dr. Karl Mauss in Kurland kommandieren zu dürfen.

Ende Dezember 1944 wurde Oberst Mäder zum Kommandeur der Führer-Grenadierbrigade im Westen ernannt. Dieser Verband hatte zuvor als Teil der Elite-"*Großdeutschland*" gekämpft und war später zur eigenständigen Brigade erweitert worden. Mäders Vorgänger als Kommandeur dieses Verbandes war Eichenlaubträger Oberst Hans-Joachim Kahler gewesen, welcher während der gerade angelaufenen Ardennenoffensive schwer verwundet worden war. Mäder übernahm die Brigade also mitten während der Offensivkämpfe!
Unter dem Oberbefehl der 5. Panzerarmee (von Manteuffel) kämpfte der Verband im Frontabschnitt Martelange, ehe der Rückzugsbefehl erging. Nach erfolgreichem Rückzug vor überlegenen Panzerattacken des US-Generals Patton erweiterte Mäder seine Brigade im Jänner 1945 zur Führer-Grenadierdivision und wurde auf besonderen Vorschlag seiner Vorgesetzten zum Generalmajor befördert (1940 noch Oberleutnant!). Kurz darauf verlegte die Division an die bereits nahe Ostfront.
Im Februar und März 1945 kämpfte die Division zusammen mit Panzereinheiten unter dem Schwerterträger General Nehring im Gebiet der später zurückeroberten Stadt Lauban, im April konnte das von russischen Truppen eingeschlossene Arnswalde freigekämpft werden. Über 7.000 Zivilisten und 1.000 Landser entkamen so aus der Stadt. Nach letzten Kämpfen bei Stettin und den Seelower Höhen (siehe Heinrici) nahm Mäders Division nach einer Eilverlegung noch an den Endkämpfen um Wien teil. Am 18. April 1945 wurde Generalmajor Hellmuth Mäder für die erfolgreiche Führung seiner Division als 143. Soldat und 87. Offizier des Heeres mit den Schwertern zum Ritterkreuz mit Eichenlaub ausgezeichnet.
Am 8. Mai führte der hochdekorierte Generalmajor seine Division nach letzten Abwehrgefechten nahe Linz in amerikanische Gefangenschaft, wurde aber mitsamt seiner Männer an die Rote Armee übergeben. Am letzten Kriegstag hatten Hauptmann Georg Stoerck, Bataillonskommandeur im Panzergrenadierregiment, sowie Major Erich Schmidt, Kommandeur des Panzerregiments, noch das Eichenlaub zum Ritterkreuz erhalten.

Nach harter Kriegsgefangenschaft kehrte Hellmuth Mäder erst im Winter 1955 in die Bundesrepublik Deutschland zurück!
Hier trat er wenig später als Brigadegeneral in die neue Bundeswehr ein, wo er durch seine große Erfahrung am Wiederaufbau des Heeres beteiligt war und ab 1956 die Infanterieschule Hammelburg kommandierte.
Ab 1961 als Generalmajor an der Spitze des Truppenamtes in Köln, oblagen Mäder somit sämtliche Lehreinrichtungen, die Erarbeitung von Führungs- und Einsatzgrundsätzen sowie das komplette Ausrüstungswesen.
Somit war Mäder einer der Spitzenoffiziere der Streitkräfte und erreichte bis zu seiner Pensionierung 1968 den Rang eines Generalleutnants.
Fünf Jahre später kam es jedoch leider zu einer aufsehenerregenden Anklage gegen den ehemaligen Truppenamtschef.
Obwohl Mäder bis zuletzt alle Vorwürfe von sich wies, wurde er aufgrund mehrerer Unregelmäßigkeiten in Dienstabrechnungen sowie Bestechungsannahmen in Verbindung mit Auftragsvergaben für Bundeswehrfahrzeuge zu zwei Jahren Haft verurteilt! Weiters wurde dem einst verdienten Offizier sein letzter Dienstgrad Generalleutnant wieder aberkannt.
Der zweifache Familienvater verstarb 1984 in Koblenz und erhielt – auch auf eigenen Wunsch - kein militärisches Begräbnis.

Anmerkung des Autors:

Die Informationen zum Bestechungsskandal entnahm ich diversen deutschen Tageszeitungen des Jahres 1974.

Für die Bereitstellung des Fotos bin ich Hrn. Peter Stockert sehr zu Dank verpflichtet.

General der Panzertruppe

HASSO VON MANTEUFFEL

* 14.01.1897 in Potsdam/Brandenburg
+ 24.09.1978 in Reith/Österreich

Ritterkreuz		31.12.1941
Eichenlaub	(332)	23.11.1943
Schwerter	(050)	22.02.1944
Brillanten	(024)	18.02.1945

Bayrisches Militärverdienstkreuz 3. Klasse
Österreichisches Militärverdienstkreuz 4. Klasse
Panzerkampfabzeichen in Silber 2. Stufe
Viermalige Nennung im Wehrmachtsbericht
Ärmelband "Afrika"
Kriegsverdienstkreuz 2. Klasse
Verwundetenabzeichen in Silber

"Der Panzerteufel"

Während des Ersten Weltkrieges im Husarenregiment 3 zum Einsatz gekommen und 1916 vom Fähnrich zum Leutnant befördert, trug Hasso von Manteuffel bei Kriegsende beide Klassen des Eisernen Kreuzes.
Später kämpfte der aus einer alten Soldatenfamilie stammende Offizier – im 19. Jhd. hatte es Edwin von Manteuffel sogar zum preußischen GFM gebracht - wie viele Veteranen in einem Freikorps. In den Dreißigerjahren wurde der Rittmeister ein bekannter und erfolgreicher Sportreiter.
In der Reichswehr und Wehrmacht diente der Brandenburger im Reiterregiment 17, als Kommandeur des Kradschützenbataillons der 2. Panzerdivision sowie 1936 als Taktiklehrer an der Panzertruppenschule Berlin-Wünsdorf.
Zwei Jahre darauf bereits Major im Stab des Inspekteurs der Panzertruppe, fungierte von Manteuffel hier als vielbeachteter Referent für die KfZ-Motorisierung des Heeres. Bei Kriegsausbruch war Oberstleutnant von Manteuffel Lehrgangsleiter an der Panzertruppenschule II in Krampnitz bei Potsdam.

Erst kurz vor Beginn des Russlandfeldzuges übernahm er das II. Bataillon/Schützenregiment 7 der berühmten 7. Panzerdivision. Mit seinen Männern bei Smolensk und Wjasma erfolgreich, übernahm Oberstleutnant von Manteuffel am 18. August 1941 das Schützenregiment 6 der Division und nahm an den harten Winterkämpfen bei Rshew und Klin teil. Bereits früh fiel er durch persönlichen Mut, Kaltblütigkeit und eiserne Entschlusskraft in brenzligen Situationen auf. So besetzte der Oberst (01.10.41) mit einer Kampfgruppe eine strategisch wichtige Brücke über den Wolga-Moskwa-Kanal. Da diese jedoch der Schlüssel zum Haupt-Elektrizitätswerk Moskaus war, befahl Stalin persönlich die Stellung "mit allen Mitteln und ohne Rücksicht auf die Verluste" wieder einzunehmen!
Für die Eroberung der Brücke mit dem Ritterkreuz ausgezeichnet, kämpfte sich die "Kampfgruppe Manteuffel" Ende November 1941 bis 50 Kilometer an den Stadtrand von Moskau heran, ehe die Division den Rückzug antreten musste - das angesprochene E-Werk konnte vorher noch gesprengt werden.
Als der verwegene Truppenführer im Frühjahr 1942 entgegen eines Befehls die ihm zugeteilten Stellungen verließ, um eine fliehende russische Brigade zu verfolgen, drohte ihm sein Vorgesetzter - der später ebenfalls mit den Brillanten dekorierte General Model - mit dem Kriegsgericht! Da von Manteuffel die Brigade erfolgreich vernichtet hatte, kam es allerdings zu keiner Anklage. Trotz dieses Vorfalles verstanden sich Model und von Manteuffel später erstaunlich gut, so etwa als sie 1944/45 an der Westfront erneut zusammentrafen.
Ab Juli 1942 führte Oberst Hasso von Manteuffel die Schützenbrigade der "*Gespensterdivision*".
Nach weiteren Einsätzen im Mittelabschnitt wurde von Manteuffel im Winter 1942 überraschend von der Ostfront ins klimatische Gegenstück Tunesien versetzt und mit der Führung einer nach ihm benannten motorisierten Division beauftragt, am 1. Mai 1943 wurde er nachträglich zum Generalmajor befördert.
Nach schweren Gefechten im Tuniskessel (LXXXX. Korps unter Nehring) aufgrund einer ernsten Erkrankung in die Heimat rückversetzt, übernahm von Manteuffel im August 1943 die 7. Panzerdivision von Eichenlaubträger

Generalmajor von Funck. In dieser Division, in der er so lange gedient hatte, war er äußerst populär und geschätzt. Bei Schitomir zeichneten sich seine Panzer, besonders das Panzerregiment 25 unter Oberst Adelbert Schulz, in Angriff und Verteidigung aus. Für die erfolgreichen Flankenangriffe und Nachtgefechte in dieser Region erhielt von Manteuffel das 332. Eichenlaub zum Ritterkreuz verliehen und wurde kurz zuvor erstmals im Wehrmachtsbericht genannt. Während der Panzerschlacht von Korosten vernichteten seine Panzerverbände unmittelbar darauf erneut mehrere Feindbrigaden. Hierbei griff der Generalmajor zeitweise selbst als Panzerkommandant in die Gefechte ein!
Nachdem von Manteuffel die Division an seinen besten Regimentskommandeur und Brillantenträger Oberst Schulz abgegeben hatte, übernahm er im Frühjahr 1944 die Panzergrenadierdivision *"Großdeutschland"*, die sich unter dem bekannten Eichenlaubträger Generalmajor Hoernlein ausgezeichnet hatte.
Im Februar 1944 erhielt Hasso von Manteuffel die Beförderung zum Generalleutnant und, nachträglich für seine Verdienste als Kommandeur der 7. PD, die Schwerter zum Ritterkreuz mit Eichenlaub. Der ausgezeichnete Panzeroffizier war der erst siebente Divisionskommandeur, der derart hoch dekoriert wurde!
Mit seiner neuen, voll motorisierten, "*GD*" wurde er in den kommenden Monaten in schwere Gefechte an der Ostfront (Korsun, Besserabien, Pruth, Jassy) verwickelt, konnte jedoch mehrmals russische Großangriffe vereiteln - im Mai 1944 wurde in einer der größten Panzerschlachten des Ostfeldzuges eine Offensive gegen die wertvollen Ölfelder in Rumänien abgewehrt.
Im Sommer konnte von Manteuffel mit seiner Division trotz einer vielfachen feindlichen Übermacht das eingekesselte Wilna (Nordfront) freikämpfen und dem späteren Schwerterträger Stahel mit seiner Kampfgruppe den Rückzug ermöglichen.
Obwohl er nie einen Generalstabskurs an der Kriegsakademie besucht hatte(!), erhielt General der Panzertruppe (01.09.44) von Manteuffel im September 1944 die Ernennung zum Oberbefehlshaber der 5. Panzerarmee. Somit kommandierte er den einzigen Heeres-Panzergroßverband an der Westfront.
Sein Nachfolger an der Spitze der "*Großdeutschland*" wurde der erfahrene Oberst Karl Lorenz, auf von Manteuffels Vorschlag bereits mit dem Eichenlaub beliehen. Insgesamt untermauerten 56 Ritterkreuzträger den Elite-Status der Division!

Unter denkbar schwierigen Umständen in puncto Nachschub und Versorgung bereitete von Manteuffel seine Armee unter strenger Geheimhaltung auf einen neuen Offensivschlag vor - am 16. Dezember 1944 rollten sieben seiner Divisionen zusammen mit Verbänden der Waffen-SS in den Wäldern der Ardennen zum allesentscheidenden Angriff gegen die 1. US-Armee an. Hauptziel der Offensive war die Spaltung der gegnerischen Truppen sowie die Wiedereinnahme von Antwerpen. In diesem Fall wären drei alliierte Armeen - die 1. kanadische, 2. britische und 9. amerikanische - von der südlich der Ardennen operierenden 12. US-Heeresgruppe abgeschnitten und praktisch eingekesselt worden!
Obwohl seine Panzerspitzen den Gegner überrumpeln und über 100 Kilometer weit vorstoßen konnten, endete diese letzte deutsche Offensive im Westen als operativer Fehlschlag. Die drückende Überlegenheit der Alliierten, fehlendes Glück und zu wenig Treibstoffvorrat zwang die 5. Panzerarmee Anfang Jänner wieder zum Rückzug. Trotz exzellenter Angriffe des berüchtigten US-Generals Patton gelang es von Manteuffel jedoch, den Großteil seiner Truppen rechtzeitig zurückzunehmen.
Selbst wenn die Einnahme von Antwerpen und die Einkesselung der drei gegnerischen Armeen gelungen wäre, wären die deutschen Truppen doch wohl kaum in der Lage gewesen, den Umklammerungsring aufrecht zu erhalten.
Für die anfänglichen Erfolge in Belgien und die langjährigen Verdienste als Frontgeneral erhielt General von Manteuffel am 18. Februar 1945 die 24. Brillanten zum Ritterkreuz mit Eichenlaub und Schwertern verliehen.
Im März 1945 als Nachfolger von Eichenlaubträger Generaloberst Raus noch zum Oberbefehlshaber der 3. Panzerarmee ernannt, konnte von Manteuffel der vorpreschenden Rote Armee in Pommern nur noch hinhaltenden Widerstand bieten. Als die Heeresgruppe Weichsel (Heinrici) nach anfänglichen Abwehrerfolgen überrannt wurde und die Rote Armee Berlin einkesselte, hatte von Manteuffel keine Möglichkeit mehr, den Eingeschlossenen auf irgendeine Weise zu Hilfe zu kommen. Seine Truppe war ausgebrannt, nur noch wenige Panzer einsatzbereit und der Treibstoffvorrat zu Ende. General von Manteuffel konnte trotz der schwierigen Lage seine 3. Panzerarmee nördlich von Berlin zurückziehen und die Elbe überschreiten.
Als Generaloberst Heinrici, Träger der Schwerter zum Ritterkreuz, nach Streitigkeiten mit dem OKW als Oberbefehlshaber der Heeresgruppe Weichsel abgesetzt wurde, erhielt General von Manteuffel den Befehl seine Nachfolge anzutreten. Da der Brillantenträger aber mit Heinrici derselben Meinung war, nämlich das weitere Kampfhandlungen um Berlin sinnlos wären, lehnte er ab! In diesen schwierigen Tagen bewies General von Manteuffel stahlharte Courage und ebenso eiserne Loyalität gegenüber Generaloberst Heinrici - als GFM Keitel vom OKW mit der Verhaftung des Heeresgruppen-Oberbefehlshabers drohte, ließ von Manteuffel diesen von drei bewaffneten Offizieren seines Stabes bewachen. Notfalls hätte er seine Solidarität mit Waffengewalt unterstrichen!

Durch äußerst kluge Verhandlungen mit britischen Generälen erreichte General von Manteuffel im Mai deren Zustimmung, mit seinen 300.000 Soldaten in britische, und nicht in russische, Gefangenschaft gehen zu dürfen. 1947 erfolgte die Entlassung.

Nach dem Krieg war General a.D. von Manteuffel aktiv in der Politik tätig, von 1953 bis 1957 als Mitglied des deutschen Bundestages (Verteidigungsberater FDP). 1959 wurde er überraschenderweise von einem Schwurgericht des Totschlages angeklagt, Grund für die späte Anklage war ein von ihm gefälltes Todesurteil. Manteuffel hatte im Jänner 1944 bei Schepetowka einen Soldaten, der während seiner nächtlichen Wache die Gefangennahme zweier Kameraden beobachtet aber diese weder verhindert noch gemeldet hatte, wegen Feigheit vor dem Feind vor ein Kriegsgericht gestellt, verurteilt und erschießen lassen. Trotz der kriegsrechtlich korrekten Entscheidung wurde General der Panzertruppe a.D. von Manteuffel zu zwei Jahren Gefängnis verurteilt. Nach bereits zwei Monaten erfolgte auf Fürsprache von Bundespräsident Heuss die Freilassung.
Später wurden dem exzellenten Panzeroffizier mehrere unerwartete Ehrungen durch das amerikanische Militär zuteil. So wurde er 1968 zu einem Besuch an die Offiziersakademie West Point eingeladen. Ferner besuchte er auf Einladung des US-Generalstabschefs General Westmooreland das Pentagon sowie auf Wunsch seines ehemaligen Gegners und damaligen US-Präsidenten Dwight D. Eisenhower das Weiße Haus! Ende der Sechzigerjahre fungierte von Manteuffel weiters als deutscher militärischer Berater für US-Kriegsfilme.
Hasso von Manteuffel ist 1978 während einer Urlaubsreise in Österreich verstorben und wurde in Deutschland bestattet. Die Londoner Times ehrte den einstigen Kriegsgegner mit einem hervorragenden Nachruf.

Hauptmann

HANS-JOACHIM MARSEILLE

* 13.12.1919 in Berlin
+ 30.09.1942 bei El Alamein/Nordafrika

Ritterkreuz		22.02.1942
Eichenlaub	(097)	06.06.1942
Schwerter	(012)	18.06.1942
Brillanten	(004)	03.09.1942

Frontflugspange für Jäger in Gold mit Anhänger Einsatzzahl "300"
Italienische Tapferkeitsmedaille in Gold
Flugzeugführer- und Beobachterabzeichen in Gold mit Brillanten
Sechsmalige Nennung im Wehrmachtsbericht
Ärmelband "Afrika"
Italienisches Fliegerabzeichen
Ehrenpokal der Luftwaffe
Ehrendolch des Heeres (eh)
Deutsches Kreuz in Gold

"Schreckgespenst der britischen Jagdpiloten"

Als treffsicherster Vorhalteschütze und vielleicht bester Jagdflieger der Luftwaffe ging der junge Berliner Hans-Joachim Marseille in die Geschichte ein. "Stern von Afrika" genannt, wurde er zum Schreckgespenst der britischen Luftwaffe in Nordafrika.
Als Sohn eines Jagdfliegerveteranen und späteren Generalmajors der Luftwaffe in Berlin geboren, begeisterte sich Marseille bereits in seiner Jugend für Flugzeuge. So wunderte es niemanden, dass er im Jahre 1938 freiwillig in die Luftwaffe eintrat. Obwohl der junge Mann bereits während seiner Ausbildung in Wien-Schwechat erstaunliche fliegerische Fähigkeiten bewies, war er nicht zum Soldaten geboren. Wenig an Disziplin und Respekt gegenüber Vorgesetzten interessiert, wurde er wiederholt wegen verbotenen Kunstflugs und diverser Verstöße verwarnt. So als sich Marseille mit einigen Piloten einmal auf einem Übungsflug nahe Braunschweig befand und plötzlich einen unangenehmen Drang verspürte. Da landete der freche Fähnrich einfach auf einer nahen Schnellstraße, erleichterte sich hinter einem Baum und flog dann weiter!!
Die andere Seite seiner Ausbildungszeit waren phänomenale Showeinlagen - so kappte Marseille einmal im Tiefstflug ein an einem nur ein Meter hohen Stock befestigtes Taschentuch mit der Tragfläche seiner Messerschmitt!
Im August 1940 wurde Oberfähnrich*[65]* Marseille nach einer gründlichen Friedensausbildung ins Lehrgeschwader 2 an die Kanalfront versetzt, wo er seine ersten Feindeinsätze flog. Im Oktober wechselte er in die 4. Staffel des Jagdgeschwaders 52, die zu dieser Zeit unter dem späteren Schwerterträger Steinhoff am Ärmelkanal lag. Während der Luftschlacht um England flog Marseille als Katschmarek und meldete am 24.08.40 seinen ersten Luftsieg. Als er Frankreich verließ, war er für 7 Abschüsse bereits mit beiden Klassen des Eisernen Kreuzes dekoriert worden.
Zu diesem Zeitpunkt hatte der hitzige Flieger aber auch bereits einen strengen Verweis und insgesamt acht Tage Arrest erhalten!

Anfang Februar 1941 wurde Marseille in die 3. Staffel des Jagdgeschwaders 27 versetzt und mit ihr nach Nordafrika verlegt. Bereits während seines ersten Feindfluges über Libyen konnte der voller Selbstvertrauen strotzende Flieger*[66]* eine britische Hurricane abschießen. In den folgenden Wochen erzielte Marseille wiederholt Luftsiege, wobei er sich jedoch den Unmut seines Staffelführers Oberleutnant Homuth*[67]* zuzog. Grund dafür war neben unmilitärischem Verhalten auch seine ungestüme Angriffsart. Sobald Marseille einen Gegner entdeckte - und aufgrund seiner guten Augen war er stets der erste - verließ er den Verbandsflug und schoss ihn, meist beim ersten Angriff, ab. Obwohl dies keinesfalls den Teamwork-Regeln einer guten Staffel entsprach, erkannte Marseilles Gruppenkommandeur Hauptmann Neumann*[68]* das unglaubliche Talent des hitzigen Piloten. Im Mai 1941 wurde Marseille zum Leutnant befördert, nachdem er 13 Luftsiege errungen hatte.

Kurz darauf nach schweren Triebwerkstreffern zur Notlandung im Niemandsland gezwungen, erreichte der junge Flieger nach einem längeren Fußmarsch unbeschadet wieder die Stellungen der eigenen Infanterie!
In den nächsten Monaten wirkte Marseille immer besser mit seinen Staffelkameraden zusammen. Obwohl noch immer brennend ergeizig, stand er den militärischen Grundregeln nicht mehr so feindlich gegenüber. In den unzähligen Geleitschutz- und Jagdeinsätzen dieser Zeit entwickelte der nun zum Rottenführer ernannte Marseille eine unglaubliche Trefferpräzision, die ihm immer wieder wahre Wunderabschüsse ermöglichte. Sein Rottenflieger und Freund Rainer Pöttgen berichtete, dass er Treffer aus unglaublichen Entfernungen und Winkeln zustande brachte. Außerdem war es außerordentlich schwer, seinen tollkühnen Flugmanövern zu folgen!
Im Februar 1942 war Marseille bei 50 Luftsiegen angelangt, wofür er als erfolgreichster Pilot des Geschwaders das Ritterkreuz erhielt und zum Oberleutnant befördert wurde.
Als Homuth im Mai die Gruppe übernahm, trat Marseille dessen Nachfolge als Kapitän der 3. Staffel an. Aufgrund seiner großartigen Erfolge war er nicht nur bei höchsten Stellen des Afrikakorps, sondern bereits auch in Deutschland bekannt und äußerst beliebt. Ähnlich wie in unserer Zeit ein Filmstar, erhielt er täglich Briefe von weiblichen Fans, sein Bild wurde fast jeden Tag in einer Zeitung abgedruckt! Unter den großen Persönlichkeiten, die Marseilles Staffel besuchten, befanden sich u.a. GFM Kesselring, Erwin Rommel und Jagdfliegergeneral Adolf Galland.
Von März bis August 1942 war Marseille in Hochform. In täglich bis zu vier Einsätzen über der libyschen Wüste erzielte er praktisch in jedem Luftkampf zwischen zwei und fünf Luftsiege. Doch diese Erfolge waren innerhalb der Staffel ebenso "normal" wie sein unglaublich niedriger Munitionsverbrauch - meistens verbrauchte der Oberleutnant pro Abschuss nur 15 bis 20 Schuss seiner Kanonen! Marseille konnte seine Me-109F so perfekt handhaben, dass er es sich angeblich sogar erlauben konnte, die genaue Stelle der Treffer zu bestimmen. Meistens lagen die Einschüsse im Motorblock oder in der Pilotenkanzel des Gegners!
Zwischen Marseille und seinem Bodenpersonal herrschte eine absolut lockere und kameradschaftliche Stimmung. Als der erfolgreiche Jagdflieger seinen Mechanikern als Gegenleistung für die stets perfekt gewartete Me-109 für jeden Abschuss spaßhalber 50 Lire anbot, entgegneten diese: "Na, lieber nicht - dabei werden Herr Oberleutnant ja ein armer Mann."

Dieser Mann, der täglich ihre besten Piloten bezwang, wurde dem englischen Oberkommando in Afrika allmählich zum Begriff. In einem abgefangenen Funkspruch wurde den britischen Staffelkapitänen sogar befohlen, den jungen Deutschen entweder nur in Gruppen oder gar nicht anzugreifen! Unter jenen Elitepiloten, die gezielt auf Marseille angesetzt wurden, befand sich auch das Fliegeras Clive "Killer" Caldwell, ein australischer "Kittyhawk"-Pilot, der bereits über ein Dutzend Deutsche abgeschossen hatte. Unter diesen hatte sich auch der erste Eichenlaubträger des JG 27 befunden, Hauptmann Erbo von Kageneck (67 Siege). Später sollte ihm auch Marseilles Freund und erfolgreicher Staffelkamerad Oberleutnant Hans-Arnold Stahlschmidt*[12]* (59) und der Spanienveteran Wolfgang Lippert (29) zum Opfer fallen! Doch Caldwell traf nie auf Marseille, wurde später vom Schwerterträger Oberleutnant Schröer bezwungen, konnte jedoch in den Kampfeinsatz zurückkehren.
Im Juni 1942 schoss Oberleutnant Marseille einmal sechs Gegner innerhalb von nur elf Minuten ab(!), im selben Monat wurde ihm als zweiten Piloten des JG 27 nach 75 Luftsiegen das 97. Eichenlaub zum Ritterkreuz verliehen.
In den Tagen nach der Verleihung flog Marseille mehrere Abfangeinsätze gegen britische und südafrikanische Staffeln, wobei er wiederholt bis zu sechs Gegner in kürzester Zeit abschießen konnte. Und so meldete das JG 27 am 17.06.42 bereits seinen 100. Luftsieg - Marseille war der erste, der diese magische Marke gegen westalliierte Piloten erreichte!
Die Verleihung der nun fälligen Schwerter fand in Berlin statt - und zwar lediglich 116 Tage nach dem Ritterkreuz! Der junge Oberleutnant war der erst 12. Träger dieser hohen Auszeichnung und davon der bereits 10. Jagdpilot der Luftwaffe!
Marseille war endgültig zum deutschen Nationalhelden geworden, wobei seine Berühmtheit schon fast legendäre Ausmaße annahm. Auf dem Rückweg von Berlin nach Nordafrika meldete er sich bei Benito Mussolini, der ihm für die erfolgreiche Unterstützung der italienischen Luftwaffe die seltene Tapferkeitsmedaille in Gold verlieh - sogar der Wüstenfuchs Erwin Rommel musste sich mit der Silberfassung dieses Ordens begnügen! Nach der Rückkehr zu seiner Staffel musste Marseille feststellen, dass die Luftwaffe in Afrika endgültig in die Defensive gedrängt worden war.
Zahlenmäßig sechsfach unterlegen, hatten die eigenen Geschwader in dieser Zeit schwere Verluste zu verkraften. Trotz der taktischen Unterlegenheit konnte Marseille bereits am ersten Einsatztag 10(!) Gegner abschießen - doch diese großartige Leistung war immer noch nicht der Gipfel seines Könnens.
Am 1. September 1942 gelang ihm in drei getrennten Einsätzen der bestätigte Abschuss von 17(!!) britischen Jagdmaschinen und damit ein Gesamtergebnis von 121 Siegen! Obgleich diese Leistung durch Hauptmann Emil Lang

(EL, 173 Siege) an der Ostfront übertroffen wurde (18 an einem Tag), ist Marseilles Leistung aufgrund der besser ausgebildeten Gegner weit höher einzustufen.
Als die Staffel nach dieser fulminanten Leistung auf dem Feldflugplatz landete, waren alle von dem Gesehenen wie elektrisiert. Ludwig Franzisket, ein befreundeter Staffelkapitän und selbst Ritterkreuzträger, zeigte sich von Marseilles Angriffen überwältigt und sagte zu seinem Gruppenkommandeur: "Ich vergaß vor Staunen zu schießen, als ich Marseille im feindlichen Pulk beobachtete!"
Am 02.09.42 unterlagen Marseille fünf weitere Gegner.
Für das Erreichen von insgesamt 126 Luftsiegen erhielt Marseille nun als vierter Offizier der Wehrmacht die Brillanten zum Ritterkreuz mit Eichenlaub und Schwertern verliehen. Zwischen seiner Ankunft in Afrika und der Verleihung der höchsten Tapferkeitsmedaille waren nur 19 Monate vergangen!
Doch noch war der September nicht vorbei - so konnte Oberleutnant Marseille am 3. sechs, am 5. und 6. je vier und am 15. sieben Luftsiege erzielen! Am 24.09.42 wurde er im Alter von erst 22 Jahren zum bisher jüngsten Hauptmann der Luftwaffe befördert, kurz zuvor zum bereits fünften Mal im Wehrmachtsbericht genannt.
Am 26.09.42 bezwang der Staffelkapitän mit 7 britischen Spitfire-Jägern seinen 152. bis 158. Kontrahenten. Der Luftkampf mit seinem letzten Gegner hatte sich ungewöhnlich lange, nämlich 15 unendliche Minuten, hingezogen.
Nach Berichten seiner Kameraden und Freunde begann zu dieser Zeit der Dauereinsatz in Marseilles Wesen Wirkung zu zeigen. Er war oft übermüdet und abgekämpft - es wäre Zeit für eine Frontpause gewesen. Als ihm GFM Rommel persönlich eine solche Ende September anbot, lehnte Marseille jedoch ab - er wollte seine Staffel nicht alleine lassen.
Während der Schlacht um El Alamein flog das JG 27 rollende Jagd- und Abfangeinsätze über Ägypten. Am 30. September führte Marseille seine komplette Staffel, um "Tommys" zu suchen. Der hochdekorierte Hauptmann flog in diesem Einsatz erstmals die neue G-Version der Messerschmitt Me-109. Während des Rückfluges von dem kampflosen Einsatz meldete ein Pilot plötzlich eine dünne Rauchfahne aus Marseilles Maschine. Nach kurzer Zeit fing der Motor an zu bocken, die Messerschmitt verlor an Höhe! Von seiner Staffel über Funk geleitet, manövrierte Marseille seine immer stärker qualmende Maschine bis über eigenes Gebiet. "Habe Motorschaden, ich steige aus!" rief er über Bordfunk und drehte die Maschine auf den Rücken. Seine Kameraden konnten beobachten, wie er das Kabinendach aufschob und sich aus der Maschine fallen ließ. Doch die Freude über den guten Ausgang der Aktion währte nur eine Sekunde: Marseille prallte gegen das Leitwerk und wurde bewusstlos geschlagen. So hatte er keine Chance mehr, die Reißleine seines Fallschirms zu ziehen!
Die von Hans-Joachim Marseille erzielten 158 bestätigen Luftsiege über britische Piloten wurden bis Kriegsende auch nicht annähernd wieder erreicht (Schwerterträger Bär 124). Der junge, sympathische Jagdflieger starb nach 388 Feindflügen*[69]*.
Die deutsche Bundesluftwaffe ehrte den herausragenden Flieger und Scharfschützen mit der "Marseille-Kaserne" in Uetersen nahe Hamburg.

Eine nur ganz seltene – da umstrittene Geschichte – soll sich unmittelbar nach Marseilles Schwerterverleihung abgespielt haben. Diese besagt, dass der junge Oberleutnant während seines kurzen Aufenthaltes in Deutschland mit der Tatsache der sgn. Endlösung gegen Juden konfrontiert wurde. Davon erschüttert, hätte sich Marseille nicht auf den Rückweg nach Afrika gemacht, sondern sich fünf Wochen lang in Italien versteckt. Erst als die Gestapo ihn aufstöberte und unter Druck setzte, hätte das Fliegeras sich wieder bereit erklärt, zu seinem Geschwader zurückzukehren!
Obwohl diese Geschichte sehr wage erscheint und wie gesagt nicht belegt ist, wurde sie Ende der Fünfzigerjahre in einem Film über Marseilles Leben eingebaut und seitdem nicht ausdrücklich widerlegt. Es wäre allerdings auch möglich, dass es sich – ähnlich wie beim sgn. "Mölders-Brief" - um eine propagandistische Falschmeldung des britischen Geheimdienstes handelte.

General der Panzertruppe

DR. KARL MAUSS

* 17.05.1898 in Plön/Holstein
+ 09.02.1959 in Hamburg

Ritterkreuz		26.11.1941
Eichenlaub	(335)	24.11.1943
Schwerter	(101)	23.10.1944
Brillanten	(026)	15.04.1945

Panzerkampfabzeichen in Silber 3. Stufe
Nahkampfspange in Bronze
Dreimalige Nennung im Wehrmachtsbericht
Ungarisches Kriegsverdienstkreuz mit Schwertern
Deutsches Kreuz in Gold
Verwundetenabzeichen in Gold

"Achtung! - der bringt alles fertig"

Dr. Karl Mauss gehört ohne Zweifel zu den interessantesten und farbigsten Persönlichkeiten dieses Buches. Obwohl ein gelernter Zahnmediziner, wurde er während des Krieges einer der erfolgreichsten Panzer-kommandeure der Wehrmacht. Ausgezeichnet mit der höchsten Tapferkeitsauszeichnung, kehrte er nach Kriegsende wieder in seine medizinische Tätigkeit zurück. Er war eine der hochkarätigsten Führungs-persönlichkeiten des Heeres.

Als die Schüsse von Sarajewo 1914 den Ersten Weltkrieg auslösten, stand für den damals erst 16jährigen Karl Mauss fest, in die Armee einzutreten. Durch seine Hartnäckigkeit und die Unterstützung seines Vaters überwand er die Stellungskommision und wurde ins Jägerregiment 162 aufgenommen. Trotz seiner Jugend erwies Mauss sich als glänzender und mutiger Soldat. Bereits 1915 erhielt er das Eiserne Kreuz 2. Klasse, 1916 wurde er im Alter von knapp 17 Jahren(!) für wiederholte Tapferkeit vor dem Feind (Arras, La Bassee, Flandern, Somme, Isonzo) zum Leutnant befördert (er war somit der jüngste Offizier der gesamten Armee!) und kurze Zeit später mit dem Eisernen Kreuz 1. Klasse ausgezeichnet! Durch sein großes Selbstvertrauen konnte sich Mauss bei seinen durchwegs älteren Untergebenen und Vorgesetzten stets Respekt verschaffen. Im letzten Kriegsjahr meldete sich der junge Offizier freiwillig zur Fliegertruppe und stand zuletzt gerade mitten in der Ausbildung zum Jagdflieger. Neben einer Splitterverwundung im Jahre 1916 hatte er auch das Glück, 1918 einen schweren Flugzeugabsturz während eines Übungsfluges überstanden zu haben.
In den Nachkriegsjahren 1919/20 kämpfte Oberleutnant Mauss erfolgreich im Freikorps *"Oberland"* sowie der Marinebrigade *"Erhardt"*, 1922 schied er aus dem Militärdienst aus und studierte in Hamburg Zahnmedizin.
Doch im Zivilleben war Dr. Mauss anscheinend nicht recht zufrieden - 1934 ließ er sich als Hauptmann in die Wehrmacht reaktivieren und übernahm das II. Bataillon des (mot.) Infanterieregiments 69.

Bei Kriegsbeginn diente Major Dr. Mauss mit seinem Regiment in der 20. (mot.) Infanteriedivision, mit der er am Polenfeldzug teilnahm. Nach ersten Vorstößen aus Ostpreußen stürmte er an der Spitze seiner Männer erfolgreich gegen die gefürchteten Befestigungsanlagen von Brest-Litowsk an. Für seine Leistungen mit den Spangen zum Eisernen Kreuz 1914 ausgezeichnet, wurden Dr. Mauss und sein bewährtes Bataillon im Spätsommer in die neu aufgestellte 10. Panzerdivision beordert - die neue Bezeichnung war nun Schützenregiment 69.
Im Mai 1940 traten die Grenadiere zum Krieg gegen Frankreich an.
Im Westfeldzug stieß das "Bataillon Mauss" zusammen mit den Panzern der Division im Verband des XIX. Panzerkorps (Guderian) durch die Ardennen nach Belgien vor und besetzten Wiry, Sedan, St. Quentin und Abbeville. Danach kämpfte die 10. PD im Raum Calais -Dünkirchen.
Bereits in diesen ersten Gefechten griff Major Dr. Mauss erfolgreich auf seine Kriegserfahrungen 1914/18 zurück. Er verstand es glänzend, seine Energie und Begeisterung auf die Männer zu übertragen und bei Angriffen als Ruhepol zu wirken. In der zweiten Phase des Westfeldzuges nahm Dr. Mauss an den Kämpfen gegen die 7. französische

Armee teil. Die 6. Armee, der die 10. PD unterstellt war, eroberte u.a. Sens und Nevers. Anfang Juni 1940 stand die Division dann bei Vierzon.
Den Krieg gegen die riesige Sowjetunion erlebte Oberstleutnant (01.04.41) Dr. Mauss auch von Anfang an. An der Spitze seiner Einheit kämpfte er im Mittelabschnitt der Ostfront, nahm an den Schlachten entlang der "Moskauer Rollbahn" teil und kämpfte erfolgreich bei Wjasma. Besonders schwere Opfer hatte seine Truppe in der Winterschlacht vor Moskau zu beklagen. Als sein Bataillon trotz schwerer russischer Angriffe und mörderischen Temperaturen erfolgreich die Stellungen am Ufer der Urga verteidigte, erhielt Dr. Mauss für das Halten des Brückenkopfes am 26.11.41 das Ritterkreuz zum Eisernen Kreuz verliehen.
Nach den allgemeinen Rückzugskämpfen des Frühjahres 1942 bezog die angeschlagene 10. PD bei Smolensk neu Stellung. Dr. Mauss gab nach erneuter Bewährung sein Kommando ab und übernahm als Oberst (20.04.42) das Panzergrenadierregiment 33 der kampferprobten 4. Panzerdivision. Sein damaliger Divisionskommandeur war Eichenlaubträger Heinrich Eberbach, an der Spitze der Grenadierbrigade stand der spätere Schwerterträger Smilo von Lüttwitz!
Nur zwei Monate darauf wurde Dr. Mauss während der erbitterten Abwehrschlacht von Orel erstmals seit dem Ersten Weltkrieg wieder schwer verwundet. Nach der Entlassung aus dem Lazarett kehrte er an die Spitze seines Regiments zurück.
Hier zeigte er sofort wieder seine wahre Klasse als Frontoffizier. Als die Division im Spätherbst 1943 von russischen Panzer- und Schützendivisionen überflügelt wurde, geriet eine von Dr. Mauss geführte Kampfgruppe im Frontbogen von Kursk in einen Kessel. Kurz entschlossen vereinbarte Dr. Mauss mit der restlichen Division einen gemeinsamen Angriff auf den noch dünnen Umklammerungsring. Durch die so freigekämpfte Gasse konnte Dr. Mauss alle Überlebenden und sogar Teile des schweren Materials in Sicherheit bringen! Am 24. November 1943 wurde Oberst Dr. Mauss - als einer von insgesamt neun Angehörigen der 4. PD - mit dem Eichenlaub zum Ritterkreuz dekoriert, für das er bereits im April einmal eingereicht, aber vom OKH abgelehnt worden war. Sein damaliger Divisionskommandeur Dietrich von Saucken - später ebenfalls Brillantenträger - schätzte seinen besten Regimentskommandeur und zeitweiligen Stellvertreter als "bewährten Frontkämpfer, glänzenden Offizier und guten Taktiker".
Im Winter 1943/44 wurde Oberst Dr. Mauss kurzfristig mit der Führung der 8. Panzerdivision beauftragt, ehe ihm im Jänner 1944 eine unerwartete Ehre zuteil wurde.
Als Nachfolger für den kurz zuvor gefallenen Brillantenträger Adelbert Schulz übernahm Dr. Mauss die ruhmreiche und kampferprobte 7. Panzerdivision, die sich 1940 unter Erwin Rommel, ebenfalls Brillantenträger, den Beinamen "*Gespensterdivision*" verdient hatte. Andere Kommandeure waren der spätere Brillantenträger von Manteuffel sowie der alte Haudegen und Eichenlaubträger Generalmajor Hans von Funck gewesen. Die 7. PD war eine der erfolgreichsten und kampferfahrensten Panzerdivision des Heeres. Trotz dieses enormen Erfolgsdrucks wurde der zum Generalmajor (01.04.44) beförderte ehemalige Zahnarzt den Erwartungen gerecht.
Während der schweren Gefechte bei Schitomir, Tarnopol, Brody und Minsk schossen die Panzer der 7ten über 800 russische Panzer ab! Allesüberschauender Ruhepol der Gefechte war der stets von vorn führende Divisionskommandeur Dr. Karl Mauss.
Besonders vielsagend für Dr. Mauss war die Tatsache, dass er als Weltkriegsveteran für seine vielen direkten Fronteinsätze seit August 1943 die Nahkampfspange in Bronze trug! Sein Erfolgsgeheimnis war neben seiner eisernen Ruhe und seinen hervorragenden Untergebenen noch seine enorme geistige Beweglichkeit und Energie.
So war es auch unmittelbar nach seiner Kommandoübernahme gewesen, als die 7. Panzerdivision im Verband der 1. Panzerarmee (Hube) bei Kamenez-Podolsk eingeschlossen wurde und sich als "wandernder Kessel" wieder an die eigene Front herangekämpft hatte. Nach phantastischen Leistungen in den Baltikumstaaten (u.a. Wilna, Libau, Doblen und Lida) erhielt Dr. Mauss am 23. Oktober 1944 die 101. Schwerter zum Ritterkreuz mit Eichenlaub verliehen. Als ihm Hitler bei der Übergabe einen Fronturlaub anbot, lehnte Mauss diesen ab und erbat statt dessen die Lieferung von 40 neuen Panzern an seine Division!
Nach dem Rückzug durch Ostpreußen und einer kurzen Auffrischung wurde die 7. Panzerdivision im Frühjahr 1945 als Eingreif-Reserve der Heeresgruppe Nord eingesetzt und für Abwehrerfolge im Wehrmachtsbericht genannt. Die Division war in den schweren Gefechten so erfolgreich, dass die russischen Divisionskommandanten sich über Funk sogar gegenseitig warnten. Eine von deutschen Funkern aufgefangene Meldung lautete: "Achtung, Mauss ist wieder da - äußerste Vorsicht geboten, der bringt alles fertig!"

Im Verband des VII. Armeekorps führte Dr. Mauss seine tapferen Verbände in Westpreußen und im Großraum Danzig. Als er erneut überlegenste sowjetische Angriffe abschmetterte, benachbarte Divisionen aus der Patsche holte und sich abermals als einer der besten Panzerkommandeure des Heeres auszeichnete, wurde er für die höchste Auszeichnung eingereicht. Der erste Anstoß hierfür ging von Generalleutnant von Rappard aus, welcher mit seiner

berühmten 7. ID seit Monaten Hand in Hand mit der "*Gespensterdivision*" operierte. Dieser selbst mit dem Eichenlaub ausgezeichnete, bewährte Offizier wurde später in russischer Gefangenschaft erschossen.
Nachdem sowjetische Stoßarmeen die "Ostpreußen-Stellung" durchbrochen hatten, geriet die 7. PD zusammen mit etwa 15 weiteren Divisionen in den Westpreußen-Kessel entlang der Danziger Bucht. Etwa die gleiche Anzahl wurde südlich von Königsberg im sgn. Ostpreußen-Kessel abgeschnitten.
Am 25. März 1945 wurde Dr. Mauss während einer schweren Abwehrschlacht durch Splitter einer Artilleriegranate so schwer verwundet, dass in einer Notoperation der linke Oberschenkel amputiert werden musste! Trotzdem blieb der hochdekorierte Panzergeneral ungebrochen und befehligte seine Verbände während der letzten Kriegswochen von der Tragbahre aus!
Am 15. April wurde Generalleutnant Dr. Mauss in Anerkennung seiner glänzenden Leistungen als 26. und vorletzter Offizier der Wehrmacht mit den Brillanten zum Ritterkreuz mit Eichenlaub und Schwertern dekoriert. Somit war er nach Rommel, Schulz und von Manteuffel der bereits vierte Kommandeur der "*Gespensterdivision*", der die höchste Tapferkeitsauszeichnung erhalten hatte! Kurz darauf wurde der bewährte Divisionskommandeur rückwirkend (01.04.45) zum General der Panzertruppe befördert. Sein gleichnamiger Vetter hatte es in der Wehrmacht übrigens auch bis zum General gebracht - und zwar als Militärarzt.
Als sich das Ende des hart bedrängten Westpreußen-Kessels abzeichnete, wurden die Reste der wertvollen 7. Panzerdivision mitsamt ihres schwer verwundeten Kommandeurs aus Gotenhafen über See nach Dänemark evakuiert. Diese schwierige Operation hatte Dr. Mauss durch persönliche Initiative beim OKW erreicht.
Am 5. Mai 1945 führte General Dr. Mauss seine tapfere Division in Mecklenburg in britische Gefangenschaft - insgesamt hatten 31 Ritterkreuz- und 6 Eichenlaubträger zum großen Ruhm der Division beigetragen.
Trotz seiner schweren Verwundung wurde Dr. Mauss erst 1947 aus der Gefangenschaft entlassen.

Wie vor dem Krieg eröffnete er wieder eine Zahnarztpraxis. Ein Aufnahmegesuch in die neue deutsche Bundeswehr wurde aus gesundheitlichen Gründen abgelehnt, so blieb Erich "Bubi" Hartmann der einzige ehemalige Brillantenträger der bundesdeutschen Streitkräfte.
Dr. Karl Mauss verstarb bereits 1959 in Hamburg und wurde in Lübeck beigesetzt.
Sein Sohn wurde ebenfalls Zahnarzt.

Oberstleutnant

EGON MAYER

* 19.08.1917 in Konstanz/Baden
+ 02.03.1944 bei Montmedy/Westfront

Ritterkreuz		01.08.1941
Eichenlaub	(232)	16.04.1943
Schwerter	(051)	02.03.1944 postum

Frontflugspange für Jäger in Gold mit Anhänger Einsatzzahl "300"
Flugzeugführer- und Beobachterabzeichen
Deutsches Kreuz in Gold
Verwundetenabzeichen in Silber

"Viermot-Experte des Richthofen-Geschwaders"

Im Alter von 20 Jahren trat Egon Mayer als Fahnenjunker in die Luftwaffe ein, wie die meisten späteren Top-Asse hatte er sich bereits in frühester Jugend für die Fliegerei begeistert. Kurz nach Kriegsbeginn beendete er seine Ausbildung und wurde in das Jagdgeschwader 2 "*Richthofen*" versetzt.
Als junger Leutnant erzielte Mayer bereits 1939 über der noch starren Westfront seinen ersten Luftsieg und erhielt das Eiserne Kreuz 2. Klasse. Nach weiteren Erfolgen folgte während des Frankreichfeldzuges bereits die 1. Klasse dieser Auszeichnung.
Als Rottenführer nahm Mayer unter dem Eichenlaubträger Helmut Wick*[70]* in Folge an den schweren Luftkämpfen über dem Ärmelkanal und dem Süden Englands teil. Im Zuge der unzähligen Geleitschutzeinsätze gelangen ihm drei weitere Abschüsse. Allerdings musste er viermal mit dem Fallschirm aussteigen oder an der französischen Küste notlanden - jedesmal blieb der junge Jagdflieger quasi unverletzt!
Nachdem die Luftschlacht um England im Winter 1940/41 endgültig abgebrochen werden musste, wurden die meisten deutschen Jagdgeschwader in den Osten verlegt. Lediglich die kampferprobten JG 26 "*Schlageter*" (Galland) und 2 "*Richthofen*" (Oesau) blieben an der Kanalfront. Bis zu seinem Tod bekämpfte Egon Mayer also ausschließlich die gut geschulte und ausgerüstete RAF und USAAF.
Nach einer kurzen Einsatzphase an der Fliegerschule Werneuchen übernahm Oberleutnant Mayer die 7. Staffel des JG 2. Innerhalb der nächsten Monate stiegen seine Erfolge im Luftkampf stetig an, so dass er am 1. August 1941 für 21 Luftsiege das Ritterkreuz entgegennehmen konnte.
Der Kampf gegen die Royal Air Force war zu dieser Zeit mit jenem im Osten nicht zu vergleichen. Die britischen Jagdpiloten waren hoch motiviert, gut ausgebildet und verfügten über moderne Maschinen.
Im Sommer 1942 notierte der erstklassige Flieger innerhalb von drei Wochen 16 bestätigte Luftsiege, womit er zu einem der erfolgreichsten Piloten an der Kanalfront wurde und das Deutsche Kreuz in Gold erhielt! Am 19. August hatte sein Bodenpersonal den 49. und 50. Abschussstrich am Leitwerk angebracht.
Nachdem Mayer sich in der Staffelführung mehr als bewährt hatte, wurde er zum Hauptmann befördert und im November an die Spitze der III. Gruppe gestellt. Die nächsten Monate brachten erstmals schwere Gefechte gegen große Tagbomberverbände über Frankreich und Belgien. Bereits in den ersten Zusammentreffen konnte Meyer einige viermotorige Bomber abschießen - so alleine am 12. November gleich drei!
Als das Leitwerk seiner Focke-Wulf 190 im April 1943 bereits 63 Abschussbalken zeigte, erhielt er als 95. Luftwaffenangehöriger das Eichenlaub zum Ritterkreuz verliehen - am 1. Juni folgte die Ernennung zum Major.
Am 22. Juni, zwei Wochen zuvor hatte er in einem Einsatz gleich drei US-Jäger abgeschossen, traf eine von Mayer geführte Jagdgruppe auf einen „Thunderbolt"-Verband. Während des Luftkampfes konnte der Eichenlaubträger einen Gegner abschießen und einen weiteren beschädigen. Der Pilot dieser beschädigten Maschine konnte jedoch die englische Küste erreichen und notlanden - sein Name war Robert S. Johnson, mit 28 Siegen der bei Kriegsende erfolgreichste noch im Einsatz stehende US-Jagdpilot auf dem europäischen Kriegsschauplatz.

Vier Tage darauf konnte Mayer in einem Luftkampf erneut gleich drei amerikanische P-47 "Thunderbolt"-Jäger abschießen. Im Juli 1943 wurde er als Nachfolger von Schwerterträger Walter Oesau neuer Kommodore des Jagdgeschwaders 2. Einer seiner Gruppenkommandeure war der spätere Schwerterträger Kurt Bühligen.
Während den folgenden Einsätzen gegen alliierte Bomberverbände entwickelte Mayer einige sehr effektive Taktiken gegen die gefährlichen "Fliegenden Festungen" vom Typ Boeing B-17. Im Laufe der Zeit bemerkte er, dass diese mit Bordwaffen gespickten Maschinen auf die Verteidigung nach hinten und den Seiten ausgelegt waren - nach vorne stand nur ein einzelnes Maschinengewehr zur Verfügung. Und dies musste auch noch zusätzlich zu seinen anderen Pflichten vom Navigator der Maschine bedient werden.
Nach einigen Tests erkannte Mayer so die effektivste, aber auch aufreibendste Angriffstaktik. Er führte seinen Jagdverband vor den feindlichen Pulk, gewann etwas an Höhe und stürzte sich dann unter Ausnutzung der hohen Sturzgeschwindigkeit von vorne(!) auf den heranfliegenden Bomberverband. So konnte er - aus allen Rohren feuernd - die verwundbaren Motoren und die Pilotenkanzel beschießen. Die größte Gefahr bei dieser Art des Angriffes war, nach dem Abtauchen in den Pulk zu geraten und im Kreuzfeuer zersiebt zu werden oder mit dem Gegner zusammenzustoßen.
In den letzten Monaten des Jahres 1943 wurde Mayer durch diese recht ungewöhnliche Angriffsart bei Freund und Feind bekannt. Welch unglaublicher Mut und eiskalte Nerven für diese Taktik notwendig waren, kann man heute wohl kaum mehr abschätzen.
Im Laufe des Krieges wurde Egon Mayer dreimal durch Bomberabwehrfeuer abgeschossen und mehrmals zur Notlandung gezwungen*[71]*. Hierbei war Mayer besonders einfallsreich - einmal steuerte er seine völlig zusammengeschossene Maschine im Gleitflug gegen den steilen Hang eines Steinbruches, um den "Vogel" schnell zum Stillstand zu bringen! Als er ein anderes Mal im Tiefflug von einem amerikanischen Jäger abgeschossen wurde, sprang er in nur achtzig Metern Höhe mit dem Fallschirm ab!

Im Sommer 1943 hatte das JG 2 mit dem Tod von Oberleutnant Horst Hanning einen schweren Verlust zu beklagen. Der 98mal siegreich gebliebene Kapitän der 2. Staffel wurde später postum mit dem Eichenlaub ausgezeichnet.
Am 6. September konnte Egon Mayer während eines Angriffes auf einen schwer geschützten Bomberpulk innerhalb von nur 19 Minuten drei Fliegende Festungen abschießen! Mit insgesamt 25 bestätigten Siegen über viermotorige Bomber wurde er einer der erfolgreichsten "Möbelwagen"-Töter*[28]* des Krieges. Am 05.12.43 unterlag der 90. Luftkampfgegner.
Am 5. Februar 1944 konnte Oberstleutnant Mayer als erster Jagdflieger der Kanalfront seinen 100. bestätigten Luftsieg erringen*[72]* - nach diesem Erfolg munkelte man im Geschwader bereits über eine baldige Schwerterverleihung. Tragischerweise sollte Mayer die Auszeichnung nicht mehr entgegennehmen können. Einen Monat später, sein Konto zeigte bereits 102 Siege, führte er sein Geschwader wieder einmal gegen amerikanische Tagbomber und deren Begleitschutz. Noch bevor er zu einem seiner berühmten Angriffe ansetzten konnte, stürzten sich mehrere "Thunderbolts" und "Mustangs" der Höhendeckung auf ihn. Obwohl seine Männer ihn herauszuhauen versuchten, gab es keine Rettung mehr. Es war der 352. Einsatz, von dem der beliebte Kommodore nicht zurückkehrte.
Am selben Tag erhielt Oberstleutnant Egon Mayer für seine großen Erfolge in der Reichsverteidigung postum die Schwerter zum Ritterkreuz mit Eichenlaub verliehen.
Der ausgezeichnete Jagdflieger gehörte zur kleinen Gruppe von 11 Schwerterträgern, die niemals an der Russlandfront eingesetzt gewesen waren.
Durch die harten Abwehrschlachten gegen die überlegenen Amerikaner und Briten gehörte das JG 2 zusammen mit dem JG 26 zu jenen Luftwaffenverbänden mit den höchsten Pilotenausfällen des Krieges. So fiel auch Mayers Nachfolger als Geschwaderkommodore Eichenlaubträger Major Ubben bereits nach wenigen Wochen im Luftkampf.

General der Infanterie

DR. DR. ING. JOHANNES MAYER

* 06.09.1893 in Stepenitz/Brandenburg
+ 07.08.1963 in Hamburg

Ritterkreuz		13.09.1941
Eichenlaub	(453)	13.04.1944
Schwerter	(089)	23.08.1944

Infanteriesturmabzeichen
Zweimalige Nennung im Wehrmachtsbericht
Ärmelband "Kurland"
Verwundetenabzeichen in Silber

"Vom Kirchenseminar zur Infanterie"

Als 1914 der Erste Weltkrieg ausbrach, meldete sich ein junger Mann bei der Musterungskommision, von dem man es nicht unbedingt erwartet hatte. Denn jener Johannes Mayer, Sohn eines Pastors, hatte zuvor drei Jahre Kirchengeschichte studiert. Nichtsdestotrotz war der Student im preußischen Infanterieregiment 42 an der Westfront so erfolgreich, dass er 1915 aus der Reihe zum Offizier ernannt und in Folge mit beiden Klassen des Eisernen Kreuzes ausgezeichnet wurde. Nach der deutschen Kapitulation behielt Mayer den Waffenrock an, studierte jedoch während seiner Dienstzeit mit großem Erfolg Betriebswirtschaftslehre, Volks- und Finanzwirtschaft sowie Handels- und Wechselrecht!
Dienstlich stieg er während dieser Zeit zum Hauptmann im Infanterieregiment 5 auf. 1935 unterrichtete er als Gruppenleiter an der Kriegsschule Potsdam, ehe er als Major ein Bataillon des Infanterieregiments 65 der 22. Infanteriedivision übernahm. Zu dieser Zeit wurde das IR 16 der Division vom späteren Schwerterträger Hans Kreysing befehligt.
Während des Polenfeldzuges verblieb die Division als OKH-Reserve der Heeresgruppe A im Hinterland. Im Februar 1940 übernahm Dr. Mayer das Infanterieregiment 501 der neuen 290. Infanteriedivision, die in Hamburg aufgestellt wurde.
Die Division kam erstmals in der zweiten Phase des Westfeldzuges zum Einsatz und zwar am linken Flügel der Heeresgruppe B (XVIII. Armeekorps). Das IR 501 kämpfte mit Erfolg bei Compiegne, Reims, an der Marne, östlich von Paris und, zusammen mit Verbänden der Waffen-SS, bei Auxerre und in der Provinz Bourgogne. Am 1. Oktober 1940 wurde Dr. Mayer für seine Leistungen zum Oberst befördert und mit den Spangen zum Eisernen Kreuz beliehen.
Nachdem die 290. ID für eine mögliche Invasion in England bereit gehalten worden war, verblieb sie ein knappes Jahr als Garnisonseinheit in Frankreich, ehe der Verlegungsbefehl an die Ostgrenze erging. Als am 22. Juni 1941 die Operation "Barbarossa" anlief, gehörte die Division zum LVI. Panzerkorps (von Manstein) der "Panzergruppe Hoepner". Zusammen mit der Elite-SS-Division *"Totenkopf"* und der 8. Panzerdivision kämpfte die 290. ID, aus Ostpolen vorstoßend, in den Baltikumstaaten und bewährte sich im Kampf gegen die sowjetische Nordfront.
Dr. Mayer kommandierte sein Regiment mit geübter Führungshand, schlug wiederholt feindliche Verbände in die Flucht und trug immer wieder zum Angriffserfolg seiner Division teil, so u.a. im Polisstj-Brückenkopf. Bereits im September 1941 erhielt er dafür von seinem Divisionskommandeur das Ritterkreuz zum Eisernen Kreuz überreicht.

Im Jänner 1942 gab Oberst Dr. Mayer sein bewährtes Regiment ab und übernahm eine rasch aufgestellte Schneeschuhbrigade. Diesen etwas ungewöhnlichen Verband kommandierte er zwei Monate lang und führte ihn in diversen Operationen im Nordabschnitt, wo seine speziell ausgebildeten Bataillone in den Winterkämpfen von unschätzbarem Wert waren.
Wenige Wochen nach seiner Versetzung wurde Mayers alte 290. Infanteriedivision in Tscherkassy eingekesselt und erlitt schwere Verluste. Am 22. März 1942 wurde Dr. Mayer Kommandeur der 329. Infanteriedivision, an deren Spitze er am 1. April die Beförderung zum Generalmajor erhielt.

Dr. Mayer führte seine Regimenter 1942 im Verband der 16. Armee in sämtlichen Abwehrschlachten im Nordabschnitt. Nach langwierigen und verlustreichen Stellungskämpfen im hartumkämpften Frontgebiet zwischen Peipussee und Newel stand Mayers Division auch die Stellungskämpfe des Jahres 1943 durch. Am 30. Jänner 1943 wurde der bewährte Divisionskommandeur bereits zum Generalleutnant befördert.
Nachdem sich die Heeresgruppe Nord im Frühjahr 1944 aus der Region um Leningrad hatte zurückziehen müssen, kam es im Frühling zu harten Abwehrschlachten zwischen Dünaburg, Pleskau und der Narwa-Landenge.
Generalleutnant Meyer führte seine 329. Infanteriedivision hierbei mehrmals zu örtlichen Abwehrerfolgen und erhielt im April 1944 für seine Leistungen nahe Newel das 453. Eichenlaub zum Ritterkreuz verliehen.
Am 16. März war die 329. ID für ihre Hartnäckigkeit während den Defensivschlachten gesondert im Bericht der Heeresgruppe sowie im Wehrmachtsbericht genannt worden.
Ebenfalls mit dem Eichenlaub war übrigens Mayers Schwager, Generalleutnant Gustav Schmidt, ausgezeichnet worden. Zuletzt Kommandeur der 19. PD, wählte Schmidt im Sommer 1943 angesichts der drohenden russischen Kriegsgefangenschaft den Freitod.

Als die Rote Armee auch die sgn. "Panther"-Stellung der Heeresgruppe Nord durchbrach, kam es erneut zu Rückzugsschlachten und Versuchen, neue Verteidigungsstellungen aufzubauen.
Als sich die 329te in den Abwehrschlachten um Malkowo erneut hartnäckig gegen umfassende russische Angriffe zur Wehr setzte und hierfür erneut im Wehrmachtsbericht genannt wurde, kursierten in den Schützengräben und Befehlsständen bereits Gerüchte über einen bevorstehenden Schwertervorschlag für den Kommandeur Generalleutnant Dr. Mayer.
Dieser hatte in den vergangenen Wochen und Monaten durch seinen ununterbrochenen persönlichen Einsatz und Kampfgeist mehrmals entscheidend auf den Durchhaltewillen seiner Grenadiere eingewirkt. Bei fast jedem Angriff in unmittelbarer Frontnähe zu finden, riss Dr. Mayer seine Offiziere und Landser immer wieder mit - am 16. Juli wurde er jedoch durch Splitter einer russischen Artilleriegranate nahe seines Unterstandes schwer verwundet.
Durch eine Notoperation im Divisions-Feldlazarett gerettet, wurde Dr. Mayer wenige Wochen später in ein Militärkrankenhaus nach Deutschland verlegt. Hier erfuhr der ausgezeichnete Truppenführer im August von der Verleihung der 89. Schwerter zum Ritterkreuz mit Eichenlaub.
Sein Stellvertreter als Divisionskommandeur Oberst Werner Schulze, zuvor Mayers bewährtester Regimentskommandeur, erhielt im August 1944 für seine Führungserfolge das 557. Eichenlaub verliehen.
Nach fünfmonatiger Lazarettbehandlung kehrte Dr. Mayer, noch nicht vollständig wieder genesen und gegen Anraten der Ärzte, wieder an die Ostfront zurück und erhielt das II. Armeekorps der 18. Armee unterstellt. Sein vier Divisionen umfassendes Korps war im Winter 1944 zusammen mit fünf Korps der Heeresgruppe Kurland unter Generaloberst Schörner in der lettischen Provinz Kurland abgeschnitten und eingekesselt worden. Im benachbarten I. Armeekorps kämpfte Mayers alte 329. Infanteriedivision.
Im Frühjahr 1945 standen die abgekämpften deutschen Divisionen noch mehrere schwere sowjetische Offensiven durch, ehe die Rote Armee sich mit der Mattsetzung der Heeresgruppe zufrieden gab. Während einige Divisionen über die Ostsee evakuiert wurden, verblieb das II. Armeekorps bis Kriegsende in Kurland.
Der durch seine Verwundung geschwächte und aufgrund seiner hohen Auszeichnung wertvolle Generalleutnant wurde im April 1945 mit dem Flugzeug aus dem Kessel evakuiert und erneut ins Lazarett gebracht. Hier erfuhr er von seiner vorgezogenen Beförderung zum General der Infanterie.
Nachdem das Lazarett von den Westalliierten übernommen worden war, wurde Mayer im Winter 1946 entlassen. In den Nachkriegsjahren als Direktor einer Maschinenfabrik erfolgreich, verstarb er 1963 in Hamburg.

General der Fallschirmtruppe

EUGEN MEINDL

* 16.07.1892 in Donaueschingen/Baden
+ 24.01.1951 in München

Ritterkreuz		14.06.1941
Eichenlaub	(564)	31.08.1944
Schwerter	(155)	08.05.1945

Fallschirm-Schützenabzeichen
Nennung im Wehrmachtsbericht
Narvikschild
Ärmelband "Kreta"
Deutsches Kreuz in Gold
Verwundetenabzeichen in Bronze

"Vom Gebirgs- zum Fallschirmjäger"

Eugen Meindl trat bereits 1912 in die kaiserlich-preußische Armee ein. Während des Ersten Weltkrieges diente er als Batteriechef im Feldartillerieregiment 67, später im Artilleriekommando 52 und erhielt beide Klassen des Eisernen Kreuzes. Nach der Kapitulation 1918 wurde er als einer von nur 100.000 Berufssoldaten in die Reichswehr übernommen. Nach Verwendung im Stab der 5. Division, dem Artillerieregiment 5 und der Artillerieschule Jüterborg übernahm Oberstleutnant Meindl im November 1938 das Gebirgsartillerie-Regiment 112 der 3. Gebirgsjägerdivision. Während des Polenfeldzuges kam die Division im Verband des XVIII. Gebirgskorps zum Einsatz.

Als deutsche Truppen im April 1940 in Norwegen einmarschierten, landeten Teile der 3. GJD unter dem späteren Schwerterträger Generalmajor Dietl von See her bei Narvik, um den ganzjährig eisfreien, und daher strategisch wertvollen, Hafen zu besetzen. In den nächsten Tagen kam es unvermutet zu schweren See- und Landgefechten mit britisch-französischen Truppen, die ebenfalls gelandet waren. Während der berühmten Schlacht um Narvik führte Oberst Meindl eine nach ihm benannte Kampfgruppe und erhielt dafür die Spangen zum Eisernen Kreuz 1914 sowie den Narvikschild. Im November 1940 wurde er auf eigene Initiative in das Fallschirmjägerkorps der Luftwaffe versetzt. Wie die späteren Schwerterträger Heilmann und Ramcke stieß also auch dieser herausragende Offizier erst nach Kriegsbeginn zu diesem aufstrebenden Waffenkorps.
An der Spitze des Fallschirmjäger-Sturmregiments 1 landete der zum Generalmajor beförderte Meindl im Mai 1941 mit Lastenseglern auf Kreta.
Primärziel dieses Elite-Verbandes war die Einnahme des gut gesicherten Flugfeldes von Malemes sowie die Sicherung von taktisch wertvollen Brücken dieser Region.
Bereits unmittelbar nach der Landung wurde das Sturmregiment in schwere Gefechte verwickelt, ein erster Versuch Malemes einzunehmen, scheiterte - die Kämpfe waren so heftig, dass die Landser später von der "Hölle von Malemes" sprachen! Generalmajor Meindl landete indes mit einer Kampfgruppe bei Platanias, um eine von Briten und Griechen verteidigte Brücke zu sichern. Doch bereits wenige Minuten nach Kampfbeginn wurde der Regimentskommandeur schwer verwundet - mit einer Kugel in der Brust wurde Meindl in Sicherheit gebracht und notdürftig versorgt! Die Brücke wurde währenddessen erfolgreich gesichert, schließlich fiel auch Malemes.
Trotz der schweren Verwundung gab Meindl nur die direkte Regimentsführung ab - die Gesamtführung der Operationen ließ er sich nicht nehmen! Erst als die Lage unter Kontrolle war, übergab er an den späteren Brillantenträger Oberst Ramcke.
Nach dem Sieg auf Kreta wurde Meindl zuerst nach Griechenland und später in ein Lazarett nach Deutschland geflogen. Die Schwere der Verwundung erforderte eine mehrmonatige Behandlung.
Für die Bildung des entscheidenden Landekopfes bei Malemes erhielt Meindl am 14. Juni 1941, zusammen mit acht weiteren Angehörigen seines Regiments, das Ritterkreuz verliehen. Später wurde vom OKW als besondere Anerkennung das Ärmelband "Kreta" gestiftet und an alle Teilnehmer der Kämpfe verliehen.

Erst nach Beginn des Russlandfeldzuges zum Einsatz gekommen, erlitt das Fallschirm-Sturmregiment in der Schlacht im Ugrabogen, bei Juchnow und an der Shisdra große Verluste, ehe der Rückzugsbefehl erging.
Am 26. Februar 1942 übernahm Meindl eine nach ihm benannte Luftwaffen-Felddivision im Nordabschnitt der Ostfront. Dieser im Infanteriekampf eingesetzte Verband war aus überschüssigem Personal der Luftwaffe gebildet worden und bewährte sich in den nächsten Monaten im Frontabschnitt Cholm ausgezeichnet.
Einige Monate später wurde Meindl zum Kommandierenden General des XII. Fliegerkorps in Deutschland ernannt und mit der Aufstellung weiterer Luftwaffen-Felddivisionen beauftragt.
Im Winter 1942 wurde Meindl vom Oberkommando der Luftwaffe auf das Unternehmen "Herkules" angesprochen - die für letztendlich Juli 1943 vorgesehene Luftlandeinvasion auf der britischen Inselfestung Malta. Unter Einsatz von 30.000 Fallschirmjägern, 500 Transportmaschinen und Lastenseglern sowie 70.000 über See eingeschifften Soldaten sollte die für Rommels Nachschub gefährliche Insel ausgeschaltet werden. Doch die schlechten Erfahrungen während der Invasion auf Kreta 1941 sowie die allgemeine Kriegslage führten schließlich dazu, dass das ohnehin viel zu spät angesetzte Unternehmen nicht zur Ausführung kam.
Im Frühjahr 1943 übernahm Generalleutnant (01.02.43) Meindl das aus vier Divisionen bestehende I. Luftwaffen-Feldkorps, das sich in den Abwehrkämpfen neben der regulären Infanterie des Heeres ausgezeichnet bewähren sollte. Nach wiederholten Erfolgen in den Abwehrschlachten wurde Generalleutnant Meindl ehrenhaft im Wehrmachtsbericht erwähnt.

Im August 1943 von der Ostfront abgezogen und drei Monate darauf mit der Führung des II. Fallschirmjägerkorps (2. und 3. Fallschirmjägerdivision) im Westen beauftragt, erlebte Meindl die alliierte Invasion in Frankreich. Im April 1944 war er zum General der Fallschirmtruppe befördert worden.
Für den Fall einer alliierten Landung hatte Generaloberst Student, Oberbefehlshaber der 1. Fallschirmarmee, Teilen von Meindls II. Fallschirmjägerkorps eine besondere Aufgabe zugedacht. Bereits in der ersten Nacht nach der Invasion sollte eine regimentsstarke Kampfgruppe mittels 200 bereitgestellten Transportmaschinen über dem Zentrum der gegnerischen Stellungen abgesetzt werden. Koordiniert mit Gegenangriffen der Bodentruppen aus dem Landesinneren, sollten die Fallschirmjäger so eine Festigung des britisch-amerikanischen Brückenkopfes verhindern und die Invasion zum Scheitern bringen!
Letztendlich kam dieses kühne Unternehmen aufgrund der erdrückenden Luftherrschaft der Alliierten am Tage und in der Nacht nicht zur Ausführung. Die gegnerischen Nachtjäger hätten wahrscheinlich Dutzende der Transporter abgeschossen, ehe die ihr Einsatzgebiet erreicht hätten.
Als im Zuge der Operation "Overlord" erste amerikanische Luftlandeeinheiten in der Nacht vom 5./6. Juni 1944 im Hinterland der Normandie abgesetzt wurden, um strategische Punkte zu sichern, gehörten Einheiten aus Meindls Korps zu den ersten, die Feindberührung hatten.
Im Verlauf der Invasionsschlacht nahm das II. Fallschirmjägerkorps an der linken Flanke der 7. Armee (Hausser) an den erbitterten Bodengefechten teil. Trotz stärkster Gegenwehr nördlich von Rennes und einem riskanten Gegenangriff bei Villedieu brach das VII. US-Korps bei Avranches schließlich durch die deutschen Frontlinien und brachte so die erstarrte Invasionsfront wieder in Bewegung.
Während Meindls 2. Fallschirmjägerdivision (Ramcke) erfolgreich Brest verteidigte, gerieten die Reste des II. Fallschirmjägerkorps im August mit der 7. Armee in den Kessel von Falaise. Da aufgrund der großen Materialüberlegenheit der Alliierten ein zweites Stalingrad drohte, beschloss man einen sofortigen Ausbruchsversuch nach Osten. Meindls Fallschirmjäger griffen in der Nacht vom 19./20. August in Nahkampfgruppen die noch brüchige Ostflanke des Umklammerungsringes an und kämpften eine schmale Gasse frei. Während dieser Kämpfe konnte sich u.a. auch eine Waffen-SS-Kampfgruppe unter dem späteren Schwerterträger Otto Baum auszeichnen. Durch die freigekämpfte Gasse konnten in wenigen Stunden über 50.000 Mann, darunter viele Verwundete und hohe Stabsoffiziere, aus dem Kessel entkommen! Nachdem der Abzugsweg durch US-Angriffe wieder geschlossen worden war, saßen über 40.000 Mann endgültig in der Falle. Die US-britischen Truppen hatten einen quasi bereits errungenen Sieg wieder teilweise aus der Hand gegeben.
Für seine Verdienste im Falaise-Kessel und die Abwehrerfolge seines II. Fallschirmjägerkorps erhielt Meindl am 31.08.1944 das 564. Eichenlaub zum Ritterkreuz verliehen.
General Eisenhower, Oberbefehlshaber der westalliierten Truppen und späterer US-Präsident, sagte nach dem Krieg über den deutschen Widerstand an der Invasionsfront "... die Moral und Schlagkraft der deutschen Truppen war recht unterschiedlich - am Besten waren die SS-Panzer- und die Fallschirmjägerverbände, die sowohl im Angriff als auch in der Verteidigung mit fanatischem Mut kämpften!"

Nach dem Rückzug durch Frankreich kamen Meindls Fallschirmjäger u.a. während der Abwehrschlacht am Albert-Kanal in Belgien sowie während den Gefechten in Holland zum Einsatz. Als britische und amerikanische

Luftlandetruppen hier strategisch wichtige Brücken in Arnheim, Nimwegen und Eindhoven besetzen wollten, konnten sie zum Teil durch Truppen der Waffen-SS und Verbänden aus Meindls Korps daran gehindert werden.
Für seine Verdienste in Belgien und den Niederlanden wurde General Meindl insgesamt viermal(!!) für eine Schwerterverleihung vorgeschlagen, jedoch unverständlicherweise durch das Oberkommando der Luftwaffe zurückgestellt.
Bis zum Jänner 1945 konnte Meindl mit seinen Truppen den Frontabschnitt Venlo-Maastracht erfolgreich halten, danach kamen die Reste der Verbände im hartumkämpften Wesel-Brückenkopf nahe Essen zum Einsatz. In diesem Brückenkopf zeichnete sich Meindl, obwohl bereits Ge neral der Fallschirmtruppe, als persönlicher Führer von mobilen Eingreif-Kampfgruppen besonders aus!
Für seinen hervorragenden persönlichen Fronteinsatz erhielt Eugen Meindl am letzten Tag des Zweiten Weltkrieges durch die kurzlebige Dönitz-Regierung die Schwerter zum Ritterkreuz mit Eichenlaub verliehen.
Eugen Meindl bildete das Schlusslicht von 54 Soldaten der Luftwaffe, die sich zwischen 1941 und 1945 die zweithöchste Tapferkeitsauszeichnung verdient hatten.
Nach etwas über zwei Jahren Kriegsgefangenschaft kehrte General a.D. Meindl 1947 wieder nach Deutschland zurück und verstarb bereits 1951 in München.

Für die Bereitstellung des Fotos bin ich Hrn. Peter Jirka sehr zu Dank verpflichtet.

Brigadeführer der Waffen-SS

KURT MEYER

* 23.12.1910 in Jerxheim/Pfalz
+ 23.12.1961 in Hagen

Ritterkreuz		18.05.1941
Eichenlaub	(195)	23.02.1943
Schwerter	(091)	27.08.1944

Infanteriesturmabzeichen in Silber
Nennung im Wehrmachtsbericht
Königlich-Bulgarischer Tapferkeitsorden 4. Klasse mit Schwertern
Krone Rumäniens 4. Klasse
Deutsches Kreuz in Gold
Verwundetenabzeichen in Gold

"Der gefürchtete Panzermeyer"

Es war am 10. Juli 1941, der Krieg gegen die Sowjetunion tobte erst wenige Tage. Sturmbannführer Meyer war mit seinem Schützenpanzer seiner Abteilung vorausgefahren und plötzlich auf einen kleinen Trupp russischer Infanterie gestoßen. Beide Seiten waren so überrumpelt, dass keiner reagierte, Meyer starrte den russischen Kommandeur an, dieser blieb ganz ruhig, salutierte sogar! Die Deutschen waren zahlenmäßig unterlegen, also begann Meyer ein geschicktes Verzögerungsgespräch darüber, welche Partei nun die Waffen niederlegen sollte - in diesen wertvollen Augenblicken nähert sich von rückwärts der Rest der deutschen Abteilung. Plötzlich gab Meyer ein Signal, dessen Männer eröffneten blitzartig das Feuer - ein paar Sekunden später war alles vorbei...
Der Verlauf dieses kurzen Feuergefechtes ist nur ein Beispiel für die Entschlossenheit von Kurt Meyer.

Nachdem Meyer 1929 in die deutsche Landespolizei (Oberwachtmeister) eingetreten und zwei Jahre darauf in die SS-Verfügungstruppe versetzt worden war, diente er ab 1934 in der berüchtigten SS-"*Leibstandarte*". 1937 war Meyer bereits Hauptsturmführer, während seiner Garnisonszeit in Berlin absolvierte er einen Panzerabwehr- sowie einen Stabsoffizierlehrgang.
Den Polenfeldzug erlebte Kurt Meyer als Kommandeur einer Panzerjägerkompanie, an deren Spitze er durch einen Schulterstreifschuss erstmals verwundet wurde. Nach Gefechten bei Modelin und Warschau verlegte das Elite-Regiment in den Westen, um am Krieg gegen Frankreich teilzunehmen. Bereits in den ersten Kämpfen bei Rotterdam, Dünkirchen und Flandern bewies Meyer seine große Tapferkeit im Gefecht.
Nachdem er wiederholt feindliche Stellungen überrannt und den Vormarsch der Einheit vorangetragen hatte, erhielt er das Eiserne Kreuz 1. Klasse verliehen. Ebenso mitreißend und kühn erwies sich Meyer während der Feldzüge in Jugoslawien und Griechenland. Als der Sturmbannführer (01.09.40) an der Spitze einer gepanzerten Kampfgruppe die überraschend zäh verteidigte Stellung einer griechischen Brigade durchbrach, bei Kastoria erfolgreich blieb, bis zum Kanal von Korinth vorstieß und dort mit zuvor gelandeten Fallschirmjägern zusammentraf, wurde die Führung der SS-"*Leibstandarte*" auf ihn aufmerksam. Als Meyer dann auch noch kurz entschlossen über den Kanal setzte und am Pelepones den strategisch wichtigen Pass bei Klisura freikämpfte, erhielt er von seinem Kommandeur "Sepp" Dietrich das Ritterkreuz zum Eisernen Kreuz überreicht.
Zu Beginn der Operation "Barbarossa" an der Spitze der (teil-)gepanzerten Aufklärungsabteilung eingesetzt, erwarb sich Meyer in den folgenden Monaten innerhalb der Elite-Division großen Ruhm und offene Bewunderung. Bei Uman, Cherson und Saljkoff wechselte seine Truppe so schnell das Angriffsziel, dass Kurt Meyer von da an nur noch als "der schnelle Meyer" bezeichnet wurde. Seine ihm treu ergebenen Landser nannten ihn ehrfürchtig den "Panzermeyer". Bei seinem Divisionskommandeur war er als Offizier mit außergewöhnlichen Führungseigenschaften und großem persönlichen Mut bekannt und geschätzt. Im Februar 1942 erhielt Meyer das Deutsche Kreuz in Gold.
In den folgenden Monaten nahm die Aufklärungsabteilung an allen Aktionen der SS-"*Leibstandarte*" teil (u.a. Mius, Rostow, Poltawa, Oskol, Woronesch). Meyers Schützenpanzer fuhren den anderen Einheiten stets voraus, lieferten wertvolle Informationen über die Feindlage und nahmen danach erfolgreich an den Angriffen teil. In der Verteidigung

erwies sich die Einheit ebenfalls als besonders zuverlässig und tapfer. So konnte Meyers Abteilung als erste die Landenge von Perekop erreichen.
Die große Zeit des "Panzermeyer" kam im Kriegsjahr 1943.

Zu diesem Zeitpunkt in schwere Gefechte bei Charkow verwickelt, griff die Division zusammen mit einigen der kampfkräftigsten Verbänden der Waffen-SS überlegene Truppen der Roten Armee an. Als Kurt Meyer an der Spitze seiner Panzer das VI. russische Garde-Kavalleriekorps zersprengte und die Stellungen bei Alexejwka-Bereka einnahm, gelang der restlichen Division der Durchbruch. Nach der beendeten Hauptphase der Schlacht wurde dem Vorschlag zur Verleihung des Eichenlaubs an Obersturmbannführer Meyer entsprochen.
Innerhalb der Waffen-SS war Meyer der erst 6. Offizier und nach Herrmann Fegelein der 2. Nicht-Divisons-kommandeur!
Zu diesem Zeitpunkt war der Bataillonskommandeur im Laufe der unzähligen Gefechte bereits fast ein Dutzend Mal verwundet oder verletzt worden!
Um seine militärischen Erfolge zusätzlich zu würdigen, wurde Meyer im Juni 1943 zum Standartenführer befördert und einige Zeit darauf für die Ausbildung zum Regimentskommandeur nach Deutschland rückversetzt. Durch die kritisch werdende Kriegslage wurde jedoch die baldige Rückversetzung des für nationalsozialistische Sympathien bekannten Offiziers an die Front nötig.
Als Kommandeur des SS-Panzerregiments 25 in der neu gebildeten SS-Division "*Hitlerjugend*" kämpfte Meyer in der Normandie, im Kampf gegen Amerikaner, Briten und Kanadier bewährte er sich ebenso wie an der Russlandfront. Als der Kommandeur der Division, Brigadeführer Witt (200. Eichenlaub), bei einem Luftangriff fiel, erhielt Meyer am 16. Juni 1944 Befehl, die Division zu übernehmen.
In dieser besonders brenzligen Phase der Schlacht konnte die SS-"*Hitlerjugend*" (die Alliierten nannten diese Division aufgrund des sehr niedrigen Durchschnittsalters höhnisch *Baby-Division*) im Raum von Caen, Vimont-Chénedollé und St. Silvain unter schweren Verlusten drei Wochen lang verblüffende Abwehrerfolge erringen. In erbitterten Kämpfen, die nur durch mörderisches Trommelfeuer und gegnerische Luftangriffe unterbrochen wurden, konnten die Grenadiere und Panzersoldaten der Division hunderte Panzer und Fahrzeuge des Gegners vernichten und unzählige Angriffe zurückschlagen! Durch den hartnäckigen Widerstand in diesem Frontabschnitt drohte eine Zeit lang sogar der Zusammenbruch der gesamten alliierten Invasion in der Normandie!
Erst als 1.500(!) alliierte Bomber und 760 Geschütze die deutschen Stellungen in Caen tagelang mit Bomben und Granaten belegten, gaben die abgekämpften Landser am 20. Juli die völlig zerstörte Stadt auf, welche durch schweren Schiffsartilleriebeschuss förmlich umgepflügt worden war! Die Zivilbevölkerung hatte hierbei über 2.500 Tote zu beklagen gehabt.
Den Rückzug vollzog Meyer gegen einen direkten Befehl Hitlers, der ein solches Manöver ausdrücklich verboten hatte! Die Schlappe von Caen hinterließ in der westalliierten Moral tiefe und sich lange nicht schließende Narben.
Neben sieben Ritterkreuzträgern gingen für Meyers Division mit den Sturmbannführern Max Wünsche vom Panzerregiment 12 und Gerhard Bremer, Führer der Panzeraufklärer, auch zwei Eichenlaubträger aus den Kämpfen um Caen hervor. Die großen Leistungen wurden jedoch durch die schweren Opfer der Division überschattet.
Kurz nach der rettenden Absetzbewegung gerieten die Restverbände der "H*itlerjugend*" in den Kessel von Falaise! Doch noch gab Meyer nicht auf. In der Nacht vom 19./20. August 1944 durchbrachen Nahkampfkommandos der eingeschlossenen Verbände den noch brüchigen Umklammerungsring und kämpften einen Abzugsweg frei. Durch diesen brachen die Reste der Division - kaum noch über 1.000 Mann(!) - aus der Mausefalle aus! Durch die schrecklichen Verluste der SS-"*Hitlerjugend*" wurde im September eine fast völlige Neuaufstellung nötig. Für die bemerkenswerten Abwehrerfolge in Caen und persönliche Tapferkeit im Gefecht erhielt der "Panzermeyer" am 27.08.44 die Schwerter zum Ritterkreuz mit Eichenlaub verliehen. Fünf Tage später erfolgte im Alter von erst 33 Jahren seine vorzugsweise Beförderung zum SS-Brigadeführer! Meyer war somit einer der jüngsten Generäle der gesamten deutschen Kriegsgeschichte!

Elf Tage nach Übergabe der Auszeichnung war Brigadeführer Meyer im belgischen Grenzraum mit einem Kübelwagen auf dem Weg zu einem hinteren Gefechtsstand seiner Division, als es plötzlich zu einem Überfall belgischer Partisanen kam! Einige von Meyers Begleitern wurden in dem unübersichtlichen Feuergefecht getötet, Meyer selbst konnte sich vorerst absetzen, wurde aber schließlich von einem Suchtrupp gestellt und gefangengenommen. Nach dem Krieg schrieb Meyer, dass - wäre dies in Russland geschehen - er sich einer Gefangennahme durch die Sowjets durch Freitod entzogen hätte. Doch an der Westfront entschloss er sich anders. Die Partisanen übergaben Meyer später an britische Truppen - viele andere Gefangene der Widerstandskämpfer hatten weniger Glück und "verschwanden".

Die SS-"*Hitlerjugend*" wurde vom Eichenlaubträger Hugo Kraas übernommen, der in Russland unter Meyers Befehl gedient hatte und es mittlerweile mit 34 Jahren auch schon zum Brigadeführer gebracht hatte.
In England angekommen, nahm man Meyer alle Auszeichnungen ab - als er eines Tages zu einem Verhör abgeführt wurde, übergab der in derselben Baracke untergebrachte Fallschirmjägergeneral Ramcke ihm mit den Worten "... ein deutscher General sollte nicht ohne seine Orden vor den Siegern stehen" sein eigenes Ritterkreuz!

Nach dem Krieg wurde Kurt Meyer von der kanadischen Armee eines Kriegsverbrechens beschuldigt. Der Vorwurf lautete auf Gefangenenerschießungen, 64 an der Zahl, während der erbitterten Schlacht um Caen. Obwohl man dem damaligen Regionskommandeur keinen solchen Befehl nachweisen konnte, war Meyer als Kommandeur für alle Handlungen seiner Untergeben verantwortlich. In erster Instanz zum Tode verurteilt, wurde die Strafe später auf lebenslange Haft umgewandelt. Grund hierfür waren mehrere Berichte von ehemaligen deutschen und alliierten Offizieren der Caen-Front, die Meyer eine faire Kampfführung bescheinigten. Weiters hatte sich die deutsche Bundesregierung unter Konrad Andenauer für Meyer eingesetzt.
Von 1946 bis 1952 war dieser im kanadischen Zuchthaus Dorchester inhaftiert, danach zwei Jahre im deutschen Werl. 1954 wurde Meyer aus der Haft entlassen, sieben Jahre später verstarb er an seinem 51. Geburtstag überraschend an einem Herzinfarkt. Tausende ehemalige Landser erwiesen ihm die letzte Ehre.

In Kurt Meyers Buch "*Grenadiere*" wird auf Seite 309 ein britischer Major zitiert, der die Schlacht von Caen mitgemacht hat: "Die einzigen, die in diesem Krieg Auszeichnungen verdienen, sind diese Burschen von der Waffen-SS. Sie sind zwar eine üble Rotte von Bastarden, aber Soldaten sind sie! Dagegen sind wir die reinsten Amateure!" Ein anderer alliierter Offizier bezeichnete den Abwehrerfolg der SS-"*Hitlerjugend*" um Caen als "Rekordleistung, die wohl keine Division der Welt je übertroffen hat!"

Generalfeldmarschall

WALTER MODEL

* 24.01.1891 in Genthin/Sachsen
+ 21.04.1945 bei Düsseldorf/Westfront

Ritterkreuz		09.07.1941
Eichenlaub	(074)	17.02.1942
Schwerter	(028)	02.04.1943
Brillanten	(017)	17.08.1944

Hohenzollernorden mit Schwertern
Bayrisches Militärverdienstkreuz 4. Klasse
Österreichisches Militärverdienstkreuz 3. Klasse
Türkischer Roter-Halbmond-Orden
Panzerkampfabzeichen in Silber
Viermalige Nennung im Wehrmachtsbericht
Verwundetenabzeichen in Gold

"Mit 53 Jahren Generalfeldmarschall!"

Der Name Model wurde während des Zweiten Weltkrieges zum Inbegriff für erfolgreiche Defensivstrategie und ausgezeichnete Generalstabsarbeit. Oft als "Rettungsanker der Ostfront" bezeichnet, wird Generalfeldmarschall Model in einem Zug mit von Manstein, Rommel und von Rundstedt als einer der besten deutschen Strategen genannt. Ferner wird er als Meister in der Kunst, die Truppe noch persönlich zu führen, bezeichnet.

Der junge Walter Model – Sohn eines Lehrers - absolvierte seine Schulzeit in Naumburg a.d. Saalc, wo er kurioser Weise mit einem anderen späteren Kriegshelden der Wehrmacht zusammen die Schulbank drückte - einer seiner Klassenkameraden war der junge Hans Hube, 1944 Generaloberst und Träger der Brillanten zum Ritterkreuz!
Model wurde nach Absolvierung der Offiziersschule 1910 zum Leutnant ernannt und bei Ausbruch des Ersten Weltkrieges zum Kampfeinsatz herangezogen. Als Kompaniekommandeur im Infanterieregiment 52 "*von Alvensleben*" erwarb er sich bereits 1914/15 beide Klassen des Eisernen Kreuzes, ehe er 1916 zum Generalstabsoffizier ausgebildet wurde. An der Spitze einer Sturmkompanie der 10. Infanteriebrigade erhielt der Hauptmann in den Grabenschlachten im Westen 1917 den seltenen Hohenzollernorden mit Schwertern sowie das silberne Verwundetenabzeichen. Unmittelbar vor Kriegsende wurde Model 2. Stabsoffizier der 36. Reservedivision, wobei er bereits damals von seinem Kommandeur als "sehr eigeninitiativ und äußerst energisch" beurteilt wurde.
Im Zuge der Heeresverminderung 1919/20 wurde Hauptmann Model in die nur kleine Reichswehr übernommen, wo er 1929 zum Major und 1934 zum Oberst aufstieg. In den Zwanzigerjahren hatte er unter Generalleutnant Fritz von Loßberg gedient, einem Truppenführer, der sich während der Grabenschlachten im Westen den Beinamen "Abwehrbulle" verdient hatte. Seine Person und seine damals neuen Defensivtaktiken machten großen Eindruck auf Model.
1935 wurde Oberst Model zum Chef des Technischen Amtes im Oberkommando des Heeres ernannt und in Folge zum Generalmajor befördert, einer seiner damaligen Vorgesetzten war der spätere GFM Erich von Manstein. Drei Jahre darauf übernahm Model den Stab des IV. Armeekorps.
In dieser Dienststellung nahm Model 1939 am Blitzkrieg gegen Polen teil, ehe er als Generalleutnant (01.04.40) den auszeichnenden Posten des Stabschefs der 16. Armee (Busch) erhielt.
In dieser Position erlebte er die Besetzung von Luxemburg, die Eroberung der aus dem 1. Weltkrieg gefürchteten Städte Sedan und Verdun sowie die Kesselschlachten von Nancy und Epinal. Bis zur französischen Kapitulation stießen Teile der 16. Armee bis an die schweizer Grenze vor!
Für seine Verdienste wurde Model im November 1940 an die Spitze der kampferprobten 3. Panzerdivision - bekannt als die "*Berliner Bärendivision*" - befohlen. Seine Feuertaufe als Divisionskommandeur erhielt er im Juni 1941, als die Wehrmacht mit 145 Divisionen und 2.500 Panzern den Ostfeldzug begann.

Im Frontbereich der Heeresgruppe Mitte stieß Model im Verband des XXIV. Panzerkorps aus dem Gebiet von Brest-Litowsk vor, nach schweren Gefechten gegen Truppen der 3. und 4. sowjetischen Armee gelang der Division auf breiter Front der Durchbruch.
Model führte seine Panzer innerhalb kürzester Zeit an die Bahnlinie Rogatschew, in den nächsten Wochen folgten erfolgreiche Gefechte im Gebiet von Baranovici und am Beresina-Fluss, wo Model bereits am 9. Juli 1941 mit dem begehrten Ritterkreuz zum Eisernen Kreuz dekoriert wurde.
In Folge kämpfte sein schlagkräftiger Verband an der Orscha, bei Smolensk und vor Wjasma. Im September führte Model seine Panzer nach Kiew - als seine Verbände östlich der Großstadt auf die Spitzen der 16. Panzerdivision - kommandiert vom bereits erwähnten Hans Hube - trafen, war der Grundstein zur bisher größten Kesselschlacht der Kriegsgeschichte gelegt. Im Oktober wurde Model als General der Panzertruppe (01.10.41) bereits zum Kommandeur des XXXXI. Panzerkorps ernannt.
Im November 1941 nahm das Korps unter härtesten klimatischen Bedingungen an der Schlacht um Moskau teil. Obwohl Model auch in der Offensive erstaunliche Erfolge erzielte, lag sein wahres Geschick im Aufbauen von Abwehrstellungen und durchdachten Rückzugsgefechten. Eine von Models wenigen wirklichen "Schwächen" war sein recht harter Umgang mit Untergebenen, insbesonders mit Angehörigen seines Stabes. Doch manchmal hatte er Recht damit - so als ihn sein Stabschef während der Winterschlacht einmal bat, einen bevorstehenden Angriff wegen eines Schneesturms zu verschieben. Model entgegnete scharf: "Warum verschieben?, morgen und übermorgen wird es auch nicht wärmer und der Russe marschiert ja auch."
Weiters wird der spätere Generalfeldmarschall von einigen namhaften Militärhistorikern als überzeugter Hitleranhänger bezeichnet. Unwiderlegbar war Models Erklärung, in der er auf das Attentat vom 20. Juli 1944 hin seine Treue zu Hitler versicherte, die erste, die von einem Truppenführer der Ostfront in Berlin eintraf.

Bereits im Jänner 1942 wurde er schließlich zum Befehlshaber der 9. Armee ernannt, die ebenfalls im Mittelabschnitt der Ostfront lag! Bereits kurz nach Übernahme des neuen Kommandos konnte er sein defensives Geschick unter Beweis stellen. Models damaliger Stabschef war Generalmajor Hans Krebs, der ihm später zur Heeresgruppe Mitte folgen sollte, 1944 sein Ia an der Westfront war und 1945 letzter Generalstabschef des Heeres wurde!
Von überlegenen russischen Gardearmeen bedrängt und nach harten Gefechten bereits an beiden Flanken überflügelt, gelangen Model wiederholt brillante taktische Manöver.
In vier verlustreichen Abwehrschlachten bei Rshew schlugen seine Truppen alle russischen Angriffe zurück und hielten die Stellung, u.a. wurden in Gegenoffensiven Teile der 29. und 39. sowjetischen Armee zerschlagen!
Für die Stabilisierung der Front erhielt Model am 1. Februar die Beförderung zum Generaloberst (dritte hohe Beförderung seit Kriegsbeginn!) und kurz darauf das erst 74. Eichenlaub zum Ritterkreuz.
Einige Wochen später, am 23. Mai 1942, überflog Model in einer Aufklärungsmaschine ein frontnahes Waldgebiet, als ihm eine russische Scharfschützenkugel die linke Lunge zerriss! Eine sofortige Notoperation in einem nahen Feldlazarett rettete ihm das Leben. Diese Verwundung brachte Model nach jenen des Ersten Weltkrieges das unter Stabsoffizieren seltene Verwundetenabzeichen in Gold ein.
Seine wohl berühmteste taktische Operation wurde die als "Büffelbewegung" bekannt gewordene Absetzbewegung aus Rshew. Nach großen Erfolgen der Roten Armee war die 9. Armee im Frühjahr 1943 von der Einschließung bedroht. Trotz schwerer Angriffe der russischen Kalin- und West-Front konnten nach Models Plan innerhalb von 15 Tagen der vorgeschobene Frontbogen um Rshew und Wjasma geräumt, sämtliche Truppen und das gesamte Material(!) abgezogen und der Gefahr einer Einkesselung zuvorgekommen werden. Unter Einsparung von 21 Divisionen wurde die HKL so um 230 Kilometer verkürzt! Model wurde im taktischen Bereich immer mehr zum Begriff, er galt als absolut krisenfest und fast unbegrenzt belastbar. Im April 1943 erhielt der bereits als "Feuerwehr der Ostfront" bekannte Generaloberst als 28. Soldat der Wehrmacht und 7. Offizier des Heeres die Schwerter zum Ritterkreuz mit Eichenlaub verliehen.
Der Wehrmachtsbericht meldete zur "Büffelbewegung": "Die Stadt Rshew wurde im Zuge der planmäßigen Rückverlegung zur Verstärkung der Front geräumt. Nachhuten, welche die Stadt noch besetzt hielten, lösten sich nach Sprengung der Wolgabrücken nachts unbemerkt vom Feind."

Im Juli 1943 kommandierte Model den nördlichen Angriffskeil der Sommeroffensive (Unternehmen "Zitadelle") und befehligte hierbei fünf Armeekorps - zusammen 14 Infanterie- und 4 starke Panzerdivisionen!
Obwohl die Wehrmacht mit insgesamt über 2.000 Panzern, 34 Divisionen und 1.800 Flugzeugen zum Angriff antrat, endete die ergeizige Operation in einem Desaster. Durch Spionage- und Aufklärungstätigkeit bereits vorzeitig informiert, hatten die Sowjets tiefgestaffelte Stellungssysteme angelegt und diese mit kampferfahrenen Verbänden besetzt. So hatte das Oberkommando der Roten Armee um Kursk 20 Prozent aller verfügbaren Frontdivisionen, 35 Prozent der gesamte Panzerwaffe und 27 Prozent aller Flugzeuge versammelt!!

Nach hohen Verlusten und tagelangen Grabenkämpfen erlosch die Wucht des deutschen Angriffes, nachdem lediglich 15 Kilometer freigekämpft worden waren.
Von überlegenen Truppen zweier sowjetischer Heeresgruppen attackiert, bewies Model mit seiner 9. Armee jedoch erneut sein Talent als Meister der Verteidigung.
Ende Jänner 1944 zum Oberbefehlshaber der Heeresgruppe Nord ernannt, organisierte Model den immer wieder brüchig werdenden Widerstand in den baltischen Ländern. Sich kämpfend zurückziehend, konnten Models Truppen mehrmals russische Offensiven abfangen und die Frontlinie aufrecht erhalten.
Aufgrund seines hervorragenden Rufes als Defensivstratege wurde Model am 31.03.44 an die Spitze der bedrängten Heeresgruppe Nordukraine bestellt. Am 1. März erfolgte im Alter von nur 53 Jahren - nach erst fünf Jahren im Generalsrang - die Beförderung zum Generalfeldmarschall!
Als im Juni 1944 die starke HGR Mitte unter einer völlig überraschenden Großoffensive mehrerer russischer Armeen völlig zusammenbrach, erhielt Model den Auftrag, zu retten was zu retten war. Mit 146 Schützen- und 43 Panzerdivisionen(!) den sich panikartig zurückziehenden deutschen Truppen um ein vielfaches überlegen, riss die Rote Armee immer wieder die Frontlinie der Heeresgruppe Mitte auf. Als schließlich die gesamte Hauptkampflinie überrannt wurde, brach jeder Versuch eines geordneten deutschen Rückzuges zusammen. Der Weg nach Ostpreußen war für die Sowjets praktisch frei! Wie viele andere Veteranen des Ersten Weltkrieges sah sich sicherlich auch Model an den 8. August 1918 erinnert, welcher nach dem völligen Zusammenbruch der damaligen Westfront als "Schwarzer Tag des deutschen Heeres" in die Geschichte eingegangen war.

Doch GFM Model begann voller Energie mit den Abwehrmaßnahmen. Er ließ im Hinterland Alarmeinheiten zusammenkratzen, organisierte den Bau erster Abwehrstellungen, verwandelte die Flucht seiner geschlagenen Truppen wieder in einen kämpfenden Rückzug und beschaffte den dringend benötigten Nachschub! Durch ununterbrochenen persönlichen Einsatz und hervorragende Stabsarbeit konnte er so bis Anfang August 1944 entlang der ostpreußischen Grenze eine Abwehrfront aufbauen, welche die russische Dampfwalze schließlich stoppte! Für diese militärisch erstklassige Leistung erhielt Walter Model am 17.08.44 als 17. Soldat der Wehrmacht die Brillanten zum Ritterkreuz mit Eichenlaub und Schwertern verliehen.
Besonders erwähnenswert ist folgende Begebenheit aus diesen Tagen, die besser als alles andere Models unerschütterliches Selbstvertrauen widerspiegelt. Als er den Oberbefehl über die Heeresgruppe übernahm und erstmals den Befehlsstand seines Stabes betrat, fragte sein Ia Generalleutnant Krebs, welche Verstärkung er denn für die zusammengebrochene Front mitbrächte - Model antwortete selbstsicher: "Mich."

Obwohl der Feldmarschall ein sogenannter "Ostexperte" war, wurde er noch im August 1944 an die Westfront versetzt, wo die Amerikaner und Engländer seit ihrer Invasion in der Normandie große Teile Westfrankreichs befreit hatten und sich nun auf dem Vormarsch Richtung Belgien befanden.
Vom 18.08. bis 05.09.44 konnte Model sich als Ersatzmann für GFM von Kluge als Oberbefehlshaber West auszeichnen, danach wurde er jedoch trotz seiner Qualifikation durch GFM von Rundstedt abgelöst und an die Spitze der Heeresgruppe B gestellt, welche zuvor von Erwin Rommel befehligt worden war. Sein Stabschef war der verlässliche Generalleutnant Hans Speidel*[15]*. Genau in Models Kommandoübernahme fiel die sgn. Falaise-Krise, die fast zur Vernichtung der Heeresgruppe geführt hätte.
In den nächsten Monaten zog Model in den Abwehrkämpfen in Belgien, Holland (Arnheim) und Westdeutschland (Aachen) noch einmal alle Register seines Könnens. Doch gegen die drückende Materialübermacht der Westalliierten war auch ein Walter Model machtlos.
Im Winter 1944/45 war Model Mitglied des Planungsstabes für die Ardennenoffensive - nach Hoths Entsatzangriff für den Stalingrad-Kessel 1942 die erst zweite Winteroffensive des deutschen Heeres im Zweiten Weltkrieg! Die seiner Heeresgruppe unterstellte 5. Panzer- (von Manteuffel) und 6. SS-Panzerarmee (Dietrich) sowie die 7. und 15. Armee wurden jedoch wieder zurückgeworfen.
Nachdem amerikanischen Panzern bei Remagen überraschend die Überquerung des Rhein geglückt war, geriet Models geschwächte Heeresgruppe im Frühjahr 1945 in arge Bedrängnis. Die Leistung, seine Heeresgruppe trotz der alliierten Luftherrschaft über den Rhein zurücknehmen zu können, wurde von Hitler - und der Geschichte - kaum honoriert.
Im April wurden die Truppen der Heeresgruppe B (15. Armee, 5. Panzerarmee, "Armeegruppe von Lüttwitz" und III. Flakkorps) zwischen Rhein, Ruhr und Sieg von US-Truppen überflügelt und im sogenannten Ruhrkessel zusammengedrängt! Die einzige Hoffnung der Eingeschlossenen war ein Entsatzangriff der eilig aufgestellten "Armeegruppe Wenck" - doch diese wurde unmittelbar vor Angriffsbeginn nach Osten verlegt, um als Entsatz für den Berlin-Kessel eingesetzt zu werden. Somit war das Ende der Heeresgruppe besiegelt - ein Ausbruchsversuch nach Osten wurde vom Oberbefehlshaber West GFM Kesselring sowie natürlich Hitler aber abgelehnt.

Als Model nach schweren Verlusten und ausbleibenden Erfolgen keinen militärischen Ausweg mehr sah, bewies er seinen couragierten Ruf und befahl die Feuereinstellung. Mit der HGR B hörten 19 Divisionen mit 325.000 Mann auf zu existieren, im Kessel befanden sich die Schwerterträger Josef Harpe, Horst Niemack, Fritz Bayerlein, Arthur Jüttner, Heinz-Georg Lemm, Karl Decker und Heinrich von Lüttwitz.
Da der überzeugte Soldat Walter Model das Ende der Wehrmacht nicht miterleben wollte, wählte er am 21. April 1945, nur zwei Wochen vor der deutschen Gesamtkapitulation, den Freitod.

Walter Model war neben Erwin Rommel, Walter von Reichenau, Fedor von Bock, Erwin von Witzleben und Hans-Günther von Kluge einer jener GFM, die den Zweiten Weltkrieg nicht überlebten. Es war jedoch der einzige, der gewissermaßen an der Front den Tod fand.
Im Jahre 1955 wurden Models sterblichen Überreste exhumiert und nach Vossenack überführt.
Sein Sohn Hansgeorg, 1944 Freiwilliger in der Elite-Division "*Großdeutschland*" stieg in der Bundeswehr 1980 zum Brigadegeneral auf, befehligte zuletzt die Panzergrenadierbrigade 7 und ging 1987 in den Ruhestand.

Oberst

WERNER MÖLDERS

* 18.03.1913 in Gelsenkirchen/Westfalen
\+ 22.11.1941 bei Breslau

Ritterkreuz		29.05.1940
Eichenlaub	(002)	21.09.1940
Schwerter	(002)	22.06.1941
Brillanten	(001)	15.07.1941

Spanische Medalla de la Campana
Spanische Medalla Militar
Spanienkreuz mit Schwertern in Gold mit Brillanten
Frontflugspange für Jäger in Gold mit Brillanten
Flugzeugführer- und Beobachterabzeichen in Gold mit Brillanten
Zehnmalige Nennung im Wehrmachtsbericht
Verwundetenabzeichen in Bronze

"Präsident des Klub 100"

"Sie sind für die Fliegerausbildung untauglich!" Diese Worte trafen den Pionierleutnant Werner Mölders wie ein Blitz. Nachdem er den sogenannten Drehstuhltest nicht bestanden hatte, wurde sein Versetzungsgesuch zur Luftwaffe abgewiesen. Der leitende Flugarzt riet dem jungen Offizier "doch am Boden zu bleiben". Doch keine sieben Jahre später sollte eben dieser Offizier als erster Jagdflieger der Welt die magische Marke des berühmten Roten Barons Manfred von Richthofen übertreffen und zum bis dahin höchstdekorierten deutschen Soldaten geworden sein! Auch heute noch verwenden die meisten Luftwaffen der Welt jene Taktiken, die Werner Mölders entwickelte! Auch wenn die späteren Top-Asse der Luftwaffe sein Abschusskonto im Endeffekt um das Dreifache übertrafen, bleibt Werner Mölders *der* deutsche Jagdflieger schlechthin.

1932 in die Wehrmacht eingetreten, diente Mölders die ersten beiden Jahre im Infanterieregiment 2 in Allenstein. 1934 unternahm er als Oberfähnrich den ersten Versuch, in die neue Luftwaffe versetzt zu werden. Doch ein angeborenes Leiden hinderte ihn vorerst daran. Von Krämpfen, Übelkeit und Schweißausbrüchen gebeutelt, wurde er durch die medizinische Kommission zurecht abgelehnt. Doch Mölders war wild entschlossen, Jagdflieger zu werden. Durch eisernen Willen und einem festen Ziel vor Augen, gelang es ihm beim zweiten Anlauf, diese Körperreaktionen zu unterdrücken, die Kommission zu täuschen und als "bedingt tauglich" erklärt zu werden. Doch auch in den kommenden Jahren auf der Fliegerschule wurde er immer wieder durch die Flugkrankheit(!) geplagt. Während seiner Ausbildungszeit freundete sich Mölders mit den späteren Fliegerassen Balthasar*[22]*, Oesau und Bertram*[73]* an.
Als im Jahre 1936 Freiwillige für die "Legion Condor" gesucht wurden, war Oberleutnant Mölders einer der ersten, die sich meldeten. Sein Gesuch wurde allerdings erst nach langem Hin und Her vom Oberkommando der Luftwaffe genehmigt. Als Nachfolger von Oberleutnant Adolf Galland übernahm er eine mit den neuen Messerschmitt Me-109 ausgerüstete Staffel der Jagdgruppe 88.
Von Mai bis November 1938 im Spanischen Bürgerkrieg auf Seiten von General Franco eingesetzt, erwarb sich Mölders umfassende Kampf- und Führungserfahrungen. So entwickelte er das revolutionäre System des "Vierfingerschwarms", welches so erfolgreich wurde, dass es im Laufe des Krieges bei allen führenden Luftstreitkräften zum Standard wurde*[74]*.
Als seine Dienstzeit abgelaufen war, hatte Oberleutnant Mölders nicht weniger als 14 republikanische Flugzeuge abgeschossen und war der erfolgreichste Jäger der Legion geworden! Für seine Verdienste erhielt er neben hohen spanischen Auszeichnungen auch das nur 27mal vergebene Spanienkreuz mit Schwertern in Gold mit Brillanten verliehen*[75]*.
Bis zum Ausbruch des Zweiten Weltkrieges unterrichtete Hauptmann Mölders aufgrund seiner unschätzbaren Kampferfahrungen als Flug- und Taktiklehrer an einer Jagdfliegerschule. Bei Kriegsbeginn war er Kapitän der 3. Staffel im Jagdgeschwader 53 "*Pick As*", am 20. September 1939 erzielte er an der Westfront seinen ersten Luftsieg im Zweiten Weltkrieg.

Während des "Sitzkrieges" entlang der Grenzstellungen erzielte Mölders weitere Luftsiege und erhielt beide Klassen des Eisernen Kreuzes. Im März 1940 traf er bei einem Einsatz auf Edgar "Cobber" Kain, mit sechs Siegen der damals beste britische Jagdflieger. Obwohl Kains Hurricane schwer beschädigt wurde - ob von Mölders oder einem seiner Piloten ist unklar - konnte der Brite von diesem Einsatz zurückkehren. Nach insgesamt 16 Luftsiegen fand der bis dahin erfolgreichste alliierte Jagdflieger in Europa im Juni den Tod.
Im Frankreichfeldzug führte Mölders die III. Gruppe des Geschwaders in die schweren Luftgefechte gegen die britische und französische Luftwaffe. Mit dem Beginn des Westfeldzuges begann für den Gruppenkommandeur der große Aufstieg. Als der brillante Taktiker und Schütze *[76]* am 28. Mai 1940 seinen 20. Luftsieg (ohne Spanien) erzielte, erhielt er als allererster Jagdflieger der Luftwaffe das Ritterkreuz zum Eisernen Kreuz verliehen. Bis Mai 1945 sollten ihm 567 weitere Jagdflieger folgen - nur 271 davon erlebten das Kriegsende!
Kurz vor Ende des Westfeldzuges wurde Hauptmann Mölders zum ersten und bis zum Ende seines Fronteinsatzes auch einzigen Mal selber abgeschossen - nachdem er leicht verwundet mit dem Fallschirm notgelandet war, wurde der Sieger in 25 Luftkämpfen von heranrückender französischer Infanterie gefangengenommen. Da Frankreich aber kurz darauf kapitulierte, war die Gefangenschaft nur von kurzer Dauer.
Während der Luftschlacht um England bereits ein gefeierter Kriegsheld, übernahm er am 27. Juli 1940 als bis dahin jüngster Major der Luftwaffe das Jagdgeschwader 51, dieses Geschwader erhielt später seinen Namen. Der "Immelmann des Zweiten Weltkrieges", wie Mölders oft genannt wurde, war einer der ersten Offiziere des Krieges, die das auf altgedienten Geschwaderführern beruhende System der Dreißigerjahre durchbrachen.
Am 28. Juli konnte Mölders während eines heftigen Luftkampfes über Südengland das britische Fliegeras Tony Lovell bezwingen, der bis zum diesem Zeitpunkt bereits zehn Luftsiege erzielt hatte. Der Brite wurde schwer verwundet, konnte später wieder in den Einsatz zurückkehren und beendete den Krieg mit 16 bestätigen und 6 wahrscheinlichen Siegen. Wenig später wurde Mölders seinerseits fast durch ein Fliegeras bezwungen, als er in einem Luftkampf mit Adolph "Sailer" Malan (27 Siege, DSO*,DFC*) durch Splitter am Knie verwundet wurde und an der französischen Küste notlanden musste.
Im Kampf gegen die RAF weiterhin erfolgreich, wechselte sich Mölders mit Galland und Wick*[70]* mehrmals als Spitzenas der Luftwaffe ab. Am 21.09.40 erhielt er für seinen 40. Luftsieg das erst 2. verliehene Eichenlaub. Am 31.08. und 12.10. hatte er mit je drei Luftsiegen sein bestes Einsatzergebnis erzielt. Am 25. Oktober wurde der junge Kommodore für überragende Tapferkeit vor dem Feind vorzeitig zum Oberstleutnant befördert.
Als das Geschwader nach schmerzhaften Verlusten über dem Ärmelkanal im Februar 1941 aus dem Kampf genommen wurde, hatte Mölders in etwa 270 Einsätzen bereits 68 anerkannte Abschüsse verbucht! Sein Bruder Claus war ebenfalls erfolgreich in seinem Geschwader geflogen, ehe er über England abgeschossen und gefangengenommen worden war.
Neben seinen kämpferischen und führerischen Verdiensten im Einsatz kümmerte Mölders sich schon fast väterlich (Spitzname "Vati") um die frisch zum Geschwader versetzten Nachwuchspiloten. Da er das gefürchtete Jagdfieber in Spanien am eigenen Leib gespürt hatte, wusste er, wie wichtig es für einen jungen Piloten war, seinen ersten Luftsieg ohne große Aufregung zu erzielen. Und so flog er nicht selten als Flügelmann eines solchen Neulings, hielt ihm den Rücken frei und gab ihm über Funk gute Tips! Als während der Luftschlacht um England ein sehr guter Freund über der Themsemündung abgeschossen und als vermisst gemeldet wurde, startete ein seit Tagen ans Bett gefesselter Mölders, obwohl vom Fieberanfällen geschwächt, mit seiner Maschine, um sich an der Suche zu beteiligen!

Als im Juni 1941 die Operation "Barbarossa" gestartet wurde, begann für Mölders und sein Geschwader eine Phase des absoluten Dauereinsatzes.
Hierbei blieb Mölders trotz der großen Geschwadererfolge Realist und sagte einmal gegenüber seinen Piloten: "...der Krieg gegen die Sowjetunion wird lange dauern. Da werden noch Leute das Ritterkreuz bekommen, die heute noch gar nicht fliegen können."
Täglich flogen die 51er Jagd- und Geleitschutzmissionen, wobei der Geschwaderkommodore wiederholt mehrere Gegner an einem Tag bezwingen konnte. Bereits am ersten Einsatztag im Osten erhielt Mölders für 72 Luftsiege nach Adolf Galland als zweiter Offizier der Wehrmacht die neu gestifteten Schwerter zum Ritterkreuz mit Eichenlaub verliehen.
In den nächsten Einsatzwochen konnte der Kommodore 30 weitere Luftsiege erzielen! In den ersten Monaten des Ostfeldzuges war das JG 51 so erfolgreich, dass sich die sowjetische Führung zu einem Befehl genötigt sah, der den eigenen Staffeln jeglichen Luftkampf mit dem JG 51 untersagte - man hätte ja doch keine Chance! Bis Herbst 1941 waren bereits fünf 51er mit dem begehrten Eichenlaub ausgezeichnet worden - neben Mölders noch Hauptmann Joppien, Oberleutnant Bär, Hauptmann Nordmann und Oberfeldwebel Hoffmann!
Am 15. Juli 1941 ging Oberstleutnant Werner Mölders endgültig in die Luftkriegsgeschichte ein, als er als erster Jagdpilot der Geschichte*[77]* seinen 100. bestätigten Luftsieg erzielte! Am nächsten Tag erhielt er für das

Überschreiten dieser magischen Marke als erster von letztendlich 27 Offizieren die Brillanten zum Ritterkreuz mit Eichenlaub und Schwertern verliehen. Weil er dadurch für die Luftwaffenführung unersetzbar geworden war, wurde er Ende Juli mit einem strengen Feindflugverbot belegt. Am 16.07. war Mölders zum zehnten Mal im Wehrmachtsbericht genannt worden!
Im August 1941 erhielt Mölders´ zuverlässiger Katschmarek, Leutnant Erwin Fleig, nach 26 Luftsiegen für seinen Anteil an den Erfolgen seines Rottenführers das Ritterkreuz verliehen (1942 in russische Gefangenschaft geraten).
Mit 28 Jahren zum jüngsten Oberst der Luftwaffe befördert, wurde Mölders im September zur allgemeinen Überraschung zum ersten General der Jagdflieger ernannt! Diese neu geschaffene Dienststelle sollte den jungen Frontpiloten einen näheren Bezugspunkt zur Führung geben, als es die hochrangigen Veteranen im Oberkommando der Luftwaffe tun konnten. Ferner sollte das OKL durch diese Kompetenzaufteilung entlastet und so effektiver werden. Später gab es auch einen General der Kampf- (u.a. Helbig und Peltz) und Schlachtflieger (u.a. Dr. Kupfer).
Auch in dieser Position glänzte Mölders durch energiegeladene Initiative, gute Stabsarbeit und erstklassige Verbesserungsvorschläge.
Als am 17.11.41 Generalfeldzeugmeister Ernst Udet*[78]*, ein langjähriger väterlicher Freund von Mölders, Selbstmord beging, wurde Mölders nach Berlin befohlen. Dort sollte er mit den hochdekorierten Fliegern Galland, Oesau und Lützow die Ehrenwache halten. Doch auf dem Flug von seinem Stabsquartier in Cherson über Lemberg nach Berlin geschah das Unglück. Die He-111, mit der Mölders und sein Adjutant in die Reichshauptstadt geflogen werden sollten, geriet in schlechtes Wetter und prallte in Breslau-Gandau gegen einen Fabriksschornstein! Werner Mölders und ein Großteil der (sehr flugerfahrenen) Besatzung waren auf der Stelle tot.
Der große Jagdflieger wurde auf dem Berliner Invalidenfriedhof zu Grabe getragen, auf dem auch der berühmte Manfred von Richthofen (80 Siege im Ersten Weltkrieg) seine letzte Ruhestätte gefunden hatte. Werner Mölders hatte in insgesamt 400 Feindflügen 14 spanische, 68 westalliierte und 33 sowjetische Gegner besiegt. Für seine bahnbrechenden Erfolge hatte er ferner die Frontflugspange in Gold mit Brillanten erhalten, die nach ihm nur noch Oberst Hans-Ulrich Rudel tragen sollte.

Im Frühjahr 1942 versuchte der britische Geheimdienst den Tod des populären Jagdfliegers propagandistisch zu nutzen, indem er tausende Flugblätter, unter der Bezeichnung "Mölders-Brief" bekannt geworden, über Deutschland abwarf. In diesem Schreiben wurde fälschlicherweise behauptet, Mölders sei von deutscher Flak absichtlich abgeschossen worden, da er der Hitler-Führung aufgrund seines Einsatzes für die katholische Kirche zu unbequem geworden war! Großbritannien gab die Fälschung erst 1962 zu. Tatsache war jedoch, dass Mölders nach seiner Ernennung zum Inspekteur der Jagdflieger in einem Schreiben an Hitler gegen die Unterdrückung der Kirche protestiert hatte und als Nachdruck sein Parteibuch mit zurückgeschickt hatte.

Die deutsche Bundesluftwaffe setzte zu Ehren des herausragenden Offiziers die Tradition des JG 51 fort und benannte das 1992 in Neuburg/Donau stationierte Jagdgeschwader 74 ebenfalls "*Mölders*"!
1968 wurde in Visselhövede die "Werner-Mölders-Kaserne" in Dienst gestellt, die Bundesmarine benannte sogar einen Lenkwaffenzerstörer nach dem großen Jagdflieger.
Dietrich Hrabak, während des Krieges Geschwaderkommodore, Eichenlaubträger und Sieger in 125 Luftkämpfen, später Generalmajor der Bundesluftwaffe, sagte einmal über Werner Mölders: "Wir waren nur Jagdflieger - Mölders war mehr als das!" Dem ist nichts hinzuzufügen.

Generalleutnant

DIETRICH VON MÜLLER

* 16.09.1891 in Malchow/Mecklenburg
+ 03.01.1961 in Hamburg

Ritterkreuz		03.05.1942
Eichenlaub	(272)	16.08.1943
Schwerter	(134)	20.02.1945

Panzerkampfabzeichen in Silber
Nennung im Wehrmachtsbericht
Deutsches Kreuz in Gold
Kriegsverdienstkreuz 1. Klasse (?)
Verwundetenabzeichen in Bronze

"Über zehn Jahre in Gefangenschaft"

Der Mecklenburger Dietrich von Müller trat 1910 als Einjährig-Freiwilliger ins Jägerregiment 3 ein und war nach seiner Abmusterung in der Landwirtschaft tätig. Bei Kriegsausbruch als Fähnrich der Reserve einberufen, kämpfte von Müller 1914/16 mit seiner alten Einheit an der Westfront, ein Bataillon des Regiments wurde durch den damaligen Hauptmann Blaskowitz befehligt, der später in der Wehrmacht als Generaloberst ebenfalls die Schwerter erhielt! Nach einer schweren Verwundung vor Verdun, der Beförderung zum Leutnant sowie der Verleihung des Eisernen Kreuzes 1. Klasse diente von Müller die letzten beiden Kriegsjahre im Stab des Landwehr-Inspizenten in Berlin.
Im Zuge der Heeresverminderung abgemustert und in der Reserve gelistet, studierte der Ex-Offizier Agrarwissenschaften und ergriff einen Zivilberuf, ehe er 1934 als Hauptmann wieder ins Infanterieregiment 5 eintrat, in dem u.a. auch der spätere Schwertertträger Johannes Mayer diente.
Vier Jahre später hatte er bereits den Rang eines Majors erreicht, bei Kriegsausbruch kommandierte der erfahrene Offizier das II. Bataillon des Regiments, das zur 2. Infanteriedivision in Stettin gehörte. Seine Ehegattin Marie war übrigens eine geborene von Arnim - somit war von Müller mit Generaloberst Hans-Jürgen von Arnim verwandt, welcher 1943 als letzter Oberbefehlshaber der Heeresgruppe Afrika in Tunis in Gefangenschaft geriet.
Während des Polenfeldzuges kämpfte die Division im Verband des XIX. Armeekorps erfolgreich an den Ufern der Weichsel, am Bug und im Gebiet von Brest-Litowsk. Im zweiten Kriegsjahr konnte sich von Müllers Bataillon auch im Westfeldzug bewährten, wo die nun motorisierte Division u.a. im südlichen Belgien, bei Sedan, an der Maas und an der Weygard-Linie kämpfte.
Im Oktober 1940 erlebte der mit den Spangen zum Eisernen Kreuz 1914 beliehene Major von Müller die Umgliederung der Division in die neue 12. Panzerdivision, die dem späteren Schwerterträger Josef Harpe unterstellt wurde. Das Schützenregiment 5 wurde bereits seit längerem von Oberst Helmuth Schlömer kommandiert, welcher 1943 im Kessel von Stalingrad das Eichenlaub erhalten sollte.

Wenige Wochen nachdem die 12. PD in Polen angekommen war, begann für sie auch schon der Russlandfeldzug. Im Verband der Panzergruppe 3 unter dem späteren Schwerterträger Generaloberst Hoth stießen die Panzer und Grenadiere der Division im Grenzbereich der Heeresgruppen Nord und Mitte weit nach Osten vor, kämpften am Nemunas, bei Bialystok, Wilna, Minsk, in Raum Toropez und am Ufer des Ilmensees. Nachdem sich von Müller während den schweren Kämpfen sehr bewährt hatte, übernahm er am 5. September 1941 als Oberstleutnant (01.04.41) die Führung des Schützenregiments 5.
In den nächsten Monaten führte er seine Grenadiere an der Seite des bewährten Panzerregiments 29, des Schützenregiments 25 sowie der Panzerjägerabteilung am Wolchow, östlich von Leningrad, bei Schlüsselburg, Pogostje und an der sogenannten Tigoda-Front. Seit Mai 1942 trug er für persönliche Tapferkeit im Gefecht das begehrte Ritterkreuz, kurz darauf war er bereits zum Oberst befördert worden. Im Februar hatte Dietrich von Müller weiters das Deutsche Kreuz in Gold erhalten.
Das restliche Jahr brachten der 12. Panzerdivision schwere Offensiv- und Defensivschlachten bei Leningrad, am Ladogasee sowie im Gebiet von Demjansk, mehrmals konnten Kampfgruppen der Division Einbrüche der Sowjets

wieder abriegeln. Im Jänner 1943 wurde ein erster Vorschlag zur Verleihung des Eichenlaubs an Dietrich von Müller vom Oberkommando des Heeres abgelehnt.
Nach einer nötig gewordenen Auffrischung von Mensch und Material wurde die 12. Panzerdivision im Februar 1943 an die Heeresgruppe Mitte abgegeben, wo das PGR 5 unter Oberst von Müller an der wuchtigen Offensive gegen den vorgeschobenen Frontbogen bei Kursk teilnahm. Im Zuge der schweren Graben- und Panzerschlachten kämpften von Müllers Landser im Frontabschnitt der 9. Armee (Model) bei Orel und Gomel. Als sich die deutsche Angriffsmacht nach schweren Verlusten zurückziehen musste, verteidigte Oberst von Müller mit seinem Regiment die ihm zugewiesenen Stellungen um Orel äußerst verbissen. Es folgten Verzögerungsgefechte am Dnjepr, um Kiew und bei Pripjet. Während der Schlacht von Bolchoff zeichnete sich von Müller durch ununterbrochenen persönlichen Einsatz aus.
Unmittelbar nachdem er im August 1943 für persönliche Tapferkeit im Kampf und erstklassige Defensivleistungen seiner Bataillone mit dem Eichenlaub zum Ritterkreuz dekoriert worden war, wurde Oberst von Müller vom Kampfeinsatz zurückgezogen. Die nächsten zwölf Monate diente der verlässliche Offizier als Leiter der taktischen Lehrgänge an der Panzertruppenschule II in Krampnitz, an der Abteilungsführerschule in Paris sowie im Stab des Inspekteurs der Panzerwaffe, Eichenlaubträger Generaloberst Heinz Guderian.

Anfang August 1944 kehrte Oberst von Müller an die Ostfront zurück, wo er die kampferfahrene 16. Panzerdivision des XXIV. Panzerkorps übernahm. Am 9. November wurde der bewährte Frontoffizier in Anerkennung seiner Leistungen zum Generalmajor befördert.
Im Jänner 1945 nahm die 16. PD an dem erfolglosen Versuch teil, den Brückenkopf von Baranow zu halten. Von vierfach überlegenen Panzer- und Grenadierverbänden attackiert, erlitt von Müllers Division schwere Verluste, nur mühsam konnten die Restverbände sich bis nach Nida zurückziehen. Hier bereits von drei Seite eingeschlossen, ließ Generalmajor von Müller aus Treibstoffmangel viele Panzer und Fahrzeuge sprengen, bildete aus den verbliebenen Verbänden kleine Kampfgruppen und brach mit diesen in einem riskanten Unternehmen nachts aus dem drohenden Kessel aus!
Doch kurz darauf wurden große Teile der "Gruppe Nehring" sowie Verbände unter dem Schwerterträger General Recknagel nahe Kielce erneut eingeschlossen!
Doch mit Hilfe solch erfahrener Truppenführer wie Recknagel und von Müller konnte General Nehring auch diese schwierige Lage meistern, seine Truppen vor der Vernichtung retten und einen Ausbruch nach Westen organisieren! Hierfür erhielt der Korpskommandeur die Schwerter verliehen.
Generalmajor von Müllers Division erhielt dürftige Verstärkung und wurde bereits im Februar bei Steinau/Glogau wieder in eine Abwehrschlacht geworfen. Am 20.02.45 wurde Dietrich von Müllers persönlicher Einsatz und der große Erfolg seiner Männer mit der Verleihung der 134. Schwerter zum Ritterkreuz mit Eichenlaub gewürdigt. Noch in den letzten Kriegstagen wurden abgekämpfte Panzergruppen der Division für vereinzelte Gegenangriffe im Gebiet von Lauban, Grätz und Brünn herangezogen.
Während sich die bereits schwer gezeichnete Division vor den Angriffen überlegener sowjetischer Truppen zurückzog, geriet Dietrich von Müller am 19. April 1945 in die Hand tschechischer Partisanen, die ihn später an die Sowjets überstellten. So mancher Mitgefangener hatte nicht soviel "Glück". Einen Tag nach seiner Gefangennahme wurde der Divisionskommandeur noch zum Generalleutnant befördert.
Dietrich von Müller kehrte erst im Winter 1955 als schwer gezeichneter Mann aus der sowjetischen Kriegsgefangenschaft in die Bundesrepublik zurück, verstarb sechs Jahre später im Hamburg und wurde mit allen militärischen Ehren beigesetzt.

General der Infanterie

FRIEDRICH-WILHELM MÜLLER

* 29.08.1897 in Barmen/Preußen
+ 20.05.1947 in Athen

Ritterkreuz		22.09.1941
Eichenlaub	(086)	08.04.1942
Schwerter	(128)	27.01.1945

Hohenzollernorden mit Schwertern
Infanteriesturmabzeichen
Viermalige Nennung im Wehrmachtsbericht
Anerkennungsurkunde des Oberkommandos des Heeres
Bulgarischer Militärverdienstorden
Krimschild
Deutsches Kreuz in Gold
Verwundetenabzeichen in Silber

"Nach dem Krieg hingerichtet"

Die Militärkarriere von Friedrich-Wilhelm Müller begann bereits 1914, als er sich als Freiwilliger zur preußischen Infanterie meldete. Für Tapferkeit vor dem Feind wurde er 1915 im Reserve-Jägerregiment 262 zum Leutnant d.R. befördert und kurz darauf mit dem Eisernen Kreuz 1. Klasse dekoriert. Für besondere Leistungen als Kompaniekommandeur im Grenadierregiment 2 erhielt Müller als Oberleutnant später weiters den Tapferkeitsorden des Hauses Hohenzollern verliehen.
Bei Kriegsende in den Polizeidienst eingetreten und im Verlauf einer steilen Karriere bis zum Major aufgestiegen, wurde Müller 1936 wieder ins Heer reaktiviert. Hier übernahm er als Major das I. Bataillon im Jägerregiment 697. 1938 wechselte Friedrich-Wilhelm Müller ins Infanterieregiment 105 der Grenzdivision Trier, hier wurde er noch vor Kriegsausbruch zum Oberstleutnant befördert. Unmittelbar nach Beginn des Polenfeldzuges wurde dieser Großverband zur 72. Infanteriedivision umgebildet und später als Reserve im Hinterland stationiert.

Zum ersten Kampfeinsatz der 72. ID kam es im Juni 1940, als die Division im Verband der 6. Armee (XXXXIV. Armeekorps) über die Oisne setzte, östlich an Paris vorbeistieß und in Folge an der Seine und der Loire kämpfte. In der zweiten Juniwoche kämpften Müllers Grenadiere zusammen mit Verbänden der 83. ID südöstlich von Melun. Der für seine Leistungen mit den Spangen zum Eisernen Kreuz 1914 dekorierte Müller wurde am 01.10.40 zum Kommandeur des Infanterieregiments 105 ernannt. Zwei Monate darauf stieß mit Major Dr. Hohn, er übernahm das II. Bataillon, ein weiterer später Schwerterträger zu diesem Regiment.
Im Frühjahr 1941 konnten sich die Grenadiere am Balkan auszeichnen. Nach kurzer Auffrischung verlegte die 72. ID dann in neue Bereitstellungen für die Operation "Barbarossa".
Ab Juli 1941 nahm die Division im Verband der 11. Armee an den Offensiven im Südabschnitt der Ostfront teil. Nach Schlachten am Dnjestr, bei Odessa, Nikolajew und dem Dnjepr-Brückenkopf führte Oberstleutnant Müller seine Bataillone erfolgreich beim Sturm auf Melitopol an. Bereits drei Monate nach Beginn des Ostfeldzuges erhielt er für seinen großen persönlichen Einsatz und Tapferkeit im Gefecht das Ritterkreuz verliehen - so hatte er sich besonders bei der Bildung eines Brückenkopfes bei Nikolajew hervorgetan. Weitere Träger dieser Auszeichnung innerhalb des erfolgreichen Regiments waren Hauptmann Nietsche (am letzten Kriegstag gefallen) und Hauptmann Jakop (später 681. Eichenlaub), die das III. bzw. II. Bataillon kommandierten.
Am 1. Oktober 1941 wurde Müller für seine herausragenden Leistungen zum Oberst befördert - sein langjähriger Divisionskommandeur Generalleutnant Mattenklott beschrieb ihn in einer Beurteilung als "einen herausragenden Frontsoldaten und ausgesprochene Führernatur".
Im Herbst erlebte Müller die schweren Gefechte am Nordeingang der Krim, der von entschlossenen Divisionen der 51. sowjetischen Armee verteidigt wurde. Von November 1941 bis Juli 1942 tobte die berühmte Belagerungsschlacht von Sewastopol. Für seinen persönlichen Einsatz in den aufreibenden Graben- und Bunkerkämpfen sowie für die Angriffserfolge seines IR 105 hatte Oberst Müller im April 1942 als erst 37. Heeresoffizier und 10.

Regimentskommandeur das Eichenlaub zum Ritterkreuz erhalten. Im Jänner war er für die Erstürmung des Hafens von Feodosia erstmals im Wehrmachtsbericht erwähnt worden, im März hatte er weiters eine Anerkennungsurkunde des Oberkommandos des Heeres erhalten!
Diese hatte er u.a. für die Zurückweisung einer russischen Marine-Landeoperation nahe der Küstenortschaft Eupatoria erhalten.
Nach fast neunmonatigem Kampfeinsatz und der dringend nötig gewordenen Auffrischung verlegte die Division in den Nordabschnitt der Ostfront.
Der in der Regimentsführung bewährte Offizier wurde am 1. August 1942 zum Generalmajor und neuem Kommandeur der 22. Infanteriedivision ernannt, die einst vom Eichenlaubträger Generalmajor Wolff befehligt worden war. Die Division lag nun als Garnisonsverband in Griechenland, nachdem sie auf der Krim herbe Verluste hatte hinnehmen müssen.
Obwohl Griechenland seit 1941 keine Kampfhandlungen mehr erlebt hatte, war es auch nicht die sogenannte Etappe. Gegen die deutschen Besatzer hatten sich mehrere Widerstandsgruppen und Partisaneneinheiten gebildet, die sich - ähnlich wie Titos Truppen in Jugoslawien - auf Kleinkriegtaktiken und Sabotageakte spezialisiert hatten. Als Gegenmaßnahme griffen die verunsicherten deutschen Kommandostellen immer öfter auf Vergeltungsaktionen fragwürdiger Art zurück. So wurden im Dezember 1943 im griechischen Dorf Kalavrita 689 Zivilisten aus Rache für einen Partisanenangriff exekutiert!

Im Oktober 1943 kommandierte Generalleutnant (01.04.43) Müller eine starke Kampfgruppe, die sich beim Sturm der Ägäis-Insel Samos auszeichnete (Kommandounternehmen "Poseidon"). Am 12.11. landeten seine Verbände auch auf Leros. Nach teilweise verbissenen Gefechten ergaben sich dort 3.000 Briten und über 5.000 Italiener. Diese beiden Unternehmen blieben zwei von nur ganz wenigen See-Landungs-Operationen der Wehrmacht während des gesamten Krieges.
Während den Gefechten um die Inselgruppe waren Angehörige der “Gruppe Müller” jedoch erwiesenermaßen an einem Kriegsverbrechen beteiligt, als über 100 gefangengenommene italienische Offiziere wegen Hochverrates (da ehemalige Verbündete die nun gegen die Wehrmacht gekämpft hatten) ohne Anklage bzw. Urteil einfach erschossen wurden! Müller war als Kommandeur für diese Hinrichtungen verantwortlich.
Im Frühjahr 1944 wurde Generalleutnant Müller zum neuen Wehrmachtsbefehlshaber der Insel Kreta ernannt, welche seit ihrer Eroberung durch Fallschirm- und Gebirgsjäger Schauplatz wiederholter Partisanentätigkeit war. Immer wieder schlugen die deutschen Besatzer mit aller Härte zurück und machten hierbei auch vor Übergriffen gegen die Zivilbevölkerung nicht halt. Generalleutnant Müller soll nach mehreren Berichten unparteiischer Militärhistoriker besonders brutale Methoden befohlen haben! (siehe Piekalkiewicz "*Spione, Agenten, Soldaten*") In ihren Methoden waren allerdings auch die Partisanen wohlgemerkt nicht sonderlich zimperlich.

Während seiner Dienstzeit als Kommandeur von Kreta geriet Müller ins Interessensfeld des britischen Geheimdienstes in Nordafrika.
Dieser hatte nämlich den Auftrag, die deutschen Kommandostellen im Mittelmeerraum laufend zu stören - der weitaus umfassendste Plan der in diesen Aufgabenbereich fiel, war die Vortäuschung einer geplanten Invasion in Südgriechenland bzw. Kreta. Dadurch sollte von der bevorstehenden Landung in Frankreich abgelenkt werden.
Hierzu nahm der britische Geheimdienst im April 1944 einen besonders kühnen Plan in Angriff - ein kleiner Agententrupp wurde auf Kreta abgesetzt und sollte mit Hilfe einiger einheimischer Partisanen Generalleutnant Müller entführen! Somit wäre der bei der Zivilbevölkerung verhasste General außer Gefecht gesetzt und eine bevorstehende Aktion der Alliierten gegen Kreta vorgetäuscht.
Doch zwei Tage vor dem britischen Zugriff wurde Müller durch den Ritterkreuzträger Generalmajor Kreipe abgelöst und als deutscher Militärbefehlshaber nach Mazedonien versetzt! Das britische Kommando entschloss sich "wenigstens" Kreipe zu entführen, was auch gelang. Es war eine der kühnsten Aktionen des britischen Geheimdienstes im Mittelmeerraum.
Im Winter führte General der Infanterie (01.07.44) Müller verschiedene Truppenteile in Jugoslawien gegen Tito-Verbände und bereits durchgebrochene Divisionen der Roten Armee, ehe er im Dezember das LXVIII. Armeekorps übernahm.
An der Spitze dieses Großverbandes konnte er erneut sein großes militärisches Potential beweisen und maßgeblich dazu beitragen, dass sowjetische Truppen nicht bis nach Zentral-Jugoslawien vordringen konnten. Dadurch war die Evakuierung der noch in Nord-Griechenland stationierten deutschen Verbände möglich.
Am 27. Jänner 1945 wurde General der Infanterie Müller für seine Verdienste an der Balkan- und Ostfront mit den 128. Schwertern zum Ritterkreuz mit Eichenlaub ausgezeichnet. Zwei Tage nach der Übergabe löste Müller den in Ungnade gefallenen Eichenlaubträger Friedrich Hoßbach als Führer der 4. Armee an der Ostfront ab. Hoßbach, 1944

erfolglos für die Schwerterverleihung eingereicht, hatte nämlich darauf bestanden, mit seiner in Ostpreußen eingekesselten Armee nach Westen ausbrechen zu müssen, was Hitler nicht gestattete. Neben seinen militärischen Fähigkeiten wurde Müller angeblich auch wegen seiner überzeugten Einstellung zum Nationalsozialismus ausgewählt.
Noch Ende März 1945 wurde General Müller mit seiner 4. Armee für die Abwehrerfolge im Ostpreußen-Kessel im Wehrmachtsbericht genannt. Da der Kessel dem Untergang geweiht war, wurde Müller mit seinem Stab über See evakuiert. Der Rest seiner Armee wurde dem späteren Brillantenträger General von Saucken unterstellt.
Im Mai ergab sich Müller in Norddeutschland britischen Truppen.

Bereits nach kurzer Gefangenschaft wurde er gemäß eines Antrages an Griechenland ausgeliefert und von diesem wegen der Tötung von angeblich 9.000 Zivilisten angeklagt. Im Gegensatz zu den Angeklagten des sogenannten Geisel-Prozesses *[79]* wurden einige ehemalige Südostgeneräle, darunter auch der ehemalige Kreta-Kommandant Friedrich-Wilhelm Müller und sein Vorgänger, Fallschirmjägergeneral Bruno-Oswald Bräuer, 1947 zum Tode verurteilt und hingerichtet. Der dritte angeklagte Kreta-Kommandeur, General Andrae, wurde zu lebenslanger Haft verurteilt und 1952 begnadigt.

Major

JOACHIM MÜNCHEBERG

* 31.12.1918 in Friedrichsdorf/Pommern
+ 23.03.1943 bei Maknassy/Tunesien

Ritterkreuz		14.09.1940
Eichenlaub	(012)	07.05.1941
Schwerter	(019)	09.09.1942

Frontflugspange für Jäger in Gold mit Anhänger Einsatzzahl "400"
Italienische Tapferkeitsmedaille in Gold
Fünfmalige Nennung im Wehrmachtsbericht
Flugzeugführer- und Beobachterabzeichen
Italienisches Fliegerabzeichen
Ärmelband "Afrika"
Deutsches Kreuz in Gold

"Jäger aus Leidenschaft"

In seiner Jugend war der sehr an Flugzeugen und Technik interessierte Müncheberg ein begabter Leichtathlet, ehe er 1936 als Fahnenjunker in die Luftwaffe eintrat. Im November 1938 wurde er zum Leutnant befördert und bei Kriegsausbruch in die III. Gruppe des Jagdgeschwaders 26 "*Schlageter*" versetzt, das vom Pour-le-Mérite-Oberst Eduard Ritter von Schleich (35 Siege im 1. Weltkrieg) kommandiert wurde.
Während des Polenfeldzuges mit seiner Gruppe zum Schutz der Reichshauptstadt in Norddeutschland stationiert, gelang ihm bereits im November sein erster Abschuss, acht weitere Erfolge verbuchte er während des Vormarsches in Holland und Belgien. Zu Beginn der Luftschlacht um England trug der gute Schütze bereits beide Klassen des Eisernen Kreuzes.
Über dem Ärmelkanal unter seinem neuen Kommodore Adolf Galland weiterhin erfolgreich, erhielt Oberleutnant (19.07.40) Müncheberg als Kapitän der 7. Staffel nach 20 Siegen das Ritterkreuz zum Eisernen Kreuz. Zu diesem Zeitpunkt war er bereits einer der erfolgreichsten Jagdpiloten der Luftwaffe.

Ab Februar 1941 wurde die 7. Staffel im Mittelmeerraum eingesetzt. Nach einigen Einsätzen gegen die britische Inselfestung Malta während den Feldzügen am Balkan zum Einsatz gekommen, kehrten Münchebergs Piloten Ende April wieder nach Sizilien zurück - diesmal sollte Malta endgültig in die Knie gezwungen werden.
Tagtäglich startete die 7. Staffel, traf sich über der offenen See mit Bomberformationen des X. Fliegerkorps und eskortierte die Kampfflieger nach Malta. Die Insel wurde von den Piloten bereits "Flugzeugträger aus Stein" genannt, denn egal wie oft die Flugplätze der RAF auch bombardiert wurden und unabhängig davon, wie viele britische Maschinen die deutschen Jagdflieger auch abschossen, Malta schien nicht schwächer zu werden. Die deutschen und italienischen Verbände erlitten schmerzliche Verluste, konnten die Verteidigung jedoch entscheidender schwächen, als es den Anschein hatte. Denn zeitweise stand die strategische Schlüsselstelle im zentralen Mittelmeer tatsächlich kurz vor dem Kollaps.
Am 1. Mai 1941 konnte Müncheberg während eines Geleitschutzeinsatzes für einen Bombenangriff auf den Hafen von La Valetta drei britische Jagdmaschinen abschießen und erhielt kurz darauf für insgesamt 43 Luftsiege das erst 12. Eichenlaub zum Ritterkreuz verliehen. Mit insgesamt 21 Erfolgen war Müncheberg der erfolgreichste deutsche "Malta-Jäger".
Doch auch die britische Garnison konnte ihrerseits auf erfolgreiche Flieger bauen - so waren auf Malta treffsichere Asse wie der Kanadier "Buzz" Beuerling (31 Siege), der Brite "Paddy" Schade (13) oder der Neuseeländer Ray Hesselyn (18) im Einsatz. Eines dieser Malta-Asse, der 17mal erfolgreich gebliebene Träger des DFC "Imshi" Mason, wurde durch einen von Münchebergs Piloten abgeschossen und für längere Zeit außer Gefecht gesetzt.
Doch als sich die Bemühungen der deutschen Luftwaffe endlich auszuzahlen begannen und die Abwehr Maltas schwächer wurde, glaubte das Oberkommando in Berlin bereits an einen leichten Sieg und zog entscheidende Kampfverbände - darunter Münchebergs erfolgreiche Jagdstaffel - von dieser Front ab! Der abnehmende Druck

ermöglichte den Engländern die Inselfestung wieder zu verstärken - Malta wurde in den kommenden Monaten zum Alptraum für Rommels Nachschublinien zwischen Italien und Nordafrika!
Oberleutnant Münchebergs 7. Staffel traf im Juni 1941 in Libyen ein und konnte auf eine makellose Malta-Bilanz zurückblicken – bei nur 4 eigenen Verlusten waren 52 Luftsiege erzielt worden!

Während den kommenden Monaten bewies der 24jährige Müncheberg neben seinen exzellenten kämpferischen auch seine führerischen Fähigkeiten. Während unzähliger Geleitschutz- und Abfangeinsätzen konnte Müncheberg in Nordafrika 25 Abschüsse erzielen, wofür er von den verbündeten Italienern als erster Ausländer mit deren Tapferkeitsmedaille in Gold geehrt wurde*[80]*.
Bereits nach knapp zwei Monaten in Afrika wurde die 7. Staffel nach Frankreich zurückbeordert, um mit dem Rest des Geschwaders (Galland) über dem Ärmelkanal zum Einsatz zu kommen.
Hier fand Ende August eine sehr seltene Begegnung statt. Das britische Jagdflieger-As Douglas Bader (20 Luftsiege, DSO*, DFC*) war über dem französischen Festland von einem Piloten des JG 26 abgeschossen worden.
Besonders beeindruckt die Tatsache, dass Bader bereits vor dem Krieg durch einen Flugunfall beide Beine verloren hatte und freiwillig mit zwei Metallprothesen im Einsatz stand!
Der nun kriegsgefangene Bader wurde von Adolf Galland und seinen Offizieren tagelang auf dem Geschwaderflugplatz bewirtet und beherbergt. Es wurde gefachsimpelt, diskutiert und gelacht - wie in Friedenszeiten.
Im September wurde Müncheberg zum Hauptmann und Kommandeur der II. Gruppe befördert, die III. Gruppe stand damals unter dem Befehl des erfolgreichen Fliegerasses Major "Pips" Priller. Zwischen August 1941 und Juni 1942 bezwang Müncheberg in atemberaubenden Luftkämpfen nicht weniger als 35 britische Spitfirejäger! Am 02.06.42 unterlag der 80. Gegner im Luftkampf. Zu diesem Zeitpunkt lag Joachim Müncheberg unter den erfolgreichsten Westjägern hinter Marseille und Galland auf dem dritten Platz.
Am 21. Juli 1942 wurde Müncheberg nach insgesamt 83 Siegen an die Ostfront versetzt, um vertretungsweise das JG 51 zu übernehmen, welches sich unter Oberstleutnant Werner Mölders großen Waffenruhm erworben hatte. Innerhalb kürzester Zeit schoss er mehr als 20 russische Flugzeuge ab und erreichte am 5. September 1942 seinen 100. bestätigten Luftsieg*[81]*. Kurz darauf wurde Joachim Müncheberg mit den 19. Schwertern zum Ritterkreuz mit Eichenlaub ausgezeichnet.
Nach etwas über zwei Monaten an der Ostfront (33 Siege) wurde der frisch beförderte Major erneut nach Nordafrika versetzt. Als Kommodore des Jagdgeschwaders 77 "*Herz As*" flog er tagtäglich Einsätze über Libyen und Tunesien, wobei sich die Lage aufgrund des amerikanischen Kriegseintrittes immer weiter zuspitzte. Durch seine schneidigen Angriffe konnte Müncheberg aber weiterhin Erfolge erzielen. Somit wurde er auch seinem Vorgänger als Geschwaderkommodore, Brillantenträger Gordon M. Gollob, voll und ganz gerecht. Im Frühjahr 1943 wurde Major Müncheberg nach seinem alten Afrikarivalen Marseille zum erst zweiten deutschen Jagdflieger, der 100 westalliierte Gegner abgeschossen hatte! Diese Leistung sollte erst wieder ein Jahr später von Egon Mayer erreicht werden.
Gerade die noch unerfahrenen, neu eingetroffenen amerikanischen Jagdflieger, waren den kampferfahrenen deutschen Veteranen oft deutlich unterlegen. Dies führte über Tunesien zu erschreckend hohen Verlusten.

Am 23. März führte der Kommodore einige seiner Piloten gegen einen amerikanischen Jägerverband. Obwohl zahlenmäßig unterlegen, konnte Müncheberg den Gegner mehrere Minuten lang ausmanövrieren. Um sich einem Verfolger zu entziehen, warf er seine Me-109 in eine hochgezogene, enge Abwehrkurve - plötzlich brach unter der Belastung eine Tragfläche, die Maschine kippte weg! Mit dem Fallschirm ausgestiegen, kam Müncheberg schwer verwundet auf dem Wüstenboden auf. Obwohl er sehr schnell von seinem Suchtrupp gefunden wurde, starb er am Weg ins Feldlazarett! Ob er durch Geschosse oder durch einen Aufprall am Leitwerk verletzt wurde, ist nicht genau bekannt.
Möglicherweise war die Tragflächenwurzel durch Geschosse oder Wrackteile eines abgeschossenen Gegners beschädigt und somit geschwächt worden. Es gibt auch Berichte, die von einer vorangegangenen Kollision mit einer Feindmaschine berichten.
Es war sein 500. Einsatz, von dem der Sieger in 135 Luftgefechten nicht mehr zurückkehrte. Der vom Bodenpersonal schon bereitgestellte, traditionsgemäße Jubiläumskranz blieb unüberreicht.
Wenige Wochen nach Münchebergs Tod wurden die letzten fliegenden Verbände aus dem Tuniskessel evakuiert, der Afrikafeldzug endete für über 200.000 Mann in Kriegsgefangenschaft.
Mit 102 Siegen über westalliierte Piloten gehörte Müncheberg zu den wenigen deutschen Assen, die diese Marke an der Westfront erreichten*[82]*. Neuer Kommodore des Jagdgeschwaders 77 wurde der spätere Schwerterträger Johannes "Mäcki" Steinhoff, in den Sechzigerjahren Vier-Sterne-General der Bundesluftwaffe.

Generalmajor der Reserve

WERNER MUMMERT

* 31.03.1897 in Lüttewitz/Sachsen
+ 28.01.1950 in Ssuja/UDSSR

Ritterkreuz		17.08.1942
Eichenlaub	(429)	20.03.1944
Schwerter	(107)	23.10.1944

Panzerkampfabzeichen in Bronze
Nahkampfspange in Bronze
Nennung im Wehrmachtsbericht
Nennung im Ehrenblatt des Heeres
Sonderabzeichen für Panzervernichtung durch Einzelkämpfer
Deutsches Kreuz in Gold
Verwundetenabzeichen in Silber

"Kommandeur der tapferen 103er"

Der spätere Panzergrenadier trat 1915 als Kriegsfreiwilliger in die Infanterie ein und wurde während des Ersten Weltkrieges in jungen Jahren für Tapferkeit vor dem Feind im sächsischen Grenadierregiment 188 zum Kriegsoffizier befördert. Der bei Kriegsende 21jährige Mummert, mit dem Eisernen Kreuz 2. Klasse dekoriert, wurde nach der Kapitulation trotz oftmaliger Bewährung im Zuge der Heeresverminderung in die Reserve entlassen. In den Dreißigerjahren war Mummert als Rittmeister d.R. beim traditionsreichen Reiterregiment 10 in Torgau gelistet, 1936 wurde er zum Jägerregiment 11 überstellt.
Nach vielen Jahren im Reserve-Offizierskorps wurde Mummert wenige Wochen vor Ausbruch des Zweiten Weltkrieges als Hauptmann d.R. reaktiviert. Ab September 1939 führte er die (mot.) Aufklärungsabteilung 4 der 1. Panzerdivision (Kirchner) im Polenfeldzug. Nach ersten Gefechten bei Tomaszow stießen Mummerts Spähabteilungen an der Spitze der Division südlich an Lodz vorbei, überquerten die Weichsel und erreichten bereits am 9. September das südliche Vorfeld von Warschau.
Während des Frankreichfeldzuges führte Mummert seine Abteilung durch die Ardennen und brachte während des berühmten Panzerraids durch Nordfrankreich (Maas, Sedan, St. Quentin, Somme, Amiens, Calais) stets wertvolle Informationen über die Feindlage ein. Während der zweiten Phase des Westfeldzuges wurde die 1. PD am äußersten rechten Flügel im Verband des XXXIX. Armeekorps eingesetzt. Bis zur französischen Kapitulation kämpften sich die Einheiten bis an die schweizer Grenze vor. Das Schützenregiment 1 der Division konnte sich unter dem späteren Brillantenträger Oberstleutnant Balck beim Sturm der Festung Belfort auszeichnen. Mummert erhielt für seine Verdienste im Westfeldzug das Eiserne Kreuz 1. Klasse verliehen.

Während sich die Wehrmacht auf eine mögliche Invasion in England vorbereitete, wurde die 1. PD nach Ostpreußen verlegt und aufgefrischt.
Aufgrund seiner Leistungen wurde Hauptmann d.R. Mummert im Sommer 1941 zum neuen Kommandeur der Schnellen Abteilung (mot. Panzerjäger und Aufklärer) der 256. Infanteriedivision im Mittelabschnitt der Ostfront ernannt und am 1. Dezember zum Major d.R. befördert.
In schweren Gefechten bei Newel, Rshew, Kalinin und Smolensk konnten viele Panzerabschüsse und Angriffserfolge verzeichnet werden. Während der Abwehrschlachten in Rshew-Bogen als "Feuerwehr" der 9. Armee zum Einsatz gekommen, zeichnete sich Mummert u.a. während der Kesselschlacht von Montschalowo aus, in deren Verlauf mindestens 9 sowjetische Divisionen restlos vernichtet wurden. Bei Mologino durch eine sibirische Elite-Brigade attackiert und ihrerseits eingekesselt, leistete die "Kampfgruppe Mummert" zähen Widerstand, konnte jedoch aufgrund fehlender Funkverbindung keine Hilfemeldung an die Division absetzen. Als sich die Landser schließlich aus eigener Kraft aus der Umklammerung absetzen konnten und Mologino aufgaben, war man im Divisionsstab erstaunt darüber, dass die Stellung überhaupt noch in deutscher Hand gewesen war!

Zwischen Jänner und August 1942 erhielt der herausragende Frontoffizier das Deutsche Kreuz in Gold und die Nahkampfspange in Bronze, wurde ins Ehrenblatt des Heeres eingetragen und schließlich mit dem Ritterkreuz beliehen!
Letzteres hatte Werner Mummert für überragende Führungsleistungen erhalten, als seine Abteilung innerhalb von drei Tagen elfmal(!) ein und dieselbe Stellung nach deren Räumung wieder zurückerobern konnte!
Im September 1942 wurde Mummert bereits zum Oberstleutnant d.R. befördert, zeitweise hatte er bereits vertretungsweise das Infanterieregiment 481 geführt. Im Spätherbst wurde der Ritterkreuzträger jedoch durch Granatsplitter schwerst verwundet, viele Wochen musste an seinem Wiederaufkommen gezweifelt werden.

Nach langwieriger Behandlung und Verbleib in der Führerreserve konnte er erst im Jänner 1944 an die Front zurückkehren und als Oberst der Reserve (01.02.44) das in der 14. Panzerdivision kämpfende Panzergrenadierregiment 103 übernehmen. Sein Divisionskommandeur war der Eichenlaubträger Generalmajor Martin Unrein. Die Division hatte tapfer auf dem Balkan und im Osten gekämpft und war nach ihrer Vernichtung in Stalingrad 1943 völlig neu aufgestellt worden.
Nach der Kommandoübernahme führte Mummert seine Grenadiere sehr erfolgreich bei Kirowograd und Tscherkassy. Nachdem er sich beim Entsatzangriff gegen letztgenannten Kessel in Angriff und Verteidigung mehr als bewährt hatte, wurde der voll Energie strotzende Offizier bereits im März mit dem 429. Eichenlaub zum Ritterkreuz geehrt. In Folge konnte sich Oberst d.R. Mummert in der vertretungsweisen Führung der Division auszeichnen.
Ab April 1944 kämpfte die 14. PD im Verband der 8. Armee um Nowij-Jekaterinopol, am Dnjestr, in Jassy und Besserabien. Nach schweren Monaten im Südabschnitt verlegte Mummert mit seinem Regiment in den Nordabschnitt und bezog um Schaulen (siehe Schwerterträger Mäder) neu Stellung. Als er mit seinen Grenadieren durch äußerst geschickte Kampfführung umfassende russische Angriffe in den Kampfgebieten Baldone, Riga, Kursenai und der Düna abwehrte, wurde er für seine erstklassigen Leistungen als Frontkommandeur für die Verleihung der nächsthöheren Ritterkreuzstufe eingereicht. Am 23. Oktober 1944 wurde Oberst der Reserve Walter Mummert zusammen mit sechs weiteren Heeresoffizieren mit den Schwertern zum Ritterkreuz mit Eichenlaub ausgezeichnet. Der Kommandeur seines I. Bataillons, Major Joachim Domaschk (1943 verwundet aus dem Stalingrad-Kessel ausgeflogen!), hatte im Sommer das Eichenlaub erhalten.
Im Wehrmachtsbericht vom 23. September hieß es: "Bei den schweren Kämpfen im Nordabschnitt der Ostfront hat sich das Panzergrenadierregiment 103 unter Führung des Eichenlaubträgers Oberst Mummert durch besondere Tapferkeit und Standfestigkeit ausgezeichnet".
Im Winter 1944/45 führte Mummert erneut die 14. Panzerdivision, ehe er vorübergehend die selbständige Panzerbrigade 103 an der Westfront übernahm.
Am 15. Jänner 1945 wurde Mummert mit der Übernahme der Panzerdivision "*Müncheberg*" beauftragt, die auf dem Papier aus zwei Panzerabteilungen, einem Grenadier- und einem Artillerieregiment bestand. In der Realität erreichte der Verband allerdings lediglich Brigadestärke. Am 1. Februar wurde Werner Mummert aufgrund seiner makellosen Leistungen zum Generalmajor der Reserve ernannt - dies gelang während des Krieges lediglich 29 Reserveoffizieren des Heeres!
Im März stand Mummerts Division unter dem Oberbefehl der Heeresgruppe Weichsel im Abwehreinsatz östlich von Berlin. Der taktisch erfahrene Oberbefehlshaber dieser Heeresgruppe, Schwerterträger Generaloberst Heinrici, wusste, dass seine geschwächten Truppen - ohnehin nicht ausreichend mit Material versorgt - wohl kaum dem bevorstehenden Frontalangriff mehrerer sowjetischer Armeen würden widerstehen können.
Also entwickelte er zusammen mit seinen Kommandeuren einen riskanten Abwehrplan. Durch aufgefangene Funksprüche des Gegners und genaue Feindaufklärung in etwa über den russischen Angriffstermin informiert, ließ Heinrici seine Truppen in der Nacht zuvor ihre Stellungen unbemerkt aufgeben und zog sie auf die Seelower Höhen zurück.
Als dann im Morgengrauen das sowjetische Trommelfeuer einsetzte, verloren die deutschen Verbände keinen einzigen Mann - die angreifenden Stoßdivisionen der Roten Armee hingegen nahmen lediglich die aufgegebenen Stellungen ein und wurden entlang der Seelower Höhen verlustreich zurückgeworfen!
Mummerts Division konnte im Verlauf dieser Abwehrschlacht mehrere Tage lang wütenden Angriffen russischer Truppen widerstehen und örtliche Einbrüche wieder abriegeln. Einer von Mummerts Regimentskommandeuren, Oberstleutnant Kuno von Meyer, erhielt hier das Eichenlaub zum Ritterkreuz verliehen.
Nach weiteren Rückzugskämpfen erreichte die Division die zerbombte Reichshauptstadt Berlin, wo der tapfere Verband zum Stützpfeiler der Verteidiger wurde.
Während den verzweifelten Abwehrschlachten um Tempelhof und die Stadtbezirke übernahm Generalmajor Mummert u.a. zeitweise das Kommando über den Verteidigungsbereich C sowie die Führung des LVI. Panzerkorps. Neben

seiner eigenen "*Müncheberg*" unterstand ihm so auch die 9. Fallschirmjägerdivision, die 20. Panzergrenadierdivision sowie einige Infanterie- und Volkssturmeinheiten.
In diesen schweren Tagen bewies der tapfere Divisionskommandeur auch Zivilcourage - als mehrere Parteifunktionäre seinen Männern Feigheit und fehlende Motivation vorwarfen und mit der Entsendung von SS-Feldgerichten drohten, erwiderte Mummert: "Wenn ich auch nur eine dieser Einheiten in meinem Befehlsbereich erwische, schieße ich sie persönlich über den Haufen!"
Als die Kapitulation des Berlin-Kessels unmittelbar bevorstand, startete Mummert mit den Resten seiner Division einen verzweifelten Ausbruchsversuch nach Nordwesten. In den Rückzugskämpfen schwer am rechten Arm und der Schulter verwundet, wurde der Divisionskommandeur von seiner Truppe getrennt und für tot gehalten. Die Spitzen der "*Müncheberg*" erreichten, begleitet von tausenden Flüchtlingen, die alte Garnisonsstadt Döberitz, ehe russische Jagdbomber sie zusammenschossen. Generalmajor Mummert wurde derweil gefangengenommen und monatelang als "im Kampf vermisst" geführt, ehe sein Name in den sowjetischen Gefangenenlisten auftauchte.
Wie Hunderttausende seiner Kameraden wurde auch Mummert in eines der gefürchteten russischen Kriegsgefangenenlager gebracht. Wie tausende andere sollte er seine Heimat nie mehr wiedersehen.
Im Jänner 1950 verstarb Werner Mummert im Alter von 53 Jahren im gefürchteten Offizierslager Ssuja an den Folgen der schweren Haftbedingungen.

General der Panzertruppe

WALTHER NEHRING

* 15.08.1892 auf Gut Stretzin/Preußen
+ 20.04.1983 in Düsseldorf

Ritterkreuz		24.07.1941
Eichenlaub	(383)	08.02.1944
Schwerter	(124)	22.01.1945

Panzerkampfabzeichen in Silber
Italienische Tapferkeitsmedaille in Silber
Nennung im Wehrmachtsbericht
Ärmelband "Afrika"
Verwundetenabzeichen in Gold

"Als Wanderkessel westwärts"

Der seit frühester Jugend am Militär interessierte Sohn eines Gutsbesitzers trat 1911 ins deutsche Heer ein und diente im Infanterieregiment 152, wo er nach gründlicher Ausbildung zwei Jahre darauf zum Leutnant befördert wurde. Von 1914 bis 1915 kämpfte Nehring mit diesem Regiment an der Ostfront, wo er bereits zweimal verwundet wurde und das EK.II erhielt.
Nach seiner Wiedergenesung wurde der schneidige Leutnant auf eigenen Wunsch hin zur Luftwaffe versetzt und als Jagdflieger ausgebildet - als er jedoch bei einem Absturz während eines Übungsfluges verletzt wurde, kehrte er zur "bodensicheren" Infanterie zurück. 1918 kommandierte er eine MG-Kompanie im Infanterieregiment 22 und erhielt für Tapferkeit im Gefecht das Eiserne Kreuz 1. Klasse. Während der Stellungsschlacht am Kemmel durch einen Bauchschuss schwer verwundet, erlebte Oberleutnant Nehring die Kapitulation als Stabsoffizier im XX. Armeekorps.

In die Reichswehr übernommen und 1923 zum Hauptmann aufgestiegen, durchlief Nehring eine umfassende Generalstabsausbildung und wurde schnell einer der glühendsten Verfechter der im Aufbau befindlichen neuen Panzerwaffe.
So stand der ab 1933 dem bekannten General Guderian als Stabschef zur Seite und wurde von diesem nach Italien geschickt, um die dortige Panzerwaffe zu studieren. Ein weiterer Stabsoffizier des Kommandos war der damalige Hauptmann Smilo von Lüttwitz. 1934 wurde Nehring im Stab der Panzertruppen zum Oberstleutnant befördert, ab 1938 kommandierte er das Panzerregiment 5 in Wünsdorf.
Zu Beginn des Polenfeldzuges hatte Oberst Nehring den Posten des Generalstabschefs des XIX. Armeekorps (Guderian) der 4. Armee inne. Die Divisionen des Korps kämpften ab September 1939 südlich von Danzig, im Nordabschnitt der Weichsel und vor Warschau. Im Frühjahr 1940 wurde Oberst Nehring Ia der "Panzergruppe Guderian".
Die Panzer des Korps waren im Mai 1940 maßgeblich an der erfolgreichen Durchführung des "Sichelschnitt"-Planes beteiligt, der die französisch-britische Defensivstrategie völlig über den Haufen warf und die schnelle Kapitulation Frankreichs erzwang. Nach dem Westfeldzug wurde Nehring für seine erstklassigen Leistungen als Generalmajor (01.08.40) zum Kommandeur der neu aufgestellten 18. Panzerdivision ernannt.
Seine Feuertaufe als Divisionskommandeur erhielt Nehring im Juni 1941, als er seine Einheit im Verband der "Panzergruppe Guderian" im Mittelabschnitt der Ostfront anführte.
Nach erfolgreichen Offensiven am Bug, bei Smolensk und dem Kiew-Kessel wurde Generalmajor Nehring mit dem Ritterkreuz zum Eisernen Kreuz beliehen. Im Verlauf der schweren Winterschlachten kam die 18. PD bei Mzensk, Orel, Schisdra und Welikje Luki zum Einsatz - im November 1941 erreichte die Aufklärungsabteilung trotz tiefster Kälte und mehreren Metern(!) Schnee die kleine Ortschaft Skopin nahe Gorlowo. Dies sollte die östlichste, je erreichte Stellung, der gesamten Heeresgruppe Mitte bleiben! Die 18. PD kam als erste deutsche Einheit mit zwei sowjetischen Waffensystemen in Berührung - einerseits dem später gefürchteten T-34-Panzer und andererseits mit einer speziellen Hundebrigade, die mit Sprengstoff bestückte Tiere auf die deutschen Panzer hetzte!

Nach erneuter Bewährung in den Frühjahrsschlachten - u.a. Eindämmung einer Gegenoffensive der 10. sowjetischen Armee im Suchinitschi-Bogen, wurde Generalleutnant (01.02.42) Nehring im März 1942 von der Ostfront abgezogen und überraschend zum Kommandierenden General des Deutschen Afrikakorps in Libyen ernannt! Als rechte Hand des späteren Brillantenträgers Erwin Rommel erlebte Nehring die erfolgreichste Zeit des DAK. Damaliger Stabschef in Afrika war der spätere Schwerterträger Oberst Fritz Bayerlein. Zusammen mit diesem hatte General Nehring kurz darauf eine höchst kuriose Situation zu meistern.
Als die beiden alleine ein paar freie Stunden an der libyschen Küste verlebten und ein Bad im Meer nahmen, tauchten plötzlich zwei einzelne britische Soldaten am Strand auf! Die beiden - es stellte sich heraus das es sich um versprengte Überlebende aus Tobruk handelte - machten zwar keine Anstalten zu schießen, doch bedrohlich war die Situation allemal. Doch Nehring und Bayerlein behielten die Nerven und verwickelten die "Tommys" in ein Gespräch - nach wenigen Minuten traf Nehrings Fahrer ein, die Lage war gesichert.

Im Zuge ihrer Großoffensive eroberten die deutschen Truppen die gesamte Cyrenaika zurück und rückten im Juni 1942 über die ägyptische Grenze vor - erst in der Panzerschlacht bei El Alamein wurden die bereits legendären Afrikatruppen gestoppt und schließlich zurückgeschlagen. Während der Schlacht um El Alamein wurde Nehring während eines Bordwaffenangriffes britischer Jagdmaschinen ernstlich verwundet. Im Juli wurde er zum General der Panzertruppe befördert, weiters hatte er von den verbündeten Italienern bereits deren zweithöchste Auszeichnung erhalten.
Über Libyen, Kreta und Athen nach Deutschland verlegt, lag Nehring lange Zeit im Lazarett fest, ehe er im November 1942 nach Afrika zurückkehren konnte. Das einst so erfolgreiche Afrikakorps hatte während seiner Abwesenheit jedoch schwere Niederlagen einstecken müssen, sich bis nach Tunesien zurückgezogen und war hier nun entlang der Küste abgeschnitten.
Nachdem GFM Rommel von Hitler nach Frankreich "evakuiert" worden war, war Nehring zeitweise der ranghöchste deutsche Offizier in Afrika. Nur mit dem LXXXX. Armeekorps, den Resten der 5. Panzerarmee, dem ausgebluteten Afrikakorps und einigen italienischen Einheiten gelang es Nehring, den Tunis-Kessel mehrere Monate zu halten! Durch einige Fallschirmjägerverbände und erstmals eingesetzte Tiger-Panzereinheiten verstärkt, gelang sogar mehrmals die Zurückweisung überlegener US-britischer Angriffe.
Als die materielle Versorgung seiner Truppen endgültig zusammenbrach und es so z.B. keine Lastwagen mehr gab, ließ General Nehring in Tunis einfach Dutzende Taxis und Privatwagen requirieren, um Verstärkungen und Material in Richtung Front zu transportieren! Anfang Dezember konnten Nehrings Truppen mittels Unterstützung der letzten zusammengezogenen Jagdbomberstaffeln noch einen Abwehrsieg gegen die überlegenen US-Truppen erringen und die Stadt Tebourba nahe Tunis zurückerobern.
Als die unausweichliche Niederlage des Kessels offensichtlich wurde, beorderte das OKW General Nehring, während eines Luftangriffes erneut leicht verwundet, nach Deutschland zurück - er hatte bis zuletzt vergeblich um eine Evakuierungserlaubnis für seine Truppen gekämpft. Im März 1943 ergaben sich die letzten Verteidiger den alliierten Siegern.
Im Februar erhielt Nehring mit dem XXIV. Panzerkorps an der Ostfront wieder ein Kommando – dieses war im bisherigen Kriegsverlauf bereits von so namhaften Truppenführern wie Eibl, von Knobelsdorff und Gräser kommandiert worden.

Das unter dem Oberbefehl der 4. Panzerarmee (Hoth) eingesetzte Korps kämpfte im Frühjahr 1943 in den schweren Abwehrschlachten südwestlich des Don. Nach der Niederlage von Stalingrad und dem deutschen Rückzug aus dem Kaukasus wurde dieses Gebiet erneut Schauplatz schwerer Kämpfe. Als Nehring sein neues Kommando antrat, verfügte das XXIV. Panzerkorps auf dem Papier über eine Panzer- und zwei Grenadierdivisionen sowie umfassenden Fahrzeug- und Artilleriebestand. Bereits am Tag seiner Ankunft musste Nehring aber feststellen, dass sein Korps nur aus den Resten einiger deutscher und italienischer Einheiten zusammengewürfelt war und trotz der Bezeichnung Panzerkorps über keinerlei vollgepanzerte Einheit mehr verfügte!
Nachdem er sein Korps aufgefrischt und neu gegliedert hatte, führte General Nehring seine Divisionen im Verband der Heeresgruppe Süd in unzähligen Abwehrschlachten zwischen Donez und Dnjepr. Unter dem Oberbefehl des taktisch äußerst fähigen GFM von Manstein verzeichneten die deutschen Truppen so manchen unerwarteten Abwehrsieg. Im Dezember erlitt Nehrings Korps während einer russischen Offensive gegen Brussilow jedoch hohe Verluste. Im Winter 1943 führte Nehring seine Truppen in den drei Abwehrschlachten von Kiew unter dem Oberbefehl von Generaloberst Hoth.
Für eine am 2. August erlittene fünfte Kriegsverwundung trug er nun bereits das Verwundetenabzeichen in Gold.

Am 8. Februar 1944 wurde General Nehring für seine erstklassigen Leistungen und die großen Abwehrerfolge der ihm unterstellten Divisionen mit dem 383. Eichenlaub zum Ritterkreuz dekoriert. Wenige Wochen später machte Nehring erneut auf sich aufmerksam.

Eine sowjetische Offensive hatte Anfang März 1944 die Verbindung zwischen der 1. und 4. Panzerarmee durchtrennt. Trotz starker Gegenwehr wurde die 1. Panzerarmee unter dem damaligen Schwerterträger Hans Hube abgedrängt und um Kamenez-Podolsk eingekesselt - ein zweites Stalingrad schien für die Sowjets in greifbarer Nähe! Nehrings XXIV. Korps stand im Nordabschnitt des Kessels. Da die Gefechts- und Bewegungsfähigkeit aller Einheiten aufrecht erhalten werden konnte, entschloss sich Hube für sofortige Absetzbewegungen nach Westen. Kämpfend zogen sich die deutschen Divisionen zurück, der "Wanderkessel" ging in die Geschichte des Ostfeldzuges ein. Am 9. April erreichte die 1. Panzerarmee wieder Anschluss an die eigenen Truppen. Hube erhielt für die Rettung der Armee die höchste Auszeichnung verliehen. General Nehrings Verbände hatten in schwersten Abwehrkämpfen den Rückzug erfolgreich gedeckt.

Wie bereits 1943 erwies sich Nehring mit seinem Korps auch während den Abwehrschlachten und Rückzugskämpfen 1944 als Stützpfeiler der Panzerwaffe. Für Nehrings großes Können als Panzertaktiker sprach besonders die ihm übertragene, vertretungsweise Führung der 4. Panzerarmee im Sommer 1944. Im Herbst musste er aufgrund einer schweren Erkrankung der Front für mehrere Wochen fernbleiben.

Im Winter 1944/45 erzielte der Eichenlaubträger mit dem XXIV. Panzerkorps im Verband der 9. Armee (Smilo von Lüttwitz) weitere Abwehrerfolge in Polen.

Im Jänner 1945 begann die Rote Armee ihre Weichseloffensive, das bei Kielce stehende Korps wurde frontal getroffen und erlitt schwere Verluste. Nur das schnelle und präzise Handeln von Nehring und seinem Stab verhinderte die völlige Vernichtung der Verbände und eingegliederten Teilen des XXXXII. Armeekorps unter Schwerterträger General Recknagel.

Der "Wanderkessel Nehring" zog sich - bereits von starken sowjetischen Einheiten überholt - nach Westen zurück!

Wie durch ein Wunder gelang es Nehrings Truppen, wie damals in Kamenez-Podolsk, alle Angriffe abzuwehren und Anschluss an die eigene, sich zurückziehende Front zu erlangen! Im Verlauf der schweren Abwehrkämpfe kam das Heereskorps "*Großdeutschland*" unter dem späteren Brillantenträger Dietrich von Saucken von außen zu Hilfe. Am 22. Jänner 1945 erhielt General Nehring für die Rettung der bereits abgeschriebenen Divisionen als 124. Soldat der Wehrmacht die Schwerter zum Ritterkreuz mit Eichenlaub verliehen*[83]*.

Wenige Wochen später wurde auch einer von Nehrings Divisionskommandeuren, Generalmajor Dietrich von Müller, für seine Verdienste während des Ausbruches mit den Schwertern ausgezeichnet.

Im März konnte die "Gruppe Nehring" mit der Wiedereinnahme von Lauban in Schlesien einen der letzten deutschen Offensiverfolge verbuchen. Im selben Monat wurde Nehring als Nachfolger von Schwerterträger Generaloberst Heinrici zum Befehlshaber der 1. Panzerarmee ernannt, die er nach den letzten Kämpfen (Mährische Senke, Altvatergebirge) teilweise in amerikanische Gefangenschaft führen konnte. Im Mai 1948 kehrte der ausgezeichnete Panzertaktiker und Offizier ins Zivilleben zurück.

In der Ordensgemeinschaft der Ritterkreuzträger e.V. wurde General a.D. Nehring ein hochgeachtetes Ehrenmitglied und erhielt für seine Leistungen das Bundesverdienstkreuz 1. Klasse verliehen.

1983 mit allen militärischen Ehren beigesetzt, wurde in der Bundeswehr-Kaserne Stadtoldendorf bei Göttingen eine Straße nach dem großen Panzergeneral benannt.

General der Infanterie

HERMANN NIEHOFF

* 03.04.1897 in Papenburg-Ems/Sachsen
+ 05.11.1980 in Riegsee

Ritterkreuz		15.06.1944
Eichenlaub	(764)	05.03.1945
Schwerter	(147)	26.04.1945

Infanteriesturmabzeichen
Nennung im Ehrenblatt des Heeres
Deutsches Kreuz in Gold
Auszeichnung des rumänischen Heeres
Verwundetenabzeichen in Bronze

"Nach sechs Jahren Ritterkreuzträger"

Als der Zweite Weltkrieg bereits in sein sechstes Jahr ging, war der Weltkriegsveteran Hermann Niehoff zwar schon Generalleutnant und Divisionskommandeur, aber noch kein Ritterkreuzträger - nichts deutete darauf hin, dass er in nur wenigen Monaten zur Gruppe der höchstdekorierten Soldaten der Wehrmacht gehören sollte.

Niehoff war während des Ersten Weltkrieges im Infanterieregiment 57 zum Leutnant befördert worden, erhielt 1918 das Eiserne Kreuz 1. Klasse und diente 1919 im Freikorps *'Wesel'*. In die Reichswehr übernommen und im Infanterieregiment 16 eingesetzt, wurde Niehoff 1925 zum Oberleutnant und 1938 als Major zum Bataillonskommandeur im IR 39 ernannt.
Zusammen mit seiner Beförderung zum Oberstleutnant mit der Führung eines Infanterie-Ersatzregiments beauftragt, übernahm der Sachse am Höhepunkt der Kämpfe in Frankreich das Kommando über das Infanterieregiment 464 der 253. Infanteriedivision. Dieses führte er bei Lille, Reims und Dijon. Vom Sommer 1940 bis April 1941 fungierte die Division im XI. Armeekorps als Sicherungseinheit an der Kanalküste.
Im Mai verlegte die 253. ID nach Preußen, wo sie der 16. Armee als Reserve zugeteilt wurde. Erst nach den ersten Wochen des Russlandfeldzuges wurde die Division an die Front verlegt und zusammen mit dem II. Armeekorps im Raum Dünaburg eingesetzt. Für seine Verdienste mit den Spangen zum Eisernen Kreuz ausgezeichnet, führte Hermann Niehoff seine Bataillone in den nächsten Monaten erfolgreich bei Kowno, Welikje Luki und während der Winterschlacht vor Moskau. Im September 1941 wurde er für seine Leistungen ins Ehrenblatt des Heeres eingetragen und am 1. Oktober zum Oberst befördert.
1942 stand das Infanterieregiment 464 sämtliche Abwehrschlachten der Heeresgruppe Mitte durch.
Für seine Verdienste wurde Hermann Niehoff im Dezember 1942 mit der Führung der 256. Infanteriedivision im heftig umkämpften Frontbogen von Rshew beauftragt.
Der Rshew-Bogen, verteidigt von der 4. (Heinrici) und 9. Armee (Model), wurde monatelang von drei sowjetischen Heeresgruppen angegriffen. Scheiterte ein Großangriff, traten die Rotarmisten in zwei anderen Frontabschnitten zur Offensive an. Die Front kam Tag und Nacht nicht zur Ruhe.
Zusammen mit der 206., 26. und 6. Infanteriedivision unmittelbar am Nordrand von Rshew eingesetzt, hielten Niehoffs Grenadiere Dutzenden Sturmangriffen russischer Schützendivisionen stand. Durch vereinzelte Einbrüche in Nachbarabschnitten war die Lage im Frühjahr 1943 besonders verworren und unübersichtlich. Nach den erfolgreichen Abwehrschlachten wurde Niehoff im Februar erstmals für eine Ritterkreuzverleihung eingereicht, jedoch zurückgestellt und statt dessen mit dem Deutschen Kreuz in Gold beliehen.

Nach wiederholten Abwehrerfolgen in der 3. und 4. Rshew-Schlacht wurde Niehoff im April 1943 nach Frankreich versetzt und als Generalmajor (01.06.43) mit der Neuaufstellung der in Stalingrad vernichteten 371. Infanteriedivision beauftragt.
Mit dieser nahm er im Herbst Sicherungsaufgaben in Norditalien war. Aufgrund der Kapitulation des ehemaligen Bundesgenossen war die Lage hier zusätzlich angespannt.

Nach anschließenden Einsätzen gegen Titos Partisanentruppen in Jugoslawien traf die Division im Jänner 1944 als Verstärkung im Kampfgebiet Mogilew ein. Als sich Generalleutnant (01.04.44) Niehoff während den folgenden Abwehrschlachten bei Chmelnik-Alexandriwka bewährte, in der Entsatzgruppe für den "Hube-Kessel" kämpfte und seine Division auch bei Krakau erfolgreich anführte, erhielt er am 15. Juni 1944 als letzter aller späteren Schwerterträger das Ritterkreuz zum Eisernen Kreuz verliehen.
Im Winter 1944 wurde die Heeresgruppe im Zuge der sowjetischen Winteroffensive nach Schlesien abgedrängt. Nach schweren Kämpfen, in denen seine 371. Infanteriedivision wiederholt starke Abwehrriegel aufgebaut und sich u.a. im Baranow-Brückenkopf bewährt hatte, erhielt Niehoff am 5. März 1945 das 764. Eichenlaub zum Ritterkreuz verliehen. Am selben Tag erhielt er auch den Befehl, seine Division abzugeben und Generalmajor von Ahlfen - zuvor Höherer Pionieroffizier der Heeresgruppe B - als Kampfkommandant von Breslau abzulösen. Die schlesische Hauptstadt war seit Jänner 1945 von starken sowjetischen Armeeverbänden eingeschlossen und hatte sich seitdem erfolgreich verteidigt. Auf Befehl Hitlers zur "Festung" erklärt, sollte die Besatzung bis zuletzt Widerstand leisten.
Generalleutnant Niehoff wurde unter sehr abenteuerlichen Umständen und trotz heftigem russischen Flakbeschuss in die eingekesselte Stadt geflogen.
Nur mit der 390. Infanteriedivision, Teilen der 609. ID, 200 Geschützen, 7 einsatzfähigen Panzern und einigen Abteilungen Volkssturm verstand es Niehoff, sechs sowjetische Armeekorps mit umfassender Artillerie- und Fliegerunterstützung sowie ausreichender Materialversorgung mehrere Wochen lang in Schach zu halten und Breslau verbissen zu verteidigen! Dafür zum General der Infanterie befördert, wurde Niehoff am 26. April 1945 über Funk mit den Schwertern zum Ritterkreuz mit Eichenlaub ausgezeichnet.
Mit nur 315 Tagen zwischen Ritterkreuz und Schwertern entstand hier eine der kürzesten Zeitspannen innerhalb des Heeres - solch einen Ordenregen kannte man sonst nur bei der Luftwaffe!
Der Schwertervorschlag war von Gauleiter Hanke eingereicht worden, der jedoch wenige Tage später aus Breslau flüchtete und die ihm anvertraute Bevölkerung im Stich ließ. Ein von GFM Schörner, Oberbefehlshaber der südlich von Breslau stehenden Heeresgruppe Mitte, geplanter Entsatzangriff war aufgrund der eigenen Lage völlig unmöglich.
Der sowjetische Marschall Schukow, damals Oberbefehlshaber einer Heeresgruppe und von 1946-1955 an der Spitze aller sowjetischen Landstreitkräfte, zeigte sich über den Durchhaltewillen von Niehoffs Truppe verblüfft.

Als Ende Februar die Verteidigung zusammenzubrechen gedroht hatte, war in einem Himmelfahrtskommando das III. Bataillon des Fallschirmjägerregiments 26 in die brennende Festung eingeflogen worden - mit diesen tapferen Freiwilligen konnte Niehoff die Stadt bis zum 6. Mai 1945 halten! Insgesamt wurden mindestens vierzehn Verteidiger von Breslau - meist Angehörige der Grenadierregimenter "Mohr", "Sauer" und "Reinkober" - noch mit dem Ritterkreuz zum Eisernen Kreuz ausgezeichnet!
Zwei Tage vor der deutschen Gesamtkapitulation übergab General Niehoff das fast völlig zerstörte Breslau an die Rote Armee, wurde wegen seines Widerstandes zu 25 Jahren Kerker verurteilt und befand sich bis Ende 1955 in Gefangenschaft.
Die Verteidigung von Breslau kann mit so verblüffenden Abwehrerfolgen wie denen von Tscherkassy, Kowel, Monte Cassino, Wilna oder Brest verglichen werden, bei denen eine Handvoll Verteidiger gegen eine große Übermacht längere Zeit bestanden hatte.
General a.D. Niehoff verschied 1980 in Riegsee.

Generalmajor

HORST NIEMACK

* 10.03.1909 in Hannover
+ 07.04.1992 in Groß-Hehlen

Ritterkreuz		13.07.1940
Eichenlaub	(030)	10.08.1941
Schwerter	(069)	04.06.1944

Sturmabzeichen des Heeres in Silber
Zweimalige Nennung im Wehrmachtsbericht
Anerkennungsurkunde des Oberkommandos des Heeres
Sonderabzeichen für Panzervernichtung durch Einzelkämpfer
Verwundetenabzeichen in Gold

"Erster Eichenlaubträger der Heeres-Frontverbände!"

Horst Niemack begann seine militärische Karriere 1927 in der Fahrabteilung 6, wurde nach gründlicher Kampf- und Taktikausbildung 1931 zum Leutnant ernannt und in Folge im Reiterregiment 18 verwendet. Später diente Oberleutnant Niemack, bereits ein bekannter und erfolgreicher Turnierreiter, in der Kavallerieschule Hannover, der Garnisonsstadt der 2. Kavalleriebrigade.
Nach längerer Truppen- und Lehrverwendung übernahm Rittmeister (Hauptmann) Niemack kurz nach Beginn des Polenfeldzuges die III. Schwadron der berittenen Aufklärungsabteilung der 5. Infanteriedivision. Der erstklassige Reiter und Offizier war der bis dahin jüngste Rittmeister des Kavalleriekorps geworden! Dieses Vertrauen seiner Vorgesetzten sollte sich bereits im Westfeldzug bezahlt machen.
Am 1. April 1940 wurde Niemack zum neuen Kommandeur der Aufklärungsabteilung ernannt, während des Blitzkrieges gegen Polen war die Division am Westwall stationiert gewesen. Ab Mai 1940 nahm die 5. ID im Verband des XXXVIII. Armeekorps am "Fall Gelb" teil.
Niemack operierte mit seinem Verband stets weit vor den Spitzen seiner Division, brachte wertvolle Aufklärungserkenntnisse über die Feindlage ein und führte mehrmals erfolgreiche Angriffe. Als der Abteilungskommandeur durch einen überraschenden Flankenvorstoß umfassende französische Truppenverbände an der Marne überflügeln konnte und zum Erfolg der 2. Armee beitrug, erhielt er am 13. Juli 1940 als erster Angehöriger des Kavalleriekorps das Ritterkreuz zum Eisernen Kreuz verliehen!
Der schneidige Offizier erfreute sich in der 5. ID großer Beliebtheit und konnte aufgrund seines beeindruckenden Führungsgeschicks auf die Loyalität seiner Männer zählen. Im Juni 1941 gehörte die Division zum V. Armeekorps der "Panzergruppe Hoth" im Mittelabschnitt. Einer der Stabsoffiziere der Division war der spätere Schwerterträger Max Sachsenheimer, Kommandeur der bekannte Generalmajor und spätere Eichenlaubträger Karl Almendinger.

Während der ersten Phase des Russlandfeldzuges kämpfte Niemacks Division erfolgreich im Bialystok-Bogen. Nachdem sich Rittmeister Niemack während der Kesselschlacht von Bialystok hervorgetan hatte, wurde er ehrenvoll im Wehrmachtsbericht erwähnt. Als er mit seiner Aufklärungsabteilung durch einen schnellen Vorstoß und danach geschlagenen schweren Gefechten den strategisch wertvollen Flussübergang über den Njemen sicherte, erhielt der "kleine Hauptmann" als erst 30. Soldat und 1. Frontoffizier des Heeres(!) das Eichenlaub zum Ritterkreuz verliehen!*[84]*
Im Juli hatte er bereits eine Anerkennungsurkunde des Oberkommandos des Heeres erhalten, kurz zuvor war er während eines Stoßtruppunternehmens durch einen Oberschenkelschuss erstmals verwundet worden.
Nach dieser phantastischen Blitzkarriere wurde der zum Major beförderte Niemack im Oktober 1941 vom Kampfeinsatz zurückgezogen und als Taktik- sowie Waffenausbilder verwendet.
Von 1942 bis zum Frühjahr 1943 kommandierte er die Kavallerielehrgruppe an der Schule für Schnelle Truppen in Potsdam. Nach dieser langen Lehrverwendung wurde Horst Niemack am 1. März zur Kampftruppe zurückversetzt, wo er als Oberstleutnant das Panzergrenadierregiment 26 der neuen 24. Panzerdivision übernahm. Sein Divisionskommandeur war der spätere Schwerterträger Generalmajor Reichsfreiherr von Edelsheim.

Während die noch in Aufstellung stehende Einheit in Norditalien stationiert war, kam es unvermutet zu einem Sondereinsatz. Nachdem Italien mit den Alliierten eine Separatfrieden abgeschlossen und die Seiten gewechselt hatte, nahm die 24. PD zusammen mit Einheiten des Heeres und der Waffen-SS an der Entwaffnung der italienischen Divisionen teil. Nach erfolgreichem Abschluss der Aktion wurde Niemack auf einen ganz besonders auszeichnenden Posten versetzt.
Am 15. Oktober 1943 übernahm Oberstleutnant (01.03.43) Niemack das Panzerfüsilierregiment der bereits legendären Elite-Division "*Großdeutschland*" in Südrussland. Dieser Verband war im Laufe des Krieges vom Regiment bis zur Division erweitert worden und gehörte bei Kriegsende zu den höchstdekorierten Verbänden des Heeres. Kommandeur der Division war der bekannte Eichenlaubträger Generalmajor Hoernlein, welcher später vom Schwerterträger Generalleutnant Hasso von Manteuffel abgelöst wurde.
Nach schweren Schlachten folgten Abwehrkämpfe am Dnjepr und bei Kriwai-Rog.
Im Frühjahr 1944 konnte sich Niemack in der Führung seines Regiments erneut auszeichnen, als seine Füsiliere wiederholt sowjetische Großangriffe zurückschlagen konnten. Im Kampfraum Tscherkassy-Korsun trat das Regiment zusammen mit dem Panzerregiment unter Schwerterträger Graf Strachwitz erfolgreich zur Rettung der eingekesselten "Kampfgruppe Gille" an.
Im Mai kämpfte Niemack an der Spitze seiner Männer bei Targul, nahm immer wieder selbst an den harten Gefechten teil und zeichnete sich wiederholt in brenzligen Situationen aus. So konnten bei der Abwehr eines russischen Angriffes bei Facuti mit Hilfe des Panzerregiments über 90 Feindpanzer vernichtet werden.
Am 4. Juni 1944 erhielt Oberst (01.01.44) Niemack in Anerkennung seiner großartigen Leistungen als Kommandeur des Panzerfüsilierregiments "*Großdeutschland*" die Schwerter zum Ritterkreuz mit Eichenlaub verliehen. Nach harten Monaten in Besserabien und Rumänien wurde die "*GD*" nach Ostpreußen verlegt, wo die mit den neuen Panther-Panzern ausgerüstete Division in die harten Abwehrkämpfe eingriff. Während seines tapferen Einsatzes im Baltikum (u.a. Riga, Memel, Düna, Tukkum) wurde Oberst Niemack am 24. Oktober durch Feindfeuer zum mittlerweilen achtenmal verwundet, als sein Schützenpanzer durch eine russische Pak-Granate getroffen wurde. Unter Feindbeschuss holten ihn seine Landser aus dem Wrack heraus. Niemacks linker Arm war durch Granatsplitter schwer zugerichtet, eine Amputation konnte nur durch die hervorragende Arbeit des bekannten Chirurgen Generalarzt Dr. Sauerbruch verhindert werden!
Nach langer Lazarettbehandlung konnte der Schwerterträger erst im Februar 1945 aus der Führerreserve zurückkehren. Und sein neues Kommando war erneut eine Auszeichnung für den schneidigen Oberst.
Am 07.02.45 wurde der 35jährige Horst Niemack zum Generalmajor und neuen Kommandeur der berühmten Panzerlehrdivision an der Westfront ernannt, deren bisheriger Befehlshaber der Schwerterträger Fritz Bayerlein gewesen war. Nachdem er seine Division nach den Verlusten der Ardennenoffensive wieder aufgefrischt hatte, führte Generalmajor Niemack sie am linken Rheinufer, im Wesel-Brückenkopf und während der Abwehrkämpfe bei Remagen. Als die Division im Verband der Heeresgruppe B (Model) zusammen mit achtzehn Divisionen in den Ruhrkessel zwischen Dortmund und Köln geriet, bahnte sich eine schlimme Niederlage an.
Während der verzweifelten Abwehrkämpfe am 2. April 1945 erneut verwundet und nach einer ersten Lazarettbehandlung unter abenteuerlichen Umständen über Potsdam nach Norddeutschland verlegt, erlebte Horst Niemack das Kriegsende im Heereslazarett Euthin (Holstein).
Bis 1947 in Kriegsgefangenschaft gehalten, lautete der Vorwurf gegen den Berufsoldaten lächerlicherweise, er sei „überzeugter Militarist“!! Als dies dem Kommandeur seines Lagerabschnittes zu Ohren kam, sorgte der selbst im Generalsrang stehende britische Berufsoffizier für die sofortige Entlassung Niemacks.

Auch in den Nachkriegsjahren durchlief Niemack eine bemerkenswerte Karriere. 1956 als erster Reserveoffizier der neuen Bundeswehr zum Brigadegeneral d.R. ernannt, fasste Niemack bald wieder im internationalen Turnierreitsport Fuß. 1968 betreute er die deutsche Nationalmannschaft bei den Olympischen Spielen in Mexiko, danach war er viele Jahre Vorsitzender der deutschen Richtervereinigung für Pferdeleistungsprüfungen!
Weiters fungierte Horst Niemack lange Zeit als Vorsitzender der Ordensgemeinschaft der Ritterkreuzträger e.V. sowie als Vizepräsident des Europäischen Veteranenverbandes CEAG, welcher sieben Millionen Mitglieder aller Nationen zählt. Für seinen Einsatz erhielt Horst Niemack das Große Bundesverdienstkreuz verliehen und verstarb 1992 an den Folgen eines Unfalles.
1953 hatte er das spanische Großkreuz des Militärverdienstordens erhalten, 1969 das deutsche Reiterkreuz in Gold.

Major

THEODOR NORDMANN

* 18.12.1918 in Dorsten/Westfalen
+ 19.01.1945 bei Insterburg/Ostfront

Ritterkreuz		17.09.1941
Eichenlaub	(214)	17.03.1943
Schwerter	(098)	17.09.1944

Frontflugspange für Schlachtflieger in Gold mit Anhänger Einsatzzahl "1.100"
Flugzeugführer- und Beobachterabzeichen
Ärmelband "Kreta"
Ärmelband "Kurland" (postum?)
Ehrenpokal der Luftwaffe
Deutsches Kreuz in Gold
Verwundetenabzeichen in Silber

"Nach 1.200 Feindflügen verunglückt!"

"Theo" Nordmann wählte 1937 den Beruf des Soldaten und trat in die Luftwaffe ein. Nach einem Jahr harter Ausbildung wurde er zum Leutnant befördert und einen Monat vor Beginn des Krieges in die Sturzkampf-Fliegerschule versetzt, im Frühjahr 1940 kam er in die III. Gruppe des Stukageschwaders 1. Die Piloten dieser Einheit waren anfangs als Stammpersonal für den ersten deutschen Flugzeugträger vorgesehen gewesen, ehe dieses ergeizige Projekt aufgegeben werden musste. Während des Frankreichfeldzuges flog Leutnant Nordmann auf der berühmten Junkers Ju-87 Dutzende Einsätze gegen Brücken, Truppenmassierungen, Bunkeranlagen und Seeziele, u.a. in den Ardennen, an der Maas und Somme sowie über Dünkirchen.
In der Luftschlacht um England wurde Nordmanns Gruppe unter starkem Jagdschutz gegen Seeziele im Ärmelkanal eingesetzt, wobei sich der junge Flugzeugführer für einige Treffer auf Handelsschiffe das Eiserne Kreuz 1. Klasse verdienen konnte. Während der Schlacht gegen die RAF erlitten die berüchtigten Stuka-geschwader, nach Polen und Frankreich etwas siegesverwöhnt, jedoch ihre erste verlustreiche Niederlage.

Im Frühjahr 1941 verlegte das Stukageschwader 1 unter dem späteren Eichenlaubträger Major Walter Hagen nach Sizilien, um im Verband des X. Fliegerkorps das Afrikakorps unter Rommel zu unterstützen. Besonderer Schwerpunkt waren strategische Zielpunktangriffe auf die Verteidigungs- und Hafenanlagen der britischen Inselfestung Malta. Bei solch einem Einsatz durch mittlere Flak abgeschossen und zum Notwassern gezwungen, wurde Nordmann mit seinem Bordschützen erst nach über 24 Stunden im Rettungsschlauchboot von der Luft-Seerettung entdeckt und aufgefischt!
Da auf Malta auch umfassende Jagdverbände der RAF stationiert waren, wurden die verwundbaren Stukas stets von eigenen Jagdfliegern eskortiert. Unter diesen Verbänden befand sich u.a. auch die 7. Staffel des Jagdgeschwaders 26 unter dem späteren Schwerterträger Oberleutnant Müncheberg.
Nach weiteren Einsätzen über Malta flog Nordmann mit seiner Gruppe gegen die britisch-neuseeländischen Truppen auf Kreta. Während den erbitterten Kämpfen bombardierte Nordmann Flak- und Artilleriestellungen und griff besonders die massenhaft in die Kämpfe eingreifenden Überwassereinheiten der britischen Marine an - mehrere Treffer auf Zerstörer und kleinere Kriegsschiffe gingen auf sein Konto.
Ab Juni 1941 nahm das Stukageschwader 1 an der riesigen Operation "Barbarossa" gegen die Sowjetunion teil.
In unzähligen Einsätzen gegen Bahnanlagen, Truppenmassierungen, Straßen und Brücken konnte Nordmann zeigen was er konnte. Das Kriegstagebuch seiner Gruppe nennt berühmte Einsatzorte wie Bialystok, Minsk, Düna-Linie, Witebesk, Smolensk und Kiew. Bei Angriffen gegen sich zurückziehende russische Truppen wurden die Bomben übrigens nicht direkt über den Rückzugsstraßen abgeworfen, sondern dicht daneben. So wurde der Rückzug des Feindes gestört, ohne die für den eigenen Vormarsch wichtige Straße zu zerstören!
Am 17.09.41 wurde Nordmann für seinen Einsatz mit dem Ritterkreuz dekoriert, nachdem er über Frankreich, England, Kreta und Russland 120 erfolgreiche Feindflüge absolviert hatte. Im darauffolgenden November übernahm er als Oberleutnant (01.10.41) die 8. Staffel seiner Gruppe.

Ab Februar 1942 im Nordabschnitt der Ostfront eingesetzt, folgten für Nordmanns Staffel schwere Einsätze in der direkten Heeresunterstützung. Dabei entwickelte der Staffelkommandeur besondere Geschicklichkeit im Bombenabwurf gegen Feindpanzer und wurde zum Spezialisten im gefährlichen Kampf gegen Flakstellungen.
Im August 1942 wurde Nordmann nach über 600 Feindflügen vom Kampfeinsatz zurückgenommen und als Testpilot an der Erprobungsstelle Rechelin verwendet.
Nach dieser verdienten Atempause kehrte Nordmann im Dezember an die Ostfront zurück und übernahm als Hauptmann das Kommando über die III. Gruppe seines alten Geschwaders. Es folgten rollende Gefechtseinsätze über Brjansk, Karatschew, Koroston, Gomel und Kirowograd - zu diesem Zeitpunkt war er mit über 30 diesbezüglichen Erfolgen einer der erfolgreichsten Panzerjäger der Luftwaffe.

Als Nordmann am 1. Februar 1943 nach seinem 700. Feindflug landete, wurde er von seinem Geschwaderkommandeur zum Eichenlaub eingereicht - am 17. März erhielt der tapfere Stukapilot die Auszeichnung als 214. Soldat und 19. Schlachtflieger verliehen. Im April wurde in seinem Einsatzbuch der 1000. Feindflug vermerkt!
Bereits zwei Wochen später fand sich Hauptmann Nordmann in Deutschland wieder, wo er als Lehrgangsleiter an der Verbandsführerschule der Luftwaffe in Foggia unterrichtete. Nach fünfmonatiger Lehrverwendung stellte der Eichenlaubträger ein Rückversetzungsgesuch zur Frontwaffe. Diesem wurde im August 1943 mit der Übernahme der II. Gruppe des Schlachtgeschwaders 3 entsprochen. Diese Gruppe war zu dieser Zeit in der Ägäis eingesetzt, wurde aber schon bald in den Nordabschnitt der Ostfront verlegt.
Schnell hatte sich Nordmann wieder an den Fronteinsatz gewöhnt, nach weiteren Erfolgen erhielt sein ihm wieder zugeteilter Bordschütze Feldwebel Gerhard Rothe im November das Ritterkreuz zum Eisernen Kreuz verliehen.
Dies wurde im Laufe des Krieges lediglich 15 Bordschützen von Stukapiloten zuteil!
Das eingespielte Team flog nun mit jener Ju-87-Version, die aufgrund ihrer mächtigen 3,7-cm-Kanonen "Fliegender Panzertod" genannt wurde. Der Einsatz gegen russische Panzer war physisch und psychisch aufreibend. Die Stukabesatzung musste sich ihrem - meist von motorisierter Flak geschützten - Ziel im Tiefflug nähern. Während der Bordschütze oft die einzige Abwehrmöglichkeit gegen feindliche Jäger war, konzentrierte sich der Pilot auf den Angriff. Der als Ziel ausgewählte Panzer musste entweder von der Seite oder am besten von hinten attackiert werden, da hier die Panzerung noch am schwächsten war - nach dem Angriff galt es wenn möglich nicht in den Feuerbereich der Flak zu kommen.
Durch eingespielte Flugmanöver konnte Hauptmann Nordmann mit seinem "Kanonenvogel" in einigen Einsätzen gleich mehrere Panzer ausschalten - schon bald stand sein Konto so bei 60 Abschüssen!

Im Juni musste er schweren Herzens die altbewährte Ju-87 aufgeben und auf die neue, modernere Focke Wulf Fw-190 umsatteln. Im Sommer flog das Schlachtgeschwader 3 schwere Einsätze gegen Ziele bei Schaulen, Jakopstadt, Riga und der Narwa. Als Major Nordmann Anfang September 1944 seinen 1.140 Feindflug absolvierte, erhielt er für überragende Tapferkeit im Einsatz genau am dritten Jahrestag seines Ritterkreuzes die 98. Schwerter zum Ritterkreuz mit Eichenlaub verliehen.
Im Herbst, nach einem kurzen Hochzeitsurlaub, begann der Defensiveinsatz für die Bodentruppen der eingekesselten Heeresgruppe Kurland (Schörner). In vier erbitterten Abwehrschlachten zerschlugen Nordmanns Schlachtflieger unzählige sowjetische Panzer- und Infanterieangriffe! Am 15. Dezember übernahm der zum Major beförderte Nordmann als Nachfolger von Ritterkreuzträger Oberst Kuhlmey (1963 Generalmajor der Bundesluftwaffe) die Führung des Geschwaders und verlegte mit seinen Piloten nach Ostpreußen.
Im Winter 1944 wurde die Lage zusehends schlechter, wobei es besonders an Treibstoff, Ersatzteilen und neuen Piloten fehlte. Am 19. Jänner 1945 führte "Theo" Nordmann seine Gruppe im Rahmen eines Bodenangriffes. Trotz des ungünstigen Wetters hatte sich Nordmann zum Angriff entschlossen. Um dem starken Flakfeuer auszuweichen, flogen die erfahrenen Schlachtflieger ungleichmäßige Abwehr- und Ausweichmanöver. Unmittelbar vor dem Ziel stieß der Kommodore bei so einem Abwehrmanöver plötzlich mit einem Mitglied seiner Gruppe, dem Flugzeugführer Oberfeldwebel Sronka, zusammen und schlug brennend am Boden auf! Somit glich sein Tod dem Schicksal des ebenfalls mit den Schwertern ausgezeichneten Schlachtfliegers Alfred Druschel nur zwei Wochen zuvor.
Nordmann hatte 900 Feindflüge auf der Ju-87 und fast 300 auf der Fw-190 durchgeführt. Nach Hans-Ulrich Rudel und dessen Bordschützen Oberfeldwebel Hentschel flog er - etwa gleich auf mit dem Jagdflieger-As Erich Hartmann - somit die drittmeisten Feindflüge innerhalb der deutschen Luftwaffe!
Neben seinen großen Erfolgen gegen Erdziele hatte der Major weiters auch 43.000 BRT an feindlichem Schiffsraum durch Bombentreffer vernichtet.

Major

WALTER NOWOTNY

* 07.12.1920 in Gmünd/Österreich
+ 08.11.1944 bei Achmer/Westfront

Ritterkreuz		04.09.1942
Eichenlaub	(293)	05.09.1943
Schwerter	(037)	22.09.1943
Brillanten	(008)	19.10.1943

Frontflugspange für Jäger in Gold mit Anhänger Einsatzzahl "400"
Sechsmalige Nennung im Wehrmachtsbericht
Finnisches Freiheitskreuz 1. Klasse
Ehrenabzeichen der finnischen Luftwaffe (?)
Flugzeugführer- und Beobachterabzeichen
Ehrenpokal der Luftwaffe
Deutsches Kreuz in Gold
Verwundetenabzeichen in Bronze

"Führer der berüchtigten Teufelskette"

Der in Österreich geborene Nowotny trat unmittelbar nach Beginn des Zweiten Weltkrieges in die Luftwaffe ein und wurde zum Jagdflieger ausgebildet. Anfang Februar 1941 wurde er nach einer leicht verkürzten Ausbildung an die Ostfront versetzt.
In der 9. Staffel des Elite-Jagdgeschwaders 54 "*Grünherz*" flog der junge Leutnant im Nordabschnitt der Russlandfront erst mal nur als Rottenflieger für erfahrene Piloten. Am 23. Juli 1941 konnte er während eines Einsatzes seinen ersten Luftsieg erzielen, wenige Tage später über der Insel Ösel sogar gleich drei weitere - aufgrund eines schweren Flaktreffers war Nowotny jedoch zum Notwassern gezwungen. Nachdem das Geschwader den jungen Piloten nach ergebnisloser Suchaktion bereits als vermisst abgeschrieben hatte, kehrte dieser völlig erschöpft und durchnässt auf seinen Heimatflugplatz zurück. Drei Tage(!) nach seinem Abschuss war er in seinem winzigen Rettungsboot an Land getrieben und von deutschen Soldaten entdeckt worden.

Anfang August stand der ergeizige Flieger wieder im Einsatz. Bereits ein knappes Jahr später konnte der Senkrechtstarter auf 45 bestätigte Luftsiege zurückblicken, am 4. August 1942 bezwang Nowotny in einem Einsatz sieben Luftkampfgegner - zu diesem Zeitpunkt trug er bereits beide Klassen des Eisernen Kreuzes, die Frontflugspange in Gold und hatte einen Ehrenpokal erhalten. Im Sommer hatte der junge Leutnant das Glück gehabt, eine Bruchnotlandung seiner schwer beschädigten Me-109 unverletzt überstanden zu haben, obwohl sich die Maschine überschlagen hatte!
Als am 04.09.42 der 56. Gegner unterlag, erhielt Leutnant Nowotny im Alter von erst 21 Jahren das Ritterkreuz verliehen.
Im Oktober übernahm er bereits das Kommando über die 9. Staffel, die aufgrund ihrer großen Erfolge und ihres Wappens innerhalb des Geschwaders als "*Teufelsstaffel*" bekannt wurde. Während der erbitterten Luftkämpfe über dem eingeschlossenen Leningrad reihte Nowotny Sieg an Sieg. In dieser Zeit wurde der junge Staffelkapitän als Führer der sogenannten "*Teufelskette*" berühmt-berüchtigt. Zusammen mit seinem Katschmarek Karl Schnörrer*[85]* sowie seinen Staffelkameraden Anton Döbele*[86]* und Rudolf Rademacher*[87]* bildete er die tödlichste und erfolgreichste Jagdkette der gesamten Luftwaffe. Mit den neuen Focke Wulf Fw-190 ausgerüstet, war das Team so gut aufeinander abgestimmt und hoch motiviert, dass die vier Piloten zwischen Jänner und Dezember 1943 zusammen über 500(!!) Luftsiege erzielten - davon gingen mehr als 180 auf das Konto des Kettenführers Nowotny! Aufgrund ihrer hohen Effizienz wurde die "*Teufelskette*" meist auf freie Jagd über der HKL geschickt.
In einer beispiellosen Karriere erzielte Oberleutnant (01.02.43) Nowotny im Mai 20 Siege, im Juni 41, im August sogar 49(!) und im September etwas über 25! Am 15. Juni 1943 hatte er seinen 100. Sieg gemeldet, am 18. August unterlag (wahrscheinlich) mit dem sowjetischen Fliegeras Hauptmann Kuzmin (21 Siege) der 149. Gegner.

Obwohl erst der vierte Jagdflieger der Welt, der diese phantastische Marke erreichte, erhielt Nowotny erst nach 200 Luftsiegen das Eichenlaub zum Ritterkreuz verliehen*[05]*.
Durch seine blitzschnellen Reflexe, seinem guten Sehvermögen und einem ausgezeichneten Gefühl für Entfernungen war Nowotny im Luftkampf mit einem Wolf unter Schafen zu vergleichen. Am 21. August 1943 wurde Hauptmann Nowotny mit der Übernahme der I. Gruppe beauftragt.
Als er im September bei 220 Abschüssen angelangt war, erhielt er als 16. Jagdflieger die Schwerter zum Ritterkreuz mit Eichenlaub verliehen. Zu diesem Zeitpunkt war der erst 22jährige Nowotny das bereits erfolgreichste Jagdflieger-As des Krieges - jedoch dicht gefolgt von Hans Philipp, Hermann Graf und Günther Rall. Bei den Roten Jägern wurde Nowotny auch als "Tiger von Wolchowstroj" bekannt, nachdem er in diesem Gebiet atemberaubende Luftkämpfe ausgefochten hatte. Auch in Deutschland war er natürlich bereits äußerst populär - so wurde er im Oktober 1943 zum bereits fünften Mal im Wehrmachtsbericht genannt.
Am 14. Oktober konnte Hauptmann Nowotny über Litauen während seines 421. Feindfluges mit dem Abschuss einer P-40 "Warhawk" als erster Jagdflieger der Kriegsgeschichte seinen 250. bestätigten Luftsieg erringen! Wenige Tage später erhielt er als 8. Offizier und zugleich 6. Jagdflieger die Brillanten zum Ritterkreuz verliehen - das bedeutete den Höhepunkt eines nur fünfwöchigen Ordenregens! Zwischen Ritterkreuz und Brillanten waren lediglich 400 Tage verstrichen!
Doch nur wenige Wochen nach diesem Erfolg schlug das Schicksal in kürzester Zeit zweimal hart zu - am 11. November wurde Anton Döbele während eines Luftkampfes getötet, am nächsten Tag erwischte es Karl Schnörrer, der bei einer Notlandung schwer verwundet wurde! Dies bedeutete das plötzliche Ende des erfolgreichen Jagdschwarms.
Aufgrund seiner großen Verdienste an der Front wurde Nowotny zu seiner Enttäuschung nun vom Kampfeinsatz zurückgezogen und zum Kommodore (Alter!) der Jagdfliegerschule 1 in Frankreich ernannt.
Während seiner Dienstzeit am Schreibtisch stellte er mehrmals Antrag um Rückversetzung an die Front, dieser Bitte wurde aber vorerst nicht entsprochen.

Als im Juli 1944 der erste Verband mit den revolutionären Messerschmitt Me-262-Düsenjägern aufgestellt werden sollte, wurde der hochdekorierte Offizier auf Initiative von Generalleutnant Galland dessen Kommodore.
An der Spitze der "Erprobungsgruppe Nowotny", die über etwa 40 Maschinen verfügte, testete der Österreicher den neuen Jäger auf Herz und Nieren, erwirkte entscheidende Verbesserungen und flog auch mehrmals gegen amerikanische Bomberverbände. Der kampferfahrene Frontoffizier war sich mit dem General der Jagdflieger und vielen anderen Luftwaffenassen einig, dass die Me-262 eine Wende im Luftkrieg bedeuten konnte. Doch Hitler und Göring lehnten trotz fachlicher Beratung die Serienherstellung als Jäger ab und sahen in der Maschine hauptsächlich den lange propagierten "Blitzbomber"!
Nach einigen Einsätzen hatte der zum Major (01.09.44) beförderte Nowotny zusätzlich zu seinen 255 Siegen über sowjetische Piloten noch zwei amerikanische Bomber abgeschossen, als er erneut mit einem Feindflugverbot belegt wurde. Sein Versuchsverband hatte bis zu diesem Zeitpunkt zwar wertvolle Testarbeit geleistet, jedoch lediglich 18 Luftsiege bei 26 eigenen Verlusten erzielt. Diese waren doch zum Großteil auf Unfälle oder technische Probleme zurückzuführen gewesen.
Am Morgen des 8. Novembers 1944 befand sich der Brillantenträger im Begleitung von Generalleutnant Galland auf dem Flugplatz von Achmer. Als eine kurz zuvor gestartete Me-262-Staffel über Funk einen schweren Luftkampf und einige Verluste meldete, hielt Nowotny nichts mehr! Er rannte aufs Flugfeld, sprang in seine Maschine und rollte zum Start.
Generalleutnant Galland befahl über Funk mehrmals die sofortige Rückkehr, doch Nowotny reagierte nicht darauf - er wollte seine Männer nicht im Stich lassen!
Bereits nach wenigen Minuten traf Nowotny im Gefechtsraum ein, schoss mit einer amerikanischen Boeing B-17 "Flying Fortress" seinen 258. Gegner ab und trat den Heimflug an. Er war sich dem bevorstehenden Anpfiff durch Galland bewusst.
Über den deutschen Flugplätzen dieser Tage waren des öfteren amerikanische Jagdstaffeln eingesetzt, die landende oder startende Maschinen - vor allem die gefährlichen Düsenjäger - abfangen sollten*[88]*. Während der Landung waren ihnen die sonst überlegenen Düsenmaschinen relativ hilflos ausgeliefert. Um dies auszugleichen, wurden die Me-262 während der Landung wenn möglich von eigenen Propellermaschinen abgesichert - doch ausgerechnet an diesem Tag waren in Achmer keine verfügbar!
Als Major Nowotny sich dem Flugplatz von Achmer näherte, wurde er auch prompt von einer "Mustang"-Staffel entdeckt und aus großer Höhe angegriffen! Während der Kontrollturm des Flugplatzes über Sprechfunk mithörte, kämpfte Nowotny - ohne Katschmarek und ohne Landeschutz - gegen mehrere Angreifer um sein Leben!

Nachdem seine Maschine mehrmals getroffen worden war und eine Turbine seiner Messerschmitt verstummte, warf der Brillantenträger in niedriger Höhe das Kabinendach ab und ließ sich aus der zusammengeschossenen Maschine fallen. Aufgrund der niedrigen Höhe zog er die Reißleine wohl sehr früh - tragischerweise leider zu früh! Der geöffnete Schirm verfing sich am Leitwerk seine Me-262 und zog den tapferen Flieger gnadenlos in die Tiefe. Es war der 443. Feindflug, von dem der Brillantenträger nicht mehr zurückkehrte.

Nach Erich Hartmann (352), Gerhard Barkhorn (301), Günther Rall (275) und Otto Kittel (267) stand Walter Nowotny bei Kriegsende an der weltweit fünften Stelle der Jägerelite. Ohne das Feindflugverbot im Jahre 1943 wäre Nowotny mit ziemlicher Sicherheit der erste Jagdpilot der Welt mit 300 Luftsiegen geworden.
Der ehemalige General der Jagdflieger Adolf Galland sagte später über ihn: "Nowotny war der beste Jagdflieger, den Deutschland je hatte! Obwohl er erst 24 Jahre alt war, brachte er eine besondere Eignung für höhere Kommandos mit. Ich glaube, er war in jeder Beziehung ein außergewöhnlicher Mann."

General der Infanterie

HANS VON OBSTFELDER

* 06.09.1886 in Hallenberg/Thüringen
+ 20.12.1976 in Wiesbaden

Ritterkreuz		27.07.1941
Eichenlaub	(251)	07.06.1943
Schwerter	(110)	05.11.1944

Bayrisches Militärverdienstkreuz 3. Klasse
Deutsches Kreuz in Gold
Verwundetenabzeichen in Bronze

"Einer der besten Truppenführer des Krieges"

Der adelige Offizier, wie auffallend viele spätere Schwerterträger Sohn eines hohen Geistlichen, trat bereits 1906 in die Armee ein und diente als Fähnrich im Infanterieregiment 32. Bei Kriegsausbruch bereits Oberleutnant, nahm von Obstfelder an sämtlichen Offensiven an der Westfront teil, erhielt 1915 das Eiserne Kreuz 1. Klasse und war bei Kriegsende Hauptmann und Divisionsadjutant. In der Reichswehr erhielt er 1930 die Beförderung zum Oberstleutnant und drei Jahre darauf jene zum Oberst und Regimentskommandeur.
Nach verschiedenen Truppen- und Stabsstellen in Reichswehr und Wehrmacht kommandierte Generalmajor von Obstfelder 1936 die 3. Infanteriedivision in Frankfurt, ehe er die 28. Infanteriedivision übernahm. Während des Polenfeldzuges kämpfte die Division im Verband des II. und VIII. Armeekorps bei Kattowitz, Krakau und Chelm. Bei Morance kam es zu einem der berühmten Lanzenangriffe polnischer Reiterverbände, der für die Angreifer fatal endeten. Noch im September 1939 erhielt von Obstfelder die Spangen zum Eisernen Kreuz 1914.
Für seine hervorragende Divisionsführung als Generalleutnant zum Kommandeur des neuen XXIX. Armeekorps ernannt, trat Hans von Obstfelder mit seinen Divisionen im Mai 1940 zum Westfeldzug an. Den schnell vorstoßenden Panzerspitzen der Heeresgruppe A (von Rundstedt) folgend, kämpfte das XXIX. Armeekorps mit Erfolg in Südbelgien, an der Maas und entlang des Vorstoßkorridors nördlich der Marne und Somme. Im Juni fungierte die Division als Reserve.
Nach der französischen Kapitulation verlegte von Obstfelder mit seinen Verbänden in die Slowakai, wo das Korps mit zwei Divisionen der Panzergruppe 1 unter dem späteren Schwerterträger Generaloberst von Kleist unterstellt wurde. In der ersten Phase des Russlandfeldzuges führte General (01.06.40) von Obstfelder seine Divisionen mit großem Erfolg im nördlichen Lembergbogen, östlich der Pripjet-Sümpfe, vor Sychtory, Rowno und bei Schitomir. Nach bereits einem Monat für herausragende Korpsführung mit dem Ritterkreuz ausgezeichnet, gehörte sein Korps zu den Schlüsseleinheiten bei der Kesselschlacht von Kiew. Während starke Panzerverbände nach Lochwiza vorstießen und den Kessel schlossen, bildete von Obstfelders Korps mit fünf Divisionen westlich der Stadt einen breiten Abwehrgürtel - bis zum Ende der Kesselschlacht von Kiew gerieten alleine 670.000(!) Rotarmisten in deutsche Kriegsgefangenschaft, vier sowjetische Armeen waren vollständig vernichtet worden!

Nach diesem großen Erfolg wurde das XXIX. Armeekorps in den wichtigen Frontabschnitten Charkow, Bjelgorod und Kursk eingesetzt, ehe die Divisionen im Verband der 6. Armee zur Offensive gegen den Großen Donbogen antraten. Zusammen mit italienischen, rumänischen und Einheiten der 4. Panzerarmee (Hoth) drang von Obstfelders Korps bis Herbst 1942 in Richtung Stalingrad vor. Nachdem das Korps der Heeresgruppe A (GFM von Kleist) unterstellt worden war, folgten erfolgreiche Offensivkämpfe im Nord- und Zentralkaukasus, wo General von Obstfelder u.a. auch Teile einer vom späteren Schwerterträger Hinrich Schuldt kommandierten SS-Brigade unterstellt wurden. Nach schweren Verlusten in den langen Rückzugskämpfen verfügte das Korps im April 1943 jedoch nur noch über drei geschwächte Divisionen. Als von Obstfelder mit diesen ungenügenden Kräften erfolgreich mehrere Großangriffe des Gegners abfangen konnte, erhielt er im Juni 1943 als 251. Soldat der Wehrmacht das Eichenlaub zum Ritterkreuz verliehen.

Zwei Monate darauf übernahm dieser herausragende und fähige Truppenführer mit dem LXXXVI. Armeekorps in Frankreich ein neues Kommando.
Das zur 1. Armee der Heeresgruppe D gehörende Korps wurde in Südfrankreich als Sicherungseinheit eingesetzt. Als im Juni 1944 im Zuge der Operation "Overlord" gewaltige Truppen- und Materialmassen der Westalliierten in der Normandie landeten, wurde das Korps - wie alle anderen verfügbaren Verstärkungen auch - sofort gegen den Brückenkopf eingesetzt. Unmittelbar nach dem Eintreffen der letzten Verbände wurde das LXXXVI. Armeekorps östlich von Caen in das schlimmste Schlachtszenario geworfen und in blutige Abwehrkämpfe verstrickt. Als nördlicher Nachbar des I. (Dietrich) und II. SS-Panzerkorps (Bittrich) für die Flankendeckung verantwortlich, leisteten von Obstfelders tapfere Divisionen den Truppen der 1. kanadischen Armee wochenlang den denkbar härtesten Widerstand. Auch in den Rückzugskämpfen durch Frankreich erwiesen sich der General und seine Truppen in der Verteidigung als äußerst verlässlich und entschlossen. Im August wurde das Korps in den Rückzugswirren aufgesplittert - Teile gerieten in den Falaise-Kessel südöstlich von Caen.
Während sich einzelne Kampfgruppen an den außerhalb tobenden Entlastungsgefechten beteiligten, kämpften sich einige der eingekesselten Verbände wieder aus Falaise heraus.
Nach wiederholt erfolgreichen Abwehrschlachten gegen die stets überlegenen britisch-amerikanischen Truppen erhielt General der Infanterie Hans von Obstfelder für seine großartige Korpsführung an der Westfront am 5. November 1944 die 110. Schwerter zum Ritterkreuz mit Eichenlaub verliehen.
Statt einer vorgesehenen Verwendung als Präsident des Militärgerichtshofes in Berlin übernahm der General am 1. Dezember auf eigenen Wunsch als Nachfolger von Schwerterträger Otto von Knobelsdorff die 1. Armee im Westen, die er im Kampf gegen die 7. US- und 1. frei-französische Armee kommandierte. Diese alliierten Truppen hatten mit der Wiedereinnahme von Metz und Strassburg große Erfolge erzielt.
Gleich nach der Kommandoübernahme wurde von Obstfelder beauftragt, zur Unterstützung des deutschen Rückzuges nach der gescheiterten Ardennenoffensive seinerseits eine Offensive zu starten.
Am 1. Jänner 1945 - am gleichen Tag flog die Luftwaffe zur Unterstützung des Ardennen-Rückzuges schwere Angriffe gegen alliierte Flugfelder in Belgien - startete General von Obstfelder das Unternehmen "Nordwind".
Das XXXIX. Panzerkorps unter General Decker - später Schwerterträger - sowie Teile des XIII. SS-Armeekorps unter Eichenlaubträger Gruppenführer Simon griffen die Stellungen des XV. US-Korps in den nördlichen Vogesen an, durchbrachen diese und bedrohten nach wenigen Tagen sogar wieder das strategisch wertvolle Strassburg! Hierbei kam es zu einer schweren Vertrauenskrise zwischen den Alliierten Frankreich und USA, da sich das amerikanische Oberkommando entschlossen hatte, Strassburg nicht zu verteidigen - General de Gaulle bestand seinerseits jedoch darauf und drohte, die Stadt notfalls ohne die US-Truppen zu verteidigen!
Nachdem von Obstfelders Spitzen jedoch nach schweren Luftangriffen bei Weißenburg steckengeblieben waren, brach das OKH "Nordwind" am 9. Jänner endgültig ab. Die erzielten Geländegewinne gingen binnen kürzester Zeit wieder verloren.
Noch im März 1945 übernahm Hans von Obstfelder die 19. Armee in Bayern, wechselte doch bereits nach drei Wochen in gleicher Position zur 7. Armee.
Im Mai führte er seine Truppen in amerikanische Kriegsgefangenschaft und wurde zum deutschen Verbindungsoffizier zur 12. US-Heeresgruppe (Bradley) bestimmt, nach längerer Gefangenschaft kehrte er ins Zivilleben zurück.
General a.D. von Obstfelder verstarb 1976 im Alter von 90 Jahren in Wiesbaden.

Der große Truppenführer war übrigens nicht der einzige Kriegsheld seiner Familie gewesen - sein Neffe Wolfgang von Obstfelder hatte als Kommandeur der Panzerjägerabteilung 346 1944 das Ritterkreuz und im April 1945 als Major noch das 858. Eichenlaub erhalten. Er diente später in der Bundeswehr.

Oberst

WALTER OESAU

* 28.06.1913 in Farnewinkel/Holstein
+ 11.05.1944 bei St. Vith/Westfront

Ritterkreuz		20.08.1940
Eichenlaub	(009)	06.02.1941
Schwerter	(003)	15.07.1941

Spanische Medalla de la Campana
Spanische Medalla Militar
Spanienkreuz mit Schwertern in Gold mit Brillanten
Frontflugspange für Jäger in Gold mit Anhänger Einsatzzahl "300"
Fünfmalige Nennung im Wehrmachtsbericht
Flugzeugführer- und Beobachterabzeichen
Deutsches Kreuz in Gold
Verwundetenabzeichen in Bronze

"Härtester Kämpfer des Jagdfliegerkorps"

Der kräftig gebaute Oesau, von seinen Freunden "Gulle" genannt, diente zunächst in einem Artillerieregiment des Heeres, ehe er 1934 in die Luftwaffe überwechselte. Nach seiner Fliegerausbildung gehörte er als Oberfähnrich zum Jagdgeschwader 2 "*Richthofen*". Als sich 1936 die Gelegenheit bot, im Spanischen Bürgerkrieg Kampferfahrung zu sammeln, zögerte Oesau keine Sekunde. Zusammen mit seinen späteren Freunden Mölders, Galland, Lützow und Schellmann*[89]* diente er in der berühmten Jagdgruppe 88 der "Legion Condor". Für den Abschuss von 8 Flugzeugen in 130 Einsätzen erhielt Oberleutnant Oesau die höchste Stufe des Spanienkreuzes verliehen. Aufgrund seiner unersetzlichen Erfahrungen half er 1939 in der Pilotenausbildung. Bei Beginn des Zweiten Weltkrieges war Oesau Kapitän der 7. Staffel des Jagdgeschwaders 51.
Am 13. Mai 1940 erzielte er seinen ersten Luftsieg im Zweiten Weltkrieg und erhielt das EK.I verliehen.

Während des Frankreichfeldzuges erzielte der Staffelführer weitere 5 Luft- und einige Bodensiege; der steile Aufstieg begann während der Luftschlacht um England. Unter dem späteren Brillantenträger Werner Mölders in der freien Jagd und der schwierigen Bombereskorte eingesetzt, wurde Oesau einer der erfolgreichsten Piloten dieser Kriegsphase. Im August 1940 erhielt er für die beachtliche Zahl von 20 Luftsiegen das Ritterkreuz verliehen, vor ihm hatten nur vier Piloten der Luftwaffe diese Marke erreicht! Am 10. Juli hatte der Staffelführer in einem atemberaubenden Luftkampf gleich drei Spitfire bezwungen. Kurz darauf wurde Hauptmann (19.07.40) Oesau Kommandeur der III. Gruppe des Jagdgeschwaders 51, im September wurde das Fliegeras erstmals im Wehrmachtsbericht genannt.
Im Dezember 1940 übernahm Oesau schließlich die III. Gruppe des Jagdgeschwaders 3, das von seinem Spanien-Freund und späteren Schwerterträger Major Lützow kommandiert wurde.
Obwohl die Invasionspläne gegen England aufgegeben worden und die Luftschlacht bereits verloren war, flogen die deutschen Geschwader im Frühjahr 1941 noch immer Angriffe gegen britische Flugplätze und Industrieanlagen. Nachdem Walter Oesau am 5. Februar 1941 seinen 40. bestätigten Luftsieg erreicht hatte, erhielt er nach Mölders, Galland und Wick*[70]* als 4. Jagdflieger das Eichenlaub zum Ritterkreuz verliehen.
An der Spitze seiner III. Gruppe flog Hauptmann Oesau am 22. Juni 1941 über die sowjetische Grenze und eskortierte Kampffliegerverbände, die im Zuge der Operation "Barbarossa" ihre Bombenlast über den noch unverteidigten Flugfeldern der Roten Luftwaffe abluden. Im Juni und Juli gelangen dem erfahrenen Spanien- und Englandveteranen nicht weniger als 44 Luftsiege - doch dann erwischte es ihn zum ersten Mal selber. Durch Splitter einer russischen MG-Garbe am Knie und im Gesicht verwundet, konnte der Eichenlaubträger seine Me-109 auf einem holprigen Acker notlanden, wo ihn deutsche Landser fanden und in ein Lazarett brachten. Hier entfernte man ihm fast ein Dutzend Splitter nahe dem linken Auge! Trotzdem konnten ihn die Ärzte nicht lange im Krankenbett halten.

Nur wenig später, am 15. Juli 1941, konnte Oesau nach 80 Luftsiegen im Kreise seiner Kameraden die Verleihung der Schwerter zum Ritterkreuz mit Eichenlaub feiern. Der Gruppenkommandeur war nach Galland und Mölders der erst 3. Träger dieser hohen Auszeichnung!

Nachdem Oesau an der Ostfront "sein Soll erfüllt hatte", kehrte er in den Westen zurück und übernahm am 20. Juli 1941 als Major das Jagdgeschwader 2 "*Richthofen*", das er in den nächsten zwei Jahren zu großem Waffenruhm führen sollte. Im Kampf gegen die starke Royal Air Force und später die USAAF blieb Oesau nicht minder erfolgreich. Am 26. Oktober 1941 konnte er durch den Abschuss einer britischen Spitfire nach Mölders und Lützow als erst dritter Jagdflieger der Welt seinen 100. Luftsieg erringen!

Im Februar 1942 flog Oesau an der Spitze seines Geschwaders im Zuge des Unternehmens "Cerberus" Jagdschutz für die Schlachtkreuzer *Scharnhorst* und *Gneisenau*, als diese am Tage erfolgreich durch den Ärmelkanal stießen. Durch den äußerst präzise geplanten (Galland) und durchgeführten Luftschirm über den Schiffen verloren die Briten an diesem Tag 38 Maschinen! Keines der zu beschützenden Schiffe wurde durch Fliegerbomben beschädigt.

Nach weiteren Monaten des aufreibenden Fronteinsatzes wurde Oberstleutnant (01.02.43) Oesau im Sommer 1943 vom Kampfeinsatz zurückgezogen und zum Jagdfliegerführer Bretagne ernannt. Als im Herbst die alliierten Luftoffensiven wieder zunahmen und dringend erfahrene Offiziere an der Spitze der Frontgeschwader gebraucht wurden, kehrte "Gulle" aus freien Stücken als Ersatz für den gefallenen Hans Philipp an die Spitze des Jagdgeschwaders 1 in den Kampfeinsatz zurück. Im Dezember 1943 wurde er bereits zum Oberst befördert.

Unmittelbar nach Oesau stieß mit Major Hartmann Grasser ein weiterer erfahrener Veteran zum Jagdgeschwader 1. In Russland an der Seite von Werner Mölders erfolgreich, trug der Österreicher bei Kriegsende für 103 Luftsiege das Eichenlaub zum Ritterkreuz.

Bis zum Frühjahr 1944 hatte Walter Oesau in der Reichsverteidigung weitere Erfolge errungen - unter seinen bereits 120 Luftsiegen befanden sich auch 8 viermotorige US-Bomber. Sechs weitere dieser mit Abwehrwaffen gespickten "Fliegenden Festungen" fielen seinen Kanonen innerhalb der nächsten Wochen zum Opfer!

Doch der seit 1939 andauernde Kampfeinsatz begann im Wesen von Walter Oesau Wirkung zu zeigen. Psychische und physische Erschöpfung waren die Wirkung davon*[90]*.

Anfang Mai erkrankte der Schwerterträger an einer schweren Grippe und musste sich völlig erschöpft vom Einsatz zurückziehen. Als am 11. Mai ein aus 1.300 Maschinen(!) bestehender alliierter Bomberpulk ins Reichsgebiet einflog und Generalleutnant Galland alle Jagdgeschwader zum Abfangeinsatz zusammenzog, führte einer von Oesaus Gruppenkommandeuren das Geschwader in den Kampf.

Als dies Reichsmarschall Göring zu Ohren kam, rief er wütend in Oesaus Quartier an und ließ dem kranken Kommodore ausrichten, „er halte ihn für einen simulierenden Drückeberger, der lieber das Bett hüte, als zu kämpfen“!!

Diese für Göring typische Entgleisung hätte “Gulle” einfach ignorieren sollen – doch er tat es leider nicht. Trotz seiner Fieberanfälle und seiner schlechten körperlichen Verfassung kletterte er in seine Maschine und flog seinem Geschwader hinterher! Es sollte sein letzter Einsatz sein.

In einem wilden Luftkampf gegen mehrere amerikanische P-38 “Lightning" abgeschossen, fand man Oesaus ausgebrannte Focke Wulf Fw-190 nahe St. Vith.

In Anerkennung seiner großen Verdienste als Kommodore und Jagdflieger erhielt das JG 1 kurz darauf den Traditionsnamen "*Oesau*" verliehen. Neuer Kommodore wurde der hochbewährte Schwerterträger Oberst Herbert Ihlefeld. Oesau wurde im Zuge eines Staatsbegräbnisses zu Grabe getragen, eine Gruppe des Jagdgeschwaders 11 flog in Paradeformation über die Menschenmenge. Vier Tage nach seinem Tod wurde Oesau ein letztes Mal im Wehrmachtsbericht genannt.

Bei Kriegsende hatte der Sieger in 125 Luftgefechten, davon 73 im Westen und 8 in Spanien (14 schwere US-Bomber), noch den 65. Platz unter den erfolgreichsten Fliegerassen der Welt inne. Neben seinen vielen Feindflügen in Spanien hatte Oesau über 300 weitere im Zweiten Weltkrieg absolviert. Von ehemaligen Kameraden und Untergebenen wird Walter "Gulle" Oesau als härtester Kämpfer der Luftwaffe bezeichnet.

Generalmajor

HERMANN VON OPPELN-BRONIKOWSKI

* 02.01.1899 in Berlin
+ 18.09.1966 in Gaißach

Ritterkreuz		01.01.1943
Eichenlaub	(536)	28.07.1944
Schwerter	(142)	17.04.1945

Hessische Tapferkeitsmedaille
Panzerkampfabzeichen in Silber 2. Stufe
Nennung im Wehrmachtsbericht
Deutsches Kreuz in Gold
Verwundetenabzeichen in Bronze

"1936 Goldmedaillengewinner in Berlin"

Der preußische Adelige Hermann von Oppeln-Bronikowski wurde im Laufe des Zweiten Weltkrieges zu einem der erfolgreichsten und verlässlichsten Panzerkommandanten der Wehrmacht. Der Berliner diente in einigen der besten Panzerverbänden und wurde schließlich zu einem der erfolgreichsten Regimentskommandeuren der Panzerwaffe. Das blinde Vertrauen seiner Untergebenen in seine Fähigkeiten und der Kameradschaftsgeist innerhalb seiner jeweiligen Einheit sagte mehr aus, als jede ihm zuteil gewordene Auszeichnung oder Beförderung.

Der Erste Weltkrieg tobte bereits zwei Jahre, als der 17jährige als Freiwilliger ins Ulanenregiment 10 eintrat. Somit folgte der junge Adelige der Familientradition, sein Vater befehligte zu dieser Zeit als Oberst das 4. Garderegiment und brachte es in der Reichswehr bis zum General der Infanterie!
Im Laufe seines Fronteinsatzes an der Ostfront verdiente sich von Oppeln-Bronikowski das Eiserne Kreuz 1. Klasse, die Hessische Tapferkeitsmedaille sowie die Beförderung zum Leutnant. Im letzten Kriegsjahr kam er als Zugführer im Infanterieregiment 118 auf den Schlachtfeldern der Champagne und Argonnen zum Einsatz.
Nach dem Krieg verblieb er als Kavallerieoffizier in der Reichswehr und nahm, wie viele seiner Kameraden auch, an Wettkämpfen teil. Bei den Olympischen Spielen von 1936 in Berlin holte Hermann von Oppeln-Bronikowski sogar Mannschaftsgold im Dressurreiten!*[91]*
Die Stationen seines beruflichen Werdeganges waren 1923 Reitlehrer an der Infanterieschule Ohrdorff, 1925 Oberleutnant, 1933 Nachrichtenoffizier im Kavallerieregiment 10, 1937 als Major hier bereits Abteilungs-kommandeur.
Seit 1931 war er mit Edelgard von Kleist - einer Tochter der berühmten Militärfamilie - verheiratet, dem Ehepaar wurden drei Kinder geboren.
Bei Kriegsbeginn kommandierte Major von Oppeln-Bronikowski die berittene Aufklärungsabteilung der 24. Infanteriedivision, die er auch in den Polenfeldzug führte. Im Frühjahr 1940 wurde der Berliner als Stabsoffizier ins Oberkommando des Heeres versetzt, wo er dem General der Schnellen Truppe unterstellt wurde. In dieser Position konnte der fähige Offizier unbezahlbare Taktik- und Stabserfahrungen auf dem Gebiet des Panzerkrieges sammeln. Am 1. August 1940 wurde von Oppeln-Bronikowski zum Oberstleutnant befördert und als Referent der Panzeraufklärung im Oberkommando des Heeres eingesetzt. In seinen Tätigkeitsbereich viel u.a. die Vorbereitung der geplanten Umrüstung von Kavallerie- in Panzerdivisionen.
Nachdem er den West- und Balkanfeldzug sowie die erste Phase des Russlandfeldzuges "versäumt" hatte, erreichte er im Oktober 1941 seine Versetzung in den Stab der 4. Panzerdivision im Mittelabschnitt der Ostfront. Als Untergebener von Oberst Heinrich Eberbach*[92]* hatte von Oppeln-Bronikowski das Glück, einen der fähigsten Panzerkommandeure des Krieges als Vorgesetzten zu haben.
Im Jänner 1942 übernahm Oberstleutnant von Oppeln-Bronikowski das Kommando über das Panzerregiment 35 der Division, die inzwischen vom späteren Brillantenträger Generalmajor von Saucken geführt wurde.
Der Verband kämpfte im Frühjahr erfolgreich um Brjansk und Bukan. Während unzähliger Panzergefechte in Offensive und Defensive zeichnete sich der Regimentskommandeur in Folge an der Shisdra und um Brjansk aus. Nach vielen Monaten als Kommandeur der 35er wechselte Oberst (01.02.42) von Oppeln-Bronikowski an de Spitze des

Panzerregiments 204 der 22. Panzerdivision. Bei der Kommandoübernahme hatte er mit einem überraschenden Problem zu kämpfen - denn nur Rund die Hälfte der Panzer und Schützenpanzer waren einsatzbereit! Der Grund hierfür war simpel: in dem zum Tarnen verwendeten Stroh hatten sich Unmengen von Mäusen und Ratten angesammelt, welche mit Vorliebe Kunststoffkabel anfraßen - und somit waren viele Motoren unbrauchbar oder die Elektrik böse mitgenommen!
Und so wurde das Regiment einstweilen mit Kradschützen und einer motorisierten Artillerieabteilung aufgefüllt.
Das OKH ordnete indes sogar eine offizielle Untersuchung an, da man Sabotage in Betracht zog.

Im August 1942 rollte das PR 204 an der Spitze der Division (XVI. Panzerkorps) zum Angriff gegen die russischen Stellungen bei Kalatsch im Donbogen - Endziel dieser Stoßrichtung war Stalingrad. Bei einem ersten Panzergefecht nahe Pestschany konnten bereits 26 T-34 abgeschossen werden.
Von Oppeln-Bronikowski führte seine Panzer in allen Kampfeinsätzen mit großer Energie selbst an und fuhr stets an der Spitze seiner Abteilungen. Im Winter 1942/43 kämpfte das PR 204 außerhalb von Stalingrad einen verbissenen Kampf. Bei Kalatsch, im Tschirbogen und bei Kamensk meldeten seine Panzer mehrmals hohe Abschusszahlen - trotz aller Anstrengungen scheiterten aber alle Versuche, die eingekesselte 6. Armee aus Stalingrad herauszuhauen. Nachdem er sich als Panzerführer bewährt und mit seinem Regiment insgesamt beinahe 500 Feindpanzer vernichtet hatte, erhielt von Oppeln-Bronikowski im Jänner 1943 das Ritterkreuz verliehen.
Zwei Monate später übernahm der Oberst das ausgezeichnete Panzerregiment 11 der 6. Panzerdivision. Sein Vorgänger war der bewährte Oberst Walther von Hünersdorff gewesen, der nun als Generalmajor das Kommando über die Division übernommen hatte.
Im Juli 1943 traten die 9. Armee (Model) sowie die 4. Panzerarmee (Hoth) zur Operation "Zitadelle" an. Die 6. PD wurde im stark umkämpften Frontbogen von Bjelgorod eingesetzt, der von 30 sowjetischen Schützen- und etwa 15 Panzerdivisionen verteidigt wurde!
Wie in allen Einsätzen kämpfte das PR 11 an der Spitze der Division - als Stoßkeil der Einheit fungierte die II. Abteilung, angeführt von Major Dr. Franz Bäke, einem der besten Panzerführer des Heeres und später selbst Schwerterträger.
Während der Offensive unterstrich das Regiment seinen erstklassigen Ruf als harte Fronteinheit und kämpfte erfolgreich bei Rschawetz, Prochorowka und Obojan. Während einer Stabsbesprechung wurde Oberst von Oppeln-Bronikowski bei einem irrtümlichen Bombenangriff eigener Flugzeuge(!) jedoch so ernstlich verletzt, dass er sein Regiment an den nur leicht verletzten Dr. Bäke abgeben musste!
Generalmajor von Hünersdorff kam während den schweren Gefechten ums Leben, nachdem er wenige Tage zuvor das Eichenlaub erhalten hatte. Von Oppeln-Bronikowski wurde indes in ein Lazarett nach Deutschland rückverlegt, wo er sich von den Nachwirkungen erholen konnte. Hier erhielt er nachträglich das Deutsche Kreuz in Gold überreicht.

Im Oktober 1943 konnte der erstklassige Panzeroffizier als Kommandeur des Panzerregiments 22 der 21. Panzerdivision zur Truppe zurückkehren. Diese, erst kurz zuvor aufgestellte Division, lag an der noch ruhigen Westfront in Bereitstellung und unterstand der Panzergruppe West.
Als am 6. Juni 1944 umfassende amerikanische, britische, kanadische und frei-französische Streitkräfte in der Normandie landeten, lag die Division im Hinterland des Invasionsgebietes in günstiger Bereitstellung. Wenige Stunden nach Beginn der Landung wurde von Oppeln-Bronikowski von General Erich Marcks, Kommandeur des LXXXIV. Armeekorps, angerufen. Der als glänzender Stabsoffizier bekannte, seit Russland einbeinige General, befahl ihm den sofortigen Gegenangriff. "Es hängt von Ihnen ab, ob die Invasion zurückgeschlagen wird, oder nicht!", schloss Marcks das Gespräch - eine Woche später fand er während eines Luftangriffes den Tod und wurde postum mit dem Eichenlaub ausgezeichnet.
Oberst von Oppeln-Bronikowski eilte sofort zu seinem Regiment zurück und setzte es Richtung Luc-sur-Mer in Marsch; wenn sein Angriff Erfolg hätte, könnten die noch verwundbaren Alliierten entscheidend getroffen werden. Obwohl das Regiment bereits auf dem Weg ins Einsatzgebiet massiv durch britische Jagdbomber angegriffen und später in heftige Bodenkämpfe verwickelt wurde, konnte die Einnahme der strategisch wichtigen Stadt Caen durch britische Truppen gerade noch verhindert werden.
In schweren Kämpfen an der rechten Flanke (Invasionsabschnitt Sword, I. britisches Korps) erlitt das Regiment bei Ranville, Toutrville und Caen hohe Verluste, erzielte aber auch klare Defensiverfolge. Ende Juli kämpfte die 21. PD zusammen mit dem I. SS-Panzerkorps (Dietrich) dann an der rechten Flanke des Caen-Abschnittes. Als Nachbareinheit der SS-"*Hitlerjugend*" (Meyer) hatte die Division an den großen Abwehrerfolgen in dieser Region entscheidenden Anteil.
Am 28. Juli 1944 erhielt Oberst von Oppeln-Bronikowski in Anerkennung seiner erstklassigen Leistungen an der Invasionsfront das 536. Eichenlaub zum Ritterkreuz verliehen.

Im August überstand sein Regiment auch noch die harte Bewährungsprobe im Falaise-Kessel, aus dem sich die 21. Panzerdivision bis auf wenige versprengte Einheiten herauskämpfen konnte! Nach weiteren Abwehrschlachten in Frankreich und Absolvierung des Divisionskommandeur-Lehrganges wurde der bewährte Offizier im Oktober 1944 an die Spitze der aus Russland gehärteten 20. Panzerdivision gestellt. Unter seinen Vorgängern als Divisionskommandeur hatten sich u.a. so bekannte Offiziere wie Oberst von Bismarck, Ritter von Thoma oder Schwerterträger Heinrich von Lüttwitz befunden.
Am 30. Jänner 1945 wurde von Oppeln-Bronikowski zum Generalmajor befördert.

Im Frühjahr 1945 griff die Division in Ungarn in die schweren Abwehrkämpfe ein. Der frischgebackene Divisionskommandeur konnte seine Regimenter in Folge in Oberschlesien, an der Oder, westlich von Breslau und an der Neiße zu solch großen Erfolgen führen, dass er noch im April als 142. Soldat mit den Schwertern zum Ritterkreuz mit Eichenlaub beliehen wurde. Die mit nur wenigen einsatzbereiten Panzern und zusammengewürfelten Grenadierverbänden geführten örtlichen Angriffe hatten die feindlichen Angriffsspitzen wiederholt aufgehalten und den eigenen Rückzug unterstützt.
Nach letzten Gefechten und Absetzbewegungen in Niederschlesien sowie dem Großraum Dresden löste Generalmajor von Oppeln-Bronikowski die Reste seiner Division am 8. Mai 1945 auf.
Nach kurzer Gefangenschaft bei den Amerikanern wurde er den Briten überstellt, die ihn im Zuge des Caen-Prozesses (siehe Kurt Meyer) eines Kriegsverbrechens anklagen wollten. Da bereits nach den ersten Vernehmungen die völlige Unschuld von Generalmajor a.D. von Oppeln-Bronikowski erwiesen war, ließ man die Anklage schnell wieder fallen. 1947 erfolgte die Entlassung.
Viele Jahre später arbeitete der ehemalig General mit seinen einstigen Gegnern zusammen und erwarb sich als Leiter des kanadischen Kunstreiterteams (u.a. Olympiade in Tokio) einen hervorragenden Ruf.
Als Zivilberater der Bundeswehr nahm er weiters am Wiederaufbau der Streitkräfte teil.
Hermann von Oppeln-Bronikowski ist 1966 verstorben.

Oberleutnant

MAX-HELLMUTH OSTERMANN

* 11.12.1917 in Hamburg
+ 09.08.1942 bei Amossowo/Ostfront

Ritterkreuz		04.09.1941
Eichenlaub	(081)	12.03.1942
Schwerter	(010)	17.05.1942

Frontflugspange für Jäger in Gold mit Anhänger Einsatzzahl "300"
Flugzeugführer- und Beobachterabzeichen
Viermalige Nennung im Wehrmachtsbericht
Verwundetenabzeichen in Bronze

"Mit Holzklötzen in den Kurvenkampf"

Ostermann trat Ende 1937 in die Luftwaffe ein und wurde während seiner Ausbildung zum Zerstörerpiloten Offiziersanwärter. Unmittelbar nachdem er seine Ausbildung beendet hatte, wurde er in die I. Gruppe des Zerstörergeschwaders 1 versetzt, mit der er über Polen seine Feuertaufe bestand. Im März 1940 wurde er als Leutnant ins Jagdgeschwader 54 "*Grünherz*" versetzt, welches ab Mai in Frankreich kämpfte.
Am 20. Mai blieb er während eines Luftkampfes mit einem französischen Jäger erstmals Sieger. Hierbei noch vom weitverbreiteten Jagdfieber geplagt, gewann bereits während der Luftschlacht um England seine später für ihn typische Ruhe und "Coolness" die Oberhand. So berichtete der junge Leutnant später einem Kriegsberichterstatter von einem Luftgefecht über dem Ärmelkanal: "... die ganze Gruppe kurbelte wild herum, man sah kaum noch eine zusammenhängende Rotte. Die Spitfires zeigten sich als sehr wendige Maschinen - es wurde viel geschossen, aber wenig getroffen. Ich war jetzt, im Gegensatz zu meinen Gefechten in Frankreich, sehr ruhig, schoss gar nicht, sondern versuchte immer wieder, in eine günstige Position zu kommen. Ein paarmal misslang das Manöver, dann sah ich unter mir einen Kameraden mit einer Spitfire im Nacken. Sofort riß ich die Kiste herum und drückte nach. Noch 200 Meter entfernt - Ruhe! Noch nicht schießen! Ich kam langsam näher - jetzt war ich auf 100 Meter, der Tommy füllte mein Visier voll aus. Ruhig drückte ich auf die Feuerknöpfe und beschoss die Spitfire in einer leichten Linkskurve - sie zeigte sofort eine Flamme und stürzte mit langer Rauchfahne steil ins Meer." Ostermann hatte sich zum überlegten, sicheren Angreifer gemausert.

Es folgten unzählige weitere Einsätze über England und dem Balkan, wobei Ostermann 8 britische sowie einen jugoslawischen Gegner besiegen konnte und das Eiserne Kreuz 1. Klasse erhielt.
Ostermanns steiler Aufstieg begann mit der Einsatzphase an der Ostfront. Im Herbst und Winter 1941 erzielte der bereits zum Rottenführer aufgestiegene Offizier Sieg auf Sieg über den Baltikum-Staaten, zum Ritterkreuzträger wurde Ostermann am 4. September, als sein Leitwerk bereits 29 Abschussbalken aufwies. Im Herbst übertrug ihm sein Geschwaderkommodore, Spanienveteran Major Hannes Trautloft *[64]*, die Führung der 7. Staffel.
Nach weiteren Jagdeinsätzen über den Kampfgebieten Kalinin und Leningrad folgten schwere Einsatzwochen über dem Ilmen- und Ladogasee.
Leutnant Ostermann hatte sich inzwischen zum absoluten Luftkampfspezialisten mit einer Vorliebe für waghalsige Kurvenkämpfe entwickelt.
Viele Jagdflieger versuchten Kurvenkämpfe nach Möglichkeit zu vermeiden, da diese große körperliche Kraft erforderten. Ferner waren Überraschungsangriffe effektiver und erfolgversprechender. Obwohl Ostermann kein kräftiger Mann war, wurde er einer der besten Kurvenkampf-Spezialisten der Ostfront.
Aufgrund seiner geringen Körpergröße war er jedoch gezwungen, sich breite Holzklötze auf die Ruderpedale seiner Maschine montieren zu lassen, damit er die engen Kurvenmanöver überhaupt ausführen konnte! Mehrere Einsätze pro Tag, ein sicheres Auge und eiskalte Nerven ermöglichten ihm wiederholt Mehrfachabschüsse. Der 50. Luftkampfgegner unterlag am 9. Jänner 1942.

Kurz darauf hatte der junge Jäger bereits 60 Luftsiege errungen, am 12. März erhielt Oberleutnant (01.09.41) Ostermann als 22. Jagdflieger das Eichenlaub zum Ritterkreuz - mit seinen 25 Jahren war er der bisher jüngste Träger dieser hohen Auszeichnung!
In den nächsten Wochen kam es zu erbitterten Luftgefechten über den Kesseln von Cholm und Demjansk, die durch das Transportkorps der Luftwaffe erfolgreich versorgt werden konnten. Um den Transportfliegern Luft zu verschaffen, griff Ostermann mit seiner Staffel auch erfolgreich russische Flugfelder im Hinterland an.
Im Mai und April 1942 befand sich Ostermann in Hochform. Mit seiner neuen Messerschmitt Me-109G erzielte er große Erfolge über der Leningrad-Front. Im Luftkampf konnte er seine Maschine so perfekt handhaben, dass er - wenn er einmal hinter dem Gegner war - von diesem quasi nicht mehr abgeschüttelt werden konnte. Mehrere russische Fliegerasse der Leningrad-Front, so etwa Major Pjotr Pokryschew (22 Siege), versuchten erfolglos, den Deutschen - durch seine beeindruckende Flugweise und das mit Abschussstrichen übersäte Leitwerk leicht zu erkennen - endlich zu bezwingen.
Als der junge Oberleutnant in der zweiten Maiwoche bei 90 anerkannten Luftsiegen angelangt war, reichte ihn die Luftflotte 1 mit Nachdruck für die Schwerterverleihung ein. Der in der Spitzengruppe der Fliegerasse zu findende Ostermann - zu dieser Zeit konkurrierte er mit Spitzenleuten wie Oesau, Bär, Philipp oder Graf - erhielt am 17. Mai 1942 die erst 10. Schwerter zum Ritterkreuz mit Eichenlaub. Nun griff der Senkrechtstarter nach der magischen Marke Einhundert.
In jenem Luftkampf (12.05.42), in dem schließlich der 100. Gegner unterlag, wurde Ostermann jedoch von dessen Flügelmann überrascht und abgeschossen. Schwer am rechten Arm und Oberschenkel verwundet, konnte der Staffelführer seine brennende Maschine mit dem Fallschirm verlassen und durch deutsche Infanteristen in ein nahes Feldlazarett gebracht werden! Hier rettete man ihm durch fachgerechte Notversorgung das Leben.
Ostermann war das sechste Mitglied im sgn. "Klub 100".

Nach einer längeren Genesungs- und Erholungsphase kehrte der Schwerterträger im Sommer 1942 wieder ins "*Grünherz*"-Geschwader zurück. Während ein Teil des Geschwaders in den Mittelabschnitt verlegt wurde, verblieb Ostermanns III. Gruppe auch im Spätsommer an der Nordfront. Wie vor seiner Verwundung flog Ostermann mit seiner 7. Staffel zumeist Langstrecken-Jagdeinsätze über dem feindlichen Hinterland. Am 9. August 1942 wurde seine Staffel über dem Ilmensee von einem überlegenen Verband russischer Jäger angegriffen und in einen schweren Luftkampf verwickelt. Im Laufe dieses Gefechtes wurde Max-Hellmuth Ostermann von einem unbekannten Gegner überrumpelt, abgeschossen und getötet!
Nach Werner Mölders und Leo Steinbatz war der junge Ostermann der dritte von insgesamt 45 Schwerterträgern, davon 19 von der Luftwaffe, die im Laufe des Krieges den Tod fanden.

Zum Zeitpunkt seines Todes 102mal erfolgreich geblieben, hatte Ostermann im Mai 1945 noch den 100. Platz unter der Jagdfliegerelite des Krieges inne. Wenige Wochen nach Ostermanns Tod stieg ein weiterer junger Pilot des Jagdgeschwaders 54, Oberleutnant Walter Nowotny, in die Top-Elite der Luftwaffe auf. Mit 68 Ritterkreuz-, 15 Eichenlaub-, 5 Schwerter- und 1 Brillantenverleihung sowie über 8.500 anerkannten Luftsiegen war das "*Grünherz*"-Geschwader eines der mit Abstand erfolgreichsten der Luftkriegsgeschichte.

Standartenführer der Waffen-SS

JOACHIM PEIPER

* 30.01.1915 in Berlin
+ 14.07.1976 in Traves/Frankreich

Ritterkreuz		09.03.1943
Eichenlaub	(377)	27.01.1944
Schwerter	(119)	11.01.1945

Panzerkampfabzeichen in Silber
Infanteriesturmabzeichen in Silber
Nennung im Wehrmachtsbericht
Nahkampfspange in Silber
Sonderabzeichen für Panzervernichtung durch Einzelkämpfer
Auszeichnung der italienischen Armee
Auszeichnung der spanischen Armee (Division Azul ?)
Deutsches Kreuz in Gold
Verwundetenabzeichen in Silber

"Das schwarze Schaf"

Der Sohn eines Hauptmannes a.D. trat unmittelbar nach seinem Schulabschluss 1934 in die Waffen-SS ein und wurde nach einem harten Ausleseverfahren in die SS-"*Leibstandarte*" aufgenommen. 1938 wurde Peiper im Alter von 23 Jahren zum Obersturmführer ernannt und zeitweise als Hauptadjutant für Reichsführer Heinrich Himmler abgestellt. Im Frühjahr 1940 wurde er auf eigenes Gesuch für den bevorstehenden Westfeldzug in sein Regiment rückversetzt. In Belgien und Frankreich als Kompaniekommandeur erfolgreich, erhielt der hierbei leicht verwundete Obersturmführer bereits das Eiserne Kreuz 1. Klasse sowie das Infanteriesturmabzeichen in Bronze verliehen. Von Juli 1940 bis August 1941 fungierte Hauptsturmführer (01.06.40) Peiper erneut im Stab des Reichsführers-SS.

Im Zuge der Operation "Barbarossa" nahm Peiper als Kommandeur der 11. Schützenkompanie an den Offensiven gegen die Ukraine teil. In den schweren Gefechten fiel er immer wieder durch überlegene Angriffstaktik, großen persönlichen Mut und Durchsetzungsvermögen auf. Nach Kämpfen bei Schitomir, Uman und Rostow folgte die schwere Schlacht um Charkow. Im September 1942 wurde Peiper für seine Verdienste zum Kommandeur des III. (gepanzerten) Bataillons des 2. "*Leibstandarte*"-Regiments ernannt. Sein damaliger Vorgesetzter war der spätere Schwerterträger Standartenführer Theodor Wisch.
Während den Gefechten um Charkow erhielt Sturmbannführer (30.01.43) Peiper einen schwierigen Auftrag. An der Spitze seines Bataillons sollte er durch die Linien einer russischen Brigade vordringen und eine 30 Kilometer hinter der Front abgeschnittene deutsche Division entsetzen!
Nachdem der Durchbruch nachts ohne größeres Aufsehen gelungen war, erreichte das "Bataillon Peiper" schließlich die eingeschlossene 320. ID - diese wurde vom späteren Schwerterträger Generalmajor Postel kommandiert.
Auf dem Rückweg schirmten seine Landser eine Fahrzeugkolonne ab, besetzten eine für den Rückweg wichtige Brücke und retteten so über 1.500 Verwundete! Als sowjetische Truppen den Konvoi attackierten, vernichteten Peipers Grenadiere mehrere feindliche Kompanien. Im weiteren Verlauf der Schlacht folgten verbissene Gefechte mit russischen Panzern und Grenadieren. Für seine persönlichen Leistungen im Gefecht erhielt Sturmbannführer Peiper im März 1943 das Ritterkreuz überreicht.
Als er mit seinem Bataillon wenig später aus der Umklammerung zweier russischer Schützenregimenter ausbrechen konnte, erhielt er auch das Deutsche Kreuz in Gold.
Aber im Kampf um Charkow kam auch eine andere Seite von Joachim Peiper zum Vorschein, die bis heute traurige Berühmtheit auf seine Person wirft. Mehrere Einheiten der Waffen-SS, darunter auch das "Bataillon Peiper", wurden nach dem Krieg beschuldigt, beim Rückzug aus Charkow unzählige russische Kriegsgefangene ermordet zu haben*[93]*.
Im Sommer 1943 trat die SS-"*Leibstandarte*" im Verband des II. SS-Panzerkorps (Hausser) im Zuge der Operation "Zitadelle" gegen den Frontbogen von Bjelgorod an. Nach einer Woche schwerster Kämpfe geriet das "Bataillon

Peiper" in einen Frontalangriff russischer Panzerregimenter, wobei Sturmbannführer Peipers Schützenpanzer schwer getroffen wurde. Peiper war ernsthaft verwundet, seine Besatzung tot. Bereits von allen Seiten vom Feind eingeschlossen, brachte er das beschädigte Funkgerät wieder in Gang und gab seine Position durch. Wenige Stunden später kämpfte sich ein Stoßtrupp seines Bataillons zum Wrack vor und holte den verwundeten Kommandeur heraus! Neben den militärischen Erfolgen Peipers, er erhielt nach der Schlacht von Bjelgorod die Nahkampfspange in Silber, soll es auch hier erneut zu Verletzungen des Kriegsrechts in Form von Gefangenenerschießungen gekommen sein.
Im Herbst wurde die angeschlagene Division zur Auffrischung nach Norditalien verlegt, wo es unvermutet zu einem gefechtsmäßigen Einsatz kam. Hierbei war Sturmbannführer Peiper erwiesenermaßen an einem erneuten Kriegsverbrechen beteiligt. Während sein III. Bataillon an der Entwaffnung italienischer Truppen in Norditalien teilnahm (Italien hatte kurz zuvor die Fronten gewechselt), wurde seine Einheit durch Partisanen überfallen. Während des kurzen Feuergefechtes wurden zwei seiner Männer gefangengenommen und verschleppt. Nachdem ein am nächsten Tag eingeleiteter Befreiungsversuch gescheitert war, marschierte Peiper mit seinem Bataillon in das nahe gelegene Dorf Boves ein. Als "Vergeltungsaktion" wurden alle Häuser zerstört und 23 wehrlose Zivilisten erschossen!*[94]* Wenig später kehrte die Division wieder nach Russland zurück.
In den folgenden Monaten musste die SS-"*Leibstandarte*" schwere Verluste im Südabschnitt der Ostfront hinnehmen.
Nur durch ihre hervorragend motivierten und ausgerüsteten Verbände konnten trotzdem umfassende Erfolge bei Schitomir, Winniza, Fastow, Brussilow und Tarnapol erzielt werden. Dem stets in vorderster Linie kämpfenden Peiper wurde als 377. Soldaten und 24. Offizier der Waffen-SS das Eichenlaub verliehen, nachdem er mit seinen Männern in vier Wochen 100 russische Panzer, 16 LKW, 11 Artillerie- und 124 Pakgeschütze vernichtet hatte!
Im Dezember 1943 übernahm Joachim Peiper das ausgezeichnete und kampferprobte SS-Panzerregiment 1 der Division und führte es in den Gefechten bei Winniza, Tscherkassy, Tarnopol und Kamenez-Podolsk. Am 30. Jänner 1944 wurde Peiper zum Obersturmbannführer befördert.
Unmittelbar darauf wurde bei ihm im Zuge einer ärztlichen Untersuchung ein angeborener Herzmuskelfehler diagnostiziert - den deshalb verordneten Erholungsurlaub lehnte Peiper jedoch strikt ab und kehrte zu seinem Regiment zurück.

Unmittelbar nach der alliierten Invasion in Frankreich wurde die SS-"*Leibstandarte*" (Wisch) zusammen mit der SS-"*Das Reich*" an diese neue Front geworfen. Ihre große Schlagkraft sollten zur Eindämmung der Invasion beitragen. Nach schwersten Gefechten und einigen Abwehrerfolgen um Caen, Gagny, Avranches und Falaise-(Kessel) zog sich die angeschlagene Division kämpfend Richtung Westwall zurück. Im Spätherbst musste Peiper sein Regiment aufgrund einer schweren Gelbsucht für einige Zeit abgeben und sich in ein Lazarett begeben.
Im Winter 1944/45 führte Obersturmbannführer Peiper das (schwere) SS-Panzerregiment 1 in die Ardennenoffensive. Während dieser letzten deutschen Offensive im Westen stürmte das Elite-Regiment an der Spitze der Division durch die Eifel, eroberte Büllingen, Stavalot sowie Amb léve und nahm anschließend an der Panzerschlacht bei La Gleize teil. Im Laufe dieser Gefechte gehörte die mit den berüchtigten Königstigern (70 Tonnen) ausgerüstete "Kampfgruppe Peiper" zu den am weitesten vorgedrungenen Stoßkeilen der 6. SS-Panzerarmee (Dietrich).
Als am 24. Dezember der Rückzugsbefehl gegeben wurde, ließ der erneut verwundete Peiper die letzten treibstoffleeren Panzer und Fahrzeuge sprengen - zu Fuß erreichten seine Männer schließlich den Rest der sich zurückziehenden 6. SS-Panzerarmee.
Am 11. Jänner 1945 wurde Obersturmbannführer Peiper als 119. Soldat und 16. Angehöriger der Waffen-SS mit den Schwertern zum Ritterkreuz mit Eichenlaub beliehen. Neben seinen Erfolgen in Belgien wurden so auch noch seine langjährigen militärischen Verdienste in Russland honoriert.
Die letzten Kriegsmonate kämpfte Peiper mit seinem Regiment in Ungarn (Budapest, Plattensee) und Österreich (Wien).
Im Mai 1945 entzog sich Standartenführer (20.04.45) Peiper für einige Wochen der Gefangennahme, ehe er von einer US-Streife aufgegriffen wurde. Im August erfolgte seine Überstellung ins US-Gefängnis nach Freising, wo er mit der bevorstehenden Anklage als Kriegsverbrecher konfrontiert wurde.
Anklagepunkt waren erneute Gefangenenerschießungen, diesmal während der Ardennenoffensive! Peiper wurde der Hauptangeklagte im bereits mehrmals angesprochenen Malmedy-Prozess.
Am 17.12.44 hatte die "Kampfgruppe Peiper" während ihres Vormarsches mehrere Dutzend amerikanische Soldaten gefangengenommen, alle waren durch den Rückzug erschöpft, einige zusätzlich noch verwundet. Aus ungeklärter Ursache, laut Anklage auf Peipers Befehl, eröffneten die SS-Landser das Feuer und töteten so 71 Kriegsgefangene - so die alliierte Version. Peipers Bericht beinhaltete die ebenfalls mögliche Aussage, dass während eines Feuergefechtes an einer Straßenkreuzung die kriegsunerfahrene Besatzung einer US-Feuerstellung die Nerven verlor,

ihre Waffen wegwarf und die Flucht ergriff. Da die Deutschen das Feuer aber fortsetzten, wurden dabei mehrere der nun waffenlosen US-Soldaten getötet.
In einem anderen Bericht wird der Vorfall wiederum wie folgt geschildert. Der amerikanische Trupp hatte sich einer deutschen Vorhuteinheit nach kurzem Kampf ergeben und war von dieser entwaffnet worden. Wie durchaus üblich, waren die GIs dann - ohne Soldaten zur Bewachung abzustellen - nach hinten geschickt worden, wo sie von der Nachhut in Verwahrung genommen werden sollte. Als die Spitze der "Kampfgruppe Peiper" am nebligen Morgen auf diesen zurückmarschierenden Trupp traf, glaubten die SS-Landser jedoch an einen Angriff und eröffneten sofort das Feuer.
Was sich damals wirklich abgespielt hat, wird nie ans Tageslicht kommen.

Im Laufe seiner Inhaftierung bekam Joachim Peiper die von ihm selbst praktizierte, harte Linie zu spüren. Mehrmals sollen er und seine Männer durch US-Soldaten brutal gefoltert, geschlagen und beraubt worden sein. Ferner war von Dunkel- und Einzelhaft die Rede.
Am 16. Juli 1946 wurde Peiper mit seinen 72 Mitangeklagten (Zahl ähnlich der getöteten GIs!) abgeurteilt. Es ergingen 43 Todesstrafen sowie 22 lebenslängliche, 2 zwanzigjährige, 1 fünfzehnjährige und 5 zehnjährige Freiheitsstrafen. Obwohl Peiper und seine Männer mehr als 12mal(!) zum Galgen geführt wurden, wurde das Urteil nie vollstreckt.
Nachdem 1951 eine Begnadigung zu lebenslanger Haft erfolgt war, wurde Peiper bereits 1956 endgültig entlassen - für viele Fürsprecher und Unparteiische ein US-Eingeständnis seiner Unschuld. Die Scheinhinrichtungen und die spätere Begnadigung werfen heute berechtigte Zweifel an Peipers Schuld auf. Peiper wurde durch die US-Presse aber immer noch als der "Kriegsverbrecher Nummer Eins" bezeichnet.
1965 wurden gerichtliche Voruntersuchungen über die Geschehnisse in Boves eingeleitet. Wie im Falle vieler solcher Verfahren sprach die Anklage ausschließlich von der Tötung unbeteiligter Zivilisten, wo hingegen Peiper und sein Verteidiger von bewaffneten Partisanen sprachen. Beide Seiten legten mehr oder weniger aussagekräftige Beweise vor, so dass die Staatsanwaltschaft Stuttgart das Verfahren schließlich ergebnislos abbrechen musste. Dies führte zu heftigsten italienischen Protesten.

1970 ließ sich Joachim Peiper, inzwischen Vater dreier Kinder, unerkannt in Frankreich(!) nieder.
Nachdem ehemalige Untergrundkämpfer ihn erkannt hatten, begann eine massive Hetz- und Pressekampagne gegen ihn. In der Nacht des französischen Nationalfeiertages wurde sein Haus in Traves (Haute-Saóne) schließlich von mehreren Unbekannten gestürmt - nach einem kurzen Kampf, bei dem Peiper vermutlich bereits getötet wurde, ging das Haus in Flammen auf. Eine französische Untergrundorganisation mit Namen "Les Vengeurs" (Die Rächer) bekannte sich später zu dem Überfall. Die Täter wurden nie gefasst.
Peiper wurde in Schondorf am Ammersee beigesetzt.

Anmerkung des Autors:

Es steht mir nicht zu, über Peipers Schuld oder Unschuld zu urteilen. Doch darf in einer Biographie – wie früher leider oft geschehen – nicht nur eine Seite der Geschichte erzählt und eine andere hingegen beschönigt oder ganz verschwiegen werden.

Generalmajor

DIETRICH PELTZ

* 09.06.1914 in Gera/Thüringen
+ 10.08.2001 in München

Ritterkreuz		14.10.1940
Eichenlaub	(046)	31.12.1941
Schwerter	(031)	23.07.1943

Frontflugspange für Kampfflieger in Gold mit Anhänger Einsatzzahl "300"
Nennung im Wehrmachtsbericht
Flugzeugführer- und Beobachterabzeichen in Gold mit Brillanten

---

"Mit 29 Jahren bereits General der Kampfflieger!"

Als Dietrich Peltz im Mai 1944 als Kommandierender General des IX. Fliegerkorps zum Generalmajor befördert wurde, war er einer der jüngsten Generäle der gesamten Wehrmacht. Im Alter von 29 Jahren befehligte er tausende von Männern und hunderte Maschinen. Dieses in ihn gesetzte Vertrauen des OKL sagte mehr aus, als jede ihm verliehene Auszeichnung. Er war weiters wohl einer der wenigen Piloten, die als Jagd-, Stuka- und Kampfflieger ausgebildet worden waren.

Peltz war bereits mit 18 Jahren Inhaber des Flugzeugführerscheins, nach dem Abitur trat er 1934 in die Wehrmacht ein und diente anfangs als Kradschütze in einer Kraftfahrabteilung. Während er an der Kriegsschule München ausgebildet wurde, erfolgte die Versetzung zur Luftwaffe. Nachdem er 1936 seine Ausbildung zum Jagdflieger abgeschlossen hatte, wurde sein Geschwader auf die Ju-87 Stuka umgerüstet. Kurz vor Kriegsbeginn nahm Oberleutnant Peltz als Staffelkapitän am Manöver in Neuhammer teil - er gehörte zu jenen glücklichen Besatzungen, die den Sturzflug rechtzeitig abbrechen konnten und so den "Schwarzen Tag von Neuhammer" überlebten*[54]*.
Während des Polenfeldzuges flog Peltz als Kapitän der 1. Staffel des Stukageschwaders 76 viele Einsätze zur Unterstützung des Heeres. Für die hier gezeigten Leistungen erhielt er bereits 1939 das Eiserne Kreuz 1. und 2. Klasse verliehen! Im Frühjahr 1940 verlegte Peltz mit seinem Geschwader an die Westfront. Im Mai flog er Angriffe gegen belgische Bunkerlinien, unterstützte die Landung von Fallschirmjägern in Holland und bombardierte französische Truppenmassierungen bei Sedan. Als in den schweren Luftkämpfen ein Kamerad abgeschossen wurde, aber mit dem Fallschirm aussteigen konnte, zögerte der junge Offizier keine Sekunde. Er schnappte sich einen Fiesler Storch, flog mit dieser unbewaffneten Maschinen hinter die Frontlinie und holte den verwundeten Piloten heraus!
Im weiteren Dauereinsatz schrieb der verwegene Flugzeugführer am großen Waffenruhm der Stuka mit. Während der Schlacht um Dünkirchen stürzte er mit seiner Gruppe gegen britische Schiffe vor der Küste. Eine besondere Auszeichnung für Peltz war das Gesamtergebnis seiner 1. Staffel - in mehr als 100 Einsätzen über Polen, Belgien und Frankreich war nicht ein Pilot der Einheit ums Leben gekommen!
Nach dem Frankreichfeldzug wurde Peltz zur Kampffliegerei versetzt und auf die Junkers Ju-88 umgeschult. Sein Kommodore, der spätere Eichenlaubträger Oberstleutnant Oskar Dinort, verlor den hervorragenden Stukapiloten nur sehr ungern. Als Flugzeugführer im Geschwaderstab des Kampfgeschwaders 77 (I. Fliegerkorps) erlebte Peltz die schweren Einsätze gegen das britische Festland. In vielen Tag- und Nachteinsätzen bekam er die Entschlossenheit der Royal Air Force zu spüren. Nachdem er sich auch als Bomberpilot wiederholt bewährt hatte, erhielt er bereits im Oktober 1940 als 32. Kampfflieger des Krieges das Ritterkreuz zum Eisernen Kreuz verliehen!

Während viele Bomberverbände nach Beendigung der Hauptschlacht um England vom Kanal abgezogen und nach Deutschland rückverlegt wurden, blieb Peltz mit seiner Gruppe in Frankreich. Bis zum Sommer 1941 flog er andauernd gegen britische Flugzeugfabriken, Werften und Flugplätze. Mehrmals wurde seine Maschine durch Flak beschädigt, der ausgezeichnete Pilot schaffte jedoch immer einen glatten Rückflug. Im März 1941 wurde Hauptmann Peltz bereits

zum Kommandeur der II. Gruppe des Geschwaders ernannt und für die Eröffnung des Russlandfeldzuges an die Ostgrenze verlegt.
Im Nordabschnitt der Russlandfront flog er taktische Angriffe gegen die Bahnlinie Moskau-Leningrad, griff Nachschubwege und Schleusenanlagen an und führte strategische Aufklärung durch. Während seines Einsatzes an der Ostfront beeindruckte Peltz seine Vorgesetzten außerdem durch einen ausgezeichneten Vorschlag. Im Gegensatz zu den herkömmlichen Großverbandangriffen wollte er kleine Verbände in sogenannten Punktzielangriffen einsetzen. Und tatsächlich erreichte er mit weniger Maschinen unter geringeren Verlusten viel bessere Trefferquoten als mit der alten Taktik! Diese und andere gute Vorschläge führten im Oktober 1941 zu seiner Versetzung in den Luftwaffenstab nach Deutschland. Im Dezember wurde Peltz nach 250 Feindflügen als erst 46. Soldat, 25. Luftwaffenangehöriger und 2. Kampfflieger des Krieges rückwirkend mit dem Eichenlaub zum Ritterkreuz dekoriert.
Sein Schwager war übrigens der ebenfalls mit dem Eichenlaub dekorierte Oberstleutnant Hans-Karl Stepp, welcher u.a. 1944 das Elite-Schlachtgeschwader "*Immelmann*" kommandierte.
In den folgenden Besprechungen mit hohen Luftwaffenoffizieren erwirkte Peltz die dringend nötige Gründung der Verbandsführerschule. So begegnete man der zunehmend schlechter werdenden Ausbildung der zukünftigen Staffelführer, der zum Major beförderte Peltz wurde erster Kommandeur dieser neuen Einrichtung.
Im Herbst 1942 übernahm er die I. (Spezial-)Gruppe/KG 66 in Nordfrankreich. Dieser Sonderverband bekämpfte mit den ersten einsatzfähigen Raketenbomben die alliierten Geleitzüge im Eismeer und später die alliierte Invasionsflotte vor Marokko. Die später größten Erfolge dieser neuen Waffe sollte die spektakuläre Versenkung des italienischen Schlachtschiffes *Roma* (nach Übertritt Italiens) sowie die schwere Beschädigung des britischen Schlachtkreuzes *Warspite* vor Salerno sein.
Nachdem sich der junge Kommandeur abermals bewährt hatte, wurde er zum Oberstleutnant befördert. Im Winter 1942 war Peltz nach einer steilen Karriere bereits Oberst im Generalstab der Luftwaffe!

Als 1942/43 auf höchsten Befehl ein Generationswechsel in der Luftwaffen-Kommandoebene vorgenommen wurde, löste Oberst Peltz im Jänner 1943 den Weltkriegsveteranen Johannes Fink als General der Kampfflieger ab! Trotz des großen Drucks seiner Vorgesetzten und der vielen in ihn gesetzten Erwartungen meisterte der junge Offizier auch diese Herausforderung mit Bravour. Für seine tiefgreifenden Veränderungen und seine ausgezeichnete Stabsarbeit erhielt er am 23. Juli 1943 als 31. Soldat und 3. Kampfflieger die Schwerter zum Ritterkreuz mit Eichenlaub verliehen. Zu dieser Zeit trug Peltz bereits das seltene Flugzeugführerabzeichen in Gold mit Brillanten.
Als Hitler kurz darauf verstärkten Druck gegen die britische Industrie verlangte, bestellte Göring den jungen Oberst zusätzlich zu seinem Posten als General der Kampfflieger zum sgn. Angriffsführer England. Mit drei Geschwadern sollte Peltz nun britische Fabriken und Flugplätze attackieren, dem alliierten Bomberkorps Verluste am Boden zufügen und außerdem noch den Nachschub über See bekämpfen! Seine starke rechte Hand für die Operationsplanung wurde sein neuer Stabschef (Ia) Oberst i.G. Rudolf Müller, der als Frontkommandeur selbst 380 Feindflüge durchgeführt hatte und das Ritterkreuz trug.
Aufgrund seiner fliegerischen Fähigkeiten darauf angesprochen, nahm Oberst Peltz im Dezember 1943 ein Angebot war, die noch in der Testphase, sagenumwobene Messerschmitt Me-262 zu fliegen. Von seiner Meinung sollte es mit abhängen, ob die Düsenmaschine nur als Jäger oder auch als Bomber eingesetzt werden würde.
In der Nacht vom 18./19. Jänner 1944 führte Oberst Peltz seine erste große Aktion als Angriffsführer England durch, aufgrund seiner hohen Dienststellung erhielt Peltz selbst jedoch Feindflugverbot. Im Zuge des Unternehmens "Steinbock" flogen 180 deutsche Bomber einen erfolgreichen Vergeltungsangriff gegen London, ein weiterer Angriff zwei Tage darauf war nur teilweise erfolgreich. Im Gegensatz zur USAAF und RAF hatten die deutschen Verbände zwar einen kurzen Anflugweg, verfügten jedoch über viel zu wenige schwere Bomber.
So waren einige vielversprechende Bomberprojekte schon 1942/43 eingestellt worden, so etwa die Junkers Ju-288 oder die Dornier Do-317. Die Heinkel He-177 war mit technischen Problemen belastet, die nachfolgende viermotorige He-277 konnte zwar 4.500 Kilogramm Waffenlasten tragen, wurde jedoch nur unzureichend produziert. Und so flogen die Kampfgeschwader meist auf veralteten Mustern, die nur als mittlere Bomber einzustufen waren.
Mit stärkeren Kräften hätte Peltz vielleicht mehr ausrichten können - denn zu dieser Zeit war Südengland mit jener überdimensionalen alliierten Streitmacht überfüllt, die nur zwei Monate darauf in der Normandie landen sollte.
Anfang April 1944 führte das IX. Fliegerkorps den letzten Angriff gegen Industrieziele durch, um in den nächsten Wochen vermehrt gegen Hafenanlagen entlang der Südküste eingesetzt zu werden - so warfen in der Nacht vom 23./24. April 117 Bomber ihre Last über Bristol ab. Die Erfolge, die unter unersetzlichen Verlusten erkauft wurden, schmerzten einen Gegner jedoch nur wenig, dessen Fabriken und Werften pro Woche tausende und abertausende Tonnen Waffen, Munition und Kriegsgerät produzierten. Die Alliierten nannten diese mit nur schwachen Kräften geführte Luftoffensive der Deutschen höhnisch "Babyblitz" - gemeint als Herabsetzung des berühmten Schlagwortes Blitzkrieg.

Am 1. Mai 1944 erfolgte zur großen Überraschung aller Beteiligten die Beförderung des erst 29jährigen Peltz zum Generalmajor - ähnlich wie bei Adolf Galland wollte man diesen hohen Dienstrang für die junge, kampferfahrene Generation öffnen und "etwas Schwung in die Sache bringen" (Ausspruch Görings).
Ab Juni mussten die Kampffliegerverbände der Westfront zusätzlich zu ihren Einsätzen gegen England auch Heeresunterstützungs-Einsätze im Kampf gegen die gelandeten anglo-amerikanischen Truppen in Frankreich fliegen.
Während der Ardennenoffensive 1945 kommandierte Peltz das II. Jagdfliegerkorps, dem Angriffsverbände für die Operation "Bodenplatte" unterstellt wurden. Viele Verluste während des Unternehmens wurden tragischerweise von der eigenen Flak verschuldet, die man vergessen hatte zu informieren! Unter den vielen unnötig gefallenen oder verwundeten Jagdfliegern befanden sich auch mehrere Veteranen aus höheren Kommandoebenen, die nicht mehr zu ersetzen waren: 3 Geschwaderführer, 6 Gruppenkommandeure und 11 Staffelkapitäne zählten zu den Gefallenen und Verwundeten! Der abgeschossene Schwerterträger und Spanienveteran Oberst Ihlefeld konnte als einer der wenigen sicher notlanden.
Noch im März 1945 wurde Peltz als Nachfolger von Schwerterträger Oberst Herrmann Inspekteur der Reichsverteidigung. Nach einer langen und steilen Karriere, die ihm vom einfachen Flugzeugführer über den Staffel- und Gruppenkommandeur bis hin zum General gebracht hatte, begab sich Dietrich Peltz, zuletzt auch noch Kommandeur des I. Fliegerkorps, im Mai 1945 in westalliierte Gefangenschaft. Anders als viele seiner ehemaligen Kameraden trat er später nicht wieder in die Bundesluftwaffe ein.
1999 feierte Peltz seinen 85. Geburtstag, zwei Jahre darauf verstarb er.

Oberstleutnant

HANS PHILIPP

* 17.03.1917 in Meißen/Sachsen
+ 08.10.1943 bei Nordhorn/Westfront

Ritterkreuz		22.10.1940
Eichenlaub	(033)	24.08.1941
Schwerter	(008)	12.03.1942

Frontflugspange für Jäger in Gold mit Anhänger Einsatzzahl "500"
Flugzeugführer- und Beobachterabzeichen
Fünfmalige Nennung im Wehrmachtsbericht
Ehrenpokal der Luftwaffe
Deutsches Kreuz in Gold
Verwundetenabzeichen in Bronze

"Der ritterliche Zweikampf war seine Passion"

Der in Sachsen als Sohn eines später im Ersten Weltkrieg gefallenen Armeearztes geborene Hans Philipp wurde nach seinem Eintritt in die Luftwaffe 1936 zuerst zum Stuka- und dann zum Jagdflieger ausgebildet. In der Luftkriegsschule Berlin-Gatow diente er u.a zusammen mit den späteren Schwerterträgern Lent (Nachtjäger) und Baumbach (Kampfflieger) im einem Lehrgang.
Nach längerer Dienstzeit im Jagdgeschwader 138 wurde Leutnant Philipp in die selbständige Jagdgruppe 76 versetzt. Nachdem er mit einem polnischen Jäger seinen ersten Luftsieg erzielt hatte, erlebte er als Flugzeugführer die Luftkämpfe über Belgien und Frankreich. Einer der Staffelführer dieses Verbandes war der damalige Oberleutnant Dietrich Hrabak*[30]*. Nach sieben Luftsiegen über dem Kontinent und weiteren Erfolgen über England und dem Ärmelkanal wurde Philipp, bereits Träger des Eisernen Kreuzes 1. Klasse, im Herbst 1940 ins Jagdgeschwader 54 "*Grünherz*" versetzt, wo er als Oberleutnant (01.06.40) die 4. Staffel übernahm. Nach pausenlosen Einsätzen gegen die RAF erhielt Philipp im Alter von 23 Jahren für 20 bestätigte Luftsiege das begehrte Ritterkreuz und kurz zuvor einen Ehrenpokal verliehen. Über 100mal war der Jagdflieger über England im Einsatz.
Während des Balkanfeldzuges siegte Philipp über zwei jugoslawische Piloten, die - wie auch er - Jagdmaschinen vom Typ Me-109 flogen. Diese waren vor Kriegsausbruch an den Balkanstaat verkauft worden.
Während der ersten Phase des Russlandfeldzuges führte Philipp unter dem berühmten Geschwaderkommandeur Major Trautloft*[64]* erneut die 4. Staffel. Die 7. Staffel wurde kurze Zeit darauf vom jungen Leutnant Max-Hellmuth Ostermann übernommen, später ebenfalls Träger der Schwerter.
Im Südabschnitt der Ostfront eingesetzt, entwickelte Philipp eine herausragende Führungshand und ausgezeichnete kämpferische Qualitäten. Bereits im August 1941, knapp drei Monate nach dem Beginn des Ostfeldzuges, konnte der als sehr gefühlvoller Flieger bekannte Philipp nach 370 Feindflügen bereits seinen 62. Luftsieg melden. Im August erhielt er dafür in Berlin das erst 33. Eichenlaub zum Ritterkreuz überreicht. Unter seinen Kameraden genoß er den Ruf eines ausgezeichneten Schützen und echten Könners im flugtaktischen Bereich.

Als im Frühjahr 1942 der Eichenlaubträger Hauptmann Franz Eckerle nach 59 Luftsiegen fiel, übernahm der erst 24jährige Philipp als sein Nachfolger das Kommando über die I. Gruppe des Geschwaders.
Philipp reihte Sieg an Sieg und stieg innerhalb kürzester Zeit in die Spitzengruppe der deutschen Fliegerasse auf. Am 12. März erhielt er nach 86 Abschüssen als erst 8. Soldat und 6. Jagdflieger die Schwerter zum Ritterkreuz verliehen. Noch im selben Monat erreichte der junge Gruppenkommandeur nach Werner Mölders, Günther Lützow und Walter Oesau als erst vierter Jagdflieger der Welt die magische Marke von 100 Luftsiegen! Im Juni wurde er zum dritten Mal im Wehrmachtsbericht genannt.
Während der folgenden Monate flog Hauptmann Philipp weiter sehr erfolgreich an der Ostfront - am 30. Dezember unterlagen acht, am 12. Jänner sieben Luftkampfgegner. Der 130. Gegner unterlag am 14. Jänner, der 150. bereits wenige Tage später! Im März 1943, ein Jahr nach der Schwerterverleihung, konnte sein 1. Wart bereits den 200.

Abschussbalken an das Leitwerk seiner Me-109 malen. Nach Hermann Graf war der Gruppenkommandeur das erst zweite Mitglied im sogenannten "Klub 200" *[05]*!
Innerhalb des Geschwaders kursierten in Folge heftige Gerüchte über eine bevorstehende Brillantenverleihung. Diese wäre sicherlich auch berechtigt gewesen - doch es kam leider nicht dazu.
Als Philipp an seinem 26. Geburtstag seinen 203. bestätigten Luftsieg erreichte, überholte er den Brillantenträger Graf und übernahm erstmals die Position des treffsichersten und erfolgreichsten Jägers der Welt! Seine letzten 80 Luftsiege hatte der Sachse innerhalb von nur 78 Tagen erzielt! Am 7. März waren ihm neun Luftkampfgegner unterlegen. Trotz seiner großen Erfolge gehörte Hans Philipp jedoch nicht zu jenen Jagdfliegern, die von der deutschen Propagandamaschine massiv aufgegriffen wurden.
Am 1. April 1943 wurde der Luftkampfspezialist zum Major befördert, an die Westfront versetzt und mit der Führung des Jagdgeschwaders 1 beauftragt, die Heimatflugplätze lagen zu dieser Zeit in Holland. Nach einiger Zeit erfolgte die vorgezogene Beförderung zum Oberstleutnant.
Aufgrund seines Wesens und seiner Erfahrung erwies sich Philipp als ausgezeichneter Kommodore. Im Kampf gegen die schweren amerikanischen Bomber über Deutschland erzielten er und seine Piloten beachtliche, aber hoch erkaufte Erfolge. Aufgrund seiner hohen Dienststellung flog Philipp aber nur noch selten Kampfeinsätze, so folgten bis zum Oktober 1943 nur noch drei weitere Luftsiege.
In der Rolle des Abfangjägers fühlte sich der Geschwaderkommodore überdies nicht wohl - den Angriff auf einen riesigen, starr vor sich hin fliegenden Bomberverband sah er nicht als Herausforderung. "Das ist ja wie auf ein Scheunentor schießen", sagte er immer abwertend. Philipp war der Florettfechter unter den Jägern - der nervenaufreibende Kurvenkampf gegen wendige Jäger und das Schießen mit großem Vorhaltemaß waren seine wahre Passion!

Am 8. Oktober 1943 führte Oberstleutnant Philipp eine seiner Gruppen gegen einen großen Boeing B-17-Bomberpulk mit starkem Jagdschutz. Während der Hauptteil die gefährlichen Bomber attackierte, versuchte der Geschwaderkommodore mit einigen seiner Piloten die Begleitjäger in Schach zu halten. Doch der Gegner war - wie immer - zahlenmäßig überlegen, Philipps Katschmarek wurde durch eine "Thunderbolt" abgeschossen, der Geschwaderkommodore in eine wilde Kurbelei verwickelt.
Von mehreren feindlichen Jägern in die Zange genommen und abgedrängt, geriet Oberstleutnant Philipp in einen Geschosshagel - nach schweren Treffern stürzte seine Maschine schließlich brennend ab. Einigen Augenzeugenberichten zur Folge konnte Philipp seine Fw-190 noch verlassen, sein Fallschirm öffnete sich jedoch nicht oder wurde gar nicht mehr gezogen! Philipp fiel nach über 500 Einsätzen, sein letztes Opfer war eine B-17 "Flying Fortress" gewesen.
Sein Nachfolger als Kommodore wurde der knallharte Spanienveteran und Schwerterträger "Gulle" Oesau, der jedoch im Mai 1944 ebenfalls den Fliegertod fand. Am 12. Oktober wurde Philipps Tod im Wehrmachtsbericht bekanntgegeben. Die Luftwaffe büßte durch seinen Tod einen ihrer besten Jagdflieger und Verbandsführer ein.
Zum Zeitpunkt der Kapitulation, zwanzig Monate nach seinem Tod, stand Philipp mit 206 Siegen noch immer an der ausgezeichneten elften Stelle unter den Besten der Besten. 25 seiner Siege hatte er gegen westalliierte Piloten errungen.

Generalleutnant

GEORG-WILHELM POSTEL

* 25.04.1896 in Zittau/Sachsen
+ 20.09.1953 in Schachty/UDSSR

Ritterkreuz		09.08.1942
Eichenlaub	(215)	28.03.1943
Schwerter	(057)	26.03.1944

Infanteriesturmabzeichen
Dreimalige Nennung im Wehrmachtsbericht
Deutsches Kreuz in Gold
Kriegsverdienstkreuz mit Schwertern
Verwundetenabzeichen in Silber

"1944 in sowjetische Kriegsgefangenschaft geraten"

Der Sachse Georg-Wilhelm Postel trat unmittelbar nach Ausbruch des Ersten Weltkrieges in die kaiserlich-deutsche Armee ein und wurde Fahnenjunker im Infanterieregiment 14. Mit diesem Regiment an der Grabenfront im Westen eingesetzt, erhielt Leutnant Postel für seinen tapferen Einsatz beide Klassen des Eisernen Kreuzes verliehen und wechselte schließlich ins Infanterieregiment 134. Nach der Kapitulation in die Reichswehr übernommen, wurde Postel 1925 im Infanterieregiment 11 zum Oberleutnant und 1935 zum Major befördert. Ein Jahr darauf wurde er als Taktiklehrer an die Infanterieschule München versetzt. Sein ausbilderisches Können führte auch dazu, dass Oberstleutnant Postel im Jänner 1940 zum Kommandeur der Infanterie-Lehrdivision Königsbruck ernannt wurde, nachdem er sich im Polenfeldzug als Bataillonskommandeur im Infanterieregiment 109 bewährt hatte.

Am 30. April 1940 wechselte Postel an die Spitze des I. Bataillons im Infanterieregiment 362 der neu gebildeten 161. Infanteriedivision. Seine Division kämpfte ab Mai unter dem Oberbefehl der Heeresgruppe A (XXXI. Armeekorps) in Frankreich, wo Offensiveinsätze in Belgien und Luxemburg Erfolge brachten. Im Juni wurde Postels Regiment nördlich von Metz in Stellung befohlen, später kämpfte es vor Nancy. In diesem Gebiet konnten mehrere französische Divisionen abgeschnitten und zur Kapitulation gezwungen werden. Während des Balkanfeldzuges nicht zum Einsatz gekommen, gehörte die 161. ID im Juli 1941 zum VIII. Armeekorps der 9. Armee, die unter dem Oberbefehl der Heeresgruppe Mitte (von Bock) zum Ostfeldzug antrat. Zwei Wochen vor Beginn der Operation "Barbarossa" übernahm Oberstleutnant Postel das Infanterieregiment 364 der Division.
Der Verband kämpfte im Sommer im nördlichen Bialystok-Bogen, bei Grodno, während der Kesselschlacht von Minsk sowie während den Offensiven entlang der "Moskauer Rollbahn". Nach den überstandenen Winterschlachten westlich von Moskau zeichnete sich Postel im hartumkämpften Frontbogen von Wjasma-Rshew als umsichtiger und taktisch klug vorgehender Regimentskommandeur aus. Von seinen Vorgesetzten wurde der am 1. Dezember 1941 zum Oberst beförderte Postel als "außergewöhnlicher Soldat mit höchstem persönlichen Einsatz" beschrieben, der "von seinen Landsern förmlich vergöttert wird" (Wortlaut Beurteilung). Seine militärischen Leistungen wurden im Februar 1942 mit dem Deutschen Kreuz in Gold und im September mit dem Ritterkreuz gewürdigt.
Am 1. Jänner 1943 wurde der frisch beförderte Generalmajor Georg-Wilhelm Postel zum Kommandeur der 320. Infanteriedivision ernannt, die eben erst von Frankreich nach Russland verlegt worden war. Bereits im Februar hatte die Division unter dem Kommando der "Armeegruppe Lanz" bei Isjum schwere Abwehrschlachten und erste Verluste zu überstehen.
Im März trat die Division im Verband der "Armeegruppe Kempf" zusammen mit Elite-Einheiten der Waffen-SS zum Sturm gegen das kurz zuvor aufgegebene Charkow an. In schwersten Gefechten konnten umfassende Einheiten der Roten Armee geschlagen und vernichtet werden, die Wiedereinnahme von Charkow war ein Verdienst der Schwerterträger Hermann Hoth, Paul Hausser und Otto von Knobelsdorff. Generalmajor Postel, im Februar im Wehrmachtsbericht genannt, erhielt für die hervorragende Führung seiner tapferen Division das 215. Eichenlaub zum Ritterkreuz verliehen. Im Zuge der sowjetischen Gegenoffensive wurde Postels Division jedoch von starken

Panzerverbänden überflügelt und von den Nachbarverbänden abgeschnitten. Durch massive Ausfälle und die taktische Situation war die Division von der Vernichtung bedroht!
Am nächsten Tag konnte jedoch eine gepanzerte Kampfgruppe der Elite-SS-Division "*Leibstandarte*", kommandiert vom späteren Schwerterträger Sturmbannführer Joachim Peiper, den russischen Umklammerungsring durchbrechen und zur abgeschnittenen Division vordringen. Mit Hilfe des SS-Verbandes konnte Postel seine abgekämpfte Division, Teile des schweren Materials und ausnahmslos alle Patienten des Divisions-Hauptlazaretts aus der Gefahrenzone evakuieren. Peiper erhielt für diese Aktion das Ritterkreuz.

Im Sommer 1943 führte Postel die 320. ID im Verband der 4. Panzerarmee (Hoth) im Zuge der "Operation Zitadelle" im Frontbogen von Kursk an. Im Laufe der Offensive kämpften seine Regimenter in der "Armeegruppe Kempf" im südlichen Frontabschnitt bei Bjelgorod, wo es zu den erbittertsten Panzerschlachten des gesamten Krieges kam. Nach weiteren Abwehrkämpfen und schmerzlichen Verlusten verlegte die Division im Herbst 1943 zur 8. Armee, mit der sie erneut bei Charkow und vor Krementschug kämpfte.
Im März 1944 wurde aus der 320. ID, der kampfstarken 2. Fallschirmjägerdivision (Kroh) sowie Teilen der 76. ID die "Gruppe Postel" gebildet und im Zentrum der neuen 6. Armee eingesetzt.
Als sich Generalleutnant (01.09.43) Postel mit dieser Armeegruppe während der Abwehrschlacht von Kirowograd erneut als erstklassiger und erfolgreicher Frontkommandeur auszeichnete, erhielt er als 57. Soldat, 24. Heeresoffizier und erst 8. Divisionskommandeur die Schwerter zum Ritterkreuz mit Eichenlaub verliehen.
Im Laufe der nächsten Monate kämpfte die 320. Infanteriedivision erneut am Bug, bei Kischinew, Golta, Balka und am Dnjepr.
Im Sommer wurden der Mittel- und Südabschnitt von schweren sowjetischen Offensiven erschüttert, welche die deutschen Truppen weit zurücktrieben. Am 16. Juli 1944, die Kämpfe erreichten gerade ihren Höhepunkt, wurde Generalleutnant Postel mit der Übernahme des XXX. Armeekorps beauftragt. Das durch schwere Verluste ausgeblutete Korps nahm wochenlang an Rückzugsschlachten teil. Unter dem Oberbefehl des hierfür mit den Brillanten beliehenen GFM Walter Model wurde entlang der ostpreußischen Grenze wieder eine durchgehende Abwehrfront geschaffen.
Am 30. August, die deutsche Front war durch starke sowjetische Offensiven erneut in Bewegung, wurde das XXX. Armeekorps stark getroffen und teilweise vernichtet. Generalleutnant Postel wurde bei den Kämpfen schwer verwundet und mit einem Lungendurchschuss sowie Splitterverletzungen am rechten Arm in ein Feldlazarett gebracht. Als dieses von russischen Truppen überrannt wurde, geriet er in Kriegsgefangenschaft. Somit war der Korpskommandeur neben Otto Kretschmer, Kurt Meyer, Reiner Stahel, Ludwig Heilmann und Kurt Bühligen einer von sechs Schwerterträgern, die bereits vor den letzten Kriegswochen in Gefangenschaft gerieten.
Postel sollte seine Heimat nie wiedersehen. Nach neun Jahren verstarb der hochdekorierte Generalleutnant in einem der unzähligen russischen Straflager an den Folgen einer schweren Lungen-Tuberkolose. Wenige Tage zuvor hatte er von seiner bevorstehenden Entlassung in die Heimat erfahren.

Oberst

JOSEF PRILLER

* 27.06.1915 in Ingolstadt/Bayern
+ 20.05.1961 in Böbing

Ritterkreuz		19.10.1940
Eichenlaub	(028)	20.07.1941
Schwerter	(073)	02.07.1944

Frontflugspange für Jäger in Gold mit Anhänger Einsatzzahl "300"
Flugzeugführer- und Beobachterabzeichen
Zweimalige Nennung im Wehrmachtsbericht
Deutsches Kreuz in Gold
Verwundetenabzeichen in Bronze

"Mit zwei Maschinen über dem Invasionsstrand!"

Priller diente erst als Fahnenjunker im Infanterieregiment 19, ehe er 1936 in die Luftwaffe wechselte. Hier wurde "Pips", wie er bald von seinen Kameraden und Freunden genannt wurde, zum Jagdflieger ausgebildet und 1937 zum Leutnant befördert. Wenige Wochen vor Beginn des Zweiten Weltkrieges wurde er in das vom Pour-le-Mérite-Oberst Theo Osterkamp (32 Siege im 1. Weltkrieg) geführte Jagdgeschwader 51 versetzt.
Seinen Wechsel zur Luftwaffe hatte er übrigens zusammen mit seinem besten Freund im IR 19, Robert-Georg von Malapert-Neufville, gewagt. Dieser flog später erfolgreich als Stukapilot und erhielt nach seinem Tod im Mai 1942 postum das Eichenlaub verliehen.
Während des Frankreichfeldzuges als Kapitän der 6. Staffel bereits sechsmal gegen britische und französische Maschinen erfolgreich, flog der mit dem Eisernen Kreuz 1. Klasse beliehene Priller in der brenzligen Phase der Luftschlacht um England unter Major Mölders. Durch sein fliegerisches Feingefühl und seine beeindruckende Treffsicherheit erreichte er bereits im Oktober 1940 seinen 20. Luftsieg, wofür er das Ritterkreuz entgegennehmen konnte. Wenige Wochen später wurde Oberleutnant Priller Kapitän der 1. Staffel des Jagdgeschwaders 26 "*Schlageter*", das vom bekannten Adolf Galland kommandiert wurde.

In den kommenden Monaten flog Priller über dem Ärmelkanal und dem Süden Englands Jagd- und Geleitschutzeinsätze, wobei er wiederholt mit beschädigter Maschine vom Einsatz zurückkehren konnte. Im Sommer 1941 konnte sein 1. Wart den bereits 39. Abschussbalken am Leitwerk seiner Me-109 anbringen - damit gehörte Josef Priller in der Bekämpfung der Royal Air Force zur Spitzengruppe.
Während der Luftschlacht um England kam es zu einer Begebenheit, die ohne Übertreibung als eine der kuriosesten der deutschen Luftkriegsgeschichte bezeichnet werden kann. Am 24. August eskortierte "Pips" Priller zusammen mit einem weiteren Me-109-Piloten eine zur Seerettung eingesetzte Heinkel He-59 nahe der französischen Kanalküste, als sein Rottenflieger irrtümlich durch einen eigenen(!), übereifrigen Jagdflieger für einen Briten gehalten, angegriffen und schwer zusammengeschossen wurde! Der die qualmende Maschine steuernde Feldwebel Delfs war ernsthaft verwundet, konnte seine Me-109 jedoch wieder unter Kontrolle bringen und steuerte das französische Hinterland an. Von Priller eskortiert, gelang Delfs schließlich der Absprung mit dem Fallschirm - doch wie es das Unglück wollte, landete der nun schon bewusstlose Flieger genau auf den Schienen einer Eisenbahnlinie! Und justament in dieser Minute näherte sich ein Zug!
Prillers Handeln war einzigartig - er drückte seine Me-109 auf nur wenige Meter über den Boden und donnerte dem sich nähernden Zug entgegen. Als dieser seine Fahrt aber nicht verlangsamte und Delfs noch immer regungslos auf den Gleisen lag, wiederholte "Pips" seinen Anflug und eröffnete aus allen Rohren das Feuer in Richtung der Lokomotive! Diesmal mit Erfolg.
Wenige Meter vor seinem verwundeten Kameraden stoppte der Zug schließlich, Feldwebel Delfs wurde in ein Lazarett gebracht und überlebte. Eine wirklich verrückte, aber wahre Geschichte!
Nach zwei weiteren Luftsiegen erhielt der Staffelkapitän das 28. Eichenlaub zum Ritterkreuz verliehen. Nach Adolf Galland und Joachim Müncheberg war er der bereits dritte Eichenlaubträger des Geschwaders!

Der erstklassige Flieger und Hauptmann (06.12.41) übernahm im Winter 1941 die ausgezeichnete III. Gruppe des "*Schlageter*"-Geschwaders. Die folgenden Monate brachten schwere Einsätze gegen das immer stärker werdende RAF-Bombercommand und dessen Jagdschutz, später galt es zusätzlich gegen die US-Army Air Force anzutreten. Im März 1942 stand sein Konto bei 60 Siegen, bis Jahresende war der Gruppenkommandeur bereits 85mal über westalliierte Piloten siegreich geblieben! Im Mai und Juni wurde Priller zweimal im Wehrmachtsbericht genannt.
Als Prillers Gruppe im Sommer 1942 mit den neuen Focke Wulf Fw-190 ausgerüstet wurde, stiegen die Abschussquoten noch mal rapide an. So konnten die Piloten während eines Abfangeinsatzes am 1. Juli ohne eigene Verluste über 20 britische Bomber abschießen!
Seine eigene Fw-190 hatte Priller mit dem Schriftzug „Jutta", dem Namen seiner Frau, verzieren lassen.

Das Jagdgeschwader 26 bildete 1942/44 die erste Linie der deutschen Luftraumverteidigung in Frankreich und den Niederlanden. Neben Gefechten mit Bomberverbänden standen auch Einsätze gegen feindliche Jagdbomberverbände auf der Tagesordnung. Aufgrund ihrer großen Erfolge, der auffälligen gelben Propeller-Farbmarkierung und ihres Heimatstützpunktes nannten die alliierten Piloten das "*Schlageter*"-Geschwader respektvoll "Yellow Nosed Abbeville-Boys". Einer dieser Piloten hatte einmal, nachdem er abgeschossen und gefangengenommen worden war, Priller seine lederne US-Fliegerjacke geschenkt, die "Pips" in Folge bei jedem Einsatz trug.
Unter den Piloten, die gegen das Jagdgeschwader 26 antraten, befanden sich so erfolgreiche US-Fliegerasse wie Francis Gabreski (28 Siege, in Korea 6 weitere), "Ratsy" Preddy (25), John C. Meyer (23) oder David S. Shilling (22). Zu direkten Luftkämpfen mit Priller kam es jedoch wahrscheinlich nicht.
Als der bisherige Kommodore, Ritterkreuzträger Gerhard Schöpfel, Jagdfliegerführer Süditalien wurde, übernahm Major (01.01.43) Priller im Jänner 1943 das Geschwader. Aufgrund seiner nun hohen Position flog er nur noch selten selbst gegen den Feind - bis Oktober konnte der Bayer deshalb nur noch 5 weitere Siege erringen und wurde im Rennen um die ersten 100 Westsiege am Kanal durch seinen Freund Egon Mayer vom JG 2 geschlagen.
1944 vergrößerte die RAF zusammen mit der USAAF den Druck auf die Luftwaffe, um die Invasion in Frankreich vorzubereiten.
Am 4. Juni 1944 erhielt Oberstleutnant (01.01.44) Priller Befehl, sein gesamtes Geschwader wegen andauernder britischer Jagdbomberangriffe weit ins sichere Hinterland zu verlegen. Priller, mit der Verlegung gar nicht einverstanden, wollte seinen Staffeln nach zwei Tagen folgen.
Als starke alliierte Bodentruppen unter dem Schutz von über 12.000(!!) Jägern und Bombern am 6. Juni in der Normandie landeten, erhielt Priller in aller Frühe einen aufgeregten Anruf von der für die Normandie zuständigen Jagddivision in Paris - auf die Frage, wie viele Maschinen er denn zur Verfügung hätte, antwortete Priller kühl: "Zwei Fw-190 - ich und mein Katschmarek! Der Rest ist ja gerade erst verlegt worden!"
Dem Anrufer verschlug es die Sprache - nur zwei Maschinen?! "Ich werde fliegen, ... ja auch mit nur zwei Maschinen, sagen Sie das dem General!", unterbrach Priller die Stille und knallte den Hörer auf. Priller und der als sein Katschmarek zurückgebliebene Unteroffizier flogen!
Die beiden Focke-Wulf Fw-190 starteten und nahmen Kurs auf die Normandie, der Kommodore machte sich über die Überlebenschancen sicherlich keine Illusionen.
Bereits weit vor dem Einsatzgebiet trafen die beiden auf riesige Pulks amerikanischer "Mustang"-Jäger. Diese rechneten aber wohl mit wilden deutschen Angriffen und flogen in großer Höhe - die beiden "Abbeville-Boys" flogen hingegen sehr tief. Je weiter sich Priller dem Strand näherte, desto mehr feindliche Jäger tauchten auf. Hunderte "Thunderbolt", "Mustang" und Spitfire waren im Einsatz! Doch keiner schien die zwei tieffliegenden, unauffälligen Deutschen zu bemerken!
Schließlich tauchte die Küste der Normandie auf - Priller und sein Katschmarek schwenkten auf den Strand ein, wo hunderte Landungsboote regimentsweise britische und amerikanische Soldaten an Land setzten.
Die zwei deutschen Maschinen erschienen zwischen der zweiten und dritten Landungswelle über dem Strand des britischen, hart umkämpften Invasionsabschnittes "Sword".
Priller jagte in etwa nur 50 Metern Höhe über den Boden und beharkte die Truppen mit seinen Bordwaffen. Wie durch ein Wunder waren in diesen entscheidenden Minuten keine alliierten Jäger zur Stelle. Als diese endlich eintrafen, waren Priller und sein Katschmarek längst wieder weg!
Erneut im Tiefstflug erreichte beide Maschinen wohlbehalten ihren Heimatstützpunkt! Noch schweißgebadet, rief Priller unmittelbar darauf die Jagddivision in Paris an und berichtete von seinen Beobachtungen.
Dies war sicherlich einer der verrücktesten Einsätze des gesamten Krieges - er wurde im legendären und prominent besetzten Kriegsfilm "*Der längste Tag*" stilgerecht verewigt.
In den folgenden Wochen flog Priller aufgrund der Pilotenknappheit wieder vermehrt Fronteinsätze.
Am 15. Juni 1944 erreichte der Oberstleutnant als siebenter Jagdpilot der Westfront seinen 100. Luftsieg*[82]*, wofür er die 73. Schwerter zum Ritterkreuz mit Eichenlaub erhielt. Im selben Monat konnte Priller einem seiner besten Piloten,

dem alten Haudegen und erfolgreichen "Bomberkiller" Leutnant Adolf Glunz, nach 60 Siegen zum 508. Eichenlaub gratulieren.
Aufgrund seiner Unersetzbarkeit wurde Priller nach 300 Einsätzen nun mit einem strengen Feindflugverbot belegt, das er allerdings mehrmals missachtete. Im Oktober schickte er seinen 101. und letzten Gegner in die Tiefe - unter seinen Opfern befanden sich u.a. 68 Spitfire, 11 Hurricane, 2 "Mustang", 2 "Thunderbolt", 8 "Flying Fortress" und 3 "Liberator". Seine glänzenden flugtaktischen und führerischen Fähigkeiten brachten ihm nach dem Krieg den ehrenvollen Titel "Mathematiker der Lüfte" ein.

Am 1. Jänner, am selben Tag erfolgte seine Beförderung zum Oberst, führte Priller das gesamte Jagdgeschwader 26 im Zuge der Operation "Bodenplatte" zum Jagdbomberangriff gegen amerikanische Flugfelder in Belgien. Dies war einer der letzten Einsätze des Schwerterträgers.
Am 31. Jänner 1945 wurde Oberst Priller zum Inspekteur der Jagdflieger West unter dem General der Jagdflieger Brillantenträger Oberst Gollob ernannt. Seine Ernennung überraschte, da er nur kurz zuvor an der Seite von Günther Lützow, Hermann Graf, Hannes Trautloft *[64]* und Johannes Steinhoff im Zuge der "Meuterei der Jagdflieger" massiv gegen Göring aufgetreten war!
Ab Mai 1945 war Priller Kriegsgefangener der Westalliierten. Nach dem Krieg engagierte sich der populäre und überall sehr beliebte Priller in der "Gemeinschaft der ehemaligen Jagdflieger", trat jedoch nicht wieder in die Bundesluftwaffe ein. Statt dessen war er als Geschäftsführer einer bekannten augsburger Brauerei erfolgreich.
Im Mai 1961 starb Priller im Alter von erst 45 Jahren überraschend an einer schweren Herzattacke.
Während der Beisetzung in Augsburg flogen Düsenjäger der Bundesluftwaffe zur Ehrung über die Menschenmenge.

Gruppenführer der Waffen-SS

HERMANN PRIEß

* 24.05.1901 in Marnitz/Mecklenburg
\+ 02.02.1985 in Ahrensburg

Ritterkreuz		28.04.1943
Eichenlaub	(297)	09.09.1943
Schwerter	(065)	24.04.1944

Sturmabzeichen des Heeres in Silber
Demjanskschild
Deutsches Kreuz in Gold
Verwundetenabzeichen in Bronze

"Der Totenkopf-General"

Bereits im Alter von knapp 17 Jahren diente Hermann Prieß während des Ersten Weltkrieges in der Infanterie. Nach dem Ende des Krieges meldete er sich wie viele Kriegsveteranen freiwillig zum Einsatz gegen die Bolschewisten und kämpfte mit dem Freikorps "*von Brandis*" in Lettland und Litauen. Nach einer Verwundung ausgeschieden, trat Prieß in den späten Zwanzigerjahren in die Reichswehr ein und diente bei der Artillerie. 1934 wechselte er in die sich stetig vergrößernde SS-Verfügungstruppe.

Als Artillerieoffizier im SS-Regiment "*Germania*" bewährte sich Sturmbannführer Prieß im Polenfeldzug, übernahm im Oktober 1939 die II. Artillerieabteilung der neuen SS-Elite-Division "*Totenkopf*" und wurde für seine Verdienste vor Warschau mit beiden Klassen des Eisernen Kreuzes ausgezeichnet.
Während des Westfeldzuges kämpfte Prieß an der Spitze seiner Männer bei Cambrai und Arras, erlebte die Kesselschlacht von Dünkirchen sowie die Endgefechte in Flandern und an der Loire. Im Juni 1940 nahm er, inzwischen bereits Obersturmbannführer und Kommandeur des Artillerieregiments, an den weiteren Kampfhandlungen in Frankreich teil.
Im Juni 1941 trat die SS-"*Totenkopf*" im Verband der Heeresgruppe Nord zum Angriff gegen die Sowjetunion an. In den ersten Kriegswochen stieß die Division im schnellen Tempo durch Litauen, Estland und Lettland - die Prieß durch seine Freikorpszeit vertraut waren - und erreichte im Juli das Westufer des Ilmensees südlich von Leningrad. Dort wurde sie in schwere und verlustreiche Kämpfe mit Truppen der russischen Nordwest-Front verwickelt.
Prieß, am 21. Juni bereits zum Standartenführer befördert, wurde für seine Leistungen mit dem Deutschen Kreuz in Gold beliehen.
Im Februar 1942 wurde die Division auf eine harte Probe gestellt. Während einer umfangreichen Gegenoffensive des Feindes war der gesamte Frontbogen von Demjansk überflügelt und schließlich eingekesselt worden. Zusammen mit fünf Divisionen des Heeres leistete die SS-"*Totenkopf*" drei Monate lang massiven Widerstand. In den schweren Kämpfen unterstützte Prieß' Artillerie die SS-Grenadiere so gut sie nur konnte. Mehr als einmal brachten seine Geschütze schwere russische Panzer erst im Direktbeschuss zum Stehen. In der gesamten Zeit effektiv aus der Luft versorgt, gelang Ende April der Ausbruch aus der Mausefalle! Die Russen hatten große Verluste an Truppen und Material zu verzeichnen.
Nach dem glücklichen Ausgang der prikären Kesselschlacht äußerte der Divisionskommandeur Gruppenführer Eike in einem Gefechtsbericht "...ohne Prieß und seine tapfere Artillerie wären wir da nie rausgekommen!".
Später erhielten alle Verdienten des Kessels, darunter auch Oberführer und Oberst der Waffen-SS Prieß, den Demjanskschild verliehen. Aufgrund der umfassenden Verluste wurde die SS-"*Totenkopf*" Ende Oktober 1942 von der Ostfront abgezogen und zur Auffrischung nach Frankreich verlegt. Dort nahm die Division am Einmarsch in die bis dahin unbesetzte Zone im Süden des Landes teil. Bis Jänner 1943 fungierte sie hier dann als Küstenschutz.
Als sich im Frühjahr die Lage in Russland verschärfte, wurde der Elite-Verband wieder an die brennende Ostfront verlegt.

Dort wurde die SS-"*Totenkopf*" im Verband des II. SS-Panzerkorps (Hausser) während der Offensive gegen Charkow eingesetzt. In blutigen Kämpfen konnte zuerst die 3. sowjetische Panzerarmee vernichtet und anschließend die 40. Armee aus ihren Stellungen geworfen werden. Im Verband der 4. Panzerarmee (Hoth) zog die "*Totenkopf*" am 14. März erneut in Charkow ein.
Als am 26.02.43 der berüchtigte Kommandeur der Division, Eichenlaubträger Gruppenführer Eike *[06]*, bei einem Flugzeugabsturz ums Leben gekommen war, hatte Oberführer Prieß die Divisionsführung übernommen - unter seinen damaligen Regimentskommandeuren befanden sich so verdiente Offiziere wie die späteren Schwerterträger Baum und Bochmann. Bereits wenige Tage nach dem Sieg von Charkow wurde die SS-"*Totenkopf*" südlich der Stadt in erneute Abwehrschlachten verwickelt, wobei zwei russische Divisionen bei Jeremejawka vernichtet werden konnten. Im April mit dem Ritterkreuz ausgezeichnet, folgte am 15. Juli die Beförderung von Hermann Prieß zum Brigadeführer und Generalmajor der Waffen-SS.

Anfang Juli 1943 stand die Division erneut im Einsatz, als sie als Stoßkeil für die Offensive gegen Bjelgorod (Operation "Zitadelle") eingesetzt wurde. In einer 14tägigen Schlacht bewies die SS-"*Totenkopf*" ihre wahre Klasse. In unvorstellbar heftigen und verlustreichen Tag- und Nachtgefechten überwanden die Grenadiere den breiten und zäh verteidigten Abwehrgürtel und versetzten das sowjetische Oberkommando durch ihre fanatische Kampfführung in Erstaunen. Später leisteten die Einheiten Übermenschliches, um die wilden Gegenangriffe mehrerer sowjetischer Schützen- und Panzerdivisionen abzuwehren und die Stellungen zu halten.
Nur wenige Tage nach diesem Erfolg wurde Prieß mit seiner Division erneut in das schlimmste Schlachtszenario geworfen. Im Mius-Brückenkopf vernichtete die SS-"*Totenkopf*" in einer dreitägigen Abwehrschlacht ein komplettes Schützenkorps des Gegners! Die Leistungen der SS-Landser waren unter Berücksichtigung der früheren Strapazen schier unglaublich!
Nach einer kurzen Auffrischung im Hinterland verlegte die Division im August in neue Bereitstellungsräume westlich von Charkow, das kurz zuvor endgültig von der Roten Armee befreit worden war. In den nun folgenden Abwehrkämpfen verteidigte die Division ihre Stellungen bei Poltawa äußerst zäh. Insgesamt verlor der weit überlegene Gegner in wenigen Tagen über 130 Panzer, hunderte Geschütze und 10.000 Mann!
Bei weiteren Gefechten bei Kolontajew, Merla und Kriwoi-Rog konnten ebenfalls große Defensiverfolge - insbesonders gegen russische Panzer - erzielt werden. Am 9. September 1943, erhielt Prieß als 297. Soldat, 154. Heeresangehöriger und 16. Offizier der Waffen-SS das Eichenlaub verliehen. Zu diesem Zeitpunkt gehörte seine Division bereits zu den höchstdekorierten Einheiten der Wehrmacht *[95]*.
In den nächsten Monaten wurde die SS-"*Totenkopf*" immer wieder an den Brennpunkten der Ostfront eingesetzt. Unter anderem konnte die Division den Kessel von Giderim sprengen, zur Verteidigung des Narew-Brückenkopfes beitragen sowie sich in Abwehrschlachten im Raum Balta-Birsula auszeichnen.
Im April 1944 erhielt Hermann Prieß für die durchschlagenden Erfolge seiner Division - nur ein Jahr nach dem Ritterkreuz - als 30. Heeresoffizier die Schwerter zum Ritterkreuz mit Eichenlaub verliehen und wurde zum Gruppenführer der Waffen-SS befördert.
Im August gab er seine Division an den späteren Eichenlaubträger Brigadeführer Becker ab und führte mit Erfolg das XIII. SS-Armeekorps an der Westfront, ehe ihn Oberstgruppenführer Dietrich im Oktober zu seinem Nachfolger als Kommandeur des I. SS-Panzerkorps vorschlug.

Das kampfkräftige Korps nahm mit fünf Divisionen im Verband der 6. SS-Panzerarmee (Dietrich) im Dezember 1944 an der Ardennenoffensive in Belgien teil. Nach anfänglichen Erfolgen, schweren Kämpfen und immer stärker werdender Gegenwehr der US-Truppen mussten sich die im Nordabschnitt kämpfenden SS-Truppen jedoch wieder zurückziehen. Besonderes Aufsehen erregte das von SS-Sondereinheiten durchgeführte Kommandounternehmen "Greif", bei dem SS-Landser in Beuteuniformen Sabotage- und Störaktionen hinter den feindlichen Linien durchführten *[96]*.
Im Gegensatz zu den Truppen der 5. Panzerarmee (von Manteuffel) konnten die SS-Panzerspitzen jedoch nur etwa vierzig Kilometer weit vordringen. Ende Dezember musste das Unternehmen abgebrochen werden.
Die 6. SS-Panzerarmee wurde bereits im Jänner 1945 an die ungarische Front verlegt, wo die Truppen nach harten Gefechten am Plattensee auch in Österreich zum Einsatz kamen. Im Mai begab sich Prieß mit dem Großteil der ihm unterstellten Verbände in amerikanische Gefangenschaft.
Nach dem Krieg wurde Hermann Prieß im sogenannten Malmedy-Prozess (siehe Joachim Peiper) zu zwanzig Jahren Haft verurteilt und 1954 freigelassen. Die Verurteilung beruhte auf der Tatsache, dass Prieß in den Ardennen Peipers Vorgesetzter gewesen war. Die Haftstrafe verbüßte er im Zuchthaus Landsberg, in dem u.a. auch Hans-Georg Reinhardt inhaftiert war.
Hermann Prieß verstarb 1985 in Holstein.

Major

GÜNTHER RALL

* 10.03.1918 in Gaggenau/Baden

Ritterkreuz		04.09.1942
Eichenlaub	(134)	26.10.1942
Schwerter	(034)	12.09.1943

Frontflugspange für Jäger in Gold mit Anhänger Einsatzzahl "600"
Flugzeugführer- und Beobachterabzeichen
Zweimalige Nennung im Wehrmachtsbericht
Ehrenpokal der Luftwaffe
Ärmelband "Kreta" (?)
Deutsches Kreuz in Gold
Verwundetenabzeichen in Gold

"Durch Pech nur auf dem dritten Platz"

Im Jahre 1936 als Offiziersanwärter ins Heer eingetreten und 1938 zur Luftwaffe versetzt, war Günther Rall bei Kriegsbeginn Leutnant und Flugzeugführer in der II. Gruppe des Jagdgeschwaders 52.
Während des Frankreichfeldzuges am 18. Mai 1940 erstmals im Luftkampf erfolgreich, flog Rall auch während der Luftschlacht um England. Von Calais aus tagtäglich als Bombereskorte eingesetzt, waren die Offiziersverluste von Ralls Gruppe nach kurzer Zeit bereits so hoch, dass der erst 22jährige Oberleutnant im Juli 1940 zum Führer der 8. Staffel ernannt wurde. Nach der Aufgabe der Operation "Seelöwe" gegen das britische Festland wurde das Geschwader aufgefrischt. Die 8. Staffel kam in Folge während des Balkanfeldzuges und über Kreta zum Einsatz. Für mehrere Luftsiege und erfolgreiche Bodenangriffe hatte Rall bereits das Eiserne Kreuz 1. Klasse erhalten.
Als der Krieg gegen die Sowjetunion begann, wurde Ralls Staffel nicht an der Front, sondern im rumänischen Hinterland eingesetzt. So konnten er uns seine Piloten mehrmals russische Bomberformationen abwehren, die hastige Einsätze gegen die Erdölraffinieren in Ploesti versuchten.
Im August kehrte die Staffel zum restlichen Geschwader an die Front zurück. Durch großartige Schießleistungen, sein sicheres Auge und drahtseilstarke Nerven konnte Rall bereits im November seinen 30. bestätigten Abschuss melden, wofür er einen Ehrenpokal erhielt. Weiters hatte er bereits über 50 erfolgreiche Tiefangriffe geflogen.
Im selben Monat erwischte es Rall während eines Luftkampfes jedoch zum ersten Mal selber, als er den dummen Anfängerfehler beging, gebannt den Absturz seines letzten Opfers zu beobachteten, anstatt weiterhin wachsam zu bleiben.
Bei der Notlandung krachte seine Me-109 so stark auf den Boden, dass sie sich überschlug, wieder in die Luft geschleudert wurde und dann antriebslos herunterfiel - Rall wurde mit schweren Verletzungen an beiden Beinen und einem dreifach angebrochenen Rückrad(!!) in ein Lazarett gebracht. Obwohl die Ärzte ihn retten konnten, machten sie dem jungen Piloten keinerlei Hoffnung, je wieder in einem Cockpit zu sitzen.
Doch mit enormer Willenskraft, viel viel Glück und fachkundiger Hilfe gelang es Günther Rall, nach neunmonatigem Lazarettaufenthalt(!) seine Rückversetzung an die Front durchzuschwindeln! Wie das Kriegstagebuch des JG 52 beweist, schoss er in den Wochen nach seiner "Wiederauferstehung" täglich zwischen ein und drei Gegner ab. Und so erhielt Oberleutnant Rall am 4. September 1942 für seinen 62. Luftsieg das begehrte Ritterkreuz verliehen. Mit wilder Entschlusskraft und dem Ziel vor Augen, den Rückstand aufzuholen, kletterte er mehrmals am Tag in seine Me-109.
Bereits am 22. Oktober - nur drei Monate nach seiner Rückkehr - meldete das Geschwader bereits seinen 100. Erfolg, der ihm als 46. Tagjäger der Luftwaffe das Eichenlaub zum Ritterkreuz einbrachte. Um trotz seiner Rückenschmerzen weiterfliegen zu können, ließ Rall sich seinen Pilotensitz mit mehreren Polstern auskleiden!
Der lange Lazarettaufenthalt hatte Rall aber unerhofft auch einen positiven Aspekt eingebracht, denn im Universitätskrankenhaus Wien hatte er seine, hier als Ärztin tätige, spätere Ehefrau kennengelernt.
Nach schweren Luftkampfeinsätzen im Kaukasus und über dem Kuban-Brückenkopf erhielt Hauptmann Rall im April 1943 die Ernennung zum Kommandeur der III. Gruppe. Etwa zur selben Zeit hatte er das Glück, eine Notlandung

unbeschadet überstanden zu haben, obwohl bei der Kollision mit einer russischen Maschine ein Teil des Flugzeugrumpfes abgerissen worden war!
Als der Gruppenkommandeur nach Hermann Graf und Hans Philipp als dritter Jagdflieger der Welt seinen 200. Luftsieg errang*[05]*, erhielt er die 34. Schwerter zum Ritterkreuz mit Eichenlaub und wurde im Wehrmachtsbericht genannt. Nach dem berühmten Brillantenträger Graf und dessen Katschmarek Leutnant Steinbatz war Rall bereits der dritte Schwerterträger des erfolgreichen Jagdgeschwaders 52!
Im folgenden Monat befand sich Rall in absoluter Bestform - nicht weniger als 40 Gegner fielen seinen Kanonen zum Opfer! Ende November 1943 konnte sein 1. Wart den bereits 250. Abschussbalken an das Leitwerk seiner Me-109 malen - wäre Rall knapp vier Wochen "schneller" gewesen, hätte er diesen Rekord vor Walter Nowotny aufgestellt und wäre vielleicht an dessen Stelle mit den Brillanten zum Ritterkreuz dekoriert worden!
Im Mai 1944 wurde Rall von der Ostfront abgezogen und zum Kommandeur der II. Gruppe des Jagdgeschwaders 11 in Norddeutschland ernannt. Diese Versetzung sollte seine Karriere entscheidend beeinflussen. Obwohl der bisherige Kommodore des Geschwaders, Oberstleutnant Hermann Graf, kurz zuvor schwer verwundet worden war, wurde Rall nicht sein Nachfolger - das Oberkommando verwies auf seine noch fehlende Reichsfront-Erfahrung.
Rall flog mehrmals pro Woche schwierige und verlustreiche Einsätze gegen die amerikanischen Tagbomberverbände und deren tödliche Eskortjäger - Einsatzgebiet des Geschwaders war die "Straße der Bomber" genannte Haupteinflugschneise der "Fliegenden Festungen". Kommandeur der III. Gruppe war zu dieser Zeit Major Anton "Toni" Hackl.
Am 12. Mai 1944 führte der Schwerterträger seine Piloten gegen einen großen Pulk amerikanischer Boeing B-17 "Flying Fortress" mit starkem "Mustang"-Begleitschutz. Im folgenden Luftkampf konnte Rall seinen 275. Luftsieg erzielen, ehe eine feindliche Kanonensalve seine Cockpitscheibe durchschlug und ein Geschoss ihm den Daumen der linken Hand wegriss! Die Fliegerbrille verhinderte glücklicherweise Splitterverletzungen an den Augen.
Wie bei jedem Einsatz trug Rall auch an diesem Tag eine erbeutete lederne US-Fliegerjacke. Als er mit dem Fallschirm auf einem Feld landete, wurde er so von den dort arbeitenden Bauern für einen Amerikaner gehalten und mit Mistgabeln bedroht, ehe sich alles aufklärte!
Durch diesen seinen 275. Abschuss war Günther Rall der bis dahin erfolgreichste Jagdflieger des Krieges geworden - doch die Verwundung erforderte eine längere Ruhepause.
Die Führung seiner Gruppe übernahm der erfahrene Eichenlaubträger und spätere Generalleutnant der Bundesluftwaffe Walter Krupinski (197 Siege), welcher 1942/43 mit Rall und Erich Hartmann in Russland geflogen war. Durch eine Infektion war Rall bis Mitte November 1944 nicht im Stande, Einsätze zu fliegen. Diese und die schwere Verwundung in Russland kosteten den hervorragenden Flieger und Kämpfer vielleicht den Spitzenplatz unter den Jagdfliegern des Krieges. Denn in dieser Zeit machten die Ostjäger Hartmann und Barkhorn enorm Boden gut und zogen schließlich an Günther Rall vorbei.
Um die Rehabilitationsphase zu überbrücken, fungierte Rall im Winter 1944 als Kommandeur der Jagd-Verbandsführerschule.
Nach seiner Genesung übernahm Major (01.05.44) Rall wieder seine alte Gruppe, ehe er im März 1945 mit der Übernahme des Jagdgeschwaders 300 beauftragt wurde. Am Tag der Gesamtkapitulation ließ Rall alle Maschinen sprengen und marschierte an der Spitze seiner Männer in westalliierte Gefangenschaft.
In 621 Feindflügen hatte Major Rall 275 bestätigte Luftsiege erzielt und war somit der dritterfolgreichste Jagdflieger des Krieges! Ferner hatte er testweise viele erbeutete alliierte Jagdmaschinen geflogen.

1956 trat Rall als Major in die neue Bundesluftwaffe ein und wurde als Ausbilder sowie Gruppenkommandeur eingesetzt. Anfang der Sechzigerjahre als einer der ersten Piloten auf dem neuen Starfighter-Düsenjäger ausgebildet, wurde Rall kurz darauf Kommodore des Jagdbombergeschwaders 34. Als Brigadegeneral schließlich Inspekteur aller fliegenden Verbände, wechselte Rall als Generalmajor 1967 an die Spitze der 3. Luftwaffendivision in Kalkar, ehe er 1969/70 Stabschef der 4. NATO-Luftflotte in Ramstein wurde.
In Folge als Generalleutnant zum Inspekteur der Bundesluftwaffe berufen, beendete Günther Rall seine steile Karriere 1975 als deutscher Vertreter im höchsten Entscheidungsgremium der NATO in Brüssel!
Seitdem genießt der Träger des Großen Bundesverdienstkreuzes mit Stern sowie des amerikanischen Legion of Merit den wohlverdienten Ruhestand.

Anmerkung des Autors:

Für seine Mitarbeit an dieser Biographie bin ich Hrn. Rall sehr zu Dank verpflichtet. (Brief an den Autor; Dezember 1999)

General der Fallschirmtruppe

HERMANN-BERNHARD RAMCKE

* 24.01.1889 in Schleswig/Preußen
+ 04.07.1968 in Kappeln

Ritterkreuz		21.08.1941
Eichenlaub	(145)	13.11.1942
Schwerter	(099)	19.09.1944
Brillanten	(020)	19.09.1944

Preußisches Militärverdienstkreuz in Gold
Bayrisches Militärverdienstkreuz
Fallschirm-Schützenabzeichen
Viermalige Nennung im Wehrmachtsbericht
Ärmelband "Kreta" und "Afrika"
Erdkampfabzeichen der Luftwaffe
Auszeichnung des italienischen Heeres
Verwundetenabzeichen in Gold

"Fünf englische Pfund an Montgomery"

Der spätere Fallschirmjägergeneral trat 1905 als Schiffsjunge in die kaiserliche Marine ein und diente sich bis zum Ausbruch des Ersten Weltkrieges zum Bootsmannsmaat hoch. Nach einiger Zeit auf See wurde Ramcke an Land versetzt und zum Marineinfanteristen ausgebildet. Zwischen 1915 und 1917 kämpfte er sehr erfolgreich im 2. Matrosenregiment in Flandern, ehe er als Offiziersstellvertreter in die Elite-Sturmabteilung des Marineinfanteriekorps versetzt wurde. Ramckes tapferer Einsatz wurde mit beiden Klassen des Eisernen Kreuzes gewürdigt. Als Ramcke in seinem Abschnitt sechs britische Sturmangriffe an einem Tag zurückschlug, erhielt er mit dem Militärverdienstkreuz in Gold den höchsten für einen Unteroffizier möglichen Orden verliehen! 1918 noch zum Leutnant d.R. befördert, wurde die Verleihung des Hohenzollernordens nur durch das Kriegsende verhindert.
1919/20 kämpfte er als Kompaniekommandeur im Freikorps *"von Brandis"* in Polen und dem Baltikum. In diesem Verband diente u.a. auch der spätere Schwerterträger Hermann Prieß.

Als Hauptmann in die Reichswehr übernommen, wurde Ramcke nach mehreren Kommandos in Infanterieregimentern 1938 zum Kommandeur des Truppenübungsplatzes Zeithain ernannt. Im Frühjahr 1940 erwirkte er die Versetzung zur Luftwaffe, wo er als Oberst (29.02.40) die Fallschirmschule III und die Fallschirm-Ergänzungsverbände übernahm. Seinen ersten Sprungeinsatz erlebte Oberst Ramcke im Mai 1941, als er mit der "Kampfgruppe Meindl" über dem gut verteidigten Flugplatz Malemes absprang und diesen nach schweren Gefechten gegen britische Truppen auch einnehmen konnte.
Über die eroberte Landebahn konnten in den nächsten Tagen die schlachtentscheidenden Verstärkungen eingeflogen werden. Für seine Verdienste während der erbitterten Kämpfe wurde Ramcke zum Generalmajor (22.07.41) befördert, mit dem Ritterkreuz ausgezeichnet sowie erstmals namentlich im Wehrmachtsbericht genannt.
Durch die schweren Verluste auf Kreta sollte das Fallschirmjägerkorps bis Kriegsende nur noch kleine Sprungeinsätze absolvieren, sich im Infanteriekampf aber sehr bewähren.
1941/42 kämpfte Ramcke an der Spitze einer nach ihm benannten Fallschirmjägerbrigade mit dem Afrikakorps (Rommel) in Libyen, wo er sich mit seinen Männern wiederholt im Kampf bewährte. Sein Stabschef (Ia) war der spätere Schwerterträger Major Kroh.
Im Sommer 1942 fungierte Ramcke als deutscher Berater bei der Aufstellung der italienischen Fallschirmjägerdivision *"Folgore"*.
Im Oktober wurde die "Fallschirmjägerbrigade Ramcke" im Zuge einer britischen Offensive vom restlichen Afrikakorps abgeschnitten. Ramcke behielt die Übersicht, führte seinen Verband von den Briten unbemerkt über 130 Kilometer durch die Wüste(!) und fand nach fünf Tagen Marsch wieder Anschluss an die eigene Truppe. "Nebenbei" brachte er noch über 100 deutsche und italienische Gefangene mit, die er während des Marsches aus einem britischen Gefangenentransport hatte befreien können! Dafür erhielt Generalmajor Ramcke am 13. November 1942 das erste

Eichenlaub innerhalb des Fallschirmjägerkorps verliehen. Die Leistung wurde ferner im Tagesbericht der Panzerarmee Afrika sowie im Wehrmachtsbericht lobend erwähnt.
Am 21.12.42 wurde der entschlusskräftige Offizier zum Generalleutnant befördert. Aufgrund seiner Erfahrung war Ramcke als möglicher Kommandeur der Sturmtruppe für das später abgeblasene Unternehmen "Herkules" - der riskanten Luftlandeinvasion auf Malta - vorgesehen.

Im Februar 1943 wurde Ramcke mit der Aufstellung der neuen 2. Fallschirmjägerdivision beauftragt, nachdem er kurzfristig die Führung der 90. leichten Afrikadivision inne gehabt hatte.
Nach Sicherungseinsätzen in Südfrankreich kam die 2. FJD erstmals im September zum Einsatz, als es die übergelaufenen italienischen Truppen um Rom zu entwaffnen galt. Ferner konnten sich einige Einheiten der Division bei der berühmten Mussolini-Befreiung, der Handstreichbesetzung des italienischen Generalstabs-Hauptquartiers sowie Sprungeinsätzen auf Elba und Leros auszeichnen! Im November kamen Teile des Fallschirmjägerregiments 6 weiters bei Monte Cassino zum Einsatz.
Im Winter verlegte die Division in den Südabschnitt der Ostfront. Nach bemerkenswerten Leistungen in den Defensivschlachten musste Ramcke - der das Kommando krankheitsbedingt zeitweise an Oberstleutnant Kroh hatte abgeben müssen - seinen Verband jedoch bereits Anfang 1944 rückverlegen und in Frankreich auffrischen.
Als im Juni 1944 überraschend amerikanische, britische, kanadische und frei-französische Truppen in der Normandie landeten, warf man Ramcke an der Spitze der 2. Fallschirmjägerdivision wieder in den Kampf. Doch an dieser Front hatten es die deutschen Landser nicht nur mit den Alliierten zu tun.
Als Generalleutnant Ramcke in diesen Tagen zusammen mit Angehörigen seines Stabes mit einem Kübelwagen in Richtung Kampfgebiet unterwegs war, wurden sie plötzlich von französischen Partisanen unter Beschuss genommen. Ramckes Stabschef, der mit dem Ritterkreuz ausgezeichnete Major Schmidt, wurde am Steuer des Wagens durch eine Gewehrkugel getötet, der Divisionskommandeur konnte gerade noch aus dem Wagen hechten!
Nach Einsätzen im Gebiet von Quimper erhielt der am 01.09.44 zum General der Fallschirmtruppe beförderte Ramcke den Befehl, mit seiner Division in den wichtigen Marinestützpunkt Brest einzurücken und diesen so lange wie möglich zu verteidigen.
Als die Spitzen der 6. US-Panzerdivision die Vororte von Brest erreichten, stießen sie unvermutet auf Ramckes Abwehrstellungen. Mit seinen 15.000 hervorragend ausgebildeten und kampferfahrenen Männern (Fallschirmjäger, Heer und Marine) leistete Ramcke den vielfach überlegenen Amerikanern wochenlang hartnäckigen Widerstand. Als Folge davon musste General George S. Patton, Kommandeur der 3. US-Armee, fünf englische Pfund an Field Marshall Montgomery bezahlen - Patton hatte nämlich gewettet, dass er den wichtigen Marinestützpunkt mit Leichtigkeit werde einnehmen können!
Zwischen dem 1. und 5. September fielen etwa 4.500 der deutschen Verteidiger, weitere 3.000 wurden verwundet! Der Gegner hatte aber nichtsdestotrotz noch keinen Einbruch in der HKL erreicht. Während den ersten Kampfhandlungen führten Ramckes Männer sogar noch einen typischen Stoßtrupp-Handstreich a´la Fallschirmjäger durch.
Eine motorisierte Kampfgruppe stieß durch die feindlichen Linien, drang einige Kilometer ins Hinterland vor und befreite 130 Kameraden aus französischer Gefangenenschaft! Anschließend kämpften sich die Landser wieder in die Festung zurück! Führer des erfolgreichen Stoßtrupps war der Kreta- und Russlandveteran Oberleutnant Erich Lepkowski gewesen, der dafür das Ritterkreuz erhielt, in Brest von Ramcke weiters (leider erfolglos) für die Eichenlaubverleihung eingereicht wurde und später erfolgreich in der neuen Bundeswehr diente.
Aufgrund des alliierten Artilleriebeschusses erwirkte der Festungskommandant General Ramcke über Parlamentäre eine kurze Feuereinstellung, während der tausende französische Zivilisten die Stadt verlassen konnten. Ferner wurden zwischen den Gegnern genau festgesetzte Zonen innerhalb der deutschen Stellungen vereinbart, wo Lazarette und Verbandsplätze errichtet wurden, hier konnten später auch gefangene US-Verwundete behandelt werden.
Durch den großen Mangel an schweren Waffen und Munition war die Niederlage aber nur herauszögerbar. Darüber machte sich Ramcke auch sicherlich keine Illusionen - als er seinen Nachfolger als Divisionskommandeur Oberst Kroh für die Beförderung zum Generalmajor vorschlug, fügte er dem Fernschreiben den Satz "bitte schnell befürworten - es eilt sehr!" hinzu.

Am 9. September griff die US-Luftwaffe mit mehreren Dutzend schweren Bombern die Innenstadt von Brest an und warf mehrere Tonnen Brand- und Phosphorbomben ab. Viele deutsche Verteidiger, aber auch über 300 verbliebene französische Zivilisten - darunter der Oberbürgermeister - kamen hierbei ums Leben!
Die deutschen Verteidiger setzten ihren Widerstand jedoch uneingeschränkt fort, verteidigten jedes Haus, jede Straße und jeden Keller mit äußerster Härte!

Für die erstaunlichen Defensiverfolge in Brest erhielt General Ramcke am Morgen des 19. Septembers 1944 über Funk die Schwerter zum Ritterkreuz verliehen - am selben Tag folgte dann überraschend auch noch die Verleihung der Brillanten zum Ritterkreuz mit Eichenlaub und Schwertern!
Als dieser zweite Funkspruch in Brest einlangte, hatten die Amerikaner aber nach 43 Kampftagen bereits den Sieg errungen. Ein Befehl Hitlers, Ramcke mit einem Wasserflugzeug zu evakuieren, war nicht mehr durchführbar.
Während der Belagerung wurden Oberst Erich Pietzonka vom FJR 7, der Seekommandant Admiral Otto Kähler und der Stabschef Generalmajor Hans von der Mosel mit dem Eichenlaub ausgezeichnet. Generalmajor Hans Kroh erhielt für seine großen Verdienste die Schwerter zum Ritterkreuz mit Eichenlaub verliehen!
Der Befehlshaber der US-Truppen, die vor Brest gekämpft hatten, sagte später:
"In meiner ganzen Dienstzeit bin ich auf keine bessere Kampftruppe gestoßen, als diese deutschen Verteidiger in Brest - für ihren Kommandeur gingen die durchs Feuer!"
Am 21. September wurden Ramcke und seine Fallschirmjäger für ihren tapferen Einsatz ein letztes Mal im Wehrmachtsbericht genannt.

Als General Ramcke, stolzer Vater von sieben Kindern, in einem englischen Gefangenenlager auf den hochdekorierten SS-Brigadeführer Kurt Meyer traf, kam es zu einer erwähnenswerten Begebenheit. Meyer sollte eines Tages zu einem Verhör durch den britischen Armee-Geheimdienst abgeführt werden. Als Ramcke sah, dass dem berühmten "Panzermeyer" alle Auszeichnungen und Rangabzeichen abgenommen worden waren, lieh er ihm kurz entschlossen sein eigenes Ritterkreuz mit Eichenlaub! Als sich die beiden Veteranen Jahre später bei einem Kameradschaftstreffen wieder begegneten, hatte Meyer dies nicht vergessen und gab die hohe Auszeichnung wieder zurück.
Ramcke wurde nach kurzen Verhören in England in die USA gebracht, wo der 60jährige zweimal(!) aus gut bewachten Lagern floh, um auf die schlechte Behandlung seiner Männer aufmerksam zu machen. Beide Male nutzte er den "Ausgang" um Briefe an den US-Senat abzuschicken und kehrte dann wieder freiwillig ins Lager zurück! Später wurde Ramcke den französischen Behörden überstellt.
Als ein französisches Militärgericht Ramcke wegen angeblicher Kriegsverbrechen in Brest zu fünf Jahren Kerker verurteilte, regte sich massiver internationaler Protest - der Fall wurde schnell zur öffentlichen Angelegenheit.
Bereits 1951 ließ man den stets fair und korrekt kämpfenden Offizier wieder frei, nachdem sich u.a. der deutsche Bundeskanzler Dr. Adenauer für ihn eingesetzt hatte. Unter den ihn betreffenden Bittschriften befanden sich aber auch viele von französischen Zivilisten aus Brest.
1968 wurde Hermann Ramcke im Beisein vieler ehemaligen Fallschirmjäger beigesetzt.

General der Infanterie

HERMANN RECKNAGEL

* 18.07.1892 in Strauchmühle/Hessen
+ 23.01.1945 bei Lodz/Ostfront

Ritterkreuz		05.08.1940
Eichenlaub	(319)	06.11.1943
Schwerter	(104)	23.10.1944

Österreichisches Kriegsverdienstkreuz 3. Klasse
Württemberger Kriegsverdienstkreuz 4. Klasse
Infanteriesturmabzeichen
Dreimalige Nennung im Wehrmachtsbericht
Deutsches Kreuz in Gold
Verwundetenabzeichen in Bronze

"In beiden Weltkriegen bewährt"

Als Deutschland im Jahre 1914 die allgemeine Mobilmachung auslöste und der Erste Weltkrieg begann, war Leutnant Recknagel bereits ein erfahrener Zugskommandant im Infanterieregiment 83 „von *Wittich*". In den folgenden Jahren kämpfte das Regiment an der West- und Ostfront, wobei sich Recknagel beide Klassen des Eisernen Kreuzes sowie das Verwundetenabzeichen verdienen konnte. Bei Kriegsende Oberleutnant, wurde der Hesse nach seiner Dienstzeit im Freikorps „*Maercker*" in die Reichswehr übernommen, wo er 1921 Adjutant im Jägerregiment 12 wurde.
Nach vielen Jahren als Truppen- und Ausbildungsoffizier wurde Recknagel 1934 als Bataillonskommandeur im Infanterieregiment 54 zum Major und drei Jahre darauf zum Oberstleutnant befördert.
Im September 1939 war Hermann Recknagel bereits Kommandeur dieses Regiments, das zur 18. Infanteriedivision in Liegnitz gehörte. Die Division war in den Dreißigerjahren u.a. von später so bekannten Generälen wie Hermann Hoth oder Erich von Manstein befehligt worden.
Nachdem Recknagel das IR 54 während des Polenfeldzuges erfolgreich bei Wielun, Lodz, Kutno sowie Warschau geführt hatte und mit den Spangen zum Eisernen Kreuz 1914 ausgezeichnet worden war, wurde die Division im Verband des IV. Armeekorps an den Westwall verlegt.
Als die Wehrmacht am 10. Mai 1940 mit drei Heeresgruppen den Westfeldzug begann, nahm Oberst (01.02.40) Recknagel an der Spitze seiner Männer an der Offensive durch das Dreiländereck Frankreich-Belgien-Luxemburg teil.
Die 18. ID drang unter dem Oberbefehl der 6. Armee, kommandiert vom späteren Generalfeldmarschall Walther von Reichenau, durch Belgien vor und kämpfte in der Schlacht um Ypern, an der Somme, bei Rouen, an der Seine sowie westlich von Paris und vor Dünkirchen.
Für die erstklassige Führung seines sehr erfolgreichen Regiments erhielt Oberst Recknagel bereits am 5. August 1940 das Ritterkreuz zum Eisernen Kreuz verliehen! Seine 54er hatten wiederholt feindliche Verteidigungslinien durchbrochen und den Vormarsch der Division vorangetragen. Am 8. Juni war Oberst Recknagel für seine Erfolge bereits im Wehrmachtsbericht genannt worden.
Nach dem Westfeldzug wurde Recknagels Regiment aus der 18. ID ausgegliedert und für die Aufstellung der 100. leichten Infanteriedivision verwendet. Als im Juni 1941 der Ostfeldzug begann, gehörte die Division zur operativen Reserve der 17. Armee in der Heeresgruppe Süd.
Recknagels Regiment wurde, mit ebensoviel Erfolg wie in Frankreich, an den Brennpunkten des Südabschnittes eingesetzt. Zeitweise kämpfte das IR 54 hier erfolgreich Seite an Seite mit der berüchtigten "Kampfgruppe Dieckmann" der SS-"*Wiking*". Nach schweren Schlachten im Lembergbogen und Kämpfen vor Winniza wurde Oberst Recknagel am 15. Juli 1941 durch Infanteriefeuer verwundet. Nach seiner Genesung und dem Durchstehen der Winterschlachten wurde er am 1. Jänner 1942 mit der Führung der 111. Infanteriedivision beauftragt, die ebenfalls im Südabschnitt kämpfte.
Die seiner Division unterstellte Sturmgeschützabteilung 191 wurde vom bekannten Major - 1945 Generalmajor - Günther Hoffmann-Schoenborn geführt, seit Dezember 1941 Träger des erst 49. Eichenlaubs!

Die im Verband des XXXIX. Armeekorps (von Obstfelder) eingesetzte Division kämpfte in den nächsten Monaten mit Verbänden der 17. Armee bei Poltawa, Charkow sowie Rostow und nahm anschließend an den Offensiven in den Kaukasus teil. Am 1. März 1942 hatte Hermann Recknagel die Beförderung zum Generalmajor entgegennehmen können.
Im Zentral- und Südkaukasus gelangen mehrmals erfolgreiche Offensiven - im Spätsommer konnte ein Regiment der 111. ID bei Mosdok den Terek überqueren und einen ersten Brückenkopf am Südufer bilden. Von hier aus war in späterer Folge eine Offensive in Richtung der russischen Erdölfelder nahe Grosny und später Baku geplant.
Da das Oberkommando der Roten Armee diese Gefahr erkannte, befahl es gegen diesen gefährlichen Brückenkopf pausenlose Angriffe. Mehrere Tage lang rückten immer wieder Infanterieverbände mit Panzerunterstützung gegen die deutschen Stellungen vor - mit Erfolg, denn schließlich musste Generalmajor Recknagel seine Truppen vom Südufer zurückziehen.
Die im August 1942 besetzte Hafenstadt Elista an der Schwarzmeerküste musste ebenfalls bald aufgegeben werden.
Durch die Niederlage in Stalingrad musste schließlich der gesamte Nordkaukasus hastig wieder geräumt werden, alle Opfer der Heeresgruppe A waren vergebens gewesen.
Im Frühjahr 1943 stieß die Rote Armee bis nach Rostow vor und bedrohte die Landenge von Kertsch.
Nach den schwierigen Verhältnissen während des strengen Winters sahen sich die deutschen Truppen, insbesonders die motorisierten Verbände, nun auch wieder der gefürchteten russischen Schlammperiode gegenüber. Der Nachschub, die schweren Waffen, die Fahrzeugkolonnen - sie alle blieben buchstäblich im Dreck stecken!
Nach erbitterten Rückzugskämpfen im Verband der 1. Panzerarmee eingesetzt, kämpfte die Division später mit der "Armeegruppe Hollidt" bei Taganrog. Im Sommer 1943 wurde aus zweieinhalb Divisionen die "Gruppe Recknagel" gebildet, die sich als "Feuerwehr"-Einheit der neuen 6. Armee auszeichnen konnte.
Im Herbst konnte eine von Generalleutnant (01.03.43) Recknagel geführte Korpsgruppe trotz härtestem Einsatz eine sowjetische Stoßoffensive nicht abfangen und wurde mit dem XXXIX. Armeekorps am Asowschen Meer eingeschlossen. In schweren Kämpfen, in denen die Rote Armee u.a. über 200 Panzer einbüßte, konnte die 111. Infanteriedivision zwei Tage darauf einen Weg nach Norden freikämpfen, der einen Ausbruch für das gesamte Korps ermöglichte! Hierfür erhielt Generalleutnant Recknagel am 6. November 1943 das 319. Eichenlaub zum Ritterkreuz verliehen. Seine Division war jedoch schwer zusammengeschossen und kaum noch 1.000 Mann stark!
Kurz darauf wurde Recknagel nach dreijährigem Fronteinsatz im Osten nach Deutschland rückversetzt und in der Operationsabteilung Ost des Oberkommandos des Heeres verwendet. Dieser Sonderstab war teilweise für die Operationsplanung der vier Heeresgruppen an der Ostfront verantwortlich!

Im April 1944, drei Monate bevor er zum General der Infanterie befördert wurde, kehrte Hermann Recknagel in den Fronteinsatz zurück und wurde zum Kommandeur des XXXXII. Armeekorps ernannt.
Das Korps hatte sich in den Monaten zuvor u.a. während den berühmten Kesselschlachten von Tscherkassy und Kowel ausgezeichnet. Unmittelbar nach Recknagels Kommandoübernahme wurde die gesamte Heeresgruppe Süd, zu der das Korps gehörte, von der sowjetischen Sommeroffensive schwer getroffen.
Nach heftigen Rückzugskämpfen am Bug und im Osten Polens zeichnete sich General Recknagel besonders während der Abwehrschlachten entlang der "Ostpreußen"-Stellung und der Schlacht an der Weichsel aus. Später übernahmen seine Truppen die Deckung von Teilen der Heeresgruppe Nord beim Rückzug aus dem Südbaltikum.
In diesen schweren Tagen würdigte Recknagels Vorgesetzter, Brillantenträger General Hermann Balck, ihn in einer Beurteilung als "äußerst unerschrockenen, tapferen und umsichtigen Truppenführer".
Für die großen Abwehrerfolge seines Armeekorps und großen persönlichen Einsatz erhielt Hermann Recknagel am 23. Oktober 1944 als 104. Soldat der Wehrmacht die Schwerter zum Ritterkreuz mit Eichenlaub verliehen.
Am 9. September 1944 wurde der General zum dritten Mal im Wehrmachtsbericht genannt.
Nach schweren Rückzugsgefechten in Polen geriet das XXXXII. Armeekorps im Verband der 9. Armee (Smilo von Lüttwitz) im Jänner 1945 zusammen mit der "Gruppe Nehring" in eine wuchtige sowjetische Panzeroffensive. Bereits von starken Truppenverbänden überflügelt, gelang es den Generäle Nehring und Recknagel trotz der fast aussichtslosen Lage ihre Truppen in Bewegung zu halten und den Weg nach Westen freizukämpfen! Während den schweren Rückzugskämpfen fand Hermann Recknagel jedoch bei einem russischen Infanterieangriff an der Weichsel den Tod.
Der Schwerterträger war einer von 963 Offizieren im Generals- bzw. Admiralsrang, die während des Zweiten Weltkrieges auf deutscher Seite den Tod fanden.

Hauptmann

ERNST-WILHELM REINERT

* 02.02.1919 in Köln

Ritterkreuz		01.07.1942
Eichenlaub	(131)	07.10.1942
Schwerter	(130)	01.02.1945

Frontflugspange für Jäger in Gold mit Anhänger Einsatzzahl "700"
Flugzeugführer- und Beobachterabzeichen
Ärmelband "Afrika"
Ehrenpokal der Luftwaffe
Deutsches Kreuz in Gold
Krimschild
Rumänisches Fliegerkreuz
Verwundetenabzeichen in Silber

"Selbst mit Passagieren in den Luftkampf!"

Ernst-Wilhelm Reinert trat fünf Monate vor Ausbruch des Zweiten Weltkrieges als Freiwilliger in die Luftwaffe ein und wurde – da er bereits zivile Motorflugscheine besaß - zum Jagdpiloten ausgebildet. Nachdem er die üblichen Anlaufstellen eines Flugschülers überwunden hatte, wurde der Unteroffizier (01.12.40) im März 1941 in die Jagdflieger-Ergänzungsgruppe versetzt und traf im Sommer in Russland ein.
Im Juni 1941 als Flugzeugführer zur 4. Staffel des Jagdgeschwaders 77 gekommen, erzielte Reinert am 8. August mit dem Abschuss einer I-16 „Rata" seinen ersten Luftsieg. Unmittelbar darauf mit dem Eisernen Kreuz 2. Klasse ausgezeichnet, entwickelte sich der junge Flieger schnell zum tapferen Angreifer und meldete am 26. September seinen bereits 15. bestätigten Luftsieg! Hierfür mit dem Eisernen Kreuz 1. Klasse beliehen, folgte bereits im April 1942 ein Ehrenpokal.

Das "*Herz As*"-Geschwader kämpfte 1941/42 im Rahmen des Luftkampfeinsatzes sowie der Heeresunterstützung u.a. über den Kampfzonen Dnjestr, Besserabien, der Krim, bei Odessa, Woronesch und Stalino. Als Unteroffizier Reinert im Juni 1942 bereits 53 Luftsiege erzielt hatte, erhielt er als einer der rangniedrigsten Soldaten der Wehrmacht das Ritterkreuz verliehen.
Nur wenig später konnte der erstklassige Schütze in einem wilden Luftkampf gleich acht Gegner abschießen.
Nach weiteren Abschüssen, der 100. am 3. Oktober 1942, folgte für den zum Feldwebel beförderten Reinert das 131. Eichenlaub - er war der erst 6. Unteroffizier(!) und 45. Jagdflieger unter den bisherigen Eichenlaubträgern. Unter seinen bisherigen Abschüssen hatten sich neben modernen russischen Flugzeugen und einigen Bombern auch von den Westalliierten an Russland gelieferte Flugzeugtypen wie Aircobra, Hurricane, Lightning, Spitfire und Kittyhawk befunden.
Im Herbst verließ das gesamte Geschwader das kalte Russland und verlegte ins sonnige, heiße Nordafrika.
Hier trat das Jagdgeschwader 77 in den nächsten Monaten gegen die überlegenen britischen, südafrikanischen und amerikanischen Luftstreitkräfte an. Hauptaufgabe von Reinerts Staffel war die Bekämpfung von Jagd- und Bomberverbänden über den Küstenregionen der Cyrenaika, im Frühjahr 1943 erreichten die sich zurückziehenden deutsch-italienischen Truppen Tunesien. Hier wurde der gefallene Kommodore und Schwerterträger Major Müncheberg durch den bekannten Major Steinhoff ersetzt.
Über dem Tunis-Kessel zeigte Reinert erneut erstklassige Einsatzleistungen - am 19. April blieb er im Kampf gegen eine amerikanische P-51 „Mustang" zum 150mal siegreich.
Unter den letzten Siegen hatten sich besonders viele Mehrfachabschüsse befunden – so am 11.01. fünf, am 26.02. vier, am 01.03. drei und am 13.03. sechs Siege! Am 1. April unterlagen fünf britische Spitfire.
Als sein durch hohe Verluste angeschlagenes Geschwader im Mai 1943 aus dem Kessel abgezogen wurde, waren Reinert hier 51 westalliierte Gegner im Luftkampf unterlegen - bis auf vier alles Jagdmaschinen! Unter diesen Siegen

befand sich auch das britische Fliegeras Captain Ian Cleed, der für 13 Luftsiege den Distinguished Service Order und das Distinguished Flying Cross erhalten hatte, ehe er dem Deutschen unterlag.
Am 20. April 1943 wurde Ernst-Wilhelm Reinert zum Leutnant (Kriegsoffizier) befördert, nachdem er bereits als sgn. Fliegender Staffelführer Erfahrungen gesammelt hatte.

An jenem Tag, an dem Reinert mit seiner Staffel Tunis verließ und nach Sizilien rückverlegte, nahm er zwei befreundete Piloten seiner Staffel (liegend) im Rumpf seiner Me-109 mit, da diese aufgrund zerstörter Maschinen sonst in Afrika hätten zurückbleiben müssen. Als er während des Fluges auf eine tieffliegende Staffel britischer Marineflugzeuge stieß, entschloss sich Reinert dennoch zum Angriff.
Unter Ausnutzung des „Zusatzgewichtes" von etwa 130 Kilogramm drückte er seine Me-109 in den Sturzflug, schoss eine Grumman Martlet ab (154. Sieg), durchstieß den britischen Verband und setzte sich im Tiefstflug ab! Im Sommer 1943 kämpfte der Kriegsoffizier erfolgreich auf dem italienischen Kriegsschauplatz und errang weitere Siege. Am 13. August in einen wilden Luftkampf verwickelt, konnte Reinert drei britische Kittyhawk-Jäger abschießen, ehe er selbst schwer getroffen wurde und nahe der sizilianischen Küste notwassern musste. Durch das zerschossene Rettungsschlauchboot und die vollgesogene Fliegerjacke dem Ertrinken nahe, konnte der Eichenlaubträger gerade noch rechtzeitig den Strand erreichen!
Während der vierwöchigen Luftschlacht über Sizilien erlitten die deutschen Jagdflieger durch die drückende alliierte Übermacht hohe Verluste.
Anfang August deckte das Jagdgeschwader 77 erfolgreich die Evakuierung der Bodentruppen über die Straße von Messina nach Süditalien. Ende August wurde Reinert mit der Führung der 1. Staffel des Jagdgeschwaders 77 betraut, im Februar 1944 wechselte er nach insgesamt 167 Luftsiegen ins Jagdgeschwader 27.
Oberleutnant (01.07.44) Reinert führte die 8. Staffel in Mittelitalien, ehe er an die Spitze der 12. Staffel wechselte, diese in der Reichsverteidigung in Österreich und Ungarn anführte und im Sommer 1944 schließlich über der Invasionsfront in Frankreich zum Einsatz kam. Im Kampf gegen britisch-amerikanische Verbände errang er hier im Juni und Juli insgesamt drei weitere Siege.
Bereits zwei Monate nach Beginn der alliierten Invasion musste das Geschwader aufgrund der hohen Verluste (1939-1945 über 800 Piloten!!) aus dem Kampf genommen und aufgefrischt werden.
Nach erneuten Einsätzen an der Westfront bereitete sich das Geschwader auf die Operation "Bodenplatte" vor.
Hierbei griff die Luftwaffe am 1. Jänner 1945 mit 800 Jagd- und Jagdbombermaschinen die alliierten Flugplätze in Belgien an. Das Unternehmen hatte zwar die Vernichtung von etwa 440 Feindmaschinen zur Folge, kostete jedoch auch 200 deutschen Piloten das Leben. Hierunter befanden sich auch viele unersetzliche Frontveteranen und Führungsoffiziere. Unter den Verlusten des Jagdgeschwaders 27 befand sich auch der Kommandeur der IV. Gruppe, deren Führung nun Hauptmann (01.01.45) Reinert übertragen wurde.
Als Reinert während den Abwehrschlachten über dem Reichsgebiet mit einer B-17 „Flying Fortress" seinen 174. Luftsieg erzielte (davon 71 im Westen), wurde er am 1. Februar 1945 mit den Schwertern zum Ritterkreuz mit Eichenlaub dekoriert. Nach Reinert sollte diese Ehrung nur noch zwei Jagdfliegern zuteil werden.
Im März musste Reinert seine fast vernichtete Gruppe auflösen, er selbst schulte noch auf den Düsenjäger Me-262 um und flog die letzten seiner insgesamt 715 Einsätze als Führer der Stabsstaffel im Düsenjagdgeschwader 7.
Im Mai ergab sich Hauptmann Reinert in Süddeutschland amerikanischen Truppen.
Neben seinen 174 anerkannten Luftsiegen gegen russische, britische und amerikanische Gegner hatte Hauptmann Reinert besonders im Kampf gegen Bodenziele - wie Lastwagen- und Infanteriekolonnen, Nachschubstraßen sowie gegnerische Stellungen - erstklassige Einsatzergebnisse erzielt. 16 Feindmaschinen hatte er bei Tiefangriffen zerstört, ebenso 10 russische Panzer und 6 Eisenbahnzüge!

In den Fünfzigerjahren als Industriekaufmann tätig, trat Ernst-Wilhelm Reinert 1956 als Hauptmann wieder in die Bundesluftwaffe ein. Hier u.a. Staffelkapitän im Jagdbombergeschwader 31 „*Boelcke*" unter dem ehemaligen Schwerterträger Gerhard Barkhorn, erhielt Reinert 1959 seine Beförderung zum Major. In Folge vier Jahre lang Kommandeur der Fliegenden Gruppe des Jagdbombergeschwaders 35, wechselte er später als Stabsoffizier zur 3. Luftwaffendivision. 1971 Fliegerhorst-Kommandant, diente Oberstleutnant Reinert – u.a. zusammen mit dem ehemaligen Schwerterträger Wilhelm Batz - zuletzt als Stabsoffizier im Luftflottenkommando Köln-Wahn, ehe er 1972 in den Ruhestand trat.

Anmerkung des Autors:

Für seine tatkräftige Mitarbeit an dieser Biographie bin ich Hrn. Reinert sehr zu Dank verpflichtet. (Briefe an den Autor; November 1999)

Generalleutnant

ALFRED-HERMANN REINHARDT

* 15.11.1897 in Affalterbach/Württemberg
+ 14.01.1973 in Ohringen

Ritterkreuz		04.12.1941
Eichenlaub	(306)	28.09.1943
Schwerter	(118)	24.12.1944

Infanteriesturmabzeichen in Silber
Nennung im Wehrmachtsbericht
Kubanschild
Rumänischer Tapferkeitsorden mit Schwertern
Deutsches Kreuz in Gold
Verwundetenabzeichen in Bronze

"Infanteriegeneral der ersten Wahl"

Nachdem sich der Württemberger 1915 zur Infanterie gemeldet hatte, kam Reinhard als Gefreiter im Grenadierregiment 123 zum Einsatz und erhielt für Tapferkeit vor dem Feind das Eiserne Kreuz 2. Klasse. Die 1. Klasse dieser Auszeichnung folgte für seinen tapferen Einsatz in einem Freikorps nach Kriegsende.
1920 in die Schutzpolizei eingetreten und zum Leutnant befördert, wurde Reinhardt nach fünfzehn Dienstjahren als Hauptmann wieder in den Militärdienst reaktiviert. Ab 1938 Kommandeur des III. Bataillons im Infanterieregiment 480, führte der Weltkriegsveteran diese Einheit im Verband der 260. Infanteriedivision auch in den Zweiten Weltkrieg.

Im März 1940 zum Oberstleutnant befördert, durchbrach Reinhardt an der Spitze seines Bataillons französische Stellungen an der Aisne und nahm an den Offensiven durch die Champagne teil. Große Erfolge konnten auch am Rhein-Marne-Kanal sowie bei Dijon errungen werden. Mit den Spangen zum Eisernen Kreuz 1914 beliehen, übernahm Reinhardt im November das II. Bataillon im Infanterieregiment 421 der 125. Infanteriedivision.
Nachdem die Division mit der 2. Armee auf dem Balkan gekämpft hatte (u.a. Eroberung von Sarajewo), wurde sie unmittelbar nach Beginn des Russlandfeldzuges als Nachzügler zur 17. Armee der Heeresgruppe Süd (von Rundstedt) verlegt.
Am 27. Juli 1941 wurde Oberstleutnant Reinhardt zum neuen Kommandeur des Infanterieregiments 421 ernannt, das er in den nächsten Monaten bei Winniza, während den Kesselschlachten von Uman und Kiew sowie während den Gefechten um Poltawa mit bestechender Führungshand kommandierte. Bei Kiew konnten seine Landser einen massiven Ausbruchsversuch der eingeschlossenen russischen Truppen verhindern. Nach diesem Erfolg wurde Oberst (01.11.41) Reinhardt bereits im Winter mit dem Ritterkreuz ausgezeichnet.
Im Frühjahr unterstand die 125. ID der 1. Panzerarmee und kämpfte am Mius. Hauptziel der deutschen Truppen in diesem Gebiet war die Besetzung von Rostow. Strategisch wichtig gelegen, war die Metropole der Schlüssel zum Nordkaukasus und in Richtung Wolgabogen. Das wusste auch das Oberkommando der Roten Armee - die Stadt war zur Festung ausgebaut. Gespickt mit Bunkeranlagen, Geschütz- und Flakstellungen sowie besetzt mit kampfentschlossenen NKWD-Elitetruppen (genannt Stalins Waffen-SS), bedeutete Rostow ein ernstzunehmendes Hindernis.
Zu jenen ausgesuchten Verbänden, die zum Sturmangriff antraten, gehörten auch Reinhardts 421er.
Bereits in den ersten Gefechtstagen erkannte Reinhardt die Entschlossenheit des Gegners. Seine Bataillone wurden in den von Barrikaden, MG-Nestern und Minenfallen gespickten Straßen immer wieder in verlustreiche Häuserkämpfe verwickelt. Andauernde Scharfschützenüberfälle, mutige Gegenangriffe und kompliziert angelegte Bunkeranlagen forderten von den deutschen Landsern einen hohen Preis. Durch die engen Straßen und Gassen war keinerlei Panzer- oder Artillerieunterstützung möglich - deshalb teilte Reinhardt sein Regiment immer wieder in kleine Stoßtrupps und Kampfgruppen und ließ ein Haus nach dem anderen durchkämmen. In perfekter Zusammenarbeit mit anderen Regimentern gelang es schließlich, bis in den stark befestigten Stadtkern von Rostow vorzustoßen und schließlich die Räumung der Stadt zu erzwingen!

Nach dem Sieg von Rostow stieß die 125. Infanteriedivision im Verband des V. Armeekorps der Heeresgruppe A (von Kleist) in hohem Tempo (300 km in 16 Tagen) kämpfend in den Kaukasus vor und erreichte Anfang August den Raum Krasnadar. Zusammen mit der 73. ID konnte wenig später die russische Hafenfestung Noworissisk gestürmt werden, wobei sich u.a. der spätere Schwerterträger Werner Ziegler hervortun konnte. Nach erfolglosen Abwehrschlachten um Maikop musste sich das Armeekorps schließlich jedoch wieder zurückziehen.
Nach der Niederlage von Stalingrad und der fehlgeschlagenen Offensive gegen Grosny musste der Kaukasus bis zum Frühjahr 1943 wieder geräumt werden. Im September 1942 hatte Oberst Reinhardt das Deutsche Kreuz in Gold erhalten.

Nach schnellen Rückzugsbewegungen wurde die 125. ID in die Kubanstellung befohlen, welche östlich der Straße von Kertsch auf der Tamanhalbinsel angelegt worden war. Entlang dieser, nur etwa 100 Kilometer langen Frontlinie hatte man die besten Chancen, die überlegene Rote Armee östlich der Krim aufzuhalten.
Zwischen Jänner und September 1943 stand Reinhardts Regiment sämtliche Kuban-Hauptschlachten durch und zeichnete sich wiederholt durch äußerste Hartnäckigkeit und tapfere Gegenangriffe aus. Im Sommer konnte das Infanterieregiment 421 im Nordabschnitt der Kubanstellung einen großangelegten Durchbruch sowjetischer Truppen eindämmen und hierbei mehrere Schützenbataillone völlig aufreiben!
Im September erhielt Oberst Reinhardt Befehl, sich zum Divisionsführer-Lehrgang nach Deutschland zu begeben. Während dieser Ausbildung erhielt er rückwirkend für seine erstklassigen Leistungen als Regimentskommandeur das 162. Eichenlaub zum Ritterkreuz innerhalb des Heeres verliehen. Den Lehrgang beendete er im Oktober 1943 mit erstklassigem Erfolg, die Beförderung zum Generalmajor folgte am 1. Februar 1944.
Im November wurde Reinhardt zum Kommandeur der 370. Infanteriedivision im Frontabschnitt Kischinew ernannt, welche er bis zum Wechsel an die Spitze der 73. Infanteriedivision anführte. Die Division stand im schweren Abwehrkampf die Winterschlachten auf der Krim durch. Im Frühjahr 1944 wurde Reinhardt schließlich mit der Übernahme der 98. Infanteriedivision beauftragt.
Nachdem die Rote Armee den Übergang auf die Halbinsel Krim erzwungen hatte, folgten schwerste Abwehrgefechte bis an den Stadtrand von Sewastopol. Diese 1942 von GFM von Manstein eroberte Hafenfestung wurde wochenlang von einigen Divisionen verteidigt, während die Reste der 17. Armee über See her nach Rumänien gerettet wurden. Die 98. ID erlitt schwerste Verluste und wurde erst nach totaler Erschöpfung von Mensch und Material ausgeschifft. Wie die meisten so nach Rumänien geretteten Verbände hatte auch Reinhardts Division hierbei alle schweren Waffen und sogar einen Großteil der normalen Ausrüstung eingebüßt.
Nach ihrer quasi kompletten Neuaufstellung wurde Reinhardts Division im Sommer 1944 in Kroatien gegen Partisanengruppen eingesetzt, ehe im Juli die Eilverlegung auf den bedrängten italienischen Kriegsschauplatz befohlen wurde.
Unter dem Oberbefehl der Heeresgruppe C (Kesselring) kämpften die Regimenter der 98. Infanteriedivision in den Apenninen, bei Senio, Croce und an den Alpenpässen. Im Herbst bezog Reinhardt mit seiner Division im Verband des LXXVI. Panzerkorps (Herr) entlang der sgn. Goten-Linie Stellung und verteidigte diese gegen wilde Attacken des II. frei-polnischen Armeekorps. Im September 1944 wurden die Erfolge bei Bagnacavallo, Lamone und Senio gesondert im Wehrmachtsbericht erwähnt!
Am Weihnachtstag 1944 wurde Generalleutnant Alfred-Hermann Reinhardt in Anerkennung seiner langjährigen Leistungen an der Spitze von Infanterieverbänden mit den 118. Schwertern zum Ritterkreuz mit Eichenlaub ausgezeichnet.
Es folgten Rückzugskämpfe nach und Stellungskämpfe in Norditalien.
Am 2. Mai 1945 kapitulierte die 98. ID im Verband der 10. Armee (Herr) vor amerikanisch-britischen Truppen, Reinhardt kehrte nach drei Jahren Gefangenschaft ins Zivilleben zurück.
Er verstarb im Jänner 1973 in Ohringen.

Generaloberst

GEORG-HANS REINHARDT

* 01.03.1887 in Bautzen/Sachsen
\+ 22.11.1963 in München

Ritterkreuz		27.10.1939
Eichenlaub	(073)	17.02.1942
Schwerter	(068)	26.05.1944

Hohenzollernorden mit Schwertern
Sächsischer Militär-St.-Heinrichs-Orden
Bayrisches Militärverdienstkreuz 4. Klasse
Österreichisches Militärverdienstkreuz 3. Klasse
Sächsisches Kriegsverdienstkreuz 3. Klasse
Panzerkampfabzeichen in Silber
Dreimalige Nennung im Wehrmachtsbericht
Verwundetenabzeichen in Bronze

"Bis in die Vororte von Moskau!"

Der bei Dresden als Sohn eines bekannten Bankiers geborene Georg-Hans Reinhardt trat im Alter von knapp 19 Jahren als Freiwilliger ins königlich-sächsische Elite-Grenadierregiment "*Prinz Johann Georg*" ein und wurde 1914/15 als Oberleutnant im Jägerregiment 107 eingesetzt. Bereits mit dem Eisernen Kreuz 1. Klasse beliehen, erhielt er für besondere Verdienste während der Schlacht auf der Lorettohöhe (Flandern) die höchste sächsische Tapferkeitsauszeichnung!
1916 in den Stab des XX. Armeekorps versetzt, diente Reinhardt ab 1917 zunächst als Stabschef der 2. Kavalleriedivision, ehe er in gleicher Position zur 23. Reservedivision an die Westfront wechselte. 1919 diente der hochdekorierte Hauptmann in der Grenzjägerbrigade 19, ab 1922 gehörte er dem Stab des Armeekommandos Dresden an. Vier Jahre darauf wechselte Reinhardt als Eskadronschef ins sächsische Reiterregiment 12, 1931 übernahm der Oberstleutnant das III. Bataillon des Infanterieregiments 10.
1933 bereits Stabschef der 4. Infanteriedivision, wurde Reinhardt ein Jahr darauf als Oberst mit der Führung der Heeresausbildungs-Abteilung im Reichswehrministerium beauftragt! Zur selben Zeit arbeiteten hier auch die späteren Schwerterträger Heinrici und Model.
1937 übernahm Georg-Hans Reinhardt die Schützenbrigade der neuen 1. Panzerdivision - ein Jahr darauf übergab er diese an den späteren Schwerterträger Oberst Kirchner und übernahm als Generalmajor die 4. Panzerdivision. Einer seiner damaligen Regimentskommandeure war der spätere Schwerterträger Oberst Hermann Breith. Damaliger Kommandeur der Panzerbrigade war Oberst Landgraf, die Schützenbrigade wurde durch Oberst von Boineburg-Lengsfeld befehligt - alle drei sollte bereits 1940 das Ritterkreuz erhalten.

Bei Kriegsausbruch gehörte die 4. Panzerdivision zum XVI. Armeekorps der 10. Armee. Zusammen mit der 1. Panzerdivision überquerten Reinhardts Panzer bei Klobuck die Grenze und durchtrennten kurz darauf die polnischen Stellungen bei Wielun. Nachdem die Verbände zusammen mit Einheiten der 8. Armee den Kessel von Lodz geschlossen hatten, stieß die Division bis an den Stadtrand von Warschau vor. Für das schnelle Niederkämpfen einiger polnischer Divisionen und die taktischen Erfolge seiner Panzer wurde Reinhardt am 27. Oktober 1939 als erst 8. Offizier mit dem Ritterkreuz beliehen, nachdem er kurz zuvor zum Generalleutnant befördert worden war. Eine weitere Auszeichnung war die am 15.02.40 erfolgte Ernennung zum Kommandeur des XXXXI. Panzerkorps der "Panzergruppe Kleist". Sein damaliger Ia Oberstleutnant i.G. Hans Röttiger war bei Kriegsende Stabschef der Heeresgruppe C in Italien und sollte 1956 erster Inspekteur des Heeres der neuen Bundeswehr werden.
Reinhardt führte die 6. und 8. Panzerdivision sowie mehrere motorisierte Infanterieverbände im Mai 1940 durch die belgischen Ardennen und trieb dann zusammen mit Panzertruppen unter Guderian und Hoth einen Keil quer durch Nordfrankreich. Als das XIX. Korps Abbeville, das XV. Donai und Reinhardts XXXXI. Korps Arras erreicht hatte, schwenkten die Panzer nach Norden und ließen ihre Infanterie zum Schutz an der Somme zurück - die nächsten Tage lagen die Panzer dann mehr oder weniger tatenlos in Bereitstellung um den Kessel von Dünkirchen, da man die

Vernichtung der eingeschlossenen alliierten Truppen der Luftwaffe überlassen sollte (Befehl Hitlers). Dies misslang jedoch und ein Großteil der eingeschlossenen Truppen konnten über den Ärmelkanal ausgeschifft werden!
Während der zweiten Phase des Westfeldzuges - genannt "Fall Rot" - kämpfte das XXXXI. Panzerkorps zusammen mit Einheiten der 2. und 9. Armee in den Provinzen Champagne-Ardenne und Bourgogne.
Nach der Niederlage Frankreichs wurde Reinhardt zum Leiter der "Versuchsabteilung Seelöwe" ernannt - diese hatte den schwierigen Auftrag, binnen kürzester Zeit geeignete Landungstaktiken und -fahrzeuge für eine geplante Invasion in Südengland zu entwickelt. Dieses Unternehmen wurde jedoch im Winter 1940 auf Eis gelegt.
Im Frühjahr 1941 kamen Reinhardts Panzerverbände erfolgreich während des Balkanfeldzuges zum Einsatz.

Im Sommer 1941 lag das XXXXI. Panzerkorps unter dem Oberbefehl der Panzergruppe 3 (Hoth) in Ostpolen. Als am 22. Juni die "Operation Barbarossa" ausgelöst wurde, verfügte Georg-Hans Reinhardt über zwei starke Panzerdivisionen und eine mot. Infanteriedivision. In den ersten Wochen konnten seine Panzer zusammen mit dem LVI. Panzerkorps unter dem späteren Schwerterträger von Manstein große Erfolge erzielen. Nach Gefechten nördlich Bialystok und Wilnius überschritten seine Panzer die Düna, Ende August fanden Gefechte um Welikje-Luki statt, welches von der 19. PD (von Knobelsdorff) erobert werden konnte. Der Vorstoß nach Leningrad brachte erstmals größere Probleme mit sich, in der Schlacht bei Dubysa konnte jedoch das III. sowjetische Garde-Panzerkorps geschlagen werden.
Am 9. Oktober 1941 wurde General der Panzertruppe (01.10.41) Reinhardt als Nachfolger von Generaloberst Hoth zum neuen Oberbefehlshaber der zur Panzerarmee erweiterten Panzergruppe 3 ernannt. Reinhardts Nachfolger als Kommandeur des XXXXI. Panzerkorps wurde Walter Model.
Am 18. und 19. Oktober wurde General Reinhardt für die Erfolge seiner Truppen zweimal hintereinander im Wehrmachtsbericht genannt!
Im Winter 1941/42 kämpfte die 3. Panzerarmee in der Entscheidungsschlacht vor Moskau. Nachdem die ihm unterstellte 7. Panzerdivision den Fluss Lama überquert hatte, kämpften sich Reinhardts Spitzen - u.a. die "Kampfgruppe Manteuffel" - bei eisigen Temperaturen bis zum 21.11.41 nach Klin vor, etwa 50 Kilometer vom Moskauer Stadtrand entfernt! Immer stärker werdende Gegenwehr, fehlender Nachschub und eine völlig ausgepumpte Truppe zwangen schließlich zum Rückzug aus den Vororten(!) von Moskau.
Während den Rückzugskämpfen befand sich die geschwächte 3. Panzerarmee zeitweise in ernster Gefahr, durch sowjetische Armeekorps abgeschnitten zu werden - nur mit Hilfe der 4. Panzerarmee (GenOberst Hoepner) konnte Reinhardt den Rückzug vollenden und die Einkesselung abwenden.
Im Frühjahr 1942 erhielt Reinhardt für die erstklassige Führung seiner Armee im Kampfgebiet Moskau das Eichenlaub zum Ritterkreuz und die Beförderung zum Generaloberst (01.01.42). Der bewährte Truppenführer war der elfte Kommandeur von Panzergroßverbänden (ab Brigade) unter den bisherigen Eichenlaubträgern.

Den ganzen Sommer 1942 hindurch kämpfte die 3. Panzerarmee im Frontabschnitt Kalinin-Rshew-Wjasma, wobei mehrmals ein Einbruch sowjetischer Truppen knapp verhindert werden konnte. Mehrmals wurden einzelne Panzerdivisionen zum Rettungsanker für die bedrängte 9. Armee (Model).
Ab November konnten sich Reinhardts Panzer- und Grenadierverbände in einer Reihe von Abwehrschlachten zwischen Newel und Witebesk auszeichnen. Diese Schlachten fanden erst im Jänner 1944 ihr Ende und kosteten den sowjetischen Truppen über 100.000 Mann und 1.200 Panzer!
Nach erneut erfolgreichen Abwehrschlachten um Orscha erhielt Generaloberst Reinhardt im Mai die 68. Schwerter zum Ritterkreuz mit Eichenlaub verliehen. Doch zu dieser Zeit bereitete die Rote Armee bereits die nächste Großoffensive vor. Die wuchtigen Angriffe begannen am 22. Juni 1944.
Am 26. Juni gelang der 43. sowjetischen Armee unter massiver Flanken- und Luftunterstützung ein breiter Durchbruch, gleichzeitig griffen über 200 Divisionen die gesamte Front der Heeresgruppe Mitte an! Wenige Tage später existierte in Weißrussland praktisch keine deutsche Front mehr! Reinhardts 3. Panzerarmee war schwer getroffen und auf dem Rückzug, die Reste der 9. Armee (Jordan) kapitulierten bei Bobruisk. Die sowjetischen Erfolge in Weißrussland übertrafen den Sieg von Stalingrad bei weitem!
Wie durch ein Wunder konnte die russische Dampfwalze durch eine von GFM Model aufgebaute Abwehrfront entlang der preußischen Grenze aufgehalten werden, Generaloberst Reinhardt hatte an diesem Abwehrsieg mit den Resten seiner Armee großen Anteil. Nachdem Model in den Westen versetzt worden war, übernahm Reinhardt am 16. August 1944 auf höchsten Befehl das Oberkommando über die Heeresgruppe Mitte.
Ende Oktober brach die 3. Weißrussische Front schließlich nach Ostpreußen durch. Als sich Reinhardt daraufhin zurückzog, setzte ihn Hitler "wegen Aufgabe von Ostpreußen" als Oberbefehlshaber ab und ersetzte ihn durch den eisenharten Brillantenträger Generaloberst Schörner.

Bis Kriegsende wurde Reinhardt, im Herbst während eines Jagdbomberangriffes auf sein Elbinger Stabsquartier durch einen Splitter am Kopf verwundet, nicht mehr eingesetzt, sondern nach längerem Lazarettaufenthalt in der Führerreserve belassen. Im Mai 1945 ergab er sich den vorrückenden westalliierten Truppen.
Im OKW-Prozess wurde der Generaloberst a.D. wegen Weitergabe des Kommissarbefehls *[36]* zu 15 Jahren Haft verurteilt. Bereits nach 4 Jahren erging eine Begnadigung.
Von 1954 bis 1963 war Reinhardt Vorsitzender der Gesellschaft für Wehrkunde (GfW) und erhielt für seine Verdienste ein Jahr vor seinem Tod das Große Bundesverdienstkreuz verliehen!
Sein Nachfolger an der Spitze der GfW wurde der ehemalige Schwerterträger und Generalleutnant der Bundeswehr a.D. Smilo von Lüttwitz.

Generaloberst

DR. LOTHAR RENDULIC

* 23.10.1887 in Wr. Neustadt/Österreich
+ 17.01.1971 in Breitenaich bei Linz.

Ritterkreuz		06.03.1942
Eichenlaub	(271)	15.08.1943
Schwerter	(122)	18.01.1945

Österreichische Tapferkeitsmedaille in Silber (?)
Österreichisches Militärverdienstkreuz 1. Klasse
Österreichischer Orden der Eisernen Krone mit Schwertern
Viermalige Nennung im Wehrmachtsbericht
Lapplandschild (?)
Deutsches Kreuz in Gold
Verwundetenabzeichen in Bronze

"Gekämpft - gesiegt - geschlagen!"

Der Sohn eines Obersten wurde nach Absolvierung der bekannten Offiziersakademie Wiener Neustadt 1910 zum Leutnant ernannt und ins k.u.k. Infanterieregiment 99 versetzt. Als der Erste Weltkrieg ausbrach, kam das Regiment an der Ostfront zum Einsatz. Nach einer schweren Splitterverwundung (11 cm lange Risswunde am Kopf) in den Stab der 31. ID versetzt, kehrte Oberleutnant Rendulic 1916 in den Fronteinsatz zurück und kämpfte mit der 27. Infanteriebrigade u.a. am Isonzo und in Rumänien. Bei Kriegsende diente der Hauptmann als Stabsoffizier im XXI. Korpskommando an der Italienfront.
Nach dem Zusammenbruch der Monarchie wurde er in das neue Bundesheer übernommen, wo Rendulic neben seiner Ausbildung an der Generalstabsakademie auch noch Jura studierte, ab 1925 Batteriechef im Infanterieregiment 4 und weiters Taktiklehrer an der Heeresschule war.
1933 als Oberst erster österreichischer Militärattaché in Paris nach dem Krieg, übernahm Rendulic ein Jahr darauf die neu aufgestellte Schnelle Brigade des Bundesheeres. 1936 auf eigenen Wunsch in den vorzeitigen Ruhestand getreten, erfolgte zwei Jahre später seine Reaktivierung in die Wehrmacht. Bei Kriegsausbruch Stabschef des XVII. Armeekorps, folgte am 1. Dezember 1939 die Beförderung zum Generalmajor.
Während des Polenfeldzuges stießen die Verbände des XVII. Armeekorps im Verband der 14. Armee gegen Krakau vor, ehe sie kämpfend das Gebiet nördlich von Lemberg erreichten. Nach Überquerung des Bug trafen die Korpsspitzen mit den russischen Truppen zusammen. In dieser Zeit musste Dr. Rendulic den Tod seines 23jährigen Sohnes verkraften, der bereits in den ersten Kriegstagen als Infanterieoffizier tödlich verwundet worden war.

Nach dem erfolgreichen Westfeldzug wurde Dr. Rendulic im Juni 1940 an die Spitze der 14. Infanteriedivision gestellt, die sich in Polen und Holland ausgezeichnet hatte. Der Verband blieb die nächsten Monate als Garnisonseinheit im Westen.
Für den Russlandfeldzug übernahm Dr. Rendulic von Generalleutnant von Arnim, später Oberbefehlshaber der Panzerarmee Afrika, die 52. Infanteriedivision.
Im Verband des LIII. Armeekorps (Heeresgruppe Nord) kämpfte die Division im südlichen Grenzgebiet von Lettland, bei Bobruisk, an der Beresina und am Dnjepr. Nach erfolgreichen Vormarschgefechten folgten die harten Winterkämpfe vor Moskau, während denen Dr. Rendulic seine Division im Raum Brjansk und Kaluga anführte. Im Dezember zog er sich zusammen mit dem XIII. Armeekorps nach verlustreichen Kämpfen wieder zurück und ging um Juchnow (südwestlich von Moskau) neu in Stellung.
Zusammen mit den Nachbardivisionen konnte die Frontlinie entlang der Flüsse Ugra und Vora lange Zeit gehalten werden. Im Februar 1942 büßte ein starkes sowjetisches Schützenkorps beim Versuch, die Linien der 52. Infanteriedivision zu durchbrechen, mehrere Regimenter und Dutzende Panzer ein. Für die ausgezeichneten Defensivleistungen in diesem Frontabschnitt erhielt Generalleutnant (01.12.41) Dr. Rendulic im März das Ritterkreuz zum Eisernen Kreuz verliehen.

Im Sommer 1942 konnte sich die 52. ID u.a. während langwierigen Waldgefechten nahe Suchinitschi auszeichnen, während deren Verlauf auch Erfolge gegen Partisanengruppen errungen wurden. Es folgten monatelange Abwehrschlachten im Mittelabschnitt der Ostfront.
Im Sommer 1943 wurde Rendulics Division in den Großraum Orel befohlen, nach harten Kämpfen an der Shisdra gab der Österreicher sein Kommando ab und übernahm als General der Infanterie das XXXV. Armeekorps der Heeresgruppe Mitte.
An der Spitze dieses Korps kämpfte Dr. Rendulic im hartumkämpften Frontabschnitt Shisdra-Mzensk, wo starke Verbände der Roten Armee eine Offensive gegen die Nordflanke der 2. Panzerarmee gestartet hatten. Trotz heftiger Gegenwehr konnten die vier Divisionen des Korps ihre Stellungen nicht lange halten - erst als auch Panzerverbände zum Gegenangriff antraten, schloss sich die Front wieder. Im Sush-Brückenkopf vernichteten die Panzer und Grenadiere des XXXV. Armeekorps in zwei Tagen fast 250 russische Panzer und Fahrzeuge!
Im Sommer kam es im Verband der 9. Armee (Model) zu erbitterten Material- und Abwehrschlachten im Frontbogen von Kursk-Orel. Für die Defensiv- und Offensiverfolge seiner Divisionen, u.a. über 800 Panzerabschüsse in zwei Wochen(!), erhielt der Österreicher am 15. August 1943 das Eichenlaub zum Ritterkreuz verliehen.
In den nächsten Monaten kommandierte General Rendulic die zur Auffrischung am Balkan stehende 2. Panzerarmee und leitete einige Aktionen gegen jugoslawische Partisanendivisionen sowie die Entwaffnung übergelaufener italienischer Truppen, ehe er am 28. Juni 1944 als Generaloberst (01.04.44) die in Nordfinnland kämpfende 20. Gebirgsarmee übernahm. Als Nachfolger des verunglückten Schwerträgers Eduard Dietl war Dr. Rendulic nun für die Sicherung von über 600 Kilometern Frontlinie durch eisiges, menschenfeindliches Gebiet zuständig.
Nach einigen Abwehrschlachten gegen sowjetische Truppen erhielt Dr. Rendulic am 6. September 1944 den schwierigen Auftrag, im Zuge der Operation "Birke" sämtliche ihm unterstellten Truppen aus Finnland nach Norwegen zurückzuziehen. Dieser taktisch schwierige Schritt war durch einen Separatfrieden zwischen dem kriegsmüden Finnland und der Sowjetunion nötig geworden. Die unheimlich komplexe Aufgabe wurde besonders durch die Tatsache erschwert, dass für den gesamten Rückzug nur eine größere Straße zur Verfügung stand!
Unter großem Risiko mussten die deutschen Divisionen, aufgefädelt wie auf einer Perlenkette, über die Nordkap-Passage (nördlich der schwedischen Grenze) nach Nordnorwegen verlegt werden. Starker Schneefall setzte ein, wodurch jedoch wenigstens sowjetische Luftangriffe bis auf wenige Ausnahmen ausblieben!
Innerhalb von wenigen Wochen führte Dr. Rendulic mit Hilfe eines fähigen Stabes die gesamte Armee (200.000 Mann und 60.000 Pferde) nach Norwegen zurück und rettete das gesamte schwere Kriegsmaterial! Vom 07. bis 29.10.44 konnten seine Truppen in ihren neuen Stellungen dann eine Offensive der 14. sowjetischen Armee abfangen und die wertvollen Nickelgruben von Petsamo für die deutsche Rüstung sichern.
Für die herausragende Stabsarbeit in Finnland wurde Rendulic am 18. Jänner 1945 mit den 122. Schwertern zum Ritterkreuz mit Eichenlaub dekoriert.

Nachdem Dr. Rendulic sich nun auch in der Armeeführung bewährt hatte, wurde er am 19. Jänner 1945 als Nachfolger von Generaloberst Schörner zum neuen Oberbefehlshaber der bedrängten Heeresgruppe Nord (später Kurland) ernannt. Sein damaliger Stabschef war der Ritterkreuzträger Generalmajor Friedrich Foertsch, Anfang der Sechzigerjahre Generalinspekteur der Bundeswehr!
Die Heeresgruppe war von überlegenen russischen Truppen in Litauen abgeschnitten worden und war früher oder später dem Untergang geweiht.
In mehreren Abwehrschlachten konnte das Ende mehrere Monate lang herausgezögert werden. Anfang April 1945 wurde Generaloberst Dr. Rendulic auf Befehl Hitlers aus dem Kessel ausgeflogen und als Nachfolger von Eichenlaubträger General Otto Wöhler an die Spitze der Heeresgruppe Süd in Ungarn befohlen. Es sollte sein letztes Kommando sein.
Nach schweren Abwehrschlachten bei Wien und Rückzugsgefechten nach Zentralösterreich führte Rendulic seine abgekämpften Divisionen in US-Kriegsgefangenschaft. Noch am letzten Kriegstag wurde der Generaloberst zum vierten Mal im Wehrmachtsbericht genannt.
Dr. Rendulic war einer der ranghöchsten Österreicher innerhalb der deutschen Wehrmacht geworden. Nach mehrjähriger Kriegsgefangenschaft wurde er 1951 wegen angeblicher Kriegsverbrechen auf dem Balkan*[97]* zu 10 Jahren Gefängnis verurteilt, jedoch nach massiven Protesten bereits wenige Monate später wieder freigelassen.
Unter anderem hatten 600(!) seiner ehemaligen Offiziere eine Petition eingereicht!
Unmittelbar darauf schrieb Dr. Rendulic seine Kriegserlebnisse nieder - der Titel des Buches war wohl gewählt "*Gekämpft - gesiegt - geschlagen*".
Der Generaloberst a.D. verstarb 1971 in Oberösterreich.

Generalfeldmarschall

ERWIN ROMMEL

* 15.11.1891 in Heidenheim/Württemberg
+ 14.10.1944 bei Herrlingen

Ritterkreuz		27.05.1940
Eichenlaub	(010)	20.03.1941
Schwerter	(006)	20.01.1942
Brillanten	(006)	11.03.1943

Preußischer Pour-le-Mérite
Bayrisches Militärverdienstkreuz 2. Klasse
Österreichisches Militärverdienstkreuz 3. Klasse
Panzerkampfabzeichen in Silber
Italienische Tapferkeitsmedaille in Silber
Flugzeugführer- und Beobachterabzeichen in Gold mit Brillanten (eh)
Mehrmalige Nennung im Wehrmachtsbericht
Ärmelband "Afrika"
Verwundetenabzeichen in Silber

"Der wohl berühmteste deutsche Soldat der Geschichte"

Die Persönlichkeit des Erwin Rommel ist wie kaum eine andere mit den bekanntesten Erfolgen der deutschen Militärgeschichte verbunden. Während seines Einsatzes in Nordafrika zum Synonym des Sieges geworden, verursachte seine bloße Anwesenheit beim Feind weiche Knie.

Rommel, Sohn eines Gymnasium-Professors, trat 1910 freiwillig ins Heer ein und kämpfte in der ersten Kriegsphase mit dem Infanterieregiment 124 an der Westfront. Nachdem er für Tapferkeit in den Argonnen das Eiserne Kreuz 1. Klasse erhalten hatte, wurde er als Kompaniekommandant im Württemberger Gebirgsjägerbataillon in Rumänien, im Westen und an der Italienfront eingesetzt. Am 25. Oktober 1917 konnte Oberleutnant Rommel die heftig verteidigte Höhe Monte Matajur erstürmen und über 8.000 italienische Gefangene einbringen, wofür er als einer der wenigen jungen Infanterieoffiziere des Krieges den Pour-le-Mérite (genannt Blauer Max) erhielt! 1919 wurde er aufgrund seiner erstklassigen Dienstakte als Hauptmann in das kleine Offizierskorps der Reichswehr übernommen.
Nachdem er lange Zeit eine Infanteriekompanie kommandiert hatte, wurde Major Rommel 1929 Taktiklehrer an der Infanterieschule Dresden. Nach weiterer Verwendung als Bataillonskommandeur befehligte er nacheinander die wichtigen Kriegsschulen in Potsdam und Wiener Neustadt.
1938 wurde Rommel schließlich zum Kommandanten des Führerhauptquartiers ernannt, was für seine erstklassigen führerischen und militärischen Qualitäten sprach.
Während des Polenfeldzuges wurde der zum Generalmajor beförderte Rommel mit der Aufstellung der neuen 7. Panzerdivision beauftragt.
An der Spitze dieses später legendären Verbandes fiel der schneidige Truppenführer und erstklassige Panzerstratege bereits während der ersten Phase des Frankreichfeldzuges an höchster Stelle positiv auf. Mit seinen Panzern im Mai 1940 bei Dinat über die Maas vorgedrungen, legte er innerhalb kürzester Zeit kämpfend über 500 Kilometer zurück, vernichtete dabei mehrere französische Divisionen und erreichte den La-Bassée-Kanal. In der zweiten Phase des Vormarsches überschritt die 7. PD die Somme, durchbrach die Weygandlinie und eroberte die Kanalhäfen Dieppe und Cherbourg. Bei einem Eigenverlust von 42 Panzern konnten 97.000(!) alliierte Soldaten gefangengenommen werden. Die von da an als "*Gespensterdivision*" (weil offenbar überall gleichzeitig präsent) bekannte 7. Panzerdivision war die erfolgreichste Einheit des Kriegsjahres 1940! Ihr Kommandeur erhielt als einer der ersten Divisionskommandeure der Wehrmacht das Ritterkreuz sowie die Beförderung zum Generalleutnant. Der schneidige Kommandeur hatte sich stets in unmittelbarer Frontnähe aufgehalten und war am 21. Mai nur knapp einer Gefangennahme entronnen - dieser Tatsache wurde spätestens ab 1942 im britischen Oberkommando immer wieder schmerzlich nachgetrauert!

Im Februar 1941 wurde Rommel mit der Führung des "Sperrverbandes Afrika" beauftragt und bereits kurz darauf mit den ersten Verbänden nach Libyen geschickt. Dort waren die italienischen Bundesgenossen wie üblich in militärische Bedrängnis gegenüber den Alliierten geraten und hatten dringend um Hilfe gebeten*[98]*.
Als Rommels Ankunft in Afrika bekannt wurde, sagte sein erster Gegner, der britische General Sir Wavell:, "Ich habe gehört, er soll ein stürmischer Kerl sein." Wie recht er damit hatte, sollte Wavell schon bald merken.

Bereits in den ersten kleineren Gefechten gegen weit überlegene britische Truppen siegreich, schuf sich Rommel innerhalb weniger Monate durch seine listenreiche Taktik, die völlig an die örtlichen Gegebenheiten der Wüste angeglichen war, den Ruf eines unbesiegbaren Panzergenerals und einfallsreichen Taktikers.
So bereits unmittelbar nach seiner Ankunft in Tunis. Um die damals nur kleine Zahl seiner Panzer zu verschleiern, ließ er kurz nach der Landung selbstsicher eine Militärparade durch die Straßen von Tunis durchführen. Hierbei fuhren eine Handvoll Panzer eine Stunde lang unbemerkt immer wieder um denselben Häuserblock - vorbei an Rommel und tausenden beeindruckten Einwohnern der Stadt. Unter diesen auch ein britischer Agent, der am nächsten Tag prompt "mindestens tausend deutsche Panzer" nach London meldete!
Bereits in Nordafrika, erhielt Rommel am 20. März 1941 für die Erfolge in Frankreich und Libyen das 2. Eichenlaub innerhalb des Heeres verliehen! In Folge blieb er bei El Agheila und in der Großen Syrte siegreich, überrannte die gesamte Cyrenaika, vertrieb die Briten aus Benghasi und kesselte im April 1941 Tobruk ein.
Im Juli wurde er zum General der Panzertruppe befördert. Bei Feind und Freund als "Wüstenfuchs" bekannt, verblüffte er seine britischen Gegner immer wieder durch schnelle Panzeroffensiven und ideenreiche Kriegslisten. So waren gut getarnte, nächtliche Verlagerungen von ganzen Divisionen Rommels Spezialität - am Morgen nach solchen Aktionen griffen seine Panzer dann in Abschnitten an, die tags zuvor von der britischen Aufklärung noch als feindfrei bezeichnet worden waren! Eine weitere höchst effektive Taktik bestand darin, durch auf Lastwagen montierte Flugzeugmotoren riesige Staubwolken zu erzeugen, die dem Gegner große Fahrzeugbewegungen - wie z.B. angreifende Panzer - vorgaukelten! Berüchtigt waren auch Rommels Scheinanlagen - Dutzende aus Sperrholz gebaute Stützpunkte, Treibstofflager und Panzeransammlungen wurden in der Wüste errichtet.
Diese "hölzernen Luftburgen" wurden zu wunderbaren Fallen für die gegnerische Aufklärung.
Beim Gegner gefürchtet waren auch Rommels berüchtigte "Teufelsgärten". Diese Minengürtel, verstärkt mit Stacheldraht, Stolperdrähten, Panzersperren und Laufgräben waren der schlimmste Feind der britischen Infanterie.
Bei einer seiner zahlreichen Erkundungsfahrten mit seinem Adjutanten geriet der General einmal unbeabsichtigt hinter die feindlichen Linien. Als er auf ein neuseeländisches Feldlazarett stieß, stieg er aus dem Wagen, schnappte sich den verdutzten Oberarzt und ließ sich selbstsicher durch die Zelte führen. Anschließend fuhr er wieder hinter die eigenen Linien zurück - ja, das war Erwin Rommel!
Als GFM Kesselring – um Rommels Sicherheit besorgt – dem Adjutanten des Wüstenfuchses befahl, dafür zu sorgen, dass er sich vom Kampfgeschehen fernhalte, entgegnete dieser „...wie soll ich das machen? Man kann ihn nun mal nicht anbinden."
Nachdem er in den vergangenen Monaten wiederholt britische Gegenoffensiven abgewehrt hatte, bei Sollum und am Hafaya-Pass siegreich geblieben war, zwang ihn die britische Gegenoffensive "Crusrader" im November 1941 erstmals zum Rückzug - Rommel musste seine durch die langen Kämpfe geschwächten Truppen weit zurücknehmen und stand im Jänner 1942 wieder in jenem Gebiet, in dem elf Monate zuvor der Afrikafeldzug begonnen hatte!
Im selben Monat versuchten die Briten, den gefährlichen Truppenführer endgültig auszuschalten. Doch das Spezialkommando (Long Range Desert Group) das auf ihn angesetzt war, fand nur noch sein leeres Hauptquartier vor und wurde von der Wachmannschaft empfangen. Rommel war wenige Tage zuvor mit seinem Stab umgezogen!
Im Gegensatz zum Oberkommando des Heeres, in dem man die Köpfe hängen ließ und sich lieber mit den Erfolgen im Osten befasste, gab Rommel nicht auf und organisierte voller Energie die Neuaufstellung seiner Panzerarmee. Durch einen fähigen Stab (Oberst Bayerlein) und die nun viel kürzere Nachschubstrecke konnte bereits am 23. Jänner nach Eindämmung der britischen Großoffensive ein umfassender Gegenangriff in Gang gebracht werden! Hierbei überrannten Rommels Afrikatruppen die irischen Garderegimenter und kesselten bei Antelat-Saunu die 1. britische Panzerdivision ein!
Rommel erhielt am 20. Jänner als erster(!) Offizier des Heeres die Schwerter zum Ritterkreuz mit Eichenlaub und zehn Tage darauf bereits die Beförderung zum Generaloberst!
Rommels Truppen überrumpelten das überraschte britische Oberkommando, durchschnitten die Hauptkampflinie und eroberten durch pausenlose Offensiven das gesamte verlorengegangene Gebiet zurück! Im Mai blieb das DAK bei Gazala und kurz darauf bei Marsa Matruh siegreich - am 21. Juni 1942 wehte die deutsche Flagge über der Festung Tobruk. Erwin Rommel wurde mit 51 Jahren zum jüngsten Generalfeldmarschall der Wehrmacht befördert, nachdem er vier Jahre zuvor noch Oberst gewesen war!!

Wenige Tage später überquerten seine Panzerspitzen, gefeiert von deutschen Zeitungen, die ägyptische Grenze und bedrohten den Suezkanal. Die Offensivpläne gegen Kairo waren bereits festgelegt.
In wenigen Monaten hatte der Wüstenexperte mehrere britische Generalskarrieren zerstört sowie der 8. britischen Armee schwere materielle, personelle und moralische Niederlagen beschert. Dem wohl populärsten deutschen General des Krieges umgab bereits eine Art mystischer Nebel, der sich auf seine Untergebenen als auch seine Gegner übertrug. Der Name Rommel war unter britischen Offizieren zum Schreckbegriff geworden, dies veranlasste den britischen Oberbefehlshaber in Nordafrika einmal sogar zu einem maßregelnden Tagesbefehl! Premierminister Churchill sorgte seinerseits für politische Unruhe, als er in einer Rede im Unterhaus die britischen Fehlschläge verteidigte - "schließlich kämpfe man gegen Rommel".
Die Blitzkarriere des Feldmarschalls hatte jedoch leider auch Neider in den eigenen Reihen zur Folge - so waren viele altgediente Generäle und Truppenführer "eifersüchtig" bzw. mit seinen schnellen Beförderungen nicht einverstanden. Der altgediente Generalfeldmarschall von Rundstedt soll ihn einmal sogar als einen "nur überbewerteten Divisionskommandeur" bezeichnet haben.

Als Erwin Rommel und sein Afrikakorps am Zenit des Erfolges standen, wendete sich das Blatt erneut. Durch die monatelangen Kämpfe und die erneut schwierige Nachschubsituation*[99]* an den Rand ihrer Reserven gebracht, traf eine am 23. Oktober 1942 gestartete britische Gegenoffensive bei El Alamein die deutschen Truppen wie ein Blitz. Unter dem Kommando von General Bernhard Montgomery*[100]* griffen 160.000 Mann und mehr als 1.000 Panzer die deutschen Stellungen an und überrollten sie nach schweren Gefechten entlang der gesamten Frontlinie.
Die nur 50 Kilometer breite El-Alamein-Front war von Montgomery als Schauplatz einer Defensivschlacht perfekt gewählt. In diesem schmalen Frontabschnitt, einerseits durch das Mittelmeer und anderseits durch die unwegsame Quatara-Senke begrenzt, würde Rommel zu keiner seiner gefürchteten Panzer-Umfassungen ansetzen können! Zehntausende Minen würden den unausweichlichen Frontalangriff stoppen. Und auch der Zeitpunkt der Schlacht war, wahrscheinlich aber zufällig, gut gewählt. Denn Rommel befand sich in den ersten kritischen Tagen nicht bei seinen Truppen, sondern zufällig bei einer Lagebesprechung in Berlin!
Durch den ausbleibenden Nachschub, das Desinteresse des Oberkommandos in Berlin und die vielfache Überlegenheit der Alliierten in der Luft und am Boden wurden die deutschen Truppen schließlich nicht nur aus Ägypten, sondern auch aus Libyen herausgetrieben. Trotz vereinzelter Defensiverfolge erreichten die britisch-französischen Truppen im Februar 1943 die tunesische Grenze, wo Montgomery die auf 80.000 Mann zusammengeschrumpfte Panzerarmee Afrika, später in Heeresgruppe Afrika umbenannt, zusammen mit den in Marokko gelandeten Amerikanern entlang der Küste einkesseln konnte.
Die Tatsache, dass dies den weit überlegenen Briten nicht bereits während des 1.500 Kilometer(!) langen deutschen Rückzuges entlang der libyschen Küste gelungen war, ist die bis heute am meisten verkannte taktische Leistung Erwin Rommels.
Diesen meisterhaften Rückzug hatte er übrigens gegen einen ausdrücklichen Befehl Hitlers durchgeführt, welcher auf das Ausharren in Libyen bestanden hatte - auch auf die Gefahr einer totalen Vernichtung des DAK!
Diese Entscheidung bedeutete den endgültigen Bruch zwischen Hitler und seinem einstigen Lieblingsgeneral - Rommel hatte erkannt, dass dem Oberbefehlshaber das Schicksal der Afrikatruppe völlig egal war.

Am 11. März 1943 erhielt Rommel für seine Verdienste in Nordafrika als erster von insgesamt 12 Heeresoffizieren die Brillanten zum Ritterkreuz mit Eichenlaub und Schwertern. Knapp einen Monat später wurde er jedoch auf Hitlers Befehl aus dem Kessel ausgeflogen. Am 12. Mai 1943 kapitulierten die letzten deutschen Verbände bei Tunis. Obwohl Rommel den Afrikafeldzug verloren hatte, blieb er vor der Geschichte immer der unschlagbare Wüstenfuchs.
Insgesamt hatten die Achsenmächte in Afrika 7.600 Flugzeuge, 6.200 Geschütze, 2.550 Panzer, 40.000 Tote und über 250.000 Gefangene eingebüßt!
Da er in Afrika nicht immer mit den Italienern harmoniert hatte, wurde Rommel in Folge nicht - wie zeitweise vorgesehen - zum Oberbefehlshaber der Italienfront ernannt, sondern nach Frankreich versetzt.
1943/44 als Oberbefehlshaber der Heeresgruppe B mit der Sicherung des Atlantikwalls gegen die erwartete alliierte Invasion beauftragt, zeigte Rommel sein großes Talent als Organisator und Defensivstratege.
Obwohl Frankreich durch die schweren Kämpfe im Osten nur als nachrangiges Nachschubziel angesehen wurde, verstand es Rommel mit primitiven und unzureichenden Mitteln die anfangs brüchigen Küstenbefestigungen stellenweise zu echten Bollwerken zu machen. Diese Maßnahmen griffen jedoch kaum, da die Alliierten in großem Maße überlegen waren und sich der Generalstab West unter GFM von Rundstedt auf keinen einheitlichen Defensivplan einigen konnte. Als die Alliierten am 6. Juni 1944 in der Normandie landeten, war Rommel trotz der seinerseits langen Vorbereitungsphase von dieser Landezone völlig überrascht und nicht darauf eingestellt!

Seine Heeresgruppe trat - durch unangebrachte Befehle des OKW zusätzlich behindert - gegen einen personell, moralisch und materiell weit überlegenen Gegner an.
Wie in Afrika stand GFM Rommel hier erneut dem britischen Feldmarschall Montgomery gegenüber. Zusätzlich hatte Rommel im Sommer 1944 noch weitere Sorgen...

Bereits gegen Ende des Jahres 1943 von Mitgliedern des militärischen Widerstandes um Graf Schenk von Stauffenberg*[07]* auf einen geplanten Putschversuch angesprochen, hielt Rommel zum Zeitpunkt des Bombenanschlages auf Hitler am 20. Juli 1944 engen Kontakt zu den Verschwörern. Im Erfolgsfall war er als möglicher Oberbefehlshaber des Heeres vorgesehen. Wie viele hohe Generäle der Wehrmacht war auch er zu der Ansicht gekommen, dass der Krieg nicht mehr zu gewinnen war und Hitler dies nie einsehen würde. Rommels Einfluss zog einige prominente Offiziere in das Einflussgebiet des Widerstandes, so auch den hochdekorierten SS-General und NSDAP-Gefolgsmann der ersten Stunde "Sepp" Dietrich!
Doch wenige Tage vor dem Anschlag wurde Rommel während einer frontnahen Inspektionsfahrt bei einem Tieffliegerangriff auf seinen Wagen schwer verwundet! Kuriose Tatsache - der kleine französische Ort des Geschehens trug ausgerechnet den Namen St. Foy de *Mongtommery*!
Nur durch die rasche und selbstlose Hilfe eines zufällig anwesenden französischen Landarztes überlebte der Wüstenfuchs den Angriff. Rommels Ausfall hatte auf den Verlauf der auf der Kippe stehenden Invasionsschlacht, aber auch auf den Putschverlauf, einen oft verkannten negativen Einfluss!
Als von Stauffenbergs Bombe in der Wolfsschanze explodierte und den Führer nur knapp verfehlte, lag Rommel in einem Militärkrankenhaus fest. Im Zuge der blutigen Säuberungsaktion der Gestapo geriet auch er durch erpresste Foltergeständnisse einiger Mitwisser in dringenden Verdacht.
Am 14. Oktober 1944, drei Monate nach dem missglückten Bombenanschlag, suchten zwei Generäle Rommel in seinem Privathaus in Herrlingen auf und teilten ihm im Auftrag Hitlers die bevorstehende Anklage wegen Hochverrates mit. Als Alternative hatten sie eine Dosis Gift mitgebracht. Um seiner Familie die Sippenhaft zu ersparen, entschied sich der begnadete Soldat für den Freitod. Dem deutschen Volk wurde vorgeheuchelt, der hochdekorierte Feldmarschall sei den Folgen seiner Verwundung erlegen, ein falscher Totenschein war schnell ausgestellt.
Erst Jahre nach Kriegsende erfuhr Deutschland von den wahren Geschehnissen.

1961 stellte die Bundeswehr zu Ehren des populären Heerführers die "Erwin-Rommel-Kaserne" in Augustdorf bei Detmold in Dienst. Sogar die Bundesmarine ehrte den Truppenführer mit der Benennung eines Lenkwaffenzerstörers. Innerhalb des Heeres werden bei Manövern bzw. Vergleichskämpfen besonders hervorstechende Panzerverbände auch heute noch mit dem begehrten "Rommel-Preis" ausgezeichnet.

Oberst

HANS-ULRICH RUDEL

* 02.07.1916 in Konradswaldau/Schlesien
+ 18.12.1982 in Rosenheim

Ritterkreuz		06.01.1942
Eichenlaub	(229)	14.04.1943
Schwerter	(042)	25.11.1943
Brillanten	(010)	29.03.1944
Goldenes Eichenlaub		29.12.1944

Frontflugspange für Schlachtflieger in Gold mit Brillanten und Anhänger Einsatzzahl "2.000"
Flugzeugführer- und Beobachterabzeichen in Gold mit Brillanten
Ungarische Tapferkeitsmedaille in Gold
Italienische Tapferkeitsmedaille in Silber
Fünfmalige Nennung im Wehrmachtsbericht
Ehrenpokal der Luftwaffe
Rumänischer Tapferkeitsorden mit Schwertern
Deutsches Kreuz in Gold
Verwundetenabzeichen in Gold

"Die fliegende Legende"

Keine militärische Karriere ist mit jener zu vergleichen, die der in Schlesien geborene Hans-Ulrich Rudel durchlebte. Zu Kriegsbeginn einfacher Leutnant in einer Aufklärungsstaffel, war er zum Zeitpunkt der Kapitulation der mit Abstand erfolgreichste Einzelkämpfer des gesamten Krieges, Oberst und Kommodore eines Geschwaders sowie der höchstdekorierte Soldat der deutschen Kriegsgeschichte! Seine Karriere liest sich wie ein Hollywood-Drehbuch oder eine Sience-Fiction-Geschichte.

Nach dem Abitur 1936 in die Luftwaffe eingetreten, wurde Rudel, Sohn eines Pfarrers, nach seiner Grundausbildung an die Luftkriegsschule in Graz versetzt. Nach dem Bestehen der Flugzeugführerprüfung erfolgte im Jänner 1939 die Beförderung zum Leutnant.
Während des Polenfeldzuges zu seiner Enttäuschung nur als Beobachter in einem Aufklärungsverband eingesetzt, gelang dem bereits mit dem Eisernen Kreuz 2. Klasse ausgezeichneten Rudel im März 1940 endlich die ersehnte Versetzung ins Sturzkampf-Ausbildungsregiment 43 in Wien-Stammersdorf.
Nach vollendeter Ausbildung erlebte er seine Feuertaufe in der härtesten Waffengattung der Luftwaffe als Oberleutnant (11.09.40) am ersten Tag des Russlandfeldzuges. In der 1. Staffel des Stukageschwaders 2 "*Immelmann*" in den ersten Wochen der Kämpfe tagtäglich gegen russische Truppenmassierungen, Stellungen, Brücken und militärische Anlagen eingesetzt, erhielt Rudel bereits nach einem Monat Einsatzzeit das Eiserne Kreuz 1. Klasse! Für seine Verdienste bei Smolensk folgte bald darauf ein Ehrenpokal.
Ab September 1941 im baltischen und nordrussischen Raum eingesetzt, gelang ihm am 22.09.41 ein Volltreffer auf das russische Schlachtschiff *Marat* im schwer geschützten Hafen von Kronstadt! Die Versenkung des 23.600-BRT-Schiffes blieb einer der größten Einzelerfolge der gesamten Luftwaffe! In den folgenden Einsätzen gegen Schiffsziele konnte er ferner das Schachtschiff *Maxim Gorki* beschädigen sowie einen großen Kreuzer und einen Zerstörer versenken. Trotzdem erhielt Rudel noch nicht das Ritterkreuz verliehen.
Durch seine schon fast fanatische sportliche Betätigung (Zehnkampf, Marathon, Leichtathletik, Schwimmen) physisch und psychisch besser als jeder anderer für die aufreibende Sturzkampffliegerei geeignet, zeigte Rudel während seiner gesamten Einsatzzeit nie Anzeichen von Erschöpfung, bis zu fünf Einsätze pro Tag waren für ihn selbstverständlich. Während einer schweren Abwehrschlacht im Raum von Stalingrad flog er einmal unvorstellbare 17 Kampfeinsätze an einem einzigen Tag!!
Im Dezember 1941 bereits über 500mal gegen den Feind geflogen, (also im Schnitt drei Flüge pro Tag!) erhielt der tapfere Stukapilot am 06.01.42 für wiederholte Tapferkeit sowie für große Einzelerfolge das Ritterkreuz. Rudel war der

54. Flugzeugführer des Stukakorps, der die begehrte Tapferkeitsauszeichnung erhielt. Außergewöhnlich ist, dass er von den sechs späteren Schwerterträgern des Stukakorps der letzte Ritterkreuzträger war.

Mit der ausgezeichneten 1. Staffel, die er seit Ende November 1942 anführte, flog Rudel in Folge am Don, im Gebiet von Stalingrad und im Donezbecken. Am 10. Februar 1943 landete Rudel als weltweit erster Kampfpilot von seinem 1000. Feindflug! Bis Kriegsende sollten weitere 24 Schlachtflieger und eine Handvoll Jagdflieger ebenfalls diese magische Marke überschreiten.
Von März bis September war mit Major Dr. Kupfer ein späterer Schwerterträger Kommodore des "*Immelmann*"-Geschwaders.
Im April 1943 erfolgte Rudels Beförderung zum Hauptmann, aufgrund seiner hohen Einsatzzahl und seiner großen Erfolge erhielt der draufgängerische Pilot am 14.04.43 das 229. Eichenlaub. Am selben Tag wurde auch sein abgelöster Kommodore Oberstleutnant Hozzel (später Brigadegeneral der Bundesluftwaffe) rückwirkend ausgezeichnet.
Im Mai ließ Hauptmann Rudel aufgrund der immer größer werdenden russischen Panzermassen versuchsweise zwei 3,7-cm-Flakkanonen mit panzerbrechender Munition unter die Knickflügeln seiner Ju-87 Stuka montieren. Bereits auf seinem ersten Testflug konnte er so vier Feindpanzer in Brand schießen! Mit der Zeit entwickelte Rudel eine äußerst gefährliche, aber effektive Angriffsart, welche Direkttreffer an den schwächsten Stellen des Panzers ermöglichte*[101]*.
Mit dem Umstieg auf die "Fliegende Artillerie", "Kanonenvogel" oder "Fliegender Panzertod" genannte Maschine begann Rudels große Zeit als Einzelkämpfer. Wann immer seine Gruppe auf Feindflug ging, war Rudel auf die feindlichen Panzer angesetzt. Hierbei war er so erfolgreich, dass die Luftwaffe im Frühjahr 1944 mit der Aufstellung eigener Panzerjagdstaffeln begann. Hauptmann Rudel selbst konnte bis Anfang Oktober 1943 etwa 60 Panzer abschießen, am 30.10. gelang ihm bereits der 100. Abschuss! Zu dieser Zeit war der zum Kommandeur der III. Gruppe aufgestiegene Rudel, sein Vorgänger war der gefallene Eichenlaubträger Walter Krauß gewesen, mit etwa 1.700 Einsätzen der mit Abstand am häufigsten eingesetzte Kampfpilot der Welt!
Für wiederholte Tapferkeit in der Heeresunterstützung und seine bahnbrechenden Erfolge in der Panzerbekämpfung erhielt er am 25. November 1943 als zweiter Stukapilot die Schwerter zum Ritterkreuz mit Eichenlaub, sein treuer Bordfunker und Freund Oberfeldwebel Erwin Hentschel erhielt am selben Tag das Ritterkreuz zum Eisernen Kreuz verliehen - und zwar als erster von insgesamt nur 15 Stuka-Bordschützen!

Am 1. März 1944 wurde Rudel für wiederholte Tapferkeit vor dem Feind zum Major befördert, zu diesem Zeitpunkt hatte er schon über 170 Panzer abgeschossen! Bei den Bodentruppen war der Panzerknacker dadurch natürlich bereits äußerst populär und beliebt.
Neben seinen tapferen Einzeleinsätzen gegen Panzer und Truppenmassierungen aller Art zeichnete sich Rudel in den Jahren 1943/44 auch mehrmals bei riskanten Rettungsaktionen hinter den russischen Linien aus. Insgesamt achtmal(!) schnappte er dem Gegner notgelandete Besatzungen vor der Nase weg und rettete sie so vor dem Erschlagenwerden oder der ungewissen Gefangenschaft. Bei so einer Aktion ereilte ihm am 20. März 1944 fast selbst sein Schicksal. Als während eines Einsatzes im Raum des Tscherkassy-Kessels eine Ju-87 notlanden musste, zögerte Rudel keine Sekunde und landete im Feindgebiet, um seine Kameraden aufzunehmen. Durch den schlammigen Boden jedoch nicht mehr in der Lage mit seiner Maschine zu starten, mussten die zwei Besatzungen zu Fuß Richtung Westen flüchten!
Von russischer Infanterie gehetzt, fand der über 1.400mal mit Rudel geflogene Hentschel beim Durchschwimmen des eiskalten Dnjestr den Tod. Die beiden anderen wurden beim unglücklichen Zusammentreffen mit einem russischen Spähtrupp getötet. Rudel selbst konnte, trotz einer schussbedingten Schulterverletzung, dank seiner tollen Kondition mehrere Tage lang querfeldein marschieren und nach fünf Tagen völlig erschöpft die deutschen Linien erreichen*[43]*!
Drei Tage später(!) stand er freiwillig wieder im Einsatz und vernichtete am 27./28. März gesamt 26 Feindpanzer!!
Obwohl es das letzte Mal fast schief gegangen wäre, riskierte Rudel später noch einmal eine Landung im Feindgebiet, um erfolgreich eine notgelandete Besatzung (Ritterkreuzträger Oblt. Fickel) seiner Gruppe zu retten!
Im Herbst 1943 hatte übrigens auch Rudel von solch einer mutigen Aktion profitiert, als ihn ein Pilot seiner Gruppe nach einer Notlandung aus feindlichen Gebiet herausholte.

Am 29. März 1944 erhielt Rudel als 10. Soldat der Wehrmacht die Brillanten zum Ritterkreuz mit Eichenlaub und Schwertern verliehen. Zu diesem Zeitpunkt hatte er in 1.800 Einsätzen bereits über 200 feindliche Panzer und unzählige kleine Fahrzeuge vernichtet! Bereits diese Erfolgshürde wurde von keinem anderen Panzerjagdpiloten der Luftwaffe auch nur annähernd wieder erreicht*[102]*!
In den schweren Abwehrkämpfen des zweiten Halbjahres 1944 im Südabschnitt der Ostfront und in Ungarn mit seinem neuen Bordschützen Dr. Gadermann*[103]* im Dauereinsatz, wurde Rudel für die russischen Panzer so gefährlich, dass auf den Abschuss oder die Gefangennahme des Panzerjagdexperten eine Belohnung von 100.000

Rubel ausgesetzt wurde*[104]*! Aufgrund der auffälligen Bewaffnung seiner Maschine wurde Rudel bei den russischen Jagdfliegern und Flakbesatzungen bald bekannt.
Im Sommer erhielt der erfolgreiche Schlachtflieger das seltene Flugzeugführerabzeichen in Gold mit Brillanten. Nach seinem 2000. Feindflug (01.06.44) erhielt Rudel weiters die zuvor nur an Werner Mölders vergebene Frontflugspange in Gold mit Brillanten. Auf diesem Jubiläumsflug hatte er seinen insgesamt (Bordwaffen und Bomben) 301. Feindpanzer vernichtet!

Am 1. August wurde Rudel als Nachfolger von Eichenlaubträger Oberstleutnant Stepp neuer Kommodore des "*Immelmann*"-Geschwaders, genau einen Monat später erfolgte die Beförderung zum Oberstleutnant. Am 6. August 1944 zum bereits dritten Mal namentlich im Wehrmachtsbericht erwähnt, erzielte Rudel an diesem Tag durch 11 Erfolge seinen 300. durch Bordwaffen erreichten Panzerabschuss! Der Name Rudel war ebenso wie seine auffällige Maschine schon längst zum Inbegriff der Tapferkeit und des Erfolges geworden.
Als Generaloberst Schörner einmal zu Ohren kam, dass Rudel aus seinem Heeresgruppenbereich abgezogen werden sollte, rief er erbost im Führerhauptquartier an und brüllte: "Wenn ihr wollt, dass die Front hier hält, nehmt mir Rudel nicht weg - ihr könnt eine ganze Division haben, aber nicht Rudel!"
Im November 1944 während den Kämpfen um Budapest zum bereits wiederholten Mal verwundet (FlaMG-Durchschuss linker Oberschenkel), weigerte sich Rudel im Lazarett zu bleiben und flog einfach mit einem Gipsverband weiter! Kurz vor Weihnachten kehrte er von seinem 2400. Feindflug zurück. Aufgrund seiner unvergleichlichen militärischen Erfolge wurde er am 29. Dezember 1944 als einziger Soldat mit der neu gestifteten allerhöchsten Tapferkeitsauszeichnung, dem *Goldenen Eichenlaub mit Schwertern und Brillanten zum Ritterkreuz[105]* ausgezeichnet und im Alter von erst 28 Jahren zum Oberst befördert!
Wie bei der Verleihung der Schwerter und der Brillanten sprach Hitler ein Feindflugverbot aus. Doch Rudel erreichte erneut die Rücknahme dieses Befehls, indem er drohte, die hohe Auszeichnung und die Beförderung dann nicht anzunehmen! Hitler zeigte sich von Rudels Einsatzfreudigkeit und Tapferkeit schier begeistert.
Als kurz darauf während eines Einsatzes gegen russische Panzermassierungen die gegnerische Flak besonders ungenau schoss, sagte Rudels Bordschütze Dr. Gadermann lachend: "Wenn die wüssten, wieviel Gold und Brillanten hier oben herumfliegen, würden die sich sicherlich mehr Mühe geben!".
Im Jänner 1945 wurde Rudel von den verbündeten Ungarn in Anerkennung seiner erfolgreichen Einsätze in ihrer Heimat (als einziger Ausländer) mit deren Tapferkeitsmedaille in Gold ausgezeichnet. Die verbündeten Italiener hatten ihm zuvor bereits deren zweithöchste Auszeichnung verliehen. Insgesamt trug Rudel drei seiner Auszeichnungen als einziger Angehöriger der Wehrmacht!

In den letzten Kriegsmonaten lehnte Rudel wiederholt Posten in hohen Stabs- und Ausbildungsstellen ab und flog weiterhin Tag für Tag gegen die russischen Panzer- und Infanterieverbände. Auch der Tod mehrerer vielfach bewährter Schlachtflieger-Veteranen während den letzten Kriegsmonaten änderte seine Einstellung nicht*[106]*.
Am 9. Februar 1945 kam es nahe Berlin zu einem Gefecht, das Hans-Ulrich Rudel später in seinem Kriegstagebuch eindrucksvoll wiedergab (gekürzt):

„Von weitem erkenne ich schon die Pontonbrücke; schon ein ganzes Stück entfernt bekommen wir schweres Flakfeuer. Eine Gruppe von mir greift die Brücke an, ich selbst gehe mit der Panzerjagdstaffel etwas tiefer, um Panzer am Westufer zu finden. Die russischen Flakgeschützbedienungen scheinen alte Hasen mit viel Praxis zu sein. Sie schießen ohne Leuchtspurmunition um sich nicht zu verraten...
...es sind mehrere Stalinpanzer dabei, der Rest T-34. Nachdem vier Panzer brennen und ich keine Munition mehr habe, fliege ich zurück, munitioniere neu auf und startete erneut. Nach zwei solcher Einsätze wechsle ich die Maschine wegen Flakschäden. Zum vierten Male ran und insgesamt brennen zwölf Panzer. Ich hacke schon mehrere Anflüge auf einem schweren Stalinpanzer rum, der einfach nicht brennen will ... und wieder rase ich aus achthundert Meter auf ihn herunter. Völlig auf den Anflug konzentrieren – zielen und feuern. Endlich, er brennt!
Abwehrbewegungen – plötzlich ein Schlag in der Maschine. Etwas lodert durch mein Bein wie eine Scheibe glühenden Stahls! Mir wird schwarz vor Augen und der Atem stockt. Es zuckt durch meinen ganzen Körper.
„Ernst, mein Bein ist weg!“ schreie ich zu Gadermann nach hinten. „Nein – dein Bein ist nicht weg, sonst könntest du gar nichts mehr sagen, aber die linke Fläche brennt. Du musst runter!“ schreit er zurück.
„Dirigiere mich, wo ich die Maschine landen kann. Zieh mich dann schnell raus, damit ich nicht verbrenne!“
Ich sehe nichts mehr, handle nur noch im Unterbewusstsein. Ich habe kein Gefühl mehr in der Hand und ziehe nur am Höhenruder, weil Gadermann mich anschreit. Wenn doch dieses Brennen im Bein nur aufhören würde.
„Wie ist das Gelände?“ frage ich. „Schlecht – hügelig“, antwortet Gadermann. Aber ich muss schnell runter – die Maschine brennt, es holpert und schleift kurz. Dann werde ich ohnmächtig.

Ich erwache, alles um mich herum ist weiß...aufmerksame Gesichter...scharfer Geruch. Ich liege auf einem Operationstisch. Ein plötzlicher, heftiger Schreck durchfährt mich: wo ist mein Bein ?! „Ist es weg ?" – der Arzt nickt. Gedanken schießen mir durch den Kopf: Abfahrtslauf auf neuen Schiern, Tauchen, Zehnkampf ... alles unwichtig. Wie viele Kameraden wurden viel schwerer verwundet. Ist alles nicht so schlimm. Schlimmer ist nur, dass ich einige Wochen (Originalzitat!!) nicht werde fliegen können. Jetzt sagt der Arzt leise: „Ich konnte nicht anders, denn außer ein paar Fetzen Fleisch und einigen Sehnen war nichts mehr da, also musste ich amputieren."
Wenn nichts mehr da war, wieso amputieren, sinne ich mit etwas Humor vor mich hin. Na ja, für ihn ist das nichts neues..."
Nach der geglückten Notlandung hatte Dr. Gadermann Rudels schwere Beinverletzung fachgerecht abgebunden und ihn mit Hilfe von Kameraden der Infanterie in ein nahes Lazarett der Waffen-SS gebracht.
Doch trotz dieser eigentlich endgültig für das Ende seiner steilen Karriere sprechenden Verwundung, flog Oberst Rudel bereits nach wenigen Wochen Lazarettaufenthalt mit einer primitiven Beinprothese aus Holz wieder und vernichtete so bis Kriegsende weitere 11 Panzer!!
Am 08.05.45 führte der höchstdekorierte Offizier des Krieges sein Elite-Geschwader in amerikanische Gefangenschaft - mit insgesamt 122(!) Ritterkreuz-, 19 Eichenlaub- und 3 Schwerterverleihungen sowie Rudels Brillanten war der Verband der mit Abstand erfolgreichste des gesamten Luftkrieges.
Die letzten Einsätze hatte Rudel übrigens nicht mit Dr. Gadermann als Bordschützen, sondern mit dem zum Ritterkreuz eingereichten Kriegsberichterstatter Hptm. Niermann (600 Feindeinsätze) geflogen.
Bereits 1946 aus der Kriegsgefangenschaft entlassen, arbeitete Rudel eine Zeit lang mit dem ehemaligen Kampfflieger-Oberst Baumbach und Jäger-General Galland in Argentinien, ehe er in den Fünfzigerjahren wieder in die Bundesrepublik Deutschland zurückkehrte.

Seine militärischen Leistungen sind ohne jede Übertreibung im Gebiet der Superlative anzusiedeln. In unübertroffenen 2.530 Feindflügen*[107]*, darunter einige mit der einsitzigen Fw-190, vernichtete Hans-Ulrich Rudel 519 Panzer*[108]*, das Schlachtschiff *Marat*, einen Kreuzer, einen Zerstörer, 70 Landungsboote, über 800 Fahrzeuge aller Art, 150 Flak- und Artilleriestellungen, unzählige Brücken, Gleisanlagen, Bahnhöfe sowie vier Panzerzüge! Ferner schoss er 9 russische Jäger im Luftkampf ab und rettete acht notgelandete Besatzungen aus dem Feindgebiet. Rudel wurde zwischen 1941 und 1945 30mal(!!) durch Flak- oder Infanteriewaffen abgeschossen und dabei fünfmal verwundet. In ausnahmslos allen Fällen zog Rudel hierbei eine Notlandung dem Fallschirmabsprung vor. Ein weiterer Ausdruck seiner Tapferkeit war die fünfmalige Erwähnung im täglichen Wehrmachtsbericht*[109]*.

Nach dem Krieg war Hans-Ulrich Rudel aufgrund seiner Vergangenheit ein von der Öffentlichkeit und der Presse vielbeachteter Mann, wobei ihm sein Engagement für Kameradschaftsvereinigungen sowie politische rechte Blöcke angelastet wurde. Ein ebenfalls schlechtes Licht auf ihn warfen Rudels Verbindungen zu gesuchten Kriegsverbrechern sowie geflohenen Nazis in Südamerika, die mit einer von ihm geleiteten Fluglinie Geschäfte machten.
Aufgrund seiner unvergleichlichen Kampferfahrung wurde Rudel später sogar von der einst verfeindeten USAF zu Beratungen über moderne Nahkampfflugzeuge herangezogen. Als zwei hohe Generäle der deutschen Bundesluftwaffe 1976 die Kriegsvergangenheit Rudels in einer hitzigen, teils öffentlichen, Debatte mit der NSDAP im Zusammenhang brachten, wurden beide vom Bundesverteidigungsminister kurzerhand in den Ruhestand geschickt!
Es handelte sich hierbei um den ehemaligen Eichenlaubträger Walter Krupinski, damals als Generalleutnant und Kommandeur des Luftflottenkommandos einer der ranghöchsten Offiziere der Streitkräfte(!) sowie um Generalmajor Karl-Heinz Franke, während des Krieges Leutnant bei der Flak und nunmehr Kommandeur der 4. Lufwaffendivision sowie Stellvertretender Kommandierender General der Luftflotte Köln!
Der Vorfall wurde von der Presse als „Rudel-Äffäre" bezeichnet.

Als Hans-Ulrich Rudel 1982 zu Grabe getragen wurde, flogen Düsenjäger der Bundesluftwaffe in Ehrenformation über die Menschenmenge. Kriegsveteranen aus aller Welt erwiesen dem tapferen Flieger die letzte Ehre, darunter Dutzende ehemalige Schlachtflieger, die mit ihm im Elite-Geschwader "*Immelmann*" gedient hatten.

Major

ERICH RUDORFFER

* 01.11.1917 in Zwochau/Sachsen

Ritterkreuz		01.05.1941
Eichenlaub	(447)	11.04.1944
Schwerter	(126)	26.01.1945

Frontflugspange für Jäger in Gold mit Anhänger Einsatzzahl "1.000"
Flugzeugführer- und Beobachterabzeichen
Ärmelband "Afrika"
Ehrenpokal der Luftwaffe
Finnisches Freiheitskreuz 2. Klasse
Ehrenabzeichen der finnischen Luftwaffe
Deutsches Kreuz in Gold
Verwundetenabzeichen in Bronze

"Im Luftkampf schneller als ein Kolibri"

Als zwei Monate nach Kriegsausbruch die Deutsche Lufthansa aufgelöst und ihre Piloten zur Luftwaffe versetzt wurden, betraf dies auch den jungen Flugkapitän Erich Rudorffer.
Aufgrund seiner Erfahrungen zuerst zum Kampf- und anschließend zum Zerstörerpiloten ausgebildet, erwirkte der erfahrene Flieger schließlich seine Versetzung an die Jagdfliegerschule München-Schleißheim.
Bereits im Frühjahr 1940 stieß Oberfeldwebel Rudorffer zum Jagdgeschwader 2 "*Richthofen*". Am 14. Mai gegen einen französischen Jäger erstmals im Luftkampf erfolgreich, schoss er bis zum Beginn der Luftschlacht um England insgesamt 9 Gegner ab und erhielt das Eiserne Kreuz 1. Klasse. Während der Gefechte über Südengland folgten acht weitere Luftsiege sowie ein Ehrenpokal!
Der für seine Erfolge am 1. November 1940 zum Leutnant (Kriegsoffizier) beförderte Rudorffer hatte anfangs mit dem sogenannten Jagdfieber kämpfen müssen, es aber schneller als die anderen späteren Top-Asse überwunden.
1941 anfangs Adjutant der II. Gruppe, erhielt der junge Pilot am 1. Oktober seine Beförderung zum Oberleutnant und einige Zeit später das Kommando über die 6. Staffel. Das Ritterkreuz erhielt Rudorffer für 19 erzielte Luftsiege in 145 Einsätzen im Mai 1941.
Die nächsten Monate brachten harte Luftgefechte entlang der sogenannten Kanalfront. Rudorffer entwickelte sich schnell zum Spezialisten für Abschüsse mit großem Vorhaltemaß. Das bedeutet, er musste nicht direkt hinter dem Gegner sein um zu treffen, sondern konnte das Feuer auch in engen Kurvenkämpfen oder aus großer Entfernung eröffnen.
Im Februar 1942 nahm Rudorffer mit seiner Staffel an den Geleitschutzeinsätzen für die Schlachtschiffe *Gneisenau* und *Scharnhorst* teil, als diese tagsüber durch den Ärmelkanal stießen. Nach insgesamt 45 Siegen an der Westfront wurde er mit seiner Gruppe im November nach Sizilien und später Tunesien verlegt.
Während seiner Dienstzeit in Afrika zum Hauptmann (01.01.43) und Kommandeur der II. Gruppe befördert, konnte Rudorffer 26 weitere Abschüsse erzielen. Am 9. Februar 1943 bezwang er innerhalb von 32 Minuten acht britische Jagdpiloten(!) und sammelte so erste Erfahrungen mit seinem späteren Markenzeichen: Mehrfachabschüssen in minimaler Zeit. So unterlagen bereits am 15.02. weitere sieben gegnerische Piloten.
Unter den Luftsiegen in Nordafrika befanden sich auch 10 alliierte Bomber.

Nach diesen großen Erfolgen in Afrika wurde Hauptmann Rudorffer im Juli 1943 an die Ostfront versetzt und mit der Übernahme der II. Gruppe des Jagdgeschwaders 54 *"Grünherz"* beauftragt, wo er am 7. August erstmals einen Luftsieg errang.
Durch die harten und schwierigen Luftkämpfe gegen die RAF trainiert wie kaum ein anderer, gelangen dem gebürtigen Sachsen mehrmals unglaubliche Einsatzerfolge. So fielen beim ersten Einsatz am 24.08.43 innerhalb von nur vier Minuten fünf Gegner(!) unter den Feuerstößen seiner Kanonen; beim zweiten Tageseinsatz drei weitere innerhalb von sieben Minuten, womit Rudorffer in etwa 500 Feindflügen bereits 88 Luftkämpfe gewonnen hatte. Am

11. Oktober startete Hauptmann Rudorffer an der Spitze einer Staffel, um einen von der Front gemeldeten russischen Jägerverband abzufangen. Im Zuge des sich entwickelnden Luftkampfes sollte Rudorffer Jagdflieger-Geschichte schreiben. Bereits nach wenigen Minuten hatte sein Rottenflieger den Abschuss von 6 russischen Jägern bestätigen können, nach jedem Abschuss hatte Rudorffer seine Maschine herumgerissen, sich blitzschnell hinter den nächsten Gegner gesetzt und ihn mit einer Salve weggeputzt!
Durch die hohen Verluste gerieten die russischen Piloten schnell in Panik, versuchten den ungleichen Luftkampf abzubrechen und nach Osten abzudrehen. Doch Rudorffer war ihnen weit überlegen - er nahm mit seinen Piloten die Verfolgung auf. Als er den Luftkampf 17 Minuten nach dem ersten Schuss abbrach und Kurs auf den eigenen Stützpunkt nahm, hatte er durch atemberaubende Trefferpräzision bestätigt 13 Gegner abgeschossen!!

Im Winter 1943/44 wurde Major (01.11.43) Rudorffer nach insgesamt 120 Luftsiegen mit Teilen seiner Gruppe an die finnische Front nördlich von Leningrad verlegt.
Hier weiterhin erfolgreich, erhielt Rudorffer für seinen 134. Luftsieg das 138. Eichenlaub zum Ritterkreuz innerhalb der Luftwaffe verliehen. Am selben Tag wurden auch die erfolgreichen Jagdflieger Alfred Grislawski (133 Siege), Emil Lang (173) sowie der spätere Schwerterträger Otto Kittel beliehen. Noch im gleichen Monat erzielte Rudorffer seinen 140. bestätigten Abschuss, am 3. Juli unterlagen fünf, am 10. Oktober sieben Gegner.
Als die Rote Armee im Sommer 1944 zu einer Großoffensive gegen Finnland angetreten war, wurden die Bodentruppen durch insgesamt 2.000 Kampfflugzeuge unterstützt – von diesen schoss alleine Rudorffers Gruppe in den ersten 16 Tagen der Offensive über 300 ab!!
Am 28. Oktober vergrößerte Rudorffer seine Berühmtheit bei Freund und Feind, als er über Libau (Kurland) innerhalb von 10 Minuten neun russische Jäger abschießen konnte und bis zum Ende des Tages insgesamt 11 Luftsiege erreichte! Insgesamt war Erich Rudorffer nun bereits 200mal siegreich geblieben - er wurde das zehnte Mitglied im sgn. "Klub 200"!*[05]*
Für die erfolgreiche Einsatzphase im Nordabschnitt verliehen ihm die verbündeten Finnen ebenfalls hohe Auszeichnungen - neben dem Ehrenabzeichen der Luftwaffe auch das Freiheitskreuz 2. Klasse!
Noch an der Ostfront für 212 Luftsiege mit den Schwertern zum Ritterkreuz mit Eichenlaub dekoriert, ließ sich Major Rudorffer im Winter 1944/45 auf den neuen Düsenjäger Me-262 umschulen. Im Februar 1945 übernahm er die I. Gruppe des Jagdgeschwaders 7, welche aus der berühmten "Erprobungsgruppe Nowotny" entstanden war.
In den nächsten Monaten führte Rudorffer seine Gruppe wiederholt gegen riesige amerikanische Bombergruppen - deren starker Jagdschutz erwies sich meist als das kleinere Problem. Die sonst so gefürchteten "Mustangs" der USAAF waren zu langsam, um es mit einem voll einsatzfähigen Düsenjäger aufzunehmen. Hauptgefahr für die Me-262-Piloten waren andauernde technische Probleme sowie überfallartige US-Angriffe während der verwundbaren Lande- oder Startphase!
In drei Einsatzmonaten konnte Rudorffer mit der Me-262 mindestens 11 amerikanische Bomber und einen Begleitjäger abschießen, mehrere weitere Luftsiege konnten nicht mehr amtlich bestätigt werden. Unter den Düsenjagdassen der Luftwaffe belegte der ehemalige Verkehrspilot letztendlich den fünften Rang.
Ende April 1945 erhielt Major Rudorffer den Befehl, auf dem Fliegerhorst Schleswig-Jagel die IV. Gruppe des Jagdgeschwaders 7 neu aufzustellen. Am 9. Mai blieb ihm jedoch nur noch die Übergabe des Stützpunktes an britische Truppen.
Im Laufe des Krieges über 1.000mal gegen den Feind geflogen, in über 300 Luftkämpfe verwickelt, nicht weniger als 16mal(!!) durch Flak oder Jäger abgeschossen und hierbei 9mal mit dem Fallschirm abgesprungen, steht Erich Rudorffer an der siebenten Stelle unter den Besten der Besten. Unter seinen 224 Siegen befanden sich auch 58(!) der schwergepanzerten Il-2 "Stormovik"-Schlachtflugzeuge. Ein besonderer Erfolg war die Versenkung eines britischen U-Bootes im Ärmelkanal gewesen.

Nach dem Krieg ging Rudorffer nach Australien und flog als Linienpilot DC-2 und DC-3, ehe er für die renommierte US-Fluggesellschaft PANAM tätig wurde. In den Achtzigerjahren kehrte er als Flugkapitän der Lufthansa zu seinen Wurzeln zurück und flog zuletzt u.a. die Strecke Frankfurt – Tokio. Im Luftfahrtbundesamt wurde Erich Rudorffer schließlich Sachverständiger für Flugunfälle.
Heute lebt er in der Umgebung von Lübeck.

Anmerkung des Autors:

Für seine tatkräftige Mitarbeit an dieser Biographie bin ich Hrn. Rudorffer sehr zu Dank verpflichtet. (Briefe an den Autor; November 1999)

Generalfeldmarschall

GERD VON RUNDSTEDT

* 12.12.1875 in Aschersleben/Sachsen
\+ 24.02.1953 auf Schloß Oppershausen

Ritterkreuz		30.09.1939
Eichenlaub	(519)	01.07.1944
Schwerter	(133)	18.02.1945

Hohenzollernorden mit Schwertern
Roter-Adler-Orden 4. Klasse
Bayrisches Militärverdienstkreuz 1. Klasse
Sächsisches Militärverdienstkreuz 1. Klasse
Österreichisches Militärverdienstkreuz 3. Klasse
Sechsmalige Nennung im Wehrmachtsbericht
Ungarischer Kriegsverdienstorden 1. Klasse
Italienisches Großkreuz der Krone

"50 Dienstjahre in drei deutschen Armeen!"

Gerd von Rundstedt diente seinem Vaterland in zwei langen Weltkriegen, erreichte den höchsten militärischen Dienstgrad und große Berühmtheit als Stratege. In den Augen der meisten namhaften Militärhistoriker und ehemaligen Mitstreiter gehörte er zu den besten Truppenführer des letzten Krieges. Weiters gelang es ihm als einzigen Heeresgruppenführer der ersten Kriegsphase, seine Position im Laufe des Krieges gegen die jüngere, aufstrebende Generation (z.B. Schörner, Model, Rommel) zu halten und letztendlich in höchsten Positionen eingesetzt zu bleiben.

Die Familie von Rundstedt hatte den deutschen Kaisern und Königen viele Generationen lang gute Offiziere und Generäle gestellt. Gerd von Rundstedts Vater brachte es in der Kavallerie bis zum Generalmajor, sein Sohn wählte selbstverständlich auch den Beruf des Offiziers.
Nach dem harten Drill des preußischen Kadettenkorps diente Fähnrich von Rundstedt bereits als 17jähriger im traditionsreichen Infanterieregiment "*von Wittich*". Bereits 1893 wurde er zum Leutnant ernannt, 1902 erfolgte im Alter von 27 Jahren die Beförderung zum Oberleutnant. Bereits vor dem Ersten Weltkrieg sammelte er als Generalstabsoffizier erste Erfahrungen in seinem späteren Metier.
Zu Beginn des Ersten Weltkrieges bereits Hauptmann, wurde von Rundstedt im November 1914 als Stabschef der 22. Reservedivision zum Major befördert. Aufgrund seiner dortigen Leistungen 1916/17 als Stabschef eines Armeekorps eingesetzt, erlebte er die Kapitulation als Stabschef des XV. Korps an der Westfront. Obwohl er nie an Gefechten teilgenommen hatte, wurde er für seine Leistungen mehrmals hoch ausgezeichnet.

Kurz nach seiner Übernahme in das kleine Offizierskorps der Reichswehr wurde von Rundstedt zum Oberstleutnant und Kommandeur des Infanterieregiments 25 ernannt. Nach einer überdurchschnittlich schnellen Karriere - so war er 1923 Stabschef der 2. ID - wurde er bereits 1927 zum Generalmajor und 1928 zum Kommandeur der 2. Kavalleriedivision befördert. 1932 war General der Infanterie von Rundstedt Befehlshaber des Gruppenkommandos Berlin. Kommandeur des hiesigen Wehrkreises war der damalige Oberst Erich von Manstein.
Obwohl ein entschiedener Gegner der Nationalsozialisten, verblieb der Sachse nach deren Machtübernahme in der Wehrmacht und erreichte am 1. März 1938 den Rang eines Generalobersten. Als Oberbefehlshaber der Heeresgruppe II führte er kurz darauf die Besetzung des Sudetenlandes durch. Im Oktober beendete von Rundstedt seine Karriere nach über 40 Dienstjahren auf eigenen Wunsch und ging in den Ruhestand.
Wenige Wochen vor Beginn des Polenfeldzuges holte ihn Hitler in den aktiven Dienst zurück und vertraute ihm die Heeresgruppe Süd an (Stabschef GenLt. von Manstein). Mit drei starken Armeen und einer Luftflotte durchbrach von Rundstedt die Grenzstellungen der polnischen Armee "Krakau", besetzte Kattowitz, Krakau sowie Lodz und kesselte bei Radom die polnische Armee "Preußen" ein. Nach weiteren Siegen an der Weichsel schwenkten seine Divisionen nach Norden und bildeten den südlichen Umklammerungsarm gegen Warschau. Am 30. September 1939 erhielt

Generaloberst von Rundstedt zusammen mit der Führungselite der Wehrmacht das neu gestiftete Ritterkreuz zum Eisernen Kreuz verliehen. In Folge war der Generaloberst - übrigens ältester Ritterkreuzträger des gesamten Krieges - für kurze Zeit Oberbefehlshaber Ost.
Da es im Winter 1939/40 nicht zum von Hitler erwarteten Einlenken der Westmächte kam, stand der Wehrmacht für das Frühjahr 1940 ein weiterer Feldzug bevor - diesmal im Westen. Nach der Besetzung von Dänemark und Norwegen bereitete sich die Hauptmacht der Wehrmacht auf den gut geplanten "Fall Gelb" vor - der Invasion in Holland, Belgien und Frankreich.
Insgesamt traten 137 deutsche Divisionen mit 2.450 Panzern und 3.800 Flugzeugen zum Angriff an, die alliierten Streitkräfte verfügten über 131 Divisionen mit 3.400 Panzern und 2.300 Flugzeugen.
Als Oberbefehlshaber der Heeresgruppe A kommandierte von Rundstedt im Mai 1940 drei Armeen und eine starke Panzergruppe (7 von insgesamt 10 deutschen PD). Die Luftflotte 3 (Sperrle) unterstützte seinen Angriff. Nachdem Spezialeinheiten der Luftwaffe und des Heeres die Brücken über die Maas gesichert und gefährliche Hindernisse wie das belgische Sperrfort Eben Emael ausgeschaltet hatten, rückten von Rundstedts Panzer unter Ausnutzung des belgischen Straßennetzes schnell durch die Ardennen über die belgisch-französische Grenze vor. Der Schlüssel zum Sieg war die naive Annahme des alliierten Oberkommandos, dass die deutschen Angreifer wie im Ersten Weltkrieg über den Abschnitt Strassburg-Nancy vorstoßen würden - als Gegenmaßnahme hatten die Franzosen entlang dieser Linie die gut ausgebaute Maginotlinie *[61]* errichtet.
Da die belgische Armee aber auf eigene Maßnahmen, wie Eben Emael, vertraute und sich nicht dem Oberbefehl der Franzosen unterstellen wollte, war die Nordgrenze Frankreichs nicht ausreichend geschützt.
Nach dem Durchbruch in den Ardennen wurde diese verwundbare Flanke der Alliierten aufgerissen und die Maginotlinie umgangen. Das gesamte Verteidigungs- und Aufmarschkonzept der Alliierten wurde über den Haufen geworfen, die belgische und holländische Armee abgeschnitten und schnell zur Kapitulation gezwungen!

Die 4. (von Kluge), 12. (List) und 16. Armee (Busch) drangen im hohen Tempo durch Belgien vor, eroberten Brüssel (17.05.) und nahmen das im Ersten Weltkrieg hart umkämpfte Sedan ein. Nach Überquerung der Maas (20.05.) brachen die effektiv eingesetzten Panzer jeden Widerstand und erreichten Ende Mai die Kanalküste bei Abbeville. Ergebnis von Rundstedts Offensive war die Abschneidung der belgischen, zweier französischer Armeen und des britischen Expeditionskorps im Gebiet von Lille-Brügge-Dünkirchen. Der Rest der alliierten Streitkräfte stand südlich der Somme und der Aisne! Am 28. Mai kapitulierte die belgische Armee mit 500.000 Mann nach nur mäßigem Widerstand!
In der zweiten Phase des Frankreichfeldzuges ("Fall Rot") schlug von Rundstedts Heeresgruppe A mit der 2., 12. und 16. Armee die starke 4. französischen Heeresgruppe, besetzte Reims, Verdun, St. Dizier sowie Dijon und erreichte Anfang Juni 1940 die schweizer Grenze, wodurch die 2. französischen Heeresgruppe zwischen seinen Truppen und der nun hinderlichen Maginotlinie eingekesselt wurde! Am 24. Juni sah sich das gesamte XXXXV. französische Armeekorps (40.000 Mann) sogar gezwungen, die schweizer Grenze zu überschreiten und sich internieren zu lassen.
Die schnelle Niederwerfung der Angstgegner Frankreich und England war der bisher größte Sieg in der langen deutschen Militärgeschichte. Von Rundstedt hatte durch seine hervorragende Führung großen Anteil an diesem Erfolg. Zusammen mit von Bock, von Brauchitsch, Keitel, Kesselring, von Kluge, von Leeb, List, von Reichenau, Sperrle und von Witzleben wurde auch von Gerd von Rundstedt am 19. Juli 1940 für seine Leistungen zum Generalfeldmarschall befördert.
Als im Herbst 1940 eine Invasion in England geplant wurde, wies man von Rundstedt die Landungszonen Portsmouth, Hove und Brighton zu. Mit seinen Truppen sollte er London südwestlich umgehen und danach einkesseln. Als die Luftwaffe aber gegen die wild entschlossene RAF unterlag und die nötige Luftherrschaft nicht erreichen konnte, blies Hitler die Operation "Seelöwe" wieder ab. Das Ausbleiben dieser Invasion in England sollte für den Ausgang des Krieges mehr Gewicht haben, als die viel zitierte deutsche Niederlage in Stalingrad drei Jahre später.
Nach dem schnellen Feldzug gegen die Balkanstaaten wandte sich die Wehrmacht ihrem stärksten Gegner zu: Stalins Sowjetunion.
Am 22. Juni 1941 überschritt die Heeresgruppe Süd unter dem Oberbefehl von GFM von Rundstedt die sowjetische Grenze. Seinen 40 deutschen, 14 rumänischen und 2 ungarischen Infanteriedivisionen sowie 5 deutschen Panzerdivisionen standen 52 sowjetische Infanterie- und 20 Panzerdivisionen gegenüber.
Durch ihre in Polen, Belgien, Frankreich und dem Balkan erworbene Kampfmoral und -schlagkraft den unerfahrenen russischen Truppen überlegen, errang von Rundstedts Heeresgruppe bereits in den ersten Wochen des Feldzuges riesige Erfolge. In den Schlachten bei Lemberg, Tarnopol, Rowo, Winniza, Uman und Schitomir gingen Dutzende sowjetische Divisionen unter. Von Rundstedts Panzergruppe 1 (von Kleist) nahm im September 1941 an der riesigen Kesselschlacht von Kiew teil, während der fünf sowjetische Armeen vernichtet wurden! Einen knappen Monat später erreichten die Stoßkeile der Heeresgruppe Charkow und Poltawa.

Während von Rundstedt weiter nach Osten vorstieß, übertrug er seinem ehemaligen Stabschef General von Manstein die Einnahme der Krim. Am 21. November 1941 konnten die deutschen Verbände Rostow einnehmen. Als wenige Tage darauf eine sowjetische Heeresgruppe eine Gegenoffensive startete, traf diese die deutschen Verbände schwer. Angesichts der Wucht des Angriffes und der Überdehnung der Flanke, entschloss sich GFM von Rundstedt Ende November für die Rücknahme des Frontbogens um Rostow. Obwohl diese Entscheidung die Front stabilisierte, wurde der Stratege, dem Deutschland so viel zu verdanken hatte, von Hitler abgesetzt und durch den als hitlerhörig bekannten GFM von Reichenau ersetzt!
Als aber auch dieser Oberbefehlshaber die Lage als unhaltbar bezeichnete, willigte Hitler in die Rücknahme der Front bis zum Mius ein. Am 1. März 1942 wurde von Rundstedt zum Oberbefehlshaber aller deutschen Streitkräfte im Westen ernannt, was zu dieser Zeit einer Verbannung gleichkam. Der damalige Chef des Generalstabes West war der erfahrene Generalleutnant Günther Blumentritt, welcher bereits 1939 Stabschef bei von Rundstedts Heeresgruppe Süd gewesen war und 1945 das Eichenlaub erhalten sollte.
Rundstedts Vorgänger als OB West war der nach Streitigkeiten mit Hitler in den Ruhestand versetzte GFM Erwin von Witzleben gewesen, welcher 1944 nach Teilnahme am "20. Juli" hingerichtet werden sollte.

Den Truppen der Westfront oblag insbesonders der Küstenschutz in Holland, Belgien und Frankreich. Im August 1942 konnte ein erstes britisches Landeunternehmen bei Dieppe erfolgreich zurückgeschlagen werden.
Während des gesamten Kriegsjahres 1943 bereitete sich von Rundstedt mit seinem Generalstab West auf die unausweichliche Invasion der Amerikaner, Briten und Kanadier in Europa vor. Da man weder Zeit noch Ort dieser Operation voraussagen konnte, galt es die gesamte Küstenlinie von Holland bis nach Südfrankreich zu befestigen! Durch die andauernden Operationen im Osten wurde der Westen aber nur als nachrangiges Nachschubziel angesehen. Die hier stationierten Divisionen verfügten zum Großteil nur über zweitklassiges Material und Personal und mussten als Sicherungs- oder bodenständige Divisionen eingestuft werden. Die Panzerreserven (Panzergruppe West) mussten als Schutz vor den andauernden Luftangriffen der Alliierten weit ins Hinterland verlegt werden, von wo sie einen langen Weg ins jeweilige Einsatzgebiet haben würden. Die Luftwaffe war hoffnungslos unterlegen und aufgrund der ständigen Bomberoffensiven gegen das Reichsgebiet sowieso überlastet.
Zusätzliche Erschwernis brachte die Tatsache, dass sich von Rundstedt mit seinem Untergebenen GFM Erwin Rommel, Oberbefehlshaber der in Frankreich stationierten Heeresgruppe B, nicht auf einen einheitlichen Verteidigungsplan einigen konnte. Ferner legte sich der bereits 68jährige Feldmarschall auf das Landegebiet Pas-de-Calais - die kürzeste Distanz zwischen England und Frankreich - fest, während Rommel dies für falsch hielt.
Als die alliierten Truppen unter Eisenhower am 6. Juni 1944 in der von England am weitesten entfernten Normandie - 200 Kilometer vom Pas-de-Calais entfernt - landeten, war die deutsche Führung völlig überrascht*[110]*.
Diese Landung wurde anfangs vom OKW sogar als geschickte Täuschung der Alliierten abgetan - so sehr waren Hitler und sein Oberkommando auf den Pas-de-Calais fixiert!
Unter der materiellen Übermacht der Alliierten zu Wasser, zu Lande und besonders in der Luft brach der deutsche Widerstand nach wenigen Tagen zusammen. Die Amerikaner und Briten landeten divisionsweise frische Truppen sowie hunderte Tonnen an Waffen und Material, während tausende ihrer Jäger die Luftherrschaft sicherstellten.
Als von Rundstedt sich während eines Telefongespräches mit dem Führerhauptquartier für das Ende des Krieges aussprach und die Invasion nicht eindämmen konnte, wurde er von Hitler erneut abgesetzt. Als sein Nachfolger, Schwerterträger GFM von Kluge, in Zusammenhang mit dem missglückten Anschlag vom 20. Juli Selbstmord verübte, wurde GFM von Rundstedt aber erneut OB West. Am 1. Juli 1944, unmittelbar vor seiner Absetzung, hatte er für seine Verdienste endlich das eigentlich seit 1942 fällige Eichenlaub erhalten.
Wenig Popularität brachte von Rundstedt der Vorsitz des Ehrenhofes der Wehrmacht (Juli bis September 1944), dem die Maßregelung von Offizieren oblag, die mit dem Militärischen Widerstand konspiriert hatten.
Die Niederlagen an der Invasionsfront hatten inzwischen auch bereits einen Generalfeldmarschall vom Format eines Gerd von Rundstedt mürbe gemacht. Sicherlich bereits seit den Geschehnissen in Russland 1942 mit Hitlers Kriegsführung und der Kuscherei vieler hoher Generäle unzufrieden, sah der Oberbefehlshaber West im Herbst 1944 endgültig Rot. Als er einem Frontbericht der 7. Armee entnahm, dass diese täglich über 8.000 Mann und 500 Offiziere verlor, platzte von Rundstedt der Kragen. Im Zuge eines hitzigen Telefongespräches mit GFM Keitel vom OKW brüllte er diesen an: "Beendet diesen verdammten Krieg endlich, ihr Idioten!!".

Nach andauernden Offensiven erreichten die Westalliierten im Winter 1944 das belgisch-deutsche Grenzgebiet - ihre einzige größere Schlappe war das Scheitern der Luftlandeoperation "Market Garden" in Holland gewesen.
Um die Briten und Amerikaner am Vorstoß nach Deutschland zu hindern, sollte der Generalstab West nun eine Gegenoffensive vorbereiten.

Als Mitglied des Planungsstabes für die Ardennenoffensive sprach sich GFM von Rundstedt zusammen mit GFM Model entgegen der Forderungen Hitlers für die sgn. "Kleine Lösung" aus. Diese beinhaltete den Plan, nicht gleich westnordwestlich gegen Antwerpen, sondern lediglich nordnordwestlich gegen Maastricht vorzustoßen.
Hitler verwarf jedoch alle taktischen Ratschläge, überstimmte die beiden erfahrenen Truppenführer und setzte seine "Große Lösung" durch.
Nach anfänglichen Erfolgen in Belgien scheiterte die Offensive dann auch - aufgrund genau jener Gründen, die von Rundstedt angeführt hatte.
Um seine langjährigen Leistungen als Oberbefehlshaber von Heeresgruppen und als Stratege im Generalstab zu würdigen, wurde GFM von Rundstedt am 18. Februar 1945 als einer von letztendlich neun Offizieren mit dem höchsten militärischen Dienstgrad mit den Schwertern zum Ritterkreuz mit Eichenlaub ausgezeichnet.
Als amerikanische Panzer bei Remagen den Rhein überquerten und deutsche Abwehrerfolge im Westen ausblieben, fiel von Rundstedt endgültig in Ungnade und wurde am 9. März 1945 seines Postens als OB West enthoben! Sein Nachfolger wurde der Luftwaffen-GFM und Brillantenträger Albert Kesselring.
Am 2. Mai begab sich Generalfeldmarschall Gerd von Rundstedt nach einem langen Krieg in Gefangenschaft, aus der er erst im Mai 1949 entlassen wurde. Im Gegensatz zu vielen Größen der Wehrmacht wurde er nicht vor Gericht gestellt (nicht einmal im OKW-Prozess!), sondern fungierte während der Nürnberger Kriegsverbrecherprozesse vielmehr als Zeuge der Anklage.
Der große Truppenführer verstarb acht Jahre nach Kriegsende und wurde in Hannover beigesetzt.

Generalmajor

MAX SACHSENHEIMER

* 05.12.1909 in Mühlbach/Baden
+ 02.06.1973 in Freiburg im Breisgau

Ritterkreuz		05.04.1942
Eichenlaub	(472)	14.05.1944
Schwerter	(132)	06.02.1945

Infanteriesturmabzeichen in Silber
Deutsches Kreuz in Gold
Verwundetenabzeichen in Bronze

"Aushängeschild der 5. Jägerdivision"

Der bereits 1928 in die Reichswehr eingetretene Max Sachsenheimer – Sohn eines bekannten Architekten und Bildhauers – diente bis 1932 als Unteroffizier bei der Infanterie, ehe er 1934 den Offizierslehrgang absolvierte, zum Leutnant aufstieg und anfangs als Nachrichtenoffizier im IR 75 diente. Bei Kriegsausbruch stand der Oberleutnant der 1. Kompanie des Regiments vor, welches zur 5. Infanteriedivision gehörte. Einer der Schwadronskommandeure der berittenen Divisions-Aufklärungsabteilung war der spätere Schwerterträger und Generalmajor Horst Niemack.

Während der Großteil der Wehrmacht in Polen kämpfte, blieben einige Divisionen, darunter auch die 5. ID, entlang der deutschen Westgrenze in Bereitstellung, um mögliche französische Angriffe aufhalten zu können. Da diese bis auf wenige Ausnahmen aber ausblieben, nannte man diese Zeit des aktionslosen Herumsitzens beider Seiten auch höhnisch "Sitzkrieg".
Als im Mai 1940 der Westfeldzug ("Fall Gelb") begann, gehörte die 5. Infanteriedivision zum XXXVIII. Armeekorps der 12. Armee in der Heeresgruppe A (von Rundstedt). Hauptmann (01..04.40) Sachsenheimer führte seine Kompanie an der Spitze des Regiments in allen Aktionen mit großer Übersicht an und kämpfte im südlichen Belgien und in Nordfrankreich. Nach siegreichen Gefechten gegen die 2. französische Armee schlug sich die 5. ID über Sedan an die Maas durch.
Für das Freikämpfen eines Brückenkopfes über die Seine und das Einbringen von über 1.000 Gefangenen erhielt Sachsenheimer hier das EK.I sowie das Infanteriesturmabzeichen.
In der zweiten Phase der "Schlacht um Frankreich" verlegte die Division zur 2. Armee und kämpfte an der Marne und im Gebiet von Paris. Hier folgten ihre Regimenter der wild vorstoßenden SS-Verfügungsdivision nach Auxerre. Nach der Kapitulation Frankreichs verblieb Sachsenheimers Regiment als Garnisonseinheit im Westen.
Im April 1941 erfolgte die Verlegung nach Ostpreußen, wo die Division dem V. Armeekorps der "Panzergruppe Hoth" zugeteilt wurde. Die erste Phase des Russlandfeldzuges (u.a. Bialystok, Njemen-Brückenkopf, Minsk) erlebte Sachsenheimer nicht als Frontoffizier, sondern als Beauftragter für die KfZ-Staffel im Divisionsstab.
Ende Juli 1941, wenige Tage nachdem er das Kommando über das II. Bataillon des Infanterieregiments 75 übernommen hatte, wurde er jedoch prompt im Gefecht verwundet, als ihm russische Granatsplitter zwei Finger der linken Hand wegrissen!
Während sich Sachsenheimer im Lazarett erholte, wurde seine Division in 5. Jägerdivision umbenannt, sein Regiment hieß jetzt Jägerregiment 75. Nach seiner Rückkehr übernahm Hauptmann Sachsenheimer im November erneut das II. Bataillon.
Im Frühjahr 1942 wurde die 5. Jägerdivision der 16. Armee im Nordabschnitt unterstellt, wo zu dieser Zeit schwerste Gefechte um die Kessel von Cholm und Demjansk tobten. Nur mit Müh und Not konnten die eingeschlossenen deutschen Truppenteile freigekämpft und die HKL entlang der übrigen Frontabschnitte intakt gehalten werden. Für erfolgreiche Entlastungsangriffe entlang der Linie Staraja-Russa-Demjansk sowie wiederholte Tapferkeit vor dem Feind erhielt Hauptmann Max Sachsenheimer – von seinen Freunden kurz „Sachs" genannt - im April 1942 auf

Antrag seines Divisionskommandeurs Generalleutnant Almendinger - später selbst Eichenlaubträger - das Ritterkreuz zum Eisernen Kreuz verliehen.
Im Sommer bewährte sich „Sachs“ als Vertretung für den verwundeten Oberstleutnant Kurt-Hermann von Mühlen – 1945 als Generalleutnant Eichenlaubträger – in der Regimentsführung.
Zwischen November 1942 und Februar 1943 lag der erkrankte Ritterkreuzträger erneut in einem Lazarett fest, ehe er zu seinem Bataillon zurückkehrte.
Die harten Offensiv- und Defensiveinsätze im Nordabschnitt setzten sich das ganze Kriegsjahr 1942 fort, im Februar 1943 erhielt Sachsenheimer für die Leistungen an der Spitze seines Bataillons das Deutsche Kreuz in Gold.
Im Mai übernahm Sachsenheimer als Major die Führung des Regiments, in dem er sich mehrmals als herausragender Bataillonskommandeur und Kampfgruppenführer hervorgetan hatte. Nach zwei Monaten an der Spitze des Regiments wurde er von seinem Divisionskommandeur als Zweiter Stabsoffizier (Ib) in den Divisionsstab geholt. Sachsenheimer war durch seine Vorkriegsausbildung in der Lage, diesen Wechsel nahtlos durchzuführen. 1943 waren die Geschehnisse im Nordabschnitt durch die Ladoga-Abwehrschlachten gekennzeichnet.
In Jänner 1944 verlegte die 5. Jägerdivision zur 3. Panzerarmee (Reinhardt) in den Frontabschnitt Witebesk, eine Monat später wurde die erneute Übernahme des Jägerregiments 75 durch Major Sachsenheimer notwendig. Im Februar wurde die Division zusammen mit der 4. (von Saucken) und 5. Panzerdivision (Decker) als Entsatztruppe gegen den Umklammerungsring der eingeschlossenen Stadt Kowel eingesetzt. Kommandeur der eingeschlossenen Truppen war niemand geringerer als Herbert Gille, der zu diesem Zeitpunkt bereits die Schwerter zum Ritterkreuz trug. Während die Verteidiger des Kessels verbissen Widerstand leisteten und die Luftwaffe bemüht war, lebensnotwendigen Nachschub abzuwerfen, kämpften sich die Angriffsspitzen der Entsatzgruppe trotz stärkster russischer Gegenwehr immer näher an den westlichen Rand von Kowel heran.
Sachsenheimers Grenadiere stießen immer wieder auf heftigen Widerstand, konnten jedoch mit Panzer- und Artillerieunterstützung ihren Vormarsch fortsetzen.
Am 22. Tag der Einschließung gelang es den "Feuerwehr"-Einheiten die russischen Stellungen endgültig zu durchbrechen, eine schmale Gasse freizukämpfen und den Eingeschlossenen den Rückzug zu ermöglichen. Während Gruppenführer Gille für das Halten von Kowel die Brillanten erhielt, wurde Oberstleutnant (01.04.44) Sachsenheimer für die Angriffsleistungen seines Regiments mit dem 472. Eichenlaub zum Ritterkreuz ausgezeichnet.
Im August absolvierte der zum Oberst beförderte Eichenlaubträger - u.a. zusammen mit Theodor Tolsdorff - den Divisionskommandeur-Lehrgang an der Taktikschule Hirschberg und übernahm am 10.09.44 die Führung der 17. Infanteriedivision im Südabschnitt der Ostfront.
Diese tapfere Division war seit dem ersten Schuss in Polen im Fronteinsatz und galt als verlässliche und zähe Einheit.

Nach Einsätzen in Besserabien und Rumänien wurde Sachsenheimer nach einer bemerkenswerten Karriere im Alter von 35 Jahren zum Generalmajor (01.12.44) befördert. Im Frühjahr 1945 führte er seine Regimenter im Verband des LVI. Panzerkorps bei Radom, Lissa und am Ufer der Oder noch zu unerwarteten Abwehrerfolgen gegen überlegene Divisionen der Roten Armee. Bei Pulawy vernichtete die 17. ID während einer heftigen Abwehrschlacht über 100 russische Panzer, führte einen erfolgreichen Gegenangriff an die Oder durch und zerschlug den Brückenkopf einer feindlichen Division.
Hierfür erhielt Sachsenheimer am 6. Februar 1945 die 132. Schwerter zum Ritterkreuz mit Eichenlaub verliehen. Aufgrund der hohen Ausfälle wurde die 17. Infanteriedivision jedoch aus der Front gezogen und notdürftig aufgefrischt. Die letzten Wochen des Krieges kämpfte sie mit der 17. Armee im Riesengebirge, wo sie im Mai 1945 in amerikanische Gefangenschaft geriet.
Generalmajor a.D. Sachsenheimer – seine Frau war während des Krieges übrigens im vielbeachteten „Amt Canaris“ eingesetzt gewesen - wurde 1947 entlassen und verstarb 1973.

General der Panzertruppe

DIETRICH VON SAUCKEN

* 16.05.1892 in Fischhausen/Ostpreußen
+ 27.09.1980 in München

Ritterkreuz		06.01.1942
Eichenlaub	(281)	22.08.1943
Schwerter	(046)	31.01.1944
Brillanten	(027)	08.05.1944

Hohenzollernorden mit Schwertern
Österreichisches Militärverdienstkreuz 3. Klasse
Bayrisches Militärverdienstkreuz 3. Klasse
Panzerkampfabzeichen in Silber 3. Stufe
Dreimalige Nennung im Wehrmachtsbericht
Kriegsverdienstkreuz mit Schwertern
Verwundetenabzeichen in Gold

"Der Panzer-Virtuose"

Der gebürtige Ostpreuße stammte aus einem der ältesten Adelsgeschlechter des Landes. Aufgrund einer langen Tradition war dem jungen Dietrich von Saucken der Beruf des Offiziers vorbestimmt. 1910 trat er als junger Offiziersanwärter ins 3. Grenadierregiment "*Friedrich Wilhelm I.*" ein, zwei Jahre darauf erhielt er die Beförderung zum Leutnant.
Während des Ersten Weltkrieges bewährte er sich als Kompanieführer ausgezeichnet, kämpfte vor Verdun, in den Karpaten und an der Marne. Bereits in diesem ersten Krieg wurde er sechsmal verwundet! Bei Kriegsende war Hauptmann von Saucken ein hochdekorierter Brigadeadjutant, ein Vorschlag zum Pour-le-Mérite wurde nur durch die Kapitulation nicht mehr bearbeitet!
Aufgrund seiner hervorragenden Leistungen wurde Dietrich von Saucken in die kleine Reichswehr übernommen. Nach Kommandostellen im Infanterieregiment 1 und dem Reiterregiment 8 übernahm der Rittmeister 1927 den Posten eines Taktiklehrers an der Kriegsschule in Hannover. 1937 kommandierte Oberstleutnant von Saucken das ausgezeichnete Reiterregiment 2 im ostpreußischen Angersburg.

Bei Kriegsbeginn gegen Polen war von Saucken bereits zum Oberst aufgestiegen. An der Spitze seiner Einheit stieß er im Verband der 1. Kavalleriebrigade (später -division) über die Narew vor und nahm dann an der Schlacht um Warschau teil. Zu dieser Zeit waren auch die späteren Schwerterträger Baade und von Edelsheim in der 1. Kavalleriebrigade eingesetzt. Als am 10. Mai 1940 der Westfeldzug begann, führte von Saucken seine Reiter über die holländische Grenze, stieß bis an den Zuidersee vor und nahm an der Besetzung der "Festung Holland" teil. Nachdem die deutsche Angriffsfront nach Süden geschwenkt und Belgien überrannt hatte, stieß das RR 2 gegen die Weygandlinie vor und nahm an den Gefechten bei Amiens teil. Nach Kämpfen an der Seine und der Loire erreichte das Regiment schließlich sogar die Hafenstadt La Rochelle.
Für die hervorragende Führung seiner Einheit wurde Oberst von Saucken die Versetzung zur moderneren Panzertruppe angeboten - im November 1940 übernahm er die Schützenbrigade der 4. Panzerdivision unter Generalmajor von Langermann, welcher später das 75. Eichenlaub erhalten sollte.
Seine kampferprobten Einheiten stießen im Juni 1941 über die sowjetische Grenze vor (XXIV. Panzerkorps), überrannten mehrere Grenzbefestigungen, kämpften tapfer bei Bobruisk und der Beresina und erreichten schließlich den mächtigen Dnjepr.
Hier wurde Dietrich von Saucken in seinem mittlerweile zweiten Krieg erstmals wieder verwundet. Nach seiner Genesung kehrte er an die Front zurück und wurde mit seinen Grenadieren in die Schlacht um Mzensk geworfen. Bei Temperaturen von minus 30 Grad(!) tobten schwere Gefechte um Tula. Aufgrund fanatischer Verteidiger und der klimatischen Bedingungen konnte die Stadt nicht genommen werden - im Zuge der Winterschlacht von Moskau mussten sich die deutschen Truppen erstmals zurückziehen.

Im Dezember 1941 wurde Oberst von Saucken als Nachfolger von Eichenlaubträger Heinrich Eberbach mit der Führung der 4. PD beauftragt, am 1. Jänner 1942 erhielt er die Beförderung zum Generalmajor. Nachfolger als Brigadekommandeur wurde sein bester Regimentskommandeur, der spätere Schwerterträger Oberst Smilo von Lüttwitz.
Gleich in den ersten Wochen seines Kommandos konnte von Saucken seine Klasse zeigen. In schweren Abwehrkämpfen um Bolchow vernichteten seine Panzer mehrere russische Schützen- und Panzerbrigaden. Wenige Tage nach diesem Erfolg wurde von Saucken durch Granatsplitter am Kopf erneut schwer verwundet - noch am Krankenbett erhielt er für seine Defensiverfolge durch GFM von Kluge persönlich das Ritterkreuz überreicht.
Nach seiner Genesung wurde von Saucken im August 1942 zum Kommandeur der bekannten Panzertruppenschule in Krampnitz ernannt.

Im Mai 1943 kehrte von Saucken auf eigenen Wunsch hin an die Ostfront zurück und übernahm als frisch beförderter Generalleutnant erneut die 4. Panzerdivision. Während der Schlacht um Kursk und den Gefechten bei Orel bewies er, dass er sein taktisches Geschick nicht verlernt hatte. Als der General an der Spitze seiner Panzer einen Großangriff gegen die 9. Armee (Model) im Rshew-Bogen abwehrte, erhielt er das 281. Eichenlaub zum Ritterkreuz verliehen. Es war die 26. Verleihung an einen Kommandeur von Panzergroßverbänden (ab Brigade) sowie die 142. innerhalb des Heeres.
Die folgenden Wochen brachten schwere Angriffs- und Verteidigungskämpfe zwischen Pripjet und Dnjepr, wo starke sowjetische Verbände gegen Tschernobyl vorstießen. In dieser Zeit erwies sich die 4. Panzerdivision als erstklassige "Feuerwehr" für die 2. und 9. Armee. Im Sommer 1943 führte von Saucken seine Division im Verband des XXXXVII. Panzerkorps im Zuge der Panzeroffensive gegen Kursk. Trotz hoher Abschusszahlen konnte sich auch die 4. PD hier nicht durchsetzen und musste schließlich den Rückzug antreten. Es folgten rollende Gefechtseinsätze an der Desna, bei Pripjet und nahe Kalinkowitsch.
Als eine entstandene Lücke entlang der strategisch wichtigen Nahtstelle zweier Armeen wieder geschlossen und damit eine Offensive der Roten Armee eingedämmt werden konnte, erhielt der Divisionskommandeur am 31. Jänner 1944 als erst 17. Offizier des millionenstarken Heeres die Schwerter zum Ritterkreuz mit Eichenlaub verliehen. Ein Monat zuvor war von Saucken im Wehrmachtsbericht genannt worden.
Als in der Ukraine die Stadt Kowel abgeschnitten wurde und die eingeschlossenen Verbände unter Herbert Gille dringend um Verstärkung ansuchten, trat Generalleutnant von Saucken mit seiner Division zum Angriff an. Nachdem sich die Panzer von Osten her an den Kessel herangekämpft hatten, stießen sie auf kampfkräftige russische Divisionen, die sie schließlich zum Rückzug zwangen - einzelne Kampfgruppen traten schließlich zusammen mit der 5. PD (Decker) und der 5. Jägerdivision zum letztendlich doch noch erfolgreichen Entlastungsangriff an.
Während des harten Einsatzes an der Ostfront wurde Dietrich von Saucken durch seine für ihn selbstverständliche Nähe zur Hauptkampflinie mehrmals bei Fliegerangriffen oder Artilleriegefechten verwundet - zwischen 1941 und Kriegsende insgesamt siebenmal! Sein oftmaliger persönlicher Einsatz als Panzerkommandant brachte ihm eine hohe Stufe des Panzerkampfabzeichens ein.
Im Mai 1944 übernahm von Saucken das III. Panzerkorps, das zuvor u.a. von Felix Steiner, Hermann Breith und Friedrich Schulz befehligt worden war, und führte es im Verband der Heeresgruppe Mitte. Von Sauckens Nachfolger an der Spitze der 4. Panzerdivision wurde der Eichenlaubträger Generalmajor Clemens Betzel. Mit insgesamt 84 Ritterkreuz- und 9 Eichenlaubträgern war die Division bei Kriegsende übrigens die höchstdekorierte der gesamten deutschen Panzerwaffe!

Als die wuchtige russische Sommeroffensive losbrach und binnen weniger Tage einen umfassenden Frontdurchbruch herbeiführte, wurde von Saucken mit der Führung des XXXIX. Panzerkorps beauftragt. Mit seinen Panzern sollte er die vorpreschenden Angreifer aufhalten und den Rückzug der eigenen Truppen decken.
Bei Beresina, Nowogrodek und Minsk konnte immerhin hinhaltender Widerstand geboten werden. Im August 1944 nahm sein Korps dann an den von GFM Walter Model geleiteten Abwehrschlachten entlang der ostpreußischen Grenze teil. Später kämpften von Sauckens Divisionen in den Abwehrschlachten bei Wyschkow und Schagarew, erneut konnte ein Einbruch entlang einer Armee-Nahtstelle wieder geschlossen werden. Während der Schlacht um Warschau führte der General der Panzertruppe (01.08.44) seine Verbände gegen einen sechsfach überlegenen Gegner. Seine Panzer attackierten das III. sowjetische Panzerkorps mitten in dessen Angriffsbewegungen hinein, zerschlugen mehrere Divisionen und schossen hierbei fast 200 Panzer und Fahrzeuge ab! Am 6. August wurde dieser große Erfolg im Wehrmachtsbericht genannt.
Im Dezember 1944 stellte General von Saucken auf Befehl des OKW aus den Divisionen *"Großdeutschland"* und *"Brandenburg"* ein Panzerkorps auf. Mit diesen kampferfahrenen Einheiten sowie der unterstellten Fallschirmjäger-Panzerdivision 1 "*Hermann Göring*" nahm er im Frühjahr 1945 an den Gefechten bei Rastenburg und Litzmannstadt

teil und trat erfolgreich zur Rettung der eingeschlossenen "Gruppe Nehring" an der Weichsel an! Trotz dieses Offensiverfolges wurde der hochdekorierte General kurz darauf in die Führerreserve abgeschoben, nachdem er sich mit dem Generalstabschef des Heeres über die Sinnlosigkeit einer Weiterführung des Krieges gestritten hatte. Aufgrund der schwierigen Kriegslage wurde von Saucken jedoch bald wieder für ein Frontkommando herangezogen. Im März 1945 übernahm General von Saucken die "Armee Ostpreußen" die aus den Resten der 2. und 4. Armee bestand. Noch am 1. Mai wurden ihm auch die Reste der zerschlagenen 18. Armee auf der Halbinsel Hela unterstellt. Nach den letzten Rückzugskämpfen, in denen u.a. 300.000 Zivilisten die Flucht ermöglicht worden war, begab sich General von Saucken am 8. Mai 1945 im Ostpreußen-Kessel in sowjetische Gefangenschaft.
Als wenige Stunden vor der Kapitulation noch eine einzelne Transportmaschine in den Kessel entsandt wurde, um den General auszufliegen, weigerte sich dieser seine Truppe einfach im Stich zu lassen. Mit Schwerverwundeten aus dem völlig überfüllten Hauptlazarett schickte er die Ju-52 wieder zurück.
Für die letzten Abwehrerfolge und den langjährigen persönlichen Einsatz an der Front erhielt General von Saucken am letzten Kriegstag als 27. und letzter Soldat des Krieges die Brillanten zum Ritterkreuz mit Eichenlaub und Schwertern verliehen und wurde zum dritten Mal im Wehrmachtsbericht genannt. Für seine Verdienste als von Sauckens Stabschef in Ostpreußen erhielt Generalmajor Macher eine Woche *nach* Kriegsende noch das Ritterkreuz verliehen.

In beiden Weltkriegen war General von Saucken insgesamt 13mal verwundet worden! Einer seiner Söhne war als Infanterieoffizier in Russland gefallen. In sowjetischer Kriegsgefangenschaft musste der 53jährige schlimme Haftbedingungen und Verhöre ertragen, in einem Schauprozess wurde er aufgrund erfundener Anschuldigungen zu 25 Jahren Haft verurteilt, später u.a. über dreißig Monate in Einzelhaft gehalten!
Als kranker, schwer gezeichneter, aber ungebrochener Mann kehrte Dietrich von Saucken Ende 1955 als einer der letzten Kriegsgefangenen aus der Sowjetunion zurück. Der Brillantenträger verstarb 1980 in München.

Major

HEINRICH PRINZ ZU SAYN-WITTGENSTEIN

* 14.08.1916 in Kopenhagen/Dänemark
+ 21.01.1944 über Schönhausen/Westfront

Ritterkreuz		07.10.1942
Eichenlaub	(290)	31.08.1943
Schwerter	(044)	23.01.1944 postum

Frontflugspange für Kampfflieger in Gold
Frontflugspange für Nachtjäger in Gold
Nennung im Wehrmachtsbericht
Flugzeugführer- und Beobachterabzeichen
Ehrenpokal der Luftwaffe
Deutsches Kreuz in Gold
Verwundetenabzeichen in Bronze

"Die blaublütige Fledermaus"

Der aus einer einflussreichen und bekannten Adelsfamilie stammende Heinrich von Sayn-Wittgenstein trat bereits mit 20 Jahren ins Kavalleriekorps ein, wo er zum Fähnrich aufstieg. Nachdem er 1937 als Oberfähnrich auf eigenes Gesuch in die aufstrebende Luftwaffe versetzt worden war, wurde er zum Kampfflieger ausgebildet.
Bei Kriegsausbruch war Sayn-Wittgenstein bereits Oberleutnant und Staffelkapitän im Kampfgeschwader 51, später auch als "*Edelweiß-Geschwader*" bekannt.
Nachdem das Geschwader während des Polenfeldzuges nicht zum Einsatz gekommen war, beschränkten sich die ersten Einsätze während des sgn. "Sitzkrieges" an der Westfront auf das Abwerfen von Propaganda-Flugblättern. Nach ersten "richtigen" Kampfeinsätzen folgten während des Westfeldzuges unzählige erfolgreiche Feindflüge über dem Ärmelkanal und dem britischen Festland. Nachdem der tapfere, intelligente und äußerst sympathische Offizier mit beiden Klassen des Eisernen Kreuzes und der Frontflugspange für Kampfflieger ausgezeichnet worden war, entschied er sich wenige Wochen nach Beginn des Russlandfeldzuges für einen entscheidenden Schritt seiner Karriere.

Im August 1941 wechselte Hauptmann zu Sayn-Wittgenstein nach 150 Feindflügen als Kampfflieger - meist auf der Junkers Ju-88 - in das noch junge, aufstrebende Nachtjägerkorps unter Generalmajor Josef Kammhuber*[58]*. Nach einer taktischen Umschulung übernahm Sayn-Wittgenstein die 9. Staffel des Nachtjagdgeschwaders 2 in Westdeutschland. Da er auch als Jäger die ihm so vertraute Ju-88 flog, konnte er bereits am 6. Mai 1942 seinen ersten Nachtjagdsieg melden.
In den nächsten Monaten wurde der ehemalige Bomberpilot im nächtlichen Kampf gegen Lancaster und Wellington zum Luftkampfexperten. Bis zum Sommer 1942 konnte Sayn-Wittgenstein, meist im belgisch-holländischen Luftraum, 15 bestätigte Nachtjagdsiege erringen und das Deutsche Kreuz in Gold entgegennehmen. Die Kampfflieger-Spange legte er zu Gunsten der Nachtjäger-Spange ab. Am 1. August und 11. September fegte er in meisterhaften Einsätzen jeweils gleich drei schwere Bomber vom Himmel, für insgesamt 22 Nachtjagdsiege in nur 49 Einsätzen(!) erhielt er nun das Ritterkreuz zum Eisernen Kreuz verliehen.
Als Tagjäger wäre der Prinz sicherlich nicht so erfolgreich gewesen - mehreren Berichten seiner Vorgesetzten und eigenen Aussagen zur Folge konnte er sich nur als Einzelkämpfer voll entfalten. Die Staffelregeln und Luftkampftaktiken der Tagjäger hätten im Gegensatz zu seinem Ehrgeiz und seinem Einzelgängertum gestanden. Als Nachtjäger konnte er alleine operieren, ohne auf jemanden Rücksicht nehmen zu müssen - in dieser Aufgabe wurde er wahrhaftig zum "Prinzen der Nachtjagd".
Im Winter 1942/43 wurde der fähige Verbandsführer an die Ostfront versetzt, um die Bekämpfung der russischen Nachtbomber zu organisieren*[111]*. Obwohl hier die feindlichen Verbände meist nur aus zwei bis drei Maschinen bestanden, die Tief- und Störangriffe durchführten, konnte Hauptmann zu Sayn-Wittgenstein 23 Abschüsse, davon allein sechs in der Nacht vom 24./25. Juli, erzielen und als Kommandeur der I. Gruppe des Nachtjagdgeschwaders 100

als 290. Soldat und 106. Angehöriger der Luftwaffe das Eichenlaub entgegennehmen. Wenige Wochen darauf kehrte er nach insgesamt 54 Nachtjagdsiegen in den Westen zurück, wo er die II. Gruppe des Nachtjagdgeschwaders 3 übernahm.
Im Laufe seiner vielen Feindflüge perfektionierte der Prinz seine Taktiken, trieb seine Schieß- und Angriffsleistungen immer höher und überholte schließlich die Nachtjäger-Asse Lent und Streib in der Abschuss-Rangliste! Der sportlich-rivalisierende Wettkampf zwischen den drei Spitzenassen war Sayn-Wittgenstein so ernst, dass er fast keinen Einsatz ausließ, nur ungern in Urlaub geschickt wurde und sogar "überredet" werden musste, persönlich zur Eichenlaubverleihung nach Berlin zu kommen!
Im Jänner 1944 wurde Major (01.01.44) Prinz zu Sayn-Wittgenstein zum neuen Kommodore des Nachtjagdgeschwaders 2 ernannt. Seine Piloten bekämpften von Kassel-Rothwesten, Deelen und Venlo aus das immer stärker einfliegende Bomberkommando der Royal Air Force. Am 2. Jänner hatte er in einer Nacht sechs britische Viermotorige abgeschossen und somit seine knappe Führung vor Helmut Lent wieder ausgebaut.
Am 21.01.44 startete Sayn-Wittgenstein mit seiner Junkers Ju-88, auf deren Leitwerk bereits 78 Abschussbalken angebracht waren, zu einem erneuten Feindflug. Über Magdeburg-Anhalt traf er auf einen zahlenmäßig weit überlegenen britischen Bomberverband mit starkem Nachtjagdschutz.
In einem beispiellosen Luftkampf drang der Kommodore - geleitet von seinem erfahrenen Radarbeobachter - in den Pulk ein und schoss innerhalb weniger Minuten vier schwere Bomber ab! Als nach einiger Zeit eine weitere Feindmaschine in Sichtweite kam, setzte sich der erstklassige Flieger mit einem schnellen Manöver hinter sie. Major von Sayn-Wittgenstein zielte, schoss und erzielte seinen 83. bestätigten Nachtjagdsieg in 21 Einsatzmonaten. Doch wenige Augenblicke nach diesem letzten Luftkampf wurde seine Ju-88 plötzlich durch MG-Garben schwer getroffen und geriet ins Trudeln. Einer der britischen Mosquito-Begleitnachtjäger hatte den Deutschen geortet und überrumpelt.
In dieser äußerst schwierigen Situation bewies Major zu Sayn-Wittgenstein große Übersicht - er befahl seiner Besatzung über Bordfunk mit dem Fallschirm auszusteigen, er selbst wolle versuchen die qualmende Maschine notzulanden. Der Radarbeobachter und der Heckschütze führten den Befehl nach einigem Zögern aus und landeten sicher am Boden. Über den Verbleib der Maschine konnten sie keine sicheren Angaben machen.
Stunden später fand ein Suchtrupp die ausgebrannte Ju-88 in einem kleinem Waldstück - Major von Sayn-Wittgenstein hatte die Notlandung nicht überlebt und war an einem Schädelbasisbruch gestorben.

Heinrich zu Sayn-Wittgenstein fiel als bis dahin erfolgreichster Nachtjäger der Kriegsgeschichte. Am 23. Jänner 1944 wurde er postum mit den Schwertern zum Ritterkreuz mit Eichenlaub geehrt.
An diesem 21. Jänner hatte das Nachtjägerkorps noch eine zweiten, sehr schmerzlichen Verlust zu beklagen, als der Eichenlaubträger Hauptmann Manfred Meurer nach 65 Siegen durch Feindfeuer über Magdeburg den Tod fand.
Bis Mai 1945 wurden Sayn-Wittgensteins Erfolge nur noch durch die beiden Brillantenträger Heinz-Wolfgang Schnaufer (121) und Helmut Lent (101) übertroffen. Vierter dieser Rangliste wurde der Schwerterträger Werner Streib mit 66 Siegen.

1992 wurde im Kirchpark von Schönhausen ein Gedenkstein für Prinz zu Sayn-Wittgenstein enthüllt.

Major

HEINZ-WOLFGANG SCHNAUFER

* 16.02.1922 in Calw/Württemberg
+ 15.07.1950 bei Bordeaux

Ritterkreuz		31.12.1943
Eichenlaub	(507)	24.06.1944
Schwerter	(084)	30.07.1944
Brillanten	(021)	16.10.1944

Frontflugspange für Nachtjäger in Gold
Nennung im Wehrmachtsbericht
Flugzeugführer- und Beobachterabzeichen
Ehrenpokal der Luftwaffe
Deutsches Kreuz in Gold
Verwundetenabzeichen in Bronze

"Mit knapp 22 Jahren Geschwaderkommodore!"

Das Nachtjägerkorps stellte während des Zweiten Weltkrieges die neueste und vielleicht modernste Waffengattung der Welt dar. Nur eine Handvoll "Ritter der Nacht" wurden mit den Schwertern ausgezeichnet. Neben Oberstleutnant Lent war der junge Heinz-Wolfgang Schnaufer der einzige, der den Sprung unter die 27 höchstdekorierten Soldaten des Krieges schaffte.

Schnaufer meldete sich im Winter 1939 freiwillig zur Luftwaffe und war anfangs für die Flakartillerie vorgesehen, ehe er aufgrund seiner psychischen und physischen Fitness für die Ausbildung zum Nachtjäger ausgewählt wurde. Nach einer harten und gründlichen Ausbildung wurde er im November 1941 als Leutnant in das jüngste Waffenkorps der Wehrmacht - die Nachtjägerwaffe - versetzt. Zusammen mit einigen der später erfolgreichsten Piloten diente er im Nachtjagdgeschwader 1 an der Westfront.
Am 2. Juni 1942 konnte der energiegeladene, sympathische Offizier seinen ersten Nachtjagdsieg erringen - als er nach einigen weiteren Einsätzen bereits fünf Abschüsse erzielt hatte, erhielt er das Eiserne Kreuz 1. Klasse verliehen. Bereits nach wenigen Monaten Dienstzeit wurde der junge Leutnant weiters zum Technischen Offizier der II. Gruppe ernannt.
Die Nachtjagd bedeutete zu jener Zeit eine besondere Herausforderung, der nur absolut motivierte und trainierte Piloten entgegentreten konnten. Im Dunkeln der Nacht konnte sich die jeweilige Besatzung nur auf die Bordinstrumente, den Funksprechverkehr zum Bodenradar und ihre Intuition verlassen. Was die Nachtjagdpiloten mit ihren Kameraden von den Tagjagdgeschwadern verband, waren die schwerbewaffneten und in großen Zahlen auftretenden alliierten Bomber.
Während den großen Nacht-Bomberoffensiven der Briten im Jahre 1943 konnte der stets tapfer und sehr überlegt angreifende Schnaufer mit seiner Messerschmitt Me-110 erneute Erfolge melden. Für seine führerischen Qualitäten sprach die Tatsache, dass er im August 1943 die 12. Staffel übernahm, im Winter wurde er zwei Monate vor seinem 21. Geburtstag zum Oberleutnant befördert, u.a. hatte er in der Nacht zum 16. Dezember in einem Einsatz drei britische Lancaster abgeschossen!
Seit Juli trug der Flugzeugführer das Deutsche Kreuz in Gold und hatte weiters einen Ehrenpokal erhalten.

Am 31. Dezember 1943 reihte Schnaufer sich nach 42 Nachtjagdsiegen über viermotorige Bomber in die Reihe jener Offiziere ein, die das Ritterkreuz zum Eisernen Kreuz trugen. Auffallend ist, dass der tapfere Nachtjäger der letzte spätere Brillantenträger war, der dieses erhielt.
Als die sogenannte "Schräge Musik" *[112]* bei der Truppe eingeführt wurde, lehnte Schnaufer dieses neue Waffensystem trotz der großen Geschwadererfolge persönlich ab. Er war ein eingefleischter Direktschütze, der den präzisen Überraschungsangriff aus der unteren Sechs-Uhr-Position perfekt beherrschte und flugtaktisch alles aus der jeweiligen Situation herausholte. Schnaufers Kampferfolge stützten sich einerseits auf seine erstklassigen

Angriffstaktiken, andererseits auf seine phänomenale Nachtsichtfähigkeit. Weiters war Schnaufer ein unerschrockener Angreifer.
Hingegen sehr viel hielt Schnaufer vom neuen Bordradar SN-2-FuG-227, welches auf die Impulse der gegnerischen Bordgeräte reagierte.
Anfangs tappten die Briten über die plötzlich ansteigenden Verluste völlig im Dunkeln und schrieben diese einer verstärkten deutschen Flak zu. Erst als ihnen eine unbeschädigte Ju-88 mit diesem Bordradar in die Hände fiel, war das Rätsel gelöst.
Es kam des öfteren vor, dass Schnaufer in einem nächtlichen Einsatz zwischen drei und fünf(!) Gegner abschoss. Innerhalb von fünf aufeinanderfolgenden Nächten bezwang das Ausnahmetalent einmal 20 viermotorige Bomber!!
Als man Schnaufer Anfang 1944 die Umschulung auf die moderne Heinkel He-219 "Uhu" anbot, lehnte er dies ab. Er fühlte sich in seiner guten, alten Me-110 sehr wohl und bereute diese Entscheidung nie.
Ein besonderer Ansporn für die Nachtjäger war die bekannte Tatsache, dass sich die Nachtbombardements der Briten zumeist gegen dicht bewohnte Stadtviertel richteten; jeder abgeschossene Bomber rettete also vielleicht Dutzenden Frauen und Kindern das Leben!
Immer öfter musste sich das vom Schwerterträger Major Streib geführte Nachtjagdgeschwader 1 riesigen Bomberpulks, manchmal mit bis zu 800(!) Maschinen, entgegenstellen. In diesem Kampf David gegen Goliath errangen Schnaufer und seine Kameraden große Erfolge.
Am 24. Mai 1944 konnte Schnaufer im Kampf gegen einen solchen Riesenverband innerhalb von nur 14 Minuten fünf britische Bomber abschießen, mehr als einmal brachte er einen Bombenangriff durch den Abschuss eines Pfadfinders oder des Zeremonienmeisters *[59]* sogar ganz zum Scheitern. Im Mai übernahm er als 22jähriger Hauptmann (01.05.44) die IV. Gruppe, neuer Geschwaderkommodore war mittlerweile der bekannte Eichenlaubträger Major Hans-Joachim Jabs (50 Siege), selbst erst 26 Jahre alt.
In der Nacht zum 25. Mai konnte Schnaufers Bordfunker innerhalb einer Viertelstunde fünf Abschüsse melden - als sein Flugzeugführer zwei Wochen später bei 84 bestätigten Nachtjagdsiegen angelangt war, erhielt die Luftwaffe ihren 156. Eichenlaubträger. Da Schnaufer zu diesem Zeitpunkt hinter Helmut Lent aber bereits der zweiterfolgreichste Nachtjäger der Luftwaffe war (Sayn-Wittgenstein war bereits gefallen), erhielt er nur kurz darauf auch die 84. Schwerter zum Ritterkreuz mit Eichenlaub verliehen!
Obwohl sich die Luftkämpfe nachts abspielten und nur wenige Informationen über den Kanal gelangten, wurde der erfolgreiche Nachtjäger den Briten allmählich zum Begriff. Diese Aufmerksamkeit gipfelte im Frühjahr 1945 sogar in fairer Bewunderung, als das britische Bomberkorps dem berühmten Nachtjäger-As über den Soldatensender Calais zum 23. Geburtstag gratulierten ließ! In der RAF wurde Schnaufer gemäß seines Heimatstützpunktes bereits respektvoll das "Nachtgespenst von St. Trond" genannt.
Nichtsdestotrotz versuchte die Royal Air Force natürlich unvermindert, den gefährlichen Gegner auszuschalten. Eigens aufgestellte Nachtjagdstaffeln, bestehend aus erfahrenen Elite-Besatzungen, wurden in Schnaufers Einsatzgebiet geschickt. Unter den Piloten, die auf ihn Jagd machten, waren so erfolgreiche britische Nachtjagdasse wie Branse Burbridge (16 Siege) und Bob Braham (29 Siege). Letzterer war auf den Abschuss deutscher Asse spezialisiert - so waren ihm schon die beiden Eichenlaubträger Heinz Vinke (54 Siege) und August Geiger (53 Siege) unterlegen! Doch auch diese "Killerkommandos" konnten Schnaufer nicht stellen.

Im Herbst 1944 befand sich das "Nachtgespenst" in Hochform und wurde für seine Leistungen namentlich im Wehrmachtsbericht genannt.
In wenigen aufeinanderfolgenden Einsätzen gegen große Bomberverbände über Zentral- und Süddeutschland erzielte der junge Gruppenkommandeur wiederholt Mehrfachabschüsse und erhielt am 16. Oktober für seinen 100. bestätigten Nachtjagdsieg, nur 275 Tage(!) nach der ersten Ritterkreuzstufe, als 21. Soldat, 12. Luftwaffenangehöriger und 2. Nachtjäger der Wehrmacht die Brillanten zum Ritterkreuz mit Eichenlaub und Schwertern. Diese höchste Tapferkeitsauszeichnung würdigte nicht nur seinen Erfolg, sondern auch den der gesamten Waffengattung, die in den vergangenen Monaten Großartiges geleistet hatte.
Aufgrund ihres großen Anteiles an Schnaufers Erfolgen erhielten sein Bordfunker Oberleutnant Rumpelhardt und der Bordschütze Oberfeldwebel Gänsler das Ritterkreuz verliehen! So wurde die Besatzung zu einer der höchstdekorierten der Luftwaffe. Gänsler war übrigens vor seiner Versetzung zu Schnaufers Besatzung mit dem erfolgreichen Nachtjäger Ludwig Becker (Eichenlaub, Februar 1943 gefallen) zusammen geflogen und sollte bis Kriegsende an insgesamt 115 Nachtabschüssen beteiligt sein! Rumpelhardt hatte bei Kriegsende diesbezüglich ebenfalls über 100 Zähler auf seinem Konto!
Nachdem Schnaufer ein nach der Brillantenverleihung ausgesprochenes Feindflugverbot mehrfach missachtete, nahm das Oberkommando der Luftwaffe dieses designierend wieder zurück.

Am 1. Dezember 1944 wurde Schnaufer zum Major befördert und mit knapp 22 Jahren(!!) zum jüngsten Geschwaderkommodore der Luftwaffe ernannt. Er übernahm das in Norddeutschland stationierte Nachtjagdgeschwader 4, die Gruppen- und Staffelkommandeure waren meist älter als ihr Kommodore.
Im Frühjahr 1945 flog Schnaufer an der Spitze seiner Männer weiter gegen die immer stärker werdenden britischen Nachtbomberverbände. Teile des Geschwaders flogen außerdem Fern-Jagdeinsätze über England, um die Bomber kurz vor der Landung erneut zu treffen. Im Kampf gegen die viermotorigen Nachtbomber blieb der junge Kommodore trotz der immer überlegeneren RAF-Nachtbegleitjäger weiterhin erfolgreich.
Am 21.02.45 konnte er mit 9 Siegen über schwere Lancaster-Bomber einen neuen persönlichen Rekord aufstellen. Noch im März testete Schnaufer die neue Dornier Do-335 im Kampfeinsatz, von der Maschine erhoffte man sich große Erfolge. Kurz vor Kriegsende wurde das Geschwader auch für einige Nacht-Schlachteinsätze an der Wesel herangezogen.
Als Major Heinz-Wolfgang Schnaufer sein Geschwader am 8. Mai 1945 in britische Gefangenschaft führte, wies das Leitwerk seiner später im Londoner Hyde Park ausgestellten Me-110G unglaubliche 121 Abschussbalken auf, die er in nur 164 Jagdeinsätzen erzielt hatte! Schnaufer blieb nur wenige Monate in Kriegsgefangenschaft, wobei ihm von seinen ehemaligen Gegnern offene Bewunderung entgegenschlug. Aufgrund seiner unglaublichen Erfolge wurde er jedoch von britischen Ärzten mehrmals auf aufputschende Drogen (Laktal-B) untersucht bzw. angesprochen. Anders konnten sich die Siegermächte die derart erfolgreiche Bewältigung des aufreibenden Nachteinsatzes einfach nicht erklären!
Nach dem Krieg baute der geschäftstüchtige junge Mann sein kleines Familienunternehmen zu einem großen Betrieb aus und gründete weitere Niederlassungen. Auf einer Geschäftsreise in Südfrankreich wurde Heinz-Wolfgang Schnaufer am 13. Juli 1950 bei einem nicht von ihm verschuldeten Verkehrsunfall schwer verletzt, zwei Tage später verstarb der 28jährige in einem französischen Krankenhaus.
Dem Begräbnis in seiner Heimatstadt Calw wohnten tausende Trauergäste bei – später wurde eine Straße nach dem größten Sohn der Stadt benannt.

Als Ausdruck ihrer Hochachtung gegenüber dem ehemaligen Gegner stellte die Royal Air Force Schnaufers Messerschmitt Me-110 im Museum of London sowie dem Military Museum of Canberra aus, wo man die 121 Abschussmarkierungen heute noch bestaunen kann.

Generalfeldmarschall

FERDINAND SCHÖRNER

* 12.06.1892 in München
+ 02.07.1973 ebd.

Ritterkreuz		20.04.1941
Eichenlaub	(398)	17.02.1944
Schwerter	(093)	28.08.1944
Brillanten	(023)	01.01.1945

Preußischer Pour-le-Mérite
Österreichisches Militärverdienstkreuz 3. Klasse
Bayrischer Militärverdienstorden 1. Klasse
Bayrischer Militärverdienstorden 4. Klasse
Fünfmalige Nennung im Wehrmachtsbericht
Finnisches Freiheitskreuz 1. Klasse
Finnisches Freiheitskreuz 2. Klasse
Ärmelband "Kurland"
Deutsches Kreuz in Gold
Verwundetenabzeichen in Silber

"Die harte Hand der Ostfront"

Der Soldat aus Überzeugung Ferdinand Schörner durchlebte eine der steilsten Karrieren der deutschen Militärgeschichte.
Er diente seinem Vaterland in zwei großen Kriegen, stieg vom einfachen Feldwebel bis zum Generalfeldmarschall auf, erhielt im Ersten und Zweiten Weltkrieg die jeweils höchste Tapferkeitsauszeichnung und wurde 1945 letzter Oberbefehlshaber des Heeres! Die andere Seite seiner Persönlichkeit - nationalsozialistische Einstellung und überharte Führungsgewohnheiten - machten ihn zu einem der umstrittensten Truppenführer der Wehrmacht.

Als Angehöriger des Reserve-Unteroffizierskorps bei Ausbruch des Ersten Weltkrieges einberufen, kämpfte der ehemalige Student Ferdinand Schörner 1914/15 als Vizefeldwebel an der Westfront. Nach zweifacher Verwundung, der Beförderung zum Leutnant und der Verleihung des Eisernen Kreuzes 1. Klasse wurde er mit dem Bayrischen Infanterie-Leibregiment an die Südfront verlegt. Im Kampf gegen die Italiener erwarb sich der stets tapfer, aber manchmal zu energisch vorgehende Offizier den Pour-le-Mérite, den höchsten Orden des Kaiserreiches. Als Oberleutnant kämpfte der Sohn eines Polizeioffiziers 1918 erneut im Westen, um nach seiner dritten Verwundung an die serbische Front versetzt zu werden.
In Anbetracht seiner großen militärischen Erfolge wurde er nach seiner Dienstzeit im Freikorps "*von Epp*" als Oberleutnant in die kleine Reichswehr übernommen. Oberst von Epp war während des Krieges Schörners Regimentskommandeur gewesen und hatte ihn auch zum Blauen Max eingereicht. Von 1920 bis 1931 diente Hauptmann Schörner, zusammen mit dem späteren Schwerterträger Dietl, im Infanterieregiment 19.
Nach weiteren Truppenverwendungen wurde er 1934 an die Kriegsschule Dresden versetzt, 1937 übernahm er als Oberstleutnant das Gebirgsjägerregiment 98. Als im September 1939 der Zweite Weltkrieg ausbrach, war Schörner bereits zum Oberst aufgestiegen.
Bereits während des Polenfeldzuges fiel der Bayer an höchster Stelle auf, als er mit seinem Regiment als Vorausabteilung der 1. Gebirgsjägerdivision durch den Süden Polens vorstieß und im Sturmangriff die Festung Lemberg eroberte.
Aufgrund seiner Verdienste wurde er im Frühjahr 1940 mit der Aufstellung der neuen 6. Gebirgsjägerdivision beauftragt, deren Kommandeur er anschließend wurde. Während des Westfeldzuges in den Vogesen zum Einsatz gekommen, wurde Schörner im August zum Generalmajor befördert.
Während des Balkanfeldzuges durchbrach Schörner mit seiner Division im Verband des XVIII. Gebirgskorps die griechische Metaxas-Linie und besetzte im Handstreich die strategisch wichtigen Bergpässe des griechischen Hochgebirges. Die Durchführung dieser Operation innerhalb von nur 24 Stunden zählte zu den größten

Truppenleistungen des Krieges! Nach weiteren Erfolgen am Olymp und den Thermophylen (durch die Schlacht des Spartanerkönigs Leonidas gegen das persische Heer unter Xerxes bekannt) erhielt Schörner am 20. April 1941 das Ritterkreuz zum Eisernen Kreuz verliehen.
Nachdem Teile der Division zusammen mit Fallschirmjägertruppen auf Kreta zum Einsatz gekommen waren, wurde die 6. Gebirgsjägerdivision zur Auffrischung nach Norwegen verlegt.

Als im Juni 1941 die Operation "Barbarossa" gegen die Sowjetunion begann, wurde die Division dem "Armeekorps Dietl" unterstellt und an der finnisch-sowjetischen Nordgrenze eingesetzt. Das gesteckte Hauptziel in diesem Abschnitt, die Eroberung des wichtigen Nachschubhafens Murmansk, konnte trotz großer Anstrengungen und einigen Teilerfolgen nie realisiert werden.
Als Generaloberst Dietl den Oberbefehl über die 20. Gebirgsarmee übernahm, wurde Generalleutnant (27.01.42) Schörner im Februar 1942 Kommandeur des XIX. Gebirgskorps.
Zusammen mit verbündeten finnischen Truppen konnten in den nächsten Monaten mehrere russische Gegenoffensiven abgefangen werden. In diesem abseits gelegenen Frontgebiet fiel Schörner in den Kriegsjahren 1942/43 aber kaum weiter auf.
Die große Wende in Schörners Karriere kam im Winter 1943/44, als der zum General der Gebirgstruppe (01.06.42) beförderte Schörner das Kommando über das XXXX. Armeekorps in der Ukraine übernahm. Nicht ohne Anwendung überharter Befehlsmethoden konnte Schörner die ihm unterstellten Abschnitte gegen umfassende russische Angriffe halten und anschließend die nötig gewordenen Absetzbewegungen decken. Nachdem er für die Verdienste im Nikopol-Brückenkopf bereits im Wehrmachtsbericht erwähnt worden war, erhielt er am 17. Februar 1944 das 398. Eichenlaub verliehen.
Das Kriegsjahr 1944 sollte den Höhepunkt von Schörners Karriere bringen. Erste Erfahrungen als Befehlshaber einer Armee konnte der Generaloberst (01.03.44) im März als Kommandeur der 17. Armee sammeln. Viele namhafte Truppenführer wie von Bock, Hoth, von Rundstedt oder von Manstein waren bereits lange von Hitler kalt gestellt oder in den Westen abgeschoben worden. An ihre Stelle traten entweder jüngere, aufstrebende Generäle wie Model oder hörige Befehlsempfänger, sogenannte "Steher", wie Schörner.
Dieser wurde am 30.03.44 zum Oberbefehlshaber der bedrängten Heeresgruppe Südukraine ernannt - nach nur wenigen Wochen an der Spitze einer Armee!
Hitler hatte größeres Vertrauen zu Schörner, als zu den meisten anderen seiner Truppenführer. So konnte dieser es sich als einer der wenigen erlauben, "ungestraft" Rückzugsvorschläge zu machen. So erreichte er im Sommer 1944 Hitlers Zustimmung, das nicht länger verteidigbare Sewastopol räumen zu dürfen.
Abermals durch seine harte Hand gegenüber Untergebenen, aber auch durch glänzende militärische Aktionen, konnte Schörner die schwankende Front Mitte Juli 1944 schließlich stabilisieren. Unmittelbar danach wurde er an die Spitze der Heeresgruppe Nord gestellt, die sich gerade einer sowjetischen Großoffensive gegenübersah.
Mit nur zwei abgekämpften Armeen und einer Handvoll Panzerbrigaden konnte Generaloberst Schörner drei russischen Heeresgruppen mit 20(!) Armeen hinhaltenden Widerstand bieten. Nachdem er mehrmals eine Einkesselung verhindert hatte, erhielt er am 28.08.44 die prestigebringenden Schwerter zum Ritterkreuz mit Eichenlaub verliehen.
Kämpfend konnte er seine Truppen durch Estland und Lettland zurückziehen, ehe den Russen doch noch das Bravourstück glückte. Durch den raschen Vorstoß in die Küstenstadt Memel (10.10.44) wurde die gesamte Heeresgruppe Nord in der lettischen Provinz Kurland abgeschnitten! Diese militärische Katastrophe - 27 Divisionen wurden eingeschlossen - stellte sogar die Schlacht von Stalingrad in den Schatten, erreichte aber nie deren berühmt-berüchtigten Charakter.
Zwischen Oktober 1944 und Jänner 1945 organisierte Schörner voller Energie den Widerstand im Kurland-Kessel. Aufgrund der vielfachen Boden-, Luft- und Panzerunterlegenheit war aber eine Niederlage nur eine Frage der Zeit. Eine Evakuierung über See - welche möglich gewesen wäre - wurde von Hitler aber entschieden abgelehnt!

In vier getrennten Kurlandschlachten gelangen den Truppen unter Generaloberst Schörner wahre Glanzleistungen. Aufgestachelt durch die drohende russische Kriegsgefangenschaft, hielten die Landser ohne ausreichende Munitions- und Proviantversorgung hunderten Sturmangriffen und Panzerattacken stand. In Anbetracht der eigenen schwierigen Lage in Ostpreußen konnte die Heeresgruppe Mitte (Reinhardt) jedoch keinerlei Unterstützung bieten. Nachdem die sowjetischen Truppen schwere personelle, materielle und moralische Verluste hatten hinnehmen müssen, begnügten sie sich bis Kriegsende mit dem Binden der Heeresgruppe Kurland, im Mai 1945 ergaben sich die letzten 200.000 Mann*[113]*.
Als die unausweichliche Niederlage in Kurland offensichtlich wurde, beorderte Hitler Generaloberst Schörner an die Spitze der Heeresgruppe Mitte und ersetze ihn durch Generaloberst Rendulic. Für seine zentrale Rolle im Kurland-

Kessel und in Anerkennung seiner tapferen Truppen erhielt Schörner am 1. Jänner 1945 die Brillanten zum Ritterkreuz mit Eichenlaub und Schwertern verliehen und wurde im Wehrmachtsbericht genannt. Für den tapferen Einsatz der Heeresgruppe wurde vom OKW ein eigenes Ärmelband "Kurland" gestiftet.
Als Oberbefehlshaber der Heeresgruppe Mitte und Nachfolger von Generaloberst Hans-Georg Reinhardt verteidigte Schörner ab Jänner 1945 verzweifelt Preußen, Südpolen und das Gebiet östlich der Weichsel. Durch seinen hartnäckigen Widerstand konnte Schörner über einer Million Zivilisten die Flucht nach Westen ermöglichen. Die bereits vor seiner Kommandoübernahme entlang der Danziger Bucht eingekesselten Reste der 2. und 4. Armee (von Saucken) waren jedoch verloren.
Um die wankende Front zu stabilisieren, griff er in den letzten Monaten des Krieges vermehrt zu Todesurteilen gegenüber Deserteuren und "Feiglingen" sowie zu blutigen Gegenangriffen. Dies brachte ihm beim Gegner einen gefürchteten, bei den eigenen Truppen oft einen schlechten Ruf ein - so drohte er kurz vor Kriegsende sogar dem hochbewährten Schwerterträger Georg Bochmann mit dem Kriegsgericht, als dieser undurchführbare Angriffsbefehle verweigerte. Ebenfalls ins Rollen brachte Schörner ein Kriegsgerichtsverfahren gegen die hochdekorierten Generäle Smilo von Lüttwitz und Walter Fries - beide wurden jedoch freigesprochen.
In einigen Dutzend Fällen hatten die von ihm angestrebten Kriegsgerichtsverfahren Todesurteile zur Folge - glimpflicher kamen jene davon, die "nur" degradiert wurden.
Gefürchtet war weiters seine unnachgiebige Haltung gegenüber der buchstabengetreuen Einhaltung von Dienstvorschriften. Obwohl ihm dies viele Feinde im Offizierskorps einbrachte, war Schörner bei den einfachen Frontsoldaten andererseits oft sehr beliebt - denn er organisierte bessere Verpflegung, war oft an der Front gesehen und behandelte die Landser nicht von oben herab, wie es viele andere hohe Truppenführer taten.

Im April 1945 standen die abgekämpften, kriegsmüden Truppen der Heeresgruppe Mitte in der Tschechoslowakei, wo sie von drei starken sowjetischen Heeresgruppen attackiert wurden. Im Westen standen bereits die Amerikaner!
Am 5. April wurde Ferdinand Schörner im Alter von 52 Jahren zum Generalfeldmarschall befördert! Als Hitler am 30. April Selbstmord verübte, ernannte er seinen treuen Truppenführer außerdem testamentarisch zum neuen Oberbefehlshaber des Heeres!
Um der gefürchteten sowjetischen Gefangenschaft zu entgehen und seinen Truppen das Erreichen der amerikanischen Linien zu ermöglichen, leistete Schörner (unter stiller Einwilligung der Westalliierten!) den russischen Truppen noch bis zum 11. Mai 1945 Widerstand - drei Tage nach dem offiziellen Ende des größten Krieges der Geschichte musste er jedoch den größten Teil seiner Heeresgruppe in russische Gefangenschaft entlassen - ein kleiner Teil konnte sich zu den Amerikanern durchschlagen.
Schörner selbst konnte, als Zivilist getarnt, in den Westen flüchten und sich bis Ende Mai verstecken. Nach seiner Gefangennahme durch US-Truppen wurde er aber kurzerhand an die Sowjetunion ausgeliefert. Sein missglückter Fluchtversuch als Zivilist wurde ihm später als Feigheit angelastet.
Die Sowjets wussten um Schörners enormes militärisches Talent und wollten es sich zu nutzen machen. Nach geheimen Berichten hielt das sowjetische Oberkommando Schörner für den besten deutschen Frontgeneral des Krieges!
Man bot ihm mehrmals den Übertritt zum Kommunismus an, sogar der Generalsrang in der neuen Volksarmee der DDR wurde ihm angeblich offeriert! Als Schörner dies entschieden ablehnte, verurteilte ihn ein Gericht wegen angeblicher Kriegsverbrechen zu den standardmäßigen 25 Jahren Straflager. Erst 1955 ließ man ihn in die Bundesrepublik zurückkehren. Seine Frau war inzwischen verstorben.
1957 wurde Schörner erneut verhaftet und vor ein bundesdeutsches Gericht gestellt. Wegen seiner überharten Methoden während der letzten Kriegsmonate zu viereinhalb Jahren Gefängnis verurteilt, wurde er bereits nach zwei Jahren wieder freigelassen. Es muss aber eingeräumt werden, dass sich unter den vielen von ihm angestrebten Todesurteilen gewiss auch berechtigte Verurteilungen befunden haben werden. Ähnlich wie der berühmte Jagdflieger Hermann Graf wurde auch Ferdinand Schörner in den Fünfzigerjahren ein Opfer von massiven Spionage- und Kollaborationsvorwürfen, da man seine Haltung in der Gefangenschaft für eine geschickte Täuschung hielt. Teilweise kam es aber auch zu äußerst unfairen und übertriebenen Presseberichten, so wurden dem ehemaligen Generalfeldmarschall sogar persönliche Erschießungen von Verurteilten angedichtet!
1973 verstarb Ferdinand Schörner als letzter Soldat mit dem höchsten militärischen Dienstgrad der ehemaligen Wehrmacht in seiner Geburtsstadt München.
Der damalige Bundesminister für Verteidigung erließ folgende Weisung:

"Die Beisetzung des ehemaligen GFM Schörner findet ohne militärische Ehren statt. Die Teilnahme an der Beisetzung in Uniform wird allen Angehörigen der Bundeswehr untersagt! Die Teilnahme von zivil gekleideten Angehörigen der Streitkräfte ist nicht erwünscht."

Gruppenführer der Waffen-SS

FRITZ VON SCHOLZ

* 09.12.1896 in Pilsen/Böhmen
+ 28.07.1944 an der Narwa/Ostfront

Ritterkreuz		18.01.1942
Eichenlaub	(423)	12.03.1944
Schwerter	(085)	08.08.1944 postum

Österreichische Tapferkeitsmedaille in Gold
Österreichisches Militärverdienstkreuz in Silber
Österreichisches Militärverdienstkreuz in Bronze
Infanteriesturmabzeichen in Silber
Finnisches Freiheitskreuz 2. Klasse
Deutsches Kreuz in Gold
Verwundetenabzeichen in Bronze

"Der Häuptling der Nordländer"

Fritz von Scholz, Edler von Rarancze, wurde im damals zu Österreich-Ungarn gehörenden Pilsen bei Prag geboren. Als Sohn eines Generalmajors der k.u.k. Armee trat er unmittelbar vor Ausbruch des Ersten Weltkrieges als Offiziersanwärter in die kaiserliche Artillerie ein. 1915 bis 1918 kämpfte der junge Offizier im Feldartillerieregiment 125 an der Ost- und Italienfront, 1917 wurde er zum Oberleutnant befördert. Für einen besonders tapferen Waffengang während den schweren Gebirgsgefechten an der Südfront erhielt der erst 22jährige(!) Fritz von Scholz die nur ganz selten vergebene höchste Tapferkeitsmedaille in Gold verliehen.

Nach dem Krieg trat von Scholz dem deutschen Freikorps *"Oberland"* bei und kämpfte bis 1921 in Schlesien. Aufgrund seines Engagements für die österreichischen Nationalsozialisten musste der gelernte Chemiker 1933 aus seiner Heimat fliehen, zwei Jahre darauf wurde er in die deutsche SS-Verfügungstruppe aufgenommen und zum Kompaniekommandanten ausgebildet. 1936 erfolgte die Beförderung zum Hauptsturmführer.
Bei Kriegsbeginn Kommandeur des II. Bataillons/SS-Regiment *"Der Führer"* der SS-Verfügungsdivision, kämpfte von Scholz in Belgien und Frankreich. Während der Gefechte in Flandern, bei Dünkirchen und an der Somme bewies er sein führerisches und taktisches Geschick. Als die neue, später so legendäre SS-Freiwilligendivision *"Wiking"* aufgestellt wurde, übernahm der zum Sturmbannführer beförderte und mit dem EK.I beliehene Fritz von Scholz das Grenadierregiment *"Nordland"*, bestehend aus Dänen, Norwegern und sogar einigen Schweden. Durch seine Ausstrahlung und sein beherrschendes Wesen verstand er es, diese verschiedenen Nationalitäten unter einen Hut zu bringen.
Im Krieg gegen die Sowjetunion stieß er unter dem Befehl des Divisionskommandeurs Brigadeführer Felix Steiner, später ebenfalls Schwerterträger, in die Ukraine vor und nahm an den schnellen Offensiven gegen Lemberg, Tarnapol, den Mius und Rostow teil. Im letztgenannten Gebiet tobten im November unvorstellbar heftige Kämpfe, in denen die "Kampfgruppe Scholz" durch eine fünffache Übermacht schon fast überrollt worden war, ehe die HKL mühevoll wieder geschlossen werden konnte.
Am Don und Mius erwiesen sich seine Nordländer als zuverlässige und tapfer angreifende Soldaten. Zum Großteil hatten sich diese Männer in die Wehrmacht gemeldet, um ihrer Abenteuerlust oder ihrem Hass gegen den Kommunismus gerecht zu werden.
Im November 1941 erhielt der Österreicher für seine großen Verdienste im Dnjepropetrowsk-Brückenkopf das Deutsche Kreuz in Gold.
Für seine Verdienste in vorderster Linie schnell über den Standartenführer zum Oberführer (01.10.41) befördert, erhielt der Regimentskommandeur im Jänner 1942 das Ritterkreuz verliehen. Neben seinen Leistungen als Chef der Nordländer hatten auch seine persönlichen Taten während einer fünftägigen Abwehrschlacht gegen russische Armeekorps bei Rostow zur Verleihung geführt. Wenig später konnte seine Kampfgruppe weiters bei Krapotkin erstmals einen Brückenkopf am Ostufer des Kuban bilden und ihn gegen schwere Gegenangriffe halten.

In den nächsten Monaten folgten erbitterte Gefechte im Süd- und Zentralkaukasus, wobei die Division im Kampf gegen frische Truppen aus Sibirien große Verluste erlitt. Im Juni 1942 wurde Oberführer von Scholz mit mehreren Steckschüssen in den Beinen in ein Lazarett eingeliefert, seine letzte Verwundung lag damals erst zwei Monate zurück.
Nachdem sich von Scholz in der Truppenführung bewährt hatte, übertrug ihm das Oberkommando des Heeres eine auszeichnende Aufgabe. Bis Juli 1943 stellte Brigadeführer (21.12.42) von Scholz aus seinem altgedienten Regiment und weiteren skandinavischen Freiwilligenverbänden die SS-Panzergrenadierdivision "*Nordland*" auf. Hierbei wurde die Division als eine der ersten mit den neuen 45-Tonnen-Panzern vom Typ Panther ausgerüstet.
Nachdem seine Division von September bis November 1943 gegen Partisanen in Jugoslawien eingesetzt worden war, erfolgte im Dezember die Eilverlegung in den Nordabschnitt der Ostfront. Im Kampfgebiet Leningrad-Oranienbaum fungierte die SS-"*Nordland*" (III. SS-PzKorps) als Abwehrriegel gegen eine russische Offensive. Durch ihren zähen Widerstand entlang der Narwa-Landenge wurden die sowjetischen Truppen wochenlang aufgehalten und dezimiert. Zusammen mit lettischen Einheiten der Waffen-SS konnte die Division dann den Rückzug aus den Luga-Sümpfen decken. Für die persönlichen Leistungen in den Kämpfen bei Gurlewo und Jamburg wurde Brigadeführer von Scholz am 12. März 1944 mit dem Eichenlaub zum Ritterkreuz dekoriert, viele seiner Freiwilligen erhielten das Eiserne Kreuz 1. Klasse verliehen.

Im April 1944 traten die deutschen Divisionen zum Gegenangriff an. In wochenlangen Tag- und Nachtkämpfen, begleitet durch Panzerangriffe, Artilleriefeuer und Fliegerattacken, drängte die SS-"*Nordland*" mehrere Schützendivisionen der 2. sowjetischen Armee Meter um Meter zurück - die Verluste auf beiden Seiten waren hoch.
Obwohl er bereits zum Generalleutnant der Waffen-SS (20.04.44) aufgestiegen war, hielt sich der tapfere Offizier weiterhin stets an der HKL auf und übernahm die direkte Führung seiner Regimenter.
Im Juni beschloss die Heeresgruppe Nord die Räumung der Narwa-Stellung. Die bewährte SS-"*Nordland*" übernahm im Verlauf der Absetzbewegung die Rückendeckung für das gesamte III. SS-Panzerkorps (Steiner).
Am 27. Juli hielt sich Gruppenführer von Scholz bei einer der hintersten Nachhutabteilungen seiner Division auf, um sich einen persönlichen Eindruck über die nachfolgenden russischen Verbände zu machen. Plötzlich schlugen inmitten der deutschen Stellungen, genannt die Grenadierhöhe, schwere russische Artilleriesalven ein - der Divisionskommandeur wurde von einem Granatsplitter am Kopf getroffen und brach blutüberströmt zusammen!
Obwohl sofort mit einem LKW in ein Feldlazarett gebracht, verstarb Franz von Scholz am nächsten Tag.
Auf nachdrückliches Gesuch seiner Vorgesetzten erhielt er am 8. August 1944 für die großen Leistungen seiner Division postum die 85. Schwerter zum Ritterkreuz mit Eichenlaub verliehen.

Major

WERNER SCHRÖER

* 12.02.1918 in Mülheim/Rheinland
+ 10.02.1985 in Ottobrunn

Ritterkreuz		21.10.1942
Eichenlaub	(268)	02.08.1943
Schwerter	(144)	19.04.1945

Frontflugspange für Jäger in Gold (ohne Anhänger)
Flugzeugführer- und Beobachterabzeichen
Italienische Tapferkeitsmedaille in Silber (?)
Ärmelband "Afrika"
Ehrenpokal der Luftwaffe
Deutsches Kreuz in Gold
Verwundetenabzeichen in Bronze

"114 Luftsiege in nur 197 Feindflügen!"

1937 vom Heer in die Luftwaffe gewechselt und beim Bodenpersonal eingesetzt, meldete sich Werner Schröer unmittelbar nach Kriegsbeginn zur Fliegerausbildung und erreichte seine Versetzung an die Jagdfliegerschule.
Seinen ersten Kampfeinsatz absolvierte der junge Oberfähnrich im August 1940 als Rottenflieger in der 1. Staffel des Jagdgeschwaders 27. Während der Luftschlacht um England noch sieglos - drei(!) Siege konnte nicht bestätigt werden -, gelang der erste bestätigte Luftsieg am 19. April 1941 während des Balkanfeldzuges. Am selben Tag erhielt er das Eiserne Kreuz 2. Klasse verliehen und wurde wenig später zum Leutnant befördert.
Nach einer Einsatzphase über der britischen Inselfestung Malta wurde Schröer mit seiner Staffel im Mai 1941 nach Nordafrika verlegt - jenes Kampfgebiet, in dem er zu einem der besten Jagdflieger der Luftwaffe werden sollte. Doch aller Anfang war schwer - bereits nach wenigen Tagen in Afrika wurde Werner Schröer nahe dem Staffelflugplatz von einem britischen Jagdflieger abgeschossen und zum Aussteigen mit dem Fallschirm gezwungen.
Während der nächsten Monate flog Schröer als Rottenführer in der 1. Staffel. Sein damaliger Kapitän war Oberleutnant Ludwig Franzisket, welcher sich bis Kriegsende zum Kommodore des Geschwaders und Ritterkreuzträger mit 43 Luftsiegen emporgearbeitet hatte. In Schröers Gruppe flog auch ein junger Leutnant namens Marseille, der zum Zeitpunkt seines Todes die Brillanten zum Ritterkreuz tragen sollte. Schröer und Marseille kannten sich recht gut und wurden im Laufe der Zeit enge Freunde.

Am 29. August 1941 trat Schröer während eines Luftkampfes über Sidi Barrani gegen einen ganz gefährlichen Gegner an – Clive "Killer" Caldwell. Dieser australische Jagdflieger hatte zu diesem Zeitpunkt bereits über ein Dutzend Luftsiege erzielt und war Träger hoher Auszeichnungen. Weiters war er dafür berüchtigt, auch vor dem Beschuss von am Fallschirm hängenden Gegnern nicht halt zu machen! Doch Schröer ging aus diesem Duell als Sieger hervor und Caldwell hatte Glück, dass er mit seinem Fallschirm ungefährdet in der Wüste aufkam. Bei Kriegsende hatte er insgesamt 27 Abschüsse erzielt und war somit erfolgreichster Australier der RAF – mit Siegen über die Eichenlaubträger Erbo von Kageneck (67 Siege) und Hans-Arnold Stahlschmidt*[12]* (59) sowie den Ritterkreuzträger Wolfgang Lippert (29) war er weiters der treffsicherste "As-Killer" des Krieges!
Im März 1942 wurde Schröer nach 12 Luftsiegen Adjutant der I. Gruppe, am 15. Juni blieb er erstmals in einem Luftkampf über zwei Gegner Sieger.
Nach weiteren Einsätzen im Rahmen der Heeresunterstützung für Rommels Afrikakorps bezwang Schröer im Juli 1942 in einer beeindruckenden Siegesserie über der El Alamein-Front am 2. zwei, am 3. drei, am 6. zwei sowie am 10. und 13. Juli je drei britische Jagdflieger! Nach 25 Luftsiegen zum Oberleutnant und Kapitän der 8. Staffel ernannt, fügte Schröer seinem Konto schnell weitere Siege hinzu und erhielt im Oktober nach 49 Abschüssen das Ritterkreuz verliehen.
Zwei Monate zuvor hatte er einen Ehrenpokal erhalten. Zu diesem Zeitpunkt hatte Schröer jedoch seltsamerweise erst knapp 110 Fronteinsätze geflogen!

Im Luftkampf zeichnete sich Schröer durch äußerst präzise Angriffe und meisterhafte Schießleistungen aus. Er beherrschte sowohl das Feuern mit großem Vorhaltemaß, als auch den riskanten Angriff auf kurze Distanz. Hierbei hatte er viel von Hans-Joachim Marseille gelernt.
An der Spitze seiner Staffel flog Schröer tagtäglich Jagd-, Geleitschutz- oder Jagdbombereinsätze über der Wüste, am 15. September 1942 konnte er mit sechs bestätigten Siegen über britische Jagdmaschinen sein bestes Tagesergebnis erzielen. Im Oktober zeigte das Leitwerk seiner Me-109 bereits 59 Abschussstriche. Nach insgesamt 61 Luftsiegen - er war der erfolgreichste überlebende Afrikajäger - verließ Oberleutnant Schröer nach 17 Einsatzmonate den afrikanischen Kriegsschauplatz und verlegte mit seiner Staffel nach Rhodos, von wo aus Jagdbombereinsätze gegen Schiffsziele in der Ägäis geflogen wurden. Insgesamt hatten das Jagdgeschwader 27 in Nordafrika bei 200 eigenen Verlusten etwa 1.300 Gegner abgeschossen!
Als sich Hauptmann Schröer im Frühjahr 1943 entschloss zu heiraten, erhielt er von seinem Gruppenkommandeur einige Tage Urlaub, um seine Braut in Griechenland zu treffen. Auf dem Flug von Rhodos nach Kreta traf Schröer unvorhergesehen auf zwei britische Torpedobomber, griff an schoss beide ab! Jedoch ging das schwierig organisierte, für seine Braut gedachte, Porzellan bei den Flugmanövern zu Bruch.
Ab März 1943 führte Schröer vertretungsweise die III. Gruppe, am 20. April wurde der Frischverheiratete als Nachfolger von Eichenlaubträger Gustav Rödel (98 Siege, später Brigadegeneral der Bundesluftwaffe) zum Kommandeur der II. Gruppe des Jagdgeschwaders 27 ernannt. Major Rödel wurde seinerseits neuer Kommodore.
Schröers 8. Staffel wurde indes von Wolf Ettel (124) übernommen, welcher wenige Monate später in Italien fiel und postum das Eichenlaub erhielt.

Da das Geschwader zu dieser Zeit von Sizilien aus über dem Kessel von Tunis eingesetzt war, standen schwierige Geleitschutzeinsätze für Bomber und Transporter nach Tunesien auf der Tagesordnung. Bereits am Tag nach der Kommandoübernahme eskortierten Schröers Piloten einen Verband von 10 Junkers Ju-52, beladen mit Nachschub und Munition für den Kessel. Als 20 britische Spitfire den Verband angriffen, gingen 5 Transportmaschinen und 4 Me-109 verloren, nur 3 britische Jäger konnten abgeschossen werden. Am Tag zuvor hatte eine ähnliche Versorgungsaktion sogar mit dem Verlust von 15 Ju-52 geendet!
Durch hohe Verluste und schlechte Treibstoffversorgung konnte Schröer zeitweise sogar nur sechs oder sieben Me-109 ins Gefecht schicken, trotzdem schlug sich die II. Gruppe auch über Sizilien tapfer und meldete wiederholt Mehrfachabschüsse.
Während der Luftschlacht über Sizilien blieb Schröer selbst 10mal Sieger, am 29. April hatte er drei P-38 "Lightning", aufgrund ihres geteilten Leitwerkes "Gabelschwanzteufel" genannt, abgeschossen. Als das Flugfeld der II. Gruppe wiederholt durch amerikanische Bomber angegriffen wurde, starteten die Piloten noch während des Angriffes zum Gegenschlag. So wurden am 9. Mai sechs, am 2. Juni sieben und am 10. Juni drei Gegner abgeschossen.
Da die Jagdgeschwader angesichts der massiven Überlegenheit der Amerikaner und Briten in diesem Frontabschnitt schwere Verluste erlitten und nur wenige Erfolge melden konnten, drohte ein wütender Hermann Göring einmal sogar damit, von jeder hier eingesetzten Jägergruppe willkürlich einen Piloten - quasi stellvertretend für seine Einheit - wegen "Feigheit vor dem Feind" vor ein Kriegsgericht zu stellen! Doch schließlich besann sich der Reichsmarschall der Realität und widerrief sein Vorhaben.

Nachdem er über Sizilien und Kalabrien insgesamt 21 Gegner abgeschossen hatte, erhielt Werner Schröer am 2. August 1943 für 85 Siege als 102. Angehöriger der Luftwaffe das Eichenlaub zum Ritterkreuz verliehen.
Sein mit 25 Italien-Abschüssen noch erfolgreicherer Führer der 6. Staffel, Leutnant Willy Kientsch, erhielt das Ritterkreuz; im Sommer 1944 sollte das Eichenlaub folgen - doch zu diesem Zeitpunkt war der junge Flieger bereits in Belgien gefallen.
Noch im August wurde die II. Gruppe eilig nach Deutschland verlegt und zusammen mit den Jagdgeschwadern 3 (Wilcke) und 26 (Priller) in die Luftabwehrschlacht um Schweinfurt geworfen. Im Herbst wurden Teile der Gruppe jedoch durch eine aus Italien mitgebrachte Typhusepidemie lahmgelegt.
Im März 1944 übernahm Schröer die II. Gruppe des Jagdgeschwaders 54 "*Grünherz*" an der Westfront, nachdem er am 1. Dezember 1943 zum Major befördert worden war.
Im Kampf gegen amerikanische Bomberverbände und deren Begleitschutz erzielte Schröer seinen 86. bis 99. Luftsieg - darunter waren auch drei Boeing B-17 "Flying Fortress", die er am 6. September innerhalb von nur dreißig Minuten zur Strecke brachte! Am 24. Mai 1944 bezwang er mit einer P-51 "Mustang" seinen 100. Luftkampfgegner, im selben Einsatz fielen ihm auch noch zwei Bomber zum Opfer*[82]*.
Während den Abwehrschlachten über der Normandie zum Einsatz gekommen, wurde Schröer am 20. Juli durch einen amerikanischen Jagdflieger abgeschossen und leicht verwundet. Nach kurzem Lazarettaufenthalt kehrte der Major zu seinem Geschwader zurück, das inzwischen erneut zur Bomberbekämpfung eingesetzt wurde.

Am 4. August führte Schröer zwei Staffeln seiner Gruppe gegen einen US-Bomberpulk in Geschwaderstärke, welcher zusätzlich zum standardmäßigen Jagdschutz noch von einer starken Höhensicherung eskortiert wurde. Nach einem wilden Kurvenkampf gegen mehrere "Mustangs" in günstige Position nahe den schweren Bombern gekommen, nahm Schröer gerade eine Boeing B-17 unter Beschuss, als seine Maschine durch die Bordschützen eines anderen Bombers unter präzises Abwehrfeuer genommen wurde. Einige Geschosse durchlöcherten die Tragflächen der Focke Wulf Fw-190, eine Salve durchschlug die Cockpitverglasung und verletzte Schröer schwer! Dieser kippte geistesgegenwärtig über den Flügel ab und löste sich vom Gegner. Da bereits mehrmals am Fallschirm hängende deutsche Flieger von US-Jägern beschossen worden waren, entschloss sich das Fliegeras zur riskanten Notlandung. Trotz des Blutverlusts und des damit verbundenen Zeitdrucks fand er eine günstige Stelle und brachte die schwer zusammengeschossene Maschine "sauber runter".
Ins Lazarett gebracht, verbrachte Schröer drei Monate im Krankenbett und danach drei weitere - u.a. zusammen mit Schwerterträger Günther Rall - als Lehrgangsleiter an der Jagd-Verbandsführerschule, ehe er im Februar 1945 wieder in den Fronteinsatz zurückkehren konnte. An die Ostfront versetzt, wurde Major Schröer als Nachfolger von Schwerterträger Heinrich Bär neuer Kommodore des Jagdgeschwaders 3 "*Udet*". Dieses Elite-Geschwader konnte zu diesem Zeitpunkt bereits auf über 70 Ritterkreuzverleihungen zurückblicken und hatte mehrere der bekanntesten Fliegerasse der Luftwaffe hervorgebracht. Vier Piloten hatten während ihrer Dienstzeit die Schwerter, sieben das Eichenlaub erhalten!
In den letzten Kriegswochen schoss der Kommodore über Berlin und der Oderfront noch 12 sowjetische Maschinen ab und wurde am 19. April 1945 nach 110 Luftsiegen als vorletzter Jagdflieger des Krieges mit den 144. Schwertern zum Ritterkreuz mit Eichenlaub beliehen.
Das Kriegsende erlebte Werner Schröer nach vier weiteren erfolgreichen Luftgefechten in Schleswig-Holstein, wo er die Reste des Geschwaders auflöste und sich den Briten ergab. 1946 erfolgte die Entlassung.

In nur 197 Feindflügen in sechs Kriegsjahren (Zahl unerklärlich gering!!) hatte der Luftkampfexperte 102 West- und 12 Ostsiege erzielt - darunter 88 Jagdmaschinen und 26(!) schwere Bomber. Das ergibt einen außergewöhnlichen Abschuss/ Einsatzdurchschnitt von 0,6*[69]*!
Nicht wieder in die Bundesluftwaffe eingetreten, verstarb Werner Schröer im Jahre 1985 in Ottobrunn.

Brigadeführer der Waffen-SS

HINRICH SCHULDT

* 14.01.1901 in Hamburg
+ 15.03.1944 bei Newel/Ostfront

Ritterkreuz		05.04.1942
Eichenlaub	(220)	02.04.1943
Schwerter	(056)	25.03.1944 postum

Infanteriesturmabzeichen in Silber
Nennung im Wehrmachtsbericht
Deutsches Kreuz in Gold
Verwundetenabzeichen in Silber

"Auch als General immer vorne"

Im Alter von 21 Jahren als Freiwilliger in die Reichsmarine eingetreten, wurde Hinrich Schuldt zum Offiziersanwärter ausgewählt und 1926 zum Leutnant zur See befördert - als Sohn eines erfolgreichen Reeders nichts ungewöhnliches. 1933 wechselte er jedoch die Waffengattung, absolvierte mehrere Infanterielehrgänge und trat als Untersturmführer in die SS-Verfügungstruppe ein. 1938 wurde er als Kompaniekommandeur im SS-Regiment "*Germania*" zum Sturmbannführer befördert. Nach Kriegsausbruch kämpfte Schuldt in Dietrichs SS-"*Leibstandarte*" in Polen und erhielt das Eiserne Kreuz 2. Klasse. An der Spitze einer Schützenkompanie erlebte er im Sommer 1940 auch die schweren Kämpfe in Belgien und Frankreich, ehe er sich während des Balkanfeldzuges als Kommandeur des I. (mot.) Bataillons im SS-Regiment "*Der Führer*" einen Namen machte. Für seine Verdienste wurde Schuldt, aufgrund seiner seemännischen Vergangenheit von seinen Landsern "Käpt´n" genannt, nach der griechischen Kapitulation mit der Übernahme des Grenadierregiments "*Langemarck*" in der SS-"*Totenkopf*" beauftragt.

Im Juni 1941 nahm die Elite-Division unter dem späteren Eichenlaubträger Gruppenführer Eike an der Eröffnungsoffensive gegen die Sowjetunion teil.
Schuldt führte sein Regiment in harten Gefechten im Nordabschnitt, u.a. bei Dünaburg, Porchow, Polissit, Lushno und bei Leningrad. Im Oktober erhielt der Regimentskommandeur für seine Leistungen das Eiserne Kreuz 1. Klasse.
Als im Dezember 1941 eine russische Gegenoffensive im Bereich der Heeresgruppe Mitte losbrach, erhielt die SS-"*Totenkopf*" Befehl, sofort Einheiten zur Verstärkung abzustellen. Unter der Führung von Obersturmbannführer (01.09.41) Schuldt wurde das gesamte Regiment "*Langemarck*" ins Gebiet von Juchnow geflogen und unmittelbar hinter der brennenden Front abgesetzt. In schwersten Abwehrkämpfen deckten Schuldts Landser den Rückzug der angeschlagenen Heeresdivisionen, riegelten russische Panzereinbrüche ab und hielten mit Müh und Not die Rückzugsstraßen offen. Nach wenigen Wochen war die Kampfstärke der Bataillone jedoch von 3.000 auf nur noch 180(!) Mann gefallen*[08]*, auch die Verleihung des Ritterkreuzes an Obersturmbannführer Schuldt konnte diese Opfer nicht ausreichend würdigen.
Ein weiter nördlich eingesetztes SS-Regiment unter der Führung des späteren Schwerterträgers Otto Kumm hatte im "Feuerwehr"-Einsatz ebenfalls schwerste Verluste erlitten.
Im Herbst 1942 wurde die SS-"*Totenkopf*" zur Auffrischung nach Frankreich rückverlegt, Standartenführer (01.08.42) Schuldt erhielt zu dieser Zeit vom OKW den Auftrag, aus einigen bereits bestehenden lettischen Freiwilligenverbänden eine selbständige SS-Infanteriebrigade aufzustellen und diese für den Kampfeinsatz auszubilden. Im Zuge dieser schwierigen Aufgabe zeigte sich Schuldts harte Führungshand als ebenso nützlich wie seine großartigen Führungsqualitäten.
Im Winter wurde die "Brigade Schuldt" als Verstärkung in den Großen Donbogen verlegt und der 8. italienischen Armee unterstellt.
Als die Rote Armee Anfang November mit mehreren Stoßarmeen zur Zangenbewegung gegen die in Stalingrad kämpfende 6. Armee ansetzte, wurden die schwach ausgerüsteten Italiener schnell zurückgedrängt. Schuldts Brigade

wurde in diesen panikartigen Rückzugsstrudel mitgerissen und konnte sich nur durch die taktische Übersicht ihres Kommandeurs wieder aus der Umklammerung russischer Panzer befreien.
Im Jänner kämpfte sich die Brigade im Verband der "Gruppe Kreysing" auch aus dem Millerowo-Kessel frei!
Für seine ausgezeichnete Führungsleistungen in diesen harten Monaten erhielt Standartenführer Schuldt am 2. April 1943 als erst 8. Offizier der Waffen-SS das Eichenlaub zum Ritterkreuz verliehen!
Von der erneuten Auszeichnung erfuhr der von "ausgeprägter Härte gegen sich uns seine Truppe geprägte Offizier" (Wortlaut einer Beurteilung) in einem Heimatlazarett, wo er eine erneute Verwundung behandeln lassen musste.
Diese Atempause war auch dringend nötig - denn nur kurz zuvor sah sich der zuständige Divisionsarzt gezwungen einen Bericht zu verfassen, in dem er auf "Schuldts völlige physische Erschöpfung durch den Dauereinsatz sowie akute Urlaubsreife" hinwies.
Nach Schuldts Genesung wurde die "Brigade Schuldt" erweitert, mit lettischen SS-Einheiten zusammengefasst und als 2. lettische SS-Freiwilligenbrigade an die Ostfront verlegt. Die baltischen Freiwilligen waren zum Großteil Anti-Kommunisten, die sich vom gemeinsamen Kampf mit den Deutschen die Unabhängigkeit von Stalins Sowjetunion erhofften.
In wochenlangen Kämpfen am Wolchow konnten mehrere russische Regimenter vernichtet und massive Panzerangriffe abgewehrt werden. Hierbei bewährten sich die Letten wiederholt ausgezeichnet. Nördlich des Peipussees konnte eine russische Division in tagelangen Grabenkämpfen zum Rückzug gezwungen werden. Aufgrund der erwiesenen Tapferkeit der Letten stimmte das Oberkommando in Berlin der Aufstellung weiterer Verbände in den Baltikumstaaten zu. Im November wurde Schuldt zum Oberführer der Waffen-SS befördert.
Im Jänner 1944 trat die Rote Armee zwischen Ladoga- und Ilmensee zur Großoffensive an - ihr Ziel war die endgültige Befreiung von Leningrad.
Von mehreren Divisionen attackiert, wich die 2. lettische Brigade nur langsam zurück. Im Bereich der Nachbarbrigade konnten Schuldts Kampfgruppen sogar noch Einbrüche bereinigen, einzelne Feindbataillone einkesseln und vernichten! Oberführer Schuldt nahm wie immer selbst an den Graben- und Nahkämpfen teil, was ihm bei seiner Truppe einen sehr hohen Stellenwert einbrachte. Als die lettischen Freiwilligen der Division die Erlaubnis erhielten, ein kleines Ärmelwappen mit ihren Landesfarben an den Uniformjacken anzubringen, zeigte sich der Divisionskommandeur solidarisch und trug dieses von da an ebenfalls.
Als sich die Heeresgruppe Nord nach schweren Niederlagen zurückziehen musste, übernahm die lettische Brigade die Rückendeckung für ein ganzes Armeekorps. Für ihre Erfolge wurde die Truppe am 29.02.44 ehrenhaft im Wehrmachtsbericht genannt:
"Bei den schweren Abwehrkämpfen im Nordabschnitt der Ostfront hat sich die 2. lettische SS-Freiwilligenbrigade unter Führung des Eichenlaubträgers SS-Oberführer Schuldt und ihres lettischen Infanterieführers, des Ritterkreuzträgers Standartenführer Veiss, besonders ausgezeichnet."

Als am 15. März mehrere russische Schützen- und Panzerregimenter gegen die Stellungen seiner Division bei Opotschka antraten, hielt Schuldt nichts mehr in seinem Befehlsbunker. Mit der MP im Anschlag rannte er an der Spitze eines Alarmzuges in Richtung HKL. Dieser mutige Einsatz, für einen Divisionskommandeur nicht selbstverständlich, kostete dem Eichenlaubträger das Leben - nach Augenzeugenberichten fiel er durch eine russische Panzergranate.
Hinrich "Käpt´n" Schuldt wurde am 25. März 1944 für seine großen Leistungen als Kommandeur der 2. lettischen Freiwilligenbrigade postum mit den Schwertern zum Ritterkreuz mit Eichenlaub ausgezeichnet und weiters zum Brigadeführer der Waffen-SS befördert.
Wenige Monate später erhielt das lettische Freiwilligenregiment 43 den Ehrennamen "*Hinrich Schuldt*" verliehen.
Schuldt gehörte zu jenem Drittel aller Generäle der Waffen-SS, die während ihres Einsatzes an der Front den Tod fanden oder einer Verwundung erlagen!
Schuldts lettischer Infanterieführer, der bereits erwähnte Standartenführer Veiss, fiel genau einen Monat nach seinem Kommandeur. Die meisten lettischen Freiwilligenverbände kämpften auch nach der Besetzung ihrer Heimat durch die Roten Armee weiterhin in der Wehrmacht, wurden jedoch später von den Westalliierten an Stalin ausgeliefert.

Im Februar 2000 beschloss das lettische Parlament nach langjährigen Diskussionen die Abschaffung eines staatlichen Gedenktages zu Ehren der lettischen Angehörigen der Waffen-SS (16. März).

Generalmajor

ADELBERT SCHULZ

* 20.12.1903 in Berlin
+ 28.01.1944 bei Schepetowka/Ostfront

Ritterkreuz		29.09.1940
Eichenlaub	(047)	31.12.1941
Schwerter	(033)	06.08.1943
Brillanten	(009)	14.12.1943

Panzerkampfabzeichen in Gold (4. Stufe)
Nennung im Wehrmachtsbericht
Verwundetenabzeichen in Bronze

"Am Zenit des Erfolges gefallen"

Der Berliner arbeitete als Bankangestellter, ehe er in die Polizeitruppe eintrat, hier zum Leutnant befördert wurde und 1935 schließlich als Oberleutnant in die Wehrmacht übernommen wurde. In Folge absolvierte Schulz mehrere Taktik- und Waffenlehrgänge an Infanterieschulen, ehe er zur im Aufbau stehenden Panzerwaffe wechselte.
Der intelligente und äußerst energische Adelbert Schulz wurde im Oktober 1939 in die soeben aufgestellte 7. Panzerdivision versetzt, wo er als Hauptmann die 1. Kompanie des Panzerregiments 25 unter Pour-le-Mérite-Oberst Rothenburg übernahm. Unter dem Kommando des später legendären Erwin Rommel trat die 7. PD im Mai 1940 zum Westfeldzug an.
In nur wenigen Tagen stießen die Panzer der Division in hohem Tempo über 500 Kilometer weit vor, brachen jeden sich bietenden Widerstand, vernichteten mehrere französische Divisionen und zeichneten sich u.a. bei Dinant, Cambrai, Lille, Rouen und vor Le Havre aus.
Als Hauptmann Schulz mit seiner 1. Kompanie am 7. Juni den zäh verteidigten Wald von Saumont freikämpfte und einen Gegenangriff französischer Panzer abwehrte, erhielt er auf Antrag seines Divisionskommandeurs zusammen mit Oberst Rothenburg beide Klassen des Eisernen Kreuzes sowie das noch sehr seltene Ritterkreuz verliehen. Im Alter von 36 Jahren wurde er außerdem zum Major und Kommandeur der I. Abteilung des Panzerregiments 25 befördert.

Am 22. Juni 1941 rollte die I. Abteilung an der Spitze der "*Gespensterdivision*" über die russische Grenze. Durch schnelle und wuchtige Angriffe wurden Dutzende sowjetische Schützen- und Panzerbrigaden zerschlagen, Wilna, Smolensk, Minsk und Klin eingenommen.
In der Kesselschlacht von Wjasma kämpfte die Division im Verband der "Panzergruppe Guderian", wobei über 600.000(!!) sowjetische Soldaten zur Aufgabe gezwungen werden konnten. In all diesen Gefechten bewies der von seinen Männern "Panzer-Schulz" genannte spätere Brillantenträger hervorragende Führungs- und Taktikqualitäten. Seine innere Ruhe sicherte ihm stets den Erfolg.
Es folgten schwere Abwehrkämpfe im Lama-Abschnitt, entlang der Königsberg-Linie und um Montrowskopje.
Als Oberstleutnant (01.43.43) Schulz an der Spitze einer Kampfgruppe einen vielfach überlegenen Gegner im Angriff stoppte, zum Rückzug zwang und schließlich aufrollte, erhielt er als achter Panzeroffizier des Heeres das Eichenlaub zum Ritterkreuz verliehen. Sein Gegenangriff hatte u.a. die rechtzeitige Rückverlegung von über 4.000 Verwundeten aus einem frontnahen Lazarett ermöglicht, das durch die Russen bedroht gewesen war.
Während des Kriegsjahres 1942 führte "Panzer-Schulz" seine Verbände erneut an der Königsberg-Linie und bei Rshew, ehe die Division in Frankreich aufgefrischt wurde. Nach Sicherungsaufgaben an der Atlantikküste nahm der Verband mit dem II. SS-Panzerkorps (Hausser) an der Besetzung der bisher freien Zone in Südfrankreich teil. Im Winter 1942/43 erging wieder Verlegungsbefehl nach Osten. Bereits in den ersten Gefechten am Donez konnte sich Adelbert Schulz erneut als glänzender Panzerführer auszeichnen.
Am 11. März 1943 trat die 7. Panzerdivision im Verband der 4. Panzerarmee (Hoth) zur Gegenoffensive in Richtung des kurz zuvor geräumten Charkow an. Schulz, der nur wenige Tage zuvor das Panzerregiment 25 übernommen hatte,

führte seine Kampfgruppen hierbei in eines der erfolgreichsten Gefechte der "*Gespenster-division*" – während der Vernichtung der 3. sowjetischen Panzerarmee schossen seine Besatzungen über 100 Feindpanzer ab und zersprengten mehrere Artilleriestellungen. Durch den Masseneinsatz von 12 kampferfahrenen Panzerdivisionen gelang schließlich die Wiedereinnahme der Großstadt, wobei die Rote Armee über 52 Divisionen und 1.000 Panzer einbüßt!
Doch ein Unterschied zu den früheren deutschen Siegen war auffallend – im Gegensatz zu den hunderttausenden Gefangenen 1941/42 ergaben sich in Charkow lediglich knapp 9.000 Rotarmisten den deutschen Truppen. Und so hieß es in dem Gefechtsbericht eines deutschen Generals auch: "...die Russen ergeben sich nicht mehr so schnell. Die Mehrzahl der Truppe kämpft nun äußerst zäh und motiviert."

Für das Panzerregiment 25 folgten harte Einsätze bei Isjum, Obojan und im Kremenschug-Bogen kämpfte. Im Juli trat die 7. Panzerdivision im Verband des III. Panzerkorps (Breith) bei Kursk zur bisher massivsten Panzeroffensive des Ostfeldzuges an. Obwohl die Offensive unter dem Decknamen "Zitadelle" nicht zum Erfolg führte, erhielt Adelbert Schulz für seine Verdienste während den Panzerschlachten bei Bjelgorod, Dorogobushino, Scheino und Prochorowka als erst 8. Heeresoffizier die Schwerter zum Ritterkreuz mit Eichenlaub!
Im Herbst 1943 wurde das Panzerregiment 25 teilweise mit den neuen, schweren Tiger-Panzern ausgerüstet.
Mit diesem Typ errang Schulz besondere Erfolge. Immer wieder schossen seine Panzer Dutzende Feindpanzer und Pak zusammen, riegelten Angriffe ab und traten ihrerseits zum Angriff an. Oft sprang Schulz unmittelbar nach erfolgreicher Abwehr aus seinem Panzer, versammelte seine Abteilungskommandeure, peilte auf der Stabskarte kurz die Lage und befahl kurzerhand den Gegenangriff - meist war er damit sehr erfolgreich.
Im Herbst und Winter 1943 wurde die Wehrmacht zusehends in die Defensive gedrängt, wobei die 7. PD im Südabschnitt der Ostfront als "Feuerwehr" zum Einsatz kam. Im November startete die Division nach langen Stellungskämpfen einen Gegenangriff auf das nahe Kiew liegende Schitomir.
An der Spitze seiner Panzer kämpfte sich der bereits zum Oberst (01.11.43) beförderte Schulz an den Stadtrand heran, überwand einen mit Pak besetzten Abwehrgürtel und erzwang zusammen mit einem verstärkten Grenadierbataillon die Räumung der Stadt. In den schweren Gefechten schossen seine Panzer innerhalb von nur 12 Stunden über 200 russische Panzer ab!
Für diesen Erfolg sowie überragende Leistungen in der Regimentsführung wurde Oberst Schulz am 14. Dezember 1943 als 9. Soldat und erst 2. Heeresoffizier - nach seinem ehemaligen Divisionskommandeur Erwin Rommel - mit den Brillanten zum Ritterkreuz mit Eichenlaub und Schwertern ausgezeichnet*[114]*! Als er Befehl erhielt, sich für die Übergabe der hohen Auszeichnung in Berlin zu melden, lehnte der Oberst dies einfach ab und verwies auf die instabile Frontlage im Divisionsbereich. Erst als die Lage unter Kontrolle war, flog Schulz kurz nach Deutschland.
Am 26.01.44 wurde Adelbert Schulz dann ein weiteres mal hoch geehrt, als er als Nachfolger des späteren Brillantenträgers Hasso von Manteuffel das Kommando über die ruhmreiche 7. Panzerdivision übernahm und im Alter von 41 Jahren vorzugsweise zum Generalmajor befördert wurde. Der Berliner hatte als Kommandeur dieser Elite-Einheit viel vor, doch wie so oft sollte es ganz anders kommen.
Am 28. Jänner fuhren die Panzer der "*Gespensterdivision*" einen Angriff gegen feindliche Stellungen bei Schepetowka. Diese waren mit Minenfeldern und Pakgürteln gesichert, wurden von erfahrenen Regimentern verteidigt und durch massenhaft Artillerie unterstützt.
Als der Angriff trotz anfänglicher Erfolge steckenzubleiben drohte, ließ Generalmajor Schulz seine Kommandeure zur Gefechtsfeld-Besprechungen antreten. Wenige Augenblicke später setzte plötzlich russisches Granatwerferfeuer auf die deutschen Stellungen ein. In der Turmluke seines Panzern stehend, wurde Schulz von einem Granatsplitter am Kopf getroffen. Obwohl er sofort in ein nahegelegenes Feldlazarett gebracht wurde, starb er noch am selben Tag. Am 30. Jänner wurde sein Tod im Wehrmachtsbericht bekanntgegeben

Die deutsche Bundeswehr ehrte den gefallenen Brillantenträger später mit der „General Schulz"-Kaserne in Munster.

Anmerkung des Autors:

Das ausgewiesene Panzerkampfabzeichen in Gold ist nicht amtlich bestätigt.

Für die Bereitstellung des Fotos bin ich Hrn. Peter Stockert sehr zu Dank verpflichtet.

Der Vorname lautet Adelbert, nicht wie oftmals publiziert Adalbert !

General der Infanterie

FRIEDRICH SCHULZ

* 15.10.1897 in Nettkow/Schlesien
+ 30.11.1976 in Freudenstadt

Ritterkreuz		29.03.1942
Eichenlaub	(428)	20.03.1944
Schwerter	(135)	26.02.1945

Krimschild
Verwundetenabzeichen in Bronze

"Vom Stabsoffizier zum Frontgeneral"

Wenige Wochen nachdem über Europa der Erste Weltkrieg hereingebrochen war, meldete sich der gerade mal 17jährige Friedrich Schulz, Sohn eines Gutsverwalters, als Freiwilliger zur Artillerie und diente als Fahnenjunker im Feldartillerieregiment 54. Nach fünf schweren Jahren in den Gräben der Westfront hatte der tapfere Schlese das Eiserne Kreuz 1. Klasse, das Verwundetenabzeichen und die Rangabzeichen eines Leutnants an seiner Uniform! Das Kriegsende erlebte er als Kompanieführer im Infanterieregiment 58.
Nach verschiedenen Truppen- und Stabsposten in Reichswehr und Wehrmacht sowie der Ausbildung an der Kriegsakademie wurde Major Schulz 1937 als Generalstabsoffizier in das Oberkommando der Wehrmacht versetzt, zwei Jahre darauf erhielt er die Beförderung zum Oberstleutnant i.G.
Nach dem Blitzkrieg in Polen übernahm Schulz als Ia den Generalstab des XXXXIII. Armeekorps, mit dem er erfolgreich in Frankreich eingesetzt wurde. Im Juni erhielt er die Spangen zum Eisernen Kreuz 1914.
Für seine Verdienste wurde er am 1. Jänner 1941 zum Oberst i.G. befördert, wenige Monate darauf verlegte das Korps unter dem Kommando des späteren Schwerterträgers Generalleutnant Heinrici nach Polen, wo die 4. Armee (von Kluge) für ihren Einsatz gegen die Sowjetunion bereitstand. Heinrici und Schulz verstanden sich ausgezeichnet und konnten durch ihre perfekte Zusammenarbeit immer wieder großartige operative Erfolge erzielen.

Nachdem das drei Divisionen starke Korps zusammen mit Einheiten der Panzergruppen "Hoth" und "Guderian" den Kessel von Bialystok gebildet und bald darauf vernichtet hatte, folgten erfolgreiche Vormarschgefechte entlang der Linie Baranovici - Smolensk. Einsatzorte des XXXXIII. Armeekorps waren u.a. Bobruisk, Rogatschew, Minsk und Rosslawl. Im Winter 1941/42 leitete Oberst Schulz mit seinem Stab die schweren Kämpfe vor Moskau. Nach Gefechten bei Spas-Demensk und dem Kessel von Wjasma erreichte die zum Korps gehörende 252. ID sogar die äußersten Vororte der sowjetischen Hauptstadt. Nach dem Rückzugsbefehl und schwierigen Absetzbewegungen kämpfte das Korps im Frühjahr 1942 im Großraum Gshatsk, westlich von Moskau. Am 29. März 1942 für seine Stabsverdienste mit dem Ritterkreuz ausgezeichnet, übernahm Schulz einen Monat später den auszeichnenden Posten des Generalstabschefs der 11. Armee unter dem späterem GFM Erich von Manstein. Die Armee lag seit Monaten in schweren Stellungskämpfen um Sewastopol (Krim) und konnte Ende Juni die Eroberung der hartnäckig verteidigten Seefestung abschließen.
Im Spätsommer wurde Schulz für seine Leistungen als Stabsoffizier zum Generalmajor (01.07.42) befördert und mit der Ausarbeitung des Planes "Nordlicht" betraut. Im Zuge dieses Unternehmens sollte die 11. Armee das seit Monaten eingekesselte Leningrad im Nordabschnitt der Ostfront endgültig einnehmen. Da die Rote Armee jedoch wenige Wochen vor Angriffsbeginn ihrerseits eine Offensive um Leningrad startete, fehlten nach Abwehr dieser Angriffe die nötigen Kräfte für das Unternehmen.
Im November 1942 folgte Generalmajor Schulz GFM von Manstein als Ia zur Heeresgruppe Don, was für sein enormes Können als Stabsoffizier sprach. In dieser schwierigen Kriegsphase konnte Schulz erfolgreich zur Verteidigung den Donezbeckens und der östlichen Ukraine beitragen, die nach der Katastrophe von Stalingrad und der Aufgabe des

Kaukasus erneut zum Frontgebiet wurden. Die Heeresgruppe Don konnte mehr oder minder die brüchige Front stabilisieren und die russische Gegenoffensive aufhalten.
Im März gelang der Heeresgruppe nach schweren Offensiv- und Defensivschlachten die Wiedereinnahme von Charkow, wobei die Rote Armee mehrere Divisionen und Unmengen Kriegsmaterial einbüßte. Es war die schwerste sowjetische Niederlage im Kriegsjahr 1943!
Ab 1. Mai 1943 erhielt Schulz erstmals wieder Gelegenheit, sein Können als Frontoffizier unter Beweis zu stellen. Als Kommandeur der 28. Jägerdivision kämpfte er sechs Monate lang im Verband der Heeresgruppe Nord im Großraum Leningrad. Unter den Regimentsoffizieren der 28. JD befand sich auch Wilhelm von Salisch, 1945 erfolglos für die postume Schwerterverleihung eingereicht. Die Division bewährte sich unter dem neuen Kommandeur in den Ladoga-Abwehrschlachten und entlang der sgn. Schlüsselburg-Front.
Während er die 28. JD kommandierte, wurde Schulz zum Generalleutnant (01.07.43) befördert, am 1. Dezember erhielt er die Ernennung zum Führer des III. Panzerkorps im Südabschnitt. Wenig später führte er Teile seiner Truppen zum erfolgreichen Entlastungsangriff für den Tscherkassy-Kessel.
Anfang März 1944 geriet das Korps in jene russische Offensive, die schließlich die Nahtstelle zwischen der 1. und 4. Panzerarmee durchtrennte und zur Einkesselung der 1. Panzerarmee unter Schwerterträger Hube führte. Für die äußerst geschickte Führung im Südabschnitt erhielt Schulz am 20.03.44 das 428. Eichenlaub zum Ritterkreuz verliehen, im Februar hatte er zeitweise auch das LIX. Armeekorps erfolgreich befehligt.
Am 1. April wurde Friedrich Schulz für seine Leistungen bereits zum General der Infanterie befördert.
Als Kommandeur des XXXXVI. Panzerkorps bewährte sich der ehemalige Stabsoffizier in Folge erneut. Als im Juni 1944 die große sowjetische Sommeroffensive gegen den Frontbogen Witebesk-Mogilew-Kowel losbrach, verteidigte das Korps mit letzter Kraft die Nahtstelle zwischen den Heeresgruppen Mitte und Süd. Im Juli übernahm Schulz am Höhepunkt der Schlacht als Nachfolger von Generaloberst Schörner die Führung der 17. Armee in Ostpolen. Hier fanden unter dem Oberbefehl des Brillantenträgers GFM Model schwerste Abwehrschlachten statt - zeitweise gelang es sogar, vier sowjetische Heeresgruppen mit schätzungsweise 230 Frontdivisionen aufzuhalten!
Nachdem der Roten Armee schließlich doch noch eine kombinierte Zangenoffensive gelungen war und umfassende Truppenteile in Preußen eingekesselt wurden, dirigierte General Schulz seine 17. Armee nach Schlesien.
Hier versuchten die Truppen vergeblich, Krakau, die Weichsel-Brückenköpfe und Kattowitz gegen die 1. Ukrainische Front zu halten.
Für den hinhaltenden Widerstand und einige schwierig erkämpfte Abwehrerfolge erhielt Friedrich Schulz am 26.02.45 als 135. Soldat der Wehrmacht die Schwerter zum Ritterkreuz mit Eichenlaub verliehen.
Im März konnte die 1. sowjetische Armee jedoch bei Mährisch Ostrau durch die Front stoßen und sich mit der 60. Armee in Olmutz vereinen, bis zur Kapitulation schloss sich der Ring um die geschlagene Heeresgruppe Mitte (Schörner) so von allen Seiten immer enger.

Anfang April wurde Schulz nach fast vier Jahren Ostfront an die Südfront versetzt und als Nachfolger von GFM Kesselring zum Oberbefehlshaber der Heeresgruppe C in Norditalien ernannt! In dieser Eigenschaft war er zeitweise auch noch stellvertretender Oberbefehlshaber Südost. Sein Stab wurde zu dieser Zeit vom erfahrenen Hans Röttiger geleitet - 1956 Generalleutnant der Bundeswehr und erster Inspekteur des Heeres.
Am 2. Mai unterzeichnete General Schulz die Kapitulation seiner Heeresgruppe vor britischen Truppen. Der Krieg in Italien war damit beendet.
Friedrich Schulz hatte während des Krieges als rechte Hand von einigen der besten und bekanntesten Truppenführer fungiert, durch seine ausgezeichnete Stabstätigkeit zum Erfolg des jeweiligen Großverbandes beigetragen und sich letztendlich selbst zum erfolgreichen Frontgeneral entwickelt.
General a.D. Schulz ist 1976 im Schwarzwald verstorben.

Anmerkung des Autors:

Für die Bereitstellung des Fotos bin ich Hrn. Peter Stockert sehr zu Dank verpflichtet.

Generalmajor

KARL-LOTHAR SCHULZ

* 30.04.1907 in Königsberg/Ostpreußen
+ 26.09.1972 in Wiesbaden

Ritterkreuz		24.05.1940
Eichenlaub	(459)	20.04.1944
Schwerter	(112)	18.11.1944

Fallschirm-Schützenabzeichen
Erdkampfabzeichen der Luftwaffe (?)
Ärmelband "Kreta"
Deutsches Kreuz in Gold
Verwundetenabzeichen in Bronze

"Stets an den Brennpunkten der Front zu finden"

Bereits wenige Wochen nach seinem Schulabgang trat der gebürtige Ostpreuße ins Artillerieregiment 1 in Königsberg ein, wo er zum Pionier ausgebildet wurde. 1925 wurde Schulz in den Polizeidienst versetzt, wo er als Zugskommandeur in einer Spezialeinsatztruppe diente. 1934 erfolgte die Beförderung zum Leutnant, zwei Jahre darauf wurde Schulz ins Elite-Fallschirmjägerregiment "*Hermann Göring*" versetzt, wo er die 15. Pionierkompanie übernahm. Den Polenfeldzug erlebte das Regiment im Infanterieeinsatz.
Im Jänner 1940 wurde der bereits zum Hauptmann aufgestiegene Vollblutsoldat zum Kommandeur des III. Bataillons im Fallschirmjägerregiment 1 ernannt, in dem auch der spätere Schwerterträger Erich Walther diente.
An der Spitze dieser ausgezeichneten Einheit sprang er während des Westfeldzuges über Holland ab, zeichnete sich bei der Eroberung des Rotterdammer Flughafens aus und wurde während den darauffolgenden Bodenkämpfen an der Brücke von Moerdijk schwer verwundet.
Für den erfolgreichen Handstreich erhielt er beide Klassen des Eisernen Kreuzes und das Ritterkreuz verliehen.
Der nächste Sprungeinsatz fand im Mai 1941 statt.
Während der berühmten Invasion auf Kreta kam dem am 19. Juli 1940 zum Major beförderten Schulz mit seinen Männern das strategisch wichtige Ziel Heraklion zu. Die zentral an der Nordküste gelegene Hafenstadt wurde durch starke britisch-neuseeländische Truppen verteidigt.
Nachdem seine Einheit mit zweistündiger Verspätung abgesetzt worden war, landeten die Kompanien durch ungünstigen Wind auch noch weit auseinandergezogen. Gleich zu Beginn in schwere Gefechte verwickelt, behielt Schulz die Ruhe, sammelte seine Männer und stieß gegen die alliierten Stellungen vor. Nachdem Heraklion nach erbitterten Nahkämpfen praktisch bereits genommen worden war, mussten die Fallschirmjäger einem britischen Gegenangriff weichen - am zweiten Tag der Invasion wurde Heraklion aufgegeben. Am nächsten Tag schlugen die überlegenen Briten den erschöpften Deutschen sogar deren Kapitulation vor - Schulz lehnte ab und antwortete kurz und entschlossen: "Die deutsche Wehrmacht hat den Auftrag, Kreta in Besitz zu nehmen. Sie wird diesen Befehl auch ausführen!"
Im Verlauf des nächsten Tages hielt Schulz mit seinen Männern die ihm zugeteilte Stellung außerhalb der Stadt und harrte bis zum Eintreffen von Verstärkung aus. Zusammen mit diesen Einheiten glückte am 29. Mai schließlich die Vertreibung der alliierten Truppen. Das "Bataillon Schulz" hatte jedoch über ein Drittel seiner Soldaten durch Tod oder Verwundung verloren!
Bereits auf Kreta hatte Schulz eine Eigenschaft bewiesen, die er auch in den folgenden Jahren in Russland und Italien zeigen sollte. Im Kampf war er äußerst mutig und überlegt, in der Führung seiner Männer außerordentlich ruhig und sicher. Auf Kreta wurde mit Oberleutnant Reinhard-Karl Egger ein Angehöriger des III. Bataillons mit dem Ritterkreuz ausgezeichnet. Egger erhielt 1944 weiters das Eichenlaub und war bei Kriegsende bereits Oberst.
Im Zuge der Auffrischung der Kreta-Verbände wurde das Fallschirmjägerregiment 1 in die neue 1. Fallschirmjägerdivision unter Generalmajor Heidrich eingegliedert.
Im September 1941 wurde diese an die Ostfront geworfen und im Belagerungsring von Leningrad eingesetzt. In erbitterten Abwehrschlachten entlang der Newa hielten die Verbände ihre Stellungen gegen schwere russische

Angriffe und sicherten den wichtigen Flugplatz bei Tosno. Im Oktober bereinigte das "Bataillon Schulz" zusammen mit Verbänden des Heeres einen strategisch gefährlichen Einbruch des Gegners. Nach weiterer Bewährung erhielt Schulz im Februar 1942 das Deutsche Kreuz in Gold.
Als russische Truppen erneut über die Newa setzten und bei Petrushino einen Brückenkopf bildeten, trat das II. Bataillon unter Ritterkreuzträger Major Stentzler zum Sturmangriff an. Obwohl die Sowjets wieder über den Fluss geworfen wurden, waren die Verluste mit über 300 Toten und Verwundeten zu hoch, auch Stentzler fiel in dieser Nacht.
Im März übernahm Major Schulz vom Ritterkreuzträger Oberst Bräuer das Kommando über das FJR 1 und verlegte in den Kampfraum Smolensk, am 26. Oktober erfolgte die Beförderung zum Oberstleutnant. In Folge wurden die Fallschirmjäger mehrmals gegen sowjetische Partisanengruppen eingesetzt, die den deutschen Nachschub bedrohten. Im Winter 1942/43 lag das Regiment im Großraum Bakanowskaja, wo teilweise auf einem zugefrorenen See gekämpft werden musste. Im Jänner 1943 schließlich nach Orel verlegt, gerieten die "Grünen Teufel" abermals in verbissene Gefechte.
Als Teile des Panzerregiments und einige Grenadierverbände der benachbarten 12. Panzerdivision in einen Kessel gerieten, griff Oberstleutnant Schulz mit seinem Regiment den russischen Umklammerungsring so lange an, bis die Eingeschlossenen sich nach Westen absetzen konnten! Bereits wenige Tage später wurden die Fallschirmjäger nach einer Eilverlegung südlich von Welikje Luki erneut in eine offene Frontlücke geworfen!
Aufgrund der hohen Eigenverluste bei diesen Brennpunkteinsätzen wurde das FJR 1 im Frühjahr 1943 ins Hinterland verlegt, wo die gelichteten Reihen wieder aufgefüllt wurden. Nach einer kurzen Erholungsphase kehrte Schulz mit seinen Männern an die Ostfront zurück und fungierte erneut erfolgreich als "Feuerwehr" für bedrängte Heeresdivisionen.
Am 26. Oktober 1943 wurde Karl-Lothar Schulz auf besondere Empfehlung seiner Vorgesetzten vorzeitig zum Oberst befördert. Als die deutschen Truppen in Italien im Winter 1943/44 um Verstärkung ansuchten, entschied man sich erneut für das kampfstarke Fallschirmjägerregiment 1.
Im Jänner 1944 kämpften seine Kompanien sehr erfolgreich im Anzio-Nettuno-Brückenkopf südlich von Rom. Hier versuchten starke US-Verbände lange Zeit vergebens, einen Vorstoß landeinwärts zu unternehmen, um sich mit britischen Landtruppen zu vereinen.
Im März zeichnete sich Schulz bei den erbitterten Kämpfen um Monte Cassino aus, wo britisch-polnische Truppen schwerste Verluste erlitten, ehe sie die Deutschen aus ihren Stellungen werfen konnten. Die vier Abwehrschlachten in dem bergigen Gebiet gehörten zu den heftigsten Kampfhandlungen an der ganzen Italienfront! Für die großen Erfolge seines Regiments sowie wiederholte persönliche Tapferkeit im Gefecht erhielt Karl-Lothar Schulz das Eichenlaub verliehen. Wenige Wochen später übernahm er von Schwerterträger Heidrich die 1. Fallschirmjägerdivision und übergab sein Regiment an den späteren Eichenlaubträger Major Rudolf Rennecke.
Als er im September mehrere Wochen lang Bologna verteidigen konnte und umfassende US-Angriffe zerschlug, erhielt Karl-Lothar Schulz am 18.11.44 als 5. Offizier des Fallschirmjägerkorps die Schwerter zum Ritterkreuz mit Eichenlaub verliehen.
Eine bemerkenswerte Tatsache ist, dass – trotz der prozentuell äußerst hohen Verluste des Waffenkorps – alle mit den Schwertern beliehenen Fallschirmjäger den Krieg überlebten. So hatte Schulz zuletzt etwa einen britischen Jagdbomberangriff auf seinen PWK als einziger heil überstanden.

Nach den folgenden Rückzugskämpfen in Norditalien erreichte die 1. FJD schließlich den Po-Fluss, am 17. Jänner 1945 wurde Schulz nach sechsjährigem Kampfeinsatz zum Generalmajor befördert.
Im Mai 1945 marschierte die 1. FJD in britische Gefangenschaft, die für Schulz bereits 1946 endete. Karl-Lothar Schulz ist 1972 in Wiesbaden verstorben.

General der Panzertruppe

GERHARD GRAF VON SCHWERIN

* 23.06.1899 in Hannover
+ 29.10.1980 in Rottach-Egern

Ritterkreuz		17.01.1942
Eichenlaub	(240)	17.05.1943
Schwerter	(041)	04.11.1943

Infanteriesturmabzeichen
Nennung im Wehrmachtsbericht
Ärmelband "Afrika"
Auszeichnung des italienischen Heeres (?)
Verwundetenabzeichen in Silber

"Ein Panzergeneral mit viel Zivilcourage"

Der aus einem alten Adelsgeschlecht mit langer militärischer Tradition – so war Kurt Christoph von Schwerin 1740 zum preußischen GFM aufgestiegen - stammende Gerhard Graf von Schwerin trat unmittelbar vor Ausbruch des Ersten Weltkrieges in das kaiserliche Kadettenkorps ein und kam bereits als 17jähriger Fähnrich zum Kampfeinsatz. Nach kurzer Dienstzeit im 2. Garderegiment wurde der junge Offizier als Zugskommandant ins kampferprobte Grenadierregiment 2 versetzt - hier diente zu dieser Zeit auch der spätere Schwerterträger Friedrich-Wilhelm Müller. Die Kapitulation erlebte von Schwerin nach einer überstandenen schweren Verwundung als Oberleutnant und Träger des Eisernen Kreuzes 1. Klasse.
Bei Kriegsende abgemustert, stieg der Sohn des ehemaligen Polizeipräsidenten von Hannover in der Privatwirtschaft zum Leiter der Transportabteilung einer der ersten deutschen Treibstoffkonzerne auf.
1922 kehrte Graf von Schwerin auf eigenen Entschluss hin in die Reichswehr zurück. In Folge in den Generalstab aufgenommen, durchlebte er eine überdurchschnittlich steile Karriere und war 1938 als Oberstleutnant bereits Leiter der vielbeachteten Gruppe „USA/England“ in der Abteilung „Fremde Heere West“! Als der Offizier jedoch bei zunehmender Kriegsgefahr in mehreren Berichten auf Hitlers falsche Politik hinwies, wurde er aus dem Generalstab entfernt und mit der Übernahme des motorisierten Infanterieregiments "*Großdeutschland*" beauftragt. Dieses neue Regiment war im Kern aus dem Wachbataillon Berlin entstanden und stellte die absolute Elite des Heeres dar - eine Art Gegenstück zur Waffen-SS.

Im Rahmen des Westfeldzuges kam dem "*Großdeutschland*" gleich eine schwierige Aufgabe zu.
Ein verstärktes Bataillon wurde mit kleinen Transportmaschinen hinter den belgischen Grenzbefestigungen abgesetzt und sicherte die strategisch wichtigen Straßen und Brücken im Gebiet von Nives, Witry und Neufchâteau. Wenige Stunden nach Beginn der Operation erreichten die deutschen Panzerspitzen dann diese gesicherten Räume und konnten so schnell durch die Ardennen vorstoßen. Im weiteren Verlauf des Westfeldzuges kämpfte das "*Großdeutschland*" im belgisch-französischen Grenzgebiet und an der Somme. Nördlich von Stonne schlug das Regiment u.a. großangelegte Angriffe des Gegners zurück. Am 20. Juli nahm der Verband dann an der Besetzung von Lyon teil, Gerhard von Schwerin erhielt für seine Verdienste die Spangen zum Eisernen Kreuz 1914 verliehen.
Im Frühjahr 1941 wurde der vielseitige Offizier nach Nordafrika versetzt, wo er Stabschef im Regiment zbV. 200 wurde.
Im März führte Gerhard von Schwerin ein besonders kühnes Unternehmen durch, als er an der Spitze einer deutsch-italienischen Abteilung einen langen Aufklärungsvorstoß in den Fezzan unternahm und dabei unfassbare 2.000 Kilometer zurücklegte! Hierdurch erhielt General Rommel wertvolle Informationen über die Feindlage und die damals noch unbekannten Begebenheiten der Wüste. Im April konnte die "Kampfgruppe Schwerin" die Oase Mechili einnehmen und über 2.000 Briten gefangennehmen - darunter zwei Generäle!
Nachdem er danach erfolgreich das Panzerregiment 5 der 5. Afrikadivision während den Gefechten in Libyen befehligt hatte, wurde Oberst (01.08.41) von Schwerin im September 1941 zum Kommandeur des motorisierten Infanterieregiments 76 der 20. ID(mot.) an der Ostfront ernannt.

Im Rahmen der Heeresgruppe Nord bewährte sich der Regimentskommandeur in Angriff und Verteidigung am Wolchow, bei Schlüsselburg, an der Newa sowie bei Leningrad und erhielt dafür am 17. Jänner 1942 das Ritterkreuz. Ausschlaggebend hierfür war die Zerschlagung eines starken russischen Brückenkopfes bei Lobanow gewesen - hierbei hatten seine Bataillons die gegnerischen Stellungen dermaßen schnell gestürmt, dass eine bereits zum Angriff gestartete Stukastaffel beinahe nicht mehr zurückgepfiffen werden konnte!
Den gesamten Sommer stand die Division am Ilmensee und südlich von Leningrad dann in schweren Abwehrkämpfen.
Im Oktober 1942 wurde Gerhard von Schwerin im Alter von 43 Jahren zum Generalmajor ernannt und an die Spitze der 16. (mot.) Infanteriedivision gestellt, die sich in Frankreich schon unter Hans Hube bewährt hatte. Mit diesem erstklassigen Frontverband kämpfte er während der schweren Gefechte im Nordkaukasus - hierbei fungierte die Division als einziges Bindeglied zwischen den Truppen vor Stalingrad im Norden und der Heeresgruppe A im Kaukasus. Einzelne Spähtrupps konnten hierbei bis kurz vor die an der Nordküste des Kaspischen Meeres gelegene Stadt Astrachan vorstoßen!
Als die Division bei Chalcutta von vier sowjetischen Divisionen überflügelt und völlig eingeschlossen wurde, gelang der 16. ID(mot.) nach harten Gefechten aus eigener Kraft der Ausbruch.
Als einer der letzten voll kampfkräftigen Verbände der 4. Panzerarmee (Hoth) nahm die 16. ID(mot.) im Winter 1942/43 an der Entsatzoffensive für den Stalingrad-Kessel (Operation "Wintergewitter") teil.
Im Februar 1943 konnte Generalmajor von Schwerin durch kluge Angriffstaktiken südwestlich des Kessels zwei sowjetische Schützendivisionen überflügeln und vernichten!
Nach Rückzugsgefechten in Richtung Mius wurde die 16. ID(mot.) im Frühjahr 1943 aus der Front gezogen, aufgefrischt und zur Panzergrenadierdivision umgegliedert. Nach einigen Monaten kehrte die Division zur Heeresgruppe Süd zurück.
Am 17. Mai 1943 erhielt der Kommandeur für die Leistungen seiner Grenadiere im Mius-Abschnitt, am selben Tag wie Franz Griesbach, Erich Bärenfänger und Georg Bochmann, das 240. Eichenlaub zum Ritterkreuz verliehen.
Im Herbst wurde von Schwerins Division dem XXXX. Panzerkorps unterstellt. Es folgten schwere und verlustreiche Rückzugsschlachten bei Isjum, Slawjansk, Stepanowsk und Kriwoi-Rog, wobei die Division im Oktober im Wehrmachtsbericht genannt wurde:
"Die 16. Panzergrenadierdivision unter Führung des Generalleutnants Graf von Schwerin verdient für ihre vorbildliche Einsatzfreudigkeit während der großen Absetzbewegung ostwärts des Dnjepr und bei den Kämpfen im Brückenkopf von Saporoshje besondere Anerkennung." Diese wurde dem Divisionskommandeur am 4. November 1943 in Form der 41. Schwerter zum Ritterkreuz mit Eichenlaub auch zuteil.

Da es an Panzerdivisionen fehlte, erhielt von Schwerin im Frühjahr 1944 den Befehl, seine Division zur 116. Panzerdivision umzurüsten - mit den neuen Tigern und Panthern ausgestattet, besaß der Verband einen besonders hohen Kampfwert. Stabschef der Division war übrigens Ritterkreuzträger Major i.G. Heinz-Günther Guderian, Sohn des berühmten Panzerspezialisten und späterer Generalmajor der Bundeswehr.
Als am 6. Juni 1944 überraschend amerikanische, britische, französische und kanadische Streitkräfte in der Normandie landeten, lag die 116. PD nördlich von Guyon in Bereitstellung. Doch die kampfkräftige Division kam nicht zum Einsatz - dahinter steckte ein ganz besonderer Grund...
Sein bereits mehrmaliges öffentliches Auftreten gegen Hitlers Kriegsführung rückte den Grafen von Schwerin in den Blickwinkel des Militärischen Widerstandes um Graf Schenk von Stauffenberg*[07]*. Dies führte dazu, dass Generalleutnant Speidel*[15]*, zu dieser Zeit Stabschef der Heeresgruppe B in Frankreich, auf den Gedanken kam, von Schwerins 116. Panzerdivision sowie die 2. Panzerdivision des ebenfalls als Hitlergegner bekannten Heinrich von Lüttwitz in die Umsturzpläne des Widerstandes einzubeziehen!
Trotz der seit Wochen tobenden Abwehrschlacht an der Invasionsfront in der Normandie behielt Speidel die beiden kampfkräftigen Divisionen unter einem Vorwand bis Ende Juli im Raum Groß-Paris zurück! Sobald Hitler durch von Stauffenbergs Bombe getötet worden wäre, sollten diese beiden Verbände für einen möglichen Einsatz gegen hitlertreue Truppen in Frankreich bereitstehen. Doch am 19. Juli - einen Tag vor dem Attentat - konnte Speidel den Verlegungsbefehl für die 116. Panzerdivision nicht länger zurückhalten! Der Großverband rückte in Richtung Normandie ab.
Zusammen mit der SS-Panzerdivision "*Hitlerjugend*" (Meyer) und einigen Divisionen der Heeresgruppe B griff von Schwerin im Zuge der ersten größeren Gegenoffensive die britischen Truppen in der Normandie an. Durch ihre schnellen Angriffe erwarb sich die 116. PD bald den Namen "*Windhund-Division*". Nach schweren Verlusten gaben die deutschen Truppen die Gegenangriffe auf und gingen in die Verteidigung über.
In den folgenden Rückzugskämpfen dirigierte Generalleutnant von Schwerin seine angeschlagene Division über die Orne aus dem Kampfgebiet heraus und entging so dem späteren Kessel von Falaise. Geschockt von den eigenen

Verlusten und den sinnlosen Befehlen Hitlers bewies der Divisionskommandeur bewundernswerte Courage und verfasste zusammen mit dem bereits genannten Heinrich von Lüttwitz ein Memorandum, in dem er das Ende des Krieges und die Beseitigung des Regimes forderte! Vermutlich blieben beide Offiziere nur aufgrund ihrer vergangenen Verdienste unbehelligt.
Im Herbst 1944 wurde die 116. Panzerdivision mit mehreren Divisionen der Heeresgruppe B (Model) in die Abwehrschlachten um Aachen geworfen.
Als von Schwerin erkannte, dass seine Truppen die um ein Vielfaches überlegenen US-Truppen niemals aufhalten würden können, bewies er erneut Entschlossenheit. Er verfasste einen persönlichen Brief an den US-General Hodges, welcher die vor Aachen kämpfende 9. US-Armee befehligte. In diesem bat von Schwerin seinen Gegner, die kulturell wertvolle und mit Zivilisten und Flüchtlingen überfüllte Stadt nicht zu zerstören und bot als Gegenleistung den kampflosen Rückzug seiner Division an! Doch statt bei Hodges landete dieses Angebot auf dunklen Wegen in NSDAP-Kreisen!
Inzwischen trat Hodges nach wochenlangen Kämpfen zum Sturmangriff auf Aachen an, die deutschen Stellungen wurden überrannt und von Schwerins 116. PD musste sich zurückziehen. Da dies ohne offiziellen Armeebefehl geschah, wurde die schwierige Lage des Divisionskommandeurs noch weiter verschärft. Wegen des nicht genehmigten Rückzuges sowie des eigenmächtigen Übergabeangebotes an den Feind wurde von Schwerin im September 1944 seines Postens enthoben und vor ein Kriegsgericht gestellt - die schwerwiegende Anklage lautete auf Hochverrat! Doch Gerhard von Schwerin hatte unglaubliches Glück - mit Unterstützung der Generalfeldmarschälle von Rundstedt und Model konnte er seinen Kopf buchstäblich aus der Schlinge ziehen und erhielt nur einen strengen Verweis!
Im Dezember 1944 übernahm von Schwerin die 90. Panzergrenadierdivision, welche unter dem Schwerterträger Baade erfolgreich in Italien gekämpft hatte. Am 1. Jänner 1945 erreichte Graf von Schwerin den Höhepunkt seiner militärischen Karriere, als er das LXXVI. Panzerkorps in Norditalien übernahm. Am 26. April geriet der General der Panzertruppe (01.04.45) in britische Kriegsgefangenschaft, die bis Ende 1947 andauerte.
Gerhard von Schwerin war übrigens nicht der einzige General in seiner Familie gewesen. Richard von Schwerin brachte es als Generalleutnant bis zum Divisionskommandeur, der 1944 in Russland gefallene Bogislaw von Schwerin hatte in der Infanterie den Rang eines Generalmajors erreicht.
Der junge Albert von Schwerin hatte als Kampfflieger 1940 unmittelbar vor seinem Tod das Ritterkreuz erhalten.

Bereits im Mai 1950 - fünf Jahre vor Gründung der neuen Bundeswehr - wurde Graf von Schwerin durch die Regierung Adenauer als Berater für Militär- und Sicherheitsfragen verpflichtet! Als Leiter der "Zentrale für Heimatdienst" wurde der General a.D. mit dem Aufbau der Bundesgendarmerie beauftragt, dies war der erste Schritt zu einer deutschen Wiederbewaffnung unter Kontrolle der Westmächte.
Als später die Bundeswehr entstand, entschied sich der Veteran zweier Weltkriege jedoch gegen eine erneute Militärkarriere und wurde wehrpolitischer Berater der FTP im deutschen Bundestag.
Gerhard Graf von Schwerin ist 1980 in Bayern gestorben.

Brigadeführer der Waffen-SS

SYLVESTER STADLER

* 30.12.1910 in Fohnsdorf/Österreich
+ 23.08.1995 in Augsburg

Ritterkreuz		06.04.1943
Eichenlaub	(303)	16.09.1943
Schwerter	(152)	06.05.1945

Infanteriesturmabzeichen in Silber
Nahkampfspange in Gold
Nennung im Wehrmachtsbericht
Zwei Sonderabzeichen für Panzervernichtung durch Einzelkämpfer
Verwundetenabzeichen in Gold

"Ein verdammt fairer Offizier"

Der in der Steiermark geborene Österreicher mit dem englisch klingenden Vornamen trat 1934 in die Waffen-SS ein, noch bevor seine Heimat in das Deutsche Reich eingegliedert wurde.
1937 zum Obersturmführer befördert, fungierte Stadler bei Kriegsbeginn als Nachrichtenoffizier im SS-Regiment "*Der Führer*". Während des Westfeldzuges durch Granatsplitter in der Schulter verwundet und mit dem Eisernen Kreuz 1. Klasse ausgezeichnet, übernahm Hauptsturmführer Stadler im August 1940 die 5. Kompanie im vom späteren Schwerterträger Fritz von Scholz kommandierten II. Bataillon.
Während des Balkanfeldzuges kämpfte der tapfere Stadler mit seinem Regiment in Süd- und Zentraljugoslawien, wo eine Spähkampfgruppe im Handstreich Belgrad einnehmen konnte. Im Frühsommer 1941 verlegte die SS-"*Das Reich*" in neue Bereitstellung im Osten.
Am 24. Juni 1941 griff die Division mit aller Kraft in den erst zwei Tage alten Russlandfeldzug ein. In den sehr erfolgreichen Offensivkämpfen bei Jeljnja, Minsk, Orscha, Kiew und Smolensk bewährte sich Stadler mit seiner Kompanie, ehe er das II. Bataillon übernahm. Sein Vorgänger war Heinz Harmel gewesen, das Regiment stand zu dieser Zeit unter dem Befehl von Sturmbannführer Otto Kumm!
Nach schweren und verlustreichen Winterschlachten vor Moskau wurde Stadler beim berühmten Abwehreinsatz des Regiments "*Der Führer*" bei Cholm-Welikje Luki erneut verwundet. Im Sommer 1942 zeichnete sich Stadler im Rshew-Wjasma-Bogen aus.
Um sich von einer erneuten Verwundung erholen zu können, wurde Stadler ab Jänner 1943 als Taktiklehrer an der Junkerschule Bad Tölz eingesetzt, bereits im März kehrte er freiwillig an die Spitze des II./"*Der Führer*" zurück.
Zusammen mit einigen der besten Divisionen der Ostfront nahm die SS-"*Das Reich*" an der Offensive gegen das kurz zuvor aufgegebene Charkow teil. Nach tagelangen, schwersten Panzer- und Grenadiergefechten gelang sensationell die Wiedereinnahme des wichtigen Knotenpunktes. Für wiederholte persönliche Tapferkeit an der Spitze seines Bataillons erhielt Sturmbannführer (01.09.42) Stadler am 6. April 1943 das Ritterkreuz zum Eisernen Kreuz verliehen, zu diesem Zeitpunkt trug er bereits die Nahkampfspange in Silber! Zwei Tage zuvor war auch der Kommandeur des III. Bataillons, Hauptsturmführer Vinzenz Kaiser, mit dem Ritterkreuz beliehen worden. Der wie Stadler aus der Steiermark stammende Offizier fand als Träger des Eichenlaubs und der Nahkampfspange in Gold noch im April 1945 den Tod.
Wenige Wochen später nahm Stadler an einer frontnahen Divisions-Besprechung mit Obergruppenführer Hausser teil, in dessen Verlauf er von diesem überraschend zum neuen Kommandeur des Regiments "*Der Führer*" ernannt wurde.
Während den nächsten Monaten konnte Stadler seine Bataillone zu großen Offensiverfolgen westlich von Charkow und während der Offensive gegen Kursk führen. Während der Operation "Zitadelle" nahmen seine Grenadiere u.a. an den größten Panzergefechten des Krieges teil. Nach weiteren verblüffenden Waffengängen um Bjelgorod, am Donez, bei Grebenki, Chodoroff, Korotisch und Stepanowka erhielt Stadler fünf Monate nach dem Ritterkreuz als 17. Angehöriger der Waffen-SS - zusammen mit Major Tolsdorff - das Eichenlaub zum Ritterkreuz überreicht.
In all den Schlachten und Gefechten tat sich der inzwischen bereits zum Obersturmbannführer (20.04.43) aufgestiegene Stadler durch für ihn selbstverständliche Initiative, Tapferkeit und Loyalität zu seinen Männern hervor.

Am Dnjepr, bei Fastow und in den Abwehrstellungen vor Brussilow erwies sich Stadlers Regiment wie schon so oft als Stützpfeiler der Elite-Division.
Am 12. Dezember 1943 erhielt Obersturmbannführer Sylvester Stadler für die beeindruckende Zahl von 50 Nahkampftagen als erst 36. Soldat, 12. Offizier und 16. Waffen-SS-Angehöriger die nur selten vergebene Nahkampfspange in Gold verliehen*[115]*! Am 30. Jänner 1944 wurde Sylvester Stadler weiters bereits zum Standartenführer befördert.
Im Frühjahr 1944 gelang der im Verband der 1. Panzerarmee (Hube) kämpfenden Division gerade noch rechtzeitig der Ausbruch aus dem Kessel von Kamenez-Podolsk. Im Mai musste die stets verlustreich kämpfende Division*[08]* erneut in Frankreich aufgefrischt werden! Wenige Tage nach der alliierten Invasion in der Normandie kam es zu einem Vorfall, der für die ganze Einstellung und die Überzeugung von Sylvester Stadler sprach.
Am 10. Juni marschierte die 3. Kompanie des SS-Regiments "*Der Führer*" unter dem Befehl eines Obersturmbannführers der Division in das Dorf Oradour-sur-Glane. Als Vergeltung für mehrere Partisanenangriffe in diesem Gebiet brannten die SS-Landser alle Häuser nieder und löschten die Bevölkerung aus - 642 Männer, Frauen und Kinder wurden massakriert! Unmittelbar nachdem Stadler, Vorgesetzter des Offiziers, von der eigenmächtigen Aktion erfahren hatte, stürmte er ins Hauptquartier der Division und forderte von Brigadeführer Lammerding mit allem Nachdruck die Verhaftung und Aburteilung der Schuldigen! Als die 3. Kompanie wenig später in der Normandie vernichtet wurde und Hitler Veto eingelegt hatte, wurden die militärgerichtlichen Ermittlungen jedoch abgebrochen*[116]*. Durch seinen couragierten Einspruch bewies Stadler, dass er ein reiner Vollblutsoldat war, der nichts von brutaler Kampfführung gegen Zivilisten hielt und dies in seinem Regiment nicht duldete.
Nach tapferem Einsatz im heftig umkämpften Gebiet von Caen, Noyers und Villers-Bocage führte Stadler sein Regiment im Raum St. Ló und Coutances.
Am 10. Juli 1944 wurde Standartenführer Stadler schließlich überraschend mit der Führung der SS-Panzerdivision "*Hohenstaufen*" an der Invasionsfront beauftragt und bereits wenige Tage später für die Abwehrerfolge im Großraum Caen namentlich im Wehrmachtsbericht genannt.
Doch bereits zwei Wochen darauf wurde er während der schweren Gefechte an der Orne durch Granatsplitter erneut schwer verwundet. Während der Österreicher im Lazarett lag, wurde er für seine Verdienste zum Oberführer befördert. Nach der Wiedergenesung übernahm Stadler am 10. Oktober erneut die SS-"*Hohenstaufen*", musste sie jedoch nach den Verlusten der letzten Monate erst in Deutschland auffrischen.
Zur Jahreswende 1944/45 führte Stadler seine Panzer im Verband der 6. SS-Panzerarmee (Brillantenträger Dietrich) in die Ardennen-Winteroffensive. Nach ersten Erfolgen über US-Verbände stieß die SS-"*Hohenstaufen*" über St. Vith bis nach Bastogne vor, wo eine US-Fallschirmjägerdivision eingekesselt und beinahe vernichtet werden konnte. Erst durch einen schneidigen Gegenangriff des amerikanischen Panzergenerals Patton wurde Bastogne entsetzt. Im Jänner 1945 konnte Stadler seine angeschlagene Division geschickt aus der Flankenumklammerung amerikanischer Panzertruppen herausdirigieren und Abwehrriegel aufbauen.
Während der Ardennenoffensive bewies Stadler erneut seine soldatische Fairness, indem er auf eigene Faust verwundete US-Gefangene gegen in Gefangenschaft geratene Soldaten seiner Division austauschte.

Wenig später wurde Stadlers Division an die Ostfront verlegt und westlich von Budapest eingesetzt. Als große Teile der 6. SS-Panzerarmee am Plattensee von starken sowjetischen Verbänden überflügelt wurden, erhielt Stadler aufgrund der schier hoffnungslosen Lage den Befehl, sich nach Westen abzusetzen. Diesen Befehl verweigernd, führte Oberführer Stadler einen riskanten Entlastungsangriff gegen Stuhlweissenburg und ermöglichte den Rückzug der eingeschlossenen Armee!
Am 22. März bewährte sich die Division im Raum Berhida erneut aufs Höchste.
Hierfür erhielt der erstklassige Frontoffizier auf Vorschlag von Oberstgruppenführer Dietrich noch am 6. Mai 1945 als 152. Soldat und 23. Waffen-SS-Offizier die Schwerter zum Ritterkreuz mit Eichenlaub verliehen. Kurz darauf wurde Stadler im Alter von 34 Jahren - im Zuge der siebenten(!) Beförderung seit Kriegsbeginn - noch zum SS-Brigadeführer ernannt! Die Schwerter sowie die Nahkampfspange in Gold machten diesen außergewöhnlichen, jungen General zum herausragendsten und erfolgreichsten Frontsoldaten der gesamten Waffen-SS!
Nach den blutigen Verlusten in Ungarn sah sich Stadler gezwungen, seine Division dem Oberbefehlshaber der zuständigen Armeegruppe B, Brillantenträger General Balck, als nicht mehr einsatzfähig zu melden.
Am 4. Mai 1945 fuhr Brigadeführer Stadler - begleitet von seinem Freund und Schwerterträger Günther Wisliceny - auf eigene Faust nach Enns und vereinbarte mit den dort stehenden US-Truppen die Feuereinstellung!
Vier Tage darauf führte er seine Truppen in amerikanische Gefangenschaft, nach drei Jahren erfolgte die Entlassung.
Stadler verstarb 1995 in Augsburg.

Generalleutnant

RAINER STAHEL

* 15.01.1892 in Bielefeld/Westfalen
+ 30.11.1955 in Woikowo/UDSSR

Ritterkreuz		18.01.1942
Eichenlaub	(169)	04.01.1943
Schwerter	(079)	18.07.1944

Finnisches Freiheitskreuz 2. Klasse
Finnisches Freiheitskreuz 3. Klasse
Nennung im Wehrmachtsbericht
Verwundetenabzeichen in Silber

"Vertreter der Flakartillerie"

Die folgende Biographie von Generalleutnant Stahel weicht in vielen Punkten von den bisherigen dieses Buches ab. Der tapfere Offizier diente bei der traditionell etwas im Hintergrund stehenden Flakartillerie und wurde als einziger Offizier dieses Waffenkorps mit der zweithöchsten Tapferkeitsauszeichnung beliehen.

Stahel trat 1911 als Offiziersanwärter in die Armee ein und erlebte den Kriegsausbruch 1914 als Leutnant im Infanterieregiment 130. Während seines Einsatzes an der West-, Ost- und Finnlandfront wurde der tapfere Offizier zweimal schwer verwundet und mit beiden Klassen des Eisernen Kreuzes ausgezeichnet. Nach dem Zusammenbruch des deutschen Kaiserreiches nutzte Hauptmann Stahel seine Kontakte zu den ehemaligen Verbündeten und trat als Major in die finnische Armee ein, 1921 wechselte er dementsprechend auch die Staatsbürgerschaft.
1933 kehrte der Westfale nach Deutschland zurück und ließ sich als Hauptmann reaktivieren. 1938 kommandierte er die I. Batterie der Flakabteilung 73 in Leibzig. Da die Flakartillerie drei Jahre zuvor an Görings Waffengattung abgegeben worden war, gehörte Major Stahel nun zur Luftwaffe. Gegliedert in vier Luftflottenkommandos (Berlin, Braunschweig, München und Wien) verfügte das Oberkommando der Luftwaffe bei Kriegsausbruch über ca. 20 verschiedene Flakregimenter.
In den Jahren 1939/40 befehligte Stahel eine zum Industrieschutz eingeteilte Flakabteilung in Augsburg, ehe er nach der Niederlage Frankreichs als Kontroll- und Verbindungsoffizier der Flakartillerie in hohen Stabspositionen in Paris eingesetzt wurde.
Im Juni 1941 trat die Hauptmacht der deutschen Kriegsmaschine zum Russlandfeldzug an, darunter auch unzählige kleine, mittlere und schwere Flakeinheiten der Luftwaffe. Als Oberstleutnant (01.11.39) und Kommandeur des Flakregiments 34 nahm Stahel im Verband der 12. Flakdivision an den Offensiven im Mittelabschnitt der Ostfront teil.
In den schweren Winterschlachten griff Stahel mit seinen Flakartilleristen immer wieder hilfreich in die Bodenkämpfe ein, besonders bei der Bekämpfung russischer Panzer. Die Abwehr feindlicher Luftangriffe war jedoch natürlich Hauptaufgabe der Flakartilleristen.
Im Dezember 1941 wurde das Regiment für den Abwehrkampf im Gebiet von Anissowo-Goroditsche herangezogen, wo starke russische Einheiten zum Gegenangriff antraten. Nachdem er mit seinen Männern tagelangen Attacken widerstanden und die HKL intakt gehalten hatte, erhielt Rainer Stahel das Ritterkreuz zum Eisernen Kreuz verliehen.
Im April 1942 wechselte Oberst (01.03.42) Stahel an die Spitze des Flakregiments 99 der 17. Flakdivision. Das Regiment kämpfte unter dem Oberbefehl der 17. Armee in den Frontabschnitten Dnjepr, Stalino, Rostow und im Nordkaukasus.
Im Winter 1942/43 übernahm Stahel eine im Infanteriekampf eingesetzte Luftwaffen-Kampfgruppe im Großraum Stalingrad und führte sie, als wäre er ein erfahrener Heeresoffizier (was er im 1. WK ja auch gewesen war). Am 4. Jänner 1943 befürwortete das Oberkommando der Luftwaffe die Verleihung des Eichenlaubs zum Ritterkreuz an Oberst Stahel, der drei Wochen später in den Rang eines Generalmajors erhoben wurde.
Wenig später wurde der verdiente Offizier nach Sizilien versetzt, wo er die 22. Flakbrigade an der Straße von Messina übernahm.

In den nächsten Monaten zogen sich Stahels Regimenter zusammen mit den Heeresdivisionen kämpfend Richtung Norden zurück, wobei die alliierte Luftüberlegenheit ein immer größeres Problem wurde.
Aufgrund seines organisatorischen und taktischen Talents wurde Stahel im März 1943 zum sgn. Sonderbeauftragten für schwierige Lagen im Oberkommando des Wehrmacht ernannt!
Nachdem der einstige Verbündete Italien im September 1943 die Seiten gewechselt hatte, wurde Generalmajor Stahel in dieser Funktion zum Kampfkommandanten von Rom berufen. Die starken Verteidigungsanlagen der italienischen Hauptstadt führte u.a. dazu, dass eine vom alliierten Oberkommando zeitweise in Erwägung gezogene Einnahme durch eine US-Luftlandedivision wieder verworfen wurde.
Nachdem die italienische Hauptstadt auf Initiative von GFM Albert Kesselring zur offenen Stadt erklärt worden war, zog Stahel seine Truppen kampflos nach Norden zurück.
Im Sommer 1944 wurde der für seine innere Ruhe bekannte Generalmajor Stahel in den Nordabschnitt der Ostfront gerufen, der gerade Schauplatz einer sowjetischen Großoffensive war.
Sein Befehl lautete, mit einigen wenigen Einheiten die lettische Hauptstadt Wilna zu verteidigen und um jeden Preis zu halten. Am 9. Juli erreichten die Panzerspitzen von vier(!) russischen Armeekorps die Vororte von Wilna.
Stahel organisierte tagelang den denkbar schwierigen Abwehrkampf, hielt seine ausgelaugte Truppe bei der Stange und stopfte immer wieder den brüchigen Verteidigungsring! Selbst andauernder Artilleriebeschuss, Fliegerangriffe und das Eintreffen frischer sowjetischer Divisionen konnte den Widerstand der Verteidiger nicht brechen - erst nach fünf Tagen und Nächten drohte der Abwehrring zu brechen.
Doch ehe die Rote Armee die Festung Wilna endgültig überrennen konnte, trat die Elite-Division "*Großdeutschland*" unter Generalleutnant von Manteuffel sowie die "Panzerkampfgruppe Strachwitz" erfolgreich zum Entlastungsangriff an und ermöglichte den Resten der "Kampfgruppe Stahel" den Rückzug aus Wilna!
Für die erstklassigen Leistungen als Kommandant des Wilna-Kessels wurde Generalmajor Stahel am 18.07.44 mit den Schwertern zum Ritterkreuz mit Eichenlaub dekoriert, im Wehrmachtsbericht genannt und eine Woche darauf zum Generalleutnant befördert.
Am selben Tag wurde auch Oberstleutnant Theodor Tolsdorff beliehen, der mit Stahel in Wilna ausgehalten hatte.

Ende Juli 1944 wurde Stahel als Wehrmachtskommandant von Warschau Zeuge der SS-Vorgehensweisen während der Niederschlagung des Ghettoaufstandes - von solch überharten Methoden nahm er selbst entschieden Abstand, sah jedoch leider keinen Anlass zum Einschreiten.
In seiner Eigenschaft als Sonderbeauftragter für schwierige Lagen wurde Generalleutnant Stahel Ende August 1944 zum Kampfkommandanten von Bukarest ernannt. Die rumänische Hauptstadt war von überlegenen sowjetischen Truppen eingekesselt worden, nachdem die mit der Verteidigung beauftragte 6. Armee dem Druck nicht mehr hatte standhalten können. Innerhalb des Kessels befanden sich die Reste von 16 deutschen und einigen rumänischen Divisionen. Nach schwersten Abwehrkämpfen, hohen Verlusten und ausbleibender Hilfe von außen willigte Stahel am 31. August in die Kapitulation ein und führte seine Truppen in Kriegsgefangenschaft.
Nach vielen Jahren in sowjetischen Lagern verstarb er Ende November 1955 in Woikowo in der Zentralregion, nach Aussagen heimkehrender Mitgefangener war Stahel vor Aufregung einem Herzanfall erlegen, als man ihm von seiner baldigen Entlassung in Kenntnis gesetzt hatte.

Leutnant der Reserve

LEOPOLD STEINBATZ

* 25.10.1918 in Wien
+ 15.06.1942 bei Woltschansk/Ostfront

Ritterkreuz		14.02.1942
Eichenlaub	(096)	02.06.1942
Schwerter	(014)	23.06.1942 postum

Frontflugspange für Jagdflieger in Gold mit Anhänger Einsatzzahl "300"
Flugzeugführer- und Beobachterabzeichen
Viermalige Nennung im Wehrmachtsbericht
Krimschild
Ehrenpokal der Luftwaffe
Deutsches Kreuz in Gold
Verwundetenabzeichen in Bronze

"Der kleine Wiener Feldwebel"

Der gebürtige Österreicher Leopold "Bazi" Steinbatz ging im Laufe des Zweiten Weltkrieges als einziger Unteroffizier der gesamten Wehrmacht in die Geschichte ein, der mit der zweithöchsten Tapferkeitsauszeichnung beliehen wurde. Es gelang ihm auch als einem der wenigen Katschmareks der Luftwaffe, aus dem Schatten seines Rottenführers herauszutreten und selbst Kriegsgeschichte zu schreiben.

Steinbatz wurde 1938 in die deutsche Luftwaffe übernommen, nachdem er bereits im Flieger-Ausbildungsregiment der österreichischen Luftwaffe gedient hatte. Im Frühjahr 1941 wurde Unteroffizier Steinbatz nach beendeter Ausbildung in die 9. Staffel des Jagdgeschwaders 52 versetzt, nachdem er einige Zeit lang selbst als Me-109-Flugeinweiser für rumänische Piloten eingesetzt gewesen.
Nach ersten Fronteinsätzen über dem Balkan und Kreta verlegte er mit seinem Geschwader im Sommer 1941 nach Osten, wo die Wehrmacht zum Krieg gegen die Sowjetunion bereitstand. Ab Juni begann für Steinbatz eine Phase des absoluten Dauereinsatzes. Zusammen mit seiner äußerst kampfkräftigen Gruppe flog er im Südabschnitt der Ostfront und erzielte am 4. August seinen ersten Luftsieg, nach weiteren Abschüssen trug er bereits das Eiserne Kreuz 1. Klasse.
Als er eines Tages zum neuen Katschmarek von Leutnant Hermann Graf bestimmt wurde, begann sein kometenhafter Aufstieg.
Zusammen mit dem späteren Oberst und Brillantenträger Graf bildete Feldwebel (01.08.41) Steinbatz das wohl sicherste und gefährlichste Team im Südabschnitt der Ostfront. Bereits während des ersten gemeinsamen Einsatzes konnte Steinbatz seinem Rottenführer das Leben retten, als er einen russischen Jäger abschoss, welcher Graf bereits im Visier hatte.
Im Dezember 1941 erhielt der Österreicher für seine Leistungen einen Ehrenpokal verliehen.
In den folgenden Luftkämpfen erzielte Steinbatz bereits wiederholt Mehrfachabschüsse und erhielt im Jänner 1942 nach 40 Luftsiegen das Deutsche Kreuz in Gold. Durch seine erstklassigen Fähigkeiten als Pilot, Schütze und Rottenflieger folgte nach zwei weiteren Abschüssen am 14.02.42 das begehrte Ritterkreuz, nachdem sein Rottenführer Leutnant Graf die Auszeichnung erst einen Monat zuvor erhalten hatte. Die Tatsache, dass Rottenflieger im allgemeinen seltener zum Schuss kamen, unterstrich die Leistung des Wieners zusätzlich. Eine Woche nach der Auszeichnung erfolgte die Beförderung zum Oberfeldwebel.
Die Aufgabe des Katschmareks war für den Erfolg entscheidend. Während sich der Rottenführer auf den eingeleiteten Angriff und den Abschuss des Gegners konzentrieren konnte, wurde seine verwundbare Sechs-Uhr-Position durch seinen Flügelmann abgesichert. Graf konnte also so erfolgreich sein, weil er sich voll und ganz auf seine Rückendeckung verlassen konnte.
Aufgrund seines enormen Talents flog Steinbatz im Sommer 1942 auch wiederholt eigene Jagdeinsätze als Rottenführer. Am 8. Mai konnte Steinbatz bei so einem Einsatz sieben russische Jagdmaschinen abschießen - damit war er insgesamt bereits 58mal Sieger geblieben! Am 1. und 2. Mai folgten alles im allem weitere acht Abschüsse.

Neben seinen Luftkampferfolgen hatte Steinbatz seine Tapferkeit auch immer wieder in Tiefangriffen gegen russische Truppen und Nachschubkolonnen bewiesen. Am 3. Mai war Oberfeldwebel Steinbatz zusammen mit Hermann Graf im Wehrmachtsbericht genannt worden, bereits am 31. Mai fiel sein Name hier erneut.

Nach pausenlosen Jagd- und Kampfeinsätzen über Charkow, Bjelgorod und Kursk erreichte Oberfeldwebel Steinbatz im Juni 1942 die ausgezeichnete Marke von 91 Luftsiegen, wofür er als 29. Jagdpilot der Luftwaffe und erst dritter Unteroffizier der Wehrmacht das Eichenlaub zum Ritterkreuz erhielt.
Die beiden vor ihm beliehenen Unteroffiziere waren die erfolgreichen Jagdflieger Feldwebel Gerhard Hoffmann und Feldwebel Gerhard Köppen gewesen - Hoffmann fiel bereits vor, Köppen kurz nach der Verleihung.
Mit Köppen, Graf und Dickfeld*[27]* hatte das Jagdgeschwader 52 nun bereits vier Eichenlaubträger hervorgebracht! Kommodore des Geschwaders war niemand geringerer als Schwerterträger Herbert Ihlefeld.
Nach weiteren Erfolgen näherte sich Oberfeldwebel Steinbatz im Sommer 1942 der magischen Marke Einhundert. Nur dieses Ziel hatte er in jenen Tagen vor Augen - sogar den ihm zustehenden Fronturlaub lehnte er ab, um schneller diese Marke erreichen zu können. Schon wenige Einsätze später zeigte das Leitwerk seiner Me-109 schließlich 96 rote Abschussmarkierungen. Im Gruppenleitstand wurde alles für eine große Feier vorbereitet.
Am 15. Juni 1942 befand sich Steinbatz mit seiner Staffel erneut auf Feindflug. Es galt russische Flugzeuge hinter der Front auszuschalten und wenn möglich Tiefangriffe gegen feindliche Truppen und deren Stellungen zu fliegen. Nachdem Steinbatz in einem heftigen Luftkampf drei Gegner abgeschossen hatte, machte er sich mit dem Rest der Staffel auf den Heimflug. Während des Rückfluges geriet der Verband über einem Waldstück nahe Woltschansk plötzlich in heftiges Flakfeuer - Steinbatz´ Me-109 erhielt nach wenigen Augenblicken einen Zufalls-Volltreffer und stürzte brennend ab!
Der tapfere Steinbatz fiel nach 390 Feindflügen. Hätte er seinen 100. Luftkampfgegner bezwungen, wäre "Bazi" Steinbatz der erst zehnte Jagdflieger mit dieser Abschusszahl gewesen.

In Anerkennung seiner bis dahin erzielten 99 bestätigten Abschüsse im Luftkampf, seinem Anteil an Hermann Grafs Erfolgen und seinen Leistungen als Pilot erhielt der Österreicher als einziger Unteroffizier und zweiter Reserveangehöriger des Krieges die Schwerter zum Ritterkreuz mit Eichenlaub verliehen! Zwischen der Verleihung des Ritterkreuzes und der Schwerter waren lediglich 129 Tage vergangen!
Ebenfalls nach seinem Tode wurde Leopold Steinbatz vom Oberbefehlshaber der Luftwaffe für wiederholte Tapferkeit vor dem Feind zum Leutnant der Reserve (Kriegsoffizier) befördert.

Obergruppenführer der Waffen-SS

FELIX STEINER

* 23.05.1896 in Ebenrode/Ostpreußen
+ 12.05.1966 in München

Ritterkreuz		15.08.1940
Eichenlaub	(159)	23.12.1942
Schwerter	(086)	10.08.1944

Bayrisches Militärverdienstkreuz 3. Klasse
Nennung im Wehrmachtsbericht
Deutsches Kreuz in Gold
Verwundetenabzeichen in Silber

"Ein Frontoffizier der allerbesten Sorte"

Der gebürtige Ostpreuße trat kurz vor Beginn des Ersten Weltkrieges in die kaiserlich-deutsche Armee ein. Als junger Fähnrich kämpfte er bereits im ersten Kriegsjahr im Infanterieregiment 5 "*von Boyen*" sowie dem Grenadierregiment 41 an der Ostfront (u.a. Tannenberg) und in Litauen. Nach einer schweren Verwundung kehrte er 1916 als Leutnant zur Truppe zurück und diente in der 1. Reserve-Gardedivision im Osten. 1918 in den Westen versetzt, kam Steiner am Kemmel, bei Arras und bei Noyon zum Einsatz.
Aufgrund seiner Verdienste, er erhielt beide Klassen des Eisernen Kreuzes, wurde Oberleutnant Steiner nach kurzer Dienstzeit im Ostpreußischen Freikorps 1920 in die kleine Reichswehr übernommen. Hier diente er im Infanterieregiment 1, wurde 1927 als Hauptmann Regimentsadjutant und 1933 als Major Ausbilder in der Polizeigruppe West.
Im selben Jahr verließ Felix Steiner die Reichswehr und wechselte als Obersturmbannführer in die SS-Verfügungstruppe.
Als erfahrener Infanterieoffizier war er am Aufbau der späteren Waffen-SS maßgeblich beteiligt - seine Ideen und Vorschläge sollten die spätere Elitetruppe in ihren Grundzügen prägen.
So war Steiner - beeinflusst durch die Erlebnisse des Ersten Weltkrieges - davon überzeugt, dass nicht mittelmäßig ausgerüstete Riesenheere im modernen Krieg eine echte Rollen spielen können, sondern nur eine kleine, schlagkräftige und hochmotivierte Truppe. In der konservativen Reichswehr stieß er mit solchen Ideen jedoch auf taube Ohren - also wechselte er zur SS.
Seine Vorstellungen des sogenannten "Militärathleten" wurde in den ersten Phasen der Waffen-SS zum Grundstein der Ausbildung. Jeder Angehörige musste körperlich in Höchstform, psychisch hoch motiviert und an der Waffe bestens ausgebildet sein. Korpsgeist und Elitegedanken wurden besonders hervorgehoben und gefördert.
Im Gegensatz zum Heer wurde es hier auch Männern ohne Abitur ermöglicht, die Offizierslaufbahn einzuschlagen - dies war auch nicht gerade ein Nachteil.
Aufgeweicht wurden Steiners Vorstellungen und Bemühungen durch die starke Einbindung des Politischen. Viele Offiziere der Waffen-SS wurden in den Junkerschulen mehr ideologisch als taktisch geschult, dadurch waren sie später dem Gefechtseinsatz nicht immer gewachsen. Das Fehlen von erfahrenen Berufsoffizieren machte sich später bis in die Divisionsspitzen bemerkbar - so hatte "Sepp" Dietrich anfangs unvorstellbare Schwierigkeiten mit der taktischen Übersicht, Männer wie Theodor Eike *[06]* hatten nie eine echte Offiziersausbildung durchlaufen und führten plötzlich Großverbände!
Erst im dritten Kriegsjahr begann die Führung der Waffen-SS endlich, die taktische und militärische Ausbildung der Offiziersanwärter in den Vordergrund zu stellen.
All diese Umstände hatten - neben hohen Eigenverlusten - zur Folge, dass die Waffen-SS 1939/40 vom Heer als zweitrangig und erst nach den großen Erfolgen in Russland 1941 "für voll" genommen wurde.

Bei Kriegsbeginn bereits Standartenführer, kommandierte Steiner das SS-Grenadierregiment "*Deutschland*". An der Spitze dieser Einheit nahm er im Verband der Heeres-Panzerdivision "Kempf" am Blitzkrieg gegen Polen teil. Nach

erfolgreichen Gefechten bei Mlawa, Praschnitz und Modelin erhielt Steiner die Spangen zum Eisernen Kreuz 1914. Für den Westfeldzug wurde das Regiment "*Deutschland*" in die SS-"*Das Reich*" eingegliedert. Die folgenden Monate brachten sehr erfolgreiche Kämpfe in Holland (Vlissingen, Seeland, Walerchen) und Frankreich (Cassel, Lys, Soissons, Marne, Orléans).
Im Falle der geplanten Invasion in England (Operation Seelöwe) war Steiners schlagkräftiges Regiment als Landungstruppe vorgesehen.
Für persönliche Verdienste in der Regimentsführung erhielt Oberführer Steiner bereits im August 1940 als einer der ersten Offiziere der Waffen-SS das Ritterkreuz, drei Monate darauf wurde er für seine Leistungen zum Brigadeführer befördert und mit der Aufstellung der neuen SS-Division "*Wiking*" beauftragt. In den folgenden Jahren formte der erstklassige Offizier aus diesem bunt zusammengewürfelten Haufen (Deutsche, Holländer, Belgier, Finnen, Schweizer, Norweger, Dänen und Schweden) eine der kampfkräftigsten Divisionen des Krieges!
Als im Juni 1941 der Krieg gegen die Sowjetunion begann, lag die SS-"*Wiking*" in der Slowakei in Bereitstellung. Im Verband der Heeresgruppe Süd (von Rundstedt) stieß sie in hohem Tempo durch die Grenzbefestigungen, nahm an der Schlacht um Lemberg teil und stieß zusammen mit den Divisionen des Heeres durch die Ukraine vor. In Galizien, bei Tarnapol, Satanow und Rkiwira konnten umfassende russische Verbände vernichtet werden.
Nachdem die Stalinlinie durchbrochen worden war, führte Steiner seine Division in die Ostukraine, wo schwere Gefechte am Don, bei Ignatiewka, am Mius und bei Rostow folgten. Trotz seiner hohen Dienststellung im Kampf nahm Steiner an allen Vormarschgefechten teil, fuhr mit seinem Befehlswagen selbst in feindliche Stellungen ein und leitete seine Männer von vorderster Linie aus - "führen von hinten" lag ihm nicht. So verblieb er auch bei seiner Truppe, als er im Frühjahr 1942 durch Splitter einer russischen Artilleriegranate im Gesicht verwundet wurde.
Für seine umsichtige Führung in den Winterschlachten wurde Steiner am 01.02.42 zum Gruppenführer befördert.
Ab Juli 1942 konnte die SS-"*Wiking*" zusammen mit Heeresverbänden das strategisch wichtige Rostow zurückerobern, danach den Kuban überqueren und in den Zentralkaukasus vorstoßen, es folgten Kämpfe bei Lawa, am Terek und bei Alagir. Nachdem die stets tapfer kämpfenden Wikinger bereits zum Sturm gegen Grosny angetreten waren, wurden sämtliche Operationen im Südkaukasus abgeblasen. Durch die Katastrophe in Stalingrad war eine Frontverkürzung dringend nötig geworden.
Der deutsche Vorstoß in den Kaukasus war Mitauslöser der Kriegswende - denn ohne diesen zusätzlichen Frontabschnitt wären nicht nur zwei, sondern mindestens drei deutsche Armeen vor Stalingrad eingesetzt gewesen und eine Einkesselung hätte unter Umständen verhindert werden können.

Für die großen Erfolge seiner Division erhielt Steiner im Winter 1942 als erst fünfter Offizier der Waffen-SS das Eichenlaub verliehen.
Von November 1942 bis Jänner 1943 führte Steiner als Nachfolger von Eichenlaubträger General Eberhard von Mackensen das III. Panzerkorps und deckte den Rückzug der Heeresgruppe A (von Kleist) hinter den Mius.
Danach übernahm er erneut seine alte Division, mit der er in Folge in die Abwehrschlachten am Dnjepr verwickelt wurde. Zusammen mit Panzerbrigaden des Heeres vernichtete die zur Panzergrenadierdivision erweiterte SS-"*Wiking*" die starke sowjetische Panzerarmee "Popov" beinahe völlig!
Aufgrund seiner Erfahrungen mit west- und nordeuropäischen Freiwilligen (meist Abenteuer, Anti-Kommunisten oder Söldner) wurde Steiner im März 1943 mit der Aufstellung des III. SS-Panzerkorps beauftragt. Im Gegensatz zum I. (Dietrich) und II. SS-PzKorps (Hausser) sollte dieser Großverband alle nicht-deutschen Verbände der Waffen-SS beinhalten. Die Grundstruktur des Korps stützte sich auf die Divisionen *Nordland* (Skandinavier), *Nederland* (Holländer), *Langemarck* (Westeuropäer) und *Wallonien* (Belgier). Steiner erhielt am 1. Juli 1943 seine Beförderung zum Obergruppenführer und General der Waffen-SS.
Nach kurzem Einsatz auf dem Balkan wurde das Korps im Winter 1943 wieder an die Ostfront verlegt. Im Frontabschnitten Leningrad, Oranienbaum und Luga bewährten sich die Verbände ausgezeichnet. In den Luga-Sümpfen konnte der Rückzug der 18. Armee gedeckt werden, an der Narwa wurde ein massiver Abwehrriegel aufgebaut.
Im Sommer 1944 sah sich die Heeresgruppe Nord, ebenso wie die Truppen im Mittelabschnitt, einer massiven Großoffensive der Roten Armee gegenüber, die in der 2. Narwa-Abwehrschlacht gipfelte.
Im Herbst zog sich das angeschlagene Korps kämpfend durch das Baltikum zurück und wurde im Winter in Kurland eingeschlossen*[117]*. Das Korps stand alle sechs Kurlandschlachten durch und bewährte sich u.a. bei Libau, Preklun und Doblen. Unter anderem wurden in den Abwehrschlachten insgesamt über 1.000 russische Panzer und Fahrzeuge abgeschossen!
Am 10. August 1944 wurde Steiner für die wiederholten Abwehrerfolge seiner Divisionen und ausgezeichnete Stabsarbeit im Nordabschnitt der Ostfront mit den Schwertern zum Ritterkreuz mit Eichenlaub ausgezeichnet.

Der Kommandeur des VII. SS-Armeekorps, Oberstgruppenführer Walter Krüger und Brigadeführer Fritz von Scholz, Kommandeur der SS-"*Nordland*", erhielten hier ebenfalls die Schwerter. Standartenführer Max Schäfer, Steiners Korps-Pionierführer, erhielt das Eichenlaub, ebenso der Kommandeur der SS-"*Nederland*", Brigadeführer Jürgen Wagner.
Nachdem er im Winter durch eine schwere Gelbsucht lange ans Krankenbett gefesselt gewesen war, erhielt Felix Steiner im Jänner 1945 den Oberbefehl über die neugebildete 11. (Heeres)-Panzerarmee, die er in den Rückzugskämpfen in Pommern kommandierte und später an General Hitzfeld übergab.
Von März 1945 an führte er eine nach ihm benannte Armeegruppe im Großraum Berlin. Als die Reichshauptstadt von überlegensten Kräften der Roten Armee eingekesselt wurde, befahl Hitler einen sofortigen Gegenangriff von Nordwesten aus. Obwohl auf allen Gebieten hoffnungslos unterlegen, traten zwei von Steiners geschwächten Divisionen bei Kreuzbruch zum Entsatzangriff an und kämpften sogar sieben Kilometer frei, ehe sie wieder zurückgeschlagen wurden. Trotz der absoluten Undurchführbarkeit wurde kurz darauf durch das OKW ein zweiter Entsatzangriffsbefehl erteilt - als Steiner diesen als "sinnlos und utopisch" ablehnte, drohte Hitler dem SS-General mit dem Kriegsgericht! Steiner führte den Befehl trotzdem nicht aus, rettete seine Truppen vor der endgültigen Vernichtung und zog sie nach Westen zurück! Am 3. Mai 1945 ergab er sich den Briten.
Nachdem die Kriegsvergangenheit des hohen SS-Offiziers lange durch die Westalliierten überprüft worden war, ließ man ihn bereits 1948 frei. Der vom sowjetischen Generalstab als einer der besten SS-Frontgeneräle bezeichnete Steiner wurde zu keiner Zeit eines Kriegsverbrechens oder der brutalen Kampfführung angeklagt.
Felix Steiner verstarb 1966 in München, der ehemalige Brillantenträger und General der Waffen-SS Herbert Gille hielt die Grabrede.

Oberst

JOHANNES STEINHOFF

* 15.09.1913 in Bottendorf/Sachsen
\+ 21.02.1994 in Bonn

Ritterkreuz		30.08.1941
Eichenlaub	(115)	02.09.1942
Schwerter	(082)	28.07.1944

Frontflugspange für Jäger in Gold mit Anhänger Einsatzzahl "900"
Flugzeugführer- und Beobachterabzeichen
Ehrenpokal der Luftwaffe
Krimschild (?)
Deutsches Kreuz in Gold
Verwundetenabzeichen in Gold

"Mitglied des exklusiven Jagdverbandes 44"

Nach Abbruch seines Philologiestudiums (Sprach- und Kulturforschung) an der Universität Jena trat Steinhoff 1934 als Offiziersanwärter in die Kriegsmarine ein. 1936 ließ sich der Flugbegeisterte zur Luftwaffe versetzten, wo er zum Jagdflieger ausgebildet wurde.
Unmittelbar vor Beginn des Polenfeldzuges wurde er zum Oberleutnant und Kapitän der 10. Staffel im Jagdgeschwader 26 "*Schlageter*" unter dem Pour-le-Mérite-Oberst Ritter von Schleich (35 Siege im Ersten Weltkrieg) ernannt. Seinen ersten Luftsieg konnte Steinhoff bereits im Winter 1939 erzielen, als seine Gruppe zur Bekämpfung britischer Bomber über der Nordsee herangezogen wurde. Im Februar 1940 übernahm Steinhoff schließlich die 4. Staffel des Jagdgeschwaders 52.
Während des Frankreichfeldzuges mit dem Eisernen Kreuz 1. Klasse ausgezeichnet, erlebte Steinhoff die heiße Phase der Luftschlacht um England, in deren Verlauf er vier britische Jagdmaschinen abschießen konnte.
Als er im Laufe der Luftschlacht wiederholt mit einem jungen Fähnrich seiner Staffel disziplinäre Probleme hatte und den jungen Heißsporn nicht in den Griff bekam, ließ ihn Steinhoff kurzerhand in ein anderes Geschwader versetzen. Obwohl ein wirklich guter Jagdflieger, passte er einfach nicht zu Steinhoffs Kommandostil. Dieser junge Fähnrich wurde in seiner neuen Einheit zwar nicht ruhiger, aber dafür um so erfolgreicher - er was Hans-Joachim Marseille, später Brillantenträger und vielleicht bester Jagdflieger der Welt!
Ein weiterer junger Pilot unter Steinhoffs Befehl war der damalige Unteroffizier Walter Krupinski, bei Kriegsende Eichenlaubträger, Sieger in 197 Luftgefechten und späterer Generalleutnant der Bundesluftwaffe!

Nach der Niederlage über England wurde das Jagdgeschwader 52 von der Front abgezogen und aufgefrischt. In dieser Phase konnte Steinhoff einen Versetzungsbefehl ins neue Nachtjägerkorps "abwürgen" und seinen Verbleib bei den Tagjägern durchsetzen.
Obwohl es Steinhoff 1940 bereits zum zweifachen Fliegeras gebracht hatte, wurde man aber erst während seiner Dienstzeit an der Ostfront auf den Jagdflieger aufmerksam, die im Juni 1941 begann. An der Spitze seiner Staffel flog Steinhoff unzählige Jagd- und Geleitschutzeinsätze, wobei er große Erfolge gegen sowjetische Jäger melden konnte. Am 30. August 1941 erhielt Steinhoff nach 35 Siegen im Luftkampf das Ritterkreuz verliehen, ein halbes Jahr später erfolgte die Beförderung zum Hauptmann. In den vergangenen Monaten hatte sich der berechnende Flieger immer mehr zum fähigen Luftkampftaktiker und herausragenden Verbandsführer entwickelt.
Im Dezember 1941 unterlag der 50. Gegner, im Februar 1942 übernahm Hauptmann Steinhoff die II. Gruppe des Jagdgeschwaders 52. Sein Nachfolger an der Spitze der 4. Staffel wurde sein bisher bester Pilot, der spätere Schwerterträger und bei Kriegsende zweitbeste Jagdflieger der Welt Gerhard Barkhorn.
Mit seinem Geschwader im Südabschnitt der Ostfront und über der Krim eingesetzt, erzielte der Gruppenkommandeur im August 1942 seinen 70. bis 100. Luftsieg! Am 2. September erhielt er hierfür das Eichenlaub zum Ritterkreuz verliehen. Steinhoff war der 38. Tagjäger und bereits fünfte Pilot seines Geschwaders, der derart hoch ausgezeichnet wurde.

Im Winter 1942/43 kämpfte das Jagdgeschwader 52 an der Stalingrad-Front, um dem Transportkorps der Luftwaffe für die Versorgungsaktion der eingeschlossenen 6. Armee Deckung zu geben. In etwa fünfzig Einsätzen schoss Steinhoff hier 21 russische Jagdmaschinen und Bomber ab. Im Februar 1943 unterlag schließlich der 150. Luftkampfgegner.
Im Mai wurde Johannes Steinhoff als Major zum neuen Kommodore des Jagdgeschwaders 77 "*Herz As*" ernannt, welches im Mittelmeerraum eingesetzt war. Seine Staffeln flogen während den Luftschlachten über Sizilien und erlitten hier im Kampf gegen schwergeschützte US-Bomberverbände hohe Verluste. So fiel der Kapitän der 1. Staffel, Oberleutnant Berres, nach 53 Luftsiegen und erhielt postum das Ritterkreuz. Als seinen Nachfolger holte Steinhoff den späteren Schwerterträger Ernst-Wilhelm Reinert in sein Geschwader.
Trotz der erdrückenden Übermacht vermochte das JG 77 den deutschen Rückzug über die Meeresstraße von Messina erfolgreich abzuschirmen.
Am 25.08.43 konnte Steinhoff über dem Flugplatz seiner Gruppe in einem atemberaubenden Luftkampf innerhalb von nur vier Minuten ebenso viele amerikanische P-38 "Lightning" abschießen!
Als er im Herbst erneut einen amerikanischen Luftkampfgegner abschoss und dieser mit dem Fallschirm absprang, zeigte Steinhoff eine bereits fast vergessene, beinahe unzeitgemäße Charaktereigenschaft aus den Zeiten eines Manfred von Richthofen und Max Immelmann. Er landete seine Maschine auf einer nahen Landstraße und lief zur Landestelle seines Gegners. Anschließend nahm er den etwas verdutzten Amerikaner auf seinen Stützpunkt mit und bewirtete ihn zusammen mit seinen Piloten. Eine sehr altritterliche Geste mitten im modernen Krieg.
Es folgten harte Einsätze an der italienischen Front, Teile des Geschwaders kämpften in Rumänien - hier fiel Hauptmann Omert, der eisenharte Kommandeur der III. Gruppe nach 70 erfolgreichen Zweikämpfen.

Im Juli 1944 erhielt Oberstleutnant Steinhoff für 168 Abschüsse die 82. Schwerter zum Ritterkreuz mit Eichenlaub verliehen. Im Oktober übergab er sein Kommando an den Eichenlaubträger Major Johannes Wiese, der den Krieg mit 133 Luftsiegen beendete und später in der Bundesluftwaffe diente.
Als eines der ersten Top-Asse der Luftwaffe schulte Oberst (01.10.44) Steinhoff im Winter 1944 auf die neue Messerschmitt Me-262 um und übernahm im Dezember das (Düsen-)Jagdgeschwader 7.
Als im Jänner 1945 der von seinen Geschwaderführern hochgeachtete General der Jagdflieger Adolf Galland von Göring abgesetzt wurde, kam es zur sgn. "Meuterei der Jagdflieger". Hierzu schlossen sich die bekanntesten Jagdflieger der Luftwaffe zusammen und stellten Göring in einer Konferenz zur Rede. Neben Steinhoff, Günther Lützow, Josef Priller und Hermann Graf gehörten auch Oberst Gustav Rödel (EL, 98), Oberst Hannes Trautloft *[64]* (RK, 57), Oberstleutnant „Edu" Neumann (Jafü Italien), Oberstleutnant Gerhard Michalski (EL, 73) und Oberstleutnant Helmut Bennemann (RK, 92) zu diesen couragierten Männern. Gefordert wurden längst fällige Veränderungen im Jagdfliegerkorps, die Rückkehr Gallands sowie eine sofortige Verbesserung der Ausbildung und Ausrüstung der jungen Jagdflieger. Göring war außer sich, verließ den Raum und drohte allen mit dem Kriegsgericht! Obwohl es nicht soweit kam, blieben Konsequenzen natürlich nicht aus - Lützow wurde z.B. nach Italien abgeschoben, Steinhoff als Kommodore des JG 7 abgesetzt!
Doch wie alle alten Veteranen hielt auch Steinhoff seinem Freund Galland weiterhin die Treue und stieß im Frühjahr 1945 - mehr oder minder heimlich - zu dessen Elite-Jagdverband 44 nach Norddeutschland.
Obwohl wegen seiner Verwendung als Einsatzoffizier der Staffel nur selten an Feindflügen beteiligt, konnte er mindestens sechs Abschüsse mit der zweistrahligen Me-262 erzielen! Dann wurde er jedoch vom Schicksal eingeholt.
Am 18. April, wenige Wochen vor der deutschen Kapitulation, wollte Oberst "Mäcki" Steinhoff zusammen mit Galland und seinem einstigen Staffeluntergebenen Eichenlaubträger Walter Krupinski (insgesamt 477 Abschüsse!) zum Einsatz gegen einen US-Bomberpulk starten. Nachdem er seine Maschine auf 200 km/h beschleunigt hatte und zum Start ansetzte, geriet sein Bugrad in einen schlecht ausgebesserten Bombenkrater, von denen es unzählige auf den deutschen Flugplätzen jener Tage gab. Das Fahrwerk brach, die Maschine gehorchte nicht mehr, wurde durch den ungebremsten Schub der beiden 900-kp-Turbinen am Ende der Bahn hochgerissen und schlug etwa 50 Meter weiter in einem riesigen Flammenmeer auf! Trotz schwerster Brandverletzungen, dem Schock und einigen Knochenbrüchen gelang es Steinhoff, die Pilotenkanzel zu verlassen und sich unmittelbar vor der Explosion des Wracks aus dem Gefahrenbereich zu schleppen!! Durch eine sofortige Notoperation überlebte er und lag bei Kriegsende zusammen mit Galland in einem Luftwaffenlazarett.
Nach einer langen, komplizierten Heilungs- und Genesungsphase – schwere Verbrennungsnarben im Gesicht blieben jedoch - konnte erst 1947 die Entlassung erfolgen.
Die völlig verbrannten Augenlieder konnten erst 1969 durch einen plastischen Chirurgen nachmodelliert werden!

Steinhoff gehörte mit 888 Jagd- und 105 Jagdbombereinsätzen zu den am meisten gegen den Feind geflogenen Jagdpiloten des Krieges, mit 176 Luftsiegen steht er an 23. Stelle der Luftwaffe. Von diesen Siegen hatte er 26 im Westen und davon 4 gegen schwere US-Bomber errungen, ferner blieb er über 10 russische "Stormovik"-

Schlachtflugzeuge siegreich. Zwölf gefechtsbedingte Notlandungen zeugen von seinem harten Einsatz, ebenso die Versenkung von zwei russischen Schnellbooten.

Als begeisterter Flieger und überzeugter Soldat war Steinhoff einer der ersten, die 1955 wieder in den Militärdienst eintraten. Ab 1956 bereits stellvertretender Stabschef der Bundesluftwaffe, hatte Brigadegeneral Steinhoff großen Anteil am Wiederaufbau dieser Waffengattung. 1962 zum Generalmajor befördert, diente der ehemalige Schwerterträger u.a. in hohen Stabsstellen, ehe er 1966 als Generalleutnant Inspekteur der Bundesluftwaffe wurde. Am 1. Jänner 1971 wurde Steinhoff schließlich zum Vier-Sterne-General befördert, die folgenden drei Jahre war er Vorsitzender des Militärausschusses der gesamten NATO-Streitkräfte!
Für seinen großen Anteil am Wiederaufbau der Bundesluftwaffe erhielt Johannes Steinhoff das Große Bundesverdienstkreuz mit Stern, von den verbündeten NATO-Staaten den amerikanischen Legion of Merit sowie das Kommandeurkreuz der französischen Ehrenlegion.
1974 in den Ruhestand versetzt, verstarb Steinhoff 1994 in Bonn.
Drei Jahre nach seinem Tod erhielt das in Mecklenburg-Vorpommern stationierte Jagdgeschwader 73 den Traditionsnamen "*Steinhoff*" verliehen.
Diese Ehre wurde davor lediglich den großen Fliegerhelden des Ersten Weltkrieges Oswald Boelcke (Jagdbombergeschwader 31) und Manfred von Richthofen (Jagdgeschwader 71) sowie dem gefallenen Brillantenträger Werner Mölders (Jagdgeschwader 74) zuteil!

Generalleutnant der Reserve

HYAZINTH GRAF STRACHWITZ VON GROSS-ZAUCHE UND CAMMINETZ

* 30.07.1893 in Groß-Stein/Schlesien
\+ 25.04.1968 in Winkl am Chiemsee

Ritterkreuz		25.08.1941
Eichenlaub	(144)	13.11.1942
Schwerter	(027)	28.03.1943
Brillanten	(011)	15.04.1944

Panzerkampfabzeichen in Gold (4. Stufe)
Nennung im Wehrmachtsbericht
Deutsches Kreuz in Gold
Verwundetenabzeichen in Gold

"Des Teufels General"

Der aus einem oberschlesischen Adelsgeschlecht stammende Graf Strachwitz trat bereits vor dem Ersten Weltkrieg in das kaiserlich-preußische Kavalleriekorps ein. Als Leutnant im berittenen Garderegiment "*Garde du Corps*" zog er 1914 in den Krieg gegen Frankreich. Doch für den verwegenen jungen Offizier war dieser Krieg nur von kurzer Dauer. Im September 1914 geriet er während eines Spähunternehmens in französische Gefangenschaft, für Tapferkeit im Gefecht hatte er jedoch in dieser kurzen Zeit bereits das Eiserne Kreuz 1. Klasse erhalten. In den Jahren 1921/22 kämpfte Graf Strachwitz in den Freikorps "*von Hülsen*" und "*Schweidnitz*" erfolgreich gegen polnische Freischärler in Schlesien. In den Zwanziger- und Dreißigerjahren war der Gutsverwalter als Rittmeister der Reserve im Reiterregiment 7 in Breslau gelistet.

1935 wechselte Strachwitz - von seinen Freunden Conté genannt - als Reserveoffizier ins Panzerregiment 2 in Weimar. Der Reiterveteran aus dem Ersten Weltkrieg zeigte sich von der neuen Waffengattung begeistert.
Als im September 1939 der Zweite Weltkrieg ausbrach, erhielt Strachwitz den Posten eines Divisions-Nachschuboffiziers. Trotzdem nahm er selbständig an Gefechten teil und erhielt in Anerkennung seiner Verdienste die Spangen zum Eisernen Kreuz 1914 verliehen.
Als Hauptmann und Führer der I. Abteilung im Panzerregiment 2 der 1. PD (Kirchner) kämpfte er im Westen, bewährte sich in der Truppenführung und fiel besonders durch kühne Einzelaktionen auf - so brachte er einmal mit vier seiner Soldaten über 100 gefangene Franzosen mit, die er in ihrer Kaserne überrascht und kurzerhand zur Kapitulation überredet hatte! Für seine Leistungen im Westfeldzug erhielt er Ende 1940 die Beförderung zum Major der Reserve. Kurz darauf wurde der fähige Offizier mit seinem Regiment in die neue, vom späteren Brillantenträger Hube kommandierten, 16. Panzerdivision versetzt.
Im April und Mai 1941 kämpfte Graf Strachwitz an der Spitze seiner I. Abteilung zusammen mit dem Elite-Regiment "*Großdeutschland*" erfolgreich in Jugoslawien. Als im Juni der Ostfeldzug begann, stand das Regiment erneut in vorderster Linie.
Im Südabschnitt der Ostfront eingesetzt, stieß Strachwitz an der Spitze seiner Panzer über die russische Grenze vor, überrollte mehrmals Verteidigungsstellungen und Schützenverbände und unterstützte die eigene Infanterie. Bereits nach wenigen Kriegstagen im Osten wurde Graf Strachwitz verwundet. Durch einen Sanitäter notdürftig versorgt, blieb er bei seiner Truppe und führte sie in den gerade tobenden Kämpfen weiter an. Erst als der Feind zurückgeschlagen war, ließ er sich von einem Arzt behandeln! In den folgenden Wochen fungierte der "verwegene Graf" mit seiner Einheit immer wieder als Vorhut oder Stoßkeil, wobei er wiederholt zum Erfolg der 16. Panzerdivision beitragen konnte (u.a. Dubno-Werba, Stalin-Linie, Wosnessensk, Perwomaisk, Uman). Im August 1941 erhielt der Panzeroffizier hierfür das Ritterkreuz zum Eisernen Kreuz verliehen.
Es folgten Einsätze am Mius und vor Charkow, ehe die 16. Panzerdivision erfolgreich als Stoßkeil der Sommeroffensive in Richtung Don fungierte.

Als seine Abteilung während der erbitterten Panzerschlacht von Kalatsch innerhalb von 48 Stunden über 270 russische Panzer sowie mehrere Artilleriebatterien vernichtete, reichte die Division Graf Strachwitz mit Nachdruck zum Eichenlaub ein.
Im Winter 1942/43 führte Graf Strachwitz eine Kampfgruppe außerhalb von Stalingrad. Während den schweren Gefechten erneut verwundet und in ein Lazarett gebracht, erhielt der beherzte Truppenführer am 13. November als erst 54. Heeresoffizier das Eichenlaub zum Ritterkreuz verliehen!
Kurz nach seiner Genesung, die Katastrophe von Stalingrad ging ihrem Ende entgegen, kehrte er an die Ostfront zurück und übernahm am 1. Jänner 1943 das bereits legendäre Panzerregiment der Heeresdivision "*Großdeutschland*". Die Beförderung zum Oberst der Reserve erfolgte noch am gleichen Tag. Ehrenhalber wurde der Graf übrigens weiters zum Standartenführer der Waffen-SS ernannt.

Es folgten Einsätze am Bug und bei Barwenkowo, wo die ihm unterstellten Panzer immer wieder große Abschusszahlen melden konnten. Bei Perwomaisk griff Strachwitz mit einer Kampfgruppe eine aus 300(!) Panzern und Fahrzeugen bestehende Feindkolonne an und vernichtete sie zum Großteil!
Unter der bewährten und sicheren Führung des "Panzergrafen", wie Strachwitz bald von seinen Männern genannt wurde, waren die neuen 55-Tonnen-Tiger besonders effektiv. In Angriff und Verteidigung erwies sich das Regiment als maßgebend, so schossen während eines Panzergefechtes vier von Graf Strachwitz geführte Tiger binnen einer Stunde über 100 Feindpanzer ab!!
Für persönliche Tapferkeit und die Erfolge seiner Truppe erhielt der erstklassige Panzerführer am 28. März 1943 die 27. Schwerter zum Ritterkreuz mit Eichenlaub verliehen. Der Panzergraf war der erste Nicht-Divisionskommandeur unter den bisherigen Trägern des Heeres! Zwei Wochen zuvor hatte sein Divisionskommandeur Generalmajor Hoernlein das Eichenlaub erhalten. Die hohe Auszeichnung erhielt Strachwitz übrigens in Anwesenheit von Georg-Wilhelm Postel überreicht, der am selben Tag das Eichenlaub ausgehändigt erhielt.
Was Hitler nicht ahnen konnte – und was auch nur selten publiziert wurde – war die Tatsache, dass jener Mann, dem er an diesem Tag die Schwerter aushändigte, nur wenige Wochen zuvor bereit gewesen war, ein Attentat auf ihn durchzuführen. Denn als im Frühjahr 1943 Hitler eine Inspektionstour an die Ostfront unternahm, plante eine kleine couragierte Gruppe deutscher Offiziere um Oberst von Tresckow*[09]* ein Attentat auf Hitler! Neben dem späteren Schwerterträger Oberst von Boeselager bot sich auch Graf Strachwitz den Verschwörern als Ausführender der Tat an! So sollte Hitler bei seiner Ankunft in Walki verhaftet und „bei Gegenwehr erschossen“ werden – Strachwitz war mit einigen loyalen Offizieren seines Regiments dazu bereit. Doch weder von Boeselager noch der Panzergraf kamen zum Handeln, denn der Führer landete nicht in Walki, sondern im weit entfernten Saporoschje. Auf dem Rückweg konnte Oberst von Tresckow jedoch eine Zeitbombe in Hitlers Flugzeug schmuggeln – doch zum Unglück versagte diese aufgrund der niedrigen russischen Temperaturen!
Hitler kehrte wohlbehalten nach Berlin zurück – und die Verschwörer wieder in den Fronteinsatz.
Obwohl im Zuge der Gestapoermittlungen nach dem „20. Juli“ auch der Name Graf Strachwitz in den Akten auftauchte, wurde der hochdekorierte Offizier niemals verhört bzw. gar verhaftet.

Während den Schlachten von Bjelgorod und Prochorowka vernichtete dessen Regiment in fünf Tagen insgesamt 150 Feindpanzer und unzählige Pakstellungen! In den Rückzugskämpfen erwiesen sich die von Strachwitz verwendeten Taktiken und Vorgangsweisen als sehr effektiv, durch seinen persönlichen Einsatz an vorderster Front war er bei seine Männern sehr beliebt, in gewisser Weise sogar fast verehrt.
Im Frühjahr 1944 trat die "*Großdeutschland*" erfolgreich zur Entsetzung des Tscherkassy-Kessels an, aus dem in Folge mehrere deutsche Divisionen ausbrechen konnten. Ende März gab der "Panzergraf" sein bewährtes Regiment an den erfahrenen Eichenlaubträger und späteren Brigadegeneral des Bundesgrenzschutzes Oberst Willy Langkeit ab.
Aufgrund seiner Leistungen wurde Graf Strachwitz am 1. April 1944 zum Generalmajor d.R. befördert und kurzfristig mit der Führung seiner alten 1. Panzerdivision beauftragt. Kurze Zeit später wurde er sogar zum Höheren Panzerführer der Heeresgruppe Nord (Schörner) bestellt.
In dieser Stabsposition unterstanden ihm drei komplette Panzerdivisionen und eine mot. Panzerjagdbrigade. Strachwitz war in der Führung dieser Einheiten so erfolgreich, dass die sowjetischen Divisionen sich über Funk sogar gegenseitig vor ihm warnten!
Als im April 1944 die lettische Hauptstadt Riga von starken russischen Truppen eingekesselt wurde, eilte der General selbst an die Front, übernahm eine starke Kampfgruppe und rannte gegen den Umklammerungsring an. Nach schweren Gefechten durchbrachen seine Panzer die russischen Stellungen und fuhren in die Stadt ein!

Für das Sprengen des Umklammerungsringes erhielt der leidenschaftliche Frontoffizier am 15. April 1944 als 11. Soldat und zugleich erst 3.(!) Heeresoffizier die Brillanten zum Ritterkreuz mit Eichenlaub und Schwertern verliehen. Wenige Wochen nach der Verleihungszeremonie in Berlin befand sich der Generalmajor wieder an der Front.
Im Sommer zeichnete sich die "Panzerkampfgruppe Strachwitz" im Verband einer Entsatzgruppe (von Manteuffel) beim Freikämpfen des bedrängten Wilna-Kessels (Stahel) aus. Es folgten langwierige Abwehrkämpfe in den Baltikumstaaten, ehe Strachwitz im August 1944 wieder in die Offensive ging.
An der Spitze von nur zehn Panzern durchbrach er persönlich die Stellungen einer russischen Division und eroberte das westlich von Riga liegende Tukkum zurück, das zuvor aufgegeben worden war. Die zurückgewonnene Stellung bildete später die linke Flanke des Kurlandkessels.
Als Generalmajor Strachwitz kurz darauf mit seinem Kübelwagen zum Gefechtsstand einer Division unterwegs war, fand er fast den Tod. Sein Wagen geriet ins Schleudern und überschlug sich mehrmals! Der Fahrer und seine Ordonnanz waren sofort tot, der Graf erlitt einen Schädelbruch sowie Verletzungen an den Rippen, Armen und beiden Beinen! Die Ärzte stellten ihm eine sehr lange Zeit im Lazarett in Aussicht.
Durch ungeheuren Willen und Selbstüberwindung kam Strachwitz aber schnell wieder auf die Beine und erreichte nach wenigen Wochen(!) seine Rückversetzung zur Truppe! Seine Verwundungen hätten eigentlich ja für drei Goldene Verwundetenabzeichen gereicht. Zwischen 1941 und 1945 wurde Strachwitz 13mal verwundet! Er überstand den Autounfall, acht diverse Kampfverletzungen, zwei Splitterverletzungen am Kopf und einige andere "Kleinigkeiten"!
Nach seiner Genesung stellte Generalmajor Strachwitz im Hinterland eine spezielle Panzerjagdbrigade auf und bildete sie - noch immer an Krücken gehend - für den Kampfeinsatz aus, hierbei kooperierte er mit dem hochdekorierten Panzerjagdexperten Oberst Rudel. Aufgrund der immer schlimmer werdenden Kriegslage wurden jedoch Teile seiner Einheit wieder ausgegliedert und als "Feuerwehr" an die Front geschickt.
Durch seine schwere Verwundung kam es für Graf Strachwitz zu keiner Frontverwendung mehr, am 1. Jänner 1945 stieg er im Zuge der fünften Beförderung seit Kriegsbeginn zum Generalleutnant der Reserve*[118]* auf. Somit war der Brillantenträger der ranghöchste Reserveoffizier der gesamten Wehrmacht!

Im Mai 1945 ergab sich der in hunderten Gefechten bewährte Panzergeneral den vorrückenden amerikanischen Truppen, kurz nach Kriegsende erfuhr er, dass sein jüngster Sohn noch in den letzten Kriegstagen als Infanterie-offizier gefallen war.
Hyazinth war übrigens nicht der einzige Ritterkreuzträger der Militärfamilie geblieben. Hauptmann Ernst Graf Strachwitz war 1944 als Bataillonskommandeur eines Gebirgsjägerregiments beliehen worden, Mauritz Freiherr von Strachwitz 1945 als Generalleutnant und Kommandeur der 87. Infanteriedivision. Letzterer verstarb 1953 in russischer Kriegsgefangenschaft.
Nach zweijähriger Kriegsgefangenschaft nahm Strachwitz ein Angebot der syrischen Regierung an und wurde ein wertvoller Militärberater für die königlichen Streitkräfte. Nach zweijähriger Tätigkeit kehrte er 1951 nach Deutschland zurück. Als Hyazinth Graf Strachwitz 1968 verstarb, hielten Offiziere der Bundeswehr an seinem Sarg die Ehrenwache.
Die Verbindungen der Familie Strachwitz zur arabischen Welt bestehen heute noch. So war Helga Gräfin Strachwitz Mitte der Neunzigerjahre bundesdeutsche Botschafterin im Jemen.

Anmerkung des Autors:

Das ausgewiesene Panzerkampfabzeichen in Gold ist nicht amtlich bestätigt.

Die Informationen zu dem geplanten Attentat auf Hitler stammen aus Bertholds „*Die 42 Attentate auf Adolf Hitler*“, Seite 192 und 247.

Oberst

WERNER STREIB

* 13.06.1911 in Pforzheim/Baden
\+ 15.06.1986 in München

Ritterkreuz		06.10.1940
Eichenlaub	(197)	26.02.1943
Schwerter	(054)	11.03.1944

Frontflugspange für Nachtjäger in Gold
Flugzeugführer- und Beobachterabzeichen
Dreimalige Nennung im Wehrmachtsbericht
Deutsches Kreuz in Gold
Verwundetenabzeichen in Bronze

"Zugpferd der deutschen Nachtjagd"

Als ausgebildeter Bankangestellter trat der damals 23jährige Werner Streib 1934 in die Wehrmacht ein und wurde nach der Ausbildung zum Infanteristen (IR 4) auf eigenen Wunsch hin in die aufstrebende Luftwaffe versetzt, die in dieser Phase absolute Priorität genoss. Nach erfolgreicher Ausbildung zum Flugzeugführer und Jagdflieger wurde er in das traditionsreiche Jagdgeschwader "*Richthofen*" versetzt, in dem später so hervorragende Flieger wie Wick*[70]*, Bühligen und Mayer dienen sollten. Anders als viele seiner Kameraden kam Leutnant Streib nicht in der "Legion Condor" zum Einsatz. Noch vor Ausbruch des Zweiten Weltkrieges schulte er von der einmotorigen Me-109 auf den Stolz der Luftwaffe, den zweimotorigen Langstreckenjäger und Zerstörer Me-110 um. Dieser Wechsel beeinflusste seine Karriere entscheidend. Streib wurde in die I. Gruppe des Zerstörergeschwaders 1 versetzt, in dem u.a. auch der spätere Schwerterträger Leutnant Ostermann flog.

Während des Polenfeldzuges teilweise für die Luftraumverteidigung in Deutschland belassen, kam das Zerstörergeschwader 1 erstmals während der Offensive gegen Dänemark und Norwegen zum Einsatz. Als Kapitän der 2. Staffel führte Streib ab Mai 1940 Dutzende Luftangriffe und Jagdeinsätze über den Niederlanden und den alten Schlachtfeldern Belgiens durch. Obwohl die Zerstörer, ähnlich wie die Stukas, große Erfolge in der Heeresunterstützung verzeichnen konnten, erwiesen sie sich in der ihnen ursprünglich zugedachten Rolle als Begleitjäger als zu schwer und unbeweglich - nichtsdestotrotz konnte Streib am 10. Mai einen britischen Bomber vom Typ Blenheim abschießen. Nach weiteren Einsätzen bei Calais und Dünkirchen wurde das ZG 1 nach Deutschland rückverlegt. Oberleutnant Streib trug nun bereits das begehrte Eiserne Kreuz 1. Klasse.
Bereits früh hatten sich vorausschauende Luftwaffenoffiziere mit der zukunftsträchtigen Waffengattung der Nachtjagd beschäftigt, waren aber anfangs an der starren Haltung Görings gescheitert. Als es während der Luftschlacht um England vereinzelt zu britischen Bombenangriffen gegen deutsche Städte kam, stimmte der Oberbefehlshaber der Luftwaffe der versuchsweisen Aufstellung eines Nachtjagdverbandes zu. Die 2. und 3. Staffel des ZG 1 bildeten den Kern des neuen Nachtjagdgeschwaders 1 unter dem späteren Oberst und Ritterkreuzträger Wolfgang Falck*[57]*.
Nachdem die ersten Schwierigkeiten in puncto Kampfauftrag, Ausrüstung, Ausbildung und Kommandostruktur gelöst waren, begann für die Pioniere der Nachtjagd der harte Einsatz. Der anfangs im Blindflug unerfahrene und überhaupt der Sache sehr skeptisch gegenüberstehende Oberleutnant Streib konnte am 20. Juli 1940 während eines britischen Angriffes über dem Ruhrgebiet einen britischen Bomber abschießen und somit den ersten offiziellen Sieg des Nachtjägerkorps erzielen! Als er in den kommenden Monaten bei weiteren Angriffen seine Taktik immer weiter verfeinert und bereits 8 Abschüsse erzielt hatte, erhielt er als erster Nachtjäger der Luftwaffe das Ritterkreuz verliehen.
Als Hauptmann und Nachfolger des späteren Eichenlaubträgers Günther Radusch übernahm er im Oktober 1940 das Kommando über die I. Gruppe des Geschwaders, in dem sich im Laufe des Krieges die Elite des Waffenkorps versammelte. Neben Assen wie Meurer (65), Radusch (64), Strühning (56), Vinke (54), Drewes (52), Jabs (50) und Greiner (50) flogen auch die beiden Brillantenträger Lent (102) und Schnaufer (121) im berühmten

Nachtjagdgeschwader 1! In der Nacht zum 1. Oktober konnte Streib mit drei Luftsiegen über britische Bomber sein bisher bestes Einsatzergebnis erzielen.
Das gesamte Kriegsjahr 1942 konnte Streibs I. Gruppe mit ihren Me-110 und Ju-88 große Abwehrerfolge gegen die britischen Nachtbomber melden. Durch großangelegte Erprobungen verfügte das Nachtjägerkorps bald über einsatzfähige Radarortungsgeräte; der Kommandierende General Kammhuber*[58]* richtete außerdem eine sehr effektive Bodenradarlinie ein, die von der Nordsee bis zur Mündung der Schelde reichte.
Die ständig von Nachtjägern überwachte, mit Flakgeschützen und Scheinwerfern gespickte sgn. Kammhuber-Linie, bedeutete eine nicht leicht zu überwindende Barriere zwischen den Bombern und ihren Zielen in Deutschland. Sobald das deutsche Bodenradar einen feindlichen Bomberverband geortet hatte, dirigierte die Nachtjäger-Leitstelle ihre Maschinen schnellstmöglich zum Abfangpunkt. Die häufigsten Ziele der Nachtjäger waren schwere Bomber vom Typ Lancaster, Halifax, Liberator, Stirling oder Wellington. Aufgrund der Erfolge des NJG 1 wurden in diesem Kriegsjahr weitere derartige Verbände aufgestellt.
Als Hauptmann Streib mit einer britischen Lancaster seinen 43. bestätigten Luftsieg (inkl. 1 Tagsieg) erzielte, wurde der Gruppenkommandeur als 88. Luftwaffenangehöriger mit dem 197. Eichenlaub zum Ritterkreuz ausgezeichnet. Nach Helmut Lent und den postum ausgezeichneten Piloten Hptm. Reinhold Knacke (44) und Oberlt. Paul Gildner (48) vom NJG 1 war Streib der erst vierte Nachtjäger mit dieser hohen Tapferkeitsauszeichnung. Am gleichen Tag wurde postum der Führer der 12. Staffel, Hauptmann Ludwig Becker (46), ausgezeichnet.
Im Juni erhielt der technisch, taktisch und kämpferisch hoch einzuschätzende Streib die Beförderung zum Major, wenig später konnte sein Erster Wart den 60. Abschussbalken am Leitwerk seiner Me-110 anbringen.
In dieser Phase des Krieges hatten die Nachtjäger durch die neuen Nacht-Begleitjäger der RAF und die bessere Ausrüstung der Nachtbomber viel an ihrer Wirksamkeit eingebüßt.
Um dies auszugleichen, setzte die Führung des Nachtjägerkorps auf neue, bessere Flugzeugtypen. Um sie effektiv im Gefecht zu erproben, traten die Konstrukteure des öfteren an kompetente Asse wie Lent oder Streib heran. Als Major Streib probeweise den ausgezeichneten Versuchsjäger Heinkel He-219 "Uhu" über Düsseldorf flog, gelang ihm innerhalb von 30 Minuten der Abschuss von fünf schweren Bombern! Als Streib nach diesem großartigen Erfolg auf dem Stützpunkt Venlo landen wollte, versagten jedoch die Landeklappen der Maschine. Streib raste über die Landebahn hinaus, streifte einige "Hindernisse" und kam schließlich unverletzt zum Stehen - die He-219 sah jedoch nicht mehr wie ein Flugzeug aus!
Der revolutionäre "Uhu" konnte mit seiner Druckkabine, zwei 1.800-PS-Motoren, sechs großkalibrigen Kanonen und einer phantastischen Geschwindigkeit von 670 km/h eine Wende am Nachthimmel bedeuten. Aber ähnlich wie der Düsenjäger Me-262 "Schwalbe" kam er durch die Bürokratie Berlins erst viel zu spät zum Masseneinsatz.
Einer der wenigen Piloten die bereits früh mit der "Uhu" Erfolge erzielen konnten, war Eichenlaubträger Manfred Meurer, welcher im Jänner 1944 nach 65 Luftsiegen im Einsatz fiel.
Am 1. Juli 1943 wurden Streibs Leistungen durch die Beförderung zum neuen Kommodore des NJG 1 gewürdigt. Nach weiteren Einsätzen von Flugplätzen in Deutschland aus verlegte das Geschwader gruppenweise wieder nach Holland und Belgien, um die einfliegenden Bomberströme früher als bisher angreifen zu können. Neue Einsatzplätze waren Venlo, St. Dizier, Laon-Ahties, St. Trond, Deelen und Leeuwarden.
Bedingt durch andauernden Kampfeinsatz und die auf ihm lastende Verantwortung zeigte der Geschwaderkommodore verstärkte - und durchaus verständliche - Anzeichen von Kampfesmüdigkeit und Urlaubsreife. Trotzdem startete er noch mehrmals im Monat selbst zu Feindflügen und führte seine jungen Piloten gegen die bereits zu tausenden einfliegenden Bomber.
Als am 11. März 1944 der 67. Gegner - davon waren 30 viermotorige Bomber gewesen - im Luftkampf unterlag, erhielt Major Streib als 3. Nachtjäger die Schwerter zum Ritterkreuz mit Eichenlaub verliehen. Neben seinen Erfolgen als Jäger wurden so besonders seine Verdienste als Verbandsführer und Vorreiter der Nachtjagdwaffe gewürdigt.
Im Juni erhielt Streibs Bordschütze, Oberfeldwebel Kurt Bundrock, für seine Leistungen während den gemeinsamen Einsätzen das Ritterkreuz verliehen. Vor seiner Versetzung zu Streib war dieser erfahrene Veteran als Bordschütze von Eichenlaubträger Hauptmann Knacke erfolgreich gewesen.

Im Zuge der Verleihung wurde Streib nach 150 Feindflügen außerdem zum Oberstleutnant befördert und als Nachfolger von Schwerterträger Oberst Herrmann zum Inspekteur der Nachtjägerverbände unter dem General der Jagdflieger Adolf Galland ernannt!
Obwohl Streib dafür befähigt gewesen wäre und eine Kompetenzaufteilung viele Vorteile gebracht hätte, wurde eine eigene Dienststelle General der Nachtjäger nicht in Angriff genommen.
Auch als Stabsoffizier verschrieb Streib sich der Förderung der immer noch selten eingesetzten He-219 - im Dezember 1944 erhielt seine alte I. Gruppe schließlich 40 Stück dieser revolutionären Maschine geliefert.

In den Kriegsjahren 1944/45 musste der zum Oberst aufgestiegene Streib mit ansehen, wie die einst so mächtige Luftwaffe unter den Schlägen der Alliierten immer weiter zusammenschrumpfte. Obwohl seine Waffengattung ebenfalls hohe Verluste zu verkraften hatte und führende Asse wie zu Sayn-Wittgenstein, Lent und Meurer gefallen waren, blieben die meisten NJG bis in die letzte Phase des Krieges einsatzbereit und erfolgreich.
Das Nachtjagdgeschwader 1 war bei Kriegsende das mit Abstand erfolgreichste der Luftwaffe, die ersten sechs Positionen unter den besten Nachtjägern der Welt wurden durch Veteranen des NJG 1 belegt, Oberst Streib selbst stand an der ausgezeichneten vierten Position.
Von 26 Eichenlaubträgern des Nachtjägerkorps waren 14 während ihrer Dienstzeit im NJG 1 ausgezeichnet worden, viele der 2.200 anerkannten Luftsiege des Verbandes gingen auf das Konto der insgesamt 34 Ritterkreuzträger!

1946 aus der Kriegsgefangenschaft entlassen und eine Zeit lang in der Industrie tätig, trat Streib 1957 wieder in die Bundesluftwaffe ein - damaliger Inspekteur dieser Waffengattung war der ehemalige Kommandeur des Nachtjägerkorps Josef Kammhuber, mittlerweile Vier-Sterne-General.
In der Bundesluftwaffe kommandierte Oberst Streib die Fliegerschule Landsberg und die Fliegerdivision Süd, ehe er 1965 als Stellvertretender General der Kampfverbände zum Brigadegeneral aufstieg. 1966 in den Ruhestand getreten, verstarb Werner Streib 1986 in München.

Fregattenkapitän

REINHARD SUHREN

* 16.04.1916 in Langenschwalbach/Hessen
+ 25.08.1984 in Halstenbek

Ritterkreuz		03.11.1940
Eichenlaub	(056)	31.12.1941
Schwerter	(018)	01.09.1942

U-Boot-Frontspange 1939
U-Boot-Kriegsabzeichen in Gold mit Brillanten
Nennung im Wehrmachtsbericht
Ehrendolch der Kriegsmarine
Kriegsverdienstkreuz mit Schwertern

"Einer der erfolgreichsten Seewölfe"

Als Sohn eines ehemaligen Kavallerieoffiziers geboren, trat Reinhard Suhren unmittelbar nach seinem älteren Bruder Gerd in die Kriegsmarine ein und wurde 1936 Fähnrich zur See. Nachdem er in die U-Boot-Waffe versetzt worden war, erhielt er eine erstklassige Ausbildung und wurde 1938 zum Leutnant zur See befördert. Seine Dienstzeit als 2. Wachoffizier absolvierte er neben *U-51* und *U-46* auch auf *U-47*, welches vom späteren U-Boot-As Günther Prien*[10]* kommandiert wurde.
Seine erste Feindfahrt erlebte Suhren im Winter 1939 als 1. Wachoffizier an Bord von *U-48*, das im Laufe des Zweiten Weltkrieges mit 322.300 BRT versenkter Tonnage zum erfolgreichsten Boot der gesamten Kriegsmarine werden sollte - alle Kommandanten wurden während ihrer Dienstzeit hoch dekoriert*[119]*. Außer Suhren und seinen Kommandanten fuhren noch weitere zukünftige Ritterkreuzträger auf *U-48* - der damalige II.WO Oberlt. z.S. Otto Ites sollte 1942 als Kommandant von *U-146* ausgezeichnet werden, der Leitende Ingenieur Oberlt. z.S. Erich Zürn im April 1941. Erster Steuermann des Bootes war Horst Hofmann, 1944 als III.WO von *U-672* beliehen. Die Besatzung von *U-48* bestand aus erfahrenen Unteroffizieren und Mannschaften - alles Seebären wie sie im Buche stehen.
Unter dem Kommando von Kapitänleutnant Herbert Schultze (später Kapitän z.S. der Bundesmarine) fuhr Oberleutnant z.S. (01.10.39) Suhren im Winter 1939 bereits drei Feindfahrten - der erste Erfolg von *U-48* war im September die Versenkung der *Royal Sceptre* (4.800 BRT). Hierbei kam es zu einer Geste, die für Seeoffiziere vom Schlage eines Herbert Schultze typisch war - in den Rettungsbooten des getroffenen Handelsschiffes befanden sich auch einige Frauen und Kinder. Also dirigierte *U-48* einen sich zufällig nähernden zweiten britischen Dampfer auf die Boote zu und sorgte so für ihre Rettung.
Im darauffolgenden Monat wurde u.a. der 14.000-Tonner *Emile Miguet* torpediert - insgesamt fielen dem erfolgreichen Boot bis Jahresende 11 Schiffe mit 72.000 BRT zum Opfer! Reinhard Suhren profitierte von seinem großartigen Kommandanten und war insbesonders an den Überwasserangriffen maßgeblich beteiligt. Im Frühjahr 1940 setzte *U-48* seinen Siegeszug fort und versenkte bis Mai 12 weitere Schiffe mit 67.000 BRT!
Während des Norwegenfeldzuges blieb das Boot - ebenso wie auch alle anderen eingesetzten Boote(!) - aufgrund der sgn. "Torpedokrise" erfolglos. Angegriffene Ziele gab es genug, doch die technisch bedingten Torpedoversager erreichten eine Quote von über 90 Prozent!! Hätte nur ein Drittel der abgefeuerten "Aale" auch funktioniert, wären die norwegischen Gewässer zum Grab für die britische Hochseeflotte geworden! So griff alleine *U-48* in meisterhaften Attacken die 9.000-Tonnen-Kreuzer *Devonshire*, *Berwick* und *York* sowie das Schlachtschiff *Warspite* (31.000 BRT) an - doch kein einziger Torpedo detonierte!
Schultze erhielt im März das Ritterkreuz verliehen und gab sein Kommando kurz darauf an den erfahrenen Ritterkreuzträger Hans-Rudolf Rösing ab. Unter dem neuen Kommandanten ebenso erfolgreich, sanken während der ersten Feindfahrt sieben weitere alliierte Handelsschiffe und Dampfer. Suhren hatte, ebenso wie die anderen Offiziere und viele der Besatzungsmitglieder, mittlerweile schon beide Klassen des Eisernen Kreuzes erhalten.
Im September 1940 übernahm Kapitänleutnant Heinrich Bleichrodt das Kommando über *U-48* - mit diesem Kommandanten sollte Suhren sogar noch besser zusammenarbeiten als mit seinen Vorgängern. Der I.WO wuchs in den folgenden Feindfahrten über sich hinaus und trug maßgeblich dazu bei, dass *U-48* das erfolgreichste deutsche

U-Boot blieb. So wurden u.a. die 10.000-Tonner *Port Gisborn* und *City of Benares* versenkt und mehrmals erfolgreiche Geleitzugsschlachten geschlagen.
Als Bleichroth im November 1940 für die von ihm erreichte Versenkungsrate das begehrte Ritterkreuz erhalten sollte, forderte er die gleiche Auszeichnung auch für seinen I.WO "Teddy" Suhren. Da der hohe Orden aber allgemein den Kommandanten vorbehalten bleiben sollte, lehnte das Oberkommando der Kriegsmarine dies strikt ab. Erst als der charakterstarke Bleichroth damit drohte, das Ritterkreuz dann selbst nicht anzunehmen, wurde seinem Antrag entsprochen! Suhrens Bruder Gerd war im Oktober - ebenfalls als erste große Ausnahme(!) - mit dem Ritterkreuz ausgezeichnet worden, nachdem er als Leitender Ing. auf *U-37* unter Hartmann*[120]* bzw. Oehrn wiederholt gefechtsentscheidende Arbeit geleistet hatte. "Teddy" Suhren blieb der einzige spätere U-Boot-Kommandant, der bereits als Wachoffizier mit dem Ritterkreuz ausgezeichnet worden war!
Nach neun äußerst erfolgreichen Feindfahrten verließ Suhren *U-48* und übernahm im April 1941 mit *U-564* (VIIC-Typ) sein erstes eigenes Boot. Mit erst knapp 25 Jahren war er ein recht junger Kommandant.
Nachdem er die kampfunerfahrene Besatzung durch seine ausgezeichneten Führungseigenschaften und seine Persönlichkeit zu einem Team geformt hatte, wagte er sich im Sommer 1941 erstmals an einen großen Geleitzug des Gegners heran.
Nach zwei bestätigten Versenkungen mit 16.000 BRT aus HX-133 kehrte Suhren in seinen Einsatzhafen nach Frankreich zurück. Das gesamte restliche Kriegsjahr konnte er auf jeder Feindfahrt zwischen zwei und vier Handelsschiffe versenken, am 23. August trafen seine Torpedos die im Geleit von OG-76 fahrende britische Geleitkorvette *HMS Zinnia* (925 BRT).
Wie bereits als Wachoffizier bewies "Teddy" Suhren auch als Kommandant in allen Situationen stahlharte Nerven und geistesgegenwärtige Entschlusskraft. Selbst als während einer "heißen" Wasserbombenverfolgung durch britische Zerstörer einmal Feuer an Bord ausbrach und ein Dieselmotor versagte, behielt Suhren die Ruhe - seine ausgezeichnete Crew brachte das Feuer schließlich wieder unter Kontrolle und brachte auch den Diesel wieder zum laufen!
Als Oberleutnant zur See Suhren nach diesen Erfolgen als U-Boot-Kommandant bereits 30.000 BRT Schiffsraum versenkt hatte, erhielt er im Beisein des Oberbefehlshabers der Kriegsmarine das Eichenlaub zum Ritterkreuz sowie das seltene U-Boot-Kriegsabzeichen in Gold mit Brillanten überreicht. Am 24. Jänner 1942 folgten die Rangabzeichen eines Kapitänleutnants.

In weiteren Feindfahrten fielen der eingeschworenen und hochmotivierten Besatzung von *U-564* u.a. der 11.500-Tonner *Victolite* sowie die großen Öltanker *Eclipse*, *Empire Oak, Petrone del Llano* und *Operlia* zum Opfer!
Hierbei war Suhren besonders vor der Südostküste der USA erfolgreich. Im März 1942 kehrte Suhren von seiner bereits 13. Feindfahrt zurück, nach einem Monat Liegezeit stach *U-564* erneut in See.
Während dieser Feindfahrt traf an Bord ein Funkspruch ein, der innerhalb der Besatzung einen wahren Freudentaumel und ein Gefühl von Stolz auslöste. Gleichzeitig mit der vorzeitigen Beförderung zum Korvettenkapitän war Reinhard Suhren für die Versenkung von 18 Schiffen mit 95.000 BRT als erst 18. Soldat und 3. U-Boot-Kommandant mit den Schwertern zum Ritterkreuz mit Eichenlaub ausgezeichnet worden! Leider wurde den Männern und ihrem Kommandanten schnell klar, dass die Verleihung mit einer Versetzung an Land gekoppelt sein würde.
Auf dieser letzten Feindfahrt traf Suhren in isländischen Gewässern noch auf die beiden mächtigen britischen Schlachtkreuzer *Rodney* und *Nelson*, konnte jedoch zu keinem Angriff ansetzen.
Im Oktober 1942 wurde Korvettenkapitän Suhren an Land versetzt und aufgrund seiner wertvollen Kampferfahrungen als Lehrgangsleiter in die 2. U-Boot-Lehrdivision nach Gotenhafen beordert. Hier half er entscheidend mit, die zukünftige Frontgeneration der U-Boot-Waffe auszubilden. Die Schwerter erhielt er übrigens zusammen mit Erich Topp und Wolfgang Lüth (Eichenlaub-Übergabe) im Führerhauptquartier überreicht.
Im Februar 1943 wurde Suhren Stabschef der 27. U-Flottille unter dem genannten Erich Topp.
Im Mai 1944 stieg Fregattenkapitän (01.06.44) Suhren zum Kommandeur der aus der 11. und 13. Flottille zusammengefassten U-Flottille Norwegen auf, welche die wichtigen US-britischen Geleitzüge im Nordmeer zum Ziel hatte. Heimatstützpunkte seiner U-Boote waren Narvik, Bergen und Drontheim.
Kurz vor Kriegsende wurden die ihm unterstellten Einheiten für Versenkungserfolge noch im Wehrmachtsbericht erwähnt. Von Mai 1945 bis zum Sommer 1946 befand sich Reinhard Suhren in britischer Kriegsgefangenschaft. Sein Bruder Gerd überlebte den Krieg ebenfalls.
Obwohl nicht wieder in die Bundesmarine eingetreten, hielten 1984 sechs U-Boot-Kommandanten der neuen Streitkräfte an seinem Sarg die Ehrenwache.

Oberstleutnant

KARL THIEME

* 28.05.1914 in Lehe/Hannover

Ritterkreuz		30.10.1943
Eichenlaub	(627)	23.10.1944
Schwerter	(156)	09.05.1945

Panzerkampfabzeichen in Bronze 3. Stufe
Nahkampfspange in Silber
Deutsches Kreuz in Gold
Königlich-Bulgarischer Tapferkeitsorden 4. Klasse
Verwundetenabzeichen in Gold

"Nach der Gefangennahme ausgezeichnet"

Karl Thieme trat im Jahre 1936 als Freiwilliger in die Wehrmacht ein, wurde während seiner Ausbildung zum Offiziersanwärter ausgewählt und später im Infanterieregiment 69 der 20. (mot.) Infanteriedivision eingesetzt.
Im Jänner 1939 zum Leutnant d.R. befördert, nahm Thieme als Zugskommandant in der 9. Kompanie am Polenfeldzug teil (Grupa, Zamborw, Brest-Litowsk), ehe er im Dezember in die 6. Kompanie des neuen Schützenregiments 110 der 11. Schützenbrigade versetzt wurde.
Mit dieser Einheit nahm er an der Besetzung Dänemarks teil und bewährte sich auch während des Westfeldzuges. Als während der Offensiven in Frankreich sein Kompaniekommandeur fiel, wurde Leutnant Thieme mit der Übernahme der 6. Kompanie beauftragt. Während sein Brigadekommandeur Oberst Angern für die Erfolge seiner Männer das Ritterkreuz erhielt, wurden Karl Thieme nach der französischen Kapitulation mit dem EK.II beliehen, musste seine Kompanie aufgrund seines Ranges jedoch wieder abgeben.
Nachdem er einen Pionierlehrgang absolviert hatte, erlebte der junge Offizier im Herbst die Eingliederung der 11. Schützenbrigade in die neue 11. Panzerdivision.
Nach vollendeter Aufstellung trat die Division – Thieme hatte inzwischen geheiratet - zum Balkanfeldzug an.

Am 8. April 1941 überschritten die Schützenpanzer des Regiments die rumänisch-jugoslawische Grenze und stießen über Pirot weit vor. Am 13.04.41, einen Tag nach der SS-Division "*Das Reich*", trafen die Vorausabteilungen der Division in der Hauptstadt Belgrad ein, vier Tage darauf kapitulierten die letzten Verbände der jugoslawischen Armee. Leutnant Thieme wurde für Tapferkeit vor dem Feind mit dem Eisernen Kreuz 1. Klasse beliehen. Nach kurzer Garnison in Österreich verlegte die 11. Panzerdivision im Sommer 1941 nach Osten, wo sie der "Panzergruppe Kleist" (Heeresgruppe Süd) unterstellt wurde.
Am 22. Juni 1941 rollten die Panzer über die sowjetische Grenze, in den nächsten Wochen folgten heftige Gefechte am Bug, bei Radziechow und in den Stellungen der Stalin-Linie. Am 16. Juli mit der Übernahme der 8. Kompanie im Schützenregiment 110 beauftragt, wurde Oberleutnant (01.06.41) Thieme nur wenige Tage später durch einen Unterschenkel-Durchschuss verwundet.
Durch seinen Rücktransport in ein Heimat-Lazarett erlebte er die Winterschlacht von Moskau nicht mit. Nach einer längeren Verwendung als Chef des Ersatzbataillons 110 in Deutschland, kehrte der Oberleutnant erst im Juni 1942 wieder nach Russland zurück. Hier Ordonanzoffizier im Stab seiner alten Panzergrenadierbrigade, übernahm Thieme im November erneut das Kommando über eine Kompanie. Sein Regimentskommandeur war zu dieser Zeit der spätere Eichenlaubträger Oberstleutnant Albert Henze. Kommandeur der Division war inzwischen der spätere Brillantenträger Generalmajor Balck.

Im Winter 1942/43 trat die 11. Panzerdivision im Verband des XXXXVIII. Panzerkorps zum Entsatzangriff für die in Stalingrad eingekesselte 6. Armee an, wurde jedoch zurückgeworfen. Ausfallsbedingt zur Übernahme des II. Bataillons gezwungen, konnte Hauptmann (01.01.43) Thieme mit seinen Männer wiederholt starken Angriffen sowjetischer Truppen widerstehen und Absetzbewegungen durchführen. Im Frühjahr kämpfen die Grenadiere

erfolgreich während der Panzerschlacht von Barwenkowo. Da hierbei besonders hohe Verluste zu beklagen waren, mussten das I. und II. Bataillon des Schützenregiments 110 zusammengefasst werden – Kommandeur des neuen I. Bataillons wurde Karl Thieme. Es folgen harte Gefechte in der Ukraine.
Im Sommer nahm die 11. PD, nun befehligt vom späteren Schwerterträger Generalmajor von Wietersheim, an jener berühmten Offensive teil, die unter dem Decknamen "Zitadelle" die Wende im Ostkrieg bringen sollte. Zusammen mit Verbänden des vom Schwerterträger Otto von Knobelsdorff geführten XXXXVIII. Panzerkorps (4. Panzerarmee) kämpften die Panzer- und Grenadierverbände der Division im Frontbogen von Bjelgorod.
Hauptmann Thieme führte so manchen erfolgreichen Angriff und bewährte sich in den verlustreichen Grabenkämpfen ausgezeichnet. Nach Kämpfen bei Tscherkasskoje, Dubrowa, Nowosselowka und Graiworon, während denen Thieme verwundet worden war, folgten sehr harte Schlachten um Charkow, Poltawa und Krementschug. Hierbei unterstützten Thiemes Grenadiere die Panzerverbände, rückten gemeinsam mit ihnen gegen russische Stellungen vor oder traten, von Pak-Abteilungen verstärkt, gegen angreifende Feindpanzer an.
Im Laufe seines Dauereinsatzes erhielt der Bataillonskommandeur so das Deutsche Kreuz in Gold, die Nahkampfspange in Bronze, den bulgarischen Tapferkeitsorden sowie das Verwundetenabzeichen in Silber.
Nach erneuter Bewährung während den Schlachten bei Kirowograd erhielt Hauptmann Thieme am 30. Oktober 1943 das Ritterkreuz verliehen. Am 1. Dezember folgte die Beförderung zum Major sowie für bereits vier Verwundungen das Verwundetenabzeichen in Gold.

Es folgten harte Einsätze bei Tscherkassy und Kischinew. Kurz nachdem Thieme am 30. April 1944 erneut verwundet und ins Lazarett gebracht worden war, wurde die 11. Panzerdivision aufgrund der hohen Verluste aus der Front gezogen und nach Südfrankreich verlegt.
Als hier im August 1944 überraschend amerikanisch-französische Truppen landeten, ersuchte Thieme um sofortige Rückversetzung zur Kampftruppe. Mit der Übernahme des Panzergrenadierregiments 111 seiner alten 11. PD betraut, führte er seine Männer in Gefechten in der Provonce, im Rhóne-Tal und bei Lyon. Hierbei bildete Thieme zeitweise aus seinem Regiment und Teilen der Aufklärungsabteilung eine schlagkräftige Kampfgruppe.
Für Abwehrerfolge bei Doubs, Crest, Belfort und Roches wurde Thieme als 627. Soldat der Wehrmacht mit dem Eichenlaub zum Ritterkreuz ausgezeichnet.
Noch im Oktober 1944 zum Regimentsführer-Lehrgang nach Deutschland befohlen, kommandierte der Eichenlaubträger in Folge sein altes Panzergrenadierregiment 110 und zeichnete sich hierbei immer wieder durch harten persönlichen Fronteinsatz aus.
Nach Rückzugsschlachten in Südostfrankreich trat die Division im Februar 1945 im Verband der „Gruppe Bayerlein" zu einem Gegenangriff in der Eifel an, welcher jedoch bei Neuerburg liegenblieb.
Als US-Panzertruppen im März 1945 überraschend die unbeschädigte Rhein-Brücke von Remagen besetzten und einen Brückenkopf bilden konnten, wurde die geschwächte 11. Panzerdivision zum Abwehreinsatz herangeführt.
Zwischen dem 9. und 19. März konnte die "Kampfgruppe Thieme" mehrmals amerikanische Durchbruchspläne zu Nichte machen und hierbei 22 Sherman-Panzer abschießen. Da in der Zwischenzeit jedoch einige schwache Versuche der Luftwaffe die Brücke zu zerstören scheiterten, war eine Verbreiterung des Brückenkopfes auf die Dauer nicht zu verhindern. Nachdem die US-Armee ihre Stellung am östlichen Rheinufer gefestigt hatte, brach sie binnen weniger Stunden durch die deutschen Stellungen. Durch ihren südlichen Rückzugsweg entging die 11. PD dem kurz darauf entstandenen Ruhrkessel bei Düsseldorf und setzte sich ins Erzgebirge ab.
Für seine tapferen Angriffe gegen den Remagen-Brückenkopf wurde Oberstleutnant (30.01.45) Thieme am 10. April 1945 vom Oberbefehlshaber der Heeresgruppe B, Brillantenträger GFM Model, für die Schwerterverleihung eingereicht.
Am 2. Mai wurde die 11. Panzerdivision nahe der österreichischen Grenze von US-Truppen eingeschlossen und zur Aufgabe gezwungen, eine Woche später erhielt Karl Thieme als 156. Soldat der Wehrmacht die Schwerter zum Ritterkreuz mit Eichenlaub verliehen.
Der insgesamt sechsmal verwundete Oberstleutnant hatte das große Glück, bereits nach wenigen Wochen aus der Kriegsgefangenschaft entlassen zu werden.
Heute lebt Karl Thieme in guter Gesundheit in Bremerhaven.

Anmerkung des Autors:

Für seine tatkräftige Mitarbeit an dieser Biographie bin ich Hrn. Thieme sehr zu Dank verpflichtet. (Briefe an den Autor; Dezember 1999)
Die oftmals publizierte Schreibweise seines Vornamens mit „C“ ist nach eigenen Angaben falsch.

Generalleutnant

THEODOR TOLSDORFF

* 03.11.1909 in Lehnarten/Ostpreußen
+ 25.05.1978 in Dortmund

Ritterkreuz		04.12.1941
Eichenlaub	(302)	15.09.1943
Schwerter	(080)	18.07.1944
Brillanten	(025)	18.03.1945

Infanteriesturmabzeichen in Silber
Nennung im Wehrmachtsbericht
Sonderabzeichen für Panzervernichtung durch Einzelkämpfer (?)
Deutsches Kreuz in Gold
Verwundetenabzeichen in Gold

"Der General mit vierzehn Verwundungen!"

Der in Ostpreußen geborene Theodor Tolsdorff brachte es im letzten Kriegsjahr mit 35 Jahren nach sieben Beförderungen bereits zum Generalleutnant! Als einziger Infanterieoffizier des millionenstarken Heeres trug er bei Kriegsende die höchste Tapferkeitsauszeichnung.

Im Jahre 1934 freiwillig ins Infanterieregiment 1 eingetreten und zum Unteroffizier ausgebildet, wurde Tolsdorff, Sohn eines ehemaligen Artillerieoffiziers, im Juni 1936 aufgrund besonderer Eignung aus der Reihe zum Offizier befördert. Durch diese von ihm nicht angestrebte Ernennung erhielt das Offizierskorps unverhofft einen seiner tapfersten Angehörigen.
Bei Kriegsbeginn führte Leutnant Tolsdorff die 14. (Pak-)Kompanie im Füsilierregiment 22 der 1. Infanteriedivision. Bereits in den ersten Tagen des Zweiten Weltkrieges zeigte der junge Offizier im Gefecht stahlharte Nerven und erhielt bis zum Ende des Polenfeldzuges beide Klassen des Eisernen Kreuzes! In diesen ersten Kämpfen wurde er aber durch einen Schulterdurchschuss erstmals verwundet - dies sollte ihm im weiteren Kriegsverlauf mit teuflischer Regelmäßigkeit noch öfters passieren.

Den Westfeldzug erlebte Oberleutnant Tolsdorff wieder an der Spitze seiner Männer. Nach kurzen Gefechten in Belgien nahm seine Division an der Flandern-Schlacht teil, stieß gegen Paris vor und stand zum Zeitpunkt der französischen Kapitulation in der Gegend von Saumur. Die nächsten Monate verbrachte Tolsdorff erneut im Lazarett, nachdem seine alte Wunde wieder aufgerissen war.
Als die Operation "Barbarossa" gegen die Sowjetunion gestartet wurde, war Tolsdorff bereits wieder an der Front. Als Kommandeur der 14. Kompanie stieß er im Verband der Heeresgruppe Nord (I. Armeekorps) durch Lettland, Estland und Litauen, nahm an den Offensiven gegen die 8. und 11. sowjetische Armee teil und bewährte sich wiederholt in der Truppenführung. Bereits im dritten Kriegsmonat wurde er erneut schwer verwundet.
Noch während seines Lazarettaufenthaltes erhielt Theodor Tolsdorff vom Divisionskommandeur für wiederholte Bewährung im Kampf das Ritterkreuz überbracht und wurde zum Hauptmann befördert.
Die großen Erfolge des Regiments (Gorki, Krassnoje Ssela, Pulkowe) wurden im Winter durch die frühe Eichenlaubverleihung an dessen Kommandeur Oberst Franz Scheidies (1942 gefallen) unterstrichen.
Im April 1942 an die Front zurückgekehrt, nahm Tolsdorff an den schweren Kämpfen um Schlüsselburg teil. Nach schweren Gefechten um Leningrad wurde seine Division am von den Russen hartnäckig verteidigten Ladogasee eingesetzt, wobei Tolsdorff erneut verwundet wurde - mit tiefen Splitterverletzungen am rechten Fuß wurde er in ein Lazarett gebracht! Während die Hauptmacht der Heeresgruppe Nord um das eingeschlossene Leningrad zum Einsatz kam, stießen einige Divisionen weiter Richtung Osten vor. Im Juni 1942 nahm Tolsdorff mit seiner 1. Infanteriedivision an den Kämpfen nördlich von Novgorod teil, wo einige sowjetische Divisionen am Wolchow eingeschlossen werden konnten. Während der schweren Gefechte um den Kessel erhielt Tolsdorff eine Schussverletzung am Kopf! Nur der schnelle Abtransport in ein Feldlazarett und die Kunst der Ärzte retteten ihm erneut das Leben! Nach nur vier

Monaten im Lazarett kehrte er mit dem Verwundetenabzeichen in Gold sowie dem Deutschen Kreuz in Gold an der Uniformjacke zur Truppe zurück! Am 1. Jänner 1943 wurde Theodor Tolsdorff zum Kommandeur des I. Bataillons ernannt und gleichzeitig zum Major befördert.

Im Frühjahr 1943 geriet Tolsdorff mit seinem Bataillon in die schweren Kämpfe um den Ladoga- und Tigodasee. Hier drückten die sowjetischen Truppen mit starken Kräften gegen den Belagerungsring von Leningrad. In insgesamt drei getrennten Abwehrschlachten am Ladogasee konnte das "Bataillon Tolsdorff" die zugeteilten Stellungen im Abschnitt Gaitolowo gegen alle Angriffe halten und fungierte sogar noch als Verstärkung für benachbarte Einheiten der Division. Für diese großartige Defensivleistung und mehrere erfolgreiche Gegenangriffe erhielt Major Tolsdorff am 15.09.43 das 159. Eichenlaub innerhalb des Heeres verliehen. Sein Divisionskommandeur, Generalleutnant Martin Grase, hatte die Auszeichnung vier Monate zuvor erhalten.
Nach weiteren Einsätzen an der Leningradfront und einigen "kleineren" Verwundungen wurde Major Tolsdorff im November 1943 mit der Übernahme des Füsilierregiments 22 beauftragt und in den Südabschnitt der Ostfront verlegt. Noch vier Jahre zuvor war Tolsdorff in diesem Regiment nur Leutnant gewesen! Sein Vorgänger war der altgediente, von seinen Landsern hoch geschätzte Oberst Iffland gewesen, der nur wenige Wochen vor seinem Tod das Ritterkreuz erhalten hatte.
Bei Odessa wurden die 22er in schwere Abwehr- und Grabenkämpfe verwickelt. Als russische Infanterie zum Angriff antrat und die Stellungen erreichte, kam es zu erbitterten Nahkämpfen. Wie gewöhnlich nahm Tolsdorff in den vordersten Gräben an diesen Gefechten teil. Kurz bevor der feindliche Einbruch endgültig bereinigt werden konnte, erhielt der Major aus kürzester Entfernung einen Karabiner-Bauchschuss! Erneut verbrachte der tapfere Offizier viele Wochen im Lazarett.
An höchster Stelle kam man nun zur Überzeugung, dass sich der Regimentskommandeur genug bewährt hatte.
Am 1. April 1944 zum Oberstleutnant befördert, erhielt Tolsdorff seine Versetzung an die Fahnenjunkerschule in Metz. Als Taktiklehrer sollte er dort die zukünftigen Offiziere der Wehrmacht ausbilden helfen. Doch dieser rückwärtige Posten behagte dem überzeugten Vollblutsoldaten nicht - nur drei Tage nach seiner Ankunft in Metz war er auf eigenes Gesuch wieder an die Ostfront unterwegs, wo er erneut das 22te übernahm!
Die 1. ID wurde inzwischen vom alten Haudegen Generalleutnant von Krosigk befehligt, der im Februar 1944 das Ritterkreuz und im April 1945 (postum) als Korpskommandeur in Kurland das Eichenlaub erhielt.
Im Juni 1944 geriet Oberstleutnant Tolsdorff mit seinem Regiment im Bereich der Heeresgruppe Nord in die sowjetische Sommer-Großoffensive. Die gesamte Frontlinie brach zusammen, die deutschen Truppen zogen sich eher panikartig als kämpfend zurück. In dieser Situation erhielt Tolsdorff den Befehl, mit seiner Einheit in die Stadt Wilna einzurücken und die Besatzung unter dem Eichenlaubträger Generalmajor Stahel zu verstärken. Trotz stärkster Angriffe der Roten Armee verteidigte die kleine Truppe den nun eingekesselten Knotenpunkt mehrere Tage lang und hielt bis zum Eintreffen einer Entsatzkampftruppe unter dem späteren Brillantenträger von Manteuffel durch.
Durch eine dünne Gasse, die freigekämpft werden konnte, wurden so die letzten Verteidiger sowie 2.000 Verwundete aus dem dortigen Hauptlazarett erfolgreich evakuiert!
Die im Kessel tapfer kämpfende "Kampfgruppe Tolsdorff", zum Teil bestehend aus dem Grenadierregiment 1067, deckte den eingeleiteten Rückzug. Für seine Verdienste in der litauischen Hauptstadt erhielt Tolsdorff als 80. Soldat die Schwerter zum Ritterkreuz mit Eichenlaub verliehen. Die vorzeitige Beförderung zum Oberst erfolgte noch am selben Tag! Reiner Stahel erhielt die Schwerter als 79. Soldat verliehen.
Nach den Abwehrerfolgen in Litauen erhielt Major Rudolf Witzig, Kommandeur eines Tolsdorff unterstellten Fallschirm-Pionierbataillons, das 662. Eichenlaub verliehen. Witzig gehörte 1940 zu jener verwegenen Schar, die mit Lastenseglern das belgische Sperrfort Eben Emael besetzt hatte.
Tolsdorffs Schwerter machten die 1. Infanteriedivision endgültig zu einer der höchstdekorierten Infanterieeinheiten des Krieges - 36 Ritterkreuz- und 5 Eichenlaubträger gingen aus ihren Reihen hervor!

Nach den Abwehrschlachten entlang der ostpreußischen Grenze wurde Tolsdorff im August 1944 zum Divisionskommandeur-Lehrgang befohlen. Nach erfolgreichem Abschluss stellte er auf Befehl des Oberkommandos die 340. Volksgrenadierdivision auf. Bereits im November wurde Tolsdorff mit seiner Division an die Westfront geworfen und im Raum Aachen eingesetzt. Hierbei bewährte sich die Einheit unter dem Oberbefehl von Brillantenträger GFM Walter Model ausgezeichnet. Die anrückenden Amerikaner konnten längere Zeit aufgehalten und am Übersetzen der Rur gehindert werden.
Im Dezember 1944 nahm die Division im Verband der 15. Armee (LXVII. Armeekorps unter Hitzfeld) an der erfolglosen Ardennenoffensive in Ostbelgien teil, wobei sie u.a. während der Kesselschlacht von Bastogne kämpfte. Nach dem Abbruch dieser letzten Offensive im Westen zog sich der mit 35 Jahren zum Generalmajor (30.01.45) beförderte Tolsdorff mit seiner angeschlagenen Einheit über den Rhein nach Deutschland zurück.

Für persönlichen Einsatz und herausragende Defensivleistungen in den Rückzugsgefechten erhielt er am 18. März 1945 als 25. Offizier und 11. Heeresangehöriger die Brillanten zum Ritterkreuz mit Eichenlaub und Schwertern verliehen*[114]*. Gleichzeitig wurde Theodor Tolsdorff überraschend als einer der jüngsten Offiziere der Wehrmacht zum Generalleutnant (1939 noch Leutnant, 7mal befördert!) ernannt und mit der Führung des LXXXII. Armeekorps in Bayern beauftragt - gerade zwei Jahre zuvor hatte er erstmals ein Bataillon übernommen! Der junge Offizier war weiters einer der wenigen, die eine solche Stellung ohne vorige Generalstabsausbildung oder Stabsverwendung anvertraut erhielten.
Von etwa 40 Schwerterträgern des Heeres, die der Infanterie zuzurechnen sind, schaffte dieser herausragende Frontkämpfer als einziger den Sprung unter die Brillantenträger.
Nach einigen Gefechten gegen amerikanische und französische Truppen führte Tolsdorff seine Verbände am 8. Mai 1945 in die Kriegsgefangenschaft. Nach zwei Jahren erfolgte die Entlassung.

Viele Jahre später wurde Tolsdorff, wie so viele ehemalige Generäle der Wehrmacht, wegen Vollstreckung eines Todesurteiles angeklagt. Im Mai 1945 war im Befehlsbereich von Generalleutnant Tolsdorff ein zivil gekleideter Mann verhaftet worden, der sich mit einer weißen Fahne vor eine gerade feuernde Batterie gestellt hatte (Verstoß gegen das Kriegsrecht!). Der Mann gab an, auf Befehl von Tolsdorff zu handeln und die Batterie an die Alliierten übergeben zu sollen - bei einer Gegenüberstellung mit Tolsdorff stellte sich dies als glatte Lüge heraus. Ferner kam ans Licht, dass der Mann keineswegs Zivilist, sondern ein deutscher Hauptmann war, der seine Truppe im Stich gelassen und Fahnenflucht begangen hatte. Der Gefangene wurde von einem Standgericht zum Tode verurteilt und erschossen. Die vorschriftsmäßige Abwicklung des Standgerichtsverfahrens und der Tatbestand führten 1960 zu einem Freispruch in zweiter Instanz.
Beruflich fasste Generalleutnant a.D. Theodor Tolsdorff in der Deutschen Asphalt AG in Dortmund Fuß, wo er 1978 auch verstarb.

Fregattenkapitän

ERICH TOPP

* 02.07.1914 in Hannover

Ritterkreuz		20.06.1941
Eichenlaub	(087)	11.04.1942
Schwerter	(017)	17.08.1942

U-Boot-Frontspange 1939
U-Boot-Kriegsabzeichen in Gold mit Brillanten
Dreimalige Nennung im Wehrmachtsbericht
Ehrendolch der Kriegsmarine mit Brillanten
Kriegsverdienstkreuz mit Schwertern

"Der Rote Teufel des Atlantiks"

Der in der traditionsreichen Hansestadt Hannover geboren und aufgewachsene Erich Topp trat im Jahre 1934 in die Kriegsmarine ein und wurde vier Jahre darauf als Leutnant z.S. zur U-Boot-Waffe versetzt. Bei Kriegsbeginn diente er als Wachoffizier auf *U-46* und absolvierte vier Feindfahrten, teilweise noch unter dem späteren Eichenlaubträger Engelbert Endrass (1940 Wachoffizier auf *U-47* unter Prien, im Winter 1941 gefallen). Im Juni 1940 übernahm Topp das Kommando über das IIC-Boot *U-57* - sein Vorgänger war der spätere Ritterkreuzträger Claus Korth gewesen.
Nach einer ersten, erfolglosen Feindfahrt im Atlantik war der neue Kommandant sehr enttäuscht. Doch diesen Rückstand holte Topp während des zweiten Einsatzes nach. Neben seinem ersten Erfolg, dem britischen Frachter *O.A. Brodin* (2.000 BRT), sanken noch mindestens vier weitere Schiffe nach Torpedotreffern. Auf der Rückfahrt entdeckten die Freiwachen ein weiteres Opfer. Doch bevor Topp auf Tauchstation gehen konnte, um den Angriff einzuleiten, änderte der mutige Kapitän des norwegischen Frachters *Rona* den Kurs und rammte in voller Absicht das deutsche U-Boot! Das schwer beschädigte *U-57* sank mit sechs toten Matrosen an Bord, der Rest der Besatzung konnte von deutschen Schiffen gerettet werden.
Topp wurde in einem routinemäßigen Überprüfungsverfahren von aller Schuld freigesprochen. Im November 1940 übernahm der Oberleutnant zur See, bereits Träger des Eisernen Kreuzes 1. Klasse, das neue VIIC-Boot *U-552*. Die Besatzung hatte er Großteils von *U-57* übernommen. Sein neuer II.WO war Leutnant z.S. Siegfried Koitschka, 1944 als Kommandant von *U-616* mit dem Ritterkreuz beliehen.

Bereits während seiner ersten Fahrt mit diesem Boot konnte Topp die große *Cadillac* versenken, die restliche Feindfahrt brachte keine Feindberührung mehr. Dieser 12.000-Tonner sollte der größte Erfolg des Schwerterträgers bleiben, denn im Frühjahr 1941 verfehlten seine Torpedos den als Truppentransporter fahrenden 43.000-BRT-Riesen *Ile de France*, der anschließend mit Höchstgeschwindigkeit verschwand.
Auf der nächsten Fahrt mit *U-552* operierte Topp auf einen gemeldeten britischen Geleitzug. Nach mehreren Erfolgen, darunter der 11.000-Tonner *Beacon Grange*, sank am 27. April 1941 weiters der britische U-Bootjäger(!) *Commander Horton* (230 BRT). Mit wehenden Tonnagewimpeln kehrte Topp ins französische St. Nazaire zurück. Während diesen Feindfahrten entwickelte sich Erich Topp zu einem hervorragenden Seeoffizier. Er war der unumstrittene Chef an Bord. Seine Befehle wurden sofort ausgeführt, unter der Mannschaft herrschte eine äußerst disziplinierte und kameradschaftliche Stimmung. Dieser im U-Boot-Krieg äußerst wichtige Faktor rettete so manches Boot vor dem Untergang.
So entpuppte sich ein im Überwasserangriff attackierter britischer Dampfer einmal urplötzlich als waffengespickte U-Boot-Falle, der *U-552* nur durch unglaublich eingespielte Tauchmanöver entkommen konnte.
Die meisten deutschen U-Boote hatten ein Maskottchen an den Turm gemalt: bei *U-552* war es ein roter Teufel mit einem Dreizack. Diesem Maskottchen und der diabolischen Nervenstärke des Kommandanten verdankte das Boot den allgemein bekannten Spitznamen "*Roter Teufel*". Nach erneuten Feindfahrten im Atlantik erhielt Erich Topp nach etwa 90.000 BRT versenkter Tonnage das Ritterkreuz verliehen. Im September 1941 konnte *U-552* aus einem großen

Geleitzug des Gegners zwei Handelsschiffe herausschießen und der Wasserbombenverfolgung britischer Zerstörer entkommen, im gleichen Monat war Topp zum Kapitänleutnant befördert worden.
Im Herbst operierte *U-552* in den Gewässern zwischen Schottland, Island und Grönland. Während einer dieser Feindfahrten traf Topp auf den amerikanischen Zerstörer *Reuben James*, der in Folge eines US-britischen Vertrages britische Handelsschiffe (Geleitzug HX-156) von der Ostküste der USA bis an den Rand des Kriegsgebietes eskortierte. Obwohl diese Tatsache allgemein gekannt war, hatten die deutschen Boote strikten Befehl, keinesfalls anzugreifen. Hitler wollte die damals noch neutralen USA nicht, wie im Ersten Weltkrieg geschehen, unnötig provozieren.
Da das Schiff aber nicht als amerikanisches zu erkennen war, nahm Topp es in einem Lehrbuchangriff aufs Korn und versenkte es durch zwei Volltreffer, 115 amerikanische Matrosen fanden den Tod. Der Zwischenfall führte zu politischen Spannungen, löste aber noch keinen Krieg aus.
Im Dezember 1941 bewies Topp stahlharte Nerven, als er sein Boot in den gut gesicherten Hafen von Ponta del Gada (Azoren) dirigierte(!), jedoch kein lohnendes Ziel fand. Auf dieser Fahrt befand sich ein Kommandanten-Schüler an Bord, der später von sich Reden machen sollte: Albrecht Brandi, 1944 zweiter Brillantenträger der U-Boot-Waffe! Aufgrund seiner großen Erfahrung erhielt Topp mehrmals Kommandanten-Schüler an Bord beordert - darunter befand sich u.a. auch der spätere Ritterkreuzträger Korvettenkapitän Harro Schacht.

Nachdem Deutschland den USA nach Pearl Harbor im Dezember 1941 doch noch den Krieg erklärt hatte, nahm Topp mit *U-552* an der berühmten Operation "Paukenschlag" teil - dem Kampfeinsatz vor der amerikanischen Ostküste*[121]*. In drei Feindfahrten konnte Topp mindestens 10 Schiffe versenken und mehrere beschädigen, so etwa innerhalb von einer Woche die *David A. Atwater*, *Byron T. Benson*, *British Splendour*, *Lancing*, *Atlas* und *Tamaulipas* - zusammen fast 40.000 BRT! Die U-Boot-Erfolge entlang der Ostküste waren so enorm, dass der BdU "Paukenschlag" kurz darauf auch auf die Karibische See ausdehnte. Hier konnten fünf U-Boote bis März 1942 über 100.000 BRT versenken, darunter besonders viele Tanker!
Für seine Erfolge erhielt Topp am 11. April 1942 als 87. Soldat und 10. U-Boot-Kommandant das Eichenlaub zum Ritterkreuz verliehen. Bis zum August operierte er dann ebenfalls erfolgreich vor Gibraltar, westlich der Biskaya und vor der Küste Irlands.
Hierbei konnte *U-552* während einer Geleitzugsschlacht gegen HG-84 trotz schwerer Kriegsschiffsicherung in einer Nacht die Handelsschiffe *Pelayo* und *Etrib*, den Tanker *Slemdal* sowie die beiden Frachter *City of Oxford* und *Thurso* versenken - insgesamt über 30.000 BRT! Es folgte eine stundenlange Wasserbombenverfolgung durch zwei britische Zerstörer, denen Topp schließlich geschickt entkommen konnte.
Wenige Wochen später hatte der "*Rote Teufel*" erneut Glück, als beim Überwasserangriff auf einen Geleitzug aus einer Nebelbank plötzlich ein kanadischer Zerstörer auftauchte und durch eine gezielte Geschützsalve den Turm von *U-552* traf - ein Rammstoß ging nur um Meter vorbei! Nur die eingespielten, schnellen Tauchmanöver der Besatzung, Topps taktische Erfahrung und die Reparaturkünste des LI retten das Boot erneut!
Englische und schweizer Zeitungen behaupteten in den nächsten Wochen wiederholt, dass der "*Roten Teufel*" versenkt worden wäre.
Am 18. Juni wurden Topp und seine Besatzung für ihre Versenkungserfolge zum dritten Mal im Wehrmachtsbericht genannt. Als der Kapitänleutnant im August 1942 die ausgezeichnete Versenkungsmarke von 193.000 BRT erreichte, erhielt er die 17. Schwerter zum Ritterkreuz mit Eichenlaub verliehen - dies wurde im Verlauf des Zweiten Weltkrieges nur fünf U-Boot-Kommandanten zuteil.
Aufgrund seiner Verdienste wurde Korvettenkapitän (17.08.42) Topp nun an Land versetzt und als Nachfolger von Eichenlaubträger Werner Hartmann mit der Führung der 27. U-Flottille in Gotenhafen beauftragt. Sein dortiger Stabschef war U-Boot-As und Schwerterträger "Teddy" Suhren, der ebenfalls an Land versetzt worden war.
In 331 Seetagen hatte Erich Topp mindestens 34 alliierte Schiffe versenkt und einige beschädigt. Bei Kriegsende stand er nach Kretschmer und Lüth an dritter Stelle der besten U-Boot-Kommandanten des Krieges!
Topps letzte Opfer waren der britische 10.000-Tonner *G.S. Walden* sowie der 7.000-Tonner *Belgien Soldier* gewesen.
In den Jahren 1943/44 leitete Topp die ihm unterstellten U-Boote von Land aus gegen die Geleitzüge und stimmte die Einsatztaktik mit dem BdU ab. Außerdem machte er sich als Kommandant der U-Boot-Erprobungsgruppe einen Namen. Diese Abteilung entwickelte und testete neue U-Boot- und Torpedotypen sowie neuartige Ausrüstung, wie z.B. Anti-Sonargeräte, bessere Motoren oder neue Methoden zur Frischluftübernahme.
Kurz vor Kriegsende übernahm Fregattenkapitän (01.12.44) Topp freiwillig noch einmal ein Seekommando. Aufgrund der weit überlegenen alliierten Abwehr ein sehr gefährliches Unterfangen! Mit *U-3010*, einem der neuen, revolutionären XXI-Typen*[122]*, ging der alte Haudegen im März 1945 auf eine umfangreiche Testfahrt unter Frontbedingungen.

Ende April übernahm er noch *U-2513*, mit dem er jedoch nur noch eine kurze Überführungsfahrt unternahm. Als auf dieser Fahrt durch den unglücklichen Fehler eines Maschinenmaates ein Matrose ums Leben kam, wurde er vor ein Kriegsgericht gestellt. Topp setzte sich jedoch für den sonst sehr tüchtigen Maat ein und erreichte die Einstellung des Verfahrens. Im Mai begab er sich mit seiner letzten Besatzung in britische Gefangenschaft, aus der er bereits nach drei Monaten entlassen wurde.
Als der ehemalige Oberbefehlshaber der U-Boot-Waffe, Großadmiral Karl Dönitz, im Zuge des Nürnberger Prozesses angeklagt wurde, organisierte Topp trotz der Wirren der ersten Nachkriegsjahre eine gemeinsame Petition vieler ehemaliger U-Boot-Kommandanten zu dessen Gunsten. Diese war jedoch umsonst.

Nach dem Krieg absolvierte Topp im Alter von 44 Jahren noch erfolgreich die Technische Universität (Dipl. Ing.) und arbeitete eine Zeit lang als Architekt, ehe man ihm 1958 das Angebot machte wieder Soldat zu werden. Wenig später trat Topp als Kapitän zur See in die Bundesmarine ein.
Hier war Topp zunächst deutscher Vertreter in der Marineabteilung der NATO in Washington D.C., ehe er Anfang der Sechzigerjahre nach Deutschland zurückkehrte und das Kommando über sämtliche Amphibische Streitkräfte übernahm! 1965 als Stabschef des Flottenkommandos Flensburg zum Flottillenadmiral befördert, übernahm Erich Topp ein Jahr darauf den Posten des Stellvertretenden Inspekteurs der Bundesmarine! Am 1. Oktober 1966 wurde Topp schließlich zum Konteradmiral befördert, drei Jahre später trat er als Träger des Großen Bundesverdienstkreuzes in den Ruhestand.
Während den nächsten Jahren war Erich Topp als Industrieberater tätig und verfasste unter dem Titel "*Fackeln über dem Atlantik*" seine Autobiographie.
Heute lebt er in guter Gesundheit in einer Kleinstadt südlich von Bonn. Ein großer Teil seiner wertvollen Kriegsauszeichnungen wurde ihm leider bei einem Wohnungseinbruch gestohlen.

Insgesamt verloren die Alliierten im Verlauf des Zweiten Weltkrieges 5.150 Handelsschiffe mit 21,5 Millionen BRT, davon 2.800 durch Unterseeboote! 500 wurden durch Minen vernichtet, der Rest durch Überwasserschiffe, Luftangriffe oder Unfälle. Von 1.200 in Dienst gestellten deutschen U-Booten gingen 750 im Kampfeinsatz verloren! Die meisten der hochspezialisierten U-Boot-Besatzungen blieben für immer auf See.

Generalmajor

ERICH WALTHER

* 05.08.1903 in Gorden/Sachsen
+ 26.12.1948 im Lager Buchenwald

Ritterkreuz		24.05.1940
Eichenlaub	(411)	02.03.1944
Schwerter	(131)	01.02.1945

Fallschirm-Schützenabzeichen
Narvikschild
Ärmelband "Kreta"
Deutsches Kreuz in Gold
Verwundetenabzeichen in Bronze

"Einsatzorte Nord-, West-, Süd- und Ostfront!"

Nachdem Walther 1924 in die Polizeitruppe Berlin eingetreten und 1928 zum Leutnant ernannt worden war, diente er in einer Sondereinsatzgruppe, ehe er 1935 in das neue Fallschirmjägerregiment "*Hermann Göring*" versetzt wurde.
Als Oberleutnant Walther die Führung der 3. Kompanie übernahm, standen die späteren Schwerterträger Hans Kroh der 2. und Karl-Lothar Schulz der 15. Kompanie vor. 1937 wurde Walther zum Hauptmann befördert.
Den ersten Kampfeinsatz erlebte Hauptmann Walther im Westfeldzug. Als Kommandeur des I. Bataillons im Fallschirmjägerregiment 1, kommandiert vom späteren Ritterkreuzträger Oberst Bräuer, sprang er über den Niederlanden ab und besetzte im Handstreich die wichtige Brücke bei Dordrecht. Durch das präzis durchgeführte Kommandounternehmen wurde die bereits vorbereitete Sprengung der Brücke verhindert und der Weg für die nachstoßenden deutschen Panzer offengehalten. Für diesen feldzugsentscheidenden Erfolg erhielt Walther als 16. Fallschirmjäger das Ritterkreuz sowie beide Klassen des Eisernen Kreuzes verliehen.
Noch während die Kämpfe im Westen tobten, wurde das "Bataillon Walther" für einen Spezialauftrag an einer anderen Front herangezogen. In der nordnorwegischen Hafenstadt Narvik befanden sich die Gebirgsjägertruppen des Generalmajors Dietl in arger Bedrängnis.
Im Mai 1940 landete Walther mit seinen Männern im feindlichen Feuer und nahm anschließend an den Abwehrkämpfen teil. Nicht zuletzt dieser Eilverstärkung war der spätere Sieg von Narvik zu verdanken. Der bereits 37jährige Walther kehrte mit einer persönlichen Belobigung von Generalmajor Dietl, später ebenfalls Schwerterträger, nach Deutschland zurück. Ferner erhielten er und seine Fallschirmjäger den Narvikschild verliehen.
Weitgehend unbekannt blieb – angesichts des letztendlich großen Sieges – die Tatsache, dass Hitler nach anfänglichen Rückschlägen in Narvik Dietls Truppen die Erlaubnis gegeben hatte, die schwedische Grenze zu überqueren und sich internieren zu lassen. Doch diese blieben standhaft und hielten die Stellung.

Nachdem er innerhalb von zwei Monaten ebenso viele Sprungeinsätze absolviert hatte, erhielt Walther am 19. Juni 1940 seine verdiente Beförderung zum Major. Sein dritter Sprungeinsatz begann im Mai 1941, als er mit seinem altbewährten Bataillon über dem gut ausgebauten Kreta abgesetzt wurde. Hier zeichnete sich das Regiment u.a. während den schweren Gefechten bei Heraklion aus.
Obwohl die deutschen Fallschirmjäger auf Kreta erneut ihren großartigen Kampfgeist bewiesen und die Operation ein taktischer Erfolg war, sollte es ihr letzter großer Sprungeinsatz sein. Eine Verlustquote von 49 Prozent(!) zeigte deutlich die Schwächen dieser nur leicht bewaffneten Truppe im Kampf gegen einen vorbereiteten Gegner auf. Und die Tage der Überraschungsangriffe waren bereits vorbei. Diese Erfahrungen auf Kreta führten u.a. dazu, dass das Oberkommando später von Luftlandungen auf Malta oder in Gibraltar absah.
Nachdem sich das "Bataillon Walther" von den schweren Verlusten erholt hatte, wurde es im September 1941 im Verband der 1. Fallschirmjägerdivision – kommandiert vom späteren Schwerterträger Generalmajor Heidrich - an die Ostfront befohlen.
Im Kampfgebiet von Leningrad und an der Newa nahm Walther an den schweren Abwehrschlachten gegen die russische Nordwest-Front teil, in den erbitterten Gefechten taten seine Soldaten weit mehr als ihre Pflicht. Nach

Teilnahme an den Winterschlachten und der Verleihung des Deutschen Kreuzes in Gold übernahm Erich Walther im September 1942 das Fallschirmjägerregiment 4. Hierbei ist auffällig, dass er insgesamt fünf Jahre ein Bataillon geführt hatte, selbst noch als Oberstleutnant! Erst mit seiner Beförderung zum Oberst (01.04.43) wurde er Regimentskommandeur.
Das Fallschirmjägerregiment 4 wurde in Folge in den Abwehrschlachten von Smolensk eingesetzt.
Als im Juli 1943 umfassende alliierte Streitkräfte auf Sizilien landeten, wurde das FJR 4 an diese neue Front geworfen. Im Verband der 1. Fallschirmjägerdivision sprangen Walthers Männer bei Acireale ab, besetzten die Brücke über den Primasole und stießen landeinwärts vor. In den nächsten Wochen griffen sie die amerikanischen und britischen Truppen immer wieder an, verteidigten jede ihre Stellungen äußerst verbissen und trugen somit zum großen Abwehrerfolg der Division bei.
Zusammen mit einigen italienischen Einheiten sowie der Elite-Division "*Hermann Göring*" verteidigten die Fallschirmjäger die Catania-Linie, an der wuchtige Angriffe des XIII. britischen Korps wochenlang scheiterten.
Als der im Westteil Siziliens erfolgreich vorstoßende US-General Patton hörte, dass sein britischer Rivale Montgomery bei Catania nicht weiterkam, soll er sich insgeheim darüber gefreut haben. Als er dann erfuhr, welche deutsche Divisionen die Briten aufhielten, war er jedoch mehr als zuversichtlich, als erster in Messina zu sein. Diese kampfkräftigen Verbände würde "Monty" nicht so schnell schlagen können!
Erst als die amerikanischen Truppen nach der Einnahme von Palermo entlang der Nordküste in Richtung Messina vorrückten, nahm der Oberkommandierende General Hans Hube, damals bereits Schwerterträger, seine Truppen aus Catania zurück und evakuierte sie rechtzeitig nach Süditalien.

Nach einer längeren Auffrischung, die Alliierten hatten sich inzwischen bis nach Mittelitalien vorgearbeitet, kam Walthers Fallschirmjägerregiment 4 bei Monte Cassino zum Einsatz.
In den zerbomten Bergstellungen leisteten die "Grünen Teufel" zähen Widerstand, bewährten sich in drei Abwehrschlachten und unternahmen mehrfach erfolgreiche Gegenstöße. Zusammen mit einigen der besten deutschen Frontverbänden wurde den Alliierten schwer zugesetzt. Im März 1944 erhielt Walther für wiederholte Abwehrerfolge und persönliche Tapferkeit im Gefecht das begehrte Eichenlaub zum Ritterkreuz.
Der Kommandeur des im Nachbarabschnitt eingesetzten FJR 3, Oberst Heilmann, erhielt für seine Verdienste bereits die Schwerter zum Ritterkreuz.
Im September 1944 übernahm Oberst Walther eine nach ihm benannte Divisionskampfgruppe, die er erfolgreich gegen die britisch-amerikanischen Fallschirmjäger bei Arnheim und Nimwegen (Holland) führte. Einige der hier eingesetzten alliierten Elite-Fallschirmjägerverbände waren bereits auf Sizilien gegen Walthers Männer angetreten. Zusammen mit Einheiten der Waffen-SS unter Bittrich konnte die ergeizige Operation "Market Garden" der Alliierten zum Scheitern gebracht werden. Das blutige Ende der Offensive brachte den alliierten Vormarsch ins Stocken.
Aufgrund seiner großen Verdienste wurde Oberst Walther im Winter 1944 zum Kommandeur der Fallschirm-Panzergrenadierdivision 2 "*Hermann Göring*" ernannt. Dieser Luftwaffenverband bestand aus zwei Panzergrenadier- und einem Panzerartillerieregiment sowie je einem Panzerfüsilier-, Pionier-, Panzeraufklärungs- und Sturmgeschützbataillon.
Im Jänner 1945 kämpfte die Division bei Insterburg und Landsberg - für die beeindruckenden Abwehrerfolge während der 2. Ostpreußen-Schlacht und persönliche Tapferkeit im Gefecht wurde Oberst Walther am 1. Februar mit den 131. Schwertern zum Ritterkreuz ausgezeichnet.
Unmittelbar nach der Verleihung wurde Walther jedoch durch Granatsplitter schwer verwundet. Während er im Lazarett lag, erlitt seine Division im Verband der 4. Armee hohe Verluste und wurde im sgn. Ostpreußen-Kessel eingeschlossen.
Nach verzweifelten Abwehrschlachten gegen fünf sowjetische Armeen bei Heiligenbeil in letzten Abwehrstellungen zusammengedrängt, wurden die Reste der Fallschirm-Panzergrenadierdivision 2 "*Hermann Göring*" Anfang April mit Schiffen der Kriegsmarine nach Norddeutschland evakuiert. Hier übernahm der noch nicht wieder vollständige genesene Walther - am 1. April 1945 noch zum Generalmajor befördert - erneut das Kommando.

Die Kriegslage erlaubte jedoch keine Auffrischung der gelichteten Reihen, bereits Mitte April musste die Division bei Dresden wieder zum Abwehreinsatz antreten. Im Verband des Fallschirm-Panzerkorps "*Herrmann Göring*", kommandiert vom Eichenlaubträger Generalleutnant Wilhelm Schmalz, kämpfte Walthers Division noch bei Bautzen und Königsbruck, ehe am 8. Mai die Kapitulation erfolgte.
Generalmajor Walther und seine Männer gerieten in sowjetische Gefangenschaft - unter seinen verdientesten Offizieren befand sich der mit dem Eichenlaub sowie der seltenen Luftwaffen-Nahkampfspange in Gold dekorierte Major Hans-Arno Ostermeier.

Aufgrund seines Dienstranges wurde Erich Walther ins speziell für Generäle bestimmte Gefangenenlager Buchenwald gebracht, wo der Schwerterträger als angeblicher Kriegsverbrecher etlichen Verhören unterzogen wurde. Nach schweren Haftbedingungen starb er bereits 1948 im Alter von erst 44 Jahren. Viele Angehörige der von den Russen gefürchteten Division "verschwanden" auf ähnliche Weise.
Als einer der wenigen Soldaten der Wehrmacht hatte Erich Walther an der Nord-, West-, Süd- und Ostfront gekämpft und hierbei vier gefechtsmäßige Sprungeinsätze absolviert.

Erst 1996 rehabilitierte Russland Erich Walther von allen 1946/47 erhobenen Vorwürfen.

General der Infanterie

WILHELM WEGENER

* 29.04.1895 in Trebatsch/Brandenburg
+ 24.09.1944 bei Wolmar/Ostfront

Ritterkreuz		27.10.1941
Eichenlaub	(066)	19.01.1942
Schwerter	(097)	17.09.1944

Infanteriesturmabzeichen
Nennung im Wehrmachtsbericht
Demjanskschild
Verwundetenabzeichen in Bronze

"Eine Woche nach den Schwertern gefallen"

Der in Brandenburg geborene Wilhelm Wegener erlebte seine Feuertaufe bereits im Ersten Weltkrieg, als er als Fähnrich im Potsdamer Elite-Infanterieregiment 9 an der Eröffnungsoffensive gegen Frankreich teilnahm. 1915 zum Leutnant befördert und mit beiden Klassen des Eisernen Kreuzes ausgezeichnet, geriet Wegener 1916 während eines Sturmangriffes verwundet in britische Kriegsgefangenschaft, aus welcher der Pfarrerssohn Ende 1918 entlassen wurde.
In der Reichswehr wurde er 1925 zum Oberleutnant befördert und später in die Wehrmacht übernommen, wo er 1937 als Major Adjutant der 32. Infanteriedivision war. Bei Kriegsausbruch hatte Wegener bereits den Rang eines Oberstleutnants erreicht.
Während des Polen- und Westfeldzuges diente der Weltkriegsveteran als Stabsoffizier im II. Armeekorps der 4. Armee. Zum erneuten Kampfeinsatz Wegeners kam es erst in Russland. Als am 22. Juni 1941 der Ostfeldzug begann, befehligte Oberstleutnant Wegener das Infanterieregiment 94 der 32. Infanteriedivision.
Unter dem Oberbefehl der 16. Armee stehend, kämpfte sich das Regiment an der Spitze der Division durch die Grenzstellungen der 11. sowjetischen Armee in Litauen, stieß im hohen Tempo an die lettische Grenze vor und schlug wiederholt überlegene Feindverbände in die Flucht. Nach erfolgreichen Gefechten bei Dünaburg, Ostrow und im Gebiet des Peipussees erhielt Oberst (01.09.41) Wilhelm Wegener bereits im Oktober 1941 für große Erfolge in der Regimentsführung das Ritterkreuz zum Eisernen Kreuz verliehen.
Bereits im Jänner 1942 folgte für außerordentliche Angriffserfolge östlich des Ilmensees sowie wiederholte persönliche Tapferkeit im Gefecht das erst 66. Eichenlaub zum Ritterkreuz!

Nach harten Wintermonaten geriet die 16. Armee im Frühjahr 1942 in eine besonders schwierige Lage.
Im Jänner wurden 6.000 Mann in der Stadt Cholm eingekesselt. Nur wenige Wochen später startete die Rote Armee einen Großangriff gegen das östlich des Cholmkessels stehende II. Armeekorps.
Nachdem sowjetische Stoßdivisionen die Flanken des Korps durchtrennt hatten, gerieten sechs deutsche Divisionen um Demjansk in einen Kessel. Neben der 32. ID war u.a. auch die 12. ID nun abgeschnitten, in welcher der spätere Schwerterträger Heinz-Georg Lemm diente. Ebenfalls eingekesselt war die Elite-SS-Division *'Totenkopf'*, in der Hermann Prieß, Otto Baum und Georg Bochmann eingesetzt waren. Den Oberbefehl übernahm der spätere Eichenlaubträger General Graf Brockdorf-Ahlefeldt - daher wurde der Kessel im Landserjargon auch "Grafschaft Demjansk" genannt.
Zwischen Februar und April 1942 tobten um Demjansk die denkbar schwersten Abwehrkämpfe. Wegener verteidigte mit den 94ern seinen Frontabschnitt mit äußerster Zähigkeit und Erfolg. Neben erbitterten Graben- und Infanteriekämpfen hatten die 96.000 Verteidiger starken Artillerie- und Fliegerbeschuss sowie auch tiefste Kälte zu überstehen.
Der entscheidende Schlüssel für die erfolgreiche Verteidigung des bedrängten Kessels war ein winziger Feldflugplatz innerhalb der deutschen Verteidigungsanlagen, der lediglich 800 mal 50 Meter umfasste. Durch die kleine Rollbahn konnte die Luftwaffe - wenn auch unter dem Verlust von fast 250 Maschinen - innerhalb von 13 Wochen 20.000

Tonnen Nachschub und vor allem 20 Millionen Liter Benzin einfliegen! Ferner wurden 20.000 Verwundete aus- und 15.000 Mann Verstärkung eingeflogen.
Am 21. April, nachdem unzählige russische Großangriffe gescheitert waren, gelang es "Feuerwehr"-Einheiten sich von außen an den Kessel heranzukämpfen, den Belagerungsring zu knacken und die erschöpften Verteidiger zu entsetzen. Das IR 94 hatte durch seine großen Erfolge innerhalb der gesamten Heeresgruppe Nord einen hervorragenden Ruf als harte Fronteinheit. Der zum Generalmajor (01.06.42) beförderte Wilhelm Wegener übernahm im Juni 1942 das Kommando über die 32. Infanteriedivision. Aufgrund des langen Brennpunkteinsatzes musste er seine Division jedoch erst auffrischen und neu gruppieren.
In den nächsten Monaten kämpfte die Division weiterhin im Nordabschnitt der Ostfront, wobei das Geschehen durch die Kämpfe um das eingeschlossene Leningrad und am Ladogasee bestimmend war. Nach schweren Abwehrschlachten gegen die sowjetische Nordwest-Front wurde Wegeners Division 1943 bei Staraja Russa, Newel, Podozk und Pleskau eingesetzt. Im September 1943 gab Generalleutnant (01.03.43) Wegener seine Division ab und übernahm als Kommandierender General das L. Armeekorps der 18. Armee, die ebenfalls im Nordabschnitt kämpfte. Wie schon als Regiments- und Divisionskommandeur konnte sich Wegener auch als Korpsbefehlshaber auszeichnen. Am 1. Dezember 1943 wurde er nach wiederholter Bewährung in den Abwehrschlachten vorgezogen zum General der Infanterie befördert.
Durch den Druck der überlegenen Roten Armee immer weiter nach Westen abgedrängt, kämpfte das L. Armeekorps südlich von Leningrad, am Peipussee und im Sommer 1944 in Estland. Eine wuchtige sowjetische Großoffensive drängte die Heeresgruppe Nord schließlich nach Lettland zurück. In den Rückzugskämpfen erwies sich Wegeners Korps unter seiner sicheren Führungshand stets als Hauptstütze der Front. Das OKW bildete schließlich sogar die "Korpsgruppe Wegener", bestehend aus dem L., X. und VI. SS-Korps!
Die Korpsgruppe stand im August und September die Abwehrschlachten von Modohn durch, in deren Verlauf mehrmals sowjetische Schützen- und Panzerkorps zurückgeschlagen und dezimiert werden konnten.
Am 17. September 1944 erhielt General Wilhelm Wegener für die erstklassige Führung seiner Truppen in schwierigsten Lagen als 97. Wehrmachts- und 50. Heeresoffizier des Krieges die Schwerter zum Ritterkreuz mit Eichenlaub verliehen.
Eine Woche später befand sich Wegener mit seinem Adjutanten und seinem Stabschef auf dem Weg vom Hauptquartier seiner Armeegruppe zu einem Divisions-Gefechtsstand nahe der Düna.
Als der Wagen des Generals auf einer verschlampten Landstraße Richtung Front fuhr, tauchten plötzlich sowjetische Jagdbomber auf, die das ungeschützte Ziel sofort angriffen. Nach mehreren Anflügen mit schwerem Bordwaffenbeschuss krachte der Wagen in den Straßengraben - General der Infanterie Wegener wurde durch mehrere Geschosse getroffen und starb unmittelbar darauf.
Der Vorfall wurde zwei Tage später im Wehrmachtsbericht bekanntgegeben.

Obersturmbannführer der Waffen-SS

OTTO WEIDINGER

* 27.05.1914 in Würzburg/Unterfranken
+ 10.01.1990 in Aalen

Ritterkreuz		21.04.1944
Eichenlaub	(688)	26.12.1944
Schwerter	(150)	06.05.1945

Infanteriesturmabzeichen in Silber
Nahkampfspange in Bronze
Sonderabzeichen für Panzervernichtung durch Einzelkämpfer (?)
Deutsches Kreuz in Gold
Kriegsverdienstkreuz 2. Klasse mit Schwertern
Verwundetenabzeichen in Silber

"Herausragender Frontoffizier der Waffen-SS"

1934 als Freiwilliger in die SS-Verfügungstruppe eingetreten und ein Jahr darauf Absolvent der Junkerschule (SS-Offiziersschule) Braunschweig, diente Weidinger im Polenfeldzug als Zugskommandeur in der Aufklärungsabteilung des SS-Regiments *"Germania"*, welches 1938/39 vom späteren Schwerterträger Wilhelm Bittrich kommandiert worden war. Wenige Wochen vor Kriegsausbruch absolvierte Weidinger einen Infanteriekurs im Heeres-Jägerregiment 14.
In Polen, Holland und Frankreich (u.a. Flandern, Dinant, Marne) zeichnete Weidinger sich wiederholt an der Spitze seiner Männer aus und erhielt beide Klassen des Eisernen Kreuzes. Im Frühjahr 1941 kämpfte die SS-Division *"Das Reich"*, zu der das Regiment nun gehörte, äußerst erfolgreich in Jugoslawien. Hier konnte sich Obersturmführer Weidinger als Kommandeur einer motorisierten Spähkompanie bewähren.

Als im Juni 1941 der Russlandfeldzug begann, fungierte Weidinger als Adjutant des Divisionskommandeurs Gruppenführer Hausser - dieser war schon während Weidingers Ausbildung in Braunschweig sein Kommandeur gewesen.
Als während der Schlacht bei Jeljnja der Kommandant der 1. Kradschützenkompanie verwundet wurde, übernahm Weidinger kurzfristig das Kommando und hielt die Stellungen gegen eine ganze sowjetische Brigade! Es folgten harte Vormarschgefechte bei Baranovici, Smolensk, Kiew und Gomel, ehe Weidinger nach einer Verwundung im November 1941 vom Fronteinsatz zurückgezogen wurde. Nach seiner Entlassung aus dem Lazarett fungierte er als Infanterie- und Taktikausbilder an der Junkerschule Braunschweig. Weiters absolvierte Weidinger einen Bataillonskommandeur-Lehrgang an der Heeres-Infanterieschule in Paris.
Auf eigene Initiative erreichte Hauptsturmführer Weidinger im kritischen Juni 1943 schließlich seine Rückversetzung in die SS-Division *"Das Reich"*, wo er den Befehl über das I. Bataillon des SS-Regiments *"Deutschland"* übernahm. Das Regiment wurde vom späteren Schwerterträger Heinz Harmel, das III. Bataillon durch Günther Wisliceny geführt!
Der nächste größere Kampfeinsatz des I. Bataillons fand im Zuge der Kursk-Offensive (Bjelgorod, Prochorowka) statt, in deren Verlauf Weidinger durch Granatsplitter zum mittlerweile dritten Mal verwundet wurde. Zwei Monate darauf wechselte er an die Spitze der Panzer-Aufklärungsabteilung 2 der Division.
Während einer erbitterten Abwehrschlacht bei Charkow kam es zu einem Gefecht, dessen Verlauf charakteristisch für Frontoffiziere von Weidingers Schlag war. Als überlegene sowjetische Panzerverbände mit Infanterieunterstützung gegen die Stellungen der Aufklärungsabteilung bei Kolomak vorrückten, wählte Weidinger eine besonders waghalsige Abwehrstrategie. Er befahl seinen Männern, die russischen Panzer ohne viel Gegenwehr durchrollen zu lassen und erst die nachfolgende Infanterie anzugreifen. Währenddessen versicherte er sich der Unterstützung benachbarter Verbände, welche die durchgebrochenen Panzer übernehmen sollten. Der forsche Plan hatte Erfolg - der Gegner verlor über 30 Panzer, die Infanterie wurde ebenfalls zurückgeschlagen!
Dieser und ähnliche Kampferfolge bei Bjelgorod, Charkow, dem Negrebowka-Kessel und Kamenez-Podolsk brachten Sturmbannführer Weidinger im September 1943 das Deutsche Kreuz in Gold und im April 1944 das Ritterkreuz zum Eisernen Kreuz sowie die Nahkampfspange in Bronze ein.

Als im Juni 1944 die alliierte Invasion in der Normandie begann, befand sich die SS-"*Das Reich*" gerade zur Auffrischung in Frankreich. Bereits nach wenigen Tagen kam die Division im Verband des II. SS-Panzerkorps (Bittrich) zum Einsatz.
In wochenlangen, schweren Kämpfen um Caen unterstrichen die SS-Landser erneut ihre hohe Schlagkraft und bereits sprichwörtliche Hartnäckigkeit. Nach hohen Verlusten zogen sich jedoch auch die Elite-Divisionen der Waffen-SS zusammen mit den Verbänden des Heeres aus der Küstenregion zurück. Unmittelbar danach gerieten Teile der SS-"*Das Reich*" im Verband der 7. Armee (Hausser) in den Kessel von Falaise. Hier übernahm Weidinger für den späteren Schwerterträger Sylvester Stadler das Kommando über das Regiment "*Der Führer*". Sein Nachfolger als Kommandeur der Panzeraufklärungsabteilung wurde Sturmbannführer Ernst-August Krag, 1945 für die erfolgreiche Führung mit dem Eichenlaub beliehen. Nach tagelangen, schweren Kämpfen konnte die Division aus dem Kessel ausbrechen, Weidingers Landser übernahmen die Rückendeckung. Für seinen tapferen Einsatz und die Abwehrerfolge im Kessel von Falaise erhielt Weidinger das 688. Eichenlaub zum Ritterkreuz. Durch seinen persönlichen Einsatz und die erkämpften Erfolge war er nun als einer der härtesten Kampfgruppenführer der Division bekannt.
Nach einer Blitzauffrischung wurde die SS-"*Das Reich*" wieder an die Westfront geworfen, wo sie sich angesichts der alliierten Überlegenheit nur kämpfend Richtung Westwall zurückziehen konnte.
Im Dezember traten die Grenadiere der SS-"*Das Reich*" im Verband der 6. SS-Panzerarmee (Dietrich) erneut zur Offensive an. Doch nach anfänglichen Erfolgen in den Ardennen scheiterte auch dieser Plan an der alliierten Materialüberlegenheit und der drückenden Luftherrschaft der USAAF. Die aus sehr kampferfahrenen Divisionen gebildete 6. SS-Panzerarmee hatte die großen Hoffnungen des OKW nicht erfüllen können.

Die letzten Monate des Krieges kämpfte Weidinger mit seinem Regiment im ungarisch-österreichischen Raum, wo er als Eilverstärkung und "Feuerwehr" letzte Defensiverfolge melden konnte. So zeichnete sich die "Kampfgruppe Weidinger" während den Endkämpfen in Wien aus, wo nach dem Rückzug über die Donau alle wichtigen Brücken gesprengt wurden.
Bereits wenige Tage später wurde Weidingers Regiment als Eilverstärkung nach Prag geworfen, welches bereits von drei Seiten eingeschlossen war! Im Verlauf der Rückzugsschlachten gelang es Weidinger, hier mehrere riesige Flüchtlingskolonnen abzusichern und nach Westen zu dirigieren.
Kurz vor Kriegsende wurde Obersturmbannführer (09.11.44) Weidinger als einer der letzten Soldaten für seine durchdachte und kluge Kampfführung in diesen letzten, chaotischen Kriegswochen mit den Schwertern zum Ritterkreuz mit Eichenlaub ausgezeichnet - nur dreizehn Monate nach der ersten Stufe! Die hohe Auszeichnung würdigte auch seine Leistungen in den Ardennen.
Die Verleihung wurde mit Sonderzustimmung des Oberkommandos der Wehrmacht von Oberstgruppenführer Dietrich, Oberbefehlshaber der 6. SS-Panzerarmee, durchgeführt. Eine ebenfalls beantragte Beförderung zum Standartenführer wurde wahrscheinlich nicht mehr bearbeitet.
Am 8. Mai geriet Weidinger in amerikanische Kriegsgefangenschaft. Nach einigen Jahren wurde der hochdekorierte Offizier den Franzosen übergeben, die ihn aufgrund der allgemeinen Wut auf die Waffen-SS bis 1951 festhielten. Seine Entlassung erfolgte erst nach einem Kriegsverbrecherprozess in Bordaux, in dem er von allen Vorwürfen freigesprochen wurde.
Nach dem Krieg schrieb Otto Weidinger ein ausgezeichnetes, mehrbändiges Buch über die Kriegsgeschichte der SS-"*Das Reich*". 1990 verstarb er in Baden-Württemberg.

General der Artillerie

HELMUTH WEIDLING

* 02.11.1891 in Halberstadt/Thüringen
+ 17.11.1955 in Wladimiroka/UDSSR

Ritterkreuz		15.01.1943
Eichenlaub	(408)	22.02.1944
Schwerter	(115)	28.11.1944

Nennung im Wehrmachtsbericht
Bulgarischer Militärverdienstorden 2. Klasse mit Schwertern
Deutsches Kreuz in Gold
Verwundetenabzeichen in Bronze

"Der Verteidiger von Berlin"

Der in Thüringen als Sohn eines Arztes geborene Helmuth Weidling trat bereits vor dem Ersten Weltkrieg in die preußische Armee ein und wurde Fähnrich bei der Feldartillerie. 1911 wechselte der junge Leutnant in die neue Waffengattung der Luftstreitkräfte und wurde im Luftschiff-Bataillon 1 eingesetzt. Nachdem er in den ersten beiden Kriegsjahren bereits an einigen Zeppelin-Luftangriffen teilgenommen hatte, wurde er 1917 selbst Luftschiffkommandant. Im folgenden Jahr unternahm er mit den Luftschiffen Nr. 85, 97 und 113 u.a. erfolgreiche Bombenangriffe gegen Bialystok, Wilna, Minsk, London, Bukarest und Boulogne. Nachdem er das Eiserne Kreuz 1. Klasse erhalten hatte, wechselte er im letzten Kriegsjahr als Hauptmann in den Luftwaffenstab nach Berlin. 27 Jahre und einen Krieg später sollte er hier seine letzte Schlacht schlagen.

In der Reichswehr diente Weidling 1920 im Artillerieregiment 4, ehe er 1932 als Major die II. Abteilung des Artillerieregiments 1 übernahm. 1938 wurde der ehemalige Luftschiffkommandant als Oberst zum Kommandeur des Artillerieregiment 56 der 20. (mot.) Infanteriedivision ernannt - einer der damaligen Bataillonskommandeure der Divisionsinfanterie war der spätere Brillantenträger Dr. Karl Mauss. 1939 gab Weidling das AR 56 ab und baute das neue (mot.) Artillerieregiment 20 der Division auf.
Weidlings leichte und mittlere Artillerie deckte während des Blitzkrieges in Polen den Vorstoß der Infanterie gegen die Linien der polnischen Armee "Pommerellen". Die 20. ID(mot.) kämpfte südlich von Danzig, bei Graudenz und an der Weichsel.
Während des Westfeldzuges konnte sich Weidling als Kommandeur der eigenständigen Artilleriegruppe 128 auszeichnen. In Belgien und Frankreich der 4. Infanteriedivision unterstellt, übernahm Oberst Weidling während der schweren Offensiven in Frankreich zusätzlich zu seiner Artillerie noch die motorisierte Vorausabteilung der Division, welche sich in den Gefechten sehr bewährte. Ab März 1941 gehörte das Kommando dann der SS-Division *"Das Reich"* (Hausser) an, die noch nicht über genügend eigene Artillerie verfügte.
Während der ersten Phase des Russlandfeldzuges zeigte sich erneut Weidlings ungewöhnlicher Führungsstil. Stets in den Feuerstellungen seiner Abteilungen zu finden, übernahm der Oberst nicht selten selbst bei einem Geschütz die Rolle des Richtschützen! Zusammen mit den SS-Verbänden kämpften sich die Heeresartilleristen bis ins Kampfgebiet Moskau vor und standen auch die harten Winterschlachten durch.
Im Frühjahr 1942 wurde Generalmajor (01.02.42) Weidling zum Kommandeur der 86. Infanteriedivision ernannt. An der Spitze dieser Division erlebte er die schweren und verlustreichen Abwehrschlachten im Mittelabschnitt der Ostfront. Während den Kämpfen um Rshew, Ssytschewka, Lotoschino und Belij erlitten Weidlings Regimenter bis zum Frühjahr 1943 sehr hohe Verluste. Im Jänner 1943 erhielt Generalleutnant (01.01.43) Weidling für seine Verdienste als Divisionskommandeur das Ritterkreuz zum Eisernen Kreuz verliehen, im Sommer des vergangenen Jahres hatte er das Deutsche Kreuz in Gold erhalten.
Nach der rettenden Absetzbewegung nach Duchowschtschina wurde die 86. ID kurz aufgefrischt und aufgrund der brenzligen Frontlage sofort nach Orel verlegt. Hier wurde die ohnehin bereits geschwächte Division in äußerst harte

Kämpfe gegen kampferfahrene sowjetische Divisionen verwickelt. Obwohl durch die 9. Panzerdivision unterstützt, scheiterten mehrere Versuche, Ponyri, Ssewsk und die berüchtigte Höhe 253,5 einzunehmen.
In den Rückzugsgefechten aus dem Frontbogen Orel-Kursk konnten die Grenadiere der Division jedoch wiederholte russische Großangriffe abwehren.
Im Oktober 1943 gab Weidling sein Kommando ab und wurde zum Befehlshaber des XXXXI. Panzerkorps ernannt. Dieses führte er im Frühjahr 1944 in verschiedenen Verzögerungs- und Abwehrschlachten, so etwa im Verband der 9. Armee östlich von Bobruisk und an der Narew.
Für seine erstklassigen Führungserfolge und die Defensivleistungen seines Korps zwischen Dnjepr und Dnjestr erhielt Weidling am 22. Februar 1944 als 408. Soldat der Wehrmacht und 107. Offizier im Generalsrang das Eichenlaub zum Ritterkreuz verliehen und wurde im Wehrmachtsbericht genannt. Kurz zuvor hatte Generalleutnant Hans Schlemmer, Kommandeur der 134. ID in Weidlings Korps, ebenfalls das Eichenlaub erhalten.
Im Juni 1944 geriet das XXXXI. Panzerkorps entlang der Südflanke der 9. Armee (Jordan) in die schweren Abwehrschlachten der russischen Sommeroffensive. Zusammen mit dem LV. Armeekorps südlich von Bobruisk durch die 3. und 48. sowjetische Armee quasi überrannt, erreichten nur einige wenige Divisions-Kampfgruppen neue Stellungen bei Baranovici! Nach schwersten Rückzugskämpfen führte Weidling die ihm verbliebenen Verbände im Verband der 2. Armee in den Abwehrschlachten bei Bialystok und Ostrolenko. Im September durchbrach die Rote Armee diese Frontlinie, es folgten erneut verlustreiche Rückzugsschlachten.
Im November wurde General Weidling für seine großen Verdienste in diesen schwierigen Monaten mit den 115. Schwertern zum Ritterkreuz mit Eichenlaub beliehen.
Den Winter verbrachte er krankheitsbedingt in der Führerreserve, ehe er ein neues, schweres Kommando übertragen erhielt.
Am 12. April 1945 wurde der hochdekorierte General mit der Übernahme des LVI. Panzerkorps beauftragt, welches östlich von Berlin in schwersten Kämpfen mit schnell vorrückenden Feindkräften stand.
Während Weidling mit seinem Stab versuchte, die angeschlagenen Truppen südlich an Berlin vorbei nach Potsdam zu dirigieren, um sich der "Armeegruppe Wenck" anzuschließen, erhielt er den Befehl, sein zerrüttetes Korps nach Berlin zu führen und die Verteidigung der Reichshauptstadt zu organisieren!
Als die Rote Armee mit 18 Armeen, 2,5 Millionen Mann, 43.000 Geschützen, 6.200 Panzern und 8.300 Flugzeugen(!) zum Sturm auf das zur "Festung" erklärte Berlin antrat, verfügte General Weidling nur über ca. 100.000 Mann - inklusive Volksturm und Hitlerjugend! (die Sowjets schätzten die Stärke der Verteidiger auf das Dreifache)
Schwere Waffen waren Mangelware, ebenso Munition und Panzer. Die Luftflotte 6 (von Greim) konnte keine nennenswerte Unterstützung mehr bieten. Das letzte, traurige Kapitel in Helmuth Weidlings Karriere anbrach.
Am 16. April 1945 begannen die russischen Infanterie- und Panzerverbände unter massiver Artillerie- und Fliegerunterstützung mit einer kombinierten Großoffensive. Nach anfänglichen Abwehrerfolgen auf den Seelower Höhen brach die deutsche Oderfront zusammen. Die eigentlich zum Schutz von Berlin vorgesehene 9. Armee wurde wie eine "Sandburg in der Brandung" in mehrere Teile zerrissen und teilweise im Kessel von Halbe vernichtet. Am 21. April erreichten die ersten T-34 den Stadtrand von Berlin, das in neun Befehlsabschnitte gegliedert worden war - einer dieser Abschnitte wurde durch den Schwerterträger Generalmajor Erich Bärenfänger kommandiert, ein weiterer durch Generalmajor Werner Mummert.
Vier Tage später war die zerbombte Reichshauptstadt eingekesselt. Während die Eingeschlossenen sich an ihre Stellungen krallten und tapfer Widerstand leisteten, hoffte der Kampfkommandant General Weidling auf Hilfe von außen - als aber am 28. April ein Einsatzangriff der "Armeegruppe Wenck" misslang, war Berlins Schicksal endgültig besiegelt. Neben der sowjetischen Überlegenheit hatte Weidling auch mit einem weiteren Problem zu kämpfen - den andauernden Kompetenzstreitigkeiten in der Befehlshierarchie, der Einmischung einiger Nazi-Parteigrößen in das Verteidigungskonzept sowie dem heillosen Durcheinander, gekennzeichnet durch dunkle Endzeitstimmung.
Ende April scheiterte auch ein letzter, verzweifelter Ausbruchsversuch der "Kampfgruppe Mummert". Am 30.04.45 besetzte ein sowjetisches Schützenregiment den Reichstag, am selben Tag verübte Hitler Selbstmord. Am 2. Mai 1945 streckten die letzten Verteidiger auf Befehl von General Weidling die Waffen. Über 100.000 deutsche Soldaten und Zivilisten sowie 50.000 Rotarmisten waren während den Endkämpfen ums Leben gekommen.
Als geschlagener Verteidiger von Berlin wurde General Weidling von Stalins Propagandamaschinerie stolz herumgezeigt und besonders lange in Gefangenschaft gehalten. Im Offizierslager Wladimiroka war er eine Zeit lang zusammen mit Theodor Schörner und Ewald von Kleist inhaftiert.
Im Winter 1955 verstarb Weidling im Alter von 64 Jahren in Kriegsgefangenschaft, ohne Deutschland wiedergesehen zu haben.

Generalmajor der Reserve

MAXIMILIAN WENGLER

* 14.01.1890 in Roßwein/Sachsen
+ 26.04.1945 bei Pillau/Ostfront

Ritterkreuz		06.10.1942
Eichenlaub	(404)	22.02.1944
Schwerter	(123)	21.01.1945

Infanteriesturmabzeichen in Silber
Nahkampfspange in Bronze
Nennung im Wehrmachtsbericht
Verwundetenabzeichen in Silber

"Aus der Reserve bis zum Generalmajor!"

Wengler kämpfte bereits während des Ersten Weltkrieges als Fähnrich im Infanterieregiment 133 an der Westfront, wurde bis zum Oberleutnant befördert, mit dem Eisernen Kreuz 1. Klasse ausgezeichnet und 1919 in die Reserve entlassen. In den Zwanziger- und Dreißigerjahren war Wengler als Versicherungskaufmann in Essen tätig, ehe er bei Ausbruch des Zweiten Weltkrieges als Hauptmann der Reserve reaktiviert wurde.
Im Zuge der Aufstellung von Divisionen der 2. und 3. Welle wurde Wengler als Bataillonskommandeur im Infanterieregiment 40 der 227. Infanteriedivision eingesetzt. Nach kurzer Ausbildungsauffrischung wurde die Division im Februar 1940 hinter den Westwall verlegt und wartete den Beginn des Westfeldzuges ("Fall Gelb") ab.
In den Niederlanden bewährte sich das IR 40 beim Sturm auf die Festung Pannerden und beim Überwinden der Grebbe-Linie. Während der Hauptteil der deutschen Truppen in Frankreich kämpfte, blieb Wenglers Division an der holländischen Küste in Bereitstellung. Major d.R. Wengler erhielt für seine Verdienste die Spangen zum Eisernen Kreuz 1914.
Die Reservedivision wurde auch nicht für die Eröffnung des Ostfeldzuges herangezogen, erst im September 1941 wurde sie als Ersatz für eine angeschlagene Division nach Russland transportiert. Im Verband des I. Armeekorps der 18. Armee nahmen die Regimenter an den Abwehrkämpfen am Wolchow, bei Leningrad und an der Newa teil, wobei sich das "Bataillon Wengler" mehrmals auszeichnen konnte. Nach weiteren erfolgreichen Einsätzen, u.a. im Leningrad-Belagerungsring und am Ilmensee, übernahm Major d.R. Wengler im Juli 1942 das kampferfahrene Infanterieregiment 366.
Die 227. Infanteriedivision lag seit Monaten im sgn. "Flaschenhals" von Schlüsselburg in schwersten Stellungsschlachten. Dieser, oft nur 40 Kilometer breite, Frontabschnitt trennte das eingeschlossene Leningrad von den russischen Stellungen am Wolchow. Im August trat die 8. sowjetische Armee zum bereits wiederholte Male zur Offensive in Richtung Leningrad an - unzählige Sturmangriffe, Fliegerattacken und Panzervorstöße wechselten sich Tag und Nacht ab. Wenglers Regiment hielt trotz großer Verluste all diesen Angriffen stand, mehrmals mussten verlorengegangene Grabenlinien oder wichtige Nachschubstraßen im schnellen Gegenstoß wieder zurückerobert werden. Erst nach vier Wochen härtesten Kämpfen brach die Rote Armee die Offensive vorerst ab.
Am 6. Oktober 1942 traf im Stabsquartier der 227. ID ein Funkspruch ein, in dem die Ritterkreuzverleihung an Oberstleutnant d.R. Wengler bestätigt wurde. Auch in den nächsten Monaten schlugen sich Wenglers Grenadiere im Kampf gegen tapfer angreifende Verbände der Roten Armee ausgezeichnet. In den andauernden Gefechten erwarb sich der 52jährige Weltkriegsveteran nach 15 Kampftagen die Nahkampfspange in Bronze, besonders hart waren die tagelangen Abwehrkämpfe auf den Ssinjawino-Höhen. Am 1. Dezember 1942 wurde Wengler im Zuge der dritten Beförderung seit Kriegsbeginn bereits zum Oberst der Reserve ernannt.
1943 stand die 227. Infanteriedivision in der "Armeegruppe Newa" erneut unzählige Abwehrschlachten im "Flaschenhals" durch.
Nach fast zwei Jahren Grabenkrieg zwang eine sowjetische Großoffensive die Heeresgruppe Nord im Frühjahr 1944 erstmals zum Rückzug aus dem Großraum Leningrad. Nach den ersten Absetzbewegungen und Rückzugskämpfen bildete die 227. ID zusammen mit Einheiten des Heeres ("Gruppe Narwa") und der Waffen-SS (III. SS-PzKorps unter

Steiner) den berühmten Abwehrriegel von Narwa. Als eine sowjetische Panzerbrigade mit Grenadier- und Artillerieunterstützung die Stellungen des Infanterieregiments 366 am Ufer des Omuti angriff, verloren die Angreifer binnen 48 Stunden über 70 schwere Panzer und mehrere Sturmgeschütze! Ebenso bereinigt werden konnte ein russischer Versuch, ein Elite-Schützenregiment mit Landungsbooten über die Narwa zu setzten. Für seine Verdienste in diesem Frontabschnitt erhielt Oberst der Reserve Wengler am 22. Februar 1944 als 23. Reserveoffizier das Eichenlaub zum Ritterkreuz verliehen.
Durch die drückende Übermacht der Roten Armee wurde die 18. Armee immer weiter zurückgedrängt, die 227. ID hatte während den Absetzbewegungen schmerzliche Verluste einzustecken. Nach schweren Abwehrkämpfen um die lettische Hauptstadt Riga, die Stadt wurde zeitweise sogar vom Feind völlig eingekesselt, erfolgte die Rückverlegung der angeschlagenen Einheit in die Provinz Kurland. Am 22. Juli 1944, kurz nach Beginn einer kombinierten sowjetischen Großoffensive, wurde Maximilian Wengler neuer Kommandeur der Division, wenig später stieg er als einer von nur 29 Reserveoffizieren des Heeres zum Generalmajor d.R. auf.
Als russische Panzertruppen am 10. Oktober 1944 die Küstenstadt Memel besetzten, war die gesamte Heeresgruppe Nord (später in Kurland umbenannt) abgeschnitten! Während der ersten Kurlandschlacht im Winter 1944/45 verteidigte die 227. ID ihren Frontabschnitt mit entschlossener Verbissenheit. So nahm die Division unter dem Oberbefehl des VI. SS-Freiwilligen-Armeekorps an den äußerst schweren Abwehrschlachten von Doblen und Liepna teil, in deren Verlauf über 300 sowjetische Panzer und mehrere Feindbrigaden vernichtet werden konnten. Zusammen mit seinem Korpskommandeur, Obergruppenführer Walter Krüger, wurde Wengler hierfür im Jänner 1945 mit den Schwertern zum Ritterkreuz ausgezeichnet.
Wenige Wochen später hatte er das Glück, mit seiner Division über See nach Preußen ausgeschifft zu werden und so vom Ende in Kurland verschont zu bleiben.
Zu dieser Zeit musste Generalmajor Wengler den Tod seiner Frau verkraften, die bei einem britischen Bombenangriff auf Dresden ums Leben gekommen war.

Am 27. März 1945 wechselte der hochdekorierte Generalmajor an die Spitze der kampferprobten 83. Infanteriedivision, die sich 1941/43 ebenfalls an der Nordfront bewährt hatte. Die Division war zu dieser Zeit bereits im sgn. Westpreußen-Kessel eingeschlossen und kämpfte - u.a. zusammen mit der 7. Panzerdivision (Dr. Mauss) - im Abschnitt Gotenhafen-Danzig.
In den schweren Schlachten gegen Truppen der 70. sowjetischen Armee fand der 55jährige Divisionskommandeur zwei Wochen vor Kriegsende den Tod!
Wengler war einer von acht Reserveoffizieren der Wehrmacht, die mit der zweithöchsten Tapferkeitsauszeichnung bedacht worden waren.

Generalleutnant

WEND VON WIETERSHEIM

* 18.04.1900 in Neuland/Schlesien
+ 19.09.1975 in Bad Honnef

Ritterkreuz		10.02.1942
Eichenlaub	(176)	12.01.1943
Schwerter	(058)	26.03.1944

Panzerkampfabzeichen in Silber
Dreimalige Nennung im Wehrmachtsbericht
Deutsches Kreuz in Gold
Verwundetenabzeichen in Bronze

"Ein vertrauenerweckender Name"

Der spätere Generalleutnant sammelte als junger Fähnrich im preußischen Kavalleriekorps bereits während des Ersten Weltkrieges wertvolle Kampferfahrungen, besonders im Kampf an der Ostfront. Nach dem Krieg diente er erfolgreich in einem Freikorps und erhielt hier als Leutnant 1919 das Eiserne Kreuz 2. Klasse verliehen.
Aufgrund seiner Qualifikationen wurde von Wietersheim in den Zwanzigerjahren in die Reichswehr übernommen und diente u.a. in den Kavallerieregimentern 12 und 4 sowie als Stabsoffizier im Wehrkreis III. 1938 wechselte von Wietersheim schließlich die Waffengattung und wurde als Major 2. Stabsoffizier der neuen 3. Panzerdivision in Berlin. In dieser Position erlebte er auch den Blitzsieg über Polen.

Im März 1940 übernahm der fähige Offizier als Kommandeur des Kradschützenbataillons der 1. Panzerdivision (Kirchner) erstmals wieder ein Frontkommando. An der Spitze seiner Einheit kämpfte der Weltkriegsveteran ab Mai 1940 in Frankreich (u.a. Somme, St. Quentin, Amiens, Aisne und Calais) und erwarb sich das Eiserne Kreuz 1. Klasse. Nachdem er sich als Bataillonskommandeur im Feld bewährt hatte, übernahm der Oberstleutnant (01.04.41) das bewährte Schützenregiment 113.
Der tapfere Regimentskommandeur kämpfte ab Juni 1941 mit der 1. PD im Nordabschnitt der Ostfront. Nach schnellen Siegen in den Baltikumstaaten erreichten die Spitzen der "Panzergruppe Hoepner" bereits nach wenigen Wochen das Vorfeld von Leningrad, im August konnte die Stadt Opolje genommen werden.
Nach Schlachten im Raum Rshew während der Winterschlacht im Raum Moskau-Klin eingesetzt, konnte eine Kampfgruppe des Schützenregiments 113 hierbei eine strategisch wichtige Brücke über die Wolga besetzen und gegen russische Gegenangriffe halten. Als während den Rückzugskämpfen im Dezember 1942 Teile des Regiments nahe Kalinin von russischen Divisionen eingekesselt wurden, raffte Oberstleutnant von Wietersheim aus versprengten Einheiten, Pionieren, Werkstattpersonal und sogar einer Musikkapelle eine Kampfgruppe zusammen und kämpfte eine schmale Gasse nach Westen frei!
Im Februar gelang es Teilen der 9. Armee (Model) während einer Abwehrschlacht vor Rshew eine entstandene Frontlücke wieder zu schließen und hierbei mehrere russische Divisionen bei Montschalowo einzukesseln. Da der Gegner natürlich versuchte, die Eingeschlossenen so schnell wie möglich wieder herauszuhauen und starke Entlastungsangriffe startete, war Eile geboten. Eine aus Panzern, Panzerpionieren und Grenadieren gebildete Kampfgruppe der 1. Panzerdivision - geführt von Oberstleutnant von Wietersheim - trat zum Sturmangriff an, spaltete den Kessel binnen weniger Stunden und rollte hierbei mehrere Brigaden auf! Bereits mit dem Deutschen Kreuz in Gold dekoriert, erhielt von Wietersheim hierfür das Ritterkreuz zum Eisernen Kreuz verliehen.
Der Regimentskommandeur blieb nicht der einzige Träger in der Militärfamilie - Gustav von Wietersheim wurde 1941 als Korpskommandeur beliehen, der jüngere Hauptmann Walter von Wietersheim 1944 als Bataillonskommandeur in der Division "*Großdeutschland*". Beide überlebten den Krieg.
Im Sommer 1942 wurde Oberst Wend von Wietersheim für seine Verdienste im Mittelabschnitt erstmals für die Eichenlaubverleihung eingereicht, jedoch vom Oberkommando des Heeres zurückgestellt.

Während der Kesselschlacht von Belyj nahe Rshew hatte von Wietersheim mit seinem Regiment an der Vernichtung einer sowjetischen Division großen Anteil. Am 12. Jänner 1943 wurde Oberst von Wietersheim hierfür mit dem Eichenlaub zum Ritterkreuz beliehen, welches er zusammen mit dem späteren Schwerterträger von Edelsheim im Führerhauptquartier überreicht bekam.

Nach schweren Verlusten im Frontbogen Rshew-Wjasma wurde die Division im Februar vom Kampfeinsatz zurückgezogen und im ruhigen Frankreich aufgefrischt. Ab Juni als Sicherungseinheit am Balkan eingesetzt, erhielt Oberst von Wietersheim am 10. August 1943 Befehl, als Nachfolger von Eichenlaubträger Generalmajor Johann Mickl das Kommando über die bewährte 11. Panzerdivision zu übernehmen - am 1. November folgte die Beförderung zum Generalmajor.

Nach Rückzugsgefechten aus dem Kursk-Bogen wurde die Division im Frühjahr 1944 erneut an einem Brennpunkt der Ostfront eingesetzt.

Im Jänner waren mehrere Divisionen des Heeres und zwei Eliteverbände der Waffen-SS bei Tscherkassy von starken sowjetischen Truppen eingekesselt worden. Ohne Hilfe von außen waren die Eingeschlossenen früher oder später verloren - zeitweiliger Kommandeur des Kessels war der damalige Eichenlaubträger Gruppenführer Herbert Gille.

Im Verband einer kampfkräftigen Armeegruppe führte Generalmajor von Wietersheim seine Panzer gegen die westliche Seite des Umklammerungsringes. In tagelangen Infanterie- und Panzergefechten gegen kampferfahrene Sowjetdivisionen schoben sich die Angreifer immer näher an den Kesselrand heran. Als für kurze Zeit eine schmale Gasse freigekämpft werden konnte, gelang es der "Kampfgruppe Gille", sich aus Tscherkassy zurückzuziehen.

Die sowjetischen Truppen erlitten schwere personelle, moralische und besonders materielle Verluste.

Generalleutnant von Wietersheim und seine 11. Panzerdivision genossen durch ihre Erfolge bereits einen ausgezeichneten Ruf an der Ostfront. Als der später gefallene Kesselkommandeur General Stemmermann kurz vor Beginn des entscheidenden Entlastungsangriffes über Funk erfuhr, wer die Stoßdivision kommandierte, soll er gesagt haben: "Na, mit von Wietersheims Panzern wirds ja wohl klappen!".

Am 26. März 1944 wurde von Wietersheim für seine erstklassigen Leistungen in der Divisionsführung als 58. Soldat der Wehrmacht mit den Schwertern zum Ritterkreuz mit Eichenlaub beliehen.

Nach einer erneuten Auffrischung im besetzten Frankreich führte Generalleutnant (01.07.44) von Wietersheim seine nun teilweise mit modernsten Panzern aufgerüstete Division im August 1944 gegen den alliierten Brückenkopf in der Provonce. Unter dem Oberbefehl des späteren Schwerterträgers Generaloberst Blaskowitz baute die 19. Armee während ihres Rückzugs Richtung Norden immer wieder örtliche Abwehrriegel auf. Von so erfahrenen Verbänden wie der 3. US-Panzerdivision attackiert, kämpfte die 11. PD im Rhónetal, bei Bourg und Lyon sowie in den Vogesen und am Albert-Kanal.

Unter dem Oberbefehl der 1. Armee (v. Knobelsdorff) führte von Wietersheim seine Panzer in Abwehrschlachten an der Mosel, bei Düsseldorf und am Rheinufer. Im September und Dezember wurde Generalleutnant von Wietersheim hierbei zweimal namentlich im Wehrmachtsbericht genannt.

Nach Abwehrkämpfen an der Reichsgrenze führte von Wietersheim noch im März 1945 einen verzweifelten Gegenangriff in Richtung Remagen, wo die Amerikaner einen Brückenkopf gebildet hatten. Befohlene Entlastungsangriffe für den Ruhrkessel (Model) waren aufgrund der eigenen schwierigen Lage jedoch völlig unmöglich.

Anfang April erhielt Generalleutnant von Wietersheim Befehl, sich mit seiner Division dem LXXXV. Panzerkorps (von Lüttwitz) anzuschließen und mit diesem an die Ostfront zu verlegen. Aufgrund des fast völlig erschöpften Benzinvorrates der Division war dies jedoch nicht möglich - an der deutsch-österreichischen Grenze wurden die Reste der 11. Panzerdivision schließlich von den schnell vorstoßenden US-Truppen eingeholt, eingekesselt und am 2. Mai 1945 zur Aufgabe gezwungen.

Einige Tage später konnte Wend von Wietersheim seinem Regimentskommandeur Oberstleutnant Karl Thieme noch zur Verleihung der Schwerter zum Ritterkreuz gratulieren.

Während alle Offiziere und Mannschaften der 11. PD binnen weniger Wochen aus der Gefangenschaft entlassen wurden, mussten Generalleutnant von Wietersheim und sein Stabschef diese bis 1948 durchstehen! Ein direkter Anlass zu dieser verschärften Behandlung war nicht zu erkennen.

Generalleutnant a.D. Wend von Wietersheim verstarb 1975 in Bad Honnef.

Oberst

WOLF-DIETRICH WILCKE

* 11.03.1913 in Schrimm/Westpreußen
+ 23.03.1944 bei Magdeburg/Westfront

Ritterkreuz		06.08.1941
Eichenlaub	(122)	09.09.1942
Schwerter	(023)	23.12.1942

Spanienkreuz in Bronze mit Schwertern
Frontflugspange für Jäger in Gold mit Anhänger Einsatzzahl "700"
Flugzeugführer- und Beobachterabzeichen
Nennung im Wehrmachtsbericht
Ehrenpokal der Luftwaffe
Deutsches Kreuz in Gold
Verwundetenabzeichen in Bronze

"Nach 161 Luftsiegen überrumpelt"

Der spätere Jagdflieger-Oberst trat im Alter von 22 Jahren als Offiziersanwärter in die Wehrmacht ein und wurde während seiner Dienstzeit im Kavalleriekorps zum Fähnrich befördert. Unmittelbar nachdem Wilcke zum Oberfähnrich aufgestiegen war, wechselte er auf eigenes Bestreben in die noch junge Luftwaffe über. Als einer der wenigen späteren Spitzenleute dieser Waffengattung zählte er zu jenen mit nationalsozialistischen Sympathien*[123]*.
Sein Stiefvater Friedrich von Scotti sollte während des Krieges als Generalleutnant und Kommandeur der 227. Infanteriedivision das Ritterkreuz erhalten.

Im Frühjahr 1939 hatte der junge Jagdflieger die einmalige Gelegenheit, in der "Legion Condor" Einsatzerfahrungen zu sammeln. Im Gegensatz zu den meisten späteren Top-Assen konnte Wilcke in Spanien aber noch keine Abschüsse erzielen. Der langersehnte, erste Luftsieg gelang ihm am 7. November 1939, als er als Oberleutnant und Kapitän der 7. Staffel des Jagdgeschwaders 53 einen Einsatz über der deutsch-französischen "Sitzfront" anführte und hierbei einen leichten Bomber abschießen konnte.
Im Zuge der schweren Luftkämpfe über Frankreich erzielte Wilcke weitere Siege, ehe er während eines Luftkampfes gegen acht gegnerische Jagdmaschinen erstmals selbst abgeschossen wurde - wie auch Werner Mölders geriet der Staffelführer nach seiner Notlandung hinter den feindlichen Linien in französische Kriegsgefangenschaft. Glücklicherweise konnte er bereits wenige Wochen später zu seinem Geschwader zurückkehren, da Frankreich bedingungslos kapitulierte.
Während der Luftschlacht um England flog Hauptmann (01.07.40) Wilcke als Kommandeur der III. Gruppe des Jagdgeschwaders 53 unzählige Einsätze über dem Kanal und dem Süden der Insel. In den nervenaufreibenden Luftschlachten konnte er seinem Konto 10 weitere Siege hinzufügen, wofür er das Eiserne Kreuz 1. Klasse erhielt. Am 12. August erneut selbst abgeschossen, musste Wilcke im Ärmelkanal notwassern und wurde vom Seenotdienst aufgefischt.
Nach der schlimmen Niederlage gegen die RAF verlegte das JG 53 "*Pick As*", kommandiert vom späteren Eichenlaubträger Major von Mahlzahn, zurück nach Deutschland, um die Verluste zu ersetzen. Im April 1941 erhielt Wolf-Dietrich Wilcke, aufgrund seines Auftretens von seinen Kameraden auch "Fürst" genannt, rückwirkend für seine Verdienste über England einen Ehrenpokal überreicht.
Im Juni 1941 trat das "*Pick As*"-Geschwader zum Krieg gegen die Sowjetunion an, wobei bereits in den ersten Wochen hohe Abschusszahlen gemeldet werden konnten. So erzielte die III. Gruppe bereits am ersten Kriegstag 36 Siege, fünf davon gingen auf das Konto von Hauptmann Wilcke! Am 6. August 1941 erhielt dieser für 25 Luftsiege das Ritterkreuz verliehen und durch Generalfeldmarschall Kesselring persönlich überreicht.
Im Herbst verlegte Wilcke mit seiner Gruppe nach Sizilien, um die deutschen Truppen in Afrika zu unterstützen sowie Einsätze gegen Malta zu fliegen. Im Dezember bezogen die Piloten in Tmimi (Libyen) einen staubigen Feldflugplatz und flogen zusammen mit Staffeln des Jagdgeschwaders 27 Einsätze für das Afrikakorps unter General Rommel.

Bis zum Frühjahr 1942 konnte Wilcke 6 weitere Siege erringen und sich durch hervorragende Führungsqualitäten den uneingeschränkten Respekt seiner Piloten sichern. Doch die erfahrenen britischen Jagdflieger schlugen immer wieder hart zurück und sorgten für schmerzliche Verluste unter den deutschen Geschwadern. So fiel etwa der Kommandeur der II./JG 3, Major Krahl, nach 24 Luftsiegen einer Spitfire zum Opfer. Dieser mit Wilcke befreundete Offizier hatte bereits über England das Ritterkreuz erhalten.
Im Mai 1942 kehrte Major Wilcke an die Ostfront zurück und übernahm das kampferprobte Jagdgeschwader 3 "*Udet*". Sein Vorgänger war Schwerterträger Oberstleutnant Günther Lützow gewesen.
Im Laufe der schweren Luftschlachten über der Ukraine konnte der Geschwaderkommodore seinen Rekord schnell verdoppeln und am 9. September 1942 die magische Marke von 100 Luftsiegen erreichen, unmittelbar darauf erhielt er das 122. Eichenlaub zum Ritterkreuz verliehen. Der fähige Verbandsführer war unter den 58 bisherigen Trägern der Luftwaffe der bereits sechste Jagdpilot des "*Udet*"-Geschwaders!
Im Verband des VIII. Fliegerkorps kam das Geschwader während der schweren Kesselschlacht von Stalingrad zum Einsatz. Während eine Staffel direkt im Kessel stationiert war, startete Wilcke mit dem Rest des Geschwaders pausenlos von außen liegenden Frontflugplätzen. Neben direkten Jagd- und Abfangeinsätzen standen besonders Tiefangriffe und Geleitschutz für die verwundbaren Transportmaschinen auf dem Tagesprogramm. Tausende Soldaten, die unter dem Schutz der Jäger ausgeflogen werden konnten, verdankten dem Dauereinsatz des Geschwaders ihr Leben*[124]*.
Im Laufe der verbissenen Luftkämpfe über Stalingrad schoss Wilcke über 30 Feindmaschinen ab und wurde im Dezember 1942 von der Luftflotte 4 für die Schwerter zum Ritterkreuz mit Eichenlaub eingereicht. Nach insgesamt 156 bestätigten Abschüssen - diese Marke erreichte er als vierter Pilot des Krieges - wurde Major Wilcke als 23. Soldat der Wehrmacht und 14. Jagdflieger mit der zweithöchsten Tapferkeitsauszeichnung dekoriert. Weiters wurden Hauptmann Kurt Brändle (180), Kommandeur der II. Gruppe und Oberleutnant Friedrich-Karl Müller (140), Kapitän der 1. Staffel, für ihre Erfolge über Stalingrad mit dem Eichenlaub beliehen!

Wenige Tage vor dem schrecklichen Ende der 6. Armee zog sich der Großteil des JG 3 zurück und verlegte nach Deutschland. Hier galt es nach kurzer Auffrischung im Zuge der Reichsverteidigung gegen die gefährlichen schweren Bomber und ihren Begleitschutz anzutreten. Am 1. Februar wurde Wolf-Dietrich Wilcke bereits zum Oberstleutnant befördert.
In Süddeutschland sowie dem holländischen Grenzgebiet stationiert, leitete Wilcke in den nächsten Monaten den schwierigen Abwehrkampf über den deutschen Industriezentren. Aufgrund seiner hohen Dienststellung wurde er von höchster Stelle mit einem Feindflugverbot belegt, welches später aber teilweise wieder zurückgenommen wurde. In den wenigen genehmigten Einsätzen des Kommodores erhöhte sich dessen Konto durch den Abschuss von drei viermotorigen US-Bombern auf 159 Luftsiege. Am 17. August 1943 führte Wilcke sein gesamten Geschwader geschlossen in die Luftschlacht um Schweinfurt. Während dieses Unternehmens schossen die durch Generalmajor Galland gelenkten Jagdverbände über 60 schwere US-Bomber ab und beschädigten etwa 100 weitere! Es war zwar der größte Erfolg der Reichsverteidigung, änderte aber nichts an der deutschen Unterlegenheit.
Am 23. März 1944 führte Wilcke, seit Dezember 1943 bereits Oberst, eine Gruppe seines Geschwaders gegen einen großen Bomberverband der 8. US-Luftflotte. Während einige seiner Piloten die feindliche Abwehr durchbrachen und die Bomber angriffen, konnte der Kommodore mit zwei amerikanischen Jägern seinen 160. und 161. Luftsieg erzielen, ehe er plötzlich von einer amerikanischen Jagdrotte in die Zange genommen wurde.
Obwohl der erfahrene Haudegen sofort mit engen Abwehrkurven reagierte, wurde seine Focke-Wulf 190 abgedrängt und zusammengeschossen.
Bei Kriegsende stand der ausgezeichnete Kommandeur und Flieger unter den Besten der Luftwaffe an der 29. Position. Mit 731 Einsätzen gehörte Wilcke zu den am häufigsten gegen den Feind geflogenen Jagdfliegern der Luftwaffe.
Sein Nachfolger an der Spitze des "*Udet*"-Geschwaders wurde Oberstleutnant Friedrich-Karl Müller, ehemals Kommandeur seiner I. Gruppe über Stalingrad, der bereits im Mai 1944 ebenfalls den Tod fand.
Später befehligten die beiden Schwerterträger Bär und Schröer dieses erstklassige Jagdgeschwader.

Brigadeführer der Waffen-SS

THEODOR WISCH

* 13.12.1907 in Wesselburenerkoog/Holstein
+ 11.01.1995 in Hamburg

Ritterkreuz		15.09.1941
Eichenlaub	(393)	12.02.1944
Schwerter	(094)	30.08.1944

Infanteriesturmabzeichen in Silber
Nennung im Wehrmachtsbericht
Deutsches Kreuz in Gold
Verwundetenabzeichen in Silber

"Kommandeur der gefürchteten SS-Leibstandarte"

"Teddy" Wisch trat nach einer Ausbildung zum Diplom-Landwirt bereits 1933 als einer der ersten Freiwilligen in die SS-"*Leibstandarte*" ein und wurde nach der Ausbildung zum Untersturmführer befördert. 1937/38 kommandierte Wisch mit der 1. Kompanie dieses Elite-Verbandes jene Soldaten, die bei öffentlichen Anlässen als Ehrenformation zum Einsatz kamen. Daher war auch keiner seiner Männer kleiner als ein Meter neunzig! In der "*Leibstandarte*" dienten zu dieser Zeit u.a. auch die späteren Schwerterträger Otto Baum, Kurt Meyer und Hinrich Schuldt.

Bereits während des Polenfeldzuges mit beiden Klassen des Eisernen Kreuzes dekoriert und einmal nur knapp einer Gefangennahme entkommen, übernahm Sturmbannführer (30.01.40) Wisch im Frühjahr 1940 das neu aufgestellte IV. Bataillon der Brigade.
Während der Kämpfe in Belgien und Nordfrankreich (u.a. Somme, Dünkirchen, Watten, Péronne, Marne, Flandern) fiel er wiederholt als tapferer Soldat und erstklassiger Offizier auf.
An der Spitze seines Bataillons nahm Wisch auch erfolgreich an den Feldzügen gegen Jugoslawien und Griechenland teil, wo sich die sehr schnell vorstoßende Brigade im Kampf gegen britische Verbände bewährte und über 50.000 Gefangene einbringen konnte. Nach dem Balkanfeldzug übernahm Wisch das II. Bataillon.
Im Juni 1941 trat die von "Sepp" Dietrich kommandierte SS-"*Leibstandarte*" im Verband der Heeresgruppe Süd (III. Panzerkorps) zum Krieg gegen die Sowjetunion an. Nach erfolgreichen Vormarschgefechten und Umfassungskämpfen am Dnjepr und bei Nikolajew folgten weitere Vorstöße bis Uman und Schitomir sowie ins heiß umkämpfte Gebiet von Rostow und der Nogaischen Steppe.
Für die hervorragende Führung seiner Männer und besondere Leistungen im Gefecht erhielt der Bataillonskommandeur bereits drei Monate nach Beginn der Operation "Barbarossa" das Ritterkreuz zum Eisernen Kreuz verliehen.
Im Verlauf der schweren Winterschlachten kam die SS-"*Leibstandarte*" am Mius zum Einsatz.
Nachdem die Division im Sommer 1942 in Frankreich aufgefrischt worden war, kehrte sie als Panzergrenadierdivision wieder an die Ostfront zurück. Der bereits zum Obersturmbannführer beförderte Wisch kommandierte nun das ausgezeichnete Panzergrenadierregiment 2. Am 30. Jänner 1943 stieg er zum Standartenführer auf.
Während der erbitterten Schlacht um Charkow bewährte sich sein Regiment in Angriff und Verteidigung, nach weiteren Verdiensten in den schweren Kämpfen erhielt Wisch das Deutsche Kreuz in Gold. Während der Offensive gegen den Frontbogen von Kursk waren Wischs Panzergrenadiere an über 100 Panzervernichtungen beteiligt. Besonders erfolgreich waren seine Verbände während der riesigen Panzerschlacht nahe Prochorowka.
Als der langjährige Kommandeur der SS-"*Leibstandarte*", Schwerterträger Dietrich, Befehlshaber des I. SS-Panzerkorps wurde, schlug er seinen besten Regimentskommandeur als Nachfolger vor - kurz nach der Kommandoübernahme (25.07.43) wurde Wisch im Alter von erst 36 Jahren vorgezogen zum Brigadeführer befördert!
Nach pausenlosen Abwehrgefechten bei Bjelgorod folgte die äußerst erfolgreiche Rückeroberungsschlacht von Charkow, in deren Verlauf die Division zusammen mit der Elite der Waffen-SS mehrere sowjetische Korps völlig aufreiben und über 500 Panzerabschüsse melden konnte! Danach folgte eine Auffrischungsphase im ruhigen Norditalien, wo es zu einem unerwartetem Einsatz kam.

Als sich der kriegsmüde Bundesgenosse im September 1943 von Deutschland distanzierte und einen Separatfrieden mit den Alliierten abschloss, erhielt die Division eine schwierige Aufgabe. Innerhalb kürzester Zeit hatten die SS-Einheiten mehrere italienischen Garnisonen in Oberitalien zu entwaffnen und gefangenzunehmen. Durch eine äußerst präzise Planung konnte dieser Auftrag binnen weniger Stunden erfüllt werden!
Während des Einsatzes in Italien kam es durch den späteren Schwerterträger Sturmbannführer Peiper leider auch zum Kriegsverbrechen bei Boves. Da Peiper aber erwiesenermaßen eigenmächtig gehandelt hatte, wurde Wisch nach dem Krieg deshalb nicht angeklagt.
Im Winter 1943 war die SS-"*Leibstandarte*" bereits wieder an der Russlandfront. In härtesten Abwehrkämpfen an den Brennpunkten der Front, u.a. bei Kiew, Berditschew, Schitomir und Winniza, bewies Wisch, dass er ein ausgezeichneter Kommandeur und seine Einheit eine der kampfkräftigsten der Wehrmacht war. Wo auch immer die SS-"*Leibstandarte*" eingesetzt wurde, erlitt die Rote Armee große Verluste und nur schwierig erkämpfte Gebietsgewinne. Nach erfolgreichen Abwehrschlachten bei Radomsyl, Tscherkassy, Podolsk, Korsun und Tarnapol erhielt Brigadeführer Wisch am 12. Februar 1944 als bereits achter Offizier der Elite-Division das Eichenlaub zum Ritterkreuz verliehen! Im Dezember war Wisch mit seiner Division im Wehrmachtsbericht genannt worden.
Da die Reihen der Division sehr gelichtet waren und die Schlagkraft dadurch schwächer wurde, verlegte die bereits zur Panzerdivision erweiterte SS-"*Leibstandarte*" im Mai 1944 erneut nach Frankreich, wo sie wieder auf 21.000 Mann aufgefüllt wurde und somit weitaus stärker war, als eine normale Panzerdivision des Heeres.
Als am 6. Juni 1944 die alliierte Invasion in der Normandie begann, wurde die Division in Eilzügen Richtung Kampfgebiet verlegt. In den nächsten Wochen kämpften die Verbände der Division, darunter einige der gefürchteten Tiger-Abteilungen, äußerst verbissen westlich von Caen. Zusammen mit der SS-"*Hitlerjugend*" (Meyer) leistete die aus Russland erfahrene Division wochenlang den denkbar härtesten Widerstand.
An der rechten Flanke der Invasionsfront traten die britisch-kanadischen Truppen in zwei großangelegten Offensiven gegen die deutsche Front an - erst nach massivsten Boden- und Luftangriffen der Alliierten zogen sich die Deutschen am 19. Juli 1944 zurück, zwei Tage zuvor hatten die Briten bei einem gescheiterten Großangriff innerhalb weniger Stunden über 100 Panzerfahrzeuge eingebüßt! Bei den Kämpfen um Caen verlor die SS-"*Leibstandarte*" mit Schwerterträger Hauptsturmführer Wittmann andererseits aber auch ihren besten Panzerkommandanten.
Im August geriet die SS-„*Leibstandarte*" zusammen mit mehreren Divisionen des Heeres, der Waffen-SS und des Fallschirmjägerkorps in den Kessel von Falaise. Nach harter Gegenwehr gelang es Brigadeführer Wisch, den Großteil seiner wertvollen Einheiten durch eine freigekämpfte Gasse Richtung Osten herauszuführen. Am 20. August wurde der tapfere Offizier während den Rückzugskämpfen jedoch durch Granatsplitter in den Beinen schwerst verwundet! Obwohl er diese Verwundung mit viel Glück und Können der Ärzte überstand, sollte er nicht mehr an die Front zurückkehren können. Seine Division wurde später u.a. vom Schwerterträger Otto Kumm übernommen.
Für die eindrucksvollen Defensiverfolge an der Invasionsfront erhielt Wisch am 30. August als 94. Soldat und - nach Dietrich und Wittmann - bereits 3. Angehöriger der SS-"*Leibstandarte*" die Schwerter zum Ritterkreuz mit Eichenlaub verliehen. Mit insgesamt 53 Ritterkreuz-, 10 Eichenlaub- und 4 Schwerterträgern sowie 16 Trägern der Nahkampfspange in Gold wurde die Division die höchstdekorierte Division der gesamten Wehrmacht!

Das Kriegsende erlebte der tapfere Offizier im Lazarett. Nachdem er an die Franzosen übergeben worden war, blieb er bis 1948 in Gefangenenschaft und wurde von gegen ihn erhobenen Vorwürfen in einem Kriegsverbrecherprozess freigesprochen. Somit wurde Wisch deutlich früher entlassen, als viele der meisten hohen Offiziere der Waffen-SS.
Der ehemalige Brigadeführer und Vater von sechs Söhnen verstarb nach schwerer Krankheit 1995 in Hamburg.

Obersturmbannführer der Waffen-SS

GÜNTHER WISLICENY

* 05.09.1912 in Regulowken/Ostpreußen
+ 25.08.1985 in Hannover

Ritterkreuz		30.07.1943
Eichenlaub	(687)	26.12.1944
Schwerter	(151)	06.05.1945

Infanteriesturmabzeichen in Silber
Nahkampfspange in Gold
Zwei Sonderabzeichen für Panzervernichtung durch Einzelkämpfer
Deutsches Kreuz in Gold
Verwundetenabzeichen in Gold

"Träger der Nahkampfspange in Gold!"

Günther Wisliceny schuftete nach seinem Schulabgang drei Jahre lang in einer Kohlengrube in Beuthen, ehe er 1933 als Freiwilliger in die SS-Stabswache Berlin eintrat und hier zum Offizier ausgebildet wurde. 1936 zum Untersturmführer befördert, diente er bei Kriegsbeginn im Elite-Regiment *"Der Führer"*. Während des Westfeldzuges führte Obersturmführer Wisliceny die 8. Kompanie und erhielt das Infanteriesturmabzeichen in Bronze. Sein damaliger Bataillonskommandeur war Fritz von Scholz, in der 5. Kompanie diente Sylvester Stadler, die 9. wurde durch Heinz Harmel, die 12. von Otto Kumm kommandiert - alles später Träger der Schwerter!

Nachdem Günther Wisliceny in der von Gruppenführer Hausser geführten Division SS-"*Das Reich*" an den Kämpfen bei Bialystok und Minsk, der Kesselschlacht von Smolensk sowie den Kämpfen im Jelnja-Bogen teilgenommen hatte, erlebte er als Kampfgruppenführer die schwere Winterschlacht vor Moskau.
Im Juli erhielt er das Eiserne Kreuz 2. Klasse, im November die 1. Klasse und wurde am 7. August erstmals verwundet. Bereits im Dezember erwischte es ihn erneut – diesmal schwer am Oberschenkel! Kaum wieder genesen, folgte bereits drei Monate später durch Granatsplitter die nächste Verwundung, diesmal an der rechten Schulter.
Seine Uniformjacke zeigte nun bereits das Verwundetenabzeichen in Silber.
Nach erneutem Lazarettaufenthalt wurde Wisliceny im April 1942 als Hauptsturmführer zum Kommandeur des III. Bataillons des Regiments *"Deutschland"* ernannt. An der Spitze dieser Einheit nahm er an allen Aktionen der SS-"*Das Reich*", u.a. den Gefechten im Rshew-Bogen, am Don und Donez sowie bei Poltawa teil und erwies sich als draufgängerischer Offizier und tapferer Soldat. Für 15 Nahkampftage trug Wisliceny bereits die Nahkampfspange in Bronze.
In besonders harte Kämpfe wurde Wislicenys Bataillon in den Abwehrschlachten von Charkow und Kiew verwickelt. Im Frühjahr 1943 hielt die Division ihre Stellungen bei Pawlograd und Jeremejewka. Wisliceny erhielt hier für Tapferkeit im Gefecht das Deutsche Kreuz in Gold.
Nach schweren Rückzugskämpfen wurde die SS-"*Das Reich*" im Sommer in Bereitstellung für die bevorstehende Operation "Zitadelle" befohlen.
An der Spitze seiner Männer nahm Wisliceny als Stoßkeil der Division an den Kämpfen im Raum von Bjelgorod teil. Durch das tief gestaffelte Stellungssystem der Sowjets brach der deutsche Großangriff schnell zusammen - einige Elite-Einheiten, darunter das III./*"Deutschland"*, stießen aber jedem Widerstand zum Trotz in erbitterten Nah- und Grabenkämpfen tief in die russischen Stellungen vor und versuchten, den festgefahrenen Angriff wieder zu beleben. Nach mehreren blutigen Tagen gelang dem "Bataillon Wisliceny" als einzigen der gesamten Division der Durchbruch! Am 12. Juli kam die SS-„*Das Reich*“ schließlich während der Panzerschlacht von Prochorowka zum Einsatz.
Flankiert von den Elite-Divisionen „*Leibstandarte*“ (Dietrich) und „*Totenkopf*“ (Krüger), griff die Division morgens eine zum Angriff angetretene russische Division nahe Gresnoje an und zwang sie um Rückzug. Als jedoch zwei Garde-Panzerkorps des Gegners in den Kampf eingriffen, entbrannte ein stundenlanges Ringen zwischen etwa 100 Panzern der „*Das Reich*“ und fast 200 T-34 des 29. sowjetischen Korps. Wislicenys Grenadiere mussten angesichts dieser Übermacht oftmals in Nahkampfgruppen gegen die Stahlmonster vorgehen und erlitten hierbei hohe Verluste.

Als südlich der Division ein sowjetisches Garde-Panzerkorps zum Flankenangriff antrat, musste sich das II. SS-Panzerkorps schließlich zurückziehen.
Hierbei geriet das „Bataillon Wisliceny“ beinahe in einen Kessel, der während den Gefechten am Bein verwundete Sturmbannführer (20.04.43) erhielt am 30. Juli das Ritterkreuz zum Eisernen Kreuz verliehen.
Seine Vorgesetzten beschrieben Wisliceny in ihren Beurteilungsberichten immer wieder als "sehr energisch, eigeninitiativ und überaus tapfer". Die ihm unterstellten Männer würden durch seinen Einsatz "immer wieder mitgerissen und zu Höchstleistungen getrieben".
Da die Division in diesen im Endeffekt erfolglosen Kämpfen große Opfer gebracht hatte, wurde sie im Winter aus der Front gelöst und zur erneuten Auffrischung nach Südfrankreich verlegt - diese Pause nutzte Wisliceny für eine bereits seit längerer Zeit notwendige Meniskusoperation sowie zum Auskurieren seiner letzten schweren Verwundung.
Ende März 1944 übernahm Sturmbannführer Wisliceny als Nachfolger von Heinz Harmel das Panzergrenadierregiment "*Deutschland*" und erhielt am 10. April die Beförderung zum Obersturmbannführer.
Im selben Monat wurde die SS-"*Das Reich*" mit Divisionen des Heeres im "Wanderkessel" von Kamenez-Podolsk eingeschlossen, konnte sich jedoch unter abenteuerlichen Umständen aus der Mausefalle freikämpfen.
Nach harten Rückzugsschlachten erging erneuter Verlegungsbefehl nach Frankreich, wo die Umrüstung zur Panzerdivision in Angriff genommen wurde.
Als im Juni 1944 die amerikanisch-britische Dampfwalze in der Normandie Fuß fasste und der Heeresgruppe B (Rommel) schwer zusetzte, wurde die kaum aufgefüllte SS-"*Das Reich*" an die neue Front geworfen.
An der Spitze einer schlagkräftigen Kampfgruppe nahm Wisliceny im Bereich der Panzerlehrdivision (Bayerlein) an den verbissenen Kämpfen um St. Ló teil, hierbei konnten seine Männer einen amerikanischen Durchbruchsversuch nördlich der Stadt verhindern. Zwischen dem 9. und 19. Juli meldete die "Kampfgruppe Wisliceny" alles in allem 53 Panzer- und 11 Infanterieangriffe des Gegners, wobei die vordersten Stellungen über 30mal geräumt werden mussten! Im Gegenstoß wurden die US-Verbände jedoch jedesmal wieder zurückgeworfen! Hierdurch konnte die wichtige Straßenkreuzung bei La Platriere unter Kontrolle gehalten werden. Nach diesen Gefechten erhielt Obersturmführer Heinz Macher, einer von Wislicenys Kompaniekommandanten, das 554. Eichenlaub verliehen.
Zu diesem Zeitpunkt trug Günther Wisliceny für seine unzähligen Einsätze in vorderster Front bereits die Nahkampfspange in Silber sowie mehrere Sonderabzeichen für Panzervernichtung durch Einzelkämpfer.

Im August kamen Teile der SS-"*Das Reich*" im Gebiet des Falaise-Kessels zum Einsatz und deckten die ausbrechenden Verbände beim Rückzug nach Osten.
Nach weiteren Erfolgen an der Invasionsfront erhielt Obersturmbannführer Wisliceny zusammen mit seinem Divisionskameraden Otto Weidinger das 687. Eichenlaub zum Ritterkreuz verliehen.
Nach schweren Rückzugskämpfen und vergeblichen Gegenangriffen (u.a. Mortain, Rouen, Seine- und Maas-Ufer) wurde die Division im Verband des II. SS-Panzerkorps (Bittrich) im Dezember 1944 erneut in Bereitstellung für eine Offensive befohlen. Diesmal stürmten die kampferfahrenen Soldaten der Waffen-SS in den Ardennen gegen die amerikanischen Stellungen in Ostbelgien an. Nach anfänglichen Erfolgen, u.a. Vernichtung einer Feindbrigade bei St. Vith, scheiterte aber auch dieser letzte offensive Versuch im Westen an der alliierten Überlegenheit.
Im Frühjahr 1945 verlegte die Division wieder an die Ostfront. In den letzten schweren Kämpfen in Ungarn und Österreich (Stuhlweissenburg, Velencesee, Plattensee, Wien) konnten nur noch Teilerfolge erzielt werden, Wisliceny kämpfte in den Abwehrgefechten stets an der Spitze seiner Männer. Am 31. März 1945 erhielt der tapfere Regimentskommandeur nach insgesamt 50 Nahkampftagen die nur etwa 620mal vergebene Nahkampfspange in Gold verliehen, welche als höchstes infanteristisches Kampfabzeichen des Heeres galt! Im letzten Kriegsmonat wurde der Ostpreuße zum fünftenmal verwundet.
Wisliceny war nur einer der Helden der SS-"Das Reich" - insgesamt waren 71 Soldaten mit dem Ritterkreuz, 24 mit der seltenen Nahkampfspange in Gold und 15 mit dem Eichenlaub ausgezeichnet worden! Mit 4.800 Panzerabschüssen war die Elite-Division die diesbezüglich erfolgreichste der gesamten Wehrmacht!

Zwei Tage vor der Kapitulation wurde Günther Wisliceny für die umsichtige Führung seiner Männer und die Defensiverfolge in Ungarn noch mit den 151. Schwertern zum Ritterkreuz mit Eichenlaub ausgezeichnet. Die Verleihung wurde mit Sonderzustimmung des Oberkommandos der Wehrmacht von Oberstgruppenführer Dietrich, Oberbefehlshaber der 6. SS-Panzerarmee, durchgeführt, dem Wisliceny schon in den Ardennen aufgefallen war. Am 8. Mai kapitulierte die SS-"*Das Reich*" vor US-Truppen.
Wisliceny wurde nach zwei Jahren Gefangenschaft an die Franzosen übergeben, von diesen wegen freiwilliger Zugehörigkeit zur Waffen-SS verurteilt und bis 1951 festgehalten*[125]*. Er verstarb 1985 in Hannover.

Hauptsturmführer der Waffen-SS

MICHAEL WITTMANN

* 22.04.1914 in Vogelthal/Oberpfalz
+ 08.08.1944 südl. von Caen/Westfront

Ritterkreuz		14.01.1944
Eichenlaub	(380)	30.01.1944
Schwerter	(071)	22.06.1944

Panzerkampfabzeichen in Gold (4. Stufe)
Nennung im Wehrmachtsbericht
Verwundetenabzeichen in Bronze

"Der erfolgreichste Panzerkommandant des Krieges"

Als er während der Invasionsschlacht mit der zweithöchsten Tapferkeitsauszeichnung dekoriert wurde, war Obersturmführer Wittmann innerhalb des Heeres der rangniedrigste Träger dieser Auszeichnung. Mit einer nur 161tägigen Zeitspanne zwischen Ritterkreuz und Schwertern hielt der herausragende Panzerkommandant außerdem den diesbezüglichen Rekord innerhalb des Heeres!

Michael Wittmann trat 1934 ins Infanterieregiment 19 ein und wechselte 1937 als Unteroffizier in die SS-Verfügungstruppe. Nach einer harten Auslese wurde der Sohn eines Landwirtes in die Elite-SS-"*Leibstandarte*" des späteren Brillantenträgers Josef Dietrich aufgenommen. Den Polen- und Frankreichfeldzug erlebte Unterscharführer Wittmann als Angehöriger der Spähpanzerabteilung und kämpfte bei Rotterdam, Dünkirchen, an der Somme, der Marne sowie in Flandern. Als die Division für den Balkanfeldzug mit schwererem Gerät ausgestattet wurde, übernahm Wittmann ein Sturmgeschütz und erhielt in Folge für seine Leistungen das Eiserne Kreuz 2. Klasse.
Als im Juni 1941 der Krieg im Osten begann, gehörte die SS-"*Leibstandarte*" zu den Stoßkeilen der Heeresgruppe Süd. Bereits in seinen ersten Gefechten konnte Wittmann sechs russische Panzer abschießen und die Grenadiere seiner Division effektiv unterstützen. Nach schnellen Offensiven gegen die 6. sowjetische Armee und großen Erfolgen bei Uman erreichte die Division Rostow, wo Wittmann in den schweren Panzergefechten zweimal hintereinander verwundet wurde (Arm, Schulter). Für seine Erfolge als Panzerkommandant erhielt er schon bald das Eiserne Kreuz 1. Klasse überreicht. Als ihn sein Kommandeur noch am Gefechtsfeld fragte, ob er als Belohnung für das EK.I noch einen Wunsch habe, bat Wittmann, drei verwundete Russen von einem nahegelegenen Hügel abtransportieren zu lassen, den die deutschen Sanis wegen Feindbeschuss bisher nicht gesäubert hatten. Der Kommandeur stimmte zu.

Im Kampf gegen sowjetische Panzer konnte sich der stets tapfer und überlegt angreifende Oberscharführer (09.11.41) Wittmann auf eine ihm treu ergebene und eingespielte Besatzung sowie die Überlegenheit seines Kampfpanzers verlassen. Obwohl (anfangs) in Feuerkraft, Panzerung und Ausbildung meist unterlegen, bedeuteten die russischen Panzer aufgrund ihrer großen Anzahl eine nicht zu unterschätzende Gefahr. Waren anfangs schwächere Modelle wie der unbewegliche T-35 oder der unterbewaffnete T-26 die Standardmodelle der Roten Armee, tauchten bereits Ende 1941 die ersten T-34 in den Frontverbänden auf. Diese schwerbewaffneten und wendigen Panzer waren ein ernstzunehmender Gegner. Die 1943/44 gebauten JS-1 oder T-85 konnten sich sogar bereits mit einem deutschen Tiger messen.
Ebenfalls nicht auf die leichte Schulter zu nehmen waren die allgegenwärtigen Panzerabwehrgeschütze des Gegners.
Für Tapferkeit im Gefecht zum Untersturmführer (21.12.42) ernannt (Kriegsoffizier), nahm Wittmann in der 13. Kompanie des SS-Panzerregiments 1 an unzähligen Abwehr- und Offensivschlachten des Jahres 1943 teil. Zu dieser Zeit waren die Panzerregimenter der Division teilweise bereits mit dem berüchtigten Panzerkampfwagen VI, genannt Tiger, ausgerüstet.

Dieses 55 Tonnen schwere Ungetüm war mit 20 km/h (700 PS) im Feld schnell und beweglich, verfügte über eine auf bis zu 2000 Metern(!) treffsichere 8,8-cm-Kanone mit einer Mündungsgeschwindigkeit von 810 Metern/Sekunde und war bis zu 110 Millimeter stark gepanzert!
Bei Bjelgorod, Prochorowka und Charkow konnte Wittmann mit seinem Tiger an mehreren Tagen je bis zu 15 Feindpanzer abschießen! Einmal gelangen ihm während einer heftigen Panzerschlacht sogar nicht weniger als 30 Panzer- und 28 Pak-Abschüsse!! Diese Erfolge wurden ähnlich genau gezählt wie die Siege eines Jagdfliegers und mit weißen Abschussringen am Panzerrohr vermerkt. Wittmann zeichnete sich immer wieder durch große Übersicht im Gefecht und überdurchschnittliches panzertaktisches Können aus.
Während seines Einsatzes bei Kiew und Brussilov konnte Wittmann seine Vorgesetzten abermals durch brillante Kampfführung und Tapferkeit im Gefecht überzeugen. Als er im Jänner 1944 bei 66 Panzerabschüssen angelangt war, erhielt er das seit langem fällige Ritterkreuz verliehen, am Vortag war er sogar namentlich im Wehrmachtsbericht genannt worden!
Seine Besatzung trug zu dieser Zeit bereits geschlossen das Eiserne Kreuz 1. Klasse und das Panzerkampfabzeichen in Silber. Sein Richtschütze Oberscharführer Balthasar Woll erhielt später für seinen Anteil an Wittmanns Erfolgen ebenfalls, und zwar als einziger Panzerrichtschütze des Krieges(!), das Ritterkreuz zum Eisernen Kreuz verliehen. Woll fungierte wenig später übrigens auch als Wittmanns Trauzeuge.
Wenige Wochen nach Wittmann wurde auch dessen Kompaniechef, Hauptsturmführer Kling, mit dem Ritterkreuz beliehen.

Kurz nach der Verleihung an Wittmann wurde die Division bei Sherepki in unerwartet heftige Gefechte verwickelt. Von mehreren russischen Panzerbrigaden attackiert, rückten alle verfügbaren Tiger ins Gefecht ab. Am 13. Jänner 1944 trat die ausgezeichnete 13. Kompanie, darunter der "Zug Wittmann" zum Gegenangriff an. Bereits nach wenigen Minuten brannten zehn russische Panzer! Als Wittmann am Mittag des 14.01.44 seinen bereits 16. Panzer in Folge vernichtete, reichte ihn sein Divisionskommandeur Brigadeführer Wisch mit Nachdruck zum Eichenlaub ein - so erhielt der junge Panzerkommandeur nur 17 Tage nach dem Ritterkreuz nun auch die nächsthöhere Stufe verliehen*[126]*!
Aufgrund seiner großen Verdienste und seiner umsichtigen Führungseigenschaften übernahm Wittmann im Frühjahr 1944 die 2. Kompanie der schweren SS-Panzerabteilung 501. Einer seiner direkten Vorgesetzten war nun der hochdekorierte Obersturmbannführer Jochen Peiper, einer der bekanntesten Offiziere der Division.
Die Tiger der Abteilung konnten sich im Verband der SS-"*Leibstandarte*" besonders während den Schlachten im Raum Kamenez-Podolsk auszeichnen - hier erzielte Obersturmführer (30.01.44) Wittmann wenig später seinen 100. Panzerabschuss an der Ostfront! Hinter dem Schlachtflieger Major Rudel war Wittmann nun bereits der erfolgreichste "Panzertöter" der Wehrmacht!
Als im Juni 1944 alliierte Truppen in der Normandie landeten, lag die "*Leibstandarte*" zusammen mit der SS-"*Das Reich*" zur Auffrischung in Frankreich. Am 13. Juni trat die Division zum Angriff an. Dieser Tag sollte der vielleicht größte von Michael Wittmann werden.
An diesem 13.06. stieß die aus Nordafrika berühmte 7. britische Panzerdivision*[127]* im Gebiet von Villers-Bocage in Richtung der linken Caen-Flanke vor. Die Vorhut bildete die kampferprobte 22. Panzerbrigade sowie ein Panzergrenadierbataillon. Wittmanns Tiger stand gut getarnt unmittelbar neben der Vormarschstraße in einem Waldstück. Ruhig und selbstsicher wie eh und je wartete der Panzerkommandant auf den richtigen Moment anzugreifen - und zwar ohne jegliche Unterstützung, denn dafür war keine Zeit mehr!
Als die feindliche Kolonne auf der Höhe des Tigers war, eröffnete Wittmann aus etwa 80 Metern Entfernung das Feuer - der erste britische Schützenpanzer explodierte in einer Feuersäule. Dann ging alles Schlag auf Schlag. Wittmann preschte aus seinem Versteck hervor, schwenkte auf die Straße und feuerte in kurzen Abständen Granate um Granate gegen die aufgefädelten Fahrzeuge und Panzer! Während sein routinierter Ladeschütze immer wieder blitzschnell nachlud, belegte der MG-Schütze die britischen Grenadiere mit Dauerfeuer.
Durch den Überraschungseffekt völlig überrumpelt, erwiderten die britischen Begleitpanzer erst spät das Feuer - die starke Panzerung des Tigers und seine schnellen Manöver verhinderten aber gefechtsentscheidende Schäden. Als sich Wittmann schließlich zurückzog, standen 25 britische Panzer, Lastwagen und Spähfahrzeuge ausgebrannt auf der Straße! Die schwer angeschlagene britische Brigade kehrte zur Division zurück - deren Kommandeur wollte es anfangs gar nicht glauben, dass die deutsche "Angriffsmacht" aus nur einem einzigen(!) Tiger bestanden hatte.
Als Wittmann - nun bereits von weiteren Tigern verstärkt - nach diesem Gefecht in Richtung der Ortschaft fuhr, erhielt sein Tiger einen schweren Pak-Treffer in die Kette. Er und seine Mannschaft gaben den bewegungsunfähigen Panzer auf und schlugen sich - quer durchs Gefechtsfeld - 15 Kilometer bis zur südlich stehenden Panzerlehrdivision (Bayerlein) durch. Ohne Pause führte Wittmann danach sofort eine Panzerabteilung nach Villers-Bocage und stopfte die noch offene Frontlücke.

Nachrückende Infanterieeinheiten konnten am Schauplatz des Panzergefechtes insgesamt 230, meist verwundete, britische Soldaten gefangennehmen.
Der angesehene amerikanische Militärhistoriker und Kriegsveteran Charles E. White bezeichnete Wittmanns Angriff bei Villers-Bocage Jahre nach dem Krieg als "eine der beeindruckendsten Heldentaten des gesamten Krieges".
Für die Abwehr des für die gesamte Caen-Front gefährlichen Panzerangriffes sowie insgesamt 131 Panzer- und 132 Pak-Abschüsse reichten die Division und das Korps Wittmann mit Nachdruck für die Verleihung der Schwerter zum Ritterkreuz mit Eichenlaub ein. Am 22. Juni 1944 erhielt der Obersturmführer die Auszeichnung als 71. Soldat und einziger Panzerkommandant der Wehrmacht verliehen. Gleichzeitig wurde er für Tapferkeit vor dem Feind zum Hauptsturmführer befördert. Diese Schwerterverleihung war die erste von insgesamt neun an der Invasionsfront.
Die nun von höchster Stelle angebotene Lehrverwendung an einer Panzertruppenschule lehnte Wittmann jedoch ab und kehrte unmittelbar später zu seinem Elite-Regiment zurück.
Am 8. August 1944 führte Michael Wittmann einige Tiger zum Angriff gegen amerikanische Stellungen bei Cintheaux. Nach einem Fernduell mit einigen Feindpanzern fuhr Wittmann, aus allen Rohren feuernd, einem in der Flanke auftauchenden Sherman-Rudel des 1. Nordhampshire Garderegiments entgegen. Dann verloren ihn die anderen Tiger-Kommandanten aus den Augen. Als er sich am Abend des Tages noch immer nicht zurückgemeldet hatte, schickte die Division einen Suchtrupp los.
Man fand Wittmanns Tiger inmitten einer Reihe ausgebrannter Feindpanzer. Er war nach einem kurzen Feuergefecht mit den britischen Shermans weiter nach Norden vorgestoßen und nach Überquerung einer Hügelkette mitten in eine feindliche Übermacht hineingefahren.
Von drei Seiten eingeschlossen, wurde sein Tiger nach heftiger Gegenwehr schließlich völlig zusammengeschossen! Kein Mitglied der hochdekorierten Besatzung überlebte diesen Einsatz. Einige seiner Kameraden meinten später, dass der Tiger vorher oder nachher auch noch von einer mit Bordraketen bestückten "Typhoon" (brit. Jagdbomber) angegriffen worden sein könnte. Inklusive seiner großen Erfolge an der Westfront hatte Hauptsturmführer Wittmann 138 Feindpanzer und 132 Pak-Geschütze abgeschossen*[128]*!
Im Jahre 1983 wurden Wittmann und seine Besatzung aus ihrem Soldatengrab exhumiert und auf dem Soldatenfriedhof La Cambe beigesetzt.

Anmerkung des Autors:

Trotz seiner großen Erfolge in Russland 1941/43 dürfte keine Verleihung des Deutschen Kreuzes in Gold erfolgt sein.
Das ausgewiesene Panzerkampfabzeichen in Gold ist nicht amtlich bestätigt.

Major

JOSEF WURMHELLER

* 04.05.1917 in Hausham/Bayern
+ 22.06.1944 bei Alencon/Westfront

Ritterkreuz		04.09.1941
Eichenlaub	(146)	13.11.1942
Schwerter	(108)	24.10.1944 postum

Frontflugspange für Jäger in Gold mit Anhänger Einsatzzahl "400"
Flugzeugführer- und Beobachterabzeichen
Ehrenpokal der Luftwaffe
Deutsches Kreuz in Gold
Verwundetenabzeichen in Bronze

"Selbst mit Gipsbein in den Luftkampf!"

Der gebürtige Oberbayer "Sepp" Wurmheller trat 1937 freiwillig in die Luftwaffe ein und wurde aufgrund seiner Qualifikationen - er war bereits ein erfahrener Segel- und Motorflieger - für die Ausbildung zum Jagdflieger ausgewählt. Nach abgeschlossener Fliegerschule wurde Unteroffizier Wurmheller unmittelbar vor Kriegsbeginn in die 1. Staffel des Jagdgeschwaders 53 "*Pick As*" versetzt. Die 3. Staffel wurde damals durch Hauptmann Werner Mölders, Spitzenas der "Legion Condor", befehligt, die 7. Staffel durch Wolf-Dietrich Wilcke.
Anders als die meisten unerfahrenen Piloten kam er mit dem sogenannten Jagdfieber nicht, oder nur kurz, in Berührung. Als Polen Ende September kapitulierte, hatte der Flugzeugführer an der Westfront zwei feindliche Jäger abgeschossen und sich das Eiserne Kreuz 2. Klasse verdient.
Danach als Fortgeschrittenen-Lehrer an einer Jagdfliegerschule verwendet, kehrte Wurmheller im Juni 1940 in den Fronteinsatz zurück und flog in der 5. Staffel des JG 53 Jagdbombereinsätze während der Luftschlacht um England. Nachdem er für seine Leistungen das Eiserne Kreuz 1. Klasse erhalten hatte, wurde er am 23. November durch einen britischen Jagdflieger abgeschossen und zum Notwassern im Ärmelkanal gezwungen. Wie bereits zweimal zuvor, wurde er jedoch auch diesmal durch den Seerettungsdienst gefunden und aufgefischt.
Im März 1941 kehrte Feldwebel Wurmheller aus dem Lazarett zurück.
Mit seinem Geschwader in den Osten verlegt, kämpfte er im Juni 1941 im Südabschnitt und erzielte in wenigen Wochen 9 Siege über russische Jäger.
Im Juli wurde der nun bereits erfahrene Feldwebel in die III. Gruppe des Jagdgeschwaders 2 "*Richthofen*" (Oesau) versetzt, was mit der Rückkehr an die Kanalfront gekoppelt war. In den kommenden Monaten konnte Wurmheller als Rottenführer weitere Gegner im Luftkampf abschießen, seinen Rekord auf 15 Luftsiege ausbauen und einen Ehrenpokal entgegennehmen.
Nach einer leichten Verwundung erneut als Fluglehrer an die Jagdfliegerschule Werneuchen versetzt, brannte es dem Vollblutpiloten schon bald unter den Fingernägeln. Er bombardierte seine Vorgesetzten so lange mit Versetzungsgesuchen, bis er im Mai 1942 Befehl erhielt, sich wieder beim Jagdgeschwader 2 zu melden.
Hier flog Wurmheller wiederholt zusammen mit dem Geschwaderkommandeur Major Oesau und dem bekannten Fliegeras Rudolf Pflanz (52 Siege) freie Jagdeinsätze und notierte innerhalb der ersten fünf Einsatzwochen unglaubliche 22 Abschüsse!
Aus der grauen Masse des Jagdfliegerkorps tauchte Wurmheller am denkwürdigen 19. August 1942 auf. An diesem Tag landeten mehrere alliierte Sondereinsatzkommandos unter dem Schutz einiger Jagdstaffeln der RAF in der Nähe der nordfranzösischen Hafenstadt Dieppe.
Unmittelbar nach Sonnenaufgang mit seiner Staffel zum Einsatz befohlen, schoss Wurmheller in einem atemberaubenden Luftkampf fünf britische Spitfire ab, ehe er seine Maschine nach Triebwerkstreffern am Strand notlanden musste. Obwohl er sich hierbei eine leichte Gehirnerschütterung sowie einen Beinbruch zugezogen hatte, konnte ihn sein Staffelführer nicht davon abhalten, wenige Stunden später erneut an einem Einsatz über Dieppe teilzunehmen! Und trotz seines Gipsbeines schoss der Oberfeldwebel zwei weitere Gegner ab!

Seine insgesamt sieben Luftsiege gehörten zu den höchsten Tagesergebnissen an der Kanalfront. Für diesen Einsatz erhielt der siegreiche Jäger das Deutsche Kreuz in Gold. Wenige Wochen darauf erhielt Oberfeldwebel Wurmheller für den Abschuss von 24 feindlichen Maschinen das Ritterkreuz zum Eisernen Kreuz, die verdiente Beförderung zum Leutnant (Kriegsoffizier) erfolgte am 1. Oktober 1942.
Es folgten immer wieder Einsätze gegen Jagdbomber oder Bomberformationen mit Jagdschutz, wobei Wurmheller durch großartige Angriffsleistungen wiederholt Mehrfachabschüsse zu Stande brachte.

Wurmheller vereinte die beiden besten Eigenschaften eines Jagdfliegers - obwohl als stets wild angreifender Draufgänger bekannt, vermochte er immer die taktische Situation im Auge zu behalten. Auch im Kampf gegen einen weit überlegenen Verband behielt er die Ruhe; wenn es gegen einen gut geschützten Bomberpulk anzutreten galt, legte er vor Angriffsbeginn die in der gegenwärtigen Situation nötige Taktik gründlich fest.
Im Kampf gegen die gefährlichen "Fliegenden Festungen" war der lebenslustige Bayer besonders erfolgreich. Nicht weniger als 18 dieser schwerbewaffneten und von Jagdmaschinen beschützten Maschinen konnte er abschießen! Oftmals griff er auch gezielt die Führungsmaschine eines Pulks an und schwächte den gesamten US-Verband durch deren Abschuss.
Vierzehn Monate nachdem Wurmheller Ritterkreuzträger geworden war, erhielt er für wiederholte Tapferkeit im Kampf und 60 Luftsiege in 150 Feindflügen schließlich das 146. Eichenlaub verliehen. Nach Helmut Wick*[70]*, "Assi" Hahn und Wilhelm Balthasar*[22]* war er unter 71 Trägern der Luftwaffe der bereits vierte Pilot des "*Richthofen*"-Geschwaders. Für seine Erfolge wurde Wurmheller außerdem zum Oberleutnant befördert und mit der Führung der 9. Staffel beauftragt.
In den Kriegsjahren 1942/43 flog das "*Richthofen*"-Geschwader pausenlos gegen die britisch-amerikanischen Jäger- und Bombergruppen, verteidigte strategische Ziele in Frankreich und unternahm teilweise Jagdbomberangriffe gegen See- und Landziele entlang des Ärmelkanals. Im Kampf gegen schwere amerikanische Bomber war Oberleutnant (01.08.43) Wurmheller weiterhin erfolgreich - so konnte er am 3. Jänner 1943 gleich drei binnen wenigen Minuten abschießen! Im Mai zeigte das Leitwerk seiner Focke Wulf Fw-190 bereits 70 Abschussmarkierungen, ein Jahr darauf bereits 90!
Nachdem er sich als Staffelkapitän bewährt hatte, übernahm Hauptmann (bereits 5. Beförderung!) Wurmheller zwei Tage nach Beginn der alliierten Invasion in Frankreich die III. Gruppe - einen Tag zuvor hatte er mit einer amerikanischen P-47 "Thunderbolt" seinen 100. bestätigten Luftsieg erzielt!
Wurmhellers Vorgänger als Gruppenkommandeur, Hauptmann Herbert Huppertz, hatte bis zu seinem Tod 70 Luftsiege erzielt und erhielt postum das Eichenlaub verliehen.
Nach weiteren Erfolgen und schweren Verlusten über dem Invasionsgebiet wurde das angeschlagene Geschwader, nach den Schwerterträgern Walter Oesau und Egon Mayer nun von Oberstleutnant Kurt Bühligen kommandiert, nach Deutschland rückverlegt und aufgefrischt.

Am 22. Juni 1944 führte der erstklassige Offizier seine Gruppe gegen einen feindlichen Kampfverband im hessischem Luftraum. Während des heftigen Luftkampfes ereilte den hochdekorierten Flieger ein besonders ungerechtes Schicksal. Während eines unübersichtlichen Flugmanövers kollidierte seine Fw-190 mit der Maschine seines Katschmareks Feldwebel Franzke und brach regelrecht auseinander! So erlitt der tapfere Wurmheller das gleiche Schicksal, wie der berühmte Weltkriegsflieger und Pour-le-Mérite-Träger Oswald Boelcke, der 1916 nach 40 Abschüssen beim Zusammenstoß mit einem Kameraden ums Leben gekommen war. Viele schreiben Wurmhellers Unfalltot seinem Dauereinsatz und den damit verbundenen physischen und psychischen Erschöpfungsfolgen zu.
Für die erstklassigen Leistungen als Pilot und Verbandsführer erhielt Hauptmann Wurmheller am 24. Oktober 1944 als 108. Soldat, 45. Luftwaffenangehöriger und 24. Tagjäger die Schwerter zum Ritterkreuz verliehen.
Er war einer von sechs Angehörigen der Luftwaffe, die postum mit der zweithöchsten Tapferkeitsauszeichnung beliehen wurden. Mit 102 bestätigten Luftsiegen, davon 93 im Westen, gehörte der postum zum Major beförderte "Sepp" Wurmheller zu den treffsichersten Jagdpiloten der Westfront!
Bei Kriegsende stand er an der weltweit 102. Stelle unter den Besten der Besten, knapp vor dem Schwerterträger Oberst "Pips" Priller.

Großadmiral

ISOROKU YAMAMOTO

* 04.04.1884 in Nagaoka/Japan
+ 18.04.1943 über den Salomonen

Ritterkreuz	27.05.1943 postum
Eichenlaub	27.05.1943
Schwerter	27.05.1943

"Der gefährlichste Gegner der Vereinigten Staaten"

Als einziger Ausländer wurde der Oberkommandierende der japanischen See- und Luftstreitkräfte, Großadmiral Isoroku Yamamoto, mit der zweithöchsten deutschen Tapferkeitsauszeichnung bedacht. Diese symbolische Handlung erfolgte nach dem Flugzeugabsturz, der das Leben des großen Strategen beendete.

Yamamoto trat 1901 in die japanische Marineakademie ein und nahm im Jahre 1905 an der berühmten Seeschlacht gegen die Russen bei Tsushima teil. Nach erfolgreichen Studienreisen durch die USA wurde er von 1925 bis 1929 als Marineattaché in Washington eingesetzt. In dieser Zeit erwarb er sich umfassende Kenntnisse über die amerikanische Marine- und Stabsstruktur. 1930 befehligte Yamamoto das I. Marinefliegerkorps, 1933/34 bereits die 1. Trägerdivision.
Im Alter von 46 Jahren zum Konteradmiral befördert, hatte Yamamoto in Folge den Posten des stellvertretenden Marineministers sowie den Befehl über die Marineluftwaffe inne, ehe er 1938 im Alter von erst 54 Jahren bereits Oberbefehlshaber der 1. Flotte wurde!
Im November 1940 übernahm Admiral Yamamoto den Oberbefehl über die gesamten kombinierten See- und Luftstreitkräfte. Da er bereits damals den unausweichlichen Konflikt mit den USA im Pazifik voraussah, forcierte er massiv den Neubau von Flugzeugträgern und die Vergrößerung der Flotte.
In den Jahren 1940/41 verfolgte Yamamoto aufmerksam den Kriegsverlauf in Europa - insbesonders das britische Unternehmen "Judgement" beeindruckte ihn. In dessen Verlauf hatten eine Handvoll britische Trägerflugzeuge im November 1940 den italienischen Kriegshafen Tarent angegriffen und in wenigen Minuten ein großes Schlachtschiff versenkt sowie zwei weitere schwer beschädigt. Dieser Erfolg sollte Yamamoto in seiner Absicht, die US-Flotte auf ähnliche Weise anzugreifen, noch bestärken.
Selbst die große Entfernung zwischen Japan und Hawaii - insgesamt über 10.000 Kilometer(!!) - war er sich sicher, mit seinen Flugzeugträgern unbemerkt überbrücken zu können. Und er sollte recht behalten!

Bereits Monate vor Kriegsbeginn beschäftigte sich der Stratege umfassend mit einem Erstschlagsplan, der schließlich in Form des berühmten Angriffes auf Pearl Harbor, dem Liegeplatz der amerikanischen Pazifikflotte, Wirklichkeit wurde. In mehreren Wellen zerstörten seine Trägermaschinen fünf Schlachtschiffe, drei Kreuzer, drei Zerstörer, hunderte Flugzeuge und große Teile der wichtigen Hafen- und Werftanlagen!! Durch diesen Schlag wie gelähmt, konnte die US-Marine in den nächsten Monaten nur kleine Abwehraktionen starten. Ein für den späteren amerikanischen Sieg ausschlaggebender Glücksfall war die Tatsache, dass die wertvollen Flugzeugträger zum Zeitpunkt des Luftangriffes gerade zufällig auf hoher See gewesen waren.
Getrübt wurde Yamamotos persönliches Erfolgsgefühl durch die Tatsache, dass hingegen seines Planes der Luftangriff nicht nach, sondern irrtümlich kurz vor der japanischen Kriegserklärung an die USA durchgeführt worden war. Ein Fehler, der die amerikanische Bevölkerung massiv kriegsentschlossen machen sollte*[129]*!

Im Frühjahr 1942 überrannten japanische Truppen einen Großteil des Südpazifiks, eroberten die Philippinen, Wake, Borneo, Sumatra, Java, den Norden Neu-Guineas, einen Teil der Salomonen-Kette und der Karolinen! Sie vertrieben die Briten aus Singapur und bedrohten Mitte 1942 sogar die Aleutenkette vor Alaska.
Bei allen diesen Aktionen operierte Yamamoto mit seinen Flugzeugträgern äußerst geschickt und effektiv. Seine Flotte bildete den operativen und starken Arm des japanischen Kaiserreiches.
Im Frühsommer 1942 billigte der kaiserliche Generalstab einen Plan des Admirals, welcher eine gewaltige Offensive im Ostpazifik vorsah. Im Mai stach eine riesige Flotte in See - insgesamt 8 Flugzeugträger mit 400 Maschinen, 11 Schlachtschiffe, 22 Kreuzer und 65 Zerstörer(!) - und nahm Kurs auf Hawaii bzw. die Ostküste der USA.
Die amerikanische Marine war zu dieser Zeit noch immer in der Defensive. Sie hatte zwar wenige Wochen zuvor während der Schlacht in der Korallensee den Japanern erstmals die Stirn bieten können, doch noch waren wichtige Flugzeugträger-Neubauten nicht abgeschlossen. Lediglich drei große dieser Einheiten waren einsatzbereit - diese restlichen Träger wollte Yamamoto in eine offene Schlacht zwingen und ausschalten. Wenn dies gelänge, könnte es in Folge sogar zu einer japanischen Invasion an der US-Westküste kommen!
Vor Midway, etwa 2.000 Kilometer nordwestlich von Hawaii, entdeckte die amerikanische Luftaufklärung den japanischen Flottenverband - die drei US-Träger *Enterprise*, *Yorktown* und *Hornet* standen zu dieser Zeit durch gute taktische Einschätzung in günstiger Position nahe Midway. Die blieb jedoch von der japanischen Aufklärung unentdeckt – der japanische Flottenkommandeur Admiral Nagumo glaubte die gegnerische Flotte in Hawaii.
(Yamamoto selbst befand sich nicht auf See, sondern in Tokio)
So konzentrierten sich seine Trägerflugzeuge vorerst auf die amerikanischen Militärbasen auf Midway, nach ihrer Zerstörung sollte eine japanische Division am Strand abgesetzt werden.
Als der Kommandeur des US-Trägerverbandes, Admiral Ray Spruance, von diesen ersten Angriffen erfuhr, schickte er eine erste Flugzeugwelle gegen die japanischen Träger - diese wurde jedoch abgeschlagen ohne Schaden anzurichten. Es folgten hektische japanische Aktionen, hierbei erwies sich die Größe der Flotte und die dadurch schwierige Kommandostruktur als Nachteil für die Japaner.
Während diese einen massiven Angriff gegen die nun lokalisierten US-Träger vorbereiteten, erschien die zweite US-Angriffswelle über der dicht gedrängten japanischen Flotte! Binnen weniger Minuten versenkten die amerikanischen Sturzkampf- und Torpedoflieger in beispiellosen Angriffen die mächtigen Flugzeugträger *Akagi*, *Soryu*, *Kaga* und *Hiryu*!
Das Rückrad der gefürchteten japanischen Marine war quasi gebrochen! Die USA befanden sich im Siegestaumel, der japanische Generalstab und Yamamoto waren über die klare Niederlage zutiefst erschüttert.

Die Auswirkungen der schweren Verluste und der immer größer werdenden US-Übermacht erlebte Yamamoto nicht mehr. Während einer Inspektionstour auf der Salomonen-Kette wurde die Transportmaschine des Admirals am 18. April 1943 in der Nähe der Insel Kaihili von der 339. US-Jagdstaffel angegriffen und abgeschossen! Yamamoto war tot, die militärische Führung Japans wie gelähmt.
Während des Krieges ein streng gehütetes Geheimnis, wurde nach der japanischen Kapitulation bekannt, dass dieses Treffen kein Zufall gewesen war. Dem amerikanischen Geheimdienst war es gelungen, den Hauptcode der Japaner zu entschlüsseln und so die genaue Reiseroute der Maschinen zu erfahren! Mit der Ausschaltung des gefährlichen Gegners hatten die USA einen weiteren Schritt in Richtung Sieg getan.
Als Würdigung für die großen militärischen Erfolge gegen den gemeinsamen Gegner wurde Admiral Yamamoto nach seinem Tode gleichzeitig mit dem Ritterkreuz, dem Eichenlaub und den Schwertern beliehen! Ebenfalls postum wurde der wohl berühmteste japanische Soldat durch den Kaiser zum Großadmiral befördert.
Die an Yamamoto verliehenen Ritterkreuzstufen wurden in den Verleihungslisten der Wehrmacht nicht numeriert.

Oberstleutnant

WERNER ZIEGLER

* 30.04.1916 in Hausach/Baden
+ 15.04.2001 in Oftersheim

Ritterkreuz		31.12.1941
Eichenlaub	(121)	08.09.1942
Schwerter	(102)	23.10.1944

Infanteriesturmabzeichen in Silber
Nahkampfspange in Bronze
Sonderabzeichen für Panzervernichtung durch Einzelkämpfer (?)
Krimschild
Verwundetenabzeichen in Bronze

"Einer der tapfersten Infanteristen des Heeres"

Nachdem er 1936 als Freiwilliger in die Wehrmacht eingetreten und jahrelang im Infanterieregiment 20 gedient hatte, erlebte Leutnant Ziegler den Kriegsbeginn als Bataillonsadjutant im Infanterieregiment 186 der neu aufgestellten 73. Infanteriedivision in Nürnberg.

Erste Kampferfahrungen konnte der junge Offizier erst im Westfeldzug sammeln, da seine Division während des Blitzkrieges gegen Polen nur Armeereserve gewesen war. Nach schnellen Vorstößen durch Belgien kämpfte die 73. ID unter dem Oberbefehl der 16. Armee an der Nordflanke der Maginotlinie *[61]*, bei Dole und, zusammen mit Einheiten der 1. PD, im Gebiet der Festung Belfort, bei Rethel und vor Trugny. Nachdem Frankreich am 22. Juni 1940 kapituliert hatte, wurde die Division nach Rumänien verlegt.

Im Oktober 1940 übernahm Leutnant Ziegler, bereits mit dem Eisernen Kreuz 2. Klasse sowie dem Infanteriesturmabzeichen ausgezeichnet, das Kommando über die 2. Kompanie des I. Bataillons. An der Spitze seiner Kompanie kämpfte Werner Ziegler zusammen mit den anderen Bataillonen des Regiments im Balkanfeldzug. Für seinen erneut erfolgreichen Einsatz im Rahmen des XXX. Armeekorps folgte das Eiserne Kreuz 1. Klasse.

Als im Juni 1941 der Russlandfeldzug begann, befand sich die Division noch immer am Balkan, erst Anfang Juli traf sie bei der Heeresgruppe Süd unter GFM von Rundstedt ein.

Nach schweren Vormarschgefechten entlang der Küste des Schwarzen Meeres (Kischinew, Perekop) und am Nordeingang der Halbinsel Krim kämpfte die Division während der harten Offensive gegen den Osten der Halbinsel. Im November 1941 hatten Teile der Division an der Eroberung des Hafens von Feodosia großen Anteil.

Die "Kompanie Ziegler" kam bei allen Gefechten des Regiments erfolgreich zum Einsatz und konnte sich u.a. im Bunker- und Grabenkampf auszeichnen.

Aufgrund der hohen Offiziersverluste seines Regiments musste Oberleutnant(!) Ziegler in dieser heißen Phase zeitweise die Führung des II. Bataillons übernehmen, was von großem Vertrauen seiner Vorgesetzten zeugt.

Für die entscheidenden Erfolge seiner Kompanie und wiederholte Tapferkeit im Gefecht erhielt Ziegler am 31. Dezember 1941 das Ritterkreuz zum Eisernen Kreuz verliehen. Für seinen erfolgreichen Einsatz auf diesem Kriegsschauplatz erhielt er wie viele seiner Kameraden außerdem den Krimschild überreicht. Zur Jahreswende musste sich die Division jedoch aufgrund des hohen Feinddrucks aus Kertsch zurückziehen *[130]*.

Bereits wenig später erfolgte die Eilverlegung in den bedrängten Mius-Brückenkopf nahe Rostow. In Folge führte Ziegler seine Männer in Gefechten zwischen Pokrowoskoje und Troizkoje sowie während den harten Gefechten um den Myshakoberg.

Im Sommer 1942 zur Heeresgruppe A (von Kleist) verlegt, kam die 73. Infanteriedivision während den Offensiven im Nord- und Zentralkaukasus zum Einsatz.

Nach Offensivkämpfen südlich von Rostow sowie der Küste des Asowschen Meeres erstürmte Oberleutnant Ziegler an der Spitze seiner 2. Kompanie im September 1942 die stark befestigte Hafenstadt Noworossisk. Im Verlauf der heftigen Häuser- und Straßenkämpfe wurden mehrere feindliche Kompanien ausgehoben. Ziegler wurde für die energische Führung seiner Männer durch seinen Divisionskommandeur in einer Operationsmeldung derart belobigt,

dass der Kompaniechef bereits wenige Tage darauf als einer der rangniedrigsten Heeresoffiziere des Krieges mit dem 121. Eichenlaub beliehen wurde!
Ziegler hatte mit seiner Kompanie innerhalb einer Woche kaum eine gefechtsfreie Minute gehabt und trotzdem unzählige vom Feind besetzte Häuser gesäubert. Mehrmals waren schnelle Gegenstöße notwendig, um die sich heftig wehrenden russischen Truppen zurückzudrängen.
Nach geglücktem Rückzug aus dem bedrängten Kaukasus folgten Abwehrkämpfe im Kuban-Brückenkopf. Nach 15 anerkannten Nahkampftagen erhielt Ziegler hier die Nahkampfspange in Bronze, am 1. Mai folgte die Beförderung zum Major.
Von Juni 1943 bis März 1944 erhielt der bewährte Frontoffizier eine verdiente Atempause, als er als Stabsoffizier zuerst im V. Armeekorps und danach in der bewährten 19. Panzerdivision diente. Hierbei erlebte er unter dem Kommando des späteren Schwerterträgers Generalmajor Källner die Gefechte bei Kiew, am Dnjestr und im Kessel von Kamenez-Podolsk.

Am 6. März 1944 kehrte Major Ziegler in seine alte Division zurück und übernahm das Grenadierregiment 186, in dem er aufgrund seiner vergangenen Erfolge äußerst bekannt und geachtet war. Nach Aufgabe der Kuban-Stellung und verlustreichen Rückzugsschlachten auf der Krim rückte die bereits angeschlagene Division in die Seefestung Sewastopol ein, die in den folgenden Wochen gegen mehrere sowjetische Korps mit umfassender Luftunterstützung verteidigt wurde. Nach bereits schweren Verlusten geriet die 73. ID in eine erneut blutige Abwehrschlacht und wurde von überlegenen Feindverbänden teilweise aufgerieben! Nur einige wenige Restverbände, darunter die "Kampfgruppe Ziegler", konnten über See her nach Rumänien evakuiert werden!
Das Grenadierregiment 186 hatte zuletzt äußerst verbissen eine der letzten Bunkerlinien der "Gruppe Almendinger" verteidigt und war hierbei zeitweise vom Feind völlig eingeschlossen worden. Ziegler war stets direkt an der Hauptkampflinie zu finden, schritt immer wieder die Stellungen ab, organisierte den brüchigen Widerstand und führte wiederholt örtliche Gegenstöße.
Insgesamt gingen acht deutsche Divisionen beim Endkampf auf der Krim unter.
Von verschiedenen Vorgesetzten bereits im Juni dafür eingereicht, wurde Major Ziegler am 23. Oktober 1944 für seine großartige Regimentsführung als 102. Soldat mit den Schwertern zum Ritterkreuz mit Eichenlaub beliehen und rückwirkend ab Juni zum Oberstleutnant befördert.
Nach der Wiederaufstellung der Division folgten bereits in den ersten Einsatzwochen (Herbst 1944) erneut sehr hohe Verluste an der polnischen Front (Warschau, Modelin). Hier übernahm Ziegler zeitweise die Führung des Grenadierregiments 1122 der 588. Volksgrenadierdivision. Nach dem Auskurieren einer schweren Splitterverwundung wurde der Schwerterträger erneut in den Stab des V. Armeekorps versetzt, in dieser Dienststellung erlebte er auch das Kriegsende.

1946 aus der Gefangenschaft entlassen, war Werner Ziegler zehn Jahre lang als leitender Angestellter tätig, ehe er das Angebot wahrnahm, wieder Soldat zu werden.
In der Bundeswehr hatte diente er ab 1956 an der Infanterieschule Hammelburg unter dem ehemaligen Schwerterträger Brigadegeneral Mäder, wurde 1960 stellvertretender Kommandeur der Panzergrenadierbrigade 35 und beendete seine Karriere sieben Jahre später als Oberst an der Spitze der Panzergrenadierbrigade 19 in Ahlen.
Werner Ziegler verstarb im Frühjahr 2001 in Oftersheim.

Anmerkung des Autors:

Für die Angaben zu seiner Bundeswehrkarriere bin ich Hrn. Ziegler sehr zu Dank verpflichtet. (Brief an den Autor vom Oktober 1999)
Leider erlebte er nicht mehr die Fertigstellung der 1. Auflage.

FÜR EINE SCHWERTERVERLEIHUNG EINGEREICHTE OFFIZIERE

Major Heinrich Ehrler

Ehrler trat 1936 in die Luftwaffe ein und diente als Flakartillerist bereits in der "Legion Condor". Nach seiner Ausbildung zum Jagdflieger 1941 ins Jagdgeschwader 5 versetzt, erzielte er schnell eine beachtliche Anzahl von Luftsiegen und erhielt bereits 1942 das Ritterkreuz. Im August 1943 wurde er als Gruppenkommandeur mit dem 265. Eichenlaub dekoriert und nach 199 Luftsiegen im Nordabschnitt der Ostfront für die Schwerter zum Ritterkreuz eingereicht. Als kurz darauf das in seinem Abwehrbereich ankernde Schlachtschiff *Tirpitz* durch britische Bomber versenkt wurde, stellte man den bewährten Offizier vor ein Kriegsgericht(!), lehnte die Verleihung ab und versetzte Ehrler zur "Frontbewährung" in das mit der Me-262 ausgerüstete JG 7 unter Steinhoff. Nach 205 Luftsiegen fiel Ehrler noch am 6. April 1945! Ehrler belegte unter den Top-Assen der Luftwaffe den 13. Rang.

General der Artillerie Maximilian Fretter-Pico

Der Veteran des Ersten Weltkrieges diente in den ersten Kriegsjahren als Stabsoffizier, bevor er 1941 in Russland die 97. Jägerdivision kommandierte und das Ritterkreuz erhielt. 1942 erfolgreicher Kommandeur einer nach ihm benannten Armeegruppe, wurde Fretter-Pico im Jänner 1944 mit dem 368. Eichenlaub dekoriert. Nach wiederholter Bewährung als Befehlshaber der 6. Armee wurde er im Dezember 1944 für die Schwerter eingereicht, jedoch vom OKH zurückgestellt. Der bekannte General, zuletzt Kommandeur des Wehrkreises IX, war bis 1948 in US-Gefangenschaft und verstarb 1984.

Generalmajor Karl Göbel

Göbel trat erst in den Dreißigerjahren in den Militärdienst ein und kämpfte die ersten Kriegsjahre als Kompanie- und Bataillonskommandeur in der 125. Infanteriedivision. Nach erfolgreichen Einsätzen in Frankreich, Griechenland und Russland erhielt er 1942 das Ritterkreuz und übernahm im Winter das Infanterieregiment 420. Als Oberstleutnant erhielt er im Juni 1943 das 252. Eichenlaub verliehen. Der oftmals verwundete Offizier übernahm im Herbst 1944 das Kommando über die 299. ID. Für seine Verdienste als Regimentskommandeur wurde er für eine Schwerterverleihung eingereicht, welche jedoch abgelehnt und statt dessen in einen Nennung im Ehrenblatt des Heeres umgewandelt wurde. Karl Göbel stieg noch zum Generalmajor auf, ehe er im März 1945 einer schweren Verwundung erlag.

General der Infanterie Hans Gollnick

Gollnick hatte sich bereits im Ersten Weltkrieg ausgezeichnet und kommandierte im Polen- und Westfeldzug das Infanterieregiment 76. Nach ersten Einsatzmonaten in Russland übernahm er die 36. ID, erhielt als deren Kommandeur im Winter 1942 das Ritterkreuz und im August 1943 das 282. Eichenlaub verliehen. Kurz darauf übernahm er das XXXXVI. Panzerkorps, um im Sommer 1944 an die Spitze des XXVIII. Armeekorps zu wechseln. Nach besonderen Abwehrerfolgen in Ostpreußen wurde der General im April 1945 für die Schwerter eingereicht, jedoch nicht mehr ausgezeichnet. Hans Gollnick befand sich viele Jahre in sowjetischer Gefangenschaft und verstarb 1970.

General der Infanterie Horst Großmann

Der ebenfalls bereits im Ersten Weltkrieg zum Einsatz gekommene Großmann diente in Polen, Frankreich und Russland als Kommandeur des Infanterieregiments 84 der 8. ID, ehe er im Jänner 1942 als Oberst und Ritterkreuzträger die 6. Infanteriedivision übernahm. Als Kommandeur dieser erstklassigen Einheit kämpfte er vor Moskau und im Rshew-Bogen, im September 1943 wurde er mit dem 292. Eichenlaub ausgezeichnet. Ab Mai 1944 Korpskommandeur, befehligte Großmann während der letzten Kriegsmonate das VI. Armeekorps. Für wiederholte Abwehrerfolge kurz vor Kriegsende noch für die Schwerterverleihung eingereicht, wurde dieser Antrag am 30.03.45 vom OKH abgelehnt. Der hervorragende Truppenführer verstarb 1972 in Rüsselsheim.

Oberstleutnant Werner Gust

Gust diente bereits vor Kriegsausbruch in der Infanterie und bewährte sich als Kompaniekommandeur in Polen, Frankreich und den Brennpunkten der Russlandfront. Erst im Frühjahr 1944 mit dem Ritterkreuz dekoriert, führte er das Grenadierregiment 405 der 121. ID zu solch großen Erfolgen, dass er im Oktober auch das 624. Eichenlaub erhielt. Ferner wurde er im Laufe der Zeit mit einer Anerkennungsurkunde des OKH ausgezeichnet sowie ins Ehrenblatt des Heeres eingetragen! Als er sein Regiment im Kurlandkessel mehrmals zu großen Abwehrerfolgen führte, wurde der Träger der Nahkampfspange im März 1945 für die Schwerter eingereicht, jedoch im April abgelehnt. Werner Gust, nach dem Krieg Präsident der Landeszentralbank Berlin, verstarb 1979.

Generaloberst Karl Hilpert

Der bereits aus dem Ersten Weltkrieg erfahrene Offizier diente in Polen und Frankreich in hohen Stabspositionen und wurde erst 1942 an die Russlandfront versetzt, wo er das LIX. Armeekorps übernahm und 1943 das Ritterkreuz erhielt. Als Befehlshaber des I. Armeekorps im Nordabschnitt wurde er im August 1944 mit dem Eichenlaub beliehen und im Wehrmachtsbericht genannt. Das Korps stand unter seiner sicheren Führung alle Kurlandschlachten durch, Hilpert übernahm im September die hier eingekesselte 16. Armee. Für die phantastischen Abwehrerfolge seiner Truppen im Jänner 1945 für die Schwerter eingereicht, wurde dieser Antrag bereits nach wenigen Tagen abgelehnt. Der Generaloberst wurde im März letzter Oberbefehlshaber der dem Untergang geweihten Heeresgruppe und verstarb Ende 1948 als Gefangener in der UDSSR.

General der Infanterie Friedrich Hoßbach

Bei Kriegsausbruch Stabschef des XXX. Armeekorps, übernahm Hoßbach für den Polenfeldzug das Kommando über das Infanterieregiment 82. Dieses führte der Weltkriegsveteran weiters in Frankreich und Russland, ehe er nach den schweren Winterschlachten im Jänner 1942 die 31. Infanteriedivision übernahm, das Ritterkreuz hatte er bereits 1940 erhalten. Ins Ehrenblatt des Heeres eingetragen und mehrmals im Wehrmachtsbericht genannt, erhielt Generalleutnant Hoßbach im September 1943 als Befehlshaber des LVI. Panzerkorps das 298. Eichenlaub verliehen. Nach Verdiensten als Truppenführer wurde er im Laufe des Jahres 1944 von verschiedenen Vorgesetzten dreimal für die Schwerterverleihung eingereicht, jedoch jedesmal zurückgestellt! Ab Sommer 1944 führte der Westfale die 4. Armee, ehe er nach Kontroversen mit dem OKW im Frühjahr 1945 seines Postens enthoben und in die Führerreserve abgeschoben wurde. Friedrich Hoßbach verstarb 1980.

Generalleutnant Paul Klatt

Der bereits im Ersten Weltkrieg bewährte Schlese kämpfte 1939 als Gebirgsjäger in Polen und 1940/42 unter Eduard Dietl in Norwegen und Finnland. Im Jänner 1943 erhielt er als Oberst und Kommandeur des Gebirgsjägerregiments 138 das Ritterkreuz. 1944 übernahm er die 3. Gebirgsjägerdivision, im Dezember erhielt er das 686. Eichenlaub. Im Frühjahr 1945 reichte die Truppe offenbar einen Vorschlag für die Schwerterverleihung an das OKH ein, in den Fünfzigerjahren wurde Klatt sogar offiziell als Schwerterträger ausgewiesen. Befragungen des bis 1955 in sowjetischer Kriegsgefangenschaft verbliebenen Offiziers und genauere Nachforschungen ergaben, dass Klatt aber gar nicht ausgezeichnet worden war. Ein diesbezüglicher Vorschlag war abgelehnt worden. Paul Klatt ist 1973 verstorben.

Oberst d.R. Erich Lorenz

Der in Westfalen geborene Erich Lorenz trat 1926 in die Armee ein und war im Westfeldzug Kompaniekommandeur im IR 287. Mit der 96. Infanteriedivision nahm er an vielen Hauptschlachten des Russlandfeldzuges teil, erhielt im November 1943 als Bataillonskommandeur das Ritterkreuz und übernahm im Frühjahr 1944 als Major die Führung des Regiments. Im Laufe des harten Fronteinsatzes achtmal verwundet und im Mai 1944 mit dem 467. Eichenlaub beliehen, erhielt der bereits zum Oberst d.R. aufgestiegene Lorenz im Februar 1945 die seltene Nahkampfspange in Gold! Etwa zur selben Zeit wurde ein von seinen Vorgesetzten eingereichter Schwertervorschlag ohne Angabe von Gründen abgelehnt. Bei Kriegsende kommandierte Lorenz die 85. Infanteriedivision. 1984 verstarb er in Bochum.

Generaloberst Ehrhard Raus

Raus diente als Offizier in der österreichischen Armee bereits während des Ersten Weltkrieges, wurde später in die Wehrmacht übernommen und war bei Kriegsausbruch Stabsoffizier im Gruppenkommando Wien. Während des Russlandfeldzuges als Kommandeur der Schützenbrigade der 6. PD mit dem Ritterkreuz beliehen, übernahm er 1941 als Generalmajor den Befehl über diese Division. 1943 kommandierte er als General der Panzertruppe das XI. Armeekorps und erhielt im August das 280. Eichenlaub verliehen. Im November wurde er Kommandierender General der 4. Panzerarmee, im August 1944 als Generaloberst schließlich Oberbefehlshaber der 3. Panzerarmee. Im Februar 1945 wurde er für seine Verdienste an der Ostfront zur Schwerterverleihung eingereicht, jedoch vom OKW zurückgestellt. Raus ist 1956 verstorben.

General der Artillerie Rudolf von Roman

Rudolf von Roman diente bereits während des Ersten Weltkrieges bei der Artillerie und kommandierte bei Kriegsausbruch 1939 das Artillerieregiment 10. Nach Teilnahme am Polen- und Westfeldzug war er in Russland Artilleriekommandeur III, ehe er die 35. Infanteriedivision übernahm und im Februar 1942 das Ritterkreuz erhielt. 1942/43 als Kommandeur von Armeekorps eingesetzt, wurde General von Roman im Oktober 1943 mit dem 313. Eichenlaub beliehen und für seine großen Verdienste in Ostpreußen im Winter 1944 für die Schwerter eingereicht. Dieser Vorschlag wurde jedoch abgelehnt. Von Roman befehligte zuletzt das XX. Armeekorps und verstarb 1970 in Bayern.

Oberst Wilhelm von Salisch

Der Vorkriegsoffizier diente bei Kriegsbeginn im Infanterieregiment 49 der 28. Infanteriedivision und zeichnete sich in Polen, Frankreich und Russland aus. Der auch im Wehrmachtsbericht genannte Offizier trug seit 1943 das Ritterkreuz und kommandierte u.a. ein Ski-Bataillon, ehe er im Mai 1944 das Jägerregiment 49 übernahm. Im Juli mit dem 533. Eichenlaub ausgezeichnet, erlag der Regimentskommandeur am 18.03.45 seiner in Ostpreußen erlittenen neunten Kriegsverwundung. Im April sollen seine Vorgesetzten einen Vorschlag für die postume Schwerterverleihung eingereicht haben. Dieser ist aber nie im OKH eingegangen bzw. protokolliert worden.

Generalleutnant Wilhelm Schmalz

Der 1920 ins Heer eingetretene Schmalz kämpfte während des Polen- und Westfeldzuges im Schützenregiment 11 der 9. PD und wurde bereits 1940 mit dem Ritterkreuz ausgezeichnet. Als Bataillonskommandeur zeichnete er sich auch in Russland aus und übernahm im Herbst 1942 die Regimentsführung. Im Sommer 1943 trat Schmalz zur Luftwaffe über und wurde Kommandeur der Brigade "*Hermann Göring*", welche als Elite-Einheit konzipiert war. Im Dezember 1943 wurde er für seine Leistungen mit dem 358. Eichenlaub beliehen, im Winter 1944 oder Frühjahr 1945 dürfte er von seinen Vorgesetzten zur Schwerterverleihung vorgeschlagen, aber abgelehnt worden sein. Bei Kriegsende Generalleutnant und Kommandeur des Fallschirm-Panzerkorps "*Hermann Göring*", wurde Schmalz 1950 bei einem Kriegsverbrecherprozess in Rom freigesprochen und verstarb 1983 in Hessen.

Generalmajor Otto Schury

Der in München geborene Schury trat 1935 in die Wehrmacht ein und kämpfte während des Polen- und Westfeldzuges an der Spitze einer Kompanie des Gebirgsjägerregiments 100. Während des Balkanfeldzuges bereits Bataillonskommandeur, erhielt Schury nach ersten Einsatzwochen in Russland das Ritterkreuz. Ab Herbst 1942 als Major Kommandeur des Jägerregiments 229, wurde Schury einer der Stützen der 101. Jägerdivision. Nachdem er für seine Leistungen im September 1944 mit dem 592. Eichenlaub beliehen worden war, übernahm er als Oberst die Divisionsführung. Für seine Verdienste wurde er offenbar für eine Schwerterverleihung eingereicht, da in seiner Dienstakte ein handschriftlicher Vermerk zu finden ist. Generalmajor Schury befand sich bis 1955 in russischer Kriegsgefangenschaft und verstarb 1979.

Oberst Herbert Schwender

Der Vorkriegsoffizier diente in der 21. Infanteriedivision in Polen, Frankreich und Russland. 1943 erhielt er als Kommandeur des Grenadierregiments 3 das Ritterkreuz sowie die Nahkampfspange. Im April 1944 mit dem 442. Eichenlaub beliehen, fiel der tapfere Offizier im September während der Rückzugskämpfe im Baltikum während eines Einsatzes gegen russische Panzer. Nachdem der Ritterkreuzforscher von Seemen ihn 1955 als Schwerterträger ausgewiesen hatte, ist heute bekannt, dass Schwender nicht mehr ausgezeichnet wurde. Ein von der Truppe eingereichter Verleihungsantrag ist nie im OKH eingegangen oder wurde abgelehnt.

Oberstleutnant Willi Thulke

Während des Polen- und Frankreichfeldzuges als Leutnant d.R. in der 290. Infanteriedivision eingesetzt, führte Willi Thulke in Russland eine Kompanie im Grenadierregiment 501. Mit seiner Division u.a. in Demjansk eingekesselt, kämpfte er meist an den Brennpunkten des Nordabschnittes und erhielt im Jänner 1943 das Ritterkreuz verliehen. 1943 als Kommandeur eines Bataillons erfolgreich, erhielt er als Hauptmann im März 1944 das 424. Eichenlaub verliehen. Während er den Regimentsführer-Lehrgang besuchte, wurde er von seinen Vorgesetzten für wiederholt große Gefechtserfolge für die Schwerterverleihung eingereicht, jedoch im Februar 1945 abgelehnt. Thulke kommandierte zuletzt das Grenadierregiment 586, trat 1956 wieder in die Bundeswehr ein und ging hier als Oberstleutnant in Pension. Er verstarb 1998.

Generalleutnant Hans Traut

Hans Traut gehörte zu den bereits in den ersten Kriegsjahren hochdekorierten Offizieren der Wehrmacht. Der Veteran des Ersten Weltkrieges erhielt bereits nach dem Westfeldzug als Bataillonskommandeur in der 20. ID das Ritterkreuz, führte in Russland das (mot.) Infanterieregiment 41 und wurde nach großen Erfolgen in den Winterschlachten vor Moskau bereits im Jänner 1942 mit dem 67. Eichenlaub dekoriert. In Folge Kommandeur der 263. ID, wurde Generalleutnant Traut im Dezember 1943 für seine Verdienste an der Spitze der 78. Sturmdivision für die Schwerterverleihung vorgeschlagen. Ohne Angabe von Gründen abgelehnt, geriet der Divisionskommandeur im Juli 1944 in sowjetische Kriegsgefangenschaft, aus der er erst 1955 zurückkehrte. Hans Traut ist 1974 in Darmstadt verstorben.

Major Theodor Weißenberger

Als Luftwaffenreservist bei Kriegsbeginn einberufen, diente Weißenberger als Unteroffizier in Norwegen und im Nordabschnitt der Ostfront. Im November 1942 erhielt er nach 38 Abschüssen das Ritterkreuz verliehen und übernahm kurz darauf eine eigene Staffel. Nachdem er im August 1943 das 266. Eichenlaub erhalten hatte, wurde er an die Westfront versetzt. Hier erfolgte im Jänner 1945 nach seinem 200. Luftsieg durch Oberstleutnant Steinhoff der Vorschlag für die Schwerterverleihung, welcher jedoch am 20.02.45 abgelehnt wurde. Der Sieger in 208 Luftkämpfen verunglückte 1950 bei einem Autorennen auf dem Nürnburgring tödlich.

GRAFIKEN

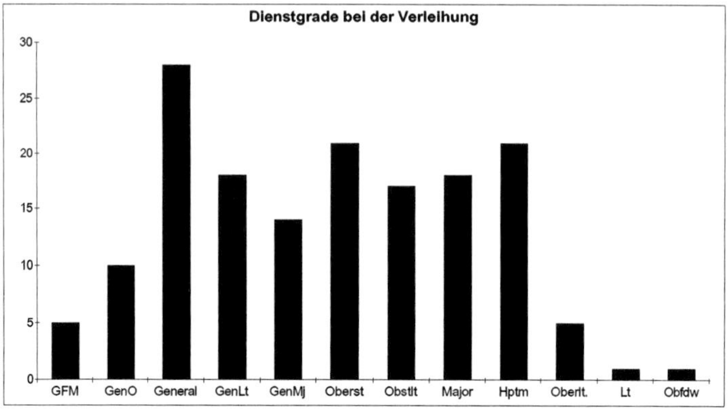

(Dienstrang SS-Oberführer bei Oberst enthalten)

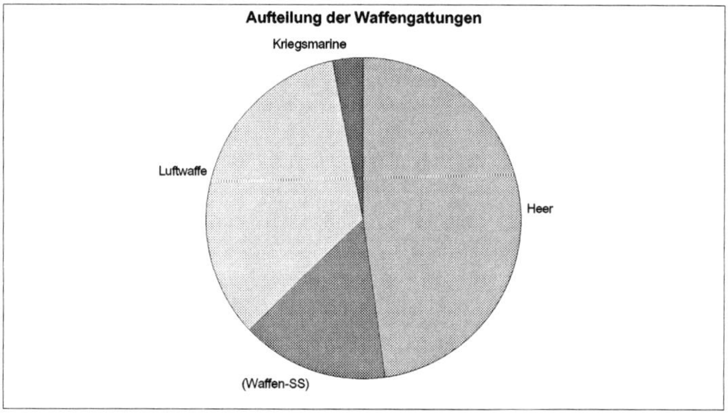

(Die Waffen-SS gehörte zum Heer; nur hier aufgeschlüsselt)

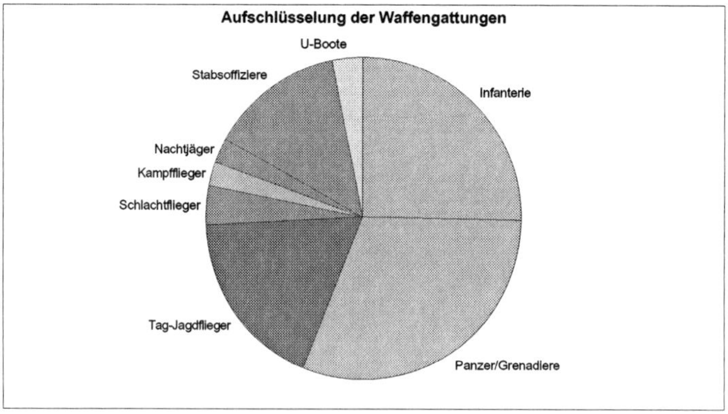

(Zwischen einigen Untergruppen kann es je nach Auffassung zu kleinen Verschiebungen kommen)

QUELLEN- UND LITERATURVERZEICHNIS

Adolph-Auffenberg-Kamarow	Die besten Soldaten der Welt	FZ-Verlag 1999
Alman, Karl	Die Ritterkreuzträger des Afrikakorps	Moewig 1998
Anders/Held	Jagdgeschwader 51 "Mölders	Motorbuch Verlag 1993
Bagnasco, Erminio	U-Boote im Zweiten Weltkrieg	Motorbuch Verlag 1994
Balck, Hermann	Ordnung im Chaos	Biblio Verlag 1981
Bastian, Till	Furchtbare Soldaten	Becksche Reihe 1997
Berthold, Willi	Die 42 Attentate auf Adolf Hitler	Ueberreuter Verlag 1997
Bekker, Cajus	Angriffshöhe 4000	Urbes Verlag 1996
Bradley, Dermot	Die Generäle des deutschen Heeres 1921-45	Biblio Verlag 1990
	Die Generale und Admirale der Bundeswehr	Biblio Verlag 1990
Bradley, Dermot u.a.	MARS - Jahrbuch für Wehrpolitik und Militärwesen	Biblio Verlag 1990
Brütting, Georg	Das waren die deutschen Kampfflieger-Asse	Motorbuch Verlag 1993
	Das waren die deutschen Stuka-Asse	Motorbuch Verlag 1993
Busch/Röll	Der U-Boot-Krieg 1939-1945	Mittler Verlag 1996
Carell, Paul	Die Wüstenfüchse	Ullstein Verlag 1993
	Unternehmen Barbarossa	Bechtermünz Verlag 1999
	Verbrannte Erde	Ullstein Verlag 1973
Verlagsgesellschaft Rosenheim	Vorbildliche und bewährte Männer der Waffen-SS	Rosenheim 1996
Dierich, Wolfgang	Die Verbände der Luftwaffe 1935-1945	Verlag Heinz Nickel 1993
Dörr, Manfred	Die Träger der Nahkampfspange in Gold	Biblio Verlag 1996
Engau, Fritz	Frontal durch die Bomberpulks	Hoppe Verlag 1997
	Nachtjäger, Bomber, Wolken und Sterne	Hoppe Verlag 1993
Ewert, Goffried u.a.	30 Jahre I. Korps 1956-1986	Biblio Verlag 1986
Färber, Mathias	Zweiter Weltkrieg in Bildern	Otus Verlag 1999
Fellgiebel, Walther	Die Träger des Ritterkreuzes des Eisernen Kreuzes	Podzun-Pallas 1993
Fleischer, Wolfgang	Das letzte Jahr des deutschen Heeres	Podzun-Pallas 1997
Forell, Fritz von	Werner Mölders, Flug zur Sonne	Druffel Verlag 1976
Forty, George	Die deutsche Panzerwaffe	Bechtermünz Verlag 1998
Fraschka, Günther	Mit Schwertern und Brillanten	Universitas Verlag 1989
Galland, Adolf	Die Ersten und die Letzten	Schneekluth Verlag 1996
Gannon, Michael	Operation Paukenschlag	Bechtermünz Verlag 1997
Gellermann, Günther	Moskau ruft Heeresgruppe Mitte	Bernard & Graefe 1996
Görlitz, Walter	Model - Der Feldmarschall und sein Endkampf....	Universitas Verlag 1989
Guderian, Heinz	Erinnerungen eines Soldaten	Motorbuch Verlag 1998
Hagen, Hans-Peter	Husaren des Himmels	Pabel Verlag KG 1975
Haupt, Werner	Die deutschen Infanterie-Divisionen 1939-1945	Podzun-Pallas 1993
	Die Schlachten der Heeresgruppe Mitte 1941-44	Podzun-Pallas 1983
Hausser, Paul	Soldaten wie andere auch	Munin Verlag 1988
Held, Werner	Der Jagdflieger Walter Nowotny	Motorbuch Verlag 1997
Herrmann, Hajo	Mein bewegtes Leben	Universitas Verlag 1993
Heuer, Gerd F.	Die deutschen Generalfeldmarschälle und Großadmirale	Pabel Moewig KG 1997
	Die Generalobersten des Heeres	Pabel Moewig KG 1997
Hitzfeld, Otto	Ein Infanterist in zwei Weltkriegen	Biblio Verlag 1983
Höhne, Heinz	Der Orden unter dem Totenkopf	Weltbild Verlag 1996
Kaltenegger, Roland	Die deutsche Gebirgstruppe 1935-1945	Universitas Verlag 1989
Kammann, Willi	Der Weg der 2. Fallschirmjägerdivision	Schild Verlag 1998
Kern, Erich	Generalfeldmarschall Schörner	Dt. Verlagsgesellschaft
Klietmann, Kurt-G.	Auszeichnungen des deutschen Reiches 1936-45	Motorbuch Verlag 1994
Kobe, Gerd	Pflicht und Gewissen - Smilo von Lüttwitz	v. Hase & Koehler 1988
Krätschmar, Ernst-Günther	Die Ritterkreuzträger der Waffen-SS	K.W. Schütz KG 1982
Kumm, Otto	Vorwärts, Prinz Eugen!	Nation Europa 1995
Kurowski, Franz	Deutsche Fallschirmjäger 1939-1945	Edition Zeitgeschichte

	Deutsche Panzer 1939-1945	Edition Zeitgeschichte
	Knights Cross Holders of the Fallschirmjäger	Schiffer Military 1995
	Knights Cross Holders of the U-Boat-Service	Schiffer Military 1995
	Hans-Joachim Marseille	Edition K. Vowinckel
	Panzer Aces	Fedorowicz Pub. Inc.
	Infanterie Aces	Fedorowicz Pub. Inc.
	Jäger der Weltmeere	Motorbuch Verlag 1994
	Von der Polizeigruppe "Wecke" zum Fallschirm-panzerkorps "Hermann Göring"	Biblio Verlag 1994
	Ritterkreuzträger aus Ost- und Westpreußen	Arndt Verlag, 1996
Le Tissier, Tony	Der Kampf um Berlin 1945	Bechtermünz Verlag 1997
Lucas, James	Hitlers Enforcers	Arms and Armour Press
Mallman-Showell, J.P.	U-Boote gegen England	Motorbuch Verlag 1996
Manstein, Erich von	Verlorene Siege	Bernard & Graefe 1998
Meyer, Kurt	Grenadiere	Schild-Verlag 1994
Mosley, Leonard	Die Luftschlacht um England	Bechtermünz Verlag 1994
Musciano, Walter A.	Die berühmte Me-109 und ihre Piloten	Weltbild Verlag 1994
Obermaier, Ernst	Die Ritterkreuzträger der deutschen Luftwaffe	Dieter Hoffmann 1989
Piekalkiewicz, Janusz	Der Zweite Weltkrieg	Econi Verlag 1993
	Unternehmen Zitadelle	Bechtermünz 1998/99
	Der Polenfeldzug	Bechtermünz 1998/99
	Die Schlacht von Monte Cassino	Bechtermünz 1998/99
	Die Schlacht um Moskau	Bechtermünz 1998/99
	Die Invasion - Frankreich 1944	Bechtermünz 1998/99
	Ziel Paris - Der Westfeldzug 1940	Bechtermünz 1998/99
	Spione, Agenten, Soldaten	Bechtermünz 1998/99
	Der Luftkrieg 1939 - 1945	Bechtermünz 1998/99
	Krieg der Panzer 1939 - 1945	Bechtermünz 1998/99
Preradovich, Nikolaus von	Die militärische und soziale Herkunft der	Bechtermünz 1998/99
	Generalität des deutschen Heeres	Biblio Verlag 1978
Price, Alfred	Das letzte Jahr der deutschen Luftwaffe	Podzun-Pallas 1998
Range/Düfel	Ritterkreuzträger der Bundeswehr	Selbstverlag 2000
Richter, Klaus C.	Die Geschichte der deutschen Kavallerie 1919-45	Weltbild Verlag 1994
Ring, Hans und Girbig, Werner	Jagdgeschwader 27	Motorbuch Verlag 1994
Robertsen, Terence	Der Wolf im Atlantik	Weltbild Verlag 1997
Rudel, Hans-Ulrich	Mein Kriegstagebuch	Limes Verlag 1987
Schäfer, Ralf-Anton	Lebe Beständig	Selbstverlag 2000
Scheibert, Horst	Kampf und Untergang der deutschen Panzertruppe	Podzun-Pallas 1992
Schramm, Percy E.	Die Kriegstagebücher des OKW 1940-1945	Bernhard & Graefe 1996
Seemen, Gerhard von	Die Ritterkreuzträger 1939-1945	Bad Nauheim 1955
Seidl, Hans D.	Stalins Eagles - Soviet Aces of WWII	Schiffer Military 1998
Smelser/Syring	Die Militärelite des Dritten Reiches	Ullstein Verlag 1995
Spick, Mike	Allied Fighter Aces of World War II	Greenhill Books 1997
Steiner, Felix	Die Armee der Geächteten	Dt. Verlagsgesellschaft
Steinhoff, Johannes	Die Straße von Messina, Tagebuch des Kommodore	List Verlag 1995
Stichling/Leukefeld	Generalmajor Erich Bärenfänger	Biblio Verlag 1994
Stockert, Peter	Die Eichenlaubträger 1940-1945	Friedrichshaller Rundbl.
Stoves, Rolf	Die gepanzerten und motorisierten deutschen Großverbände 1935-1945	Podzun-Pallas 1994
Suhren/Brustat-Naval	Nasses Eichenlaub	Koehler Verlag 1998
Sundin/Bergström	Deutsche Jagdflugzeuge in Farbprofilen	Bernhard & Graefe 1999
Tessin, Georg	Die Verbände und Truppen der deutschen Wehrmacht und Waffen-SS	Biblio Verlag 1972
Thomas/Lenfeld	Die Eichenlaubträger 1940-1945	Weilburg Verlag 1983
Thomas/Wegmann	Die Eichenlaubträger 1940-1945	Biblio Verlag 1997
Thomas Franz	Die Ritterkreuzträger der Wehrmacht	Biblio Verlag 1986

Topp, Erich	Fackeln über dem Atlantik	Ullstein Verlag 1997
Toliver/Constable	Holt Hartmann vom Himmel	Motorbuch Verlag
	Das waren die deutschen Jagdflieger-Asse	Motorbuch Verlag
	Adolf Galland	Herbig Verlag 1992
	Fighter Aces of the USA	Schiffer Military 1997
Weidinger, Otto	Division "Das Reich"	Nation Europa 1994
Weltbild Verlag	Enzyklopädie der Flugzeuge	Weltbild Verlag 1994
Westemeier, Jens	Joachim Peiper	Biblio Verlag 1996
Whitaker, Denis und Shelagh	Endkampf am Rhein	Bechtermünz Verlag 1998
Winter, Franz F.	Die deutschen Jagdflieger	Univeritas Verlag 1987
Yerger, Mark C.	Waffen-SS Commanders Band I	Schiffer Military 1997
Young, Peter	Der große Atlas zum 2. Weltkrieg	Bechtermünz Verlag 1998
Zayas, Alfred de	Die Wehrmachts-Untersuchungsstelle	Universitas Verlag 1998
Zentner/Bedürftig	Lexikon des Zweiten Weltkrieges	Südwest Verlag 1993

- Unterlagen aus dem Bundes-/Militärarchiv Freiburg i.Br.
- Unterlagen aus dem Bundes-/Militärarchiv Berlin-Lichterfelde
- Unterlagen aus dem Bundes-/Militärarchiv Kornelimünster (Aachen)
- Unterlagen aus dem Kriegsarchiv Wien

BILDNACHWEIS

Eigenarchiv, Kriegsarchiv Wien, Weilburg-Verlag, Privatarchiv Peter Stockert, Privatarchiv Winfried Herrmann

ANMERKUNG

In einigen Fällen konnten Angaben zu verliehenen Kampf- und Sonderabzeichen oder ausländischen Orden nicht amtlich nachgewiesen werden. In diesen Fällen wurden die Angaben mit einem Fragezeichen (?) versehen oder in einer niedrigeren Stufe ausgewiesen (z.B. Grad des Verwundetenabzeichens)
Wenn die genaue Bezeichnung eines ausländischen Ordens nicht ermittelbar war, wurde z.B. der allgemeine Begriff "Auszeichnung des rumänischen Heeres" verwendet.
Allgemein sind die im Ersten Weltkrieg verliehenen Auszeichnungen zuerst gelistet, danach folgen jene des Zweiten Weltkrieges.
Die Personenangaben bei Verbänden – z.B. 4. Armee (von Kluge) – beziehen sich mit wenigen Ausnahmen nur auf Schwerterträger.
Sämtliche Angaben erheben keinerlei Anspruch auf Richtig- oder Vollständigkeit.

FUSSNOTEN

[01] Ehemaliger Flaksoldat, 1942 Pilotenausbildung, erfolgreich im JG 52 eingesetzt. 1945 im JG 7 mit der Me-262 die letzten 14 seiner insgesamt 137 Siege. Wenige Wochen vor Kriegsende bei einem Flugunfall ums Leben gekommen. Ritterkreuzträger.
[02] Von 1942 bis 1944 im Stukageschwader 2 erfolgreich, danach Wechsel zu den Jagdfliegern. Insgesamt 58 Siege, davon 12 mit der Me-262. Ritterkreuzträger.
[03] Nur der unübertroffene Brillantenträger Hans-Joachim Marseille war mit 158 Siegen gegen westalliierte Flugzeuge noch erfolgreicher.
[04] Womöglich wurde Barkhorn hier durch das sowjetische Spitzen-As Alexander Pokryschkin bezwungen. Bei Kriegsende mit 59 Abschüssen zweitbester alliierter Jagdflieger des Krieges, dreifacher "Held der Sowjetunion". 1957 Inspekteur aller Jagdfliegerverbände und 1971 als Marschall Generalinspekteur der sowjetischen Luftwaffe! 1985 verstorben.
[05] Der Allererste war Hermann Graf (02.10.42), gefolgt von Philipp, Rall, Nowotny, Barkhorn, Hartmann, Bär, Kittel, Batz, Rudorffer, Ehrler, Hafner, Schuck, Weißenberger und Lipfert. Zusammen haben die 15 Mitglieder des "Klub 200" nicht weniger als 3.576(!!) Feindmaschinen abgeschossen.
[06] Als überzeugter Nationalsozialist bereits 1928 NSDAP-Beitritt, enger Freund Himmlers, erster Kommandant des KZ Dachau. 1939 Kommandeur der SS-Division *"Totenkopf"*. Trotz ungenügender Vorkenntnisse einige große militärische Erfolge, dennoch rücksichtsloser Soldat und fanatischer Hitler-Anhänger. 1943 nahe Charkow durch Flugzeugabsturz verunglückt. Ritterkreuz mit 88. Eichenlaub.
[07] Claus Graf Schenk von Stauffenberg, überzeugter Hitlergegner und führendes Mitglied des Militärischen Widerstandes, hatte als Stabschef des Ersatzheeres Zugang zu Hitlers Lagebesprechungen. Am 20. Juli 1944 nutzte er eine solche Gelegenheit und plazierte eine Zeitbombe im Besprechungszimmer. Als Hitler den Anschlag jedoch überlebte und die lange vorbereiteten Umsturzmaßnahmen nicht griffen, wurden die Widerstandskämpfer verhaftet und noch am selben Tag in Berlin erschossen. Stauffenberg war Ritterkreuzträger.
[08] Bereits in den ersten Kämpfen in Polen und Frankreich fiel auf, dass die Verbände der Waffen-SS immer höhere Verluste als die Divisionen des Heeres zu beklagen hatten. Grund dafür war die fanatische Ausbildung mancher SS-Offiziere, die von umsichtiger, überlegter Führung nichts hielten.
[09] Eine durch von Tresckow in Hitlers Flugzeug geschmuggelte Zeitbombe versagte aufgrund der niedrigen Temperaturen. Der 1944 zum Generalmajor ernannte Tresckow, ein Neffe von GFM von Bock, gehörte seit frühesten Tagen zum Militärischen Widerstand und verübte nach dem gescheiterten Attentat vom 20.07.44 Selbstmord. Die Bundeswehr ehrte den Widerstandskämpfer 1961 mit der "Henning von Tresckow"-Kaserne in Oldenburg.
[10] Bekanntester U-Boot-Kapitän des Krieges (*U-47*). Durch die spektakuläre Versenkung des britischen Schlachtschiffes *Royal Oak* im schwergesicherten Hafen von Scapa Flow weltbekannt. Nach 192.000 BRT versenkter Tonnage im März 1941 gefallen, Träger des Ritterkreuzes mit 5. Eichenlaub.
[11] Schepke wurde neben Prien und Kretschmer zum erfolgreichsten U-Boot-Offizier des Krieges. Als Kommandant von *U-100* versenkte er 39 Schiffe mit 160.000 BRT und erhielt das 7. Eichenlaub. Im März 1941 gefallen.
[12] Oberleutnant Hans Stahlschmidt führte in Nordafrika die 2./JG 27 und war zum Zeitpunkt seines Todes im September 1942 mit 59 Siegen der dritterfolgreichste Afrikajäger der Luftwaffe. Im Jänner 1944(!) erhielt er postum das 365. Eichenlaub.
[13] Eder kämpfte ab 1941 im JG 51 im Westen und Osten, erzielte insgesamt 78 Luftsiege und beendete den Krieg als Major im JG 7 (Me-262). Der Träger des 663. Eichenlaubs wurde 17mal abgeschossen und 14mal(!) verwundet. Mit 36 Erfolgen über schwere Bomber einer der Viermot-Spezialisten.
[14] Major Hans-Georg Bätcher kämpfte bereits mit der "Legion Condor" in Spanien und flog später über Polen, Frankreich, England, den Brennpunkten der Ostfront und 1945 auf dem revolutionären Düsenbomber Ar-234 im Westen. Mit 658 Feindflügen stellte der junge Eichenlaubträger einen von keinem Bomberpiloten gebrochenen Einsatzrekord auf.
[15] Hans Speidel war im Sommer 1944 Stabschef der Heeresgruppe B. Bereits seit Kriegsbeginn Mitglied des Militärischen Widerstandes, wurde er zwar verhaftet, konnte jedoch seine Beteiligung geschickt verschleiern. Der Ritterkreuzträger wurde 1955 als Generalleutnant in die Bundeswehr übernommen und war zwischen 1957-62 Oberbefehlshaber der NATO-Landstreitkräfte in Mitteleuropa! Zuletzt Vier-Sterne-General.
[16] Im Juni 1934 hatte der Machtstreit zwischen Himmlers SS und Röhms SA ihren Höhepunkt erreicht. Obwohl es zu keinen bewaffneten Aktionen kam, sprach man vom sogenannten Röhm-Putsch. Am 30. Juni drangen schließlich einige SS-Offiziere in das SA-Hauptquartier in Bad Wiessee ein und verhafteten Röhm und dessen Stab. Anschließend wurden mehrere SA-Offiziere durch ein Exekutionskommando einfach hingerichtet - Kommandeur dieses Kommandos war Josef Dietrich.

[17] Belgischer Offizier und Politiker. Vor dem Krieg Führer einer faschistisch-autoritären Bewegung, stellte sich 1940 den deutschen Behörden zur Verfügung und gründete die "*Wallonische Legion*". Mit der später zur Division erweiterten Einheit kämpfte er zwischen 1941 und 1945 erfolgreich an der Ostfront. Die SS-Division "*Wallonien*" bestand aus belgischen Söldnern, Anti-Kommunisten, Abenteurern und überzeugten Nationalsozialisten. Als Träger des Eichenlaubs und der Nahkampfspange in Gold der mit Abstand höchstdekorierte Ausländer innerhalb der Wehrmacht. Bei Kriegsende sogar Brigadeführer der Waffen-SS. Nach dem Krieg Flucht nach Spanien, durch Belgien in Abwesenheit zum Tode verurteilt, 1994 in Madrid verstorben.

[18] Den diesbezüglichen Rekord dürfte wohl der Eichenlaubträger Oberfeldwebel Walter Möse vom Jägerregiment 83 der 28. Jägerdivision halten. Zwischen 1939 und seinem Tod im November 1944 wurde der herausragende Soldat 21mal verwundet, davon mehrmals schwer!

[19] Zwischen 1939 und 1942 erfolgreicher Kommandeur von Stukaverbänden, danach Fliegerführer Italien, im November 1943 schließlich General der Schlachtflieger. Mit 32 Jahren bereits Generalmajor und Eichenlaubträger. 1966 in Bayern verstorben.

[20] Insgesamt können 26 Eichenlaubverleihungen dem Kampf um und in Stalingrad zugerechnet werden - 17 an Angehörige des Heeres und 9 an Flugzeugführer der Luftwaffe. 6 der Ausgezeichneten gerieten hier in Kriegsgefangenschaft.

[21] Hierbei soll Fegelein wiederholt negative Meldungen von der Frontlage beschönigt oder sogar völlig verdreht weitergeleitet haben, um vor Hitler die schlechte Kriegslage zu verschleiern. Siehe Günther Fraschkas "*Mit Schwertern und Brillanten*" Seite 144.

[22] Wilhelm Balthasar erzielte in Spanien 7 Siege, flog mit dem JG 27 über Frankreich und über England im JG 3. Als erfolgreichstes As des Frankreichfeldzuges (23 Siege) hatte er nach Mölders als 2. Jagdflieger das Ritterkreuz erhalten. Im Frühjahr 1941 neuer Kommodore des JG 2, am 2. Juli nach 40 Siegen das 17. Eichenlaub. Einen Tag später kam er beim Absturz seiner Maschine ums Leben!

[23] Im August 1943 büßte die US-Luftwaffe bei einer Reihe von strategischen Großangriffen gegen die wertvollen Kugellagerfabriken in Schweinfurt 137 viermotorige Bomber durch Totalverlust und etwa 150 durch schwere Beschädigung ein! Es war die größte Niederlage der USAAF über Europa.

[24] Erich Hohagen beendete den Krieg als Major mit 55 Luftsiegen, trat in den Fünfzigerjahren in die neue Bundesluftwaffe ein und stieg hier 1968 zum Brigadegeneral auf. Der Ritterkreuzträger verstarb 1990.

[25] Nach dem Krieg ergaben Studien, dass z.B. ein Zugführer in einem Panzergrenadierbataillon rein statistisch an der Front nur 7 Tage zu leben hatte. Ein Kompanieführer brachte es auf 21, ein Bataillonskommandeur lediglich auf 30 Tage! Danach waren sie laut Statistik bereits tot. Angaben siehe Dorrs "*Nahkampfspange in Gold*", Kapitel XIX.

[26] Hauptmann Helmut Lipfert wurde noch im April 1945 mit dem Eichenlaub ausgezeichnet, bei Kriegsende hatte er 203 Luftgegner bezwungen. Von 1937 bis 1941 diente er als Unteroffizier in einer Panzerdivision!

[27] Adolf Dickfeld absolvierte zwischen 1939 und 1945 in den JG 52, 2 und 11 über 1.000 Feindflüge und erzielte dabei 136 Luftsiege, davon 11 über schwere US-Bomber. Bei Kriegsende war er Oberst und Eichenlaubträger.

[28] In der schwierigen Bekämpfung von viermotorigen Tagbombern waren Leutnant Rollwage (44 Bomber; Zahl umstritten), Oberst Dahl (36), Major Eder (36) und Oberlt. Bauer (32) am erfolgreichsten. Ebenfalls 32mal blieb der Schwerterträger Anton Hackl siegreich. Unter den 20 treffsichersten "Möbelwagentötern" befanden sich insgesamt fünf Schwerterträger (Hackl, Schröer, Mayer, Bühligen und Bär).

[29] Im JG 52 herrschte eine absolut kameradschaftliche Stimmung. Die erstklassige Kommandoebene des Geschwaders hatte erkannt, dass Leistung mehr aussagt als der Rang. So kam es nicht selten vor, dass z.B. ein Feldwebel mit 50 Siegen einen Oberleutnant mit nur 20 Siegen im Luftkampf anführte. Obwohl Hartmann Offizier war, hatte er sich in der Luft dem erfahrenen Rossmann unterzuordnen und von ihm zu lernen. Dieses eindrucksvolle Eingeständnis der Geschwaderoffiziere ermöglichte den großen Erfolg mit.

[30] 1934 Eintritt in die Kriegsmarine, später Wechsel zur Luftwaffe. Nach Einsätzen über Polen, Frankreich, England und dem Balkan Gruppenkommandeur, Ende 1942 Kommodore des JG 54 in Russland. Förderte hier viele der späteren Spitzen-Asse. Bei Kriegsende 125 Luftsiege in 820 Feindflügen und Eichenlaubträger. In der Bundesluftwaffe Generalmajor und zuletzt General der Kampfverbände, 1995 verstorben.

[31] Es wird berichtet, dass Krupinski und Hartmann von der Geschwaderfeier und dem Anreisebesäufnis noch so beschwipst waren, dass sie vor der Eichenlaub-Übergabe erst durch Hitlers Luftwaffenadjutanten Oberstleutnant von Below ausgenüchtert werden mussten!

[32] Alliiertes Top-As des Krieges wurde der sowjetische Major Iwan Koschedub mit 62 Luftsiegen. Bester US-Amerikaner der im Pazifik 40mal siegreiche Major Richard Bong, treffsicherster RAF-Jagdflieger der bereits 1941 gefallene Südafrikaner Squadron Leader Marmaduke "Pat" Pattle mit (nicht amtlichen) 50 Abschüssen.

[33] Friedrich Obleser beendete den Krieg als ein mit dem Ritterkreuz dekorierter Oberleutnant, 1978 wurde der gebürtige Österreicher als Generalleutnant Inspekteur der Bundesluftwaffe.

[34] Hausser war einer der wenigen altgedienten Reichswehroffiziere, die zur SS-Verfügungstruppe wechselten. Seine langjährige Erfahrung auf organisatorisch-dienstlichen Niveau war für die gerade im Aufbau stehende neue Truppe von unschätzbarem Wert.
[35] Im Zuge der Operation "Zitadelle" wurden über 80.000 deutsche Soldaten, darunter viele unersetzbare Frontveteranen, getötet, verwundet oder gefangengenommen. Tausende vielen aufgrund von Verwundungen längere Zeit aus. Als besonders schwer erwiesen sich die Materialverluste - so gingen 1.500 Panzer und 3.000 Geschütze verloren. Die Rote Armee gab den Verlust von etwa 3.000 Panzern an!!
[36] Der Kommissarbefehl wurde unmittelbar nach Beginn des Russlandfeldzuges von Hitler gegeben und enthielt die "Richtlinien zur Behandlung gefangener sowjetischer Politkommissare". Durch die Weitergabe dieses Befehls stimmten die Angeklagten der Erschießung dieser Personen stillschweigend zu.
[37] Ab 1941 in Helbigs Besatzung. Ritterkreuz nach 200 Feindflügen, 13 abgewehrten Jagdangriffen und 3 bestätigen Luftsiegen. Diente als Hauptfeldwebel von 1956-65 in der Bundesluftwaffe. 1995 verstorben.
[38] Mit 34 von insgesamt 293 Verleihungen der Medal of Honor (höchster US-Orden) die mit Abstand erfolgreichste US-Division des Zweiten Weltkrieges.
[39] Die erfolgreichsten "*Wilde Sau*"-Piloten waren Friedrich-Karl "Nase" Müller (23 Siege), Klaus Bretschneider (14) und Konrad Bauer (ca. 20). Alle erhielten das Ritterkreuz, bis auf Bretschneider überlebten alle den Krieg.
[40] Der Unterschied zu den japanischen Todesfliegern war die Tatsache, dass dem deutschen Piloten durch eine verstärkte Pilotenkanzel wenigstens die Chance zum Überleben eingeräumt wurde. In vielen Fällen gelang dem Piloten nach dem Rammen der Feindmaschine sogar noch die Notlandung oder der rettende Fallschirmsprung.
[41] Von Hitler erträumte Endkampfstellung in den Alpen. Hier sollten die verbleibenden deutschen Truppen den von Hitler prognostizierten Krieg zwischen den USA und der Sowjetunion abwarten. Obwohl die Alpenfestung quasi nie über den Papierentwurf hinaus kam, sorgte sie besonders bei den Westalliierten für Aufregung.
[42] Der Heinkel He-162 "Volksjäger" sollte zur Bekämpfung von schweren Bombern eingesetzt werden und war mit 900 km/h das schnellste Jagdflugzeug der Welt. Von den 250 fertiggestellten Abfangjägern erreichten nur noch wenige die Truppe, zu Kampfeinsätzen kam es nicht mehr.
[43] Eine von Oberst Friedrich Strohm geführte Kampfgruppe der 260. ID geriet im Sommer 1944 hinter die schnell vorstoßenden russischen Panzerspitzen und konnte sich unter abenteuerlichen Umständen innerhalb von 80 Tagen(!) wieder zu den eigenen Linien durchschlagen!
[44] General Walther Wever war in den Dreißigerjahren Generalstabschef der Luftwaffe. Im Gegensatz zu den ehemaligen Jagdfliegern Göring und Udet erkannte er die Bedeutung schwerer Bomber im bevorstehenden Krieg und übte dementsprechenden Druck auf Industrie und Entwicklung aus. Als der vorausblickende General 1936 bei einem Flugunfall den Tod fand, wurden seine Ideen jedoch wieder verworfen. Im Laufe des Krieges machte sich das Fehlen eines viermotorigen Langstreckenbombers auf deutscher Seite dann auch mehr als einmal schmerzlich bemerkbar. Wevers Sohn fiel noch im April 1945 als Jagdflieger und Ritterkreuzträger.
[45] Nach Erringen der Luftherrschaft sollten 25 Divisionen, unterstützt von Fallschirmjägern, entlang der Südküste landen und London einkesseln. Die Niederlage der Luftwaffe in der Luftschlacht um England und das Fehlen von brauchbaren Landungsfahrzeugen führte mehrmals zur Verschiebung des Angriffstages. Am 10. Jänner 1941 wurde "Seelöwe" schließlich ganz abgeblasen. Seit dem verzweifelten Kampf gegen die spanische Armada 1588 war England nicht mehr so bedroht gewesen.
[46] Unverständlicherweise waren solche Vergeltungsmaßnahmen nach Partisanenangriffen in der damals noch gültigen Haager Landkriegsordnung ausdrücklich gebilligt! Und so wurde Kappler 1948 nicht wegen den Erschießungen, sondern aufgrund der Tatsache verurteilt, dass irrtümlich fünf Geiseln mehr als im Befehl stehend erschossen worden waren! Zum Tode verurteilt und später zu lebenslanger Haft begnadigt, konnte Kappler 1977 aus der italienischen Haft fliehen(!) und verstarb wenig später an Krebs.
[47] Henning von Kleist 1747 als Kommandeur eines kaiserlichen Armeekorps, Friedrich von Kleist 1821 als Chef des Norddeutschen Bundeskorps.
[48] Im Matrosen-Jargon bezeichnete man das Streben eines U-Boot-Kommandeurs nach dem Ritterkreuz mit "einem Jucken am Hals, das erst durch das Ritterkreuzband geheilt werden könne". Die fünf Träger vor ihm waren Prien, Schultze, Hartmann, Schuhardt und Rollmann gewesen.
[49] Sein um vier Jahre jüngerer Bruder hatte ebenfalls im Ersten Weltkrieg gedient und brachte es in der Waffen-SS bis zum Obergruppenführer, Kommandeur der 6. SS-Gebirgsdivision und Träger des Ritterkreuzes (30.09.44). Einen Tag nach der Kapitulation wählte er ebenfalls den Freitod, nur zehn Tage vor seinem Bruder!
[50] Die durch Kupfer gerettete Besatzung bestand aus den beiden Ritterkreuzträgern Hauptmann Thiede und Feldwebel Stein.

[51] Lediglich einige hochspezialisierte Schlachtfliegerverbände durften ihre alten Ju-87 behalten. So flogen die meisten Panzerknacker-Staffeln sowie einzelne Gruppen des Elite-Geschwaders "*Immelmann*" unter Rudel weiterhin die bewährte und weiterhin beliebte Stuka.

[52] Die deutschen Nachtschlachtgruppen gingen auf eine ursprünglich russische Idee zurück. Durch den nächtlichen Einsatz von leichten Kampfmaschinen wurden Truppenbewegungen, Angriffsvorbereitungen und die wichtige Nachtruhe der in ihren Stellungen liegenden Truppen gestört.

[53] Weltkriegsveteran, bis 1941 Kommodore des Stukageschwaders "*Immelmann*", hier als erster Angehöriger dieses Waffenkorps Eichenlaubträger und später Mitkandidat um den Posten des ersten Generals der Schlachflieger. Ab 1944 als Generalmajor jedoch nur Kommandeur der 3. Flieger-Schuldivision. 1965 verstorben.

[54] 14 Tage vor Kriegsbeginn sollte eine Stukagruppe ein Manöver vor ausgesuchten Militär- und Zivilpersonen über der Neuhammer Heide vorführen. Nachdem die Staffeln in einigem Abstand zum Sturzangriff abgedreht hatten, geriet die erste Welle in plötzlich auftretenden Nebel. Obwohl der Kommandeur sofort den Abbruch des Sturzes befahl, schlugen 13 Stukas brennend auf dem Boden auf - 26 wertvolle Besatzungen verloren an diesem Tag ihr Leben!

[55] Zwischen 1940 und 1944 bewährter und zuverlässiger Bordschütze des Schwerterträgers. Das glänzend aufeinander abgestimmte Team flog 880mal miteinander. Gegen Kriegsende stand Berndl gerade selbst in der Flugzeugführer-Ausbildung. Nach dem Krieg bis ins hohe Alter eng mit Lang befreundet, verstarb er 1996 in Niederösterreich.

[56] Die Messerschmitt Me-110 war zwar als schwerer Begleitjäger konzipiert worden, entsprach aber bereits im zweiten Kriegsjahr nicht mehr dem technischen Standard. Die mehrere Tonnen schwere, zweimotorige Maschine war den kleinen, schnellen Spitfire und Hurricane unterlegen, was während der Luftschlacht um England zu sehr großen Verlusten führte. Die technische Unterlegenheit des Zerstörers sprach also gegen Tagjagdsiege über Jagdmaschinen - einige Spezialisten schafften es auf der Me-110 aber sogar zum mehrfachen Fliegeras.

[57] Nach erfolgreichen Kommandos in Zerstörergeschwadern 1940 als Hauptmann mit der Aufstellung des ersten Nachtjagdverbandes beauftragt. Stieg als Kommodore des NJG 1 bis zum Oberst auf, ab 1944 Stabsoffizier in der Luftverteidigung. Ritterkreuzträger, 7 Luftsiege.

[58] Josef Kammhuber diente 1914/18 als Infanterist, in den Dreißigerjahren Wechsel zur Luftwaffe. 1939 Oberst und Stabschef der Luftflotte 2, 1940 als Generalmajor erster Kommandeur des Nachtjägerkorps. 1943 nach Differenzen mit Göring trotz seiner Erfolge nach Norwegen abgeschoben. 1956-1962 als Vier-Sterne-General erster Inspekteur der neuen Bundesluftwaffe! 1986 verstorben.

[59] Die sogenannten Pfadfindermaschinen flogen dem großen Bomberverband voraus und markierten mit Leuchtbomben, sogenannten Christbäumen, das Zielgebiet. Durch den Abschuss des Pfadfinders konnte ein Angriff ganz zum Scheitern gebracht oder zumindest in seiner Wirkung gemindert werden. Die Maschine des sogenannten Zeremonienmeisters flog an der Spitze des Hauptverbandes und koordinierte den Angriff.

[60] Am 10. Jänner 1940 musste ein deutsches Flugzeug mit zwei Stabsoffizieren an Bord nach einem Motorschaden nahe dem belgischen Ort Mechelen notlanden. Als die beiden Luftwaffen-Majore von belgischen Soldaten aufgegriffen und gefangengenommen wurden, fand man bei ihnen den - widerrechtlich mitgeführten - streng geheimen Angriffsplan der deutschen Wehrmacht für den bevorstehenden Angriff gegen Frankreich! Erst dieser Vorfall hatte zur Folge, dass sich Hitler für den von GenLt. von Manstein vorgelegten, neuen "Sichelschnitt"-Plan entschied bzw. entscheiden musste! Das OKH hatte ihn zuvor als „zu kühn“ abgelehnt.

[61] Die Maginotlinie wurde in den Dreißigerjahren entlang der deutsch-französischen Grenze angelegt und gemäß den aus dem Ersten Weltkrieg bekannten Kriterien eines Stellungskrieges gebaut. 150 km lange Betonstellungen, 39 Festungswerke, 70 Großraumbunker, 500 Artillerie- und Infanteriestellungen sowie tausende Vorposten, Verbindungsgräben, Panzersperren, gassichere Unterkünfte und Versorgungslager mit Gesamtbaukosten von 4 Milliarden Franc(!) sollten eine erneutes deutschen Vordringen nach Frankreich verhindern. Die neuen Taktiken des schnellen Panzerkrieges machten diese Vorstellungen jedoch zunichte.

[62] Die erfolgreichsten U-Boot-Kapitäne des Ersten Weltkrieges übertrafen die Tonnagerekorde des Zweiten Weltkrieges bei weitem. Kapitänleutnant Lothar von Arnault versenkte 141 Schiffe mit 453.000 BRT, Walter Forstmann 146 Schiffe mit 384.000 BRT und Otto Steinbrinck 202 Schiffe mit 232.000 BRT - alle trugen den Pour-le-Mérite. Man muss allerdings berücksichtigen, dass den deutschen U-Booten 1914/18 viel schlechtere Abwehr entgegenschlug.

[63] Major-General Maxwell Taylor führte die 101. Airborne-Division bereits in der Normandie und bei der Operation "Market Garden" in Holland. 1953-55 war er alliierter Oberkommandierender in Korea, danach bereits Generalstabschef des Heeres! 1964/65 Botschafter und Militärberater in Südvietnam.

[64] Spanienveteran, als Staffel- und Gruppenkommandeur auch über Frankreich und England erfolgreich. 1940 Kommodore des JG 54. 1943 bereits Inspekteur der Jagdflieger Ost, 1945 Oberst und Kommandeur der 4. Flieger-

Schuldivision. Träger des Ritterkreuzes, Sieger in 57 Luftgefechten. 1962 Generalleutnant der Bundesluftwaffe und Kdr. der Luftwaffengruppe Süd. 1995 verstorben.

[65] Obwohl er die Ausbildung beendet hatte und von seinen Vorgesetzten als dafür geeignet erklärt wurde, wurde Marseille nicht zum Leutnant befördert, sondern als Oberfähnrich an die Front geschickt. Es ist anzunehmen, dass seine zahlreichen Verweise Grund dafür waren.

[66] Das schon fast überhebliche Selbstvertrauen von Marseille spiegelte sich in einer Begebenheit nieder, die sich unmittelbar nach seiner Ankunft in Nordafrika zutrug. Als er sich seinen Sold in einer deutschen Kommandantur abholte, bat er den Zahlmeister, den Soldbucheintrag auf einer der hinteren Seiten vorzunehmen - vorne müsste noch Platz für seine zukünftigen Auszeichnungen bleiben. Der Zahlmeister blätterte lächelnd weiter und sagte höhnisch zu dem jungen Oberfähnrich: "So, jetzt bleibt ja sogar noch Platz für das Ritterkreuz mit Eichenlaub und Schwertern." 18 Monate später wurde es dort auch eingetragen.

[67] Nahm als Jagdflieger an den Kämpfen über Frankreich und England teil. Kam nach 15 Luftsiegen nach Nordafrika. 1941-1943 im Jagdgeschwader 27, strenger Disziplinarvorgesetzter Marseilles. Im Juli 1943 an die Ostfront versetzt und kurz darauf nahe Orel abgeschossen. Sieger in 67 Luftkämpfen, Ritterkreuzträger.

[68] Vorkriegsoffizier und Veteran der "Legion Condor". Während der großen Zeit von Marseille sein Gruppenkommandeur. Galt als Entdecker und großer Förderer des jungen Top-Asses. Im Mai 1942 zum Kommodore des Afrikageschwaders ernannt. Von 1943 - 1945 verschiedene Stabsstellen in Italien und Deutschland. Trotz seiner nur 13 Luftsiege ein hoch geschätzter Offizier. Bei Kriegsende Oberstleutnant und Ritterkreuzträger, nahm 1945 an der sgn. "Meuterei der Jagdflieger" teil.

[69] Das ergibt einen erstklassigen Schnitt von 0,41 Abschüssen pro geflogenen Einsatz. Den diesbezüglichen Rekord hielt der an der Ostfront eingesetzte Leutnant Günther Scheel mit 70 Siegen in nur 71 Feindflügen! Der Führer der 3. Staffel im JG 54 gilt seit Sommer 1943 als vermisst und wurde nachträglich mit dem Ritterkreuz beliehen.

[70] Während des Frankreich- und Englandfeldzuges im JG 2 eingesetzt. Wurde während der Luftschlacht um England härtester Konkurrent von Mölders und Galland. Der ergeizige Flieger übernahm im Oktober 1940 im Alter von erst 26 Jahren als Major das Geschwader. Als er am 28. November über dem Ärmelkanal abgeschossen wurde, hatte er 56 Luftsiege über westalliierte Flieger errungen. Träger des Ritterkreuzes mit 4. Eichenlaub.

[71] Gegen Ende des Krieges kam es des öfteren zu belegten Beschießungen von deutschen Jagdfliegern, die ihre Maschinen mit dem Fallschirm verlassen hatten! Es soll sogar alliierte Staffelführer gegeben haben, die einen dementsprechenden Befehl erließen. Als besonders gefährdet galten deutsche Me-262-Piloten, die vom Feind als hochspezialisiert eingestuft wurden.

[72] Mayer war der erste an der Kanalfront. Hans-Joachim Marseille und Joachim Müncheberg kämpften in Nordafrika ebenfalls gegen westalliierte Piloten und erreichten bereits im Juni 1942 bzw. März 1943 ihren 100. Luftsieg. Adolf Galland war Ende 1941 nach 94 Westsiegen vom Kampfeinsatz zurückgezogen worden.

[73] Flog zusammen mit Mölders und Galland in Spanien, (8 Siege, Spanienkreuz mit Schwertern in Gold mit Brillanten), über Frankreich und England als Gruppenkommandeur im JG 2 eingesetzt. Fiel 1941 nach insgesamt 21 Luftsiegen, Ritterkreuzträger.

[74] In diesem System bilden zwei Rotten von je zwei Maschinen einen Schwarm. Durch seinen Rottenflieger (Katschmarek) gedeckt, kann sich der erfahrene Rottenführer auf seine Abschüsse konzentrieren - inzwischen hält ihm die zweite Maschine den Rücken frei. Durch relativ große Abstände zwischen den beiden Rottenteilen war diese Taktikform besonders beweglich. Mölders Taktik ist auch in der heutigen, hochmodernen Fliegerei noch Standard!

[75] Unter diesen Trägern befanden sich zwei spätere Brillanten-, zwei Schwerter-, drei Eichenlaub- und vier Ritterkreuzträger. Die erfolgreichsten deutschen Spanienjäger waren Mölders (14), Schellmann (12) und Harder (11) gewesen. Mit 40 Luftsiegen wurde der später verunglückte spanische Oberst Joachim Carcia Moroto (Francos Luftwaffe) das Top-As des Bürgerkrieges.

[76] Mölders Auffassung vom Schießen glich den Vorstellungen von Pour-le-Mérite-Träger Manfred von Richthofen: mit hoher Geschwindigkeit so nahe wie möglich an den Gegner heranfliegen, einen langen, tödlichen Feuerstoß abgeben und dann über den Flügel abkippen. Diese Methode wurde vom späteren Top-As Erich "Bubi" Hartmann in über 800 Luftkämpfen perfektioniert.

[77] Den Anspruch, der erste Jagdflieger mit 100 Luftsiegen zu sein, stellte das französische Fliegeras René Fonck bereits 1918. Der erfolgreichste alliierte Jagdflieger beider Weltkriege gab an, 1915-1918 "mindestens 120 Abschüsse" erzielt zu haben! Mit 75 bestätigten Siegen blieb er fünf Siege hinter dem Top-As des Krieges Manfred von Richthofen. Am Ende des Zweiten Weltkrieges hatten insgesamt 106 Jagdflieger mehr als 100 bestätigte Luftsiege erzielt, ohne Ausnahme alle von der deutschen Luftwaffe.

[78] Am Ende des Ersten Weltkriegs mit 62 Abschüssen das erfolgreichste noch lebende Fliegeras der deutschen Luftwaffe, in den Dreißigerjahren hohe Stabsstellen, als Generalfeldzeugmeister an der Spitze des Technischen Amtes. Offiziell war Udet bei einem Testflug ums Leben gekommen, in Wahrheit hatte er sich selbst erschossen,

weil Göring und Hitler ihn ungerechtfertigterweise für die Niederlage über England verantwortlich gemacht hatten. Pour-le-Mérite (1917) und Ritterkreuz (1940).

[79] Im Geisel-Prozess wurden 12 hohe Offiziere wegen der Erschießung von tausenden Albanern, Griechen und Jugoslawen (Geiseln) abgeurteilt. Es wurden zum Teil hohe Freiheitsstrafen verhängt, ein Offizier beging Selbstmord, zwei weitere wurden freigesprochen. Die Haager Landkriegsordnung billigte einer Besatzungsmacht nach Partisanenangriffen Vergeltungsmaßnahmen in Form von Geiselerschießungen zu! Von den Alliierten wurden die Partisanen jedoch aufgrund ihrer Organisation als normale Kampftruppe eingestuft.

[80] Neben Müncheberg erhielt auch Hans-Joachim Marseille diese höchste italienische Auszeichnung verliehen. Sonstige (ital.) Träger waren nur noch der Armeegeneral Herzog von Aosta (1943) und die U-Boot-Asse di Cassato (1944, Ritterkreuz) und Gazzana-Priaroggia (nachträglich 1949, RK). Keiner überlebte den Krieg. Dem ursprünglich 1942 beliehenen U-Boot-Kapitän Enzo Grossi (RK) wurde die hohe Auszeichnung nach dem Krieg wieder aberkannt, nachdem sich herausgestellt hatte, dass ein von ihm getroffenes Schlachtschiff nicht wie angenommen versenkt, sondern nur beschädigt worden war.

[81] Die Reihenfolge der Sieger in 100 Luftgefechten lautete Mölders, Lützow, Oesau, Philipp, Ihlefeld, Ostermann, Graf, Dickfeld, Bär, Gollob, Marseille, Clausen, Setz, Bauer, Beerenbrock ....

[82] Über 100 Luftsiege gegen westalliierte Gegner erzielten die Tag-Jagdflieger Marseille, Müncheberg, Mayer, Bär, Schröer, Priller, Bühligen und Galland sowie die Nachtjäger Lent und Schnaufer.

[83] Unverständlicherweise wurde Walther Nehring trotz seiner großen Erfolge an der Spitze von Panzergroßverbänden nach dem Juli 1942 nicht mehr zum Generaloberst weiterbefördert.

[84] Mit Heeres-Frontverbänden meine ich jene Heeresoffiziere, die direkt im Kampfeinsatz standen. Die vorherigen fünf Persönlichkeiten waren die Generäle Dietl, Rommel, Schmidt, Guderian und Hoth gewesen, die nicht direkt am vordersten Kampfgeschehen teilnahmen.

[85] Enger Freund von Nowotny und während seiner Dienstzeit im JG 54 sein Rottenflieger. Seit Mitte 1941 als Unteroffizier an der Front, später zum Kriegsoffizier befördert. Flog gegen Kriegsende auf der Me-262 wieder mit Nowotny zusammen. Am 22. März 1945 mit dem Ritterkreuz ausgezeichnet, Sieger in 46 Luftgefechten. Ende März nach schwerer Verwundung Fußamputation!

[86] Seit Mitte 1941 als Feldwebel im JG 54. Während seiner Einsatzzeit in der berühmten Nowotny-Kette erwies Döbele sich als mutiger Flieger und ausgezeichneter Schütze. Als er am 11. November 1943 im Kampf fiel, hatte er 94 Luftsiege errungen. Er war zum Offizier befördert und mit dem Ritterkreuz ausgezeichnet worden. Nach seinem Tod löste sich der eingespielte Jagdschwarm endgültig auf.

[87] Rudolf Rademacher war der vierte Mann im berühmten "Jagdschwarm Nowotny". Er kam Ende 1941 als Unteroffizier ins JG 54 und stieß im März 1943 zur Teufelskette. Bis Ende 1943 konnte er zwischen 60 und 70 Luftsiege erzielen. Nach Auflösung der Kette diente er zusammen mit Nowotny und Schnörrer auf der Me-262 an der Westfront. Hier erzielte er als Oberleutnant die letzten 8 seiner insgesamt 126 bestätigten Luftsiege. 1953 kam er bei einem Flugunfall über Lüneburg ums Leben, Träger des Ritterkreuzes.

[88] Bei so einem Zusammentreffen wurde am 17. April 1945 die vom Ritterkreuzträger Oberleutnant August Lambert geführte 8. Staffel/Schlachtgeschwader 77 von einem 60 bis 80 Maschinen(!) umfassenden "Mustang"-Verband angegriffen und binnen weniger Minuten in der Luft zerrissen.

[89] Wolfgang Schellmann diente in Spanien, wo er mit 12 Siegen hinter Mölders zweiterfolgreichster Pilot der "Legion Condor" wurde. Über Polen und Frankreich Gruppenkommandeur, über England an der Spitze des JG 2. Im Juni 1941 über Russland abgeschossen und gefangengenommen. Wenig später wurde Schellmann durch Offiziere des russischen Geheimdienstes erschossen. Ritterkreuzträger, 26 anerkannte Luftsiege.

[90] Der Dauereinsatz ihrer Piloten war eines der Hauptprobleme der Luftwaffe. Im Gegensatz zu amerikanischen und britischen Piloten dienten viele Deutsche durchgehend von 1939 an. Ruhepausen in Form von Heimaturlauben oder rückwärtigen Diensten waren eher selten.

[91] Bemerkenswert ist, dass Deutschland alle Reitbewerbe der Olympiade 1936 gewann - je Einzel und Mannschaft für Military, Dressur und Jagdspringen.

[92] Heinrich Eberbach kommandierte in den ersten Kriegsjahren äußerst erfolgreich das PR 35 sowie später die 5. Panzerbrigade. Für seine großen Offensiverfolge in Russland hatte er bereits im Dezember 1941 das erst 42. Eichenlaub erhalten, Der Höhepunkt seiner steilen Karriere war 1944 der Oberbefehl über die Panzergruppe West. Im August 1944 im Falaise-Kessel in Gefangenschaft geraten. Nach dem Krieg wurde Eberbach Studienleiter an der Evangelischen Akademie. 1992 verstorben.

[93] An dieser Stelle darf man aber auch die Erschießung vieler deutscher Kriegsgefangener nicht vergessen. Beide Kriegsparteien standen sich in dieser Hinsicht oft in nichts nach.

[94] Es ist zwar nicht belegt, doch soll Peiper wegen seiner überharten Methoden durch einige Vorgesetzte kritisiert bzw. verachtet worden sein.

[95] Im Allgemeinen waren die Verbände der Waffen-SS nicht mehr oder weniger erfolgreich als die Divisionen des Heeres. Eine besondere Ausnahme waren die Elite-Divisionen *Wiking*, *Leibstandarte*, *Totenkopf* und *Das Reich*. Zwischen 1939 und 1945 erhielten die Angehörigen dieser Divisionen 55 Prozent aller an die Waffen-SS vergebenen hohen Tapferkeitsauszeichnungen!

[96] Der als Mussolini-Befreier berühmt gewordene Ritterkreuzträger Otto Skorzeny führte bei diesem Unternehmen eine kleine, mit US-Beuteuniformen ausgestattete, Kampfgruppe hinter die feindlichen Linien. Die durchgeführten Maßnahmen - das Sichern von Brücken, in Umlaufbringen von falschen Befehlen sowie das Versetzen von strategisch wichtigen Straßen- und Wegweisschildern - brachten zwar keinen wesentlichen militärischen Erfolg, hatten aber großen Einfluss auf die alliierte Moral. 1945 für weitere Sonderaktionen Eichenlaubträger.

[97] Der ebenfalls angeklagte Österreicher Generaloberst Löhr wurde zum Tode verurteilt und in Belgrad hingerichtet, weil seine Luftflotte die Stadt während des Balkanfeldzuges bombardiert hatte - obwohl es sich erwiesenermaßen ausschließlich nur um militärische und industrielle Ziele gehandelt hatte.

[98] Die Wahl von Erwin Rommel als Unterstützung für die Italiener war nicht so ganz glücklich. Erstens hatte Rommel im Ersten Weltkrieg gegen sie gekämpft und zweitens machte er aus seinem Mißtrauen gegenüber ihrer Führung, Ausrüstung, Armeemoral und Zuverlässigkeit keinen Hehl. Mit seinem Ausspruch "lieber kein Verbündeter als die Italiener" sollte er auch recht behalten.

[99] Das Hauptproblem des deutsch-italienischen Nachschubs von Italien nach Nordafrika war die britische Insel-festung Malta. Der als U-Boot- und Luftwaffenbasis sowie Zwischenstation für Geleitzüge von Gibraltar nach Ägypten genutzte Stützpunkt kostete den Achsenmächten im Endeffekt vielleicht den Sieg an der Südfront. Durch die ständigen Angriffe der Briten wurden teilweise bis zu 70 Prozent aller für Rommel bestimmten Versorgungsgüter abgefangen! Nachdem ein riskanter Plan, die Insel durch Fallschirmjäger einzunehmen aufgegeben worden war, scheiterte auch die anfangs erfolgreiche deutsche Luftwaffe. Eine Blockade von See her brachte aufgrund der mangelhaften italienischen Kriegsmarine auch keinen Erfolg.

[100] Bernhard Montgomery, bekanntester britischer General des Krieges, diente bereits im 1. Weltkrieg und kommandierte während der Schlacht um Frankreich 1940 die 3. Division, mit der er erfolgreich aus Dünkirchen evakuiert werden konnte. Als Oberbefehlshaber der 8. Armee wurde er 1942/43 zum ersten erfolgreichen Gegner für den "Wüstenfuchs" Erwin Rommel. Nach Siegen bei El Alamein, Tobruk und Tunis landete er 1943 in Sizilien und 1944 als Oberbefehlshaber der britischen Invasionstruppen in Frankreich. Später Oberkommandierender aller alliierter Besatzungstruppen in Deutschland, 1952-1958 Oberbefehlshaber der NATO-Bodenstreitkräfte! 1976 verstorben.

[101] Panzer waren die kleinsten und so am schwierigsten zu treffenden Ziele der Schlachtflieger. In den meisten Fällen konnten sie nur durch einen Volltreffer zerstört werden, der entweder in die nur mittel gepanzerten Flanken oder die aufgrund der Kühlung nur schwach gepanzerte Heckplatte erfolgen musste. Die Panzerung des russischen Standardpanzers T-34 betrug bis zu 80 mm, die des überschweren *Josef Stalin II* sogar 160 mm. Zum Vergleich: beim deutschen *Königstiger* waren es bis zu 185 mm!

[102] Nach meinen Recherchen erzielten außer Rudel etwa noch 8 Schlachtflieger der Luftwaffe über 100 Panzerabschüsse. Die erfolgreichsten waren Lt. Anton Korol mit 299, Ofw. Anton Hübsch und Hptm. Hans-Hermann Steinkamp mit je 120 sowie Hptm. Gerhard Stüdemann mit 117. Letzterer erhielt das Eichenlaub, alle anderen das Ritterkreuz. Bei Korol wurden jedoch 200 Abschüsse nicht amtlich als solche gewertet, sondern sonderbarerweise nur als „schwer beschädigt" eingestuft.

[103] Bis 1944 Militärarzt in der Luftwaffe. Nach Hentschels Tod neuer Bordschütze von Rudel. Nach 850 Feind-flügen mit dem Panzerjagdexperten am 19.08.44 mit dem Ritterkreuz dekoriert. Rettete Rudel nach dem Absturz am 09.02.45 durch fachkundiges Abbinden der Unterschenkelverletzung das Leben. Nach dem Krieg ein geschätzter Herz- und Kreislaufspezialist, im Jahre 1972 sportmedizinischer Leiter der Olympischen Spiele in München! 1973 überraschend verstorben.

[104] Zum Vergleich: auf den erfolgreichsten Jagdflieger der Welt, Erich Hartmann, hatten die Sowjets eine Kopfgeld von "nur" 10.000 Rubel ausgesetzt.

[105] Die von Hitler gestiftete allerhöchste Tapferkeitsauszeichnung der Wehrmacht sollte laut Stiftungsblatt nur 12mal verliehen werden. Das Kriegsende verhinderte weitere Verleihungen. Da nur einmal verliehen, werden die Brillanten meist als höchste und diese als "allerhöchste" Auszeichnung bezeichnet.

[106] So fielen die Schwerterträger Druschel und Nordmann zu Beginn 1945. Ferner fanden auch noch hoch-dekorierte Veteranen wie Horst Kaubisch (1000 Feindflüge), Gustav Schubert (1200), Hans Schalanda (933), Andreas Kuffner (920) und Anton Andorfer (960) noch unmittelbar vor Kriegsende den Tod!

[107] Im Laufe des Zweiten Weltkrieges konnten etwa 29 deutsche Flieger das "Wunder der 1.000 Feindflüge" erreichen. Die höchsten deutschen Einsatzzahlen nach Rudel sind die seines Bordschützen Hentschel (1.400), von Erich Hartmann (1.400) und Theodor Nordmann (1.200). Die höchste mir bekannte alliierte Einsatzzahl ist die des sowjetischen Bomberpiloten Hauptmann P.A. Pilyutov, welcher 1.945 Feindeinsätze überstand.

[108] Nach dem Krieg wurden alliierte Stimmen laut, die diese unglaubliche Zahl als deutsche Propagandaerfindung bezeichneten. Bestätigte Gefechtsmeldungen beider Seiten brachten sie jedoch bald zum verstummen.
[109] Seltsamerweise blieb bei der spektakulären Versenkung der *Marat* Rudels Name im Wehrmachtsbericht ungenannt.
[110] Ein früher Plan der Westalliierten hatte die Landung von sechs Divisionen im April 1943 an der Küste zwischen Le Havre und Boulogne vorgesehen. Diese sicherlich verfrühte Landung war durch ein Veto Winston Churchills jedoch nicht zur Ausführung gekommen.
[111] Der erfolgreichste deutsche Nachtjäger der Ostfront wurde Oberleutnant Gustav Francsi vom NJG 100, der für 56 Nachtjagdsiege das Ritterkreuz erhielt. 1961 während eines Urlaubes in Spanien ertrunken.
[112] Eine Spezialbewaffnung, von den Piloten "Schräge Musik" genannt, die aus zwei 20- oder 30-mm-Kanonen bestand. Diese waren auf der Rumpfoberseite des Nachtjägers, unmittelbar hinter der Pilotenkanzel montiert und schossen in einem Winkel von 65 bis 80 Grad schräg nach hinten - daher der Name. Das Waffensystem war sehr erfolgreich und erlangte bei der Truppe große Beliebtheit.
[113] Ein besonders kameradschaftliches Kapitel der letzten Kriegstage: einen Tag *nach* der Kapitulation meldeten sich deutsche Transportflieger bei den Briten, um auf eigene Faust Schwerverwundete aus dem Kessel auszufliegen. Leider kam es zu keine Einsätzen mehr, da man die UDSSR nicht reizen wollte.
[114] Bis auf Adelbert Schulz und Theodor Tolsdorff hatten alle späteren Brillantenträger des Heeres bereits im Ersten Weltkrieg gekämpft.
[115] Die höchste offizielle Anzahl von erreichten Nahkampftagen verbuchte Hauptscharführer Hermann Maringgele, der in einer SS-Kavallerieeinheit auf unglaubliche 84(!) kam und im Februar 1945 das Ritterkreuz erhielt.
[116] 1953 vollstreckte Frankreich zwei Todesstrafen an mitbeteiligten, ehemaligen Soldaten der 3. Kompanie. Tiefe Entrüstung löste das Bekanntwerden der Tatsache aus, dass zum Zeitpunkt des Massakers auch einige französische SS-Landser (Elsässer) in der Kompanie gedient hatten. Lammerding wurde 1951 in Abwesenheit zum Tode verurteilt, jedoch nicht an Frankreich ausgeliefert und verstarb 1961. Es tauchen immer wieder – teils unabhängige - Berichte auf, nach denen eine große Anzahl der Opfer nicht auf ein von den Deutschen, sondern durch ein von französischen Partisanen gelegtes Feuer in der Dorfkirche zurückzuführen ist. Dieses wäre gelegt worden, um noch vor Eintreffen der Waffen-SS ein dort angelegtes Munitionslager der Résistance zu vernichten. Dies würde ein anderes Licht auf das Geschehen werfen. Andererseits wiederum war eben genau die 3. Kompanie schon in den Monaten zuvor durch äußerst hartes Vorgehen gegen die Zivilbevölkerung aufgefallen.
[117] Da sich die Holländer, Belgier, Franzosen, Dänen, Norweger und Schweden lediglich für den Kampf gegen den Kommunismus freiwillig gemeldet hatten, konnte sie das Oberkommando des Heeres im Juni 1944 nicht zur Bekämpfung der Westalliierten in der Normandie heranziehen.
[118] Eine vereinzelt für April 1945 angenommene Beförderung zum General der Panzertruppe ist wahrscheinlich nicht mehr erfolgt.
[119] Herbert Schultze erhielt für 183.000 BRT das 15. Eichenlaub, Hans Rösing für 61.000 BRT das Ritterkreuz und Heinrich Bleichrodt für 162.000 das 125. Eichenlaub; (Angaben zur Gesamtkarriere).
[120] Werner Hartmann versenkte insgesamt 112.000 BRT und erhielt das Eichenlaub. Bei Kriegsende führte Kapitän zur See Hartmann nach langer Stabsverwendung ein noch hastig aufgestelltes Marine-Grenadierregiment im Erdkampfeinsatz. Später in die Bundesmarine eingetreten, verstarb er 1963 nach nur einjährigem Ruhestand.
[121] Diese Operation begann am 13.01.42 und endete am 06.03.42. In dieser recht kurzen Zeitspanne konnten eine Handvoll U-Boote 26 Schiffe mit 163.000 BRT versenken! Grund für die fatalen Verluste war die noch völlige Unkenntnis der Amerikaner in der Konvoisicherung und die weiterhin friedensmäßige Beleuchtung der großen Häfen entlang der gesamten Ostküste!
[122] Die XXI-Klasse stellte eines der revolutionärsten Waffensysteme des Zweiten Weltkrieges dar. So konnte es unter Wasser schneller fahren als der Geleitzug ober Wasser (17,5 kn!), verfügte über moderne Radar-, Sonar- und Akustikortung, ein Anti-Sonar-Signalgerät, einen Schnorchel zur Frischluftübernahme unter Wasser sowie über sehr leise Elektromotoren. Die ersten dieser Boote kamen jedoch erst Ende 1944 zum Fronteinsatz.
[123] In Wilckes Dienstakte wird mehrmals in verschiedenen Beurteilungen betont, dass er ein Offizier mit überzeugter nationalsozialistischer Einstellung sei. Obwohl dies sicherlich in vielen Akten "standardmäßig" eingetragen war, ist seine Gesinnung insofern bestätigt, als dass er bereits 1931 bei einer damals noch verbotenen Kundgebung der NSDAP verhaftet und deshalb angezeigt worden war.
[124] Die aus dem Inneren des Kessels startende "Platzschutzstaffel Pitomnik" erzielte unter schwierigen Bedingungen an die 100 Luftsiege über Stalingrad! Das tapfer ein- und ausfliegende Transportkorps der Luftwaffe büßte zwischen Ende November und Anfang Februar trotzdem 488 wertvolle Maschinen und Besatzungen ein.

[125] Grund für die harte Bestrafung war wohl die Tatsache, dass Teile der SS-"*Das Reich*" im Jahre 1944 für mehrere Kriegsverbrechen gegen die französische Zivilbevölkerung verantwortlich waren. Obwohl nur eine bestimmte Anzahl der Soldaten daran beteiligt war, genügte die Zugehörigkeit zur Division für eine harte Strafe.

[126] Diese eindrucksvolle Leistung wurde aber sogar noch unterboten: Hauptmann Bodo Spranz von der Sturmgeschützbrigade 237 war trotz erstklassiger Leistungen bei den Ritterkreuzvorschlägen "übersehen" worden und erhielt nach eindrucksvollen Erfolgen gegen russische Panzer am 03.10.44 gleichzeitig das Ritterkreuz und das Eichenlaub verliehen. Er überlebte den Krieg und wurde später ein angesehener Professor für Völkerkunde und Archäologie an der Universität Freiburg.

[127] Die 7. britische PD kämpfte sehr erfolgreich in Nordafrika gegen Rommels Truppen und wurde unter dem Namen "*Desert-Rats*" (Wüstenratten) bekannt. Die heute noch bestehende Division wurde u.a. auch erfolgreich im Golfkrieg und im Kosovo-Konflikt eingesetzt.

[128] Hauptmann Johannes Bölter von der schweren Panzerabteilung 502 bezwang zwar 139 Feindpanzer, hatte aber weniger Zweikämpfe gegen Pak-Geschütze gewonnen. Der Eichenlaubträger überlebte den Krieg als zweiterfolgreichster Panzerkommandant des Krieges. 1987 verstorben.

[129] Die Tatsache, dass viele Berichte des US-Geheimdienstes sowie viele Anzeichen für einen bevorstehenden japanischen Erstschlag ignoriert oder in den Wind geschlagen wurden, nährt bis heute die Theorie, dass die US-Regierung den Angriff absichtlich nicht verhindert hatte, um die Bevölkerung kriegsentschlossen zu machen. Dies gehört jedoch ins Reich der Spekulation.

[130] Dieser nötig gewordene Rückzug wurde auf Befehl des zuständigen Korpskommandeurs, Generalleutnant Hans Graf von Sponeck, durchgeführt. Da Hitler trotz der Kenntnis der Lage einen Rückzug untersagt hatte, wurde von Sponeck seines Kommandos enthoben und durch ein von Göring geführtes Kriegsgericht zum Tod verurteilt! Proteste hoher Militärs führten später zur Begnadigung auf 6 Jahre Haft. Die Gestapo nutzte die Säuberungs-aktionen nach dem 20.07.44 dazu, den natürlich nicht verwickelten Graf von Sponeck am 23. Juli doch noch zu erschießen!

[131] Otto Hitfeld war der Onkel von Ottmar Hitzfeld – Trainer des Erfolgsclubs Bayern München.

[132] Walther von Lüttwitz beteiligte sich 1920 am sogenannten Kapp-Putsch und besetze mit ihm ergebenen Truppenteilen u.a. das Berliner Regierungsviertel. Nach wenigen Tagen gescheitert, wollten die Putschisten vor allem die unehrenhaften Bedingungen des Waffenstillstandsvertrages und den damit verbundenen Truppenabbau verhindern.

[133] Dies taten insgesamt 21 Ritterkreuzträger der Wehrmacht, u.a. so bekannte Truppenführer der Bundeswehr wie Foertsch (Heer), Speidel (Heer), Kammhuber (Luftwaffe) und Ruge (Marine).

[134] Angeblich wurde die Brillantenverleihung von Göring sogar persönlich verschleppt, da Bär ihm persönlich sehr unsymphatisch war. Dies war typisch für den intregierenden Reichsmarschall.

EINIGE ABKÜRZUNGEN

(mot.)	motorisiert
(20)	bei Jagdfliegern: Zahl der Luftsiege
*	geboren
+	verstorben/gefallen
a.D.	außer Dienst
BdU	Befehlshaber der U-Boote
BRT	Bruttoregistertonnen
d.R.	der Reserve
DSO	Distinguished Service Order (britische Auszeichnung)
DFC	Distinguished Flying Cross (britische Auszeichnung)
eh	ehrenhalber (verliehener Orden)
EK.I	Eisernes Kreuz 1. Klasse
EK.II	Eisernes Kreuz 2. Klasse
EL	Eichenlaub
FJD	Fallschirmjägerdivision
FJR	Fallschirmjägerregiment
GD	Division "*Großdeutschland*"
GJD	Gebirgsjägerdivision
GR	Grenadierregiment
HGR	Heeresgruppe
i.G.	im Generalstab
I.WO	Erster Wachoffizier
II.WO	Zweiter Wachoffizier
ID	Infanteriedivision
IR	Infanterieregiment
JG	Jagdgeschwader
k.u.k.	kaiser- und königlich (Österreich-Ungarn)
KG	Kampfgeschwader
LG	Lehrgeschwader
L.I.	Leitender Ingenieur
NJG	Nachtjagdgeschwader
OB	Oberbefehlshaber
OBH	Oberbefehlshaber des Heeres
OKH	Oberkommando des Heeres
OKW	Oberkommando der Wehrmacht
Pak	Panzerabwehr(kanone)
PGR	Panzergrenadierregiment
PLD	Panzerlehrdivision
PR	Panzerregiment
RAF	Royal Air Force
RK	Ritterkreuz
RR	Reiterregiment
SG	Schlachtgeschwader
USAAF	United States Army Air Force
USS	United States Ship
VGD	Volksgrenadierdivision
z.S.	zur See
ZG	Zerstörergeschwader

INHALTSVERZEICHNIS

NACHWORT

Es würde unzählige Seiten bedürfen um auszudrücken, was mich dazu bewogen hat, dieses Werk zu verfassen. Ebenso viele Seiten würde es füllen, zu erklären, wie ich als junger Mann (Jahrgang 1975) zur delikat anzusehenden deutschen Kriegsgeschichte 1939 - 1945 stehe.
Viele jener, die sich nicht für Militärgeschichte interessieren, haben alleine mit dem Gedanken, sich mit dieser unerfreulichen Zeit zu beschäftigen, große Probleme.
Nichtsdestotrotz ich für die damalige Staatsführung und deren Ziele nur tiefempfundene Verachtung verspüre, habe ich im Laufe der Zeit gelernt, mich trotz dieser Einstellung mit voller Energie für die deutsche Militärgeschichte interessieren zu können. Dabei musste ich aber auch lernen, dass diese Gradwanderung von vielen als nicht möglich erachtet oder einfach als Schwindel abgetan wird.

Erst heute, über fünfzig Jahre nach Ende des Zweiten Weltkrieges, beginnt die Öffentlichkeit wieder langsam, sich mit den damaligen Geschehnissen aus einem neutraleren, offeneren Blickwinkel zu beschäftigen. Langsam ist es möglich über deutsche Soldaten zu diskutieren oder, wie im meinen Fall, zu schreiben, ohne als politisch ewig Gestriger oder primitiver Militarist abgetan zu werden.
Mir war es immer wichtig, die Geschichte der Träger des Ritterkreuzes mit Eichenlaub und Schwertern aus einer neuen Sicht her zu erzählen. Nichts Positives durfte hochgejubelt, nichts Negatives verschwiegen werden!

Zuletzt will ich meinem Ärger über die Tatsache Luft machen, dass Orden der ehemaligen deutschen Wehrmacht in der Öffentlichkeit oft als sgn. "Naziorden" bezeichnet werden. Dies ist durch und durch falsch und resultiert einfach aus der Unwissenheit jener, die diese Bezeichnung benutzen. Eines soll also hiermit klargestellt werden - keine Armee der Welt hat je oder wird je Tapferkeitsauszeichnungen aufgrund der politischen Gesinnung des Beliehenen vergeben! Natürlich gibt es auch politisch orientierte Auszeichnungen, doch die haben nichts mit Frontauszeichnungen gemeinsam.

Breitenfurt bei Wien, Österreich
Dezember 1999

EIN WORT DES DANKES

Für ihre stets tatkräftige und freundliche Mithilfe möchte ich mich herzlich bei den Mitarbeitern der Bundesarchive Berlin, Kornelimünster und Freiburg sowie des Österreichischen Kriegsarchives bedanken.
Mein besonderer Dank geht an den in Kornelimünster (Aachen) tätigen Hrn. Meentz, Hrn. Dr. Artl vom Österreichischen Kriegssarchiv, dem Geschäftsführer der Ordensgemeinschaft der Ritterkreuzträger e.V. Hrn. Dipl.-Kfm. Jürgen Heinze sowie seinem Mitarbeiter Hrn. Christian Habisohn.
Für die freundliche Bereitstellung von Fotos bin ich Hrn. Peter Stockert, Hrn. Winfried Herrmann sowie dem Geschäftsführer des Weilburg-Verlages sehr zu Dank verpflichtet.
Privat hat mich meine Familie und besonders meine Frau Sylvia immer verständnisvoll unterstützt!

*** EBENFALLS VOM AUTOR ***

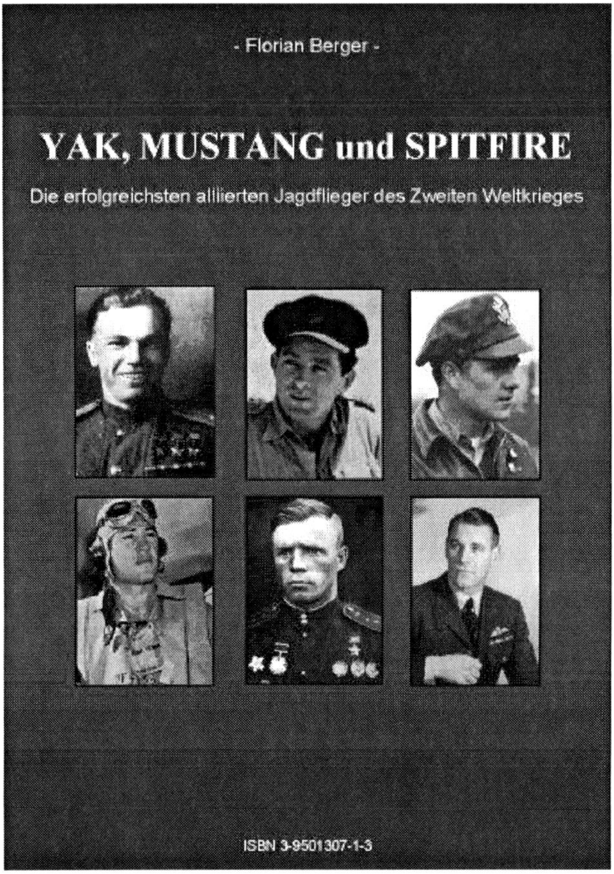

US-Amerikaner wie *Richard Bong* – erfolgreichster US-Jagdflieger und Träger der höchsten Tapferkeitsauszeichnung, der nach hunderten Feindflügen bei einem Testflug ums Leben kam.

Sowjets wie *Aleksandr Pokryshkin* – gefürchteter Scharfschütze und während des Kalten Krieges Ge neralinspekteur der sowjetischen Luftwaffe.

Briten wie *Bob Braham* – Nachtjagd-As, Bezwinger mehrerer deutscher Top-Asse und höchstdekorierter Flieger der Royal Air Force. Später Geschwaderkommandeur in der kanadischen Luftwaffe.

Freie Franzosen wie *Pierre Clostermann* – Jagdbomberexperte und späterer Parlamentsabgeordneter der Grand Nation. Im Zivilleben später Vizepräsident großer Flugzeugfirmen.

ISBN 3-9501307-1-3

INFORMATIONEN UNTER WWW.BERGERBUCH.AT